Coleção **NOVO CPC**
Doutrina Selecionada | 2

PROCEDIMENTO COMUM

Coordenador Geral
Fredie Didier Jr.

Organizadores
Lucas Buril de Macêdo
Ravi Peixoto
Alexandre Freire

Coleção **NOVO CPC**
Doutrina Selecionada — 2

PROCEDIMENTO COMUM

2.ª edição, revista e atualizada

CONFORME NOVO CPC

2016

EDITORA *jus*PODIVM
www.editorajuspodivm.com.br

EDITORA JusPODIVM

www.editorajuspodivm.com.br

Rua Mato Grosso, 175 – Pituba, CEP: 41830-151 – Salvador – Bahia
Tel: (71) 3363-8617 / Fax: (71) 3363-5050 • E-mail: fale@editorajuspodivm.com.br

Copyright: Edições JusPODIVM

Conselho Editorial: Dirley da Cunha Jr., Leonardo de Medeiros Garcia, Fredie Didier Jr., José Henrique Mouta, José Marcelo Vigliar, Marcos Ehrhardt Júnior, Nestor Távora, Robério Nunes Filho, Roberval Rocha Ferreira Filho, Rodolfo Pamplona Filho, Rodrigo Reis Mazzei e Rogério Sanches Cunha.

Capa: Marcelo S. Brandão (santibrando@gmail.com)

N935   Novo CPC doutrina selecionada, v. 2: procedimento comum / coordenador geral, Fredie Didier Jr. ; organizadores, Lucas Buril de Macêdo, Ravi Peixoto, Alexandre Freire. – Salvador : Juspodivm, 2016.

1152 p.

Vários autores.
Bibliografia.
ISBN 978-85-442-0741-3.

1. Processo civil - Brasil. 2. Processo civil - Legislação - Brasil I. Didier Jr., Fredie. II. Macêdo, Lucas Buril de. III. Peixoto, Ravi. IV. Freire, Alexandre. V. Título. VI. Título : procedimento comum

CDD 347.05

Todos os direitos desta edição reservados à Edições JusPODIVM.

É terminantemente proibida a reprodução total ou parcial desta obra, por qualquer meio ou processo, sem a expressa autorização do autor e da Edições JusPODIVM. A violação dos direitos autorais caracteriza crime descrito na legislação em vigor, sem prejuízo das sanções civis cabíveis.

Dedicamos este livro a Francisco Cavalcanti Pontes de Miranda, por todas as luzes que já nos forneceu, com a certeza de que suas lições continuarão fundamentais para as construções doutrinárias do Novo Código de Processo Civil.

APRESENTAÇÃO À 2ª EDIÇÃO

Inicialmente, agradecemos ao público pela rápida acolhida da *Coleção Novo CPC – Doutrina Selecionada*. Ficamos positivamente surpresos com o sucesso editorial da obra, que se esgotou em pouquíssimos meses.

Depois de esgotada a primeira edição, optamos, em vez de apenas soltar uma nova tiragem, por fazer, efetivamente, uma segunda edição da coleção *Doutrina Selecionada*, com a adição de novos textos e a revisão daqueles que já constavam, sobretudo diante da precoce alteração da Lei 13.105/2015.

Às vésperas da plena eficácia do novo Código de Processo Civil, esperamos que o *Doutrina Selecionada* cumpra sua função de fornecer aos estudantes e práticos uma visão ampla do novo sistema processual, com grande riqueza de perspectivas, auxilie na solução dos vários problemas interpretativos que se avizinham. Queremos crer que, nestes livros, reúne-se a mais recente produção da processualística brasileira.

Especificamente neste volume, que trata do Procedimento Comum, vários dos artigos foram atualizados, seja com base na recente reforma do CPC/2015, seja por conta da grande produção doutrinária existente durante o ano de 2015.

Sobre as novidades, fazemos menção ao texto de Frederico Augusto Gomes, acerca da petição inicial, tema também abordado por Oscar Valente Cardoso, ao interessante artigo de Lucio Grassi de Gouveia, sobre a audiência de saneamento e de organização do processo, ao artigo de Thiago Ferreira Siqueira, sobre julgamento fracionado do mérito, ao ensaio de Frederico Koehler, sobre a extinção do processo e a produção de efeitos favoráveis às partes, ao ensaio de Rennan Faria Krüger Thamay e Vinícius Ferreira de Andrade, sobre a sentença no CPC/2015, aos textos de Rogério Rudiniki Neto e Viviane Lemes da Rosa e de Gelson Amaro de Souza, sobre coisa julgada e ao ensaio de Rogério Rudiniki Neto, acerca dos diálogos entre o novo Código de Processo Civil e o microssistema brasileiro de tutela coletiva.

Recife, 1º de fevereiro de 2016.

Os organizadores.

Sumário

PARTE I
PETIÇÃO INICIAL

Capítulo 1 ▶ A causa de pedir no Novo Código de Processo Civil: necessidade de superação do mito da substanciação em prol de uma nova compreensão da demanda no processo civil brasileiro 31

Otávio Augusto Dal Molin Domit

1. CONSIDERAÇÕES INICIAIS 31
2. BREVE ACENO SOBRE O PROBLEMA DA INDIVIDUALIZAÇÃO DA DEMANDA E DE SEU CONTEÚDO 33
   2.1. A DEMANDA COMO TEMA CENTRAL NO PROCESSO CIVIL 33
   2.2. O INÍCIO DA POLÊMICA SUBSTANCIAÇÃO VS. INDIVIDUALIZAÇÃO NA DOUTRINA ALEMÃ 36
   2.3. A REPERCUSSÃO DA POLÊMICA SUBSTANCIAÇÃO VS. INDIVIDUALIZAÇÃO NA DOUTRINA ITALIANA 38
3. A TUTELA DOS DIREITOS COMO FIM DO PROCESSO CIVIL NO ESTADO CONSTITUCIONAL BRASILEIRO E A NECESSIDADE DE IDENTIFICAÇÃO DA DEMANDA E DE SEU CONTEÚDO A PARTIR DO DIREITO MATERIAL 44
4. A *CAUSA PETENDI* NO DIREITO BRASILEIRO: NECESSIDADE DE SUPERAÇÃO DO MITO DA SUBSTANCIAÇÃO EM PROL DA ESTRUTURAÇÃO E TRATAMENTO DO INSTITUTO NO ÂMBITO DAS RELAÇÕES ENTRE DIREITO E PROCESSO 53
5. CONCLUSÃO 63

Capítulo 2 ▶ As inovações procedimentais da petição inicial no Novo Código de Processo Civil 65

Bruno Regis Bandeira Ferreira Macedo

1. BREVES NOÇÕES DE PROCESSO E SUA EFETIVIDADE 65
2. DA PETIÇÃO INICIAL. PROVOCAÇÃO INICIAL 67
   2.1. CONSIDERAÇÕES SOBRE A NECESSIDADE DE INCLUSÃO DO CPF OU CNPJ E ENDEREÇO ELETRÔNICO 68
   2.2. A ALTERAÇÃO NO PROCEDIMENTO ORDINÁRIO. POSSIBILIDADE DE AUDIÊNCIA ANTES DA APRESENTAÇÃO DA DEFESA 70
   2.3. A JUSTIFICATIVA DO JUIZ NA EMENDA DA INICIAL 72
3. DO PEDIDO E SUAS ESPECIFICAÇÕES 73
4. CONSIDERAÇÕES FINAIS 77
5. BIBLIOGRAFIA 79

Capítulo 3 ▶ Uma leitura do art. 330, §2º, do NCPC a partir da
proporcionalidade pamprocessual 81
Frederico Augusto Gomes

1 INTRODUÇÃO 81
2 PROCESSOS BANCÁRIOS E SOCIEDADE DE MASSAS 82
3 A IMPUGNAÇÃO ESPECÍFICA DA CLÁUSULA CONTRATUAL BANCÁRIA: UMA LEITURA PARA ALÉM DO REQUISITO DA PETIÇÃO INICIAL 86
4 ALGUMAS OBJEÇÕES CONHECIDAS 90
    4.1 O ARGUMENTO É EXCESSIVAMENTE FAVORÁVEL ÀS INSTITUIÇÕES FINANCEIRAS 90
    4.2 A IDEIA É "NEOLIBERAL" 91
    4.3 O ART. 330, §2º, DO CPC É TÃO SOMENTE UM REQUISITO DA PETIÇÃO INICIAL 91
    4.4 É INVIÁVEL OU INCONSTITUCIONAL A INCIDÊNCIA DA COISA JULGADA SOBRE QUESTÃO NÃO DEBATIDA NO PROCESSO 91
REFERÊNCIAS BIBLIOGRÁFICAS 92

Capítulo 4 ▶ A Especificação do Valor Incontroverso Como um
Requisito da Petição Inicial no CPC de 2015: Novos e
Velhos Problemas 95
Oscar Valente Cardoso
Francielle Dolbert Camargo

1. INTRODUÇÃO 95
2. HISTÓRICO NORMATIVO 96
3. O ART. 330, §§ 2º E 3º, DO NOVO CPC: NOVOS E VELHOS PROBLEMAS 101
4. CONCLUSÕES 106
5. REFERÊNCIAS BIBLIOGRÁFICAS 106

PARTE II
DA IMPROCEDÊNCIA LIMINAR

Capítulo 1 ▶ Breves reflexões sobre a prescrição no Código de
Processo Civil De 2015 111
Venceslau Tavares Costa Filho

1. DELIMITAÇÃO CONCEITUAL DA PRESCRIÇÃO 111
2. PRESCRIÇÃO E USUCAPIÃO 116
3. PRESCRIÇÃO *EX OFFICIO*? 118
4. REFERÊNCIAS BIBLIOGRÁFICAS: 120

Capítulo 2 ▶ As novidades do NCPC com relação à improcedência
liminar do pedido (art. 285-A do CPC/73, atual art. 332
do NCPC) 123
Frederico Augusto Leopoldino Koehler

SUMÁRIO

1. INTRODUÇÃO 123
2. CONSTITUCIONALIDADE DA SENTENÇA LIMINAR DE IMPROCEDÊNCIA 124
3. CITAÇÃO DO RÉU PARA RESPONDER AO RECURSO 125
4. HIPÓTESES DE CABIMENTO 126
5. COISA JULGADA 128
6. PREVENÇÃO 129
7. CONCLUSÃO 130
8. BIBLIOGRAFIA 131

Capítulo 3 ▶ Reconhecimento jurídico do pedido pelo Poder Público: por uma interpretação *a contrario sensu* das hipóteses de improcedência liminar previstas no NCPC 133
Marcelo Barbi Gonçalves

1. INTRODUÇÃO 133
2. CONTEÚDO DO INTERESSE PÚBLICO: DISPONIBILIDADE X INDISPONIBILIDADE 134
3. O PODER PÚBLICO PODE RECONHECER A PROCEDÊNCIA DO PEDIDO? 138
4. ANÁLISE DOS ARGUMENTOS CONTRÁRIOS 144
5. O COMPORTAMENTO FAZENDÁRIO À LUZ DO PRINCÍPIO DA COOPERAÇÃO PROCESSUAL 149
6. BIBLIOGRAFIA 152

Capítulo 4 ▶ O contraditório efetivo do autor versus a improcedência liminar do pedido (art. 332, § 1º, do CPC/2015) 155
Márcio Oliveira Rocha

1. DELIMITAÇÃO DO *PAPER* 155
2. OS DISSABORES TEÓRICOS DA "IMPROCEDÊNCIA *PRIMA FACIE*" DO ATUAL ART. 285-A E DA IMPROCEDÊNCIA LIMINAR PROPOSTA NO ART. 332, §1º, DO CÓDIGO DE PROCESSO CIVIL DE 2015 ... 156
3. O CONTRADITÓRIO EFETIVO DO AUTOR DIANTE DA IMPROCEDÊNCIA LIMINAR DO PEDIDO, PREVISTA NO ART. 332, §1º, DO CPC/2015 162
4. CONSIDERAÇÕES FINAIS 165
5. REFERÊNCIAS 166

PARTE III
AUDIÊNCIA DE CONCILIAÇÃO OU DE MEDIAÇÃO

Capítulo 1 ▶ Algumas observações sobre a obrigatoriedade da audiência de conciliação ou mediação no Novo CPC 169
Sérgio Luiz de Almeida Ribeiro
Carolina Uzeda Libardoni

1. INTRODUÇÃO 169

2. O NOVO CPC E O ESTÍMULO PARA SOLUÇÃO CONSENSUAL DO CONFLITO 171
3. DA OBRIGATORIEDADE DA AUDIÊNCIA DE CONCILIAÇÃO OU DE MEDIAÇÃO 173
4. A ALEGAÇÃO DA CONVENÇÃO DE ARBITRAGEM COMO JUSTO MOTIVO PARA AUSÊNCIA À AUDIÊNCIA DESIGNADA 177
5. DA DISPENSA DE ALEGAÇÃO EM PRELIMINAR QUANDO A CONVENÇÃO DE ARBITRAGEM SERVIR COMO JUSTIFICATIVA À AUSÊNCIA À AUDIÊNCIA DE CONCILIAÇÃO 179
6. CONCLUSÃO 181

Capítulo 2 ▶ Advocacia e meios consensuais: novas visões, novos ganhos 183
Fernanda Tartuce

1. CONTEXTUALIZAÇÃO E RELEVÂNCIA DO TEMA 183
2. CRISE, DESGASTES NA PRÁTICA ADVOCATÍCIA E PLURALIDADE DE ENTENDIMENTOS 184
3. O ATENDIMENTO DO CLIENTE ANTE A NARRAÇÃO DO CONFLITO 186
4. PENSAMENTO TRADICIONAL DOS ADVOGADOS E ADOÇÃO DE MEIOS CONSENSUAIS 188
5. ATUAÇÃO DO ADVOGADO PARA APRESENTAR AS VANTAGENS DOS MEIOS CONSENSUAIS AO CLIENTE 190
6. ATUAÇÃO DO ADVOGADO NOS MEIOS CONSENSUAIS 193
   6.1. ATUAÇÃO ANTES DA SESSÃO CONSENSUAL 193
   6.2. ATUAÇÃO DURANTE A SESSÃO CONSENSUAL 194
7. PERCEPÇÃO DE HONORÁRIOS PELOS ADVOGADOS NOS MEIOS CONSENSUAIS 196
8. CONCLUSÕES 197
9. REFERÊNCIAS BIBLIOGRÁFICAS 198

PARTE IV
RESPOSTA DO RÉU

Capítulo 1 ▶ Da Contestação no novo Código de Processo Civil de 2015. Aspectos relevantes 203
Ronaldo Kochem

INTRODUÇÃO 203
1. O PRAZO DE CONTESTAÇÃO E SEUS TERMOS INICIAIS 205
2. A REGRA DA EVENTUALIDADE E AS PRELIMINARES 210
3. O ÔNUS DA IMPUGNAÇÃO ESPECÍFICA 216
4. A CLASSIFICAÇÃO DAS ALEGAÇÕES DO RÉU NA CONTESTAÇÃO 217
CONSIDERAÇÕES FINAIS 221
REFERÊNCIAS BIBLIOGRÁFICAS 221

Capítulo 2 ▶ A revelia no Novo Código de Processo Civil 225
Cristiane Druve Tavares Fagundes

1. INTRODUÇÃO: EXPECTATIVAS QUANTO AO NOVO CÓDIGO DE PROCESSO CIVIL 225
2. BREVE CONTEXTUALIZAÇÃO DAS NORMAS CONCERNENTES À REVELIA NO NOVO CÓDIGO DE PROCESSO CIVIL 226
3. PRINCIPAIS DISPOSIÇÕES DA NOVEL LEGISLAÇÃO ACERCA DA REVELIA 226
   3.1. CONCEITO 226
   3.2. FORMALIDADES DO ATO CITATÓRIO 230
   3.3. EFEITOS DA REVELIA 231
      3.3.1. PRESUNÇÃO DE VERACIDADE E PRODUÇÃO DE PROVAS 231
      3.3.2. OUTROS EFEITOS 238
4. CONCLUSÕES 239
5. BIBLIOGRAFIA 240

PARTE V
SANEAMENTO DO PROCESSO, ESTABILIZAÇÃO DA DEMANDA E FORMAÇÃO, SUSPENSÃO E EXTINÇÃO DO PROCESSO

Capítulo 1 ▶ A Possibilidade de Realização da Audiência de Saneamento e Organização no Novo Código de Processo Civil Brasileiro 243
Lúcio Grassi de Gouveia

1. INTRODUÇÃO 243
2. DO SANEAMENTO E ORGANIZAÇÃO DO PROCESSO NO CPC/1973 E NO CPC/2015 244
3. A IMPORTÂNCIA DA AUDIÊNCIA DE SANEAMENTO E ORGANIZAÇÃO DO PROCESSO 248
4. A PREVISÃO DE REALIZAÇÃO DA AUDIÊNCIA DE SANEAMENTO E ORGANIZAÇÃO DO PROCESSO PELO CPC/2015 253
5. CONCLUSÕES 255
REFERÊNCIAS 256

Capítulo 2 ▶ O saneamento consensual 259
Júlia Lipiani
Marília Siqueira

1. INTRODUÇÃO 259
2. O PRINCÍPIO DO RESPEITO AO AUTORREGRAMENTO DA VONTADE X PODERES DO JUIZ 261
3. OS REQUISITOS DE VALIDADE DO SANEAMENTO CONSENSUAL 266
4. CONDIÇÃO DE EFICÁCIA DO SANEAMENTO CONSENSUAL: NECESSIDADE DE HOMOLOGAÇÃO JUDICIAL 270
5. BREVE COMPARAÇÃO COM A ARBITRAGEM 275
6. CONCLUSÃO 277
7. BIBLIOGRAFIA 280

Capítulo 3 ▶ O agir comunicativo em J. Habermas como premissa para a compreensão do saneamento e organização do processo no CPC/15 283
Rafael Calmon Rangel

1. INTRODUÇÃO 283
2. O CARÁTER IMANENTE DO DIREITO DE SER OUVIDO E INFLUENCIAR NA DECISÃO JUDICIAL 285
3. O AGIR COMUNICATIVO EM JÜRGEN HABERMAS 287
4. TENTATIVA DE SISTEMATIZAÇÃO ENTRE A TEORIA DO AGIR COMUNICATIVO E AS ATIVIDADES SANEADORAS E ORGANIZATÓRIAS DO PROCESSO 291
5. CONCLUSÃO 295
6. REFERÊNCIAS 296

Capítulo 4 ▶ A Estabilização da Demanda no Novo CPC: Uma Oportunidade Perdida? 299
Andre Vasconcelos Roque

1. ASPECTOS GERAIS SOBRE O TEMA 299
2. A ESTABILIZAÇÃO DA DEMANDA NO CÓDIGO DE PROCESSO CIVIL DE 1973 303
3. A TORRE DE BABEL NO PROCESSO CIVIL BRASILEIRO NA VIGÊNCIA DO CPC DE 1973 309
4. A PROPOSTA ORIGINAL DO ANTEPROJETO 317
5. O GIRO DE 360 GRAUS: VOLTANDO PARA O MESMO LUGAR 323
6. CONSIDERAÇÕES FINAIS 326
7. REFERÊNCIAS BIBLIOGRÁFICAS 328

Capítulo 5 ▶ Algumas notas sobre a formação, suspensão e extinção do processo no Novo Código de Processo Civil 333
Mirna Cianci

1. FORMAÇÃO DO PROCESSO 333
2. SUSPENSÃO DO PROCESSO 338
3. EXTINÇÃO DO PROCESSO 349
4. OBRAS CONSULTADAS 350

PARTE VI
JULGAMENTO CONFORME O ESTADO DO PROCESSO

Capítulo 1 ▶ Do julgamento antecipado parcial do mérito: primeira abordagem do tema no novo CPC 355
Deocleciano Otávio Neto
Mateus Costa Pereira
Pedro Spíndola Bezerra Alves

1. INTRODUÇÃO 355

2. A "OPÇÃO" DO LEGISLADOR DE 2002: ANTECIPAÇÃO DE TUTELA OU RESOLUÇÃO PARCIAL DA LIDE? 356

3. "TUTELA DA EVIDÊNCIA" X RESOLUÇÃO FRACIONADA DO MÉRITO 359

4. JULGAMENTO TOTAL E PARCIAL DO MÉRITO: NOTAS DISTINTIVAS, IMPORTÂNCIA DO FRACIONAMENTO E DISCIPLINA RECURSAL 361

5. REFERÊNCIAS BIBLIOGRÁFICAS 364

Capítulo 2 ▶ Resolução parcial e progressiva de mérito – fracionamento em busca da brevidade e efetividade 367
Orlando Augusto Carnevali

1. INTRODUÇÃO 367
2. DA CUMULAÇÃO E DESACUMULAÇÃO DE DEMANDAS 369
3. A RESOLUÇÃO PARCIAL DE MÉRITO 373
   3.1. BREVES CONSIDERAÇÕES SOBRE A CISÃO DO JULGAMENTO 373
   3.2. UTILIDADE DO JULGAMENTO PARCIAL COMO FORMA DE ABREVIAR O TEMPO DO PROCESSO. 377
4. OS PROVIMENTOS JUDICIAIS QUE POSSIBILITAM O FRACIONAMENTO DE MÉRITO 379
   4.1. O JULGAMENTO DO PEDIDO INCONTROVERSO 380
      4.1.1. O §6º DO ART. 273 DO CPC 380
      4.1.2. DO PEDIDO INCONTROVERSO 381
      4.1.3. DA COGNIÇÃO EXERCIDA, DEFINITIVIDADE E OUTRAS CARACTERÍSTICAS DO PROVIMENTO 382
   4.2. A SENTENÇA PARCIAL 384
      4.2.1. A SENTENÇA PRÉ E PÓS LEI Nº 11.232/2005 384
      4.2.2. A SENTENÇA PARCIAL DE MÉRITO 386
      4.2.3. A SENTENÇA PARCIAL TERMINATIVA 388
      4.2.4. COMPREENSÃO DO ART. 273, §6º, DO CPC: SENTENÇA PARCIAL X DECISÃO INTERLOCUTÓRIA DE MÉRITO 390
      4.2.5. O RECURSO CABÍVEL DA SENTENÇA PARCIAL 391
5. RESOLUÇÃO FRACIONADA DE MÉRITO NO NOVO CÓDIGO DE PROCESSO CIVIL – LEI Nº 13.105/2015 394
6. CONCLUSÃO 397
7. REFERÊNCIAS 400

Capítulo 3 ▶ O Julgamento Antecipado Parcial do Mérito no Novo Código de Processo Civil Brasileiro 403
Thiago Ferreira Siqueira

1. INTRODUÇÃO: O ART. 356 DO NOVO CÓDIGO DE PROCESSO CIVIL 404
2. O MÉRITO E SEU JULGAMENTO NA ESTRUTURA DO PROCESSO CIVIL DE CONHECIMENTO 404
3. A FRAGMENTAÇÃO DO **MERITUM CAUSAE** E DE SEU JULGAMENTO 407
4. O ESTADO DA QUESTÃO NO CÓDIGO DE PROCESSO CIVIL DE 1973 408

4.1. O CÓDIGO DE 1973 EM SUA REDAÇÃO ORIGINAL 409
    4.1.1. ALGUMAS INCOERÊNCIAS DO SISTEMA 412
4.2. O § 6º DO ART. 273 DO CPC 413
5. O "JULGAMENTO ANTECIPADO PARCIAL DO MÉRITO" NO NOVO CÓDIGO DE PROCESSO CIVIL 417
    5.1. NATUREZA JURÍDICA: RESOLUÇÃO DO MÉRITO (CAPUT - "O JUIZ DECIDIRÁ PARCIALMENTE O MÉRITO") 418
    5.2. REQUISITOS PARA A INCIDÊNCIA DO DISPOSITIVO 420
        5.2.1. REQUISITOS: OBJETO DO PROCESSO DIVISÍVEL (CAPUT - "QUANDO UM OU MAIS DOS PEDIDOS FORMULADOS OU PARCELA DELES") 420
        5.2.2. REQUISITOS: INCONTROVÉRSIA PARCIAL (INCISO I – "MOSTRAR-SE INCONTROVERSO") 422
        5.2.3. REQUISITOS: CONDIÇÕES DE JULGAMENTO (INCISO II – "ESTIVER EM CONDIÇÕES DE IMEDIATO JULGAMENTO, NOS TERMOS DO ART. 355") 426
    5.3. CONSEQUÊNCIAS PARA O SISTEMA PROCESSUAL 426
        5.3.1. CONSEQUÊNCIAS: CORRELAÇÃO ENTRE DEMANDA E DECISÃO (§ 1º - "A DECISÃO QUE JULGAR PARCIALMENTE O MÉRITO PODERÁ RECONHECER A EXISTÊNCIA DE OBRIGAÇÃO LÍQUIDA OU ILÍQUIDA") 426
        5.3.2. CONSEQUÊNCIAS: EXECUÇÃO OU LIQUIDAÇÃO IMEDIATA (§ 2º - A PARTE PODERÁ LIQUIDAR OU EXECUTAR, DESDE LOGO, A OBRIGAÇÃO RECONHECIDA NA DECISÃO QUE JULGAR PARCIALMENTE O MÉRITO) 427
        5.3.3. CONSEQUÊNCIAS: COISA JULGADA PARCIAL E AÇÃO RESCISÓRIA (§ 3º - [...] SE HOUVER TRÂNSITO EM JULGADO DA DECISÃO, A EXECUÇÃO SERÁ DEFINITIVA.) 430
        5.3.4. CONSEQUÊNCIAS: CLASSIFICAÇÃO DOS PRONUNCIAMENTOS JUDICIAIS E RECORRIBILIDADE (§5º - "A DECISÃO PROFERIDA COM BASE NESTE ARTIGO É IMPUGNÁVEL POR AGRAVO DE INSTRUMENTO") 434
6. CONVENIÊNCIA E LIMITES DA TÉCNICA DA FRAGMENTAÇÃO DO JULGAMENTO DO MÉRITO 437
7. CONCLUSÃO 443

PARTE VII
DECISÃO JUDICIAL E COISA JULGADA

Capítulo 1 ▶ Contornos da fundamentação no Novo CPC 447
Beclaute Oliveira Silva

1. INTRODUÇÃO 447
2. FUNDAMENTAÇÃO DA DECISÃO JUDICIAL COMO GARANTIA CONSTITUCIONAL 448
3. FUNDAMENTAÇÃO DA DECISÃO JUDICIAL, CONCEITO JURÍDICO INDETERMINADO? 450
4. O LEGISLADOR E A CONCREÇÃO DA FUNDAMENTAÇÃO 452
    4.1. (IN)COMPETÊNCIA LEGISLATIVA PARA DEFINIR ABSTRATAMENTE DECISÃO NÃO FUNDAMENTADA 453
    4.2. ROL DO ART. 489, §1º, DO NOVO CPC (EXEMPLIFICATIVO OU TAXATIVO?) 455
5. ANÁLISE DO ART. 489, §1º, DO NOVO CPC 456
    5.1. HIPÓTESE DO ART. 489, §1º, I, DO NOVO CPC 456

5.2. HIPÓTESE DO ART. 489, §1º, II, DO NOVO CPC	457
5.3. HIPÓTESE DO ART. 489, §1º, III, DO NOVO CPC	457
5.4. HIPÓTESE DO ART. 489, §1º, IV, DO NOVO CPC	458
5.5. HIPÓTESE DO ART. 489, §1º, V, DO NOVO CPC	458
5.6. HIPÓTESE DO ART. 489, §1º, VI, DO NOVO CPC	459
6. CONCLUSÃO?	460
7. REFERÊNCIAS	461

Capítulo 2 ▶ O dever de motivação em questões de fato e de direito como garantia do jurisdicionado no Novo CPC: breves notas sobre os aportes da teoria do direito para a constitucionalização do processo civil 463
Daniel Giotti

1. INTRODUÇÃO	463
2. AS NARRATIVAS DA REALIDADE COMO CONSTRUÇÕES, OS ARGUMENTOS EM TORNO A FATOS E O DEVER DE ANÁLISE PELO JULGADOR	465
3. AS NORMAS JURÍDICAS APLICÁVEIS AO CASO E O DEVER DE SUA REVELAÇÃO/MOTIVAÇÃO PELO JULGADOR	468
4. UM JUIZ ATENTO AOS ARGUMENTOS... E AOS LIMITES DO DIREITO	475
5. BIBLIOGRAFIA	476

Capítulo 3 ▶ A fundamentação das decisões judiciais e o Novo Código de Processo Civil: uma mudança profunda 477
Fábio Luís Pereira de Souza

1. INTRODUÇÃO	477
2. BREVE SÍNTESE HISTÓRICA	479
3. A FUNDAMENTAÇÃO DAS DECISÕES JUDICIAIS NO CPC/1973	480
4. A FUNDAMENTAÇÃO DAS DECISÕES JUDICIAIS NO NOVO CÓDIGO DE PROCESSO CIVIL	486
4.1. O §1º DO ART. 489 DO NOVO CÓDIGO DE PROCESSO CIVIL	486
4.2. AS HIPÓTESES DE DECISÃO NÃO FUNDAMENTADA PREVISTAS NO §1º DO ART. 489	487
4.2.1. MERA INDICAÇÃO, REPRODUÇÃO OU PARÁFRASE DE ATO NORMATIVO	487
4.2.2. O EMPREGO DE CONCEITOS JURÍDICOS INDETERMINADOS	488
4.2.3. A DECISÃO GENÉRICA	488
4.2.4. OS ARGUMENTOS CAPAZES DE, EM TESE, INFIRMAR A DECISÃO DO JULGADOR	489
4.2.5. A INVOCAÇÃO DE PRECEDENTE OU ENUNCIADO DE SÚMULA	490
4.2.6. O NÃO SEGUIMENTO DE SÚMULA, JURISPRUDÊNCIA OU PRECEDENTE INVOCADO PELA PARTE	491
4.3. OS §§2º E 3º DO ART. 489 DO NOVO CPC	493
4.4. CONSIDERAÇÕES FINAIS	494

5. CONCLUSÃO 495
6. REFERÊNCIAS BIBLIOGRÁFICAS.. 496

Capítulo 4 ▶ Os Efeitos da Sentença no Novo Código de Processo Civil.. 499
Francisco Barros Dias

1. – INTRODUÇÃO 499
2. – QUESTÃO TERMINOLÓGICA – IDENTIDADE OU DISTINÇÃO ENTRE EFICÁCIA E EFEITO. 501
3. – O SIGNIFICADO DAS EXPRESSÕES EFICÁCIA E EFEITOS DA SENTENÇA. 502
   3.1 – UMA BREVE ANÁLISE DE EFICÁCIA E EFEITO NO CAMPO DA TEORIA GERAL DO DIREITO. 502
   3.2 – EFICÁCIA E EFEITOS NO CAMPO PROCESSUAL. 503
4. – CLASSIFICAÇÃO E CARACTERIZAÇÃO DOS EFEITOS DA SENTENÇA. 506
5. – O QUE REPRESENTA OS EFEITOS DA SENTENÇA NO CAMPO PRÁTICO E A IMPORTÂNCIA QUE ADQUIRE NO PROCESSO NOS DIAS DE HOJE. 509
6. - OS EFEITOS DA SENTENÇA NO NOVO CÓDIGO DE PROCESSO CIVIL. 512
7 - CONCLUSÕES 517
8. - BIBLIOGRAFIA. 518

Capítulo 5 ▶ A fundamentação das decisões judiciais no NCPC e o resgate da categoria jurídica da incidência....................... 521
Jaldemiro Rodrigues de Ataíde Júnior

1. CONSIDERAÇÕES INICIAIS 521
2. DO NECESSÁRIO RESGATE DA TEORIA DA INCIDÊNCIA.. 526
3. BREVES CONSIDERAÇÕES SOBRE O PRINCÍPIO DA FUNDAMENTAÇÃO......................... 537
4. DA FUNDAMENTAÇÃO ADEQUADA INSTITUÍDA PELO NCPC 542
5. CONCLUSÕES... 548

Capítulo 6 ▶ A interpretação da sentença judicial no processo civil....... 551
Clóvis Juarez Kemmerich

1. INTRODUÇÃO... 551
2. O OBJETIVO DA INTERPRETAÇÃO DA SENTENÇA JUDICIAL....................................... 553
   2.1. O TEXTUALISMO 558
   2.2. A BUSCA DA INTENTIO OPERIS... 559
   2.3. A REALIDADE DA INTENTIO LECTORIS 560
   2.4. A BUSCA DA INTENÇÃO DO JUIZ EXTERIORIZADA NA SENTENÇA 563
3. ESTRATÉGIAS PARA INTERPRETAÇÃO 569
   3.1. A LEITURA NO CONTEXTO 570
   3.2. A LEITURA NO SENTIDO USUAL: VOCABULÁRIO, GRAMÁTICA E LÓGICA............. 574
   3.3. O PRINCÍPIO DA CARIDADE 577
4. ASPECTOS PROCESSUAIS DA INTERPRETAÇÃO DA SENTENÇA................................. 580

5. CONCLUSÕES 586
6. REFERÊNCIAS 587

Capítulo 7 ▶ Fundamentando decisões com outras decisões 593
Leonard Ziesemer Schmitz

1. NOTAS INTRODUTÓRIAS – CULTURA DE PRECEDENTES, OU CULTURA DE EMENTAS? 593
2. ORIGENS POLÍTICAS E ECONÔMICAS DA PADRONIZAÇÃO DECISÓRIA 597
3. EQUÍVOCOS NA TROPICALIZAÇÃO DA DOUTRINA DE PRECEDENTES 599
4. O PROBLEMA DAS DECISÕES QUE JÁ "NASCEM COMO PRECEDENTES" 601
5. PREMISSAS PARA COMPREENDER E UTILIZAR OS "PRECEDENTES" 604
    5.1. A DECISÃO JUDICIAL NÃO É FRUTO DE UM EXERCÍCIO DE SILOGISMO 604
    5.2. PRECEDENTES SÃO TEXTOS, E DEVEM SER INTERPRETADOS 606
    5.3. O PRECEDENTE É UM PONTO DE PARTIDA 609
6. A FUNDAMENTAÇÃO ADEQUADA NA UTILIZAÇÃO DE "PRECEDENTES" 611
    6.1. OS PROBLEMAS DA MÁ-FUNDAMENTAÇÃO – O USO ESTRATÉGICO DA JURISDIÇÃO 612
    6.2. O QUE É FUNDAMENTAR COM BASE EM PRECEDENTES? 614
7. CONCLUSÕES – A UTILIZAÇÃO CONSCIENTE DOS PRECEDENTES JUDICIAIS 616
8. BIBLIOGRAFIA 618

Capítulo 8 ▶ Sentença no Novo CPC 621
Rennan Faria Krüger Thamay
Vinícius Ferreira De Andrade

1. ASPECTOS INICIAIS 621
2. SENTENÇA NO NOVO CPC 622
3. APONTAMENTOS SOBRE AS ESPÉCIES DE SENTENÇAS 624
4. SENTENÇA: DESTINATÁRIOS, EFICÁCIAS E EFEITOS 629
5. ELEMENTOS DA SENTENÇA 630
6. SENTENÇA E O DEVER DE FUNDAMENTAÇÃO 633
REFERÊNCIAS BIBLIOGRÁFICAS 637

Capítulo 9 ▶ A Extinção do Processo sem Julgamento de Mérito e a Produção de Efeitos Favoráveis às Partes no Novo Código de Processo Civil 639
Frederico Augusto Leopoldino Koehler

1. INTRODUÇÃO 639
2. EFEITOS BENÉFICOS DA EXTINÇÃO DO PROCESSO SEM JULGAMENTO DO MÉRITO PARA O AUTOR 640
3. EFEITOS BENÉFICOS DA EXTINÇÃO DO PROCESSO SEM JULGAMENTO DO MÉRITO PARA O RÉU: PEREMPÇÃO, COISA JULGADA FORMAL E O CASO ESPECIAL DA AÇÃO CONSIGNATÓRIA 642

3.1. O LEVANTAMENTO DOS DEPÓSITOS PECUNIÁRIOS NA AÇÃO CONSIGNATÓRIA E O ARTIGO 545, PARÁGRAFO 1º, DO NCPC 643

3.2. EFEITOS DO AJUIZAMENTO DA AÇÃO CONSIGNATÓRIA.. 645

3.3. NATUREZA JURÍDICA DA SENTENÇA E DO DEPÓSITO PECUNIÁRIO NA AÇÃO CONSIGNATÓRIA . 646

4. CONCLUSÃO 656

5. REFERÊNCIAS BIBLIOGRÁFICAS.. 656

Capítulo 10 ▶ Hipoteca judiciária: breves noções e sua nova roupagem segundo o Novo Código de Processo Civil 659
Rodrigo Mazzei
Lucas Fernando Dummer Serpa

1. UMA ABORDAGEM INICIAL 659

2. A NATUREZA JURÍDICA DA HIPOTECA JUDICIÁRIA 662

   2.1. DIREITO DE NATUREZA PROCESSUAL?... 663

   2.2. DIREITO DE NATUREZA MATERIAL?.. 663

   2.3. HIPOTECA JUDICIÁRIA COMO DIREITO DE NATUREZA BIFRONTE 665

3. HIPOTECA JUDICIÁRIA NO NOVO CÓDIGO DE PROCESSO CIVIL 668

4. BIBLIOGRAFIA.. 677

Capítulo 11 ▶ A força da sentença influencia na fixação dos honorários de sucumbência?... 681
Rinaldo Mouzalas de Souza e Silva
Marcello Trindade Paulo

1. INTRODUÇÃO 681

2. CONSIDERAÇÕES INICIAIS... 682

3. HONORÁRIOS ADVOCATÍCIOS DE SUCUMBÊNCIA: SISTEMÁTICA DO CÓDIGO DE PROCESSO CIVIL DE 1973 687

4. HONORÁRIOS ADVOCATÍCIOS DE SUCUMBÊNCIA EM SENTENÇA DECLARATÓRIA APÓS A EDIÇÃO DA LEI Nº 11.232/05 688

5. HONORÁRIOS ADVOCATÍCIOS DE SUCUMBÊNCIA EM SENTENÇA DECLARATÓRIA ANTES DA EDIÇÃO DA LEI Nº 11.232/05... 690

6. HONORÁRIOS ADVOCATÍCIOS DE SUCUMBÊNCIA EM SENTENÇA DECLARATÓRIA NO NOVO CÓDIGO DE PROCESSO CIVIL.. 694

7. CONCLUSÕES.. 695

8. REFERÊNCIAS.. 696

Capítulo 12 ▶ Limites objetivos da coisa julgada no Novo Código de Processo Civil Brasileiro 697
Alexandre Freitas Câmara

Capítulo 13 ▶ Coisa julgada nas relações tributárias sucessivas e a mudança do Estado de Direito decorrente do precedente do STF 707
Antonio Carlos F. de Souza Júnior

1. INTRODUÇÃO 707
2. COISA JULGADA NAS RELAÇÕES JURÍDICAS TRIBUTÁRIAS CONTINUATIVAS 708
   2.1. ENUNCIADO Nº 239 DA SÚMULA DO SUPREMO TRIBUNAL FEDERAL 711
3. A DECISÃO DO STF COMO MUDANÇA DO ESTADO DE DIREITO 714
4. AÇÃO DE MODIFICAÇÃO PREVISTA NO ARTIGO 505, INCISO I, DO CÓDIGO DE PROCESSO CIVIL DE 2015 718
5. CONCLUSÃO 721

Capítulo 14 ▶ Coisa Julgada e o Momento de sua Configuração 723
Gelson Amaro de Souza

INTRODUÇÃO 723
1. CONCEITO DE COISA JULGADA 724
2. NORMA DO ART. 467, DO CPC. 727
3. SENTENÇAS QUE NÃO PASSAM FORMALMENTE EM JULGADO 728
   3.1. DEPENDENTE DE REMESSA NECESSÁRIA 728
   3.2. RECURSO CONHECIDO 729
4. SENTENÇAS QUE NÃO PASSAM MATERIALMENTE EM JULGADO 731
   4.1. SENTENÇA INCONSTITUCIONAL 731
   4.2. FALTA DE CONDIÇÕES DA AÇÃO 735
   4.3. FALTA DE PRESSUPOSTO PROCESSUAL 735
   4.4. SENTENÇA DE IMPROCEDÊNCIA 737
      4.4.1. IMPROCEDÊNCIA POR FALTA DE PROVA 739
   4.5. PROCESSOS CONEXOS 742
5. IMPOSSIBILIDADE DE RECURSO E A MODIFICAÇÃO DO JULGADO 742
   5.1. PRECLUSÃO CONSUMATIVA 743
   5.2. PRECLUSÃO TEMPORAL 743
   5.3. REMESSA NECESSÁRIA 744
   5.4. RECURSO COM EFEITO TRANSLATIVO 744
6. MOMENTO DO TRÂNSITO EM JULGADO 745
   6.1. IMPOSSIBILIDADE DE COISA JULGADA SOMENTE PARA UMA DAS PARTES 746
7. O SISTEMA PROCESSUAL BRASILEIRO 748
BIBLIOGRAFIA 749

Capítulo 15 ▶ Limites Objetivos Da Coisa Julgada No CPC/2015 E O Fantasma Da Simplificação Desintegradora 753
Daniel Guimarães Zveibil

1. REFORMAS PROCESSUAIS E O TEXTO DO CPC/2015 EM MATÉRIA DE LIMITES DA COISA JULGADA: DE 1939 A 2015. 753
2. QUESTÕES PREJUDICIAIS E INCIDÊNCIA DE COISA JULGADA MATERIAL NO CPC/2015: MÉRITOS E LIMITAÇÕES. 756
   2.1. PROCEDÊNCIA DO ARGUMENTO DA "ECONOMIA PROCESSUAL". 756
   2.2. PRINCÍPIO DA ECONOMIA PROCESSUAL *VS.* SIMPLICAÇÕES DESINTEGRADORAS: CAUTELA NECESSÁRIA. 757
   2.3 PRINCÍPIO DA ECONOMIA PROCESSUAL *VS.* SIMPLIFICAÇÕES DESINTEGRADORAS: PEQUENA APRESENTAÇÃO DA EVOLUÇÃO NORTE-AMERICANA QUANTO AO *COLLATERAL ESTOPPEL* (OU *ISSUE PRECLUSION*)... 759
   2.4 PRINCÍPIOS DISPOSITIVO *VS.* INQUISITIVO: RUPTURA ENTRE 1973 E 2015? 761
   2.5 MODELO COOPERATIVO DO CPC/2015: O FATOR *CONTRADITÓRIO PRÉVIO E EFETIVO* EQUILIBRANDO A RELAÇÃO PROCESSUAL. 762
   2.6 O PAPEL FUNDAMENTAL QUE O DESPACHO SANEADOR PODE EXERCER NA AMPLIAÇÃO DOS LIMITES OBJETIVOS DA COISA JULGADA; COMPETÊNCIA PARA RECONHECIMENTO DA COISA JULGADA EM QUESTÃO PREJUDICIAL. 766
   2.7 OS RISCOS ADVINDOS DA ABERTURA TOTAL DE MATÉRIAS A SUPORTAREM A AMPLIAÇÃO OBJETIVA DA COISA JULGADA: NECESSIDADE DE PLANEJAMENTO. 768
   2.8 APLICAÇÃO DO NOVEL INSTITUTO E O PRINCÍPIO HEDONISTA. 769
   2.9 DEPENDÊNCIA DA RESOLUÇÃO DA QUESTÃO PREJUDICIAL PARA O JULGAMENTO DE MÉRITO.. 772
   2.10. COMO INTERPRETARMOS O § 2.º DO ART. 503 DO CPC/2015? 774
3. LIMITAÇÕES DO INSTITUTO QUE DEVEM SER RESPEITADAS; O EXERCÍCIO DA JURISDIÇÃO COMO PRESTAÇÃO DE UM SERVIÇO PÚBLICO. 775
4. BIBLIOGRAFIA. 777

Capítulo 16 ▶ A Coisa julgada formal no novo Código de Processo Civil 779
Luiz Eduardo Ribeiro Mourão

1. CONCEITO DE COISA JULGADA. 779
2. FINALIDADE DA COISA JULGADA. 780
3. ESPÉCIES DE COISA JULGADA. 780
4. A COISA JULGADA FORMAL NO NOVO CÓDIGO DE PROCESSO CIVIL. 782

Capítulo 17 ▶ Extensão da coisa julgada à resolução da questão prejudicial incidental no Novo Código de Processo Civil Brasileiro 783
Fredie Didier Jr.

1. INTRODUÇÃO. 783
2. QUESTÃO PRINCIPAL E QUESTÃO INCIDENTAL. 784

3. CONCEITO DE QUESTÃO PREJUDICIAL 784
4. QUESTÃO PREJUDICIAL EXPRESSA E INCIDENTALMENTE DECIDIDA 786
5. QUESTÃO PREJUDICIAL INCIDENTAL EXPRESSAMENTE DECIDIDA E EFEITO DEVOLUTIVO DO RECURSO 787
6. DOIS REGIMES JURÍDICOS DISTINTOS DE COISA JULGADA: COISA JULGADA RELATIVA À SOLUÇÃO DA QUESTÃO PRINCIPAL E COISA JULGADA RELATIVA À SOLUÇÃO DA QUESTÃO PREJUDICIAL INCIDENTAL... 788

   6.1. IMPEDIMENTOS À EXTENSÃO DA COISA JULGADA À RESOLUÇÃO DA QUESTÃO PREJUDICIAL INCIDENTAL 788

      6.1.1. OBJEÇÃO DE IMPERTINÊNCIA 788
      6.1.2. OBJEÇÃO DE AUSÊNCIA DE CONTRADITÓRIO 789
      6.1.3. OBJEÇÃO DE INCOMPETÊNCIA 789
      6.1.4. OBJEÇÃO DE COGNIÇÃO INSUFICIENTE 790

   6.2. ALEGAÇÃO DAS OBJEÇÕES À EXTENSÃO DA COISA JULGADA À PREJUDICIAL INCIDENTAL 790
   6.3. INSTRUMENTO PARA O CONTROLE DA COISA JULGADA RELATIVA À PREJUDICIAL INCIDENTAL 791
   6.4. QUESTÃO PREJUDICIAL PRINCIPAL 791
   6.5. A SOBREVIVÊNCIA DA AÇÃO DECLARATÓRIA INCIDENTAL. 791
   6.6. AÇÃO DECLARATÓRIA AUTÔNOMA 792
   6.7. DIREITO TRANSITÓRIO. 793

Capítulo 18 ▶ A duração razoável do processo e o fenômeno da coisa julgada no Novo Código de Processo Civil 795
José Henrique Mouta Araújo

1. DELIMITAÇÃO DO TEMA: A DURAÇÃO RAZOÁVEL DO PROCESSO E O NOVO CPC 795
2. O NOVO CPC, A REVISÃO CONCEITUAL DA COISA JULGADA E O FENÔMENO DA DURAÇÃO RAZOÁVEL DO PROCESSO 798
3. CONCLUSÕES 812
4. REFERÊNCIAS BIBLIOGRÁFICAS 815

Capítulo 19 ▶ Da coisa julgada no Novo Código de Processo Civil (L. 13.105/2015): Conceito e limites objetivos 819
Luiz Dellore

1. INTRODUÇÃO 819
2. DO CONCEITO DE COISA JULGADA 820
3. DO CONCEITO DE COISA JULGADA NO NCPC: OPORTUNIDADE PERDIDA 822
4. DOS LIMITES OBJETIVOS DA COISA JULGADA: MODIFICAÇÃO NO NCPC E TRAMITAÇÃO LEGISLATIVA . 823

   4.1. POSIÇÕES FAVORÁVEIS À INOVAÇÃO 826
   4.2. POSIÇÕES DESFAVORÁVEIS À INOVAÇÃO 829
   4.3 DÚVIDAS EM RELAÇÃO AO NOVO SISTEMA 834

5. CONCLUSÕES 836
6. BIBLIOGRAFIA 836

Capítulo 20 ▶ A nova coisa julgada formal e o CPC/2015 839
Ravi Peixoto

1. ASPECTOS INTRODUTÓRIOS ACERCA DA COISA JULGADA 839
2. COISA JULGADA FORMAL E MATERIAL – VISÃO CLÁSSICA DO INSTITUTO À LUZ DO CPC/1973 841
3. CRÍTICAS AO CONCEITO CLÁSSICO DE COISA JULGADA FORMAL – A REGULAÇÃO DO CPC/1973 843
4. A COISA JULGADA FORMAL NO CPC/2015 845
   4.1. EM SUMA, A PROPOSTA DE DIFERENCIAÇÃO DE CONCEITOS 848
5. CONCLUSÃO 849

Capítulo 21 ▶ A coisa julgada no Novo Código de Processo Civil 851
Rennan Faria Krüger Thamay
Rafael Ribeiro Rodrigues

1. A COISA JULGADA 851
2. A COISA JULGADA NO CPC/73 860
3. A COISA JULGADA NO CPC/2015 869
4. CONSIDERAÇÕES FINAIS 873
5. REFERÊNCIAS BIBLIOGRÁFICAS 874

Capítulo 22 ▶ Um Novo Código de Processo Civil, Uma Nova Coisa Julgada 879
Rogério Rudiniki Neto
Viviane Lemes da Rosa

1. INTRODUÇÃO 879
2. AS MODIFICAÇÕES REALIZADAS PELO NOVO CÓDIGO DE PROCESSO CIVIL EM RELAÇÃO À COISA JULGADA 881
3. O DESAFIO DA COISA JULGADA SOBRE QUESTÃO PREJUDICIAL 884
   3.1 OS PRESSUPOSTOS DE INCIDÊNCIA 884
   3.2 A QUESTÃO PREJUDICIAL E A ARGUIÇÃO INCIDENTAL DE FALSIDADE DOCUMENTAL 891
   3.3 O CABIMENTO DE RECURSO DO VENCEDOR CONTRA A QUESTÃO PREJUDICIAL DECIDIDA EM SEU DESFAVOR 893
4. CONTRATUALIZAÇÃO DA COISA JULGADA 896
5. CONCLUSÕES 903
6. REFERÊNCIAS BIBLIOGRÁFICAS 905

PARTE VIII
PRECEDENTES JUDICIAIS

Capítulo 1 ▶ Precedentes no CPC-2015: por uma compreensão constitucionalmente adequada de seu uso no Brasil 909
Dierle Nunes
Alexandre Melo Franco Bahia

1. CONSIDERAÇÕES INICIAIS 909
2. FUNÇÃO DOS TRIBUNAIS E PADRONIZAÇÃO DECISÓRIA 919
3. CONTRADITÓRIO E PRECEDENTES 922
4. NECESSIDADE DE UMA TEORIA DOS PRECEDENTES PARA O BRASIL 931
5. PROBLEMAS EM SE DESCOBRIR O QUE FOI REALMENTE JULGADO E PADRONIZADO 934
6. DO USO DOS PRECEDENTES E DA *SUPERAÇÃO E DISTINÇÃO* NO NOVO CPC 944
7. PROVOCAÇÕES FINAIS 946

Capítulo 2 ▶ Os precedentes e o dever de motivação no Novo Código de Processo Civil 949
Eduardo Cambi
Renê Francisco Hellman

1. INTRODUÇÃO 949
2. PLANO CONCEITUAL: COMPREENSÃO DOS INSTITUTOS 950
3. O REGRAMENTO DOS PRECEDENTES NO NCPC 953
4. O DEVER DE MOTIVAÇÃO NO NCPC 962
5. CONCLUSÃO 971
6. REFERÊNCIAS 972

Capítulo 3 ▶ A Disciplina dos Precedentes Judiciais no Direito Brasileiro: do Anteprojeto ao Código de Processo Civil 975
Lucas Buril de Macêdo

1. INTRODUÇÃO 975
2. NOÇÕES BÁSICAS DE TEORIA DOS PRECEDENTES 977
3. ANÁLISE COMPARATIVA DA DISCIPLINA DOS PRECEDENTES JUDICIAIS NOS PROJETOS DE CPC E NO CPC/2015 983
   3.1. CONSIDERAÇÕES INICIAIS 983
   3.2. PRECEDENTES JUDICIAIS NO ANTEPROJETO DE CÓDIGO DE PROCESSO CIVIL 983
   3.3. PRECEDENTES JUDICIAIS NO PL 166/2010 (VERSÃO SENADO FEDERAL) 985
   3.4. PRECEDENTES JUDICIAIS NO PL 8.046/2010 (VERSÃO CÂMARA DOS DEPUTADOS) 985
   3.5. PRECEDENTES JUDICIAIS NA LEI 13.105 DE 16 DE MARÇO DE 2015 987
4. ANÁLISE DO SISTEMA BRASILEIRO DE PRECEDENTES JUDICIAIS: O CPC/2015 988
5. CONSIDERAÇÕES FINAIS E CONCLUSÕES 1005

Capítulo 4 ▶ Noções fundamentais para o julgamento por aplicação do precedente judicial: necessidade de adaptação a partir do Novo Código de Processo Civil 1007
Marília Siqueira

1. INTRODUÇÃO 1007

2. PRECEDENTE, JURISPRUDÊNCIA E SÚMULA: O CONCEITO DE NORMA JURISPRUDENCIAL.................. 1009
3. ELEMENTOS DO PRECEDENTE JUDICIAL 1014
   3.1. *RATIO DECIDENDI*.. **1014**
   3.2. *OBITER DICTUM* **1018**
4. A TÉCNICA DA DISTINÇÃO: *DISTINGUISHING* 1022
5. A SUPERAÇÃO DO PRECEDENTE: *OVERRULING*... **1026**
   5.1. CONCEITO E FINALIDADE 1026
   5.2. HIPÓTESES AUTORIZADORAS DO *OVERRULING* 1028
   5.3. NECESSIDADE DE FUNDAMENTAÇÃO ESPECÍFICA 1030
   5.4. *PROSPECTIVE OVERRULING E RETROSPECTIVE OVERRULING*.. **1031**
6. CONSIDERAÇÕES FINAIS 1035
7. REFERÊNCIAS 1036

Capítulo 5 ▶ O Novo Código de Processo Civil e a modulação de efeitos de decisões sobre a inconstitucionalidade de normas: derrogação tácita do artigo 27 da Lei 9.868/1999?... 1039
Pedro José Costa Melo

1. INTRODUÇÃO.. 1039
2. APRESENTAÇÃO DO SISTEMA DE REFERÊNCIA ADOTADO 1041
3. A NORMA CONSTRUÍDA A PARTIR DO ARTIGO 27 DA LEI 9.868/1999 1043
4. DA OBJETIVAÇÃO DO CONTROLE DIFUSO DE CONSTITUCIONALIDADE À CONSTRUÇÃO DE UM SISTEMA DE PRECEDENTES VINCULANTES... 1050
5. A NORMA INTRODUZIDA COM O NOVO CÓDIGO DE PROCESSO CIVIL. 1056
6. A INTERAÇÃO ENTRE AS NORMAS CONSTRUÍDAS A PARTIR DO §3º DO ARTIGO 927 DO NOVO CÓDIGO DE PROCESSO CIVIL E DO ARTIGO 27 DA LEI 9.868/1999 1059
7. CONCLUSÃO 1061
8. REFERÊNCIAS BIBLIOGRÁFICAS... 1063

PARTE IX
IMPACTOS DO NCPC

Capítulo 1 ▶ Os impactos do Novo CPC nos Juizados Especiais 1067
Felippe Borring Rocha

1. INTRODUÇÃO.. 1067
2. AS ALTERAÇÕES NOS EMBARGOS DE DECLARAÇÃO 1068
3. A SUBMISSÃO AOS EFEITOS DO JULGAMENTO DO INCIDENTE DE RESOLUÇÃO DE DEMANDAS REPETITIVAS 1070
4. A PREVISÃO DO INCIDENTE DE DESCONSIDERAÇÃO DA PERSONALIDADE JURÍDICA 1070
5. A MANUTENÇÃO DAS HIPÓTESES DE CABIMENTO DO RITO SUMÁRIO 1071

6. A INSERÇÃO DA MEDIAÇÃO NA ESTRUTURA AUTOCOMPOSITIVA DOS JUIZADOS 1072
7. A ALTERAÇÃO DO PROCESSAMENTO DO "RECURSO INOMINADO" 1072
8. A POSSIBILIDADE DE COMPLEMENTAÇÃO DO PREPARO INSUFICIENTE 1074
9. A CONSOLIDAÇÃO DA UTILIZAÇÃO DO AGRAVO DE INSTRUMENTO 1075
10. A SUSPENSÃO DOS PROCESSOS EM CURSO NOS JUIZADOS EM RAZÃO DA SISTEMÁTICA DOS RECURSOS EXCEPCIONAIS REPETITIVOS 1077
11. CONSIDERAÇÕES FINAIS 1077
12. REFERÊNCIAS BIBLIOGRÁFICAS 1077

Capítulo 2 ▶ Fazenda Pública em juízo 1079
Marco Aurélio Ventura Peixoto

1. INTRODUÇÃO 1079
2. O NOVO CÓDIGO DE PROCESSO CIVIL: RUPTURA OU CONTINUIDADE? 1080
3. A FAZENDA PÚBLICA NO NOVO CÓDIGO DE PROCESSO CIVIL 1085
   3.1. JUSTIFICATIVAS CONSTITUCIONAIS E LEGAIS DO TRATAMENTO DIFERENCIADO PARA A ATUAÇÃO EM JUÍZO 1089
   3.2. POSITIVAÇÃO DA ADVOCACIA PÚBLICA NO NOVO CPC 1091
   3.3. A RESPONSABILIZAÇÃO DO ADVOGADO PÚBLICO POR DESCUMPRIMENTO DE DECISÕES JUDICIAIS 1091
   3.4. HONORÁRIOS SUCUMBENCIAIS NAS DEMANDAS CONTRA A FAZENDA PÚBLICA E SUCUMBÊNCIA RECURSAL PROGRESSIVA 1093
   3.5. PRERROGATIVAS DE PRAZOS PARA MANIFESTAÇÕES DA FAZENDA PÚBLICA EM JUÍZO 1095
   3.6. A SUBSTANCIAL ALTERAÇÃO NA REMESSA NECESSÁRIA 1096
   3.7. ISENÇÃO DE CUSTAS PROCESSUAIS E DO PREPARO RECURSAL 1098
   3.8. OS RISCOS DECORRENTES DA EFICÁCIA IMEDIATA DAS DECISÕES 1098
   3.9. IMPOSIÇÃO DE MULTA À FAZENDA PÚBLICA POR DESCUMPRIMENTO DE OBRIGAÇÃO 1100
   3.10. A FAZENDA PÚBLICA E A CULTURA DE AUTOCOMPOSIÇÃO NO NOVO CÓDIGO DE PROCESSO CIVIL 1101
   3.11. CUMPRIMENTO DE SENTENÇA CONTRA A FAZENDA PÚBLICA 1103
   3.12. ATUAÇÃO DA FAZENDA PÚBLICA NO INCIDENTE DE RESOLUÇÃO DE DEMANDAS REPETITIVAS 1104
4. CONCLUSÃO 1106
5. BIBLIOGRAFIA 1107

Capítulo 3 ▶ Diálogos entre o Novo Código de Processo Civil e o Microssistema Brasileiro de Tutela Coletiva 1109
Rogério Rudiniki Neto

1. A RELAÇÃO ENTRE O MICROSSISTEMA BRASILEIRO DE TUTELA COLETIVA E O CÓDIGO DE PROCESSO CIVIL: NOÇÕES INTRODUTÓRIAS 1109
2. OS PROCESSOS COLETIVOS ESTÃO SUBMETIDOS À REGRA DO "JULGAMENTO CONFORME A ORDEM DE CONCLUSÃO" (ART. 12)? 1111

3. O "INCIDENTE DE RESOLUÇÃO DE DEMANDAS REPETITIVAS" "IRDR" (ARTS. 976- 987) TOMARÁ O ESPAÇO OCUPADO PELA TUTELA COLETIVA?... 1112
4. CRÍTICAS AO NATIMORTO "INCIDENTE DE CONVERSÃO DE AÇÃO INDIVIDUAL EM COLETIVA" (ART. 333).. 1114
5. A "DISTRIBUIÇÃO DINÂMICA DO ÔNUS DA PROVA" (ART. 373, §1.º) E A TUTELA COLETIVA 1118
6. A "INTERVENÇÃO DO AMICUS CURIAE" (ART. 138) NO PROCESSO COLETIVO 1119
7. OS "PODERES DO JUIZ" (ART. 139, IV) E O EMPREGO DE MEDIDAS INDUTIVAS, COERCITIVAS E MANDAMENTAIS NA EXECUÇÃO DA SENTENÇA COLETIVA NOS DIREITOS INDIVIDUAIS E HOMOGÊNEOS 1121
8. OS "NEGÓCIOS PROCESSUAIS" (ART. 190) E A EXECUÇÃO DE POLÍTICAS PÚBLICAS EM JUÍZO 1124
CONCLUSÃO 1130
REFERÊNCIAS BIBLIOGRÁFICAS.. 1131

Capítulo 4 ▶ Os impactos do NCPC na arbitragem em consonância com a Lei n. 13.129 de 2015 1133
Thiago Rodovalho

1. INTRODUÇÃO... 1133
2. PRINCIPAIS INOVAÇÕES DO NCPC RELATIVAS À ARBITRAGEM... 1136
   2.1. ARBITRAGEM COMO JURISDIÇÃO E ESTÍMULO A OUTROS MEIOS DE SOLUÇÃO DE CONTROVÉRSIAS (ENTRE ELES, CONCILIAÇÃO, MEDIAÇÃO E ARBITRAGEM). 1136
   2.2. NÃO-ALEGAÇÃO DE CONVENÇÃO DE ARBITRAGEM E RENÚNCIA. EXTINÇÃO DO PROCESSO SEM RESOLUÇÃO DE MÉRITO E AGRAVO DE INSTRUMENTO. EFEITO DO RECURSO DE APELAÇÃO... 1138
   2.3. SEGREDO DE JUSTIÇA DA ARBITRAGEM NO NCPC... 1139
   2.4. A RELAÇÃO DE COOPERAÇÃO ENTRE PODER JUDICIÁRIO E A ARBITRAGEM (CARTA ARBITRAL).. 1141
   2.5. CUMPRIMENTO DE SENTENÇA ARBITRAL 1145
   2.6. RECONHECIMENTO DE SENTENÇA ARBITRAL ESTRANGEIRA E CONCESSÃO DE *EXEQUATUR* À CARTA ROGATÓRIA.. 1146
   2.7. ALTERAÇÃO DA LARB 33 §3.º.. 1149
3. CONCLUSÃO 1150
4. REFERÊNCIAS BIBLIOGRÁFICAS.. 1150

PARTE I
PETIÇÃO INICIAL

CAPÍTULO 1

A causa de pedir no Novo Código de Processo Civil: necessidade de superação do mito da substanciação em prol de uma nova compreensão da demanda no processo civil brasileiro

Otávio Augusto Dal Molin Domit[1]

SUMÁRIO: 1. CONSIDERAÇÕES INICIAIS; 2. BREVE ACENO SOBRE O PROBLEMA DA INDIVIDUALIZAÇÃO DA DEMANDA E DE SEU CONTEÚDO; 2.1. A DEMANDA COMO TEMA CENTRAL NO PROCESSO CIVIL; 2.2. O INÍCIO DA POLÊMICA SUBSTANCIAÇÃO VS. INDIVIDUALIZAÇÃO NA DOUTRINA ALEMÃ; 2.3. A REPERCUSSÃO DA POLÊMICA SUBSTANCIAÇÃO VS. INDIVIDUALIZAÇÃO NA DOUTRINA ITALIANA; 3. A TUTELA DOS DIREITOS COMO FIM DO PROCESSO CIVIL NO ESTADO CONSTITUCIONAL BRASILEIRO E A NECESSIDADE DE IDENTIFICAÇÃO DA DEMANDA E DE SEU CONTEÚDO A PARTIR DO DIREITO MATERIAL; 4. A *CAUSA PETENDI* NO DIREITO BRASILEIRO: NECESSIDADE DE SUPERAÇÃO DO MITO DA SUBSTANCIAÇÃO EM PROL DA ESTRUTURAÇÃO E TRATAMENTO DO INSTITUTO NO ÂMBITO DAS RELAÇÕES ENTRE DIREITO E PROCESSO; 5. CONCLUSÃO.

1. CONSIDERAÇÕES INICIAIS

A exigência de que o autor decline, na petição inicial, a causa de pedir – isto é, a razão de estar em juízo, o fundamento pelo qual almeja determinado bem da vida perante o adversário, o motivo para pedir o que pede – é traço presente no direito brasileiro desde seus primórdios.

Conforme ilustrativa síntese histórico-legislativa formulada por Daniel Mitidiero, *"nas Ordenações Afonsinas, diziam os sabedores que convém necessariamente ao juiz saber 'a coufa, ou quantidade, fobre que he movida a demanda, e*

---

[1]. Mestre em direito pela Universidade Federal do Rio Grande do Sul (UFRGS). Doutorando em direito pela Universidade Federal do Rio Grande do Sul (UFRGS). Membro do Instituto Brasileiro de Direito Processual Civil (IBDP). Advogado.

bem affi a rezaõ, porque fe move', devendo tudo isso ser declarado na *'petiçaõ do Autor'* (Livro III, Título XX, §2º). No Regulamento n. 737, de 1850, exigia-se que o demandante declarasse na petição inicial *'o contracto, transação ou facto dos quaes resultar, segundo o Codigo, o direito do autor e a obrigação do reo'* (art. 66, §2º). No Código de Processo Civil de 1939, tinha o autor o ônus de indicar *'os fatos e fundamentos jurídicos do pedido, expostos com clareza e precisão, de maneira que o réu possa preparar a defesa'* (art. 158, III)"[2].

O Código de Processo Civil de 1973, em seu artigo 282, inciso III, igualmente determina que "*a petição inicial indicará (...) o fato e os fundamentos jurídicos do pedido*", reprisando em boa parte a disciplina legal do diploma anterior a respeito da matéria.

Analisando o dispositivo em questão, é moeda corrente entre a maioria da doutrina processual civil brasileira a afirmação de que a nossa legislação teria encampado a chamada *teoria da substanciação* da causa de pedir, segundo a qual, grosso modo, interessariam para a determinação da *causa petendi* – e, via de consequência, do próprio objeto litigioso – apenas os fatos narrados pelo autor como fundamento do seu pedido, sendo irrelevante, para tal fim, a fundamentação jurídica exposta.

Em realidade, esse entendimento é apresentado não apenas em relação ao Código de 1973, mas também no tocante aos Códigos anteriores, aí incluídos a generalidade dos Códigos estaduais do período da "dualidade processual" e o Código de Processo Civil de 1939[3]. A posição é praticamente unânime, a ponto de se dizer que, a esse respeito, "*reina total harmonia*"[4].

O Novo Código de Processo Civil, em seu artigo 319, inciso III, repete textualmente a disposição do artigo 282, inciso III, do Código de Processo Civil de 1973, exigindo do autor que indique na petição inicial, como *causa petendi*, "*o fato e os fundamentos jurídicos do pedido*".

Conclusão intuitiva, então, seria a de que também o legislador do Novo Código de Processo Civil de 1973 haveria adotado a teoria da substanciação da causa de pedir. Será, no entanto, verdadeira essa afirmação?

O presente estudo visa a problematizar justamente essa questão, aproveitando o oportuno e importante momento de mudança da disciplina legal do processo civil brasileiro para, considerando as conquistas da ciência processual

---

2. Daniel Mitidiero, *Comentários ao Código de Processo Civil*, tomo III, São Paulo: Memória Jurídica, 2006, p. 153.
3. José Rogério Cruz e Tucci, *A causa petendi no processo civil*, 3ª edição, São Paulo: Revista dos Tribunais, 2009, p. 153.
4. Cf. noticia Araken de Assim, *Cumulação de ações*, 4ª edição, São Paulo: Revista dos Tribunais, 2002, p. 138.

das últimas décadas, repensar criticamente a afirmação corrente de que a causa de pedir no direito brasileiro deve ser analisada desde o ponto de vista da teoria da substanciação. O ponto de chegada é oferecer contribuição para que não sejam simplesmente reprisadas sem maiores reflexões as soluções que a maior parte da doutrina, com eco na jurisprudência, propõe para o tratamento teórico da causa de pedir, analisando se não se faz necessária uma nova forma de compreensão do instituto, mais consentânea à realidade do direito processual civil brasileiro contemporâneo.

2. BREVE ACENO SOBRE O PROBLEMA DA INDIVIDUALIZAÇÃO DA DEMANDA E DE SEU CONTEÚDO

2.1. A demanda como tema central no processo civil

A prestação de tutela jurisdicional pelo órgão encarregado da jurisdição tem como pressuposto de existência, em regra, a *demanda* do interessado[5]. De fato, de lado poucas exceções, não existe na tradição jurídica ocidental exercício espontâneo de jurisdição, que tem na inércia uma de suas características essenciais[6]. A demanda, grosso modo, vem a ser a postulação formulada pela parte[7] ao juiz ou tribunal para que lhe preste tutela jurisdicional. Não por outra razão convencionou-se chamar de *princípio da demanda*[8] a regra que exige

---

5. Giuseppe Chiovenda (*Identificazione delle azioni. Sulla regola "ne eat iudex ultra petita pertium"*, in *Saggi di diritto processuale civile*, volume 1º, Milano: Giuffrè, 1993, p. 173) afirma que "*la domanda della parte è prima d'ogni altra cosa condizione del provvedimento di merito*".

6. Ovídio Araújo Baptista da Silva, *Curso de processo civil*, volume 1, 7ª edição, Rio de Janeiro: Forense, 2006, p. 211. Sérgio Cruz Arenhart, *Reflexões sobre o princípio da demanda*, in Luiz Fux, Nelson Nery Jr. e Teresa Arruda Alvim Wambier (coord.), *Processo e constituição: estudos em homenagem a José Carlos Barbosa Moreira*, São Paulo: Revista dos Tribunais, 2006, p. 587. Tito Carnacini (*Tutela giurisdizionale e tecnica del processo*, in *Studi in onore di Enrico Redenti*, volume 2º, Milano: Giuffrè, 1951, p. 745), tratando das características dos processos de tipo dispositivo e inquisitório, afirma que "*la posizione rispettivamente delle parti e del giudice nei riguardi dell'instaurazione del giudizio e dei limiti di questo giudizio non muta qualunque sia il tipo di processo preso in considerazione*".

7. Aqui, a rigor, podem estar compreendidos tanto o demandante quanto o demandado. Sobre a propositura de demanda pelo réu, vejam-se as importantes considerações de Heitor Vitor de Mendonça Sica, *O direito de defesa no processo civil brasileiro*, São paulo: Atlas, 2011, p. 83/90. No presente estudo, no entanto, trabalharemos a temática da demanda apenas desde a perspectiva do autor.

8. Sobre a dicotomia princípio dispositivo em sentido material (ou princípio da demanda) e princípio dispositivo em sentido processual ver, na doutrina italiana, Tito Carnacini, *Tutela giurisdizionale e tecnica del processo*, in *Studi in onore di Enrico Redenti*, volume 2º, Milano: Giuffrè, 1951, p. 695 e ss.; Mauro Cappelletti, *La testimonianza della parte nel sistema dell'oralità*, tomo I, Milano: Giuffrè, 1962, p. 303 e ss.; Enrico Tullio Liebman, *Fondamento del principio dispositivo*, in *Problemi del processo civile*, Napoli: Morano, 1962, p. 3 e ss.. Na doutrina brasileira, José Carlos Barbosa Moreira, *O problema da "divisão do trabalho" entre juiz e partes: aspectos terminológicos*, Revista de Processo, nº 41, 1986, p. 7 e ss.; Antônio Janyr Dall'Agnol Júnior, *O princípio dispositivo no pensamento de Mauro Cappelletti*, Revista da AJURIS, nº 46, 1989, p. 98; José Roberto dos Santos Bedaque, *Poderes instrutórios do juiz*, 5ª edição, São Paulo: Revista dos Tribunais, 2011, p. 93

demanda da parte para que haja prestação de tutela jurisdicional. Trata-se de noção que usualmente é justificada, de um lado, pelas ideias de liberdade e disposição da parte sobre o pedido de tutela de seus direitos[9] e, de outro, pela noção de salvaguarda dos interesses dos litigantes contra o arbítrio e a parcialidade judiciais[10].

Se em razão do princípio da demanda a atividade jurisdicional apenas se desenvolve quando provocada (*nemo iudex sine actore; ne procedet iudex ex officio*[11]), então é evidente que a prestação de tutela jurisdicional somente pode ter lugar dentro dos estritos quadrantes da demanda posta pela parte (*ne eat iudex ultra et extra petita partium*)[12]. A demanda, portanto, predetermina a extensão do provimento jurisdicional esperado, projetando como que um arquétipo da decisão[13]. Com isso, impõe ao juiz o dever de não decidir fora ou além do que lhe é solicitado e de examinar a demanda em toda a sua extensão[14].

O princípio da demanda, assim, não representa apenas uma garantia negativa – que impede o juiz de iniciar o processo por conta própria e/ou ir além da demanda da parte –, mas também configura um dever positivo – que impõe ao juiz a apreciação da demanda em sua totalidade[15]. É por meio da demanda que o autor manifesta frente ao órgão jurisdicional e ao demandado a espécie e a medida da tutela jurisdicional que solicita, assinalando ao primeiro os limites de sua atuação, dos quais não pode desbordar e tampouco deixar de em sua plenitude atender, e apresentando ao segundo o espectro de questões

---

e ss. Sérgio Luís Wetzel de Mattos, *Da iniciativa probatória do juiz no processo civil*, Rio de Janeiro: Forense, 2001, p. 13 e ss.

9. Por todos, Mauro Cappelletti, *La testimonianza della parte nel sistema dell'oralità*, tomo I, Milano: Giuffrè, 1962 tomo I, p. 303 e ss.

10. Por todos, Enrico Tullio Liebman, *Fondamento del principio dispositivo*, in *Problemi del processo civile*, Napoli: Morano, 1962, p. 3 e ss.

11. Conforme lição de Jaime Guasp (*Juez y hechos en el proceso civil*, Barcelona: Bosch, 1943, p. 34), as expressões não são equivalentes: "(...) en cuanto que el 'nemo iudex' se refiere de modo exclusivo a la iniciación del proceso y el 'ne procedat iudex' abarca también – o puede abarcar – todos los actos de impulso que en el procedimiento se desarrollan, es decir, podría configurarse como una prohibición para el Juez de hacer avanzar el juicio, no ya de ponerlo en marcha, por los diversos estadios que ha de recorrer hasta llegar a la decisión final".

12. "*La domanda pone i limiti invalicabili del giudizio*" (Salvatore Satta, *Domanda (diritto processuale civile)*, Enciclopedia del diritto, Milano: Giuffrè, 1964, volume XIII, p. 823).

13. Cândido Rangel Dinamarco, *O conceito de mérito em processo civil*, Revista de Processo, nº 34, 1984, p. 21. Fredie Didier Jr., *Curso de direito processual civil*, volume 1, 12ª edição, Salvador: JusPodivm, 2010, p. 421.

14. Francesco Carnelutti, *Diritto e processo*, Napoli: Morano, 1958, p. 98/99 Sérgio Cruz Arenhart (*Reflexões sobre o princípio da demanda*, in Luiz Fux, Nelson Nery Jr. e Teresa Arruda Alvim Wambier (coord.), *Processo e constituição: estudos em homenagem a José Carlos Barbosa Moreira*, São Paulo: Revista dos Tribunais, 2006, p. 592.

15. Com essa conformação, o princípio da demanda encontra sustentação teórico-normativa nos direitos de ação e defesa e no direito à imparcialidade do juiz (aspecto negativo do princípio da demanda) e nos direitos ao contraditório e de acesso à justiça (aspexto positivo) (Nicolò Trocker, *Processo civile e costituzione*, Milano: Giuffrè, 1974, p. 373 e ss), todos direitos fundamentais assegurados, no ordenamento brasileiro, nos artigos 5º, incisos XXXV, XXXVII, LIII e LIV, da Constituição da República.

a respeito das quais haverá de ocupar-se[16]. Em outras palavras, a demanda coloca as balizas que definem e delimitam a controvérsia sobre a qual o juiz pode e deve pronunciar-se e que o réu tem de considerar para a defesa de sua posição.

A demanda, então, coloca-se como tema central na dogmática processual civil, visto que interfere no ser e no modo-de-ser de diversos institutos processuais, que não podem ser bem compreendidos senão pela identificação do conteúdo da demanda[17]. Realmente, discuta-se sobre a determinação da *res in iudicium deducta*, sobre a aplicabilidade e abrangência da regra *bis de eadem re ne sit actio* na arguição das *exceptio rei iudicatae* ou *exceptio litis pendentis*, sobre os problemas da cumulação de ações, da conexão entre causas, da vedação à modificação da demanda no curso do processo ou em sede recursal, da correspondência entre libelo e sentença na verificação do respeito ao princípio da congruência e outros temas afeitos, ter-se-á em vista sempre a mesma questão fundamental: o problema da individualização ou identificação da demanda e de seu conteúdo[18].

Não se trata de mera questão teórica ou estéril especulação doutrinária, senão tema de grande repercussão prática. E justamente em razão de sua importância nuclear para o processo civil, há séculos a doutrina tem recorrido a diversas construções dogmáticas na tentativa de identificar critérios capazes de fornecer soluções coerentes dos pontos de vista conceitual e aplicativo para as diversas questões com que se debatem teoria e prática ao lidar com o problema da conformação da demanda e da individualização da *res in iudicium deducta*[19].

Os limites do presente estudo não permitem sejam revisitados em detalhes os principais momentos dessa vasta elaboração teórica[20]. Cumpre, para

---

16. Leonardo Prieto Castro, *El cambio del punto de vista jurídico*, Revista de Derecho Procesal, 1956, p. 254. Giuseppe Chiovenda, *Identificazione delle azioni. Sulla regola "ne eat iudex ultra petita partium"*, in *Saggi di diritto processuale civile*, volume 1º, Milano: Giuffrè, 1993, p. 158.
17. Crisanto Mandrioli, *Riflessioni in tema di "petitum" e di "causa petendi"*, Rivista di Diritto Processuale, nº 3, 1984, p. 465. Augusto Cerino Canova, *La domanda giudiziale ed il suo contenuto*, in *Commentario del Codice di Procedura Civile*, livro 2º, tomo I, Torino: UTET, 1980, p. 10. Friedrich Lent, *Contributo alla dottrina dell'oggetto del processo*, in JUS – Rivista di Scienze Giuridiche, nº 4, 1953, p. 441. Karl Heinz Schwab, *El objeto litigioso en el proceso civil*, Bueno Aires: EJEA, 1968, p. 1.
18. Giuseppe Chiovenda, *Identificazione delle azioni. Sullla regola "ne eat iudex ultra petita partium"* in *Saggi di diritto processuale civile*, volume 1º, Milano: Giuffrè, 1993, p. 157/159. Crisanto Mandrioli, *Riflessioni in tema di "petitum" e di "causa petendi"*, Rivista di Diritto Processuale, nº 3, 1984, p. 466. Para uma crítica sobre a concepção unitária do conteúdo da demanda e sobre o seu caráter de problema central do processo, confira-se Augusto Cerino Canova, *La domanda giudiziale ed il suo contenuto*, in *Commentario del Codice di Procedura Civile*, livro 2º, tomo I, Torino: UTET, 1980, p. 107 e ss.
19. José Rogério Cruz e Tucci, *A denominada "situação substancial" como objeto do processo na obra de Fazzalari*, Revista de Processo, nº 68, 1992, p. 271.
20. Para tanto, faz-se remissão à excelente análise feita por José Rogério Cruz e Tucci (*A causa petendi no processo civil*, 3ª edição, São Paulo: Revista dos Tribunais, 2009, p. 31/150) acerca dos fundamentos históricos e dogmáticos do tema. Em outro estudo igualmente seguimos esse itinerário (Otávio Augusto Dal Molin

o que agora nos interessa, apenas verificar alguns momentos dessa extensa construção teórica, a fim de nos situarmos no tratamento do tema que nos interessa, qual seja, a forma de compreensão da causa de pedir.

2.2. O início da polêmica substanciação vs. individualização na doutrina alemã

Na Alemanha, os debates sobre a determinação do conteúdo da demanda, da *res in iudicium deducta*, afloraram com a entrada em vigor, em 1879, da *Zivilprozessordnung* (ZPO) de 1877. Em especial em razão do disposto no §230 (atual §253, al. 2, nº 2), que assim regulava: "*A petição inicial deve conter (...) a precisa indicação do objeto e do fundamento [Grund] da pretensão [Anspruch] deduzida, além de um pedido determinado*"[21]. As especulações em torno dos conceitos de *Grund* (fundamento) e de *Anspruch* (pretensão) é que deram origem às discussões[22].

Diante da redação de tal dispositivo e das dúvidas que a partir dele surgiram, de início surgiram duas soluções contrapostas[23]. De um lado, houve os que defendiam que a demanda deveria especificar o direito para o qual se requeria tutela. De outro, houve os que opinavam que a demanda deveria indicar todos os fatos relevantes para um julgamento de procedência. Logo, na ação fundada em domínio, os adeptos da primeira corrente diziam bastar a indicação do domínio como fundamento da demanda, ostentando-se irrelevante a causa aquisitiva (compra e venda ou testamento, por exemplo). Porém, os adeptos da segunda corrente pregavam que a passagem de um a outro título de aquisição importaria necessariamente modificação da demanda[24]. A essas duas posições deram-se os nomes, respectivamente, de *teoria da individualização* e de *teoria da substanciação*, fazendo surgir uma polêmica que posteriormente foi exportada para além dos domínios do direito alemão, adquirindo ampla notoriedade.

A contraposição entre individualização e substanciação no direito alemão, no entanto, restringia-se a um campo bastante limitado de questões. De fato,

---

Domit, Iura novit curia: *o juiz e a qualificação jurídica da demanda no processo civil brasileiro*, Dissertação de mestrado, Universidade Federal do Rio Grande do Sul, 2013).

21. Cf. José Rogério Cruz e Tucci, A causa petendi *no processo civil*, 3ª edição, São Paulo: Revista dos Tribunais, 2009, p. 93/94, que indica a redação original do dispositivo em língua alemã: "*die bestimmte Angabe des Gegenstandes und des Grundes des erhobenen Anspruchs, sowie einen bestimmten Antrag*" (nota 41).
22. José Rogério Cruz e Tucci, A causa petendi *no processo civil*, 3ª edição, São Paulo: Revista dos Tribunais, 2009, p. 95. Augusto Cerino Canova, *La domanda giudiziale ed il suo contenuto*, in *Commentario del Codice di Procedura Civile*, livro 2º, tomo I, Torino: UTET, 1980, p. 46.
23. As soluções, em verdade, alinham-se àquele já antigo pensamento que vislumbrou a possibilidade de diferenciar entre uma *causa petendi próxima* (especificação da relação jurídica) e outra *remota* (descrição dos fatos constitutivos), cf. José Rogério Cruz e Tucci, A causa petendi *no processo civil*, 3ª edição, São Paulo: Revista dos Tribunais, 2009, p. 63/64.
24. Araken de Assis, *Cumulação de ações*, São Paulo: Revista dos Tribunais, 4ª edição, 2002, p. 135 e ss.

conforme explicado por Richard Schmidt, que em obra de 1888 traçou amplo quadro histórico sobre a teoria da substanciação[25], não havia, em relação aos direitos obrigacionais, discordância: nesse tipo de demanda seria sempre necessária, tanto para uma quanto para outra teoria, a indicação do fato constitutivo. As diferenças centravam-se essencialmente no que tange às ações atinentes a direitos reais (para alguns autores, em relação a direitos ditos absolutos em geral), para as quais a teoria da individualização requeria apenas a especificação o direito discutido (propriedade, posse etc.), enquanto a teoria da substanciação pugnava a dedução também do fato constitutivo (fato que deu origem à propriedade, à posse etc.). Assim, em uma ação destinada a resolver a controvérsia sobre o domínio de determinado bem, para os adeptos da teoria da individualização a coisa julgada resolveria em definitivo toda e qualquer questão referente à propriedade do bem em discussão, enquanto para os defensores da teoria da substanciação a cada afirmação de um diferente título aquisitivo ter-se-ia uma demanda diferente[26].

Para Schmidt, os apoiadores da teoria da substanciação partiam da noção de que o processo é um juízo sobre fatos, sendo que o processo, em verdade, dedicar-se-ia à verificação de existência ou inexistência do direito e teria, assim, esse próprio direito como seu objeto. Tratar-se-ia, portanto, para entender a extensão e o conteúdo da demanda, apenas de determinar o direito substancial feito valer em juízo. Assim, para Schmidt, mesmo a teoria da substanciação, que se debatia para indicar um critério preciso a presidir a seleção dos fatos que determinam a demanda, teria sempre o seu centro de gravidade no direito, e não no fato. Bastaria ver, para isso confirmar, que a própria indicação dos fatos da causa articular-se-ia tão somente em função da determinação do direito discutido no processo[27].

As conclusões de Adolf Wach, autor que por primeiro havia suscitado o tema na doutrina alemão pós-ZPO de 1879[28], foram na mesma direção. Confir-

---

25. Cf. referências de Augusto Cerino Canova (*La domanda giudiziale ed il suo contenuto*, in *Commentario del Codice di Procedura Civile*, livro 2º, tomo I, Torino: UTET, 1980, p. 46/48) à obra de Richard Schmidt (*Die Klagänderung*, Leipzig, 1888).
26. Cf. Augusto Cerino Canova, *La domanda giudiziale ed il suo contenuto*, in *Commentario del Codice di Procedura Civile*, livro 2º, tomo I, Torino: UTET, 1980, p. 48/49. Veja-se também, a esse respeito, Gian Franco Ricci, "Individuazione" o "sostantazione" nella riforma del processo civile, Rivista Trimestrale di Diritto Processuale Civile, nº 4, 1995, p. 1.228/1.235.
27. Cf. Augusto Cerino Canova (*La domanda giudiziale ed il suo contenuto*, in *Commentario del Codice di Procedura Civile*, livro 2º, tomo I, Torino: UTET, 1980, p. 46/48), seguindo basicamente o itinerário e as conclusões da obra de Richard Schmidt (*Die Klagänderung*, Leipzig, 1888).
28. Em ensaio sobre a oralidade de 1879, recolhido posteriormente em Adolf Wach, *Conferencias sobre la Ordenanza Procesal Civil alemana*, Buenos Aires: EJEA, 1958, p. 32/33, tradução de Ernesto Krotoschin (cf. referido por José Rogério Cruz e Tucci, A causa petendi no processo civil, 3ª edição, São Paulo: Revista dos Tribunais, 2009, p. 94/95). Para Wach, o objeto do processo era a *Rechtsschutzanspruch* (pretensão à tutela jurídica), que não se confundia com a pretensão de direito material (cf. Alfredo Buzaid, *Da lide: estudo sobre o objeto litigioso*, in *Estudos e pareceres de direito processual civil*, São Paulo: Revista dos Tribunais, 2002, p. 94/95, com referência ao *Handbuch des deutschen Zivilprozessrechts*, volume I, 1885, p. 19).

mando a pesquisa histórica de Schmidt e seus resultados, Wach afirmou que o contraste das teorias expostas estaria circunscrito já àquele tempo a uma esfera bastante restrita e limitada de questões, ilustrada pela seguinte pergunta: a demanda concernente aos direitos reais é especificada e limitada pelo título aquisitivo deduzido? Para Wach, adepto da teoria da individualização, a resposta seria evidentemente negativa[29].

Da mesma forma, Friedrich Lent, alguns anos mais tarde, afirmou que a contraposição era fruto de equívocos, combatendo a teoria da substanciação. Classificou a temática da individualização e da substanciação como restrita a um restrito âmbito de questões, não vendo de que maneira seria possível elevar essa discussão a um nível mais geral para também contemplar direitos de conteúdo diferente dos absolutos. Não haveria, portanto, em realidade, duas teorias gerais contrapostas, mas apenas dois modos pontuais de se enxergar um problema limitado[30].

Essa última posição de Lent confirmando a prevalência da teoria da individualização e restringindo em definitivo a discussão a um campo bem delimitado de questões fez com que a atenção dos estudiosos se voltasse a novos horizontes[31], isto é, para o conceito de "objeto litigioso" (Streitgegenstand)[32], que então foi feito tema central do processo civil alemão[33]. Diversos autores, como o próprio Lent, Nikisch, Rosenberg, Bötticher, Schwab, Habscheid, entre outros, ocuparam-se da problemática da individualização da demanda em seus estudos sobre o objeto litigioso[34].

2.3. A repercussão da polêmica substanciação vs. individualização na doutrina italiana

Os debates entre substanciação e individualização na doutrina alemã influenciaram fortemente a doutrina italiana, que estudou o tema da

---

29. Cf. Augusto Cerino Canova, La domanda giudiziale ed il suo contenuto, in Commentario del Codice di Procedura Civile, livro 2º, tomo I, Torino: UTET, 1980, p. 49, com referência à obra Vorträge über die Reichs-civilprozessordnung, 2ª edição, Bonn, 1896.
30. Cf. Augusto Cerino Canova, La domanda giudiziale ed il suo contenuto, in Commentario del Codice di Procedura Civile, livro 2º, tomo I, Torino: UTET, 1980, p. 49/50, com alusão à obra Die Gesetzeskokurrenz im bügerlichem Recht und Zivilprozess, tomos I (Leipzig, 1912) e II (Leipzig, 1916).
31. Augusto Cerino Canova, La domanda giudiziale ed il suo contenuto, in Commentario del Codice di Procedura Civile, livro 2º, tomo I, Torino: UTET, 1980, p. 50.
32. Giuseppe Tarzia, Recenti orientamenti della dottrina germanica intorno all'oggetto del processo, JUS – Rivista di Scienze Giuridiche, nº 2, 1956, p. 267. Giancarlo Gianozzi, La modificazione della domanda, Milano: Giuffrè, 1958, p. 7/8.
33. Karl Heinz Schwab, El objeto litigioso en el proceso civil, Bueno Aires: EJEA, 1968, p. 1. José Rogério Cruz e Tucci, A causa petendi no processo civil, 3ª edição, São Paulo: Revista dos Tribunais, 2009, p. 100.
34. Para um exame detalhado desses desenvolvimentos, José Rogério Cruz e Tucci, A causa petendi no processo civil, 3ª edição, São Paulo: Revista dos Tribunais, 2009, p. 95/112 e Otávio Augusto Dal Molin Domit, Iura novit curia: o juiz e a qualificação jurídica da demanda no processo civil brasileiro, Dissertação de mestrado, Universidade Federal do Rio Grande do Sul, 2013.

individualização da demanda e de seu conteúdo servindo-se da ideia de ação[35]. Consoante ensina Chiovenda, a ação, em seu momento dinâmico, exerce-se com a demanda, de modo que se pode dizer que a identificação da ação significa, em última análise, identificação da demanda[36]. A teoria da identificação das ações foi, portanto, o prisma de análise da doutrina italiana para determinar os elementos que compõem a demanda.

Chiovenda foi o autor que fundou as bases conceituais da teoria da identificação das ações, sendo a sua obra o referencial expositivo de grande parcela dos trabalhos que se dedicaram ao tema[37]. Para Chiovenda, toda ação resulta de (e, em consequência, identifica-se por) três elementos: *personae, causa petendi* e *petitum*[38]. O recurso ao critério dos *tria eadem* como forma de identificação da ação não representava, em si, novidade, pois que já era assente desde, ao menos, o direito romano clássico, tendo sido, após, reduzido a princípio geral no direito intermédio, passando então aos códigos modernos[39]. O mérito de Chiovenda, no entanto, foi o de atribuir um sistema conceitual a essa intuição antiquíssima, propondo teorização mais completa sobre a questão e definindo os contornos conceituais de cada um dos três elementos[40].

Na obra de Chiovenda, os três elementos de identificação das ações são tratados não como fruto de criação arbitrária da doutrina ou da legislação, mas sim como componentes naturais *"che l'azione, o la domanda che la incorpora, ci rivela riguardata nella sua essenza"*[41], e a que se deve necessariamente recorrer

---

35. Augusto Cerino Canova, *La domanda giudiziale ed il suo contenuto*, in *Commentario del Codice di Procedura Civile*, livro 2º, tomo I, Torino: UTET, 1980, p. 70. Cândido Rangel Dinamarco, *O conceito de mérito em processo civil*, Revista de Processo, nº 34, 1984, p. 39.
36. Giuseppe Chiovenda, *Instituições de direito processual civil*, volume I, 2ª edição, São Paulo: Saraiva, 1965, p. 353. Conforme destaca Satta (Salvatore Satta, *Domanda (diritto processuale civile)*, p. 818.), *"il problema dell'azione e della domanda non sono (...) due problemi, ma uno solo, perché l'una non è, nella sua essenza, distinguibile dall'altra"*.
37. Augusto Cerino Canova (*La domanda giudiziale ed il suo contenuto*, in *Commentario del Codice di Procedura Civile*, livro 2º, tomo I, Torino: UTET, 1980, p. 21) anota que *"se le deviazioni dall'insegnamento chiovendiano sono importanti, e non poche, resta comunque costante ed espresso il riferimento alle idee del Maestro come modello su cui ogni scritto finisce per misurarsi. In tale modo, è la stessa dottrina che impone, come criterio per un suo intendimento, una linea continua di sviluppo: la maggiore o più attenuata fedeltà al sistema di Chiovenda"*. No mesmo sentido, Giancarlo Gianozzi, *La modificazione della domanda*, Milano: Giuffrè, 1958, p. 8.
38. Giuseppe Chiovenda, *Instituições de direito processual civil*, volume I, 2ª edição, São Paulo: Saraiva, 1965, p. 31.
39. Pietro Cogliolo, *Trattato teorico e pratico della eccezione di cosa giudicata secondo il diritto romano e il codice civile italiano con acenni al diritto intermedio*, volume 1º, Torino: Fratelli Bocca, 1883, p. 185/186. Eduardo Grasso, *La regola della corrispondenza tra il chiesto e il pronunciato e le nullità da ultra e da extrapetizione*, Rivista di Diritto Processuale, nº 20, 1965, p. 389.
40. Cf. Augusto Cerino Canova, *La domanda giudiziale ed il suo contenuto*, in *Commentario del Codice di Procedura Civile*, livro 2º, tomo I, Torino: UTET, 1980, p. 15.
41. Giuseppe Chiovenda, *Identificazione delle azioni. Sulla regola "ne eat iudex ultra petita partium"*, in *Saggi di diritto processuale civile*, volume 1º, Milano: Giuffrè, 1993, p. 159.

para identificar o seu conteúdo. A comparação desses elementos permitiria discernir casos de coincidência total e casos de coincidência parcial entre ações. Todos os três elementos, portanto, na medida em que servem à identificação da ação – e, o que é o mesmo nesta perspectiva teórica, à identificação da demanda e de seu conteúdo – impõem limites à decisão judicial que aprecia a ação proposta. Trata-se, como visto, de consequência da aplicação dos brocardos "*ne eat iudex ultra petita partium*" e "*sententia debet esse conformis libello*", que decorrem diretamente do princípio da demanda.

Na fixação do que é a *causa petendi*, na enunciação de seu conceito e na aplicação concreta dessa definição, porém, residiam para Chiovenda as maiores dificuldades[42]. Em seu primeiro ensaio sobre o tema, Chiovenda afirma que "*la causa petendi (...) è una 'causa' giuridicamente rilevante: non è un fatto naturale puro e semplice, ma un fatto, o un complesso di fatti, atto a porre in moto una norma di legge: un fatto o un complesso di fatti nella sua idoneità a produrre efetti giuridici. Quando la legge connette l'effetto giuridico della nascita o del passaggio di un diritto a una dichiarazione di volontà, questa è un fatto giuridico, un fatto costitutivo di diritti*"[43].

Semelhante definição de *causa petendi* como "causa juridicamente relevante", que se afasta da ideia de "fato natural puro e simples" e conecta-se imediatamente à ideia de "fato jurídico", não deixa de ser equívoca e ambígua[44]. Para o autor, "*denominam-se 'fatos jurídicos' aquêles de que deriva a existência, a modificação ou a cessão de uma vontade concreta de lei*", podendo ser de várias espécies (constitutivos, extintivos ou impeditivos). No que agora interessa, os fatos constitutivos são definidos como aqueles "*que dão vida a uma vontade concreta de lei e à expectativa de um bem por parte de alguém. Por exemplo: um empréstimo; um testamento; um ato ilícito; um matrimônio*"[45].

Da análise da proposta de Chiovenda, ressaem duas acepções possíveis, mas bastante diversas, para a expressão "fato jurídico", que habita o núcleo do conceito proposto de *causa petendi*: fato jurídico enquanto acontecimento

---

42. Giuseppe Chiovenda, *Identificazione delle azioni. Sulla regola "ne eat iudex ultra petita partium"*, in *Saggi di diritto processuale civile*, volume 1º, Milano: Giuffrè, 1993, p. 161. Trata-se, de resto, de conclusão compartilhada pelo restante da doutrina. Exemplificativamente, Augusto Cerino Canova (*La domanda giudiziale ed il suo contenuto*, in *Commentario del Codice di Procedura Civile*, livro 2º, tomo I, Torino: UTET, 1980, p. 16): "*la causa petendi è, indubbiamente, il più complesso e controverso dei tre elementi identificatori, e, in fondo, alimenta tutte le difficoltà della teoria dell'identificazione*".
43. Giuseppe Chiovenda, *Identificazione delle azioni. Sulla regola "ne eat iudex ultra petita partium"*, in *Saggi di diritto processuale civile*, volume 1º, Milano: Giuffrè, 1993, p. 162/163.
44. Augusto Cerino Canova, *La domanda giudiziale ed il suo contenuto*, in *Commentario del Codice di Procedura Civile*, livro 2º, tomo I, Torino: UTET, 1980, p. 16. Ernesto Heinitz, *I limitti oggettivi della cosa giudicata*, Padova: CEDAM, 1937, p. 132.
45. Giuseppe Chiovenda, *Instituições de direito processual civil*, volume I, 2ª edição, São Paulo: Saraiva, 1965, p. 7.

histórico afirmado pelo demandante e relevante para o direito ou fato jurídico enquanto *fattispecie* de uma norma positiva. A diferença entre os dois sentidos é bastante nítida. Na primeira acepção, a medida de juridicidade é oferecida pela tutela demandada, isto é, pelo pedido formulado, de modo que os fatos concretamente deduzidos organizam-se tão somente em função desse efeito jurídico pretendido[46]. Na segunda, a juridicidade do fato significa referência a uma relação jurídica material que se deduz em juízo e a que se pede tutela, correspondendo, pois, a um preciso paradigma normativo – de modo que os fatos concretamente deduzidos o são enquanto alinhados ao suporte fático da norma jurídica constitutiva da relação jurídica material deduzida em juízo pelo demandante. Essa dupla possibilidade de sentidos para a expressão "fato jurídico" – que faz ver, em largas linhas, uma ligação maior ou menor com o direito substancial na definição da causa de pedir – é o que torna ambíguo e confuso o conceito de *causa petendi* fornecido[47].

Posteriormente, Chiovenda procura expor de modo mais claro o seu pensamento. Após ter afirmado que a *causa petendi* da ação é uma *"causa giuridicamente rilevante"*, Chiovenda busca decompor em elementos o conceito que propõe. Literalmente, então, afirma: *"O conceito de causa petendi ou título (nas ações de conteúdo positivo, salvo examinarmos, adiante, a causa petendi nas ações de declaração negativa) resulta de todos êstes três elementos: a) A afirmação da existência de uma relação jurídica (propriedade, compra e venda, mútuo, locação, mandato e semelhantes); b) A afirmação da existência do fato particular que, no âmbito daquela relação jurídica, dá origem ao direito particular invocado (por exemplo: na ação em que se pleiteia o pagamento duma prestação de juros ou de aluguel, o vencimento da prestação; na actio mandati contraria, determinada operação em execução do mandato, pela qual se requer reembôlso ou compensação; na ação de rescisão por lesão, o preço inferior à metade do ajustado); c) A afirmação da existência do fato de que decorre o interêsse de agir (inadimplemento, fato determinante da incerteza na ação declaratória)"*[48].

---

46. Giuseppe Chiovenda, *Instituições de direito processual civil*, volume I, 2ª edição, São Paulo: Saraiva, 1965, p. 355/357.
47. "Il Chiovenda definisce quali 'fatti giuridici' i fatti da cui si desume l'esistenza, la modificazione o la cessazione di una volontà concreta di legge. Da ciò potrebbe desumersi che egli (...) parli di fatti giuridici, che stanno ai rapporti giuridici come causa ed effetto; ma d'altra parte egli considera la proprietà in sè considerata come un fatto giuridico. (...) la questione è proprio, in quale dei due significati possa dirsi che causa petendi sia il 'fatto costitutivo giuridico' del diritto fatto valere. O per causa petendi si intende il fatto nel significato proprio della parola, allegato dall'attore per giustificare la sua pretesa, o invece quel rapporto o stato giuridico, su cui egli si basa. A seconda della presa di posizione di fronte a questa alternativa si giunge necessariamente a risultati diversi" (Ernesto Heinitz, *I limitti oggettivi della cosa giudicata*, Padova: CEDAM, 1937, p. 148/149).
48. Daqui a ideia de divisão da *causa petendi* em um aspecto ativo e outro passivo, conforme o tema é tratado, entre outros, por Marco Tullio Zanzucchi (*Nuove domande, nuove eccezioni e nuove prove in appello*, Milano: Società Editrice Libraria, 1916, p. 330 e ss.), na Itália, e por José Carlos Barbosa Moreira (*O novo processo civil brasileiro*, 19ª edição, Rio de Janeiro: Forense, 1999, p. 15 e ss.), no Brasil.

Nas ações envolvendo direitos absolutos, "*basta a afirmação da relação jurídica (propriedade, usufruto, servidão), a fim de que a ação seja suficientemente identificada. Em especial, na ação de reivindicação basta a afirmação de ser proprietário de determinado objeto a fim de que a identificação seja plena, e não é, com efeito, necessário indicar o fato jurídico em virtude do qual se tornou proprietário; isso pode ser necessário para provar a existência da relação jurídica de propriedade, não, porém, para identificar a ação. (...). Por conseguinte, a causa na ação de reivindicação não é um ou outro modo de aquisição, mas o fato atual da propriedade; a questão jurídica versa sempre sôbre a existência do direito de propriedade, ainda quando a questão lógica se restrinja ao ponto, por exemplo, de se houve ou não compra e venda. Não há mudança de ação quando se passa de um título de aquisição a outro*"[49]. Nas ações envolvendo direitos de obrigação, "*não basta indicar a relação jurídica para que possa dizer-se identificada a ação. São, efetivamente, concebíveis diversas relações de obrigação com conteúdo idêntico: de cada um dêles nasce uma obrigação de prestação diferente (saepius autem deberi potest). Daí a necessidade de indicar, também, o fato constitutivo de que proveio a relação jurídica para o fim de a diferençar das outras possíveis relações jurídicas de conteúdo idêntico*"[50].

Tendo em conta essa proposta, seria lícito dizer que Chiovenda alinha-se, em traços gerais, à teoria da individualização[51]. Assim, ao fazer elemento determinante do seu conceito de *causa petendi* a "*afirmação da existência de uma relação jurídica*", cuja natureza deve ser expressamente declinada ("*propriedade, compra e venda, mútuo, locação, mandato e semelhantes*"), haveria tomado posição em favor da segunda acepção da expressão "fato jurídico" acima aludida – isto é, "fato jurídico" como a afirmação de um fato diretamente conectado com o suporte fático da norma jurídica constitutiva (*fattispecie*) da relação jurídica substancial deduzida em juízo. Com efeito, dado que Chiovenda afirma ser a *causa petendi* identificada pela afirmação de existência de uma relação jurídica, o fato jurídico deve reportar-se diretamente a essa relação afirmada, e não a outra, que do fato afirmado potencialmente possa ser intuída. "Fato jurídico" (e, por conseguinte, *causa petendi*), a partir dessa definição, não é o

---

49. Giuseppe Chiovenda, Instituições de direito processual civil, volume I, 2ª edição, São Paulo: Saraiva, 1965, p. 360/361.
50. Giuseppe Chiovenda, Instituições de direito processual civil, volume I, 2ª edição, São Paulo: Saraiva, 1965, p. 361/362.
51. Gian Franco Ricci, "Individuazione" o "sostantazione" nella riforma del processo civile, Rivista Trimestrale di Diritto Processuale Civile, nº 4, 1995, p. 1.229, nota 3. Ernesto Heinitz, I limiti oggettivi della cosa giudicata, Padova: CEDAM, 1937, p. 147/148. José Rogério Cruz e Tucci (A causa petendi no processo civil, 3ª edição, São Paulo: Revista dos Tribunais, 2009, p. 112) afirma que "*na Itália, a teoria da individualização encontrou em Chiovenda obstinado defensor*". Giancarlo Gianozzi (La modificazione della domanda giudiziale, Milano: Giuffrè, 1958, p. 55) com razão afirma che Chiovenda é "'*individuazionista' più nelle premesse che nei risultati*".

fato alegado pelo autor em sustentação à afirmação de que foi estipulado um contrato de mútuo, por exemplo, mas o fato alegado enquanto e tão somente em respeito à relação jurídica de mútuo afirmada[52]. Daí a necessidade de que a relação jurídica deduzida seja devidamente precisada[53].

A análise das principais elaborações da doutrina italiana sobre o tema da identificação das ações – como Zanzucchi, Gianozzi, Canova, Heinitz[54], Fazzalari e Proto Pisani, para ficar apenas com alguns dos principais autores – revela como tendência de fundo no tratamento da *causa petendi* uma preocupação (mesmo não declarada ou consciente) em tomar posição em relação à referida dupla possibilidade de sentidos para a expressão "fato jurídico" existente na obra de Chiovenda. Com efeito, pode-se em linhas gerais perceber na literatura uma divisão entre uma parcela de autores que, na definição de *causa petendi*, atribui relevo ao evento histórico narrado e colocado em relação apenas com a obtenção do escopo pretendido no processo e outra que defende deva haver a indicação precisa da *fattispecie* normativa constitutiva do direito deduzido como fundamento do pedido formulado[55]. E é justamente para aludir a esse fracionamento de posições que a doutrina italiana costuma invocar, de modo geral, o contraste entre as teorias da substanciação e da individualização[56].

---

52. Ernesto Heinitz, *I limiti oggettivi della cosa giudicata*, Padova: CEDAM, 1937, p. 150.
53. Os desenvolvimentos posteriores da doutrina de Chiovenda, porém, colocam em xeque essas conclusões, em razão, sobretudo, da falta de harmonização entre o conceito de causa petendi assim proposto pelo autor e as soluções por ele oferecidas às nuances teóricas do tema e aos problemas aplicativos que ele próprio se dispõe a analisar. A análise completa dos desenvolvimentos posteriores do conceito de *causa petendi* na obra de Chiovenda foi realizada em outro lugar (Otávio Augusto Dal Molin Domit, Iura novit curia: *o juiz e a qualificação jurídica da demanda no processo civil brasileiro*, Dissertação de mestrado, Universidade Federal do Rio Grande do Sul, 2013).
54. Jurista de origem germânica, mas que escreveu na Itália importante trabalho sobre o tema (*I limiti oggettivi della cosa giudicata*, Padova: CEDAM, 1937).
55. Consoante refere Giancarlo Gianozzi (*La modificazione della domanda*, Milano: Giuffrè, 1958, p. 26), "c'è chi accogliendo una nozione ampia di 'fatto', vi comprende tutti quegli episodi che valgono, storicamente, a creare una certa situazione; e così attribuisce scarso rilievo alla modificazione o alla sostituzione, in corso di giudizio, di tali episodi considerati quali antecedenti storici e, infine, circostanze utili a provare il rapporto giuridico dedotto. C'é chi – all'opposto – accetta una nozione del 'fatto' già filtrata dalla identificazione con la specie legale controversa". Augusto Cerino Canova (*La domanda giudiziale ed il suo contenuto*, in Commentario del Codice di Procedura Civile, livro 2º, tomo I, Torino: UTET, 1980, p. 17) oferece um exemplo concreto suficiente para esclarecer a diferença e a repercussão prática na tomada de posição entre uma e outra acepção: "Tizio agisce chiedendo la condanna di Caio al pagamento di una somma quale corrispettivo di un atto giuridico compiuto a favore di Caio e per la rifusione delle spese incontrate in tale attività. Siffata impostazione della domanda è fondata su una prospettazione fattuale, idonea a sorregere una condanna sia in base a mandato que a negotiorum gestio. Viceversa, la necessità di indicare il rapporto giuridico – seconda accezione del termine 'fatto giuridico' – importa che l'azione debba essere specificata per ciascun titolo sostanziale e divenire diversa in virtù di questo" (p. 17). Como não é difícil perceber, embora o fato jurídico possa dar lugar à condenação com fundamento no mandato ou na gestão de negócios, essas relações jurídicas são autônomas e não se confundem no plano do direito material, de modo que se pode dizer que igualmente diversos e autônomos são os direitos que amparam a possível condenação.
56. Nesse sentido, por exemplo, Giancarlo Gianozzi (*La modificazione della domanda giudiziale*, Milano: Giuffrè, 1958, p. 35): "Tutte le dispute insorte sui concetti di 'fatto' e di 'rapporto giuridico', traggono origine dalle

Por conseguinte, se na Alemanha do final do século XIX e início do século XX a contraposição entre substanciação e individualização restringiu-se à discussão sobre os elementos que formam a causa de pedir nas ações envolvendo direitos absolutos, a extensão desse debate a uma perspectiva geral sobre o conceito de causa de pedir – de modo a torná-la aplicável, embora com algumas variações, igualmente aos chamados direitos relativos – é obra sobretudo da doutrina italiana sucessiva a Chiovenda, revelando o intenso fascínio existente entre os processualistas peninsulares por essa contraposição[57]. E foi com essa compreensão, mais próxima ao modo de percepção da doutrina italiana sobre o problema, que o debate entre individualização e substanciação repercutiu no Brasil.

3. A TUTELA DOS DIREITOS COMO FIM DO PROCESSO CIVIL NO ESTADO CONSTITUCIONAL BRASILEIRO E A NECESSIDADE DE IDENTIFICAÇÃO DA DEMANDA E DE SEU CONTEÚDO A PARTIR DO DIREITO MATERIAL

Diretamente proporcional à dificuldade de tratamento conceitual da demanda em face da realidade dinâmica da vida[58] é a importância de bem identificar as nuances do instituto diante do atual contexto do processo civil brasileiro. De fato, se não é possível livrar o direito dos influxos da história, é necessário refletir sobre a estrutura da demanda considerando o advento do Estado Constitucional e o atual momento da dogmática processual civil, na medida em que seu delineamento depende necessariamente da natureza do Estado em que se insere[59].

A base mais significativa para o correto tratamento do tema da identificação da demanda e de seu conteúdo no processo civil brasileiro está na adequada impostação do problema no seio das relações entre direito e processo.

A começar pela ideia de que a função jurisdicional tem como escopo definido, no Estado Constitucional, a tutela do direito, isso é, da posição jurídica

---

due tradizionali teorie create dalla scienza processualistica tedesca, conosciute sotto il nome di 'teoria della sostantazione' e 'teoria della individuazione'". Assim também José Ignácio Botelho de Mesquita, A "causa petendi" nas ações reivindicatórias, Revista da Ajuris, nº 20, 1980, p. 170.

57. Augusto Cerino Canova, La domanda giudiziale ed il suo contenuto, in Commentario del Codice di Procedura Civile, livro 2º, tomo I, Torino: UTET, 1980, p 35.
58. Como bem já disse Crisanto Mandrioli (Riflessioni in tema di "petitum" e di "causa petendi", Rivista di Diritto Processuale, nº 3, 1984, p. 470.), o problema da demanda "si trata di un tema nel quale appare particolarmente evidente uno dei tipici limiti della scienza giuridica e di quella processualistica in particolare: l'insofferenza della realtà concreta, nel suo multiforme e variegato atteggiarsi, nelle sue mille sfaccettature, ad essere ingabbiata in schemi concettuali; mentre, d'altra parte, la scienza, se vuol essere tal, di questi schemi concettuali non può fare a meno, perché i concetti sono gli strumenti indispensabili con i quali noi studiosi tentiamo di assolvere al nostro compito di offrire ai pratici soluzioni coerenti ed armoniche".
59. Carlos Alberto Alvaro de Oliveira e Daniel Mitidiero, Curso de processo civil, volume 1, São Paulo: Atlas, 2010, p. 121.

de vantagem alegadamente ocupada pela parte que vem a juízo pleitear a sua proteção. É necessário, em definitivo, aproximar a jurisdição de seu foco primordial, qual seja, a tutela dos direitos proclamados pela ordem jurídica[60]. No marco do Estado Constitucional, fundado na dignidade da pessoa humana, impõe-se *"a necessidade de considerarmos a tutela dos direitos como fim do processo"*[61], de modo que, se *"em face de uma situação de direito material, o cidadão – ou mesmo o Estado – assume uma posição jurídica, da qual decorre um complexo de direitos e deveres"*, a jurisdição não pode ter outro fim se não o de tutelar essa posição juridicamente protegida[62]. A titularidade de uma posição juridicamente protegida dá ao respectivo titular o direito à obtenção de tutela jurisdicional para a proteção dessa posição – um direito à tutela que decorre do próprio direito material, que do contrário seria simples *flatus vocis*, mera proclamação, a depender da boa vontade alheia para realizar-se. A jurisdição, portanto, tem justamente a função de outorgar proteção aos direitos reconhecidos pelo plano substancial, de modo que é inegável que a jurisdição, em primeiro lugar é exercida com o objetivo de proteger os direitos cuja tutela é buscada no processo pelo respectivo titular[63].

Dizer que a jurisdição tem por escopo a tutela dos direitos não significa, evidentemente, um retorno às concepções privatistas próprias do século XIX, que percebiam na jurisdição simples meio para realização de direitos subjetivos[64]. Tampouco significa negar o caráter público do processo[65]. A ideia de que a jurisdição se presta à tutela dos direitos revela tão somente uma proposta conceitual atenta para os fins do processo no Estado Constitucional – centrados na pessoa, e não no Estado[66] – e uma postura dogmática preocupada em resgatar as ligações entre direito material e processo[67], alvitre que é perfeitamente conciliável com a autonomia científica conquistada pelo direito processual[68]. Demais disso, a proposta de enxergar como fim precípuo da jurisdição a tutela

---

60. Luiz Guilherme Marinoni, *Teoria geral do processo*, 3ª edição, São Paulo: Revista dos Tribunais, 2008, p. 240. Daniel Mitidiero, *Cortes superiores e cortes supremas*, São Paulo: Revista dos Tribunais, 2013, p. 16/29. Carlos Alberto Alvaro de Oliveira, *Teoria e prática da tutela jurisdicional*, Rio de Janeiro: Forense, 2008, p. 95 e ss.
61. Daniel Mitidiero, *Cortes superiores e cortes supremas*, São Paulo: Revista dos Tribunais, 2013, p. 17.
62. Luiz Guilherme Marinoni, *Teoria geral do processo*, 3ª edição, São Paulo: Revista dos Tribunais, 2008, p. 139.
63. Carlos Alberto Alvaro de Oliveira, *Teoria e prática da tutela jurisdicional*, Rio de Janeiro: Forense, 2008, p. 95. Luiz Guilherme Marinoni, *Teoria geral do processo*, 3ª edição, São Paulo: Revista dos Tribunais, 2008, p. 139/140. Daniel Mitidiero, *Cortes superiores e cortes supremas*, São Paulo: Revista dos Tribunais, 2013, p. 25.
64. Luiz Guilherme Marinoni, *Teoria geral do processo*, 3ª edição, São Paulo: Revista dos Tribunais, 2008, p. 140. Daniel Mitidiero, *Cortes superiores e cortes supremas*, São Paulo: Revista dos Tribunais, 2013, p. 25.
65. Daniel Mitidiero, *Cortes superiores e cortes supremas*, São Paulo: Revista dos Tribunais, 2013, p. 25.
66. Daniel Mitidiero, *Cortes superiores e cortes supremas*, São Paulo: Revista dos Tribunais, 2013, p. 25.
67. Adolfo di Majo, *La tutela civile dei diritti*, 4ª edição, Milano: Giuffrè, 2003, p. 5. Daniel Mitidiero, *Cortes superiores e cortes supremas*, São Paulo: Revista dos Tribunais, 2013, p. 25.
68. Fábio Cardoso Machado, *Jurisdição, condenação e tutela jurisdicional*, Rio de Janeiro: Lumen Juris, 2004, p. 144.

dos direitos abarca, no momento atual, todas as situações jurídicas merecedoras de proteção jurisdicional, isto é, toda e qualquer situação jurídica ativa, individual ou coletiva, simples ou complexa, direito potestativo ou direito a uma prestação, faculdades e poderes[69], o que é muito diferente da proposta praxista, ligada mormente à categoria dos direitos subjetivos. Por conseguinte, o processo e, nessa esteira, a jurisdição põem-se em relação teleológica com a realização dos direitos prometidos pela ordem jurídica.

Some-se a isso a noção, hoje vencedora em termos de teoria geral e metodologia do processo, de que o fenômeno processual existe tão somente em razão do direito material, com o qual se põe em relação de meio e fim[70], gerando a necessidade de pensar a organização do processo (meio) em função do direito material (fim)[71]. Superada a necessidade de isolar o direito processual em face do direito material e já madura a ciência processual para bem reconhecer as diferenças entre essas duas esferas do direito, faz-se preciso pensar o direito processual, instrumento que é, à luz da estrutura e das necessidades do direito material[72].

A influência do direito material sobre o processo é obvia[73], donde resulta a necessidade de aproximação entre essas duas esferas – a bem de ambas – no contexto do direito brasileiro contemporâneo. Trata-se de dar vazão à ideia materializada na eloquente lição de Carnelutti, segundo a qual *"tra diritto e processo esiste un rapporto logico circolare: il processo serve al diritto, ma affinché serva al diritto, deve essere servito dal diritto"*[74]. Propriamente a circularidade dessa relação, a mútua e recíproca implicação entre direito e processo, que é elemento de grande relevância para bem entender as interações entre um e outro plano jurídico em relação aos mais diversos institutos processuais[75], é fator fundamental para compreender a verdadeira *ratio* que informa a estruturação da demanda e auxilia decisivamente no entendimento das soluções que

---

69. Cf. Carlos Alberto Alvaro de Oliveira e Daniel Mitidiero (*Curso de processo civil*, São Paulo: Atlas, 2010, volume 1, p. 2/3) e Fredie Didier Júnior (*Curso de direito processual civil*, volume 1, 12ª edição, Salvador: JusPodivm, 2010, p. 90).
70. Carlos Alberto Alvaro de Oliveira, *Teoria e prática da tutela jurisdicional*, Rio de Janeiro: Forense, 2008, p. 94.
71. Sobre a temática, por todos, Luiz Guilherme Marinoni, *Técnica processual e tutela dos direitos*, São Paulo: Revista dos Tribunais, 2004, *passim*.
72. Luiz Guilherme Marinoni, *Teoria geral do processo*, 3ª edição, São Paulo: Revista dos Tribunais, 2008, p. 240. Fábio Cardoso Machado, *Jurisdição, condenação e tutela jurisdicional*, Rio de Janeiro: Lumen Juris, 2004, p. 143.
73. "As questões maiores do processo são solucionadas com dados inerentes à relação da vida e ao direito substancial que a regula (...). Quanto mais consciência tiver o processualista desse fenômeno, maiores serão as possibilidades de construção de mecanismos aptos a alcançar os escopos do processo" (José Roberto dos Santos Bedaque, *Direito e processo*, 6ª edição, São Paulo: Revista dos Tribunais, 2011, p. 17/18).
74. Francesco Carnelutti, *Profilo dei rapporti tra diritto e processo*, Rivista di Diritto Processuale, nº 4, 1960, p. 544/545.
75. Elio Fazzalari, *Note in tema di diritto e processo*, Milano: Giuffrè, 1957, p. 109.

a partir daí são propostas. Não há, assim, como lutar contra essa realidade, descortinada por esses pressupostos de compreensão. A demanda não pode ser pensada senão a partir do direito material, visto que é um dos mais evidentes pontos de ligação do direito processual com a realidade (material) com que trabalha. A problemática da demanda, então, projeta-se na complexa esfera das relações entre direito e processo[76].

Como assinalado pela doutrina, *"a partir do momento em que se aceita a natureza instrumental do direito processual, torna-se imprescindível rever seus institutos fundamentais a fim de adequá-los a essa nova visão"*, já que, em sua maior parte, *"a construção científica desse ramo do direito deu-se na denominada fase autonomista, em que, devido à necessidade de afirmação da independência do direito processual, valorizou-se demasiadamente a técnica"*[77] e a purificação do processo da influência, então odiosa, que recebia do direito material. Mudados os ventos, há que se tolher também da construção do conceito de demanda os hiatos injustificáveis entre os dois planos, que nada mais são do que reminiscências de um tempo superado, em que distanciamento e neutralidade eram entendidos, falsamente, como expressão de autodeterminação. O desafio para a boa compreensão da temática e para a construção de uma ideia de demanda que corresponda às atuais expectativas do direito processual civil brasileiro, portanto, está muito em encontrar ou aproximar-se o mais possível de um ponto de equilíbrio entre as duas esferas – e isso não se mostra tarefa fácil.

Embora fenômeno processual, a demanda estrutura-se a partir de uma situação jurídica[78] afirmada (*"fatta valere"*) em juízo. Pode-se dizer que todo aquele que coloca em funcionamento o processo para pedir tutela jurisdicional

---

76. Elio Fazzalari, *Note in tema di diritto e processo*, Milano: Giuffrè, 1957, p. 115/117. Riccardo Villata, *L'Esecuzione delle decisioni del Consiglio di Stato*, Milano: Giuffrè, 1971, p. 412. José Roberto dos Santos Bedaque, *Direito e processo*, 6ª edição, 2011, São Paulo: Revista dos Tribunais, p. 15.
77. José Roberto dos Santos Bedaque, 6ª edição, São Paulo: Revista dos Tribunais, 2011, *Direito e processo*, p. 18.
78. Aí compreendida, conforme aventado, toda e qualquer situação jurídica ativa, individual ou coletiva, simples ou complexa, direito potestativo ou direito a uma prestação, faculdades e poderes. A esse respeito, tendo embora em vista o direito italiano, Elio Fazzalari (*Istituzioni di diritto processuale*, 5ª edição, Padova: CEDAM, 1989, p. 264) alude aos seguintes arquétipos com que se apresentam as situações jurídicas no plano material: *"il diritto realizzato da una facoltà del titolare"*; *"il diritto realizzato da un potere del titolare ('diritto potestativo')"*; *"il diritto realizzato da un obbligo altrui"*; *"il diritto realizzato da facoltà del titolare e da doveri (di astensioni) di tutti i consociati"*; *"il diritto realizzato soltanto dai doveri (di astensione) di tutti i consociati"*. Não se deve excluir a possibilidade de o processo ser colocado em funcionamento para a verificação e tutela de uma posição jurídica não propriamente decorrente do direito material, mas saída imediatamente do próprio direito processual, como acontece com os casos da ação de anulação de ato judicial e da ação rescisória. Tal constatação não retira a conclusão de que a demanda veicula a afirmação da (in)existência de uma dada situação jurídica (que ordinariamente é de direito material, mas excepcionalmente pode ser de direito processual) em torno da qual desenvolve-se o processo. A referência recorrente no texto a "situação jurídica material", portanto, tem função elíptica, mas não elimina, bem entendido, a possibilidade de que o processo funcione para a tutela de uma situação jurídica processual.

o faz porque se crê titular de um determinado direito ou situação jurídica material que, a seu ver, ampara a sua pretensão. Com efeito, conforme advertido por Lent desde a segunda metade do século passado, *"nessuno infatti è tanto inconsulto da rivolgersi al giudice senza ritenete – ed innanzi tutto afermarlo – che a lui spetti um diritto sostanziale"*[79]. É justamente o reconhecimento desse direito afirmado[80] e a realização, no plano sensível, da consequência jurídica *prima facie* prevista pela ordem substancial o que a parte postula e espera alcançar por meio do processo. Não obstante a pretensão à tutela jurisdicional tenha evidente natureza processual, seu conteúdo é informado por dados (virtuais) provenientes do plano material e só tem sentido a partir da afirmação de uma posição jurídica de vantagem que dele ressai. Não se pode negar, por isso, que, de lado exceções, o processo volta suas atenções para uma situação jurídica (substancial, em regra) afirmada, em função da qual estrutura o seu funcionamento[81]. Esse, aliás, talvez seja o traço mais importante da tomada de consciência da instrumentalidade do processo, o que permite ao direito processual trabalhar e se organizar em função da verificação reconstrutiva e da realização do direito material reclamado[82].

Toda ação concretamente exercida, portanto, pressupõe a crença e a afirmação da existência (ou inexistência) de uma dada situação jurídica de direito material, sobre a qual se controverte. Essa situação, enquanto afirmação, comparece no processo logo no ato de introdução do juízo, que é justamente a demanda[83]; torna-se, em seguida, objeto central da controvérsia e da prova, legitimando e contextualizando, no curso do processo, os atos das partes e do juiz preparatórios da sentença[84]; nessa, que é a decisão final, a situação jurídica

---

79. Friedrich Lent, *Contributto alla dottrina dell'oggetto del processo*, JUS – Rivista di Scienze Giuridiche, n° 4, 1953, p. 434.
80. Trata-se, para todos os efeitos, de direito material meramente afirmado, deduzido *in status assertionis*, o que rebate de plano as críticas quanto a todo e qualquer exacerbado concretismo da proposta. Com efeito, conforme ilustra José Ignácio Botelho de Mesquita (A *"causa petendi"* nas ações reivindicatórias, Revista da Ajuris, n° 20, 1980, p. 176), referenciando Emilio Betti, "não se pode confundir duas coisas tão distintas como: a) a relação jurídica ou o direito particular que dela deriva, enquanto efetivamente fundados, existindo em perfeita coincidência com a norma abstrata de lei, e b) a relação jurídica ou o direito que dela se origina, segundo (usando a expressão de Betti) 'l'apprezamento unilaterale della parte', sobre cuja procedência, ao início do processo, nada consta. Ou, em outras palavras, uma coisa é o direito verdadeiro e próprio, atualmente existente, e outra é o direito afirmado pelo autor na petição inicial, que entra no processo, apenas, como razão da ação e que a sentença dirá se existe ou não. Pensar de forma diversa corresponderia a uma identificação entre direito subjetivo e ação, que se oporia a tudo quanto modernamente se tem por pacífico em torno à natureza abstrata do direito de ação".
81. Elio Fazzalari, *Note in tema di diritto e processo*, Milano: Giuffrè, 1957, p. 151. José Roberto dos Santos Bedaque, 6ª edição, São Paulo: Revista dos Tribunais, 2011, *Direito e processo*, p. 15/16.
82. Cf. Carlos Alberto Alvaro de Oliveira, *Teoria e prática da tutela jurisdicional*, Rio de Janeiro: Forense, 2008, p. 92.
83. Elio Fazzalari, *Note in tema di diritto e processo*, Milano: Giuffrè, 1957, p. 157. Carlos Alberto Alvaro de Oliveira, *Teoria e prática da tutela jurisdicional*, Rio de Janeiro: Forense, 2008, p. 98.
84. Elio Fazzarali, *Note in tema di diritto e processo*, Milano: Giuffrè, 1957, p. 110.

substancial, afirmada em estado bruto, controvertida e qualificada pelos influxos do processo, apresenta-se já como realidade jurídica consolidada pelo selo da jurisdição[85]. *"A necessária processualização por que deve passar o reconhecimento e a realização do direito material"*, como bem foi notado pela doutrina", *"não impede (...) o processo de guardar íntima relação com o direito material"*[86]. Essa necessária e direta relação entre a demanda e a situação jurídica material afirmada não poderia se articular de outra forma.

Pode-se dizer, assim, que praticamente toda demanda pressupõe a afirmação de que ao autor corresponde um determinado direito material, sobre cuja existência as partes litigam no processo. Chega-se a dizer, por isso, que a demanda é o *"atto in cui il diritto sostanziale è affermato"*[87]. A própria tutela jurisdicional, portanto, tem como ponto de partida, uma determinada realidade material[88], de modo que inexistindo, no ajuizamento, afirmação da (in)existência de uma situação jurídica substancial controvertida, inexistirá a demanda-conteúdo; e a demanda-ato, materializada na petição inicial, será um recipiente vazio[89]. A demanda, em definitivo, é concebida em rígida correlação com um direito, ou melhor, com uma situação jurídica deduzida no processo[90], razão pela qual é ela instituto especialmente afeto e imbricado com o direito material. Por meio da demanda identifica-se qual direito (ou qual dimensão do direito) foi deduzido em juízo para ser protegido pelo Estado[91].

Dizer que a demanda é outra coisa, desejando liberá-la de sua inseparável comunicação com uma particular situação jurídica substancial, é fechar os olhos para uma realidade que se mostra evidente. Por essa razão, *"não é possível aceitar as teses alemãs"* – como de Schwab e mesmo de Habscheid; ou italianas, como de Zanzucchi, Gianozzi e mesmo de Carnelutti – *"que desvinculam o conceito de pretensão processual de qualquer liame com uma situação jurídica individualizada concretamente, consoante o suporte fático contido no direito material,*

---

85. Elio Fazzalari, *Note in tema di diritto e processo*, Milano: Giuffrè, 1957, p. 123.
86. Carlos Alberto Alvaro de Oliveira, *Teoria e prática da tutela jurisdicional*, Rio de Janeiro: Forense, 2008, p. 92.
87. Crisanto Mandrioli, *Riflessioni in tema di "petitum" e di "causa petendi"*, Rivista di Diritto Processuale, nº 3, 1984, p. 470.
88. Carlos Alberto Alvaro de Oliveira, *Teoria e prática da tutela jurisdicional*, Rio de Janeiro: Forense, 2008, p. 98, com referência a Francesco Paolo Luiso, *Diritto processuale civile*, volume 1, 3ª edição, Milano: Giuffrè, p. 7.
89. Fredie Didier Júnior, *Curso de direito processual civil*, volume 1, 12ª edição, Salvador: JusPodivm, 2010, p. 195.
90. Augusto Cerino Canova, *La domanda giudiziale ed il suo contenuto*, in *Commentario del Codice di Procedura Civile*, livro 2º, tomo I, Torino: UTET, 1980, p. 127.
91. Sérgio Cruz Arenhart, *Reflexões sobre o princípio da demanda*, in Luiz Fux, Nelson Nery Jr. e Teresa Arruda Alvim Wambier (coord.), *Processo e constituição: estudos em homenagem a José Carlos Barbosa Moreira*, São Paulo: Revista dos Tribunais, 2006, p. 590.

e individualizá-la unicamente com base no critério da 'finalidade', promovendo assim uma completa cisão entre direito material e processual"[92].

É esse artificialismo injustificado, por exemplo, que se encontra por trás da proposta de que a demanda seja a simples descrição de uma circunstância de fato ou de uma situação da vida, por meio da qual o autor solicita seja efetivada a consequência jurídica buscada. Os fatos, que necessariamente devem ser narrados na demanda (ex facto oritur ius), não compõem o cerne do instituto. Não são objeto do juízo, mas simples instrumento para identificação desse objeto, isso é, do seu núcleo central, que é justamente o direito ou a situação jurídica material afirmada no processo[93].

Aliás, não trabalhasse o processo necessariamente em torno de uma determinada situação jurídica substancial deduzida em juízo, então não se teriam critérios suficientes para a determinação, por exemplo, da *legitimatio ad causam*, cujo controle consiste, basicamente, em verificar se autor e réu são sujeitos da situação jurídica substancial controvertida em juízo[94]. Tampouco haveria balizas seguras para decidir sobre a uniformidade litisconsórcio: a unitariedade ou não do tratamento a ser dado, que ademais influencia também a própria formação dos polos subjetivos da demanda, há de ter em conta a situação jurídica discutida em causa.

A prova mais contundente e definitiva de que a demanda veicula precipuamente a afirmação de uma situação jurídica material, em torno da qual o processo se articula, é dada com a análise do objeto da ação meramente declaratória. Conforme afiança Alfredo Buzaid à luz do Código de Processo Civil de 1973, "ainda que juridicamente relevante, um simples fato não pode constituir objeto da ação declaratória. 'O objeto da ação e da sentença declaratória', escreveu Rosenberg, 'é um direito ou uma relação jurídica, não um fato'"[95].

---

92. Carlos Alvaro de Oliveira, *Teoria e prática da tutela jurisdicional*, Rio de Janeiro: Forense, 2008, p. 96.
93. Augusto Cerino Canova, *La domanda giudiziale ed il suo contenuto*, in *Commentario del Codice di Procedura Civile*, livro 2º, tomo I, Torino: UTET, 1980, p. 131. Como ressalta José Roberto dos Santos Bedaque (*Os elementos objetivos da demanda à luz do contraditório*, in *Causa de pedir e pedido no processo civil*, São Paulo: Revista dos Tribunais, 2002, p. 26), "o objeto do processo e da tutela jurisdicional não é um ato ou fato, mas um direito, que precisa ser identificado mediante seus atos constitutivos".
94. Assim, Augusto Cerino Canova (*La domanda giudiziale ed il suo contenuto*, in *Commentario del Codice di Procedura Civile*, livro 2º, tomo I, Torino: UTET, 1980, p. 124) e Fredie Didier Júnior (*Curso de direito processual civil*, volume 1, 12ª edição, Salvador: JusPodivm, 2010, p. 203). Elio Fazzalari (*Istituzioni di diritto processuale civile*, p. 297), a respeito, anota que "la situazione che legitima le parti e giudice soleva identificarsi (...) col 'rapporto sostanziale dedotto in lite' – in sede civile, la situazione sostanziale dovere/diritto soggettivo (...). Nella versione più moderna, si ritengono legittimati al processo civile colui che afferma, in limine litis, un proprio diritto soggettivo leso e colui che viene indicato come titolare del dovere posto a servizio di tale diritto, e come autore della lesione".
95. Alfredo Buzaid, *Da ação declaratória no direito brasileiro*, 2ª edição, São Paulo: Saraiva, 1986, p. 147. O artigo 4º do Código de Processo Civil de 1973 encontra correspondência no artigo 19 do Novo Código de Processo Civil.

Na ação declaratória, portanto, o que o autor vem a juízo requerer é que o juiz certifique a existência ou a inexistência, ou o modo de ser, de uma dada relação jurídica – aí indicada em significado amplo, abarcando toda e qualquer situação jurídica. Ora, se a ação declaratória tem por objeto uma situação jurídica, e se toda decisão judicial apta a tornar-se imutável e indiscutível pelo selo da coisa julgada, ainda que possua outras eficácias, inclusive de modo preponderante, apresenta, em alguma medida, eficácia declaratória – que é, ao final, justamente o núcleo eficacial da sentença a que corresponde a coisa julgada[96] –, então não é nada menos do que óbvio que a situação declarada existente ou inexistente é a particular situação jurídica introduzida no processo por meio da demanda.

Sublinhe-se que a demanda, no mais das vezes, não enquadra necessária e automaticamente a totalidade da relação jurídica substancial que vincula as partes, a ponto de fazê-la, por inteiro, objeto do processo. Diferentemente disso, a demanda normalmente isola tão somente *"una delle situazioni che ricompongono il rapporto, la astrae dalle altre per farne l'oggetto del processo e segna con questo i contorni della attuale controversia"*, de modo que *"ciò che viene fatto valere in giudizio sono una o più tra le situazioni elementari in cui si fraziona il complessivo rapporto tra le parti, poichè ciascuna situazione forma il contenuto minimo del processo"*[97]. Conforme bem refere a doutrina, *"dal rapporto giuridico (compra-vendita, proprietà) può distinguersi il singolo diritto soggettivo che ne deriva"*[98].

Há que se distinguir, portanto, a particular situação jurídica deduzida no processo do universo maior da relação jurídica que une as partes e da qual deriva[99]. Aquilo que deve preocupar e interessar às partes e ao órgão judicial

---

96. Cf. Ovídio Araújo Baptista da Silva, *Eficácia da sentença e coisa julgada*, in *Sentença e coisa julgada*, 4ª edição, Rio de Janeiro: Forense, 2006, p. 74.
97. Augusto Cerino Canova, *La domanda giudiziale ed il suo contenuto*, in *Commentario del Codice di Procedura Civile*, livro 2º, tomo I, Torino: UTET, 1980, p. 138.
98. Ernesto Heinitz, *I limiti oggettivi della cosa giudicata*, Padova: CEDAM, 1937, p. 154. Exemplifica o autor: *"bisogna pure distinguere dal diritto di proprietà la rei vindicatio, diretta contro il possessore. Quest'ultima si estingue col soddisfacimento, mentre la proprietà perdura. Lo stesso vale per i rapporti obbligatori complessi, dai quali nascono più diritti distinti e diversi, che possono subire una diversa sorte giuridica. L'obbligazione di una parte può estiguersi col soddisfacimento, mentre resta quella dell'altra parte; il creditore, oltre al diritto principale, ha in molti casi diritti accessorî, come quello di mettere fine al rapporto obbligatorio con dichiarazione unilaterale (disdetta, licenziamento, ecc.). In questo senso si può distinguere il rapporto obbligatorio quale 'organismo' dalla singola obbligazione che ne deriva. Non si potrà disconoscere che un rapporto unico di locazione produca molti diritti diversi che nascono e si estinguono coll'andar del tempo, e di cui alcuni – sia del conduttore, sia del locatore – possono essere controversi"* (p. 155).
99. Tal não impede, é claro, que se possa pensar, ao menos teoricamente, na possibilidade de trazer para dentro do processo a totalidade da relação jurídica mantida entre as partes – uma demanda eminentemente declaratória poderia, eventualmente, muito bem comportar uma pretensão desse gênero. Admitida essa possibilidade, poder-se-ia dizer que potencialmente seria lícito deduzir, no processo, desde que afirmadas na demanda, tanto relações jurídicas integrais, quanto particulares situações jurídicas derivadas (Cf. Ernesto Heinitz, Padova: CEDAM, 1937, *I limiti oggettivi della cosa giudicata*, p. 156).

no processo, o que deve guiar a sua atividade em juízo, é o tanto da relação jurídica afirmada como situação jurídica na demanda. Foge à consideração e à atenção do processo a inteira relação jurídica substancial, enquanto parcela da realidade material não deduzida. Mantida fora do processo, as outras nuances da relação jurídica substancial assumem, para o processo, um caráter meramente eventual, já que apenas futura e hipoteticamente se poderia cogitar de uma controvérsia a seu respeito[100].

"*Se teniamo conto di tutto questo*", conclui a doutrina, "*ci accorgiamo che il problema centrale dell'individuazione dell'azione o dell'oggetto del processo consiste nell'esaminare quale parte, quale settore della complessa e multiforme realtà giuridica sostanziale che è il 'diritto che si fa valere' è entrato nel processo attraverso il filtro della domanda per adattarsi allo schema giuridico che ispira e qualifica la domanda stessa*"[101]. Não se trata, portanto, de identificar nem a relação processual como tal, nem a relação substancial por si, mas a afirmação do autor em torno da situação jurídica deduzida na demanda como objeto do processo[102].

Em definitivo, portanto, pode-se dizer que o cerne da demanda veiculada no processo é composto pela afirmação da (in)existência de uma particular situação jurídica, que identifica o seu conteúdo essencial. Em torno desse núcleo conceitual é que orbita toda a estrutura e o modo de funcionamento do instituto, sendo essa visão da demanda absolutamente consentânea com os pressupostos contemporâneos da teoria geral do processo e com a atual fase metodológica do processo civil, sobretudo porque põe em estreita relação o instrumento com o objeto de trabalho, isso é, o processo com o fim a que se direciona: a tutela do direito. É também harmônica com a ideia de que a jurisdição tem por escopo a tutela dos direitos. Com efeito, quando o art. 5º, inciso XXXV, da Constituição da República, fala que "*a lei não excluirá da apreciação do Poder Judiciário lesão ou ameaça a direito*" não tem em vista outra coisa senão uma situação jurídica cuja tutela é requerida em juízo. A jurisdição é acionada sempre para dar tutela a um direito[103]. A necessária aproximação que a doutrina processual contemporânea conclama deva haver entre direito e processo

---

100. Cf. Augusto Cerino Canova, *La domanda giudiziale ed il suo contenuto*, in *Commentario del Codice di Procedura Civile*, livro 2º, tomo I, Torino: UTET, 1980, p. 139. Em continuação, o autor afirma: "*niente riuscirebbe più artificioso ed arbitrario che una prevalente importanza attribuita agli sviluppi ipotetici e futuri rispetto al conflitto attuale. Una visione sifatta non corrisponde agli intenti palesati dalle parti, le quali hanno mostrato di voler disputare su quel diritto e su quel diritto soltanto. La stessa visione ancor meno corrisponde alla funzione del processo che è di statuire sulla situazione fatta valere e non di definire per sempre tutta la relazione intercorrente tra le parti*" (p. 139).
101. Crisanto Mandrioli, *Riflessioni in tema di "petitum" e di "causa petendi"*, Rivista di Diritto Processuale, nº 3, 1984, p. 468.
102. Cf. José Ignácio Botelho de Mesquita, *A "causa petendi" nas ações reivindicatórias*, Revista da Ajuris, nº 20, 1980, p. 167.
103. Luigi Montesano, *Diritto sostanziale e processo civile di cognizione nell'individuazione della domanda*, Rivista Trimestrale di Diritto e Procedura Civile, 1993, p. 71.

e a noção de que a jurisdição é colocada em funcionamento para a tutela de direitos convergem para ligar a demanda, como fenômeno processual que é, à particular situação jurídica afirmada (*"fatta valere"*) em juízo[104].

Munidos desse arsenal conceitual, é preciso novamente voltar as atenções para os elementos da ação – em especial, para a causa de pedir – alçados pela legislação brasileira à condição de critérios de identificação da demanda, para ver de que forma pode ser organizada a atividade de individualização da demanda a partir da noção de que o seu conteúdo articular-se em torno da afirmação de (in)existência de uma particular situação jurídica.

4. A *CAUSA PETENDI* NO DIREITO BRASILEIRO: NECESSIDADE DE SUPERAÇÃO DO MITO DA SUBSTANCIAÇÃO EM PROL DA ESTRUTURAÇÃO E TRATAMENTO DO INSTITUTO NO ÂMBITO DAS RELAÇÕES ENTRE DIREITO E PROCESSO

Conforme se referiu ao início, para a maioria da doutrina brasileira, historicamente o legislador pátrio teria optado por filiar-se à teoria da substanciação da *causa petendi*, dando prevalência absoluta aos fatos narrados na petição inicial e colocando em segundo plano, com um caráter meramente propositivo e não-vinculante, a fundamentação jurídica.

Esse é o entendimento, por exemplo, de Pontes de Miranda: *"A lei acolheu a teoria da substanciação do pedido, que exige mais do que a simples alegação de existir a relação jurídica (teoria da individualização): a parte tem de expor os fatos (da mihi factum!)"*[105]. É também o pensamento de José Joaquim Calmon de Passos: *"O art. 282, III, exigindo como requisito da inicial a indicação dos fatos e fundamentos jurídicos do pedido, põe o nosso sistema entre os que reclamam a substanciação da causa de pedir, aliás como já o fazia o Código de 1939, dispondo em igual sentido em seu art. 158"*[106]. Nesse mesmo sentido estão as doutrinas de inúmeros outros processualistas de prestígio, a exemplo de

---

104. Nesse sentido, tendo embora em vista a realidade do direito italiano, Crisanto Mandrioli, *Riflessioni in tema di "petitum" e di "causa petendi"*, Rivista di Diritto Processuale, nº 3, 1984, p. 467.
105. Francisco Cavalcanti Pontes de Miranda, *Comentários ao Código de Processo Civil*, tomo IV, Rio de Janeiro: Forense, 1974, p. 17. É bem verdade que o autor alude a uma "substanciação atenuada", com isso querendo dizer que a lei exige (e dá importância) apenas para os fatos essenciais (Francisco Cavalcanti Pontes de Miranda, *Comentários ao Código de Processo Civil*, tomo II, Rio de Janeiro: Forense, 1974, p. 354/356). Esse, ademais, também era o posicionamento do autor diante do Código de 1939 (*Comentários ao Código de Processo Civil*, volume 2, Rio de Janeiro: Forense, 1947, p. 28, segundo informa José Rogério Cruz e Tucci, *A causa petendi no processo civil*, 3ª edição, São Paulo: Revista dos Tribunais, 2009, p. 119). Nada obstante a afirmação categórica, no parágrafo imediatamente anterior ao trecho reproduzido o autor consigna que *"nas ações reais, basta a afirmação de relação jurídica para que se identifique a ação (...). Nas ações nascidas de direitos de obrigação, nem sempre a indicação da relação jurídica identifica a ação"*, razão pela qual por parecer que sua posição pessoal é diversa da que entende ter sido a alternativa legal.
106. José Joaquim Calmon de Passos, *Comentários ao Código de Processo Civil*, volume III, 3ª edição, Rio de Janeiro: Forense, 1979, p. 217.

Moacyr Amaral Santos, José Frederico Marques, Cândido Rangel Dinamarco, José Manoel de Arruda Alvim, Vicente Greco Filho e Humberto Theodoro Júnior[107].

A razão para essa tomada de posição costuma ser justificada, na linha do que já descrito, pela exigência legislativa de que o autor decline, na petição inicial, os fatos que fundamentam o pedido formulado.

Nesse sentido, perceba-se que José Manoel de Arruda Alvim Netto proclama que *"a nossa lei adotou a teoria da substanciação, dado que exige a menção do fato"*[108]. Ao lado dele, Moacyr Amaral Santos menciona que *"o Código exige que o autor exponha na inicial o fato e os fundamentos jurídicos do pedido. Por esse modo faz ver que na inicial se exponha não só a causa próxima – os fundamentos jurídicos, a natureza do direito controvertido – como também a causa remota, o fato gerador do direito. Quer dizer que o Código adotou a teoria da substanciação"*[109]. Do mesmo modo, Humberto Theodoro Júnior assevera que *"quando o Código exige a descrição do fato e dos fundamentos jurídicos do pedido, torna evidente a adição do princípio da substanciação da causa de pedir, que se contrapõe ao princípio da* individuação"[110]. Por fim, para não alongar a exposição, diga-se que Cândido Rangel Dinamarco afirma que *"vige no sistema processual civil brasileiro o sistema da* substanciação, *pelo qual os fatos narrados influem na delimitação objetiva da demanda e consequentemente da sentença (art. 128) mas os fundamentos jurídicos não"*.

Não obstante esse entendimento, manifestado pela vasta maioria da doutrina, formada por esses e outros tantos autores de elevado e justificado prestígio, alguns dos mais brilhantes processualistas do país, não se pode deixar de dizer que as justificativas dadas em torno da assertiva não convencem, absolutamente. Por duas razões, em especial.

A primeira, diz respeito ao próprio direito positivo. A tese de que o direito brasileiro teria absorvido a teoria da substanciação não decorre do texto legislativo e nem parece estar por ele plenamente autorizada. Com efeito, bem examinado o teor dos dispositivos em análise – antes, o artigo 282, inciso III, do Código de Processo Civil de 1973, e o artigo 158, inciso III, do Código de Processo Civil de 1939; agora, o artigo 319, inciso III, do Novo Código de Processo Civil –, fica evidente que tais textos normativos formulam exigência ulterior à simples

---

107. Cf. informa José Rogério Cruz e Tucci, A causa petendi *no processo civil*, 3ª edição, São Paulo: Revista dos Tribunais, 2009, p. 153/155.
108. José Manoel de Arruda Alvim, *Direito processual civil*, volume 2, São Paulo: Revista dos Tribunais, 1973, p. 47.
109. Moacyr Amaral Santos, *Primeiras linhas de direito processual civil*, 1º volume, 13ª edição, São Paulo: Saraiva, 1987, p. 166.
110. Humberto Theodoro Júnior, *Curso de direito processual civil*, volume I, 41ª edição, Rio de Janeiro: Forense, 2004, p. 326.

"substanciação": além dos fatos, exigem que o autor aponte em sua petição inicial também os fundamentos jurídicos que amparam a sua pretensão, como referido por alguns dos juristas citados. Vale dizer: segundo dispõe a legislação, não é somente o conjunto fático narrado pelo demandante que tem relevo na determinação da causa de pedir; ao lado disso, deve haver explicitação também das razões jurídicas pelas quais o autor afirma ser fundado o pedido que formula. Com efeito, ao alçar mão da conjunção coordenativa aditiva "e", para logo em seguida completar com a expressão *"fundamentos jurídicos"*, os textos de lei indicam uma tomada de posição por parte do legislador que ultrapassa a simples substanciação e que não pode ser simplesmente desconsiderada. Exige-se não somente a declinação dos fatos (com o que se teria, se assim o fosse, inequívoca adoção da teoria da substanciação), mas também a indicação dos fundamentos jurídicos que dão causa ao pedido.

É justamente essa exigência dúplice, de exposição tanto do fato quanto do direito que fundamenta a pretensão deduzida, elementos colocados em pé de igual importância pelo legislador na identificação e determinação da *causa petendi*, a circunstância responsável por dar-nos a ideia de que, à diferença do que normalmente se proclama, não houve, nem no Código de Processo Civil de 1973, nem no Novo Código de Processo Civil, a encampação pura e simples da teoria da substanciação pelo direito brasileiro. Para essa teoria, como se viu, a relevância está exclusivamente nos fatos narrados e que dão causa ao pedido, não tendo grande valor, a princípio, os fundamentos jurídicos. Nosso direito positivo, contudo, sem escalonar ou graduar a importância destes elementos[111], exige a exposição tanto dos fatos quanto dos fundamentos jurídicos – em prol da correta individualização da situação jurídica material objeto da demanda –, o que torna difícil a defesa da adoção da teoria da substanciação.

Em grandes linhas, essa crítica é também compartilhada por José Rogério Cruz e Tucci: "Entendemos (...) *que tais posicionamentos* [refere-se o autor à doutrina que defende a encampação da teoria da substanciação pelo direito brasileiro] *irrompem, no mínimo, parciais, porquanto se atêm exclusivamente à letra do art. 282, III, do Código de Processo Civil"*[112]. O mesmo autor, em seguida, observa que, ao se ter por correta a afirmação de que o Código de Processo Civil em vigor, por conta da redação do citado dispositivo de lei, teria encampado

---

111. Bem observa Ricardo de Barros Leonel (*Causa de pedir e pedido: o direito superveniente*, p. 91) que *"a exigência de indicação dos fatos e dos fundamentos jurídicos do pedido não especifica em que medida tal narrativa deva ser feita"*.
112. A causa petendi *no processo civil* 3ª edição, São Paulo: Revista dos Tribunais, 2009, p. 155. Nossa discordância em relação à arguta percepção crítica do autor apenas se dá em relação à última parte do trecho transcrito, porquanto nos parece que é justamente a *"letra"* do referido artigo de lei o que comprova o balanceamento da importância não só dos fatos, mas também dos fundamentos jurídicos.

a teoria da substanciação, "seria lícito, e mais do que lícito, forçoso concluir que, dada a sua similitude com o disposto no §253, 2, do ZPO alemão e no art. 163, 4, do atual Codice di Procedura Civile italiano, a teoria da substanciação também teria sido acolhida em tais legislação... E isso seria um verdadeiro absurdo..."[113].

Ainda nessa linha de análise, as razões manifestadas pelos autores que formam uma linhagem dissidente minoritária, que destoa da ideia da adoção da teoria da substanciação pelo nosso direito legislado, parecem justificar plenamente os motivos de nossa perplexidade e desconfiança com relação ao alvitre alcançado pela posição majoritária. Nesse sentido, vale transcrever o que diz José Ignácio Botelho de Mesquita a respeito, em análise de aguçado senso crítico. Ainda sob a égide do Código de Processo Civil de 1939, assim escreveu: "Os processualistas brasileiros, que trataram desta controvérsia [refere-se o autor à causa de pedir em geral, e nas ações reivindicatórias, em especial], são levados, em geral, a afirmar que o direito nacional seguiu a teoria da substanciação (Pontes de Miranda e José Frederico Marques). É bem verdade que a nossa lei processual exige que conste da petição inicial a indicação dos fatos constitutivos mas isto, a meu ver, não leva a conclusão de que tenhamos aderido àquela corrente doutrinária. Com efeito, a nossa lei exige igualmente que se indiquem na petição inicial os fundamentos jurídicos do pedido. Estes, evidentemente (...) não são nem a norma da lei, nem tampouco as deduções jurídicas, salvo quando, excepcionalmente, a norma legal sirva, à falta de outros elementos, para individuar o direito individual feito valer pelo autor no processo. Parece-me que se deva entender por 'fundamento jurídico do pedido' a relação jurídica controvertida e o direito particular dela decorrente. E não vejo nisto filiação à teoria da substanciação, mas, diversamente, entendo que a lei processual brasileira adotou uma posição de grande equilíbrio entre ambas as correntes conflitantes, dando importância tanto aos fatos constitutivos, como aos elementos de direito, na medida em que sirvam para individuar a pretensão do autor, como resulta da expressão legal 'de maneira que o réu possa preparar a sua defesa', empregada no inc. III, do art. 158, CPC"[114].

A segunda, e mais importante, razão pela qual não nos parece correto propugnar a adoção da teoria da substanciação pelo direito brasileiro concerne ao modo de encarar as relações entre direito e processo que uma a e outra teoria propõem.

Heinitz, em lúcida passagem de sua obra destinada aos limites objetivos da coisa julgada, demonstra de forma primorosa e extremamente atual as

---

113. José Rogério Cruz e Tucci, A causa petendi no processo civil, 3ª edição, São Paulo: Revista dos Tribunais, 2009, p. 157.
114. José Ignácio Botelho de Mesquita, A 'causa petendi' nas ações reivindicatórias, Revista da Ajuris, nº 20, 1980, p. 179/180.

diferenças entre as propostas da individualização e da substanciação[115] relativamente ao comportamento que uma e outra teoria propõem para o processo no confronto com direito material. Em realidade, o autor chega a afirmar que a grande diferença entre as teorias da substanciação e da individualização está em sua diferente relação com o direito material: *"La pretesa processuale, concepita secondo la teoria dell'individuazione, è in un certo senso più vicina alla pretesa sostanziale di quanto lo sia in base alla teoria della sostanziazione. Chi fa valere più diritti soggettivi sostanziali solleva in base a quest'ultima teoria una sola pretesa processuale, ove siano identici il fatto costitutivo ed il petitum, mentre la teoria dell'individuazione non crede di poter prescindere fino a tal punto dal diritto soggettivo sostanziale. Questa è la differenza essenziale fra le due teorie, e non tanto la diversa valutazione degli elementi di fatto e di diritto, dal momento che anche la teoria della individuazione sostiene irrilevante il puro 'punto di vista giuridico' e attribuisce importanza nella maggior parte dei casi al fatto costitutivo"*[116].

Destacando, então, que é necessário distinguir os particulares direitos *"fatti valere"* no processo da relação jurídica que constitui o seu fundamento, na linha do que antes examinado, Heinitz ressalta que tal distinção não pode ser levada em conta tão estreitamente a ponto de ser considerado apenas o lado exterior ("físico") da pretensão feita valer no processo: *"'consegnare un oggetto' è cosa diversa, se è chiesto in base a proprietà, o in base ad un diritto obbligatorio contrattuale"*. Nesse ponto, destaca Heinitz, existe uma profunda diferença entre as teorias da substanciação e da individualização: *"La teoria della sostanziazione sostiene che nella domanda sia importante soltanto l'atto esteriore, il 'pagare 1000 lire', il 'consegnare una data cosa'"*. Consequentemente se é facilmente induzido a enxergar na relação obrigacional apenas a motivação, e não a individualização (determinação) da pretensão deduzida em juízo, deixando de lado o nexo incindível entre *causa petendi* e *petitum*. Desde essa perspectiva, seria mesmo lógico considerar a qualificação jurídica da relação que gera uma dada pretensão um mero ponto de vista jurídico, não vinculante nem para as partes, nem para o juiz. Essenciais, assim, passariam a ser apenas os fatos constitutivos[117].

Contudo, o ponto falho da proposta que constitui o cerne da teoria da substanciação está no exagerado distanciamento provocado entre o processo e o direito material: *"Il riconoscimento esatto del fatto che la pretesa processuale è diversa dalla pretesa sostanziale, poichè la prima è soltanto una affermazione e poichè in determinati casi (azione di accertamento negativo) l'attore non fa valere*

---
115. No modo particular como a doutrina italiana as compreende.
116. Ernesto Heinitz, *I limiti oggettivi della cosa giudicata*, Padova: CEDAM, 1937, p. 153/154.
117. Ernesto Heinitz, *I limiti oggettivi della cosa giudicata*, Padova: CEDAM, 1937, p. 158/159.

un determinato diritto soggettivo, ha spinto qualche scrittore fino alla affermazione che la pretesa processuale non possa esprimersi in alcun modo con concetti tolti dal diritto sostanziale e conseguentemente che, restando fermo il petitum ed il fatto costitutivo, si faccia valere una sola pretesa processuale, quale che sia il titolo (contratto, arrichimento indebito) per il quale si avanzi tale domanda"[118]. Ocorre que é impossível, mesmo diante da reconhecida autonomia do direito processual, prescindir da função precípua do processo, que é justamente a realização do direito material, como se viu: "*Il processo è destinato a produrre certeza giuridica; ciò implica che la sentenza non decide soltanto sul fatto che N deve ad A in base a certi fatti 1000 lire, ma anche sulla sussistenza di quel determinato diritto soggettivo della cui realizzazione si tratta nel processo*"[119].

Isso não quer dizer que seja importante a denominação jurídica dada pelo autor à situação de fato descrita. Ainda que erroneamente indicado o *nomen iuris*, o que deve importar para o órgão jurisdicional é a relação jurídica (o direito ou a pretensão) indicada pelo autor e que há de formar e delimitar o objeto do processo. O demandante deve determinar a relação jurídica (o direito ou a pretensão) que faz valer em juízo de modo que essa possa ser distinguível de todas as outras, sendo desimportante o modo como a denomine. Para Heinitz, "*questo, e non più, è il giusto significato della proposizione che il giudice è legato al nomen juris attribuito dall'attore alla ragione fatta valere*"[120]. O jurista, aliás, faz importante distinção entre as afirmações jurídicas realizadas pelo demandante e as meras deduções jurídicas das partes: "*Il tribunale può accogliere una domanda basandosi su di un altro punto di vista giuridico, senza cadere nel vizio di ultra petita. In che modo si distinguono queste deduzioni da quelle affermazioni dell'attore, che sono indispensabili per individuare la richiesta? Le deduzioni giuridiche servono a motivare, non ad individuare la richiesta; esse cercano di stabilire un nesso fra la fattispecie e la conseguenza giuridica, senza determinarla ed individuarla. La parte può cambiare le deduzione giuridiche a piacere e può anche del tutto farne a meno: jura novit curia. Il giudice può - e deve - applicare un altro punto di vista giuridico, non messo in rilievo dalla parte. Ma egli non può affermare un diritto diverso da quello richiesto dall'attore. È escluso che il giudice passi senz'altro da una pretesa all'altra*"[121].

---

118. Ernesto Heinitz, *I limiti oggettivi della cosa giudicata*, Padova: CEDAM, 1937, p. 159.
119. Ernesto Heinitz, *I limiti oggettivi della cosa giudicata*, Padova: CEDAM, 1937, p. 159/160.
120. Ernesto Heinitz, *I limiti oggettivi della cosa giudicata*, Padova: CEDAM, 1937, p. 160. Mais adiante, o autor diz: "*Vi è (...) una differenza fra i casi in cui l'indicazione del rapporto controverso serva all'attore soltanto per descriverlo -, allora la denominazione imprecisa può e deve essere corretta dal giudice - e quello in cui l'indicazione individua, fa conoscere proprio quello, al cui risconoscimento l'attore tende consapevolmente*" (p. 192).
121. Ernesto Heinitz, *I limiti oggettivi della cosa giudicata*, Padova: CEDAM, 1937, p. 160/161.

Fica claro, portanto, o duplo papel que, para Heinitz, pode desempenhar o elemento jurídico da causa. Quando, pela alteração da qualificação jurídica, passa-se de um a outro direito material, não se altera apena o simples ponto de vista jurídico, mas o próprio direito substancial para o qual se requer proteção[122]. E é justamente esse, para Heinitz, o ponto decisivo de divergência entre as duas teorias: "*La teoria della sostanziazione spinge la massima jura novit curia fino alle ultime conseguenze; essa considera rilevanti giuridicamente soltanto le allegazioni di fatto delle parti, e la conseguenza formale, astratta, che viene formulata nel petitum. Tale concetto della pretesa processuale prescinde completamente dai vari diritti sostanziali che possono spettare all'attore in base ad una identica fattispecie*"[123].

Sendo assim, é evidente, para Heinitz, que de acordo com a teoria da substanciação a divisão de tarefas entre juiz e partes dentro do processo seria a seguinte: "*la parte dovrebbe allegare certi fatti e chiedere un determinato provvedimento, il giudice dovrebbe esaminare tale richiesta dal punto di vista di tutte le norme eventualmente applicabili (proprietà rapporti obbligatori, condictio etc.), e la cosa giudicata formatasi su di questa pretesa processuale coprirebbe necessariamente tutti i diritti sostanziali*"[124].

Diante dessa divergência de possibilidades, Heinitz posiciona-se afirmando que não lhe parece seja possível prescindir de tal modo da qualificação jurídica como forma de individualização de uma determinada pretensão. Embora reconheça que a indicação da razão feita valer pelo demandante decorra em primeira linha da alegação de fatos, afirma que isso não ocorre em todos os casos; e aqui, destaca, está a importância prática da questão e a razão pela qual não se pode prescindir, na definição de *causa petendi*, do elemento de direito[125]: "*A noi (...) sembra che per causa petendi debbano intendersi quegli elementi di diritto e di fatto che servono ad individuare il petitum, cioè a completarlo e costituire così insieme con esso una determinata pretesa in senso processuale*"[126].

---

122. "*I singoli diritti soggettivi hanno un'individualità ben precisa ed anche una funzione economica diversa; perciò essi non sono soltanto 'punti di vista giuridici', da cambiarsi senz'altro*" (Ernesto Heinitz, *I limiti oggettivi della cosa giudicata*, Padova: CEDAM, 1937, p. 181).
123. Ernesto Heinitz, *I limiti oggettivi della cosa giudicata*, Padova: CEDAM, 1937, p. 161. Para Heinitz, então, nessa linha, o problema do concurso de direitos e de seu tratamento processual resolve-se em que "*trattandosi di più diritti sostanziali sussistono più pretese processuali. Nè vale l'obbietare che con ciò si disconosce la diversità della pretesa processuale al diritto soggettivo. Sebbene il diritto soggettivo non formi direttamente l'oggetto del processo, non si può definire la pretesa processuale senza ricorrere al diritto soggettivo, il quale appare nel processo quale diritto giudiziario-sostanziale*" (p. 182).
124. Ernesto Heinitz, *I limiti oggettivi della cosa giudicata*, Padova: CEDAM, 1937, p. 161.
125. Ernesto Heinitz, *I limiti oggettivi della cosa giudicata*, Padova: CEDAM, 1937, p. 162.
126. Ernesto Heinitz, *I limiti oggettivi della cosa giudicata*, Padova: CEDAM, 1937, p. 165, passo também citado por José Rogério Cruz e Tucci, *A causa petendi no processo civil*, 3ª edição, São Paulo: Revista dos Tribunais, 2009, p. 115.

Os elementos tanto de direito como de fato são importantes para individualizar a *"ragione fatta valere"*[127]. Embora partidário declarado da teoria da individualização, fica claro que para Heinitz a determinação da *causa petendi* deve ser feita pela concorrência do fato e do direito alegado pelo demandante.

Essa sua posição intermediária entre os pressupostos conceituais da teoria da individualização e da teoria da substanciação serve de referencial central para que se possa dar adequado tratamento teórico para o problema da causa de pedir à luz da noção de que a pretensão afirmada em juízo, em que pese ao seu caráter processual, deve ser encarada à luz do direito material[128]. A teoria da substanciação faz-se acompanhar de um inexorável distanciamento do processo em relação às formas jurídicas presentes no plano substancial, pois que autonomiza a narrativa fática, como se essa merece valor em si própria, e não em relação ao fim de identificar a particular situação jurídica para a qual se requer tutela no processo. Basta, para isso ver, que, permanecendo idênticos o pedido e a narração fática, totalmente indiferentes seriam para o processo, segundo o que apregoa a teoria da substanciação, as diversas situações jurídicas materiais identificáveis a partir da situação de fato descrita. Sendo assim, quem veicula determinado pedido de tutela a partir da afirmação de determinada situação jurídica (obrigação de ressarcir fundada em contrato, por exemplo), e no curso do processo modifica a postura inicial para em vez afirmar existente outra situação jurídica (obrigação de ressarcir fundada na vedação ao enriquecimento sem causa, por exemplo) em sustentação de sua pretensão, mantendo inalterados os fatos narrados, permaneceria vinculado à mesma *causa petendi*.

A veracidade dessa conclusão fica muito clara a partir da transcrição de passagem da obra de um dos muitos cultores da substanciação no direito brasileiro. Sobre ser relevante tão somente o fato para a determinação da *causa petendi*, e ser irrelevante a respectiva qualificação jurídica para esse mesmo fim, escreve José Carlos Barbosa Moreira: *"Não há alteração da causa petendi, nem portanto necessidade de observar essas restrições* [a referência do autor diz respeito aos artigos 264, *caput* e parágrafo único, e 321, do Código de Processo Civil de 1973[129]], *quando o autor, sem modificar a substância do fato ou conjunto de fatos narrados, naquilo que bastaria para produzir o efeito jurídico pretendido (...) passa a atribuir ao fato ou conjunto de fatos qualificação jurídica diferente da originariamente atribuída – v.g., chamando de 'dolo' ao que antes denominara 'erro' (haveria, ao contrário, alteração da causa petendi se o autor passasse a*

---

127. Ernesto Heinitz, *I limiti oggettivi della cosa giudicata*, Padova: CEDAM, 1937, p. 188.
128. Assim, Ricardo de Barros Leonel, *Causa de pedir e pedido: o direito superveniente*, São Paulo: Método, 2006, p. 74.
129. Com correspondência no artigo 329, inciso II, do Novo Código de Processo Civil.

narrar outro fato, que continuasse, que não, a atribuir-lhe a mesma qualificação jurídica"[130].

No exemplo citado, ainda que sejam perfeitamente distinguíveis na esfera substancial os direitos potestativos de anulação do negócio jurídico por um e/ou outro dos vícios mencionados, cada qual suficiente, isoladamente, para dar sustentação a eventual pretensão desconstitutiva, a proposta da teoria da substanciação é de dar-se tratamento processual uniforme a esses fenômenos, o que vai na contramão da mencionada necessidade de se pensar o processo em função da tutela do direito material. Se o direito material reconhece como essas situações como distintas e autônomas, é inadmissível que o processo venha a embaralhar indevidamente essas realidades.

É essa a consequência mais relevante da recomendação de se relegar a papel meramente secundário e despido de maior significância a qualificação jurídica da situação de fato descrita na petição inicial. Os mesmos defensores da substanciação costumam considerar como acessória, simplesmente propositiva e sugestiva, a fundamentação jurídica da causa de pedir, invocando a aplicação da máxima *iura novit curia* (ou da correlata *da mihi factum, dabo tibi ius*) para indicar que a qualificação jurídica da demanda pode ser confiada, sem maiores preocupações, ao órgão judicial, *"ao qual compete fazer depois os enquadramento adequados, para o que levará em conta a narrativa de fatos contida na petição inicial, a prova realizada e sua própria cultura jurídica"*[131]. Como já visto com Heinitz, na teoria da substanciação as máximas *iura novit curia* e *da mihi factum, dabo tibi jus* são levada ao extremo de seu entendimento[132]. A partir dessa proposta, deixa-se elevada *"margem de discricionariedade"* ao juiz no tocante à qualificação jurídica da demanda[133], podendo-se afirmar que, ao fim e ao cabo, em muitas situações, tal autorização dada ao juiz para modificar a qualificação jurídica da demanda leva à alteração da própria situação jurídica para a qual o autor requereu tutela, o que representa clara afronta ao princípio da demanda.

Note-se que, como forma (talvez inconsciente) de atenuar a importância da mudança de uma para outra situação jurídica, o insigne processualista

---

130. José Carlos Barbosa Moreira, *O novo processo civil brasileiro*, 19ª edição, Rio de Janeiro: Forense, 1999, p. 16/17.
131. Cândido Rangel Dinamarco, *Instituições de direito processual civil*, volume II, 6ª edição, São Paulo: Malheiros, 2009, p. 132. Com essa mesma posição, Francisco Cavalcanti Pontes de Miranda, *Comentários ao Código de Processo Civil*, tomo II, Rio de Janeiro: Forense, 1974, p. 354/355.
132. Ernesto Heinitz, *I limiti oggettivi della cosa giudicata*, Padova: CEDAM, 1937, p. 161. No mesmo sentido, José Ignácio Botelho de Mesquita, A *"causa petendi"* nas ações reivindicatórias, Revista da Ajuris, nº 20, 1980, p. 169. Milton Paulo de Carvalho, *Do pedido no processo civil*, Porto Alegre: Sergio Antonio Fabris, 1992, p. 83. Víctor Fairen Guillén, *La transformación de la demanda en el proceso civil*, Santiago de Compostela: Porto, 1949, p. 25.
133. Cf. Milton Paulo de Caravalho, *Do pedido no processo civil*, Porto Alegre: Sergio Antonio Fabris, 1992, p. 84.

carioca, na passagem antes transcrita, alude à possibilidade de alteração da qualificação jurídica como uma simples modificação de nomenclatura – "chamando de 'dolo' ao que antes denominara 'erro'". É claro que onde houver simples percepção equivocada do fenômeno substancial, tomando por uma coisa o que na realidade se crê ser outra, pouco importará a denominação dada. O *nomen iuris*, assim considerado, é, com razão, proclamado totalmente irrelevante para essa finalidade. Não o mesmo se pode dizer, contudo, da alteração do fenômeno material (situação jurídica substancial) afirmado na demanda e objeto de exame no processo. A defesa da inconsequência da alteração da situação jurídica material deduzida, tomada por simples qualificação jurídica, desde que mantidos intocados os fatos narrados, representa inversão que não se coaduna com o atual estágio de compreensão do direito processual civil brasileiro[134]. Com efeito, por essa proposta a narrativa fática – que nada mais é do que instrumento, sem dúvida muitíssimo importante, para a identificação da situação jurídica substancial para a qual se requer tutela – torna-se ela própria objeto do processo, autonomizando-se em relação ao direito material[135]. Discute-se apenas a respeito das circunstâncias de fato, e a esse respeito qualquer novidade importará em modificação da demanda. Não apenas, decidida ou não toda e qualquer possível situação jurídica que possa se originar dos fatos narrados, em prol do acolhimento ou desacolhimento do pedido formulado, impossibilita-se a propositura de nova demanda, ainda que para se afirmar e se pedir proteção a situação jurídica diversa[136].

Nisso reside, com efeito, a característica fundamental – e, a nosso ver, problemática e equivocada – da teoria da substanciação: o exagerado afastamento do plano material e o esquecimento da função precípua do processo civil, que é justamente dar proteção às situações jurídicas substanciais reclamadas pelas partes[137]. Reprisando a análise de Heintiz, pode-se afirmar que para a substanciação, o que vale é o lado exterior, físico, da pretensão processual manifestada pelo demandante no processo. Por consequência, facilmente se é induzido a enxergar na *causa petendi* a simples motivação de fato, e não a determinação do direito, da situação jurídica material, para a qual se requer tutela.

Acontece que isso vai exatamente de encontro a tudo o quanto se disse a respeito da necessidade de pôr em direta relação processo e direito

---

134. Como bem ressalta José Roberto dos Santos Bedaque (*Os elementos objetivos da demanda à luz do contraditório*, in *Causa de pedir e pedido no processo civil*, São Paulo: Revista dos Tribunais, 2002, p. 26), "o objeto do processo e da tutela jurisdicional não é um ato ou fato, mas um direito, que precisa ser identificado mediante seus atos constitutivos".
135. Milton Paulo de Carvalho, *Do pedido no processo civil*, Porto Alegre: Sergio Antonio Fabris, 1992, p. 83.
136. Milton Paulo de Carvalho, *Do pedido no processo civil*, Porto Alegre: Sergio Antonio Fabris, 1992, p. 82.
137. Algo nesse sentido, referindo, embora, a doutrina de Heinitz, José Ignácio Botelho de Mesquita, A *"causa petendi" nas ações reivindicatórias*, Revista da Ajuris, nº 20, 1980, p. 170.

material na conceituação e estruturação da demanda. Com efeito, na linha do que previamente foi exposto, mesmo diante da reconhecida autonomia do direito processual não se pode deixar de lado ou perder de vista que prestar tutela às situações jurídicas que ressaem do direito material é a razão de ser do processo. O direito processual destina-se a oferecer proteção a situações jurídicas materiais e a produzir certeza jurídica. Para que isso possa ocorrer de maneira racional, e para que o sistema de tutela dos direitos possa manter-se alinhado condignamente ao estágio de compreensão de nossa ciência jurídica, é imprescindível que se saiba, na propositura e desenvolvimento da causa, qual a situação jurídica tutelável e, ao final, com a prolação da decisão, qual a situação jurídica tutelada ou declarada indigna de tutela. Conforme já bem se referiu, os *"elementos da ação consistem em dados da relação jurídica material utilizados pelo processo para individualizar a demanda proposta"*[138], sendo que, dentre esses elementos, é a *causa petendi* aquele que mais propriamente estabelece o nexo entre o direito material e o processo, entre a pretensão processual a situação jurídica material afirmada para dar amparo ao pedido de tutela jurisdicional formulado[139].

Por conseguinte, o tratamento teórico da causa de pedir deve estar preocupado com o fim do processo civil, que é dar tutela aos direitos. E não há maneira de isso ser realizado se não houver possibilidade de correta identificação da particular situação jurídica substancial controvertida e demandada, objetivo esse que não é proporcionado pela teoria da substanciação.

5. CONCLUSÃO

Rejeitada a tese da substanciação, e também afastada a correlata possibilidade da individualização – tal como a propunha a doutrina alemã, no sentido de importar para as ações reais a simples dedução do direito, desinteressando o fato constitutivo ou título que lhe dá suporte –, a verdade é que o direito brasileiro, seja no que toca à simples disposição textual dos Códigos de Processo Civil passado, atual e futuro, seja no que respeita às normas que a partir do dispositivo legal referido podem ser retiradas por interpretação – realizada a partir de todo o substrato jurídico-cultural que se expôs precedentemente –, segue uma *via di mezzo*, de sapiente equilíbrio entre uma e outra proposta[140], para bem individualizar o objeto da contenda.

---

138. José Roberto dos Santos Bedaque, *Direito e processo*, 6ª edição, São Paulo: Revista dos Tribunais, 2011, p. 122.
139. José Roberto dos Santos Bedaque, *Direto e processo*, 6ª edição, São Paulo: Revista dos Tribunais, 2011, p. 123/124.
140. Milton Paulo de Carvalho, *Do pedido no processo civil*, Porto Alegre: Sergio Antonio Fabris, 1992, p. 92/93. Ovídio Araújo Baptista da Silva, *Limites objetivos da coisa julgada no direito brasileiro atual*, in *Sentença e*

Para a determinação da *causa petendi*, importam sim os fatos – isso é óbvio e elementar. Mas importa igualmente a sua qualificação jurídica, tanto mais quando esse enquadramento se mostrar essencial para identificar, de forma precisa, a situação jurídica material para a qual se pede tutela no processo, de modo a distingui-la de toda e qualquer outra situação correlata – sem prejuízo de que haja dedução de mais de uma dessas situações substanciais. É imprescindível, para isso, levar em conta as peculiaridades da situação jurídica material deduzida em juízo. A maior ou menor suficiência da descrição dos fatos, com maior ou menor detalhamento, e a necessidade maior ou menor de bem determinar de modo específico a sua qualificação jurídica para identificar a situação jurídica descrita *in status assertionis* depende de cada situação jurídica examinada[141].

Assim, *"não é de temer-se a variedade dos componentes da causa petendi, eis que todos eles podem ser coordenados com atenção ao fim que devem servir"*[142]. Esse fim, já se viu, é a identificação da situação jurídica material afirmada na demanda, para o que concorrem a narrativa fática e a respectiva fundamentação jurídica.

É necessário, pois, em definitivo, deslocar as atenções e o ponto de partida no tratamento do tema da demanda para a situação jurídica material afirmada em juízo, para a qual se requer tutela. É com vistas nela que se há de trabalhar a enunciação da *causa petendi* no direito brasileiro, que não pode, por isso, ser tratada exclusivamente a partir dos pressupostos da teoria da substanciação.

Fatos e fundamentos jurídicos da causa de pedir, portanto, importarão tanto quanto forem necessários para permitir a correta identificação da situação jurídica carente de proteção.

---

coisa julgada. 4ª edição, Rio de Janeiro: Forense, 2006, p. 134.
141. Cf. Ricardo de Barros Leonel, *Causa de pedir e pedido: o direito superveniente*, p. 91.
142. José Ignácio Botelho de Mesquita, A causa petendi nas ações reivindicatórias, Revista da Ajuris, nº 20, 1980, p. 170. Víctor Fairen Guillén, *La transformación de la demanda en el proceso civil*, Santiago de Compostela: Porto, 1949, p, 71.

CAPÍTULO 2

As inovações procedimentais da petição inicial no Novo Código de Processo Civil

Bruno Regis Bandeira Ferreira Macedo[1]

SUMÁRIO: 1. BREVES NOÇÕES DE PROCESSO E SUA EFETIVIDADE; 2. DA PETIÇÃO INICIAL. PROVOCAÇÃO INICIAL; 2.1. CONSIDERAÇÕES SOBRE A NECESSIDADE DE INCLUSÃO DO CPF OU CNPJ E ENDEREÇO ELETRÔNICO ; 2.2. A ALTERAÇÃO NO PROCEDIMENTO ORDINÁRIO. POSSIBILIDADE DE AUDIÊNCIA ANTES DA APRESENTAÇÃO DA DEFESA; 2.3. A JUSTIFICATIVA DO JUIZ NA EMENDA DA INICIAL ; 3. DO PEDIDO E SUAS ESPECIFICAÇÕES; 4. CONSIDERAÇÕES FINAIS; 5. BIBLIOGRAFIA.

1. BREVES NOÇÕES DE PROCESSO E SUA EFETIVIDADE

A Constituição Federal da República Federativa do Brasil é um instrumento sublime e exemplar para a consolidação do Estado Democrático de Direito informando de maneira clara sobre a proteção dos direitos e garantias fundamentais.

A evolução de uma sociedade é fato concreto, principalmente tendo como suporte um instrumento normativo de alta segurança jurídica, pois a respeitabilidade do preceito da supremacia constitucional é imprescindível para o avanço democrático de qualquer país e no que tange ao processo ser um meio de solução de conflitos, as mudanças são previsíveis no decorrer do tempo devido ao foco da garantia da duração razoável do processo[2].

---

1. Advogado, sócio do Escritório Ferro, Macedo & Morelli Adv Assoc. e Professor da disciplina Processo Civil no Curso de Direito na Faculdade Estácio do Pará – Estácio/FAP, Universidade da Amazônia – Unama/Ser Educacional e Faculdade de Castanhal – FCAT; Professor Convidado na Especialização em Direito Processual da Universidade da Amazônia; Especialista em Direto Processual Civil pela Universidade Federal de Santa Catarina – UFSC; Mestre em Direito das Relações Sociais na Universidade da Amazônia – UNAMA; Membro do IBDP e membro fundador da ANNEP – Associação Norte Nordeste de Professores de Processo. Autor de diversos artigos.
2. A Emenda Constitucional n.º 45/2004 acrescentou o inciso LXXVIII na Constituição Federal informando sobre a existência de um processo com duração razoável de tempo garantindo ao jurisdicionado uma prestação da tutela de forma rápida.

O critério a ser utilizado para mensurar a razoabilidade da duração de um processo é totalmente particular em cada caso não havendo de maneira alguma uma tabela ou instrumento para informar o lapso temporal por causa do início do processo ao seu julgamento[3]

Sabendo que o processo é um instrumento de grande valia para a solução dos conflitos existentes entre as partes ou, simplesmente, nos casos em que não existe a presença de objeto litigioso, por exemplo, nas hipóteses de retificação de registro civil e separação consensual, o Poder Judiciário garante aplicação da sua finalidade principal.[4]

Cabe ressaltar que os meios alternativos de resolução de demandas são primordiais para uma rápida consecução e presteza de agilidade na solução dos problemas dentro da sociedade e a mediação e/ou arbitragem são institutos relevantes dentro do ordenamento jurídico nacional.[5]

A construção do preceito do processo ser o único e melhor meio de pacificação de conflitos dentro de uma sociedade torna-se cada vez mais arcaico, moroso e irracional pelo motivo de que, atualmente, a mediação é cada vez mais frequente no vocabulário jurídico.

A afirmação de que a quantidade de processos correspondia ao sucesso profissional do causídico era comum na formação dos juristas em anos passados, por isso a intenção atual, tanto das instituições de ensino superior jurídicas como a dos órgãos julgadores e legisladores demonstrarem a real necessidade de avançar quanto à ideologia do saber negociar, mediar, solucionar sem que enseje prejuízo demasiado as partes.

E dentre a reforma do código processual civil, ter-se-á constatado pela comunidade jurídica que a provocação inicial do requerente obteve considerável mudança no bojo do novo texto legal mas imperfeições e dúvidas ainda pairam nas mentes inquietas e sapientes dos mais diversos juristas diante da distância real das linhas traçadas e o dia a dia forense.

---

3. O jurista Antonio Adonias informa que a corte europeia dos Direitos Humanos estabeleceu três critérios para verificar a garantia de julgamento do recurso Guillemin x França, em 21/02/1997: complexidade da matéria deduzida em juízo; comportamento dos litigantes e de seus procuradores ou da acusação e da defesa do processo e a atuação do órgão jurisdicional. BASTOS, Antônio Adonias Aguiar. *A razoável duração do processo*. Salvador: Faculdade Baiana de Direito, 2009, p. 49.
4. Assim comenta Luiz Marinoni: "Não há como aceitar a ideia de que a jurisdição deve se preocupar apenas em resolver conflitos de interesses. Não se quer dizer, como é obvio, que uma atividade, pelo simples fato de ser confiada ao juiz, assume natureza jurisdicional. O que se pretende demonstrar é que a jurisdição não pode ter a sua dimensão reduzida a resolver conflitos, especialmente diante do espaço reservado ao juiz no Estado contemporâneo." MARINONI, Luiz Guilherme. *Teoria Geral do Processo*. 2ª Ed. São Paulo: RT, 2007, p. 147.
5. A lei nº 9.307/96 regula sobre o procedimento arbitral e dentro do NCPC existe a possibilidade de mediação judicial de conflitos.

A preocupação desta transformação na leitura do nosso processo motivou diversos professores da área para realização de encontros, os quais já foram realizados e denominados de Fórum Permanente de Processualistas Civis. No final de cada encontro, vários enunciados sobre o projeto do novo C.P.C. foram aprovados de maneira unânime por todos os presentes. E no final do presente trabalho, serão informados os enunciados sobre as inovações dos encontros realizados sobre o aspecto procedimental da petição inicial.

2. DA PETIÇÃO INICIAL. PROVOCAÇÃO INICIAL

A protocolização de um documento em que obedece a lição do diploma processual civil perante o Poder Jurisdicional é denominado de petição inicial, também conhecida por exordial, peça vestibular, peça inicial, enfim este primeiro ato processual deverá obedecer as regras expostas na lei processual.

O artigo 282 da legislação processual de 1973 é, seguramente, um dos artigos mais repetidos, mencionados, dissecados nas salas de aulas, nas mais diversas disciplinas processuais e (porque não) materiais. A sua importância e o seu cumprimento de forma clara e nítida é requisito abissal para que a lide transcorra devidamente respaldada.

Na lei sancionada, o tema petição inicial encontra-se a partir do artigo 319, dentro do Livro de processo de conhecimento e cumprimento de sentença, conforme segue abaixo:

Art. 319. A petição inicial indicará:

I – o juízo a que é dirigida;

II – *os nomes, os prenomes, o estado civil, a existência de união estável, a profissão, o número no cadastro de pessoas físicas ou no cadastro nacional de pessoas jurídicas, o endereço eletrônico, o domicílio e a residência do autor e do réu;*

III – o fato e os fundamentos jurídicos do pedido;

IV – o pedido com as suas especificações;

V – o valor da causa;

VI – as provas com que o autor pretende demonstrar a verdade dos fatos alegados;

VII – *a opção do autor pela realização ou não de audiência de conciliação ou de mediação.*

§ 1º Caso não disponha das informações previstas no inciso II, poderá o autor, na petição inicial, requerer ao juiz diligências necessárias a sua obtenção.

§ 2º A petição inicial não será indeferida se, a despeito da falta de informações a que se refere o inciso II, for possível a citação do réu.

§3º A petição inicial não será indeferida, pelo não atendimento ao disposto no inciso II deste artigo, se a obtenção de tais informações tornar impossível ou excessivamente oneroso o acesso à justiça.

Art. 320. A petição inicial será instruída com os documentos indispensáveis à propositura da ação.

Art. 321. Verificando o juiz que a petição inicial não preenche os requisitos dos arts. 319 e 320 ou que apresenta defeitos e irregularidades capazes de dificultar o julgamento de mérito, determinará que o autor, no prazo de quinze dias, a emende ou a complete, indicando com precisão o que deve ser corrigido ou completado.

Parágrafo único. Se o autor não cumprir a diligência, o juiz indeferirá a petição inicial"

Quanto aos requisitos a propositura da inicial deve ser merecedor de comentário duas inovações do artigo 319 do Novo CPC.

Quanto ao inciso II informa sobre a exigibilidade da peça exordial possuir dois novos itens: indicação do cadastro de pessoa física e jurídica das partes sendo totalmente já praticado por alguns tribunais pátrios da exigência, mas agora fica legalizado e o outro item, sendo totalmente inovador, é o endereço eletrônico do autor e do réu.

E a segunda trata-se do inciso VII em que o autor manifesta o seu interesse sobre a tentativa de solução do conflito por meio de uma audiência de conciliação ou mediação.

2.1. Considerações sobre a necessidade de inclusão do CPF ou CNPJ e endereço eletrônico

Quanto a primeira novidade, constata-se que o legislador informa da exigência quanto ao endereço eletrônico das partes, sendo que o requerente não haverá problema algum, mas é quanto ao requerido, qual será a interpretação utilizada pelo legislador ao colocar?

Os próprios parágrafos do artigo em comento informam sobre a impossibilidade de indeferimento da exordial, sendo de extrema valia pois poder-se-ia existir várias interpretações doutrinarias e jurisprudenciais no que concerne ao não prosseguimento da inicial devido ausência da numeração.

Ora, se as informações expostas pelo autor são suficientes para a realização da relação jurídica processual, não existem motivos para a paralização da demanda.

A intenção do legislador ao inserir a obrigatoriedade do CPF ou CNPJ tem como objetivo a facilitação no cruzamento de dados cadastrais das partes e por ser um dado essencial quando da distribuição no processo eletrônico.

Se o novo CPC assinala da obrigatoriedade quanto ao endereço eletrônico, será que a comunicação processual inicial será por meio de e-mail?

Acredito que o legislador preocupou-se com o futuro da tecnologia em nosso país devido a possibilidade da comunicação processual realizar-se por meio digital.

A constatação para alegação anterior está expressa no próprio texto do NCPC, conforme a descrição do artigo 244 quanto a forma de citação.

> Art. 246. A citação será feita:
>
> I – pelo correio;
>
> II – por oficial de justiça;
>
> III – pelo escrivão ou chefe de secretaria, se o citando comparecer em cartório;
>
> IV – por edital;
>
> V – *por meio eletrônico, conforme regulado em lei.*
>
> § 1º Com exceção das microempresas e das empresas de pequeno porte, as empresas públicas e privadas ficam obrigadas a manter cadastro junto aos sistemas de processo em autos eletrônicos, para efeito de recebimento de citações e intimações, as quais serão efetuadas preferencialmente por esse meio;
>
> § 2º O disposto no § 1º aplica-se à União, aos Estados, ao Distrito Federal, aos Municípios e às entidades da administração indireta;
>
> § 3º Na ação de usucapião de imóvel, os confinantes serão citados pessoalmente, exceto quando tiver por objeto unidade autônoma de prédio em condomínio, caso em que tal citação é dispensada.

Percebe-se que o texto legal informa que as citações deverão ser realizadas de forma preferencial por meio eletrônico, não acredito que torne inócuo o presente dispositivo devido ao artigo 1051 do NCPC impor as empresas públicas e privadas o cumprimento do artigo 246, § 1º.

> Art. 1051. As empresas públicas e privadas devem cumprir o disposto no art. 246, § 1º, no prazo de 30 (trinta) dias, a contar da data de inscrição do ato constitutivo da pessoa jurídica, perante o juízo onde tenham sede ou filial.

Parágrafo único. O disposto no caput não se aplica às microempresas e às empresas de pequeno porte.

Portanto, o NCPC aplicará a citação por meio eletrônico em autos digitais perante as pessoas informadas no texto acima, ratificando a pretensão futura do legislador: a regra será o processo eletrônico.

2.2. A alteração no procedimento ordinário. Possibilidade de audiência antes da apresentação da defesa

Quanto ao outro tópico inovador, refere-se à possibilidade da realização de audiência de conciliação ou de mediação antes da abertura de prazo para a defesa do réu. Trata-se de medida louvável em nosso ordenamento jurídico processual inserida pelo legislador com o intuito de uma prestação jurisdicional mais efetiva.[6]

> Art. 334. Se a petição inicial preencher os requisitos essenciais e não for o caso de improcedência liminar do pedido, o juiz designará audiência de conciliação ou de mediação com antecedência mínima de 30 (trinta) dias, devendo ser citado o réu com pelo menos 20 (vinte) dias de antecedência.
>
> § 1º O conciliador ou mediador, onde houver, atuará necessariamente na audiência de conciliação ou de mediação, observando o disposto neste Código, bem como as disposições da lei de organização judiciária.
>
> § 2º Poderá haver mais de uma sessão destinada à conciliação e à mediação, não podendo exceder a 2 (dois) meses da data de realização da primeira sessão, desde que necessárias à composição das partes.
>
> § 3º A intimação do autor para a audiência será feita na pessoa de seu advogado.
>
> § 4º A audiência não será realizada:
>
> I - se ambas as partes manifestarem, expressamente, desinteresse na composição consensual;
>
> II - quando não se admitir a autocomposição.

---

6. Assinala Marinoni, o seguinte: "Se o tempo do processo é algo ineliminável, exatamente porque o Estado precisa de tempo para averiguar a existência dos direito, também é verdade que a demora do processo constitui um custo muito alto para a parte que tem razão. Custo que pode significar angústia, ansiedade, privação, necessidade e até mesmo miséria. Dessa forma, o jurista tem o dever de buscar soluções para que possam ser eliminados, ao menos em parte, os males acarretados pela demora do processo, sabido que, como dizia Carnelutti, processo é vida." (MARINONI, Luiz Guilherme. *A antecipação da tutela*. 6ª ed. São Paulo: Malheiros, 2000. p. 47.)

§ 5º O autor deverá indicar, na petição inicial, seu desinteresse na autocomposição, e o réu deverá fazê-lo, por petição, apresentada com 10 (dez) dias de antecedência, contados da data da audiência.

§ 6º Havendo litisconsórcio, o desinteresse na realização da audiência deve ser manifestado por todos os litisconsortes.

§ 7º A audiência de conciliação ou de mediação pode realizar-se por meio eletrônico, nos termos da lei.

§ 8º O não comparecimento injustificado do autor ou do réu à audiência de conciliação é considerado ato atentatório à dignidade da justiça e será sancionado com multa de até dois por cento da vantagem econômica pretendida ou do valor da causa, revertida em favor da União ou do Estado.

§ 9º As partes devem estar acompanhadas por seus advogados ou defensores públicos.

§ 10. A parte poderá constituir representante, por meio de procuração específica, com poderes para negociar e transigir.

§ 11. A autocomposição obtida será reduzida a termo e homologada por sentença.

§ 12. A pauta das audiências de conciliação ou de mediação será organizada de modo a respeitar o intervalo mínimo de 20 (vinte) minutos entre o início de uma e o início da seguinte.

O objetivo do artigo é somente para elucidar o leitor quanto as mudanças ocorridas no NCPC no que diz respeito a petição inicial e seus aspectos procedimentais e portanto, sem condições de comentar de forma profunda sobre a mudança do procedimento ordinário quanto a realização da audiência de mediação ou conciliação.

E confesso que sou um grande entusiasta da presente mudança, apesar de mudança abrupta no paradigma processual quanto aos atos processuais.

O próprio artigo 334 do NCPC é didático ao extremo quanto ao desenvolvimento dos atos anteriores a audiência bem como a consequência pela realização ou não.

Confesso que o tema sobre a obrigatoriedade da audiência é empolgante e o espaço não permite a discussão plena quanto ao tema em comento e as considerações desta novidade, o que será objeto de artigo em separado para esmiuçar sobre a necessidade deste artigo para contornar a crise do Poder judiciário.

2.3. A justificativa do juiz na emenda da inicial

Quanto a petição inicial e a inexistência de cumprimento dos requisitos necessários para o seu deferimento, o magistrado solicita providências ao autor para que a emende ou a complete no prazo de 15 (quinze) dias substituindo o de 10 (dez) dias para cumprimento das diligências pertinentes.

A mudança de prazo não é algo que chame muita atenção, face aos prazos no novo código serem colocados em 05 ou 15 dias e, no presente caso, o requerente possui mais alguns dias para buscar documentos ou argumentos que complementem ou refaçam a peça processual.

O acréscimo no artigo 321, antigo 284, foi quanto à obrigatoriedade do magistrado em indicar na sua decisão de emendar o erro de forma precisa e o que deve ser corrigido para que inicial seja deferida.

Isso é de grande valia para todos os advogados, promotores, defensores públicos e procuradores pela razão simples de que quando recebiam a intimação e a peça redigida estava incompleta com a simples pronunciação: "Emende o autor a petição inicial no prazo de 10 dias" e sem nenhuma motivação aparente, apenas que a peça estava errada, porém sem indicar o erro e consistia em violação do princípio constitucional da motivação judicial em que todos os atos do juiz devem ser informados conforme lição do artigo 93, IX, da Lei Magna.

Acontece nos dias atuais, perante o CPC/73, uma verdadeira peregrinação do requerente ao juiz quanto ao esclarecimento do suposto erro cometido e quando não tem o acesso à resposta, a alternativa é a protocolização de petições solicitando informações sobre o teor daquela decisão ocasionando uma duração demasiada do processo e com a modificação da lei tais fatos serão a exceção.

Quanto à consequência da não realização do ato indicado pelo juiz no prazo oportuno, a sanção a ser aplicada ao autor é o indeferimento da petição inicial, mas caso haja esforço da parte na tentativa de sanar a irregularidade nada impede quanto à possibilidade de peticionar junto ao juiz da causa e solicitar nova oportunidade de corrigir o vício, p. ex. com a juntada de documento de difícil acesso em outra comarca ou outro país, ou órgão administrativo a não liberação de documento em órgão público e etc.[7]

O que o NCPC não prevê é a suspensão do processo na hipótese acima elencada, assim como no anterior para correção de algum erro na petição

---

7. É importante mencionar sobre a utilidade do artigo 399 do CPC/73, atual 438 do NCPC, que informa sobre a possibilidade do juiz requisitar documentos de órgãos públicos. "Art. 399. O juiz requisitará às repartições públicas em qualquer tempo ou grau de jurisdição: I - as certidões necessárias à prova das alegações das partes; II - os procedimentos administrativos nas causas em que forem interessados a União, o Estado, o Município, ou as respectivas entidades da administração indireta."

inicial, apenas a possibilidade de ser ouvido para tentativa de sanar o defeito existente.

3. DO PEDIDO E SUAS ESPECIFICAÇÕES

Neste item, o NCPC realizou algumas mudanças pequenas, mas concernentes e inovadoras no que concerne à obrigatoriedade do pedido certo e determinado, podendo ocorrer o pedido genérico nas mesmas hipóteses previstas do antigo CPC e a novidade é quanto a sua aplicação na reconvenção do réu.

No CPC/1973 em seu artigo 286, a expressão era pedido certo ou determinado, dando a entender que as duas palavras são contraditórias, mas o projeto sana este pequeno engano colocando pedido certo no artigo 322 do NCPC e pedido determinado no artigo 324 e elucidando que na reconvenção também se aplica a conotação de pedido determinado.

De grande relevância a mudança da lei processual quanto ao aspecto do pedido certo em razão desta expressão considerar que todo o conjunto fático e probatório postulado pelo autor deve ser interpretado conforme a boa fé processual, em que as suas alegações padecem de verossimilhança e conteúdo jurídico, conforme o § 2º do 322.

E outro acerto técnico corresponde à possibilidade do pedido determinado que poderá ser solicitado de forma genérica, conforme o artigo 324, parágrafo primeiro, a implementação da palavra *objeto* no inciso III do mencionado artigo diante da possibilidade do requerido cumprir não somente em valor, mas também em objeto quando da satisfação, levando em consideração que este possui um valor ainda a ser apreciado no decorrer da lide.

Havendo a retirada do pedido cominatório, o autor solicitava penalidade pecuniária pelo não cumprimento de obrigação de fazer, não fazer ou entrega de coisa sendo que tal pedido foi aos poucos perdendo utilidade devido à existência de tutela inibitória e da possibilidade de aplicação de multa quanto ao descumprimento da decisão.

Quanto ao pedido de prestações periódicas foi alterado esta expressão para sucessivas, obedecendo o texto igual do código do século XX.

As mudanças substanciais ocorreram no artigo 322 em que os pedidos deveriam ser interpretados de forma restritiva cabendo a compreensão dos juros legais e o projeto sancionado explana sobre a obrigatoriedade valor solicitado na inicial ser corrigido monetariamente e acrescido com as verbas de sucumbência, inclusive os honorários advocatícios, ou seja, o acessório segue o principal.

Ora, o que o atual projeto propõe é a desnecessidade de informar, no bojo da peça exordial, que o valor principal deva ser acrescido de honorários advocatícios, verba de sucumbência e correção monetária, não restando outra alternativa ao magistrado a não ser incluir de forma explícita na sua decisão final face a sua compreensão dentro do pedido principal.

Quanto aos pedidos alternativos e subsidiários, listados nos artigos 325 e 326, não foram modificados pela nova ordem processual.

A cumulação de pedidos – artigo 327 - não apresenta nenhuma mudança de ordem substancial, apenas a informação de maneira correta e clara, principalmente, no que diz respeito a possibilidade da aplicação de técnicas processuais quanto a cumulação de pedidos em procedimento especial, desde que permitidos na legislação.

O exemplo mais comum e típico é a possibilidade de cumulação de pedido de proteção possessória mais perdas e danos neste rito especial na peça processual inicial.

Seguindo as novidades do novo diploma em comento, outra regra simples foi informada mais clara, pois o aditamento da inicial no antigo Código informava em seus artigos 264 e 294 a possibilidade de alteração do pedido ou causa de pedir.

Mas no início do projeto, enviado ao Senado, houve uma discussão sobre o tema do aditamento da inicial. Desta forma o erro foi corrigido a tempo diante de um gravame enorme que ocasionaria distorções e prejuízos relevantes ao réu no processo em que a simples premissa de ingresso junto ao Poder Judiciário sedimenta a total procedência verdadeira dos pedidos alegados pelo requerente."[8]

A descrença junto ao Poder Judiciário pela sociedade tomaria proporções infindáveis, já que se conceberia como surreal o poder oferecido pela legislação ao autor sobre a possibilidade de mudança do pedido até a prolação da sentença sendo, certamente, objeto de inúmeros recursos aos Tribunais Superiores, possuindo consequência direta ao engessamento da prestação da tutela jurisdicional.

Isso foi resolvido em apenas um artigo – 329 – em que informa da possibilidade de aditar a inicial antes da citação sem anuência do réu ou até o

---

8. O artigo do anteprojeto enviado ao senado era da seguinte forma: Art. 314. O autor poderá, enquanto não proferida a sentença, aditar ou alterar o pedido e a causa de pedir, desde que o faça de boa-fé e que não importe em prejuízo ao réu, assegurado o contraditório mediante a possibilidade de manifestação deste no prazo mínimo de quinze dias, facultada a produção de prova suplementar. Parágrafo único. Aplica-se o disposto neste artigo ao pedido contraposto e à respectiva causa de pedir.

saneamento do processo, desde que possua consentimento da parte requerida com a observância do prazo de 15 dias.

Uma demonstração sobre a alteração do pedido faz menção a boa-fé do autor e tal conceito é indeterminado, pois pode ser interpretada de maneiras diversas pelo julgador da lide e a explicitação sobre este requisito é novidade dentro do processo civil, consubstanciando-se em elemento real, possível e concreto de ser atingido pelo autor.

O tema da boa-fé é importantíssimo para o alcance da verdade a ser informado ao magistrado, principalmente no processo e na relação jurídico material.[9]

O contraditório é assegurado ao requerido obedecendo ao devido processo legal, não tendo o que se cogitar da quebra, inviolabilidade, descaso da lei perante o réu, no entanto, ocorre um problema maior que o simples conceito de "prejuízo ao réu". Fala-se sobre a estabilização da demanda, tema importantíssimo para garantia da segurança jurídica processual.

O assunto desperta interesse pelo simples motivo de que não pode ser cometido abuso do processo pela parte autora e quando a legislação processual determina sobre a mudança do pedido ou da causa de pedir do processo antes do saneamento do processo assegura a toda a sociedade o cumprimento do artigo 7º do diploma processual do ano de 2015.

Sobre abuso do processo, Humberto Theodoro Jr. argumenta que dentro do atual Estado Democrático de Direito não se pode, de maneira alguma, tolerar o abuso de direito processual. Nenhuma forma de má-fé é admissível, por parte dos sujeitos do processo.[10] E cita ainda Luigi Paolo Comoglio:

> Un processo che sia intrinsecamente equo e giusto, secondo i parametri etico-morali accettati dal comune sentimento degli uomini liberi di qualsiasi epoca e paese, in quanto si riveli capace di realizzare una giustizia veramente imparziale, fondata sulla natura e sulla ragione.[11]

Tal texto foi extraído do discurso "Garanzie costituzionali e giusto processo" reproduzido na II Jornadas Brasileiras de Direito Processual Civil em 1997, em Brasília.

---

9. Assim argumentam os Juristas Pablo Stolze e Rodolfo Pamplona: "Deverá esse princípio – que veio delineado no Código como cláusula geral – incidir mesmo antes e após a execução do contrato, isto é, nas fases pré e pós-contratual. Isso mesmo. Mesmo nas tratativas preliminares, das primeiras negociações, da redação da minuta – a denominada fase de pontuação – a boa-fé deve-se fazer sentir. A quebra, portanto, dos deveres éticos de proteção poderá culminar, mesmo antes da celebração da avença, na responsabilidade civil do infrator." (Novo Curso de Direito Civil. Vol.IV, t.I, Saraiva, 2010, p. 113)
10. THEODORO JR., Humberto. Curso de Direito Processual Civil. 30 ed. Rio de Janeiro: Forense, 1999. v.I. p. 109.
11. Ibidem, p. 109.

Por fim, sobre o assunto da inicial coloca-se em questão sobre o indeferimento, tratado no CPC de 1973 no artigo 295 e 296, sendo referenciado no NCPC nos artigos 330 e 331.

É de bom tom informar que o artigo 285-B do CPC/73 foi inserido no parágrafo segundo do artigo 330 do NCPC quanto a necessidade do autor informar na inicial que verse sobre revisão contratual qual é(são) a(s) obrigação(ões) que pretende controverter e estipular o valor incontroverso do débito.

E o parágrafo terceiro ainda estipula da obrigatoriedade sobre a continuidade de que o valor incontroverso deva ser quitada no tempo e modo contratado.

A meu ver, adaptação perfeita do legislador em ações revisionais em que o autor ainda solicita o pedido de tutela antecipada para suspensão do pagamento de todo o valor do contrato, sendo um verdadeiro absurdo.

Regulação de maneira simples e que não comporta maiores indagações sobre a sua legalidade e praticidade.

Quanto a outra novidade do artigo 330 do NCPC refere-se a possibilidade do indeferimento quanto a não realização da emenda no prazo legal (artigo 321) e quando o autor possuir capacidade postulatória não informar na peça exordial o endereço, seu número de inscrição na Ordem dos Advogados do Brasil e o nome da sociedade de advogados da qual participa, para o recebimento de intimações e o dever de cooperar com o judiciário quanto a qualquer mudança de endereço anteriormente indicada.

Quanto ao artigo anterior 286, o agora 331 teve mudança pertinente e significativa, sendo mais lucido e explicativo, quanto a quatro itens quais sejam: 1) mudança de prazo de retratação do magistrado de 48 (quarenta e oito) horas para 05 (cinco) dias quando da interposição do recurso de apelação do autor; 2) Inclusão da obrigação do juiz *ad quo* em citar o réu para apresentação de contra razões recursais; 3)No caso de provimento do recurso de apelação, o prazo para contestar começará a decorrer quando os autos retornarem ao juízo *ad quo*, observadas as formalidades sobre a possível audiência preliminar do artigo 334 do NCPC e 4) a obrigatoriedade do réu ser intimado quando do transito em julgado da sentença de indeferimento da inicial.

Com certeza, o artigo 331 do NCPC orienta de maneira mais detalhada sobre o procedimento a ser realizado quando da interposição de recurso diante da sentença de indeferimento, sendo mais técnico e preciso, principalmente, no que concerne a obrigatoriedade de intimação ao réu na hipótese de coisa julgada do ato decisório de indeferimento da inicial.

Deve-se frisar que o capitulo seguinte do NCPC trata sobre a improcedência liminar do pedido, tema o qual deve-se analisar de maneira diferenciada sob a possibilidade deste pequeno ensaio transformar-se em algo monótono.

4. CONSIDERAÇÕES FINAIS

O processo brasileiro necessita de ideias renovadoras e simples devido ao desgaste ao longo de todos estes anos em que a sensação de um processo capaz de solucionar os conflitos dentro de uma duração razoável de tempo, seja pelo lapso temporal como pela diminuição dos atos, faça parte de uma utopia jurídica. [12]

Portanto, de maneira alguma há que se falar em desrespeito ao princípio do devido processo legal, contraditório e da ampla defesa quanto à sistemática atribuída pelo projeto reformador do processo civil devido à inovação colocada pelo legislador no que tange a petição inicial e seus requisitos, bem como o seu indeferimento.

A real busca pelo processo perfeito é a tônica apresentada nos debates sobre a estrutura do ex-projeto de lei processual em comento, fazendo com que atos processuais sejam suprimidos em busca de uma maior e melhor prestação da tutela jurisdicional, modificação de conceitos enraizados na cultura processual.

Sabe-se que nem sempre a celeridade e efetividade são conceitos próximos da certeza da verdade e justiça das decisões proferidas pelo magistrado.

A feitura de trabalhos técnicos devem ser aprimorados com especialistas na área de gestão e resultados, ou seja, deixar um pouco de lado o tecnicismo jurídico e sedimentar o conceito da importância da produtividade e eficiência dentro do Poder Judiciário, maneira pela qual a morosidade será resolvida ao longo do tempo, sendo fruto de uma evolução de pensamento e atos realizados pelos gestores da administração pública.[13]

---

12. E assim informa Adonias: "Os destinatários da norma constitucional que prevê o direito à resposta jurisdicional tempestiva não são apenas os sujeitos que participam de um processo, mas também aqueles que o concebem do ponto de vista legislativo, na medida em que a atividade processual é essencialmente normatizada e que tal regulamentação integra a garantia do devido processo legal, protegendo os jurisdicionados e administrados contra o arbítrio do Estado." *Op. Cit.*, 2009, p. 51. Neste mesmo sentido argumenta Humberto Theodoro: "Toda essa onda reformista tem encontrado apoio na mesma tese: é preciso aprimorar o remédio processual para proporcionar a tutela jurisdicional em tempo mais curto e com resultados de maior efetividade para a tutela dos direitos materiais lesados ou ameaçados." THEODORO JÚNIOR, Humberto. A grande função do processo no Estado Democrático de Direito. In: *Revista Brasileira de Direito Processual - RBDPRO*, Belo Horizonte, ano 15, n.59, p. 11-21, jul/set 2007, p. 19.
13. Neste mesmo pensamento ensaia Humberto Theodor Jr. sobre a reforma do poder judiciário ser mais além do que as leis processuais: "Começará a acontecer quando os responsáveis por seu funcionamento

Não se pode esquecer o papel do Conselho Nacional de Justiça o qual busca formas e procedimentos para que a função jurisdicional tenha objetividade.

E com as várias reformas processuais já existentes, principalmente no código de processo civil, surgiu a expectativa da promulgação do novo diploma processual e os anseios foram atendidos e/ou ignorados, imperfeições corrigidas seja de ordem técnica ou formal, isto é, aproximadamente 40 anos depois a necessidade (ou não) de elaboração de um novo instrumento processual civil estava em pauta pelo Poder Legislativo Nacional e agora transformou-se na Lei Ordinária n.º 13.105/2015.

A importância de um NCPC somente será concretizada ao longo dos anos com as mudanças realizadas, tanto legislativas como sociais, para que se alcance as expectativas pretendidas, mas o temor de frustrações destas é totalmente real, desta forma não resta outra alternativa: Aos estudos do Novo CPC...

ENUNCIADOS DO FÓRUM PERMANENTE DE PROCESSO CIVIL

TEMÁTICA – PETIÇÃO INICIAL

284 (art. 321; 968, §3º) Aplica-se à ação rescisória o disposto no art. 321. *(Grupo Sentença, Coisa Julgada e Ação Rescisória)*

285 (art. 322, §2º) A interpretação do pedido e dos atos postulatórios em geral deve levar em consideração a vontade da parte, aplicando-se o art. 112 do Código Civil. *(Grupo: Petição inicial, resposta do réu e saneamento)*

286 (art. 322, §2º; art. 5º). Aplica-se o §2º do art. 322 à interpretação de todos os atos postulatórios, inclusive da contestação e do recurso. *(Grupo: Petição inicial, resposta do réu e saneamento)*

287 (art. 326) O pedido subsidiário somente pode ser apreciado se o juiz não puder examinar ou expressamente rejeitar o principal. *(Grupo: Petição inicial, resposta do réu e saneamento)*

288 (art. 326) Quando acolhido o pedido subsidiário, o autor tem interesse de recorrer em relação ao principal. *(Grupo: Petição inicial, resposta do réu e saneamento)*

289 (art. 327, § 1º, II) Se houver conexão entre pedidos cumulados, a incompetência relativa não impedirá a cumulação, em razão da modificação legal da competência. *(Grupo: Petição inicial, resposta do réu e saneamento)*

---

se derem conta da necessidade de modernizar e reorganizar seus serviços. O que lhes falta, e, por isso, caóticos, é a adoção de métodos modernos de administração, capazes de racionalizar o fluxo de papéis, de implantar técnicas de controle de qualidade, de planejamento e desenvolvimento dos serviços, bem como de preparo e aperfeiçoamento do pessoal em todos os níveis do Judiciário." THEODORO JÚNIOR, Humberto. A onda reformista do direito positivo e suas implicações com o princípio da segurança jurídica. In: **Revista Forense**, v. 387, set/out. 2006, p. 156.

290 (art. 330, §§ 2º e 3º) A enumeração das espécies de contrato previstas no § 2º do art. 330 é exemplificativa. *(Grupo: Petição inicial, resposta do réu e saneamento)*

291 (art. 331) Aplicam-se ao procedimento do mandado de segurança os arts. 331 e parágrafos e 332, §3º do CPC. *(Grupo: Impactos do CPC nos Juizados e nos procedimentos especiais de legislação extravagante)*

292 (arts. 330 e 321; art. 4º) Antes de indeferir a petição inicial, o juiz deve aplicar o disposto no art. 321. *(Grupo Sentença, Coisa Julgada e Ação Rescisória)*

293 (art. 331; art. 332, § 3º; art.1.010, § 3º) Se considerar intempestiva a apelação contra sentença que indefere a petição inicial ou julga liminarmente improcedente o pedido, não pode o juízo *a quo* retratar-se. *(Grupo: Petição inicial, resposta do réu e saneamento)*

5. BIBLIOGRAFIA

BASTOS, Antônio Adonias Aguiar. **A razoável duração do processo**. Salvador: Faculdade Baiana de Direito, 2009

CINTRA, Antônio Carlos; DINAMARCO, Candido; GRINOVER, Ada. **Teoria Geral do Processo**. 22 ed. Ed. São Paulo: Malheiros, 2006

DIDIER JR, Fredie. **Curso de Direito Processual Civil**. 13ª Ed. Salvador: Jus Podivm,vol. I 2011;

DINAMARCO, Cândido. **Instrumentalidade do Processo**. 11 Ed. São Paulo: Malheiros, 2003;

KLIPPEL, Rodrigo; BASTOS, Antônio Adonias. **Manual de Processo Civil**. Rio de Janeiro: Ed. Lumen Iuris, 2011;

MARINONI, Luiz Guilherme. **Teoria Geral do Processo**. 2ª Ed. São Paulo: RT, 2007

_____. ARENHART, Sérgio Cruz. **Manual do Processo de Conhecimento**. 5ª ed. São Paulo: RT, 2006

THEODORO JR., Humberto. **Curso de Direito Processual Civil**. 30 ed. Rio de Janeiro: Forense, 1999. v.I.

_____ A onda reformista do direito positivo e suas implicações com o princípio da segurança jurídica. In: **Revista Forense,** v. 387, set/out. 2006

_____ A grande função do processo no Estado Democrático de Direito. In: **Revista Brasileira de Direito Processual – RBDPRO,** Belo Horizonte, ano 15, n.59, p. 11-21, jul/set 2007

http://www.senado.gov.br. Acesso em 10.02.2015

http://www.planalto.gov.br. Acesso em 18.03.2015

NERY JR, Nelson e Nery, Rosa. **Código de Processo Civil Comentado**. 9ª ed. São Paulo: RT. 2006

STOLZE, Pablo; PAMPLONA, Rodolfo. **Novo Curso de Direito Civil**. Vol.IV, t.I, Saraiva, 2010

CAPÍTULO 3

Uma leitura do art. 330, §2º, do NCPC a partir da proporcionalidade pamprocessual

Frederico Augusto Gomes[1]

SUMÁRIO: 1 INTRODUÇÃO; 2 PROCESSOS BANCÁRIOS E SOCIEDADE DE MASSAS; 3 A IMPUGNAÇÃO ESPECÍFICA DA CLÁUSULA CONTRATUAL BANCÁRIA: UMA LEITURA PARA ALÉM DO REQUISITO DA PETIÇÃO INICIAL; 4 ALGUMAS OBJEÇÕES CONHECIDAS; 4.1 O ARGUMENTO É EXCESSIVAMENTE FAVORÁVEL ÀS INSTITUIÇÕES FINANCEIRAS; 4.2 A IDEIA É "NEOLIBERAL"; 4.3 O ART. 330, §2º, DO CPC É TÃO SOMENTE UM REQUISITO DA PETIÇÃO INICIAL; 4.4 É INVIÁVEL OU INCONSTITUCIONAL A INCIDÊNCIA DA COISA JULGADA SOBRE QUESTÃO NÃO DEBATIDA NO PROCESSO; REFERÊNCIAS BIBLIOGRÁFICAS

1 INTRODUÇÃO

A partir de março de 2016, os operadores do direito precisarão lidar com um novo Código de Processo Civil. É um momento de importância ímpar na história da processualística pátria, uma vez que se trata do primeiro Código de Processo Civil inteiramente produzido, debatido e aprovado sob a égide de um regime democrático.

É justamente por ser fruto de um amplo debate democrático que esse novo CPC é um diploma multifacetado, marcado por diversas preocupações e também fruto de consensos, discordâncias e disputas.

Apesar de a nova lei processual ter sido produzida nesse ambiente plural, que impossibilita apontar um único *leit motiv* para sua promulgação, pode-se dizer sem medo de errar que a existência de causas repetitivas e a dificuldade que o Poder Judiciário tem de com elas lidar também pautaram o debate.

Essa preocupação também deve reverberar na discussão doutrinária. É preciso extrair do novo CPC o máximo proveito possível. Quer-se dizer, é preciso ler os institutos nele trazidos com a consciência de que é preciso lidar com uma infinidade processos.

---

1. Mestrando em Direito Processual Civil na UFPR.

Este trabalho tenta apresentar uma leitura do art. 330, §2º, do NCPC para além do mero requisito da petição inicial, tendo a noção de que as discussões sobre direito bancário abarrotam o Poder Judiciário e, portanto, toda norma que sobre eles verse deve ser analisada com atenção, buscando-se extrair sua máxima potencialidade para a efetividade do sistema como um todo.

O fio condutor do presente trabalho é a proporcionalidade pamprocessual, segundo a qual o Estado deve reservar a cada processo uma quantidade de recursos compatível com a quantidade de recursos necessária para dar atendimento às outras demandas pendentes de análise judicial, ou seja, as normas processuais devem ser interpretadas levando-se em conta uma perspectiva macro, na qual há milhões de outros processos que também carecem de prestação jurisdicional.

2 PROCESSOS BANCÁRIOS E SOCIEDADE DE MASSAS

Não é segredo e prescinde de maiores referências a afirmação de que hoje se vive em uma sociedade de massas. As relações sociais há muito não se dão mais em um modelo que tem como partes Caio, Tício e Mévio, como constante dos clássicos exemplos de relações intersubjetivas individuais.

Vive-se, ao contrário, em uma sociedade cujas relações são massificadas, na qual milhares de consumidores se relacionam em modelos pré-fabricados (contratos de adesão) com uma instituição privada ou, então, um sem fim de pessoas se ligam à uma instituição estatal ou vinculada ao Estado, em regime de prestação de serviço público, situação que também implica uma relação de massas.

Para o direito processual civil esse novo modelo de sociedade impõe uma mudança paradigmática. O modelo clássico de encarar as sucessivas situações jurídicas processuais[2] e as garantias processuais[3] é insuficiente para

---

2. Foge-se aqui da noção de processo como relação jurídica, eis que o conteúdo da "relação jurídica" (direitos subjetivos e obrigações contrapostas) é insuficiente para explicar o fenômeno processual e porque tal teoria é fundada em uma raiz de socialização do processo de matriz autoritária, como demonstrado por Dierle Nunes (NUNES, Dierle José Coelho. *Processo jurisdicional democrático*, p. 98-106), bem como porque a compreensão do processo como relação jurídica foi desenvolvida por Oskar von Bülow, no ano de 1868 (BÜLOW, Oskar von. *La teoria de las excepciones procesales y los presupuestos procesales.*), num esforço pandectístico incompatível com o *standart* da teoria do direito atual e com os problemas com os quais se precisa lidar hodiernamente.
3. As quais, sobretudo quando pensadas em uma sociedade de massas, não são absolutas e devem, quando necessário e proporcional, ser relativizadas em prol de um processo apto a alcançar a seu fim (a tutela efetiva dos direitos), conforme leciona Gustavo Osna, ao tratar de tais garantias no processo coletivo: "uma leitura atenta deve também considerar que mesmo no plano material é atualmente discutível se há direitos absolutos. Veja-se, por exemplo, que teóricos como Robert Alexy e Martin Borowski concebem os direitos fundamentais como princípios, e os princípios como mandamentos de otimização *prima facie*

proporcionar que o processo oferte uma verdadeira prestação jurisdicional, e não somente acesso ao Poder Judiciário.[4]

Tais apontamentos excessivamente teóricos ficam mais claros à luz da realidade: há processos demais.

Não apenas há processos em excesso como também sua grande maioria se presta a discutir questões, quando não idênticas, muito similares, de modo que a antiga compreensão do sistema não é apenas não efetiva, mas irracional.

Esse problema é explicitado pelo reiteradamente citado relatório do Conselho Nacional de Justiça que apontou os 100 maiores litigantes de 2011. Ao lado de algumas pessoas jurídicas de direito público, nas dez primeiras colocações vemos as seguintes instituições financeiras: Caixa Econômica Federal, Banco do Brasil S/A, Banco Bradesco S/A, Banco Itaú S/A e Banco Finasa S/A.[5] Ainda, dos 100 maiores litigantes de 2011, 41 são instituições financeiras,[6] o que denota que discussões sobre o direito bancário abarrotam o judiciário.

Não é por outro motivo que no ano de 2015 o Tribunal de Justiça do Estado do Paraná, um dos Tribunais considerados de grande porte pelo CNJ por ter movimentado mais de 4,2 milhões de processos no ano de 2013,[7] alterou seu regimento interno para atribuir competência a todas as câmaras cíveis para processar e julgar as ações e recursos referentes à alienação fiduciária, expressamente com a finalidade de equilibrar a distribuição de processos.[8-9]

Anteriormente à referida alteração, o Regimento Interno do TJPR atribuía competência às 17ª e 18ª Câmaras Cíveis para processar e julgar tais ações. Havia diferença significativa entre o número de processos distribuídos aos desembargadores das 17ª e 18ª Câmaras Cíveis e o número das demais Câmaras,

---

cuja aplicação se sujeitaria a um teste casuístico de proporcionalidade. Essa análise, defendida no Brasil por teóricos como Luis Roberto Barroo e Ana Paula de Barcellos, também encontraria amparo no direito processual, inviabilizando que se sustentasse a existência de direitos processuais absolutos" OSNA, Gustavo. *Direitos individuais homogêneos: pressupostos, fundamentos e aplicação ao processo civil*, p. 141.

4. Alude-se aqui a distinção feita por Ivo Gico Jr., para quem o simples fato de se permitir o ajuizamento de uma ação não implica efetivo acesso ao judiciário. Para o autor, a garantia do art. 5º, XXXV, da Constituição da República impõe ao Estado o dever de entregar ao cidadão prestação jurisdicional, ou seja, uma resposta adequada, célere e fundada na igualdade perante a lei. GICO JUNIOR, Ivo Teixeira. *A tragédia do judiciário: subinvestimento em capital jurídico e sobreutilização do judiciário*, p. 110.
5. http://www.cnj.jus.br/images/pesquisas-judiciarias/pesquisa_100_maiores_litigantes.pdf
6. http://www.cnj.jus.br/images/pesquisas-judiciarias/pesquisa_100_maiores_litigantes.pdf
7. http://www.cnj.jus.br/noticias/cnj/79913-modernizacao-trf3-e-tjpr-iniciam-implantacao-do-pje-em-agosto
8. Art. 91. A distribuição equânime entre todas as Câmaras Cíveis Isoladas e em Composição Integral será assegurada mediante a distribuição de ações e recursos referentes a matéria de alienação fiduciária, inclusive as execuções extrajudiciais propostas pelo credor fiduciário, cumulada ou não com pedido de indenização. (Redação dada pela Res. nº 15, publicada no e-DJ nº 1484 de 12/01/2015). Disponível em: ‹https://www.tjpr.jus.br/regimento-interno›. Acesso em 22/10/2015.
9. Disponível em: ‹https://www.tjpr.jus.br/noticias/-/asset_publisher/9jZB/content/id/4725696›. Aceso em 22/10/2015

como bem pode ser visualizado na tabela abaixo apresentada, que contém a média de distribuição de processos por mês para as Câmaras Cíveis do TJPR no período entre 01/01/2014 e 28/11/2014:[10]

Órgãos julgadores	Câmara isolada mensal	Composição integral mensal	Processos eletrônicos	Média total mensal
1ª, 2ª e 3ª C.C.	87,5	0,76	0	88,31
4ª e 5ª C.C.	68,76	4,9	0	73,66
6ª e 7ª C.C.	114	1,25	0	115,25
8ª, 9ª e 10ª C.C.	117,6	0,52	0	118,12
11ª e 12ª C.C.	99	1,8	18,5	118,39
13ª, 14ª, 15ª e 16ª C.C.	113,67	0,61	0	114,28
17ª e 18ª C.C.	324,07	1,63	0	325,7

Da mesma maneira, pode-se vislumbrar o aumento na distribuição de processos às 17ª e 18ª Câmaras Cíveis entre 2009 e 28/11/2014:[11]

Ano	Distribuição mensal por relator – 17ª Câmara Cível	Distribuição mensal por relator – 18ª Câmara Cível
2009	81,6	83,5
2010	97,08	96,1
2011	135,8	135,7
2012	203,4	203,6
2013	264,5	264,2
01/01/2014 à 28/11/2014	327,05	324,36

Fica evidente, assim, que a distribuição de processos sobre direito bancário cresceu exponencialmente nos últimos anos, bem como que esse crescimento não foi acompanhado em outras matérias.

Nesse contexto, a inefetividade e a morosidade do judiciário vem se agravando como decorrência da multiplicação exponencial do número de processos em tramitação, fazendo surgir preocupações teóricas com esse cenário. Podem-se citar o desenvolvimento das teorias sobre técnicas antecipatórias[12], a

---

10. Disponível em: ‹https://www.tjpr.jus.br/documents/18319/4715885/M%C3%A9dia+mensal+por+desembargador.pdf›. Acesso em 22/10/2015.
11. Disponível em: ‹https://www.tjpr.jus.br/documents/18319/4715885/M%C3%A9dia+mensal+por+desembargador.pdf›. Acesso em 22/10/2015.
12. MARINONI, Luiz Guilherme. *Antecipação de tutela*.

construção[13] e justificação[14] de uma teoria dos precedentes, o esforço em compreender e desmistificar uma suposta crise do Judiciário[15] e o aperfeiçoamento das construções discursivas sobre a tutela coletiva de direitos.[16]

Ainda, cumpre apontar a necessária percepção do judiciário como um recurso escasso, cuja utilização deve ser otimizada em razão da conjugação de diversos mandamentos constitucionais, sendo os principais o acesso à justiça,[17] constante do já mencionado artigo 5º, XXXV, e a eficiência, a teor do art. 37, *caput*, ambos da Constituição da República.

É bem por isso que Remo Caponi desenvolveu[18] – e Sérgio Cruz Arenhart nos apresentou[19] – a noção de proporcionalidade pamprocessual, segundo a qual a alocação de recursos jurisdicionais deve observar a mencionada necessária otimização da tutela prestada à generalidade das pessoas.

De modo bastante simplificado, pode-se dizer que a proporcionalidade pamprocessual implica não enxergar cada processo apenas individualmente, mas como parte de um todo, ou seja, perceber que ele está inserido em um sistema judicial que deve alocar seus recursos da melhor maneira possível, de modo a efetivamente prestar jurisdição a quantas pessoas a pleitearem.[20-21]

Apresentadas de modo bastante sucinto essas preocupações da doutrina processual civil, pontua-se desde já que é com base nelas que se fará a

---

13. MARINONI, Luiz Guilherme. *Precedentes obrigatórios*.
14. MARINONI, Luiz Guilherme. *A ética dos precedentes*; GICO JR., Ivo. *A tragédia do judiciário: subinvestimento em capital jurídico e sobreutilização do judiciário*; PEREIRA, Paula Pessoa. *Legitimidade dos precedentes: universalabilidade das decisões do STJ*.
15. FONSECA, Juliana Pondé. *Problemas estruturais do judiciário brasileiro: por um processo factível*.
16. ARENHART, Sérgio Cruz. *A tutela coletiva de interesses individuais: para além da proteção dos interesses individuais homogêneos*; OSNA, Gustavo. *Direitos individuais homogêneos: pressupostos, fundamentos e aplicação no processo civil*.
17. Nela inserido o direito à efetiva prestação jurisdicional.
18. CAPONI, REMO. *Il principio di proporzionalità nella giustizia civile: prime note sistematiche*.
19. ARENHART, Sérgio Cruz. *A tutela coletiva de interesses individuais: para além da proteção dos interesses individuais homogêneos*, p. 31-41.
20. "The design suggests that, once this approach is adopted, each case stops being seen as a single piece, and the puzzle is understood from a global perspective. A natural consequence of this is that, considering the limits of the public budget, the efforts provided in a case should be harmonised with the institutional efficacy of the judiciary. Each case should be treated equally, setting a new requirement based on parameters of necessity, adequacy and proportionality. Thus, every answer and every collision of fundamental rights starts to be seen in another plane: the macroscopic plane". ARENHART, Sérgio Cruz; OSNA, Gustavo. *'Complexity', 'Proportionality' and the 'Pan Procedural Approach'*.
21. A reforçar esse argumento, é importante destacar que, economicamente falando, bens públicos são aqueles que ao mesmo tempo são irrivais e inexcluíveis, ou seja, podem ser utilizados por mais de uma pessoa ao mesmo tempo e se destinam a generalidade de pessoas. Assim, é evidente que o judiciário não é, em termos econômicos, um bem público, porque sua utilização por uma pessoa exclui o seu proveito imediato pelas demais, eis que, ao sentenciar um processo, o juiz estará – ainda que apenas naquele momento – deixando de analisar outro. GICO JR., Ivo. *A tragédia do judiciário: subinvestimento em capital jurídico e sobreutilização do judiciário*, p. 100.

proposta teórica – com reflexos práticos bastante concretos – apresentada neste trabalho.

3 A IMPUGNAÇÃO ESPECÍFICA DA CLÁUSULA CONTRATUAL BANCÁRIA: UMA LEITURA PARA ALÉM DO REQUISITO DA PETIÇÃO INICIAL

De maneira similar ao previsto no artigo 285-B do Código Buzaid,[22] embora com teor mais restritivo, por regular apenas as ações revisionais de contrato, o Novo Código de Processo Civil, em seu art. 330, §§ 2º e 3º[23], arrolou como requisito da petição inicial da ação que pretenda a revisão de contrato bancário a impugnação específica das obrigações contratuais, bem como a indicação do valor incontroverso, que deverá continuar sendo pago no tempo e no modo contratados.

Uma leitura meramente topográfica do mencionado dispositivo faz com que seja compreendido exclusivamente como requisito da petição inicial da demanda que busque a revisão as obrigações nele mencionadas. Não só outra interpretação é possível, em razão da própria textualidade da norma, mas também por conta de sua compreensão a partir da proporcionalidade pamprocessual.

Isso porque, como dito, a regra não é mudança trazida pelo novo Código de Processo Civil, mas se trata de norma acrescentada ao Código Buzaid pel Lei 12.810/13. Parece razoável presumir que o art. 285-B, incluído no CPC/73 pela referida Lei se prestou a, de algum modo, alterar o sistema processual.

Explica-se o porquê de tal ilação: o ônus de indicar especificamente as obrigações contratuais impugnadas, na ação revisional, já decorrida das regras gerais aplicáveis às ações de conhecimento. Fosse tão somente esse o sentido da norma contida no art. 285-B do CPC/73 e ela seria em vão.

---

22. "Art. 285-B. Nos litígios que tenham por objeto obrigações decorrentes de empréstimo, financiamento ou arrendamento mercantil, o autor deverá discriminar na petição inicial, dentre as obrigações contratuais, aquelas que pretende controverter, quantificando o valor incontroverso.
    § 1º O valor incontroverso deverá continuar sendo pago no tempo e modo contratados.
    § 2º O devedor ou arrendatário não se exime da obrigação de pagamento dos tributos, multas e taxas incidentes sobre os bens vinculados e de outros encargos previstos em contrato, exceto se a obrigação de pagar não for de sua responsabilidade, conforme contrato, ou for objeto de suspensão em medida liminar, em medida cautelar ou antecipação dos efeitos da tutela".
23. "Art. 330. A petição inicial será indeferida quando:
    § 2º Nas ações que tenham por objeto a revisão de obrigação decorrente de empréstimo, de financiamento ou de alienação de bens, o autor terá de, sob pena de inépcia, discriminar na petição inicial, dentre as obrigações contratuais, aquelas que pretende controverter, além de quantificar o valor incontroverso do débito.
    § 3º Na hipótese do § 2º, o valor incontroverso deverá continuar a ser pago no tempo e modo contratados".

É que o diploma processual de 1973 adotou, em relação à causa de pedir, a teoria da substanciação. Explica-se: compete ao autor, quando do ajuizamento da demanda, explicitar os fatos e fundamentos jurídicos que têm por consequência o pedido formulado. Não basta ao autor discorrer sobre o direito, é preciso demonstrar como a hipótese abstratamente descrita na norma incide sobre o suporte fático, conforme se extrai do requisito da petição inicial previsto no antigo art. 282, III, do CPC/73, redação mantida no art. 319, III, do novo Código de Processo Civil.[24]

Desse modo, mesmo antes do advento do art. 285-B no CPC/73 e mesmo sem o art. 330, §2º, do NCPC, o autor da ação revisional de contrato já estaria obrigado a indicar quais obrigações entende ilegais e pretende desconstituir com sua ação, sob pena de indeferimento por inobservância aos requisitos da petição inicial.

Da mesma forma, a necessidade de pagamento do valor incontroverso no tempo e modo contratados (art. 285-B, parágrafo único do CPC/73 e art. 330, §3º do NCPC) pode ser facilmente extraída das demais normas de direito processual. Ora, se a tutela que será obtida ao final, no máximo, será a declaração de invalidade das cláusulas contratuais impugnadas, nenhuma medida antecipatória poderia prever a desnecessidade de pagamento, no tempo e modo contratados, do valor incontroverso. Trata-se de simples aplicação de regras gerais anteriormente já contidas no Código.

Assim, é preciso dar ao referido dispositivo interpretação que lhe permita trazer alguma novidade ao sistema, considerando também a proporcionalidade pamprocessual e o número sem fim de processos versando sobre a matéria nele regulada.

O art. 330, §2º, do CPC determina que o autor indique o valor incontroverso. Ora, esse valor incontroverso decorre de obrigação incontroversa, que a mencionada norma, excepcionando o princípio dispositivo, impõe que seja trazida à cognição judicial.

Como já foi sustentado pelo autor do presente trabalho à luz do art. 285-B do CPC/73, o jurisdicionado não pode mais apontar, nessa espécie de contrato, as cláusulas e obrigações que pretende impugnar, deixando as demais para além do conhecimento judicial. O contrato é trazido todo para o conhecimento do magistrado e tudo quanto não for impugnado será tido por incontroverso.[25]

---

24. "Art. 319. A petição inicial indicará:
    (...)
    III – o fato e os fundamentos jurídicos do pedido".
25. GOMES, Frederico Augusto. *O art. 285-B e a eficácia preclusiva da coisa julgada*, p. 85-86.

É preciso ter em mente que, se a lei processual considera a obrigação incontroversa, aplica-lhe as consequências jurídicas da incontrovérsia, que são, dentre outros, considerar de má-fé o litigante que deduz pretensão ou defesa contra fato incontroverso (art. 80, I, CPC), a possibilidade de decisão parcial de mérito sobre pedido incontroverso (art. 356, I, CPC), a desnecessidade de produção de provas a seu respeito (art. 374, III, CPC) e a permissão para cumprimento definitivo da parcela incontroversa (art. 523, CPC).

Convém ressaltar, contudo, que há consequências da incontrovérsia incompatíveis com o regime do art. 330, §2º, do CPC, eis que as matérias não impugnadas serão abarcadas pela eficácia preclusiva da coisa julgada, não sendo propriamente objeto de julgamento, ao menos não direito.

Dessa maneira, as obrigações não controvertidas – e por isso consideradas para fins processuais incontroversas – passam, por força de dispositivo legal, a fazer parte do mérito da demanda. São assim, atingidas pela eficácia preclusiva da coisa julgada.

É que, muito embora sobre a causa de pedir não recaia a autoridade da coisa julgada – ainda que dela não se prescinda para a delimitação da pretensão processual –, as alegações de fato trazidas pelo autor da demanda ganham relevância na discussão acerca da eficácia preclusiva da coisa julgada. Essa denominada eficácia preclusiva é "a aptidão, que a própria autoridade da coisa julgada material tem, de excluir a renovação de questões suscetíveis de neutralizar os efeitos da sentença cobertos por ela"[26]. Isso ocorre porque, conforme o art. 508 do CPC, assim que transitar em julgado a decisão final da causa, todas as alegações que poderiam ter sido deduzidas para a procedência do pedido são tidas como arguidas e repelidas.[27] Assim, "consoante dispõe o art. 474, transitada em julgado a sentença de mérito, não se permite à parte ajuizar nova ação, reproduzindo o mesmo pedido, com base em alegações ou defesas que poderiam ter sido, mas não foram, apresentadas na ação anterior".[28],[29] Isso significa que tudo aquilo que se alegou ou que se poderia ter alegado não pode mais ser deduzido em outro processo com mesmo pedido ou causa de pedir.[30]

---

26. DINAMARCO, Cândido Rangel. *Instituições de direito processual civil*, vol. 2, p. 321.
27. DIDIER JR. Fredir; BRAGA, Paula Sarno; OLIVEIRA, Rafael. *Curso de direito processual civil*, vol. 2, p. 436.
28. MEDINA, José Miguel de Garcia. *Código de processo civil comentado: com remissões e notas comparativas ao projeto de novo CPC*, p. 431.
29. Aponta-se que a eficácia preclusiva da coisa julgada continua prevista no art. 508 do CPC com redação bastante similar à anterior, de maneira que todas as considerações feitas permanecem hígidas. "Art. 508. Transitada em julgado a decisão de mérito, considerar-se-ão deduzidas e repelidas todas as alegações e as defesas que a parte poderia opor tanto ao acolhimento quanto à rejeição do pedido".
30. "Todo o material relacionado com o primeiro julgamento fica precluso, inviabilizando sua reapreciação judicial em ação subsequente. Por essa razão é que a doutrina por vezes se refere à eficácia preclusiva da coisa julgada como um *julgamento implícito*. Todas as alegações deduzidas, bem como aquelas que

A questão que se coloca é que, em razão de o art. 330, §2º, do CPC trazer à baila conteúdos que não foram suscitados pela parte demandante, mas que em razão de expressa previsão legal integram aquilo que está no âmbito de cognição judicial, incide sobre eles a qualidade e a autoridade da coisa julgada.

Não se pode dizer, com isso, que se trata de violação ao princípio do acesso à Justiça. As partes do contrato bancário podem levar ao Judiciário todas as obrigações contratuais que entendam contrárias ao ordenamento jurídico. A única restrição é que, quando o fizerem, deverão fazê-lo de uma única vez, porque as obrigações não impugnadas serão reputadas, para fins processuais, incontroversas, sendo assim abrangidas pela eficácia preclusiva da coisa julgada.

Não fosse assim e seria possível o esdrúxulo exemplo de o sujeito impugnar os juros em uma ação, a comissão de permanência noutra, TAC em uma terceira e, ainda, como pedido contraposto em eventual ação visando busca e apreensão apresentar fundamentos diversos para sustentar a ilegalidade de valores cobrados.

É que essas diversas demandas, que muito bem poderiam – e devem, por conta da norma processual em comento – ser ajuizadas conjuntamente, gerariam diversos atos processuais desnecessários, se discutidas separadamente, prejudicando o funcionamento global do sistema.

Afinal, a garantia do seu dia na corte (*day in court*) apresenta uma dupla face, por um lado o Estado está proibido de negar acesso ao judiciário e, por outro, garantir o acesso de todos os jurisdicionados à prestação jurisdicional.[31] É que a proporcionalidade tem uma dupla face.[32] Não se pode negar proteção ao direito fundamental de acesso à justiça. Por outro lado, não se pode lhe dar proteção excessiva, uma vez que, ao fazê-lo, outros direitos, tão fundamentais quanto ele, estarão sendo violados.

---

seriam dedutíveis, *porque mantêm relação direta com o material da primeira demanda* (ainda que não tenham sido apresentadas em juízo ou apreciadas pelo magistrado), consideram-se oferecidas e repelidas pelo órgão jurisdicional. MARINONI, Luiz Guilherme; ARENHART, Sérgio Cruz; MITIDIERO, Daniel. *Novo curso de processo civil: tutela dos direitos mediante procedimento comum*, vol. II, p. 636.

31. "At first, it is obvious that, being conditional on a number of individual guarantees (e.g. the right to have a day in court, the right to be heard), civil litigation regularly uses the idea of proportionality to reform and to interpret its own rules. That becomes more relevant when we realise that those guarantees also have a positive side, according to which (more than not to disrespect them) the State must act actively to increase their applicability. In other words, if the guarantee "to have a day in Court could be seen negatively as a prohibition on the State denying such access, it has also a positive effect, meaning that it allows citizens to enforce this guarantee. If it was different, the content of the guarantee would probably become useless. Its materialisation depends on efforts to connect it with reality and with its possibilities and limitations" ARENHART, Sérgio Cruz; OSNA, Gustavo. '*Complexity*', '*Proportionality*' *and the 'Pan Procedural Approach*'.

32. SARLET, Ingo Wolfgang; FENSTEREIFER, Tiago. *Direito constitucional ambiental: Constitição, direitos fundamentais e proteção do ambiente*, p. 192.

É justamente por isso que se diz que o cidadão tem direito a "um dia na corte", pois, caso goze de dias em excesso para discutir a mesma questão, prejudicará o dia na corte de outros jurisdicionados. Ressalte-se que se fala, obviamente, em linguagem figurada, mas bastante útil para a compreensão da racionalidade da eficácia preclusiva da coisa julgada nas ações que busquem revisar contratos bancários.

Defende-se, ainda, que essa explicitada eficácia preclusiva da coisa julgada também pode se operar, em determinadas hipóteses, nas ações ajuizadas pelas instituições financeiras visando a busca e apreensão de bens móveis financiados.

Isso porque o Superior Tribunal de Justiça entende como cabível o pedido contraposto de revisão de obrigações contratuais na ação de busca e apreensão.[33] Assim, o operador do direito não se pode deixar enganar: pedido contraposto é um acréscimo objetivo ao processo. Novo pedido significa nova ação, já que ação é composta por partes, pedido, causa de pedir. Assim, submete-se aos requisitos contidos na lei, dentre os quais a especificação das obrigações controvertidas, com todos os efeitos daí decorrentes, dentre os quais a incidência futura da eficácia preclusiva da coisa julgada.

4 ALGUMAS OBJEÇÕES CONHECIDAS

4.1 O argumento é excessivamente favorável às instituições financeiras

A construção aqui apresentada pode ser tachada de "pró banco", o que em uma perspectiva microscópica pode parecer verdadeiro. Ocorre que a preocupação que motiva a escrita desse trabalho é macro.

Quer-se dizer assim que aquilo que pauta a presente proposta interpretativa são os fundamentos que foram apresentados brevemente há pouco. Há processos demais, muitos sobre direito bancário e é irracional não pensar a administração da justiça de maneira a propiciar verdadeira prestação jurisdicional aos que recorrem ao judiciário.

Assim, as partes poderão discutir tudo quanto considerarem ilegal ou ilegítimo num dado contrato bancário. Deverão, contudo, apontar todos os vícios contra os quais se insurgem. Preserva-se assim o acesso ao judiciário, beneficiando a prestação jurisdicional.

---

33. AgRg no REsp n. 1.227.455/MT, Relator Ministro RICARDO VILLAS BÔAS CUEVA, TERCEIRA TURMA, julgado em 3/9/2013, DJe 11/9/2013.

4.2 A ideia é "neoliberal"

Veja-se, segundo o que aqui foi defendido, a parte é obrigada a discutir o contrato todo em uma única ação. Aquilo que não for debatido será atingido pela eficácia preclusiva da coisa julgada.

Sem a necessidade de maiores considerações sobre as propostas do liberalismo político ou econômico, pode-se apontar que o que dá nome e norte às suas teorias é a liberdade.

A exceção ao princípio dispositivo aqui sustentada é exatamente o contrário disso. É uma possibilidade de restrição a um direito individual visando a satisfação de uma necessidade coletiva ao judiciário, razão pela qual não se dialoga aqui com o liberalismo e muito menos com "neoliberalismo", que sequer existe como corrente filosófica.

4.3 O art. 330, §2º, do CPC é tão somente um requisito da petição inicial

Topograficamente, o dispositivo normativo que aqui se debate está inserido na Seção III (Indeferimento da petição inicial) do Capítulo II (Da petição inicial) do Título I (Do procedimento comum) do Livro I (Do processo de conhecimento e do cumprimento de sentença) da Parte Especial do novo Código de Processo Civil.

Da mesma maneira que já foi feito à luz do art. 285-B do CPC/73, haverá quem sustente se tratar de mero requisito para deferimento da petição inicial, sem o qual ela deverá ser indeferida. Quem assim pensa não está de todo certo.

Não há como discordar que petição inicial que não indique as cláusulas controvertidas e o valor incontroverso deverá ser indeferida. Ocorre que essa interpretação não esgota as possibilidades do dispositivo.

Quando o autor impugnar algumas obrigações e indicar o valor incontroverso, que será o valor das obrigações não controvertidas, poderá ele controvertê-las no futuro em outra ação? É essa a pergunta que move esse trabalho.

Fica claro que não se trata de mero requisito da petição inicial. É um requisito, mas não só isso.

4.4 É inviável ou inconstitucional a incidência da coisa julgada sobre questão não debatida no processo

Em primeiro lugar, é preciso pontuar que não se trata do fenômeno da coisa julgada, mas tão somente de sua eficácia preclusiva. Após, é pontue-se que, em artigo escrito em parceria com Rogério Rudiniki Neto,[34] defendeu-se que aquilo que fundamenta eticamente a coisa julgada não é o grau de cognição do processo, eis que toda reconstrução de um fato histórico se dá em juízo de verossimilhança,[35] muito menos o contraditório, uma vez que ninguém duvida da atribuição de coisa julgada em caso de revelia, por exemplo.

O fundamento ético da coisa julgada é o contraditório potencial. Não é preciso que haja contraditório efetivo, mas tão somente que seja dado às partes a possibilidade de se manifestarem e influírem sobre o julgamento. Se o farão, o problema é outro.

Assim, havendo a possibilidade de impugnação de todas as cláusulas contratuais, se o autor impugna apenas algumas delas, vê-se manifestação do contraditório potencial. Poderiam as cláusulas ter sido impugnadas; não o foram por opção do autor, que inclusive as apontou como incontroversas (por força do art. 330, §2º, do CPC).

Parece, portanto, plenamente constitucional a incidência da eficácia preclusiva da coisa julgada na hipótese discutida.

REFERÊNCIAS BIBLIOGRÁFICAS

ARENHART, Sérgio Cruz. *A tutela coletiva de interesses individuais: para além da proteção dos interesses individuais homogêneos*. São Paulo: Editora Revista dos Tribunais, 2013.

_____; OSNA, Gustavo. Complexity', 'Proportionality' and the 'Pan Procedural Approach'. *International Journal of Procedural Law*, v. 4, p. 178-202, 2015.

BÜLOW, Oscar von. *La teoria de las excepciones procesales y los presupuestos procesales*. Trad. Miguel Angel Rosas Lichtschein. Buenos Aires: Ejea, 1964.

CALAMANDREI, Piero. Verità e verosimiglianza nel processo civile. *Rivista di Diritto Processuale*, Padova, vol. X, parte I, p. 164-192, 1955.

CAPONI, Remo. Il principio di proporzionalità nella giustizia civile: prime note sistematiche. *Revista trimestrale di diritto e procedura civile*. Padova: CEDAM, 2011, vol. 65, n. 2, 2011.

COELHO NUNES. Dierle Jose. *Processo jurisdicional democrático*: uma análise crítica das reformas processuais. 1ª ed, 4ª reimpr. Curitiba: Juruá, 2012.

DIDIER JR. Fredir; BRAGA, Paula Sarno; OLIVEIRA, Rafael. *Curso de direito processual civil*. 7ª ed. Salvador: JusPodivm, 2012, vol. 2.

---

34. GOMES, Frederico Augusto. RUDINIKI NETO, Rogério. *Estabilização da tutela de urgência: algumas questões controvertida*, p. 167-168..
35. CALAMANDREI, Piero. Verità e verosimiglianza nel processo civile, p. 164-192.

DINAMARCO, Cândido Rangel. *Instituições de direito processual civil*. 5ª ed. rev. e atual. São Paulo: Malheiros, 2005, vol. 2.

FONSECA, Juliana Pondé. *Problemas estruturais do judiciário brasileiro: por um processo factível*. 184 f. 03/03/2011. Dissertação (mestrado). Programa de Pós-Graduação em Direito, Setor de Ciências Jurídicas, Universidade Federal do Paraná, Curitiba, 2011.

GICO JUNIOR, Ivo Teixeira. *A tragédia do judiciário: subinvestimento em capital jurídico e sobreutilização do Judiciário*. 146 f. 2012. Tese (doutorado). Departamento de Economia, Programa de Pós-Graduação em Economia, Universidade de Brasília, DF, 2012.

GOMES, Frederico Augusto; RUDINIKI NETO, Rogério. Estabilização da tutela de urgência: algumas questões controvertidas. In: DIDIER JR., Fredie (coord.); MACÊDO, Lucas Buril de; PEIXOTO, Ravi; FREIRE, Alexandre (orgs.). *Novo CPC doutrina selecionada, v. 4: procedimentos especiais, tutela provisória e direito transitório*. Salvador: Juspodivm, 2015, p. 161-175.

_____. O art, 285-B e a eficácia preclusiva da coisa julgada. *Revista de Processo*, São Paulo, vol. 231, p. 75-88, maio, 2014.

MARINONI, Luiz Guilherme. *A ética dos precedentes*. São Paulo: Editora Revista dos Tribunais, 2014.

_____. *Antecipação de tutela*. 11. ed. rev. e atual. São Paulo: Editora Revista dos Tribunais, 2009.

_____; ARENHART, Sérgio Cruz; MITIDIERO, Daniel. *Novo curso de processo civil: tutela dos direitos mediante procedimento comum, vol. II*. São Paulo: Editora Revista dos Tribunais, 2015.

_____. *Precedentes obrigatórios*. São Paulo: Editora Revista dos Tribunais, 2010.

MEDINA, José Miguel de Garcia. *Código de processo civil comentado: com remissões notas comparativas ao projeto de novo CPC*. São Paulo: RT, 2011.

OSNA, Gustavo. *Direitos individuais homogêneos: pressupostos, fundamentos e aplicação no processo civil*. São Paulo: Editora Revista dos Tribunais, 2014.

PEREIRA, Paula Pessoa. *Legitimidade dos precedentes: universabilidade das decisões do STJ*. São Paulo: Editora Revista dos Tribunais, 2014.

SARLET, Ingo Wolfgang; FENSTEREIFER, Tiago. *Direito constitucional ambiental: Constituição, direitos fundamentais e proteção do ambiente*. 2. ed. rev. e atual. São Paulo: Editora Revista dos Tribunais, 2012.

<https://www.tjpr.jus.br/documents/18319/4715885/M%C3%A9dia+mensal+por+desembargador.pdf>. Acesso em 22/10/2015.

<http://www.cnj.jus.br/images/pesquisas-judiciarias/pesquisa_100_maiores_litigantes.pdf>. Acesso em 19/10/2015.

‹http://www.cnj.jus.br/noticias/cnj/79913-modernizacao-trf3-e-tjpr-iniciam-implantacao--do-pje-em-agosto›. Acesso em 20/10/2015.

‹https://www.tjpr.jus.br/regimento-interno›. Acesso em 22/10/2015.

‹https://www.tjpr.jus.br/noticias/-/asset_publisher/9jZB/content/id/4725696›. Aceso em 22/10/2015

‹https://www.tjpr.jus.br/documents/18319/4715885/M%C3%A9dia+mensal+por+desembargador.pdf›. Acesso em 22/10/2015.

CAPÍTULO 4

A Especificação do Valor Incontroverso Como um Requisito da Petição Inicial no CPC de 2015: Novos e Velhos Problemas

Oscar Valente Cardoso[1]
Francielle Dolbert Camargo[2]

SUMÁRIO: 1. INTRODUÇÃO; 2. HISTÓRICO NORMATIVO; 3. O ART. 330, §§ 2º E 3º, DO NOVO CPC: NOVOS E VELHOS PROBLEMAS ; 4. CONCLUSÕES; 5. REFERÊNCIAS BIBLIOGRÁFICAS

1. INTRODUÇÃO

O novo Código de Processo Civil (Lei nº 13.105/2015) reproduz, nos §§ 2º e 3º do art. 330, quase na íntegra o conteúdo do controverso art. 285-B do CPC/73. Contudo, essa norma foi inserida recentemente no Código anterior (está em vigor desde 16 de maio de 2013), razão pela qual ainda não possui um entendimento uniforme dos tribunais sobre sua natureza e forma de aplicação, o que inevitavelmente perdurará e deverá ser consolidado na vigência do novo CPC.

Este artigo examina o art. 330, §§ 2º e 3º, do novo CPC, a partir das discussões existentes sobre a incidência do art. 285-B do CPC/73. Para esse fim, serão vistos o histórico legislativo do assunto, a regulamentação vigente no CPC desde maio de 2013 e como a matéria será tratada a partir da entrada em vigor do novo Código.

---

1. Juiz Federal na 4ª Região (atualmente na 3ª Vara Federal de Umuarama/PR). Foi Juiz Auxiliar do Supremo Tribunal Federal (2012/2014). Doutorando em Direito (UFRGS), Mestre em Direito e Relações Internacionais (UFSC). Professor da Escola Superior da Magistratura Federal de Santa Catarina (ESMAFESC).
2. Assessora Jurídica do Tribunal de Justiça de Santa Catarina. Pós-graduanda em direito processual civil pelo Complexo de Ensino Damásio de Jesus e em jurisdição federal pela Escola Superior da Magistratura Federal de Santa Catarina (ESMAFESC).

2. HISTÓRICO NORMATIVO

O dever da parte autora em especificar o valor incontroverso e a quantia controversa na petição inicial de processo judicial que verse sobre obrigações decorrentes de empréstimo, financiamento ou arrendamento mercantil, surgiu como o art. 50 da Lei nº 10.931/2004:

> "Art. 50. Nas ações judiciais que tenham por objeto obrigação decorrente de empréstimo, financiamento ou alienação imobiliários, o autor deverá discriminar na petição inicial, dentre as obrigações contratuais, aquelas que pretende controverter, quantificando o valor incontroverso, sob pena de inépcia.
>
> § 1º O valor incontroverso deverá continuar sendo pago no tempo e modo contratados.
>
> § 2º A exigibilidade do valor controvertido poderá ser suspensa mediante depósito do montante correspondente, no tempo e modo contratados.
>
> § 3º Em havendo concordância do réu, o autor poderá efetuar o depósito de que trata o § 2º deste artigo, com remuneração e atualização nas mesmas condições aplicadas ao contrato:
>
> I - na própria instituição financeira credora, oficial ou não; ou
>
> II - em instituição financeira indicada pelo credor, oficial ou não, desde que estes tenham pactuado nesse sentido.
>
> § 4º O juiz poderá dispensar o depósito de que trata o § 2º em caso de relevante razão de direito e risco de dano irreparável ao autor, por decisão fundamentada na qual serão detalhadas as razões jurídicas e fáticas da ilegitimidade da cobrança no caso concreto.
>
> § 5º É vedada a suspensão liminar da exigibilidade da obrigação principal sob a alegação de compensação com valores pagos a maior, sem o depósito do valor integral desta".

A Lei nº 12.810/2013, que entrou em vigor no dia 16/05/2013, acrescentou o art. 285-B ao Código de Processo Civil de 1973, que revogou em parte a norma citada da Lei nº 10.931/2004. O dispositivo original tinha a seguinte redação:

> "Art. 285-B. Nos litígios que tenham por objeto obrigações decorrentes de empréstimo, financiamento ou arrendamento mercantil, o autor deverá discriminar na petição inicial, dentre as obrigações contratuais, aquelas que pretende controverter, quantificando o valor incontroverso.
>
> Parágrafo único. O valor incontroverso deverá continuar sendo pago no tempo e modo contratados".

Entretanto, alguns meses depois, a Lei nº 12.873/2013, com vigência a partir do dia 25/10/2013, renumerou o parágrafo único do dispositivo para § 1º e incluiu um segundo parágrafo ao art. 285-B:

"Art. 285-B. Nos litígios que tenham por objeto obrigações decorrentes de empréstimo, financiamento ou arrendamento mercantil, o autor deverá discriminar na petição inicial, dentre as obrigações contratuais, aquelas que pretende controverter, quantificando o valor incontroverso.
§ 1º O valor incontroverso deverá continuar sendo pago no tempo e modo contratados.
§ 2º O devedor ou arrendatário não se exime da obrigação de pagamento dos tributos, multas e taxas incidentes sobre os bens vinculados e de outros encargos previstos em contrato, exceto se a obrigação de pagar não for de sua responsabilidade, conforme contrato, ou for objeto de suspensão em medida liminar, em medida cautelar ou antecipação dos efeitos da tutela".

Em síntese, a norma consiste em um *pressuposto específico de admissibilidade* da petição inicial, exigido em litígios sobre contratos de mútuo ("empréstimo"), financiamento ou arrendamento mercantil.

Ademais, em vista da amplitude do texto do caput do art. 285-B ("tenham por objeto obrigações decorrentes"), também incide sobre os processos que, apesar de não versarem sobre as cláusulas dos referidos contratos, tratarem de obrigações deles decorrentes[3].

Houve uma mudança importante com a inserção da norma no Código de Processo Civil: enquanto o art. 5º da Lei 10.931/04 exige o *depósito do valor integral* ajustado no contrato (não controvertido e controverso), o art. 285-B do CPC/73 dispensa esse pagamento, substituído pela *especificação* dos valores incontroverso e controvertido, com o pagamento *obrigatório* do primeiro e *facultativo* do segundo.

A doutrina divide-se na sua definição (e nas consequências da inobservância), tratando o art. 285-B como: (a) uma situação de inépcia da inicial, por impor ao autor (que busca revisar a dívida) que indique o valor que entende devido, sob pena de existir um defeito na formulação do pedido e, consequentemente, a inépcia da inicial[4]; (b) outros entendem que o art. 285-B não

---

3. Cassio Scarpinella Bueno afirma que nessas situações a resposta "só pode ser a de que quaisquer obrigações mereceriam, em situações análogas, tratamento idêntico" (BUENO. Cassio Scarpinella. Reflexões a partir do novo art. 285-B do CPC. Revista de Processo, São Paulo, nº 223, pp. 79-85, set. 2013, p. 83).
4. Nesse sentido: "Estas hipóteses foram acrescidas ao CPC/1973 em seus últimos momentos, por meio da L 12810, de 15.5.2013 (DOU 16.5.2013). E a manutenção destes parágrafos no atual CPC mantém o elemento complicador acrescido por aquela norma, no sentido de que o consumidor está obrigado a discriminar exatamente o que é e o que não é controvertido sob pena de inépcia da petição inicial. Não se tem

leva necessariamente à inépcia da inicial e sua aplicação pode ser afastada em determinadas situações, devidamente comprovadas pelo autor (como a inviabilidade de cálculo pela ausência de fornecimento do contrato pelo réu)[5]; (c) e há, ainda, quem sustente que o art. 285-B inclui um *documento obrigatório* na instrução da inicial, consistente em planilha de cálculo do valor que a parte autora entende devido (incontroverso) e, consequentemente, qual o montante que pretende excluir da cobrança da parte contrária[6].

Na prática, os tribunais também se dividem entre as duas primeiras concepções. No sentido de que o descumprimento do art. 285-B é hipótese de inépcia da inicial:

> "(...) em se tratando de ação revisional, independentemente da natureza do crédito objeto do pedido de readequação, além dos requisitos dispostos no artigo 282 e seguintes do CPC, foi

---

notícia de outro mecanismo tão simplificador da demanda em qualquer outro tipo de relação jurídica, em favor do fornecedor, e que, por sua vez, desconsidera a existência de outros fatores que possam incidir sobre o pagamento das parcelas incontroversas, como, por exemplo, o desconto indevido em conta corrente" (NERY JUNIOR, Nelson; NERY, Rosa Maria de Andrade. *Comentários ao Código de Processo Civil*. São Paulo: RT, 2015). O mesmo entendimento é seguido por Fredie Didier: "(...) o dispositivo cria um novo caso de inépcia, que acresce o rol do parágrafo único do art. 295 do CPC, embora isso não tenha ficado claro – o texto menciona o que o autor tem de fazer, mas não disse o que acontece se ele não cumprir este ônus. Proposta demanda que tenha por objeto a discussão de dívida oriunda de empréstimo, financiamento ou arrendamento mercantil, cabe ao autor identificar, precisamente, qual o valor que pretende controverter e qual é a parcela incontroversa. Ou seja: não basta o pedido de revisão de dívida, é preciso especificar o que se discute" (DIDIER, Fredie. *Editorial 170*: Lei 12.8102013. Nova hipótese de inépcia da petição inicial. Disponível em: ‹http://www.frediedidier.com.br/editorial/editorial-170/›. Acesso em 14 nov. 2015). Da mesma forma: "VII. Não observância do disposto no § 2.º do art. 330 do CPC/2015. Consequências. Caso não seja observado o requisito previsto no § 2.º do art. 330 do CPC/2015, deverá o juiz determinar a emenda da petição inicial (art. 321 do CPC/2015), sob pena de indeferimento (art. 330, *caput*, IV do CPC/2015). Trata-se de decisão que não chega a analisar a procedência do fundamento invocado, razão pela qual tal pronunciamento encarta-se no disposto no art. 485 do CPC/2015" (MEDINA, José Miguel Garcia. *Novo Código de Processo Civil: modificações substanciais*. São Paulo: RT, 2015, p. 550).

5. "E se o autor não conseguir quantificar o valor incontroverso desde a formulação de sua petição inicial? A hipótese, que tem tudo para ser extremamente frequente, não inibe – e nem poderia, sob pena de violar o acesso à justiça – que, neste caso, a quantificação seja feita ao longo do processo. Seja otimizando-a, na etapa de conhecimento seja antes da etapa de cumprimento de sentença, na liquidação, observando-se, no particular, o disposto nos arts. 475-C e 475-F" (BUENO. Cassio Scarpinella. Reflexões a partir do novo art. 285-B do CPC. *Revista de Processo*, São Paulo, nº 223, pp. 79-85, set. 2013, p. 84).
6. Com esse entendimento: "A hipótese versada no art. 285-B nada tem a ver com a 'inépcia' da petição inicial, porque esta tem seus limites traçados pelos incs I a IV do parágrafo único do art. 295, enquanto a falta de apresentação de documentos que deva instruir a petição inicial vem prevista no inc VI do art. 295. Essa exigência obrigará as Defensorias Públicas e serviços de assistência judiciária (mantidos pelas Universidades) a manter um serviço de cálculos, pois muitas dessas demandas serão ajuizadas por seu intermédio, em que a petição inicial deverá cumprir o disposto no art. 285-B" (ALVIM, J. E. Carreira. Considerações sobre o art. 285-B do CPC, acrescido pela Lei 12.810/2013. Afinal, o Congresso Nacional é um parlamento ou uma fábrica de salsichas? *Revista de Processo*, São Paulo, nº 224, pp. 155-171, out. 2013, p. 166).

acrescentado o dispositivo 285 – B, que assim reza: Art. 285-B. Nos litígios que tenham por objeto obrigações decorrentes de empréstimo, financiamento ou arrendamento mercantil, o autor deverá discriminar na petição inicial, dentre as obrigações contratuais, aquelas que pretende controverter, quantificando o valor incontroverso. (...) § 1º O valor incontroverso deverá continuar sendo pago no tempo e modo contratados. (...) § 2º O devedor ou arrendatário não se exime da obrigação de pagamento dos tributos, multas e taxas incidentes sobre os bens vinculados e de outros encargos previstos em contrato, exceto se a obrigação de pagar não for de sua responsabilidade, conforme contrato, ou for objeto de suspensão em medida liminar, em medida cautelar ou antecipação dos efeitos da tutela. (...) Portanto, do dispositivo supra, extrai-se a exigência de mais dois requisitos para o recebimento da peça vestibular, quais sejam: a discrição das obrigações contratuais que pretende controverter e a quantificação do valor incontroverso"[7].

Além das controvérsias em torno da definição do artigo 285-B do CPC/73, surgiram questionamentos acerca da constitucionalidade desse dispositivo legal.

A exemplo dessa discussão, cita-se a Arguição de Inconstitucionalidade em Agravo de Instrumento, julgada pelo Tribunal de Justiça de Santa Catarina, na qual se alegou a ofensa do artigo 285-B ao devido processo legal, uma vez que introduzido por meio de emenda parlamentar, contudo sem pertinência temática à matéria do projeto original, e desrespeito aos artigos 59 e 61, §1º, I, a, da Constituição Federal, bem como inobservância aos critérios de urgência e necessidade (art. 62, caput da Constituição Federal).

Na ocasião, o Tribunal rejeitou essas teses, declarando a constitucionalidade do artigo 285-B sob os seguintes fundamentos:

"(...) TESE DE INCONSTITUCIONALIDADE FORMAL DO ART. 285-B DO CÓDIGO DE PROCESSO CIVIL QUE DEVE SER AFASTADA POR AUSÊNCIA DE OFENSA AS NORMAS CONSTITUCIONAIS APONTADAS COMO PARÂMETRO PARA AFERIÇÃO DA CONSTITUCIONALIDADE. REDAÇÃO DOS ARTS. 59, 61, § 1º, INC. I, ALÍNEA 'B', e 62, CAPUT, DA CONSTITUIÇÃO DA REPÚBLICA QUE NÃO EXIGE QUE AS EMENDAS PARLAMENTARES, PROPOSTAS EM PROJETO DE CONVERSÃO DE MEDIDA PROVISÓRIA, GUARDEM PERTINÊNCIA TEMÁTICA E TAMPOUCO QUE OBSERVEM OS REQUISITOS DE URGÊNCIA E NECESSIDADE. EVENTUAL DESCUMPRIMENTO DO ART. 7º, INC. II, DA LEI COMPLEMENTAR FEDERAL N. 95/1998 E DO ART. 4º, § 4º, DA RESOLUÇÃO N. 01/2002 DO

---

7. TJRS, Apelação Cível nº 70065708497, 23ª Câmara Cível, rel. Des. Martin Schulze, j. 28/07/2015.

CONGRESSO NACIONAL, QUE NÃO PODE SER APONTADO COMO PARÂMETRO EM ARGUIÇÃO DE INCONSTITUCIONALIDADE, POR SE TRATAREM DE NORMAS INFRACONSTITUCIONAIS. TEXTO DO ART. 285-B DO CÓDIGO DE PROCESSO CIVIL QUE NÃO ENSEJA ÓBICE AO ACESSO À JUSTIÇA, POIS TRATA-SE DE DISPOSITIVO CONCRETIZADOR DOS PRINCÍPIOS DA EFETIVIDADE, DA ECONOMIA PROCESSUAL E DA RAZOÁVEL DURAÇÃO DO PROCESSO. ARGUIÇÃO DE INCONSTITUCIONALIDADE JULGADA IMPROCEDENTE".[8]

Superada essas controvérsias, ainda é preciso esclarecer que há situações em que o art. 285-B do CPC/73 não é aplicado, principalmente diante da alegação do autor/devedor de que não possui condições de especificar o valor que entende devido. É o caso, por exemplo, do devedor que ajuíza ação revisional sem possuir o contrato objeto da revisão e requer a inversão do ônus da prova, para que a instituição financeira apresente o(s) contrato(s) celebrado(s) entre as partes. Nesse sentido:

"APELAÇÃO CÍVEL. REVISIONAL DE CONTRATOS BANCÁRIOS. DEMANDA REVISIONAL DE DIVERSOS CONTRATOS BANCÁRIOS. PRESSUPOSTOS DO ARTIGO 285-B DO CPC. OBRIGAÇÕES CONTRATUAIS QUE SE PRETENDE CONTROVERTER NÃO APONTADAS ESPECIFICAMENTE PARA CADA PACTO. IMPOSSIBILIDADE. NECESSIDADE DE EXIBIÇÃO POR PARTE DA INSTITUIÇÃO FINANCEIRA. AINDA, INVIABILIDADE DE QUANTIFICAR O VALOR TIDO POR INCONTROVERSO. INTERPRETAÇÃO SISTEMÁTICA QUE SE IMPÕE. EXIGÊNCIA CONDICIONADA AO TIPO DE CONTRATO E A PRETENSÃO DA PARTE, SOB PENA DE FERIR O ACESSO À JUSTIÇA. PACTOS BANCÁRIOS QUE, POR SUA NATUREZA, INVIABILIZAM CONSTATAR O VALOR INCONTROVERSO. ÓBICE QUE NÃO PODE SER CONSIDERADO PARA TORNAR INEPTA A INICIAL. DECISÃO MODIFICADA. Considerando os inúmeros tipos de contratos bancários existentes em nossa economia, nem sempre as situações expostas possibilitam à parte postulante dizer o que entende devido, ou até, por muitas vezes, não é sua intenção buscar esta dialética, razão pela qual resta inviável a interpretação literal do artigo 285-B da Lei Processual, sob pena de ferir o acesso a justiça, mostrando necessária sua interpretação sistemática. Neste senda, constata-se que a imposição de quantificar o valor incontroverso comporta três situações distintas, as quais devem ser consideradas quando do juízo de admissibilidade da petição inicial, quais sejam: i) quando é cabível apontar o valor tido por incontroverso, sua discriminação é imprescindível; ii) quando não é possível dizer o valor incontroverso, em razão da natureza do contrato, o pressuposto é mitigado; iii) quando, independentemente da

---

8. TJSC, Arguição de Inconstitucionalidade em Agravo de Instrumento nº 2014.001566-4, Órgão Especial, rel. Des. Nelson Schaefer Martins, j. em 26/06/2015.

possibilidade de apontar o valor tido por incontroverso e a parte sequer busca afastar a mora, também afasta-se a exigência. No caso concreto, a natureza dos pactos firmados entre as partes (cheque especial, descontos de títulos e concessão de créditos) impede quantificar o valor incontroverso, amoldando-se a segunda hipótese narrada. Logo, considerando tal fato aliado a narrativa das obrigações controvertidas, deve ser considerado satisfeito o contido no artigo 285-B da Lei Processual, para possibilitar a continuidade da demanda. Recurso conhecido e provido"[9].

Cassio Scarpinella Bueno vai além e defende que caso o devedor não tenha condições de especificar o valor incontroverso, nada obsta que isso ocorra na fase de liquidação da sentença[10].

Portanto, apesar de ser um pressuposto de admissibilidade da inicial, que leva ao indeferimento por inépcia se não for observado, há uma preocupação na doutrina e nos tribunais de que a aplicação do art. 285-B do CPC/73 não impeça o acesso à justiça e que seja respeitada a celeridade e a economia processual.

3. O ART. 330, §§ 2º E 3º, DO NOVO CPC: NOVOS E VELHOS PROBLEMAS

O novo Código de Processo Civil (Lei nº 13.105/2015) elimina parte da controvérsia existente, ao tratar, no seu art. 330, da ausência da especificação do valor incontroverso como causa de indeferimento da inicial[11]:

> "Art. 330. A petição inicial será indeferida quando:
>
> (...)
>
> § 2º Nas ações que tenham por objeto a revisão de obrigação decorrente de empréstimo, de financiamento ou de alienação de bens, o autor terá de, sob pena de inépcia, discriminar na petição

---

9. TJSC, Apelação Cível nº 2014.051392-6, 5ª Câmara de Direito Comercial, rel. Des. Guilherme Nunes Born, j. 02/10/2014.
10. "Pode ocorrer de o autor não ter condições de quantificar o valor que pretende discutir, bem como o valor incontroverso, já no momento da propositura da ação. A petição inicial deve, portanto, ser indeferida, em detrimento do acesso à Justiça? Neste último caso, nada impede que a discriminação cobrada por estes parágrafos seja feita quando da liquidação da sentença" (BUENO. Cassio Scarpinella. Reflexões a partir do novo art. 285-B do CPC. Revista de Processo, São Paulo, nº 223, pp. 79-85, **set. 2013, p. 79**).
11. "A última hipótese de inaptidão da petição inicial é uma novidade no CPC, mas não – propriamente – no ordenamento jurídico. Na esteira do que já dispunha a Lei 10.931/2004, o § 2.º do art. 330 do CPC/2015 estabelece que nas ações que tenham por objeto a revisão de obrigação decorrente de empréstimo, financiamento ou alienação de bens, o autor terá de discriminar na petição inicial, dentre as obrigações contratuais, aquelas que pretende controverter, além de quantificar o valor incontroverso do débito, sob pena de indeferimento por inépcia" (WAMBIER, Teresa Arruda Alvim; DIDIER JR., Fredie; TALAMINI, Eduardo; DANTAS, Bruno (coord.). *Breves comentários ao novo Código de Processo Civil*. São Paulo: RT, 2015).

inicial, dentre as obrigações contratuais, aquelas que pretende controverter, além de quantificar o valor incontroverso do débito.

§ 3º Na hipótese do § 2º, o valor incontroverso deverá continuar a ser pago no tempo e modo contratados".

Em primeiro lugar, destaca-se a impropriedade da inserção de uma regra que deveria estar entre os *requisitos* da petição inicial (art. 319) em norma que trata de seu indeferimento[12]. O problema, que já existia no CPC/73, permanece no novo Código.

As diferenças de redação entre os dispositivos dos dois Códigos são as seguintes: (a) o novo CPC substitui a expressão "litígios" por "ações"; (b) há uma restrição importante, considerando que o art. 285-B do CPC/73 indica como objeto as obrigações (de forma genérica), e o novo CPC faz menção apenas a "revisão de obrigação" (de forma específica e limitadora); (c) o art. 285-B do CPC/73 lista os contratos de empréstimo, financiamento e arrendamento mercantil, enquanto o art. 330 do novo CPC compreende os contratos de empréstimo, financiamento e alienação de bens (um rol mais amplo); (d) o novo CPC, como mencionado, acrescenta de modo expresso a pena de inépcia da petição inicial pelo descumprimento da norma; (e) e o § 2º do art. 285-B do CPC/73 seria reproduzido no art. 1.055 do novo CPC, que foi vetado[13].

Trata-se ainda de aplicação do princípio da cooperação previsto no art. 6º do novo CPC[14], ao prever um comportamento do autor (devedor no contrato objeto do litígio) baseado na lealdade e na boa-fé processual (positivada no art. 5º do novo CPC)[15], que deve: (a) especificar as obrigações contratuais que entende ilegais ou inexigíveis e que, por isso, serão as questões controvertidas no processo; (b) e definir o valor incontroverso, ou seja, a quantia que entende devida, em cada parcela ou para a quitação contratual.

---

12. A mesma crítica já era feita ao art. 285-B do CPC/73: "Quanto à topologia: melhor que a regra tivesse sido inserida como art 282-A do CPC já que quer disciplinar a petição inicial na qual o autor pretende obter a tutela jurisdicional das situações nela especificadas. Injustificável alocar a regra ao lado do art 285 que regulamente o "juízo de admissibilidade da petição inicial" e, pior, ainda, ao lado do art. 285-A que se ocupa com uma específica situação de "juízo negativo de admissibilidade da petição inicial" e que, por isso mesmo, não há como negar, melhor que estivesse ao lado do art. 295 que, desde seu nascedouro ocupa-se do assunto no Código de Processo Civil que ainda vige (BUENO. Cassio Scarpinella. Reflexões a partir do novo art. 285-B do CPC. *Revista de Processo*, São Paulo, nº 223, pp. 79-85, **set. 2013**, p. 85).
13. As razões do veto são as seguintes: "Ao converter em artigo autônomo o § 2º do art. 285-B do Código de Processo Civil de 1973, as hipóteses de sua aplicação, hoje restritas, ficariam imprecisas e ensejariam interpretações equivocadas, tais como possibilitar a transferência de responsabilidade tributária por meio de contrato".
14. "Art. 6º Todos os sujeitos do processo devem cooperar entre si para que se obtenha, em tempo razoável, decisão de mérito justa e efetiva".
15. "Art. 5º Aquele que de qualquer forma participa do processo deve comportar-se de acordo com a boa--fé".

É importante frisar que o rol de espécies contratuais previsto no § 2º do art. 330 é *exemplificativo*, e não exaustivo[16]. Portanto, os §§ 2º e 3º do art. 330 podem ser aplicados a todas as ações de revisão de contrato, quando o objeto controvertido afetar o valor que cada contratante entende ser devido.

Por sua vez, a especificação do valor "incontroverso" é utilizada em um sentido unilateral, de ser a quantia que o autor entende ser devida, normalmente apoiado em pedido de revisão do contrato por ilegalidade ou abusividade de determinadas cláusulas. A defesa do réu se limitará a discutir o valor controverso, que o autor entende não ser devido.

Em relação ao valor incontroverso, esse deve "(...) continuar a ser pago no tempo e modo contratados" (parágrafo único do art. 285-B do CPC/73 e § 2º do art. 330 do novo CPC), ou seja, na forma (por meio de boleto, depósito, débito em conta etc.) e nos prazos de vencimento previstos no contrato.

O legislador, contudo, deixou de especificar de que forma isso pode se viabilizar na prática. Poderia, por exemplo, o magistrado determinar a emissão de novos boletos com o valor incontroverso? É o que sustentam Carlos Eduardo da Fonseca Passos, Joana Cortes e Antônio Duarte em estudo sobre o art. 285-B do CPC/73:

> "É possível que o autor postule o reconhecimento da nulidade parcial do contrato, aduzindo a presença de cláusula abusiva, cuja constatação importe em que se defira a tutela antecipada com a redução do valor da parcela mensal, além de outras medidas deferidas no bojo daquela. Se isso vier a acontecer, preenchidos os pressupostos para tanto, na linha de antiga orientação do STJ (ação proposta, verossimilhança da pretensão, depósito da parte incontroversa, cf. Ag. Rg. no Ag. n º 689507, D.J. de 13/02/06), é necessária a colaboração do credor, até porque em seu próprio benefício, para que o pagamento possa ser realizado na forma contratada, emitindo-se o boleto conforme determinado pela decisão judicial. Deverá, então, o juiz fixar prazo para a prática daquele ato pelo credor, que se o não realizar permitirá ao autor o pagamento por consignação, isto é, depósito nos autos do valor incontroverso, em prejuízo do demandado, por não haver este se desincumbido do ônus que lhe foi imposto"[17].

---

16. Nesse sentido é o Enunciado nº 290 do Fórum Permanente dos Processualistas Civis: "A enumeração das espécies de contrato previstas no § 2º do art. 330 é exemplificativa".
17. PASSOS, Carlos Eduardo da Fonseca; CORTES, Joana Cardia Jardim; DUARTE, Antônio Aurélio Abi-Ramia. Manifestação acerca do artigo 285-B do Código De Processo Civil. *Revista do GEDICON*, Rio de Janeiro, nº 1, pp. 12-20, dez. 2013, p. 13.

Segundo Luiz Guilherme Marinoni, Sérgio Cruz Arenhart e Daniel Mitidiero, caso o autor não pague o valor incontroverso, isso não ensejará o indeferimento da petição inicial:

> "Regra mais delicada é a inserida no § 3.º do art. 330, que prevê o dever do autor em continuar pagando o valor incontroverso no tempo e modo contratados. Sua interpretação deve ser restrita. Nenhuma consequência advirá para o autor e sua ação revisional caso ele deixe de pagar o valor incontroverso, especialmente porque eventuais dificuldades financeiras não podem obstar o acesso à via jurisdicional"[18].

É importante ressalvar que, ainda que a ausência do pagamento do valor incontroverso não implique no indeferimento da petição inicial, certamente é necessário o pagamento para o afastamento da mora do devedor em eventual requerimento de tutela antecipada, cuja ocorrência é imprescindível para que o nome do devedor seja retirado dos cadastros de inadimplentes e para que ele seja mantido na posse do bem (quando for o caso). De acordo com a Súmula nº 380 do Superior Tribunal de Justiça, "a simples propositura da ação de revisão de contrato não inibe a caracterização da mora do autor". Logo, a mora só é elidida nesses casos por meio do pagamento do valor incontroverso e do depósito em juízo do valor controvertido. Em outras palavras, a discussão judicial sobre parte do valor devido não isenta o autor-devedor do pagamento, no tempo e forma contratados, da quantia por ele não questionada[19].

O Superior Tribunal de Justiça, em julgamento de recurso repetitivo, firmou entendimento no sentido de que a descaracterização da mora depende da presença cumulativa de três requisitos: a) o questionamento total ou parcial do débito; b) a demonstração de que os pedidos formulados pelo autor encontram amparo na jurisprudência consolidada do STF ou STJ; c) e o depósito do valor incontroverso ou a caução fixada pelo magistrado[20].

---

18. MARINONI, Luiz Guilherme; CRUZ ARENHART, Sérgio; MITIDIERO, Daniel. *Novo Curso de Processo Civil*, v. 1. São Paulo: RT, 2015.
19. Com esse entendimento: "V. Controvérsia sobre apenas parte da obrigação não autoriza o devedor a deixar de cumprir a porção incontroversa. A regra prevista no § 3.º do art. 330 do CPC/2015 tem caráter eminentemente material, e não processual, decorrendo da vedação ao exercício abusivo de direito (CC/2002, art. 187). O sistema jurídico não tolera que se deixe de adimplir a obrigação tida por incontroversa, não se permitindo que o devedor crie obstáculos injustificáveis à realização imediata do direito do credor. A jurisprudência, há muito, vem se manifestando nesse sentido, em relação ao tratamento processual de obrigações 'incontroversas'. (...)" (MEDINA, José Miguel Garcia. *Novo Código de Processo Civil*: modificações substanciais. São Paulo: RT, 2015, p. 549).
20. "(...) ORIENTAÇÃO 4 - INSCRIÇÃO/MANUTENÇÃO EM CADASTRO DE INADIMPLENTES a) A abstenção da inscrição/manutenção em cadastro de inadimplentes, requerida em antecipação de tutela e/ou medida cautelar, somente será deferida se, cumulativamente: i) a ação for fundada em questionamento integral ou parcial do débito; ii) houver demonstração de que a cobrança indevida se funda na aparência do bom direito e em jurisprudência consolidada do STF ou STJ; iii) houver depósito da parcela incontroversa ou for

Dessa forma, caso o autor opte por pagar apenas o valor que entende devido das prestações contratuais, o julgamento de improcedência dos pedidos formulados pelo autor na inicial implicará em sua mora e na responsabilização pelo pagamento do valor controvertido, com juros de mora e demais encargos contratuais, conforme dispõe o art. 337 do Código Civil: "O depósito requerer-se-á no lugar do pagamento, cessando, tanto que se efetue, para o depositante, os juros da dívida e os riscos, salvo se for julgado improcedente".

Não observado pela parte autora o previsto no § 2º do art. 330 do novo CPC, o juiz deve intimá-la para emendar a petição inicial em 15 dias úteis, especificando o que deve ser objeto de correção, como, por exemplo, a definição do valor incontroverso (art. 321)[21]; (b) e, não sendo cumprida a decisão no prazo, a sanção pelo descumprimento do § 2º ou 3º do art. 330 é o indeferimento da petição inicial (parágrafo único do art. 321)[22].

Indeferida a petição inicial, três situações podem ocorrer, de acordo com as regras do novo CPC: (a) o autor não recorre da decisão, que transita em julgado; antes da baixa e arquivamento do processo, o réu deve ser intimado, para ter ciência do processo (art. 331, § 3º)[23]; (b) o autor recorre da decisão e o juiz, no prazo de 5 dias úteis, retrata-se (art. 331, *caput*)[24], determinando o prosseguimento do feito, com a designação de audiência de conciliação ou mediação (se for o caso) e a citação do réu (art 334)[25]; (c) e o autor recorre da decisão, mas o juiz não se retrata; o réu deve ser citado, para, que, querendo, apresente contrarrazões ao recurso; se o tribunal cassar a sentença, apenas com o retorno do processo para a primeira instância é que inicia o prazo para a contestação, caso não seja designada audiência de conciliação ou mediação (art. 331, §§ 2º e 3º)[26].

---

prestada a caução fixada conforme o prudente arbítrio do juiz (REsp nº 1061530/RS, 2ª Seção, rel. Ministra Nancy Andrighi, j. 22/10/2008, DJe 10/03/2009).

21. "Art. 321. O juiz, ao verificar que a petição inicial não preenche os requisitos dos arts. 319 e 320 ou que apresenta defeitos e irregularidades capazes de dificultar o julgamento de mérito, determinará que o autor, no prazo de 15 (quinze) dias, a emende ou a complete, indicando com precisão o que deve ser corrigido ou completado".
22. "Parágrafo único. Se o autor não cumprir a diligência, o juiz indeferirá a petição inicial".
23. "§ 3º Não interposta a apelação, o réu será intimado do trânsito em julgado da sentença".
24. "Art. 331. Indeferida a petição inicial, o autor poderá apelar, facultado ao juiz, no prazo de 5 (cinco) dias, retratar-se".
25. "Art. 334. Se a petição inicial preencher os requisitos essenciais e não for o caso de improcedência liminar do pedido, o juiz designará audiência de conciliação ou de mediação com antecedência mínima de 30 (trinta) dias, devendo ser citado o réu com pelo menos 20 (vinte) dias de antecedência".
26. "Art. 331. (...). § 1º Se não houver retratação, o juiz mandará citar o réu para responder ao recurso. § 2º Sendo a sentença reformada pelo tribunal, o prazo para a contestação começará a correr da intimação do retorno dos autos, observado o disposto no art. 334".

4. CONCLUSÕES

Como visto, o novo Código de Processo Civil reproduz, no art. 330, §§ 2º e 3º, a maior parte do conteúdo do art. 285-B do CPC de 1973.

A ausência de especificação, na petição inicial, das obrigações contratuais controvertidas e do valor incontroverso da dívida, constitui pedido indeterminado, sancionado pelo art. 330, § 2º, do novo CPC, com o indeferimento da petição inicial pela inépcia, se não for corrigido no prazo de 15 dias úteis.

Ainda, o pagamento do valor incontroverso no tempo e modo contratado é requisito de admissibilidade da petição inicial, nada tendo a ver com a situação de descaracterização da mora, que exige, além do depósito do valor incontroverso (ou caução fixada pelo magistrado), a comprovação da cobrança de encargos abusivos no período da normalidade e de que as alegações do devedor encontram amparo no entendimento dos tribunais superiores, de acordo com o entendimento pacificado pelo Superior Tribunal de Justiça.

O pagamento desse valor incontroverso deve respeitar o tempo e modo contratado, apesar de não haver previsão legal sobre a forma de sua viabilização na prática. Há entendimentos no sentido de que a instituição financeira deve disponibilizar novos boletos bancários com o valor apontado pelo devedor como incontroverso e de que o devedor poderá depositar o valor em juízo, como é feito atualmente nos casos em que se pretende a descaracterização da mora.

O depósito do valor incontroverso afasta provisoriamente a mora do devedor. Caso na liquidação da sentença, após o abatimento dos valores cobrados abusivamente, reste um valor maior do que o que o devedor vinha depositando, este será obrigado a pagá-lo e, somente a partir daí, correrão juros de mora.

5. REFERÊNCIAS BIBLIOGRÁFICAS

ALVIM, J. E. Carreira. Considerações sobre o art. 285-B do CPC, acrescido pela Lei 12.810/2013. Afinal, o Congresso Nacional é um parlamento ou uma fábrica de salsichas? *Revista de Processo*, São Paulo, nº 224, pp. 155-171, out. 2013.

BUENO. Cassio Scarpinella. Reflexões a partir do novo art. 285-B do CPC. *Revista de Processo*, São Paulo, nº 223, pp. 79-85, set. 2013.

DIDIER, Fredie. *Editorial 170*: Lei 12.8102013. Nova hipótese de inépcia da petição inicial. Disponível em: ‹http://www.frediedidier.com.br/editorial/editorial-170/›. Acesso em 14 nov. 2015.

MARINONI, Luiz Guilherme; ARENHART, Sérgio Cruz; MITIDIERO, Daniel. *Novo Curso de Processo Civil*, v. 1. São Paulo: RT, 2015.

MEDINA, José Miguel Garcia. *Novo Código de Processo Civil*: modificações substanciais. São Paulo: RT, 2015.

NERY JUNIOR, Nelson; NERY, Rosa Maria de Andrade. *Comentários ao Código de Processo Civil*. São Paulo: RT, 2015.

PASSOS, Carlos Eduardo da Fonseca; CORTES, Joana Cardia Jardim; DUARTE, Antônio Aurélio Abi-Ramia. Manifestação acerca do artigo 285-B do Código De Processo Civil. *Revista do GEDICON*, Rio de Janeiro, nº 1, pp. 12-20, dez. 2013.

WAMBIER, Teresa Arruda Alvim; DIDIER JR., Fredie; TALAMINI, Eduardo; DANTAS, Bruno (coord.). *Breves comentários ao novo Código de Processo Civil*. São Paulo: RT, 2015.

PARTE II
DA IMPROCEDÊNCIA LIMINAR

CAPÍTULO 1
Breves reflexões sobre a prescrição no Código de Processo Civil De 2015

Venceslau Tavares Costa Filho[1]

SUMÁRIO: 1. DELIMITAÇÃO CONCEITUAL DA PRESCRIÇÃO; 2. PRESCRIÇÃO E USUCAPIÃO; 3. PRESCRIÇÃO *EX OFFICIO?*; 4. REFERÊNCIAS BIBLIOGRÁFICAS.

1. DELIMITAÇÃO CONCEITUAL DA PRESCRIÇÃO

Dentre os diversos temas comuns às duas disciplinas, pode-se apontar a prescrição, que se encontra umbilicalmente vinculada à problemática do exercício das pretensões. A prescrição - não obstante o regramento pelo direito material -, é tema relevantíssimo de direito processual civil e, especialmente, para o processo de execução. Tanto é que o enunciado nº 150 da Súmula do Supremo Tribunal Federal preceitua que: "Prescreve a execução no mesmo prazo de prescrição da ação".

A natureza processual de uma regra, ou conjunto de regras, reside na "regulamentação de fenômenos estritamente processuais, quer dizer, na programação do debate judicial em busca de um fim que será a resolução de um conflito de interesses". As regras sobre prova, ou ainda sobre a oposição ao casamento, são eminentemente processuais, "pouco importando se está incorporado ao Código Civil porque tal fato não lhe tira a condição de lei processual".[2]

A prescrição, indubitavelmente, interessa diretamente à chamada "programação do debate judicial" e seu escopo precípuo. A exceção de prescrição resulta no direito do devedor obter a exclusão da "condenação ao adimplemento da prestação, ainda que subsista a obrigação. Quando o devedor fizer uso

---

1. Advogado. Doutor em Direito pela UFPE. Secretário geral da Escola Superior de Advocacia Professor Ruy Antunes, da Ordem dos Advogados do Brasil - Seção Pernambuco.
2. ROCHA, José de Moura. A interpretação e as leis processuais. *Revista Acadêmica*, n. 73 (1986). Recife: Universidade Federal de Pernambuco, p. 25.

desse direito, o credor ficará com um crédito que não é exigível judicialmente, porque não constitui uma pretensão".[3]

Preocupa-nos, contudo, uma reforma do direito brasileiro no tocante à prescrição que não leve em consideração as nossas melhores tradições e, também, as recentes conquistas da ciência do direito. O advento do Código de Processo Civil de 2015 aprofunda tal preocupação quanto à continuidade da tradição jurídica nacional.

Entre nós, ainda grassam as confusões conceituais no tocante ao instituto da prescrição, que ainda é identificada com as idéias de "extinção do direito", "extinção da ação", quando não se fala em "extinção do direito de ação".

Sabe-se que as críticas dirigidas ao conceitualismo jurídico são antigas e, em vários aspectos, pertinentes. Sob o ponto de vista retórico, contudo, "não se pode negar que o conceito opera uma função central no discurso dos juristas, pois é um modo eficaz de encaminhar a neutralização da decisão judicial". As ciências fazem uso dos conceitos, mas não se resumem a eles. A escolha do "caminho conceitual para a construção da justificação da decisão veste a violência do decidir com roupas de saber". No direito das obrigações, o uso de abstrações constitui-se em uma característica marcante. Tanto que o livro do Direito das Obrigações parece concentrar os trechos mais inacessíveis à leitura dos não-juristas. "O rigor técnico da disciplina espelha-se na regulação legal, construída sobre uma linguagem abstrata, formal e, tanto quanto possível, precisa".[4]

A prescrição é uma destas construções conceituais que parecem servir para neutralizar certas tomadas de posição, que pareceriam arbitrárias ou excessivamente autoritárias se não fossem justificadas como são.

Um primeiro reparo "conceitual" que devemos fazer, portanto, diz respeito ao texto do enunciado nº 150 da Súmula do Supremo Tribunal Federal, pois a prescrição não atinge o direito de ação, mas a pretensão. O Código Civil de 2002 neste ponto esclarece que é a pretensão que resta fulminada pela prescrição.

A prescrição nem é forma de extinção de um direito, nem muito menos se presta a extinguir a ação. Fala-se em extinção de um direito associada ao decurso de certo prazo especificamente em relação à decadência. Some-se a isto o fato de que o Código de Processo Civil de 2015, conforme estabelece o art. 487, II, no que toca à verificação da prescrição, impõe a extinção do processo com

---

3. LÔBO, Paulo Luiz Netto. *Teoria geral das obrigações*. São Paulo: Saraiva, 2005, p. 108.
4. CASTRO JUNIOR, Torquato da Silva. Classificação das obrigações. In: CASTRO JUNIOR, Torquato da Silva; CAMPOS, Alyson Rodrigo Correia (org.). *Coletânea do direito das obrigações*. Recife: Editora Universitária da UFPE, 2011, p. 101-102.

resolução do mérito, e não a extinção do direito de ação. Assim, se se fala em resolução do mérito em virtude da verificação da prescrição, isto "pressupõe a efetiva utilização do direito de ação. Mais adequada, portanto, parece ser a posição adotada pelo atual Código Civil, o qual, em seu artigo 189, define a prescrição como forma de extinção da pretensão, e não da ação ou do próprio direito material".[5]

Como adverte José de Moura Rocha, a prestação jurisdicional satisfeita pelo Estado não está atrelada necessariamente a uma pretensão material insatisfeita. O dito perfil "publicístico" da relação jurídica processual não mais identifica o direito com a ação. A ação, sob tal ponto de vista, corresponde ao "poder ou direito de buscar um juízo para que ele se pronuncie sobre 'direito' desconhecido ou contrariado, melhor, contestado".[6]

A ação, portanto, vai além da pretensão, porquanto o credor, "além de exigir o cumprimento da obrigação, age, valendo-se da espécie adequada, postulando a condenação do devedor para executar a prestação prometida, ou para indenizar as perdas e danos, além da extinção da obrigação". Mas, será o Estado a executar, via Poder Judiciário, porque se obrigou à prestação jurisdicional. Não fosse a execução forçada, o credor dependeria da boa vontade do devedor, o que seria um fato de insegurança no tráfico negocial. Destarte, a execução forçada busca compelir o devedor

> a cumprir a prestação, quando for possível conseguir o que foi prometido, com auxílio da força pública. Quando não for possível (por exemplo, a coisa objeto da prestação de dar ou restituir foi destruída, ou a prestação de fazer é personalíssima), executar-se-ão os bens do devedor necessários para obtenção do valor da prestação inadimplida.[7]

Nos Estados Democráticos de Direito, caso o devedor se recuse à pretensão do credor, como resta vedado o caminho da justiça de mão própria (ou realizada diretamente pelo credor); tal pretensão só poderá ser exercida mediante a tutela jurídica estatal, ou tutela jurisdicional. Destarte, o "credor expõe seu direito, indica a pretensão e a ação e pede que o Estado promova a execução forçada da obrigação, segundo a legislação processual aplicável".[8]

---

5. GUIMARÃES, Jéssica Rayllane Alencar; MATOS, Flavio Henrique Rodrigues Duarte; TOBLER, Gabriela Cavalcanti; SILVA, Patrícia Camilo Caetano; SOUSA, Valdo Henrique Verçosa de Melo. Propostas para o aperfeiçoamento do sistema prescricional brasileiro à luz do direito germânico. In: COSTA FILHO, Venceslau Tavares; CASTRO JUNIOR, Torquato da Silva (coords.). A modernização do direito civil: volume I. Recife: Nossa Livraria, 2011, p. 257.
6. ROCHA, José de Moura. Notas sobre a fixação da natureza da relação processual. Anuário do Mestrado em Direito, n. 04 (jan./dez. 1988). Recife: Universidade Federal de Pernambuco, p. 113-114.
7. LÔBO, Paulo Luiz Netto. Teoria geral das obrigações. São Paulo: Saraiva, 2005, p. 24.
8. LÔBO, Paulo Luiz Netto. Teoria geral das obrigações. São Paulo: Saraiva, 2005, p. 24.

A execução forçada, entretanto, não pode ser reduzida a um esquema de satisfação de sanções implícitas, ou ainda a uma mera continuidade do processo de conhecimento. Ainda que se faça necessário em alguns casos o processo de conhecimento para a obtenção de um título executivo judicial em virtude da prolação da sentença, deve-se compreender que esta sentença será apenas o título executivo que possibilitará o processo de execução. A partir daí instaura-se nova relação jurídica processual (executória), que poderá se apoiar em um título executivo judicial ou extrajudicial. O que é necessário para o estabelecimento da relação jurídica processual (executiva) será o título, portanto.[9]

E o que seria a pretensão? A pretensão é um *plus* em relação ao próprio direito subjetivo, que é uma categoria eficacial de caráter estático. Quem simplesmente titulariza um direito subjetivo qualquer detém uma situação jurídica ativa do tipo estática porque, em princípio, ela está despida da exigibilidade, do poder de sujeitar o devedor ao cumprimento de seu mister, ou de influir na esfera jurídica de outrem para exigir o adimplemento de certa prestação. Assim, "para diferenciar o momento estático do momento *tensionado*, parece adequado adotar, para a segunda situação, quando já há *pré-tensão*, o termo *pretensão*".[10]

Esta precisão conceitual remete à doutrina alemã, que faz uso da expressão *anspruch*, o que se traduz para nós na idéia de pretensão. Como se pode verificar, "o BGB em sua redação original já trazia o conceito de prescrição como causa extintiva da pretensão (*Anspruch*), *in verbis*: '§ 198. A prescrição começa a contar-se desde o momento em que nasce a **pretensão**'".[11] Esta disposição corresponde atualmente ao § 200 do Código Civil alemão vigente, que manteve em linhas gerais a atribuição da pretensão como o momento inicial do lapso prescricional, quando afirma que a prescrição "começa com a aquisição da pretensão" (beginnt mit der Enstehung des Anspruchs).[12]

O Código Civil brasileiro, entretanto, afirma que a pretensão nasce da violação a um direito (art. 189), de modo que a prescrição começaria a correr a

---

9. ROCHA, José de Moura. Notas sobre a fixação da natureza da relação processual. Anuário do Mestrado em Direito, n. 04 (jan./dez. 1988). Recife: Universidade Federal de Pernambuco, 114-115.
10. LEONARDO, Rodrigo Xavier. Pretensões contratuais e prescrição. In: COSTA FILHO, Venceslau Tavares; CASTRO JUNIOR, Torquato da Silva (coords.). A modernização do direito civil: volume I. Recife: Nossa Livraria, 2011, p. 307.
11. GUIMARÃES, Jéssica Rayllane Alencar; MATOS, Flavio Henrique Rodrigues Duarte; TOBLER, Gabriela Cavalcanti; SILVA, Patrícia Camilo Caetano; SOUSA, Valdo Henrique Verçosa de Melo. Propostas para o aperfeiçoamento do sistema prescricional brasileiro à luz do direito germânico. In: COSTA FILHO, Venceslau Tavares; CASTRO JUNIOR, Torquato da Silva (coords.). A modernização do direito civil: volume I. Recife: Nossa Livraria, 2011, p. 260.
12. "Die Verjährungsfrist von Ansprüchen, die nicht der regelmäßigen Verjährungsfrist unterliegen, beginnt mit der Entstehung des Anspruchs, soweit nicht ein anderer Verjährungsbeginn bestimmt ist. § 199 Abs. 5 findet entsprechende Anwendung".

partir do momento da verificação de tal ofensa a interesse juridicamente tutelado. A redação do Código Civil brasileiro pode levar à conclusão equivocada no sentido de reputar que a constituição da pretensão pressupõe a violação a direito. Entretanto, certos direitos já nascem dotados de pretensão, de modo que o titular já poderia exercer a pretensão relacionada ao direito antes mesmo da violação. É o que ocorre, por exemplo, em relação a certas obrigações negativas, como a de não revelar segredos. Neste caso, o titular do direito de crédito poderia exercer a pretensão a uma tutela inibitória antes mesmo da efetiva violação do direito. Até mesmo porque a revelação do segredo poderia tornar inútil a prestação para o credor, restando para ele somente uma pretensão à indenização pelo inadimplemento absoluto da prestação. Nesta toada, o Código de Processo Civil de 2015 admite a possibilidade de exercício da pretensão executiva quanto à obrigação de não fazer, mas sem que seja necessário demonstrar a efetiva violação ao direito; no intuito de prevenir a violação pelo manejo da tutela inibitória, por exemplo. É o que prescreve o art. 497 do Novo Código de Processo Civil:

> Art. 497. Na ação que tenha por objeto a prestação de fazer ou de não fazer, o juiz, se procedente o pedido, concederá a tutela específica ou determinará providências que assegurem a obtenção de tutela pelo resultado prático equivalente.Parágrafo único. Para a concessão da tutela específica destinada a inibir a prática, a reiteração ou a continuação de um ilícito, ou a sua remoção, é irrelevante a demonstração da ocorrência de dano ou da existência de culpa ou dolo.

A doutrina alemã distingue dever (Schuld) e responsabilidade (Haftung). O dever, dívida, débito, etc.; traduz-se em um dever de prestar (Leistensollen), ou seja, de realizar a prestação assumida por ele. Assim, o devedor enquanto pessoa dotada de vontade deve realizar voluntariamente a prestação. Todavia, caso ele viole o seu dever e deixe de realizar a respectiva prestação, não somente infringe uma regra moral, mas também um "dever de conduta" (Haltensollen), que o vincula à palavra dada. Já a responsabilidade (Haftung) traduz-se na sujeição ou submissão ao poder jurídico do credor. Ainda que o devedor possa fazer uso da sua liberdade para decidir se vai cumprir ou não a prestação e em que medida o fará, aquele a quem se imputa responsabilidade está exposto a uma coação direta. A responsabilidade, portanto, confere poder ao credor, e se traduz na submissão ou vinculação daquele considerado responsável.[13]

Tal diferença entre dívida e responsabilidade resultará na distinção entre o devedor e o responsável pela dívida. Pode-se dever sem ser responsável

---

13. PLANITZ, Hans. Principios de derecho privado germânico. Barcelona: Bosch, 1957, p. 198-199.

(ou obrigado) pela dívida? Eis o "milagre" conceitual operado pela prescrição: trata-se uma dívida que não é munida da responsabilidade, ou seja, sem o aparato da pretensão. A explicação dita "científica", neste caso, é metafórica: a prescrição, uma vez declarada judicialmente, "encobre" a pretensão. Os estudiosos da obra de Pontes de Miranda asseveram que: "antes do reconhecimento judicial da prescrição, a pretensão era encobrível; após o reconhecimento torna-se encoberta".[14]

A prescrição, portanto, extingue a pretensão, e não o direito. O fato jurídico que gerou tal direito permanece no mundo jurídico, e continua no plano da existência e da validade (se se tratar de atos jurídicos). Somente a eficácia é que resta obstada, ou (na linguagem de Pontes de Miranda) "encoberta". O direito, portanto, continua existindo, mas encontra-se "encoberto" pelo manto da prescrição, que foi tecido nas tramas do tempo.

Assim, quando o legislador indica certo prazo para o exercício de determinada pretensão, após o transcurso deste prazo o direito não deixa de existir, mas forma-se um óbice ao seu exercício, pois a pretensão foi fulminada pela prescrição.[15] Tais direitos subjetivos desprovidos de pretensão também podem ser chamados de direitos "mutilados".[16]

2. PRESCRIÇÃO E USUCAPIÃO

No direito civil alemão, tanto se fala em prescrição extintiva (*Verjährung*), como também em prescrição aquisitiva (*Ersitzung*).[17] A idéia de uma prescrição aquisitiva (ou usucapião), de clara inspiração romanística, não parece ser adequada entre nós. Não nos parece apropriado considerar a usucapião como espécie de prescrição. Isto porque, a despeito do decurso do tempo enquanto elemento comum entre a prescrição dita aquisitiva e a usucapião, cada um dos institutos tem uma estrutura própria, e também cumpre funções próprias, além de possuir características específicas. Ademais, enquanto o alcance do instituto

---

14. SILVA, Beclaute Oliveira. Obrigação natural: apontamentos analíticos. In: EHRHARDT JR, Marcos; BARROS, Daniel Conde (coord.). Temas de direito civil contemporâneo: estudos sobre o direito das obrigações e contratos em homenagem ao professor Paulo Luiz Netto Lôbo. Salvador: Juspodivm, 2009, p. 119-120.
15. LÔBO, Paulo Luiz Netto. *Teoria geral das obrigações*. São Paulo: Saraiva, 2005, p. 106.
16. SILVA, Beclaute Oliveira. Obrigação natural: apontamentos analíticos. In: EHRHARDT JR, Marcos; BARROS, Daniel Conde (coord.). Temas de direito civil contemporâneo: estudos sobre o direito das obrigações e contratos em homenagem ao professor Paulo Luiz Netto Lôbo. Salvador: Juspodivm, 2009, p. 115.
17. LEVANO, Yves. La prescription extinctive en droit allemand après la réforme du droit des obligations. Revue international de droit comparé, a. 56, n. 4 (Octobre-Décembre 2004). Paris: CNRS/Société de législation comparée, p. 947.

da dita prescrição aquisitiva é amplíssimo, o usucapião (ou prescrição extintiva) encontra-se adstrito ao âmbito do direito das coisas. Some-se a isto o fato de que o usucapião é oponível *erga omnes*, enquanto a alegação da prescrição dá-se apenas em relação a certo credor ou certos credores.[18]

Este caráter absoluto da usucapião é o que justifica a necessidade de publicação de editais na ação de usucapião (art. 259, I, do Código de Processo Civil de 2015), a fim de dar conhecimento do pedido para todos os interessados. Tal imposição da publicação de edital também se verifica no usucapião extrajudicial (art. 216-A, § 4º, da Lei n. 6.015/1973), que foi introduzido recentemente no ordenamento jurídico pelo Código de Processo Civil de 2015 (art. 1.071). Destarte, a aquisição do direito à usucapião verifica-se em relação a todos, ou seja, é dotada de eficácia *erga omnes*.

Não se pode afirmar o mesmo em relação à prescrição. Observe-se, pois, a regra do *caput* do art. 204 do Código Civil brasileiro em vigor: "A interrupção da prescrição por um credor não aproveita aos outros; semelhantemente, a interrupção operada contra o co-devedor, ou seu herdeiro, não prejudica aos demais coobrigados". O art. 204 do Código Civil vigente esclarece que o devedor pode ter adquirido o direito de alegar à prescrição em relação a certo credor, sem que isto implique na possibilidade de opor tal direito a todos os credores. Isto porque, se um dos credores agiu no sentido de interromper o curso do lapso prescricional, pode acontecer da prescrição continuar a correr em relação aos credores que não praticaram atos capazes de interromper a prescrição.

O Código Civil brasileiro, contudo, estende certos aspectos da prescrição para institutos que não se confundem com ela. Nesta linha, o art. 1.244 do Código Civil, por exemplo, socorre-se de certas normas pertinentes à prescrição no disciplinamento do usucapião: "Estende-se ao possuidor o disposto quanto ao devedor acerca das causas que obstam, suspendem ou interrompem a prescrição, as quais também se aplicam à usucapião".

O Código Civil italiano possui uma disposição similar ao nosso em seu artigo 1.165, estendendo ao usucapião as causas suspensivas e interruptivas da contagem do prazo prescricional. Tal norma de reenvio, contudo, deve ser compreendida como taxativa, de modo que é de interpretação restrita, pois o legislador indicou especificamente até que ponto o reenvio pode e deve operar, sem que o intérprete possa ultrapassar tal limite, inserindo critérios particulares, para além daquele indicado pela própria norma.[19]

---

18. MESSINEO, Francesco. Disposizioni in tema di prescrizione applicabili o inapplicabili all'usucapione. In: *Studi in memoria di Andrea Torrente*, volume II. Milano: Giuffrè, 1968, p. 687.
19. MESSINEO, Francesco. Disposizioni in tema di prescrizione applicabili o inapplicabili all'usucapione. In: *Studi in memoria di Andrea Torrente*, volume II. Milano: Giuffrè, 1968, p. 687-688.

Este caráter da prescrição, que transcende um ramo específico do direito civil, faz com que o disciplinamento da matéria no âmbito processual civil repercuta diretamente no direito material, como se deu especificamente com a previsão da possibilidade do juiz conhecer de ofício da prescrição, de acordo com a equivocada redação do § 5º do art. 219 do Código de Processo Civil de 1973.[20]

A prescrição consiste em uma exceção de direito material, como já afirmado inicialmente. Uma exceção consiste em um contradireito que pode ser manejado pelo indivíduo demandado, em juízo ou fora dele, para "neutralizar, temporária ou definitivamente, os efeitos do direito, da pretensão, da ação ou da exceção a que se contrapõe".[21] A prescrição, portanto, é um contradireito neutralizante, porquanto não extinga o direito do credor ou demandante, mas simplesmente atua sobre a eficácia do direito, impedindo-a ou encobrindo-a (na terminologia de Pontes de Miranda).

Mostra-se importante frisar este caráter da prescrição, pois é um dos elementos que a distinguem da decadência. Pois, a decadência atua no sentido de extinguir o direito a que alude. O Código de Processo Civil de 2015, todavia, adotou uma redação que pode gerar confusões, quando parece relacionar a prescrição entre as espécies de causas extintivas da obrigação (art. 525, § 1º, VII).[22]

3. PRESCRIÇÃO *EX OFFICIO*?

Outrora, o art. 194 do Código Civil prescrevia que o juiz "não pode suprir, de ofício, a alegação de prescrição, salvo de favorecer a absolutamente incapaz". Entretanto, a Lei n. 11.280/2006 revogou o art. 194 do Código Civil e introduziu nova regra no Código de Processo Civil de 1973, qual seja o § 5º do art. 219: "O juiz pronunciará, de ofício, a prescrição". Como já frisamos anteriormente, parte considerável dos processualistas civis e dos civilistas apresentaram severas críticas a tal reforma legislativa.

Em síntese, pode-se relacionar os seguintes argumentos contrários à inserção no parágrafo quinto, do art. 219 do CPC, de norma que autoriza os

---

20. Para uma crítica fundamentada a esta equivocada reforma do instituto da prescrição, consulte-se: LEONARDO, Rodrigo Xavier. A prescrição no Direito Civil Brasileiro (ou o jogo dos sete erros). *Revista da Faculdade de Direito da UFPR*, 2010. E, ainda: ALBUQUERQUE JUNIOR, Roberto Paulino de. Reflexões iniciais sobre um profundo equívoco legislativo. Ou de como o art. 3º da Lei nº 11.280/06 subverteu de forma atécnica e desnecessária a estrutura da prescrição no direito brasileiro. *Revista de Direito Privado*, n. 25 (jan./mar. 2006). São Paulo: RT.
21. OLIVEIRA, Rafael. Delimitação conceitual de exceção substancial e distinção entre exceções e objeções substanciais. *Revista de Processo*, v. 193 (março de 2011). São Paulo: RT, p. 27 e ss
22. Art. 525. § 1º Na impugnação, o executado poderá alegar: VII - qualquer causa modificativa ou extintiva da obrigação, como pagamento, novação, compensação, transação ou prescrição, desde que supervenientes à sentença.

magistrados a *pronunciar, de ofício, a prescrição*, cumulado com a revogação do art. 194 do CC/2002, o que decorreu, respectivamente, dos artigos 3º e 11 da referida Lei nº 11.280/2006: (i) representa uma violação à tradição jurídica de países de origem romano-germânica, como seria o caso de Portugal, da Espanha, da Itália, da Alemanha, da França e da Argentina; (ii) relevou sedimentado conceito doutrinário de que a prescrição constitui exceção, especialmente quando considerado que tal instituto não mais se presta à simples punição da inércia do detentor de uma pretensão, e sim à proteção do pretenso devedor das dificuldades progressivas que o tempo impõe à viabilidade de provar a inexistência ou a satisfação do débito, daí porque deveria ser provocada por este último, quando de seu interesse; (iii) seria de constitucionalidade duvidosa, eis que representaria quebra da imparcialidade da jurisdição, já que um agente judicante poderia beneficiar uma parte em detrimento da outra, desequilibrando a relação de direito material sem o pressuposto de uma efetiva nota de hipossuficiência da parte beneficiada.[23]

O Código de Processo Civil de 2015 não reproduziu a regra contida no § 5º do art. 219 do Código de Processo Civil de 1973, mas parece permanecer no mesmo equívoco. Exemplo disto é a regra do art. 332 do Código de Processo Civil de 2015, que autoriza o julgamento liminar de improcedência nas causas que dispensem a fase instrutória. O § 1º do art. 332 do Novo CPC prescreve que o juiz "também poderá julgar liminarmente improcedente o pedido se verificar, desde logo, a ocorrência de decadência ou de prescrição". Neste caso, aparentemente, o juiz poderá julgar o pleito improcedente e pronunciar a prescrição sem a provocação da parte interessada. Entendemos, contudo, que tal possibilidade só se apresenta nas causas que dispensem a fase instrutória, tendo em vista a necessidade de interpretação do § 1º em harmonia com o caput do art. 332.

Contudo, ousamos discordar daqueles que concluem a favor da pronúncia da prescrição sem a oitiva do devedor. Isto porque o legislador identificou certas regras como "Normas Fundamentais do Processo Civil". Entre tais regras, o art. 10 do Novo CPC: "O juiz não pode decidir, em grau algum de jurisdição, com base em fundamento a respeito do qual não se tenha dado às partes oportunidade de se manifestar, ainda que se trate de matéria sobre a qual deva decidir de ofício". Ora, uma interpretação sistemática do Código de Processo Civil de 2015 impõe sempre a prévia oitiva do devedor e do credor nas causas que envolvam possível pronúncia da prescrição pelo juiz; sob pena da

---

23. COSTA FILHO, Venceslau Tavares; DANTAS, Rodrigo Numeriano Dubourcq. Prescrição em face da Fazenda Pública: o âmbito de aplicação do enunciado n. 106 da Súmula do STJ à luz da boa-fé e da segurança jurídica. In: MIRANDA, Daniel Gomes de; CUNHA, Leonardo Carneiro da; ALBUQUERQUE JUNIOR, Roberto Paulino de. (Org.). Prescrição e Decadência: Estudos em homenagem a Agnelo Amorim Filho. Salvador: Juspodivm, 2013, p. 591-612.

violação de uma norma que ostenta a natureza de garantia fundamental no direito processual civil (art. 10). Tendo em vista a cláusula contida no § 2º do art. 5º da Constituição Federal de 1988[24], entendemos que o art. 10 do Novo CPC constitui-se em regra que define garantia fundamental no processo civil, o que é reforçado pelo próprio legislador ao definir tais regras como "normas fundamentais". Contudo, o parágrafo único do art. 487 do Código de Processo Civil de 2015 institui a necessidade de ouvida das partes antes da pronúncia da prescrição, mas ressalva a hipótese de pronúncia da prescrição nos casos de julgamento liminar de improcedência.

Esta oitiva prévia à pronúncia da prescrição pelo juiz, todavia, não significa exatamente uma rejeição ao julgamento da prescrição ex officio. O art. 921 do Novo CPC, por exemplo, estabelece a possibilidade de suspensão da execução quando o executado não possuir bens penhoráveis (inciso III). Neste caso, a suspensão da execução implicará também na suspensão do curso da prescrição (§1º). Um ano após a suspensão do prazo, caso o exeqüente não se manifeste, voltará a transcorrer o lapso prescricional (§ 4º), qual seja a prescrição intercorrente. Consumada a prescrição intercorrente, nos termos do § 5º do art. 921 do Código de Processo Civil de 2015: "O juiz, depois de ouvidas as partes, no prazo de 15 (quinze) dias, poderá, de ofício, reconhecer a prescrição de que trata o § 4º e extinguir o processo".

Conclui-se, portanto, que o Novo CPC permite que o juízo conheça da prescrição de ofício, ou seja, sem pedido expresso da parte interessada. Contudo, tal pronúncia da prescrição deve ser precedida da oitiva das partes, mesmo nos casos de julgamento liminar de improcedência, tendo em vista a garantia contida no art. 10 do Novo CPC, bem como para permitir que o devedor querendo possa manifestar-se pela renúncia a prescrição, como ainda permite o art. 191 do Código Civil vigente.

4. REFERÊNCIAS BIBLIOGRÁFICAS:

ALBUQUERQUE JUNIOR, Roberto Paulino de. Reflexões iniciais sobre um profundo equívoco legislativo. Ou de como o art. 3º da Lei nº 11.280/06 subverteu de forma atécnica e desnecessária a estrutura da prescrição no direito brasileiro. **Revista de Direito Privado**, n. 25 (jan./mar. 2006). São Paulo: RT.

CASTRO JUNIOR, Torquato da Silva. Classificação das obrigações. In: CASTRO JUNIOR, Torquato da Silva; CAMPOS, Alyson Rodrigo Correia (org.). **Coletânea do direito das obrigações**. Recife: Editora Universitária da UFPE, 2011.

---

24. "Os direitos e garantias expressos nesta Constituição não excluem outros decorrentes do regime e dos princípios por ela adotados, ou dos tratados internacionais em que a República Federativa do Brasil seja parte".

COSTA FILHO, Venceslau Tavares; DANTAS, Rodrigo Numeriano Dubourcq. Prescrição em face da Fazenda Pública: o âmbito de aplicação do enunciado n. 106 da Súmula do STJ à luz da boa-fé e da segurança jurídica. In: MIRANDA, Daniel Gomes de; CUNHA, Leonardo Carneiro da; ALBUQUERQUE JUNIOR, Roberto Paulino de. (Org.). Prescrição e Decadência: Estudos em homenagem a Agnelo Amorim Filho. Salvador: Juspodivm, 2013.

GUIMARÃES, Jéssica Rayllane Alencar; MATOS, Flavio Henrique Rodrigues Duarte; TOBLER, Gabriela Cavalcanti; SILVA, Patrícia Camilo Caetano; SOUSA, Valdo Henrique Verçosa de Melo. Propostas para o aperfeiçoamento do sistema prescricional brasileiro à luz do direito germânico. In: COSTA FILHO, Venceslau Tavares; CASTRO JUNIOR, Torquato da Silva (coords.). **A modernização do direito civil**: volume I. Recife: Nossa Livraria, 2011.

LEONARDO, Rodrigo Xavier. A prescrição no Direito Civil Brasileiro (ou o jogo dos sete erros). **Revista da Faculdade de Direito da UFPR**, 2010.

LEONARDO, Rodrigo Xavier. Pretensões contratuais e prescrição. In: COSTA FILHO, Venceslau Tavares; CASTRO JUNIOR, Torquato da Silva (coords.). **A modernização do direito civil**: volume I. Recife: Nossa Livraria, 2011.

LEVANO, Yves. La prescription extinctive en droit allemand après la réforme du droit des obligations. **Revue international de droit comparé**, a. 56, n. 4 (Octobre-Décembre 2004). Paris: CNRS/Société de législation comparée.

LÔBO, Paulo Luiz Netto. **Teoria geral das obrigações**. São Paulo: Saraiva, 2005.

MESSINEO, Francesco. Disposizioni in tema di prescrizione applicabili o inapplicabili all´usucapione. In: **Studi in memoria di Andrea Torrente**, volume II. Milano: Giuffrè, 1968.

OLIVEIRA, Rafael. Delimitação conceitual de exceção substancial e distinção entre exceções e objeções substanciais. **Revista de Processo**, v. 193 (março de 2011). São Paulo: RT.

PLANITZ, Hans. **Principios de derecho privado germânico**. Barcelona: Bosch, 1957.

ROCHA, José de Moura. A interpretação e as leis processuais. **Revista Acadêmica**, n. 73 (1986). Recife: Universidade Federal de Pernambuco.

SILVA, Beclaute Oliveira. Obrigação natural: apontamentos analíticos. In: EHRHARDT JR, Marcos; BARROS, Daniel Conde (coord.). **Temas de direito civil contemporâneo**: estudos sobre o direito das obrigações e contratos em homenagem ao professor Paul

CAPÍTULO 2

As novidades do NCPC com relação à improcedência liminar do pedido (art. 285-A do CPC/73, atual art. 332 do NCPC)

Frederico Augusto Leopoldino Koehler[1]

SUMÁRIO: 1. INTRODUÇÃO; 2. CONSTITUCIONALIDADE DA SENTENÇA LIMINAR DE IMPROCEDÊNCIA; 3. CITAÇÃO DO RÉU PARA RESPONDER AO RECURSO; 4. HIPÓTESES DE CABIMENTO; 5. COISA JULGADA; 6. PREVENÇÃO; 7. CONCLUSÃO; 8. BIBLIOGRAFIA.

1. INTRODUÇÃO

A sentença liminar de improcedência foi introduzida em nosso ordenamento na época em que o processo civil brasileiro passava por uma série de reformas visando à concretização do princípio da razoável duração do processo[2], garantia constitucional fundamental incluída pela EC nº 45/2004 (Reforma do Poder Judiciário), no artigo 5º, inciso LXXVIII, da Constituição Federal.

A inovação foi trazida pela Lei nº 11.277, de 07 de fevereiro de 2006, que acrescentou ao referido diploma legal o art. 285-A, com a seguinte redação:

> "Art. 285-A. Quando a matéria controvertida for unicamente de direito e no juízo já houver sido proferida sentença de total improcedência em outros casos idênticos, poderá ser dispensada a citação e proferida sentença, reproduzindo-se o teor da anteriormente prolatada.

---

1. Mestre em Direito pela Universidade Federal de Pernambuco-UFPE. Professor Assistente da Universidade Federal de Pernambuco-UFPE. Membro do Instituto Brasileiro de Direito Processual – IBDP. Membro da Associação Norte-Nordeste de Professores de Processo – ANNEP. Membro dos Conselhos Editoriais da Revista Jurídica da Seção Judiciária de Pernambuco e da Revista da Seção Judiciária do Rio de Janeiro. Juiz Federal.
2. Sobre o princípio da razoável duração do processo, escrevi longamente em: KOEHLER, Frederico Augusto Leopoldino. *A razoável duração do processo*. 2. ed. Salvador: Juspodivm, 2013.

§ 1º Se o autor apelar, é facultado ao juiz decidir, no prazo de 5 (cinco) dias, não manter a sentença e determinar o prosseguimento da ação.

§ 2º Caso seja mantida a sentença, será ordenada a citação do réu para responder ao recurso."

O NCPC passou o a regular o instituto no art. 332, *in verbis*:

"Art. 332. Nas causas que dispensem a fase instrutória, o juiz, independentemente da citação do réu, julgará liminarmente improcedente o pedido que contrariar:

I – enunciado de súmula do Supremo Tribunal Federal ou do Superior Tribunal de Justiça;

II – acórdão proferido pelo Supremo Tribunal Federal ou pelo Superior Tribunal de Justiça em julgamento de recursos repetitivos;

III – entendimento firmado em incidente de resolução de demandas repetitivas ou de assunção de competência;

IV – enunciado de súmula de tribunal de justiça sobre direito local.

§ 1º O juiz também poderá julgar liminarmente improcedente o pedido se verificar, desde logo, a ocorrência de decadência ou de prescrição.

§ 2º Não interposta a apelação, o réu será intimado do trânsito em julgado da sentença, nos termos do art. 241.

§ 3º Interposta a apelação, o juiz poderá retratar-se em 5 (cinco) dias.

§ 4º Se houver retratação, o juiz determinará o prosseguimento do processo, com a citação do réu, e, se não houver retratação, determinará a citação do réu para apresentar contrarrazões, no prazo de 15 (quinze) dias."

O presente artigo visa a detalhar as inovações do NCPC no que tange à referida matéria, lançando um olhar inicial sobre a temática.

2. CONSTITUCIONALIDADE DA SENTENÇA LIMINAR DE IMPROCEDÊNCIA

Preliminarmente, analisaremos a objeção feita por alguns de inconstitucionalidade da sentença liminar de improcedência.

O Conselho Federal da OAB ajuizou a Ação Direta de Inconstitucionalidade nº 3.695-DF contra a Lei nº 11.277/06, alegando, em apertada síntese, afronta ao princípio do devido processo legal. Faz-se imprescindível, portanto, perquirir-se acerca da constitucionalidade do dispositivo adrede transcrito.

Tal norma, por permitir o julgamento de mérito sem a manifestação de uma das partes, atentaria contra os princípios constitucionais do devido processo legal, do contraditório e da ampla defesa? *Data venia* do posicionamento defendido pelo Conselho Federal da OAB, entendo que não. Tais princípios existem com a finalidade de que os litigantes não possam ser prejudicados por um julgamento desfavorável sem a oportunidade prévia de defesa. Nesse diapasão, vem a calhar a leitura da seguinte lição de Luiz Guilherme Marinoni[3]:

> "Nesses casos não há sequer espaço para pensar em agressão ao direito de defesa, mas apenas em violação ao direito de ação, aí compreendido como o direito de influir sobre o convencimento do juiz. Para se evitar violação ao direito de influir, confere-se ao autor o direito de interpor recurso de apelação, mostrando as dessemelhanças entre a sua situação concreta e a que foi definida na sentença que julgou o caso tomado como idêntico."

No caso da alteração legislativa em apreço, a sentença é de "total improcedência"[4], não sendo cogitável a ocorrência de efeitos negativos para o demandado. A parte autora, por seu turno, dispõe da apelação para irresignar-se contra o *decisum* em liça. Portanto, os princípios referidos restam devidamente protegidos pela norma. Por outro lado, não se pode olvidar que o legislador buscou imprimir maior celeridade ao trâmite processual, atendendo ao direito fundamental previsto no artigo 5º, inciso LXXVIII, da Carta Magna. De fato, não é razoável que um processo tenha que tramitar por longo período para que, ao final, chegue-se a um resultado previsível *ab initio* por todos.

Assim, não se vislumbra qualquer eiva de inconstitucionalidade a macular o novo artigo 285-A do Código de Processo Civil de 1973 e, por conseguinte, do art. 332 do NCPC, que lhe sucedeu.

3. CITAÇÃO DO RÉU PARA RESPONDER AO RECURSO

Note-se que a lei fala em citação do réu para responder ao recurso, o que, à primeira vista, poderia indicar uma imprecisão técnica cometida pelo legislador. Contudo, há fortes motivos para se falar em citação, uma vez que, como

---

3. MARINONI, Luiz Guilherme. O julgamento liminar das ações repetitivas e a súmula impeditiva de recurso (Leis 11.276 e 11.277, de 8.2.06). Disponível em: ‹http://www.professormarinoni.com.br/artigos.php›. Acesso em: 01 mai. 2006.
4. Na verdade, não se afigura tecnicamente correto falar-se em "total improcedência". A sentença de mérito pode julgar o pedido procedente, parcialmente procedente ou improcedente. O legislador do CPC de 1973 fez questão de utilizar o termo "total improcedência" apenas para enfatizar a inexistência de quaisquer prejuízos para o réu. O NCPC, a propósito, não usa mais o termo em tela, referindo-se apenas que o juiz "*julgará liminarmente improcedente o pedido*", consoante se lê no art. 332, *caput*. Restou corrigida, portanto, a incorreção técnica presente no CPC de 1973 neste ponto.

será o primeiro contato do réu com o processo, exige-se uma precaução maior para o resguardo dos seus direitos, atingindo-se esse desiderato à medida que o ato citatório é dirigido à pessoa do demandado.

Ademais, afigura-se correto, *in casu*, o emprego do termo citação, pois segundo os ensinamentos de Nelson Nery Júnior e Rosa Maria de Andrade Nery[5] "Citação é a comunicação que se faz ao sujeito passivo da relação processual (réu ou interessado), de que em face dele foi ajuizada demanda ou procedimento de jurisdição voluntária, a fim de que se possa, querendo, vir a se defender ou se manifestar".

Na verdade, a idéia de citar o réu para responder a recurso não é nova, uma vez que já foi aplicada no caso de indeferimento liminar da petição inicial. Antes do advento da Lei nº 8.952/94, o artigo 296 do CPC de 1973 dispunha que:

> "Art. 296. Se o autor apelar da sentença de indeferimento da petição inicial, o despacho, que receber o recurso, mandará citar o réu para acompanhá-lo. (Redação dada pela Lei nº 5.925, de 1º.10.1973." (grifos nossos)

No NCPC, o art. 331, §1º, assim prescreve:

> "Art. 331. Indeferida a petição inicial, o autor poderá apelar, facultado ao juiz, no prazo de 5 (cinco) dias, retratar-se.
>
> § 1º Se não houver retratação, o juiz mandará citar o réu para responder ao recurso." (grifos nossos)

Acresça-se a isso o fato de que o autor tem interesse na ocorrência da citação, para que se produzam de imediato os efeitos do artigo 240 do NCPC, como, *v.g.*, a constituição do devedor em mora.

Destarte, plenamente justificado o uso do termo citação no artigo 285-A do CPC de 1973 e no art. 332, §4º, do NCPC.

4. HIPÓTESES DE CABIMENTO

O artigo 285-A do CPC de 1973 erigia como um dos requisitos para aplicação da sentença liminar de improcedência, que já tenha sido proferida, *no juízo*, sentença de total improcedência em outros casos idênticos.

Havia duas interpretações possíveis para o termo "juízo" nesse caso. Uma, no sentido de que juízo corresponderia ao órgão titularizado de modo monocrático ou colegiado (uma vara, por exemplo). Outra, entendendo que juízo

---

5. NERY JUNIOR, Nelson. *Código de processo civil comentado e legislação extravagante*, 9. ed. São Paulo: RT, 2006, p. 403, nota 2.

designaria o magistrado, e não a vara em que atua. Essas opiniões são defendidas, respectivamente, por Jean Carlos Dias e Denis Donoso[6].

Tivemos a oportunidade de defender, na vigência do CPC de 1973, que era mais de acordo com o nosso ordenamento e com o espírito racionalizador da lei a adoção do segundo entendimento[7].

O NCPC supera essa problemática, na medida em que fixa outras hipóteses de cabimento da improcedência liminar do pedido. A partir do novo diploma processual, caberá a aplicação do instituto em estudo quando o pedido contrariar: I - enunciado de súmula do Supremo Tribunal Federal ou do Superior Tribunal de Justiça; II - acórdão proferido pelo Supremo Tribunal Federal ou pelo Superior Tribunal de Justiça em julgamento de recursos repetitivos; III - entendimento firmado em incidente de resolução de demandas repetitivas ou de assunção de competência; IV - enunciado de súmula de tribunal de justiça sobre direito local.

Percebe-se, assim, que houve uma restrição da aplicação do instituto sob análise, partindo-se, originalmente, da previsão amplíssima do art. 285-A do CPC de 1973 (em que bastava a existência de precedente do mesmo juízo), para a incidência somente em casos específicos, de contrariedade a enunciado de súmula do STF ou STF, a julgamento de recurso repetitivo das referidas cortes superiores, a entendimento firmado em incidente de resolução de demandas repetitivas ou de assunção de competência e, por fim, a enunciado de súmula de tribunal de justiça sobre direito local.

A ideia subjacente a tal alteração é que o magistrado apenas julgue liminarmente improcedente o pedido baseado em precedentes de tribunais, de forma a manter a jurisprudência íntegra, estável e coerente. Evitar-se-iam, assim, sentenças contrárias a entendimentos consolidados, com riscos à segurança jurídica e à própria isonomia na distribuição da justiça.

Ocorre que, a nosso ver, o NCPC foi demasiadamente restritivo no ponto. Não vemos porque exigir-se que haja precedentes tão fortes para possibilitar-se o julgamento liminar de improcedência.

Imagine-se, a título exemplificativo, um caso de massa que se vê cotidianamente na Justiça Federal, qual seja, o pleito de correção do FGTS por outro índice que não a Taxa Referencial-TR, sob alegação de sua inconstitucionalidade. Na vigência do CPC de 1973, os magistrados vêm aplicando o art. 285-A livremente,

---

6. Consultar, a esse respeito, as Revistas Dialéticas de Direito Processual, n. 37, p. 67 e n. 38, p. 45.
7. KOEHLER, Frederico Augusto Leopoldino. Breve análise sobre alguns aspectos polêmicos da sentença liminar de improcedência (art. 285-A do CPC). *Revista Dialética de Direito Processual*, São Paulo, n.41, 2006, p. 72.

agilizando o andamento de tais feitos. Caso o NCPC já estivesse vigente, não seria possível aplicar-se o art. 332, pois não haveria o enquadramento em nenhuma das hipóteses previstas nos incisos I a IV. Na verdade, tal matéria encontra-se com recurso repetitivo pendente de julgamento, o Resp 1.381.683-PE, Ministro Relator Benedito Gonçalves, o que, como visto, inviabilizaria o enquadramento, por ora, no art. 332, inc. II, do NCPC.

Destarte, entendemos que seria suficiente que o NCPC vedasse o julgamento liminar de improcedência em contrariedade aos precedentes elencados no art. 332, não sendo proibido, no entanto, que o magistrado proferisse sentença liminar de improcedência sem que já existissem tais precedentes. Em outras palavras: em nossa opinião, o magistrado deveria poder julgar liminarmente improcedente o pedido, desde que não atentasse contra os precedentes referidos no art. 332. Tal interpretação seria suficientemente equilibrada para, a um só tempo, proteger a integridade da jurisprudência e resguardar a resolução dos processos em tempo razoável. Não vemos sentido em aguardar todo o trâmite processual se o magistrado já tem posição firmada em caso que não necessite de dilação probatória se, ao final, mesmo sem a presença de nenhum dos precedentes indicados nos incisos do art. 332, poderá proferir a sentença de improcedência.

Por fim, registre-se ainda a previsão do art. 332, § 1º, que dispõe: *"O juiz também poderá julgar liminarmente improcedente o pedido se verificar, desde logo, a ocorrência de decadência ou de prescrição"*.

Não se trata, na verdade, de inovação propriamente dita, mas apenas de positivação de algo que já se praticava ainda na vigência do CPC de 1973.

5. COISA JULGADA

Não há como negar que a sentença liminar de improcedência ocasionará, após o trânsito em julgado, a formação da coisa julgada material, à medida que o mérito da lide foi devidamente apreciado e decidido. No entanto, apontam-se algumas críticas às consequências que podem advir tal circunstância. Denis Donoso, *verbi gratia*, escreveu o seguinte a esse respeito[8]:

> "Não é difícil concluir que o réu, sem saber da anterior formação da coisa julgada material, não terá condições, na prática, de apresentar preliminar de mérito (art. 301, VI, do CPC), justamente porque não sabe disso. E não nos consta que nossos tribunais,

---

8. DONOSO, Denis. "Matéria controvertida unicamente de direito, casos idênticos, dispensa de citação e seus efeitos – primeiras impressões sobre a Lei 11.277/06". *Revista Dialética de Direito Processual*, n. 38, São Paulo: Dialética, 2006, p. 48.

em sua maioria, tenham meios de coibir esse tipo de abuso processual.

É bem verdade que o réu tem meios de saber se houve anterior demanda idêntica. Porém, se cada processo representar, por parte do réu, uma pesquisa no distribuidor, por exemplo, o sistema certamente chegará no colapso (se é que já não chegou)."

A crítica tinha sua razão de ser no CPC de 1973, uma vez que a publicação da sentença proferida com base no artigo 285-A do CPC não ocasionava a sua ciência pelo réu, porque nesta fase processual ainda não há advogado constituído para representá-lo. Contudo, tratava-se de um problema que podia ser contornado através da aplicação do princípio da instrumentalidade do processo.

Para evitar que o réu não tenha ciência da sentença que lhe é favorável, cabia ao juiz, no regime de 1973, promover a sua intimação após o trânsito em julgado, por aplicação analógica do artigo 219, §6º, do CPC/73. Não constituía óbice a esse procedimento o fato de não estar expressamente previsto na lei, uma vez que está efetivamente contido no poder-dever de direção do processo pelo juiz, estipulado no artigo 125 do CPC/73.

O NCPC resolveu a questão, ao prever, no art. 332, § 2º, que: *"Não interposta a apelação, o réu será intimado do trânsito em julgado da sentença, nos termos do art. 241".*

6. PREVENÇÃO

Criticava-se o artigo 285-A do CPC/73, ainda, sob a alegação de que a dispensa de citação podia ocasionar distorções, tais como a não configuração da prevenção, permitindo que o autor intentasse ações idênticas em juízos diversos, a fim de burlar a regra do juiz natural.

A propósito, transcreve-se a doutrina de Denis Donoso sobre o tema[9]:

> "Havendo a dispensa de citação, em tese não haverá prevenção de juízo. Assim, por exemplo, se o autor move uma ação e ela é distribuída a um juízo que tem entendimento diverso daquele que lhe interessa, ele pode desistir da ação imediatamente e, ato seguinte, repropor a demanda, esperando que ela seja distribuída em juízo diverso. Isto porque não existirá o óbice do art. 253, II, do CPC."

A nosso ver, tal crítica não se justifica. Com efeito, caso o autor ajuíze uma ação e desista imediatamente dela, para, em seguida, repropor a demanda,

---

9. DONOSO, Denis. *Op. cit.* P. 46.

incidirá o artigo 253, inciso II, do CPC/73, pois a aplicação desse dispositivo independe da realização de citação. Na verdade, a Lei nº 11.280/06, cuja vigência se iniciou a partir de 18/05/2006, alterou o inciso II do artigo 253 do CPC/73, passando este a prever que, sempre que houver extinção do processo sem julgamento do mérito, a repropositura de ação idêntica implicará a distribuição por dependência. Tal regra foi mantida no NCPC, em seu art. 286.

7. CONCLUSÃO

O presente artigo não teve o escopo de exaurir o tema, mas apenas de lançar algumas sugestões para a interpretação e a aplicação do instituto em estudo no NCPC.

Com base no exposto, é possível concluir que a alteração legislativa trazida pela Lei nº 11.277/06 não padece de vício de inconstitucionalidade, constituindo-se, ao revés, em um elemento que agrega forças ao desejo da sociedade de buscar uma maior celeridade na tramitação dos processos judiciais.

O artigo 285-A do CPC/73, atual art. 332, ao fim e ao cabo, é bom não só para o réu, mas também para o autor, o qual não será punido com gastos inúteis na produção de provas desnecessárias, não será alimentado com falsas esperanças de um julgamento favorável que não virá no juízo de primeiro grau, e terá a via recursal aberta de forma bem mais célere, ocasião em que poderá buscar o acolhimento de sua pretensão.

Trata-se, portanto, de alteração legislativa altamente salutar, racionalizando a prestação jurisdicional na primeira instância e evitando-se perda de tempo e recursos econômicos com um procedimento longo e inútil que desaguaria na obtenção de uma sentença antevista por todos desde o início do processo. É solução consentânea com o objetivo de promover a resolução dos conflitos com um maior grau de eficácia e presteza, conforme prescrito no artigo 5º, inciso LXXVIII, da Constituição Federal (princípio da duração razoável do processo).

Registre-se, por fim, o ponto que julgamos ser um retrocesso da disciplina desse instituto no NCPC. Entendemos, de fato, que o NCPC foi demasiadamente restritivo quanto às hipóteses de cabimento da improcedência liminar do pedido.

Seria suficiente que o NCPC vedasse o julgamento liminar de improcedência em contrariedade aos precedentes elencados no art. 332, não sendo proibido, no entanto, que o magistrado proferisse sentença liminar de improcedência sem que já existissem tais precedentes. Tal interpretação seria suficientemente equilibrada para, a um só tempo, proteger a integridade da jurisprudência e resguardar a resolução dos processos em tempo razoável. Não vemos sentido em aguardar todo o trâmite processual se o magistrado já tem posição firmada em caso que não necessite de dilação probatória se, ao final, mesmo sem a presença de nenhum dos precedentes indicados nos incisos do art. 332, poderá proferir a sentença de improcedência.

8. BIBLIOGRAFIA

ARAÚJO, José Henrique Mota. "Processos repetidos e os poderes do magistrado diante da Lei 11.277/06. Observações e críticas". *Revista Dialética de Direito Processual*, n. 37, São Paulo: Dialética, 2006.

CUNHA, Leonardo José Carneiro da. e DIDIER JR. Fredie. *Curso de Direito Processual Civil: meios de impugnações às decisões judiciais e processos nos tribunais*, v. 3, Salvador: JusPODIVM, 2006.

DIAS, Jean Carlos. A introdução da sentença-tipo no sistema processual civil brasileiro – Lei n.º 11.277. *Revista Dialética de Direito Processual Civil*, n. 37, São Paulo: Dialética, 2006.

DONOSO, Denis. Matéria controvertida unicamente de direito, casos idênticos, dispensa de citação e seus efeitos – primeiras impressões sobre a Lei 11.277/06. *Revista Dialética de Direito Processual*, n. 38, São Paulo: Dialética, 2006.

KOEHLER, Frederico Augusto Leopoldino. *A razoável duração do processo*. 2. ed. Salvador: Juspodivm, 2013.

_____. Breve análise sobre alguns aspectos polêmicos da sentença liminar de improcedência (art. 285-A do CPC). *Revista Dialética de Direito Processual*, n.41, São Paulo, 2006.

MARINONI, Luiz Guilherme. *O julgamento liminar das ações repetitivas e a súmula impeditiva de recurso (Leis 11.276 e 11.277, de 8.2.06)*. Disponível em: ‹http://www.professormarinoni.com.br/artigos.php›. Acesso em: 01 mai. 2006.

NERY JUNIOR, Nelson. *Código de processo civil comentado e legislação extravagante*, 9. ed. São Paulo: RT, 2006.

CAPÍTULO 3

Reconhecimento jurídico do pedido pelo Poder Público: por uma interpretação *a contrario sensu* das hipóteses de improcedência liminar previstas no NCPC

Marcelo Barbi Gonçalves[1]

SUMÁRIO: 1. INTRODUÇÃO; 2. CONTEÚDO DO INTERESSE PÚBLICO: DISPONIBILIDADE X INDISPONIBILIDADE; 3. O PODER PÚBLICO PODE RECONHECER A PROCEDÊNCIA DO PEDIDO?; 4. ANÁLISE DOS ARGUMENTOS CONTRÁRIOS; 5. O COMPORTAMENTO FAZENDÁRIO À LUZ DO PRINCÍPIO DA COOPERAÇÃO PROCESSUAL; 6. BIBLIOGRAFIA.

1. INTRODUÇÃO

O Estado, na integralidade das formas de manifestação pelos seus departamentos orgânicos, está submetido aos princípios da legalidade, impessoalidade, moralidade, publicidade e eficiência (art. 37, CRFB/88). Toda e qualquer conduta de um agente público, ou de um particular investido de função pública, seja qual for o poder a que se encontre vinculado, deve se nortear pelos princípios constitucionais explícitos e implícitos. Não há que se falar, portanto, em resíduos de atuação estatal fora das balizas constitucionalmente postas, em caráter mandatório, àqueles incumbidos de presentação volitiva do Poder Público.

Essas considerações, conquanto óbvias, não são observadas quando se trata da defesa em juízo do Estado. Com efeito, a Constituição não subtrai o

---

1. Mestrando e Juiz Federal

comportamento dos Advogados públicos ao seu comando, razão pela qual não o pode fazer a lei ou o intérprete. Dessa forma, quando se passa a analisar a defesa processual da Fazenda Pública, é fundamental que esta não resvale em uma advocacia de viés procrastinatório dos direitos do administrado. Em síntese: a atividade de representação processual, passe-se o truísmo, não se subtrai ao princípio da constitucionalidade.

O direito defendido em juízo está subordinado a esse mandamento, devendo, por isso, segundo Diogo de Figueiredo Moreira Neto:

> "recusar-se o Advogado de Estado a atuar por mero interesse arrecadatório, quando despido de legitimidade; recusar-se a advogar com fins emulatórios; negar-se a recorrer sistematicamente contra jurisprudência pacificada ou apenas com intenções protelatórias; recusar-se a obedecer a ordens hierárquicas que depassem a organização burocrática dos serviços para interferirem na condução formal e material dos processos administrativos e judiciais a seu cargo e outras desse jaez".[2]

À luz desse registro, bem como do fato de que em 16 de março do corrente ano foi aprovado um Novo Código de Processo Civil, parece chegada a hora de se questionar a enraizada doutrina que preleciona a impossibilidade de o Estado reconhecer a procedência do pedido nas ações em que é parte. Para tanto, faz-se imperioso (i) questionar os fundamentos dogmáticos que estiveram à base desse entendimento, notadamente a indisponibilidade do interesse público como óbice de natureza objetiva; e, ainda, (ii) analisar se o novo diploma processual, à vista da principiologia cooperativa que lhe está subjacente, traz novos aportes que podem influenciar um desvio de curso na perspectiva sob análise. É o que se passa a fazer nos próximos itens.

2. CONTEÚDO DO INTERESSE PÚBLICO: DISPONIBILIDADE X INDISPONIBILIDADE

O estudo ganha destacado relevo quando se tem em linha de compreensão que, segundo o *I Relatório Supremo em Números - o Múltiplo Supremo*, "o grande usuário da *persona* recursal do STF é o governo".[3] O problema não é, em si, a onipresença do Estado nos cadernos processuais, já que a reivindicação e defesa dos direitos através do aparelho judiciário não são indicativos de

---

2. A Advocacia de Estado revisitada: essencialidade do Estado Democrático de Direito. In: Guedes, Jefferson Carús; Souza, Luciane Moessa de (coords.). *Advocacia de Estado. Questões institucionais para a construção de um Estado de Justiça.* Belo Horizonte: Ed. Fórum, 2009, p. 42.
3. Disponível em: http://supremoemnumeros.fgv.br/sites/supremoemnumeros.fgv.br/files/attachment/i_relatorio_do_supremo_em_numeros_0.pdf . Acesso em: 04.02.2015.

qualquer disfuncionalidade. O problema se põe quando, através do recurso às vias judiciais, não subjaz o interesse público. Ou antes: a leitura enviesada que rotineiramente se faz do conceito de indisponibilidade do interesse público.

Nessa linha de convicções, é preciso salientar que inexistem critérios seguros e confiáveis que apartem bens indisponíveis daqueles disponíveis. Conforme aduz Jefferson Carús Guedes:

> "a separação e a classificação dos direitos públicos como indisponíveis e privados como disponíveis não é adequada, pois há interesses públicos disponíveis e interesses privados indisponíveis. Pode-se dizer que, predominantemente, direitos públicos são indisponíveis e direitos privados são disponíveis».[4]

De fato, grassa profunda divergência na matéria, pois se confunde sistematicamente a qualidade do interesse com a sua disponibilidade. Com o objetivo de aclarar os conceitos, algumas observações se fazem necessárias.

A disponibilidade refere-se à possibilidade de o direito ser alienado, cedido, transacionado pelo seu titular. Dispõe-se de algo quando se transfere, a título gratuito ou oneroso, a propriedade de um bem para terceiro. Pense-se, por exemplo, em um contrato administrativo, o qual pressupõe a transferência de valores do Estado para particulares: aquele recebe deste uma utilidade a fim de atender ao interesse público, mas, como contrapartida, precisa dispor de numerário. É acaciano que, se todo direito pertencente ao Estado fosse indisponível, seria impossível justificar o pagamento de bens e serviços contratados a fim de realizar o bem comum. Afinal, a pecúnia transladada - bem público objeto de direito real - não está sendo transferida?

O *topoi*, dito e repetido, de que "é indisponível o direito tutelado pela Fazenda Pública"[5] alude a outro referencial semântico, pois trabalha com a ideia de que o gestor é curador de bens alheios, razão pela qual não se pode comportar como se estivesse administrando coisa própria. É absolutamente correto - nas sendas do combate ao patrimonialismo que sempre sangrou o Estado brasileiro - que a Administração Pública é atividade de quem não é dono, uma vez que o titular dos interesses geridos é sempre o povo, a coletividade em seu

---

4. Transigibilidade de interesses públicos: prevenção e abreviação de demandas da Fazenda Pública. In: Guedes, Jefferson Carús; Souza, Luciane Moessa de (coords.). *Advocacia de Estado. Questões institucionais para a construção de um Estado de Justiça*. Belo Horizonte: Ed. Fórum, 2009, p. 249.
5. Disponível em: http://www.leonardocarneirodacunha.com.br/opiniao/opiniao-42-reconhecimento-da-procedencia-do-pedido-pela-fazenda-publica/. Acesso em 28.02.2015. Em sede jurisprudencial, citando expressamente o autor aqui referido, veja-se, do Superior Tribunal de Justiça: AgRg. Resp 1.187.684/SP, Rel. Min. Humberto Martins, j. 22.05.2012. Igualmente: "Aos representantes das Fazendas Públicas também é vedado o reconhecimento do pedido, pois são indisponíveis os bens e interesses públicos". (Júnior, Clito Fornaciari. *Reconhecimento jurídico do pedido*. São Paulo: RT, 1977, p. 21).

conjunto. Mas, da afirmação de que nenhum administrador público é dono dos interesses de que deve curar àquela que sustenta a indisponibilidade dos bens públicos o passo é demasiado largo.

O fato de o servidor público ser gestor de coisa alheia não obsta, à evidência, que ele disponha dessa mesma coisa quando isso se coadunar com a pauta diretiva de sua conduta. O que um ordenador de despesas é remunerado para fazer não é, precisamente, dispor do erário após verificada a regularidade do procedimento de despesa previsto na Lei 4.320/64? E, ao proceder de acordo com os termos legais, negar-se-á legitimidade ao seu comportamento?

É preciso, portanto, que se cesse a descabida associação entre a indisponibilidade do interesse público e a necessidade de resguardo da sua vocação ao atendimento dos anseios comunitários. O fato de um bem público ter sido disposto, destarte, não é qualquer indício de irregularidade. Aliás, pode-se até aventar que, em determinado contexto, a não-disposição de bens públicos viole a Constituição, como, v.g., no caso de uma política econômica cuja austeridade fiscal acarrete sérios danos aos projeto constitucional de redução das desigualdades sociais.

Definir, de outro lado, quais interesses são públicos é tarefa árdua. Como sói ocorrer com os temas controversos, a disceptação doutrinária é palpitante. Nesses casos, a precisão do conceito faz-se mais pela exclusão do que pela afirmação do quanto se encontra inserto em seu campo semântico. Ou seja, afirma-se, com algum grau de confluência, o que não lhe diz respeito, sem se chegar, porém, a um patamar razoável de concordância quanto ao que se lhe refere.

Nessa linha de intelecção, parte-se da seguinte premissa: não será público o interesse que desatender a tábua axiológica, os princípios e os direitos subjacentes à Constituição Federal. Em palavras outras: são os valores que ingressam no ordenamento jurídico através das normas constitucionais que delimitam a natureza do interesse. O bem comum, a satisfação da coletividade, a redução das desigualdades sociais e a efetivação dos direitos fundamentais, são, entre outros, critérios para a identificação da qualidade da pretensão judicialmente perseguida.

Esse ponto de partida - a despeito de sua fluidez - evidencia que os termos antitéticos são disponibilidade x indisponibilidade, e, não, publicidade x disponibilidade. Cada qual dos signos relaciona-se, destarte, a significações diversas. A publicidade atine com a qualidade do interesse. De sua parte, a disponibilidade refere-se à aptidão de um interesse - público ou particular - ser trasladado. Assim como há interesses públicos disponíveis (ex: dotação orçamentária destinada ao pagamento de uma despesa legalmente prevista), não é de se estranhar interesses privados indisponíveis (ex: reconhecimento de paternidade).

É bem de ver que essa distinção foi acolhida pelo artigo 100 do Código Civil,[6] o qual prevê que os bens públicos de uso comum do povo e os de uso especial, enquanto conservarem a sua qualificação, são inalienáveis. Isso significa, na gramática aqui exposta, que não apenas são públicos, como, ainda, indisponíveis. Os bens dominicais, de sua parte, nos termos do artigo 101/CC, podem ser alienados.[7] Cuida-se, agora, de bens igualmente públicos, mas, desta feita, disponíveis. Em síntese: não há uma correlação biunívoca entre a qualidade do interesse e a sua disponibilidade.

Essa proposta traz à colação uma fecunda controvérsia - mais acadêmica do que jurisprudencial - acerca dos conceitos de interesse público primário e secundário. Essa classificação, com berço na obra *Sistema Istituzionale del diritto amministrativo italiano* de Renato Alessi, foi abrasileirada através da pena de Celso Antônio Bandeira de Mello.[8] Nos últimos dez anos, porém, sofreu acerbas críticas,[9] notadamente por constituir base para os princípios da supremacia e indisponibilidade do interesse público.

Sem qualquer pretensão de entrar nesta polêmica, pode-se dizer, sinteticamente, que o interesse primário é a razão de ser do Estado, corporificado na persecução do bem-estar da coletividade. O secundário, por sua vez, pode ser identificado com o objetivo do Erário consistente em maximizar os ganhos e minimizar os gastos, ou seja, o interesse que o próprio Estado poderia ter caso fora um sujeito de direito ordinário.

À luz dessa classificação, um caminho rotineiramente trilhado é aquele no sentido de que cabe à Advocacia de Estado defender apenas o interesse público secundário. É essa a posição do Min. Barroso, o qual, após conceituar os termos da distinção, assevera que

> "é dela que decorre, por exemplo, a conformação constitucional das esferas de atuação do Ministério Público e da Advocacia Pública. Ao primeiro cabe a defesa do interesse público primário; à segunda, a do interesse público secundário. Aliás, a separação

---

6. Art. 100: Os bens públicos de uso comum do povo e os de uso especial são inalienáveis, enquanto conservarem a sua qualificação, na forma que a lei determinar.
7. Art. 101: Os bens públicos dominicais podem ser alienados, observadas as exigências da lei.
8. Curso de Direito Administrativo. 25ª ed. São Paulo: Malheiros, 2008, p. 69 passim.
9. Para maior aprofundamento, veja-se a coletânea de artigos reunidos na obra: Sarmento, Daniel (org.). *Interesses públicos versus interesses privados: Desconstruindo o princípio da supremacia do interesse público*. Rio de Janeiro: Lumen Juris, 2005.

clara dessas duas esferas foi uma importante inovação da Constituição Federal de 1988".[10]

Ocorre, porém, que à Advocacia Pública incumbe tutelar, com o mesmo denodo, ambos os interesses. Aliás, é precipuamente na defesa do primário que reside a mais altaneira função das procuradorias.[11] Pense-se, v.g., em uma ação coletiva proposta por uma associação vinculada ao sistema financeiro contra a regulamentação da taxa de juros pelo Banco Central. Ou, ainda, em uma ação individual ajuizada por uma concessionária de telefonia em virtude da edição de um marco regulatório favorável ao consumidor. Não se esqueça, ademais, da legitimação das pessoas jurídicas de direito público para ingressar com ação de improbidade contra atos que atentam contra os princípios da Administração Pública.

Além disso, a defesa do interesse secundário não se deve fazer sem maiores cautelas. É claro que a sua proteção não é desimportante: são os recursos financeiros que permitem ao Poder Público adquirir utilidades e promover serviços à coletividade. Nada obstante isso, nodal registrar, na esteira de Bandeira de Mello, que "não existe coincidência necessária entre interesse público e interesse do Estado e demais pessoas de Direito Público".[12]

Estabelecida a premissa de que nem sempre a defesa em juízo do Erário consulta à pauta constitucional diretiva da conduta dos agentes públicos - já que, no caso de colidência entre os interesses primário e secundário, há de prevalecer aquele -, é preciso indagar como o procurador do Estado deve processualmente se conduzir diante de semelhante conflito. Esse ponto da exposição conduz diretamente ao objeto central do presente estudo, a saber, a possibilidade de reconhecimento jurídico do pedido pela Fazenda Pública.

3. O PODER PÚBLICO PODE RECONHECER A PROCEDÊNCIA DO PEDIDO?

Invertendo a usual forma de argumentação, ilustre-se o ponto com um exemplo: em uma ação condenatória tendo como causa de pedir a responsabilidade civil do Estado, o dano, a conduta e o nexo de causalidade ficaram sobejamente demonstrados à luz do conjunto probatório, de sorte que a incidência

---

10. O Estado Contemporâneo, os Direitos Fundamentais e a Redefinição da Supremacia do Interesse Público (Prefácio). In: Sarmento, Daniel (org.). *Interesses públicos versus interesses privados: Desconstruindo o princípio da supremacia do interesse público*. Rio de Janeiro: Lumen Juris, 2005.
11. Conforme ensinamento de José Afonso da Silva: "A Advocacia Pública assume, no Estado Democrático de Direito, mais do que uma função jurídica de defesa dos interesses patrimoniais da Fazenda Pública, mais até que mesmo do que a defesa do princípio da legalidade, porque lhe incumbe igualmente a veementemente a defesa da moralidade administrativa". (A Advocacia Pública e Estado Democrático de Direito. *Revista de Direito Administrativo* n° 230, Rio de Janeiro, out.-dez./2002, p. 284).
12. Op. cit., p. 65.

de norma jurídica favorável ao autor é evidente. É lícito ao advogado público, ressalvando-se o direito de impugnar o *quantum debeatur* demandado, reconhecer, em alegações finais, a procedência do pedido quanto ao *an debeatur*? A pergunta pode ser reformulada em outros termos: o procurador do Estado atua como se um profissional liberal fora? Os interesses defendidos na advocacia pública e privada são os mesmos? É incorreto dizer que ao primeiro sobreleva a salvaguarda da ordem constitucional, ao passo que o segundo persegue, indistintamente, o lucro?

Firme-se, definitivamente, o ponto: não há interesse público que lastreie a defesa se o direito do Estado inexiste. Ou seja, o reconhecimento jurídico do pedido não pressupõe ato de disposição do direito, pois, conforme afirma Marcello Terto e Silva;

> "quando se trata da Fazenda Pública em juízo, o interesse público pode estar tanto na impugnação do pedido como no reconhecimento de sua procedência. Em quaisquer dessas possibilidades não haverá ato de disposição de direito público, mas justamente a observância de interesse publico subjacente".[13]

Sustentar o contrário, dessa maneira, significa olvidar que o Estado é meio de realização do bem-estar da coletividade, não um fim em si mesmo. Quando, então, à vista de uma filigrana processual, vence uma causa na qual a situação jurídica de direito substancial favorece o pedido do administrado, quem sai perdendo é a própria cidadania. Deveras, a efetivação do ordenamento jurídico - que norteia a integralidade da atuação estatal - não se coaduna com a percepção de vantagens à revelia das normas primárias de conduta. É por isso que o advogado público, por ocasião da resposta ao pedido, deve verificar a sua conformidade com o Direito. Ou seja, não é porque o ato administrativo foi judicialmente contestado que ele deve ser defendido.[14-15]

---

13. A Fazenda Pública em Juízo, o Reconhecimento do Pedido e a nova Advocacia Pública. *Revista de Direito da PGE-GO*, vol. 24. Disponível em: http://www.pge.go.gov.br/revista/index.php/revistapge/article/view/161/142. Acesso em 29.02.2015.
14. "Deve, portanto, o Advogado Público possuir autonomia, a fim de expressar seu entendimento à luz do direito, salvaguardando os interesses coletivos de forma compromissada com os dispositivos e princípios constitucionais e legais que norteiam sua atuação". (Nery, Cristiane da Costa. A constitucionalização da carreira do Procurador Municipal - Função essencial e típica de Estado. *Revista Interesse Público - IP*, Belo Horizonte, ano 12, n. 60, mar.-abr./2010, p. 250). Destaque-se, todavia, que o Supremo Tribunal Federal, em mais de uma oportunidade, manifestou-se no sentido de que faleceria *independência funcional* aos membros da advocacia de Estado (ADI 470-1/AM, Rel. Min. Ilmar Galvão, j. 01.07.2002 e ADI 291/MT, Rel. Min. Joaquim Barbosa, j. 07.04.2010).
15. Em sede jurisprudencial: "Tributário. Processual Civil. Reconhecimento do pedido pelo réu. Extinção do processo com julgamento de mérito. Art. 269, II, do CPC. Procedência do pedido. O reconhecimento do pedido pela Fazenda Pública, posterior à propositura da demanda, dá causa à extinção do feito com julgamento do mérito, nos termos do art. 269, II, do CPC, ensejando sua condenação aos honorários periciais e advocatícios, estes podendo ser estimados em quantia fixa ou num percentual incidente sobre o débito exeqüendo e não necessariamente sobre o valor atribuído à causa." (TRF 5ª Região - REOAC: 485579

Não é outra, ademais, a linha que a doutrina sempre expôs acerca do comportamento do representante do Estado no bojo das ações populares. Como é cediço, nos termos do § 3º do art. 6º da Lei 4.717/65, a pessoa jurídica de direito público pode migrar para o pólo ativo e sustentar a ilegalidade do ato "desde que isso se afigure útil ao interesse público".

Por que tal permissivo não pode ser aplicado para outras hipóteses? Existiria alguma especificidade na ação popular que a excepcionaria do regime comum? A esse respeito, recorde-se lição de Ovídio A. Baptista da Silva condenando o mau vezo de outorgar nomes às ações, o qual é um resquício histórico da primeira fase do direito romano (*legis actiones*) que subsiste até hoje em virtude do pandectismo do século XIX.[16] No mesmo sentido, ainda, obra monográfica de Flávio Luiz Yarshell voltada à superação da ideia de que existem "tipos" de ações, uma vez que esta é atípica e funciona como uma "cobertura geral do sistema de direitos".[17]

Dessa forma, a ação popular traduz apenas um procedimento especial face à filosofia da ordinariedade[18] na qual se assenta o sistema processual. Não ostenta, todavia, nenhuma peculiaridade que outorgue ao representante do Estado uma faculdade que não possa exercer nos demais procedimentos. Pense-se, v.g., em um pedido anulatório de edital de licitação por favorecimento de uma empresa. Pleiteado através de uma ação popular, permitir-se-ia ao procurador endossar a pretensão. Por que não poderia assim proceder se idêntico pedido fora deduzido através do procedimento comum? Assiste razão, assim, a Alexsander Aparecido Gonçalves, quando, após salientar que "se for necessário, o Advogado Público deve se contrapor ao Administrador em favor do Estado, pois é isto que a Constituição Federal espera dele", averba que "Em alguns casos, a Advocacia Pública pode, inclusive, fazer prevalecer seu entendimento mesmo que contrário ao da Administração, celebrando acordos, reconhecendo pedidos ou não interpondo recursos em processos judiciais".[19]

Não se pode olvidar, outrossim, que o § único do art. 10 da Lei 10.259/2001 outorga aos representantes da União, das autarquias e das empresas públicas

---

PE 0013842-56.2007.4.05.8300, Rel. Des. Fed. Margarida Cantarelli, Data de Julgamento: 10/11/2009, Quarta Turma). A propósito, o Supremo Tribunal Federal já teve oportunidade de validar reconhecimento jurídico do pedido, por parte do Município de Santa Rita do Sapucaí, para fins de reconhecimento do direito à salário indevidamente retido pela administração anterior (Re 253.885/MG, Primeira Turma, Rel. Min. Ellen Gracie, j. 04.06.2002). Em sentido contrário, veja-se passagem *obiter dicta* do voto do Min. Sepúlveda Pertence na ADI 470-1/AM, Rel. Min. Ilmar Galvão, j. 01.07.2002.

16. *Jurisdição e Execução na Tradição Romano-Canônica*. 3ª ed. Rio de Janeiro: Forense, 2007, notadamente capítulos 2 e 4.
17. *Tutela Jurisdicional*. 2ª ed. São Paulo: Ed. DPJ, 2006, p. 64 passim.
18. Mutuamos a expressão de Ovídio A. Baptista da Silva (op. cit., p. 90, 103, 109 e 147).
19. A Advocacia Pública e suas funções institucionais. *Fórum Administrativo - Direito Público - FA*, Belo Horizonte, ano 10, n. 108, fev./2010, p. 44.

federais o poder de "conciliar, transigir ou desistir, nos processos da competência dos Juizados Especiais Federais".[20] A técnica redacional é muito ruim, pelo quê é preciso esclarecê-la.

De plano, saliente-se que se confundem meios alternativos de resolução de conflitos com seus resultados. A conciliação, que visa a induzir as próprias partes a alcançar uma solução consensual, é um meio suasório de composição amigável que, segundo abalizada doutrina,[21] pode resultar em: transação (quando há mútuas concessões: art. 841, CC/02 c/c art. 487, III, "b", NCPC); submissão do demandado à pretensão (reconhecimento jurídico do pedido: art. 487, III, "a", NCPC) ou renúncia ao direito pelo demandante (art. 487, III, "c", NCPC). Como os entes públicos apenas podem figurar no pólo passivo, não há que se falar em renúncia ao direito ou desistência do processo. Mais: a previsão da transação é redundante, pois já se encontra abarcada pelo conceito de conciliação. Percebe-se, assim, que o intuito do legislador foi autorizar a conciliação nas suas modalidades de transação e reconhecimento jurídico do pedido por parte do Poder Público.

A esse respeito, veja-se a Portaria nº 109/2007 AGU, a qual objetiva orientar a atuação dos órgãos da Advocacia-Geral da União nas causas de competência dos Juizados Especiais Federais:

> Art. 2º Estão autorizados a transigir, deixar de recorrer, desistir de recursos interpostos ou concordar com a desistência do pedido, no âmbito dos Juizados Especiais Federais, os representantes judiciais da União e das autarquias e fundações em exercício nos órgãos mencionados no art. 1º.
>
> Art. 3º A transação ou a não interposição ou desistência de recurso poderá ocorrer quando:
>
> I - houver erro administrativo reconhecido pela autoridade competente ou, quando verificável pela simples análise das provas e dos documentos que instruem a ação, pelo advogado ou procurador que atua no feito, mediante motivação adequada; e
>
> II - inexistir controvérsia quanto ao fato e ao direito aplicado.
>
> § 1º A inexistência de controvérsia quanto ao fato deve ser verificável pelo advogado ou procurador que atua no feito pela simples análise das provas e dos documentos que instruem a ação, e a inexistência de controvérsia quanto ao direito aplicado deve

---

20. Idêntica previsão pode ser encontrada no art. 8º da Lei 12.153/09, que dispõe sobre os Juizados Especiais da Fazenda Pública no âmbito dos Estados, do Distrito Federal, dos Territórios e dos Municípios.
21. Por todos: Grinover, Ada Pellegrini; Cintra, Antônio Carlos de Araújo; Dinamarco, Cândido Rangel. *Teoria Geral do Processo*. 21ª ed. São Paulo: Malheiros, 2005, p. 30.

ser reconhecida pelo órgão consultivo competente, mediante motivação adequada em qualquer das situações.

Duas considerações a respeito desse ato regulamentar se fazem mister.

A primeira é que, conquanto a norma refira-se à possibilidade de transação ou desistência do recurso, é preciso fazer uso da interpretação extensiva a fim de abarcar o reconhecimento jurídico do pedido, já que, na esteira da sempre certeira pena de José Carlos Barbosa Moreira, "O reconhecimento pela Administração pública, através de seu representante judicial, há de subordinar-se às mesmas restrições estabelecidas na Constituição ou na lei para a transação".[22]

Além disso, a transação/reconhecimento jurídico do pedido não se podem dar de forma indiscriminada, ou seja, é preciso que o procurador visualize que não há direito em favor do Estado, de modo que não haja interesse público a ser tutelado em juízo. Antes: o interesse público reside não na impugnação do pedido, senão no reconhecimento de sua procedência.

É por isso que o art. 3º discrimina duas hipóteses, não-cumulativas, que devem se verificar a fim de que a Fazenda Pública possa reconhecer a procedência do pedido: (i) erro administrativo reconhecido pela autoridade competente ou verificável pela simples análise das provas e dos documentos que instruem a ação, pelo advogado ou procurador que atua no feito, mediante motivação adequada; e (ii) inexistir controvérsia quanto ao fato e ao direito aplicado, verificável pelo advogado ou procurador que atua no feito pela simples análise das provas e dos documentos que instruem a ação, e a inexistência de controvérsia quanto ao direito aplicado deve ser reconhecida pelo órgão consultivo competente, mediante motivação adequada em qualquer das situações.

Veja-se que, nessas situações, a resistência à pretensão judicializada desrespeita os *deveres de cumprimento espontâneo* - já que instado a tanto através da propositura da ação - e *voluntário* - uma vez que o reconhecimento jurídico do pedido encerra hipótese de resolução, e, não, de julgamento de mérito[23] - do Direito.

O que se vem de expor se aplica não apenas aos litígios submetidos ao rito dos Juizados Especiais Federais/Fazenda Pública, devendo ser adotada

---

22. Reconhecimento do pedido. *Direito Processual Civil (Ensaios e pareceres)*. Rio de Janeiro: Borsoi, 1971, p. 104.
23. "Há julgamento e mérito quando o juiz valora de maneira expressa o pedido. Há resolução de mérito quando a atuação judicial cinge-se a reconhecer que o litígio cessou em razão de ato das partes ou de alguma das partes (casos, aliás, em que se configuram sentenças subjetivamente complexas". (Marinoni, Luiz Guilherme; Mitidiero, Daniel. *Código de Processo Civil comentado artigo por artigo*. 2ª ed. São Paulo: RT, 2010, p. 263).

semelhante intelecção para qualquer espécie de procedimento, - independentemente, portanto, do valor da causa - sempre que o interesse público, à luz dos valores constitucionais, indicar que o cumprimento do Direito objetivo exige a procedência do pedido.

Essa interpretação extensiva pressupõe que as Lei 10.259/01 c/c Lei 12.153/09, não despublicizam o bem *sub judice*, e nem poderiam fazê-lo, já que esta qualidade encontra-se firmada em um plano normativo superior, a saber, o constitucional. Público é o interesse que atende à tábua axiológica, aos princípios e aos direitos subjacentes à Constituição Federal. E o direito infraconstitucional, a pretexto de regulamentar a Lei Maior, não pode mudar a natureza jurídica das coisas. Isso é importante porque o critério discriminativo para o reconhecimento jurídico do pedido não é o montante discutido em juízo, senão a qualidade do interesse tutelado. Ou seja, a alçada dos juizados não altera a qualidade do interesse em jogo: a natureza pública/privada de um bem não é caudatária do montante envolvido. Assiste razão, destarte, à Luciane Moessa de Souza quando assevera que:

> "Assim, a nosso ver, parece evidente que, ao se constatar em um litígio judicial, à luz das provas já produzidas e da legislação pertinente, que o pleito deduzido pelo administrado merece acolhimento, além de existir o dever de reconhecimento do pedido, acompanhado da satisfação imediata do direito, deve o advogado público tomar as seguintes providências: a) verificar se existem outras situações pretéritas semelhantes, levadas ou não a juízo, orientando de ofício a Administração Pública a fazer cessar a violação do direito dos administrados; b) verificar se a conduta ativa ou omissiva do Poder Público que levou à violação pretérita já foi devidamente corrigida, de molde a evitar novos ilícitos futuros; c) caso ainda não tenha sido corrigida, proferir, de ofício, orientação jurídica para que o seja".[24]

O assentimento com a declaração das consequências jurídicas afirmadas pelo autor quando as mesmas estiverem em conformidade com o ordenamento jurídico, portanto, é medida que se impõe à Fazenda Pública. Inexiste razão, pois, para se autorizar o reconhecimento jurídico do pedido no âmbito de uma ação popular, em sede de juizado especial federal e da fazenda pública, e, para as demais causas, vedá-lo.

---

24. Consultoria jurídica no exercício da advocacia pública: a prevenção como melhor instrumento para a concretização dos objetivos do Estado brasileiro. In: Guedes, Jefferson Carús; _____(coords.). *Advocacia de Estado. Questões institucionais para a construção de um Estado de Justiça*. Belo Horizonte: Ed. Fórum, 2009, p. 182.

4. ANÁLISE DOS ARGUMENTOS CONTRÁRIOS

Em sentido dissonante ao defendido no texto, argumenta-se, ordinariamente, com (i) o risco ao Erário em virtude de possíveis conluios entre os representantes do Estado e a parte autora, e, ainda (ii) que é indisponível o direito tutelado pela Fazenda Pública.

Quanto à primeira obtemperação, é preciso registrar que se baseia no excepcional: presume a fraude do procurador, empanando não apenas a responsabilidade ética e jurídica dos integrantes de uma carreira essencial à função jurisdicional, como, ainda, a fiscalização desses agentes pelos órgãos internos de controle e a OAB.

É chegada a hora de se romper com esse preconceito atávico contra os membros das carreiras públicas. Nessa linha, José Afonso da Silva, após destacar a responsabilidade da Advocacia Pública pela defesa dos direitos fundamentais e do Estado Democrático de Direito, afirma que:

> "Seus membros saíram da mera condição de servidores públicos burocráticos, preocupados apenas com o exercício formal da atividade administrativa de defesa dos interesses patrimoniais da Fazenda Pública para se tornarem peças relevantes da plena configuração desse tipo de Estado".[25]

Para além de se lastrear no extravagante, esse argumento desconsidera que a verificação da presença do interesse público por parte dos procuradores do Estado já ocorre no âmbito da relação jurídica de direito material. Com efeito, nas ações em que a Fazenda é autora, exerce-se uma filtragem prévia com os pareceres de validade de inscrição em dívida ativa. Nesta hipótese, conforme aduz Marcelo Rogério Barragat: "o advogado público verifica a legalidade material e formal do ato, impedindo que causas temerárias sejam oferecidas à atividade jurisdicional".[26] Ora, se no plano do direito substancial tal mister é atribuído ao procurador, por que não se outorgá-lo quando a lide é processualizada? Por que a judicialização da pretensão altera o dever de realização do ordenamento jurídico? *Ubi eadem ratio ibi idem jus.*

Quanto ao segundo argumento, é importante averbar que parcela da doutrina inadmite o reconhecimento jurídico do pedido pelo Estado à vista da indisponibilidade do interesse público. É nesse sentido que se manifesta

---

25. A Advocacia Pública e Estado Democrático de Direito. *Revista de Direito Administrativo* nº 230, Rio de Janeiro, out.-dez./2002, p. 289.
26. Agentes políticos e as procuraturas constitucionais. *Fórum Administrativo - Direito Público - FA*, Belo Horizonte, ano 6, n. 60, fev./2006, p. 6817 e 6818.

Leonardo José Carneiro da Cunha ao asseverar que "Não se tem admitido que a Fazenda Pública reconheça a procedência do pedido. Sendo indisponível o direito tutelado pela Fazenda Pública, não parece ser possível haver o reconhecimento da procedência do pedido".[27] Em outra oportunidade, Carneiro da Cunha flexibilizou o seu entendimento da seguinte forma:

> "Não se tem admitido que a Fazenda Pública reconheça a procedência do pedido. Sendo indisponível o direito tutelado pela Fazenda Pública, não parece ser possível haver o reconhecimento da procedência do pedido. A indisponibilidade, entretanto, comporta gradações. Em algumas situações, embora o bem jurídico seja indisponível, outros valores constitucionais podem justificar que, mediante lei, o Poder Público renuncie a determinadas consequências, decorrências ou derivações do bem indisponível. Daí ser possível, por exemplo, a autoridade fazendária, mediante lei, autorizar remissão ou anistia do crédito fiscal.
>
> Em razão do princípio da legalidade (CF, art. 37), a Administração Pública, uma vez constatando que não tem razão em determinado conflito, tem o dever de dar cumprimento ao direito da parte contrária. Se não há direito em favor do Poder Público, não se pode falar em interesse público, justamente porque atender ao interesse público é cumprir deveres e reconhecer e respeitar direitos do administrado. Para dar cumprimento ao direito da parte contrária, não é preciso que haja decisão judicial; é possível a própria Administração Pública, em atenção aos princípios da legalidade, da moralidade e da impessoalidade, desde que observado o devido processo administrativo, fazer cumprir o direito do particular.
>
> Ainda que a questão seja posta ao crivo do Poder Judiciário, cabe à Administração Pública, ao verificar que o particular tem razão, atender ao seu pleito e reconhecer a procedência do pedido. A circunstância de ter sido a questão judicializada não impede que haja o reconhecimento do direito, justamente por estar o Poder Público submetido ao princípio da legalidade.
>
> É possível, então, haver o reconhecimento da procedência do pedido. Para isso, é necessário:
>
> a) prévio processo administrativo, por meio do qual a Administração Pública averigue e conclua objetivamente que não há razão na defesa a ser apresentada em juízo;

---

27. *A Fazenda Pública em Juízo*. 6ª ed. São Paulo: Dialética, 2008, p. 90. Esse posicionamento se manteve até a 11ª ed., 2013, p. 101.

b) haver prévia autorização da autoridade administrativa competente para o cumprimento da obrigação exigida pelo particular (não sendo um ato autônomo do advogado público);

c) que o reconhecimento seja objeto de fiscalização pelos órgãos de controle, a exemplo do Poder Legislativo, do Tribunal de Contas, entre outros;

d) respeitar a isonomia e a impessoalidade, de sorte que, havendo demandas repetitivas ou diversos casos em idêntica situação de conflito com a Administração Pública, o reconhecimento deve ocorrer em todos os casos, não sendo possível haver escolha ou seleção arbitrária de apenas alguns dos casos. Nessa hipótese, é cabível, até mesmo, um ato geral regulando as condições da autocomposição.

Atendidas essas diretrizes, é possível haver o reconhecimento da procedência do pedido".[28]

A posição de Carneiro da Cunha deve ser alvo de especial atenção pois, como é cediço, trata-se de autor de consagrado livro vocacionado a instruir o comportamento dos advogados públicos em juízo.[29] Advoga, resumidamente, duas teses: (i) é indisponível o direito tutelado pela Fazenda Pública; (ii) o procurador não poderia reconhecer a procedência do pedido, mas a autoridade administrativa competente, sim. Pois bem.

Recordando o quanto asseverado no tópico antecedente, as seguintes proposições podem ser formuladas em caráter sintético:

1) A disponibilidade refere-se à possibilidade de o direito ser alienado, cedido, transacionado pelo seu titular. Dispõe-se de algo quando se transfere, a título gratuito ou oneroso, a propriedade de um bem para terceiro. Pense-se, por exemplo, em um contrato administrativo, o qual pressupõe a transferência

---

28. Disponível em: http://www.leonardocarneirodacunha.com.br/opiniao/opiniao-42-reconhecimento-da--procedencia-do-pedido-pela-fazenda-publica/. Acesso em 28.12.2014.
29. Esse posicionamento reverbera em diversos autores. Suzy Elisabeth Cavalcanti Koury, após salientar que aos procuradores "não é dado recusar a defesa do ente público, ainda que tenha convicção de que não lhe assiste razão", afirma que há uma "impossibilidade de os advogados públicos reconhecerem a procedência, confessarem, transigirem ou renunciarem ao direito em que se funda a ação, sem autorização por quem detenha poderes para tal, dado o caráter de indisponibilidade dos bens e do interesse público". A Ética no Serviço Público. *Revista de Direito Administrativo* n° 220, Rio de Janeiro, abr.-jun./2010, p. 190 e 191. Igualmente: "Constados indícios de excessivo apego à indisponibilidade do interesse público, o Procurador de Estado deve submeter o caso a parecer, cuja conclusão pode ser pela transação, reconhecimento da procedência do pedido, renúncia ao direito sobre que se funda a ação ou a não interposição de recurso. Óbvio que essa manifestação deve ser aprovada e cumpridos os trâmites exigidos pela legislação de cada Estado-membro para sua efetivação" (Júnior, Cláudio Grande. O Controle Interno de Constitucionalidade exercido pelas Procuradorias-Gerais dos Estados e do Distrito Federal. *Fórum Administrativo - Direito Público - FA*, Belo Horizonte, ano 5, n. 57, nov./2005, p. 6388-6389).

de valores do Estado para particulares: aquele recebe deste uma utilidade a fim de atender ao interesse público, mas, como contrapartida, precisa dispor de numerário. É acaciano que, se todo direito pertencente ao Estado fosse indisponível, seria impossível justificar o pagamento de bens e serviços contratados a fim de realizar o bem comum.

2) O *topoi* «é indisponível o direito tutelado pela Fazenda Pública» embaralha-se com a ideia de que o gestor é curador *in re aliena*, razão pela qual não poderia se comportar como se estivesse gerenciando *in re propria*. É certo que a Administração Pública é atividade de quem não é dono, uma vez que o titular dos interesses geridos é sempre o povo. Mas da afirmação de que nenhum servidor estatal é dono dos interesses de que deve curar àquela que sustenta a indisponibilidade dos bens públicos o passo é demasiado largo.

3) O fato de o administrador ser gestor de coisa alheia não obsta, à evidência, que ele disponha desta quando isso se coadunar com a pauta diretiva de sua conduta. Veja-se que um ordenador de despesas é remunerado para, precisamente, dispor do erário após verificada a regularidade do procedimento de despesa previsto na Lei 4.320/64. E, ao proceder de acordo com os termos legais, não se nega legitimidade ao seu comportamento.

4) A publicidade do interesse relaciona-se com a correspondência de seu objeto com a tábua axiológica, os princípios e os direitos subjacentes à Constituição Federal. Em palavras outras: são os valores que ingressam no ordenamento jurídico através das normas constitucionais que delimitam a natureza do interesse.

5) os termos antitéticos são disponibilidade x indisponibilidade, e, não, publicidade x disponibilidade. Cada qual dos signos relaciona-se, destarte, a significações diversas. A publicidade atine com a qualidade do interesse. De sua parte, a disponibilidade refere-se à aptidão de um interesse - público ou particular - de ser trasladado. Assim como há interesses públicos disponíveis (ex: dotação orçamentária destinada ao pagamento de uma despesa legalmente prevista), não é de se estranhar interesses privados indisponíveis (ex: reconhecimento de paternidade).

À luz dessas considerações, deve-se refutar o argumento de Carneiro da Cunha, o qual associa, indevidamente, a indisponibilidade do interesse público e a necessidade de resguardo da sua vocação ao atendimento dos anseios comunitários. O fato de um bem público ter sido disposto, destarte, não é qualquer indício de irregularidade. Aliás, pode-se até aventar que, em determinado contexto, a não-disposição de bens públicos viole a Constituição, como, v.g., no caso de uma política econômica cuja austeridade fiscal acarrete sérios danos aos projeto constitucional de redução das desigualdades sociais.

Em outra passagem, Carneiro da Cunha assevera que, conquanto a questão tenha sido posta ao crivo do Poder Judiciário, cabe à Administração Pública, ao verificar que o particular tem razão, atender ao seu pleito e reconhecer a procedência do pedido. Aduz, ainda, que "a circunstância de ter sido a questão judicializada não impede que haja o reconhecimento do direito, justamente por estar o Poder Público submetido ao princípio da legalidade". Logo após, Carneiro da Cunha exclui a possibilidade de o procurador público, de forma autônoma, reconhecer o pedido, pois afirma ser necessário (i) prévio processo administrativo, por meio do qual a Administração Pública averigue e conclua objetivamente que não há razão na defesa a ser apresentada em juízo, como, ainda (ii) haver prévia autorização da autoridade administrativa competente para o cumprimento da obrigação exigida pelo particular.

Com essas restrições, o que Carneiro da Cunha admite é, tão-somente o reconhecimento extraprocessual do direito do administrado, o qual, para possuir eficácia processual, segundo Marinoni e Mitidiero, exige apenas que "seja inequívoco e noticiado nos autos da causa".[30] Nunca se lhe opôs, porém, qualquer objeção, conforme se observa da pena de Egas Dirceu Moniz de Aragão:

> "Não há forma sacramental para a manifestação do reconhecimento, que tanto poderá ser externado nos autos, pela própria parte ou seu advogado, como em documento extrajudicial".[31]

Ora, que a Administração pode, fora dos autos, aquiescer ao direito do autor não há qualquer controvérsia. Isso já é feito rotineiramente, e nunca se questionou, felizmente, a prática de adimplir voluntariamente o Direito objetivo. Mas é igualmente relevante reconhecer que não subsiste qualquer *reserva de poder administrativo* quanto à observância da ordem jurídica, sendo possível fazê-lo seja em sede extraprocessual, seja mediante ato autônomo do advogado público. Quando houver "erro administrativo verificável pela simples análise das provas e dos documentos que instruem a ação" (art. 3º, inc. I da Portaria nº 109/2007-AGU), deve o procurador que atua no feito, mediante motivação adequada, reconhecer o pedido. Se, no curso do processo, se verificar que o fato constitutivo do direito do autor se verificou, que é nulo o ato administrativo ou inexistentes os seus motivos, não se deve prolongar o feito, sendo mister que o réu se conforme à pretensão autoral. Se não há direito em favor do Estado, sua defesa não deve, *sic et simpliciter*, ser exercida.[32]

---

30. Marinoni, Luiz Guilherme; Mitidiero, Daniel. *Código de Processo Civil comentado artigo por artigo*. 2ª ed. São Paulo: RT, 2010, p. 263.
31. *Comentários ao Código de Processo Civil*. Vol. 2 (arts. 154 - 269), 1ª ed., Rio de Janeiro: Forense, 1974, p. 461.
32. É precisamente a salvaguarda da ordem jurídica que subjaz a inúmeros diplomas infralegais que autorizam os procuradores a reconhecer a procedência do pedido. Nesse sentido, no âmbito federal, veja-se o Ato Regimental nº 1 da Advocacia-Geral da União, cujo art. 6º, § 2º prevê que: "Os membros da

5. O COMPORTAMENTO FAZENDÁRIO À LUZ DO PRINCÍPIO DA COOPERAÇÃO PROCESSUAL

Para além dos argumentos despendidos, é importante gizar que o Novo Código de Processo Civil faz uma inegável ruptura com o modelo de processo monológico praticado até então. Com efeito, a partir da ideia de construção de um Estado Democrático de Direito participativo (art. 14, CRFB/1988), que não mais se contenta com os tradicionais mecanismos representativos indiretos, passou-se a encarar o processo como um ambiente democrático no qual as partes devem agir de forma *comparticipativa*.

O modelo processual cooperativo implica, entre outras novidades, a previsão de deveres de cooperação para o juiz e as partes, atores processuais que passam a estar submetidos a imperativos de lhaneza, boa-fé e veracidade. Nestes termos, o Novo CPC prevê que: "Aquele que de qualquer forma participa do processo deve comportar-se de acordo com a *boa-fé*" (art. 5º) e "Todos os sujeitos do processo devem *cooperar entre si* para que se obtenha, em tempo razoável, decisão de mérito justa e efetiva" (art. 6º).

Esses dispositivos representam uma nova forma de concepção do processo, o qual passa a ser vislumbrado como uma *comunidade de trabalho*, a qual, nas palavras de Lorena Miranda Santos Barreiros, tem as seguintes características:

> "Nem às partes nem ao juiz se reserva o papel primordial do processo. Àquele remanescem, como não poderia deixar de ser, a condução formal do processo e o poder decisório. Certos poderes de condução material do processo igualmente lhe são reservados, como os de iniciativa probatória, por exemplo. Às partes, a seu turno, são legadas, especialmente, a iniciativa da instauração do feito e a delimitação do objeto litigioso do processo. O diferencial do modelo cooperativo, todavia, reside da previsão de

---

Advocacia-Geral da União, Procuradores Federais e Procuradores do Banco Central do Brasil que estejam em exercício nos órgãos de representação judicial da União ou de suas autarquias e fundações ficam autorizados a *reconhecer a procedência do pedido*, não contestar, não recorrer e desistir dos recursos já interpostos contra decisões judiciais nos casos que estejam em integral consonância com Súmula da AGU". A respeito, veja-se a manifestação de Alessandro Mendes Cardoso acerca do art. 19 da Lei 10.522/02, o qual prevê hipóteses em que o Procurador da Fazenda deverá reconhecer a procedência do pedido: "A previsão legal do reconhecimento da consolidação da jurisprudência por parte da Procuradoria da Fazenda Nacional é medida bastante salutar, uma vez que contribui para a realização de princípios de justiça tributária, como os da legalidade e da capacidade contributiva e permite que o contribuinte que buscou a tutela do seu direito junto ao Poder Judiciário tenha prestação consolidada com maior celeridade e evita que sejam despendidos recursos financeiros e humanos do Judiciário" (A Eficácia do Ato Declaratório da Procuradoria-Geral da Fazenda Nacional reconhecendo a pacificação jurisprudencial. *Revista Dialética de Direito Tributário* nº 173, p. 9).

deveres de cooperação, tanto das partes para com o juiz como deste para com as partes, além de deveres direcionados a outros participantes do processo, a exemplo do advogado, de testemunhas, de auxiliares de justiça etc. Todos devem colaborar para o atingimento da justa composição do litígio".[33]

Um acréscimo se faz preciso. Os deveres de cooperação (prevenção, auxílio, consulta, esclarecimento) das partes não são direcionados apenas ao juiz, pois entre estas também são imperativos de conduta, de sorte que devem se tratar com o dever de boa-fé processual que decorre do princípio constitucional da solidariedade (art. 3º, inc I).[34] Nesse sentido, é interessante destacar as previsões do Código de Processo Civil português editado em 26 de junho de 2013:

> Artigo 7.º - Princípio da cooperação
>
> 1 — Na condução e intervenção no processo, devem os magistrados, os mandatários judiciais e *as próprias partes cooperar entre si*, concorrendo para se obter, com brevidade e eficácia, a justa composição do litígio.
>
> Artigo 8.º- Dever de boa-fé processual
>
> As partes devem agir de boa-fé e observar os deveres de cooperação resultantes do preceituado no artigo anterior.
>
> Artigo 9.º - Dever de recíproca correção
>
> 1 — *Todos os intervenientes no processo devem agir em conformidade com um dever de recíproca correção*, pautando-se as relações entre advogados e magistrados por um especial dever de urbanidade.

À luz desse contexto cooperativo é preciso que se repense a vetusta ideia de que a Fazenda não pode reconhecer a procedência do pedido. Com efeito, se o procurador público está seguro de que o interesse público reside no acolhimento do pedido, atende ao dever de recíproca correção comportamental a dedução de teses infundadas direcionadas apenas a protelar a satisfação do direito substancial do administrado? É evidente que não apenas as partes devem se conduzir segundo o modelo processual cooperativo, pois, nos termos do art. 5º do Novo CPC brasileiro, todo aquele que de qualquer forma participa

---

33. *Fundamentos constitucionais do princípio da cooperação processual.* Salvador: Juspodium, 2013, p. 179/180.
34. "A exigência de atuações leais dos particulares, em conformidade com a boa-fé objetiva, pode ser extraída do princípio da solidariedade, como arquétipo de conduta capaz de dar concreção ao ideal de uma sociedade solidária. No campo processual, a solidariedade confere fundamento à adoção do modelo cooperativo, haja vista que o princípio da cooperação realiza, no processo, o objetivo delineado em sentido mais amplo pela solidariedade: a transformação da sociedade em um espaço dialético e colaborativo, em lugar de um campo de lutas egoísticas". Ibidem, p. 239.

do processo deve comportar-se de acordo com a boa-fé. Esse raciocínio, por acaso, não se aplica ao advogado do Estado?

Assim, com o intuito de ampliar a margem de atuação do advogado público, pode-se aventar, como guia norteador *a contrario sensu* da possibilidade de reconhecimento jurídico do pedido, o quanto disposto no artigo 332 do Novo Código de Processo Civil, o qual prevê hipóteses de improcedência liminar do pedido.[35] Segundo esse instituto, independentemente de citação, o juiz julgará liminarmente improcedente a pretensão que contrariar: enunciado de súmula do Supremo Tribunal Federal ou do Superior Tribunal de Justiça; acórdão proferido pelo Supremo Tribunal Federal ou pelo Superior Tribunal de Justiça em julgamento de recursos repetitivos; entendimento firmado em incidente de resolução de demandas repetitivas ou de assunção de competência; enunciado de súmula de tribunal de justiça sobre direito local.[36]

A proposta que se vem de defender é no sentido de que se dê ao dispositivo uma interpretação *bifronte*, ou seja, deve o mesmo autorizar não apenas o julgamento liminar de improcedência do pedido, quanto, ainda, o reconhecimento de sua procedência por parte da Fazenda Pública, com a extinção do feito na fase do julgamento conforme o estado do processo, nos termos do art. 354[37] c/c art. 487, inc. III, "a",[38] todos do Novo Código.

Essa exegese é um imperativo do paralelismo entre a ação e a defesa, pois, na verdade, a exceção nada mais é do que a "ação" do demandado. Conforme aduz Francisco Wildo Lacerda Dantas:

> "Considero que a visão correta da defesa é a de que ela corresponde ao mesmo direito de ação, com a diferença fundamental de que enquanto esta - a ação - é proposta pelo autor, a defesa é exercida pelo réu. Uma - a defesa - é consequência da outra - ação - mas ambas têm a mesma natureza de direito cívico reconhecido a todos de exigir do Estado a prestação jurisdicional".[39]

---

35. Ada Pellegrini Grinover, louvando o art. 285-A do CPC/73, afirma que: "Negli altri ordinamenti esaminati (refere-se a autora à Argentina, Colômbia, México, Uruguai e Paraguai), non esiste nessuna possibilità di giudizio anticipato sul merito, ancor prima della citazione del convenuto, come quella esistente nel sistema brasiliano". (Efficienza e garanzie: i nuovi istituti processuali in America Latina. Revista de Processo nº 203, jan./2012, p. 272).
36. Suprimiu-se, no Senado Federal, uma benfazeja previsão que constava na versão da Câmara dos Deputados aprovada em 26.03.2014, a saber, julgamento *prima facie* no caso de o pedido violar "frontalmente norma jurídica extraída de dispositivo expresso de ato normativo" (art. 333, inc. IV).
37. "Ocorrendo qualquer das hipóteses previstas nos arts. 485 e 487, incisos II e III, o juiz proferirá sentença. Parágrafo único. A decisão a que se refere o caput pode dizer respeito a apenas parcela do processo, caso em que será impugnável por agravo de instrumento".
38. "Haverá resolução de mérito quando o órgão jurisdicional: III – homologar: a) o reconhecimento da procedência do pedido formulado na ação ou na reconvenção;"
39. *Teoria Geral do Processo (Jurisdição - Ação (Defesa) - Processo)*. 2ª ed. São Paulo: Método, 2007, p. 295/296.

Assim, a norma que disciplina as hipóteses de rejeição *prima facie* do pedido deve ser processualmente refletida por ocasião do exercício do direito de defesa. Ou seja, citada a Fazenda, deve o procurador analisar, primeiramente, a presença das condições da ação e dos pressupostos processuais, e, verificada a regularidade processual, se a pretensão autoral se encontra baseada (*i*) em súmula do STF ou do STJ; (*ii*) acórdão proferido pelo STF ou pelo STJ em julgamento de recursos repetitivos; (*iii*) entendimento firmado em IRDR ou de assunção de competência; (*iv*) enunciado de súmula de tribunal de justiça sobre direito local, pois, nestas hipóteses, *deverá* reconhecer juridicamente o pedido.

O procurador que não atenta a esse *dever* presta desserviço: (*i*) ao administrado, que tem sua esfera jurídica recomposta apenas após o percurso de todo o *iter* processual; (*ii*) à Administração Pública, a qual, ao procrastinar o feito, tem sua condenação majorada com juros de mora, correção monetária e despesas sucumbenciais;[40] (*iii*) ao Poder Judiciário, que se vê compelido a julgar o mérito de direitos evidentes.

6. BIBLIOGRAFIA

Bandeira de Mello, Celso Antônio. *Curso de Direito Administrativo.* 25ª ed. São Paulo: Malheiros, 2008.

Barbosa Moreira, José Carlos. Reconhecimento do pedido. *Direito Processual Civil (Ensaios e pareceres).* Rio de Janeiro: Borsoi, 1971.

Barragat, Marcelo Rogério. Agentes políticos e as procuraturas constitucionais. *Fórum Administrativo - Direito Público - FA,* Belo Horizonte, ano 6, n. 60, fev./2006.

Barreiros, Lorena Miranda Santos. *Fundamentos constitucionais do princípio da cooperação processual.* Salvador: Juspodium, 2013.

Barroso, Luis Roberto. O Estado Contemporâneo, os Direitos Fundamentais e a Redefinição da Supremacia do Interesse Público (Prefácio). In: Sarmento, Daniel (org.). *Interesses públicos versus interesses privados: Desconstruindo o princípio da supremacia do interesse público.* Rio de Janeiro: Lumen Juris, 2005.

Cardoso, Alessandro Mendes. A Eficácia do Ato Declaratório da Procuradoria-Geral da Fazenda Nacional reconhecendo a pacificação jurisprudencial. *Revista Dialética de Direito Tributário* nº 173.

---

40. De acordo com o art. 90, § 4º do NCPC, "Se o réu reconhecer a procedência do pedido e, simultaneamente, cumprir integralmente a prestação reconhecida, os honorários serão reduzidos pela metade". Veja-se que, à exceção das hipóteses que demandam prestação em pecúnia e que carecem de expedição de precatório, o dispositivo pode ser aplicado em favor do Poder Público quando reconhecer a procedência do pedido e cumprir as demais espécies de obrigações.

Cintra, Antônio Carlos de Araújo; Grinover, Ada Pellegrini; Dinamarco, Cândido Rangel. *Teoria Geral do Processo*. 21ª ed. São Paulo: Malheiros, 2005.

Cunha, Leonardo José Carneiro da. *A Fazenda Pública em Juízo*. 11ª ed. São Paulo: Dialética, 2013.

____; Reconhecimento da procedência do pedido pela Fazenda Pública. Disponível em: http://www.leonardocarneirodacunha.com.br/opiniao/opiniao-42-reconhecimento-da-procedencia-do-pedido-pela-fazenda-publica/. Acesso em 28.02.2015.

Dantas, Francisco Wildo Lacerda. *Teoria Geral do Processo (Jurisdição - Ação (Defesa) - Processo)*. 2ª ed. São Paulo: Método, 2007.

Dinamarco, Cândido Rangel; Cintra, Antônio Carlos de Araújo; Grinover, Ada Pellegrini. *Teoria Geral do Processo*. 21ª ed. São Paulo: Malheiros, 2005.

Gonçalves, Alexsander Aparecido. A Advocacia Pública e suas funções institucionais. *Fórum Administrativo - Direito Público - FA*, Belo Horizonte, ano 10, n. 108, fev./2010.

Grinover, Ada Pellegrini; Efficienza e garanzie: i nuovi istituti processuali in America Latina. *Revista de Processo* n° 203, jan./2012.

____; Cintra, Antônio Carlos de Araújo; Dinamarco, Cândido Rangel. *Teoria Geral do Processo*. 21ª ed. São Paulo: Malheiros, 2005.

Guedes, Jefferson Carús. Transigibilidade de interesses públicos: prevenção e abreviação de demandas da Fazenda Pública. In: ____; Souza, Luciane Moessa de (coords.). *Advocacia de Estado. Questões institucionais para a construção de um Estado de Justiça*. Belo Horizonte: Ed. Fórum, 2009.

Júnior, Cláudio Grande. O Controle Interno de Constitucionalidade exercido pelas Procuradorias-Gerais dos Estados e do Distrito Federal. *Fórum Administrativo - Direito Público - FA*, Belo Horizonte, ano 5, n. 57, nov./2005.

Júnior, Clito Fornaciari. *Reconhecimento jurídico do pedido*. São Paulo: RT, 1977.

Koury, Suzy Elisabeth Cavalcanti. A Ética no Serviço Público. *Revista de Direito Administrativo* n° 220, Rio de Janeiro, abr.-jun./2010.

Marinoni, Luiz Guilherme; Mitidiero, Daniel. *Código de Processo Civil comentado artigo por artigo*. 2ª ed. São Paulo: RT, 2010.

Mitidiero, Daniel; Marinoni, Luiz Guilherme. *Código de Processo Civil comentado artigo por artigo*. 2ª ed. São Paulo: RT, 2010.

Moniz de Aragão, Egas Dirceu. *Comentários ao Código de Processo Civil*. Vol. 2 (arts. 154 - 269), 1ª ed., Rio de Janeiro: Forense, 1974.

Moreira Neto, Diogo de Figueiredo. A Advocacia de Estado revisitada: essencialidade do Estado Democrático de Direito. In: Guedes, Jefferson Carús; Souza, Luciane Moessa de (coords.). *Advocacia de Estado. Questões institucionais para a construção de um Estado de Justiça*. Belo Horizonte: Ed. Fórum, 2009.

Nery, Cristiane da Costa. A constitucionalização da carreira do Procurador Municipal - Função essencial e típica de Estado. *Revista Interesse Público - IP*, Belo Horizonte, ano 12, n. 60, mar.-abr./2010.

Silva, José Afonso da. A Advocacia Pública e Estado Democrático de Direito. *Revista de Direito Administrativo* n° 230, Rio de Janeiro, out.-dez./2002.

Silva, Marcello Terto e. A Fazenda Pública em Juízo, o Reconhecimento do Pedido e a nova Advocacia Pública. *Revista de Direito da PGE-GO*, vol. 24. Disponível em: http://www.pge.go.gov.br/revista/index.php/revistapge/article/view/161/142. Acesso em 29.02.2015.

Silva, Ovídio A. Baptista da. *Jurisdição e Execução na Tradição Romano-Canônica*. 3ª ed. Rio de Janeiro: Forense, 2007.

Souza, Luciane Moessa de. Consultoria jurídica no exercício da advocacia pública: a prevenção como melhor instrumento para a concretização dos objetivos do Estado brasileiro. In: Guedes, Jefferson Carús; ____(coords.). *Advocacia de Estado. Questões institucionais para a construção de um Estado de Justiça*. Belo Horizonte: Ed. Fórum, 2009.

Yarshell, Flávio. *Tutela Jurisdicional*. 2ª ed. São Paulo: Ed. DPJ, 2006.

CAPÍTULO 4

O contraditório efetivo do autor versus a improcedência liminar do pedido (art. 332, § 1º, do CPC/2015)

Márcio Oliveira Rocha[1]

SUMÁRIO: 1. DELIMITAÇÃO DO *PAPER;* 2. OS DISSABORES TEÓRICOS DA "IMPROCEDÊNCIA *PRIMA FACIE*" DO ATUAL ART. 285-A E DA IMPROCEDÊNCIA LIMINAR PROPOSTA NO ART. 332, §1º, DO CÓDIGO DE PROCESSO CIVIL DE 2015; 3. O CONTRADITÓRIO EFETIVO DO AUTOR DIANTE DA IMPROCEDÊNCIA LIMINAR DO PEDIDO, PREVISTA NO ART. 332, §1º, DO CPC/2015; 4. CONSIDERAÇÕES FINAIS; 5. REFERÊNCIAS.

1. DELIMITAÇÃO DO *PAPER*

O estudo desenvolvido neste *paper* tem o escopo de fomentar e delinear o debate acerca da improcedência liminar do pedido prevista no art. 332, §1º, do Código de Processo Civil de 2015, instituído pela Lei n.º 13.105/2015, o qual reflete, guardadas as devidas proporções das inovações trazidas no novo texto legal, a redação do art. 285-A do Código de Processo Civil de 1973, dispondo aquele que "nas causas que dispensem a fase instrutória, o juiz, independentemente da citação do réu, julgará liminarmente improcedente o pedido [...]".[2]

---

1. Advogado. Professor de Direito Processual Civil (graduação e pós-graduação lato sensu). Doutorando em Direito pela Universidade Federal de Pernambuco – UFPE/FDR. Mestre em Direito pela Universidade Federal de Alagoas – UFAL/FDA. Membro da Associação Norte Nordeste de Professores de Processo – ANNEP. Membro do Instituto Brasileiro de Direito Processual – IBDP. E-mail: marciorocha50@hotmail.com.
2. Nas seguintes hipóteses: "I – enunciado de súmula do Supremo Tribunal Federal ou do Superior Tribunal de Justiça; II – acórdão proferido pelo Supremo Tribunal Federal ou pelo Superior Tribunal de Justiça em julgamento de recursos repetitivos; III – entendimento firmado em incidente de resolução de demandas repetitivas ou de assunção de competência; IV – enunciado de súmula de tribunal de justiça sobre direito local. §1º O juiz também poderá julgar liminarmente improcedente o pedido se verificar, desde logo, a ocorrência de decadência ou de prescrição. § 2º Não interposta a apelação, o réu será intimado do trânsito em julgado da sentença, nos termos do art. 241. § 3º Interposta a apelação, o juiz poderá retratar-se em 5 (cinco) dias. § 4º Se houver retratação, o juiz determinará o prosseguimento do processo, com a citação do réu, e, se não houver retratação, determinará a citação do réu para apresentar contrarrazões, no prazo de 15 (quinze) dias."

Com esse norte, trataremos das implicações teóricas e práticas do referido dispositivo na seara processual, verificando e analisando os dissabores que a doutrina vem destacando da chamada "improcedência *prima facie*" do art. 285-A,[3] bem como da improcedência liminar proposta no art. 332, §1º, do Código de Processo Civil de 2015,[4] problematizando o estudo com o enfoque no contraditório como direito fundamental do autor e no dever de consulta do magistrado imposto pelo art. 10 do CPC/15, associando-nos, neste aspecto, a posição de Daniel Mitidiero,[5] para que não haja uma possível alegação de inconstitucionalidade do dispositivo em questão.

Tudo isso com o ideal de analisar as consequências práticas e úteis oriundas das indagações em abstrato, como forma de sempre tentar aperfeiçoar o discurso jurídico,[6] e garantir uma adequada interpretação e coerência do sistema processual.

2. OS DISSABORES TEÓRICOS DA "IMPROCEDÊNCIA *PRIMA FACIE*" DO ATUAL ART. 285-A E DA IMPROCEDÊNCIA LIMINAR PROPOSTA NO ART. 332, §1º, DO CÓDIGO DE PROCESSO CIVIL DE 2015

É de se ressaltar, por oportuno, que este estudo não tem a intenção de esgotar os aspectos, ainda tão polêmicos, das concepções sobre a denominada "improcedência *prima facie*",[7] mas de experimentar determinados fenômenos doutrinários verificados na práxis processual. Sempre mantendo a posição que "valoriza a liberdade de investigação, a diversidade dos investigadores e a experimentação",[8] de sorte que não se vislumbra neste ensaio a busca de "verdades" categóricas ou inquestionáveis, mas de posições que questionam e testam os fenômenos traçados como objeto de análise.

Assim, pretende-se desenvolver o presente *paper* com o ideal acima descrito, sob uma perspectiva de conduzir experimentalmente a proposta que tem como objeto de investigação a correção de uma possível alegação de inconstitucionalidade do dispositivo do art. 332, §1º, do Código de Processo Civil de 2015.

---

3. DIDIER JR, Fredie. *Curso de Direito Processual Civil* – Introdução ao Direito Processual Civil e Processo de Conhecimento. 14ª edição – revista, ampliada e atualizada. Salvador: Juspodivm, 2012, p. 479-492.
4. "§1º O juiz também poderá julgar liminarmente improcedente o pedido se verificar, desde logo, a ocorrência de decadência ou de prescrição."
5. MITIDIERO, Daniel. *Processo Civil e Estado Constitucional. In A multifuncionalidade do Direito Fundamental ao Contraditório e a Improcedência Liminar (art. 285-A, CPC): resposta à crítica de José Tesheiner*. Porto Alegre: Livraria do Advogado, 2007, p. 33-39.
6. POSNER, Richard A. *Para Além do Direito*. Trad. Evandro Ferreira e Silva. São Paulo: Martins Fontes, 2009.
7. DIDIER JR, Fredie. *Curso de Direito Processual Civil* – Introdução ao Direito Processual Civil e Processo de Conhecimento. 14ª edição – revista, ampliada e atualizada. Salvador: Juspodivm, 2012, p. 479.
8. POSNER, Richard A. *Para Além do Direito*. Trad. Evandro Ferreira e Silva. São Paulo: Martins Fontes, 2009, p. 7.

Desta forma, partimos da premissa de que se o exercício do contraditório em sua perspectiva *substancial*, atualmente tão veiculada pela doutrina processual, que consiste na informação e no oferecimento de oportunidade às partes de influenciar na decisão judicial, ou seja, "participação e poder de influência são as palavras-chave para a compreensão desse princípio constitucional",[9] indaga-se: como compatibilizar esse entendimento com a resolução do processo de conhecimento sem o exercício de influência do autor para um possível fortalecimento e aprimoramento da sentença de improcedência do art. 332, §1º, do Código de Processo Civil de 2015? Desnecessário? E como compatibilizar tal possibilidade com o preconizado no art. 10[10] do mesmo diploma legal?

Um argumento teórico que nos faz começar a refletir sobre a possibilidade de interferência do autor, no caso de improcedência liminar sobre o argumento da prescrição ou decadência, visualizada inicialmente pelo magistrado singular, seria o da prejudicialidade.

Pois, a doutrina processual justifica a possibilidade da improcedência liminar quanto à ausência de manifestação do réu, uma vez que ele não seria prejudicado, pois com a improcedência da demanda ele sairia vitorioso.[11]

Assim, porque não estabelecer uma dialética processual[12] e fortalecer o contraditório *substancial*, na perspectiva do próprio texto do CPC/15 – art. 7º –,[13] uma vez que estamos tratando de um provimento definitivo de mérito e não de uma mera decisão provisória sob a constatação de verossimilhança na alegação e do perigo da demora, o qual o exercício do contraditório pode ser postecipado.

Até mesmo para garantir o modelo cooperativo de processo, o que parece ser implementado claramente pelo texto do Código de Processo Civil de 2015,[14]

---

9. DIDIER JR, Fredie. *Curso de Direito Processual Civil – Introdução ao Direito Processual Civil e Processo de Conhecimento*. Vol. I. 14ª Ed. revista, ampliada e atualizada. Salvador: Juspodivm, 2012, p. 58.
10. "Art. 10. O juiz não pode decidir, em grau algum de jurisdição, com base em fundamento a respeito do qual não se tenha dado às partes oportunidade de se manifestar, ainda que se trate de matéria sobre a qual deva decidir de ofício."
11. "O art. 285-A do CPC não ofende o princípio do contraditório, pois a decisão é favorável ao réu e contrária ao autor. Ora, em todos os casos de indeferimento da petição inicial (CPC, art. 295), a sentença é favorável ao réu e contrária ao autor. Pode, até mesmo, a inicial ser indeferida por prescrição ou decadência (que é mérito). Haveria ofensa ao contraditório se o réu já fosse, liminarmente, condenado, sem a mínima possibilidade de defesa. Mas, nesse caso, ele vai ganhar, sem ter que se deslocar a juízo." (CUNHA, Leonardo Carneiro da. *A Fazenda Pública em Juízo*. 10ª Ed. São Paulo: Dialética, 2012, p. 114).
12. BORGES, José Souto Maior. *O contraditório no processo judicial – uma visão dialética*. 2ª edição, revista e aumentada. São Paulo: Malheiros, 2013, p. 83.
13. "Art. 7º É assegurada às partes paridade de tratamento em relação ao exercício de direitos e faculdades processuais, aos meios de defesa, aos ônus, aos deveres e à aplicação de sanções processuais, competindo ao juiz zelar pelo *efetivo contraditório*."
14. "Art. 6º. Todos os sujeitos do processo devem cooperar entre si para que se obtenha, em tempo razoável, decisão de mérito justa e efetiva."

e que se caracteriza "pelo redimensionamento do *princípio do contraditório*, com a inclusão do órgão jurisdicional no rol dos sujeitos do diálogo processual, e não mais como um mero espectador do *duelo* das partes. O contraditório volta a ser valorizado como instrumento indispensável ao aprimoramento da decisão judicial, e não apenas como uma regra formal que deveria ser observada para que a decisão fosse válida".[15]

Com isso, cria-se no processo civil uma verdadeira "comunidade de trabalho",[16] que se efetivará suplantando até as questões que o magistrado pode suscitar de ofício, evitando-se as decisões de inopino,[17] dando as partes, independentemente do resultado do provimento, o direito de influenciar e aprimorar a decisão judicial.

Nesse contexto, podemos citar alguns dissabores teóricos e práticos que foram identificados pela doutrina processual desde a implementação do art. 285-A, do Código de Processo Civil de 1973, tais como: a) o desconhecimento do réu da demanda, o que poderia ensejar a propositura de uma nova ação por parte do autor em outro juízo e, por via de consequência, tiraria do réu o direito de arguir, nesta nova ação, a coisa julgada como matéria de defesa processual, em sede de contestação;[18] b) a possibilidade de julgamento improcedente no juízo de piso contrário aos precedentes dos Tribunais locais e dos Tribunais Superiores, o que geraria uma insegurança jurídica e quebraria a isonomia, porque teríamos diferentes partes com casos semelhantes e decisões díspares;[19] e, c) a própria redação utilizada no dispositivo, quando se refere à "matéria controvertida" e a "casos idênticos", pois só há "matéria controvertida" se o réu for citado e oferecer os seus contra-argumentos, transformando a questão em um ponto controvertido, bem como para que haja "casos idênticos" se faz necessário que os pedidos, as causas de pedir e as partes sejam também iguais, ou seja, que se constate uma exata litispendência.[20]

---

15. DIDIER JR, Fredie. *Fundamentos do Princípio da Cooperação no Direito Processual Civil Português*. Coimbra: Coimbra Editora, 2010, p. 46.
16. "A progressiva afirmação do princípio da cooperação, considerado já uma trave mestra do processo civil moderno, leva frequentemente a falar duma *comunidade de trabalho* (Arbeitsgemeinschaft) entre as partes e o tribunal para a realização da função processual". (FREITAS, José Lebre de. *Introdução ao Processo Civil* – conceito e princípios gerais. 2ª edição. reimpressão. Coimbra: Coimbra Editora, 2012, p. 168.)
17. "Art. 10. O juiz não pode decidir, em grau algum de jurisdição, com base em fundamento a respeito do qual não se tenha dado às partes oportunidade de se manifestar, ainda que se trate de matéria sobre a qual deva decidir de ofício."
18. "Referimo-nos a uma possibilidade de o Magistrado determinar a aplicação do art. 219, §6º do CPC, e, embora não prevista para tal hipótese, lançar-se mão do art. 234 do CPC, **intimando** o réu para que tenha ciência do processo que contra ele foi movido (e julgado improcedente)". (DANTAS, Ivo. *Novo Processo Constitucional Brasileiro*. Curitiba: Juruá, 2010, p. 297-299).
19. CUNHA, Leonardo Carneiro da. *A Fazenda Pública em Juízo*. 10ª Ed. São Paulo: Dialética, 2012, p. 109-110.
20. CUNHA, Leonardo Carneiro da. *A Fazenda Pública em Juízo*. 10ª Ed. São Paulo: Dialética, 2012, p. 111-113.

Estes dissabores, de certa forma, foram um tanto aclarados e serenados pelo art. 332 do Código de Processo Civil de 2015, pela doutrina processual e por certos precedentes judiciais.[21]

No entanto, parece-nos que a questão nova que poderá não encontrar conforto quanto ao exercício do contraditório como direito fundamental do autor, perfaz o caso de improcedência liminar quando se verificar a existência de prescrição e decadência constatada inicialmente pelo magistrado (art. 332, §1º, do CPC/2015), o que entra em colisão com a marca registrada deste momento em que o direito processual vive atualmente, seja sob a nomenclatura de *neoprocessualismo*[22] ou *formalismo-valorativo*.[23]

Nesse aspecto, merece atenção as lições de Leonardo Carneiro da Cunha,[24] ao destacar que "o Estado democrático não se compraz com a ideia de atos repentinos, inesperados, de qualquer dos seus órgãos, mormente daqueles destinados à aplicação do Direito. A efetiva participação dos sujeitos processuais é

---

21. EMENTA: DIREITO PROCESSUAL CIVIL. RECURSO ESPECIAL. AÇÃO REVISIONAL DE CONTRATO BANCÁRIO. SENTENÇA LIMINAR DE IMPROCEDÊNCIA. ART. 285-A DO CPC. NECESSIDADE DE CONFORMIDADE COM O ENTENDIMENTO DO TRIBUNAL LOCAL E DOS TRIBUNAIS SUPERIORES. 1. Sentença de improcedência proferida com fulcro no art. 285-A do CPC que, embora esteja em consonância com a jurisprudência do STJ, diverge do entendimento do Tribunal de origem. 2. O art. 285-A do CPC constitui importante técnica de aceleração do processo. 3. É necessário, para que o objetivo visado pelo legislador seja alcançado, que o entendimento do Juiz de 1º grau esteja em consonância com o entendimento do Tribunal local e dos Tribunais Superiores (dupla conforme). 4. Negado provimento ao recurso especial. (STJ – REsp 1225227/MS, Rel. Ministra NANCY ANDRIGHI, TERCEIRA TURMA, julgado em 28/05/2013, DJe 12/06/2013) (grifo aditado)
EMENTA: PROCESSO CIVIL. SENTENÇA PROFERIDA NOS TERMOS DO ART. 285-A DO CÓDIGO DE PROCESSO CIVIL. NECESSIDADE DE QUE O MAGISTRADO INDIQUE OS PRECEDENTES.
Segundo o tribunal a quo, o MM. Juiz de Direito julgou improcedente o pedido com base no art. 285-A do Código de Processo Civil sem reportar-se aos precedentes que autorizariam a prolação da sentença sem o contraditório prévio - conclusão que se extrai da leitura da sentença. Agravo regimental desprovido. (STJ – AgRg no AREsp 297.427/MG, Rel. Ministro ARI PARGENDLER, PRIMEIRA TURMA, julgado em 10/09/2013, DJe 24/09/2013)
22. CAMBI, Eduardo. *Neoconstitucionalismo e Neoprocessualismo: direitos fundamentais, políticas públicas e protagonismo judiciário*. 2ª Ed. revista e atualizada. São Paulo: Revista dos Tribunais, 2011.
23. Quanto ao batismo deste novo momento metodológico do direito processual civil, a doutrina dissente um pouco, ao trabalhar a ideia de *neoprocessualismo*, o qual "tem o mérito de 'remeter rapidamente ao neoconstitucionalismo* e que aponta desde logo para 'um dos principais aspectos deste estágio metodológico dos estudos sobre o direito processual: a revisão das categorias processuais (cuja definição é a marca do processualismo do final do século XIX e meados do século XX), a partir de novas premissas teóricas, o que justifica o prefixo 'neo'". Em face da expressão *formalismo-valorativo*, o qual explica "o sentido do termo na expressão é bem outro - trata-se de conceito que visa a abarcar a totalidade das posições jurídicas processuais objetivando o seu equilíbrio e, daí, sua ótima ordenação. A alusão ao 'valorativo' tem por desiderato realçar que toda normatividade só se justifica no Estado Constitucional se ancorada nos valores encarnados na Constituição. À expressão cumpre o papel de deixar absolutamente claro que o processo justo só pode ser concebido mediante a normatização e posterior concordância prática entre os valores igualdade, participação, efetividade e segurança visando ao alcance do valor justiça". (MITIDIERO, Daniel. *Colaboração no Processo Civil* – pressupostos sociais, lógicos e éticos. 2ª ed. São Paulo: RT, 2011, p. 52).
24. CUNHA, Leonardo Carneiro da. *A atendibilidade dos fatos supervenientes no processo civil*: uma análise comparativa entre o sistema português e brasileiro. Coimbra: Almedina, 2012, p. 61.

medida que consagra o princípio democrático, cujos fundamentos são vetores hermenêuticos para aplicação das normas jurídicas".

Assim, a princípio, nesta hipótese de improcedência liminar do pedido (art. 332, §1º, do CPC/15), para que o autor não seja pego de surpresa, acreditamos que a norma que se deve extrair do texto legal é a seguinte: verificando o magistrado, de início, a ocorrência de direito prescrito ou decaído, deve intimar o autor para se manifestar sobre a questão, em atenção ao contraditório efetivo e ao dever de consulta, com espeque no art. 10 do CPC/15. E, após a manifestação ou não do autor, o magistrado pode realizar o julgamento inicial do mérito sob o fundamento da prescrição ou decadência.

Desta forma, a leitura sem o devido raciocínio da expressão "improcedência liminar", leva-nos a crer que o julgamento deve ser sem a oitiva da parte, ou seja, sem a provocação da parte. Contudo, ao nosso sentir, a expressão "improcedência liminar" deve ser entendida como de julgamento de início ou até outra hipótese de julgamento antecipado do mérito, garantida a possibilidade de manifestação e exercício efetivo do contraditório do autor.

Outra questão, que consideramos interessante e não constatamos nos escritos que analisaram o tema, é se com o julgamento de improcedência sem a realização da citação do réu o processo se torna válido, pois como a maioria da doutrina processual entende a citação um pressuposto processual de validade do processo e não de existência,[25] como justificar um processo com a ausência deste pressuposto? Tanto é assim que o Código de 1973 e o texto projetado estabelecem modalidades de citação ficta, seja por hora certa ou por edital – arts. 227; 228 e 231, CPC/73 e arts. 252 e 256 do CPC/15[26] –, para validar o processo e consequentemente todos seus atos processuais.

A princípio, parece-nos que os dispositivos em comento – o atual art. 285-A do CPC/73 e o art. 332 do CPC/15 – criaram uma verdadeira exceção à citação como pressuposto de validade do processo, expressamente tipificado no novo texto processual.[27]

Nesse contexto, podemos afirmar que há possibilidade de um processo passar pelos planos da existência, validade e eficácia sem que haja citação,

---

25. DIDIER JR., Fredie. *Curso de Direito Processual Civil* – introdução ao direito processual civil e processo de conhecimento. 14ª edição, revista, ampliada e atualizada. Salvador: Juspodivm, 2012, p. 493.
26. "Art. 252. Quando, por 2 (duas) vezes, o oficial de justiça houver procurado o citando em seu domicílio ou residência sem o encontrar, deverá, havendo suspeita de ocultação, intimar qualquer pessoa da família ou, em sua falta, qualquer vizinho de que, no dia útil imediato, voltará a fim de efetuar a citação, na hora que designar." "Art. 256. A citação por edital será feita: I – quando desconhecido ou incerto o citando; II – quando ignorado, incerto ou inacessível o lugar em que se encontrar o citando; III – nos casos expressos em lei."
27. "Art. 239. Para a validade do processo é indispensável a citação do réu ou do executado, ressalvadas as hipóteses de indeferimento da petição inicial ou de improcedência liminar do pedido".

o que, por via de consequência, implica analisar os possíveis efeitos teóricos e práticos que a ausência do ato de citar pode gerar no processo – art. 219, CPC/73 e art. 240, §1º, do CPC/15.[28]

É sabido que, dentre os efeitos da citação, a interrupção da prescrição perfaz uma garantia de que o lapso temporal da demanda não aniquile o direito pretendido. Assim, indaga-se: a) com a ausência da citação nos processos que envolvem os dispositivos do atual art. -285A e do art. 332 do CPC/15, operam-se os efeitos da citação?

Suponhamos que um magistrado aplique o art. 285-A julgando improcedente a demanda e o autor, insatisfeito, apresente o recurso de apelação e, posteriormente, o réu quando citado para conhecer da demanda e apresentar suas contrarrazões, perceba que durante o trâmite processual – protocolo da petição inicial; improcedência liminar; e conhecimento do réu – operou-se a prescrição do direito do autor. Questiona-se: há possibilidade de o réu alegar a prescrição do direito do autor, utilizando o argumento de que durante o trâmite processual o prazo prescricional não teria sido interrompido?

Ou, se o direito alegado pelo autor estiver prescrito desde a propositura da ação e o magistrado tenha jugado improcedente pelo simples fato da demanda ser repetitiva ou considerada *demanda de massa*,[29] não restaria aí uma possibilidade também de violação do contraditório do réu como direito fundamental ao fortalecimento e aprimoramento argumentativo da sentença improcedência liminar?

Ressalte-se, por oportuno, que a doutrina processual abalizada, sobre a interrupção da prescrição, assevera que "cumpre advertir que não é qualquer despacho liminar que interrompe a prescrição. É necessário que o magistrado tenha feito um juízo positivo, ainda que prévio/precário, da admissibilidade da causa (verificação da existência das condições da ação e pressupostos processuais), convocando o réu ao processo. Despacho que determina a emenda da petição inicial, por exemplo, não interrompe a prescrição, tampouco a sentença que indeferiu a petição inicial. Eventual extinção do processo sem julgamento do mérito, após a citação, não impede que se considere interrompida a prescrição – deve o autor lembrar, no entanto, que a prescrição somente se interrompe uma vez (art. 202, *caput*, CC-2002)".[30]

Ademais, acreditamos que mesmo se entendermos que no primeiro ou no segundo caso acima descrito, com a posterior realização da citação, os seus

---

28. "Art. 240[...] §1º A interrupção da prescrição, operada pelo despacho que ordena a citação, ainda que proferido por juízo incompetente, retroagirá à data de propositura da ação."
29. CUNHA, Leonardo Carneiro da. *A Fazenda Pública em Juízo*. 10ª Ed. São Paulo: Dialética, 2012, p. 111.
30. DIDIER JR., Fredie. *Curso de Direito Processual Civil*, cit., p. 501.

efeitos se operam e retroagem até o momento da propositura da demanda – art. 219, §1º, do CPC/73 e art. 240, §1º, do CPC/15 –, retira-se do autor e do réu uma oportunidade e/ou possibilidade de exercício efetivo do contraditório substancial, na perspectiva de um direito fundamental ao fortalecimento argumentativo e aprimoramento da sentença improcedência liminar, com fins de uma decisão justa, ou seja, que garanta os direitos e deveres processuais/constitucionais. O que poderá gerar, neste contexto, até uma possível alegação de inconstitucionalidade dos dispositivos.

3. O CONTRADITÓRIO EFETIVO DO AUTOR DIANTE DA IMPROCEDÊNCIA LIMINAR DO PEDIDO, PREVISTA NO ART. 332, §1º, DO CPC/2015

Como nova perspectiva do exercício do processo civil contemporâneo, o modelo de cooperação processual "gera poderes-deveres parra o órgão jurisdicional (seus quatro as pectos): a) dever de esclarecimento; b) dever de consulta; c) dever de prevenção; d) dever de auxílio".[31]

Nesse contexto, como corolário da cooperação e do contraditório efetivo, o dever de consulta impõe ao magistrado "o fomento do debate preventivo e a submissão de todos os fundamentos (*ratio decidendi*) da futura decisão ao contraditório".[32]

Ademais, verifica-se, ainda, "o dever de consulta, de cunho assistencial. Não pode o magistrado decidir com base em questão de fato ou de direito, ainda que possa ser conhecida *ex officio*, sem que sobre elas sejam as partes intimadas a manifestar-se".[33]

Outrossim, cumpre destacar que na perspectiva da isonomia processual "o que se exige do juiz é que confira às partes igualdade de oportunidades, para que, exercendo o contraditório, possam ter a chance de tentar participar do seu convencimento, trazendo os elementos necessários e suficientes a demonstrar o acerto da respectiva tese ou defesa".[34]

Desta forma, podemos chegar ao entendimento de que, com base no próprio texto legal (art. 10 do CPC/15), há necessidade de intimar o autor quando da improcedência liminar disciplinada pelo art. 332, §1º, do CPC/15, para que haja o efetivo exercício do contraditório.

---

31. DIDIER JR., Fredie. *Fundamentos do Princípio da Cooperação no Direito Processual Civil Português*. Coimbra: Coimbra Editora, 2010, p. 15.
32. THEODORO JÚNIOR, Humberto; NUNES, Dierle; BAHIA, Alexandre Melo Franco; PEDRON, Flávio Quinaud. *Novo CPC – Fundamentos e sistematização*. Rio de Janeiro: Forense, 2015, p. 97.
33. DIDIER JR., Fredie. *Fundamentos do Princípio da Cooperação no Direito Processual Civil Português*. Coimbra: Coimbra Editora, 2010, p. 17-18.
34. CUNHA, Leonardo Carneiro da. *A Fazenda Pública em juízo*. 10ª Ed. revista e atualizada. São Paulo: Dialética, 2012, p. 29.

Ressalte-se ainda, também com base nestes argumentos e como o forma de acender e provocar o debate, fazemos as seguintes indagações: mesmo nos casos de improcedência liminar, porque não citar o réu? Desnecessário, pois com a improcedência da demanda ele sairia vitorioso. Mas como adequar o momento cultural que passa o direito processual – formalismo-valorativo –, com a necessidade de uma resolução de conflito em um tempo razoável, não tendo que relativizar as garantias históricas conquistadas? Será que estabelecer a dialética processual, mesmo nos casos repetitivos, atrasaria o processo?

Como vimos no tópico anterior, será que a celeridade implementada pelos dispositivos em comento não desnaturam institutos constitucionalmente garantidos, com julgamentos definitivos de mérito sem a participação e influência do réu?

O direito processual passa por um momento de concretização e aperfeiçoamento do que se entende por Estado Democrático Constitucional, ou seja, de uma nova fase que tem como leme a necessidade de melhor justificar as decisões jurídicas, "faz-se mister verificar que o processo democrático deve ser aplicado mediante os ditames do modelo constitucional de processo, conjunto de princípios e regras constitucionais que garantem a legitimidade e a eficiência da aplicação da tutela".[35]

Com essa dinâmica, um princípio constitucional vem ganhando bastante destaque, qual seja, o do contraditório, uma vez que "garante uma simetria de posições subjetivas, além de assegurar aos participantes do processo a possibilidade de dialogar e de exercitar um conjunto de controles, de reações e de escolhas dentro desta estrutura".[36]

Desta forma, "não se pode mais na atualidade, acreditar que o contraditório se circunscreva ao dizer e contradizer formal entre as partes, sem que isso gere uma efetiva ressonância (contribuição) para a fundamentação do provimento, ou seja, afastando a ideia de que a participação das partes no processo possa ser meramente fictícia, ou apenas aparente, e mesmo desnecessária no plano substancial".[37]

Neste sentido, Mitidiero[38] destaca que "dentro de um processo organizado a partir da necessidade de colaboração é absolutamente indispensável tenham

---

35. NUNES, Dierle; THEODORO JR., Humberto. O princípio do contraditório – tendências de mudanças de sua aplicação. In: *Revista da Faculdade de Direito Sul de Minas*, nº 28. Pouso Alegre, jan-jun/2009, p. 178.
36. NUNES, Dierle; THEODORO JR., Humberto. O princípio do contraditório – tendências de mudanças de sua aplicação. In: *Revista da Faculdade de Direito Sul de Minas*, nº 28. Pouso Alegre, jan-jun/2009, p. 178.
37. NUNES, Dierle; THEODORO JR., Humberto. O princípio do contraditório – tendências de mudanças de sua aplicação. In: *Revista da Faculdade de Direito Sul de Minas*, nº 28. Pouso Alegre, jan-jun/2009, p. 179.
38. MITIDIERO, Daniel. *Colaboração no Processo Civil* – pressupostos sociais, lógicos e éticos. 2ª ed. São Paulo: RT, 2011, p. 151.

as partes a possibilidade de se pronunciar sobre tudo que pode servir de ponto de apoio para a decisão da causa, inclusive quanto àquelas questões que o juiz pode apreciar de ofício. Vários ordenamentos, aliás, preveem expressamente esse dever de debate, de consulta do órgão jurisdicional às partes".

Historicamente, do adágio *"audiatur et altera parte"*, a qual se alicerçava o princípio do contraditório, tendo como "regra de aplicação a compensação em relação às várias formas de desigualdades existentes no processo", constata-se, no término do século XIX, "o exaurimento da função axiológica do contraditório e mesmo de qualquer referência com o direito natural, ou seja, sua importância ético-ideológica. Foi o princípio, desse modo, remetido a um papel secundário que fez perder qualquer liame com a essência do fenômeno processual". Contudo, "após o segundo pós-guerra, com a mais ampla constitucionalização de garantias processuais o estudo destas e o interesse democrático pela colaboração das partes proporcionaram novos horizontes de análise para o princípio do contraditório".[39]

Desta maneira, não se vislumbra mais um contraditório meramente formal de possibilidade de simples participação das partes, mas com base nos novos ideais constitucionais, busca-se uma participação mais ativa efetiva das partes com o poder de influência cognitiva na construção da decisão mais justa para o caso, mesmo que já haja um provimento judicial prévio de mérito.

Nessa perspectiva, cria-se "uma nova tendência e uma nova leitura paritária entre os sujeitos processuais, sem confundir seus papéis, mas, de modo a se implementar uma participação real com a assunção da corresponsabilidade endoprocessual por todos".[40]

Partindo destas considerações e do momento em que o processo civil brasileiro se encontra, podemos academicamente questionar e testar estas formas de resolução de conflitos de massa, sob o manto do exercício efetivo do contraditório substancial do autor e do réu, pois se de um lado temos julgamentos céleres sem importunar o réu e sem ouvir o autor, de outro há, como vimos, várias questões teóricas e praticas para nos preocupar, mas acreditamos que mudanças devem existir a partir do momento em que constatarmos um avanço e esperamos que estas mudanças processuais possam nos garantir este avanço.

Por fim, porque não citar o réu? Fica a indagação.

Acreditamos que, talvez, citar o réu estabelecendo a genuína relação jurídica processual, com o exercício do contraditório e todas as garantias

---

39. NUNES, Dierle; THEODORO JR., Humberto. O princípio do contraditório – tendências de mudanças de sua aplicação. In: *Revista da Faculdade de Direito Sul de Minas*, nº 28. Pouso Alegre, jan-jun/2009, p. 180.
40. NUNES, Dierle; THEODORO JR., Humberto. O princípio do contraditório – tendências de mudanças de sua aplicação. In: *Revista da Faculdade de Direito Sul de Minas*, nº 28. Pouso Alegre, jan-jun/2009, p. 202.

processuais, atalharia o argumento de inconstitucionalidade passando a improcedência liminar do pedido para uma forma de julgamento antecipado do mérito, minimizando os dissabores teóricos e práticos esculpidos no atual art. 285-A e art. 332, §1º, do CPC/15.

4. CONSIDERAÇÕES FINAIS

Conforme estabelecido na delimitação do tema proposto, este *paper* teve como escopo desenvolver um esboço sobre as implicações teóricas e práticas do atual art. 285-A e art. 332, §1º, do CPC/15, verificando e analisando os dissabores que a doutrina vem destacando da chamada "improcedência *prima facie*",[41] problematizando o estudo com o enfoque no contraditório como direito fundamental do autor e no dever de consulta do magistrado, imposto pelo art. 10 do CPC/15.

Restou demonstrado que, a princípio, nesta hipótese de improcedência liminar do pedido (art. 332, §1º, do CPC/15), para que o autor não seja pego de surpresa, *defende-se que a norma que se deve extrair do texto legal é a seguinte: verificando o magistrado, de início, a ocorrência de direito prescrito ou decaído, deve intimar o autor para se manifestar sobre a questão, em atenção ao contraditório efetivo e ao dever de consulta, com espeque no art. 10 do CPC/15.*

E, após a manifestação ou não do autor, o magistrado pode realizar o julgamento inicial do mérito sob o fundamento da prescrição ou decadência.

Desta forma, constatou-se que a leitura sem o devido raciocínio da expressão "improcedência liminar", pode levar ao intérprete a crer que o julgamento deve ser sem a oitiva da parte, ou seja, sem a provocação da parte.

No entanto, entendemos que a expressão *"improcedência liminar do pedido"* deve ser compreendida como de *julgamento de início* ou até *outra hipótese de julgamento antecipado do mérito* (art. 335 do CPC/15), garantida a possibilidade de manifestação e exercício efetivo do contraditório do autor.

Por fim, partindo do momento processual que nos encontramos, podemos compreender o contraditório como direito fundamental das partes (autor e réu) ao fortalecimento argumentativo da sentença de improcedência, associando-nos, neste aspecto, a posição de Daniel Mitidiero,[42] quanto à futura alegação de uma possível inconstitucionalidade dos dispositivos em questão.

---

41. DIDIER JR, Fredie. *Curso de Direito Processual Civil* – Introdução ao Direito Processual Civil e Processo de Conhecimento. 14ª edição – revista, ampliada e atualizada. Salvador: Juspodivm, 2012, p. 479-492.
42. MITIDIERO, Daniel. **Processo Civil e Estado Constitucional**. *In* A multifuncionalidade do Direito Fundamental ao Contraditório e a Improcedência Liminar (art. 285-A, CPC): resposta à crítica de José Tesheiner. Porto

De igual modo, verifica-se que este *paper* atendeu ao seu principal objetivo, o de realizar um experimento jurídico para um possível aperfeiçoamento da doutrina processual ou, no mínimo, promover um novo olhar sobre o tema.

5. REFERÊNCIAS

CAMBI, Eduardo. **Neoconstitucionalismo e Neoprocessualismo: direitos fundamentais, políticas públicas e protagonismo judiciário**. 2ª Ed. revista e atualizada. São Paulo: Revista dos Tribunais, 2011.

DANTAS, Ivo. **Novo Processo Constitucional Brasileiro**. Curitiba: Juruá, 2010.

DIDIER JR., Fredie. **Curso de Direito Processual Civil** – introdução ao direito processual civil e processo de conhecimento. 14ª edição, revista, ampliada e atualizada. Salvador: Juspodivm, 2012.

_____. **Fundamentos do Princípio da Cooperação no Direito Processual Civil Português**. Coimbra: Coimbra Editora, 2010.

CUNHA, Leonardo Carneiro da. **A Fazenda Pública em Juízo**. 10ª Ed. São Paulo: Dialética, 2012.

_____. **A atendibilidade dos fatos supervenientes no processo civil**: uma análise comparativa entre o sistema português e brasileiro. Coimbra: Almedina, 2012.

NUNES, Dierle; THEODORO JR., Humberto. O princípio do contraditório – tendências de mudanças de sua aplicação. In: **Revista da Faculdade de Direito Sul de Minas**, nº 28. Porto Alegre, jan-jun/2009.

MITIDIERO, Daniel. **Colaboração no Processo Civil** – pressupostos sociais, lógicos e éticos. 2ª ed. São Paulo: RT, 2011.

POSNER, Richard A. **Para Além do Direito**. Trad. Evandro Ferreira e Silva. São Paulo: Martins Fontes, 2009.

THEODORO JÚNIOR, Humberto; NUNES, Dierle; BAHIA, Alexandre Melo Franco; PEDRON, Flávio Quinaud. **Novo CPC – Fundamentos e sistematização**. Rio de Janeiro: Forense, 2015.

Alegre: Livraria do Advogado, 2007, p. 33-39.

PARTE III

AUDIÊNCIA DE CONCILIAÇÃO OU DE MEDIAÇÃO

CAPÍTULO 1

Algumas observações sobre a obrigatoriedade da audiência de conciliação ou mediação no Novo CPC

Sérgio Luiz de Almeida Ribeiro[1]

Carolina Uzeda Libardoni[2]

SUMÁRIO: 1. INTRODUÇÃO; 2. O NOVO CPC E O ESTÍMULO PARA SOLUÇÃO CONSENSUAL DO CONFLITO; 3. DA OBRIGATORIEDADE DA AUDIÊNCIA DE CONCILIAÇÃO OU DE MEDIAÇÃO; 4. A ALEGAÇÃO DA CONVENÇÃO DE ARBITRAGEM COMO JUSTO MOTIVO PARA AUSÊNCIA À AUDIÊNCIA DESIGNADA; 5. DA DISPENSA DE ALEGAÇÃO EM PRELIMINAR QUANDO A CONVENÇÃO DE ARBITRAGEM SERVIR COMO JUSTIFICATIVA À AUSÊNCIA À AUDIÊNCIA DE CONCILIAÇÃO; 6. CONCLUSÃO.

1. INTRODUÇÃO

Os meios alternativos para solução de conflitos são uma realidade em diversos países, não sendo diferente no Brasil, que tem na arbitragem seu melhor exemplo. Na verdade, o prestigio as ADRs, em especial, aos meios de autocomposição - conciliação e mediação – tem seguido tendência mundial de manter um regime de equivalência entre estes com atividade jurisdicional estatal, para ampliar e qualificar o acesso à justiça tornando-o mais eficiente e tempestivo.

A crise que assola o Poder Judiciário o tem afastado da clássica concepção chiovendiana de que o processo, na medida do possível, tem que dar a quem

---

1. Doutorando em Direito Processual Civil pela PUC/SP. Mestre em Direito Processual Civil na PUC/SP. Mestrando direito processual na Universidade Nacional de Rosario (UNR – Argentina). Especialista em Direito Civil, Direito Contratual Empresarial pela Escola Paulista de Direito (EPD). Professor substituto da Universidade Federal do Rio de Janeiro – UFRJ. Professor Convidado para o curso de especialização em Direito Processual Civil da Escola Superior da Advocacia Geral da União e da Escola Superior da Procuradoria Geral do Estado de São Paulo. Professor Convidado da Corporación Universitaria Remington – Medellin Colombia. Professor Convidado no curso de Pós-graduação da Faculdade de Direito Damásio de Jesus. Membro do Instituto Panamericano de Direito Processual. Membro do CEAPRO. Advogado em São Paulo.
2. Especialista em Direito Processual Civil pela PUC/RJ. Professora substituta da Universidade Federal Rural do Rio de Janeiro – UFRuralRJ. Professora do curso de especialização em Direito Processual Civil da PUC/RJ. Professora convidada do curso de especialização em Direito Tributário da Universidade Estácio de Sá/RJ. Membro do Instituto Brasileiro de Direito Processual. Membro da Comissão de Estudos em Direito Processual Civil da OAB/RJ, trienio 2013/2015. Advogada.

tem direito, tudo aquilo que fora do processo ele poderia ter, em razões de problemas metajurídicos como falta de autonomia financeira, reduzido número de funcionários, a inabilitação profissional de serventuários, lentidão na tramitação dos processos e etc. Trata-se de uma tendência do legislador infraconstitucional disseminar as ADRs e sua potencialidade de nela se alcançar um acordo, para que o Poder Judiciário seja última opção do jurisdicionado para por fim à disputa pelo bem da vida e, também, conter o excesso de processos que desaguam nos tribunais.

Todavia, para que haja prestação jurisdicional qualificada e tempestiva, deve-se ter em mente que a simplificação procedimental, organicidade, rendimento, inserção de princípios constitucionais e proclamação para incentivar as ADRs não são suficientes sem que, na prática, haja fundamentalmente mudança de mentalidade por magistrados, advogados, membros do Ministério Público e auxiliares da Justiça, bem como, sejam eliminados alguns obstáculos que se criaram sobre os meios consensuais, conforme dissertaram Fernanda Tartuce e Erica Barbosa e Silva, vejamos:

> No panorama brasileiro sérios entraves para a correta utilização dos meios consensuais podem ser identificados, destacando-se: 1. a ausência de técnica na realização da composição, havendo muitas vezes pressão para que as partes realizem acordos insensatos (sobretudo baseados em autocomposição unilateral por fomento à renúncia), 2. a falta de critérios para analisar a pertinência da aplicação dos meios consensuais a certos conflitos; 3. o despreparo por a falta de capacitação/profissionalização dos terceiros imparciais (conciliadores e mediadores). Além disso, como bem destacou o homenageado, o excesso de incentivo ao uso desses meios pode fomentar perigosa mensagem aos litigantes sobre a Justiça e sobre o Poder Judiciário: por que pagar imediatamente o que se deve se protelar e remeter o processo à Justiça fará com que se pague menos (pela insistência de fomentar acordos quaisquer sejam eles?).[3]

A nova lei processual civil adotou como uma das suas diretrizes fundamentais promover a solução consensual, facilitar e encorajar as partes buscarem nas ADRs a solução de seus conflitos, conforme dispõe o art. 3º, §§ 2º e 3º do novo CPC. Outrossim, formada a relação jurídico processual, as partes estão obrigadas, salvo justo motivo, a se submeterem a audiência de conciliação ou mediação para tentar compor o litígio.

---

3. TARTUCE, Fernanda. SILVA, Erica Barbosa e. A conciliação diante da politica judiciária de tratamento adequado de conflitos. In: TUCCI, José Rogério Cruz e; RODRIGUES, Walter Piva; AMADEO, Rodolfo da Costa Manso Real (coordenadores). Processo Civil: Homenagem a José Ignácio Botelho de Mesquita. São Paulo: Quartier Latin, 2013, p. 60-78. Disponível em: www.fernandatartuce.com.br/artigosdaprofessora. Acesso em 26.02.2015

Cap. 1 • ALGUMAS OBSERVAÇÕES SOBRE A OBRIGATORIEDADE DA AUDIÊNCIA DE CONCILIAÇÃO OU MEDIAÇÃO
Sérgio Luiz de Almeida Ribeiro – Carolina Uzeda Libardoni

Ainda sob o discurso de se voltar para solução da lide, por meio da autocomposição, o novo CPC instituiu o centro judicial de solução consensual de conflito para ser o responsável pela realização de audiências de conciliação e mediação, além de criar programas de incentivo e auxilio que estimulem a composição amigável, consoante o que está previsto nos dez artigos da nova lei processual aprovada (art. 165 a 175 do CPC).

Mas para que a conciliação e mediação tenham o êxito que delas se espera, mister investimentos nos centros de conciliação e mediação a serem criados pelos tribunais, bem como fomentar a capacitação dos conciliadores e mediadores e, por fim, não menos importante, deve haver uma mudança na mentalidade das pessoas, mas principalmente, no ensino jurídico, no sentido de ensinar o processo sem armadura do enfrentamento bélico. Mostrar que pelas ADRs, em especial pela mediação e conciliação, a solução do conflito resulta da autonomia de vontade legitimada pelo devido processo legal.

No que tange aos centros de conciliação e mediação particulares, primeiro deve haver uma mudança no comportamento dos operadores do direito, em especial os agentes dotados de capacidade postulatória, para no sistema multiportas de solução de conflito demonstrar a parte que o Poder Judiciário deverá ser a última opção. Outrossim, as partes têm que estar predispostas a rever suas posições, discutir o ponto nevrálgico da disputa pelo bem da vida, além de estar aptas a fazer concessões, e não é com leis que resolve problemas culturais e de infraestrutura[4], como num passe mágica.

O novo CPC acerta em prestigiar as ADRs colocando-as como uma de suas normas fundamentais, mas, em uma primeira análise, peca por querer obrigar as partes se submeterem a conciliação ou a mediação, mesmo contra sua vontade.

Visa o presente ensaio confrontar algumas linhas diretivas do novo CPC com as regras que dispõem sobre o sistema de autocomposição, em especial a audiência de conciliação ou mediação e propor soluções para adequá-las às suas linhas fundamentais, sobretudo ao prestígio pela heterocomposição e à efetividade.

2. O NOVO CPC E O ESTÍMULO PARA SOLUÇÃO CONSENSUAL DO CONFLITO

Pela conciliação e mediação as partes espontaneamente chegam a um acordo, ainda que por intermédio de um terceiro estranho (conciliador e/ou mediador), livre daquela sensação de perde-ganha decorrente do processo judicial.

---

4. Em situação presenciada por um dos autores, no mestrado em Direito Processual Civil da PUCSP entre 2010 a 2012, o Professor Donaldo Armelin sempre fazia tal observação quando se referia as mudanças legislativas promovidas no CPC de Buzaid.

"A introdução de meios consensuais na abordagem dos conflitos pode propiciar uma valiosa e segura arena de diálogo e favorecer a alteração no paradigma do processo de resolução: este passa do viés antagônico para o construtivo, baseando-se na premissa "ganha--ganha – ao contrário do que ocorre no processo judicial, baseado na premissa "ganhe-perde" em um inevitável jogo de soma zero"[5].

Isso não significa que as partes, nos referidos meios de autocomposição, estejam reconhecendo ou renunciando algo, isso pode até acontecer, mas é trabalhado entre elas pelo terceiro imparcial, no sentido delas concluírem que o melhor caminho é acordar, ao invés de ficarem sujeitas a uma decisão judicial que notadamente deixará uma ou ambas insatisfeitas.

Se o novo CPC busca estimular as ADRs, em paralelo, deve-se buscar institucionalizar uma política de estimulo à cultura do acordo, para que os meios de autocomposição tenham seu início antes do ajuizamento da ação, em especial nos escritórios de advocacia, onde os causídicos, fazendo valer seu *múnus* público de administradores da Justiça, terão que encontrar fora da disputa judicial o mecanismo mais apropriado para solução do problema que a parte lhe trouxer. Ou seja, competirá à advocacia desenvolver a cultura da negociação para mitigar a do litigio judicial.

Mesmo que os ânimos das partes não possam ser contidos pelos advogados, ainda assim, na fase que antecede a ação judicial, algumas questões podem ser solucionadas, ficando ao crivo do Judiciário aquilo que realmente não foi possível transigir. O estimulo para autocomposição deve iniciar antes da fase judicial.

Na Inglaterra, segundo Neil Andrews, "as partes e seus respectivos advogados têm de cumprir protocolos que antecedem a ação. Esses protocolos funcionam como uma preparação para o processo formal. Seu principal objetivo é ajudar as partes a resolverem o caso. As regras são amplamente auto executáveis e requerem que as partes cooperem. O tribunal é envolvido na fase antecedente à ação apenas de maneira retrospectiva, uma vez que o processo já se tenha iniciado. Os juízes estão, então, preparados para demonstrar sua desaprovação às partes que não tenham cumprido com os protocolos até essa fase. Os tribunais tem ampla discricionariedade para ajustar as custas de forma a refletir essas criticas"[6].

---

5. TARTUCE, Fernanda. SILVA, Erica Barbosa e. A conciliação diante da politica judiciária de tratamento adequado de conflitos. In: TUCCI, José Rogério Cfruz e; RODRIGUES, Walter Piva; AMADEO, Rodolfo da Costa Manso Real (coordenadores). Processo Civil: Homenagem a José Ignácio Botelho de Mesquita. São Paulo: Quartier Latin, 2013, p. 60-78. Disponível em: www.fernandatartuce.com.br/artigosdaprofessora. Acesso em 26.02.2015
6. ANDREWS, Neil. O moderno processo civil: formas judicias e alternativas de resolução de conflito na Inglaterra (orientação e revisão da tradução Teresa Arruda Alvim Wambier). São Paulo: Editora Revista dos Tribunais, 2009, p. 29

Na Espanha, os sistemas de autocomposição, em especial a conciliação, são colocados à disposição das partes previamente, a fim de evitar o pernicioso caminho judicial.

> "En los conflictos interprivados, el ordenamento estabelece médios de solución tales como las negociaciones, la mediación, la conciliación y el arbitraje, que pueden utilizarse en la generalidade de los supuestos sin tener que acudir al proceso judicial. De ellos la concilición há sido, hasta la reforma llevada a cabo por la Ley 34/1984, de 6 de agosto, un requisito de cumplimiento prévio a la iniciación de los processos civiles, salvo los casos exceptuados. Aunque la conciliación ya no es necessária, salvo cuando expressamente asi se establezca, sino generalmente facultativa, es conveniente su utilización previa a la demanda judicial, como después justificaremos"[7].

A evolução no modo de agir para solução do conflito parte do advogado, que terá que orientar seu cliente estar apto para fazer concessões e dirimir a controvérsia fora do ambiente judicial. Trata-se, portanto, de técnica de negociação que deve iniciar antes do rompimento da inércia jurisdicional do Estado-juiz, que estimula a espontaneidade, mas que nada impede que ela prossiga no âmbito judicial.

E por mais importante e efetivos que sejam os meios alternativos para solução de conflitos eles não podem tolher o direito de ação do jurisdicional, cuja satisfação plena da pretensão material, mesmo que resistida, é uma garantia constitucional fundamental.

No CPC de Buzaid não havia espaços para resolver o conflito que não fosse por meio de julgamento. O novo CPC quebra esse paradigma por valorizar o consenso, não pela espontaneidade, mas pela obrigatoriedade, ou seja, o regramento nele impingido não se afastou do viés autoritário, que nada contribui para aproximar as partes destoando da essência do sistema de autocomposição.

3. DA OBRIGATORIEDADE DA AUDIÊNCIA DE CONCILIAÇÃO OU DE MEDIAÇÃO

O ´caput´ do artigo 334[8] do Código de Processo Civil de 2015 prevê a realização de audiência de conciliação ou mediação, a ser designada logo após a

---

7. GUASP, Jaime; ARAGONESES, Pedro. Derecho Procesal Civil. Tomo II: Parte especial: procesos declarativos y de ejecución. Espanha: Thomson Civitas, 2006, p. 33
8. Art. 334. Se a petição inicial preencher os requisitos essenciais e não for o caso de improcedência liminar do pedido, o juiz designará audiência de conciliação ou de mediação com antecedência mínima de trinta dias, devendo ser citado o réu com pelo menos vinte dias de antecedência.

verificação dos requisitos essenciais da petição inicial, de tal forma que o réu será citado para o comparecimento à audiência, que servirá de marco inicial do prazo para apresentar contestação[9].

Também nesse aspecto verifica-se uma mudança de paradigma, pois a citação deixou de ser exclusivamente um meio de comunicação para que o réu compareça em juízo para se defender, com entrada em vigor do CPC/15, a citação assumiu a figura de convocação para o comparecimento à audiência de conciliação ou mediação.

Dentre os requisitos da petição inicial previstos no artigo 319[10] do CPC/15 está a expressa necessidade do autor se manifestar acerca da opção pela realização ou não de audiência de conciliação ou mediação (inciso VII). Caso o autor seja omisso, deverá o juiz intimá-lo, na forma do artigo 321[11], para completar a inicial a fim de preencer referido requisito. A consequência legal para a reiteração da omissão, de acordo com o parágrafo único do dispositivo supra é o indeferimento da petição inicial, medida que nos parece excessiva, uma vez que a ausência do preenchimento desse requisito específico não impede, de forma alguma, o julgamento do mérito ou o prosseguimento do feito, até porque, nada impede que eventual transação seja obtida em outra fase do processo.

Nos deparamos aqui com uma profunda contrariedade entre o que está disposto nos artigos 319, 320 com o que dispõe o art. 4º do novo código, que prima pelo julgamento do mérito em detrimento da extinção do feito por questões formais passíveis de serem sanadas. No caso de na petição inicial não constar manifestação do autor acerca da sua participação na audiência de conciliação ou mediação, devem incidir as disposições do art. 4º do CPC, de tal forma que em razão do princípio supra não pode o feito ser extinto por mera formalidade, que em nada compromete a validade e o bom andamento do processo.

Outrossim, a petição inicial reflete expressamente o direito de ação da parte a fim de provocar a jurisdição do Estado-juiz para que este lhe preste

---

9. Art. 335. O réu poderá oferecer contestação, por petição, no prazo de 15 (quinze dias), cujo termo inicial será a data: I – da audiência de conciliação ou de mediação, ou da última sessão de conciliação, quando qualquer parte não comparecer ou, comparecendo, não houver autocomposição. (grifos nossos)
10. Art. 319. A petição inicial indicará: I – o juízo a que é dirigida; II – os nomes, os prenomes, o estado civil, a existência de união estável, a profissão, o número de inscrição no Cadastro de Pessoas Físicas ou no Cadastro Nacional da Pessoa Jurídica, o endereço eletrônico, o domicílio e a residência do autor e do réu; III – o fato e os fundamentos jurídicos do pedido; IV – o pedido com as suas especificações; V – o valor da causa; VI – as provas com que o autor pretende demonstrar a verdade dos fatos alegados; VII – a opção do autor pela realização ou não de audiência de conciliação ou de mediação.
11. Art. 321. Verificando o juiz que a petição inicial não preenche os requisitos dos arts. 319 e 320 ou que apresenta defeitos e irregularidades capazes de dificultar o julgamento de mérito, determinará que o autor, no prazo de 15 (quinze) dias, a emende ou a complete, indicando com precisão o que deve ser corrigido ou completado. Parágrafo único. Se o autor não cumprir a diligência, o juiz indeferirá a petição inicial.

tutela jurisdicional e afastar lesão grave ou de difícil reparação. Se o novo CPC tenta se distanciar do apego ao formalismo com adoção de diretrizes fundamentais pragmáticas e simplificadas para que haja maior rendimento na prestação jurisdicional, a consequência pela ausência do requisito contido no art. 319, VII do CPC não pode resultar na extinção do feito sem resolução de mérito por contrariar o princípio fundamental de direito processual da primazia pelo julgamento de mérito.

Pensar de modo distinto é criar óbice ao direito de ação do autor e flertar com a inconstitucionalidade. Assim entendemos que, intimada a parte autora a regularizar sua petição inicial, caso mantenha-se omissa, considerando a primazia pelo julgamento de mérito e pela realização de autocomposição adotadas pelo novo Código, é prudente entender tal omissão como anuência à realização da audiência de conciliação ou mediação.

Ainda, contudo, que o autor manifeste expressamente sua contrariedade em relação à realização da audiência, esta será designada e o réu citado para comparecer[12]. O ato apenas não ocorrerá caso o réu, em até dez dias de antecedência, informe por petição que também não tem interesse em conciliar. Nas hipóteses de litisconsórcio, todos os litisconsortes deverão demonstrar que não têm interesse na realização da audiência, caso contrário será realizada.

Isto é, apenas não ocorrerá a audiência de conciliação ou mediação, nos processos que admitam autocomposição, se todas as partes manifestarem expresso desinteresse[13]. Caso alguma permaneça omissa[14], o ato será realizado e aquele que não comparecer, ainda que tenha afirmado não desejar qualquer autocomposição, terá sua conduta considerada ato atentatório à dignidade da justiça e será sancionado com multa de até dois por cento da vantagem econômica pretendida ou do valor da causa[15].

Como se não bastasse, considerando que todos os atos das partes devem ser dotados de boa fé[16] e comportamento cooperativo[17], poderá o juiz

---

12. Enunciado do IV Fórum Permanente de Processualistas Civis: 273. (art. 250, IV; art. 335, § 8º) Ao ser citado, o réu deverá ser advertido de que sua ausência injustificada à audiência de conciliação ou mediação configura ato atentatório à dignidade da justiça, punível com a multa do art. 335, § 8º, sob pena de sua inaplicabilidade. (Grupo: Petição inicial, resposta do réu e saneamento)
13. Art. 334. §4º A audiência não será realizada: II – se ambas as partes manifestarem, expressamente, desinteresse na composição consensual;
14. Por exemplo, o autor permanece omisso após intimado a cumprir o requisito previsto no artigo 321, VII.
15. Art. 334. § 8º O não comparecimento injustificado do autor ou do réu à audiência de conciliação é considerado ato atentatório à dignidade da justiça e será sancionado com multa de até dois por cento da vantagem economica pretendida ou do valor da causa, revertida em favor da União ou do Estado.
16. Art. 5º Aquele que de qualquer forma participa do processo deve comportar-se de acordo com a boa fé.
17. Art. 6º Todos os sujeitos do processo devem cooperar entre si para que se obtenha, em tempo razoável, decisão de mérito justa e efetiva.

interpretar a ausência injustificada de forma prejudicial à parte faltante, atribuindo falta de boa-fé ou cooperação ao seu comportamento. Ainda não há certeza sobre como comportamentos não cooperativos e com falta de boa-fé podem interferir no julgamento, contudo, tem-se por certo que o conjunto das atitudes da parte será utilizado como indício na entrega da prestação jurisdicional. É, pois, a referida audiência de mediação e conciliação obrigatória[18] e quanto a isso não resta a menor dúvida.

A motivação da obrigatoriedade foi esclarecida por Ada Pellegrini Grinover[19]:

> "Pensou-se, também, em tornar a audiência de conciliação obrigatória, porquanto não se pode permitir que uma das partes manifeste a intenção de a ela se subtrair, sem que haja pelo menos um contato com o mediador-conciliador judicial, que poderão evidenciar as vantagens da solução consensuada."

A inexistência de contrariedade entre a audiência compulsória e a autocomposição foi também esclarecida pela referida professora, em conjunto com Kazuo Watanabe, em nota técnica emitida acerca do PL 7169/2014[20]:

> "Ora, conciliação e mediação não podem ser impostas, mas é salutar que as partes compareçam perante o terceiro facilitador, até para efeito de conhecimento sobre os meios consensuais de solução do conflito. Pesquisas comprovam que nos Juizados Especiais, onde a tentativa de conciliação é obrigatória, frequentemente a conciliação é aceita por quem – entrevistado – se dizia contrário a ela. No PL, portanto, diversamente do que ocorre com o Projeto de CPC, não há estímulo para criar a cultura do consenso."

Em que pese as justificativas apresentadas pelos referidos professores, parece-nos – no mínimo - intrigante a obrigatoriedade do comparecimento à audiência de conciliação ou mediação[21], sobretudo porque uma das maiores bandeiras daqueles que participaram da elaboração do texto foi a adoção de sistema democrático, de ampla liberdade e participação. Apesar disso, o novo Código, louvavelmente, estimula a autocomposição, mas o faz com viés

---

18. "Quando a autocomposição é imposta, perde sua legitimidade e compromete a já abalada credibilidade do Poder Judiciário". (TARTUCE, Fernanda. Conciliação e Poder Judiciário. Disponível em www.fernandatartuce.com.br Acesso em 05.02.2015.).
19. Conciliação e Mediação Judiciais no Projeto de Novo Código de Processo Civil, disponível em http://www.lex.com.br/doutrina_24099670_CONCILIACAO_E_MEDIACAO_JUDICIAIS_NO_PROJETO_DE_NOVO_CODIGO_DE_PROCESSO_CIVIL.aspx, acesso em 21 de fevereiro de 2015.
20. Nota técnica disponível na íntegra em http://www.direitoprocessual.org.br/index.php?especialistas-criticam-projeto-de-mediacao. Acesso em 20 de fevereiro de 2015.
21. Manifestamente contrário à obrigatoriedade é Humberto Dalla, em O novo CPC e a Mediação: reflexões e ponderações, disponível em http://www.humbertodalla.pro.br/arquivos/o_novo_cpc_e_a_mediacao.pdf. Acesso em 21 de fevereiro de 2015.

compulsório, exigindo que as partes se submetam a sessão de conciliação ou mediação, ainda que não tenham o menor interesse em compor.

O sucesso da empreitada legal apenas poderá ser verificado após alguns anos de vigência do código, mediante análise empírica da efetividade do instituto e apuração de quantos acordos efetivamente serão realizados, enquanto isso sustentamos nossa fé na ponderação realizada pelo legislador, que ao impor a prática do ato primou pela efetividade, buscando fulminar inicialmente os processos em que as partes tenderiam à pratica de autocomposição.

4. A ALEGAÇÃO DA CONVENÇÃO DE ARBITRAGEM COMO JUSTO MOTIVO PARA AUSÊNCIA À AUDIÊNCIA DESIGNADA

É evidente que o não comparecimento injustificado à audiência traz à parte sérios prejuízos, inclusive financeiros, diante da multa arbitrada, razão pela qual devemos nos ater ao que seria o "injustificado".

Pelo que se depreende da leitura do Código, não é possível justificar a ausência à audiência designada pela mera falta de interesse em conciliar. Ao contrário do que disciplina o artigo 331 do CPC de 1973, cuja audiência não é obrigatória, a parte não poderá se esquivar de comparecer à sessão de conciliação ou mediação porque não tem o menor interesse em autocompor. O Novo Código contraria o ditado popular, ao entender que mesmo quando um não quer, dois podem conciliar.

Os defensores da obrigatoriedade, como já demonstrado acima, sustentam que a parte teria direito a conhecer as vantagens da autocomposição, de forma que sua presença perante conciliador ou mediador poderia viabilizar acordos até então indesejados. Essa intensa busca pela realização de acordos não tem, para nós, outra finalidade além de eliminar, no início, os processos, sob manto de uma Justiça mais célere e efetiva, mas que na verdade se constitui em pressa, com fito único de evitar proliferação de processos.

Ora, por certo, diante da efetividade, natural e aceitável que os jurisdicionados sejam submetidos a atos compulsórios, contudo, no que diz respeito à parte que prestou cláusula compromissória surge-nos o seguinte problema: as partes que previamente pactuaram pela arbitragem não desejam se submeterem à jurisdição estatal, o que inclui eventuais tentativas de autocomposição.

Não podemos negar que é possível a autocomposição, contudo, mais que nas outras hipóteses, aqueles que convencionam pela heterocomposição, não podem ser coagidos à prática de atos processuais, sobretudo aqueles em que compulsoriamente se busca autocomposição, uma vez que já deixaram claro não desejarem qualquer interferência estatal sobre sua relação.

Tal entendimento se coaduna ao modelo de sistema de justiça multiportas, em que as partes podem optar pelo meio de composição que melhor se adequa às suas necessidades, de tal forma que, pelo menos inicialmente, um exclui o outro. O Judiciário seria, dentro da perspectiva de partes cooperativas e ansiosas pela resolução alternativa do conflito, a última porta. Leonardo Carneiro da Cunha é preciso ao sucintamente explicar o funcionamento do sistema multiportas[22]:

> "Para cada tipo de controvérsia, seria adequada uma forma de solução, de modo que há casos em que a melhor solução há de ser obtida pela mediação, enquanto outros, pela conciliação, outros, pela arbitragem e, finalmente, os que se resolveriam pela decisão do juiz estatal."

Ao réu que em conjunto com o autor já previamente havia decidido que a solução mais adequada para seu conflito seria a arbitragem, cumpre arguir a convenção arbitral apenas em contestação, cujo prazo inicia após a prática da referida audiência, de tal forma que, mesmo àqueles que estão vinculados à cláusula compromissória se veem obrigados a submeterem-se à audiência e às tentativas de composição formuladas pelos representantes do Estado.

É, além de tudo, profunda incoerência, uma vez que o Código ao prestigiar as ADRs deixou nítida sua preferência pelos os métodos alternativos de solução de conflitos e mesmo àqueles que desejam buscar a arbitragem, constrange deliberadamente à participação em audiência promovida pelo juízo estatal. Está, portanto, preterindo a heterocomposição em favor da autocomposição judicial, trazendo ao Judiciário o império sobre a gestão dos interesses das partes, em atitude absolutamente desfavorável à arbitragem[23].

Tal atitude não vai de encontro, inclusive, ao artigo 3º do Código que, pela ordem legal, afirma que é permitida a arbitragem e apenas em seguida menciona os meios de autocomposição a serem realizados perante o poder Judiciário. Ou seja, está claro que é facultado à parte a utilização do juízo arbitral ou das técnicas de autocomposição, preferindo-se a arbitragem ao amparo Judicial, ainda que através de conciliação ou mediação.[24]

---

22. Notas sobre ADR, confidencialidade em face do julgador e prova inadmissível, disponível em http://www.leonardocarneirodacunha.com.br/opiniao/opiniao-26-notas-sobre-adrconfidencialidade-em-face-do-julgador-eprova-inadmissivel/ Acesso em 22 de fevereiro de 2015.
23. O novo CPC é tímido em relação ao estimula à arbitragem. Em texto inédito, um dos coautores critica a forma como alegação de convenção de arbitragem foi inserida no novo CPC, sob o ponto de vista das linhas mestras adotadas na sua exposição de motivos. Verifica-se também eventual possibilidade da convenção de arbitragem não ser alegada em preliminar de contestação.
24. Pode-se dizer mais. Os mecanismos de solução alternativa de conflitos preferencialmente devem ser utilizados em ambiente afastado do Judiciário e, se há previsão legal para conciliação e mediação no Código recém aprovado, tal se dá pela incapacidade das partes em promoverem a busca pela solução independente de seus conflitos. Assim entende muito corretamente Daniela Monteiro Gabbay, quando afirma que "Essa dinâmica relaciona-se com o papel pedagógico exercido pelo Judiciário, como um condutor dos

Pois bem, caso a parte ré, que invariavelmente alegará a convenção arbitral em contestação, informe que por esse motivo não deseja a realização de audiência de conciliação e mediação, tem-se, desde logo, justificada sua ausência, de tal forma que não poderá sobre ela ser imposta qualquer multa ou sanção.

Também não há o que se falar em comportamento isento de boa fé ou cooperação. Muito pelo contrário, quem age sem boa-fé[25] ao propor a demanda perante o Judiciário é o autor[26], que mesmo ciente da convenção arbitral tenta impor a jurisdição estatal, violando o que foi previamente negociado pelas partes. Ora, se ambas as partes ajustaram que não pretendem submeter-se ao judicio estatal, é, em sentido inverso, conduta absolutamente previsível e aceitável que o réu não compareça à audiência, uma vez que sua relação com o autor não pode ser tutelada pelo Estado, salvo desejo de ambos contratantes, o que não é o caso.

Assim, alegada e acatada a convenção de arbitragem estará afastada a jurisdição estatal, inclusive para realização de atos que busquem a autocomposição, logo, a mera alegação justifica a ausência da parte à audiência, que o fará por coerência ao seu desejo de heterocompor, não podendo, pois, ser punida.

5. DA DISPENSA DE ALEGAÇÃO EM PRELIMINAR QUANDO A CONVENÇÃO DE ARBITRAGEM SERVIR COMO JUSTIFICATIVA À AUSÊNCIA À AUDIÊNCIA DE CONCILIAÇÃO

Sem a pretensão de aprofundar no tema, uma vez que não compatível com a finalidade do presente ensaio, cumpre-nos, para não pecar em omissão,

---

primeiros passos rumo à institucionalização dos meios alternativos de solução de conflitos, mas que tende a se retirar quando as partes se revelam "preparadas" para caminhar por conta própria, decidindo sobre a melhor forma de solucionar seus conflitos. Nessa perspectiva, é como se o papel do Judiciário em relação aos meios autocompositivos fosse instrumental, na medida em que se coloca mais ou menos presente dependendo do momento e do nível de aceitação dos meios alternativos de solução de conflitos pelas partes e pela sociedade". Ora, inaceitável se faz, portanto, essa indução a meios alternativos de solução de conflitos, pelo Judiciário, quando as partes, por si, já buscaram meio de solução alternativa, demonstrando toda sua maturidade e capacidade de escolha. GABBAY, Daniela Monteiro. Mediação e judiciário: condições necessárias para a institucionalização dos meios autocompositivos de solução de conflitos. 2011. Tese (Doutorado em Direito Processual) - Faculdade de Direito, Universidade de São Paulo, São Paulo, 2011. Disponível em: ‹http://www.teses.usp.br/teses/disponiveis/2/2137/tde-24042012-141447/›. Acesso em: 2015-02-21

25. Aqui seria venire contra factum proprium, pois agiu contraditoriamente àquilo que deliberou no contrato de resolver as pendengs do ajuste no juízo arbitral. A parte pode se arrepender e renunciar à arbitragem, mas para isso é preciso aquiescência do ex adverso, razão pela qual entende-se ausência de boa-fé por parte do autor.

26. Em razão do disposto no art. 5º, XXXV da Constituição Federal, a jurisdição estatal é inafastável e, é com base nessa garantia que o autor, mesmo tendo se comprometido a levar questões de direito disponível à arbitragem, poderá socorrer-se a tutela jurisdicional estatal. Entretanto, a boa-fé material (art. 421 do Código Civil) deve ser observada na fase precontratual, na execução e ao final da relação. Quer dizer, tem que ser observada em toda fase, razão pela qual para que levasse a questão controvertida para o Judiciário, deveria o autor chegar a um consenso com a parte adversa quanto a renuncia ao juízo arbitral, prepactuado no contrato.

esclarecer sobre os efeitos da alegação antecipada de convenção de arbitragem com a finalidade de justificar ausência em audiência de conciliação ou mediação.

Partimos da premissa de ser justificativa plausível para ausência à audiência a arguição de convenção de arbitragem. Para que assim seja, faz-se necessário que a parte fundamente sua peça, apresentando a documentação pertinente a comprovar suas alegações. Ou seja, quando informa que não pretende comparecer à audiência e justifica sua ausência (no mesmo ato) a parte deve, por certo, comprovar suas alegações, trazendo ao magistrado todas as nuances referentes à convenção de arbitragem.

Tal matéria é originariamente objeto de preliminar de contestação, conforme disciplina o CPC/15. Surge-nos a segunda questão: arguida a convenção de arbitragem precipitadamente, com a finalidade de justificar sua ausência, está dispensada a parte de fazê-lo em contestação? Entendemos que sim.

Em um processo democrático com apreço pela efetividade é importante analisarmos os institutos a partir de sua finalidade, dispensando, quando for o caso e não houver prejuízo, os formalismos, sobretudo quando o fim almejado pela norma é atingido. Nesse sentido, leciona José Roberto dos Santos Bedaque[27]:

> "Também em direito processual, entre dois valores – forma do ato processual e objetivo a ser alcançado –, adota-se este último sem qualquer hesitação. Não obstante a forma seja valor importante no processo, pois é garantia de ordem, segurança e liberdade, o rigor formal deve ser abandonado sempre que conflitar com os objetivos do próprio ato, desde que isso não comprometa os outros valores também assegurados pela prévia descrição do modelo legal."

Ora, é evidente que a antecipação de matéria prevista para preliminar de contestação não traz ao processo ou à parte autora qualquer prejuízo, muito pelo contrário, uma vez que viabiliza um prazo maior para o amadurecimento do contra-ataque a ser desenvolvido em réplica.

Explicamos. Supondo que a parte, após peticionar e provando a existência de convenção de arbitragem, deixe de contestar a ação, restando, portanto, revel; ainda assim não pode o juiz se esquivar de decidir acerca da matéria preliminarmente questionada. Outro exemplo pode ser extraído, quando a parte, apesar de contestar, deixa de arguir em preliminar a convenção de arbitragem, já o tendo feito antecipadamente. Também nessa hipótese o julgador não poderá deixar de decidir acerca da matéria.

---

27. Efetividade do Processo e Técnica Processual. 2ª edição. São Paulo. Malheiros. p. 59

Em ambos os casos, apesar de utilizar-se da forma não prevista em lei, desincumbiu-se o réu do ônus de arguir a convenção de arbitragem, trazendo a matéria, que vimos como de ordem pública especialmente diante do artigo 3º do CPC, ao conhecimento do magistrado e deixando absolutamente claro que pretende valer-se da heterocomposição.

Não pode, portanto, deixar de apreciá-la. Primeiro, porque o ato é válido, já que lícita e necessária a justificativa da ausência em audiência de conciliação e mediação. Segundo porque a antecipação da prática de determinado ato não pode ser utilizada em detrimento da parte, uma vez que, ao adiantar-se, buscava justamente contribuir com a celeridade, proporcionando, desde logo, o conhecimento de sua principal defesa, sem adentrar na questão de fundo, pois a competência é do arbitro[28].

Em um processo democrático, que inclui o sistema multiportas em suas normas fundamentais, tem-se a convenção de arbitragem como questão de ordem pública, embora não cognoscível de ofício (por absoluta impossibilidade) e com preclusão temporal legalmente estabelecida para sua arguição. Ora, a contestação é o termo final, nada obstando que a parte antecipe a questão, a qual não poderá ser preterida, ainda que inexistente ou omissa a peça de defesa.

6. CONCLUSÃO

O Novo Código de Processo Civil dedicou-se extensamente às ADRs, tanto que faz o leitor, em um primeiro momento, entender que de fato houve primazia pelos meios alternativos de solução de litígios. A inclusão da arbitragem e dos meios de autocomposição logo no artigo 3º aumenta ainda mais essa impressão, de tal forma que sendo norma fundamental, impõe-se a leitura de todo Código partindo de premissas valorativas dos institutos.

E, para que o novo CPC sirva de estímulo às ADRs, deve-se adotar em paralelo, institucionalização de uma política de estímulo à cultura do acordo, para que os meios de autocomposição tenham seu início antes do ajuizamento da ação, bem como criação de um fundo para coleta e armazenamento de recursos exclusivos para manutenção e aperfeiçoamento dos centros judiciais de solução consensual de conflito, que serão instituídos pelos tribunais após a promulgação do novo CPC.

---

28. O réu antecipando alegação de convenção de arbitragem como justificativa para não comparecer à audiência de conciliação ou mediação não precisará enfrentar o mérito no juízo estatal, tal como deverá fazer na contestação, por força do princípio da eventualidade. Sobre o assunto ver: ROQUE, Andre Vasconcelos; RODOVALHO, Thiago. A convenção de arbitragem e o novo CPC no Senado Federal a exceção que foge a regra. Disponível em http://www.migalhas.com.br/dePeso/16,MI212183,41046- A+convencao+de+arbitragem+e+o+novo+CPC+no+Senado+Federal+a+excecao consultado em 30.01.2015.

Apesar de fundamentalmente o CPC/15 nos levar a crer pela primazia das ADRs, ao tratar do tema em pontos específicos, falta coesão. A obrigatoriedade da audiência de conciliação ou mediação é um exemplo, assim como a manutenção da alegação de convenção de arbitragem apenas em preliminar de contestação, impondo ao réu adiantar sua defesa, municiando o autor para produção da demanda perante o juízo arbitral.

Tais pontos controvertidos impõem uma leitura do texto legal, de acordo e partir de suas normas fundamentais, de tal forma que não é possível afastar a prioridade pela arbitragem da interpretação tanto da audiência de conciliação ou mediação, quanto do momento para arguição da convenção de arbitragem.

Concluímos, portanto, que não é possível coagir o réu, que optou pelo juízo arbitral, a se submeter à autocomposição judicial contra sua vontade, de tal forma que a arguição da convenção arbitral afasta qualquer multa ou má-fé, servindo de válida justificativa à ausência.

Outrossim, quando adiantada a alegação de convenção de arbitragem, para fins de justificativa à ausência na audiência designada, em atenção à efetividade, faz-se desnecessário que a parte repita a defesa em sede de contestação, de tal forma que não apenas a convenção pode ser reconhecida previamente, como a posterior omissão em contestação (ou ausência dela) não implica em preclusão, tampouco, em renúncia tácita à jurisdição arbitral, pois, ainda que o réu tenha invocado a convenção de arbitragem distintamente da forma preconizada na lei (art. 334, § 6º do novo CPC), ele expressamente ratificou seu abandono à jurisdição estatal, neste último, deve prestigiar à autonomia de vontade da parte.

O comparecimento obrigatório na audiência de conciliação ou mediação tecnicamente faria sentido como técnica eficiente de aceleração das fases do processo, mediante celebração de acordos procedimentais, ou então, estabelecimento do calendário de etapas. Ou seja, está mais próximo dos negócios jurídicos processuais, disposto nos arts. 190 a 192 do novel, haja vista que neles, o comparecimento compulsório à audiência de conciliação e mediação se justifica para evitar o retardamento da prestação jurisdicional pois, as partes têm o dever de cooperar para afastar a demora na prestação jurisdicional (art. 6º), o chamado dano marginal.

Prestigiar as ADRs não é tentar diminuir a carga de trabalho do Judiciário. Isso seria tratar a causa pelo efeito. É preciso que mais que palavras soltas, o processo judicial seja um ambiente secundário, com benefícios às partes que optaram pelos meios alternativos de solução de litígios, diminuindo o máximo possível os ônus por elas experimentados e valorizando sua vontade previamente manifestada. Apenas assim teremos o processo democrático tão festejado pelos idealizadores do novo Código.

CAPÍTULO 2
Advocacia e meios consensuais: novas visões, novos ganhos

Fernanda Tartuce[1]

SUMÁRIO: 1. CONTEXTUALIZAÇÃO E RELEVÂNCIA DO TEMA; 2. CRISE, DESGASTES NA PRÁTICA ADVOCATÍCIA E PLURALIDADE DE ENTENDIMENTOS; 3. O ATENDIMENTO DO CLIENTE ANTE A NARRAÇÃO DO CONFLITO; 4. PENSAMENTO TRADICIONAL DOS ADVOGADOS E ADOÇÃO DE MEIOS CONSENSUAIS; 5. ATUAÇÃO DO ADVOGADO PARA APRESENTAR AS VANTAGENS DOS MEIOS CONSENSUAIS AO CLIENTE; 6. ATUAÇÃO DO ADVOGADO NOS MEIOS CONSENSUAIS; 6.1. ATUAÇÃO ANTES DA SESSÃO CONSENSUAL; 6.2. ATUAÇÃO DURANTE A SESSÃO CONSENSUAL; 7. PERCEPÇÃO DE HONORÁRIOS PELOS ADVOGADOS NOS MEIOS CONSENSUAIS; 8. CONCLUSÕES; 9. REFERÊNCIAS BIBLIOGRÁFICAS.

1. CONTEXTUALIZAÇÃO E RELEVÂNCIA DO TEMA.

Nos últimos tempos muito se tem propugnado o uso de meios diferenciados de abordar conflitos. Como fundamentos principais para tal iniciativa, merecem destaque a maior adequação desses mecanismos para atender os indivíduos em seus interesses e o reconhecimento das limitações do Poder Judiciário para distribuir a prestação jurisdicional em tempo e condições razoáveis.

Tais afirmações consideram vantagens para a pessoa envolvida no conflito, que pode encontrar uma saída mais apropriada para seus dilemas, assim como vislumbram aspectos positivos para o Poder Judiciário, que pode ver nos meios consensuais uma forma de aliviar seu imenso acervo de demandas[2].

Para otimizar a eficiência dos mecanismos autocompositivos a participação do advogado pode ser valiosa; o fomento à adoção do meio consensual pelo cliente e a presença na sessão propiciará aos envolvidos contar com o profissional habilitado a orientar, sanar duvidas, conferir a viabilidade dos pactos e alertar quanto elementos de sua exequibilidade.

---

1. Mestre e Doutora em Direito Processual pela USP. Professora dos cursos de Mestrado e Doutorado da FADISP (SP). Professora e coordenadora em cursos de especialização em Direito Processual Civil. Advogada orientadora do Departamento Jurídico do Centro Acadêmico XI de Agosto (Direito/USP). Presidente do Conselho do CEAPRO (Centro Avançado de Estudos Processuais). Membro do IBDFAM (Instituto Brasileiro de Direito de Família) e do IBDP (Instituto Brasileiro de Direito Processual). Mediadora.
2. O tema foi desenvolvido com mais detalhamento em TARTUCE, Fernanda. Conciliação e Poder Judiciário. Disponível em http://fernandatartuce.com.br/artigos/cat_view/38-artigos/43-artigos-da-professora.html?start=10. Acesso 22 out. 2012.

Há vantagens para o advogado quando de sua atuação na autocomposição? Ele pode ser beneficiado com a adoção de meios consensuais de abordagem de controvérsias?

Há quem responda negativamente. A formação das faculdades de Direito ainda prioriza o tratamento contencioso dos conflitos e no mercado de trabalho prevalecem critérios de cobrança a partir de referências litigiosas. Além disso, na tradição brasileira de conciliações (sobretudo em juízo) é comum que se defina que cada parte arcará com os honorários de seu advogado, o que pode reduzir o *quantum* esperado pelo advogado em termos de ganho com a demanda.

A premissa deste artigo, contudo, é diversa: é possível superar os óbices apontados e constatar que o advogado tem muito a ganhar atuando ao lado de seu cliente quando das tentativas de alcance da autocomposição.

2. CRISE, DESGASTES NA PRÁTICA ADVOCATÍCIA E PLURALIDADE DE ENTENDIMENTOS

A prática advocatícia nas Cortes de Justiça tem se revelado árdua nos últimos tempos por diversos fatores[3], destacando-se nesse cenário a intensa crise vivenciada pelo Poder Judiciário.

Segundo José Eduardo Faria, a ineficiência da Justiça brasileira verifica-se no exercício de suas três básicas funções: instrumental (o Poder Judiciário é o principal *locus* de solução de conflitos), política (meio de controle social para cumprir direitos e obrigações, reforçando estruturas de poder e assegurando integração social) e simbólica (disseminação de sentido de equidade e justiça, socialização das expectativas dos atores na interpretação da ordem jurídica e calibragem dos padrões vigentes de legitimidade na vida política)[4].

Para o autor, a ineficiência "decorre, em grande parte, da incompatibilidade estrutural entre sua arquitetura e a realidade socioeconômica a partir da qual e sobre a qual tem de atuar[5]".

É fácil perceber que o aparato judiciário não vem sendo aumentado de forma proporcional ao geométrico incremento do número de demandas; como bem pontuou Ovídio Baptista da Silva, "os problemas que afligem nossa prática

---

3. Não há como negar que todas as ocorrências da vida têm origens multifatoriais... o sistema jurídico vive momentos de ruptura de paradigmas e experimenta constantes tensões por força das exigências da acelerada vida social.
4. FARIA, José Eduardo. *Direito e Justiça no século XXI: a crise da Justiça no Brasil*. Disponível em http://www.ces.uc.pt/direitoXXI/comunic/JoseEduarFaria.pdf. Acesso 22 abr. 2015.
5. FARIA, José Eduardo. *Direito e Justiça no século XXI: a crise da Justiça no Brasil*, cit.

judicial são *estruturais*" e vêm conduzindo a jurisdição brasileira a um estado lamentável e terminal[6].

O jurista lembra que o exercício da advocacia forense participa da "sociedade do risco" – que vem sendo, de forma extraordinariamente rápida, transformada pela grande produção de decisões pelo Poder Judiciário. Como milhares de sentenças são produzidas mensalmente por todas as instâncias, "não será difícil encontrar uma dezena de julgados tidos como 'idênticos' ao caso investigado, porém, muito provavelmente, contendo divergências entre si, quando não se oponham frontalmente uma às outras, nesse mesmo grupo de ações 'idênticas'[7]".

A necessidade de ser orientado juridicamente é constante. Na maior parte das sociedades modernas é essencial – senão indispensável – que os indivíduos contem com advogados para decifrar as leis (cada vez maiores em numero e complexidade) e para obter informações sobre os elementos necessários para atuar[8].

Segundo Ovídio Baptista da Silva, a sociedade em que nos encontramos é "essencialmente hermenêutica, com incontáveis visões de mundo", o que naturalmente nos obriga "a lidar com uma linguagem dotada de *plurivocidade* a exigir permanente interpretação[9]". Como destacou o grande autor, a situação atual demanda que o advogado, ao receber o cliente, mantenha "atitude de prudência" e evite

> emitir opinião sobre o caso antes de conhecê-lo o suficiente; mas, além disso, haverá de solicitar-lhe o prazo de alguns dias, indispensáveis para que ele se informe da mais recente 'vontade da lei', registrada nos últimos dois meses, cuja busca é indispensável fazer nos *sites* dos tribunais, especialmente dos tribunais superiores[10].

Como se percebe, a prática contenciosa nos Tribunais estatais pode desgastar intensamente o advogado. Por essa razão, a adoção de meios consensuais pode oxigenar seu dia-a-dia propiciando uma diversificada e interessante forma de atuação.

Além da perspectiva do advogado, é imperioso lembrar que a principal função do operador do Direito é ajudar a solucionar problemas; este desiderato

---

6. BAPTISTA DA SILVA, Ovídio. *Advocacia em tempos de crise*. Disponível em http://www.oab.org.br/editora/revista/users/revista/12350670951742181819o1.pdf. Acesso 22 abr. 2015.
7. BAPTISTA DA SILVA, Ovídio. Advocacia em tempos de crise. Disponível em http://www.oab.org.br/editora/revista/users/revista/12350670951742181819o1.pdf. 22 abr. 2015.
8. CAPPELLETTI, Mauro; GARTH, Brian. Acesso à justiça, p. 32. Quanto às informações para litigar, referem-se os autores aos "procedimentos misteriosos necessários para ajuizar uma causa".
9. BAPTISTA DA SILVA, Ovídio. Advocacia em tempos de crise, cit.
10. BAPTISTA DA SILVA, Ovídio. Advocacia em tempos de crise, cit.

demanda a ampliação da concepção sobre as formas de melhor atender o cliente em seus anseios jurídicos e existenciais.

3. O ATENDIMENTO DO CLIENTE ANTE A NARRAÇÃO DO CONFLITO

É corrente a assertiva de que o advogado é o primeiro juiz da causa; afinal, ele é o primeiro a ouvir o cliente tecnicamente de sorte a poder perceber as possibilidades e os limites do ordenamento e das instituições jurídicas no tocante ao atendimento do interesse do indivíduo.

Efetivamente o profissional do Direito é o receptor das inquietudes dos clientes, a quem compete orientar e assessorar sobre os modos de lidar com um impasse atual ou potencial[11].

Além do enfrentamento contencioso de controvérsias, é interessante que o advogado conte com variadas ferramentas para abordar os diversificados conflitos com que se depara da forma mais eficiente.

Pode-se afirmar que na sociedade moderna o profissional do Direito tem como uma de suas principais funções não só representar e patrocinar o cliente (como advogado, defensor e conselheiro), mas também conceber o *design* de um novo enquadre que dê lugar a esforços colaborativos[12].

Exige-se atualmente que o advogado desempenhe as funções de negociador, de gerenciador de conflitos, não mais se afeiçoando à profissão um perfil excessivamente beligerante[13].

Em certas hipóteses, percebendo as limitações decorrentes das parcas razões de seu cliente, é importante que o advogado com ele cogite sobre as vantagens de assumir responsabilidades e evitar derrotas públicas em juízo; para tanto, será importante promover reflexão sobre a adoção mais apropriada de mecanismos consensuais.

Nesse cenário, o advogado pode e deve funcionar como um eficiente agente da realidade. Como bem explana Candido Rangel Dinamarco, "a experiência ensina que a intransigência é muitas vezes fruto de uma desmesurada confiança nas próprias razões, sem perceber que o adversário também pode ter as suas nem sentir que há o risco de, afinal, amargar uma derrota inesperada[14]".

---

11. HIGHTON DE NOLASCO, Elena I. ALVAREZ, Gladys S. *Mediación para resolver conflictos.* 2ª Ed. Buenos Aires: Ad Hoc, 2008, p. 404.
12. HIGHTON DE NOLASCO, Elena I. ALVAREZ, Gladys S. *Mediación para resolver conflictos*, p. 402.
13. A assertiva é de Selma Lemes, para quem "devemos efetuar uma introspecção a permitir que estejamos abertos e possamos adaptar-nos às novas mudanças, e procurar superar o adágio de que 'o cachimbo faz a boca torta'." (LEMES, Selma Ferreira. Oito anos da lei de arbitragem. Disponível em http://www.egov.ufsc.br/portal/sites/default/files/anexos/29753-29769-1-PB.pdf. Acesso 22 abr. 2015).
14. DINAMARCO, Candido Rangel. Instituições de Direito Processual Civil, vol. III. São Paulo: Malheiros Editores, 2009, p. 828.

A diretriz de buscar ampliar ferramentas tem sido adotada em diversos países; como exemplo, relata Neil Andrews, ao abordar o panorama inglês, que "a *Law Society* da Inglaterra e País de Gales lançou, em 2005, uma 'orientação de práticas' recomendando que os *solicitors* considerassem, de forma rotineira, se os conflitos de seus clientes seriam adequados para as ADR[15]".

Na esteira do que nos Estados Unidos se deu o nome de *Multidoor Courthouse*, começa-se a falar no Brasil em "tribunais multiportas" com base no *pluriprocessualismo*, vertente em que "as características intrínsecas de cada processo são utilizadas para reduzirem-se as ineficiências inerentes aos mecanismos de solução de disputas, na medida em que se escolhe um processo que permita endereçar de melhor maneira possível a solução da disputa no caso concreto[16]".

A concretização dessa tendência desponta na Resolução 125 do CNJ, em que se passa a compor a pauta publica a política de tratamento adequado de conflitos com maior atenção aos instrumentos da conciliação e da mediação.

Infelizmente, porém, grande parte dos advogados não aborda os meios consensuais. As razoes de sua resistência quanto a tais métodos são várias, destacando-se: (i) a sensação de ameaça por estarem fora da zona de conforto habitual; (ii) a crença sobre a falta de programas de treinamento de alta qualidade; (iii) a percepção de que, embora a ideia da autocomposição pareça boa, pelas pautas éticas do advogado sua adoção nunca se torna uma prioridade[17].

A percepção sobre a zona de conforto passa pela falta conhecimento; a maior parte dos bacharéis brasileiros apenas tem informações na graduação sobre o processo civil em sua vertente contenciosa, concebendo sua prática apenas a partir de tal diretriz.

Para Kazuo Watanabe, a formação acadêmica dos operadores de Direito constitui o grande óbice ao uso mais intenso dos meios alternativos de resolução de conflitos; o modelo ensinado em todas as Faculdades de Direito do país enfatiza "a solução contenciosa e adjudicada dos conflitos de interesses" por meio do processo judicial[18].

---

15. ANDREWS, Neil, *O Moderno Processo civil: formas judiciais e alternativas de resolução de conflitos na Inglaterra*. SP: RT, 2010, p. 242. Segundo esclarece o glossário de tal obra, *solicitor* é o advogado cuja função é a de, fundamentalmente, representar a parte para mover a ação e contestar (p. 19).
16. AZEVEDO, André Gomma de; SILVA, Cyntia Cristina de Carvalho e. Autocomposição, processos construtivos e a advocacia: breves comentários sobre a atuação de advogados em processos autocompositivos. Revista do Advogado, ano 26, n. 87, p. 115-124, set./2006, p. 117.
17. BORDONE, Robert C. MOFFITT, Michael L. e SANDER, Frank E. A. The next thirty years: directions and challenges in dispute resolution. In MOFFITT, Michael L. e BORDONE, Robert C. *The handbook of dispute resolution*. San Francisco: Jossey-Bass, 2005, p. 511.
18. WATANABE, Kazuo. A mentalidade e os meios alternativos de solução de conflitos no Brasil. In Mediação e gerenciamento do processo. SP, Atlas, 2007, p. 6.

A situação não se verifica apenas em terras brasileiras; ao abordar a realidade americana, Leonard Riskin e James Westbrook destacam que a falta de familiaridade dos advogados com métodos diferenciados de abordagem de conflitos, por falta de educação ou de interesse, é um obstáculo considerável; não obstante as escolas de direito e os tribunais se esforcem em promover esses meios, há muitos advogados que nem sequer conhecem a diferença entre mediação e arbitragem[19].

Além da já mencionada falta de treinamento no método, Leonard Riskin explica que a falta de envolvimento e de maior interesse dos advogados com mediação decorre de mais dois motivos: a maneira pela qual os advogados veem o mundo e a economia da prática advocatícia contemporânea[20].

4. PENSAMENTO TRADICIONAL DOS ADVOGADOS E ADOÇÃO DE MEIOS CONSENSUAIS

Uma significativa diferença de visão constitui um grande obstáculo na adoção dos meios consensuais pelos advogados.

Leonard Riskin expõe o *"Lawyer's Standard Philosophical Map"*, pensamento dominante entre os práticos e teóricos do Direito que se assenta em duas principais premissas: 1. as partes são adversárias e, se um ganhar, o outro deve perder; 2. as disputas devem ser resolvidas pela aplicação de alguma lei abstrata e geral por um terceiro[21].

Como se pode facilmente constatar, esses pressupostos são absolutamente contrários às premissas da mediação, segundo as quais: a) todos os envolvidos podem ganhar com a criação de uma solução alternativa; b) a disputa é única, não sendo necessariamente governada por uma solução pré-definida[22].

Além disso, no "mapa filosófico" do advogado o cliente costuma ser visto atomisticamente e diversas de suas questões não são vistas[23]. Se isto ocorre com o próprio cliente, imagine a situação dos outros envolvidos... Estes não costuma ser considerados.

---

19. RISKIN, Leonard L.; WESTBROOK, James E. *Dispute Resolution and Lawyers*. St. Paul: West Group, 1997, p. 52.
20. RISKIN, Leonard L. Mediation and Lawyers (1982). *In* RISKIN, Leonard L.; WESTBROOK, James E. Dispute Resolution and Lawyers, p. 55.
21. RISKIN, Leonard L. Mediation and Lawyers (1982). *In* RISKIN, Leonard L.; WESTBROOK, James E. Dispute Resolution and Lawyers, p. 56-57.
22. RISKIN, Leonard L. Mediation and Lawyers (1982). *In* RISKIN, Leonard L.; WESTBROOK, James E. Dispute Resolution and Lawyers, p. 56-57.
23. RISKIN, Leonard L. Mediation and Lawyers (1982). *In* RISKIN, Leonard L.; WESTBROOK, James E. Dispute Resolution and Lawyers, p. 56-57.

Cap. 2 • ADVOCACIA E MEIOS CONSENSUAIS: NOVAS VISÕES, NOVOS GANHOS
Fernanda Tartuce

Para Leonard Riskin, o dever de atender o cliente de forma zelosa desencoraja a preocupação com a situação de todos os envolvidos, gerando ainda pouca atenção em relação à repercussão social do resultado[24].

Outra questão que figura normalmente no "mapa filosófico" do advogado é a falta de valorização de elementos não materiais; há uma tendência a reduzir os interesses a quantias monetárias[25], o que nem sempre se configura realista.

A situação passa pela seguinte reflexão: qual resultado é apto a atender uma pessoa em crise em dada situação jurídica?

Sob a vertente jurídica, pode-se imaginar que a observância das diretrizes do ordenamento que favoreçam o cliente seja suficiente para sua satisfação. Assim, se o indivíduo, por exemplo, faz jus a receber certo montante pecuniário, o pagamento do valor deverá atendê-lo plenamente.

Ocorre, contudo, que muitas vezes a pessoa é movida não só por questões econômicas, mas por desejos e preocupações que retratam outros interesses poderosos; ao lado do bem estar econômico, muitas vezes busca-se reconhecimento, poder e segurança.

São necessidades básicas os interesses mais fortes enquadrados em diversas categorias (econômicos, emocionais, psicológicos, físicos e sociais), sendo os demais interesses os desejos e as preocupações que formam as posições negociadoras das partes[26].

Assim, se houve um erro medico em certo hospital, a posição dos familiares pode ser expressa na intenção de receber uma vultosa quantia indenizatória; contudo, apenas tal percepção pode não satisfazer plenamente os familiares da vitima, que querem também o reconhecimento do hospital quanto à falha e o compromisso de mudança das condições que ensejaram o evento danoso.

Como se perceber, pagar uma soma vultosa pode não ser suficiente. Da mesma forma, ainda que em certa polêmica o valor monetário envolvido seja diminuto, outros interesses podem mobilizar a busca de uma reparação; como pontua Candido Rangel Dinamarco, a experiência mostra

> que em pequenos conflitos o fator emocional é muitas vezes a
> causa maior das exigências exageradas ou resistências opostas
> com irracional obstinação pelas pessoas – e isso constitui mais

---

24. RISKIN, Leonard L. Mediation and Lawyers (1982). *In* RISKIN, Leonard L.; WESTBROOK, James E. Dispute Resolution and Lawyers, p. 56-57.
25. RISKIN, Leonard L. Mediation and Lawyers (1982). *In* RISKIN, Leonard L.; WESTBROOK, James E. Dispute Resolution and Lawyers, p. 56-57.
26. COOLEY, John W. *A advocacia na mediação* (Trad. René Loncan). Brasília: UnB, 2001, p. 85.

uma demonstração de que na vida delas um interesse patrimonialmente pouco expressivo acaba por adquirir significado humano de grandes proporções[27].

Esse tipo de situação pode ser abordado em um mecanismo consensual de forma mais clara e eficiente porque na mediação, alem de se dar atenção aos vínculos entre as pessoas e à qualidade desses liames, o mediador deve ser sensível às necessidades emocionais dos mediandos, reconhecendo a importância do respeito mútuo e de outros interesses imateriais que podem estar presentes[28].

Como bem explana Jean François Six, "o mediador é um terceiro que age de tal maneira que os dois termos não somente preservam sua identidade, mas saem da mediação com a identidade reforçada, porque puderam, graças a presença do mediador, se confrontar com o outro e evitar, nessa confrontação, ser absorvidos pelo outro, em uma fusão ou uma derrota[29]".

É fácil perceber que a preparação para a mediação não deve ser tão intensa quanto para o litígio: deve ser ainda mais intensa[30]. De todo modo, antes de atuar para tanto, será preciso que o advogado mostre ao cliente que o mecanismo consensual é aplicável e vale a pena.

5. ATUAÇÃO DO ADVOGADO PARA APRESENTAR AS VANTAGENS DOS MEIOS CONSENSUAIS AO CLIENTE

Convencido sobre ser a via consensual a mais apropriada para o enfrentamento de certas controvérsias, o advogado precisa obter a adesão do cliente ao método autocompositivo, o que nem sempre é fácil... Michal Keating Junior explica que persuadir o cliente a participar de uma mediação em questões comerciais requer tanta criatividade e flexibilidade quanto o próprio processo de mediação; por essa razão, é de grande relevância que o advogado destaque os benefícios desse método para o cliente[31].

Eis o argumento mais poderoso em prol da mediação, especialmente no mundo dos negócios: a possibilidade de produzir soluções melhores para os problemas complexos. Ao mudar o foco dos aspectos puramente legais para

---

27. DINAMARCO, Candido Rangel. Instituições de Direito Processual Civil, vol, III, p. 828.
28. RISKIN, Leonard L. Mediation and Lawyers (1982). In RISKIN, Leonard L.; WESTBROOK, James E. Dispute Resolution and Lawyers. St. Paul: West Group, 1997, p. 56.
29. SIX, Jean François. Dinâmica da Mediação. Trad. Giselle Groeninga, Aguida Arruda Barbosa e Eliana Riberti Nazareth. Belo Horizonte: Del Rey, 2001, p. 235.
30. COOLEY, John W. A advocacia na mediação (Trad. René Loncan). Brasília: UnB, 2001, p. 85.
31. KEATING JR., J. Michael. Getting Reluctant Parties to Mediate: A Guide for Advocates. In RISKIN, Leonard L.; WESTBROOK, James E. Dispute Resolution and Lawyers, p. 421.

abordar outros interesses em jogo, a mediação responde bem aos interesses comerciais das pessoas ao promover a compreensão dos interesses negociais e buscar soluções melhores que atendem a esses interesses[32].

Outro ponto positivo diz respeito à manutenção do controle (tanto substantivo quanto procedimental)[33].

Nas questões comerciais, o controle sobre o conteúdo material da solução é muito importante, já que delegar a decisão a outrem nem sempre preserva a empresa; como na mediação as partes retêm o poder de definir o resultado, elas não terão que terceirizar a solução para alguém que não entenda o contexto nem a natureza do conflito[34].

Também é muito relevante o controle do procedimento: a flexibilidade da mediação permite que as partes construam um rito que se amolde melhor às suas necessidades, já que elas podem ditar as características e a experiência do mediador, identificar os problemas no qual querem ajuda dele, limitar a duração do processo e ainda definir detalhes como logística e custos, dentre outros[35].

A situação é bem diferente nos meios adjudicatórios; tanto na resolução judicial como na arbitragem a figura do julgador tende a centralizar os trabalhos e a autonomia das partes quanto ao procedimento ou inexiste ou se verifica em um campo restrito.

Outras razões persuasivas para a utilização da mediação advêm da natureza da disputa:

a) Aspectos relacionais: se os envolvidos no conflito têm uma relação que vai perdurar além do conflito, a mediação é a alternativa mais adequada. Enquanto os meios contenciosos baseiam-se exclusivamente na demonstração de culpa e responsabilidade, a mediação não busca o culpado, mas sim soluções que atendam aos interesses das partes e preservem seu relacionamento[36].

Mais importante do que reconstruir o passado e apurar detalhadamente o que aconteceu para apurar quem deve responder por quanto, foca-se, na mediação, na perspectiva futura. Assim, o mediador irá trabalhar o que as pessoas envolvidas querem e/ou precisam vivenciar juntas nas próximas ocorrências.

---

32. KEATING JR., J. Michael. Getting Reluctant Parties to Mediate: A Guide for Advocates, p. 423.
33. KEATING JR., J. Michael. Getting Reluctant Parties to Mediate: A Guide for Advocates, p. 421-422.
34. KEATING JR., J. Michael. Getting Reluctant Parties to Mediate: A Guide for Advocates, p. 421-422.
35. KEATING JR., J. Michael. Getting Reluctant Parties to Mediate: A Guide for Advocates, p. 422.
36. KEATING JR., J. Michael. Getting Reluctant Parties to Mediate: A Guide for Advocates, p. 423.

Sob o aspecto preventivo, aliás, merece destaque o valor prudência; incumbe ao mediador, no desempenho de suas funções, "saber prever o melhor possível, o que vai engendrar uma nova ação, as consequências que se seguirão[37]". A perspectiva de futuro, como mencionado, é valiosa e será abordada na mediação.

b) Imperativo de tempo: conflitos que envolvem dano contínuo aos negócios e não tem perspectiva de uma solução rápida são muito adequados à mediação. Os advogados normalmente ponderam os males da litigância com base em um raciocínio de custos transacionais; contudo, o dano aos interesses do cliente no tempo deve ser levado em consideração por ser esta uma das principais preocupações dos homens de negócios[38].

O litígio tem custos diretos (pelos gastos que sua manutenção engendra) e indiretos (pela perda de negócios que enseja). O fato de a abordagem consensual ser rápida reduz danos; afinal, se as sessões (de mediação ou conciliação) durarem algumas semanas, já será possível perceber se há ou não dialogo restaurado e quais as condições para continuar (seja dialogando, seja pedindo a intervenção de um julgador).

c) contenção de danos à imagem da empresa: muitas vezes as empresas querem ir à mediação para acabar com a má reputação que uma longa ação judicial tem trazido. Apesar de a literatura enfatizar a possibilidade de "ganha-ganha" da mediação, algumas vezes as soluções "perde menos-perde menos" minimizam o impacto já causado por conflitos atuais; muitos clientes sabem que, proposta a ação judicial, muito já se perdeu e qualquer meio de "limpar a bagunça" envolverá esforço para simplesmente manter as perdas em um nível aceitável[39].

Como se percebe, existe uma mudança de paradigma nos meios consensuais à qual o advogado e os envolvidos no conflito devem se adaptar. É necessário compreender o modelo coexistencial inerente aos meios consensuais; a postura belicosa, tão cara à solução adjudicatória, pode significar o fim do processo produtivo em que o diálogo cooperativo pode resultar em ganhos para todos os participantes[40].

---

37. SIX, Jean François. *Dinâmica da Mediação*. Trad. Giselle Groeninga, Aguida Arruda Barbosa e Eliana Riberti Nazareth. Belo Horizonte: Del Rey, 2001, p. 247.
38. KEATING JR., J. Michael. Getting Reluctant Parties to Mediate: A Guide for Advocates, p. 423.
39. KEATING JR., J. Michael. Getting Reluctant Parties to Mediate: A Guide for Advocates, p. 423.
40. AZEVEDO, André Gomma de; SILVA, Cyntia Cristina de Carvalho e. Autocomposição, processos construtivos e a advocacia: breves comentários sobre a atuação de advogados em processos autocompositivos. Revista do Advogado, ano 26, n. 87, p. 115-124, set./2006, p. 119.

Se as partes se dispuserem, com boa fé, a irem à mediação, o mediador irá trabalhar as premissas da mediação e haverá chances de evoluir a partir de sua observância.

Definida (por vezes conquistada!) a ida à mediação, como atuará o advogado? O tema merece análise mais detida.

6. ATUAÇÃO DO ADVOGADO NOS MEIOS CONSENSUAIS

A vantagem de contar com um advogado é sentida não só no inicio de abordagem da controvérsia mas durante todo o desenvolvimento do meio de composição de conflitos, esteja a discussão sendo travada segundo a índole antagônica ou sendo abordada em um perfil consensual.

6.1. Atuação antes da sessão consensual

Um passo importantíssimo para o advogado é preparar o caso para mediação; esta preparação difere da lógica da preparação da ação judicial porque não se jogará o "jogo do julgamento", mas sim o "jogo da mediação"[41]. Neste, não se busca sustentar as posições jurídicas por meio de alegações baseadas em teorias do Direito; pelo contrário, as posições jurídicas ficam em segundo plano e, ao serem evocadas, ficam restritas ao plano especulativo, pois a intenção na mediação não é ter as posições jurídicas declaradas como válidas ou inválidas por um terceiro[42].

Como se percebe, a preparação adequada do advogado para uma negociação exige que ele saiba quais são os fatos relevantes, qual o direito aplicável e quais são os interesses do cliente[43].

Para uma boa atuação, é relevante conversar abertamente com o cliente de maneira a identificar seus reais interesses e traduzi-los em propostas de eventuais soluções com vistas a explorar as possibilidades de ganhos mútuos[44].

Para tanto, o advogado deverá analisar junto ao cliente quais são a melhor e a pior alternativa para uma solução negociada[45]. Ter em mente os pisos máximo e mínimo sem duvida irá colaborar para que as tratativas sejam produtivas.

---

41. COOLEY, John W. *A advocacia na mediação* (Trad. René Loncan), p. 80.
42. COOLEY, John W. *A advocacia na mediação* (Trad. René Loncan), p. 80.
43. HIGHTON DE NOLASCO, Elena I. ALVAREZ, Gladys S. *Mediación para resolver conflictos*. 2ª Ed. Buenos Aires: Ad Hoc, 2008, p. 405.
44. AZEVEDO, André Gomma de; SILVA, Cyntia Cristina de Carvalho e. Autocomposição, processos construtivos e a advocacia: breves comentários sobre a atuação de advogados em processos autocompositivos. Revista do Advogado, p. 120.
45. ARNOLD, Tom. 20 Common Errors in Mediation Advocacy, p. 438.

Será também útil buscar prever quais opções tenderão a ser consideradas pela outra parte; para tanto, sugere-se um *brainstorm* sobre as motivações e percepções dela[46] porque a análise mais produtiva passa pela identificação das necessidades e interesses básicos de todos os envolvidos[47].

A análise previa e apurada tem significativa relevância porque a compreensão equivocada das alternativas dos envolvidos poderá obstruir soluções ou originar maus acordos[48].

Com a mudança de paradigma e a incorporação dos meios consensuais no dia a dia do advogado, uma preocupação diz respeito ao empoderamento do cliente: ele deve ter sido educado por seu advogado nas técnicas de negociação e mediação a fim de poder, assessorado pelo advogado mas também dispondo de autonomia, atuar da melhor forma possível na abordagem consensual do conflito[49].

Trabalhados os aspectos relativos ao mérito, será importante, antes da sessão consensual, que o advogado instrua seu cliente sobre o procedimento, buscando antecipar perguntas que poderão ser feitas e explicar que o foco será a outra pessoa e não o mediador[50].

É ainda recomendável que o advogado prepare o cliente para ser abordado pelo mediador e pela outra parte; é importante repassar com ele perguntas essenciais de modo a que ele saiba dizer o que sente e porque sente, se é ou não responsável, se os danos que causou são ou não grandes[51]...

Na literatura americana consta ainda a advertência de que o advogado deve estimular que seu cliente seja empático com a outra parte[52]. Não há dúvidas de que tentar colocar-se no lugar do outro é conduta muito produtiva e valiosa para que a animosidade ceda espaço a posturas colaborativas.

6.2. Atuação durante a sessão consensual

Definida a realização de reuniões para a promoção da comunicação pelo conciliador ou mediador, os participantes, se desejarem, poderão[53] a elas comparecer acompanhados por seus advogados a fim de que estes venham a

---

46. ARNOLD, Tom. 20 Common Errors in Mediation Advocacy, p. 440.
47. COOLEY, John W. *A advocacia na mediação* (Trad. René Loncan), p. 80.
48. ARNOLD, Tom. 20 Common Errors in Mediation Advocacy, p. 438.
49. AZEVEDO, André Gomma de; SILVA, Cyntia Cristina de Carvalho e. Autocomposição, processos construtivos e a advocacia: breves comentários sobre a atuação de advogados em processos autocompositivos, p. 121.
50. ARNOLD, Tom. 20 Common Errors in Mediation Advocacy, p. 437.
51. ARNOLD, Tom. 20 Common Errors in Mediation Advocacy, p. 439.
52. ARNOLD, Tom. 20 Common Errors in Mediation Advocacy, p. 439.
53. A temática enseja alguma polemica nas demandas familiares porque muitos temas da intimidade encontram dificuldades para serem expostos diante de variadas pessoas; por isso, em alguns modelos de aplicação de mediação os advogados participam não de todas mas de algumas sessões (na primeira e na ultima, por exemplo).

esclarecer duvidas ou indicar "encaminhamentos legais para preocupações e questionamentos que por ventura ocorram na mediação[54]".

Em uma negociação (entabulada diretamente entre os envolvidos ou facilitada por um terceiro imparcial) o advogado, ao fornecer informações especiais e disponibilizar meios eficientes, pode colaborar para que o cliente tome decisões esclarecidas e aja com eficiência[55].

Juliana Demarchi ressalta o essencial papel dos advogados na sessão de conciliação: eles têm a missão de orientar juridicamente as partes e auxilia-las na adequada compreensão dos interesses em debate e nas consequencias de eventual acordo[56]".

Também a criatividade e a experiência profissional são bem-vindas na busca de caminhos alternativos para a criação de boas soluções; afinal, muitas vezes, o advogado pode enxergar pontos que as partes não conseguem ver[57].

Merece destaque, nessa situação, um ponto interessante a respeito dos meios consensuais: dada a sua informalidade (no sentido de não haver procedimento pré-fixado e rigoroso na mediação e na conciliação), as habilidades das partes, dos advogados e do mediador são intrínsecas ao processo[58]. Como não há detalhamento legal quanto ao tramite do procedimento, o "como fazer" é construído a partir das habilidades dos envolvidos.

Nessa seara, a personalidade do cliente deve ser levada em conta. Se os executivos que representam as partes são agressivos e arrogantes, sua postura errada pode ser fatal para a mediação; afinal, os melhores construtores de consenso mostram criatividade e tolerância, habilidades que ajudam muito a solucionar disputas[59].

Da mesma forma devem os advogados ser sensíveis, flexíveis e dispostos a uma boa preparação; como esta traz melhores soluções, o advogado que não se preparou pode ser inapropriado para a mediação[60].

---

54. BRAGA NETO, Adolfo. Alguns aspectos relevantes sobre a mediação de conflitos. In Mediação e gerenciamento do processo. SP: Atlas, 2007, p. 68.
55. MNOOKIN, Roberto. PEPPET, Scott R. TULUMELLO, Andrew. *Mais que vencer: negociando para criar valor em negócios e disputas*. Trad.: Mauro Gama. Rio de Janeiro: Best Seller, 2009, p. 21.
56. DEMARCHI, Juliana. Técnicas de conciliação e mediação. In Mediação e gerenciamento do processo. SP: Atlas, 2007, p. 56.
57. AZEVEDO, André Gomma de; SILVA, Cyntia Cristina de Carvalho e. Autocomposição, processos construtivos e a advocacia: breves comentários sobre a atuação de advogados em processos autocompositivos. Revista do Advogado, p. 120.
58. AZEVEDO, André Gomma de; SILVA, Cyntia Cristina de Carvalho e. Autocomposição, processos construtivos e a advocacia: breves comentários sobre a atuação de advogados em processos autocompositivos, p. 119.
59. ARNOLD, Tom. 20 Common Errors in Mediation Advocacy. *In* RISKIN, Leonard L.; WESTBROOK, James E. Dispute Resolution and Lawyers. St. Paul: West Group, 1997, p. 436.
60. ARNOLD, Tom. 20 Common Errors in Mediation Advocacy. *In* RISKIN, Leonard L.; WESTBROOK, James E. Dispute Resolution and Lawyers. St. Paul: West Group, 1997, p. 437.

Se as pessoas têm perfis complicados mas se dispõem a comparecer à sessão consensual, após a explanação pelo mediador sobre as pautas de comunicação será perceptível se haverá uma adaptação viabilizadora da comunicação produtiva. É possível que haja aderência aos princípios e regras apresentados a permitir que o mecanismo consensual evolua; caso isto não se verifique, faltando disposição e boa fé, o meio encontrará um limite e poderá findar.

Se alcançado o consenso e entabulado um acordo, a atuação técnica do advogado será muito importante para a oficialização de seus termos. Como bem pontua Juliana Demarchi, "o acordo deve ser redigido em conjunto pelas partes, seus advogados e o mediador/conciliador para que reflita da forma mais clara e completa aquilo que foi combinado"; assim, "para que o acordo tenha, de fato, a mesma força vinculante que a sentença, sua redação deve ser clara para evitar divergências na interpretação de suas cláusulas[61]".

7. PERCEPÇÃO DE HONORÁRIOS PELOS ADVOGADOS NOS MEIOS CONSENSUAIS

Contar com várias possibilidades de atender o cliente é algo que revela não só a versatilidade do advogado como também propicia a maior chance de satisfação do destinatário de sua atuação, ensejando a fidelização e a valorização da atividade advocatícia.

Há, porém, resistências. Leonard Riskin e James Westbrook apontam haver um medo generalizado de que o advogado vá ganhar menos dinheiro ou perder o controle ao se envolver nos métodos alternativos, lembrando que muitos entendem que o papel primário do causídico é mesmo o de *advocate* (atuar como advogado litigante)[62].

O medo, porém, não se justifica; certamente o advogado adaptado às demandas dos tempos atuais se posicionará melhor em um ambiente de alta competitividade profissional[63].

Sob o ponto de vista imaterial, portanto, o advogado pode ganhar em reputação e em lealdade ao conquistar o cliente mostrando sua eficiência e

---

61. DEMARCHI, Juliana. Técnicas de conciliação e mediação. In Mediação e gerenciamento do processo. SP: Atlas, 2007, p. 61.
62. RISKIN, Leonard L.; WESTBROOK, James E. *Dispute Resolution and Lawyers*. St. Paul: West Group, 1997, p. 52-53. Se buscarmos o vocábulo advocate no dicionário, encontramos como acepções "patrono", "defensor (perante a justiça)", "protetor", "advogado", "advogar", "defender" (Advocate. Dicionário Michaelis. Disponível em http://michaelis.uol.com.br/moderno/ingles/index.php?lingua=ingles-portugues&palavra=advocate. Acesso 17 set. 2012).
63. HIGHTON DE NOLASCO, Elena I. ALVAREZ, Gladys S. *Mediación para resolver conflictos*. 2ª Ed. Buenos Aires: Ad Hoc, 2008, p. 404.

versatilidade no encaminhamento das controvérsias e proporcionando-lhe resultados satisfatórios em diversas searas.

No que tange ao ganhos econômicos, também é possível prosperar. O profissional atualizado e focado em meios diferenciados deve, porém, repensar a forma de cobrar os honorários advocatícios.

Muitos advogados combinam a percepção de valores por atos processuais praticados e acabam apenas se referenciando a elementos inerentes a métodos adjudicatórios. Nos meios consensuais, o padrão de remunerar o advogado a partir das fases do processo contencioso não terá utilidade.

A cobrança segundo a lógica contenciosa acaba tornando o advogado focado na extensão do litígio, de onde poderá extrair ganhos conforme o ampliado desenrolar do tramite processual.

Segundo Neil Andrews, "o método de cobrança de honorários por hora fornece incentivo econômico para advogados aumentarem a intensidade e complexidade dos processos[64]".

O advogado que atua nos meios consensuais desempenhará atividades de consulta, orientação e acompanhamento; ele se comunicará algumas vezes com o cliente antes das sessões consensuais e é possível que após algumas reuniões já seja possível divisar resultados.

A percepção imediata e célere dos honorários por sua remuneração na preparação e no assessoramento durante as sessões consensuais por certo atende a interesses econômicos dos advogados. Além disso, a cobrança pode ser diversa quando da atuação técnica para tornar o acordo um titulo executivo (extrajudicial ou mesmo judicial).

Em menos tempo e com atividades mais interessantes poderão o advogado e seu cliente aferir ganhos em todos os sentidos a partir de uma produtiva abordagem consensual das controvérsias.

8. CONCLUSÕES

Vive-se uma época de forte crise nas instituições e nas formas tradicionais de lidar com os conflitos na seara jurídica.

A Resolução 125 do CNJ propugna a ampliação do uso dos meios consensuais na seara judicial e demanda a preparação dos advogados para bem desempenharem sua missão de gestores de conflitos.

---

64. ANDREWS, Neil, O Moderno Processo civil: formas judiciais e alternativas de resolução de conflitos na Inglaterra. SP: RT, 2010, p. 245.

Embora originalmente treinado para o esquema litigioso, o advogado pode incrementar produtivamente o leque de sua atuação. Ampliar as possibilidades de enfrentamento das controvérsias auxilia o advogado a contar com diferenciadas estratégias para atender melhor os interesses de seus clientes.

Conhecer e difundir a pratica dos meios consensuais é de suma importância porque a conscientização do advogado sobre os benefícios de tais mecanismos é crucial para a evolução da utilização desses métodos e para que estes possam produzir resultados benéficos no tecido social.

Também as pessoas envolvidas nos conflitos merecem ser comunicadas sobre as vantagens decorrentes de uma abordagem não beligerante, dentre as quais se destacam a valorização da autonomia, a celeridade, a possível manutenção do relacionamento em bases melhores, o controle do procedimento, a economia de recursos e a sustentação de uma boa reputação.

A atuação eficiente nos meios consensuais exige a preparação do advogado e das pessoas envolvidas para que a comunicação flua de forma produtiva rumo ao encontro dos interesses subjacentes às posições externadas.

O advogado deve preparar seu cliente para as sessões consensuais, assim como atuar, nas sessões de conciliação e mediação, para orienta-lo na presença do terceiro imparcial. Incumbe-lhe ainda preparar o acordo porventura entabulado em termos técnicos, podendo torna-lo um titulo executivo judicial ou extrajudicial.

A atuação do advogado, essencial assessor técnico, pode e deve ser ampla, merecendo ser valorizada proporcionalmente ao ganho de tempo e de vantagens para o cliente; isso repercute não só em valores como a credibilidade e a fidelização, mas também em ganhos materiais que podem ser percebidos celeremente pelo advogado.

A conscientização promovida pelos meios consensuais favorece a inclusão social, a empatia e a razoabilidade no enfrentamento das controvérsias, "oxigenando" a abordagem das controvérsias com novas pautas e ideias em prol de melhores resultados.

9. REFERÊNCIAS BIBLIOGRÁFICAS

ANDREWS, Neil. *O Moderno Processo civil: formas judiciais e alternativas de resolução de conflitos na Inglaterra*. São Paulo: RT, 2010.

AZEVEDO, André Gomma de; SILVA, Cyntia Cristina de Carvalho. Autocomposição, processos construtivos e a advocacia: breves comentários sobre a atuação de advogados em processos autocompositivos. *Revista do Advogado*, São Paulo, ano XXVI, v. 26, n. 87, p. 115-124, set. 2006.

BAPTISTA DA SILVA, Ovídio. Advocacia em tempos de crise. Disponível em http://www.oab.org.br/editora/revista/users/revista/1235067095174218181901.pdf. Acesso 18 out. 2012.

BARBOSA, Águida Arruda. Prática da mediação: ética profissional. In: Família e dignidade humana. Anais do V Congresso Brasileiro de Direito de Família. Coordenador: Rodrigo da Cunha Pereira. 2006, p. 55-67.

BORDONE, Robert C. MOFFITT, Michael L. e SANDER, Frank E. A. The next thirty years: directions and challenges in dispute resolution. In MOFFITT, Michael L. e BORDONE, Robert C. *The handbook of dispute resolution*. San Francisco: Jossey-Bass, 2005, p. 507-517.

DEMARCHI, Juliana. Técnicas de conciliação e mediação. In Mediação e gerenciamento do processo. SP: Atlas, 2007.

DINAMARCO, Candido Rangel. *Instituições de Direito Processual Civil*, vol, III. 6ª ed. São Paulo: Malheiros Editores, 2009.

FARIA, José Eduardo. Direito e Justiça no século XXI: a crise da Justiça no Brasil. Disponível em http://www.ces.uc.pt/direitoXXI/comunic/JoseEduarFaria.pdf. Acesso 18 out. 2012.

HIGHTON DE NOLASCO, Elena I. ALVAREZ, Gladys S. *Mediación para resolver conflictos*. 2ª Ed. Buenos Aires: Ad Hoc, 2008.

KEATING JR., J. Michael. Getting Reluctant Parties to Mediate: A Guide for Advocates. *In* RISKIN, Leonard L.; WESTBROOK, James E. *Dispute Resolution and Lawyers*. St. Paul: West Group, 1997, p. 421-427.

LEMES, Selma Ferreira. Oito anos da lei de arbitragem. Disponível em http://www.egov.ufsc.br/portal/sites/default/files/anexos/29753-29769-1-PB.pdf. Acesso 23 out. 2012.

MNOOKIN, Roberto. PEPPET, Scott R. TULUMELLO, Andrew. *Mais que vencer: negociando para criar valor em negócios e disputas*. Trad.: Mauro Gama. Rio de Janeiro: Best Seller, 2009.

RISKIN, Leonard L. Mediation and Lawyers (1982). *In* RISKIN, Leonard L.; WESTBROOK, James E. *Dispute Resolution and Lawyers*. St. Paul: West Group, 1997, p. 55-60; 72-75.

SIX, Jean François. *Dinâmica da Mediação*. Trad. Giselle Groeninga, Aguida Arruda Barbosa e Eliana Riberti Nazareth. Belo Horizonte: Del Rey, 2001.

TARTUCE, Fernanda. Conciliação e Poder Judiciário. Disponível em http://fernandatartuce.com.br/artigos/cat_view/38-artigos/43-artigos-da-professora.html?start=10. Acesso 22 out. 2012.

TARTUCE, Fernanda. Mediação nos conflitos civis. São Paulo: Método, 2008.

WATANABE, Kazuo. A mentalidade e os meios alternativos de solução de conflitos no Brasil. In Mediação e gerenciamento do processo. SP, Atlas, 2007.

PARTE IV

RESPOSTA DO RÉU

CAPÍTULO 1

Da Contestação no novo Código de Processo Civil de 2015. Aspectos relevantes

Ronaldo Kochem[1]

SUMÁRIO: INTRODUÇÃO; 1. O PRAZO DE CONTESTAÇÃO E SEUS TERMOS INICIAIS; 2. A REGRA DA EVENTUALIDADE E AS PRELIMINARES; 3. O ÔNUS DA IMPUGNAÇÃO ESPECÍFICA; 4. A CLASSIFICAÇÃO DAS ALEGAÇÕES DO RÉU NA CONTESTAÇÃO; CONSIDERAÇÕES FINAIS; REFERÊNCIAS BIBLIOGRÁFICAS.

INTRODUÇÃO

A[2] doutrina do Processo Civil superou a fase em que o direito processual era tido como uma matéria eminentemente técnica[3], com pretensão de perenidade e universalidade. Hoje, parece fora de dúvida a afirmação de que o processo civil é *fenômeno cultural*, cujo formalismo[4] vai configurado por fatores sociais, políticos e econômicos de uma determinada época e de um determinado local[5]. Também se mostra de fácil aceitação a afirmação de que o direito

---

1. Mestrando em Direito Processual Civil no Programa de Pós-Graduação em Direito da Universidade Federal do Rio Grande do Sul. Membro do Grupo de Pesquisa CNPQ "Processo Civil e Estado Constitucional". Advogado.
2. Na oportunidade da publicação da 2ª edição da obra coletiva "Coleção Novo CPC – Doutrina Selecionada", realizou-se a correção de referências aos artigos do novo CPC. O autor agradece pela leitura crítica do presente ensaio realizada pelos colegas Otávio Domit e Augusto Bercht, graças à qual realizou-se a correção. Possíveis erros que possam ter permanecido no texto são de responsabilidade apenas do autor.
3. BUZAID, Alfredo. Linhas fundamentais do sistema do Código de Processo Civil Brasileiro. In: Idem. *Estudos e pareceres de direito processual civil.* São Paulo: Revista dos Tribunais, pp. 31-48, 2002. p. 34.
4. Formalismo vai aqui entendido como "formalismo em sentido amplo", que compreende "não só a forma, ou as formalidades, mas especialmente a delimitação dos *poderes, faculdades e deveres* dos sujeitos processuais, coordenação de sua atividade, ordenação do procedimento e organização do processo, com vistas a que sejam atingidas suas finalidades primordiais" (OLIVEIRA, Carlos Alberto Alvaro de. *Do formalismo no processo civil : Proposta de um formalismo-valorativo.* São Paulo: Saraiva, 2010, p. 28).
5. Por todos, a respeito da relação entre processo civil e cultura na perspectiva da história da disciplina do processo civil, ver o § 3º (Processo civil e cultura. Praxismo. Processualismo, instrumentalismo e formalismo-valorativo) do Capítulo 1 da obra OLIVEIRA, Carlos Alberto Alvaro de. MITIDIERO, Daniel. *Curso de Processo Civil.* v. 1. São Paulo: Atlas, 2010. pp. 12-16. Ainda: MITIDIERO, Daniel. *Elementos para uma Teoria Contemporânea do Processo Civil Brasileiro.* Porto Alegre: Livraria do Advogado, 2005. p. 20.

processual civil deve ser pensado a partir de sua característica de *instrumentalidade*[6] à *tutela do direito material*[7].

Esse contexto cultural atual, no qual tramitou o Projeto de Código de Processo Civil, foi aprovado e sancionado o Código de Processo Civil de 2015 e a partir do qual se interpreta a legislação processual, coloca-se em direta contraposição com as premissas havidas à época da formação do Código Buzaid Reformado[8]. E, a partir dessa nova concepção da disciplina do processo civil, que coloca o *fenômeno processual em toda a sua complexidade* como seu polo metodológico[9], o direito ao contraditório funciona como conceito-chave para uma renovada compreensão das atividades desempenhadas pelas partes no processo: ele significa o direito de informação, reação/manifestação e influência. Nesse quadro, cresce a importância do estudo da participação dos sujeitos no processo, ganhando destaque a delineação do *direito de ação* e do *direito de defesa*, que vão compreendidos como conjuntos de posições subjetivas complexas de evolução progressiva, *i. e.*, "como a síntese de uma série de poderes, faculdades, direitos, deveres e ônus que o ordenamento atribui" no plano do processo e ao longo de todo o seu desenvolvimento[10].

A partir dessas premissas, o presente ensaio tem como objetivo realizar uma aproximação *sistematizadora* da regulamentação do Código de Processo Civil de 2015 sobre a participação inicial do réu no processo, que é realizada por meio do oferecimento de sua contestação à demanda do autor. Delineia-se, portanto, parte do conjunto de posições subjetivas complexas do réu. O foco do estudo, como não poderia deixar de ser – dado ao momento em que o ensaio está inserido –, está naquilo que foi *alterado* a respeito da contestação.

---

6. A respeito da instrumentalidade do processo, concluindo pela permeabilidade da ciência processual "aos valores tutelados na ordem político-constitucional e jurídico-material" (p. 22), ver DINAMARCO, Cândido Rangel. *A Instrumentalidade do Processo*. 4ª ed. São Paulo: Malheiros, 1993.
7. A propósito, MARINONI, Luiz Guilherme. *Técnica processual e tutela dos direitos*. 2ª ed., São Paulo: Revista dos Tribunais, 2008.
8. Para uma análise da formação do Código de Processo Civil de 1973, ver MITIDIERO, Daniel. O processualismo e a formação do Código Buzaid. *Revista de Processo*. a. 35, n. 183, pp. 165-194, maio/2010. Também concluindo que o afã de construir a dogmática jurídica do processo civil deixara a legislação "impregnada de um conceitualismo talvez excessivo": MOREIRA, José Carlos Barbosa. Evoluzione della Scienza Processuale Latino-Americana in mezzo secolo, in: *Rivista di Diritto Processuale*, a. LIII, n. 1, pp. 26-35, jan.-mar. / 1998. p. 29.
9. OLIVEIRA, Carlos Alberto Alvaro de. *Do formalismo no processo civil : Proposta de um formalismo-valorativo*. São Paulo: Saraiva, 2010, p. 23.
10. OLIVEIRA, Carlos Alberto Alvaro de. MITIDIERO, Daniel. *Curso de Processo Civil*. v. 1. São Paulo: Atlas, 2010. pp. 139-140. Após a conceituação do direito de ação, Carlos Alberto Alvaro de Oliveira e Daniel Mitidiero prosseguem: "A distribuição entre as partes das posições subjetivas deve ser sempre simétrica e paritária, pelo menos para assegurar-se o respeito ao contraditório. Daí decorre o direito de defesa da contraparte, que apresenta a mesma natureza do agir do demandante, pois o demandado exerce seus poderes, faculdades e ônus da mesma forma que o autor, sem diferenças substanciais" (p. 140).

Há, naturalmente, um corte no escopo do trabalho, que limita a abordagem das linhas a seguir ao Procedimento Comum.

Para se evitar confusões quanto às referências aos dispositivos legais, convém esclarecer que para se referir ao Código de Processo Civil de 1973, em sua última versão (amplamente reformada), vigente em fevereiro de 2015, utilizar-se-á a expressão *Código Buzaid Reformado*, ou apenas *Código de 1973*. Já as referências ao Código de Processo Civil de 2015 serão realizadas pela simples expressão *Código de Processo Civil* que poderá, por vezes, conter a adjetivação de *novo*.

1. O PRAZO DE CONTESTAÇÃO E SEUS TERMOS INICIAIS

A contestação, enquanto ato processual, deverá ser realizada no prazo que a lei lhe prescreve (artigo 218, *caput*), que é de 15 dias (artigo 335, *caput*). Para aferição desse prazo, deverão ser computados, apenas, os dias úteis (artigo 219), excluindo-se, portanto, os fins de semana e os feriados nacionais e os feriados estaduais ou municipais que tenham abrangência sobre a comarca, seção ou subseção em que tramita o processo. Decorrido o prazo para o oferecimento de contestação, extingue-se o direito de praticar o ato processual, a não ser que o demandado comprove o não oferecimento de contestação por justa causa (artigo 223, *caput*), caso em que o juiz deverá reabrir o prazo. A propósito da forma de contagem, mantém-se a regra da exclusão do dia do começo do prazo e inclusão do dia do vencimento, que já vigia no Código Buzaid Reformado. Como regras especiais atinentes ao prazo de manifestação, deve-se destacar os artigos 229, 180, 183 e 186, que prescrevem o prazo em dobro para todas as manifestações dos litisconsortes que tiverem diferentes procuradores de escritórios de advocacia distintos, do Ministério Público, da Advocacia Pública e da Defensoria Pública, além dos escritórios de prática jurídica das faculdades de Direito reconhecidas na forma da lei e as entidades que prestam assistência jurídica gratuita em razão de convênios firmados com a Defensoria Pública. É de relevo o *fim do prazo em quádruplo para oferecer contestação*, que existia para o Ministério Público e para a Fazenda Pública no Código de Processo Civil de 1973[11].

Pois bem. Feita essa introdução acerca do prazo para oferecimento de contestação e de sua contagem, cumpre prosseguir no exame das diferentes peculiaridades do Procedimento Comum delineado no novo Código de Processo Civil. Como se verá, há diferentes termos iniciais para o referido prazo.

---

11. Código de Processo Civil de 1973, art. 188.

Uma vez protocolada a petição inicial e o juiz verificando que a peça preenche todos os requisitos dos artigos 319 e 320 do Código de Processo Civil (ou após haver sido suficientemente emendada e/ou complementada pelo autor[12]), seguir-se-á a análise da aplicação do artigo 332 pelo magistrado. Não sendo o caso de aplicá-lo, e admitindo a causa autocomposição, *independentemente de pedido do autor* nesse sentido, o juiz designará audiência de conciliação ou de mediação, para a qual ordenará a citação do réu.

Caso o autor não tenha interesse na realização da audiência, deverá consignar na petição inicial o seu desinteresse, sendo esta uma condição necessária, mas não suficiente para afastar a sua realização. Exige-se, além disso, que o réu (citado com vinte dias de antecedência à data designada) também manifeste o seu desinteresse em realizá-la, *no prazo máximo de até dez dias anteriores à audiência*[13]. Caso pelo menos uma das partes não manifeste o seu desinteresse, então a audiência será realizada e o não comparecimento injustificado de qualquer dos litigantes será sancionado com multa que poderá chegar até 2% da vantagem econômica pretendida ou do valor da causa. A mesma regra a respeito do total consenso para a não realização da audiência de conciliação ou mediação aplica-se para os casos em que há uma pluralidade de sujeitos no mesmo polo processual.

É dizer, portanto, que, em a causa admitindo autocomposição, somente não ocorrerá audiência de conciliação ou mediação se *todas as partes* a descartarem. Ainda, também pode-se dizer que a determinação do procedimento inicial é feita pelo juiz e pelas partes em uma *relação isonômica*[14]: ao receber

---

12. Código de Processo Civil, art. 321.
13. É inaplicável a esse prazo a contagem em dobro prevista nos arts. 180, 183, 186 e 229 do Código de Processo Civil em razão da *impossibilidade lógica de sua aplicação*. Veja-se que a norma reconstruída a partir do art. 334, § 5º, *não estabelece um prazo processual fixo, mas estabelece um termo final para um prazo processual variável*. Dizer que a manifestação do réu deverá ser apresentada com até dez dias de antecedência à audiência não impõe um prazo para que o réu exerça o seu direito. O prazo mínimo do réu será de 10 dias (já que ele deverá ser citado com antecedência mínima de 20 dias até a audiência, conforme o art. 334, *caput*, e deverá se manifestar em até 10 dias antes dessa, conforme o § 5º); contudo, no caso concreto, o réu poderá usufruir de qualquer outro prazo que seja superior a este – a depender da antecedência da citação. E é disso que decorre a *impossibilidade de se duplicar o prazo para o réu se manifestar a respeito da audiência de conciliação ou mediação*, já que ao se duplicar qualquer prazo maior que 10 dias, que é o prazo mínimo de que dispõe o réu, *necessariamente se ultrapassará a data para que estará agendada a audiência*. Um exemplo auxiliará na compreensão: caso o réu receba a citação com antecedência de 25 dias até a audiência, ele disporá, com a contagem simples, de até 15 dias para se manifestar a respeito, em observância ao termo final do art. 334, § 5º; caso se entendesse pela contagem do prazo em dobro, ele disporia de 30 dias, que é período de tempo maior do que aquele faltante até a realização da audiência. Assim, porque a consequência da aplicação da contagem deste prazo em dobro significaria permitir que a manifestação do réu capaz de evitar a audiência fosse realizada após a sua realização, não se poderá aplicar a contagem prevista nos arts. 180, 183, 186 e 229 à manifestação a favor do cancelamento da audiência de conciliação ou mediação.
14. A respeito, ver MITIDIERO, Daniel. *Colaboração no Processo Civil*. 2ª ed., São Paulo: Editora Revista dos Tribunais, 2011.

a petição inicial, o magistrado identificará se a causa admite autocomposição; quando ela for possível, independentemente da vontade manifestada pelo autor, o réu será citado para comparecer em audiência de conciliação ou mediação, que somente será cancelada se ele se manifestar nesse sentido e a parte autora assim também já houver se manifestado.

Além disso, o *consenso das partes* não precisa ser manifestado no curso do processo apenas, podendo-se cogitar, com fundamento no artigo 190 do Código de Processo Civil, na possibilidade de as partes convencionarem, antes do início do processo, pela não realização de audiência de conciliação ou mediação. Nesse caso, apresentada a prova da convenção em juízo, o silêncio das partes deverá ser interpretado no sentido da não realização da audiência de conciliação ou mediação. Porém, se, ao apresentar a petição inicial, a parte autora não informa acerca da convenção processual e manifesta expressamente o seu interesse em realizar a audiência de conciliação ou mediação (ou ainda que nada diga a respeito) e a ré manifesta-se no prazo de até dez dias anteriores à audiência a favor do cancelamento da audiência, apresentando o documento que comprova a convenção processual, surge a dúvida a respeito de se o juiz deverá cancelar a audiência, ou não. Por um lado, levando-se em conta o dever de estimular a conciliação e a mediação[15], poder-se-ia sugerir que seria o caso de o juiz indeferir o pedido do réu, mantendo o agendamento da audiência. De outro lado, porém, essa conclusão viola frontalmente a norma reconstruída a partir do parágrafo único do artigo 190, segundo a qual o juiz *somente* recusará aplicação da convenção processual "nos casos de nulidade ou de inserção abusiva em contrato de adesão ou em que alguma parte se encontre em manifesta situação de vulnerabilidade"[16]. Por esse motivo, conclui-se pela impossibilidade de o magistrado superar a convenção das partes que estipula a não realização da audiência, devendo-se privilegiar o pacto havido entre elas.

Conforme o artigo 335 do Código de Processo Civil, manifestando-se tempestivamente de forma contrária à audiência, *inicia-se, desde o protocolo de sua manifestação, o prazo de quinze dias* para que o réu ofereça contestação. De acordo com o parágrafo primeiro desse artigo, no caso de litisconsórcio passivo, a fluência do prazo de cada um dos corréus inicia-se a partir da sua respectiva manifestação contrária à realização da audiência de conciliação ou mediação. Aqui, há uma inovação significativa para a prática judiciária nos casos

---

15. Código de Processo Civil, art. 3º, §3º e art. 139, inc. V.
16. Nesse caso, não resta dúvida sobre a possibilidade de as partes convencionarem a respeito da realização da audiência de conciliação ou mediação, já que o próprio Código de Processo Civil deixa à disposição das partes a realização da referida audiência. Não haverá nulidade por convenção a respeito disso. É que a realização depende exclusivamente da existência de *interesse das partes* na audiência de conciliação ou mediação naquele momento processual (Código de Processo Civil, art. 334, § 4º, inc. I).

de pluralidade de partes no polo passivo, *não mais havendo início dos prazos de contestação dos diferentes réus em conjunto*, tal qual vigia no Código Buzaid Reformado[17]. Quanto ao dispositivo do parágrafo segundo, trata-se do caso de desistência da ação em relação ao réu ainda não citado, no qual o prazo para a resposta do réu efetivamente citado corre da data de intimação da decisão que homologa a desistência.

Evidentemente que o início do prazo dos réus a partir do respectivo requerimento para cancelamento da audiência somente é realizado no caso em que *também* consta da petição inicial a *manifestação contrária* à sua realização[18].

Outro esclarecimento que necessariamente deve ser feito diz respeito do início ao prazo de contestação do litisconsorte passivo que se manifestou contrariamente à realização da audiência que, em razão da ausência de manifestação de corréu, não é cancelada. Pois bem: de acordo com o artigo 335, inciso II e o seu §1º, o prazo do corréu que se manifestou a favor do cancelamento da audiência se inicia desde a sua manifestação, independentemente da data de manifestação de seus litisconsortes. Assim, a partir dos referidos dispositivos, poder-se-ia concluir pela fluência do prazo de contestação do réu manifestante desde então (ainda que a audiência viesse a ocorrer). Contudo, o inciso examinado contém uma referência expressa à *ocorrência da hipótese* do artigo 334, §4º, inciso I, que dispõe acerca da *não realização da audiência* pela manifestação expressa de ambas as partes. Certo é que, no caso aqui investigado, a audiência de conciliação realizar-se-á, razão pela qual *não há como se entender pela ocorrência da hipótese do artigo 334, §4º, inciso I*; é dizer: o fato processual que dá origem ao início do prazo de contestação não se realiza, motivo pelo qual o prazo desse réu não inicia. Ocorrida essa hipótese e oferecida a contestação no interregno entre a manifestação do réu contrária à realização de audiência de conciliação ou mediação e a sua ocorrência, a contestação haverá sido oferecida antes do início do prazo e, ainda assim, será considerada tempestiva[19].

O mesmo prazo de quinze dias para oferecimento de contestação terá o seu início *na data da audiência de conciliação ou mediação ou da última sessão de conciliação*, quando, embora ocorrida, as partes não realizem acordo capaz

---

17. Código de Processo Civil de 1973, art. 241: "III - quando houver vários réus, da data de juntada aos autos do último aviso de recebimento ou mandado citatório cumprido" e art. 298 "Quando forem citados para a ação vários réus, o prazo para responder ser-lhes-á comum, salvo o disposto no art. 191".
18. Caso, por exemplo, a inicial silencie a respeito da realização da audiência de conciliação ou mediação e a causa admita a autocomposição, a contagem do prazo de contestação somente terá início na data da audiência (que ocorrerá). Portanto, nos casos em que o autor requer a realização da audiência ou silencia a respeito (o que é equivalente), a discordância do réu com a realização do encontro, em regra, é desimportante.
19. Art. 218, § 4º do Código de Processo Civil.

de extinguir o processo completamente, ou quando uma das partes não comparecer ao encontro.

Quando a causa não admitir a autocomposição, *o prazo de quinze dias do demandado para oferecer contestação inicia-se com a sua citação*, mais especificamente, *tem o seu início nas datas previstas no rol do artigo 231 do Código de Processo Civil*. O referido dispositivo dispõe, de acordo com cada um dos meios pelos quais a citação pode ser realizada[20], acerca do dia em que se considera iniciado o prazo para oferecimento de contestação. Inicia-se o prazo, portanto, a partir das datas de juntada aos autos de aviso de recebimento, mandado cumprido e comunicado eletrônico de cumprimento da carta precatória ou, quando inexistente, da própria carta (incisos I, II e VI), da data de ocorrência de citação por ato do escrivão ou do chefe da secretaria (inciso III), do dia útil seguinte à data de término da dilação relativa à citação por edital (inciso IV) e do dia útil seguinte à data de consulta à citação eletrônica ou ao término do prazo de consulta (inciso V). Também no ato de comparecimento espontâneo do réu inicia-se o prazo para contestação (artigo 239, §1º).

Na hipótese de haver pluralidade de réus nas causas em que não é admissível autocomposição (motivo pelo qual não haverá citação para comparecer em audiência, mas diretamente para contestar), *o prazo para contestação terá início em conjunto*, a partir da última das datas previstas no artigo 231. Nesse aspecto, portanto, o parágrafo primeiro do artigo 231 repete o tratamento dado pelo inciso III do artigo 241 do Código de Processo Civil de 1973[21] à contagem do prazo[22].

É questionável se o prazo para contestação terá início quando da juntada aos autos dos avisos de recebimento, mandados cumpridos ou cartas precatórias cumpridas cujos resultados tenham sido negativos; é dizer: em havendo sido juntado um desses documentos cumpridos com a *informação de que o sujeito não foi citado*, o prazo para os demais réus inicia-se? A partir de uma interpretação sistemática dos dispositivos dos incisos do artigo 231 é necessário responder a questão negativamente. É que os diferentes incisos do artigo (incisos III, IV e V) tratam de casos em que o réu é considerado (ao menos fictamente) citado e indicam a respectiva data a partir da qual o prazo de contestação deste réu iniciar-se-ia, caso ele fosse demandado sozinho. Todas essas

---

20. Vide o art. 246 do Código de Processo Civil.
21. "III - quando houver vários réus, da data de juntada aos autos do último aviso de recebimento ou mandado citatório cumprido".
22. Assim, por exemplo, em havendo diversos avisos de recebimento, cada um relativo a um dos réus, o prazo para oferecer contestação de qualquer dos réus somente terá a sua contagem iniciada quando o último dos avisos de recebimento for juntado aos autos. O mesmo vale para os outros tipos de citação referidos nos incisos do art. 231, incs. I a VI já referidos.

hipóteses tratam de casos em que o ordenamento jurídico considera que *todos os réus têm ciência da demanda*, iniciando-se o prazo a partir da última das datas relativas às hipóteses em que os réus são considerados como devidamente citados[23]. Isso não ocorre nas hipóteses dos incisos I, II e VI, quando a juntada realizada dá conta de que a citação não foi perfectibilizada. Assim, de modo a privilegiar um tratamento igualitário entre os litigantes e uma compreensão coerente e harmônica do sistema processual, deve-se entender, com relação aos incisos I, II e VI, que, quando houver mais de um réu, o dia do começo do prazo para contestar corresponderá à última das datas de juntada aos autos do aviso de recebimento positivo, do mandado de citação cumprido positivo e da carta precatória cumprida positiva (ou do seu comunicado). Além disso, o artigo 335, § 2º, também comporta essa interpretação, vez que, em não se perfectibilizando a citação de um dos réus e havendo desistência da demanda com relação a esse, o prazo para resposta *"correrá"* somente a partir da data da intimação da decisão que homologar a desistência. Antes da intimação dessa decisão homologatória, em que pese a ocorrência das hipóteses previstas nos incisos I a VI do *caput* do artigo 231 em relação aos demais réus, não há prazo de contestação em curso.

2. A REGRA DA EVENTUALIDADE E AS PRELIMINARES

Tal qual previsto no Código Buzaid[24], o artigo 337 do novo Código incorpora a regra da eventualidade, segundo o qual deve constar da contestação do réu *toda a matéria de defesa com a qual se impugna os pedidos do autor*. Isso é dizer que o réu deverá alegar tudo o quanto puder, sob pena de perder a oportunidade de fazê-lo, por preclusão[25]. As exceções a essa regra estão dispostas no artigo 342, segundo o qual é possível que o réu apresente novas alegações, após a contestação, acerca de direito ou fato superveniente, de matéria que compete ao juiz conhece-la de ofício ou que puder ser formulada a qualquer tempo por autorização legal.

---

23. Portanto, é transponível para o novo Código de Processo Civil a observação de Daniel Mitidiero a respeito do rol do art. 241 do Código de Processo Civil de 1973, referindo-se às lições de Pontes de Miranda, de que o elemento comum às hipóteses do artigo é a *"ciência do sujeito processual"* (MITIDIERO, Daniel. *Comentários ao Código de Processo Civil.* Tomo II. São Paulo: Memória Jurídica, 2005. p. 377).
24. Código de Processo Civil de 1973, art. 300.
25. DIDIER Jr., Fredie. *Curso de Direito Processual Civil.* vol. 1. 16ª ed., Salvador: Juspodivm, 2014. p. 529. Convém lembrar a afirmação de OLIVEIRA, Carlos Alberto Alvaro de; MITIDIERO, Daniel. *Curso de Processo Civil.* v. 2. São Paulo: Atlas, 2012. p. 20, para quem "[i]mpõe-se a concentração da defesa por uma questão de boa-fé processual e para facilitar a identificação do objeto litigioso do processo, evitando-se surpresas no material fático-jurídico sobre o qual têm de debater as partes e o juiz, o que colabora para a efetividade do processo".

A Regra da Eventualidade, que também determina ao autor que apresente suas alegações de forma concentrada[26], permite que os litigantes deduzam razões *logicamente incompatíveis*[27]. Contudo, a incompatibilidade lógica deverá ser compreendida meramente como a impossibilidade de ambas as afirmações realizadas pelo litigante serem, ao mesmo tempo, verdadeiras; não pode servir de porta aberta a qualquer combinação de alegações. De fato, o princípio da colaboração[28] e o princípio da boa-fé processual[29] impõem limites à incompatibilidade lógica que se permite no ambiente processual.

Quanto ao Princípio da Colaboração (artigos 6º, 7º, 9º, 10, 139, incisos I, III, IV, VIII e IX, 373, § 1º, Código de Processo Civil), segundo o qual existem deveres de conduta dos juízes frente às partes e das partes frente aos juízes[30], ele impõe que o processo de informação, formação de opinião e decisão seja aberto e comunicativo-argumentativo entre todos os participantes do litígio[31] (com os adequados deveres de esclarecimento, prevenção, consulta e auxílio do juiz)[32]. Ocorre que, para que isso seja possível, todos os que de alguma forma participam do processo devem proceder com boa-fé.

A concretização do princípio da boa-fé processual em regras de conduta (artigos 5º, 79, Código de Processo Civil) impõe uma determinada forma de atuação às partes, aos seus procuradores e aos magistrados[33]. Entre outros, no que importa para o presente tópico, o princípio veda o abuso de poderes processuais, e.g., proíbe o *abuso do direito de defesa*[34]. Proíbe-se, com isso, o

---

26. Vide o art. 329, que impede a alteração unilateral do objeto litigioso pelo autor a partir da citação do réu, ou até o saneamento do processo, com o consentimento do réu.
27. DIDIER Jr., Fredie. *Curso de Direito Processual Civil*. vol. 1. 16ª ed., Salvador: Juspodivm, 2014. p. 530.
28. OLIVEIRA, Carlos Alberto Alvaro de. MITIDIERO, Daniel. *Curso de Processo Civil*. v. 1. São Paulo: Atlas, 2010. p. 80.
29. Trata do princípio da boa-fé processual como limitação à regra da eventualidade: DIDIER Jr., Fredie. *Curso de Direito Processual Civil*. vol. 1. 16ª ed., Salvador: Juspodivm, 2014. p. 530. De forma semelhante, Marinoni também afirma que os deveres de lealdade e de veracidade da parte e de seu patrono limitam, juntamente com a lógica, o princípio da eventualidade (MARINONI, Luiz Guilherme. *Curso de Processo Civil*. v. 1. 5ª ed., São Paulo: Revista dos Tribunais, 2011. p. 332 e MARINONI, Luiz Guilherme; ARENHART, Sérgio Cruz. *Curso de Processo Civil*. v. 2. 9ª ed., São Paulo: Revista dos Tribunais, 2011. p. 137, nt. 12).
30. OLIVEIRA, Carlos Alberto Alvaro de. MITIDIERO, Daniel. *Curso de Processo Civil*. v. 1. São Paulo: Atlas, 2010. pp. 79-81; MITIDIERO, Daniel. Colaboração no Processo Civil como prê-à-porter? Um convite ao diálogo para Lênio Streck. *Revista de Processo*, a. 36, v. 194, pp. 55-68, abr./2011. pp. 63 e 64.
31. Nesse sentido, a partir do princípio da colaboração e o princípio da oralidade: GILLES, Peter. Rechtsmitteleinlegung, Rechtsmittelbegründung und nachträglich Parteidispositionen über das Rechtsmittel. *Archiv für die civilistische Praxis*. Band 177, Heft 2/3, pp. 189-244, 1977. p. 204. Ver, também: HAHN, Bernhard. *Kooperationsmaxime im Zivilprozeß?* Köln: Carl Heymanns Verlag, 1983. p. 300; OLIVEIRA, Carlos Alberto Alvaro de. MITIDIERO, Daniel. *Curso de Processo Civil*. v. 1. São Paulo: Atlas, 2010. p. 78.
32. Por todos, MITIDIERO, Daniel. *Colaboração no Processo Civil*. 2ª ed., São Paulo: Editora Revista dos Tribunais, 2011. p. 85.
33. Quanto à exigência de boa-fé também na conduta dos magistrados, ver DIDIER Jr., Fredie. *Curso de Direito Processual Civil*. vol. 1. 16ª ed., Salvador: Juspodivm, 2014. p. 79.
34. DIDIER Jr., Fredie. *Curso de Direito Processual Civil*. vol. 1. 16ª ed., Salvador: Juspodivm, 2014. pp. 76-77.

oferecimento de defesas não sérias[35], entendidas como tais, as defesas que desprestigiam a promoção de um diálogo processual franco em razão de apresentar *alegações fáticas* logicamente incompatíveis. Veja-se que o que não se permite é a *enunciação de fatos* incompatíveis, ainda que colocados em relação de subsidiariedade, porque nesse caso o réu efetivamente não está apresentando *a sua versão dos fatos*, mas meramente realizando as afirmações fáticas que lhe convier[36], violando o seu dever de apresentar os fatos conforme a verdade[37]. Contudo, essa situação vedada não se confunde com o oferecimento de *diferentes qualificações jurídicas*, colocadas em relação de subsidiariedade, a um mesmo substrato fático já enunciado, ou, tampouco, com a afirmação de diferentes fundamentos/argumentos de defesa que partem de um só substrato fático afirmado. Nesses casos, o discurso fático é um só[38], não havendo violação à boa-fé processual.

Prosseguindo, deve-se observar que a norma reconstruída a partir do artigo 336 refere-se *não somente às razões de fato, mas também às razões de direito*. É dizer: o princípio da eventualidade não determina apenas que as alegações de fato estejam todas contidas na contestação, mas também que todas as alegações de direito sejam levantadas já nesse primeiro momento. Nesse sentido, o artigo 337 elenca um rol de matérias que devem ser alegadas já na contestação do réu, antes de se discutir o mérito da demanda. Essa listagem das matérias que deverão ser alegadas pelo réu repete aquela do artigo 301 do Código de Processo Civil de 1973 com poucas alterações e com apenas duas inclusões (quais sejam: a incorreção do valor da causa e a indevida concessão do benefício da gratuidade de justiça).

---

35. MARINONI, Luiz Guilherme. *Curso de Processo Civil*. v. 1. 5ª ed., São Paulo: Revista dos Tribunais, 2011. p. 332, nt. 23; MITIDIERO, Daniel. *Antecipação da Tutela*. São Paulo: Revista dos Tribunais, 2012. pp. 135-136.
36. Antes de qualquer coisa, as alegações de fatos pelas partes, por meio de seus advogados, "possuem uma pretensão de veracidade". O discurso fático enunciado não é um mero "falatório entre os advogados e o juiz", de modo que "não teria sentido, para um advogado, alegar um fato que fundamenta sua demanda e, concomitantemente, dizer ou sugerir que o enunciado que concerne àquele fato é falso" (TARUFFO, Michele. *Uma simples verdade : o juiz e a construção dos fatos*. Tradução de Vitor de Paula Ramos. São Paulo: Marcial Pons, 2012. p. 67). Por isso, ao se realizar afirmações fáticas incompatíveis, ainda que em relação de subsidiariedade, retira-se dos enunciados fáticos a sua pretensão de veracidade, de modo que a parte que assim age não está apresentando a sua "versão de fatos", realizando um desserviço à construção dos fatos realizada no processo e orientada à verdade.
37. Código de Processo Civil, art. 77, inc. I, art. 80, inc. II, art. 369 e art. 378.
38. Parece-nos adequado reconhecer a existência de uma exceção à proibição de realização de afirmações fáticas logicamente incompatíveis: trata-se do caso em que o raciocínio apresentado na defesa é um raciocínio presuntivo, que parte da afirmação de determinados fatos indiciários para concluir pela possibilidade da existência de determinada situação fática. Nesse caso, não afronta o princípio da boa-fé processual a afirmação do demandado sobre diferentes contextos fáticos presumidos, colocados em relação de subsidiariedade. A propósito desse tipo de raciocínio, ver: MARINONI, Luiz Guilherme. *Tutela inibitória*. 5ª ed., rev., São Paulo: Revista dos Tribunais, 2012. pp. 50-54.

Ainda que não alegadas nesse momento, com exceção da convenção de arbitragem e da incompetência relativa, *o juiz poderá conhecer de ofício das matérias* indicadas no artigo 337, respeitado o direito ao contraditório em sua acepção forte (artigo 10)[39]. Dos incisos do *caput* do artigo 337 constam as seguintes alegações: inexistência ou nulidade da citação; incompetência absoluta e relativa; incorreção do valor da causa; inépcia da petição inicial; perempção; litispendência; coisa julgada; conexão; incapacidade da parte, defeito de representação ou falta de autorização; convenção de arbitragem; ausência de legitimidade ou de interesse processual; falta de caução ou de outra prestação que a lei exige como preliminar; indevida concessão do benefício de gratuidade de justiça.

Alegando a *inexistência* ou a *nulidade da citação* (artigo 337, inciso I) e restando demonstrada a sua ocorrência, deve ser imediatamente aplicado o § 1º do artigo 239 do Código de Processo Civil, segundo o qual o comparecimento espontâneo do réu supre a falta ou a nulidade da citação, merecendo ser renovado o prazo para o oferecimento de contestação.

De acordo com o artigo 304 do Código de 1973, a arguição da incompetência, do impedimento ou da suspeição poderiam ser realizadas por meio de uma petição própria, com o que seria suspenso o processo principal[40]. Contudo, não consta do novo Código uma determinação com o mesmo conteúdo. O artigo 64 do Código de Processo Civil dispõe que tanto a *incompetência absoluta* como a *relativa* serão alegadas em preliminar de contestação (artigo 337, inciso II). Caso a primeira não seja alegada nessa peça, ainda assim poderá ser conhecida de ofício ou alegada posteriormente, não ocorrendo preclusão (artigo 64, §1º); já quanto à segunda, caso não seja alegada, então a competência será prorrogada ao órgão jurisdicional em que apresentada a inicial (artigo 65). Caso arguida a incompetência, o réu poderá protocolar sua contestação no foro de seu domicílio, com o que será suspensa a realização da audiência de conciliação ou mediação já designada (artigo340, §3º)[41].

---

39. É bom frisar que "conhecer de ofício" de determinada matéria não se confunde com decidi-la sem a oitiva das partes. O que o magistrado pode fazer é conhecer da matéria sem provocação das partes; não poderá decidi-la sem antes (i.) abrir a oportunidade de as partes se manifestarem sobre o ponto e (ii.) efetivamente ponderar acerca das alegações das partes. A propósito, ver: OLIVEIRA, Carlos Alberto Alvaro de. O juiz e o princípio do contraditório. Revista de Processo, n. 73, pp. 07-14, 1994; Idem. A garantia do contraditório. Revista da Faculdade de Direito da UFRGS, v. 15, pp. 07-20, 1998; MITIDIERO, Daniel; MARINONI, Luiz Guilherme; SARLET, Ingo Wolfgang. Curso de Direito Constitucional. 1. ed., São Paulo: Revista dos Tribunais, 2012, pp. 646-647; CABRAL, Antônio do Passo. Princípio do Contraditório. In: TORRES, Ricardo Lobo. KATAOKA, Eduardo Takemi; GALDINO, Flávio. Dicionário de Princípios Jurídicos. Rio de Janeiro: Elsevier, pp. 193 – 210, 2011. pp. 193 – 201.
40. Código de Processo Civil de 1973, art. 306.
41. Veja-se, semelhantemente, o dispositivo que constava do parágrafo único do artigo 305 do Código de Processo Civil de 1973 a respeito das exceções: "Parágrafo único. Na exceção de incompetência (art. 112

Aqui, a escolha do legislador – ao privilegiar a concentração da defesa – desprestigiou a promoção da conciliação e da mediação, já que a audiência que será novamente designada ocorrerá posteriormente ao oferecimento de contestação. Já quanto à alegação de *impedimento ou suspeição*, que pode ser realizada por quaisquer das partes, foi fixado o prazo de quinze dias para a sua alegação, contados da data do conhecimento do fato[42]. Em o réu tomando conhecimento de fato que suporte a alegação já no momento de sua citação, poderá ele pretender apresenta-la no mesmo momento de sua contestação; contudo, deverá fazê-lo por meio de petição específica, já que, em não sendo reconhecido o impedimento ou a suspeição pelo juiz do processo, a peça e os documentos serão autuados em apartado e remetidos e distribuídos como incidente no tribunal (artigo 146). Por esse motivo, inclusive, que essa matéria não se encontra no rol do artigo 337, que está inserido no capítulo da contestação.

Importante mudança trazida pelo novo Código de Processo de Processo Civil é em relação à impugnação ao *valor da causa* (artigo 337, inciso III), que deverá constar em preliminar de contestação, sob pena de preclusão, não mais sendo exigida a sua apresentação em peça apartada (artigo 293)[43]. Também a alegação da *inépcia da inicial* deverá ser realizada como preliminar de contestação (artigo 337, inciso IV), demonstrando-se a ausência de pedido ou de causa de pedir, a indeterminação do pedido, a inexistência de relação de lógica entre a conclusão e a narração dos fatos, a existência de pedidos incompatíveis entre si, ou a ausência de discriminação dos valores a que se refere o § 2º do artigo 330 do Código de Processo Civil – tal é o conteúdo do conceito de inépcia, conforme o artigo 330. As alegações de *perempção, litispendência, coisa julgada, conexão* e *incapacidade da parte, defeito de representação ou falta de autorização* também devem ser feitas em preliminar de contestação (artigo 337, incisos V, VI, VII, VIII e IX) a respeito do que não há alterações com relação ao Código Buzaid Reformado.

Quanto à forma da alegação da *convenção de arbitragem*, foram suprimidos do Projeto do Código de Processo Civil, em sua fase final de tramitação, os dispositivos que tratavam da matéria[44], de modo que, conforme o Código de

---

desta Lei), a petição pode ser protocolizada no juízo de domicílio do réu, com requerimento de sua imediata remessa ao juízo que determinou a citação. (Incluído pela Lei nº 11.280, de 2006)".

42. Aqui, foi corrigida a redação do artigo 305 do Código de Processo Civil de 1973 que determinava a contagem do prazo desde o "fato que ocasionou a incompetência, o impedimento ou a suspeição".
43. Vide o art. 261 do Código de Processo Civil de 1973.
44. O Substitutivo da Câmara dos Deputados previa a interrupção do prazo para oferecimento de contestação pela apresentação da alegação de convenção de arbitragem, de modo que fornecia um "instrumento simples e célere para a resolução específica de questão antecedente ao exame pelo Poder Judiciário de qualquer outra matéria no curso do processo" (FÓRUM PERMANENTE DE PROCESSUALISTAS CIVIS. *Moção de discordância com a supressão da disciplina da "Alegação de Convenção de Arbitragem" do texto do NCPC*).

Processo Civil aprovado, essa alegação também deverá ser feita em preliminar de contestação (artigo 337, inciso X), na qual também constará (por força da Regra da Eventualidade) as alegações atinentes à defesa de mérito. Nada impede, contudo, apresente-se a alegação de existência de convenção de arbitragem por meio de simples e devidamente instruída petição[45], apresentada anteriormente ao oferecimento de contestação[46]. Ainda, com base na tutela provisória, os réus poderão requerer a *suspensão do processo* até o julgamento da alegação de convenção de arbitragem, seja em razão do perigo de dano ou de risco ao resultado útil do processo (artigo 300), seja em razão da evidência a respeito da alegação de convenção de arbitragem e da devida caracterização de abuso do direito de ação da parte autora (artigo 311, inciso I, com aplicação a favor do demandado por força do artigo 139, inciso I).

Segundo o Código de Processo Civil de 1973, ao réu competiria alegar, antes de discutir o mérito, a carência de ação, isto é: a não concorrência de qualquer das chamadas condições da ação (a possibilidade jurídica do pedido, a legitimidade das partes e o interesse processual). O novo Código de Processo Civil não trata mais da locução "carência da ação", mas diretamente das hipóteses que originalmente a comporiam: de *ausência de legitimidade ou de interesse processual* (artigo 337, inciso XI), deixando de lado a referência à possibilidade jurídica do pedido, cuja ausência conduz ao julgamento antecipado de mérito da demanda[47].

Outra inovação a respeito do tema é trazida pelo Código de Processo Civil nos artigos 338 e 339, que tratam da alegação pelo réu de ilegitimidade passiva ou de ausência de responsabilidade pelo prejuízo invocado, o que deverá constar de preliminar da contestação. Em sendo alegadas, o magistrado concederá o prazo de quinze dias para que o autor altere a petição inicial, caso queira substituir o réu ou incluir litisconsorte passivo. Além disso o Código impõe um dever ao demandado[48] de, ao alegar a sua ilegitimidade *ad causam*, indicar o sujeito passivo da relação jurídica discutida, caso dele tenha conhecimento. Exercida essa indicação à correção da legitimação passiva da demanda

---

45. Ver a sugestão contida nos comentários ao art. 337, CPC/15, em AMARAL, Guilherme Rizzo. *Comentários às alterações do novo CPC*. São Paulo: Revista dos Tribunais, 2015.
46. Veja-se que não há se falar em preclusão para a futura contestação no caso em que o réu é citado para comparecer em audiência, já que nesse caso o prazo para oferecer contestação ainda não haverá iniciado.
47. Conforme DIDIER JR., Fredie. Será o fim da categoria "condição da ação"? Um elogio ao projeto do novo CPC. *Revista de Processo*, v. 197, pp. 255-260, jul./2011; CUNHA, Leonardo Carneiro da. Será o fim da categoria "condições da ação"? Uma intromissão no debate travado entre Fredie Didier Jr. e Alexandre Freitas Câmara. *Revista de Processo*, v. 198, pp. 227 e ss., ago./2011. Para o contraponto, ver CÂMARA, Alexandre Freitas. Será o fim da categoria "condições da ação"? Uma resposta a Fredie Didier Junior. *Revista de Processo*, v. 197, pp. 261-269, jul./2011.
48. O descumprimento do dever é sancionado por meio do pagamento do encargo das despesas processuais e da obrigação de indenizar o autor pelos prejuízos decorrentes da falta de indicação.

e concordando o autor com a nomeação, não será necessário que o sujeito indicado concorde com a alteração – como ocorria com a nomeação à autoria do Código Buzaid Reformado[49].

Não há alterações a respeito da alegação de *falta de caução ou de outra prestação que a lei exige como preliminar* (artigo 337, inciso XII), que deverá constar da contestação. É o caso, por exemplo, da falta de depósito obrigatório para a regular propositura de ação rescisória (artigo 968, inciso II).

Por fim, merece destaque a alteração promovida quanto à forma de demonstração da *concessão indevida do benefício de gratuidade de justiça* (artigo 100). Até então, de acordo com o parágrafo único do artigo 7º da Lei nº 1.060/1950, a alegação de que a concessão do benefício era indevida tramitava em autos apensos à ação principal. Com a nova lei processual, contudo, a alegação deverá constar da própria contestação (artigo 337, inciso XIII), ou de simples petição, quando decorrente de circunstância posterior, e será julgada nos mesmos autos da causa.

3. O ÔNUS DA IMPUGNAÇÃO ESPECÍFICA

O artigo 341 do Código de Processo Civil estabelece o ônus da impugnação específica, que deve ser desempenhado sobre todos os pontos de fato indicados pelo autor que constituem a sua *causa petendi*[50]. Caso contrário, serão *presumidas verdadeiras* as circunstâncias fáticas não impugnadas. Esse ônus repudia, portanto, a formulação de defesa genérica, por meio da qual o réu realiza a negativa geral dos fatos apresentados pelo autor[51]. Estão livres desse ônus, os defensores públicos, os advogados dativos e os curadores especiais[52]. Daí, dizer-se que eles têm o privilégio da defesa por negativa geral dos fatos[53].

---

49. A propósito ver os comentários aos arts. 338 e 339, CPC/15, em AMARAL, Guilherme Rizzo. *Comentários às alterações do novo CPC*. São Paulo: Revista dos Tribunais, 2015.
50. MARINONI, Luiz Guilherme; ARENHART, Sérgio Cruz. *Curso de Processo Civil*. v. 2. 9ª ed., São Paulo: Revista dos Tribunais, 2011. p. 136.
51. DIDIER Jr., Fredie. *Curso de Direito Processual Civil*. vol. 1. 16ª ed., Salvador: Juspodivm, 2014. p. 533; OLIVEIRA, Carlos Alberto Alvaro de; MITIDIERO, Daniel. *Curso de Processo Civil*. v. 2. São Paulo: Atlas, 2012. p. 23.
52. Acertadamente, a nova legislação processual civil retira do texto relativo à dispensa do ônus de impugnação específica dos fatos a menção ao Ministério Público – que fazia sentido, apenas, enquanto lhe cabia a defesa de pessoas em estado de hipossuficiência, o que é realizado hoje pela Defensoria Pública (DIDIER Jr., Fredie. *Curso de Direito Processual Civil*. vol. 1. 16ª ed., Salvador: Juspodivm, 2014. pp. 534-535). Quanto ao caso da Defensoria Pública, concordamos com a afirmação de Fredie Didier, que julga que somente é aplicável tal dispensa quando a defensoria atuar como advogado dativo ou curador especial, que é uma de suas funções institucionais, haja vista que, nos demais casos, inexiste dificuldade de comunicação entre o defensor e o cidadão carente, que é pressuposta na norma (*Idem. Ibidem*).
53. MARINONI, Luiz Guilherme; ARENHART, Sérgio Cruz. *Curso de Processo Civil*. v. 2. 9ª ed., São Paulo: Revista dos Tribunais, 2011. p. 138.

A presunção de veracidade afasta a necessidade de se produzir prova acerca dos fatos não impugnados (artigo 374, inciso IV), somente deixando de ser aplicável nas hipóteses dos incisos do artigo 341 do Código de Processo Civil e do seu parágrafo único. Assim, deixa-se de aplicar a presunção se não for admissível a confissão a respeito do fato não impugnado, como por exemplo no caso de fatos relativos a direitos indisponíveis (artigo 392), ou se a petição inicial não estiver acompanhada de instrumento que é elemento de formação válida do ato jurídico (a lei considera a forma como de sua substância)[54]. A lei ainda elenca como exceção à aplicação da presunção, no inciso III do artigo 341, a situação em que os fatos não impugnados estiverem em contradição com a defesa, considerada em seu conjunto. Trata-se do caso em que, ainda que não impugnada especificamente a circunstância fática, o conjunto da defesa demonstra que a manifestação do réu também toma aquela por inverídica.

No caso de litisconsorte passivo, em havendo um dos réus impugnado especificamente os fatos alegados pelo autor, também estará afastada a presunção de veracidade sobre os fatos que não forem impugnados pelos corréus. É que não há como se considerar um fato como presumidamente verdadeiro, afastando-se a produção de provas sobre ele, e, ao mesmo tempo, de existência controvertida, imputando o ônus de sua prova sobre uma das partes.

4. A CLASSIFICAÇÃO DAS ALEGAÇÕES DO RÉU NA CONTESTAÇÃO

Em se tratando das atitudes endoprocessuais do réu frente à propositura da ação, é possível reconhecer quatro tipos: omissão, reconhecimento da procedência do pedido, reação e defesa.

A omissão do réu representa o caso em que, devidamente citado, o réu deixa de oferecer contestação à ação do autor no prazo que lhe é dado. Trata-se da *revelia*, inserida no artigo 344 do Código de Processo Civil, cujo efeito de presunção de veracidade das alegações de fato formuladas pelo autor nem sempre se concretiza, podendo ser afastado quando ocorridas as hipóteses do artigo 345. Destaca-se, entre elas, o caso em que as alegações fáticas do autor, frente ao contexto probatório constante dos autos[55], forem inverossímeis. Ademais, é possível que o réu deixe de oferecer contestação mas apresente reconvenção cujos fundamentos apresentam-se incompatíveis com os fatos alegados pelo Autor, motivo pelo qual ela é afastada[56].

---

54. MARINONI, Luiz Guilherme; ARENHART, Sérgio Cruz. *Curso de Processo Civil*. v. 2. 9ª ed., São Paulo: Revista dos Tribunais, 2011. pp. 137-138.
55. Contexto fático-probatório cuja produção pode ter ocorrido com participação do réu revel, vide o art. 349.
56. MARINONI, Luiz Guilherme; ARENHART, Sérgio Cruz. *Curso de Processo Civil*. v. 2. 9ª ed., São Paulo: Revista dos Tribunais, 2011. p. 130.

Ainda quanto à revelia, há que se distinguir os efeitos que eram reconhecidos ao não comparecimento do réu à audiência de conciliação no Procedimento Sumário do Código de Processo Civil de 1973 (artigo 277, §2º), da hipótese de não comparecimento à audiência de conciliação ou mediação sob a vigência do novo Código. É que, sob vigência da lei processual antiga, em não obtida a conciliação, o réu deveria oferecer sua resposta na própria audiência. Dessa forma, sua ausência à audiência significava não apenas omissão com relação ao interesse em conciliar, mas também omissão quanto à sua defesa no processo. Uma vez não apresentada a resposta tempestivamente, configurava-se a revelia. Contudo, conforme estabelecido na regulamentação do novo Código de Processo Civil para o Procedimento Comum, há dois momentos distintos: o da tentativa de celebrar um acordo entre as partes e o do oferecimento da defesa – o que, inclusive, fortalece a possibilidade de a conciliação ou a mediação terem sucesso. Quanto ao descumprimento do dever de comparecimento à audiência designada, as partes sujeitam-se à sanção legal (artigo 334, §8º); já quanto ao não desempenho do ônus processual de oferecimento de Contestação, a legislação processual sujeita o réu à situação de revelia, podendo reconhecer-lhe o efeito da confissão ficta ou não.

No caso da revelia, até que o réu resolva participar do litígio, não há se falar de defesa no processo, motivo pelo qual não se tratará mais detalhadamente a respeito do instituto no presente ensaio.

O réu poderá, após ser citado, comparecer em juízo e *reconhecer a procedência do pedido do autor*, desde que a causa trate de direitos disponíveis[57]. No novo procedimento comum, em que o demandado é citado para comparecer à audiência de conciliação ou mediação, este momento é propício para que se dê o reconhecimento do pedido. Com o objetivo de estimular que o réu que sabe não ter razão não promova defesa, o artigo 90, §4º, do Código prescreve que caso o réu reconheça a procedência do pedido e, simultaneamente, cumpra integralmente a prestação reconhecida, os honorários de sucumbência devidos serão reduzidos pela metade. Em sendo reconhecida a procedência do pedido, o magistrado deverá homologá-la, com o que haverá resolução de mérito da ação (artigo 487, inciso III, alínea 'a'). O juiz apenas poderá (deverá) "aferir se o reconhecimento jurídico do pedido se mostra juridicamente possível. Vale dizer: se quem o reconheceu tinha capacidade para reconhecer e se o direito, objeto de reconhecimento, é ou não passível de reconhecimento"[58].

---

57. MARINONI, Luiz Guilherme; ARENHART, Sérgio Cruz. *Curso de Processo Civil*. v. 2. 9ª ed., São Paulo: Revista dos Tribunais, 2011. p. 132.
58. Conforme MARINONI, Luiz Guilherme. Inadmissibilidade recursal em virtude da prática de ato incompatível com a vontade de recorrer. *In: Idem. Soluções Práticas : Pareceres : Direito Processual Civil I*. v. 2. São

A reação do autor se dá por meio da *reconvenção* (artigo 343), que é a propositura de nova ação, que veicula pretensão própria com afinidade com a ação principal ou com o fundamento da defesa. Trata-se uma nova demanda, autônoma, apresentada no mesmo processo em que a primeira demanda tramita[59], duplicando-se o mérito da causa[60]. Em razão da autonomia das ações, a desistência de uma delas ou a ocorrência de causa extintiva não impedirão o prosseguimento do processo quanto à outra; por conta disso, em que pese o *caput* do artigo 343 indique que a reconvenção deverá ser proposta, em regra, na mesma peça da contestação, segue sendo possível que se proponha a reconvenção sem que seja oferecida a contestação. Os parágrafos 3º e 4º põe fim à discussão sobre a possibilidade de se propor uma reconvenção subjetivamente ampliativa[61], ao permitir, expressamente, a reconvenção contra autor e terceiro, ou mesmo pelo réu em litisconsórcio com terceiro.

Também na reconvenção, e tampouco no caso de reconhecimento jurídico do pedido, não há se falar propriamente em defesa do réu, motivo pelo qual não se delongará nas considerações a seu respeito no presente ensaio.

É a *contestação* o meio pelo qual a parte, por excelência, oferece a sua defesa à ação apresentada. Por meio dessa peça, o réu demonstra os motivos pelos quais deve ser negada a procedência da ação[62], o que poderá ser justificado por meio de argumentos que recebem o nome de *defesas relativas à admissibilidade do exame de mérito* e de outros que recebem o nome de *defesas de mérito*[63].

Quanto às *defesas contra a admissibilidade*, elas não discutem o mérito da causa, mas apenas apontam defeitos que impedirão (defesas peremptórias) ou retardarão a análise da questão de fundo (defesas dilatórias). O que se questiona é a viabilidade da apreciação do mérito da demanda[64]. No artigo 377 do Código, já tratado no item acima sobre a Regra da Eventualidade, encontram-se quase todas as defesas de admissibilidade que podem ser alegadas pelo réu. Caso uma das hipóteses do referido artigo seja alegada na contestação, então o autor terá o prazo de quinze dias para se manifestar a respeito (artigo 351).

Paulo: Revista dos Tribunais, pp. 91-104, 2011, item 3, em parecer que trata do reconhecimento jurídico do pedido realizado pelo INPI.
59. DIDIER Jr., Fredie. *Curso de Direito Processual Civil*. vol. 1. 16ª ed., Salvador: Juspodivm, 2014. pp. 537-538.
60. OLIVEIRA, Carlos Alberto Alvaro de; MITIDIERO, Daniel. *Curso de Processo Civil*. v. 2. São Paulo: Atlas, 2012. p. 20
61. DIDIER Jr., Fredie. *Curso de Direito Processual Civil*. vol. 1. 16ª ed., Salvador: Juspodivm, 2014. pp. 538-541.
62. SILVA, Ovídio Baptista da. *Curso de Processo Civil*. v. 1. 7ª ed., Rio de Janeiro: Forense, 2005. p. 301.
63. Nesse aspecto, a nomenclatura adotada é a proposta por DIDIER Jr., Fredie. *Curso de Direito Processual Civil*. vol. 1. 16ª ed., Salvador: Juspodivm, 2014. p. 542, que afasta a qualificação das defesas em defesas *processuais* e *materiais* ou *substanciais*, em razão do tema do mérito da causa poder se referir a questões processuais.
64. DIDIER Jr., Fredie. *Curso de Direito Processual Civil*. vol. 1. 16ª ed., Salvador: Juspodivm, 2014. p. 542.

As *defesas de mérito* cuidam diretamente do tema de fundo da ação, podendo dizer respeito diretamente aos pedidos do autor[65] (artigo 336). O réu opõe esse tipo de defesa contra a pretensão deduzida pelo demandante, com o fim de neutralizar os seus efeitos, retardar a sua produção ou negá-los[66]. Tal qual as defesas processuais, elas também podem ser divididas em dois grupos: as defesas materiais *diretas* e as defesas materiais *indiretas*.

As *defesas materiais diretas* negam, sem a alegação de nenhum outro fato, a ocorrência dos fatos constitutivos do direito alegado pelo autor ou negam a consequência jurídica que o autor sustenta que os fatos produziriam. Não se amplia o conteúdo fático da demanda proposta pelo autor[67]. Fatos constitutivos são justamente os fatos alegados que representam a premissa às consequências jurídicas do direito alegado pelo autor[68].

Já as *defesas materiais indiretas* são aquelas em que o réu alega fato novo que alegadamente impede, modifica ou extingue o direito do autor, motivo pelo qual se diz que amplia o conteúdo fático da demanda proposta pelo autor[69]. Nesse tipo de defesa, o réu parte da correção das circunstâncias fáticas descritas pelo autor para contrapô-las a outros fatos cujos efeitos impedem, modificam ou extinguem o direito do autor. Caso algum desses fatos seja alegado na contestação, então o autor terá o prazo de quinze dias para se manifestar a respeito (artigo 350). Os fatos impeditivos são aqueles que tornam sem efeito a consequência jurídica requerida pelo autor, os fatos modificativos alteram o conteúdo do direito pretendido pelo autor e os fatos extintivos extinguem o direito cuja tutela é requerida pelo autor[70].

No processo civil brasileiro, vige, como regra, a distribuição do ônus da prova a quem alega a ocorrência do fato. Dessa forma, em regra[71], tal qual incumbe ao autor o ônus de provar os fatos constitutivos do seu direito (artigo 373, inciso I), ao réu que realiza a defesa material indireta, sustentando a ocorrência de fatos impeditivos, modificativos ou extintivos, incumbe o ônus da prova sobre essas circunstâncias fáticas (artigo 373, inciso II).

---

65. MARINONI, Luiz Guilherme; ARENHART, Sérgio Cruz. *Curso de Processo Civil.* v. 2. 9ª ed., São Paulo: Revista dos Tribunais, 2011. p. 134; OLIVEIRA, Carlos Alberto Alvaro de; MITIDIERO, Daniel. *Curso de Processo Civil.* v. 2. São Paulo: Atlas, 2012. p. 20.
66. DIDIER Jr., Fredie. *Curso de Direito Processual Civil.* vol. 1. 16ª ed., Salvador: Juspodivm, 2014. p. 524.
67. MARINONI, Luiz Guilherme; ARENHART, Sérgio Cruz. *Curso de Processo Civil.* v. 2. 9ª ed., São Paulo: Revista dos Tribunais, 2011. p. 134.
68. OLIVEIRA, Carlos Alberto Alvaro de; MITIDIERO, Daniel. *Curso de Processo Civil.* v. 2. São Paulo: Atlas, 2012. p. 85.
69. MARINONI, Luiz Guilherme; ARENHART, Sérgio Cruz. *Curso de Processo Civil.* v. 2. 9ª ed., São Paulo: Revista dos Tribunais, 2011. p. 134; OLIVEIRA, Carlos Alberto Alvaro de; MITIDIERO, Daniel. *Curso de Processo Civil.* v. 2. São Paulo: Atlas, 2012. p. 20.
70. OLIVEIRA, Carlos Alberto Alvaro de; MITIDIERO, Daniel. *Curso de Processo Civil.* v. 2. São Paulo: Atlas, 2012. p. 85.
71. Diz-se "em regra", porque não se ignora a possibilidade de haver distribuição diversa do ônus da prova, conforme reconhecido no § 1º e § 3º do art. 373, do Código de Processo Civil.

CONSIDERAÇÕES FINAIS

Nas linhas acima, procurou-se realizar uma abordagem sistematizadora do estatuto normativo da contestação no Código de Processo Civil de 2015. Para tanto, utilizou-se parcialmente da forma com a qual a matéria era sistematizada no Código Buzaid Reformado, inclusive, para fins de possibilitar essa aproximação. No decorrer do texto, procurou-se destacar, ainda, alguns problemas práticos que serão ser enfrentados sob a égide da nova lei, como a existência de negócios jurídicos processuais sobre a realização de audiência de conciliação ou mediação e os limites da incompatibilidade lógica das razões de contestação (o que já era discutido no Código de 1973).

Naturalmente que o presente ensaio não esgota o tema da contestação, deixando de propor soluções a outras questões que aqui não tiveram espaço. Contudo, conforme referido na introdução do presente ensaio, o presente texto trata-se de uma primeira abordagem sistematizadora, uma *aproximação*, que sozinha pouco representa. Caberá ao trabalho contínuo (e conjunto) da doutrina e da jurisprudência reconhecer os sentidos possíveis do texto da nova lei, escolher entre eles e construir as normas que comporão o novo processo civil. Daí a importância dessa primeira aproximação sistematizadora (e de outras tantas) e da necessidade de haver um diálogo entre as demais abordagens sobre os temas aqui tratados.

REFERÊNCIAS BIBLIOGRÁFICAS

AMARAL, Guilherme Rizzo. *Comentários às alterações do novo CPC*. São Paulo: Revista dos Tribunais, 2015.

BUZAID, Alfredo. Linhas fundamentais do sistema do Código de Processo Civil Brasileiro. In: Idem. *Estudos e pareceres de direito processual civil*. São Paulo: Revista dos Tribunais, pp. 31-48, 2002.

CABRAL, Antônio do Passo. Princípio do Contraditório. In: TORRES, Ricardo Lobo. KATAOKA, Eduardo Takemi; GALDINO, Flávio. *Dicionário de Princípios Jurídicos*. Rio de Janeiro: Elsevier, pp. 193 – 210, 2011.

CÂMARA, Alexandre Freitas. Será o fim da categoria "condições da ação"? Uma resposta a Fredie Didier Junior. *Revista de Processo*, v. 197, pp. 261-269, jul./2011.

CUNHA, Leonardo Carneiro da. Será o fim da categoria "condições da ação"? Uma intromissão no debate travado entre Fredie Didier Jr. e Alexandre Freitas Câmara. *Revista de Processo*, v. 198, pp. 227 e ss., ago./2011.

DIDIER Jr., Fredie. *Curso de Direito Processual Civil*. vol. 1. 16ª ed., Salvador: Juspodivm, 2014.

DIDIER JR., Fredie. Será o fim da categoria "condição da ação"? Um elogio ao projeto do novo CPC. *Revista de Processo*, v. 197, pp. 255-260, jul./2011.

DINAMARCO, Cândido Rangel. *A Instrumentalidade do Processo*. 4ª ed. São Paulo: Malheiros, 1993.

FÓRUM PERMANENTE DE PROCESSUALISTAS CIVIS. *Moção de discordância com a supressão da disciplina da "Alegação de Convenção de Arbitragem" do texto do NCPC*.

GILLES, Peter. Rechtsmitteleinlegung, Rechtsmittelbegründung und nachträglich Parteidispositionen über das Rechtsmittel. *Archiv für die civilistische Praxis*. Band 177, Heft 2/3, pp. 189-244, 1977.

HAHN, Bernhard. *Kooperationsmaxime im Zivilprozeß?* Köln: Carl Heymanns Verlag, 1983.

MARINONI, Luiz Guilherme. *Curso de Processo Civil*. v. 1. 5ª ed., São Paulo: Revista dos Tribunais, 2011.

MARINONI, Luiz Guilherme. Inadmissibilidade recursal em virtude da prática de ato incompatível com a vontade de recorrer. In: Idem. *Soluções Práticas : Pareceres : Direito Processual Civil I*. v. 2. São Paulo: Revista dos Tribunais, pp. 91-104, 2011.

MARINONI, Luiz Guilherme. *Técnica processual e tutela dos direitos*. 2ª ed., São Paulo: Revista dos Tribunais, 2008.

MARINONI, Luiz Guilherme. *Tutela inibitória*. 5ª ed., rev., São Paulo: Revista dos Tribunais, 2012.

MARINONI, Luiz Guilherme; ARENHART, Sérgio Cruz. *Curso de Processo Civil*. v. 2. 9ª ed., São Paulo: Revista dos Tribunais, 2011.

MITIDIERO, Daniel. *Antecipação da Tutela*. São Paulo: Revista dos Tribunais, 2012.

MITIDIERO, Daniel. *Colaboração no Processo Civil*. 2ª ed., São Paulo: Editora Revista dos Tribunais, 2011.

MITIDIERO, Daniel. *Comentários ao Código de Processo Civil*. Tomo II. São Paulo: Memória Jurídica, 2005.

MITIDIERO, Daniel. *Elementos para uma Teoria Contemporânea do Processo Civil Brasileiro*. Porto Alegre: Livraria do Advogado, 2005.

MITIDIERO, Daniel. O processualismo e a formação do Código Buzaid. *Revista de Processo*. a. 35, n. 183, pp. 165-194, maio/2010.

MITIDIERO, Daniel; MARINONI, Luiz Guilherme; SARLET, Ingo Wolfgang. *Curso de Direito Constitucional*. 1. ed., São Paulo: Revista dos Tribunais, 2012.

MOREIRA, José Carlos Barbosa. Evoluzione della Scienza Processuale Latino-Americana in mezzo secolo, in: *Rivista di Diritto Processuale*, a. LIII, n. 1, pp. 26-35, jan.-mar. / 1998.

OLIVEIRA, Carlos Alberto Alvaro de. A garantia do contraditório. *Revista da Faculdade de Direito da UFRGS*, v. 15, pp. 07-20, 1998.

OLIVEIRA, Carlos Alberto Alvaro de. *Do formalismo no processo civil : Proposta de um formalismo-valorativo*. São Paulo: Saraiva, 2010.

OLIVEIRA, Carlos Alberto Alvaro de. O juiz e o princípio do contraditório. *Revista de Processo*, n. 73, pp. 07-14, 1994.

OLIVEIRA, Carlos Alberto Alvaro de; MITIDIERO, Daniel. *Curso de Processo Civil*. v. 1. São Paulo: Atlas, 2010.

OLIVEIRA, Carlos Alberto Alvaro de; MITIDIERO, Daniel. *Curso de Processo Civil*. v. 2. São Paulo: Atlas, 2012.

SILVA, Ovídio Baptista da. *Curso de Processo Civil*. v. 1. 7ª ed., Rio de Janeiro: Forense, 2005.

TARUFFO, Michele. *Uma simples verdade : o juiz e a construção dos fatos*. Tradução de Vitor de Paula Ramos. São Paulo: Marcial Pons, 2012.

CAPÍTULO 2

A Revelia no Novo Código de Processo Civil

Cristiane Druve Tavares Fagundes[1]

SUMÁRIO: 1. INTRODUÇÃO: EXPECTATIVAS QUANTO AO NOVO CÓDIGO DE PROCESSO CIVIL; 2. BREVE CONTEXTUALIZAÇÃO DAS NORMAS CONCERNENTES À REVELIA NO NOVO CÓDIGO DE PROCESSO CIVIL; 3. PRINCIPAIS DISPOSIÇÕES DA NOVEL LEGISLAÇÃO ACERCA DA REVELIA; 3.1. CONCEITO; 3.2. FORMALIDADES DO ATO CITATÓRIO; 3.3. EFEITOS DA REVELIA; 3.3.1. PRESUNÇÃO DE VERACIDADE E PRODUÇÃO DE PROVAS; 3.3.2 OUTROS EFEITOS; 4. CONCLUSÕES; 5. BIBLIOGRAFIA

1. INTRODUÇÃO: EXPECTATIVAS QUANTO AO NOVO CÓDIGO DE PROCESSO CIVIL

Um novo horizonte se apresenta!

Em tempos de Novo Código de Processo Civil[2], já não cabem mais questionamentos acerca da conveniência ou não de sua promulgação, como muito se discutiu quando do início da tramitação do Projeto[3]. Trata-se de uma realidade posta e, em breve, cogente.

Ao contrário de questionamentos inócuos, cabe aos operadores do direito se debruçar sobre a letra da novel legislação, traçando-lhe os devidos contornos bem como delineando-lhe os institutos, sejam eles novos ou apenas repaginados. Cabe, portanto, aos aplicadores da legislação extrair o que de melhor possa ela apresentar.

Deve-se, ainda, colocar a alteração da legislação processual desempenhando o papel que ela efetivamente tem: contribuição para a melhora do funcionamento da máquina jurisdicional. Não se deve ter a ingenuidade de pensar que o advento de um NCPC alterará a ordem da propagada morosidade do Poder Judiciário. É certo que as causas para a caótica prestação jurisdicional atual são inúmeras, sendo a qualidade da legislação, portanto, apenas uma delas.

Outro equívoco que se deve evitar é pretender criticar o NCPC como um todo, fixando-lhe o rótulo de "bom" ou "ruim". Como toda obra humana, há

---

1. Doutoranda, mestra e pós-graduada em Direito Processual Civil pela Pontifícia Universidade Católica de São Paulo; pós-graduada em Direito Público; Graduada em Direito pela Pontifícia Universidade Católica de Minas Gerais. Professora da pós-graduação da PUC-SP (COGEAE). Professora convidada da Escola Superior de Advocacia (ESA), da Fundação Armando Álvares Penteado (FAAP) e de outras instituições de ensino. Membro do CEAPRO (Centro de Estudos Avançados de Processo). Advogada em São Paulo.
2. Doravante, adotar-se-á a abreviatura NCPC para designar a expressão "Novo Código de Processo Civil".
3. Originariamente, Projeto de Lei do Senado nº 166, de 2010.

pontos elogiáveis e outros nem tanto. O objetivo, no entanto, da comunidade jurídica deve ser, mais do que nunca, potencializar suas qualidades, criticando, em prol de seu aperfeiçoamento, o que pode ser melhorado.

É com esse intuito que se passa à análise do instituto da revelia, de acordo com a novel legislação processual.

2. BREVE CONTEXTUALIZAÇÃO DAS NORMAS CONCERNENTES À REVELIA NO NOVO CÓDIGO DE PROCESSO CIVIL

Quando de uma leitura atenta sobre a letra do NCPC, podem ser identificados basicamente três grupos de normas[4]: (i) normas inteiramente inovadoras; (ii) normas que apenas reproduzem o que dispõe o atual Código de Processo Civil[5]; e, ainda, (iii) normas que pontificaram entendimentos doutrinários e jurisprudenciais pacificados na vigência do diploma processual atual.

Dessa sorte, é bem de se ver que os dispositivos no NCPC que tratam da revelia podem ser, conforme se verá adiante, facilmente encaixados nesta classificação. Há dispositivos, portanto, inteiramente inovadores e outros, de simples reprodução do CPC/1973. Por fim, verifica-se que entendimentos doutrinários e jurisprudenciais já pacificados foram legislados.

Passa-se, portanto, à análise das principais disposições do NCPC acerca do instituto da revelia.

3. PRINCIPAIS DISPOSIÇÕES DA NOVEL LEGISLAÇÃO ACERCA DA REVELIA

3.1. Conceito

O CPC/1973 dispõe que *"se o réu não contestar a ação, reputar-se-ão verdadeiros os fatos afirmados pelo autor"*(art. 319). Na redação do NPCP, prevê-se que *"se o réu não contestar a ação, será considerado revel e presumir-se-ão verdadeiras as alegações de fato formuladas pelo autor"*(art. 344).

Vê-se, portanto, que o legislador do NCPC melhorou a redação do dispositivo-base da revelia, tornando-a mais técnica. Isto porque, conforme será melhor analisado no item 3.3.1 *infra*, nem sempre a constatação da revelia conduz à inafastável presunção de veracidade dos fatos aduzidos pelo autor.

---

4. Com nomenclatura diversa, FREDIE DIDIER JR. entende que podem ser verificados três grandes grupos de normas no NCPC: *"(a) normas jurídicas novas; (b) pseudonovidades normativas; (c) normas de caráter simbólico."* (in Eficácia do Novo CPC antes do término do período de vacância da lei. Revista de Processo, vol. 236, São Paulo: Revista dos Tribunais. Out./2014, p. 325). Preferimos, no entanto, a abordagem declinada no corpo deste artigo, que melhor atende às finalidades aqui pretendidas.
5. Denominaremos, por comodidade, doravante, de CPC/1973.

Como bem doutrina FREDIE DIDIER JR., *"a revelia não é um efeito jurídico; a revelia encontra-se no mundo dos fatos"*[6]. E reside justamente nesse ponto a melhora redacional em apreço: destacar a revelia como fato que é (não apresentação de "contestação") e não como efeito jurídico que não é (presunção de veracidade das alegações formuladas pelo autor).

Ademais, a conceituação do que vem a ser revelia não se encontra na letra da lei. Ressalte-se, aliás, que nem poderia ser diferente, pois não cabe ao legislador conceituar institutos, devendo ser atribuído tal mister à doutrina e à jurisprudência.

Sendo assim, cumpre questionar se a extensão dada à conceituação de revelia será mantida ou não em virtude do que prevê a novel legislação. Entendemos como positiva a resposta de tal indagação. E mais do que isso: vislumbramos que deverão ser mantidas as controvérsias existentes em torno de seu conceito.

Em artigo publicado sob a vigência do CPC/1973[7], tivemos a oportunidade de constatar que:

> "Podem-se catalogar basicamente três correntes doutrinárias quanto ao conceito de revelia: a primeira entendendo pela sua caracterização como total inatividade do réu; a segunda, posicionando-se pela configuração da revelia como ausência de contestação ou de resposta; e a terceira, que dá maior amplitude ao termo, catalogando mais hipóteses processuais como geradoras de revelia."

No mencionado trabalho, declinamos que, em defesa da *primeira corrente*, GELSON AMARO DE SOUZA[8] assevera que a revelia não se configuraria como ausência de contestação, mas, sim, a ausência de comparecimento do réu. Há clara e confessa adoção da doutrina de Simoncelli e Wach, entendendo tratar-se a revelia, portanto, da "falta de comparecimento ao processo para dar uma resposta (satisfação) ao Judiciário".

A *segunda corrente* doutrinária entende a revelia como ausência de contestação. MARCELO ABELHA RODRIGUES doutrina que a "revelia para o atual Código de Processo Civil nada mais é do que *ausência de contestação pelo réu*"[9]. Este doutrinador é claro no sentido de que o art. 319 do CPC/1973 vincularia a revelia a esta modalidade de resposta do réu (a contestação), não estendendo sua ocorrência a qualquer outro tipo de manifestação do requerido. CÂNDIDO RANGEL DINAMARCO amplia um pouco o conceito, quando assevera que a *"revelia*, instituto próprio ao processo de conhecimento e ao cautelar, é a *inércia consistente em não responder"*[10].

---

6. *In Curso de Direito Processual Civil*, v. 1, 11 ed., Salvador: JusPodivm, 2009, p. 506.
7. FAGUNDES, Cristiane Druve Tavares. O instituto da revelia visto sob o enfoque da instrumentalidade do processo. *Revista de Processo*, vol. 179, São Paulo: Revista dos Tribunais. Jan./2010, p. 47-48.
8. Da revelia. *Revista de Processo*, vol. 80, São Paulo: Revista dos Tribunais. Out.-Dez./1995, p. 187.
9. *Elementos de direito processual civil*. 2. ed. São Paulo: Ed. RT, 2003. vol. 2, p. 339.
10. *Instituições de direito processual civil*. São Paulo: Malheiros, 2004. vol. 2, p. 456.

Não há limitação, portanto, da revelia à ausência de contestação, estendendo-a à não apresentação de qualquer resposta pelo réu regularmente citado.

A *terceira corrente* dá conceituação mais extensiva ao instituto em questão, entendendo ser a revelia a ausência de resposta (ou contestação, conforme o doutrinador) e, ainda, a apresentação de resposta sem a observância de todos os requisitos legais. Assim, exemplificativamente, ARRUDA ALVIM[11] assevera consistir a revelia "na não apresentação de contestação, por parte do réu, no prazo legal (desde que citado regularmente)". Complementa seu ensinamento aduzindo que o simples fato de existir nos autos procuração a advogado não descaracteriza a revelia ou, ainda, se comparece aos autos sem estar representado por advogado.

Ainda mais extensivo é o conceito dado por NELSON NERY JUNIOR e ROSA MARIA DE ANDRADE NERY, quando asseveram que a revelia se caracteriza *"quando o réu: (a) deixa transcorrer em branco o prazo para a contestação; (b) contesta intempestivamente; (c) contesta formalmente mas não impugna os fatos narrados pelo autor na petição inicial"*[12].

Dessa sorte, nas mencionadas três correntes, podem ser compilados os entendimentos doutrinários existentes acerca do conceito de revelia sob a égide do CPC/1973.

Em nosso sentir, entendemos que tais divergências serão mantidas quando da vigência do NCPC, vez que, como já asseverado, cabe à doutrina e à jurisprudência a conceituação dos institutos jurídicos. A letra do artigo 344, NCPC, segundo pensamos, não autoriza uma alteração quanto ao entendimento de cada uma das correntes acima declinadas.

De nossa parte, mantemos nosso posicionamento, no sentido de que o melhor conceito de revelia, também de acordo com o NCPC, reside na *ausência de resposta por parte do réu regularmente citado na forma e prazo legalmente previstos*, pretendendo, com essa definição, estejam abarcadas todas as possibilidades que configuram o instituto da revelia.

Defendemos, portanto, que não somente a ausência de *contestação* configura revelia, mas também a inexistência de qualquer tipo de *resposta*, que controverta os fatos alegados na inicial.

Isto porque, conforme bem alertado por CÂNDIDO RANGEL DINAMARCO,[13] calcado nas lições de Carnelutti, os fundamentos trazidos ao processo pelo autor, em sua petição inicial, são *pontos*, de fato ou de direito. O *ponto* pode se transformar em *questão*, desde que haja *controvérsia*, que é oriunda da atitude do

---

11. *Manual de direito processual civil*. 10. ed. São Paulo: Ed. RT, 2006. vol. 2, p. 312.
12. *Código de Processo Civil comentado*. São Paulo: Ed. RT, 2006, p. 517.
13. Ônus de contestar e o efeito da revelia.*Revista de Processo*, vol. 41, São Paulo: Revista dos Tribunais. Jan.-Mar./1986, p. 194.

réu que refuta os fatos aduzidos na inicial. Entendemos que referida controvérsia pode não ser gerada única e exclusivamente em sede de contestação. Pode sê-lo, por exemplo, quando da apresentação de reconvenção pelo réu, em que este rebata os argumentos (*pontos*) da exordial, gerando notória controvérsia. Não há, portanto, neste caso, que ser decretada revelia, uma vez que o réu, ainda que de forma atécnica, controverteu os pontos aduzidos pelo autor. Neste caso, note-se que há necessidade de que o requerido efetivamente controverta os pontos aduzidos na inicial, ainda que em sede de reconvenção. Não basta, portanto, a apresentação simplesmente formal de tal peça processual para elidir os efeitos da ausência de contestação.

Já sob a égide da novel legislação, MARIA LÚCIA LINS CONCEIÇÃO assim define o instituto da revelia:

> "O certo é que, tanto à luz do CPC/1973, quanto do Novo CPC, a revelia deve ser entendida como uma situação de fato, jurídica, consistente na verificação objetiva do *não oferecimento da contestação de forma válida*, ou seja, dentro do prazo legal e atendendo aos demais requisitos previsto em lei (em regra, a contestação deve ser deduzida por escrito, por meio de advogado, com impugnação específica dos fatos alegados pelo autor."[14]

Outra questão que certamente continuará merecendo enfrentamento sob a égide do NCPC é a que diz respeito à necessidade ou não de o réu regularmente citado não ter comparecido aos autos para ser reconhecida sua revelia.

Nessa seara, mantemos nosso posicionamento no sentido de que não há necessidade de que o réu se quede inteiramente inerte e não se apresente no processo para que, só assim, seja reconhecida sua condição de revel. Isto porque o que exige a novel legislação processual, em seu art. 344, é que a ação não seja "contestada" para que se configure a revelia. Ou seja, a simples presença do réu no processo, não elide, por si só, a ocorrência de revelia (ainda que possa elidir a aplicação de algum de seus efeitos, como se verá mais adiante). Assim, por exemplo, se o réu comparece em juízo devidamente representado por advogado, mas não oferece resposta, será revel. Mesma consequência será verificada se for oferecida resposta sem ser por meio de advogado, pois a legislação exige a capacidade postulatória para litigar em juízo.

Idêntico raciocínio pode ser desenvolvido para o caso de *contestação intempestiva*. Isto porque não haverá necessidade, também quando da vigência do NCPC, de que o réu quede-se inteiramente silente para que se verifique a

---

14. Breves comentários ao Novo Código de Processo Civil. (WAMBIER; Teresa Arruda Alvim; DIDIER JR., Fredie; TALAMINI, Eduardo; DANTAS, Bruno (coord)). São Paulo: Revista dos Tribunais, 2015, p. 935.

revelia. Assim, se o réu não cumprir o prazo para a apresentação da resposta, estará descumprindo as regras positivadas do contraditório, que obrigam a produção dos atos processuais na forma e no prazo previamente estabelecidos.

Relevante, ainda, observar que o NCPC mantém o tratamento já existente no CPC/1973 quanto à *revelia ulterior*, ou seja, hipóteses em que, mesmo tendo havido apresentação a tempo de resposta por parte do réu, este será declarado revel. Exemplo da referida hipótese é o art. 76, II, do NCPC[15], quando o juiz dá oportunidade de o réu sanar a incapacidade processual ou a irregularidade de sua representação, mas este não o faz. Inseriu-se, ainda, a previsão de que, ao terceiro que se encontra atuando no polo passivo da demanda, será aplicada revelia se o vício não for sanado no prazo designado pelo juiz (art. 76, III, NCPC). A revelia ulterior também será aplicada quando ocorrer falecimento de procurador do réu, e dado prazo para constituição de novo mandatário, o requerido não cumprir a determinação judicial (art. 313, § 3º, do NCPC[16]).

Ainda na seara da revelia ulterior, houve uma inovação legislativa no artigo 239, § 2º, I, NCPC, que prevê a decretação de revelia quando o réu, em processo de conhecimento, comparece aos autos apenas para alegar nulidade da citação (§ 1º) e referida alegação é rejeitada. Não há regra similar no CPC/1973.

Dessa sorte, entendemos que os traços conceituais que são dados ao instituto da revelia sob a égide do CPC/1973 serão mantidos em larga escala na vigência do NCPC, com as peculiaridades acima declinadas.

3.2. Formalidades do ato citatório

Dentro da seara procedimental, é relevante verificar quais as principais disposições do NCPC acerca do ato citatório para que esteja o mesmo apto, uma vez descumprido o comando dele constante, a gerar revelia ao requerido convocado a participar do processo.

O artigo 238, NCPC, preceitua que *"citação é o ato pelo qual são convocados o réu, o executado ou o interessado para integrar a relação processual"*[17]. Estabelece-se, neste contexto, a indispensabilidade do ato citatório para a validade do processo (art. 239, *caput*, NCPC).

Por óbvio, para que a revelia seja aplicada em detrimento do réu convocado a integrar a relação processual, necessariamente o ato citatório deve estar revestido das formalidades legais, sob pena de nulidade.

Assim, o NCPC prevê que o mandado do oficial de justiça deve conter *"a finalidade da citação, com todas as especificações constantes da petição inicial, bem*

---

15. Dispositivo similar ao previsto no CPC/1973 no art. 13, II.
16. Previsão similar àquela existente no CPC/1973 no art. 265, § 2.º.
17. Por sua vez, o CPC/1973 prevê que *"citação é o ato pelo qual se chama a juízo o réu ou o interessado a fim de se defender"* (art. 213).

como a menção do prazo para contestar, sob pena de revelia, ou para embargar a execução" (art. 250, II). Referida disposição substitui a previsão da segunda parte do artigo 285, CPC/1973 que dispõe que, "*do mandado constará que, não sendo contestada a ação, se presumirão aceitos pelo réu, como verdadeiros, os fatos articulados pelo autor*".

Segundo pensamos, a redação da novel legislação, apesar de técnica e juridicamente precisa, poderá e deverá ser "traduzida" para um português mais acessível. Isto porque o destinatário do ato citatório, em regra, será o jurisdicionado leigo e, por isso, não conhecedor do vocabulário jurídico. Assim, ainda que a lei disponha que o mandado deverá mencionar o prazo para contestar, "*sob pena de revelia*", entendemos que os cartórios poderão manter a advertência de que a ausência de contestação poderá fazer com que os fatos aduzidos pelo autor sejam aceitos como verdadeiros. Dessa forma, vislumbramos que a finalidade do ato citatório será atingida em maior escala.

É relevante, ainda, aduzir uma inovação legislativa no que tange às citações fictas (com hora certa e por edital). Trata-se da exigência de que deverá constar do mandado de citação com hora certa bem como do edital a advertência de que, em caso de revelia, será nomeado curador especial ao revel (art. 253, § 4º e art. 257, IV, NCPC, respectivamente). Apesar de o CPC/1973 já prever a nomeação de curador especial ao réu citado por edital ou com hora certa (art. 9º) e tal previsão ter sido reproduzida em parte no NCPC em seu artigo 72[18], não há norma de advertência ao revel quanto à nomeação de curador. Trata-se, pois, de verdadeira inovação, vez que é efetivamente relevante que o réu tenha ciência (ainda que fictamente) das consequências de sua contumácia, principalmente no que tange a quem deverá representar seus interesses em juízo.

Sendo assim, uma vez tendo sido o réu validamente citado (com observância das formalidades legais) e não tendo o mesmo respondido a tempo e modo aos termos da inicial, poderão ser aplicados ao revel alguns efeitos, ou consequências jurídicas, tema que será analisado a seguir.

3.3. Efeitos da revelia

3.3.1. Presunção de veracidade e produção de provas

É bom que se alerte desde já, a título de esclarecimento preliminar, que o efeito da revelia constante no art. 344 do NCPC está intimamente ligado à produção de provas pelas partes, motivo pelo qual se optou por abordar os dois assuntos no mesmo item.

---

18. "Art. 72. O juiz nomeará curador especial ao: (...) II – (...) ao réu revel citado por edital ou com hora certa, enquanto não for constituído advogado".

Dessa sorte, conforme já tratado anteriormente, enquanto que a revelia é apurável no mundo dos fatos (ausência de resposta do réu), as consequências advindas de tal inércia são jurídicas, aplicáveis ou não de acordo com o caso concreto. Ou, como alerta CÂNDIDO RANGEL DINAMARCO, *"a revelia é, portanto, uma situação de fato"*, mas se tal situação vai ou não produzir efeitos, *"é outro problema"*[19].

O mais importante efeito que pode advir da inércia do réu regularmente citado é o constante do art. 344 do NCPC, ou seja, a possibilidade de presumirem-se verdadeiras as alegações de fato formuladas pelo autor.

Reafirma-se uma vez mais que a redação dada ao mencionado artigo do NCPC foi melhorada em relação àquela constante do CPC/1973, vez que houve a separação do fato gerador (ausência de "contestação") de uma de suas consequências jurídicas (presunção de veracidade das alegações do autor).

Ademais, como não poderia deixar de ser, foi mantido com o NCPC o *campo de incidência* da consequência jurídica em questão. Não restam dúvidas de que a presunção de veracidade decorrente da revelia somente incide sobre os *fatos* alegados pelo autor (ou, como reza a letra do art. 344, NCPC, sobre *"as alegações de fato"*), nunca sobre o direito[20].

O NCPC estabeleceu, portanto, no artigo 344, a regra geral na hipótese de não apresentação de resposta pelo réu: ocorrerá a revelia, podendo, ainda, ser presumida a veracidade das alegações de fato formuladas pelo autor. As exceções à tal regra foram legisladas no artigo 345 da novel legislação, em quatro incisos, além de outras hipóteses esparsas previstas no *Codex*.

No artigo 345 do NCPC são listadas, de forma compilada, quatro exceções à incidência da presunção de veracidade. As duas primeiras exceções tratam-se de mera reprodução do que prevê o artigo 320, incisos I e II, do CPC/1973: a revelia não produzirá o efeito de presunção de veracidade se (i) havendo pluralidade de réus, algum deles contestar a ação; e, (ii) o litígio versar sobre direitos indisponíveis.

No que tange à *primeira exceção*, entendemos que deverá ser mantido o posicionamento que prevalece sob a vigência do CPC/1973 no sentido de que a exceção não se aplica indistintamente a todos os casos de litisconsórcio passivo, sendo necessário verificar o relacionamento do direito do réu revel e do réu presente nos autos. De nossa parte, vislumbramos que a exceção prevista no art. 345, I, do NCPC é aplicável independentemente do tipo de litisconsórcio passivo. É, pois, mais relevante a análise da relação havida entre os réus,

---

19. Ônus de contestar e o efeito da revelia. *Revista de Processo*, vol. 41, São Paulo: Revista dos Tribunais. Jan.-Mar./1986, p. 190.
20. CÂNDIDO RANGEL DINAMARCO alerta que "nenhuma presunção incide sobre o direito" (*Instituições de direito processual civil*. São Paulo: Malheiros, 2004. vol. 2, p. 536).

sendo que a existência de interesses comuns entre estes é que poderá afastar o efeito da "presunção" de veracidade dos fatos alegados pelo autor.

Neste sentido, NELSON NERY JUNIOR e ROSA MARIA DE ANDRADE NERY entendem que a não ocorrência dos efeitos da revelia *"depende de os interesses do contestante serem comuns aos do revel"*[21-22].

A *segunda exceção* versa sobre a defesa de interesses que têm uma tutela especial por parte do Estado, em relação à qual seu titular não pode declinar em decorrência de sua simples inércia. Assim, em se tratando de direito indisponível, a novel legislação manteve a impossibilidade de incidir o efeito de presumirem-se verdadeiros os fatos aduzidos pelo autor.

Pequena alteração houve no que diz respeito à *terceira exceção* legislada. Enquanto que o CPC/1973 exige a ausência de *instrumento público* acompanhando a inicial, pela redação do NCPC, basta que a lei considere determinado *instrumento* como indispensável à prova do ato e não seja o mesmo carreado com a inicial, para que se elida o efeito de presunção de veracidade (art. 345, III). Não há mais exigência, portanto, de que se trate de instrumento público.

Por fim, o inciso IV, do art. 345 do NCPC não guarda correspondência com nenhum outro existente no CPC/1973. Segundo tal dispositivo, não serão presumidos verdadeiros os fatos constantes da petição inicial, se *"as alegações de fato formuladas pelo autor forem inverossímeis ou estiverem em contradição com prova constante dos autos"*. Apesar de inovador em termos legislativos, trata-se de simples positivação de entendimentos doutrinário e jurisprudencial já pacificados sob a égide do CPC/1973.

Quanto à referida exceção – ainda não legislada na vigência do CPC/1973 –, já doutrinava ARRUDA ALVIM:

> "Na realidade, o art. 319 dispensa efetivamente o autor de prova, desde que o réu não conteste a ação; mas os fatos por ele alegados hão de passar pelo crivo da *plausibilidade* ou *verossimilhança*. Caso contrário, a ação deverá ser julgada improcedente. (...) ainda que possam ser tidos por verdadeiros os fatos aduzidos pelo autor, mesmo que o réu não conteste a ação, não incide a 'favor' do autor o art. 319, quando de tais fatos não se possam fazer emergir efeitos jurídicos pedidos."[23]

---

21. *Comentários ao Código de Processo Civil*. São Paulo, Revista dos Tribunais, 2015, p. 959.
22. Em sentido contrário, LUIZ GUILHERME MARINONI, SÉRGIO CRUZ ARENHART e DANIEL MITIDIERO entendem que "o art. 345, I, CPC, só se aplica no que tange ao regime especial do litisconsórcio (isto é, nos casos de litisconsórcio unitário), porque somente nessa hipótese existe necessidade de harmonizar a situação processual dos consortes a fim de que o juiz prolate sentença uniforme" (in *Novo Código de Processo Civil Comentado*. São Paulo: Revista dos Tribunais, 2015, p. 372).
23. *Manual de direito processual civil*. 10. ed. São Paulo: Ed. RT, 2006. vol. 2, p. 317.

O mesmo se diga quanto à segunda parte do mencionado dispositivo: tanto doutrina quanto jurisprudência já se posicionavam, na vigência do CPC/1973, no sentido da não incidência do efeito da revelia, quando os fatos narrados pelo autor estivessem em dissonância com os demais elementos probatórios dos autos.

Nesse sentido, é o ensinamento de RITA GIANESINI: *"Os efeitos da revelia cedem, assim, diante de outras circunstâncias contidas no processo, não dispensando elementos necessários para convencer o juiz, posto que vigora em nosso direito o princípio do livre convencimento motivado do julgador"*[24].

Logo, se o autor, por eventual descuido, juntar aos autos prova contrária às suas alegações, ou mesmo for produzida outra prova por ordem do juiz ou mesmo a pedido do revel que comparece tardiamente nos autos, a presunção de veracidade cederá em prol das referidas provas.

A jurisprudência do Superior Tribunal de Justiça, de há muito, ratifica referido entendimento:

> "Revelia – Efeitos. A falta de contestação, quando leve a que se produzam os efeitos da revelia, exonera o autor de provas os fatos deduzidos como fundamento do pedido e inibe a produção de prova pelo réu, devendo proceder-se ao julgamento antecipado da lide. *Se, entretanto, de documentos trazidos com a inicial se concluir que os fatos se passaram de forma diversa do nela narrado, o juiz haverá de considerar o que deles resulte e não se firmar em presunção que se patenteia contrária à realidade.*"[25]

Tem-se, portanto, que a novel previsão constante do inciso IV, do artigo 345, NCPC apenas positivou pacífico entendimento doutrinário e jurisprudencial vigente sob a égide do CPC/1973. Em resumo, nas palavras de LUIZ GUILHERME MARINONI, SÉRGIO CRUZ ARENHART e DANIEL MITIDIERO, neste caso, *"a prova da veracidade neutraliza a presunção"*.[26]

Além das hipóteses previstas de forma compilada no art. 345 do NCPC, as quais não são exaustivas, outras há em que também não será aplicado o efeito da revelia previsto no art. 344 do NCPC.

Ocorre, ainda, outra exceção ao efeito da revelia em análise, no caso de a contestação genérica ter sido realizada com observância do art. 341, parágrafo único, do NCPC[27]. Dessa forma, a revelia deixará de produzir o efeito constante do art. 344 do NCPC, quando o réu revel tenha sido citado por edital ou com

---

24. Revelia. *Revista de Processo*, vol. 109. São Paulo: Revista dos Tribunais, jan.-mar. 2003, p. 226.
25. REsp 60239/SP, 3.ª T., j. 05.08.1996, rel. Min. Eduardo Ribeiro.
26. *Novo Código de Processo Civil Comentado*. São Paulo: Revista dos Tribunais, 2015, p. 373.
27. "Art. 341. (...) Parágrafo único. O ônus da impugnação especificada dos fatos não se aplica ao defensor público, ao advogado dativo e ao curador especial."

hora certa (da mesma forma que ocorre sob a vigência do CPC/1973, em virtude de seu artigo 302, parágrafo único).

Também não é caso de aplicação do efeito da revelia em comento a hipótese prevista no art. 121, parágrafo único, do NCPC.[28] Trata o *caput* deste dispositivo da atuação do *assistente simples*, que será auxiliar da parte principal. Assim, se o assistido for revel, o assistente será considerado não mais seu gestor de negócios, como consta da previsão do artigo 52, do CPC/1973, mas, sim, seu substituto processual.

Dessa sorte, por tudo o que foi ora analisado, resta claro que o efeito previsto no art. 344 do NCPC não será de aplicação inexorável, havendo exceções legalmente previstas em que, apesar da existência da revelia, não serão reputadas verdadeiras as alegações de fato aduzidas pelo autor.

Feita a análise referente à extensão da denominada presunção de veracidade das alegações formuladas pelo autor bem como aquela concernente às exceções previstas na novel legislação, mister se faz a necessária ligação entre referido efeito da revelia e a produção de provas no processo, sob o ponto de vista do NCPC.

Dispõe o artigo 348 do NCPC, em redação bem similar ao artigo 324 do CPC/1973, que, se ocorrer a revelia, mas não se verificar a incidência do efeito da presunção de veracidade, o juiz *"ordenará que o autor especifique as provas que pretenda produzir, se ainda não as tiver indicado"*. Por outro lado, nos termos do artigo 355 do NCPC, se forem verificadas tanto a revelia quanto a incidência do efeito em apreciação, deverá o juiz julgar antecipadamente o mérito[29], desde que *não tenha havido requerimento de prova*, na forma do artigo 349, NCPC.

Verdadeira inovação de gigantesca relevância é a disposição prevista no seguinte artigo do novel *Codex*:

> "Art. 349. Ao réu revel será lícita a produção de provas, contrapostas às alegações do autor, desde que se faça representar nos autos a tempo de praticar os atos processuais indispensáveis à essa produção."

Por óbvio, o elemento condicional previsto no referido artigo (desde que o réu se faça representar nos autos a tempo) decorre da já conhecida disposição do NCPC segundo a qual *"o revel poderá intervir no processo em qualquer fase, recebendo-o no estado em que se encontrar"* (art. 346, parágrafo único)[30].

---

28. "Art. 121. (...) Parágrafo único. Sendo revel, ou de qualquer outro modo, omisso o assistido, o assistente será considerado seu substituto processual."
29. Sobre a previsão do artigo 355, NCPC, referente ao julgamento antecipado de mérito, doutrina CASSIO SCARPINELLA BUENO que ocorreu *"inegável aperfeiçoamento redacional, que permite a compreensão mais precisa e sistemática do instituto, máxime na hipótese do inciso II, ao deixar mais clara a fata de qualquer relação de imediatismo entre a revelia e o julgamento antecipado do mérito"* (in Novo Código de Processo Civil anotado. São Paulo: Saraiva, 2015, p. 264).
30. Idêntico é o teor do parágrafo único do artigo 322 do CPC/1973.

Trata-se o artigo 349, NCPC, como mencionado alhures, de dispositivo efetivamente inovador, que não guarda correlação com nenhum outro do *Codex* de 1973. Sob a égide do CPC/1973, a discussão acerca da possibilidade de produção de provas pelo revel era imensa. Há, inclusive, Súmula do Supremo Tribunal Federal expressamente aduzindo que *"o revel, em processo civil, pode produzir provas, desde que compareça em tempo oportuno"* (Enunciado nº 231).

Apesar de parecer se tratar de apenas uma inovação que pontificou entendimento jurisprudencial pacificado, não o é. A discussão existente acerca de poder o réu revel produzir provas é imensa, partindo desde a existência de autorização legal ou não para a produção de provas pelo revel, até a extensão do que se poderia comprovar (vez que os fatos iniciais não estariam controvertidos pelo réu)[31].

A novel legislação, no entanto, a nosso ver, foi além das discussões existentes, tornando cogente uma realidade: se o réu revel comparece aos autos a tempo de requer a produção de determinada prova, não poderá o juiz indeferir tal requerimento, sob o fundamento de que não caberia prova em virtude da denominada presunção de veracidade dos fatos aduzidos pelo autor.

Ora, analisando o artigo 349 em conjunto com o artigo 355 do NCPC, efetivamente não parece estar o magistrado autorizado a julgar antecipadamente o mérito do processo sem a produção de prova eventualmente requerida pelo revel, sendo de se ressalvar apenas uma condicionante: o revel deve fazer-se representar nos autos a tempo de fazer o respectivo requerimento.

Fora a intempestividade do requerimento de produção de provas ou ainda sua impertinência (o que é exigido para requerimento de produção de provas por qualquer das partes litigantes), não vislumbramos possibilidade de o juiz indeferir provas requeridas pelo revel, com base na presunção de veracidade.

Note-se que o artigo 349 do NCPC é expresso ao asseverar que, ao revel, é *"lícita a produção de provas, contrapostas às alegações do autor"*. Ou seja, de forma inequívoca, a novel legislação possibilita que sejam produzidas provas a rogo do revel em contraposição às alegações do autor, mesmo não tendo sido as mesmas controvertidas em defesa.

Neste sentido, é o entendimento de MARIA LÚCIA LINS CONCEIÇÃO:

> "o art. 349 autoriza ao réu revel que venha aos autos, por meio de advogado, antes de encerrada a instrução, para requerer a produção de prova contraposta às alegações do autor, na tentativa de elidir a presunção relativa de veracidade."[32]

---

31. Para aprofundamento quanto à tal celeuma, remetemos o leitor para artigo de nossa autoria em que descrevemos os pontos de vista existentes acerca da questão: O instituto da revelia visto sob o enfoque da instrumentalidade do processo. Revista de Processo, vol. 179, São Paulo: Revista dos Tribunais. Jan./2010.
32. Breves comentários ao Novo Código de Processo Civil. (WAMBIER; Teresa Arruda Alvim; DIDIER JR., Fredie; TALAMINI, Eduardo; DANTAS, Bruno (coord)). São Paulo: Revista dos Tribunais, 2015, p. 942.

Presunção relativa que é, admite, via de consequência, prova em contrário, que pode ser, consoante previsão expressa do artigo 349, NCPC, requerida pelo réu revel.

Saliente-se à exaustão: somente poderá o juiz indeferir a produção de provas requeridas pelo revel, em duas hipóteses: (i) se as mesmas forem inúteis ou impertinentes ao deslinde da causa (art. 370, parágrafo único do NCPC); (ii) se o revel as houver requerido a destempo. Não poderá o juiz, segundo pensamos, indeferir a realização das provas requeridas pelo revel fundamentando a decisão no sentido da prevalência da presunção de veracidade das alegações de fato do autor.

Idêntico é o posicionamento de TERESA ARRUDA ALVIM WAMBIER, MARIA LÚCIA LINS CONCEIÇÃO, LEONARDO FERRES DA SILVA RIBEIRO e ROGÉRIO LICASTRO TORRES DE MELLO no sentido de que a previsão do novel artigo 349, NCPC "encampa o que doutrina e jurisprudência, já a luz do CPC/1973, sustentam, independentemente de haver dispositivo de lei expresso a respeito". Afirmam, ainda, outrossim, que "está em sintonia com o pensamento de que se deve evitar ao máximo o descompasso entre o resultado do processo e a realidade"[33].

É de se ressaltar que defendíamos tal posicionamento sob a égide do CPC/1973[34], acompanhando parte da jurisprudência e da doutrina[35].

Diverso não foi o entendimento de Sálvio de Figueiredo Teixeira, no seguinte julgado:

> "Como se vê, há controvérsia sobre os limites de produção de provas pelo revel, sendo possível afirmar-se, no entanto, que, segundo entendimento predominante, com respaldo em boa doutrina, tendo o réu comparecido antes de iniciada a fase probatória, incumbe ao julgador sopesar a sua intervenção e a pertinência da produção de provas, visando a evidenciar a existência dos fatos da causa, e não julgar procedente o pedido, somente como efeito da revelia, sendo de consignar, outrossim, que as provas requeridas pelo revel devem limitar-se aos fatos afirmados na inicial."[36]

Convergente o raciocínio de RITA GIANESINI, que informa serem dois os limites para a produção de prova pelo réu revel:

---

33. *Primeiros Comentários ao Novo Código de Processo Civil artigo por artigo*. São Paulo: Revista dos Tribunais, 2015, p. 611-612.
34. FAGUNDES, Cristiane Druve Tavares. O instituto da revelia visto sob o enfoque da instrumentalidade do processo. *Revista de Processo*, vol. 179, São Paulo: Revista dos Tribunais. Jan./2010.
35. ALEXANDRE FREITAS CÂMARA assevera que *"o revel pode intervir no processo a qualquer tempo, recebendo-o no estado em que se encontra. Assim, havendo tempo útil para produzir determinada prova (...) poderá esta ser produzida"* (in Lições de Direito Processual Civil, v. 1, 24 ed., São Paulo: Atlas, 2013, p. 371).
36. REsp 211.851/SP, j. 10.08.1999, RSTJ 124/419-432.

"Um temporal, preclusão do prazo para requerer a sua proposição ou para produzi-la. O pedido de realização de prova poderá, porém, ser suprido pelo formulado pelo autor e deferido, ou pela determinação de ofício pelo magistrado, ou por motivos supervenientes. O segundo limite relativo ao conteúdo da prova é que deverá cingir-se aos fatos deduzidos pelo autor na inicial."[37]

Tal limite é também pertinentemente ressaltado por NELSON NERY JR. e ROSA MARIA DE ANDRADE NERY, quando asseveram que *"ainda que possa participar da produção da prova, contrapondo sua prova à do autor, não poderá contrapor argumentos ao que foi exposto na inicial"*[38].

Dentro deste contexto, entendemos, por fim, que também ao juiz caberá determinar de ofício a realização de provas, ainda que o réu se encontre revel, em virtude de expressa disposição legal (art. 370, *caput* do NCPC[39])[40].

Dessa sorte, conclui-se que, pela expressa sistemática prevista pelo NCPC, é cabível a produção de provas em autos em que o réu seja revel, tanto por iniciativa deste quanto por determinação do próprio juiz.

3.3.2 Outros efeitos

Analisado o principal efeito da revelia, qual seja, a presunção de veracidade das alegações de fato formuladas pelo autor, cumpre verificar quais outros efeitos decorrem da não apresentação de resposta pelo réu regularmente citado.

Um primeiro efeito que decorre da decretação de revelia advém da já mencionada oportunidade de intervenção do revel no processo a qualquer tempo, recebendo-o no estado em que se encontra (art. 346, parágrafo único, NCPC[41]).

Justamente pelo fato de o processo ser recebido no estado em que se encontra, outra consequência lógica decorre de não haver regramento especial no que tange à contagem de prazos. Assim, se o revel nomear advogado para representá-lo nos autos, as intimações deverão ser realizadas em nome de seu patrono. E, da mesma forma, se o revel não for representado nos autos, *"os prazos (...) fluirão da data de publicação do ato decisório no órgão oficial"* (artigo

---

37. Dissertação de mestrado, São Paulo. PUC, 1976, p. 123.
38. *Comentários ao Código de Processo Civil*. São Paulo, Revista dos Tribunais, 2015, p. 962.
39. Previsão similar ao artigo 130, CPC/1973.
40. Neste mesmo sentido, TERESA ARRUDA ALVIM WAMBIER, MARIA LÚCIA LINS CONCEIÇÃO, LEONARDO FERRES DA SILVA RIBEIRO e ROGÉRIO LICASTRO TORRES DE MELLO doutrinam que *"nos termos dos arts. 348 e 349 do NCPC, não só o autor, mas também o réu revel, podem vir a requerer a produção de provas, sem contar que o próprio juiz, em razão do seu livre convencimento motivado, poderá determinar que se produza prova que reputa indispensável para o esclarecimento das alegações de fato, quanto, então, o julgamento antecipado da lide não terá lugar"* (in Primeiros Comentários ao Novo Código de Processo Civil artigo por artigo. São Paulo: Revista dos Tribunais, 2015, p. 619).
41. Idêntica previsão no CPC/1973 em seu artigo 322, parágrafo único.

346, *caput*, NCPC[42]). Não há que se falar, portanto, em intimação pessoal de cada ato decisório proferido no processo.

Por óbvio, se o ato decisório for proferido em audiência, não haverá necessidade de publicação do mesmo no órgão oficial, considerando-se as partes intimadas na própria audiência, inclusive o réu revel.

É de se mencionar, por fim, uma outra inovação que repercute no estudo da revelia. Trata-se da novel previsão constante do artigo 503, § 1º, do NCPC. *In verbis*:

> "Art. 503. A decisão que julgar total ou parcialmente o mérito tem força de lei nos limites da questão principal expressamente decidida.
>
> § 1º. O disposto no *caput* aplica-se à resolução de questão prejudicial, decidida expressa e incidentemente no processo, se:
>
> (...)
>
> II – a seu respeito tiver havido contraditório prévio e efetivo, não se aplicando no caso de revelia; (...)"

Observe-se que a revelia tem, nesta hipótese, um efeito de conteúdo negativo: configura-se em exceção expressa à possibilidade de que a questão prejudicial faça coisa julgada. Em outras palavras, em caso de revelia, não haverá que se falar em questão prejudicial formadora de coisa julgada, justamente pelo fato de que não houve contraditório prévio e efetivo a legitimar a sua formação.

Trata-se, pois, de previsão efetivamente inovadora, não guardando a mesma correlação com outro dispositivo do CPC/1973.

4. CONCLUSÕES

Por tudo o que foi ora analisado, é de se reforçar a noção de que todo e qualquer estudo do NCPC deve ter por objetivo o aprimoramento das regras positivadas. Foi justamente este o intuito do presente trabalho no que tange especificamente ao instituto da revelia.

Partiu-se da análise do que vem a ser revelia, concluindo que a celeuma existente sob a égide do CPC/1993 acerca de seu conceito deverá ser mantida. Entendemos, no entanto, a melhor conceituação de revelia, também de acordo com o NCPC, reside na *ausência de resposta por parte do réu regularmente citado na forma e prazo legalmente previstos*.

Analisaram-se, ainda, as principais disposições do NCPC referentes à revelia: desde as formalidades do ato citatório, passando pelos efeitos que a revelia pode produzir. Entende-se que a maior alteração existente decorre da expressa previsão de que o réu revel possa produzir provas, contrapostas às alegações do autor, desde que se apresente a tempo nos autos (art. 349).

---

42. O CPC/1973 dispõe que *"Contra o revel que não tenha patrono nos autos, correrão os prazos independentemente de intimação, a partir da publicação de cada ato decisório"* (art. 322, *caput*).

Certamente muito ainda será produzido acadêmica e jurisprudencialmente quanto ao instigante tema da revelia sob a égide do NCPC, esperando a autora que possa ter contribuído para seu estudo.

5. BIBLIOGRAFIA

ARRUDA ALVIM, José Manoel. *Manual de direito processual civil*. 10. ed. São Paulo: Revista dos Tribunais, 2006. vol. 2.

BUENO, Cassio Scarpinella. *Novo Código de Processo Civil anotado*. São Paulo: Saraiva, 2015.

CÂMARA, Alexandre Freitas. *Lições de Direito Processual Civil*, v. 1, 24 ed., São Paulo: Atlas, 2013.

CONCEIÇÃO, Maria Lúcia Lins. *Breves comentários ao Novo Código de Processo Civil*. (WAMBIER; Teresa Arruda Alvim; DIDIER JR., Fredie; TALAMINI, Eduardo; DANTAS, Bruno (coord)). São Paulo: Revista dos Tribunais, 2015, p. 935-943.

DIDIER JR., Fredie. *Curso de Direito Processual Civil*, v. 1, 11 ed., Salvador: JusPodivm, 2009.

_____. Eficácia do Novo CPC antes do término do período de vacância da lei. *Revista de Processo*, vol. 236, São Paulo: Revista dos Tribunais. Out./2014, p. 325-332.

DINAMARCO, Cândido Rangel. *Instituições de direito processual civil*. São Paulo: Malheiros, 2004. vol. 2.

_____. Ônus de contestar e o efeito da revelia. *Revista de Processo*, vol. 41, São Paulo: Revista dos Tribunais. Jan.-Mar./1986, p. 185-197.

FAGUNDES, Cristiane Druve Tavares. O instituto da revelia visto sob o enfoque da instrumentalidade do processo. *Revista de Processo*, vol. 179, São Paulo: Revista dos Tribunais. Jan./2010, p. 40-88.

GIANESINI, Rita. Da revelia. Revelia. *Revista de Processo*, vol. 109. São Paulo: Revista dos Tribunais, jan.-mar. 2003, p. 221-231.

MARINONI, Luiz Guilherme; ARENHART, Sérgio Cruz; MITIDIERO, Daniel. *Novo Código de Processo Civil Comentado*. São Paulo: Revista dos Tribunais, 2015.

NERY JUNIOR, Nelson; NERY, Rosa Maria de Andrade. *Código de Processo Civil comentado*. São Paulo: Revista dos Tribunais, 2006.

NERY JUNIOR, Nelson; NERY, Rosa Maria de Andrade. *Comentários ao Código de Processo Civil*. São Paulo, Revista dos Tribunais, 2015.

RODRIGUES, Marcelo Abelha. *Elementos de direito processual civil*. 2. ed. São Paulo: Revista dos Tribunais, 2003. vol. 2.

SOUZA, Gelson Amaro de. Da revelia. *Revista de Processo*, vol. 80, São Paulo: Revista dos Tribunais. Out.-Dez./1995, p. 186-197.

WAMBIER, Teresa Arruda Alvim; CONCEIÇÃO, Maria Lúcia Lins; RIBEIRO, Leonardo Ferres da Silva; MELLO, Rogério Licastro Torres de. *Primeiros Comentários ao Novo Código de Processo Civil artigo por artigo*. São Paulo: Revista dos Tribunais, 2015.

PARTE V

SANEAMENTO DO PROCESSO, ESTABILIZAÇÃO DA DEMANDA E FORMAÇÃO, SUSPENSÃO E EXTINÇÃO DO PROCESSO

PARTE V

SANEAMENTO DO PROCESSO, ESTABILIZAÇÃO DA DEMANDA E FORMAÇÃO, SUSPENSÃO E EXTINÇÃO DO PROCESSO

CAPÍTULO 1

A Possibilidade de Realização da Audiência de Saneamento e Organização no Novo Código de Processo Civil Brasileiro

Lúcio Grassi de Gouveia[1]

SUMÁRIO: 1. INTRODUÇÃO; 2. DO SANEAMENTO E ORGANIZAÇÃO DO PROCESSO NO CPC/1973 E NO CPC/2015; 3. A IMPORTÂNCIA DA AUDIÊNCIA DE SANEAMENTO E ORGANIZAÇÃO DO PROCESSO; 4. A PREVISÃO DE REALIZAÇÃO DA AUDIÊNCIA DE SANEAMENTO E ORGANIZAÇÃO DO PROCESSO PELO CPC/2015; 5.CONCLUSÕES; REFERÊNCIAS.

1. INTRODUÇÃO

A audiência preliminar sempre foi tida como ápice da aplicação do princípio da cooperação intersubjetiva nos direitos estrangeiro e brasileiro. O CPC/2015, apesar de alterar drasticamente os dispositivos legais que tratam da matéria, manteve viva a audiência preliminar, chamada agora por muitos de audiência de saneamento e organização.

Na Revista Brasileira de Direito Processual de nº 85, no artigo denominado "Audiência de conciliação versus audiência preliminar – a opção pela primeira e as consequências da eliminação da segunda no projeto do Novo Código de Processo Civil Brasileiro (NCPC)", fizemos críticas em relação à supressão da referida audiência durante sua tramitação no Senado Federal.[2]

Enviado à Câmara dos Deputados, procedeu-se uma alteração do texto anterior, prevendo o então Projeto a possibilidade da realização de ambas,

---

1. Professor Adjunto da Universidade Católica de Pernambuco (Graduação, Mestrado e Doutorado). Doutor em Direito pela Universidade Clássica de Lisboa. Mestre em Direito pela UFPE. Pesquisador do Grupo de Pesquisa Processo e Hermenêutica da Unicap. Conselheiro Fiscal da Associação Brasileira de Direito Processual. Secretário Adjunto do Instituto Brasileiro de Direito Processual. Membro da Associação Norte-Nordeste de Professores de Processo. Juiz de Direito em Recife-PE.
2. Ver artigo nosso intitulado *Audiência de conciliação versus audiência preliminar – A opção pela primeira e as consequências da eliminação da segunda no projeto do Novo Código de Processo Civil brasileiro (NCPC)* na RBDPRO nº 85. Belo Horizonte: Fórum, jan/mar 2014, p. 25-37.

logicamente sem prejuízo da audiência de instrução e julgamento, que não foi nem poderia ter sido subtraída em qualquer das versões do Projeto.

Ressuscitada a audiência preliminar (agora denominada de audiência de saneamento e organização) durante a tramitação do Projeto perante a Câmara dos Deputados, o texto foi sancionado, vindo a ser prevista no CPC/2015 de forma bastante diferente daquela contida no CPC/1973.

Assim, o objeto de estudo do presente artigo é investigar as consequências para o sistema jurídico do novo regramento legal da audiência de saneamento e organização brasileira.

2. DO SANEAMENTO E ORGANIZAÇÃO DO PROCESSO NO CPC/1973 E NO CPC/2015

Em sua redação atual, dispõe o CPC/1973:

> Seção III
>
> Do saneamento do processo
>
> Art. 331. Se não ocorrer qualquer das hipóteses previstas nas seções precedentes, e versar a causa sobre direitos que admitam transação, o juiz designará audiência preliminar, a realizar-se no prazo de 30 (trinta) dias, para a qual serão as partes intimadas a comparecer, podendo fazer-se representar por procurador ou preposto, com poderes para transigir.
>
> §1º Obtida a conciliação, será reduzida a termo e homologada por sentença.
>
> §2º Se, por qualquer motivo, não for obtida a conciliação, o juiz fixará os pontos controvertidos, decidirá as questões processuais pendentes e determinará as provas a serem produzidas, designando audiência de instrução e julgamento, se necessário.
>
> §3º Se o direito em litígio não admitir transação, ou se as circunstâncias da causa evidenciarem ser improvável sua obtenção, o juiz poderá, desde logo, sanear o processo e ordenar a produção da prova, nos termos do § 2º.

Dessa forma, no CPC/1973, em sua versão atual, a regra é a realização do saneamento e organização do processo em audiência preliminar, sendo dispensada sua realização somente nas hipóteses previstas no §3º do art. 331 do CPC/1973, ou seja, se o direito em litígio não admitir transação ou se as circunstâncias da causa evidenciarem ser improvável sua obtenção. O legislador elegeu como critério decisivo para sua realização a possibilidade ou probabilidade de celebração de transação pelas partes na referida audiência.

Diversas vezes apontamos o equívoco dessa concepção. O ponto fulcral para a realização dessa audiência não deveria ser a possibilidade de obtenção de transação, mas a existência de complexidade em matéria de fato e de direito. Processos dotados de maior complexidade precisam de mais diálogo entre os agentes processuais.

E o CPC/2015, ao prever uma audiência de conciliação ou de mediação obrigatória, nos termos do art. 334 e casos de dispensa no §4º desse mesmo artigo, redirecionou o foco da obtenção da solução amigável para o litígio mediante autocomposição, que passou para essa audiência, que ocorrerá antes mesmo do oferecimento da resposta pelo réu. Passou a admitir outra audiência, a audiência de saneamento e organização do processo, em casos de complexidade de matéria de fato e de direito, sem prejuízo de nova tentativa de conciliação, evidentemente.

Registre-se que o legislador dá ênfase ao saneamento do processo desde o momento em que trata das alegações do réu, na Seção III, onde prevê que "verificando a existência de irregularidades ou de vícios sanáveis, o juiz determinará sua correção em prazo nunca superior a 30 (trinta) dias".

Na verdade, o saneamento no processo civil brasileiro ocorre desde o primeiro contato do juiz com os autos, quando verifica que a inicial não preenche os requisitos dos arts. 319 e 320 ou que apresenta defeitos ou irregularidades capazes de dificultar o julgamento de mérito. Nesse caso, determinará que o autor, no prazo de 15 (quinze) dias, a emende ou a complete, indicando com precisão o que deve ser corrigido ou completado, só indeferindo a inicial se o autor não cumprir a diligência (art. 321 e parágrafo único).

Em momento posterior, se o juiz vier a julgar o feito conforme o estado do processo (leia-se extinção do processo sem resolução do mérito do art. 485; extinção do processo com resolução de mérito do art. 487; julgamento antecipado do mérito do art. 355 e julgamento antecipado parcial do mérito do art. 356), não terá oportunidade nem necessidade de realizar o saneamento e organização do processo nos termos dos arts. 357 e seguintes do CPC/2015.

Caso contrário, se não julgou o processo, deverá, em decisão de saneamento e de organização do processo e nos termos do art. 357:

I - resolver as questões processuais pendentes, se houver;

II - delimitar as questões de fato sobre as quais recairá a atividade probatória, especificando os meios de prova admitidos;

III - definir a distribuição do ônus da prova, observado o art. 373;

IV - delimitar as questões de direito relevantes para a decisão do mérito;

V - designar, se necessário, audiência de instrução e julgamento.

§ 1º Realizado o saneamento, as partes têm o direito de pedir esclarecimentos ou solicitar ajustes, no prazo comum de 5 (cinco) dias, findo o qual a decisão se torna estável.

§ 2º As partes podem apresentar ao juiz, para homologação, delimitação consensual das questões de fato e de direito a que se referem os incisos II e IV, a qual, se homologada, vincula as partes e o juiz.

§ 3º Se a causa apresentar complexidade em matéria de fato ou de direito, deverá o juiz designar audiência para que o saneamento seja feito em cooperação com as partes, oportunidade em que o juiz, se for o caso, convidará as partes a integrar ou esclarecer suas alegações.

§ 4º Caso tenha sido determinada a produção de prova testemunhal, o juiz fixará prazo comum não superior a 15 (quinze) dias para que as partes apresentem rol de testemunhas.

§ 5º Na hipótese do § 3º, as partes devem levar, para a audiência prevista, o respectivo rol de testemunhas.

§ 6º O número de testemunhas arroladas não pode ser superior a 10 (dez), sendo 3 (três), no máximo, para a prova de cada fato.

§ 7º O juiz poderá limitar o número de testemunhas levando em conta a complexidade da causa e dos fatos individualmente considerados.

§ 8º Caso tenha sido determinada a produção de prova pericial, o juiz deve observar o disposto no art. 465 e, se possível, estabelecer, desde logo, calendário para sua realização.

§ 9º As pautas deverão ser preparadas com intervalo mínimo de 1 (uma) hora entre as audiências.

Daremos especial destaque aos parágrafos 1º, 2º e 3º.

Como dito, o saneamento do processo ocorre desde o momento em que o juiz despacha a inicial. Mas agora nessa etapa, considerando não ser o caso de julgamento conforme o estado do processo, o juiz proferirá uma decisão de saneamento e organização do processo, na qual decidirá as questões previstas no art. 357, incs. I a V do CPC.

Poderão as partes sentir necessidade de pedir esclarecimentos ou solicitar ajustes na decisão judicial, o que poderão fazer no prazo comum de 5 (cinco) dias, através de petição, findo o qual a decisão se torna estável. Ou seja, nesse caso, não se manifestando as partes no referido prazo, a matéria restará preclusa.

Se a decisão de saneamento e organização for proferida em audiência, não tem sentido a contagem do prazo de 5 dias para que formulem esclarecimentos ou ajustes, devendo ocorrer na própria audiência, como de fato já ocorria com o extinto agravo retido em audiência. A lógica deve ser a mesma, sob pena de causarmos ao processo dilações indevidas.

Verifique-se, porém, que a realização da audiência de saneamento e organização do processo nem sempre ocorrerá. Apesar do Código de Processo Civil prestigiar a cooperação, não prevê a necessária oitiva das partes antes do juiz proferir decisão tão importante para o processo, contentando-se com pedido de esclarecimentos ou ajustes a posteriori, quando teremos decisões de fundamental importância para o adequado andamento do processo.

Se o contraditório envolve o direito de interferir previamente na formação da decisão - o contraditório como influência - a opção do legislador foi a de se contentar com esse tipo de manifestação. Clara mitigação à aplicação do princípio da cooperação para causas que apresentem baixa complexidade em matéria de fato ou de direito. Não haverá, todavia, qualquer nulidade se o juiz decidir realizar a referida audiência para causas de baixa complexidade.

Prevê ainda a hipótese de as partes apresentarem ao juiz, para homologação, delimitação consensual das questões de fato e de direito a que se referem os incisos II e IV, a qual, se homologada, vincula as partes e o juiz. Nesse caso, não prevê o CPC/2015 a possibilidade do agravo de instrumento para a recusa do juiz em homologar tal negócio jurídico processual, já que o art. 1015, in. XI limita-o à decisão a respeito da redistribuição do ônus da prova nos termos do art. 373, §1º [3]. Ou seja, cabe agravo de instrumento para impugnar essa última decisão, mas se o juiz se recusa a homologar negócio jurídico processual das partes a respeito de delimitação consensual das questões de fato e de direito a que se referem os incisos II e IV não caberá agravo de instrumento.

Chegamos porém ao ponto fulcral do presente estudo. A previsão da realização de audiência de saneamento e organização se a causa apresentar complexidade em matéria de fato ou de direito. Nesse caso, deverá o juiz designar

---

3. Prevê o art. 373 em seu §1º: Art. 373. O ônus da prova incumbe: I - ao autor, quanto ao fato constitutivo de seu direito; II - ao réu, quanto à existência de fato impeditivo, modificativo ou extintivo do direito do autor. § 1º Nos casos previstos em lei ou diante de peculiaridades da causa relacionadas à impossibilidade ou à excessiva dificuldade de cumprir o encargo nos termos do caput ou à maior facilidade de obtenção da prova do fato contrário, poderá o juiz atribuir o ônus da prova de modo diverso, desde que o faça por decisão fundamentada, caso em que deverá dar à parte a oportunidade de se desincumbir do ônus que lhe foi atribuído. § 2º A decisão prevista no § 1º deste artigo não pode gerar situação em que a desincumbência do encargo pela parte seja impossível ou excessivamente difícil. § 3º A distribuição diversa do ônus da prova também pode ocorrer por convenção das partes, salvo quando: I - recair sobre direito indisponível da parte; II - tornar excessivamente difícil a uma parte o exercício do direito. § 4º A convenção de que trata o § 3º pode ser celebrada antes ou durante o processo.

a referida audiência para que o saneamento seja feito em cooperação com as partes, oportunidade em que o juiz, se for o caso, convidá-las-á a integrar ou esclarecer suas alegações.

3. A IMPORTÂNCIA DA AUDIÊNCIA DE SANEAMENTO E ORGANIZAÇÃO DO PROCESSO

Destaque-se que a finalidade da referida audiência é de saneamento e concretização do litígio, como afirmam os portugueses. A denominada audiência preliminar, com essa finalidade, vem merecendo destaque por parte da doutrina mundial.

O instituto da audiência preliminar, com sua roupagem atual, consideradas as variações nos diversos ordenamentos jurídicos que a adotam, é fruto de longa evolução, que tem como essência a ênfase ao princípio da cooperação entre os agentes processuais e o caráter dialógico do processo.

Em sua análise em diversos sistemas jurídicos, resulta clara a influência do direito austríaco. A audiência preliminar austríaca, uma das interessantes criações de Klein, inspirada no processo penal moderno do século XIX, copiada em todo o mundo com maior ou menor êxito, é também um meio de concentrar uma audiência principal sobre o fundo do litígio, no que se verifica uma estreita ligação com o também princípio da concentração.

Não tão distante da nossa realidade, encontra-se presente, com especial evidência, no Código Tipo para a América Latina, onde harmonizam-se os princípios do dispositivo e do inquisitório, dando-se especial relevância ao princípio de colaboração entre as partes e o juiz, no que diz respeito à fixação do objeto do processo, consistindo a audiência preliminar no eixo central e aglutinador dos principais atos processuais. Nessa linha, o art. 301 do Código de Processo Civil Tipo Para a América Latina fornece os contornos da audiência que se alvitra para os países filiados. Eis os objetivos declarados da audiência preliminar: 1) a ratificação dos escritos constitutivos com os esclarecimentos pertinentes e eventual aditamento de fatos novos; 2) a contestação das exceções prévias a que alude o art. 123; 3) a tentativa de conciliação; 4) a recepção da prova das exceções, se estas não forem de puro direito; 5) o saneamento do processo, mediante resolução das exceções processuais e nulidades, bem como de todas as questões remanescentes que obstem à decisão de mérito, incluindo a inadmissibilidade da demanda e a ilegitimidade ad causam, desde que seja esta suscetível de definição no começo do litígio; 6) a fixação definitiva do objeto do processo e da prova.[4]

---

4. DINAMARCO, Cândido Rangel. *A reforma do Código de Processo Civil*, 3ª ed. rev. e amp.. São Paulo: Malheiros Editores, 1996, p. 117.

Constate-se que o Código Modelo produziu efeitos favoráveis nos projetos de reformas, e em nossa área iberoamericana aparece refletido em vários ordenamentos jurídicos positivos.

O Código General del Proceso de 1988 do Uruguai, por exemplo, vigente a partir de 20.11.89, segue também o lineamento do Código Modelo em matéria de faculdades probatórias do juiz civil, mas vai mais além, em especial quando regula a matéria dos processos sociais. No que diz respeito à audiência preliminar, o tribunal tentará conciliar as partes, sanear o processo, fixar o objeto da prova, em colaboração das partes, com o qual deverá rechaçar as provas desnecessárias e inconducentes, deixando as impertinentes para sentença. Se não houver conciliação total, ao menos se chega a um acordo sobre certos fatos que fazem desnecessárias provas solicitadas nos escritos introdutórios.[5]

Enfocados conjuntamente, os princípios da cooperação, oralidade-imediação, com expressão escrita no processo e livre convicção do juiz orientam essa audiência. E com esse contato entre os atores processuais, poderá o juiz observar não só o que alegam as partes, mas também como o fazem. É a grande vantagem da oralidade.

> A forma escrita, bem como salientou Sócrates, segundo Platão, é morta, e só nos fala por um lado, ou seja, por meio daquelas ideias que com os sinais despertam o nosso espírito; não satisfaz plenamente a nossa curiosidade, não responde às nossas dúvidas, não nos apresenta os infinitos possíveis aspectos das coisas em si mesmas; - na viva voz falam também conjuntamente a fisionomia, os olhos, a cor, o movimento, e tantas outras diversas pequenas circunstâncias, que modificam e desenvolvem o sentido geral das palavras, e subministram outros tantos indícios a favor ou contra o afirmado pelas próprias palavras"; - a linguagem muda, a eloqüência do corpo, segundo Tullio, é mais verídica que as palavras e pode menos esconder a verdade; - todos os indicados elementos se perdem na mudez da forma escrita, faltando ao juiz os mais claros e certos argumentos (para chegar a uma boa decisão).[6]

A audiência preliminar de inspiração austríaca e germânica introduzida no processo civil português tem como antecedente direto o regime estabelecido no art. 301 do Anteprojeto do Código de Processo Civil Modelo para a América Latina.

---

5. VESCOVI, Enrique. *Los Poderes Probatorios del Juez Civil en Los Nuevos Sistemas Procesales*. Studi in onore di Vittorio Denti, vol II. Cedam, 1994, p. 557/558.
6. VAZ, Alexandre Mário Pessoa. *Direito Processual Civil - do antigo ao novo código*. Coimbra: Almedina, 1998, p.157.

No direito português, o anterior CPC, reformado em 1995/1996, já previa como finalidades essenciais da audiência preliminar, com justificação no princípio da cooperação recíproca entre tribunal e partes: a) tentativa de conciliação (art. 508-A, nº 1, al. a); b) discussão e produção de alegações pelas partes, se o juiz tiver de apreciar exceções dilatórias que as partes não hajam suscitado e discutido nos articulados ou tencionar conhecer, no todo ou em parte, do mérito da causa no despacho saneador (art. 508º-A, nº 1, al. b); c) discussão das posições das partes, com vista à delimitação do litígio e suprimento das insuficiências ou imprecisões na exposição da matéria de fato que ainda subsistam ou se tornem patentes na sequência do debate (art. 508º-A, nº 1, al. c); d) proferimento do despacho saneador (art. 508º-A nº 1, al. d); e) e finalmente, se a ação tiver sido contestada, seleção, após debate, da matéria de fato relevante para a apreciação da causa e decisão sobre as reclamações deduzidas pelas partes contra ela (art. 508º-A, nº 1, al. e). Em síntese, persegue múltiplas funções: de conciliação das partes (art. 508º - A, nº 1, al. a), de audição prévia das partes (art. 508º - A, nº 1, al. b), de saneamento do processo (art. 508º - A, nº 1, al. d), de concretização do objeto do litígio (art. 508º - A, nº 1, al. c) e de seleção da matéria de fato (art. 508º- A, nº 1, al. e).[7]

No CPC Português em sua versão atual (2013), tal audiência foi mantida e enfatizada, e a agora denominada audiência prévia se assume como um dos momentos mais importantes da acção declarativa. Assegura-se o caráter dialógico ou dialético do processo, a idéia de oralidade, cooperação e de processo como comunidade de trabalho.

Em sua redação atual, o CPC Português prevê, a princípio, a obrigatoriedade da realização da audiência prévia (antiga audiência preliminar), conforme previsão dos arts. 591º (audiência prévia), admitindo hipóteses de sua não realização (art. 592º) ou mesmo dispensa (art. 593º). Dessa forma, sua realização é um modelo a ser seguido, admitido, porém, que o juiz se afaste desse modelo quando tenha motivo especial e concreto, não sendo tal audiência um fim em si mesmo. Prestigia-se assim o princípio da gestão processual.

Comentando a opção do legislador português, explicam Faria e Loureiro que,

> o texto final do novo Código, acolhendo a proposta do Governo, isto é, refletindo esta nova abordagem do fenômeno processual, consagrou a não obrigatoriedade da audiência prévia, prevendo a sua convocação por regra, admitindo, no entanto, que o juiz, por decisão discricionária – discricionariedade com o sentido precisado na anotação ao art. 593º –, a dispense, quando entenda existir solução processual mais adequada à satisfação dos fins

---

7. GERALDES, Antônio Santos Abrantes. *Temas da Reforma do Processo Civil*. Coimbra: Almedina, 1997.

previstos neste artigo. Importa, no entanto, ter presente que o legislador não recusou o entendimento do proponente, no sentido de a realização da audiência trazer inegáveis benefícios ao processo.

...

Apenas reconheceu a prevalência das vantagens da concessão de uma maior autonomia aos agentes do processo, geradora de maior eficiência e produtividade na atividade desenvolvida. O legislador, tal como antes o proponente, confiou na capacidade e no interesse dos intervenientes forenses em resolver com rapidez, eficiência e justiça os litígios em tribunal, seguro de que não pode reduzir toda a complexidade de uma lide a formas de processo preestabelecidas. Deixando bem clara a referida aceitação dos méritos da audiência prévia, o legislador constituiu as partes em garantes do respeito por esta hierarquia de valores – a normal convocação da audiência prévia apenas deve ceder perante a maior adequação de solução alternativa -, conferindo-lhes o direito potestativo de provocarem o seu agendamento (art. 593º, nº3), tendo nisso interesse (em agir), numa expressão dos princípios dispositivo e do contraditório (art. 3º). A audiência prévia é hoje um ato de gestão processual, concedendo-se a quem está em condições de compreender se é adequada ao caso concreto o poder de decidir da sua realização. Não se trata, no entanto, de aceitar um individualismo autocrático do juiz; trata-se de lhe conceder um elevado grau de autonomia na gestão do processo, numa permanente interação com os advogados.

...

A realização da audiência prévia está longe de ser forçosa. No entanto, este ato processual faz parte da infraestrutura do processo comum de declaração, integrando a sua realização o modelo a seguir (preferencialmente) em cada processo individual. O juiz pode (e deve) afastar-se deste modelo, mas apenas quanto tenha motivo (especial e concreto) bastante para tanto – tendo sempre as partes a última palavra (art. 593°, nº3). O legislador não quer que o juiz realize a audiência prévia, como um fim em si mesmo. Quer sim, que realize a melhor gestão do processo, de modo a que, com base numa adequada preparação da instrução, se venha a obter uma decisão que possa constituir a justa composição do litígio. E quer que o faça realizando uma audiência prévia, se outra solução melhor não existir, de acordo com o entendimento do juiz – ratificado pelas partes (art. 593º).[8]

---

8. FARIA, Paulo Ramos de; LOUREIRO, Ana Luísa. Primeiras Notas ao Novo Código de Processo Civil – os artigos da reforma. Vol 1. Coimbra: Almedina, 2013, p. 484-485.

Correia, Pimenta e Castanheira enfatizam a responsabilidade do juiz e partes na tomada da decisão a respeito da realização da audiência prévia portuguesa:

> as reclamações propriamente ditas apenas são apresentadas no decorrer da audiência prévia. Dito de outro modo: notificadas dos referidos despachos, e em caso de discordância com alguns deles, o que as partes têm a fazer é, no prazo de 10 dias, declarar nos autos quais são os despachos (ou segmentos destes) sobre os quais pretendem apresentar reclamação e, a esse título, requerer a realização da audiência prévia. Quanto esta se realizar, sabendo-se antecipadamente quais os despachos (ou seus segmentos) sobre que haverá reclamação, a parte reclamante exporá os seus argumentos, haverá pronúncia da contraparte e o juiz decidirá. Deste modo, teremos aquilo que teríamos se a audiência não tivesse sido dispensada, ou seja, teremos o "debate" a que aludem as alíneas e) e f) do nº 1 do art. 591º. O regime em apreço, reforçando a preocupação do legislador quanto às virtualidades da audiência prévia, deposita no juiz e nas partes (e não apenas naquele, nem apenas nestas) a responsabilidade última quanto à eventual dispensa da audiência prévia, o que é também um meio de assegurar a já referida visão participada do processo. Para os autores, esta solução, além de bem diferente, é mais virtuosa do que a contida na versão anterior do CPC Português, preceito que era invocado com muita frequência e ligeireza para dispensar audiências preliminares que deveriam ter lugar.[9]

Dessa forma, prevê o CPC Português, a princípio, a obrigatoriedade da realização da audiência prévia, admitindo em algumas situações e para viabilizar uma boa e adequada gestão processual, sua não realização e mesmo a sua dispensa. Admite ainda a audiência prévia potestativa.

Saliente-se que tal audiência propicia um contato decisivo entre as partes e o juízo, para que seja expurgado o processo de tudo quanto não interessa, tornando-se mais clara a matéria discutida. Consiste assim no ápice da aplicação do princípio da cooperação intersubjetiva.

Quanto a sua finalidade essencial, reside em eliminar da lide, concentradamente - em oposição ao sistema tradicional difuso, em cuja atividade se dispersa - em uma etapa inicial, todos os obstáculos que impeçam, suspendam ou interrompam o debate sobre a fundamentação do que se pretende. Esta genuína função de "purgar" precocemente o processo, livrando-o dos impedimentos

---

9. CORREIA, João; PIMENTA, Paulo; CASTANHEIRA, Sérgio. Introdução ao Estudo e à aplicação do Código de Processo Civil de 2013. Coimbra: Almedina, 2013, p. 79-80.

processuais, para propiciar a rápida e ordenada passagem para etapa do exame do mérito, constitui uma finalidade patente suscetível de ser alcançada por diversos caminhos. Precisamente a dificuldade aflora na sua articulação prática, pela persecução do imprescindível equilíbrio e dosimetria entre o conteúdo da atividade que tem lugar na audiência preliminar, versus a necessidade de não criar um desmedido instrumento que, por fim, bloqueie e dificulte um mais rápido alcance da etapa decisória.

Este é o árduo desafio que incomodou o legislador e ao que parece o mesmo o levou em consideração: medir com uma régua as hipóteses em que a audiência de saneamento e organização deve ser realizada.

4. A PREVISÃO DE REALIZAÇÃO DA AUDIÊNCIA DE SANEAMENTO E ORGANIZAÇÃO DO PROCESSO PELO CPC/2015

Como vimos, optou o Senado Federal, em sua versão do Projeto do que NCPC por excluir a audiência preliminar e criar a audiência de conciliação, anterior à apresentação de defesa pelo réu, com participação obrigatória das partes, sob pena de multa por ato atentatório à dignidade da justiça.

Evidente retrocesso a exclusão daquela, já que toda aquela atividade de saneamento e concretização do litígio, onde o juiz, dialogando com as partes, fixa os pontos controvertidos e decide a respeito das provas que serão produzidas, perde seu caráter dialógico, e o princípio da cooperação, eleito como um dos princípios retores do CPC/2015, é colocado de lado.

Não podemos deixar de reconhecer a estreita ligação do princípio da cooperação com os princípios do devido processo legal, da boa-fé e do contraditório. O diálogo passa a ser estabelecido entre juiz e partes e o contraditório passa a envolver o direito de as partes influenciarem diretamente no processo decisório, podendo interferir e condicionar de forma eficaz a atuação dos demais sujeitos do processo.

Não é qualquer decisão que "ponha fim ao conflito" que serve. Somente a decisão fruto do devido processo legal, no qual predomina a boa-fé, onde juiz e partes tenham tido a oportunidade de dialogar, interferindo estas no seu resultado final, estará legitimada pelo procedimento, para usar uma expressão de Luhmann. Não interessa ao sistema que qualquer decisão seja tomada, mas que o caso concreto seja decidido em um processo que permita a atuação e a participação direta de todos os seus agentes.

Dessa maneira, a versão do Senado do Projeto do NCPC, ao invés de prestigiar a audiência preliminar, que enfatiza a cooperação intersubjetiva no processo, princípio retor do CPC/2015, contentava-se simplesmente em substituí-la por uma audiência de conciliação. Seguia caminho contrário ao Código Tipo para a América Latina, indo de encontro ao princípio da cooperação intersubjetiva, que rege o novel diploma legislativo, retirando das partes a possibilidade de terem uma participação mais ativa no processo, influenciando diretamente na decisão do juiz no que diz respeito a fixação dos pontos controvertidos e deferimento das provas a serem produzidas em audiência de instrução e julgamento, transformando o que era diálogo em monólogo.

E não se diga que a audiência preliminar, agora denominada de saneamento e organização, não serve ao processo civil brasileiro. Trata-se de um instituto extremamente avançado e que, muitas vezes, vem sendo subutilizado por alguns juízes que comparecem à referida audiência sem conhecerem com a devida profundidade os elementos do processo. O caminho mais adequado seria o da preparação desses juízes para melhor atuarem nessas audiências, não se limitando ao solene - há possibilidade de acordo? - tão ouvido por partes e advogados no dia a dia das varas do Poder Judiciário.

Em boa hora, a possibilidade de realização da audiência preliminar, agora audiência de saneamento e organização do processo, foi restaurada na versão da Câmara dos Deputados, na hipótese de a causa apresentar complexidade em matéria de fato ou de direito, devendo então o juiz designá-la para que o saneamento e organização sejam feitos em cooperação com as partes. Nesta oportunidade, convidará, se for o caso, as partes a integrar ou esclarecer suas alegações. Inclusive o réu poderá esclarecer algo que tenha afirmado em sua contestação, dando-se ao mesmo tratamento mais próximo ao que é dado ao autor, que deve ser intimado no início do processo para emendar ou complementar a inicial. A pergunta atualíssima e que merece um estudo próprio para resposta é: quais os limites de integração ou esclarecimento posterior da contestação trazida aos autos pelo réu no prazo legal, sem que haja prejuízo à eventualidade?

Vale salientar que a própria homologação da delimitação consensual das questões de fato e de direito (delimitação das questões de fato sobre as quais recairá a atividade probatória, especificação dos meios de prova admitidos e definição do ônus da prova) poderá se dar na referida audiência, quando complexa a matéria de fato ou de direito.

Poderá ocorrer ainda, na referida audiência, a celebração de negócio jurídico processual típico: o calendário processual[10]. Além de vincular o juiz e as partes, os prazos nele previstos somente serão modificados em casos excepcionais, devidamente justificados, ficando dispensadas as partes de intimação

---

10. DIDIER JR, Fredie. Curso de Direito Processual Civil, vol 1. 17ª ed. Salvador: Juspodium, 2015, p. 695-696.

para a prática de ato processual ou a realização de audiência cujas datas tiverem sido designadas no calendário (art. 191 §§1º e 2º).

Prevê o CPC/2015 a possibilidade de o juiz atuar nos termos do art. 139, VI, anunciando de logo dilação de prazos e alteração de ordem de produção dos meios de prova, adequando-os às necessidades do conflito de modo a conferir maior efetividade à tutela do direito, especialmente nessa etapa de saneamento e organização, já que se aproxima a audiência de instrução e julgamento.

Admite ainda a possibilidade de adequação negociada, ou seja, a possibilidade de as partes celebrarem negócio jurídico processual, se o processo versar sobre direitos que admitam autocomposição, para estipularem mudanças no procedimento para ajustá-lo às especificidades da causa. Tal convenção poderá ter como objeto seus ônus, poderes, faculdades e deveres processuais. Nada obstará que celebrem tal convenção e o juiz realize o controle de validade previsto no parágrafo único do art. 190 na audiência de saneamento e organização. É que estando todos ali presentes, poderão dialogicamente decidir as adequações que realizarão no procedimento para dar mais eficiência à produção de provas e julgamento do processo.

Será sempre bem-vindo o diálogo direto entre os agentes processuais na audiência de saneamento e organização, sempre em nome da cooperação e da boa e adequada gestão processual.

5. CONCLUSÕES

A manutenção da audiência de saneamento e organização do processo no CPC/2015 prestigia os princípios da cooperação e da adequação, propiciando o saneamento compartilhado.

Servirá ainda para homologação da delimitação consensual das questões de fato e de direito a que se referem os incisos II e IV do art. 357, decisão vinculativa para as partes e para o próprio juiz, quando a causa apresentar complexidade em matéria de fato ou de direito.

Dessa forma, permite o CPC/2015, no final das contas, que o processo de conhecimento não tenha nenhuma, ou tenha uma, duas ou até três audiências diferentes, propiciando que a gestão do processo atinja seu ponto ótimo, sem que o juiz tenha que se deparar com uma rigidez de formas congelante e improdutiva.

A audiência de saneamento e organização deverá impor-se pelos seus méritos e não por convicção meramente acadêmica dissociada da realidade dos juízos e tribunais. Trata-se da seara ideal para que ocorra a homologação da delimitação consensual das questões de fato e de direito (delimitação das questões de fato sobre as quais recairá a atividade probatória, especificação dos meios de prova admitidos e definição do ônus da prova), especialmente quando complexa a matéria de fato ou de direito e a celebração de negócio jurídico processual típico: o calendário processual vinculativo para o juiz e as partes.

Admite ainda a possibilidade de adequação negociada, ou seja, a possibilidade de as partes celebrarem negócio jurídico processual, se o processo versar sobre direitos que admitam autocomposição, para estipularem mudanças no procedimento para ajustá-lo às especificidades da causa. Tal convenção poderá ter como objeto seus ônus, poderes, faculdades e deveres processuais. Nada obstará que celebrem tal convenção e o juiz realize o controle de validade previsto no parágrafo único do art. 190 na audiência de saneamento e organização. É que estando todos ali presentes, poderão dialogicamente decidir as adequações que realizarão no procedimento para dar mais eficiência à produção de provas e julgamento do processo.

Um Código que coloca em evidência o princípio da cooperação intersubjetiva não poderia prescindir da audiência de saneamento e organização. Apesar disso, verificamos que o legislador limitou sua utilização, podendo deixar o juiz de ouvir previamente as partes antes de proferir decisão tão importante para o processo, se contentando com pedido de esclarecimentos ou ajustes *a posteriori*, quando a causa não apresentar complexidade em matéria de fato ou de direito. Mesmo que a moderna compreensão do contraditório envolva o direito de interferir na formação da decisão, o chamado contraditório como influência, contentou-se o legislador, nesses casos, com esse tipo de manifestação após decisão isolada do juiz passível de preclusão em caso de silêncio das partes.

REFERÊNCIAS

BERIZONCE, Roberto O. *L'udienza Preliminare nel Codice Processuale Civile Modello per l'Ibero-America*. Studi in onore di Vittorio Denti, vol II, Cedam, 1994.

CORREIA, João; PIMENTA, Paulo; CASTANHEIRA, Sérgio. *Introdução ao Estudo e à aplicação do Código de Processo Civil de 2013*. Coimbra; Almedina; 2013.

DIDIER JR, Fredie. *Fundamentos do Princípio da Cooperação no Direito Processual Civil Português*. Coimbra: Coimbra Editora, 2010.

DIDIER JR, Fredie. *Curso de direito processual civil*, vol 1, 17ª ed., Salvador:Juspodium, 2015.

DINAMARCO, Cândido Rangel. *A reforma do Código de Processo Civil*, 3ª ed. rev. e amp.. São Paulo: Malheiros Editores, 1996.

FARIA, Paulo Ramos de; LOUREIRO, Ana Luísa. *Primeiras Notas ao Novo Código de Processo Civil – os artigos da reforma*. Vol 1, Coimbra, Almedina, 2013.

GALINDO, Andrian de Lucena. *Avanços e retrocessos na disciplina das audiências no projeto do NCPC. O projeto do novo Código de Processo Civil.* Coord. DIDIER JR., Fredie; BASTOS, Antônio Adonias Aguiar, p. 83-108. Bahia: Juspodivm, 2012.

GERALDES, Antônio Santos Abrantes. *Temas da Reforma do Processo Civil.* Coimbra: Almedina, 1997;

GOUVEIA, Lúcio Grassi de. *O projeto do novo Código de Processo Civil Brasileiro (NCPC) e o principio da cooperação intersubjetiva.* In: O projeto do Novo Código de Processo Civil – Estudos em homenagem ao Professor José Joaquim Clamon de Passos. Coord. Didier Jr, Fredie; Bastos, Antônio Adonias Aguiar, p. 471-488. Bahia: Ed. Juspodivm, 2012.

GOUVEIA, Lúcio Grassi de. *Audiência de conciliação versus audiência preliminar – a opção pela primeira e as consequências da eliminação da segunda no projeto do novo Código de Processo Civil brasileiro (NCPC).* Revista Brasileira de Direito Processual: RBDPro. n. 85, jan/mar 2014, p. 25-37. Belo Horizonte: Fórum, 2014.

GUILLÉN, Victor Fairen. *Textos propuestos para la regulación de la audiencia preliminar en el proyectado Código Procesal Civil-Tipo para Iberoamérica - XII Jornadas Iberoamericanas de Derecho Procesal*, vol II, p. 865. Madrid: Ministerio de Justicia, 1990

MOREIRA, José Carlos Barbosa. *O processo civil brasileiro e o procedimento por audiências.* Temas de Direito Processual, Sexta Série. São Paulo: Saraiva, 1997;

SOUSA, Miguel Teixeira de. *Apreciação de Alguns Aspectos da Revisão do Processo Civil.* Projecto. ROA, II, 1995.

SOUSA, Miguel Teixeira de. *Estudos Sobre o Novo Processo Civil*, 2ª ed., Lex. Lisboa: 1997.

VAZ, Alexandre Mário Pessoa. *Direito Processual Civil - do antigo ao novo código.* Coimbra: Almedina, 1998.

VAZ, Alexandre Mário Pessoa. *Poderes e Deveres do Juiz na Conciliação Judicial.* vol I, Tomo I. Coimbra: Coimbra Editora, 1976.

VESCOVI, Enrique. *Los Poderes Probatorios del Juez Civil en Los Nuevos Sistemas Procesales.* Studi in onore di Vittorio Denti, vol II, p. 557-558. Cedam, 1994.

CAPÍTULO 2

O saneamento consensual

Júlia Lipiani[1]

Marília Siqueira[2]

SUMÁRIO: 1. INTRODUÇÃO; 2. O PRINCÍPIO DO RESPEITO AO AUTORREGRAMENTO DA VONTADE X PODERES DO JUIZ; 3. OS REQUISITOS DE VALIDADE DO SANEAMENTO CONSENSUAL; 4. CONDIÇÃO DE EFICÁCIA DO SANEAMENTO CONSENSUAL: NECESSIDADADE DE HOMOLOGAÇÃO JUDICIAL; 5. BREVE COMPARAÇÃO COM A ARBITRAGEM.; 6. CONCLUSÃO; 7. BIBLIOGRAFIA.

1. INTRODUÇÃO

A liberdade, como bem se sabe, constitui direito constitucional fundamental, previsto no *caput* do artigo 5º da Constituição Federal. Como direito fundamental que é, a liberdade teve seu conteúdo ampliado ao longo dos anos – sendo vedada a sua redução, pelo princípio de vedação ao retrocesso –, assim, compreende, por exemplo, a liberdade de locomoção, de crença e de pensamento.

O seu conteúdo compreende, também, a liberdade de autorregrar-se, ou seja, a liberdade do sujeito de manifestar a sua vontade com a finalidade de criar, modificar ou extinguir situações jurídicas por ele titularizadas. A autonomia privada (ou autorregramento da vontade) compõe o conteúdo do direito de liberdade; o poder de autorregrar-se decorre do direito de liberdade[3].

O Novo Código de Processo Civil vem, então, para consagrar o direito fundamental à liberdade no processo, por meio do exercício do autorregramento da vontade[4], que, como dito, compõe o seu conteúdo complexo. Não por outra razão, Fredie Didier Jr. passa a defender a existência de um novo (e relevante)

---

1. Pós-graduanda em Direito Processual Civil pela Faculdade Baiana de Direito. Graduada em Direito pela Universidade Federal da Bahia. Advogada em Salvador/BA.
2. Mestranda em Direito Processual Civil pela Universidade de São Paulo. Pós-graduanda em Direito Empresarial pela Fundação Getúlio Vargas (GvLaw). Graduada em Direito pela Universidade Federal da Bahia. Advogada em São Paulo/SP.
3. Nesse sentido: FARIAS, Cristiano Chaves de; ROSENVALD, Nelson. Curso de Direito Civil: direito dos contratos. 2. ed. Salvador: Juspodivm, 2012, p. 45; SCHREIBER, Anderson. *A proibição do comportamento contraditório: tutela da confiança e venire contra factum proprium*. Rio de Janeiro: Renovar, 2005, p. 56 e ss.
4. De acordo com Pontes de Miranda, negócio jurídico é o ato jurídico cujo suporte fático tem, como um dos elementos essenciais, a manifestação da vontade, com o poder de criar, modificar ou extinguir direitos, pretensões, ações ou exceções, tendo, como pressuposto deste poder, o autorregramento da vontade. MIRANDA, Pontes de. *Tratado de direito privado*. 4 ed. São Paulo: Revista dos Tribunais, 1983, Tomo 03, p. 3.

princípio processual: o princípio do respeito ao autorregramento da vontade no processo, expressão por ele cunhada e ora adotada[5].

A grande novidade, que permite, com certa facilidade, confirmar a constatação aqui exposta, é a cláusula geral de negociação processual que decorre do artigo 190, CPC; é para ela que a maior parte das atenções, debates acalorados, dúvidas e questionamentos têm se voltado[6]. E o motivo é simples: a possibilidade de celebração de negócios processuais[7] não constitui inovação do CPC/2015[8], a novidade está, justamente, na possibilidade de celebração de negócios processuais *atípicos*. Afinal, o exercício do autorregramento da vontade sempre esteve, de alguma forma, presente no processo, nunca tendo sido a vontade para ele irrelevante[9].

Todavia, não se pode esquecer a existência de previsão de inúmeros negócios processuais típicos, pois, além de dar fôlego para a aplicação e desenvolvimento da mencionada cláusula geral, constituem instrumento para a concretização do exercício do direito de liberdade no processo, na faceta do autorregramento da vontade.

Ademais, muito embora sejam marcados pela tipicidade, como qualquer texto normativo, requerem a atribuição de conteúdo pela doutrina e jurisprudência, para que sejam estabelecidos os seus contornos, de modo a delimitar o espaço de liberdade das partes na sua aplicação. É, justamente, nesse contexto que se insere o objeto de análise do presente ensaio: a convenção que estabelece o saneamento consensual do processo, expressamente prevista no art. 357, § 2º, Código de Processo Civil, que assim dispõe:

---

5. DIDIER JR., Fredie. *Curso de Direito Processual Civil*. 17 ed. Salvador: JusPodivm, 2015, v. 1., p 132
6. NOGUEIRA, Pedro Henrique Pedrosa. A cláusula geral do acordo de procedimento no projeto do novo CPC (PL 8.046/2010). In: *Novas tendências do processo civil: estudos sobre o Projeto do Novo Código de Processo Civil*. v. 01. Salvador: Juspodivm, 2013; DIDIER JR., Fredie. Fonte normativa da legitimação extraordinária no novo Código de Processo Civil: a legitimação extraordinária de origem negocial. *Revista de processo*, ano 39, vol. 232, jun./2014; DIDIER JR. Fredie. *Novo CPC. Litisconsórcio necessário por força de negócio jurídico*. Edital n. 184. Disponível em: «www.frediedidier.com.br/editorial/editorial-184/». Acessado em: 16.10.2014.
7. De acordo com Pedro Nogueira: "o autorregramento da vontade se define como um complexo de poderes, que podem ser exercidos pelos sujeitos de direito, em níveis de amplitude variada, de acordo com o ordenamento jurídico". NOGUEIRA, Pedro Henrique Pedrosa. *Negócios Jurídicos Processuais: Análise dos provimentos judiciais como atos negociais*. Salvador: Tese de Doutorado da UFBA, 2001, p. 122. É este o conceito ora adotado.
8. A eleição convencional de foro (art. 111), o acordo sobre suspensão dos atos do procedimento (art. 265, II), convenção sobre ônus da prova (art. 333, parágrafo único), a convenção de arbitragem (art. 301, IX), a convenção sobre distribuição do ônus da prova (art. 435, I) são exemplos de acordos processuais já previstos no Código de Processo Civil de 1973, a evidenciar que a possibilidade de celebração de convenções processuais em si não se trata de uma inovação do CPC/2015, muito embora se reconheça que também com relação a elas houve inovação pelo redimensionamento de sua relevância para o processo.
9. Em sentido contrário: DINAMARCO, Cândido Rangel. *Instituições de Direito Processual Civil*. 6 ed. São Paulo: Malheiros, 2009, v. II, p. 481-485.

Art. 357. Não ocorrendo nenhuma das hipóteses deste Capítulo, deverá o juiz, em decisão de saneamento e de organização do processo:

I – resolver as questões processuais pendentes, se houver;

II – delimitar as questões de fato sobre as quais recairá a atividade probatória, especificando os meios de prova admitidos;

III – definir a distribuição do ônus da prova, observado o art. 373;

IV – delimitar as questões de direito relevantes para a decisão do mérito;

V – designar, se necessário, audiência de instrução e julgamento.

§ 2º As partes podem apresentar ao juiz, para homologação, delimitação consensual das questões de fato e de direito a que se referem os incisos II e IV, a qual, se homologada, vincula as partes e o juiz.

[...]

Trata-se, como se vê, da possibilidade de as partes convencionarem acerca dos pontos controvertidos da demanda, delimitando o que será objeto de cognição pelo magistrado, de modo a guiar a atividade final do órgão julgador. Aqui, nota-se a efetiva influência das partes na atividade que até então era do órgão julgador, a quem cabia, com exclusividade, a fixação dos pontos controvertidos relevantes para o julgamento da causa.

Questiona-se, então: quais são os limites objetivos deste negócio? Todas as demandas permitem a celebração desse tipo de negócio processual? As partes podem escolher a norma ou conjunto de normas aplicável ao caso? As partes podem impor ao órgão julgador que assuma determinados fatos como verdadeiros? Em caso positivo, qualquer fato poderá ser imposto ao magistrado? A delimitação das questões de direito relevantes para a decisão de mérito impede que o magistrado se manifeste sobre outras questões que entenda relevantes?

É a partir desses questionamentos, mas sem a eles se limitar, que serão desenvolvidas as reflexões deste artigo.

Por fim, esclareça-se que, por se tratar de tema novo e ainda pouco explorado, há muito mais dúvidas do que certezas a seu respeito, de modo que, mais do que afirmações categóricas, a pretensão é de propor reflexões acerca do negócio jurídico processual previsto no art. 357, §2º, CPC.

2. O PRINCÍPIO DO RESPEITO AO AUTORREGRAMENTO DA VONTADE X PODERES DO JUIZ

Conforme mencionado, o atual Código de Processo Civil consagra o direito fundamental à liberdade no processo, por meio do exercício do autorregramento da vontade, tanto pelo fato de prever negócios jurídicos processuais típicos, quanto, e principalmente, pelo fato de possibilitar a celebração de negócios jurídicos processuais atípicos. Assim, pode-se afirmar que o direito ao autorregramento da vontade no processo é garantido pela existência de um verdadeiro sistema de proteção do exercício livre da vontade no processo no direito processual civil brasileiro[10].

Diante disso, passou-se a defender, como dito, a existência de um novo princípio processual: o princípio do respeito ao autorregramento da vontade no processo[11]. Isso porque, muito embora a negociação no âmbito processual seja mais limitada e tenha objeto mais restrito do que nas relações de direito privado, por envolver o exercício de uma função pública, não se pode negar que a vontade das partes é relevante para o processo.

Pela própria natureza do processo, como instrumento para busca da tutela de direitos da parte, fica claro que ele não se presta apenas à tutela do interesse público que lhe é subjacente, mas também à busca da resolução dos interesses particulares das partes – ressalvadas algumas exceções, a exemplo das demandas que versem sobre direitos difusos, coletivos e individuais homogêneos e aquelas em que o Estado seja parte. Inclusive, se não houvesse interesse da parte em buscar aquela tutela jurisdicional, o processo sequer existiria.

Sendo assim, é lícito afirmar que são as partes as destinatárias da tutela jurisdicional, cujos interesses são atingidos pela decisão judicial, de modo que o interesse particular subjacente ao processo é evidente – o que, frise-se, não afasta a existência de interesse público.

A relevância da vontade das partes para o processo tanto não pode ser ignorada, que, conforme afirma Fredie Didier Jr., o tolhimento injustificado da liberdade no processo implica violação ao principio do devido processo legal, já que afastar a possibilidade de autorregramento da vontade no processo seria permitir um processo que não fosse devido.[12]

O mencionado princípio do respeito ao autorregramento da vontade no processo – o reconhecimento de que o autorregramento da vontade tem lugar

---

10. Segundo Fredie Didier Jr. são exemplos deste sistema de proteção do exercício livre da vontade no processo, em suma: a estrutura do processo civil brasileiro no sentido de estimular a solução de conflitos por autocomposição; o fato de ser a vontade da parte que delimita o objeto litigioso do processo e do recurso; os negócios processuais típicos previstos no CPC; a cláusula geral de negociação processual também prevista no CPC; a consagração do princípio da cooperação no art. 6º do CPC; o prestígio à arbitragem. (DIDIER JR., Fredie. *Curso de Direito Processual Civil*. 17 ed., v. 1., cit., p. 134/136)
11. DIDIER JR., Fredie. *Curso de Direito Processual Civil*. 17 ed., v. 1, cit., p.132; CUNHA, Leonardo Carneiro da. *Negócios jurídicos processuais no processo civil brasileiro*. Disponível em: « https://www.academia.edu/10270224/Negócios_jur%C3%ADdicos_processuais_no_processo_civil_brasileiro ». Acesso em: 17 de março de 2015.
12. DIDIER JR., Fredie. *Curso de Direito Processual Civil*. 17 ed. cit, v. 1, p. 133.

no processo – tem por consequência a transformação do processo jurisdicional em mais um espaço para o exercício do direito fundamental de autorregular-se, sem restrições irrazoáveis ou injustificadas[13]. Ou seja, haverá o estabelecimento de restrições, no entanto, devem ser, todas elas, razoáveis e justificadas, afinal, a liberdade não deve ser irrestrita em nenhum dos espaços em que é exercida, o que, por óbvio, aplica-se ao âmbito processual.

A necessária existência de limitações[14] deixa evidente que o referido princípio não importa a privatização do processo. Até porque a evolução do direito processual brasileiro tornou obsoleta essa dicotomia rígida entre publicismo e privatismo. O que se cria, em verdade, é uma espécie de via alternativa ao processo judicial rígido e a arbitragem, alternativa esta que prestigia o direito fundamental de liberdade criando um espaço onde as partes podem exercer seu direito ao autorregramento da vontade, observadas certas restrições, sem que exista subtração absoluta dos poderes do juiz.

O autorregramento da vontade das partes, portanto, não constitui uma oposição ao poder do juiz, nem o torna mero espectador no processo. A sua consequência principal é harmonizar a liberdade individual e o exercício do poder pelo Estado, permitindo maior participação dos litigantes no processo.

A norma que se extrai do art. 357, § 2º, Código de Processo Civil é exemplo de aplicação deste princípio, já que cria um espaço de exercício do autorregramento da vontade no processo, no qual as partes poderão acordar sobre o saneamento e organização do processo, fixando os fatos controvertidos e as questões de direito relevantes para o julgamento da causa, independentemente da participação do juiz. O que antes era uma atividade exclusiva do juiz, passa a poder ser exercida também pelas partes em conjunto, de forma consensual.

Verifica-se, portanto, que os poderes do juiz, neste acordo típico, não desaparecem, pois apenas são concedidos novos poderes às partes, de modo que exista uma harmonização de poderes, que não são ilimitados. Assim, se as partes acordarem acerca do saneamento do processo, nos termos do art. 357, § 2º, o poder do juiz será limitado ao controle da validade deste negócio processual e ao controle da verossimilhança dos fatos consensualmente havidos como ocorridos, homologando ou não o acordo – conforme se explicará adiante

---

13. DIDIER JR., Fredie. *Curso de Direito Processual Civil*. 17 ed. cit, v. 1, p. 134.
14. Nesse sentido, Marcos Bernardes de Melo bem define que "negócio jurídico é o fato jurídico cujo elemento nuclear do suporte fático consiste em manifestação ou declaração consciente de vontade, em relação à qual o sistema jurídico faculta às pessoas, dentro de limites predeterminados e de amplitude vária, o poder de escolha de categoria jurídica e de estruturação do conteúdo eficacial das relações jurídicas respectivas, quanto ao seu surgimento, permanência e intensidade no mundo jurídico". MELLO, Marcos Bernardes de. *Teoria do fato jurídico: plano da existência*. São Paulo: Saraiva, 2014, p. 245.

–, ficando, na hipótese de homologá-lo, vinculado ao seu conteúdo. Por outro lado, e do mesmo modo, os poderes de autorregramento das partes, neste caso, estarão limitados até onde o negócio seja considerado válido e eficaz, conforme se demonstrará adiante.

O saneamento consensual previsto no dispositivo legal mencionado, portanto, nada mais é do que expressão do princípio da cooperação[15], consagrado no art. 6º do CPC[16], segundo o qual todos os sujeitos do processo (juiz e partes) devem cooperar para que se obtenha uma decisão de mérito justa e efetiva.

Explica-se que o modelo cooperativo de processo, como novo paradigma da repartição de atividades das partes e juiz, é caracterizado como aquele em que juiz e partes são igualmente ativos[17]. Dessa forma, se o protagonismo do juiz é atenuado, a vontade das partes tem maior relevância, mas, de todo modo, mantêm-se os poderes do juiz, que deve atender aos deveres de cooperação, auxiliando, prevenindo, esclarecendo e consultando as partes[18].

Diante disso, fica evidente que a possibilidade de as partes negociarem acerca da organização e saneamento do processo é justamente uma forma de concretização do princípio da cooperação, uma vez que significa que as partes poderão participar, cooperativamente, do processo, de modo a estabelecer parâmetros para uma instrução adequada e correta, para que, então, chegue-se à decisão de mérito justa e efetiva. Há, assim, maior participação das partes e repartição do protagonismo entre as partes e o juiz, sem lhe retirar os poderes de forma absoluta.

Bem pensadas as coisas, de fato, é inegável que as partes detêm maior conhecimento acerca da sua causa – do objeto do conflito, dos pontos em que discordam, das questões jurídicas relevantes. Além disso, somente elas têm condições de saber exatamente quais os pontos que assumem o risco de flexibilizar, quais são os interesses que estão por trás da questão deduzida em juízo, e sobre o que vale a pena ou não discutir. Deste modo, ninguém melhor do

---

15. Sobre o princípio da cooperação no processo, cf.: BARREIROS, Lorena Miranda Santos. *Fundamentos constitucionais do princípio da cooperação processual*. Salvador: Juspodivm, 2013; DIDIER Jr., Fredie. *Fundamentos do Princípio da Cooperação no Processo*. Coimbra: Coimbra Editora, 2010; MITIDIERO, Daniel. *Colaboração no Processo Civil: pressupostos processuais, lógicos e éticos*. São Paulo: RT, 2009; GOUVEIA, Lúcio Grassi. A função legitimadora do princípio da cooperação intersubjetiva no processo civil brasileiro. *Revista de Processo*. São Paulo: RT, jun. 2009, v. 172, p. 32-54.
16. Art. 6º. Todos os sujeitos do processo devem cooperar entre si para que se obtenha, em tempo razoável, decisão de mérito justa e efetiva.
17. BARREIROS, Lorena Miranda Santos. *Fundamentos constitucionais do princípio da cooperação processual*. cit., 179; MITIDIERO, Daniel. *Colaboração no Processo Civil: pressupostos processuais, lógicos e éticos*. cit., p. 101-103.
18. CUNHA, Leonardo Carneiro da. *Negócios jurídicos processuais no processo civil brasileiro*. Disponível em: ‹ https://www.academia.edu/10270224/Negócios_jur%C3%ADdicos_processuais_no_processo_civil_brasileiro›. Acesso em: 17 de março de 2015.

que as partes para realizar a tarefa de delimitar as questões de fato que serão objeto da instrução e as questões de direito relevantes para o julgamento de mérito, concordando sobre quais pontos controvertem.

Portanto, ao contrário de configurar uma eventual supressão de poderes do magistrado, conforme se poderia imaginar, o saneamento consensual, em verdade, traduz-se como um auxílio à prestação jurisdicional: uma verdadeira análise do processo feita pelas partes, maiores conhecedoras da causa, fixando de forma clara os pontos controvertidos e as questões jurídicas relevantes para o seu julgamento final – em outras palavras, estabelecendo o objeto da cognição do magistrado, o que é função das partes, desde a propositura da demanda – isso tudo para que se obtenha uma instrução correta e mais adequada e, consequentemente, uma decisão de mérito justa e efetiva.

Além disso, como se trata de algo convencionado, ou seja, com o que se anuiu expressamente, é de se concluir que as partes escolheram este caminho por motivos que lhes interessam, a ambas, e de acordo com o que entendem cabível e mais adequado no processo, o que culminará, inclusive, em um maior grau de conformação[19] com a decisão a que se chegará.

Reflita-se que, se a parte ré pode, eventualmente, a seu critério, optar por não controverter os fatos apresentados na inicial, por exemplo, assumindo-os como verdadeiros, ou até mesmo confessá-los, sem que daí resulte qualquer diminuição dos poderes do juiz ou violação a interesse público, logicamente as partes poderão optar por determinar, de forma consensual, quais são os pontos controvertidos no processo.

Conclui-se, então, que o negócio jurídico processual ora analisado – assim como todos os outros, típicos ou atípicos – não implica extirpação dos poderes do juiz ou absoluto afastamento do interesse público que permeia o processo judicial. O que existe é uma harmonização de interesses, como consequência do maior reconhecimento do papel do autorregramento da vontade no âmbito processual.

Assim, uma vez constatada a validade do negócio processual, o juiz deverá passar à homologação do acordo previsto no art. 357, § 2º, do CPC, que, uma vez realizada, estabilizará a demanda e vinculará a sua atuação no processo, bem

---

19. Julio Müller, ao defender, conforme afirmado, que o acordo sobre as situações jurídicas processuais e a gestão compartilhada do procedimento geram uma maior colaboração das partes, concretizando o princípio democrático, afirma ainda que a participação das partes na gestão do procedimento faz com que a decisão final seja recebida com mais legitimidade pelos envolvidos, não importando o seu teor. (MULLER, Julio Guilherme. Acordo processual e gestão compartilhada do processo. Acordo processual e gestão compartilhada do processo. In: *Novas tendências do processo civil: estudos sobre o projeto do Novo Código de Processo Civil*. v. 03. DIDIER JR., Fredie et al; (coord). Salvador: Juspodivm, 2013, p. 157)

como a dos eventuais futuros órgãos julgadores recursais[20]. O poder do juiz, dessa forma, estará limitado à apreciação da validade do acordo e do preenchimento das suas condições de eficácia, mas a sua atuação não desaparece.

Esclarecido tudo quanto exposto, passa-se, então, à análise as hipóteses nas quais o acordo que tenha por objeto o saneamento do processo, previsto no art. 357, § 2º, do CPC, poderá ter sua invalidade decretada, e em seguida à análise da necessidade de homologação deste acordo pelo juiz.

3. OS REQUISITOS DE VALIDADE DO SANEAMENTO CONSENSUAL.

A análise da validade do negócio processual, conforme preconiza o art. 190 do CPC será realizada pelo juiz em todos os casos – e não exclusivamente no caso do acordo para organização do processo. E, assim como qualquer negócio jurídico, o acordo será válido, se preencher os seguintes requisitos: a forma prescrita ou não defesa em lei, a capacidade das partes e a licitude do objeto.

Muito embora tenha sido feita a opção por restringir o recorte do presente artigo aos limites objetivos do saneamento consensual, é preciso esclarecer que foram adotadas as seguintes premissas quanto à forma e à capacidade de ser parte: (i) por não haver prescrição legal referente à forma, entende-se ser ela livre, apesar de haver a necessidade de, em algum momento, ser documentada a manifestação da vontade, para ser juntada aos autos e submetida à homologação judicial; (ii) por ser, a princípio, um negócio celebrado no curso do procedimento, a capacidade exigida é a capacidade para ser parte[21] conjugada com a capacidade civil.

Já quanto ao estabelecimento dos limites objetivos ressalta-se que, para quaisquer dos negócios processuais, sejam eles típicos ou atípicos, esta delimitação constitui um dos grandes desafios, pois significa, justamente, estabelecer o preenchimento do espaço de liberdade das partes. É, no recorte proposto, construir o conteúdo do permissivo contido no art. 357, §2º, CPC.

Dito isso, esclarece-se que dispositivo em análise, conforme mencionado, faculta às partes fixarem os pontos controvertidos de fato e de direito que deverão ser consideradas pelo magistrado no momento de julgamento do processo. O questionamento é inevitável: qual o limite do espaço de liberdade das partes para que o acordo seja válido? É o que se passa a analisar.

Até o presente momento, a fixação dos pontos controvertidos de fato e a delimitação das questões de direito relevantes para o julgamento era tarefa

---

20. DIDIER JR., Fredie. *Curso de Direito Processual Civil*. 17 ed. cit, v. 1, p. 695.
21. Os critérios foram adotados a partir do posicionamento de Barbosa Moreira. (MOREIRA, José Carlos Barbosa. Convenções das partes sobre matéria processual. In: *Temas de direito processual civil*. Terceira Série. São Paulo: Saraiva, 1984, p. 94).

que cabia exclusivamente ao magistrado, o que era feito por meio de decisão saneadora, a qual poderia ser proferida sem a presença das partes ou em mesa audiência, conforme dispunha o art. 331, §2º, CPC/1973[22]. Apesar disso, nesse último caso, saneamento em audiência, já se defendia a quebra do protagonismo do órgão julgador, com a possibilidade de participação das partes no chamado "saneamento compartilhado"[23].

Com o novo Código de Processo Civil, conforme mencionado, ampliou-se de forma expressa o poder de autorregramento da vontade conferido às partes: a elas é dado fixar, consensualmente, independentemente da participação do juiz, os pontos controvertidos de fato[24] e de direito relevantes para o julgamento do caso, cabendo a ele, juiz, apenas controlar a *validade* e a eficácia do ato, ficando vinculado ao seu conteúdo. É dizer: são as partes as responsáveis por estabelecer o objeto da cognição do magistrado. Nada mais lógico. Até porque, como dito, muito mais do que o interesse público subjacente ao processo, as partes recorrem ao Poder Judiciário, no mais das vezes, para resolver seus interesses particulares[25].

No entanto, não são todos os casos em que é permitido às partes fixarem os fatos que deverão ser assumidos como verdadeiro pelo juiz quando do seu julgamento ou as questões de direito relevantes para a decisão de mérito; há, como dito, limites, para a atuação da vontade das partes para que o negócio seja considerado válido.

Um dos parâmetros que pode ser elencado é a necessidade de se tratar de demanda que verse sobre direito que admita autocomposição.

Esclareça-se, de logo, que não se está defendendo aqui que somente é possível a celebração de negócios processuais em geral em demandas que

---

22. Art. 331. Se não ocorrer qualquer das hipóteses previstas nas seções precedentes, e versar a causa sobre direitos que admitam transação, o juiz designará audiência preliminar, a realizar-se no prazo de 30 (trinta) dias, para a qual serão as partes intimadas a comparecer, podendo fazer-se representar por procurador ou preposto, com poderes para transigir. § 1o Obtida a conciliação, será reduzida a termo e homologada por sentença§ 2o Se, por qualquer motivo, não for obtida a conciliação, o juiz fixará os pontos controvertidos, decidirá as questões processuais pendentes e determinará as provas a serem produzidas, designando audiência de instrução e julgamento, se necessário. § 3o Se o direito em litígio não admitir transação, ou se as circunstâncias da causa evidenciarem ser improvável sua obtenção, o juiz poderá, desde logo, sanear o processo e ordenar a produção da prova, nos termos do § 2o.
23. HOFFMAN, Paulo. *Saneamento compartilhado*. São Paulo: Quartier Latin do Brasil, 2011.
24. Seguindo a distinção proposta por Fredie Didier Jr, entende-se por questão (ponto controvertido) de fato aquela que se relaciona aos pressupostos fáticos da incidência, ou seja, refere-se a existência e características do suporte fático concreto, ao passo que a questão de direito é aquela cujo objeto se refere à aplicação da hipótese normativa ao suporte fático, o que inclui, também, os efeitos daí irradiados. DIDIER JR., Fredie. Curso de Direito Processual Civil. 17 ed. cit., p. 439.
25. Alerta feito pelo Prof. Leonardo Greco, em palestra apresentada no seminário "Negócios Jurídicos Processuais no novo CPC", realizado na Associação dos Advogados de São Paulo, 06.03.2015.

tratem de direito que admita autocomposição. Ocorre que o negócio típico de que trata o presente artigo produz reflexos diretos na decisão de mérito, de modo que a negociação a respeito da verificação de determinado fato pode acabar por fulminar o próprio direito, o que, como se sabe, não se revela admissível.

Desse modo, muito embora o Estado possa, por exemplo, celebrar negócios para adequação do procedimento às especificidades da causa[26], somente poderá celebrar o negócio em questão nos casos em que o objeto litigioso tenha conteúdo patrimonial e admita autocomposição, uma vez que as convenções de saneamento consensual têm o risco de fulminar o direito de que não poderia dispor. Pela mesma razão, não se entende possível a realização de saneamento consensual quando uma das partes litigantes for incapaz representado.

Um outro parâmetro que pode ser adotado para a limitação objetiva do negócio jurídico estudado é, naturalmente, a não violação às normas constitucionais. Assim como em todos os acordos, processuais ou não, o resultado da negociação, em si, não poderá implicar violação à normas constitucionais, sob pena de invalidade do acordo.

Pode-se cogitar, inclusive, que esta violação seja constatada no futuro, posteriormente ao acordo e antes da formação da coisa julgada, se, por exemplo, a norma que as partes optaram por fazer incidir no caso em análise for posteriormente decretada inconstitucional pelo STF, o negócio processual deixará de ser válido no ponto em que determinou a aplicação desta norma. Poderá haver, assim, uma compensação superveniente do quanto acordado.

Especificamente no que concerne ao inciso IV, do art. 357, que cuida da delimitação das questões de direito relevantes para a decisão de mérito, ao que nos parece, facultou-se às partes, por meio do referido dispositivo, o poder de estabelecer quais as questões de direito que elas pretendem ver resolvidas pelo órgão julgador, bem como as normas ou conjunto de normas que deve ser aplicado no julgamento do caso, desde que elas componham o ordenamento jurídico pátrio. A elas (partes) é facultado definir quais são os pontos controvertidos de direito, ou seja, dizer qual o regramento aplicável e em que medida elas divergem a respeito deste direito aplicável, seja a respeito da norma que deve incidir, seja a respeito dos efeitos irradiados a partir de sua incidência no suporte fático.

Cuida-se, como se pode ver, de relevante mudança, na medida em que afasta, nos casos em que houver celebração dessa espécie de negócio processual,

---

26. Enunciado n. 256 do Fórum Permanente de Processualistas Civis (FPPC): "A Fazenda Pública pode celebrar negócio jurídico processual.".

a antiga regra do *iura novit curia* (do direito cuida o juiz), segundo a qual o juiz não estaria vinculado à inciativa da parte a respeito da identificação da norma jurídica aplicável ao caso concreto.

Bons exemplos são os litígios envolvendo contratos atípicos, em que se discute o regramento aplicável e as normas que podem ou não ser aplicadas de forma subsidiária. Note-se que nesses casos são as partes que mais bem sabem de suas intenções no momento de celebração do contrato e de seus escopos, de modo que saberão definir qual a norma ou conjuntos de normas que podem/devem incidir e em que ordem para resolver os seus pontos de conflito.

No que concerne à restrição dos efeitos que poderão ser irradiados da incidência da norma, observe-se que esta delimitação em muito se assemelha ao pedido, que constitui negócio jurídico unilateral contido na petição inicial, porém com maior amplitude com relação aos possíveis efeitos, pois agrega a interpretação conferida pela outra parte. Ora, se à parte é dado delimitar o que ela pretende com a prestação jurisdicional, não há óbice, desde que respeitadas as disposições legais, que limitação mais ampla seja feita por meio de convenção.

Neste ponto, é possível pensar como restrição à liberdade negocial das partes a impossibilidade de se afastar os deveres de boa-fé e as sanções correspondentes a este deveres. Ou seja, as partes poderão definir quais são os pontos controvertidos de direito, dizer qual o regramento aplicável e em que medida elas divergem a respeito deste direito aplicável, até o ponto em que tais escolhas não impliquem o afastamento dos deveres de boa-fé e cooperação e as sanções que lhes correspondem.

Nesse ponto, esclarece-se que as partes não poderão, por meio de qualquer negócio processual, inclusive aquele cujo objeto seja a organização do processo, afastar os deveres inerentes à boa-fé e à cooperação, sob pena de invalidade do acordo[27].

Em suma, por meio do negócio previsto no art. 357, §2º, CPC, as partes, respeitados os limites acima expostos, poderão não só fixar todos ou alguns dos fatos que comporão o suporte fático a ser admitido na decisão de mérito, como também dizer qual a hipótese normativa de incidência ou o regramento do qual ela deverá ser extraída e, ainda, restringir os efeitos que poderão ser irradiados. Ou seja, observadas as limitações mencionadas, as partes poderão, de acordo com aquele dispositivo, realizar acordos que conduzirão a atividade cognitiva e decisória do juiz.

---

27. Corroborando esta afirmativa, o enunciado n. 6 do Fórum Permanente de Processualistas Civis (FPPC): "O negócio jurídico processual não pode afastar os deveres inerentes à boa-fé e à cooperação"

Inclusive, cabe apontar que, por meio do acordo de saneamento consensual, às partes é facultado trazer novos fatos, que não haviam sido suscitados antes, a serem apreciados pelo juízo e comporem o suporte fático a ser considerado na decisão de mérito, haja vista inexistir qualquer limitação neste sentido. Ora, se são as partes que devem delimitar o objeto da atividade jurisdicional, nada impede que, além de reduzirem o conjunto de fatos a serem considerados na decisão, aumentem este conjunto, de forma consensual, antes da instrução processual.

Importante esclarecer, ainda, que a especificação dos meios de prova admitidos no processo não é objeto do negócio processual típico previsto no art. 357, § 2º, do CPC. Isso porque o dito dispositivo fala especificamente em delimitação consensual das questões de fato e de direito a que se referem os incisos II e IV do art. 357; assim, muito embora a especificação dos meios de prova esteja prevista no inciso II, a ela não se fez referencia no § 2º.

De todo modo, diz-se isso meramente a titulo elucidativo, ressalvando-se desde já que a não inclusão expressa da especificação dos meios de prova no negócio processual típico ora analisado, a nosso ver, não impede necessariamente a celebração de acordo nesse sentido – inclusive encartado no negócio processual típico em análise[28] –, nos termos do art. 190 do CPC, que, conforme mencionado, admite a celebração de negócios processuais atípicos.

4. CONDIÇÃO DE EFICÁCIA DO SANEAMENTO CONSENSUAL: NECESSIDADADE DE HOMOLOGAÇÃO JUDICIAL.

Importante explicar, conforme já adiantado, que o art. 357, § 2º, do CPC – ao contrário da cláusula geral de negócio processual prevista no art. 190 – prevê a necessidade de homologação do acordo como condição de eficácia[29], para que ele possa vincular o juiz, além das partes. Isso ocorre porque o negócio processual que tem por objeto o saneamento consensual, embora vincule as partes desde o momento em que é firmado, precisará, de certa forma, da concordância do juiz – um terceiro –, para que os efeitos dele irradiados alcancem e vinculem a sua atuação, já que é a ele que cabe concretizar o quanto acordado pelas partes.

Além disso, a necessidade de homologação do acordo serve principalmente para que o juiz possa verificar a verossimilhança dos fatos tidos por

---

28. "Nada impede que, nesse acordo, se encartem outros negócios processuais, *típicos* (convenção sobre ônus da prova, art. 373, §§3º e 4º, CPC, p. ex.) ou *atípicos* (art. 190 do CPC)." (DIDIER JR., Fredie. *Curso de Direito Processual Civil.* 17 ed., v. 1, cit., p. 695.)
29. Nesse sentido, existe o enunciado n. 260 do Fórum Permanente de Processualistas Civis (FPPC): "A homologação, pelo juiz, da convenção processual, quando prevista em lei, corresponde a uma condição de eficácia do negócio."

incontroversos consensualmente, de modo a que não se imponha ao órgão julgador o dever de julgar com base em fatos absurdos.[30]

Ao que parece, portanto, a necessidade de homologação do acordo ora analisado – o que, repita-se, não ocorre necessariamente nos demais negócios processuais[31] – está atrelada tanto à necessidade de controle da verossimilhança do que será levado a julgamento quanto à interferência deste acordo na atuação do julgador; é preciso, pois, que o juiz se vincule ao conteúdo negociado para que o negócio possa produzir os efeitos esperados no processo. Sem esta homologação, o acordo não poderia ser oposto ao Estado-juiz, seja porque os fatos tidos por ocorridos pudessem ser absurdos, seja porque o Estado Juiz não fez parte do acordo, de modo que, por isso mesmo, não estaria vinculado aos seus termos.

Quanto ao controle da verossimilhança dos fatos tidos por incontroversos, esclarece-se que, como já afirmado, com o Novo Código de Processo Civil, a palavra de ordem é a liberdade, de modo que a primeira premissa a ser fixada é a seguinte: as partes podem estabelecer qualquer fato como incontroverso[32], desde que, adotando o critério proposto por Paula Costa e Silva e Leonardo Greco[33], seja ele marcado pela verossimilhança[34], que deve estar presente, inclusive, nos fatos de verificação impossível. Em caso negativo, o juiz poderá não homologar o acordo, negando-lhe, portanto, eficácia.

Afinal, não se revela admissível impor ao órgão julgador que preste a tutela jurisdicional com base em fato que sequer tem indícios de ter efetivamente ocorrido, seja porque sua ocorrência é fisicamente impossível, seja porque é contraditório com outro fato também consensualmente fixado como incontroverso ou posteriormente comprovado no curso da instrução.

Com relação aos fatos fixados consensualmente como incontroversos, passa a existir, ao que nos parece, uma presunção relativa de veracidade, por não

---

30. DIDIER JR., Fredie. *Curso de Direito Processual Civil*. 17 ed. Salvador: JusPodivm, 2015, v. 1, p. 695.
31. Nesse sentido, há o enunciado n. 133 do Fórum Permanente de Processualistas Civis (FPPC): Salvo nos casos expressamente previstos em lei, os negócios processuais do art. 190 não dependem de homologação judicial.
32. Em sentido contrário, Michelle Taruffo que, ao tratar da verdade negociada, a partir do comportamento concludente, decorrente da combinação entre alegação e impugnação correspondente, entende que os fatos que devem ser averiguados em juízo não podem ser assim determinados, devendo sobre eles também haver dilação probatória. (TARUFFO, Michele. *Verdade Negociada?*. Revista Eletrônica de Direito Processual – REDP. Volume XIII, p. 654).
33. Paula Costa e Silvas e Leonardo Greco, em palestras apresentadas no seminário "Negócios Jurídicos Processuais no novo CPC", realizado na Associação dos Advogados de São Paulo, 06.03.2015.
34. Não se pretende, no presente trabalho, abordar a discussão a respeito do que seja a "verdade", voltando-se apenas para a perspectiva do conflito de interesses existente entre as partes, cuja resolução é pretendida com a prestação da tutela jurisdicional. Tanto é assim que não se fala aqui em "verdade", mas, sim, em verossimilhança, ou seja, da plausibilidade de ocorrência do fato afirmado como verdadeiro pelas partes litigantes; o que importa, portanto, é a verdade assumida no processo, não sua efetiva ocorrência no mundo dos fatos.

mais dependerem tais fatos de produção de prova; atinge-se, pois, a distribuição do ônus da prova. No entanto, muito embora seja relativa a presunção, não poderá o juiz determinar a produção de prova a seu respeito, uma vez que as partes tenham fixado este fato como incontroverso e o juiz tenha homologado este acordo. Pode-se, então, questionar: ora, se não poderá haver produção de prova, ter-se-ia uma presunção absoluta, e, não, relativa.

Ocorre que, a partir da distinção feita por Barbosa Moreira entre presunção absoluta e presunção relativa[35], não seria possível caracterizar tal presunção como absoluta, na medida em que os fatos fixados consensualmente como incontroversos não são irrelevantes para a decisão, ou seja, não se estaria falando em aplicação dos mesmos efeitos para quadros fáticos distintos. No âmbito do saneamento consensual, a estipulação dos fatos assumidos como incontroversos pelas partes, que deverão ser tidos como verdadeiros no momento do julgamento, é uma questão probatória, tal qual acontece com as presunções relativas. A diferença, aqui, é que o Juiz não poderá questionar tais fatos, determinando que sobre eles se volta a fase instrutória, justamente pelo fato de tal presunção ser decorrente do exercício do autorregramento da vontade das partes; explicamos.

O alcance da verdade, por ser um dos grandes objetivos do processo judicial, torna-se um dos pilares da atividade de verificação do magistrado, tanto que uma parcela relevante do tempo de tramitação do processo se passa no curso da fase de instrução. Ademais, nota-se que o esforço argumentativo das partes é não só para convencimento de sua tese jurídica, mas, também, para formação do convencimento do órgão julgador no sentido de que são verdadeiros os fatos por ela alegados.

Por outras palavras, boa parte do procedimento é voltada para descobrir se os fatos ocorreram e como eles efetivamente ocorreram, visto que os fatos controvertidos são os principais pontos de conflito entre as partes. Se um ou mais fatos deixam de ser, em razão da celebração de acordo processual, objeto de conflito entre as partes, não haverá razão para despender esforços no sentido de confirmar o que as partes afirmam como verdade; essa parece ser a lógica do dispositivo legal ora analisado.

Cuida-se de medida que, como se percebe, prestigia a economia processual, visto que não será necessário movimentar a máquina judiciária no sentido

---

35. "Ora, aqui é que nos defrontamos, salvo engano, com a diferença essencial entre a presunção relativa e a presunção absoluta. Naquela, o que se dispensa é apenas a *prova* de certo fato; nesta, dispensa-se o *próprio fato*, em si mesmo. Por isso, à primeira há que se reconhecer um papel na economia do processo: se não se trata, na verdade, de meio de prova, trata-se, todavia, consoante assinalamos, de algo que repercute na distribuição do *onus probandi*. Já a presunção absoluta nada tem a ver com o processo: a sua relevância manifesta-se por inteiro no plano do direito material." MOREIRA, José Carlos Barbosa. *Temas de direito processual Ensaios e Pareceres*. São Paulo: Saraiva, 1977, p. 64.

de tentar confirmar os fatos já assumidos como verdadeiros pelas partes. Não se está discutindo aqui a manifestação da vontade a partir do comportamento concludente, pelo confronto de alegações com as impugnações correspondentes – apesar de nos parecer que tem ele a mesma força que o acordo –, nem tampouco dos casos em que os fatos são presumidos verdadeiros por ficção legal. No caso, os fatos passam a ser assumidos como verdadeiros, pois as partes, pela manifestação livre de sua vontade, afirmaram que a sua ocorrência não compõe o conflito por elas deduzido; se não é objeto de conflito, não é uma questão, e, por isso mesmo, a sua ocorrência não deve ser objeto de decisão.

Perceba-se que as partes podem não ter sequer interesse em saber a verdade real quanto a determinado fato, uma vez que a realização de dilação probatória a respeito de fato objeto de consenso pode implicar, por exemplo, maior desgaste e aumento da litigiosidade. E mais: pode ser que as partes, por opção decorrente de razões e vontades pessoais, não queiram expor as nuances que envolvem o fato negociado. Desse modo, ao que nos parece, não pode o juiz impor que, para resolver o conflito, as partes exponham fatos e tenham contato com pessoas (testemunhas, por exemplo) que venham a lhes causar desgastes ainda maiores.

A título exemplificativo, pode-se tomar em consideração as demandas envolvendo litígios decorrentes de relação de família, como o divórcio, o conflito pela guarda de filhos menores, os inventários litigiosos, reconhecimento e dissolução de união estável, que, como bem se sabe, envolvem questões absolutamente delicadas, que causam extremo desgaste emocional às partes. Afinal, o processo por repetidas vezes as confronta diretamente com fatos e pessoas cujo maior desejo, por muitas vezes, é o do esquecimento. Nesses casos, é razoável impor às partes que relembrem e entrem em contato novamente com fatos e pessoas que lhes desagradam para confirmar "a verdade real" de fato que ambas assumiram, por acordo, como verdadeiro? A pergunta é retórica, a resposta, absolutamente, negativa[36].

Podem-se citar também os conflitos decorrentes de fusões e aquisições (M&A) ou de operações de parceria de empresas, nos quais as partes possam preferir manter sigilo, não garantido pelo processo judicial, quanto a determinados fatos ocorridos durante a operação ou descobertos no curso de *due diligence*, razão por que optam por excluir do objeto de instrução e decisão.[37]

---

36. A exceção, nesse contexto, é para os litígios que envolvam incapazes e que a questão objeto do negócio tenha aptidão de fulminar direito do incapaz, hipótese em que o negócio não será admissível.
37. Muito embora conflitos dessa espécie sejam resolvidos em sua grande maioria por arbitragem, há, ainda, companhias que, por terem dificuldade em crer, por exemplo, na imparcialidade dos árbitros, recorrem

Veja-se que, como dito acima, as possibilidades negociais previstas no Novo Código de Processo Civil fazem do processo judicial um caminho alternativo entre a rigidez do procedimento comum e a ampla liberdade do procedimento arbitral. Cuida-se de uma possibilidade, com menores custos, de as partes conduzirem o seu litígio à solução final. E, se assim é, a elas deve ser dado estabelecer os fatos que querem tornar público em todas as suas nuances.

Além disso, uma vez homologado o acordo, estará estabilizado o processo, vinculando-se tanto as partes como o juiz aos seus termos, de modo que ao juiz não seria dado o poder de, ignorando o negócio homologado, em contradição ao seu comportamento, determinar a investigação de fatos tidos por incontroversos.

Ou seja, uma vez homologado, o juiz estará vinculado ao acordo, devendo promover a condução do processo conforme os termos ali estabelecidos, assim como estaria vinculado à eventual decisão de saneamento e organização do processo. Inclusive, tal vinculação estender-se-á por todos os graus de jurisdição, já que o propósito do saneamento consensual é estabilizar o processo dali em diante[38]: assim, o efeito devolutivo de eventual apelação será limitado, de modo que somente as questões delimitadas no saneamento consensual serão devolvidas ao tribunal.[39]

Por fim, ressalte-se que a necessidade de homologação do acordo não faz do juiz necessariamente parte dele. A sua atividade estará limitada, além da avaliação da *validade* do negócio, como ocorre em todos os casos, à apreciação das condições de eficácia do acordo, e não do seu conteúdo em si. A diferença reside no fato de esta avaliação fazer-se necessária para que o negócio firmado tenha a eficácia esperada.

Portanto, após o controle de *validade* do negócio, nos termos da cláusula geral de negócio processual constante no parágrafo único do art. 190 do CPC[40], passar-se-á à homologação do negócio, levando-se em conta a verossimilhança dos fatos tidos por incontroversos, sem que haja necessidade/possibilidade de o juiz influenciar no conteúdo deste negócio processual típico. E uma das razões

---

ao Poder Judiciário para ter a prestação da tutela jurisdicional.
38. Ressalte-se que a homologação estabiliza o processo tendo em vista as circunstâncias que até o seu momento existiam. Deste modo, a vinculação decorrente da homologação do acordo não impedirá que fatos que lhe sejam supervenientes sejam alegados. (DIDIER JR., Fredie. *Curso de Direito Processual Civil*. 17 ed., v. 1, cit., p. 695.)
39. DIDIER JR., Fredie. *Curso de Direito Processual Civil*. 17 ed. Salvador: JusPodivm, 2015, v. 1, p. 695.
40. Art. 190. Versando o processo sobre direitos que admitam autocomposição, é lícito às partes plenamente capazes estipular mudanças no procedimento para ajustá-lo às especificidades da causa e convencionar sobre os seus ônus, poderes, faculdades e deveres processuais, antes ou durante o processo. Parágrafo único. De ofício ou a requerimento, o juiz controlará a validade das convenções previstas neste artigo, recusando-lhes aplicação somente nos casos de nulidade ou de inserção abusiva em contrato de adesão ou em que alguma parte se encontre em manifesta situação de vulnerabilidade.

para tanto é o fato desse tipo de negócio não gerar qualquer efeito relevante na esfera jurídica de terceiros, tampouco efeitos que possam interferir negativamente em outros processos, no sentido de atrasar ou obstar o seu trâmite regular.

Caso fosse dado ao juiz interferir no conteúdo negocial, estar-se-ia diante de uma hipótese de saneamento compartilhado[41], e não consensual – o que é plenamente possível, mas diverge do quanto previsto no dispositivo legal objeto do presente trabalho.

5. BREVE COMPARAÇÃO COM A ARBITRAGEM.

Pensar em negócio jurídico processual, ou seja, em exercício de autonomia da vontade pelas partes no processo judicial provoca, de imediato, uma tentativa (ainda que involuntária) de comparação com a prática já existente no procedimento arbitral, afinal, na arbitragem, a autonomia da vontade possui papel de destaque[42], o que torna mais amplo o espaço de liberdade das partes. Não por outra razão, nesse âmbito, muito já se pensou a respeito do exercício do autorregramento da vontade no curso de um procedimento que levará à resolução de conflito por heterocomposição.

No que concerne, especificamente, ao saneamento consensual, negócio jurídico objeto do presente ensaio, é possível proceder a algumas comparações e buscar as experiências relativas ao "Termo de Arbitragem" (*terms of reference*), cuja função principal é de esclarecimento e organização do procedimento.

Trata-se, em linhas gerais, de negócio, que integra a convenção arbitral, por meio do qual as partes, além de esclarecerem eventuais pontos de dúvida existentes na convenção de arbitragem[43], estabelecem o procedimento a ser adotado, fixam o cronograma para a prática dos atos, apresentam uma síntese dos seus principais argumentos, delimitam a missão dos árbitros e, em muitos casos, fixam os pontos controvertidos de fato e de direito[44], tal qual será possível fazer no procedimento judicial, com base no art. 357, §2º, CPC.

Com relação às demandas em que poderá haver saneamento consensual, a arbitragem nos forneceu alguns subsídios para auxílio no desenvolvimento

---

41. Sobre o saneamento compartilhado, Paulo Hoffman esclarece tratar-se daquela decisão de saneamento do processo proferida pelo juiz com a participação e em conjunto com as partes, "da forma mais 'negociada' possível" (HOFFMAN, Paulo. *Saneamento compartilhado*. cit., p. 94.)
42. SANTOS, Ricardo Soares Stersi dos. *Noções gerais da arbitragem*. cit., p. 39.
43. CARMONA, Carlos Alberto. *Arbitragem e Processo: um comentário à Lei nº 9.307/96*. 3. ed. São Paulo: Atlas, 2009, p. 280.
44. LEMES, Selma. *Convenção de Arbitragem e Termo de Arbitragem. Características, Efeitos e Funções*. Disponível em: http://selmalemes.adv.br/artigos/artigo_juri07.pdf; Acessado em: 31.03.2015, p. 7.

do raciocínio com a finalidade de estabelecer os limites do objeto do negócio. Nos termos do art. 852, Código Civil, "é vedado compromisso para solução de questões de estado, de direito pessoal de família e de outras que não tenham caráter estritamente patrimonial". Entretanto, não se quis dizer com isso que as questões patrimoniais decorrentes de direitos indisponíveis não possam ser objeto de arbitragem[45].

Nesse sentido, linhas acima, falou-se em direitos que admitem autocomposição, e não em direitos disponíveis, sem entrar no mérito acerca do conceito de disponibilidade, o fato é que, ainda que tido como indisponível, via de regra, haverá aspectos que compõem o direito tido por indisponível que poderá ser objeto de transação. A título exemplificativo, podemos citar os direitos da personalidade, como o direito à imagem que, muito embora não seja disponível, possui um aspecto patrimonial, comportando transação em demandas indenizatórias decorrentes de sua violação.

Com relação ao direito de fundo escolhido pelas partes, afirmou-se que o respeito aos deveres de boa-fé e cooperação configura parâmetro limitador da definição da questão de direito, no saneamento consensual. Por outro lado, no procedimento arbitral[46]: o art. 2º, §2º, da Lei n. 9307/1996[47], além de limitar o exercício de liberdade das partes a respeito do direito aplicável à não violação à ordem publica, impõe a não violação aos bons costumes.

Observe-se que, na arbitragem, as partes têm ampla liberdade para escolher o direito aplicável, seja o do local da arbitragem ou de outro ordenamento, sem que ele não tenha qualquer relação fática com o litígio posto para solução, podendo até optar pelo julgamento por equidade, se assim entenderem, de comum acordo, ser a forma que melhor atenderá seus interesses. No processo judicial, ou, ao menos, não pelo negócio previsto no art. 357, §2º, não lhes é dada tanta amplitude, mas podem, sim, dentro do ordenamento jurídico brasileiro escolher a norma ou conjunto de normas aplicável ao caso; por outras palavras, escolher o conjunto normativo que entendem mais adequado aos seus interesses.

É preciso apenas ter cuidado com a peculiaridade de que o Termo de Arbitragem é um documento elaborado pelas partes em conjunto com os árbitros;

---

45. SCAVONE JÚNIOR, Luiz Antonio. *Manual de arbitragem*. 4. ed. São Paulo: Editora Revista dos Tribunais, 2010, p. 24
46. SANTOS, Ricardo Soares Stersi dos. *Noções gerais da arbitragem*. cit. p. 90
47. Art. 2º A arbitragem poderá ser de direito ou de eqüidade, a critério das partes. § 1º Poderão as partes escolher, livremente, as regras de direito que serão aplicadas na arbitragem, desde que não haja violação aos bons costumes e à ordem pública.§ 2º Poderão, também, as partes convencionar que a arbitragem se realize com base nos princípios gerais de direito, nos usos e costumes e nas regras internacionais de comércio.

isso não quer dizer, no entanto, que, com relação aos pontos controvertidos de fato e de direito, elas já não possam apresentar os fatos que devam ser assumidos como incontroversos e delimitar as questões de direito a serem apreciadas pelo Tribunal Arbitral. Ou seja, da mesma forma como ocorrerá com o saneamento consensual, a fixação dos fatos incontroversos, que devem ser assumidos como verdadeiros, vincula os árbitros.

É válido, ainda, lembrar que, em arbitragem, o direito aplicável é escolhido na cláusula compromissória ou no compromisso arbitral, o que não implica a inexistência posterior de discussão de questões de direito tendo por base o regramento escolhido para ser aplicado ao caso. O que ocorre é que as discussões a respeito de incidência e irradiação correspondente dos efeitos terão como base as normas decorrentes dos regramentos escolhidos pelas partes.

No tópico acima, afirmou-se, também, que uma das motivações para fixação consensual dos pontos controvertidos de fato, com a estipulação daqueles que devem ser assumidos verdadeiros, é a redução de esforços, tempo e custos do Poder Judiciário. Afinal, a redução dos fatos submetidos à instrução poderá restringir os meios de prova ou a complexidade da prova.

Trata-se de constatação que já havia sido percebida no âmbito do procedimento arbitral e a razão é prática e bastante evidente: as partes suportam todos os custos da arbitragem, sendo que a maioria dos atos têm os honorários calculados em horas, de modo que quanto menos atos, menos horas e, consequentemente, menos dinheiro será por elas dispendido. Tanto é assim, que, em determinados países, é possível optar por sentença sem fundamentação, justamente para que o árbitro gaste menos horas e, com isso, os custos sejam reduzidos.

Transplantado o raciocínio para o Poder Judiciário, evidencia-se uma redução de gasto de dinheiro público, o que resulta por legitimar, por mais essa razão, o saneamento consensual. E a maior legitimidade conferida ao julgamento pelo saneamento consensual não advém apenas da redução de custos, mas, também (e principalmente), da possibilidade de as partes exercerem maior influência na resolução de seu conflito.

6. CONCLUSÃO

O Novo Código de Processo Civil, conforme se verificou, consagrou o direito fundamental à liberdade no processo, por meio do exercício do autorregramento da vontade, o que ensejou, inclusive, a consideração de um novo (e relevante) princípio processual: o princípio do respeito ao autorregramento da vontade no processo[48].

---

48. DIDIER JR., Fredie. *Curso de Direito Processual Civil.* 17 ed., v. 1, cit., p. 133.

Ao lado da grande novidade, a cláusula geral de negociação processual que decorre do artigo 190, CPC, constatou-se, ainda, a previsão de inúmeros negócios processuais típicos, que também constituem instrumento para a concretização do exercício do direito de liberdade no processo, inclusive aquele previsto no art. 357, § 2º, que permite às partes convencionarem acerca dos pontos controvertidos da demanda, delimitando o que será objeto de cognição pelo magistrado, concretizando o que se pode chamar de saneamento consensual, ou acordo de organização do processo.

No primeiro momento, foi feita a análise das implicações deste acordo típico, como concretização do principio do respeito autorregramento da vontade, nos poderes do juiz.

Concluiu-se, inicialmente, que, o princípio do respeito ao autorregramento da vontade no processo não constitui uma oposição ao poder do juiz, nem o torna mero espectador no processo; a sua consequência principal é harmonizar a liberdade individual e o exercício do poder pelo Estado, permitindo maior participação dos litigantes no processo.

Especificamente com relação ao acordo para saneamento do processo, concluiu-se que este negócio nada mais é do que expressão do princípio da cooperação, consagrado no art. 6º do CPC, consistindo em verdadeiro auxílio à prestação jurisdicional, ao revés de extirpação dos poderes do juiz ou absoluto afastamento do interesse público que permeia o processo judicial. Assim como os demais negócios jurídicos processuais, ele concretiza uma harmonização de interesses, como consequência do maior reconhecimento do papel do autorregramento da vontade no âmbito processual.

Em seguida, buscando delimitar o espaço de liberdade das partes na celebração do negócio típico previsto no art. 357, §2º, CPC, passou-se à análise das hipóteses nas quais este acordo poderá ser declarado inválido, levando-se em conta os limites objetivos, tendo sido alcançadas, em síntese, as seguintes conclusões:

Primeiro. O primeiro parâmetro que se elencou para limitação da liberdade das partes foi a necessidade de se tratar de demanda que verse sobre direito que admita autocomposição, já que este negócio produz reflexos diretos na decisão de mérito, de modo que a negociação a respeito da verificação de determinado fato pode acabar por fulminar o próprio direito.

Segundo. Outro parâmetro que se concluiu poder ser adotado para a limitação objetiva do negócio jurídico estudado é a não violação às normas constitucionais, de modo que o resultado da negociação em si não poderá implicar violação à tais normas, sob pena de invalidade do acordo.

Terceiro. Ainda, pensou-se, como restrição à liberdade negocial das partes, a impossibilidade de se afastar, com o acordo em questão, os deveres de boa-fé e as sanções correspondentes a estes deveres.

Neste ponto, viu-se, ainda, que as partes podem escolher a norma ou conjunto de normas aplicável ao caso. É que, especificamente no que concerne ao inciso IV, do art. 357, que cuida da delimitação das questões de direito relevantes para a decisão de mérito, facultou-se às partes definir quais são os pontos controvertidos de direito, ou seja, dizer qual o regramento aplicável e em que medida elas divergem a respeito deste direito aplicável, seja a respeito da norma que deve incidir, seja a respeito dos efeitos irradiados a partir de sua incidência no suporte fático.

Ainda no mesmo ponto, ressaltou-se que o acordo para especificação dos meios de prova admitidos no processo não está incluso no art. 357, §2º, CPC, muito embora isso não elimine a possibilidade de celebração deste negócio atípico, bem como de outros negócios, típicos ou atípicos, encartados, ou não, naquele que tenha por objeto o saneamento consensual.

Em seguida, passou-se à análise da necessidade de homologação deste negócio processual pelo juiz, chegando-se às seguintes conclusões:

Primeiro. Expôs-se que a homologação do negócio processual é condição de eficácia, que decorre da necessidade de o juiz verificar a verossimilhança dos fatos tidos por incontroversos consensualmente, bem como da necessidade de sua concordância para que possa os efeitos dele irradiados interfiram na atuação do juiz, já que é a ele que caberá concretizar o quanto acordado pelas partes.

Segundo. Concluiu-se que as partes podem estabelecer qualquer fato como incontroverso, desde que seja ele marcado pela verossimilhança, sob pena de não homologação do acordo, já que não se revela admissível impor ao órgão julgador que preste a tutela jurisdicional com base em fato que sequer tem indícios de ter efetivamente ocorrido.

Terceiro. Com relação aos fatos fixados consensualmente como incontroversos, passa a existir, ao que nos parece, uma presunção relativa de veracidade. No entanto, ainda que tal presunção seja relativa, o juiz não poderá determinar a produção de prova a respeito de tais fatos, uma vez que tenha homologado este acordo.

Quarto. O acordo ora estudado constitui medida que prestigia a economia processual, visto que não será necessário movimentar a máquina judiciária no sentido de tentar confirmar os fatos já assumidos como verdadeiros pelas partes; se não é objeto de conflito, não é uma questão, e, por isso mesmo, não deve ser objeto de decisão.

Quinto. Uma vez homologado o acordo, estará estabilizado o processo, vinculando-se tanto as partes como o juiz aos seus termos, termos estes que vincularão a condução da demanda. Inclusive, tal vinculação estender-se-á por todos os graus de jurisdição, já que o propósito do saneamento consensual é estabilizar o processo dali em diante.

Sexto. Ressaltou-se que a necessidade de homologação do acordo não faz do juiz parte dele, já que a sua atividade estará limitada, além da avaliação da *validade* do negócio, à apreciação das condições de eficácia do acordo, e não do seu conteúdo em si. Caso fosse dado ao juiz interferir no conteúdo negocial, estar-se-ia diante de uma hipótese de saneamento compartilhado, e não consensual.

Por fim, em breve comparação com a arbitragem, viu-se que esta nos fornece alguns subsídios para desenvolver o raciocínio acerca da delimitação do espaço de liberdade das partes no processo judicial.

Foram essas as considerações tidas por mais relevantes acerca do negócio jurídico processual previsto no art. 357, §2º, do Código de Processo Civil, para contribuição na tarefa de construir as bases para aplicação deste dispositivo e delimitação do espaço de liberdade das partes.

7. BIBLIOGRAFIA

ALMEIDA, Diogo Assumpção Rezende de. *Das convenções processuais no processo civil*. Rio de Janeiro: Tese de Doutorado da UERJ, 2014.

BARREIROS, Lorena Miranda Santos. *Fundamentos constitucionais do princípio da cooperação processual*. Salvador: Juspodivm, 2013.

CARMONA, Carlos Alberto. *Arbitragem e Processo*: um comentário à Lei nº 9.307/96. 3. ed. São Paulo: Atlas, 2009.

CUNHA, Leonardo Carneiro da. *Negócios jurídicos processuais no processo civil brasileiro*. Disponível em: « https://www.academia.edu/10270224/Negócios_jur%C3%ADdicos_processuais_no_

processo_civil_brasileiro ». Acesso em: 17 de março de 2015.

DIDIER JR., Fredie. *Curso de Direito Processual Civil*. 17 ed. Salvador: JusPodivm, 2015, v. 1.

_____. *Fonte normativa da legitimação extraordinária no novo Código de Processo Civil: a legitimação extraordinária de origem negocial*. Revista de processo, ano 39, vol. 232, jun./2014.

_____. *Novo CPC. Litisconsórcio necessário por força de negócio jurídico*. Edital n. 184. Disponível em: «www.frediedidier.com.br/editorial/editorial-184/». Acessado em: 16.10.2014.

_____. *Fundamentos do Princípio da Cooperação no Processo*.Coimbra: Coimbra Editora, 2010.

DINAMARCO, Cândido Rangel. *Instituições de Direito Processual Civil*. 6 ed. São Paulo: Malheiros, 2009, v. II.

FARIAS, Cristiano Chaves de; ROSENVALD, Nelson. *Curso de Direito Civil: direito dos contratos*. 2. ed. Salvador: Juspodivm, 2012.

GOUVEIA, Lúcio Grassi. A função legitimadora do princípio da cooperação intersubjetiva no processo civil brasileiro. *Revista de Processo*. São Paulo: RT, jun. 2009, v. 172, p. 32-54.

GRECO, Leonardo. *Os atos de disposição processual – Primeiras reflexões*. Revista eletrônica de direito processual. 1ª Edição. Outubro/Dezembro de 2007.

HOFFMAN, Paulo. *Saneamento compartilhado*. São Paulo: Quartier Latin do Brasil, 2011.

LEMES, Selma. *Convenção de Arbitragem e Termo de Arbitragem. Características, Efeitos e Funções*. Disponível em: http://selmalemes.adv.br/artigos/artigo_jurio7.pdf; Acessado em: 31.03.2015.

MELLO, Marcos Bernardes de. *Teoria do fato jurídico: plano da existência*. São Paulo: Saraiva, 2014.

MIRANDA, Pontes de. *Tratado de direito privado*. 4 ed. São Paulo: Revista dos Tribunais, 1983, Tomo 03.

MITIDIERO, Daniel. *Colaboração no Processo Civil: pressupostos processuais, lógicos e éticos*. São Paulo: RT, 2009.

MOREIRA, José Carlos Barbosa. Convenções das partes sobre matéria processual. In: *Temas de direito processual civil*. Terceira Série. São Paulo: Saraiva, 1984

_____. *Temas de direito processual Ensaios e Pareceres*. São Paulo: Saraiva, 1977.

MULLER, Julio Guilherme. Acordo processual e gestão compartilhada do processo. Acordo processual e gestão compartilhada do processo. In: *Novas tendências do processo civil: estudos sobre o projeto do Novo Código de Processo Civil*. v. 03. DIDIER JR., Fredie et al; (coord). Salvador: Juspodivm, 2013.

NOGUEIRA, Pedro Henrique Pedrosa. A cláusula geral do acordo de procedimento no projeto do novo CPC (PL 8.046/2010). In: *Novas tendências do processo civil: estudos sobre o Projeto do Novo Código de Processo Civil*. v. 01. Salvador: Juspodivm, 2013.

_____. *Negócios Jurídicos Processuais: Análise dos provimentos judiciais como atos negociais*. Salvador: Tese de Doutorado da UFBA, 2001.

SANTOS, Ricardo Soares Stersi dos. *Noções gerais da arbitragem*. Florianópolis: Fundação Boiteux, 2004.

SCAVONE JÚNIOR, Luiz Antonio. *Manual de arbitragem*. 4. ed. São Paulo: Editora Revista dos Tribunais, 2010.

SCHREIBER, Anderson. *A proibição do comportamento contraditório: tutela da confiança e venire contra factum proprium*. Rio de Janeiro: Renovar, 2005.

TARUFFO, Michele. *Verdade Negociada?*. Revista Eletrônica de Direito Processual – REDP. Volume XIII.

CAPÍTULO 3

O agir comunicativo em J. Habermas como premissa para a compreensão do saneamento e organização do processo no CPC/15

Rafael Calmon Rangel[1]

SUMÁRIO: 1. INTRODUÇÃO; 2. O CARÁTER IMANENTE DO DIREITO DE SER OUVIDO E INFLUENCIAR NA DECISÃO JUDICIAL; 3. O AGIR COMUNICATIVO EM JÜRGEN HABERMAS; 4. TENTATIVA DE SISTEMATIZAÇÃO ENTRE A TEORIA DO AGIR COMUNICATIVO E AS ATIVIDADES SANEADORAS E ORGANIZATÓRIAS DO PROCESSO; 5. CONCLUSÃO; 6. REFERÊNCIAS.

1. INTRODUÇÃO

Um Código de Processo Civil absolutamente novo acaba de entrar em vigor no Brasil, consagrando ideias e possibilidades até então inéditas ao sistema. Dentre os objetivos que orientaram os trabalhos da Comissão encarregada da elaboração de seu anteprojeto, se encontram o estabelecimento de sintonia com os preceitos Constitucionais e a criação de condições para que o juiz possa decidir de forma mais consentânea com os fatos que subjazem a causa[2]. Via de consequência, o texto se mostra repleto de disposições atributivas de concreção a princípios constitucionais (implícitos e explícitos) e de força normativa a valores consagrados no ordenamento, que agora passaram a servir de vetor interpretativo, quando não incorporados expressamente ao sistema como princípios processuais.

Apontado pela própria Comissão Temporária da Reforma como o Código construído de maneira mais "aberta" e por mais vezes submetido a consulta

---
1. Mestre em Direito Processual Civil pela UFES. Juiz de Direito.
2. Disponível em: <http://direitoprocessual.org.br/fileManager/relatorioCPC.pdf>. Acesso em: 13.mar.2015.

popular da história[3], o anteprojeto inova, em especial, ao impor expressamente o dever das partes colaborarem com o juiz para a identificação das questões fáticas e jurídicas e assegurar o direito de participação ativa no processo, em conformidade com o que dispõem diversos de seus enunciados. Nessa nova perspectiva dada à função saneadora do processo, eleva-se à máxima potência a oportunidade de se coadjuvar na formação do convencimento do julgador, autorizando-se às partes exercerem verdadeira e efetiva influência nas questões processuais e de mérito a serem enfrentadas e debatidas, nas provas a serem produzidas e na distribuição do encargo pertinente, nos rumos a serem tomados pelo procedimento, enfim, em todo o conjunto de elementos que possa, de qualquer forma, ser considerado pelo magistrado na estruturação de sua decisão.

Parece mesmo que a razão para que tal cooperação, antes relegada principalmente ao campo axiológico, haja sido alçada ao nível deontológico e positivada no sistema, tenha advindo da constatação de que o direito de participação dos cidadãos em um estado democrático de direito, assegurado como princípio fundamental pela Constituição da República de 1988, não se restringe à escolha dos representantes políticos, mas se espraia por todas as áreas que compõem a própria noção de Estado, dentre as quais o processo judicial representa um dos mais importantes instrumentos de participação popular.

É certo que inúmeras posturas processuais já vinham sendo adotadas pela jurisprudência e sustentadas pela doutrina no afã de proporcionar uma maior participação das partes, mesmo sem contar com assento em norma escrita. Porém, com o novo Código, um verdadeiro instrumental passa a ser incorporado expressamente ao sistema, possibilitando que as partes abandonem de vez a relação de verticalidade para com o julgador, até a pouco existente, para se posicionarem como que ao lado dele na condução do processo, no debate das questões relevantes para formação de seu convencimento e na produção de provas, atuando em um arranjo interativo destinado à elaboração conjunta do julgado que, como destinatários últimos, estarão obrigadas a obedecer.

Essa atividade cocriadora da norma para o caso concreto reforça, sobretudo, a credibilidade no Judiciário, pois imbui nos jurisdicionados a crença de que apenas e tão-somente os argumentos submetidos previamente ao debate do qual participaram ativa e criticamente foram considerados pelo Estado-juiz, como razões de decidir[4]. Ocorre, por assim dizer, uma maior valoração da vontade das partes, atribuindo maior legitimidade aos julgados[5].

---

3. Idem, ibidem.
4. MITIDIERO, Daniel. Colaboração no processo civil: pressupostos sociais, lógicos e éticos. São Paulo: RT, 2009, p. 137.
5. O termo "legitimidade" é aqui empregado não em sua acepção jus-filosófica da mera conformidade com as normas vigentes do ordenamento jurídico, mas sim no sentido de validade jurídica defendido pelo

É justamente neste ponto que as premissas fixadas pela teoria do Agir Comunicativo de Jürgen Habermas fornecem importante contribuição ao objeto do estudo, haja vista o alto valor que atribuem ao diálogo crítico e à relação de complementaridade que deve haver entre a norma e sua aceitação social, numa conjugação de esforços para se assegurar o direito subjetivo de participação popular de todos os cidadãos na formação da opinião e da vontade políticas[6].

Tentar promover uma integração entre as premissas dessa teoria e o enfoque dado às atividades saneadoras e organizatórias pelo nCPC é o principal objetivo deste ensaio.

2. O CARÁTER IMANENTE DO DIREITO DE SER OUVIDO E INFLUENCIAR NA DECISÃO JUDICIAL

A noção de se permitir que uma parte influa no convencimento do julgador, mediante a exposição de sua versão dos fatos antes do julgamento, parece ser tão antiga quanto a própria ideia de humanidade, e os registros históricos comprovam tal ilação, bastando ver que a própria Bíblia Sagrada contém passagens indicando a adoção de tal proceder tanto no Antigo (Gênesis 3:9-13) quanto no Novo Testamento (Atos 26:1). Em tempos bem mais recentes, os tratados e convenções internacionais sobre direitos humanos, ratificados por quase todos os países do globo, incluindo o Brasil, possuem disposições semelhantes, assegurando o direito da pessoa ser ouvida previamente a toda e qualquer decisão judicial que possa influenciar em sua esfera jurídica[7]. Não por outro motivo, as Constituições do nosso país sempre garantiram a possibilidade de prévia defesa (ampla ou plena), inicialmente aos processos criminais[8] e posteriormente a todos os tipos de processos[9].

Apesar de em um primeiro momento, ter se atribuído ao contraditório o alcance de mera *"bilateralidade da audiência"*, que se contentava em oportunizar

---

próprio Habermas, que exige, além dessa adequação formal, o conteúdo moral e a prévia submissão a um procedimento participativo do qual resulte a resgatabilidade racional de seus fundamentos.
6. LUCHI, José Pedro. A lógica dos direitos fundamentais e dos princípios do Estado. In LUCHI, José Pedro (coord). *Linguagem e Socialidade*, Vitória: EDUFES, 2005, p. 169.
7. A título exemplificativo: Declaração Universal de Direitos Humanos, art. 11.1; Carta Africana dos Direitos dos Homens e dos Povos (Banjul), art. 7º, 1.c; Declaração Islâmica Universal dos Direitos Humanos, item V, b; Convenção Americana de Direitos Humanos (Pacto de San José), art. 8º, 1.
8. Constituição de 1824, art. 179, VIII; Constituição de 1891, art. 72, §16; Constituição de 1934, art. 113, n. 24; Constituição de 1937, art. 122, 11; Constituição de 1946, art. 141, §25; Constituição de 1967, art. 150, §16; Emenda Constitucional nº 01, de 1969, por muitos considerada uma verdadeira Constituição, manteve as disposições da antecedente em seu art. 153, §15.
9. Como garantia constitucional típica, o contraditório somente passou a ser previsto expressamente na Constituição de 1937 (art. 122 §11) unicamente para a instrução criminal, muito embora sua aplicação fosse estendida ao processo civil por interpretação extensiva do princípio da igualdade.

que o requerido tomasse conhecimento da demanda e fosse ouvido a respeito[10], já faz tempo que essa ideia foi abandonada pela doutrina, que percebeu a fragilidade desse sistema e passou a ver a necessidade de que a figura sob análise fosse entendida como uma "possibilidade de influência (Einwirkungsmöglichkeit) sobre o desenvolvimento do processo e sobre a formação de decisões racionais, com inexistentes ou reduzidas possibilidades de surpresa"[11]. A inspiração para esse enforque parece ter advindo do direito alemão, onde, segundo GILMAR FERREIRA MENDES a Corte Constitucional apreciou o denominado "Anspruch auf rechtliches Gehör" (pretensão à tutela jurídica) no bojo da decisão BVerfGE, 70, 288-293, firmando o entendimento de que essa pretensão "*envolve não só o direito de manifestação e o direito de informação sobre o objeto do processo, mas também o direito de ver os seus argumentos contemplados pelo órgão incumbido de julgar*"[12].

A bem da verdade, desde os idos de 1940 a literatura jurídica daquele país já vinha trabalhando com a noção de que o processo deveria representar algo semelhante a uma "*comunidade de trabalho*" (*Arbeitsgemeinschaft*)[13], em que as partes, advogados e o juiz deveriam proporcionar o ambiente ideal para a implementação de um sistema harmônico, fundado no debate e na inexistência de domínio de uns sobre os outros, que implicaria na redução do tempo de duração do processo, na elaboração de decisões mais justas e a conseqüente diminuição da interposição de recursos[14].

Embora tenha sido incorporada à mentalidade da doutrina nacional há menos tempo, a ideia de se oportunizar uma maior participação das partes na formação do convencimento do magistrado também angariou adeptos no Brasil, que passaram a sustentar a necessidade de encarar o processo sob as luzes emanadas do Estado Democrático de Direito[15].

E, como dito, o novo Código municia os defensores desse posicionamento com um aparato suficiente para a materialização de suas ideias. Basta ver que, dentre outras, há imposição expressa de que o juiz deve velar pelo "*efetivo*

---

10. GONÇALVES, Marcus Vinicius Rios. *Novo curso de direito processual civil*, v. 1, São Paulo: Saraiva, 2007, p. 30-33.
11. THEODORO JUNIOR, Humberto. *Processo Justo e Contraditório Dinâmico*, Revista Magister de Direito Civil e Processual Civil nº 33, p. 7.
12. *Curso de Direito Constitucional*, São Paulo: Saraiva, 7ª ed., 2012, p. 499.
13. De acordo com a expressão utilizada na obra Lehrbuch des deutschen zivilprozessrechts de Leo Rosenberg, 5. ed. Munchen: Beck, 1951, traduzida para o espanhol em três volumes sob a denominação "Tratado de derecho procesal civil". Buenos Aires: E.J.E.A., 1955.
14. JUNIOR, Humberto Theodoro, ob. cit, p. 6.
15. DINAMARCO, Candido Rangel. *Fundamentos do processo civil moderno*, São Paulo: Malheiros, 1986, pp. 85-100; BARBOSA MOREIRA, José Carlos. Sobre a "participação" do juiz no processo civil. In GRINOVER, Ada Pellegrini Grinover (Coord) et. al. *Participação e Processo*. São Paulo: Revista dos Tribunais, 1988, pp. 380-394.

contraditório" (art. 7º), de que nenhuma decisão poderá ser proferida contra uma das partes sem que ela seja previamente ouvida (art. 9º), de que o órgão jurisdicional não poderá decidir com base em fundamento, mesmo respeitante a matéria passível de conhecimento de ofício, a respeito do qual não tenha oportunizado manifestação das partes (art. 10), e, em especial, no sentido de que o juiz profira decisão de saneamento e organização do processo com a colaboração das partes, sem prejuízo de ter que emitir pronunciamento futuro destinado a suprir dúvidas, proferir esclarecimentos ou ordenar ajustes (art. 357, §1°).

Resta saber, agora, como e se as ideias defendidas pelo filósofo alemão poderiam contribuir para a alteração da mentalidade do profissional do Direito brasileiro.

3. O AGIR COMUNICATIVO EM JÜRGEN HABERMAS

Reconhecido mundialmente como um dos principais pensadores da atualidade, Jürgen Habermas compreende o Estado Democrático de Direito a partir de uma visão procedimentalista do Direito, por meio da qual os paradigmas do Estado Liberal, Estado Social e Estado Democrático de Direito são definidos a partir da demarcação entre autonomia pública e autonomia privada de sujeitos de direitos. Porém, o próprio filósofo faz uma análise crítica desses modelos de paradigma preocupando-se em saber se a autonomia privada é suficientemente garantida pelos direitos à liberdade ou se ela deveria ser garantida a partir de prestações sociais, já que os paradigmas sempre serão limitados "à determinação dos pressupostos fáticos para o status de pessoas do direito em seu papel de destinatárias da ordem jurídica"[16]. Daí seu alerta para o fato de que no Estado Democrático de Direito a oposição entre autonomia privada e autonomia pública deve ser substituída, obrigando-se a *"interpretar a relação entre autonomia privada e cidadã no âmbito de referências recíprocas e não mais num contexto de confronto"*[17], no afã de que haja uma relação mútua e concomitante entre a autonomia pública e privada do indivíduo para a formação democrática de vontade e da opinião, de modo que o sujeito de direito possa ser reconhecido como autor e destinatário da norma jurídica, ou seja, no sentido de que *"os que estão submetidos ao direito, na qualidade de destinatários, possam entender-se também enquanto autores do direito"*[18].

No Estado Democrático de Direito, afirma o filósofo, *"uma ordem jurídica é legítima na medida em que assegura a autonomia privada e a autonomia cidadã*

---

16. Direito e democracia: entre facticidade e validade. 2ed. v. 2, Rio de Janeiro: Tempo Brasileiro, 2003.
17. idem, p. 133.
18. idem, p. 157.

de seus membros, pois ambas são co-originárias; ao mesmo tempo, porém, ela deve sua legitimidade a formas de comunicação nas quais essa autonomia pode manifestar-se e comprovar-se"[19].

Disso tudo se pode concluir que o Estado Democrático de Direito representa aquele modelo pautado na co-originalidade entre soberania popular e direitos fundamentais, no qual os sujeitos de direito adquirem importante papel na formação e conformação da sociedade, a partir do procedimento democrático, assumindo especial relevância a teoria procedimentalista do direito que tem em mira

> proteger, antes de tudo, as condições do procedimento democrático. Elas adquirem um estatuto que permite analisar, numa outra luz, os diferentes tipos de conflito. Os lugares abandonados pelo participante autônomo e privado do mercado e pelo cliente de burocracias do Estado Social passam a ser ocupados por cidadãos que participam de discursos políticos, articulando e fazendo valer interesses feridos, e colaboram na formação de critérios para o tratamento igualitário de casos iguais e para o tratamento diferenciado de casos diferentes.[20]

De acordo com o novo enfoque dado à visão até então consagrada sobre as relações entre a sociedade e a linguagem, as ações linguísticas, mas precisamente o diálogo livre, desprovido de distorções ou contenções ideológicas, aberto, permissivo e igualitário representaria o fio condutor para a estruturação do modelo de interação social por ele denominado de *"ação comunicativa"*, cuja formatação remete à ideia de complementaridade pelos cidadãos na elaboração das normas que eles mesmos serão obrigados a cumprir. De acordo com essa premissa, todos os fundamentos normativos do Estado Democrático de Direito devem ser resultantes de processos deliberativos, providos de interação social intensa, onde os cidadãos, sem preconceito de qualquer espécie ou ideologias prévias, podem participar ativamente utilizando-se dos direitos de comunicação e participação política. Via de consequência, tudo aquilo *"em torno do qual os participantes da deliberação livre podem unir-se por si mesmos, sem depender de ninguém – portanto, aquilo que encontra assentimento fundamentado de todos sob as condições de um discurso racional"* assume a feição de legítimo[21].

A ideia de legitimidade em Habermas se relaciona com o de entendimento, conformação, alcance de expectativas proporcionado por um processo racional ou justificado sob pontos de vista pragmáticos, éticos e morais, embora

---

19. Direito e democracia: entre facticidade e validade. 2ed. v. 2, Rio de Janeiro: Tempo Brasileiro, 2003, p. 147
20. Idem, p. 183.
21. HABERMAS, Jürgen. **Era das transições**. Rio de Janeiro: Tempo Brasileiro, 2003, p. 162.

independente do fato da regra conseguir se impor na sociedade[22]. Logo, seriam legítimas apenas aquelas normas que os próprios cidadãos *"se dão, de tal modo que eles sejam ao mesmo tempo endereçados e autores"*[23].

Se todos os fundamentos normativos democráticos precisam necessariamente confrontar seus participantes e resultar do entendimento racional deles, o direito também *"precisa conservar um nexo interno com a força socialmente integradora do agir comunicativo para preencher sua função de estabilização das expectativas nas sociedades modernas"*[24], até para que possa se atingir uma justiça independente que *"deve aplicar o Direito de tal modo que seja assegurada ao mesmo tempo a segurança jurídica e a aceitabilidade racional das decisões jurídicas"*[25].

De acordo com o filósofo, o Direito autoriza que os membros da coletividade escolham entre dois enfoques jurídicos distintos a serem dados à mesma norma: o *"agir comunicativo ou performativo"* e o *"agir estratégico ou objetivador"*[26]. Enquanto no primeiro a linguagem é utilizada para se promover a integração social e alcançar o entendimento sobre algo no mundo, no segundo é orientada para que um interlocutor exerça influência e obtenha sucesso sobre o outro, produzindo algo no mundo. Logo, para o sujeito que se oriente pelo primeiro, a regra serve meio que como uma *"amarra de sua vontade livre"* em prol das condições a serem preenchidas em comum, enquanto para o ator que deseja atingir o sucesso próprio, a regra representa um *"empecilho fático na expectativa da imposição do mandamento jurídico"*[27].

Percebe-se, dessa forma, que a adoção do *"agir comunicativo"* ou performativo implica a abdicação dos interesses puramente pessoais dos interlocutores, em prol da racionalidade do entendimento de que apenas as ações coordenadas pela interação comunicativa levarão à socialização. Por isso, o êxito da ação comunicativa, isto é, da ação orientada ao entendimento entre os sujeitos, depende de que os componentes do diálogo se entendam ou, no mínimo, queiram se entender *"a respeito de algo no mundo numa atitude performativa – voltada para segundas pessoas"*[28], devendo, para tanto, coordenar seus planos de ação por meio de um sistema de *"entendimento mútuo linguístico"*, lançando

---

22. Idem. **Direito e democracia: entre facticidade e validade**, Rio de Janeiro: Tempo Brasileiro, 1997, v. I, p. 50.
23. LUCHI, José Pedro. dos direitos fundamentais e dos princípios do Estado. In LUCHI, José Pedro (coord) **Linguagem e Socialidade**, Vitória: EDUFES, 2005, p. 163.
24. HABERMAS, Jürgen. Direito e democracia: entre facticidade e validade, Rio de Janeiro: Tempo Brasileiro, 1997, v. I., p. 115.
25. Idem. **Direito e democracia**, V. I, p. 213.
26. Idem, p. 51.
27. Idem, ibidem.
28. HABERMAS, Jürgen. *Verdade e justificação. Ensaios filosóficos.* São Paulo: Edições Loyola, 1999, p. 112.

mão *"das forças de ligação ilocucionárias próprias dos atos da fala"*[29] para que a linguagem possa ser utilizada como fonte primária de integração social, assumindo o papel de instrumento coordenador das ações dos interlocutores. Daí porque ser não só necessário, mas também indispensável que eles suspendam *"o enfoque objetivador de um observador e de um agente interessado imediatamente no próprio sucesso e passem a adotar o enfoque performativo de um falante que deseja entender-se com uma segunda pessoa sobre algo no mundo"*[30].

Tamanha é a necessidade de que as interações intersubjetivas sejam coordenadas e direcionadas visando ao entendimento mútuo, que o agir comunicativo rende ensejo a uma forte limitação do próprio acordo a que almeja, devido ao fato de que não devem ser levadas em consideração as intenções particulares ou preferências motivantes dos interlocutores, mas sim sua *"racionalidade orientada a fins"*, já que o discurso de um interlocutor deve se contrapor ao do outro não com o propósito de dominação, mas sim com o de ter suas razões entendidas.

Percebe-se, portanto que em Habermas *"a base do entendimento mútuo eficaz para a coordenação da ação é tão-somente a aceitação da pretensão de veracidade levantada para uma declaração de intenção ou solicitação [...]"*, bastando para isso que o ouvinte compreenda *"o conteúdo da declaração de intenção ou da solicitação e não duvide de sua seriedade (nem de sua exequibilidade)"*[31].

Naturalmente, essas ideias geraram algum desconforto na comunidade acadêmica e encontraram resistência, por exemplo, em Krause-Malowitz[32] e Baynes[33], chegando os primeiros a duvidarem seriamente da utilidade prática de tais formulações, sob o argumento de que seria impossível *"para um interlocutor distanciar-se de sua forma de vida concreta para colocar-se num plano universal de validade moral, sem colocar em questão, ao mesmo tempo, o conjunto de seus valores"*[34].

Apesar de terem sido elaboradas em contextos social, político e econômico completamente diversos dos brasileiros, as proposições sobre as quais a teoria sob enfoque se estabelece - *agir voltado para o entendimento, influência*

---

29. Idem, ibidem.
30. Idem. *Direito e democracia*. São Paulo: Ed. Tempo Brasileiro, 1989, p. 36.
31. Idem. *Verdade e justificação: Ensaios filosóficos*. São Paulo: Edições Loyola, 1999, p. 119.
32. KRAUSE, S.; MALOWITZ, K. Zum Begriff der Gerechtigkeit in der Diskursethik vom J. Habermas. In: MÜNKLER, H.; LLANDQUE, M. (Hg). *Konzeptionen der Gerechtigkeit*. Baden-Baden: Nomos, 1999. s. 277-306, citados por LUCHI, José Pedro. A lógica dos direitos fundamentais e dos princípios do Estado. In LUCHI, José Pedro (coord) *Linguagem e Socialidade*, Vitória: EDUFES, 2005, p. 130.
33. BAYNES, K. Democracy and the Rechsstaat: Habermas's Faktizität und Geltung, in: WHITE, S.K. *The Cambridge Companion to Habermas*. Cambridge: Cambridge University Press, 1995. p. 201-232.
34. LUCHI, José Pedro. Idem, p. 169.

recíproca, participação, legitimidade e coautoria - merecem consideração da comunidade jurídica nacional, no mínimo, para servirem como fonte de inspiração para uma atuação dos sujeitos do processo pautada na linguagem compartilhada intersubjetivamente.

Ressalvadas as especificidades da ideia original, é sob esse ponto de vista que a linha seguida por este ensaio entende deva ser vista a atividade saneadora participativa: como algo não isolado, solipsista, mas imanente ao diálogo e à intensa participação das partes na persuasão, no debate crítico e igualitário, à coordenação de ações voltadas à construção conjunta da decisão judicial, gerando nos participantes do processo a sensação de complementaridade e coautoria do julgado.

Partindo-se dessas premissas, passa-se à tentativa de sistematização do que aqui vem sendo proposto com a possível compatibilização das ideias defendidas por J. HABERMAS, citadas nos tópicos anteriores, com os valores consagrados pelo contraditório, num ambiente marcado pela disputa e conflito de interesses antagônicos, como é o processo.

4. TENTATIVA DE SISTEMATIZAÇÃO ENTRE A TEORIA DO AGIR COMUNICATIVO E AS ATIVIDADES SANEADORAS E ORGANIZATÓRIAS DO PROCESSO

Como dito, uma das mais severas críticas às proposições sustentadas por J. HABERMAS partiu de Krause-Malowitz[35], os quais as consideravam como *"conceito-fantasma"*, na hipótese de os interlocutores não alcançarem uma base comum de entendimento. De fato, sem a mentalidade voltada para o entendimento sobre algo no mundo, pautada no reconhecimento intersubjetivo acerca das pretensões de validade expostas por cada um dos interlocutores, o ambiente não se mostra propício para a aplicação das propostas defendidas pelo filósofo.

E, não se pode negar que o processo civil contencioso seja o ambiente por excelência da falta dessa *"base comum de entendimento"*, vez que se pauta na acirrada disputa entre partes e na ininterrupta tentativa de dominação de argumentos contrapostos, característica do enfoque objetivador.

Portanto, o questionamento que poderia ser feito diz respeito a como e se as diretrizes do agir comunicativo poderiam ser aplicadas em um cenário marcado por tamanho dissenso.

---
35. KRAUSE, S.; MALOWITZ, K. Zum Begriff der Gerechtigkeit in der Diskursethik vom J. Habermas. In: MÜNKLER, H.; LLANDQUE, M. (Hg). **Konzeptionen der Gerechtigkeit**. Baden-Baden: Nomos, 1999. s. 277-306, citados por LUCHI, José Pedro. A lógica dos direitos fundamentais e dos princípios do Estado. In LUCHI, José Pedro (coord) **Linguagem e Socialidade**, Vitória: EDUFES, 2005.

A tarefa não é das mais fáceis e este breve ensaio não terá a audácia de pretender fazer crer que as proposições de Habermas comportariam integral aplicação no processo civil litigioso brasileiro. No entanto, isso não impede que o assunto seja colocado em pauta para reflexão, pois ao menos um fato não se pode negar: todas as alterações acarretadas pelo CPC/15 atribuíram uma imensidão de poderes às partes, que agora possuem não mais de forma implícita, mas com assento em regra escrita, o direito subjetivo processual ao diálogo constante com o julgador, à participação integral em todas as etapas do processo, à possibilidade de influência na decisão judicial, enfim, uma gama de possibilidades destinadas a assegurarem o direito de ter seus respectivos argumentos efetivamente considerados pelo magistrado, no momento da elaboração de seus pronunciamentos. Seria, por assim dizer, a aceitação de que o processo assumiria a feição daquela tão propalada "comunidade de trabalho" (*Arbeitsgemeinschaft*)[36] do direito alemão.

Mas, por óbvio, tamanhos poderes atrairão um sem número de responsabilidades. É justamente nesse ponto que as premissas teóricas de Habermas possivelmente encontrem cabimento no sistema contencioso, haja vista que, como dito ao longo de todo este ensaio, o atual panorama em que se situa o processo não comporta mais o apego extremo à defesa de uma tese jurídica ou a uma determinada versão sobre os fatos, pois a cooperação, dentro de uma "*comunidade de trabalho*", implica numa verdadeira reeducação comportamental de todos os sujeitos do processo, parciais ou não, com reflexos imediatos em suas postulações e insurgências.

Perceba que o próprio Código contempla a possibilidade de as partes apresentarem ao juiz, para homologação, uma delimitação consensual das questões de fato e de direito discutidas no processo - semelhantes às "*bases comuns de entendimento sobre algo no mundo*" defendidas pelo filósofo - que, uma vez homologada, vincula a todos, impedindo qualquer alteração posterior (art. 357, §2º)[37]. Mas, para que esta atitude seja tomada, não se nega que devem

---

36. De acordo com a expressão utilizada na obra "Lehrbuch des deutschen zivilprozessrechts" de Leo Rosenberg, 5. ed. Munchen: Beck, 1951, traduzida para o espanhol em três volumes sob a denominação Tratado de derecho procesal civil. Buenos Aires: E.J.E.A., 1955.
37. Art. 357. Não ocorrendo nenhuma das hipóteses deste Capítulo, deverá o juiz, em decisão de saneamento e de organização do processo:
    I - resolver as questões processuais pendentes, se houver;
    II - delimitar as questões de fato sobre as quais recairá a atividade probatória, especificando os meios de prova admitidos;
    III - definir a distribuição do ônus da prova, observado o art. 373;
    IV - delimitar as questões de direito relevantes para a decisão do mérito;
    V - designar, se necessário, audiência de instrução e julgamento.
    §2º As partes podem apresentar ao juiz, para homologação, delimitação consensual das questões de fato e de direito a que se referem os incisos II e IV, a qual, se homologada, vincula as partes e o juiz.

ser exigidas significativas maturidade e consciência dos advogados, que terão que abrir mão antecipadamente de uma série de alegações e recursos que possivelmente seriam cabíveis no caso concreto, o que, em outras palavras, acaba representando a abdicação do *"agir estratégico ou objetivador"*, em prol do *"agir comunicativo ou performativo"* aqui referidos[38].

Mesmo inocorrendo essa possibilidade, as premissas da teoria da Ação Comunicativa talvez comportem aplicação nos demais atos do processo, pois o CPC/15 não só ampliou os poderes das partes, por intermédio de seus advogados, como proporcionou um redimensionamento nos poderes do próprio juiz, permitindo-lhe uma maior e mais intensa intervenção na fase instrutória do processo, que vinha sendo direcionada praticamente de forma exclusiva pelas partes no sistema do CPC/73.

O legislador parece ter incorporado essa mentalidade ao ampliar os poderes saneadores do juiz, lhe autorizando a, com o auxílio das partes, delimitar *"as questões de fato sobre as quais recairá a atividade probatória, especificando os meios de prova admitidos"* e *"as questões de direito relevantes para a decisão do mérito"* (art. 357, II e IV), na mesma medida em que assegura às partes o direito de lhe pedir esclarecimentos ou solicitar ajustes em prazo razoável, antes de a decisão se tornar estável, impedindo-se qualquer discussão ou tentativa de modificação (art. 357, §1º)[39]. Não se pode perder de vista, ainda, que o magistrado poderia advertir ou impor penalidades às partes que se inclinassem pela adoção de comportamento não coerente com o processo colaborativo, valendo-se dos permissivos contidos no art. 77 e ss. do Código.

Em suma, com o auxílio e sob a supervisão do juiz - *que nesse ponto atuaria de forma assimétrica às partes, em uma relação de verticalidade, devendo orientar as partes sobre as consequências de seu agir e podendo aplicar sanções por litigância de má-fé, com esteio nos artigos 77 e ss do Código* - seriam fixadas as bases comuns em prol do entendimento sobre algo no mundo que, no caso, seria a resolução pura e simples daquela controvérsia, sem a necessária imposição de uma versão sobre a outra. Com a estabilização da decisão a respeito dessas premissas, as partes produziriam as provas que desejassem cientes de que não poderiam reabrir a discussão sobre aquelas *"bases comuns de entendimento"*. Afinal, nada mais justo que as partes, mesmo imbuídas do desejo de fazer valer seus argumentos, compreendam que a formação do processo colaborativo depende do posicionamento e especialmente da reeducação

---

38. Idem, p. 51.
39. "§1º. Realizado o saneamento, as partes têm o direito de pedir esclarecimentos ou solicitar ajustes, no prazo comum de cinco dias, findo o qual a decisão se torna estável."

comportamental de todos os seus participantes, os quais devem assumir posturas destinadas à obtenção do pronunciamento judicial, preferencialmente de mérito, para que possam usufruir do fim último do estado democrático de direito que é a ideia de os endereçados da norma poderem se considerar também como seus autores[40].

Por óbvio que não se está aqui defendendo a possibilidade de as partes concordarem a respeito da entrega do próprio bem da vida a uma delas, muito embora todos os esforços nesse sentido devam ser tentados. O que se defende é que, mesmo sendo inexitosas a conciliação ou mediação as partes, por si e por intermédio de seus respectivos advogados assumam o compromisso de tornar o processo um palco voltado para disputas exclusivamente jurídicas, sem o influxo da litigiosidade extrema, das paixões que o conflito suscita e das atitudes anti-cooperativas, contrárias à boa-fé processual deles derivadas, tornando possível e obrigatório que suas respectivas posições processuais (ônus, deveres, faculdades e poderes) se voltem à construção de um ambiente propício à formulação de suas legítimas pretensões sob o comprometimento de obterem o julgamento do mérito. Afinal, não há que se confundir a atuação processual comprometida com o objetivo de fazer prevalecer teses jurídicas com aquela pautada em prejudicar a parte contrária, pois é perfeitamente possível que as partes litiguem sobre determinado bem da vida, mas que entrem em consenso a respeito do modo pelo qual pretendem resolver tal pendência.

Dito de outro modo, o profissional deve saber distinguir conflito de litígio e ambos de processo, para compreender que é perfeitamente possível que uma desavença no campo extraprocessual, isto é, no conflito de direito material/relação jurídico-material que deu azo à instauração do processo, não necessariamente acarretará a beligerância também em torno do bem da vida perseguido, isto é, um litígio de direito processual/relação jurídico-processual, e que, se a instauração de um processo for inevitável e o litígio efetivamente se instaurar a respeito desse bem, suas posições processuais não precisarão nem deverão sofrer o influxo dessa beligerância, possibilitando que sua postura naquele processo se paute exclusivamente nas premissas cooperativas, com o abandono de eventuais condutas contrárias à boa-fé processual.

Dentro do panorama imaginado, poder-se-ia pensar um magistrado atuando inicialmente como mediador dos argumentos levantados pelas partes – *que até este instante obviamente agiriam pautadas pelo enfoque estratégico ou*

---

40. De certa forma, esta parece ser a ideia defendida, em outras palavras, por LUCHI, José Pedro, In LUCHI, José Pedro (coord). *Linguagem e Socialidade*, Vitória: EDUFES, 2005, p. 136.

objetivador -, com vistas à fixação de premissas iniciais que, uma vez estabelecidas através do diálogo, poderiam ser aceitas pelas partes, se não como certeza, no mínimo como verdade provável, pois construída em conjunto, mediante intensa participação delas próprias. A partir dessas premissas, novos argumentos poderiam ser levantados apenas sobre pontos distintos aos por ela abarcados, reabrindo-se o debate e a intensa produção probatória exclusivamente sobre esses novos elementos, na qual o procedimento se repetiria, até que pouca ou nenhuma controvérsia pairasse, ao menos no campo técnico-teórico, sobre os fatos e seu consequente enquadramento jurídico.

Ao menos em uma leitura constitucional e sistematicamente coerente, parece ser isso que a norma a que alude o art. 6º do Código impõe ao expressar que *"todos os sujeitos do processo devem cooperar entre si para que se obtenha, em tempo razoável, decisão de mérito justa e efetiva"*.

Tudo isso deixa ainda mais claro que a atividade saneadora e organizadora do juiz, sob o auxílio das partes, é uma constante, ancorada no interesse público não só de impedir o prosseguimento de processos que não sejam hígidos e capazes de assegurar o pronunciamento sobre a questão de fundo - *evitando-se diligências inúteis e protelatórias* -, como também no de possibilitar o tanto quanto possível que a decisão final seja mais próxima daquela que possa ser considerada justa e pacificadora de conflitos.

5. CONCLUSÃO

Ao longo deste ensaio procurou-se demonstrar que a visão e correspectiva aplicação da atividade saneadora e organizatória sofreu substancial alteração no processo civil brasileiro, abandonando-se a ideia inicial de ato exclusivo do juiz, para a assunção de um perfil híbrido, essencial à estruturação do processo, pautado sobretudo na efetiva participação em todas as fases do procedimento, no diálogo e na possibilidade de influência na decisão, guardando maior sintonia com o Estado Democrático de Direito e, de certa forma, com as premissas teóricas que informam o modelo de interação do "agir comunicativo", desenvolvido pelo filósofo Jürgen Habermas.

Vale dizer que, nem de longe se tem o propósito de ter por absolutas as premissas aqui tratadas, muito embora os fatores acima elencados possam ao menos servir para instigar a reflexão a respeito da urgente necessidade de superação de velhos paradigmas e da criação de novas mentalidade e postura processuais, condizentes com as diretrizes emanadas da Constituição.

6. REFERÊNCIAS

ALVARO DE OLIVEIRA, Carlos Alberto, Do formalismo no Processo Civil. São Paulo: Saraiva.

_____. A garantia do contraditório, In Garantias Constitucionais do Processo Civil, CRUZ E TUCCI, José Rogério (coord.), São Paulo: Revista dos Tribunais, 1999.

_____. O juiz e o princípio do contraditório. Revista de Processo nº 71. São Paulo: Revista dos Tribunais.

ARAGÃO, Egaz Moniz de. As tendências do processo civil contemporâneo. Gênesis - Revista de Direito Processual Civil, v. 11, jan-março/99, pp. 155-156.

BARBOSA MOREIRA, José Carlos. Sobre a "participação" do juiz no Processo Civil. In GRINOVER, Ada Pellegrini Grinover (Coord) et. al. Participação e Processo. São Paulo: Revista dos Tribunais, 1988.

COMOGLIO, Luigi Paolo. Garanzia Constituzionali e "Giusto Processo" (Modelli a Confronto). Revista de Processo nº 70, São Paulo: Revista dos Tribunais.

DIDIER JR., Fredie. Os três modelos de Direito Processual: inquisitivo, dispositivo e cooperativo. Disponível em ‹http://www.academia.edu/1771108/Os_tres_modelos_de_direito_processual›. Acesso em 15.mai.2013.

DINAMARCO, Cândido Rangel. Fundamentos do Processo Civil moderno. São Paulo: Malheiros, 1986.

_____. Instrumentalidade do Processo. 6. ed. São Paulo: Malheiros Editores, 1998.

GONÇALVES, Marcus Vinicius Rios. Novo Curso de Direito Processual Civil. São Paulo: Saraiva, v. 1, 2007.

GOUVEIA, Lucio Grassi de. O projeto do novo Código de Processo Civil brasileiro (NCPC) e o princípio da cooperação intersubjetiva. In DIDIER, Fredie (coord.), Projeto do novo código de processo civil, 2ª série, Salvador: JUSPODIUM.

HABERMAS, Jürgen. Consciência moral e agir comunicativo. Rio de Janeiro: Tempo Brasileiro, 1989.

_____. Direito e democracia: entre facticidade e validade. Rio de Janeiro: Tempo Brasileiro, 1997, v. I.

_____. Era das transições. Rio de Janeiro: Tempo Brasileiro, 2003.

_____. Verdade e justificação: Ensaios filosóficos. São Paulo: Edições Loyola, 1999.

JUNIOR, Hermes Zaneti. O problema da verdade no Processo Civil: modelos de prova e de procedimento probatório. Revista de Processo nº 116.

LUCHI, José Pedro. A lógica dos direitos fundamentais e dos princípios do Estado. In LUCHI, José Pedro (coord) Linguagem e Socialidade, Vitória: EDUFES, 2005.

MARINONI, Luiz Guilherme. Técnica processual e tutela dos direitos, São Paulo: Revista dos Tribunais, 2010.

MITIDIERO, Daniel. Colaboração no processo civil: pressupostos sociais, lógicos e éticos. São Paulo: Revista dos Tribunais, 2009.

MENDES, Gilmar Ferreira. Curso de Direito Constitucional, São Paulo: Saraiva, 7. ed., 2012.

MONTEZANO, Luigi. La garanzia constituzionale del contradditorio e i giudizi civili di "terza via". Rivista di Diritto Processuale, CEDAM, Padova

PORTANOVA, Rui. Princípios do Processo Civil. 4 ed. Porto Alegre: Livraria do Advogado, 2001.

PICARDI, Nicola, Il Principio del Contradditorio. Rivista di Diritto Processuale, ano LIII, CEDAM, Padova.

ROSENBERG, Leo. Tratado de derecho procesal civil. Buenos Aires: E.J.E.A., 1955.

SOUZA, Artur César de, Contraditório e revelia. São Paulo: Revista dos Tribunais, 2003.

THEODORO JÚNIOR, Humberto. Celeridade e efetividade da prestação jurisdicional. insuficiência da reforma das leis processuais. Disponível em: <http://www.abdpc.org.br/artigos/artigo51.htm>. Acesso em 05.mar.2014.

_____. Processo Justo e Contraditório Dinâmico, Revista Magister de Direito Civil e Processual Civil nº 33/2009.

CAPÍTULO 4

A Estabilização da Demanda no Novo CPC: Uma Oportunidade Perdida?

Andre Vasconcelos Roque[1]

SUMÁRIO: 1. ASPECTOS GERAIS SOBRE O TEMA; 2. A ESTABILIZAÇÃO DA DEMANDA NO CÓDIGO DE PROCESSO CIVIL DE 1973; 3. A TORRE DE BABEL NO PROCESSO CIVIL BRASILEIRO NA VIGÊNCIA DO CPC DE 1973 ; 4. A PROPOSTA ORIGINAL DO ANTEPROJETO; 5. O GIRO DE 360 GRAUS: VOLTANDO PARA O MESMO LUGAR; 6. CONSIDERAÇÕES FINAIS; 7. REFERÊNCIAS BIBLIOGRÁFICAS

1. ASPECTOS GERAIS SOBRE O TEMA

O processo caracteriza-se intrinsecamente, conforme clássica formulação em doutrina, por ser uma relação jurídica complexa e progressiva, que avança por vários estágios com vistas à entrega da prestação jurisdicional[2]. Para que isso ocorra, porém, é necessário que as alegações e pedidos das partes estejam razoavelmente definidos, a fim de que se possa delimitar o objeto litigioso suscetível de apreciação. Por isso, em todo tipo de procedimento, ocorrerá em algum momento a *estabilização da demanda*, que nada mais é do que o estágio processual a partir do qual não mais se admite a inserção de novas alegações que acarretem alteração de seus elementos fundamentais.

Sem embargo das críticas formuladas à teoria da tríplice identidade da demanda, cuja análise extrapolaria os limites do presente estudo[3], é correto

---

1. Doutor e mestre em Direito Processual (UERJ). Professor de Direito Processual Civil na UFRJ. Membro do IIDP, IPDP, IBDP, IAB, CBAr e Ceapro. Advogado. Contato: andreroque@andreroque.adv.br
2. V., entre outros, CINTRA, Antonio Carlos de Araújo; GRINOVER, Ada Pellegrini; DINAMARCO, Cândido Rangel, *Teoria Geral do Processo*. São Paulo: Malheiros, 2001, p. 290.
3. Como observa CRUZ E TUCCI, José Rogério. *A causa petendi no processo civil*. São Paulo: Revista dos Tribunais, 2009, p. 80, a principal crítica à teoria da tríplice identidade da demanda, proveniente de fontes romanas, originou-se da teoria da identidade da relação jurídica, também com raízes no direito romano e revisitada por Savigny. Por isso, conclui ainda CRUZ E TUCCI, José Rogério, cit., p. 233, a teoria da tríplice identidade não pode ser considerada um critério absoluto, mas sim uma "boa hipótese de trabalho". Na doutrina italiana, demonstrando certa perplexidade com os critérios de identificação da demanda, entre

afirmar que, de acordo com a concepção cristalizada no art. 301, § 2º do Código de Processo Civil de 1973, a demanda possui três elementos básicos, sendo um deles de natureza subjetiva (partes) e os outros dois de ordem objetiva (causa de pedir e pedido). A noção de estabilização da demanda, todavia, costuma ser discutida em doutrina apenas no que se refere aos seus elementos objetivos[4], fato este agravado no direito brasileiro pela circunstância de que o CPC de 1973, embora com certa falta de sistematicidade, disciplina alguns aspectos da modificação subjetiva da demanda em dispositivos à parte (art. 41 e segs.), separados daqueles atinentes à estabilização objetiva da demanda. Como será visto oportunamente, no entanto, não é possível separar totalmente os dois fenômenos, ainda que se possa conferir maior destaque à estabilização dos elementos objetivos[5].

Os sistemas processuais no Direito Comparado costumam ser classificados em *rígidos* e *flexíveis*, conforme permitam ou não a modificação da demanda após limites temporais mais ou menos estreitos para a apresentação das alegações e pedidos das partes. Cada modelo possui vantagens e inconvenientes, não havendo uniformidade na disciplina da matéria. Assim, por exemplo, sistemas há – como o italiano – em que o tratamento flexível que lhe era tradicional vem dando espaço a um modelo mais rígido, em um esforço de assegurar maior celeridade processual[6]. Há, de forma inversa, outros sistemas trilhando caminho oposto, qual seja, partindo de um modelo rígido e adotando maior flexibilidade através de sucessivas reformas, como o português[7]. A tendência parece ser, no entanto, a busca de um equilíbrio razoável entre os dois sistemas, em que se busque maximizar as vantagens e mitigar os inconvenientes de cada um.

---

outros, SATTA, Salvatore, Domanda giudiziale (Diritto processuale civile) in *Enciclopedia del diritto*. Milano: Giuffrè, 1958, v. XIII, p. 825/826.

4. V. PICÓ I JUNOY, Joan. *La modificación de la demanda en el proceso civil*. Valencia: Tirant lo Blanch, 2006, p. 16-17.
5. Sobre o ponto, v. o item 3 do presente estudo, especialmente no que se refere ao regime da estabilização da demanda no direito brasileiro e ao instituto da oposição interventiva (art. 59 do CPC).
6. Sobre a evolução da matéria no direito italiano, entre outros, v. LEONEL, Ricardo de Barros, *Causa de pedir e pedido – O direito superveniente*. São Paulo: Método, 2006, 163/185; GUEDES, Cintia Regina, A estabilização da demanda no Direito Processual Civil *in* FUX, Luiz (Coord.), *O novo processo civil brasileiro*. Rio de Janeiro: Forense, 2011, p. 253/259 e PINTO, Junior Alexandre Moreira. *A causa petendi e o contraditório*. São Paulo: Revista dos Tribunais, 2007, p. 112/120.
7. Sobre a evolução da matéria em Portugal, entre outros, v. CRUZ E TUCCI, José Rogério, A *causa petendi* no novo CPC português *in* CRUZ E TUCCI, José Rogério; BEDAQUE, José Roberto dos Santos (Coord.), *Causa de pedir e pedido no processo civil*. São Paulo: Revista dos Tribunais, 2002, p. 269/277; LEONEL, Ricardo de Barros, cit., 186/197 e GUEDES, Cintia Regina, cit., p. 271/275.

Um sistema processual rígido em termos de estabilização da demanda apresenta as seguintes vantagens[8-9]:

a. assegura o amplo direito de defesa do demandado, na medida em que ele não será surpreendido com eventuais modificações da demanda no curso do processo e nem terá a oportunidade adequada de se manifestar sobre todos os fatos alegados pelo autor, produzindo as provas que entender necessárias[10];

b. alinha-se com o princípio da preclusão, permitindo que o processo percorra fases bem delimitadas, previsíveis e ordenadas em direção à sentença, exigindo que os atos processuais sejam praticados em determinado lapso temporal e impedindo que se retroceda na marcha processual[11];

c. garante a duração razoável do processo, impedindo a eternização de demandas judiciais mediante sucessivas alterações do objeto litigioso;

d. impede manobras dilatórias e preserva a boa-fé processual e a lealdade entre as partes, exigindo que apresentem, de uma só vez, todos os argumentos que possam deduzir, impedindo que as partes guardem "cartas na manga" para as fases processuais posteriores com o objetivo de surpreender o adversário ou mesmo que possam buscar modificar os fatos alegados ou os pedidos, a partir do momento em que vislumbrarem, diante das provas já produzidas, provável decisão contrária a seus interesses.

---

8. Há pelo menos um fundamento dos sistemas rígidos que costuma ser invocado em doutrina e que não será abordado no texto: a proteção da *litiscontestatio*, ou seja, a estabilização da demanda como um efeito necessário da litispendência sob o argumento, originário do direito romano, de que neste momento seria estabelecido um quase contrato entre os litigantes, que se comprometeriam a respeitar os limites da demanda submetida ao Judiciário. Como hoje não se concebe mais o processo como um quase contrato entre as partes, tal fundamento não mais se justifica. Nesse sentido, entre outros, FAIREN GUILLÉN, Victor, *La transformación de la demanda en el proceso civil*. Santiago de Compostela: Porto, 1949, p. 109/111; LIEBMAN, Enrico Tullio, O despacho saneador e o julgamento do mérito in *Estudos sobre o processo civil brasileiro*. São Paulo: Saraiva, 1947, p. 109/110; PICÓ I JUNOY, Joan, cit., p. 45/46 e GUEDES, Cíntia Regina, cit., p. 244.
9. Referências a estes fundamentos podem ser encontradas em PICÓ I JUNOY, Joan, cit., p. 50/63; FERRI, Corrado, *Struttura del processo e modificazione della domanda*. Padova: Cedam, 1975, p. 3/12 e 116/119 e GUEDES, Cíntia Regina, cit., p. 244/247.
10. Para FERRI, Corrado, cit., p. 118, o elemento surpresa decorrente de uma radical alteração da demanda poderia criar desigualdade entre as partes.
11. Nesse sentido, embora não se referindo explicitamente à questão da modificação da demanda, sustenta OLIVEIRA, Carlos Alberto Alvaro de, *Do formalismo no processo civil*. São Paulo: Saraiva, 2003, p. 170, que a ameaça de preclusão constitui princípio fundamental de organização do processo, sem o qual nenhum procedimento teria fim.

Por outro lado, como fundamentos de um sistema processual de modificação da demanda mais flexível poderiam ser relacionados os seguintes fatores[12-13]:

a. permite a correção de eventuais omissões ou de erros não maliciosos, a fim de que se possa adequar a demanda formulada pelo autor às alegações do réu;

b. promove a economia processual, na medida em que evita o ajuizamento de novas demandas destinadas à formulação de causas de pedir ou pedidos supervenientes e possibilita que o processo resolva o maior número de questões possíveis entre as partes, observando-se sempre a exigência de boa-fé e o direito de defesa do réu;

c. busca a justiça material do caso concreto e promove a efetividade do acesso à justiça, visto que permite que a prestação jurisdicional corresponda o mais próximo possível ao real conflito no estado em que se encontra, evitando, assim, a prolação de uma sentença meramente formal, incapaz de resolver a crise de direito material e que já não traga mais proveito para as partes, em decorrência de alterações fáticas ou no bem jurídico em discussão durante a tramitação do processo.

Como se pode observar, os dois sistemas apresentam fundamentos consistentes, que não podem ser simplesmente desprezados. Trata-se, em definitivo, de opção política do legislador[14], que pode validamente prestigiar um ou outro sistema, respeitando as garantias fundamentais do processo. Isso não significa que o tema apresente importância secundária, tendo em vista as

---

12. Segundo PICÓ I JUNOY, Joan, cit., p. 72/75, os modelos flexíveis ainda apresentam outro fundamento não explicitado no texto, qual seja, a flexibilidade dos procedimentos inspirados pela noção de oralidade. Em sentido análogo, FAIREN GUILLEN, cit., p. 74 (indicando que procedimentos orais não necessitam de escritos preparatórios substanciais, pois as alegações das partes somente se desenvolvem por completo na audiência). Embora tal conclusão seja lógica, na medida em que o diálogo entre as partes permitiria a modificação dos elementos da demanda sem prejuízo do direito de ampla defesa do réu, possibilitando ainda ao juiz que examinasse de perto se há ou não boa-fé no requerimento, tal fundamento não pode ser diretamente aplicado ao direito brasileiro. Isso porque tanto o CPC de 1973 como o novo CPC adotaram um procedimento eminentemente escrito. Sobre a não recepção da oralidade no processo civil brasileiro, exemplificativamente, v. DINAMARCO, Cândido Rangel, *Instituições de direito processual civil*. Malheiros: São Paulo, 2009, v. 2, p. 462/464 e OLIVEIRA JR., Zulmar Duarte de. *O princípio da oralidade no processo civil*. Porto Alegre: Núria Fabris, 2011, p. 199/202.
13. Sobre o ponto, entre outros, v. PICÓ I JUNOY, Joan, cit., p. 54/75; GUEDES, Cíntia Regina, cit., p. 247/252; LEONEL, Ricardo de Barros, cit., p. 125/128 e 210/211 e MASCIOTRA, Mario, *El principio de congruência en los procesos civiles, patrimoniales y de familia, laborales y colectivos ambientales*. Buenos Aires: Ad-Hoc, 2010, p. 63/90.
14. Sobre o ponto, exemplificativamente, v. PICÓ I JUNOY, cit., p. 43; PINTO, Junior Alexandre Moreira, Sistemas rígidos e flexíveis: a questão da estabilização da demanda in CRUZ E TUCCI, José Rogério; BEDAQUE, José Roberto dos Santos (Coord.), cit., p. 54.

relevantíssimas conseqüências na prática judiciária, como será exposto ao longo do presente estudo. Por isso mesmo, a tendência em muitos países tem sido buscar um ponto de equilíbrio entre as exigências de rigidez e flexibilidade em termos de estabilização da demanda no processo[15].

2. A ESTABILIZAÇÃO DA DEMANDA NO CÓDIGO DE PROCESSO CIVIL DE 1973

O direito brasileiro, inicialmente, herdou a tradição lusitana de um sistema de estabilização da demanda mais rígido[16].

Nesse sentido, os códigos estaduais editados no início do século XX, de forma geral, vedavam a modificação do pedido após o ingresso do réu na lide[17]. O Código de Processo Civil de 1939, por sua vez, consagrou em seu art. 157 um modelo ainda mais inflexível[18], segundo o qual não se admitiam alterações do pedido e da causa de pedir nem mesmo antes da citação do réu. Não havia qualquer possibilidade de aditamento da demanda[19]. Além disso, estabelecia o art. 181, *caput* do CPC de 1939 que, apresentada a contestação, o autor não poderia modificar o pedido ou a causa de pedir, nem desistir da ação, sem o consentimento do demandado.

O Código de Processo Civil de 1973, na redação original, reproduzia a regra do código anterior que vedava o aditamento da petição inicial para a inclusão de novos pedidos antes da citação do réu (art. 294 original), embora seu art. 264, de forma um tanto contraditória, já deixasse aberta a possibilidade de

---

15. Tal tendência vem sendo observada até mesmo no processo civil norte-americano, tradicionalmente caracterizado por ampla flexibilidade na matéria. Nos termos das Regras 8 (a) e 15 das *Federal Rules of Civil Procedure*, os elementos objetivos da demanda vão sendo progressivamente construídos pelas partes até a fase do *trial*, exigindo-se do autor apenas uma sumária exposição da controvérsia na petição inicial, cuja finalidade precípua consiste em comunicar o réu do ajuizamento da demanda (*notice pleading*), não já delimitar objetivamente o âmbito da atividade jurisdicional. Nada obstante, há recentes manifestações da Suprema Corte daquele país exigindo maior detalhamento da exposição na petição inicial e, portanto, imprimindo maior rigidez à fixação dos elementos objetivos da demanda nos casos *Bell Atlantic Corp. v. Twombly*, 550 US 544 (2007) e *Ashcroft v. Iqbal*, 556 US 662 (2009). O fundamento dessa maior rigidez consiste, em síntese, em inibir o demandismo judicial, que pode submeter o réu a uma fase de *discovery* invasiva e onerosa de forma ilegítima.
16. V., referindo-se ao processo das Ordenações, LIEBMAN, Enrico Tullio, Istituti del diritto comune nel processo civile brasiliano in *Problemi del processo civile*. Napoli: Morano, 1962, p. 494/502.
17. Vejam-se, por exemplo, o art. 113 do Código de Processo Civil e Comercial para o Distrito Federal ("O autor, depois de proposta a acção, não poderá varias, ou alterar substancia do pedido, sendo-lhe, todavia, permittido fazer addições, ou emendas antes da contestação") e o art. 209 do Código de Processo Civil e Comercial de São Paulo ("A inicial só poderá ser alterada na substancia, mediante nova citação do réo, antes de proposta a acção").
18. Assim dispunha o art. 157: "Quando o autor houver omitido, na petição inicial, pedido que lhe era lícito fazer, só em ação distinta poderá formulá-lo".
19. V. PONTES DE MIRANDA, Francisco Cavalcanti. *Comentários ao Código de Processo Civil*. Rio de Janeiro: Forense, 1958, t. II, p. 401.

modificação da causa de pedir e do pedido sem a concordância do réu antes de seu ingresso na lide, sendo vedada, em qualquer caso, a alteração da demanda após o despacho saneador[20]. Houve, assim, um pequeno avanço em direção à flexibilidade, mas o processo civil brasileiro permanecia atrelado a um modelo bastante rígido.

Houve ligeira alteração na redação do art. 264 antes mesmo da entrada em vigor do CPC de 1973, em virtude da aprovação da Lei nº 5.925/73, quanto então o aludido dispositivo legal ganhou a sua redação final[21]. A redação do art. 294, por sua vez, somente foi alterada pela Lei nº 8.718/93, resolvendo a aparente contradição apontada para dispor que o autor poderá aditar o pedido, sem a necessidade de propositura de uma nova demanda, correndo por sua conta as custas acrescidas[22].

De acordo com o CPC de 1973, portanto, a demanda será estabilizada progressivamente em três estágios:

a. até o ingresso do réu na lide, será livremente permitida a modificação objetiva da demanda, tanto do pedido quanto da causa de pedir;

b. após a citação do réu e até a fase de saneamento do processo, a alteração da demanda somente será permitida com a concordância do réu;

c. após a fase de saneamento, a demanda estará estabilizada e não será permitida a sua modificação, nem mesmo com o consentimento de ambas as partes[23].

Ainda que tenha havido pequeno avanço em relação ao regime absolutamente inflexível do Código de Processo Civil de 1939, o CPC de 1973 consagra

---

20. Assim dispunham os dispositivos referidos do Código de Processo Civil de 1973, na redação original: "Art. 264. Feita a citação, é defeso ao autor modificar o pedido ou a causa de pedir, sem o consentimento do réu, mantendo-se as mesmas partes, salvo as substituições permitidas por lei. Parágrafo único. A alteração do pedido ou da causa de pedir em nenhuma hipótese será permitida após a prolação do despacho saneador" e "Art. 294. Quando o autor houver omitido, na petição inicial, pedido que lhe era lícito fazer, só por ação distinta poderá formulá-lo".
21. Assim estabelece o art. 264 do CPC de 1973, na redação final: "Art. 264. Feita a citação, é defeso ao autor modificar o pedido ou a causa de pedir, sem o consentimento do réu, mantendo-se as mesmas partes, salvo as substituições permitidas por lei. Parágrafo único. A alteração do pedido ou da causa de pedir em nenhuma hipótese será permitida após o saneamento do processo".
22. Veja-se, nesses termos, a redação final do art. 294 do CPC de 1973: "Art. 294. Antes da citação, o autor poderá aditar o pedido, correndo à sua conta as custas acrescidas em razão dessa iniciativa".
23. Isso não afasta a possibilidade, por certo, de modificação restritiva da demanda, ou seja, a possibilidade de desistência de um dos pedidos ou de um dos fundamentos apontados como causa de pedir, mesmo após o despacho saneador. Ainda nesse caso, todavia, uma vez decorrido o prazo para a resposta do réu, exige-se sua concordância (art. 267, § 4º do CPC de 1973). Exceção a este regime se encontra na regra específica do processo de execução (art. 569 do CPC de 1973), que, ainda assim, pode exigir o consentimento do executado que já tenha oferecido embargos fundados em questões de direito material.

um modelo bastante rígido em termos de estabilização da demanda. Tal afirmação se torna ainda mais evidente quando se compara sua disciplina sobre a matéria com os regimes contemporâneos na Europa continental que, como já exposto, buscam, de forma geral, encontrar o equilíbrio entre a rigidez e a flexibilidade, criando válvulas de escape para que a demanda possa se conformar ao conflito no estado em que se encontra, sem prejuízo do direito de ampla defesa e contraditório.

A rigidez do CPC de 1973 brasileiro é complementada, ainda, por um regime rígido de preclusões, pela previsão do princípio da eventualidade[24] (segundo o qual as partes devem apresentar, de uma só vez, todas as alegações que possuírem, ainda que contraditórias entre si) e pelo entendimento dominante em doutrina, segundo o qual o art. 282, III do CPC de 1973 teria representado a adesão do processo civil pátrio à teoria da substanciação, de tal modo que a causa de pedir englobaria simultaneamente os fatos constitutivos alegados e os fundamentos jurídicos invocados[25].

Uma das consequências da adesão à teoria da substanciação, como se percebe, é que qualquer modificação em fatos essenciais suscitados pelas partes fora das hipóteses contempladas nos arts. 264 e 294 do CPC de 1973 seria

---

24. Em relação ao réu, o princípio da eventualidade no processo civil foi consagrado expressamente no art. 300 do CPC: "Art. 300. Compete ao réu alegar, na contestação, toda a matéria de defesa, expondo as razões de fato e de direito, com que impugna o pedido do autor e especificando as provas que pretende produzir". A definição de eventualidade, porém, não pode ser limitada ao réu, estando o autor também submetido a tal princípio, como exposto por TEIXEIRA, Guilherme Freire de Barros. *O princípio da eventualidade no processo civil.* São Paulo: Revista dos Tribunais, 2005, p. 27. No mesmo sentido, v. LAZZARINI, Alexandre Alves, *A causa petendi nas ações de separação judicial e de dissolução da união estável.* São Paulo: Revista dos Tribunais, 1999, p. 38.

25. Aderindo ao entendimento dominante, entre outros, MARQUES, José Frederico, *Manual de direito processual civil.* São Paulo: Saraiva, 1990, v. 1, p. 173; SANTOS, Moacyr Amaral, *Primeiras linhas de direito processual civil.* São Paulo: Saraiva, v. 2, 2011, p. 176; CALMON DE PASSOS, José Joaquim, *Comentários ao Código de Processo Civil.* Rio de Janeiro: Forense, 2005, v. III, p. 192; CINTRA, Antonio Carlos de Araújo; GRINOVER, Ada Pellegrini; DINAMARCO, Cândido Rangel, cit., p. 262; NERY JR., Nélson; NERY, Rosa Maria de Andrade, *Código de Processo Civil comentado e legislação processual em vigor.* São Paulo: Revista dos Tribunais, 2010, p. 575; ASSIS, Araken de, *Cumulação de ações.* São Paulo: Revista dos Tribunais, 2002, p. 138 (chegando a afirmar que "reina total harmonia, na doutrina brasileira, no reconhecimento da adesão do CPC à teoria da substanciação"). Não se concorda integralmente com tal posição, todavia, porque, embora o art. 282, III do CPC exija a indicação tanto dos fatos quanto dos fundamentos jurídicos como requisitos da petição inicial, tal norma não estabeleceu o nível de detalhamento necessário quanto aos fatos constitutivos alegados, sendo possível, por exemplo, exigir do autor uma carga maior de substanciação quanto às demandas heterodeterminadas (tipicamente envolvendo direitos obrigacionais e direitos reais de garantia) e apenas o mínimo indispensável para uma demanda autodeterminada (envolvendo direitos reais de gozo e direitos da personalidade, que somente podem existir uma única vez com o mesmo conteúdo entre os mesmos sujeitos, independentemente do fato constitutivo invocado). V., em atitude crítica à posição dominante, BOTELHO DE MESQUITA, José Ignácio, cit, p. 197, BOTELHO DE MESQUITA, José Ignácio. Conteúdo da causa de pedir, *Revista dos Tribunais,* v. 564, 1982, p. 48 e, ainda, SILVA, Ovídio Baptista da, Limites objetivos da coisa julgada no direito brasileiro atual in *Sentença e coisa julgada.* Porto Alegre: Sérgio Fabris, 1979, p. 166.

vedada no processo civil brasileiro, por importar em alteração da própria causa de pedir.

Assim, no processo civil brasileiro, pode haver grande dificuldade, sobretudo do ponto de vista do demandante[26], em garantir que a controvérsia que será apreciada pelo juiz ainda corresponda à real crise de direito material no estado em que se encontra, condição necessária para a efetividade da prestação jurisdicional.

Eventual apreciação de novos fatos simples, que sejam acessórios às alegações essenciais de fato e supervenientes à instauração do processo, é garantida nos termos do art. 131 do CPC de 1973, mas nesta hipótese não há verdadeiramente alteração da causa de pedir, nem de qualquer outro elemento da demanda. Assim, a mera reformulação da narrativa fática de circunstâncias acidentais é permitida no processo civil brasileiro, mesmo após ultrapassadas as etapas progressivas para a estabilização da demanda[27]. Tal não se verifica, entretanto, em relação a fatos essenciais supervenientes, que repercutam decisivamente sobre a causa de pedir ou o pedido, o que seria vedado, em princípio, em um sistema rígido como o brasileiro.

Uma possível válvula de escape contra inconvenientes atribuídos a um modelo rígido de estabilização da demanda poderia ser encontrada no art. 462 do CPC de 1973, segundo o qual caberá ao juiz tomar em consideração qualquer fato constitutivo, modificativo ou extintivo, desde que superveniente à propositura da ação. A doutrina, no entanto, na ausência de parâmetros de compatibilização entre esta norma e o tradicional princípio da estabilização da demanda, não tem chegado a um consenso[28].

---

26. Em relação ao réu, admite o ordenamento jurídico que sejam deduzidas novas alegações em hipóteses um pouco mais amplas, nos termos do art. 303 do CPC de 1973, quando relativas a direito superveniente, sempre que competir ao juiz conhecer delas de ofício e no caso em que existir expressa disposição legal, tal como ocorre, por exemplo, com a decadência convencional, que não pode ser apreciada de ofício, mas pode ser suscitada a qualquer momento (art. 211 do Código Civil). Não há previsão neste dispositivo, porém, de introdução de novas alegações relativas a *fatos supervenientes*, matéria disciplinada apenas no art. 462 do CPC, que será objeto de consideração neste estudo logo a seguir.
27. Entre outros, v. LIEBMAN, Enrico Tullio. *Manual de direito processual civil*. Tocantins: Intelectos, 2003, p. 168; BARBOSA MOREIRA, José Carlos, *O novo processo civil brasileiro*. Rio de Janeiro: Forense, 2008, p. 17; CRUZ E TUCCI, José Rogério, *A causa petendi no processo civil*..., cit., p. 196/197. Na jurisprudência, também entre outros, v. STJ, REsp 202.079/SP, Terceira Turma, rel. Min. Antônio de Pádua Ribeiro, j. 28.5.2002, DJ 24.6.2002 ("A simples explicitação dos fundamentos da ação não constitui alteração da causa de pedir") e REsp 55.083/SP, Quarta Turma, rel. Min. Sálvio de Figueiredo Teixeira, j. 20.5.1997, DJ 4.8.1997 ("A narrativa de circunstâncias acidentais feita após a contestação com intuito de esclarecer a petição inicial, sem modificação dos fatos e fundamentos jurídicos delineados na peça de ingresso, não importa alteração da causa de pedir").
28. Reconhecendo a insuficiência da disciplina do fato superveniente no art. 462 do CPC e sustentando que a norma se aplica também aos fatos de conhecimento superveniente, embora já ocorridos ao tempo do ajuizamento da demanda, v. DEGENSZAJ, Daniel Raichelis. *Alteração dos fatos no curso do processo e os*

Assim, há quem sustente interpretação restritiva, limitando a aplicabilidade do art. 462 do CPC de 1973 a situações que não alterem o núcleo da própria causa de pedir[29], de tal modo que seu âmbito de incidência praticamente coincidiria com o art. 131 do CPC de 1973, que se refere à apreciação de fatos "não alegados pelas partes". Há, por outro lado, quem lhe confira interpretação mais ampla, permitindo que quaisquer fatos supervenientes sejam introduzidos no processo, já que o art. 462 do CPC de 1973 não prevê qualquer restrição nesse sentido[30]. Esta seria, segundo a visão desses autores, verdadeira exceção à estabilização da demanda. Há, por fim, quem adote posição intermediária, admitindo que o art. 462 do CPC de 1973 introduza alterações em fatos essenciais, mas apenas para as demandas que são consideradas autodeterminadas e desde que se trate de fatos da mesma *fatispécie*, ou seja, com idênticas características jurídicas dos fatos alegados inicialmente[31].

A regra do art. 462 tem sido aplicada pela jurisprudência não apenas em primeira instância, mas também em sede recursal, até mesmo no âmbito dos tribunais superiores, desde que superados os óbices de admissibilidade dos recursos excepcionais[32]. Há, por outro lado, que se considerar ainda o art. 517 do CPC de 1973, que permite suscitar questões de fato inéditas na apelação, desde que se prove que a parte não a alegou anteriormente por motivo de força maior. A doutrina tem considerado que essas questões de fato, assim como ocorre em relação ao art. 131 do CPC de 1973, não podem introduzir inovação à

---

limites da modificação da causa petendi. 2010. Dissertação (Mestrado em Direito Processual) – Universidade de São Paulo, São Paulo, p. 91 e segs.

29. V., nesse sentido, FUX, Luiz, *Curso de Direito Processual Civil*. Rio de Janeiro: Forense, 2005, p. 179/180 e 419/420 (afirmando que o art. 462 do CPC apenas se aplica a causas de pedir alegadas inicialmente, mas verificadas supervenientemente, como, por exemplo, o transcurso do prazo para o divórcio durante o processo, no regime anterior à EC nº 66/2010); ASSIS, Araken de, *Doutrina e prática do processo civil contemporâneo*. São Paulo: Revista dos Tribunais, 2001, p. 197/198; JARDIM, Augusto Tanger, *A causa de pedir no direito processual civil*. Porto Alegre: Livraria do Advogado, 2008, p. 120/121. Em sentido semelhante, embora conferindo interpretação mais ampla e relacionando o art. 462 do CPC de 1973 à necessidade de que as condições da ação, sobretudo o interesse de agir, estejam presentes desde o ajuizamento da ação até a sentença, CRUZ E TUCCI, José Rogério, cit., p. 202/207.
30. Entre outros, LACERDA, Galeno. O código e o formalismo processual, *Revista da Associação dos Juízes do Rio Grande do Sul*, v. 28, jul/1983, p. 12 (sustentando que a norma do art. 462 do CPC seria revolucionária, mexendo com tantos dogmas processuais que a doutrina, temerosa de avançar em mundo desconhecido, se encolhe vacilante); BEDAQUE, José Roberto dos Santos. *Efetividade do processo e técnica processual*. São Paulo: Malheiros, 2007, p. 136; PINTO, Junior Alexandre Moreira, cit., p. 68/76.
31. V. GRECO, Leonardo, cit., p. 205/207.
32. O Superior Tribunal de Justiça, de longa data, tem prestigiado tal entendimento, como se verifica em STJ, REsp 2041/RJ, Quarta Turma, rel. Min. Sálvio de Figueiredo Teixeira, j. 3.4.1990, DJ 7.5.1990 e, mais recentemente, em EDcl nos EDcl no REsp 425.195/PR, rel. Min. Laurita Vaz, Quinta Turma, j. 12.8.2008, DJe 8.9.2008 e REsp 327.004/RJ, Quarta Turma, rel. Min. Sálvio de Figueiredo Teixeira, j. 14.8.2011, DJ 24.9.2001. Não se pode, porém, utilizar o fato novo como fundamento para o próprio recurso excepcional, que precisa ser admitido por outro motivo devido à exigência de prequestionamento, como já se decidiu, por exemplo, em STJ, AgRg no Ag 1.355.283/MS, rel. Min. Sidnei Beneti, j. 26.4.2011, DJ 4.5.2011. Em doutrina, v. OLIVEIRA, Carlos Alberto Alvaro de, cit., p. 181/182.

causa de pedir[33], tratando-se, mais uma vez, de fatos secundários, acessórios. Eventuais fatos essenciais supervenientes apenas poderão ser invocados nos limites do art. 462 do CPC de 1973, que, como se viu, apresenta interpretação controvertida.

Independentemente da ampliação ou da restrição de seu âmbito de aplicação, é absolutamente imprescindível, de todo modo, que os dispositivos ora analisados sejam revisitados à luz do contraditório participativo e do dever de diálogo entre as partes no processo e o órgão judicial. Nos termos do art. 131 do CPC de 1973, o julgador pode conhecer de fatos e circunstâncias não alegadas pelas partes. O art. 462 do CPC de 1973 permite, por sua vez, que o juiz conheça de fatos essenciais, mesmo de ofício. Isso não significa, porém, que o juiz possa surpreender as partes, decidindo com base em fatos não debatidos nos autos ou, pior ainda, em causa de pedir sequer alegada.

A doutrina contemporânea tem destacado a proibição das chamadas decisões surpresa, fundadas em questão de fato ou de direito não debatidas no processo, como decorrência do contraditório em sua dimensão participativa, do dever de boa-fé com que devem proceder os poderes públicos ou, ainda, do dever de colaboração no processo civil[34]. Em boa hora, o novo Código de Processo Civil (Lei nº 13.105/2015) explicita tal vedação em seu art. 10, *caput*[35], caminhando na mesma direção que outros códigos processuais, em que a proibição das decisões surpresas também é expressa[36].

Mesmo na vigência do CPC de 1973, que não contém regra explícita a este respeito, o juiz não pode surpreender as partes com fundamentos de fato ou de direito que não foram submetidos ao crivo do contraditório, sob pena de incorrer em flagrante violação às garantias fundamentais do processo.

---

33. V., entre outros, BARBOSA MOREIRA, José Carlos, *Comentários ao Código de Processo Civil*. Rio de Janeiro: Forense, 2008, v. V, p. 456; SOUSA, Everardo de, Do princípio da eventualidade no sistema do Código de Processo Civil, *Revista Forense*, v. 251, ago./set. 1975, p. 112; RUBIN, Fernando, *A preclusão na dinâmica do processo civil*. Porto Alegre: Livraria do Advogado, 2010, p. 215/216.
34. Na doutrina estrangeira, o assunto não é novo, como se observa, por exemplo, em TROCKER, Nicoló. *Processo civile e costituzione* – Problemi di diritto tedesco e italiano. Milano: Giuffrè, 1974, p. 723/724 e em COMOGLIO, Luigi Paolo. *La garanzia costituzionale dell'azione ed il processo civile*. Padova: Cedam, 1970, p. 145/146. Entre os autores brasileiros, sobre o tema, destacam-se BEDAQUE, José Roberto dos Santos, Os elementos objetivos da demanda à luz do contraditório in CRUZ E TUCCI, José Rogério; BEDAQUE, José Roberto dos Santos (Coord.), cit., p. 38/42; OLIVEIRA, Carlos Alberto Alvaro de, cit., *passim*, especialmente p. 164/168; NERY JR., Nelson, *Princípios do processo na Constituição Federal*. São Paulo: Revista dos Tribunais, 2009, p. 221/230 e MITIDIERO, Daniel, *Colaboração no processo civil*. São Paulo: Revista dos Tribunais, 2011, p. 149/156.
35. Assim prevê o art. 10, *caput* do novo CPC: "O juiz não pode decidir, em grau algum de jurisdição, com base em fundamento a respeito do qual não se tenha dado às partes oportunidade de se manifestar, ainda que se trate de matéria sobre a qual deva decidir de ofício".
36. Nesse sentido, por exemplo, vejam-se o § 139, 2 e 3 da ZPO alemã, o art. 16 do *Noveau Code de Procédure Civile* francês e o art. 3º, n. 3 do Código de Processo Civil português.

3. A TORRE DE BABEL NO PROCESSO CIVIL BRASILEIRO NA VIGÊNCIA DO CPC DE 1973

A observação da disciplina da estabilização da demanda no CPC de 1973 demonstra que, quando o legislador impõe rígidas proibições, não demoram a surgir inconsistências em seu modelo aparentemente ideal. Além disso, a inexistência de válvulas de escape adequadamente dimensionadas na legislação cria alguns pontos de estrangulamento para os casos difíceis, o que acaba estimulando a jurisprudência a criar algumas aberturas, mas de forma imprevisível e casuística.

O CPC de 1973 em vigor abre espaço para inconsistências com um modelo rígido de estabilização da demanda em pelo menos dois pontos.

O primeiro aspecto inconsistente consiste na previsão da oposição interventiva, disciplinada no art. 59 do CPC de 1973[37]. Como se sabe, a oposição consiste em demanda por miro da qual terceiro deduz pretensão incompatível com os interesses de autor e réu de um processo de conhecimento pendente. Trata-se de modalidade de intervenção de terceiro que amplia subjetiva e objetivamente os limites da demanda: o terceiro poderá, até a audiência de instrução e julgamento[38], ingressar no processo e agregar-lhe novo pedido, formulado pelo opoente contra o autor e o réu, a ser apreciado conjuntamente com os pedidos originários pela mesma sentença.

A contradição é evidente: impede-se que o autor, por exemplo, acrescente novo pedido ou causa de pedir após o saneamento do processo e mesmo com a concordância do réu, mas se permite livremente que terceiro, sem o consentimento de nenhuma das partes originárias, ingresse em processo alheio formulando novo pedido até a audiência de instrução e julgamento. Por isso que já se afirmou, logo no início do presente estudo, que não se mostra possível separar totalmente os fenômenos da modificação objetiva e subjetiva da demanda, muito embora regulados em dispositivos separados no Código de Processo Civil de 1973, sob pena de incorrer em inconsistência.

O segundo ponto inconsistente diz respeito ao instituto da conexão. Diante de um modelo rígido de estabilização da demanda e vislumbrada, no curso do processo, a necessidade de introdução de uma nova causa de pedir ou pedido relacionados àqueles já deduzidos, mesmo após superados os lapsos temporais previstos no art. 264 do CPC de 1973, o que fazer? Simples: bastará propor

---

37. Assim prevê o art. 59 do CPC de 1973: "A oposição, oferecida antes da audiência, será apensada aos autos principais e correrá simultaneamente com a ação, sendo ambas julgadas pela mesma sentença".
38. Após a audiência, haverá lugar apenas para a oposição autônoma, nos termos do art. 60 do CPC de 1973, que consiste em processo incidental proposto por terceiro.

uma nova demanda conexa, a ser distribuída por dependência ao processo originário (art. 253, I do CPC de 1973). A depender da fase processual em que a demanda originária se encontre, será possível inclusive o julgamento conjunto de todas as causas de pedir e pedidos formulados (art. 105 do CPC de 1973).

O resultado dessa estratégia, como se percebe, conduziria, por via transversa, a resultado vedado pelo princípio da estabilização da demanda[39]. Seria possível ampliar os limites do objeto litigioso a ser apreciado na sentença, ainda que, do ponto de vista estritamente formal, tenham sido instauradas duas ações conexas.

Em outras palavras, o legislador trancou a porta da frente para a modificação da demanda, mas deixou escancarada a porta dos fundos...

Ademais, existem ainda outras aberturas mais específicas criadas pelo legislador, intencionalmente ou não, que igualmente possibilitam a alteração da demanda além das hipóteses delineadas no art. 264 do CPC de 1973. Admite-se, por exemplo, a inclusão de matéria fora dos limites postos na petição inicial e na contestação a todo e qualquer momento no processo para fins de homologação de transação (art. 475-N, III do CPC de 1973)[40]. Da mesma forma, a Lei de Execução Fiscal permite, em seu art. 2º, § 8º, que a Fazenda emende ou substitua a Certidão de Dívida Ativa até a prolação de sentença nos embargos do executado, o que corresponde a uma modificação da causa de pedir admitida pela lei de forma excepcional, mesmo para fases mais avançadas do processo, como já reconhecido expressamente em acórdão do Superior Tribunal de Justiça[41].

Continuando, assim, a ilustração proposta anteriormente, o Código de Processo Civil de 1973 fechou a porta da frente para a modificação da demanda após a fase de saneamento, mas não apenas permitiu que ficasse escancarada a porta dos fundos, como também deixou abertas várias janelas pela casa inteira.

A previsão dessas aberturas, em si mesma, é elogiável por atenuar os rigores de um sistema excessivamente rígido. O que se critica, entretanto, é a absoluta ausência de sistematicidade no tratamento da matéria. Há aí certa hipocrisia normativa: o legislador apresenta um discurso de estabilização rápida

---

39. V. LEONEL, Ricardo de Barros, cit., p. 246 e BUENO, Cássio Scarpinella, *Curso sistematizado de direito processual civil*. São Paulo: Saraiva, 2011, v. 2, t. 1, p. 134.
40. E, por isso mesmo, já houve quem sustentasse que tal dispositivo teria atenuado o rigor da estabilização da demanda, como se verifica, por exemplo, em DIDIER JR., Fredie, *Curso de direito processual civil*. Salvador: Juspodvm, 2009, v. 1, p. 435/436.
41. V. STJ, REsp 504.168/SE, Segunda Turma, rel. Min. Franciulli Netto, j. 19.8.2003, DJ 28.10.2003 (Extrai-se da ementa do acórdão a afirmação de que "a Fazenda Pública tem a prerrogativa de alterar a *causa petendi* no curso da ação executiva"). O mesmo entendimento se encontra em ASSIS, Araken de. *Manual do processo de execução*. São Paulo: Revista dos Tribunais, 2000, p. 813.

da demanda para preservar a celeridade processual e o direito de defesa do réu, mas sabe que não é possível isolar totalmente o processo dos efeitos do tempo, bem como de eventuais alterações fáticas ou normativas. Elaboram-se, então, saídas procedimentais casuísticas, sem preocupação em estabelecer um sistema harmônico que possa conferir segurança jurídica.

A situação se agrava ainda pelo fato de que não estão claramente definidos, no processo civil brasileiro, os limites para a aplicação do tradicional brocardo jurídico do *iura novit curia*, segundo o qual o juiz conhece o direito, devendo aplicá-lo de ofício aos fatos alegados pelas partes[42]. Há quem sustente interpretação ampliativa, permitindo que o juiz varie a qualificação jurídica apresentada, desde que se atenha aos fatos que foram trazidos ao processo pelas partes[43]. Autores há, por outro lado, que sustentam que o juiz está autorizado somente a corrigir a indicação dos dispositivos legais apontados pelas partes, mas não alterar a relação jurídica de direito material invocada[44].

Parece correto, no entanto, que se limite a incidência do *iura novit curia* apenas ao dispositivo legal invocado pelas partes, sob pena de vulnerar não somente o princípio do contraditório, como também o princípio da demanda. O juiz não pode surpreender as partes com uma nova qualificação jurídica sequer suscitada e as partes têm o direito de delimitar, subjetiva e objetivamente, os limites em que será exercida a jurisdição, não se devendo permitir que o Estado interfira arbitrariamente na esfera de liberdade individual dos litigantes sem a sua provocação[45]. Não se pode desprezar a previsão, no art. 282, III do CPC, de que o autor indique na inicial os fundamentos jurídicos do pedido, sendo o contraditório o principal motivador desse requisito[46]. O *iura novit curia* deve, assim, ser limitado à correção do *nomen iuris* ou dos dispositivos legais invocados[47].

---

42. Sobre os aspectos históricos do *iura novit curia*, v. amplamente BAUR, Fritz, Da importância da dicção *iura novit curia*, Revista de Processo, v. 3, jul./set. 1976, v. 169/177.
43. V., entre outros, BEDAQUE, José Roberto dos Santos, Os elementos objetivos..., cit., p. 32.
44. V. GRECO, Leonardo, cit., p. 204; PINTO, Junior Alexandre Moreira, cit., p. 83/87 (afirmando, porém, que o juiz poderia considerar causa de pedir diversa, desde que antes consultasse as partes); JARDIM, Augusto Tanger, cit., p. 121; CRUZ, José Raimundo Gomes da, Causa de pedir e intervenção de terceiros, Revista dos Tribunais, v. 662, dez. 1990, p. 48.
45. Sobre a relação entre o princípio da demanda e a proteção da liberdade individual contra interferências arbitrárias do Estado, v. GRECO, Leonardo, cit., p. 537/539.
46. V. PINTO, Junior Alexandre Moreira, cit., p. 87.
47. Alcança-se, assim, solução que parece semelhante à delineada no art. 218.1 da LEC espanhola, segundo o qual o tribunal "sin apartarse de la causa de pedir acudiendo a fundamentos de hecho o de Derecho distintos de los que las partes hayan querido hacer valer, resolverá conforme a las normas aplicables al caso, aunque no hayan sido acertadamente citadas o alegadas por los litigantes". Mesmo assim, dada a abertura dos termos utilizados no aludido dispositivo, a matéria é ainda bastante controvertida na doutrina daquele país, como se observa em SÁNCHEZ, Guillermo Ormazabal, *Iura novit curia* – La vinculación del juez a la calificación jurídica de la demanda. Madrid: Marcial Pons, 2007, p. 48/58 (relacionando

Dessa forma, por exemplo, em uma reintegração de posse sob o fundamento de que o autor teria cedido o imóvel ao réu em regime de comodato, o juiz pode corrigir o dispositivo legal invocado na petição inicial se o demandante, por equívoco, referiu-se a alguma norma sobre locação. O julgador não poderá, entretanto, acolher o pedido do autor, caso entenda que a relação jurídica de direito material existente entre as partes era de locação e estaria presente algum dos motivos para a sua resolução. Nessa hipótese, além de exercer jurisdição sobre causa de pedir diversa da invocada na petição inicial, o juiz surpreenderia o réu com uma nova qualificação jurídica.

Nada obstante, ainda há muita controvérsia sobre todos esses pontos. O resultado de um modelo que adota um discurso formal excessivamente rígido, mas com aberturas pouco definidas, é um sistema processual contraditório, inconsistente e com previsão de válvulas de escape insuficientes.

Mesmo a possibilidade de reunião de ações conexas, que aparenta ser a abertura mais geral no sistema de estabilização da demanda regulado no Código de Processo Civil de 1973, encontra limites. Se a ação originária estiver em fase avançada, a reunião dos processos para julgamento conjunto poderá não mais ser viável, sobretudo se já tiver sido proferida sentença em um deles[48]. Além disso, tal alternativa não será capaz de lidar com possíveis erros não maliciosos cometidos pelo autor no início do processo quanto à causa de pedir ou ao pedido, nem com eventual necessidade de ajuste de suas alegações às teses defensivas apresentadas pelo réu.

Não surpreende, diante desse quadro, que a jurisprudência promova aberturas casuísticas ao regime de estabilização da demanda disciplinado na legislação vigente, até mesmo em prestígio ao princípio da efetividade da jurisdição, aproveitando-se, entre outros fundamentos, das controvérsias doutrinárias sobre os limites de aplicabilidade do art. 462 do CPC de 1973 e do adágio *iura novit curia*. Relativamente frequentes são também os casos de interpretação compreensiva do pedido, ou seja, interpreta-se de forma ampla o pedido formalmente deduzido, a fim de extrair dele o pedido que realmente deveria ter sido submetido à apreciação do julgador[49], para além dos casos de pedidos

---

autores que sustentam uma menor amplitude do *iura novit curia*, respeitando a qualificação jurídica apresentada pelas partes, como Andrés de la Oliva Santos e Isabel Tapia Fernández; e outros que admitem a alteração da qualificação jurídica pelo juiz, desde que observados os limites dos fatos jurígenos alegados no processo, como Juan Montero Aroca e Manuel Ortells Ramos).

48. Aplica-se, neste caso, o entendimento consolidado na Súmula 235 do Superior Tribunal de Justiça: "A conexão não determina a reunião dos processos, se um deles já foi julgado".

49. Nesse sentido, entre outras hipóteses, o Superior Tribunal de Justiça tem considerado que pedidos genéricos de indenização ("condenação nas perdas e danos") autorizam a condenação do réu em danos materiais e morais ou, tratando-se de questão que envolva apenas danos materiais, em danos emergentes e lucros cessantes. V., exemplificativamente, STJ, AgRg no Ag 1332176/PR, Quarta Turma, rel. Min. João

considerados implícitos (como os juros legais de mora e a correção monetária), colocando em risco as garantias do contraditório e da ampla defesa asseguradas ao réu[50].

Assim, já se pode questionar até que ponto, na prática, o direito brasileiro pode continuar a ser enquadrado como um sistema absolutamente rígido de estabilização da demanda. Nesse sentido, alguns estudos sobre a jurisprudência do Superior Tribunal de Justiça corroboram tal constatação.

Um dos primeiros estudos sobre a matéria no âmbito do Superior Tribunal de Justiça foi realizado por Daniela Monteiro Gabbay para a sua dissertação de mestrado defendida em 2007 na Universidade de São Paulo. Publicada em formato comercial no ano de 2010[51] e abrangendo um total de duzentos e setenta e um julgados proferidos por aquele tribunal no período compreendido entre agosto de 1989 e setembro de 2006, a pesquisa chegou às seguintes conclusões relevantes para o presente trabalho:

a. a regra da correlação da sentença ao pedido tem sido formalmente observada, mas são muito frequentes os casos em que sua aplicação ocorre de forma "não estrita", ou seja, o julgado considera que não houve extrapolação do pedido, mas admite uma interpretação ampliativa dos elementos objetivos delimitados na inicial. Os julgados que aplicaram a regra da correlação de forma "não estrita" atingiram 60,71% no caso de direitos tidos como disponíveis e impressionantes 75,94% para os casos que envolveram direitos considerados indisponíveis[52];

b. em conseqüência disso, é possível afirmar que a regra da correlação costuma ser observada com menor rigor para os direitos indisponíveis, mas também em número bastante expressivo de casos envolvendo direitos disponíveis é possível observar uma interpretação consideravelmente flexível da regra;

Otávio de Noronha, j. 2.8.2011, DJe 9.8.2011; AgRg no REsp 994827/RS, Primeira Turma, rel. Min. Halmilton Carvalhido, j. 28.9.2010, DJe 4.11.2010; REsp 779.805/DF, Quarta Turma, rel. Min. Aldir Passarinho Junior, j. 14.11.2006; DJ 12.2.2007.

50. V., no mesmo sentido do texto, GUEDES, Cintia Regina, cit., p. 281.
51. V. GABBAY, Daniela Monteiro, Pedido e causa de pedir. São Paulo: Saraiva, 2010.
52. V. GABBAY, Daniela Monteiro, cit., p. 147/148. Mais à frente, o estudo indica que os percentuais são aproximadamente os mesmos em todas as seis turmas do Superior Tribunal de Justiça, variando entre 64% (Quarta Turma) e 82% (Segunda Turma), afastando possível suposição de idiossincrasia de alguns de seus órgãos fracionários. Até mesmo a pequena diferença apontada, por exemplo, entre as Primeira e Segunda Turmas, com os maiores percentuais encontrados (74% e 82%) e as Terceira e Quarta Turmas, com os menores percentuais (67% e 64%) decorre das matérias de competência dos órgãos fracionários, já que as matérias envolvendo direito público em geral, de competência das duas primeiras turmas do Superior Tribunal de Justiça, frequentemente envolvem direitos indisponíveis.

c. a observância do contraditório e a ausência do prejuízo são fatores que podem atenuar a observância da regra da correlação. Nesse sentido, um dos julgados analisados considerou expressamente que a alteração da qualificação jurídica pelo juiz não poderá ocorrer se houver prejuízo ao direito de defesa; entretanto, se a nova qualificação se adequar perfeitamente às pretensões deduzidas, sem qualquer influência na instrução do processo, não haverá limite para a atuação do juiz[53];

d. há hipóteses de pedidos implícitos que são admitidos de forma pacífica pelo Superior Tribunal de Justiça[54].

A autora do estudo em análise conclui, a partir desses dados empíricos, que a quebra da rigidez procedimental e a flexibilidade na interpretação da regra da correlação da sentença ao pedido que vem sendo aplicada pela jurisprudência do Superior Tribunal de Justiça revelam a necessidade de se repensar os elementos objetivos da demanda no direito brasileiro, o que dependeria sobretudo, em sua visão, de uma consideração mais dinâmica e dialogal do objeto do processo[55].

Outro estudo ainda mais amplo sobre o tema foi apresentado na dissertação de mestrado de Elias Gazal Rocha, defendida em 2009 na Universidade do Estado do Rio de Janeiro[56]. A pesquisa, que analisou um número substancialmente maior de julgados do Superior Tribunal de Justiça, indica que, apesar da aparente singeleza das normas contidas nos arts. 264 e 294 do CPC de 1973, a estabilização da demanda suscita muitos debates em todos os estágios processuais.

Nas fases processuais que antecedem o ingresso do réu no processo, aponta a pesquisa que pode haver restrições à alteração da demanda nos seguintes casos:

a. indeferimento de medidas liminares *inaudita altera parte*, em que o autor por vezes acresce às suas razões recursais argumentos que modificam a causa de pedir ou o pedido, o que poderá, eventualmente, prejudicar o direito de defesa do réu, visto que o prazo de resposta para o recurso costuma ser inferior ao da contestação[57];

---

53. V. GABBAY, Daniela Monteiro, cit., p. 156/157.
54. V. GABBAY, Daniela Monteiro, cit., p. 157/159.
55. V. GABBAY, Daniela Monteiro, cit., p. 159/160.
56. V. ROCHA, Elias Gazal. *Modificação do pedido e da causa de pedir, na jurisprudência do Superior Tribunal de Justiça, como instrumento do acesso à justiça*. 2009. Dissertação (Mestrado em Direito Processual) – Universidade do Estado do Rio de Janeiro, Rio de Janeiro.
57. V. ROCHA, Elias Gazal, cit., p. 60/66 (apresentando considerações semelhantes também para o caso de sentença liminar de improcedência disciplinado no art. 285-A do CPC de 1973).

b. indeferimento da inicial de ação rescisória, caso que o Superior Tribunal de Justiça, quando se considera incompetente para o processamento e julgamento do feito, costuma extinguir o processo, sem resolução de mérito, em vez de encaminhar os autos ao tribunal competente[58];

c. opção pelo rito dos Juizados Especiais Cíveis e renúncia ao valor excedente ao limite de quarenta salários mínimos (art. 3º, § 3º da Lei nº 9.099/95), o que acarreta, ainda que de modo indireto, modificação do pedido formulado antes mesmo do ingresso do réu na lide[59].

Entre a citação do demandado e a fase de saneamento, o estudo apresenta ainda algumas considerações a respeito da relativização da exigência de anuência do réu para a modificação da demanda. Considerou-se que a jurisprudência do Superior Tribunal de Justiça tem admitido a anuência tácita do réu, quando este se limita a impugnar os novos fundamentos trazidos pelo autor[60]. Apontou-se, ainda, que o consentimento do réu tem sido dispensado sempre que a modificação da demanda não lhe acarretar prejuízo, ou não decorrer da conduta do autor, mas das circunstâncias dos autos ou de qualquer outra razão atribuída ao próprio réu[61]. A anuência do réu tem sido dispensada também em alguns procedimentos especiais de interesse público, sendo ainda permitida a alteração da causa de pedir ou do pedido na hipótese de litisconsórcio passivo, quando apenas alguns réus já tenham oferecido contestação, até que seja realizada a citação do último réu, sob o entendimento de que o prazo para a resposta ainda não se iniciou[62].

Ainda nesta fase processual, o estudo aponta que a jurisprudência do Superior Tribunal de Justiça tem permitido a emenda da petição inicial após a apresentação de contestação quando tal providência for necessária para sanar eventual inépcia ou, ainda, decorrer da própria legislação processual, tal como se verifica no caso de inclusão de litisconsorte necessário, nos termos da regra contida no art. 47, parágrafo único do CPC de 1973. A razão fundamental para

---

58. V. ROCHA, Elias Gazal, cit., p. 66/69. Curioso observar que, no âmbito dos mandados de segurança de sua competência originária, os tribunais superiores também determinavam a sua extinção sem resolução de mérito, em vez de encaminhar os autos ao órgão competente. No entanto, a partir do julgamento do Supremo Tribunal Federal no caso MS ED 25.087/SP, Pleno, rel. Min. Carlos Britto, j. 21.9.2006, DJe 11.5.2007, a orientação se alterou e atualmente tem prevalecido o entendimento, com o qual se concorda, de encaminhamento do processo ao órgão competente. Sobre a discussão, entre outros, ROQUE, Andre Vasconcelos; DUARTE, Francisco Carlos, *Mandado de segurança*. Curitiba: Juruá, 2011, p. 27/28.
59. V. ROCHA, Elias Gazal, cit., p. 69/72.
60. V., nesse sentido, STJ, REsp 21.940/MG, Terceira Turma, rel. Min. Eduardo Ribeiro, j. 9.2.1993, DJ 8.3.1993.
61. V., sobre o ponto, os diversos julgados do Superior Tribunal de Justiça relacionados por ROCHA, Elias Gazal, cit., p.79/81 (notas 148 a 154).
62. V. STJ, REsp 804.255/CE, Terceira Turma, rel. Min. Humberto Gomes de Barros, j. 14.2.2008, DJe 5.3.2008 e REsp 482.087/RJ, Quarta Turma, rel. Min. Barros Monteiro, j. 3.5.2005, DJ 13.6.2005.

estas exceções à regra geral estabelecida no art. 264 do CPC de 1973, segundo o autor da pesquisa, está na possibilidade de o autor propor nova ação, quando a anterior houver sido extinta sem resolução de mérito[63].

Um dos dados mais impressionantes neste estudo, todavia, se refere às fases que sucedem o saneamento do processo, em relação às quais o Código de Processo Civil de 1973 faria supor, como regra geral, a estabilização definitiva da demanda, ainda que as partes concordassem em modificar seus elementos. Nesse sentido, a pesquisa aponta nada menos que onze possibilidades de modificação da demanda após o saneador, quais sejam: a) continência da ação por outra, mais recente; b) redução do elemento objetivo da demanda; c) correção da certidão de dívida ativa em execução fiscal; d) aplicação da lei tributária mais benéfica; e) inexistência de preclusão *pro judicato*; f) modificação não intencional da demanda, desde que com respeito à ampla defesa e ao contraditório; g) homologação de transação sobre matéria não trazida ao Judiciário; h) conversão da tutela específica em indenização pecuniária e adequação do meio executivo originário ao caso concreto; i) mudança da forma de liquidação do julgado; j) prolação de sentença ilíquida para pedido certo e sentença líquida para pedido genérico; l) ocorrência de fatos supervenientes, mediante interpretação ampliativa do art. 462 do CPC de 1973[64].

Conclui o autor, assim, que o Superior Tribunal de Justiça não tem afastado de forma absoluta a modificação da demanda fora dos casos previstos em lei, em prestígio do direito material efetivamente discutido no processo, e procurando respeitar o direito ao contraditório e à ampla defesa do demandado[65].

Ainda que se possa discutir se todas as inúmeras hipóteses trazidas nos estudos ora indicados representam efetivamente modificação da demanda fora do regime geral que se encontra delineado nos arts. 264 e 294 do CPC de 1973, é inegável que a jurisprudência vem realizando flexibilizações mais ou menos amplas no modelo rígido de estabilização da demanda originalmente delineado pelo legislador[66]. O problema é que essas aberturas são realizadas de forma absolutamente casuística, de tal maneira que já não se tem muita certeza de quais hipóteses admitem ou não alteração da causa de pedir ou do pedido fora dos casos regrados em lei.

---

63. V. ROCHA, Elias Gazal, cit., p. 82/88.
64. V., amplamente, ROCHA, Elias Gazal, cit., p. 88/133.
65. V. ROCHA, Elias Gazal, cit., p. 359/360.
66. Nesse sentido, GRECO, Leonardo, cit., v. II, p. 34/35 ("Estou convencido de que o sistema brasileiro – cuja origem remonta à tradição da litiscontestação quase contratual do Direito Romano e ao qual se contrapõem outros sistemas como o alemão – apresenta mais desvantagens do que vantagens, o que tem levado a jurisprudência brasileira a abrir-lhe inúmeras exceções...").

Quando é possível a modificação da demanda após a citação? E após a fase de saneamento? Como se percebe pela exposição apresentada acima, não é possível, à luz do processo civil brasileiro contemporâneo, responder a tais questionamentos de forma objetiva. Chega-se, assim, a uma verdadeira torre de Babel, marcada pela insegurança jurídica e instabilidade, colocando em risco importantes garantias processuais, tais como o contraditório, a lealdade processual e a duração razoável do processo.

Por isso mesmo, embora haja quem sustente que uma interpretação ampliativa das normas do Código de Processo Civil de 1973 seria suficiente para conformar eventuais pontos de estrangulamento de estabilização da demanda[67], vozes na doutrina surgiram defendendo a necessidade de alteração legislativa na matéria[68].

4. A PROPOSTA ORIGINAL DO ANTEPROJETO

Ao final de setembro de 2009, por meio do Ato nº 379, do Presidente do Senado Federal, constituiu-se uma Comissão de Juristas encarregada de elaborar um anteprojeto de novo Código de Processo Civil. Entre os objetivos principais do anteprojeto, podem ser enumerados os seguintes: estabelecer verdadeira sintonia fina do processo civil com a Constituição da República, criar condições para o julgamento de forma mais rente à realidade fática subjacente à causa; simplificar subsistemas do processo civil, como, por exemplo, o sistema recursal; otimizar o rendimento de cada processo e, por derradeiro, imprimir maior coesão e organicidade ao sistema processual[69].

No que interessa ao tema do presente estudo, é interessante analisar como surgiu a proposta original do anteprojeto, que promovia maior flexibilidade na matéria.

Analisando-se a ata da 1ª reunião da Comissão de Juristas, realizada em 30 de novembro de 2009, observa-se que a proposta de ampliar as possibilidades de alteração dos elementos objetivos da demanda surgiu não de forma

---

67. V., sobre o ponto, entre outros, BEDAQUE, José Roberto dos Santos, Os elementos objetivos..., cit., p. 35/36 e PINTO, Junior Alexandre Moreira, cit., p. 68/76 (sustentando a possibilidade de modificação de elementos objetivos da demanda após o marco temporal delimitado no art. 264 do CPC, desde que garantidos o contraditório e a ampla defesa do demandado).
68. V. MITIDIERO, Daniel, cit., p. 130; RUBIN, Fernando, cit., p. 224/225; TEIXEIRA, Guilherme Freire de Barros, cit., p. 303/310 e DEGENSZAJ, Daniel Raichelis, cit., p. 171/172 (embora sustentando que, mesmo sem a edição de lei nova, recomendável para proporcionar segurança e estabilidade, seria possível interpretar as regras processuais vigentes conforme a Constituição para assegurar certa flexibilidade).
69. Esses objetivos estão todos relacionados na exposição de motivos apresentada pela Comissão de Juristas ao Presidente do Senado Federal, Senador José Sarney.

autônoma, mas incorporada em outra proposta mais ampla, de incremento dos poderes do juiz no processo.

Para melhor visualizar a questão, cumpre destacar a seguinte passagem da ata da 1ª reunião, na qual se falou pela primeira vez neste assunto:

> "ORADOR NÃO IDENTIFICADO [02:24:52]: Tem, quase todos eles. Eu botei alguns poderes, alguns... Por exemplo, adequar às fases e atos processuais as especificações do conflito, de modo a conferir maior efetividade à tutela do bem jurídico, respeitando-se o contraditório e ampla defesa. Seria como uma possibilidade de variação de procedimento. Eu acho isso importante hoje para não ficar apegado à forma.
>
> (...)
>
> SR. PRESIDENTE MINISTRO LUIZ FUX: Ampliar os poderes do juiz?
>
> ORADOR NÃO IDENTIFICADO [02:25:28]: Ampliação dos poderes do juiz, primeiro para adequar à fase e atos processuais as especificações do conflito, se necessário, respeitando os contraditórios e ampla defesa; *para permitir alteração do pedido na causa do pedido em determinadas hipóteses, assegurando sempre ampla defesa. Os processos chegam no final todo pronto, mas tem um detalhe da causa de pedido que faltou, você vai extinguir o processo mesmo no pedido... Possibilitar que o juiz faça essa adequação também.* (...)"[70]

Infelizmente, pela transcrição da ata, não foi possível determinar de quem partiu a proposta de maior flexibilidade na modificação da demanda. Nada obstante, o fato de que ela surgiu inserida em uma proposta mais abrangente de ampliação dos poderes do juiz no processo não deixa de conferir certa razão aos ensinamentos de Corrado Ferri, para quem os sistemas processuais com maior carga de inquisitoriedade, ou seja, que concedessem ao juiz maior iniciativa em matéria de investigação fática e determinação dos meios de prova a serem produzidos, admitiriam a alteração da demanda em maior amplitude que um sistema em que predominasse o princípio dispositivo[71]-[72].

---

70. SENADO FEDERAL, Comissão de Juristas "Novo Código de Processo Civil – Ata da 1ª reunião, p. 64, obtida em www.senado.gov.br (acessado em 18.4.2015). Grifos nossos.
71. V FERRI, Corrado, cit., p. 49 (analisando o processo civil soviético na época e concluindo que, em um sistema inquisitório, há espaço mais amplo para a modificação da demanda).
72. É importante ressalvar, todavia, que não existe na atualidade sistema processual puramente dispositivo, nem totalmente inquisitorial. O que varia são apenas as cargas desses dois princípios e o seu equilíbrio nos diversos ordenamentos processuais. Sobre o ponto, de forma geral, v. BARBOSA MOREIRA, José Carlos, O processo civil contemporâneo: um enfoque comparativo in *Temas de Direito Processual (Nona Série)*. São Paulo: Saraiva, 2007, p. 41/42; JOLOWICZ, J. A., Modelos adversarial e inquisitorial de processo civil. Trad. José Carlos Barbosa Moreira. *Revista Forense*, ano 100, n. 372, mar./abr. 2004, p. 135; TROCKER, Nicoló; VARANO, Vincenzo, Concluding remarks in TROCKER, Nicoló; VARANO, Vincenzo. (Org.), *The reforms of civil procedure in comparative perspective*. Torino: G. Giappichelli, 2005, p. 245.

É verdade que não existe uma vinculação necessária: sistemas processuais com fortes traços de dispositividade poderiam, pelo menos em tese, admitir a modificação da demanda de forma bastante ampla. O contrário também seria verdadeiro, na medida em que a ampla iniciativa assegurada ao juiz em matéria fático-probatória em um modelo inquisitorial poderia estar limitada aos elementos objetivos da demanda que tenham sido indicados pelo autor na petição inicial[73]. Apesar das ressalvas, não se pode negar que há certa tendência de que inquisitoriedade e maior amplitude da modificação da demanda caminhem juntas e o anteprojeto do novo CPC reforça essa conclusão.

O assunto voltou a ser debatido de forma mais aprofundada por ocasião da 10ª reunião da comissão de juristas, realizada em 22 de abril de 2010. Neste momento, já se discutia a redação final dos artigos no anteprojeto e a análise da ata evidencia que a principal preocupação da comissão de juristas consistiu em estabelecer em quais casos a modificação da demanda passaria a ser permitida, sem que se estimulasse a eternização dos conflitos e a deslealdade das partes no processo:

> "SR. PRESIDENTE MINISTRO LUIZ FUX: "Poderá o autor aditar ou modificar o pedido ou a causa do pedir, desde que o faça de boa-fé", isso aí é um... "e o aditamento ou alteração não seja suscetível e causar excessiva demora no processo..." Isso aí... Ou vai ou não vai, ou deixa ou não deixa. Esses critérios abertos...
>
> SR. ADROALDO FURTADO FABRÍCIO: Fui eu que mandei essa observação para a Teresa.
>
> SR. JOSÉ MIGUEL GARCIA MEDINA: Olha, eu entendo o seguinte. Eu vou falar uma coisa...
>
> SR. PRESIDENTE MINISTRO LUIZ FUX: É muito salamaleque. Aqui não dá.
>
> SR. JOSÉ MIGUEL GARCIA MEDINA: Não, não. Mas eu acho que um freio tem que colocar, porque de repente vem o autor, está chegando a hora de proferir a sentença e ele quer acrescentar um pedido. Ou até o próprio réu. Não, não seria o caso...
>
> SR. ADROALDO FURTADO FABRÍCIO: Se tiver pedido contraposto pode.

---

73. Tal constatação reforça a absoluta correção em se distinguir o princípio da demanda ou da iniciativa das partes, que se refere à inércia do juiz quanto às questões de direito material do princípio dispositivo, que diz respeito à divisão de trabalho entre juiz e partes uma vez já instaurado o processo, sobretudo quanto à iniciativa relativa aos fatos e às provas a serem produzidas. V., sobre a distinção apontada, SANTOS, Moacyr Amaral, cit., v. 2, p. 104 e 106/107 e GRECO, Leonardo, cit., v. 1, p. 546.

SR. JOSÉ MIGUEL GARCIA MEDINA: Daí o Juiz, me parece que o Juiz vai ter que ter a condição de dizer assim: "Não, aqui não dá, você que mova outra ação". [74]

A discussão sobre o tema na comissão conduziu a uma solução de compromisso. A modificação da demanda seria admitida até a sentença, como se buscava na proposta original, mas desde que isso não ampliasse o objeto da prova, conforme se depreende das passagens abaixo destacadas:

> "SR. HUMBERTO THEODORO JÚNIOR: Eu acho que podia fazer, seria um freio, é dizer que essas mudanças não sejam aquelas que exijam novas provas, que sejam...
>
> SR. PRESIDENTE MINISTRO LUIZ FUX: Não ampliem o objeto da prova.
>
> SR. JOSÉ MIGUEL GARCIA MEDINA: Perfeito.
>
> SR. HUMBERTO THEODORO JÚNIOR: Isso, porque às vezes...
>
> SR. JOSÉ ROBERTO DOS SANTOS BEDAQUE: Ah, sim.
>
> SR. JOSÉ MIGUEL GARCIA MEDINA: Aí ótimo".[75]
>
> (...)
>
> "SR. PRESIDENTE MINISTRO LUIZ FUX: Então vamos lá.
>
> SR. ADROALDO FURTADO FABRÍCIO: Eu acho que essa restrição é interessante.
>
> SR. PRESIDENTE MINISTRO LUIZ FUX: Vamos começar. É interessante.
>
> SR. ADROALDO FURTADO FABRÍCIO: Essa possibilidade da restringir a que não afete em nada na matéria de fato.
>
> SR. PRESIDENTE MINISTRO LUIZ FUX: Então vamos aqui. Vamos botar diferente: "O autor poderá, até o saneamento". Até o saneamento, não foi?
>
> SR. ADROALDO FURTADO FABRÍCIO: Não, eu até acharia que até, com essa restrição que o Humberto propõe, eu acho que até poderia ficar.
>
> SRA. TERESA ARRUDA ALVIM WAMBIER: Eu também acho.
>
> SR. PRESIDENTE MINISTRO LUIZ FUX: Ficar assim, então fica assim: "O autor poderá até o momento da prolação da sentença aditar ou

---

74. SENADO FEDERAL, Comissão de Juristas "Novo Código de Processo Civil – Ata da 10ª reunião, p. 2026/2027, obtida em www.senado.gov.br (acessado em 18.4.2015).
75. SENADO FEDERAL, cit., p. 2027/2028.

modificar o pedido ou a causa de pedir, desde que não amplie o objeto da prova".[76]

Na ata da 12ª reunião da comissão de juristas, realizada em 27 e 28 de abril de 2010, ainda que o tema da modificação da demanda não tenha sido discutido de forma específica, encontra-se nova referência ao assunto, dando conta de que a proposta de permitir novas hipóteses de alteração dos elementos objetivos da demanda estava ligada ao princípio da economia processual que, como já visto neste estudo, constitui um dos fundamentos dos sistemas processuais flexíveis na matéria:

> "SRA. TERESA ARRUDA ALVIM WAMBIER: E colocássemos nos poderes do Juiz, se for o caso, dentro de certos limites, a possibilidade de correção da legitimação passiva. Por que eu estou dizendo isso? Eu estou colocando nas entrevistas que eu estou dando, e mesmo na exposição de motivos, que depois vou mostrar para vocês o esboço que eu estou fazendo, *essa ideia de que na economia processual está incluída a necessidade de se extrair do processo tudo aquilo que ele pode dar. Então, na verdade, o processo pode ficar um pouquinho mais complicado, mas compensa, porque aí não tem outro. Então, no fundo essa é a ideia de todas as intervenções de terceiro, assim como é a ideia embutida na possibilidade de mudar o pedido, mudar a causa de pedir.* Então as pessoas estão me perguntando: "Mas não vai ficar o processo mais complicado?" Vai, mas em compensação é aquele e acabou. Todas as complicações, entre aspas, que nós criamos para recursos especiais e para recurso extraordinário são para isso. Porque se fica a ação decidida por um fundamento só, vai ter outra. Lógico. Então essa é uma ideia interessante que a gente poderia, digamos, reforçar do ponto de vista dela estar efetivamente presente no nosso Código, colocando a nomeação à autoria nesses termos".[77]

Ao longo das atas disponibilizadas pelo Senado Federal, não se encontra mais nenhuma outra discussão sobre o tema da modificação da demanda.

Surpreendentemente, todavia, o anteprojeto do novo CPC apresenta uma norma sobre o tema com modificações bastante substanciais em relação ao que ficou discutido nas atas. A limitação imposta quanto ao objeto da prova, que tinha sido a solução de compromisso alcançada na 10ª reunião da comissão, já

---

76. SENADO FEDERAL, cit., p. 2029.
77. SENADO FEDERAL, Comissão de Juristas "Novo Código de Processo Civil – Ata da 12ª reunião, p. 23/24, obtida em www.senado.gov.br (acessado em 18.4.2015). Essa foi também a tônica encontrada na exposição de motivos do anteprojeto elaborada pela comissão: "O novo sistema permite que cada processo tenha maior rendimento possível. (...) As partes podem, até a sentença, modificar pedido e causa de pedir, desde que não haja ofensa ao contraditório. De cada processo, por esse método, se obtém tudo o que seja possível".

não mais estava mais presente. Além disso, assegurou-se expressamente, de forma elogiável, o direito de a parte contrária se manifestar sobre a modificação da demanda e produzir prova suplementar, resguardando-se o princípio do contraditório.

Ao que tudo indica, portanto, a discussão avançou na comissão de juristas sem que isto tivesse sido registrado em qualquer ata de reunião.

De todo modo, assim ficou redigido o art. 314 do anteprojeto, que tratava da modificação dos elementos objetivos da demanda:

> Art. 314 – O autor poderá, enquanto não proferida a sentença, alterar ou aditar o pedido e a causa de pedir, desde que o faça de boa-fé e que não importe em prejuízo para o réu, assegurado o contraditório mediante a possibilidade de manifestação deste no prazo mínimo de quinze dias, facultada a produção de prova suplementar.
>
> Parágrafo único. Aplica-se o disposto neste artigo ao pedido contraposto e á respectiva causa de pedir.

O dispositivo em análise certamente promoveria maior flexibilidade na matéria e, dados os relevantes fundamentos tanto de um sistema de maior rigidez quanto de um modelo mais flexível, a adequada solução somente pode ser encontrada em um ponto de equilíbrio, que envolverá necessariamente a análise do caso concreto. Não parece, desse modo, ser possível fugir de conceitos jurídicos indeterminados (por exemplo, a "boa-fé") como se tentou na 10ª reunião da comissão de juristas. Entendimento contrário acabaria por engessar o juiz nos casos difíceis, criando pontos de tensão a exigir novas válvulas de escape, ainda que em menor escala, como já se observa no regime do CPC de 1973.

Isso não quer dizer, todavia, abertura absoluta e irrestrita. O dispositivo original do anteprojeto pecava por estabelecer apenas um único critério de avaliação para o juiz, absolutamente aberto, que consistia na boa-fé da parte que desejasse alterar a demanda. Outros critérios poderiam ter sido previstos no anteprojeto, inclusive com inspiração na experiência acumulada em ordenamentos jurídicos estrangeiros, a fim de conferir maior objetividade, sem prejudicar a necessária abertura e flexibilidade na matéria[78].

---

78. Nesse sentido, já se apontou a necessidade de que se levassem em consideração outros fatores além da simples boa-fé prevista no art. 314 do anteprojeto, tais como: a) possibilidade de evitar o ajuizamento de novas demandas; b) busca da verdade material que possa conduzir à melhor solução da relação de direito material; c) inexistência de grave risco de prolongamento excessivo do procedimento; d) necessidade ou não se de reabrir a fase instrutória. V. GUEDES, Cintia Regina, cit., p. 291/292.

A simples previsão de obediência ao contraditório, por si só, não seria capaz de afastar os inconvenientes de um sistema excessivamente flexível, não apenas pelo óbvio motivo de se abrir a possibilidade de frustração do princípio da duração razoável do processo, mas também porque o réu pode ser colocado em uma situação bastante difícil se a modificação vier a acontecer após a fase instrutória. A nova estratégia defensiva a ser praticada por conta da alteração da demanda pode ser até mesmo incompatível com a instrução processual já realizada[79]. Se o réu imaginasse que isso ocorreria, ele poderia ter adotado outra estratégia desde o início para não prejudicar sua defesa.

O que se deveria ter feito, assim, seria aprimorar o dispositivo em análise, a fim de estabelecer mais alguns parâmetros abertos, não exaustivos e que não prejudicassem a maior flexibilidade desejada para a estabilização da demanda no direito brasileiro, mas que pudessem conferir maior objetividade na apreciação da matéria.

O anteprojeto também previa, no art. 475, norma idêntica ao art. 462 do CPC de 1973, mas com uma modificação relevantíssima em seu parágrafo único. Ainda que o juiz continuasse autorizado a considerar novos fatos jurígenos de ofício (constitutivos, modificativos ou extintivos), seria necessário nesse caso que, antes do julgamento da lide, o juiz ouvisse as partes sobre o fato novo. Reforça-se, assim, como analisado ao final do segundo item deste estudo, a vedação às decisões surpresa já estabelecida de forma ampla no art. 10 do anteprojeto, mesmo que fundadas em matéria cognoscível de ofício, em prestígio ao princípio fundamental do contraditório.

5. O GIRO DE 360 GRAUS: VOLTANDO PARA O MESMO LUGAR

O anteprojeto do novo CPC foi apresentado ao Senado Federal em junho de 2010, passando a tramitar como Projeto de Lei do Senado (PLS) nº 166/2010. O projeto recebeu 217 propostas de emendas por vários Senadores, algumas das quais tiveram acolhimento parcial ou total, resultando, então, no Substitutivo ao PLS nº 166/2010, do Senador Valter Pereira, aprovado em Sessão do Senado Federal de 15 de dezembro de 2010 e encaminhado à Câmara dos Deputados.

O projeto passou a tramitar na Câmara dos Deputados como Projeto de Lei nº 8.046/2010, tendo sido constituída Comissão Especial com o objetivo de analisar o texto e as propostas de emendas. Em março de 2014, após diversas modificações, o projeto foi aprovado em Plenário e devolvido ao Senado Federal, para apreciação das alterações empreendidas pela Câmara dos Deputados.

---

79. V., entre outros, PICO I JUNOY, Joan, cit., p. 57/58.

Finalmente, em dezembro de 2014 o Senado aprovou o texto final, o qual – após conturbado processo de revisão[80] – foi enviado à sanção presidencial, transformando-se, finalmente, com vetos pontuais, na Lei nº 13.105/2015, que entrará em vigor em março de 2016.

No que se refere ao assunto discutido no presente estudo, houve um verdadeiro "giro de 360 graus", na medida em que se reverteu a proposta original do anteprojeto de ampliação dos casos de modificação da demanda. Voltou-se ao lugar de onde se saiu, ou seja, ao sistema rígido de estabilização da demanda do CPC de 1973.

O art. 314 do anteprojeto apresentado pela comissão, já analisado acima, recebeu cinco propostas de emendas dos senadores[81].

A discussão no Senado Federal sobre a estabilização da demanda, entretanto, se revelou reducionista, limitando-se basicamente à sua possível influência negativa sobre a celeridade processual. Houve, ainda, menção aos princípios fundamentais do devido processo legal, do contraditório e da ampla defesa na primeira proposta de emenda ao art. 314 do anteprojeto apresentada pelo Senador Adelmir Santana[82].

Não se considerou, entretanto, nenhum dos fundamentos de um sistema mais flexível em termos de modificação da demanda, tais como a economia processual (e a celeridade proporcionada, ao se dispensar o ajuizamento de uma segunda demanda), a possibilidade de correção de eventuais omissões ou de erros não maliciosos, a busca pela justiça material do caso concreto ou o fortalecimento da efetividade da jurisdição, já analisados no primeiro item do presente estudo.

Ao final, foi aprovada a proposta de emenda nº 43, do Senador Adelmir Santana, sendo as demais propostas rejeitadas, nos seguintes termos:

> "II.4.43 – Emenda nº 43
>
> A Emenda n.º 43 (similar à emenda n.º 123) merece acolhimento porque, em relação à possibilidade de alteração do pedido e da

---

80. Sobre o ponto, destacado alterações indevidas e distorções no processo de revisão pelos assessores legislativos, ROQUE, Andre Vasconcelos, GAJARDONI, Fernando, DELLORE, Luiz e OLIVEIRA JR, Zulmar Duarte de. Novo CPC: a revisão final, em http://jota.info/novo-cpc-a-revisao-final, 13.3.2015 e BUENO, Cassio Scarpinella. Ainda sobre a revisão do Novo CPC, em http://jota.info/ainda-sobre-a-revisao-do-novo-cpc, 14.3.2015. Acessados em 19.4.2015.
81. SENADO FEDERAL, Parecer nº 1.624/2010, rel. Sen. Valter Pereira, p. 91/93 e 116, disponibilizado em www.senado.gov.br (acessado em 27 de setembro de 2011).
82. Pelo que consta no parecer, o Senador Adelmir Santana teria apresentado duas propostas de emenda ao art. 314 do anteprojeto que, entretanto, são incompatíveis entre si. Não se conseguiu verificar, pela análise do texto do relatório, se houve erro material na indicação do senador responsável por alguma dessas duas propostas ou se realmente foram apresentadas duas propostas inconciliáveis pelo mesmo senador.

causa de pedir, reintroduz as regras previstas no art. 264 e 294 do Código em vigor. A única diferença é que no Substitutivo optamos por dividir o tema em incisos e não em parágrafos como fez a Emenda. Também fizemos alguns ajustes de redação."[83]

Como se pode observar, o propósito inequívoco da emenda aprovada consistiu em manter o sistema rígido de estabilização da demanda consubstanciado nos arts. 264 e 294 do CPC de 1973. Assim foi que, aprovado o substitutivo ao PLS nº 166/2010, constou a seguinte regra em seu art. 304:

> Art. 304. O autor poderá:
>
> I – até a citação, modificar o pedido ou a causa de pedir, independentemente do consentimento do réu;
>
> II – até o saneamento do processo, com o consentimento do réu, aditar ou alterar o pedido e a causa de pedir, assegurado o contraditório mediante a possibilidade de manifestação deste no prazo mínimo de quinze dias, facultado o requerimento de prova suplementar.
>
> Parágrafo único. Aplica-se o disposto neste artigo ao pedido contraposto e à respectiva causa de pedir.

O panorama não se alterou substancialmente ao longo de todo o resto do processo legislativo, constando do novo CPC aprovado e sancionado:

> Art. 329. O autor poderá:
>
> I – até a citação, aditar ou alterar o pedido ou a causa de pedir, independentemente de consentimento do réu;
>
> II – até o saneamento do processo, aditar ou alterar o pedido e a causa de pedir, com consentimento do réu, assegurado o contraditório mediante a possibilidade de manifestação deste no prazo mínimo de 15 (quinze) dias, facultado o requerimento de prova suplementar.
>
> Parágrafo único. Aplica-se o disposto neste artigo à reconvenção e à respectiva causa de pedir.

A análise do dispositivo ora destacado revela que as modificações em relação ao regime do CPC de 1973 são basicamente redacionais, não se alterando o sistema rígido anterior. Não se vislumbra grande progresso pela previsão do contraditório em caso de alteração da demanda entre a citação e a causa de pedir (art. 329, inciso II do novo CPC) porque esta é uma consequência a que se chega facilmente, na medida em que seja considerada a incidência do texto constitucional sobre o CPC de 1973.

---

83. SENADO FEDERAL, *Parecer* nº 1.624/2010, cit., p. 206.

O art. 475 do anteprojeto original foi incorporado ao art. 493 do novo CPC, mantendo-se inclusive o seu parágrafo único, que, como visto, exige que o juiz ouça as partes antes de poder considerar, de ofício, qualquer fato constitutivo, modificativo ou extintivo que influa no julgamento da lide.

6. CONSIDERAÇÕES FINAIS

Embora seja decepcionante constatar que um tema tão complexo acabou sendo discutido de forma reducionista no curso do processo legislativo do novo CPC, é possível analisar a questão de uma perspectiva mais ampla, a partir do relatório apresentado pelo Sen. Valter Pereira.

Os dois pontos do anteprojeto original que sofreram maiores críticas quando ele foi apresentado ao Senado foram a flexibilização procedimental e o alargamento dos casos de modificação da demanda. A flexibilização restou limitada a duas hipóteses, na forma do art. 139, VI do novo CPC (ampliação de prazos e alteração da ordem de produção dos meios de prova), ao passo que a possibilidade de modificação da demanda acabou restringida aos mesmos limites estabelecidos no CPC de 1973[84].

O que esses dois pontos possuem em comum? Ambos colocam mais poderes na mão do magistrado, sobretudo no juiz de primeira instância. O que observou, ao longo da tramitação legislativa do novo Código de Processo Civil, foi a existência de certa desconfiança da atividade exercida pelos juízes[85].

Não é fácil investigar as causas do distanciamento institucional entre advocacia e magistratura no Brasil, mas certamente ele passa pela falta de diálogo e cooperação que existe no processo. A realização burocrática de audiência preliminar por conciliadores, sem a participação direta do juiz, agrava a situação, pois distancia o julgador das partes e aumenta o abismo de comunicação entre

---

84. SENADO FEDERAL, *Parecer nº 1.624/2010*, cit., p. 144 ("os dois pontos do projeto mais criticados nas audiências públicas que se realizaram, bem como nas propostas apresentadas pelos Senadores e também pelas diversas manifestações que nos chegaram, são a "flexibilização procedimental" (art. 107, V, e art. 151, §1º, do projeto) e a possibilidade de alteração da causa de pedir e do pedido a qualquer tempo, de acordo com as regras do art. 314 do projeto. Dando voz à ampla discussão instaurada por aqueles dispositivos, entendemos ser o caso de mitigar as novas regras. Assim, no substitutivo, a flexibilização procedimental, nas condições que especifica, limita-se a duas hipóteses: aumento de prazos e a inversão da produção dos meios de prova. Quanto à alteração da causa de pedir e do pedido, a opção foi pela manutenção da regra hoje vigente: ela é possível até o saneamento do processo que, no substitutivo, fica mais evidenciado que no Código vigente").
85. Ilustrativo, nesse sentido, foi a posição da OAB-DF sobre o projeto do novo CPC, publicada no jornal Valor Econômico de 13 de abril de 2011: "Para a OAB-DF, a tramitação no Senado foi rápida demais. 'O texto precisa de maturação, é preciso discutir absolutamente tudo', afirmou o advogado Caio Leonardo Bessa Rodrigues, presidente da comissão da OAB-DF que acompanha a reforma. *Para ele, os problemas incluem a 'flexibilização processual' e a 'oferta de poderes excessivos ao juiz'.*" Grifos nossos.

os sujeitos do processo. Os advogados, não compreendendo a linha de raciocínio do magistrado, para evitar problemas, apresentam todos os incidentes processuais possíveis e protestam pela produção de muitas provas que seriam desnecessárias. O juiz, não percebendo o receio dos advogados, sobretudo em um sistema processual rigidamente preclusivo como o brasileiro, acredita que a sua carga de trabalho aumenta pela eventual atuação desleal dos causídicos.

Se houvesse maior diálogo entre os sujeitos processuais, sobretudo na fase de saneamento do processo – objetivo almejado no novo CPC, especialmente em seu art. 357, § 3º, que se refere ao saneamento em audiência, embora limitado às causas com complexidade em matéria de fato ou de direito –, o exercício dos poderes do magistrado no processo poderia ser discutido de forma mais ampla e participativa, em um verdadeiro exercício de tolerância e respeito mútuo.

Há precedente, no Direito Comparado, dando conta de que a desconfiança entre advocacia e magistratura pode acarretar o fracasso de reformas processuais[86]. Evidente que algum distanciamento institucional deverá persistir em qualquer sistema processual, dadas as diferentes funções exercidas e a necessária independência com que deverão atuar juízes e advogados. Isso não significa, porém, ausência de diálogo e cooperação. A discussão de saídas adequadas para o Brasil, neste aspecto, extrapolaria os limites do presente estudo. Trata-se, porém, de questionamento que não pode ser negligenciado, se o objetivo for promover uma efetiva reforma processual.

Voltando ao tema específico do presente estudo, uma solução de compromisso consistiria em prever um regime mais flexível de estabilização da demanda, com critérios mais objetivos, todavia, que a simples boa-fé da parte interessada em alterar o pedido ou a causa de pedir, como constava no anteprojeto original do novo CPC. Tal alternativa permitiria estabelecer um controle maior sobre a atuação do juiz sem engessar a estabilização da demanda em um modelo excessivamente rígido, que, como já exposto, cria pontos de tensão exigindo válvulas de escape casuísticas, em prejuízo à segurança jurídica e às garantias fundamentais do processo.

---

86. Esse é o caso, por exemplo, das reformas processuais implementadas no Japão antes do Código de Processo Civil de 1996, como informado em CHASE, Oscar G. et. al., *Civil litigation in comparative context*. St. Paul: Thomson West, 2007, p. 41 ("The jugde's initiative could not have gone through without a positive cooperaton by the lawyers involved. The main cause of previous failures of various preparatory proceedings was general lack of cooperation by the lawyers") e em TANIGUCHI, Yasuchei, Japan's recent civil procedure reform: its seeming success and left problems *in* TROCKER, Nicoló; VARANO, Vincenzo. (Org.), cit., p. 96/97 ("... the relationship between the judges and the lawyers was not a good one. These two groups were separated and did not regard each other as partners. (...) Thus, any proposal by the judiciary or by individual judges, however constructive and reasonable it might be, tended to be received as a sign of oppression and to meet a strong resistance from the organized bar and individual members thereof").

Essa não foi, todavia, a solução consagrada no novo CPC em sua versão final, lamentando-se pela perda da oportunidade para o aprimoramento da matéria.

7. REFERÊNCIAS BIBLIOGRÁFICAS

ARRUDA Alvim, *Manual de Direito Processual Civil*. São Paulo: Revista dos Tribunais, 2011.

ASSIS, Araken de, *Cumulação de ações*. São Paulo: Revista dos Tribunais, 2002.

_____. *Manual do processo de execução*. São Paulo: Revista dos Tribunais, 2000.

BARBOSA MOREIRA, José Carlos, *Comentários ao Código de Processo Civil*. Rio de Janeiro: Forense, 2008, v. V.

_____, *O novo processo civil brasileiro*. Rio de Janeiro: Forense, 2008.

_____, O processo civil contemporâneo: um enfoque comparativo in *Temas de Direito Processual (Nona Série)*. São Paulo: Saraiva, 2007.

BEDAQUE, José Roberto dos Santos. *Efetividade do processo e técnica processual*. São Paulo: Malheiros, 2007.

BOTELHO DE MESQUITA, José Ignácio, A causa petendi nas ações reivindicatórias, *Revista de direito processual civil*, v. 6, 1967.

_____. Conteúdo da causa de pedir, *Revista dos Tribunais*, v. 564, 1982.

BUENO, Cassio Scarpinella. Ainda sobre a revisão do Novo CPC, em http://jota.info/ainda-sobre-a-revisao-do-novo-cpc, 14.3.2015. Acessado em 19.4.2015.

_____, *Curso sistematizado de direito processual civil*. São Paulo: Saraiva, 2011, v. 2, t. 1.

CALMON DE PASSOS, José Joaquim, *Comentários ao Código de Processo Civil*. Rio de Janeiro: Forense, 2005, v. III.

CERINO CANOVA, Augusto. La domanda giudiziale ed il suo contenuto, *Commentario del Codice di Procedura Civile*. Torino: Utet, 1980, v. 2, t. 1.

CHASE, Oscar G. et. al., *Civil litigation in comparative context*. St. Paul: Thomson West, 2007.

CINTRA, Antonio Carlos de Araújo; GRINOVER, Ada Pellegrini; DINAMARCO, Cândido Rangel, *Teoria Geral do Processo*. São Paulo: Malheiros, 2001.

COMOGLIO, Luigi Paolo. *La garanzia costituzionale dell'azione ed il processo civile*. Padova: Cedam, 1970.

CRUZ E TUCCI, José Rogério. *A causa petendi no processo civil*. São Paulo: Revista dos Tribunais, 2009.

CRUZ E TUCCI, José Rogério; BEDAQUE, José Roberto dos Santos (Coord.), *Causa de pedir e pedido no processo civil*. São Paulo: Revista dos Tribunais, 2002.

CRUZ, José Raimundo Gomes da, Causa de pedir e intervenção de terceiros, *Revista dos Tribunais*, v. 662, dez. 1990.

DEGENSZAJ, Daniel Raichelis. *Alteração dos fatos no curso do processo e os limites da modificação da causa petendi*. 2010. Dissertação (Mestrado em Direito Processual) – Universidade de São Paulo, São Paulo.

DIDIER JR., Fredie, *Curso de direito processual civil*. Salvador: Juspodvm, 2009, v. 1.

DINAMARCO, Cândido Rangel, *Instituições de direito processual civil*. Malheiros: São Paulo, 2009, v. 2.

FAIREN GUILLÉN, Victor, *La transformación de la demanda en el proceso civil*. Santiago de Compostela: Porto, 1949.

FAZZALARI, Elio, *Note in tema di diritto e processo*. Milano: Giuffrè, 1957.

FERRI, Corrado, *Struttura del processo e modificazione della domanda*. Padova: Cedam, 1975.

FUX, Luiz, *Curso de Direito Processual Civil*. Rio de Janeiro: Forense, 2005.

GABBAY, Daniela Monteiro, *Pedido e causa de pedir*. São Paulo: Saraiva, 2010.

GRECO, Leonardo, *Instituições de Processo Civil*. Rio de Janeiro: Forense, 2010, v. 1 e 2.

GUEDES, Cíntia Regina, A estabilização da demanda no Direito Processual Civil *in* FUX, Luiz (Coord.), *O novo processo civil brasileiro – Direito em expectativa*. Rio de Janeiro: Forense, 2011.

JARDIM, Augusto Tanger. *A causa de pedir no direito processual civil*. Porto Alegre: Livraria do Advogado, 2008.

JOLOWICZ, J. A., Modelos adversarial e inquisitorial de processo civil. Trad. José Carlos Barbosa Moreira. *Revista Forense*, ano 100, n. 372, mar./abr. 2004.

LACERDA, Galeno. O código e o formalismo processual, *Revista da Associação dos Juízes do Rio Grande do Sul*, v. 28, jul/1983.

LAZZARINI, Alexandre Alves. *A causa petendi nas ações de separação judicial e de dissolução da união estável*. São Paulo: Revista dos Tribunais, 1999.

LEONEL, Ricardo de Barros, *Causa de pedir e pedido – O direito superveniente*. São Paulo: Método, 2006.

LIEBMAN, Enrico Tullio, Istituti del diritto comune nel processo civile brasiliano *in Problemi del processo civile*. Napoli: Morano, 1962.

_____, O despacho saneador e o julgamento do mérito *in Estudos sobre o processo civil brasileiro*. São Paulo: Saraiva, 1947.

MARQUES, José Frederico, *Manual de direito processual civil*. São Paulo: Saraiva, 1990, v. 1.

MASCIOTRA, Mario, *El principio de congruência en los procesos civiles, patrimoniales y de familia, laborales y colectivos ambientales*. Buenos Aires: Ad-Hoc, 2010.

MITIDIERO, Daniel, *Colaboração no processo civil.* São Paulo: Revista dos Tribunais, 2011.

NERY JR., Nelson, *Princípios do processo na Constituição Federal.* São Paulo: Revista dos Tribunais, 2009.

NERY JR. Nelson; NERY, Rosa Maria de Andrade, *Código de Processo Civil comentado e legislação processual em vigor.* São Paulo: Revista dos Tribunais, 2010.

OLIVEIRA JR., Zulmar Duarte de. *O princípio da oralidade no processo civil.* Porto Alegre: Núria Fabris, 2011.

OLIVEIRA, Carlos Alberto Alvaro de, *Do formalismo no processo civil.* São Paulo: Saraiva, 2003.

PICÓ I JUNOY, Joan. *La modificación de la demanda en el proceso civil.* Valencia: Tirant lo Blanch, 2006.

PINTO, Junior Alexandre Moreira. *A causa petendi e o contraditório.* São Paulo: Revista dos Tribunais, 2007.

PONTES DE MIRANDA, Francisco Cavalcanti. *Comentários ao Código de Processo Civil.* Rio de Janeiro: Forense, 1958, t. II.

ROCHA, Elias Gazal. *Modificação do pedido e da causa de pedir, na jurisprudência do Superior Tribunal de Justiça, como instrumento do acesso à justiça.* 2009. Dissertação (Mestrado em Direito Processual) – Universidade do Estado do Rio de Janeiro, Rio de Janeiro.

ROQUE, Andre Vasconcelos; DUARTE, Francisco Carlos, *Mandado de segurança.* Curitiba: Juruá, 2011.

ROQUE, Andre Vasconcelos, GAJARDONI, Fernando, DELLORE, Luiz e OLIVEIRA JR, Zulmar Duarte de. Novo CPC: a revisão final, em http://jota.info/novo-cpc-a-revisao-final, 13.3.2015. Acessado em 19.4.2015.

RUBIN, Fernando, *A preclusão na dinâmica do processo civil.* Porto Alegre: Livraria do Advogado, 2010.

SÁNCHEZ, Guillermo Ormazabal, *Iura novit curia – La vinculación del juez a la calificación jurídica de la demanda.* Madrid: Marcial Pons, 2007.

SANTOS, Moacyr Amaral, *Primeiras linhas de direito processual civil.* São Paulo: Saraiva, v. 2, 2011.

SATTA, Salvatore, Domanda giudiziale (Diritto processuale civile) in *Enciclopedia del diritto.* Milano: Giuffrè, 1958, v. XIII.

SCHWAB, Karl Heinz, *El objeto litigioso en el proceso civil.* Trad. Tomas A. Banzhaf. Buenos Aires: EJEA, 1968.

SILVA, Ovídio Baptista da, *Ação de imissão de posse.* São Paulo: Revista dos Tribunais, 2001.

_____, Limites objetivos da coisa julgada no direito brasileiro atual in *Sentença e coisa julgada*. Porto Alegre: Sérgio Fabris, 1979.

SOUSA, Everardo de, Do princípio da eventualidade no sistema do Código de Processo Civil, *Revista Forense*, v. 251, ago./set. 1975.

SULLIVAN, John P., *Twombly and Iqbal*: the latest retreat from notice pleading, *Suffolk University Law Review*, v. 43, n. 1, 2009.

TEIXEIRA, Guilherme Freire de Barros. *O princípio da eventualidade no processo civil*. São Paulo: Revista dos Tribunais, 2005.

TROCKER, Nicoló. *Processo civile e costituzione* – Problemi di diritto tedesco e italiano. Milano: Giuffrè, 1974.

TROCKER, Nicoló; VARANO, Vincenzo. (Org.), *The reforms of civil procedure in comparative perspective*. Torino: G. Giappichelli, 2005.

CAPÍTULO 5

Algumas notas sobre a formação, suspensão e extinção do processo no Novo Código de Processo Civil

Mirna Cianci[1]

SUMÁRIO: 1. FORMAÇÃO DO PROCESSO; 2. SUSPENSÃO DO PROCESSO; 3. EXTINÇÃO DO PROCESSO; 4. OBRAS CONSULTADAS.

1. FORMAÇÃO DO PROCESSO

O artigo 312, *caput* do CPC indica, para a formação do processo, o simples protocolo da petição inicial[2]. Com isso, fica desde logo estabelecida a relação linear autor-juiz (Estado), retratado no direito constitucional de ação, tendo como efeito a formação do processo.

Nesse intermédio, tem o juiz o poder-dever de controle da regularidade, podendo desde logo indeferir a inicial, nos moldes do artigo 321 do CPC, segundo o qual, "verificando o juiz que a petição inicial não preenche os requisitos dos arts. 319 e 320 ou que apresenta defeitos e irregularidades capazes de dificultar o julgamento de mérito, determinará que o autor, no prazo de quinze dias, a emende ou a complete, indicando com precisão o que deve ser corrigido." E, nos termos do parágrafo único, "se o autor não cumprir a diligência, o juiz indeferirá a petição inicial."

A doutrina considera como requisito formal[3] para a instauração da demanda, que sejam cumpridos os requisitos da inicial, previstos no artigo 319, incisos I a VII.

Pode ainda, nos moldes do artigo 332, incisos I a IV, decretar a improcedência liminar do pedido, nas ações que tenham em seu bojo matéria exclusivamente

---

1. Procuradora do Estado de São Paulo, Mestre em Direito Processual Civil pela PUCSP, Professora e Coordenadora da Escola Superior da Procuradoria Geral do Estado de São Paulo.
2. REsp 766.563/SP, Rel. Ministro HUMBERTO GOMES DE BARROS, TERCEIRA TURMA, julgado em 23/08/2005, DJ 20/03/2006, p. 271
3. Candido Rangel Dinamarco, *Instituições de Direito Processual Civil*, São Paulo: Malheiros Editores, vol. II, 4ª edição 2004, p. 47

de direito, quando contrariar I – enunciado de súmula do Supremo Tribunal Federal ou do Superior Tribunal de Justiça; II – acórdão proferido pelo Supremo Tribunal Federal ou pelo Superior Tribunal de Justiça em julgamento de recursos repetitivos; III – entendimento firmado em incidente de resolução de demandas repetitivas ou de assunção de competência; IV – enunciado de súmula de tribunal de justiça sobre direito local. Nos termos do parágrafo 1º, "o juiz também poderá julgar liminarmente improcedente o pedido se verificar, desde logo, a ocorrência de decadência ou de prescrição.".

Se for o caso, ainda nesse momento que antecede a convocação do réu, pode o juiz conceder ou negar medida liminar antecipatória, satisfativa ou cautelar (CPC, art.294).

Em seguida, validamente citado o réu, mesmo ainda quando ordenada por juiz incompetente, a relação se aperfeiçoa em sua forma angular de *actus trium personarum*[4] e os efeitos do artigo 240 do CPC se produzem em relação ao polo passivo dessa relação, (i) tornando eficaz a litispendência para o réu, (ii) litigiosa a coisa e (iii) constituindo em mora o devedor, ressalvado o disposto nos arts. 397 e 398 do Código Civil, segundo os quais "o inadimplemento da obrigação, positiva e líquida, no seu termo, constitui de pleno direito em mora o devedor" e "nas obrigações provenientes de ato ilícito, considera-se o devedor em mora, desde que o praticou."

Portanto, a citação não se apresenta como requisito para a formação do processo, que se dá com o simples protocolo da petição inicial, alertando a doutrina para a confusão entre a existência do processo e seus efeitos em relação ao réu.[5]

Proposta a demanda e citado validamente o réu ou comparecendo este espontaneamente, entra o processo em estado de pendência[6], denominado *litispendência*, com o que fica vedada a propositura de nova demanda idêntica, assim entendida aquela que encerre as mesmas partes, o mesmo pedido e a mesma causa de pedir (CPC, 338, XII, parágrafo 2º).

Nos casos em que proposta mais de uma vez a mesma demanda, perante juízos diferentes, prevalece o primeiro protocolo, por força do princípio do juiz natural e da prevenção. A jurisprudência considera que "os efeitos da litispendência, para o autor, são produzidos desde a propositura da demanda. O fato de a relação processual ainda estar incompleta antes do ato citatório não

---

4. Humberto Theodoro Junior, *Curso de Direito Processual Civil*, Rio de Janeiro:Forense, 51ª edição, 2007, p. 308
5. Candido Rangel Dinamarco, *Instituições de Direito Processual Civil*, São Paulo:Malheiros Editores, vol. II, 4ª edição 2004.,p. 53
6. Candido Rangel Dinamarco, *Instituições de Direito Processual Civil*, São Paulo:Malheiros Editores, vol. II, 4ª edição 2004 , p. 49

significa que inexiste ação, uma vez que a pretensão já se encontra materializada por meio do petitório inicial"[7]. No mesmo sentido a doutrina, para quem o autor, como demandante, desde logo está vinculado aos efeitos da litispendência[8], estando prevento o juízo e impedida a repetição da demanda, bem como revela-se litigioso o objeto.

E, também quanto a terceiros, opera-se a presunção de ciência da litispendência, decorrente da publicidade do processo, tendo decidido o STJ, em caso específico, que "(..) a regra do art. 42, § 3º, do CPC (revogado, atual 109), que estende ao terceiro adquirente os efeitos da coisa julgada, somente deve ser mitigada quando for evidenciado que a conduta daquele tendeu à efetiva apuração da eventual litigiosidade da coisa adquirida. Há uma presunção relativa de ciência do terceiro adquirente acerca da litispendência, cumprindo a ele demonstrar que adotou todos os cuidados que dele se esperavam para a concretização do negócio, notadamente a verificação de que, sobre a coisa, não pendiam ônus judiciais ou extrajudiciais capazes de invalidar a alienação.[9]

A doutrina considera efeitos materiais da citação a litigiosidade da coisa; a interrupção da prescrição e a constituição do devedor em mora relativamente à obrigação objeto da demanda e, como efeitos processuais, a proibição de renovação de demanda idêntica; a prevenção do juízo e perpetuação da jurisdição (CPC revogado, art. 43, atual 110); a suspensão de outro processo do qual se apresenta como prejudicial; a estabilização da demanda (CPC, art. 313,V,a).[10]

De acordo com o artigo 58 do CPC, "a reunião das ações propostas em separado far-se-á no juízo prevento, onde serão decididas simultaneamente" e, nos termos do artigo 59, "o registro ou a distribuição da petição inicial torna prevento o juízo" e, consoante o artigo 43, "determina-se a competência no momento em que a ação é proposta, sendo irrelevantes as modificações do estado de fato ou de direito ocorridas posteriormente, salvo quando suprimirem o órgão judiciário ou alterarem a competência absoluta.", revelando-se as regras de prevenção e perpetuação da competência.

A litigiosidade da coisa implica na atuação do processo sobre as partes e terceiros, como nos casos do artigo 983 do Código Civil; 1.117.II, 42, *caput* e parágrafos 1º e 3º, 456 e 457. O CPC, art. 109, considera sucessor o adquirente de bem litigioso; desautoriza embargos de terceiro (CPC, art. 674)[11].

---

7. AgRg no AREsp 51.513/RS, Rel. Ministro CASTRO MEIRA, SEGUNDA TURMA, julgado em 20/03/2012, DJe 28/03/2012
8. Humberto Theodoro Junior,. *Curso de Direito Processual Civil*, Rio de Janeiro:Forense, 51ª edição, 2007, p. 308. Candido Rangel Dinamarco,. *Instituições de Direito Processual Civil*, São Paulo:Malheiros Editores, vol. II, 4ª edição 2004, p. 50
9. RMS 27.358/RJ, Rel. Ministra NANCY ANDRIGHI, TERCEIRA TURMA, julgado em 05/10/2010, DJe 25/10/2010
10. Humberto Theodoro Junior,. *Curso de Direito Processual Civil*, Rio de Janeiro:Forense, 51ª edição, 2007, p. 55
11. REsp 1227318/MT, Rel. Ministro SIDNEI BENETI, TERCEIRA TURMA, julgado em 06/11/2012, DJe 14/11/2012

A citação, de outra banda, interrompe a prescrição[12] O parágrafo 1º do artigo 240 do CPC dispõe que "a interrupção da prescrição, operada pelo despacho que ordena a citação, ainda que proferido por juiz incompetente, retroagirá à data da propositura da ação.", sendo do autor a incumbência de providenciar a citação (parágrafo 2º), embora não seja responsabilizado pela demora imputável ao Judiciário (parágrafo 3º)[13].

Acrescente-se que somente a citação válida tem esse efeito, assim considerada aquela que deu ordem aos requisitos legais, sendo capaz de cumprir o objetivo primordial de levar ao conhecimento do réu a existência da demanda; que seja promovida a pessoa legitimada para o seu recebimento, afastado esse efeito quando, mesmo válida a citação, for reconhecida a perempção, tendo decidido o STJ que "(..) apenas em raros casos a citação válida não interrompe a prescrição. Um deles é a perempção, fenômeno processual resultante da extinção do processo, por três vezes, por negligência do autor que, não promovendo os atos e diligências que lhe competirem, abandonar a causa por mais de 30 (trinta) dias (..). O outro ocorre quando ficar o processo parado durante mais de um ano por negligência das partes (..)"[14]

A legitimidade do autor, para o fim da interrupção da prescrição, tem como fundo a demonstração do interesse jurídico, como referido no artigo 203 do Código Civil, ao mencionar que "a prescrição poderá ser interrompida por qualquer interessado".

O artigo 204 do Código Civil prevê ainda que "a interrupção da prescrição por um credor não aproveita aos outros; semelhantemente, a interrupção operada contra o codevedor, ou seu herdeiro, não prejudica aos demais coobrigados. E ainda, no parágrafo primeiro, dispõe que "A interrupção por um dos credores solidários aproveita aos outros; assim como a interrupção efetuada contra o devedor solidário envolve os demais e seus herdeiros." No parágrafo 2º, "a interrupção operada contra um dos herdeiros do devedor solidário não prejudica os outros herdeiros ou devedores, senão quando se trate de obrigações e direitos indivisíveis.". Ainda, no parágrafo 3º, "a interrupção produzida contra o principal devedor prejudica o fiador.", com o que, não necessariamente coincidem a legitimação do autor, com a do portador de interesse na interrupção.

Quanto ao réu, somente se parte legítima, ou seja, titular do dever constante da obrigação reclamada, será atingido pela interrupção da prescrição,

---

12. REsp 772.202/SP, Rel. Ministro HUMBERTO MARTINS, SEGUNDA TURMA, julgado em 18/08/2009, DJe 31/08/2009
13. AgRg no REsp 1237730/PR, Rel. Ministro HUMBERTO MARTINS, SEGUNDA TURMA, julgado em 21/02/2013, DJe 01/03/2013
14. AgRg no REsp 806.852/PR, Rel. Ministro GILSON DIPP, QUINTA TURMA, julgado em 11/04/2006, DJ 08/05/2006, p. 291

salvo nos casos de representação ou assistência. E, havendo litisconsórcio em razão de solidariedade, a interrupção a todos aproveita[15], conforme artigo 204, parágrafo 1º do Código Civil.

A citação ordenada por juízo incompetente produz efeitos, seja essa incompetência absoluta ou relativa. E ainda, deve ser o despacho emitido no mesmo processo, não servindo o processo cautelar antecedente, pois "o despacho do juiz que ordena a citação interrompe a prescrição, apenas, da respectiva pretensão deduzida em juízo, não irradiando efeitos sobre outras pretensões ainda não formuladas pelo titular do direito subjetivo correlato".[16], mas tendo considerado a jurisprudência de modo diverso, quando atuantes a ação declaratória e a condenatória respectivas, ao mencionar o STJ que "(..) a citação válida em ação declaratória interrompe a prescrição na respectiva ação condenatória, nos termos do art. 219 do Código de Processo Civil (revogado)."[17]

Verifica-se ainda esse efeito ainda quando seja extinto o processo, sem resolução de mérito[18] A doutrina encampa essa tese, por entender como fato consumado a interrupção antes consumada, que somente tem reinicio a partir do momento da extinção.[19]

Isso porque temos que o reinício do prazo prescricional conta-se de acordo com o artigo 202 do Código Civil, segundo o qual somente após o último ato do processo, recomeça a correr o lapso interrompido. Tocante, todavia, à previsão do artigo 202,I do CC, no sentido de que somente se dará a interrupção uma única vez, bom acentuar que a doutrina tem dado interpretação especifica a esse dispositivo, para considerar que está ele se referindo à interrupção *fora do âmbito do processo*,de sorte que, formalizada a interrupção, por exemplo, pelo protesto cambial, nova interrupção se dará quando do advento da citação (parágrafo único do artigo 202, 2ª parte, do CC).[20]

A constituição em mora vem regrada pelo Código Civil, artigos 397 a 399, relatando a mora do devedor nos casos de: (i) havendo termo para o adimplemento, encontra-se em mora o devedor desde a sua verificação; (ii) no caso de ato ilícito, a mora considera-se desde o evento; (iii)nas obrigações negativas, o

---

15. AgRg no REsp 1094291/RS, Rel. Ministro PAULO DE TARSO SANSEVERINO, TERCEIRA TURMA, julgado em 07/06/2011, DJe 13/06/2011
16. REsp 1236874/RJ, Rel. Ministra NANCY ANDRIGHI, TERCEIRA TURMA, julgado em 11/12/2012, DJe 19/12/2012
17. AgRg nos EDcl no REsp 1074907/RS, Rel. Ministro OG FERNANDES, SEXTA TURMA, julgado em 07/06/2011, DJe 22/06/2011.
18. AgRg no REsp 1143254/PR, Rel. Ministra LAURITA VAZ, QUINTA TURMA, julgado em 02/02/2012, DJe 13/02/2012
19. Candido Rangel Dinamarco,. *Instituições de Direito Processual Civil*, São Paulo:Malheiros Editores, vol. II, 4ª edição 2004, p. 91
20. José Manuel de Arruda Alvim, *Manual do Direito Processual Civil*, São Paulo:Revista dos Tribunais, 10ª edição, 2006, p. 254

devedor incorre em mora no ato positivo que deveria ter sido evitado; (iv) nos demais casos, desde que notificado o devedor.

Nos casos em que desnecessária a constituição em mora (i a iii), a citação na ação não guarda esse efeito, porque a mora já se encontra aperfeiçoada pelo evento previsto na norma; nos demais casos, a citação socorre a interpelação necessária ao enquadramento legal. A doutrina chega a denominar a citação de *a mais veemente das interpelações*[21], como forma de demonstrar a suficiência do ato em relação à configuração da mora, capaz de sujeitar o obrigado a todas as sanções previstas como consequência, acrescentando que tal efeito se configura mesmo quando realizada nos processos executivo, monitório ou mesmo cautelar.

A jurisprudência, todavia, faz diferenciação entre a mora *ex persona* e a mora *ex re*, tendo o STJ decidido que "há necessidade de prévia notificação para configuração da mora quando se trata da modalidade *ex persona*, porquanto, segundo assentado em precedentes do Superior Tribunal de Justiça, o disposto no artigo 219 do Código de Processo Civil (revogado) versa somente acerca da mora *ex re*. Além disso, a citação inicial somente se presta a constituir mora nos casos em que a ação não se funda na mora do réu, hipótese em que esta deve preceder ao ajuizamento, e que não se coaduna com a situação ora tratada"[22], objeto da Súmula 380/STJ: "A simples propositura da ação de revisão de contrato não inibe a caracterização da mora do autor".

2. SUSPENSÃO DO PROCESSO

As denominadas *crises processuais* estimulam a previsão de situações em que deve ser decretada a suspensão do processo e o artigo 313 do CPC enumera sem taxatividade essas hipóteses, já que o mesmo *Codex* contempla outras situações de suspensão, o que admite o inciso VII do mesmo artigo, ao indicar como causa também "os demais casos que este Código regula".

Nos incisos I, III,IV e V do artigo 313 verifica-se a suspensão necessária e no inciso II, a voluntária, classificação aceita pela doutrina.[23] A doutrina ainda denomina de suspensão *imprópria* aquela que não representa necessariamente a paralisação do processo, mas sua interrupção para o tratamento, no seu andamento, de tema que deva ser antes solucionado, como no caso das exceções,

---

21. Candido Rangel Dinamarco, *Instituições de Direito Processual Civil*, São Paulo:Malheiros Editores, vol. II, 4ª edição 2004.,p. 99
22. AgRg no REsp 862.646/ES, Rel. Ministro RAUL ARAÚJO, QUARTA TURMA, julgado em 13/11/2012, DJe 11/12/2012 e AgRg no REsp 1292616/RS, Rel. Ministro RAUL ARAÚJO, QUARTA TURMA, julgado em 16/08/2012, DJe 05/09/2012
23. José Manuel de Arruda Alvim, *Manual do Direito Processual Civil*, São Paulo:Revista dos Tribunais, 10ª edição, 2006, p. 333

que, embora incidentes, pertencem ao mesmo processo e têm o seu curso até decisão.[24]

A doutrina alerta que a suspensão do processo não significa necessariamente a suspensão dos efeitos jurídicos do processo ou seja, não há suspensão eficacial da relação jurídica processual, mantendo-se a litigiosidade do bem (CPC, art. 312), revelando-se apenas a suspensão do *procedimento*, com a paralisação de sua marcha.[25]

Fala-se em suspensão *própria* e *imprópria*, assim consideradas, respectivamente, a que efetivamente implique em paralisação total do processo, por fatores externos e a que demande o redirecionamento do processo para a solução de suas causas internas, como no caso da arguição de impedimento e/ou suspeição do juízo.

A decisão que ordena a suspensão do processo na letra da jurisprudência, tem conteúdo declaratório e, portanto, opera efeitos *ex tunc*[26], retroagindo, portanto, à data do evento, ainda que a causa suspensiva seja noticiada ao juízo posteriormente. A doutrina alerta, todavia, para a confusão que se faz entre o conteúdo da decisão e sua eficácia temporal, diante da possibilidade de uma decisão constitutiva produzir efeitos retroativos, de sorte que a sua projeção no tempo não se revela como elemento distintivo das categorias, concluindo tratar-se de decisão *constitutiva*, pois paralisa a atividade processual, embora com eficácia retroativa.[27]

O inciso I contempla as situações de morte ou perda da capacidade processual de qualquer das partes, de seu representante legal ou de seu procurador, casos em que o juiz suspenderá o processo nos termos do artigo 689 do CPC, segundo o qual "proceder-se-á à habilitação nos autos da causa principal e na instância em que ela se encontrar, cuja suspensão será determinada"(parágrafo 1º do artigo 313).

Não sendo ajuizada a ação de habilitação, dispõe o parágrafo 2º do artigo 313 que o juiz, ao tomar conhecimento da morte ou da perda da capacidade de qualquer das partes, determinará a suspensão do processo e, no caso de morte do réu, ordenará a intimação do autor para que promova a citação do espólio, de quem for o sucessor ou, se for o caso, dos herdeiros, no prazo

---

24. Cândido Rangel Dinamarco, *Instituições de Direito Processual Civil*, São Paulo:Malheiros Editores, vol. II, 4ª edição 2004 p. 631
25. Fredie Didier Jr.,*Curso de Direito Processual Civil*,vol.I, BA:Jus Podium,2013, p. 627
26. AgRg no REsp 1246852/PR, Rel. Ministro HERMAN BENJAMIN, SEGUNDA TURMA, julgado em 14/06/2011, DJe 31/08/2011
27. Fredie Didier Jr., *Curso de Direito Processual Civil*,vol.I, BA:Jus Podium,2013, p. 628 e Egas Dirceu Moniz de Aragão, *Comentários ao Código de Processo Civil*, Rio de Janeiro:Forense, 10ª Ed.,v. 2, ps. 407-9.

mínimo de dois e máximo de seis meses (inciso I); no caso de morte do autor e sendo transmissível o direito discutido, será determinada a citação do espólio, de quem for o sucessor ou dos herdeiros, pelos meios adequados, para que promovam a habilitação, sob pena de extinção do processo, sem resolução de mérito (inciso II).

No direito anterior, por falta de previsão legal de prazo para a providência da habilitação, considerava o STJ a inocorrência de prescrição intercorrente, o que deverá passar a ser considerado, uma vez que o atual ordenamento prevê termo para conclusão dessa providência[28]

A jurisprudência do STJ considera que a suspensão por morte ocorre desde o evento fatídico, pouco importando a data em que tenha sido noticiado nos autos do processo, dada a natureza declaratória do ato. Admite ainda o STJ que, encerrada a instrução e sobrevindo morte de uma das partes, a prolação da sentença não importa nulidade, suspendendo-se a partir de então o processo, para as devidas habilitações[29], inclusive, porque o artigo 1.004 do CPC prevê que "se, durante o prazo para a interposição do recurso, sobrevier o falecimento da parte ou de seu advogado ou ocorrer motivo de força maior que suspenda o curso do processo, será tal prazo restituído em proveito da parte, do herdeiro ou do sucessor, contra quem começará a correr novamente depois da intimação.", indicando a possibilidade legal de aproveitamento do ato.

Aconselhável, na lição da doutrina, que no caso de não ser possível a conclusão da audiência no dia em que a morte ou a perda da capacidade da parte ou de seu representante legal for informada, seja decretada a suspensão, pois pode ocorrer de existir menores entre os sucessores, a demandar a intervenção ministerial, cuja omissão induz nulidade (CPC, art. 279)[30].

A doutrina traduz como morte a extinção da pessoa jurídica que figure como parte no processo ou de entidades que tenham personalidade processual (CPC, arts. 75, incisos III, IV, VII, VIII, IX e X)[31], porque o mandato e a procuração de representação administrativa são considerados extintos.

No caso de morte de procurador das partes, aplica-se o parágrafo 3º do artigo 313, que prevê, ainda que iniciada a instrução, a fixação do prazo de 15 dias para a parte autora constituir novo mandatário e, não sendo providenciado, será extinto o processo sem resolução de mérito e, no caso da parte réu,

---

28. AgRg no REsp 891.588/RJ, Rel. Ministro ARNALDO ESTEVES LIMA, QUINTA TURMA, julgado em 22/09/2009, DJe 19/10/2009.
29. AgRg no REsp 1136429/MA, Rel. Ministro JORGE MUSSI, QUINTA TURMA, julgado em 26/10/2010, DJe 22/11/2010.
30. Egas Dirceu Moniz de Aragão, *Comentários ao Código de Processo Civil*, Rio de Janeiro: Forense, 10ª Ed.,v. 2., p. 395.
31. Pontes de Miranda, *Comentários ao CPC*, 4ª Ed., Rio de Janeiro:Forense, 2007, t.III, p. 441

se, no mesmo prazo, não for nomeado novo advogado, prosseguirá o feito à revelia.

Entende o STJ que, sendo prontamente restabelecido o mandato a outro advogado, não se justifica a suspensão do processo[32] e, da mesma forma que quando ocorre a morte da parte, a do procurador tem vigência a partir do evento e não de sua comunicação ao juízo[33].

Ainda a respeito, a mesma Corte tem considerado que, estando a parte representada por mais de um advogado e não havendo requerimento para que dos atos do processo seja intimado apenas um deles, o falecimento deste não implica em suspensão do processo[34].

E, no caso de perda da capacidade postulatória, por ser declarado o causídico inabilitado pela Ordem dos Advogados do Brasil, no curso do processo, da mesma forma opera-se a suspensão do processo, por não ser natural carrear à parte a consequência a que não deu causa, o mesmo ocorrendo no caso de o representante legal perder a capacidade civil (CC, artigos 5º, 6º e 446), inclusive porque, nos termos do artigo 76 do CPC, "verificada a incapacidade processual ou a irregularidade da representação das partes, o órgão jurisdicional suspenderá o processo, marcando prazo razoável para ser sanado o vício."

Há ainda a hipótese do representante da parte, advertindo a doutrina que a lei não se referiu aos casos de *presentação*, onde o desaparecimento de uma pessoa jurídica por outra sucedida não implica em solução de continuidade no processo[35].

O inciso II prevê causa voluntária de suspensão do processo, por convenção das partes, que nunca poderá exceder 6 meses, nos termos do parágrafo 4º do artigo 313 do CPC, estipulado para que as demandas não se perpetuem, de sorte que, superado o lapso, deverão os autos irem à conclusão imediatamente, para a retomada do curso do processo[36], tendo ainda sido indeferido pedido de extinção do processo, quando, após suspensão por acordo, teria ficado paralisado[37].

O deferimento da suspensão a pedido tem natureza de ato vinculado e constitui direito subjetivo das partes, não sendo lícito o indeferimento, exceto

---

32. AgRg no REsp 918.841/SC, Rel. Ministro LUIS FELIPE SALOMÃO, QUARTA TURMA, julgado em 01/12/2011, DJe 07/12/2011
33. AgRg na AR 2.995/RS, Rel. Ministro GILSON DIPP, TERCEIRA SEÇÃO, julgado em 10/03/2004, DJ 19/04/2004, p. 151
34. REsp 341.495/RS, Rel. Ministra NANCY ANDRIGHI, TERCEIRA TURMA, julgado em 03/12/2001, DJ 18/02/2002, p. 424
35. Egas Dirceu Moniz Aragão, *Comentários ao Código de Processo Civil*, Rio de Janeiro:Forense, 10ª Ed.,v. 2, p. 391
36. AgRg no REsp 1231891/PR, Rel. Ministro MAURO CAMPBELL MARQUES, SEGUNDA TURMA, julgado em 07/02/2013, DJe 18/02/2013
37. AgRg no REsp 1052960/MG, Rel. Ministro ALDIR PASSARINHO JUNIOR, QUARTA TURMA, julgado em 23/06/2009, DJe 24/08/2009

por relevante motivo[38], certo que no atual sistema, pode haver transação quanto ao procedimento, nos termos do artigo 191 do CPC, segundo o qual "versando a causa sobre direitos que admitam auto composição, é lícito às partes, desde que sejam plenamente capazes, convencionar, antes ou durante o processo, sobre os seus ônus, poderes, faculdades e deveres processuais" e, conforme o parágrafo 1º, "de comum acordo, o juiz e as partes podem estipular mudanças no procedimento, visando a ajustá-lo às especificidades da causa, fixando, quando for o caso, o calendário para a prática dos atos processuais."

O inciso III prevê a suspensão do processo pela arguição de impedimento ou suspeição. Não mais se encontra nesse rol a incompetência relativa ou absoluta, porque essa matéria será agora arguida preliminarmente na defesa e não mais por meio de exceção (CPC, art. 337,II), de sorte que não terá o condão de paralisar o processo, devendo ser desde logo decidida, como afirma a doutrina.[39]

A arguição de impedimento e/ou suspeição de membro do Ministério Público, auxiliar de justiça ou demais sujeitos imparciais do processo, não implica em suspensão da marcha procedimental, como estabelece o artigo 148, parágrafo 1º do CPC.

Será feita por petição, até 15 dias a partir do conhecimento do fato e, de acordo com a jurisprudência, opera-se a preclusão a respeito, não se podendo falar em nulidade absoluta.[40]

E, de acordo com o artigo 146, § 1º, do CPC, "ao receber a petição, se reconhecer o impedimento ou a suspeição, o juiz ordenará imediatamente a remessa dos autos ao seu substituto legal; caso contrário, determinará a autuação em apartado da petição e, dentro de quinze dias, apresentará as suas razões, acompanhadas de documentos e de rol de testemunhas, se houver, ordenando a remessa do incidente ao tribunal.", ficando o processo suspenso até esse momento.

Em seguida, nos termos do parágrafo 2º do mesmo dispositivo, "distribuído o incidente, o relator deverá declarar os efeitos em que é recebido. Se o incidente for recebido sem efeito suspensivo, o processo voltará a correr; se com efeito suspensivo, permanecerá suspenso o processo até o julgamento do incidente.

Portanto, ao contrário do sistema revogado, a suspensividade passa a ser *ope judicis* e não mais *ope legis*, devendo o tribunal analisar as razões e,

---

38. Humberto Theodoro Junior, *Curso de Direito Processual Civil*, Rio de Janeiro:Forense, 51ª edição, 2007., p. 313
39. Ana Cristina Brenner, Formação, Suspensão e Extinção do Processo. Tex.pro.br> acesso em 11.3.2013
40. AgRg nos EDcl no RMS 33.597/GO, Rel. Ministro SIDNEI BENETI, TERCEIRA TURMA, julgado em 17/04/2012, DJe 03/05/2012

diante de sua relevância e probabilidade, conferir ou não o efeito suspensivo ao processo que, de todo modo, ao final e caso reconhecido o impedimento ou a suspeição, nos termos do parágrafo 5º do artigo 146 do CPC, "o tribunal fixará o momento a partir de quando o juiz passou a atuar com parcialidade" e, conforme o parágrafo 6º, "o tribunal decretará a nulidade dos atos do juiz, se praticados quando já presente o motivo de impedimento ou de suspeição."

O CPC introduziu nova hipótese de suspensividade, ao prever, no inciso IV do artigo 313, a "admissão de incidente de resolução de demandas repetitivas", que está previsto no artigo 976, II do CPC, sendo admissível "(..) quando, estando presente o risco de ofensa à isonomia e à segurança jurídica, houver efetiva ou potencial repetição de processos que contenham controvérsia sobre a mesma questão de direito material ou processual."

Nos termos do artigo 981 do CPC, "após a distribuição, o órgão colegiado competente para julgar o incidente procederá ao juízo de admissibilidade do incidente, levando em consideração a presença dos pressupostos do art. 976" e, conforme o art. 982, "Admitido o incidente, o relator: I – suspenderá os processos pendentes que tramitam no Estado ou na Região, conforme o caso; II – poderá requisitar informações a órgãos em cujo juízo tramita processo no qual se discute o objeto do incidente, que as prestarão no prazo de 15 (quinze) dias; III – intimará o Ministério Público para, querendo, manifestar-se no prazo de 15 (quinze) dias". E, nos termos do § 1º "A suspensão será comunicada aos órgãos jurisdicionais competentes". Ainda, o § 2º "Durante a suspensão, o pedido de tutela de urgência deverá ser dirigido ao juízo onde tramita o processo suspenso.". E o § 3º "Visando à garantia da segurança jurídica, qualquer legitimado mencionado no art. 977, incisos II e III, poderá requerer, ao tribunal competente para conhecer do recurso extraordinário ou especial, a suspensão de todos os processos individuais ou coletivos em curso no território nacional que versem sobre a questão objeto do incidente já instaurado". O § 4º "Independentemente dos limites da competência territorial, a parte no processo em curso no qual se discuta a mesma questão objeto do incidente é legitimada para requerer a providência prevista no § 3º deste artigo.". Finalmente, nos termos do § 5º "Cessa a suspensão a que se refere o inciso I do *caput* deste artigo se não for interposto recurso especial ou recurso extraordinário contra a decisão proferida no incidente." Há ainda, como previsto no parágrafo 4º, a possibilidade de o interessado requerer o prosseguimento do processo, demonstrando o desacerto da submissão como demanda repetitiva.

A prejudicialidade está prevista no artigo 315 do CPC e será considerada causa de suspensão se o conhecimento do mérito depender de verificação da existência de fato delituoso, o juiz pode determinar a suspensão do processo até que se pronuncie a justiça criminal. Conforme o § 1º, "Se a ação penal não for proposta no prazo de 3 (três) meses, contado da intimação do ato de suspensão, cessará o efeito desse, incumbindo ao juiz cível examinar incidentemente a questão prévia." E nos termos do § 2º "Proposta a ação penal, o processo ficará suspenso pelo prazo máximo de 1 (um) ano, ao final do qual aplicar-se-á o disposto na parte final do § 1º."

Esses eventos são considerados antecedente lógico do julgamento do processo, o que justifica a suspensão para evitar conflitos desnecessários[41], podendo ser internos, quando submetidas à apreciação no mesmo processo e externos, quando dependentes de outro processo, certo que somente estas exigem a suspensão, devendo o juiz desde logo julgar a questão subordinante, que causa embaraço à subordinada[42].

A doutrina detecta causa de conexão (CPC, art. 55), nesses casos, que geralmente ocorrem por conta da coincidência do objeto, quando giram as demandas em torno do mesmo negócio jurídico e entre as mesmas partes, o que, em regra, deveria conduzir à reunião dos processos para julgamento conjunto e não em suspensão, com o que, não havendo óbice a essa conjugação, deve prevalecer a regra do artigo 54 e seguintes do CPC.[43]

Destaque-se que a expressão *sentença de mérito* a que se refere o artigo 313,V do CPC tem caráter *lato sensu*, referindo-se a toda a decisão e não apenas à sentença, sendo certo todavia que o atual ordenamento processual evita mencionar esse termo com tal acepção, substituído que foi por *decisão de mérito* em várias oportunidades.

Nessas situações, compreende-se uma relação de dependência, onde (i) uma se apresenta prejudicial à outra, quando pode predeterminar o sentido em que esta deva ser resolvida; (ii) uma se considera preliminar à outra, ou seja, a solução de uma impede ou torna dispensável a análise da outra, ressaltando que, no primeiro caso, a influência é exercida sobre o teor da decisão e, no segundo, condiciona-se a própria existência da decisão subordinada[44], embora, em ambos os casos, sempre que verificada essa relação de subordinação, recomenda-se a suspensão do processo, como orienta a doutrina.[45]

A doutrina considera que, apesar do termo utilizado definir ação de cunho declaratório, não importa se a demanda condicionante indica pretensão

---

41. AgRg no Ag 1053555/MT, Rel. Ministro FELIX FISCHER, QUINTA TURMA, julgado em 05/03/2009, DJe 30/03/2009; AgRg no Ag 985.055/SP, Rel. Ministra DENISE ARRUDA, PRIMEIRA TURMA, julgado em 13/05/2008, DJe 05/06/2008; REsp 908.466/PR, Rel. Ministro CASTRO MEIRA, SEGUNDA TURMA, julgado em 16/08/2007, DJ 30/08/2007, p. 247
42. Edson Prata, *Comentários ao CPC*, Rio de Janeiro: Forense 1987, vol. II, p. 771 e Ana Cristina Brenner, Formação, Suspensão e Extinção do Processo. Tex.pro.br> acesso em 11.3.2013, p. 4
43. Humberto Theodoro Junior, *Curso de Direito Processual Civil*, Rio de Janeiro: Forense, 51ª edição, 2007., p. 315
44. Clarisse Frechiani Lara Leite, *Prejudicialidade no Processo Civil*, São Paulo: Saraiva 2008, p.45
45. Fredie Didier Jr., *Curso de Direito Processual Civil*,vol.I, Bahia: Jus Podium,2013, p. 632

declaratória, condenatória ou constitutiva; basta que seja externa e que represente premissa lógica da condicionada.[46] E deve ser externa, porque a condicionante interna implica em julgamento conjunto e não em suspensão prejudicial.

Também inexiste motivo para limitar a possibilidade de suspensão à precedência da litispendência prejudicial, porque tanto não exige a lei processual, sendo outro o motivo da paralisação, a possibilidade de conflito indesejável de decisões, cuja convivência seria insuportável no mundo fático.

O atual CPC deixou de contemplar situação específica de prejudicialidade, ao excluir indicação expressa da suspensão do processo quando pendente *ação de estado*, o que não significa que esteja suprimida essa possibilidade, mas apenas que, inclusive por clamor doutrinário[47], encontra-se ela subsumida à regra geral já prevista, sendo desnecessária a especificação, que toma caráter meramente ilustrativo.

Nesses casos, por certo que o processo não será necessariamente suspenso de imediato, podendo ser realizada a instrução, para ficar sobrestado tão somente para a prolação da sentença.

A requisição de prova a juízo deprecado, prevista como causa suspensiva no inciso V, letra *b*, geralmente pericial ou testemunhal, segue o rito do artigo 377 do CPC, segundo o qual " a carta precatória, a carta rogatória e o auxílio direto suspenderão o julgamento da causa no caso previsto no art. 313, inciso V, alínea b, quando, tendo sido requeridas antes da decisão de saneamento, a prova nelas solicitada apresentar-se imprescindível". E, nos termos do parágrafo único do mesmo dispositivo, "a carta precatória e a carta rogatória não devolvidas dentro do prazo ou concedidas sem efeito suspensivo poderão ser juntadas aos autos até o julgamento final."

Portanto, quando ocorridas as situações de retardamento e/ou falta de suspensividade, o processo tem curso normal, sendo obstada apenas a prolação da sentença, pois o contrário resultaria em cerceamento de defesa por desconsideração da prova.

Essa prejudicialidade, todavia, tem limite temporal previsto no parágrafo 5º do artigo 313, sendo de um ano, no máximo[48], tendo decidido o STJ que "(..) restando *sub judice* ação declaratória de inconstitucionalidade perante a Corte Maior, que encarta a causa de pedir da ação civil pública, revela-se precipitado

---

46. Clarisse Frechiani Lara Leite,. *Prejudicialidade no Processo Civil*, São Paulo: Saraiva 2008, p. 273-4
47. Candido Rangel Dinamarco, *Instituições de Direito Processual Civil*, São Paulo: Malheiros Editores, 4ª edição 2004vol. III, p. 172
48. REsp 750.535/GO, Rel. Ministro TEORI ALBINO ZAVASCKI, PRIMEIRA TURMA, julgado em 03/11/2009, DJe 13/11/2009.

pretender submeter o tema ao crivo incidental e difuso de órgão jurisdicional hierarquicamente subordinado, o que autoriza a aplicação do artigo 265, IV, «a», do CPC (revogado), que determina a suspensão do processo quando a sentença de mérito depender do julgamento de outra causa, ou da declaração da existência ou inexistência da relação jurídica, que constitua o objeto principal de outro processo pendente." E ainda que "entrementes, a suspensão por prejudicialidade obedece a um prazo «improrrogável», ex vi do § 5º, do aludido dispositivo legal: «Nos casos enumerados nas letras a, b e c do nº IV, o período de suspensão nunca poderá exceder 1 (um) ano". Desta sorte, ultrapassado o "período ânuo" de suspensão o valor celeridade supera o valor certeza e autoriza o juiz a apreciar a questão prejudicial o quanto suficiente (*incidenter tantum*) para fundamentar a decisão, não se revestindo, essa análise, da força da coisa julgada material (art. 469, inciso III, do CPC (revogado))."[49]

O atual CPC, em seu artigo 315 deslocou para causa de suspensão hipótese antes tratada indevidamente no capítulo da modificação de competência, revelando-se causa autônoma de suspensão do processo, assim entendida aquela capaz de submeter o julgamento de mérito da demanda à verificação de fato delituoso, o que deverá resultar no aguardo do pronunciamento da justiça criminal.

A individualização dessa hipótese decorre da necessidade de tratamento diferenciado, por tratar-se de jurisdições independentes entre si. Tanto assim que, em seus parágrafos 1º e 2º, o mesmo dispositivo condiciona a manutenção da suspensão à propositura da ação penal a que se refere o fato delituoso no prazo de três meses desde essa paralisação ou, se proposta, no prazo de um ano, sendo que, em ambos os casos, caberá ao juízo cível examinar incidentalmente a questão prévia, implicando o cotejo das regras do artigo 935 do Código Civil, que prevê a independência das esferas cível e criminal e o artigo 200 do mesmo diploma, segundo o qual "quando a ação se originar de fato que deva ser apurado no juízo criminal, não correrá a prescrição antes da respectiva sentença definitiva.", indicando a relação de independência e, ao mesmo tempo, de dependência entre as duas jurisdições, que merece ser resolvida caso a caso.

Trata-se de *motivo prejudicial externo*, porque questões que podem influenciar a decisão no juízo cível são resolvidas no âmbito da motivação do juízo penal (e não em seu dispositivo), como nos casos de reconhecimento da materialidade e autoria do crime ou da presença de excludentes de ilicitude (estado de necessidade, legítima defesa e exercício regular de direito), sendo certo, nesses casos, a imperiosa necessidade de a vítima, parte no processo

---

49. REsp 813.055/DF, Rel. Ministro LUIZ FUX, PRIMEIRA TURMA, julgado em 17/05/2007, DJ 31/05/2007, p. 363.

civil, ter participado do processo penal, para que lhes sejam impostos os efeitos vinculantes da sentença penal.[50]

Por certo que essa análise, não sendo emitida pelo juízo criminal, não tem esse caráter, a ponto de não ser exigido, por exemplo, o rigor da tipificação criminal ou das excludentes de crime, mas apenas a análise do fato e sua aptidão a gerar o efeito pretendido no cível, sendo que a análise incidental por decurso do prazo será emitida com provimento de efeitos limitados ao processo, sendo possível ainda que, nesse ínterim seja proferida decisão no juízo criminal, que poderá ser levada em conta no julgamento do recurso da causa subordinada.

Ainda, mesmo quando não deferida a suspensão em primeiro grau de jurisdição, pode o tribunal ordená-la, se entender presentes os requisito legais, sempre em conta de que a expressão *sentença* tem o largo conceito capaz de abranger todas as *decisões de mérito*.

A jurisprudência considera que fica a cargo do juiz a análise da prejudicialidade, podendo afastar essa condição quando entender dispensável a dependência.[51] Inclusive, o STJ chegou a considerar que seria desnecessário o trânsito em julgado, quando já reconhecido, no juízo criminal, a autoria e materialidade do delito[52], tendo, inclusive, considerado que "a responsabilidade civil, nos termos do artigo 935 do CC, é independente da criminal, motivo pelo qual, em princípio, não se justifica a suspensão da ação indenizatória até o desfecho definitivo na esfera criminal" e, em seguida, excepciona apenas nos casos em que "(..) possa ser comprovado, na esfera criminal, a inexistência da materialidade ou da autoria do crime, tornando impossível a pretensão ressarcitória."[53]

Quanto ao prazo, para que não fique o jurisdicionado à mercê da apuração criminal, no mais das vezes muito mais demorada que a civil, foram fixados em três meses para a propositura da ação penal, como condição para a suspensão e de um ano após esse evento. Inclusive, o STJ já vinha considerando que, não instaurado o inquérito ou a ação penal, estaria inviabilizada a suspensão do processo.[54]

Finalmente no tema do inciso V, bom destacar que, segundo a doutrina, decisão proferida em confronto com conclusão imutável em sentença prejudicial

---

50. Bruno Correa Burini, *Efeitos Civis da Sentença Penal*, São Paulo:Atlas, 2007, p. 31-2
51. REsp 347.915/AM, Rel. Ministro FERNANDO GONÇALVES, QUARTA TURMA, julgado em 16/10/2007, DJ 29/10/2007, p. 238
52. AgRg no AREsp 71.367/RJ, Rel. Ministro SIDNEI BENETI, TERCEIRA TURMA, julgado em 27/11/2012, DJe 18/12/2012
53. AgRg no Ag 1402602/SC, Rel. Ministro LUIS FELIPE SALOMÃO, QUARTA TURMA, julgado em 16/08/2011, DJe 22/08/2011
54. REsp 1180237/MT, Rel. Ministro PAULO DE TARSO SANSEVERINO, TERCEIRA TURMA, julgado em 19/06/2012, DJe 22/06/2012

transitada em julgado, tem caráter rescindível (CPC, art. 966, IV), sendo que, todavia, decorrido o prazo decadencial, devem prevalecer os efeitos da decisão, ainda que verificado o conflito, o que decorre do atual sistema, que admite essa condição.[55] Mas a superveniência de decisão transitada em julgado sobre causa logicamente prejudicial não autoriza a ação rescisória da sentença que julgou a causa logicamente prejudicada, exceção feita à coisa julgada inconstitucional, que autoriza em sede de embargos à execução, situação excepcional de rescisão (CPC, art. 525, parágrafo 6º).[56]

O inciso VI prevê ainda a suspensão do processo por motivo de força maior, assim entendido o evento cuja invencibilidade resulte na total impossibilidade de regular andamento do processo e deve ser mantida enquanto perdurar a causa.

A greve tem sido evento considerado pela jurisprudência como suficiente à suspensão do processo, pela impossibilidade que acarreta, tendo sido assim considerado no caso de paralisação pelos serventuários do Poder Judiciário, pela real dificuldade que ocasiona ao acesso aos atos do processo[57] e não da mesma forma quando ocorrida greve dos advogados da União, por não resultar no mesmo ou similar impedimento[58].

O artigo 314 veda a prática de atos no período de suspensão e a eventual ocorrência configura nulidade relativa, podendo deixar de ser decretada, se ausente o prejuízo, porque vigorante a respeito o princípio da instrumentalidade das formas, disposto no artigo 282, parágrafos 1º e 2º do CPC[59], respeitado ainda o sistema de nulidades contemplado nos artigos 276 e seguintes, com o que a nulidade não aproveita a quem lhe deu causa (art. 276); ocorre a preclusão, caso não seja argüida na primeira oportunidade (art. 278); não atinge os atos aproveitáveis (art. 283)[60], inclusive a publicação de atos ocorridos anteriormente ao início da suspensão[61]

O mesmo dispositivo (art. 314/CPC) prevê que os atos urgentes poderão ser ordenados pelo juiz da causa, exceto se a suspensão se der por arguição

---

55. Clarisse Frechiane Lara Leite,. *Prejudicialidade no Processo Civil*, São Paulo:Saraiva 2008, p. 294
56. Clarisse Frechiane Lara Leite,. *Prejudicialidade no Processo Civil*, São Paulo:Saraiva 2008, p. 297-8
57. REsp 156.143/RS, Rel. Ministro ADHEMAR MACIEL, SEGUNDA TURMA, julgado em 05/02/1998, DJ 02/03/1998, p. 74
58. AgRg no REsp 925.950/DF, Rel. Ministro FELIX FISCHER, QUINTA TURMA, julgado em 03/02/2009, DJe 02/03/2009
59. REsp 759.927/RS, Rel. Ministro HUMBERTO GOMES DE BARROS, TERCEIRA TURMA, julgado em 22/08/2006, DJ 27/11/2006, p. 282
60. AgRg no Ag 1342853/MG, Rel. Ministro PAULO DE TARSO SANSEVERINO, TERCEIRA TURMA, julgado em 02/08/2012, DJe 07/08/2012; REsp 959.755/PR, Rel. Ministro LUIS FELIPE SALOMÃO, QUARTA TURMA, julgado em 17/05/2012, DJe 29/05/2012; AgRg no REsp 918.841/SC, Rel. Ministro LUIS FELIPE SALOMÃO, QUARTA TURMA, julgado em 01/12/2011, DJe 07/12/2011
61. REsp 1306463/RS, Rel. Ministro HERMAN BENJAMIN, SEGUNDA TURMA, julgado em 04/09/2012, DJe 11/09/2012

de impedimento ou suspeição, considerados assim aqueles tendentes a evitar o perecimento do direito, mas de modo efetivo e não apenas hipotético[62].

Esse artigo deve ser analisado de modo sistemático, tendo em vista que o artigo 146, parágrafo 1º do CPC, segundo o qual, "ao receber a petição, se reconhecer o impedimento ou a suspeição, o juiz ordenará imediatamente a remessa dos autos ao seu substituto legal" e o parágrafo 3º., do mesmo dispositivo, ao dispor que "arguido o impedimento ou a suspeição, a tutela de urgência será requerida ao substituto legal.", de modo que não fica o jurisdicionado ao desabrigo em caso de urgência, como aparentemente resulta da literalidade do *caput* do artigo 314.

Ainda, no caso específico do incidente de resolução de demandas repetitivas, o parágrafo 3º do artigo 981 do CPC prevê que "durante a suspensão, o pedido de tutela de urgência deverá ser dirigido ao juízo onde tramita o processo suspenso."

3. EXTINÇÃO DO PROCESSO

O artigo 316 do CPC dispõe que "a extinção do processo dar-se-á por sentença", mas a sentença, por força da sincretização importa pela nova ordem, nem sempre põe fim ao processo, mas também às suas fases, já que está agora assim *fatiado*, o que antes era dividido em processos.

A matéria atinente ao conteúdo de sentença ficou para capítulo apropriado (Da Sentença e da Coisa Julgada, arts. 485-487), bem assim a definição, agora constante do artigo 203 do CPC, segundo o qual "os pronunciamentos do juiz consistirão em sentenças, decisões interlocutórias e despachos", completando o § 1º que "ressalvadas as previsões expressas nos procedimentos especiais, sentença é o pronunciamento por meio do qual o juiz, com fundamento nos arts. 485 e 487, põe fim ao processo ou a alguma de suas fases", merecendo, pois, o artigo 316, leitura conjunta com o artigo 213.

De se notar, portanto, que nessa disposição revelou melhor adaptação, ao considerar que a sentença pode ser proferida para dar cabo às fases do processo, mas não necessariamente ao processo, embora, a se admitir a literalidade do artigo 316, deva ao termo final ser chancelada a extinção do processo, quando esgotadas todas as fases.

Destaque-se ainda que, nos termos do artigo 354 do CPC, "ocorrendo qualquer das hipóteses previstas nos arts. 485 e 487, incisos II a V, o juiz proferirá

---

62. EREsp 469.775/SP, Rel. Ministra LAURITA VAZ, TERCEIRA SEÇÃO, julgado em 24/11/2004, DJ 02/03/2005, p. 186

sentença." A decisão que extingue o processo desafia o recurso de apelação (CPC, art. 1009). Todavia, consoante o parágrafo único do art. 354, "a decisão a que se refere o *caput* pode dizer respeito a apenas parcela do processo, caso em que poderá ser impugnada por agravo de instrumento", consagrando a resolução parcial de mérito, com o que, nem sempre as decisões fundadas nesses dispositivos terão o condão de extinguir o processo ou suas fases, pois contém situações que não necessariamente conduzem à total finalização do processo e também nem sempre referidas matérias serão objeto de sentença.

A doutrina alerta que nem sempre a sentença encerrará toda a fase de conhecimento ou de execução, pois o recurso prolonga a vida do processo e o fim poderá se dar com o acórdão ou decisão do relator (nos casos de sua competência) e não na sentença desafiada, ainda que se dê ao termo *sentença* lato sentido.[63]

Nos casos de decisão sem resolução de mérito (incisos I a X do art. 485 do CPC), antes de ser proferida a sentença, deve ser oportunizada à parte a oportunidade de corrigir o vício, como ordena o artigo 318 do CPC. Especificamente no caso do inciso I (petição inicial), aplica-se o disposto no artigo 317, que prevê prazo maior, de 15 dias, para a correção da inicial.

Além disso, o artigo 485 do CPC prevê que, nos casos dos incisos II e III, (II. Se o processo for mantido parado por mais de um ano, por negligência das partes ou por não promover os atos e as diligências que lhe incumbir; III. se o autor abandonar a causa por mais de trinta dias), a parte será intimada *pessoalmente* para suprir a falta. E ainda, "oferecida a contestação, a extinção do processo, por abandono da causa pelo autor, depende de requerimento do réu", conforme preceitua o parágrafo 6º do mesmo dispositivo, devendo ser apenas depois de transcorrido *in albis* o prazo para a providência ou cumprido de modo diverso do previsto em lei, proferida a sentença sem resolução de mérito.

4. OBRAS CONSULTADAS

ARRUDA ALVIM, José Manuel. *Manual do Direito Processual Civil*, São Paulo:Revista dos Tribunais, 10ª edição, 2006

BRENNER, Ana Cristina. Formação, Suspensão e Extinção do Processo. *Tex.pro.br*> acesso em 11.3.2013

BURINI, Bruno Correa, *Efeitos Civis da Sentença Penal*, São Paulo:Atlas, 2007

DIDIER JR.,Fredie.,*Curso de Direito Processual Civil,*vol.I, BA:Jus Podium,2013

---

[63]. Fredie Didier Jr.,. *Curso de Direito Processual Civil*, vol.II, 8ª Ed., vol.II, BA:Lúmen Juris,2013, p. 600

DINAMARCO, Candido Rangel. *Instituições de Direito Processual Civil*, São Paulo: Malheiros Editores, 4ª edição 2004

LARA LEITE, Clarisse Frechianie, *Prejudicialidade no Processo Civil*, São Paulo: Saraiva, 2008

MONIZ DE ARAGÃO, ,Egas Dirceu. *Comentários ao Código de Processo Civil*, Rio de Janeiro: Forense, 10ª Ed.

PONTES DE MIRANDA, Francisco Cavalcanti. *Comentários ao CPC*, 4ª Ed., Rio de Janeiro: Forense, 2007, t.III

PRATA, Edson. *Comentários ao CPC*, Rio de Janeiro:Forense 1987, vol. II

THEODORO JUNIOR, Humberto. *Curso de Direito Processual Civil*, Rio de Janeiro: Forense, 51ª edição, 2007

PARTE VI

JULGAMENTO CONFORME O ESTADO DO PROCESSO

CAPÍTULO 1

Do julgamento antecipado parcial do mérito: primeira abordagem do tema no novo CPC[1]

Deocleciano Otávio Neto[2]
Mateus Costa Pereira[3]
Pedro Spíndola Bezerra Alves[4]

SUMÁRIO: 1. INTRODUÇÃO; 2. A "OPÇÃO" DO LEGISLADOR DE 2002: ANTECIPAÇÃO DE TUTELA OU RESOLUÇÃO PARCIAL DA LIDE? ; 3. "TUTELA DA EVIDÊNCIA" X RESOLUÇÃO FRACIONADA DO MÉRITO; 4. JULGAMENTO TOTAL E PARCIAL DO MÉRITO: NOTAS DISTINTIVAS, IMPORTÂNCIA DO FRACIONAMENTO E DISCIPLINA RECURSAL; 5. REFERÊNCIAS BIBLIOGRÁFICAS.

1. INTRODUÇÃO

O art. 356, CPC/15, disciplina o "julgamento antecipado parcial do mérito", tema que, em si, não é novo entre nós, dado que a doutrina já se debruça sobre ele há algum tempo[5]; ademais, bem observadas as questões, o texto normativo do art. 356, notadamente, seu inciso I[6], teve inspiração direta no §6º do art. 273, CPC/73 – encartado pela reforma de 2002 (Lei 10.444/02) –, o que não pode passar despercebido ao leitor.

---

1. "Primeira abordagem", pois este trabalho teve uma finalidade descritiva. No futuro analisaremos outros aspectos concernentes ao instituto em exame.
2. Pós-graduando em direito de família pela Universidade Federal de Pernambuco (UFPE). Bacharel em Direito pela Universidade Católica de Pernambuco (Unicap). Advogado.
3. Doutorando e Mestre em Direito Processual pela Universidade Católica de Pernambuco (Unicap), onde é professor assistente de direito processual civil. Membro da Associação Norte Nordeste de Professores de Processo (Annep). Advogado.
4. Mestre em Teoria do Direito pela Universidade Federal de Pernambuco (UFPE). Advogado.
5. Por todos, conferir os trabalhos de Luiz Guilherme Marinoni: *Tutela antecipatória, julgamento antecipado e execução imediata da sentença*. 4. ed. São Paulo: RT, 2000. *Tutela Antecipatória e Julgamento Antecipado:* parte incontroversa da demanda. 5. ed. rev. atual. ampl. São Paulo: Editora Revista dos Tribunais, 2002. DORIA, Rogéria Dotti. *A tutela antecipada em relação à parte incontroversa da demanda*. São Paulo: Revista dos Tribunais, 2000.
6. Art. 356. O juiz decidirá parcialmente o mérito quando um ou mais dos pedidos formulados ou parcela deles:
   I - mostrar-se incontroverso; [...].

A redação do referido §6º do art. 273 do CPC/73 é oriunda de uma sugestão de Luiz Guilherme Marinoni, o qual, contudo, não entendia que o instituto deveria ser introduzido na condição de um parágrafo ao artigo que trata da generalização da tutela antecipada satisfativa[7]; vale dizer, conquanto ambas sejam técnicas processuais, têm fundamentos (suportes fáticos) e finalidades distintas. Sem embargo, diante da "opção" do legislador, e já pensando na nova disciplina do tema da tutela antecipada ("tutela de urgência" e "tutela da evidência"), será necessário tecer algumas considerações para divisar os institutos.

No presente artigo, dissertando a possibilidade de resolução fracionada de mérito, individualizaremos as situações pressupostas à sua aplicação; confrontaremos a técnica de julgamento com a tutela de urgência e a tutela de evidência; e, por último, ainda num esforço de compreensão do tema, numa primeira abordagem sob a égide do novo CPC, dedicaremos algumas palavras para estremá-lo do julgamento antecipado – total – do mérito. Antes, começaremos explicando sua origem a partir da análise do §6º do art. 273, CPC/73. Para facilitar a leitura do trabalho, faremos transcrições doutrinárias e de textos normativos somente no rodapé.

2. A "OPÇÃO" DO LEGISLADOR DE 2002: ANTECIPAÇÃO DE TUTELA OU RESOLUÇÃO PARCIAL DA LIDE?

Como visto, a técnica processual do julgamento parcial da lide foi incorporada ao direito brasileiro enquanto um parágrafo do art. 273, CPC/73 (§6º)[8]; a solução encontrada pelo legislador, canhestra, para dizer o mínimo, foi alvo da censura doutrinária, alimentando as divergências sobre a sua natureza[9].

---

7. No escólio de Marinoni: "Quando escrevemos, há mais de oito anos, Tutela Antecipatória, Julgamento Antecipado e Execução Imediata da Sentença, propusemos que o julgamento antecipado de parcela do pedido fosse pensando na perspectiva do julgamento antecipado da lide, nos termos do art. 330 do CPC, e, assim, produzisse coisa julgada material. Acontece que o Poder Legislativo, ainda que por razões não merecedoras de elogios, entendeu por bem tratar do julgamento parcial como tutela antecipatória parcial, inserindo sua previsão no §6º do art. 273 exatamente para subordiná-lo à possibilidade de sua revogação ou modificação, nos termos do §4º do mesmo artigo." MARINONI, Luiz Guilherme. *A antecipação da tutela*. 8. ed. ver. ampl. São Paulo: Malheiros, 2002, p. 350.
8. Segue a redação do §6º: "A tutela antecipada também poderá ser concedida quando um ou mais dos pedidos cumulados, ou parcela deles, mostrar-se incontroverso." (Incluído pela Lei nº 10.444, de 7.5.2002).
9. Lamentando a posição do legislador, por todos, segue o escólio de Dinamarco: "Que pena! O legislador não quis ousar mais, a ponto de autorizar nesses casos um parcial julgamento antecipado do mérito (art. 330, inc. I), como fazem os arts. 277, 2ª parte, e 278, do *codice* italiano. A rigidez do procedimento brasileiro, no qual o mérito deve ser julgado em *sentença* e a sentença será sempre uma só no processo (art. 459, c/c art. 269, inc. I e art. 162, §1º), é somente um dogma estabelecido no direito positivo, que bem valia a pena desmistificar; as duas *Reformas* do Código de Processo Civil vêm proclamando a conveniência de agilizar o processo com medidas pragmáticas e vêm debelando vários dogmas, o que deveria ter conduzido a uma solução mais eficaz e menos tímida que essa do novo §6º do art. 273." DINAMARCO, Cândido Rangel. *A reforma da reforma*. 6. ed. rev. ampl. e atual. São Paulo: Malheiros, 2003, p. 96. No sentido de

Passemos às características das duas técnicas processuais (tutela antecipada e resolução parcial de mérito) a fim de delinear os diferentes contornos.

A antecipação dos efeitos da tutela – agora tratada, em parte, sob a rubrica de "tutela provisória" – foi generalizada pela reforma de 1994[10], com a alteração do art. 273, CPC/73, sendo fruto de uma proposta de Ovídio A. Baptista da Silva em congresso realizado no Rio Grande do Sul – ainda hoje a informação costuma surpreender o iniciante, uma vez que o saudoso professor não dedicou o mesmo esforço intelectual reservado à tutela cautelar[11].

Como o próprio nome sugere, a antecipação viabiliza a entrega do – provável – resultado de mérito (= tutela pretendida), em momento, cronologicamente, anterior à prolação da sentença (por suposto, o momento reservado à entrega "definitiva" da tutela jurisdicional); seja porque estaria configurada a probabilidade do direito afirmado/invocado em juízo (probabilidade *lógica*[12]) somada à configuração de urgência[13] (observando que o legislador do CPC/15 "uniformizou" o trato da tutela antecipada satisfativa e tutela antecipada cautelar[14]), seja porque, nalgumas hipóteses, o legislador considera que o direito

---

que seria uma tutela antecipada: BEDAQUE, José Roberto dos Santos. *Tutela cautelar e tutela antecipada*: tutelas sumárias e de urgência (tentativa de sistematização). 4. ed. São Paulo: Malheiros, 2006, p. 337. ZAVASCKI, Teori Albino. *Antecipação da tutela*. 7. ed. São Paulo: Saraiva, 2009, p. 113-114. Defendendo que seria um autêntico julgamento parcial da lide, a despeito da então disciplina conjunta com a generalização da tutela antecipada satisfativa, cf. DIDIER JR., Fredie; JORGE, Flávio Cheim; RODRIGUES, Marcelo Abelha. *A nova reforma processual*: Comentários às Leis n. 10.317/2001, 10.352/2001, 10.358/2001 e 10.444/2002. 2. ed. São Paulo: Saraiva, 2003, p. 71-72.FIGUEIRA JR., Joel Dias. *Comentários ao código de processo civil*: do processo de conhecimento (arts. 270 a 281). 2. ed. São Paulo: RT, 2007, v. 4, t. I, p. 343. SILVA, Hailton Gonçalves da. O julgamento antecipado parcial do mérito. *Revista da Esmape*. v. 10, n. 21, p. 197-220, jan./jun. 2005.

10. Generalizada com a reforma de 1994, e não uma inovação da época, na medida em que confinada a alguns procedimentos determinados (ex. mandado de segurança, ações possessórias, nunciação de obra nova etc.).
11. Dedicaria, a bem da verdade, alguns trabalhos críticos sobre o tema. Assim, cf. "Antecipação de tutela: duas perspectivas em análise." In: *Sentença e coisa julgada*: ensaios e pareceres. 4. ed. Rio de Janeiro: Forense, 2006, p. 245-262; e "O paradigma racionalista e a tutela preventiva". In: *Processo e ideologia*: o paradigma racionalista. 2. ed. Rio de Janeiro: Forense, 2006, p. 89-130. dentre outros tantos ensaios em que o tema é analisado incidentalmente.
12. "[...]. Há sentido falar sobre probabilidade no que concerne ao raciocínio probatório, desde que se refira ao conceito de probabilidade *lógica*, ou seja, do grau de confirmação que as provas têm condições de fornecer aos enunciados fáticos postos à base da decisão". TARUFFO, Michele. *Uma simples verdade*: o Juiz e a construção dos fatos. São Paulo: Marcial Pons, 2012, p. 114.
13. "Art. 300. A tutela de urgência será concedida quando houver elementos que evidenciem a probabilidade do direito e o perigo de dano ou o risco ao resultado útil do processo."
14. Como a nova disciplina do tema pode gerar alguma confusão, é importante destacar que o legislador quebrou a autonomia *procedimental* da tutela cautelar (garantida pelo art. 796, CPC/73), permitindo que, em ambos os casos, o que era uma possibilidade diante do §7º do art. 273, CPC/73, tenha se tornado regra, viabilizando-se a concessão, tanto de uma antecipação de tutela satisfativa, quanto da tutela antecipada cautelar, no bojo da própria "ação principal" (sincrética) – pretendendo, pois, a eliminação da ação cautelar preparatória. Suficiente a leitura do art. 305 e 308 do novo CPC. Por outro lado, não deixemos de notar que o regramento da tutela antecipada satisfativa é similar ao anterior, salvo algumas mudanças pontuais, mas negligenciando o "direito vivo das liminares", consoante demonstrado por Eduardo José da Fonseca Costa em importante monografia sobre o tema. *O direito vivo das liminares*. São Paulo: Saraiva, 2011.

seja "evidente" (art. 311, CPC/15). Em ambos os casos, por fundamentos diversos (probabilidade + urgência, ou, apenas "evidência"), mas sem cognição exauriente[15], o magistrado estaria "autorizado" a se pronunciar sobre o mérito, eventualmente, antes mesmo de ser instalado o contraditório[16] – aliás, um tanto quanto criticável a suposição de que haveria direito evidente ("tutela da evidência") no momento da propositura da ação e, pior, antes mesmo de ser instalado o contraditório[17]. Num breve retrospecto, e como o direito positivo brasileiro desconhecia a estabilização da decisão que confere a antecipação da tutela (satisfativa – art. 304, CPC/15[18]), a técnica sempre foi marcada pela provisoriedade, isto é, sujeita à confirmação ou infirmação na oportunidade da sentença[19], quando se operava a sua substituição.

Por sua vez, o julgamento antecipado parcial da lide, tal como o julgamento antecipado (total), está calcado em cognição exauriente, isto é, a decisão é prolatada com ânimo definitivo, caracterizada pela convicção de certeza; apta à formação da coisa julgada[20]. Na resolução parcial não se fala em "probabilidade do direito" ou mesmo em "perigo de dano"[21], como é próprio da "tutela provisória de urgência" (art. 300, CPC/15), tampouco haveria a necessidade de requerimento, muito embora a provocação seja importante. O art. 356 admite o julgamento fracionado quando parcela dos pedidos ou um dos pedidos cumulados mostrar-se incontroverso (o que, normalmente, está afeto à cumulação própria, hipóteses em que o pedido poderá ser decomponível[22]), ou mesmo

---

15. Exauriente, no sentido de terem sido esgotadas as possibilidades probatórias, seja em virtude da suficiência da prova documental, seja em virtude do esclarecimento dos enunciados de fato por meio de outros documentos. Voltaremos ao ponto mais adiante.
16. Lembrando da crítica de Ovídio A. Baptista da Silva à construção da tutela preventiva no Brasil, em cujos valores, o legislador do novo código também parece ter se inspirado. Racionalismo e tutela preventiva em processo civil. Assim: *Revista dos Tribunais*, São Paulo, ano 91, vol. 801, jul. 2002. Ensaio que seria aprofundado e daria origem ao: "O paradigma racionalista e a tutela preventiva". In: *Processo e ideologia*: o paradigma racionalista. 2. ed. Rio de Janeiro: Forense, 2006, p. 89 e ss.
17. Malgrado a impropriedade do termo, como veremos adiante, a doutrina emprega a expressão para se referir à técnica processual de antecipação em que a plausibilidade do direito seria o único requisito. Nesse sentido: BEDAQUE, José Roberto dos Santos, op. cit., p. 339.
18. "Art. 304. A tutela antecipada, concedida nos termos do art. 303, torna-se estável se da decisão que a conceder não for interposto o respectivo recurso."
19. Todas essas questões são postas na perspectiva do texto normativo, dado que, na lembrança de Ovídio A. Baptista da Silva, há uma grande dificuldade doutrinária em reconhecer que a decisão que antecipa a tutela é uma sentença; decisão que antecipa a tutela, e não seus efeitos, como diria o autor em tom de censura.
20. Observando que a estabilização da tutela não se confunde à coisa julgada. Por hipótese da tutela ser estabilizada, conforme a opção do legislador,
21. No ensejo, por que falar em "perigo de dano", se o risco de "dano iminente" é próprio das tutelas cautelares, e não das tutelas satisfativas?
22. "...o pedido pode ser decomposto, porquanto o juiz, diante dos elementos carreados aos autos, rejeita a pretensão do autor ou concede-lhe *toda* a quantidade postulada ou, ainda, defere-lhe apenas *parte* dela. Assim, pleiteado o recebimento de dez unidades, poderão ser concedidas as dez ou *parte* delas, como, por exemplo, três, cinco ou sete." CUNHA, Leonardo José Carneiro da. O §6º do Artigo 273 do CPC: Tutela antecipada parcial ou julgamento antecipado parcial da lide? Disponível em: <www.espaçojurídico.com.br>. Acesso em: 08 ago. 2006.

quando, a despeito da controvérsia, parcela da causa já estiver suficientemente madura para julgamento, isto é, dispensar a produção de outras provas.

As técnicas também se apartam pela cognição. Desde o advento do §6º do art. 273, CPC, a doutrina preconizava o julgamento parcial da lide nas situações de parcela incontrovertida, pois a cognição seria exauriente[23] – é o que justificaria o afastamento do regime de provisoriedade, vale dizer, da possibilidade de revogação imposta pelo §4º do artigo 273[24], e a desnecessidade de respeito ao requisito da reversibilidade fática[25]. No ensejo, é importante esclarecer que a opção do legislador reformista (2002) pode ter levado à incompreensão do instituto e, quiçá, forneça subsídios a uma reflexão da inaplicabilidade da técnica do julgamento em perspectiva pragmática[26]. Em boa hora, portanto, a redação do art. 356, CPC/15, segmentando a disciplina normativa dos institutos.

3. "TUTELA DA EVIDÊNCIA" X RESOLUÇÃO FRACIONADA DO MÉRITO

Com o advento do §6º do art. 273, CPC/73, os doutrinadores que não o concebiam como um autêntico julgamento parcial (nova espécie de julgamento conforme o estado do processo), situavam-no, ao lado da antecipação de tutela baseada no inciso II do mesmo artigo ("abuso do direito de defesa ou manifesto propósito protelatório do réu"), no campo das tutelas de evidência. De fato, a simples análise do direito positivo denota que os dois casos afastam a afirmação/demonstração de perigo; ambas, no entanto, reclamam a bilateralidade da audiência (angularização). Sensível ao tema, o legislador deslocou o "abuso do direito de defesa ou manifesto propósito protelatório *da parte*"[27] para a rubrica

---

23. É a opinião de Luiz Guilherme Marinoni: "É preciso deixar claro que a tutela antecipatória, na presente hipótese, funda-se em *cognição exauriente*, e assim, em tese, poderia produzir *coisa julgada material*. Acontece que o legislador da "2ª etapa da reforma do CPC", por razões de *política legislativa*, resolver enquadrar a presente tutela na moldura do art. 273, deixando de modificar o seu §4º, que deixa patente a sua natureza "provisória e, assim, suscetível de revogação. *Porém, o fato de uma decisão não produzir coisa julgada material nada tem a ver com a cognição que lhe é inerente*. Em outros termos: não é porque a decisão não produz coisa julgada material que ela é fundada em cognição sumária. MARINONI, Luiz Guilherme, op. cit., 139-140.
24. CUNHA, Leonardo José Carneiro da. O §6º do Artigo 273 do CPC: Tutela antecipada parcial ou julgamento antecipado parcial da lide? Disponível em: <www.espaçojurídico.com.br>. Acesso em: 08 ago. 2006.
25. Zavascki, por exemplo, malgrado entenda se tratar de uma tutela antecipada (art. 273, §6º, CPC/73), defende que suas peculiaridades afastariam o §2º do mesmo artigo, vale dizer, não precisaria existir a reversibilidade do ponto de vista fático. Op. cit., p. 114.
26. Uma rápida pesquisa na base de dados dos tribunais denota uma ausência de julgados aplicando o §6º do art. 273, CPC; uma das poucas decisões com referência expressa ao tema é oriunda do Tribunal de Justiça do Rio Grande do Sul (Apelação Cível n. 70006762470 – 18ª Câmara Cível), em que a aplicação do instituto permitiu o fracionamento da causa pelo tribunal, determinando-se o retorno de parcela à instância de origem. De sua parte, Fredie Didier Jr. dá notícia de uma situação concreta, vivenciada como advogado. Op. cit., p. 82-83.
27. A substituição de "réu" para "parte" é bem-vinda, na medida em que qualquer uma delas poderá estar imbuída do intuito procrastinatório e, pois, prejudicar a marcha procedimental. Em nenhum dos dois

da "tutela da evidência" e, como visto, o §6º do art. 273 foi transformado no inciso I do art. 356, CPC/15.

A despeito da reflexão da "tutela da evidência" desbordar de nossos propósitos atuais, a redação do art. 311 é convidativa para alguns comentários pontuais – tudo, obviamente, para facilitar a compreensão do "julgamento antecipado parcial da lide". Inicialmente, é importante destacar que a expressão "tutela da evidência" não é adequada às hipóteses em que o legislador considerou a possibilidade de provimentos liminares (incisos II e III)[28] – hipóteses em que a cognição não é exauriente. No ponto, conquanto a expressão tenha sido empregada para separá-la das "tutelas de urgência" é preciso perceber que a simples existência de um processo coloca qualquer direito em dúvida; logo, a assunção de que seria possível existir direitos evidentes, mesmo antes da bilateralidade da audiência, em verdade, colocaria em xeque o próprio contraditório, entendido como direito de influência[29], isto é, diante da – sempre – possibilidade da tese do autor ser infirmada pela antítese do réu[30]. Nessa perspectiva, e sob a égide do devido processo legal, não há, e nem poderia haver, direito evidente; a rigor, o direito será "evidenciado" ao longo do processo, tal como sucede, agora sim, no abuso do direito de defesa ou manifesto propósito protelatório da parte (inc. I)[31], bem como nas situações em que o demandante apresentar prova documental do fato constitutivo, a qual "o réu não oponha prova capaz de gerar dúvida razoável" (inc. IV).

Tanto na hipótese do inciso I quanto do inciso IV do art. 311, CPC/15, verifica-se que a preocupação com a redistribuição do ônus do tempo no processo. No primeiro caso, a apresentação de uma defesa destituída de fundamentos fortalece a convicção do magistrado quanto ao direito do autor; no segundo,

---

casos, todavia, a medida em questão assumiria natureza sancionatória. O dispositivo em questão trabalha com hipóteses em que o réu também poderá pretender a antecipação da tutela em desfavor do autor (não apenas em ações dúplices (ex. Demarcatória), mas também naquelas que admitam pedido contraposto (possessórias) ou mesmo reconvenção).

28. Art. 311 (...); (...). II – as alegações de fato puderem ser comprovadas apenas documentalmente e houver tese firmada em julgamento de casos repetitivos ou em súmula vinculante; III – se tratar de pedido reipersecutório fundado em prova documental adequada do contrato de depósito, caso em que será decretada a ordem de entrega do objeto custodiado, sob cominação de multa; (...); Parágrafo único. Nas hipóteses dos incisos II e III, o juiz poderá decidir liminarmente.
29. CABRAL, Antonio do Passo. "Contraditório". In: *Dicionário de Princípios Jurídicos*. São Paulo: Elsevier, 2011, p. 194.
30. Paralelamente, quando se fala em "direito líquido e certo" à impetração de mandado de segurança, sabe-se que a expressão diz respeito aos fatos e provas (prova pré-constituída suficiente para esclarecer todos os enunciados de fato deduzidos na inicial), e não ao direito que se visa tutelar por meio desse remédio constitucional
31. Lembrando que essa tutela não tem caráter de sanção, a despeito da interpretação – equivocada – de alguns autores. Sobre o tema, conferir a crítica de Ovídio A. Baptista da Silva. *Curso de processo civil*. 6. ed. Rio de Janeiro: Forense, 2008, v. 1, t. II, p. 20-21.

em virtude da antítese carecer de dilação probatória, mas não a tese envergada pelo demandante (fato constitutivo demonstrado). É importante perceber que, em tese, as duas situações poderiam ensejar o julgamento fracionado do mérito. Contudo, não sendo o caso de pedido decomponível ou cumulação própria de pedidos, não será possível a resolução fracionada, descambando-se, conforme o caso, para uma resposta jurisdicional com fundamento na evidência do direito – hipóteses marcadas pela *provisoriedade*.

4. JULGAMENTO TOTAL E PARCIAL DO MÉRITO: NOTAS DISTINTIVAS, IMPORTÂNCIA DO FRACIONAMENTO E DISCIPLINA RECURSAL

A resolução fracionada não se confunde ao julgamento antecipado do mérito, uma vez que, segundo a doutrina, pressupõe a quebra do princípio da unidade ou unicidade da sentença (*della unità e unicità della decisione*), o qual tem o DNA chiovendiano, ou, como diria Ovídio Baptista da Silva – em palavras que não foram direcionadas ao instituto em exame, mas cujo raciocínio pode ser aproveitado –, com a assunção de que, num mesmo processo, são prolatadas diferentes sentenças[32].

Cediço que o julgamento antecipado da lide ocorre quando não houver a necessidade de dilação probatória, vale dizer, quando a matéria como um todo estiver suficientemente madura para julgamento, o que está subjacente nas duas hipóteses contempladas no art. 355, cujo texto foi aperfeiçoado no novo CPC[33]. Mas a desnecessidade abarca toda a matéria relevante ao deslinde do processo, e não apenas fração[34]. Em outras palavras, a técnica do julgamento antecipado suprime a fase de instrução probatória[35], ao passo que a resolução

---

32. Como diria Ovídio Baptista da Silva, a decisão que antecipa o provável resultado de mérito, por razões óbvias, não julga questão incidente (objeto das interlocutórias), o que o paradigma não permite reconhecer. SILVA, Ovídio A. Baptista da. "Decisões interlocutórias e sentenças liminares". *Da sentença liminar à nulidade da sentença*. Rio de Janeiro: Forense, 2001, p. 03 e ss.
33. Não deixemos de lembrar que a pretensão de separação dentre os fatos e o direito é oriunda do normativismo jurídico.
34. Com o objetivo de facilitar a compreensão do tema, imaginemos o seguinte caso: ação de indenização em virtude de responsabilidade civil por acidente de trânsito, em que o autor pretenda o pagamento dos reparos em seu veículo, bem como, considerando que o automotor seja sua ferramenta de trabalho, lucros cessantes pelo tempo em que o veículo esteve na oficina. Ora, é possível que o réu reconheça, de algum modo, ter avançado o sinal de parada obrigatório, ou, apresente um argumento contraditório de defesa que leve a essa conclusão; outrossim, que o autor consiga provar o valor médio que auferia por meio de seu trabalho, e o tempo em que o veículo permanece na oficina, mas que subsista uma controvérsia quanto à extensão das avarias, vale dizer, quais partes do veículo poderiam/foram afetadas pelo sinistro. No particular, seria possível um julgamento com ânimo definitivo do valor a título de lucros cessantes, e a continuidade do feito para, suponha-se, a realização de uma perícia.
35. Segundo Calmon de Passos, pela desnecessidade de produção de provas (inciso I), ou por motivo de impossibilidade de sua produção (inciso II). PASSOS, José Joaquim Calmon de. *Comentários ao código de processo civil: arts. 270 a 331*. Rio de Janeiro: Forense, 2005, v. 3, p. 461.

fracionada pressupõe a continuidade do procedimento rumo ao esclarecimento das questões pendentes.

A parcela incontroversa da demanda, suporte fático da resolução fracionada, poderá ocorrer por diferentes motivos. Em esforço didático e de sistematização, podemos enumerar algumas situações: a parte comparece e não se desincumbe do ônus da impugnação especificada; apresenta uma contestação evasiva ou genérica; a defesa leva à confissão de parcela dos fatos; reconhece a procedência de fração ou parcela de um dos pedidos cumulados; ou mesmo pela aplicação da pena de confesso[36] – a despeito da redação do caput do art. 356, CPC/15, afere-se que a ausência de controvérsia não precisa estar afeta ao pedido.

Ao sugerir a incorporação do instituto no direito brasileiro, Marinoni sustenta(va) que a técnica racionalizaria a atividade jurisdicional, operando com a mesma lógica do art. 341 e 374, inc. III, CPC/15 (art. 302, CPC/73), os quais levam à redução da massa de fatos controversos, facilitando a atividade jurisdicional probatória e decisória remanescentes, pois as atividades se concentrarão nos pontos controversos (nas questões, parafraseando Carnelutti). O julgamento parcial da lide, portanto, reforçaria a importância do réu se desincumbir do ônus da impugnação especificada, evitando que seja tentado a abusar do direito de defesa e, combinado às situações de dispensa da prova, conduziria à decisão com ânimo definitivo[37].

Em outras palavras, a simples possibilidade da resolução parcial prestigia a estrutura dialética do processo jurisdicional, reafirmando os compromissos das partes que daí decorrem[38]. Assim, se o réu, ou, mesmo o autor – recordando que o ônus da impugnação especificada também lhe é aplicável quando da réplica[39], e tendo em conta as ações dúplices; lembrando, outrossim, da reconvenção –, limitar-se a deduzir argumentos genéricos ou superficiais, de antemão, sabe que seu comportamento poderá ensejar a solução parcial da lide.

Sobre os efeitos da contestação genérica ou mesmo inconsistente, cabe um esclarecimento adicional. A despeito do art. 341 também instituir a sanção

---

36. Essas situações foram extraídas de: RIBEIRO, Darci Guimarães. "A garantia constitucional do contraditório e as presunções contidas no §6º do art. 273 do CPC". In: Tutelas de urgência e cautelares: estudos em homenagem a Ovídio A. Baptista da Silva. Donaldo Armelin (coord.). São Paulo: Saraiva, 2010, p. 352.
37. MARINONI, Luiz Guilherme, A antecipação da tutela..., p. 158.
38. Em sentido semelhante, mas falando em autorresponsabilidade das partes e estímulo ao desempenho dos ônus processuais, cf. MITIDIERO, Daniel Francisco. Antecipação da tutela: da tutela cautelar à técnica antecipatória. São Paulo: RT, 2013, p. 136. Mencionando o caráter dialógico e o princípio do contraditório, cf. RIBEIRO, Darci Guimarães, op. cit., p. 346.
39. Não faltou percuciência a Calmon de Passos para perceber que o ônus também seria aplicável ao autor. PASSOS, José Joaquim Calmon de. Comentários ao código de processo civil: arts. 270 a 331. Rio de Janeiro: Forense, 2005, v. 3, p. 311.

de confissão ficta, dum ponto de vista hermenêutico, deve-se estabelecer uma distinção dentre essa situação e da revelia, uma vez que, e conforme os reclames doutrinários[40], diferentes e relevantes fatores podem justificar o não comparecimento da parte em juízo; fatores que não foram tomados em consideração pelo legislador do art. 319 do CPC/73 - preceito similar no art. 344, CPC/15[41], conquanto seja temperado por dispositivos como o do art. 349[42] e pela própria ideia de cooperação que enfeixa a nova codificação. Em suma, a conduta, em parte *ativa*, de comparecer e não contestar, não se confunde à *passiva* daquele que nem mesmo comparece[43]. Destarte, conquanto o artigo pressuponha a contestação genérica no inciso I, não devemos esquecer a preleção doutrinária sobre as teses de defesa que, mesmo impugnando pontualmente as assertivas da inicial, em virtude de sua inconsistência[44], não têm o condão de gerar a controvérsia[45], o que, com a entrada em vigor do CPC/15, poderá levar à resolução de mérito com fundamento no inc. II do art. 356[46].

Doutro digo, a resolução fracionada visa entregar a resposta jurisdicional ao *autor* – que não apenas aquele que pede, senão entendido, na linha de Andolina, como aquele que busca a alteração do *status quo*[47] –, o qual não seria prejudicado pelo tempo necessário ao esclarecimento de outras questões. Não há como confundir essa situação com a da "tutela da evidência" caracterizada pelo abuso no exercício da defesa[48], na medida em que, por exemplo, a

---

40. MARINONI, Luiz Guilherme. *Abuso de defesa e parte incontroversa da demanda*. 2. ed. São Paulo: RT, 2011, p. 143-144.
41. Na redação do art. 344, CPC/15:"Se o réu não contestar a ação, será considerado revel e presumir-se-ão verdadeiras as alegações de fato formuladas pelo autor."
42. Reza o art. 349 do novo CPC: "Ao réu revel será lícita a produção de provas, contrapostas às alegações do autor, desde que se faça representar nos autos a tempo de praticar os atos processuais indispensáveis a essa produção."
43. MARINONI, Luiz Guilherme, op. ult. cit., p. 143.
44. É a opinião de Luiz Guilherme Marinoni, expressada em diferentes obras, mas aprofundada em: *Abuso de defesa e parte incontroversa da demanda*. 2. ed. São Paulo: RT, 2011. No mesmo sentido: ZAVASCKI, Teori Albino, op. cit., p. 111-112.
45. "A inobservância da proibição de contestação genérica obviamente deve ser sancionada com a presunção de veracidade dos fatos afirmados pelo autor. De outra forma, tal proibição não só passa a não ter valor algum, como ainda são frustrados os escopos de colaboração processual e concentração que estão na sua base." MARINONI, Luiz Guilherme, op. ult. cit., p. 119.
46. Art. 356. O juiz decidirá parcialmente o mérito quando um ou mais dos pedidos formulados ou parcela deles:
    [...];
    II - estiver em condições de imediato julgamento, nos termos do art. 355.[...].
47. ANDOLINA, Italo. *"Cognición" y "ejecución forzada" en el sistema de la tutela jurisdicional*. Trad. Juan José Monroy Palacios. Lima: Communitas, 2008, p. 21 e ss. MARINONI, Luiz Guilherme. *Tutela Antecipatória e Julgamento Antecipado: Parte Incontroversa da Demanda*. 5. ed. rev. atual. ampl. São Paulo: Editora Revista dos Tribunais, 2002, p. 16 e ss..
48. Art. 311. A tutela da evidência será concedida, independentemente da demonstração de perigo de dano ou de risco ao resultado útil do processo, quando:
    I - ficar caracterizado o abuso do direito de defesa ou o manifesto propósito protelatório da parte;[...].

estabilidade do título que suporta a execução não é a mesma nos dois casos, e o legislador teve o cuidado de afastar a prestação de caução na resolução parcial (art. 356, §2º, CPC/15)[49].

Malgrado seu conteúdo de sentença, a decisão desafiará agravo por instrumento conforme o §5º do art. 356, CPC/15, preservando o andamento regular do processo na instância de origem. Já sob o regime do CPC/73 (reformado), a doutrina apontava a ausência de interesse no agravo em regime de retenção, pois, nada obstante exsurgir em interlocutória, a questão sofrerá uma solução definitiva, independendo de confirmação posterior[50]; sob a nova roupagem, o legislador quis evitar qualquer dúvida sobre o tema. Como sói, o cabimento do agravo não determina a natureza da decisão, decorrendo de uma opção legislativa para garantir a permanência dos autos na instância de origem[51], uma vez que não temos uma apelação incidental, por instrumento, como seria adequado à espécie[52]. Nem por isso o recurso cabível se submete ao regime do agravo, posto que seja a forma eleita pelo legislador[53].

5. REFERÊNCIAS BIBLIOGRÁFICAS

ANDOLINA, Italo. **"Cognición" y "ejecución forzada" en el sistema de la tutela jurisdicional.** Trad. Juan José Monroy Palacios. Lima: Communitas, 2008.

BEDAQUE, José Roberto dos Santos. **Tutela cautelar e tutela antecipada:** tutelas sumárias e de urgência (tentativa de sistematização). 4. ed. São Paulo: Malheiros, 2006.

CABRAL, Antonio do Passo. "Contraditório". In: **Dicionário de Princípios Jurídicos.** São Paulo: Elsevier, 2011.

CUNHA, Leonardo José Carneiro da. O §6º do Artigo 273 do CPC: Tutela antecipada parcial ou julgamento antecipado parcial da lide? **Espaço jurídico.** Disponível em: ‹www.espaçojurídico.com.br›. Acesso em: 08 ago. 2006.

---

49. "§ 2º-A parte poderá liquidar ou executar, desde logo, a obrigação reconhecida na decisão que julgar parcialmente o mérito, independentemente de caução, ainda que haja recurso contra essa interposto."
50. "O regime de retenção do agravo justifica-se no fato de que o agravante, com a prolação da decisão sobre o objeto litigioso (a sentença), possa vir a perder o interesse no prosseguimento do recurso já interposto. Se a questão decidida por decisão interlocutória é autônoma em relação à sentença, não lhe afetando nem sendo por ela afetada, não há razão para impor o agravo retido, que seria, no caso, incompatível". DIDIER JR., Fredie; CUNHA, Leonardo José Carneiro da., op. cit., 2009, v. 3., p. 151.
51. Em virtude de sua sistemática, o cabimento da apelação esvaziaria a própria finalidade do instituto; o alvitre doutrinário está correto. Sobre o tema: WAMBIER, Luiz Rodrigues; WAMBIER, Teresa Arruda Alvim; MEDINA, José Miguel Garcia. Breves comentários à nova sistemática processual civil, II: Leis 11.187/2005, 11.232/2005, 11.276/2006, 11.277/2006 e 11.280/2006. São Paulo: Editora Revista dos Tribunais, 2006, p. 37.
52. MITIDIERO, Daniel Francisco. Processo civil e estado constitucional. Porto Alegre: Livraria do Advogado, 2007, p. 52-53.
53. Tal e qual a doutrina defendia o cabimento dos embargos infringentes ao julgamento do recurso interposto da sentença parcial sob a égide do CPC/73, com o advento do novo CPC, observar-se-á a sistemática da apelação, aplicando-se o art. 942 ao julgamento não unânime.

COSTA, Eduardo José da Fonseca. **O direito vivo das liminares.** São Paulo: Saraiva, 2011.

DIDIER JR., Fredie; JORGE, Flávio Cheim; RODRIGUES, Marcelo Abelha. **A nova reforma processual:** Comentários às Leis n. 10.317/2001, 10.352/2001, 10.358/2001 e 10.444/2002. 2. ed. São Paulo: Saraiva, 2003.

DINAMARCO, Cândido Rangel. **A reforma da reforma.** 6. ed. rev. ampl. e atual. São Paulo: Malheiros, 2003.

DORIA, Rogéria Dotti. **A tutela antecipada em relação à parte incontroversa da demanda.** São Paulo: Revista dos Tribunais, 2000.

FIGUEIRA JR., Joel Dias. **Comentários ao código de processo civil:** do processo de conhecimento (arts. 270 a 281). 2. ed. São Paulo: RT, 2007, v. 4, t. I.

MARINONI, Luiz Guilherme. **Abuso de defesa e parte incontroversa da demanda.** 2. ed. São Paulo: RT, 2011.

_____. **A antecipação da tutela.** 8. ed. ver. ampl. São Paulo: Malheiros, 2002.

_____. **Tutela antecipatória, julgamento antecipado e execução imediata da sentença.** 4. ed. São Paulo: RT, 2000.

_____. **Tutela Antecipatória e Julgamento Antecipado:** Parte Incontroversa da Demanda. 5. ed. rev. atual. ampl. São Paulo: Editora Revista dos Tribunais, 2002.

MITIDIERO, Daniel Francisco. **Antecipação da tutela:** da tutela cautelar à técnica antecipatória. São Paulo: RT, 2013.

_____. **Processo civil e estado constitucional.** Porto Alegre: Livraria do Advogado, 2007.

PASSOS, José Joaquim Calmon de. **Comentários ao código de processo civil:** arts. 270 a 331. Rio de Janeiro: Forense, 2005, v. 3.

RIBEIRO, Darci Guimarães. "A garantia constitucional do contraditório e as presunções contidas no §6º do art. 273 do CPC". In: **Tutelas de urgência e cautelares:** estudos em homenagem a Ovídio A. Baptista da Silva. Donaldo Armelin (coord.). São Paulo: Saraiva, 2010.

SILVA, Hailton Gonçalves da. O julgamento antecipado parcial do mérito. **Revista da Esmape.** v. 10, n. 21, p. 197-220, jan./jun. 2005.

SILVA, Ovídio A. Baptista da. **Curso de processo civil.** 6. ed. Rio de Janeiro: Forense, 2008, v. 1, t. II.

_____. "Antecipação de tutela: duas perspectivas em análise." In: **Sentença e coisa julgada:** ensaios e pareceres. 4. ed. Rio de Janeiro: Forense, 2006.

_____. "Decisões interlocutórias e sentenças liminares". **Da sentença liminar à nulidade da sentença.** Rio de Janeiro: Forense, 2001.

_____. "O *paradigma* racionalista e a tutela preventiva". In: **Processo e ideologia:** o paradigma racionalista. 2. ed. Rio de Janeiro: Forense, 2006.

_____. Racionalismo e tutela preventiva em processo civil. **Revista dos Tribunais**, São Paulo, ano 91, vol. 801, jul. 2002.

TARUFFO, Michele. **Uma simples verdade:** o Juiz e a construção dos fatos. São Paulo: Marcial Pons, 2012.

WAMBIER, Luiz Rodrigues; WAMBIER, Teresa Arruda Alvim; MEDINA, José Miguel Garcia. **Breves comentários à nova sistemática processual civil, II:** Leis 11.187/2005, 11.232/2005, 11.276/2006, 11.277/2006 e 11.280/2006. São Paulo: Editora Revista dos Tribunais, 2006.

ZAVASCKI, Teori Albino. **Antecipação da tutela.** 7. ed. São Paulo: Saraiva, 2009.

CAPÍTULO 2

Resolução parcial e progressiva de mérito – fracionamento em busca da brevidade e efetividade

Orlando Augusto Carnevali[1]

SUMÁRIO: 1. INTRODUÇÃO; 2. DA CUMULAÇÃO E DESACUMULAÇÃO DE DEMANDAS; 3. A RESOLUÇÃO PARCIAL DE MÉRITO; 3.1. BREVES CONSIDERAÇÕES SOBRE A CISÃO DO JULGAMENTO; 3.2. UTILIDADE DO JULGAMENTO PARCIAL COMO FORMA DE ABREVIAR O TEMPO DO PROCESSO; 4. OS PROVIMENTOS JUDICIAIS QUE POSSIBILITAM O FRACIONAMENTO DE MÉRITO; 4.1. O JULGAMENTO DO PEDIDO INCONTROVERSO; 4.1.1. O §6º DO ART. 273 DO CPC; 4.1.2. DO PEDIDO INCONTROVERSO; 4.1.3. DA COGNIÇÃO EXERCIDA, DEFINITIVIDADE E OUTRAS CARACTERÍSTICAS DO PROVIMENTO; 4.2. A SENTENÇA PARCIAL; 4.2.1. A SENTENÇA PRÉ E PÓS LEI Nº 11.232/2005; 4.2.2. A SENTENÇA PARCIAL DE MÉRITO; 4.2.3. A SENTENÇA PARCIAL TERMINATIVA; 4.2.4. COMPREENSÃO DO ART. 273, §6º, DO CPC: SENTENÇA PARCIAL X DECISÃO INTERLOCUTÓRIA DE MÉRITO; 4.2.5. O RECURSO CABÍVEL DA SENTENÇA PARCIAL; 5. RESOLUÇÃO FRACIONADA DE MÉRITO NO NOVO CÓDIGO DE PROCESSO CIVIL – LEI Nº 13.105/2015; 6. CONCLUSÃO; 7. REFERÊNCIAS.

1. INTRODUÇÃO

Não é recente – e nem está perto de terminar – a luta do processo contra o tempo. E o tema "resolução parcial e progressiva de mérito – fracionamento em busca da brevidade e efetividade" decorre justamente da preocupação com a intempestividade da prestação jurisdicional.

O Poder Judiciário, assoberbado por uma intensa e crescente demanda de ações, não consegue dar vazão ao volume de processos pendentes de julgamento que cada vez mais se acumulam e abarrotam os tribunais do país.

Os dados apresentados pelo Sistema Nacional de Estatísticas do Poder Judiciário no relatório Justiça em Números, anualmente editado pelo Conselho Nacional de Justiça (CNJ), impressionam.[2]

---

[1]. Especialista em Direito Processual Civil pela Faculdade de Direito de Ribeirão Preto da USP (FDRP-USP). Advogado

[2]. Cf. Infográficos de Justiça em Números editados pelo CNJ. Disponível em: ‹http://www.cnj.jus.br/Justica_em_Numeros/relatorio_jn2014.pdf ›. Acesso em: 06 nov. 2014.

No ano de 2013, foram ajuizadas 28.286.324 ações nos diversos tribunais do país (Justiça Estadual, Federal e do Trabalho), contra 25.703.030 processos julgados, restando um saldo de 67.475.686 casos pendentes.

Primeiro lugar em número de processos, no âmbito do Tribunal de Justiça do Estado de São Paulo (TJSP), os números apresentados pelo CNJ para o ano de 2013 são os seguintes: 5.520.704 casos novos, enquanto foram julgados apenas 4.173.138, fechando o ano com 21.030.402 ainda em trâmite.

Dentre os inúmeros entraves que impedem a solução do processo em tempo razoável estão o excesso recursal, formalismo e burocracia exacerbada, estrutura física inadequada, falta de planejamento de ações, insuficiência de magistrados e serventuários, petições e decisões prolixas, dentre outras.[3]

É verdade que a produtividade vem aumentando, em quantidade e qualidade, mas está longe de ser a ideal para uma sociedade que se mostra cada vez mais litigante.

O inciso LXXVIII do art. 5º da Constituição Federal (CF), acrescido pela Emenda Constitucional (EC) nº 45/2004, revela o desiderato do legislador em dar máxima efetividade à prestação jurisdicional, assegurando a todos, no âmbito judicial e administrativo, a razoável duração do processo e os meios que garantam a celeridade de sua tramitação.

Ainda que não tenha o ordenamento qualquer dispositivo que delimite um lapso entre o início e o fim do processo, poder-se-ia dizer que tempo razoável é direito subjetivo do cidadão, e obrigação do Estado, de satisfazer os reclamos dos jurisdicionados em tempo hábil através do processo, fazendo-o caminhar ao seu final sem dilações indevidas e respeitadas as demais garantias constitucionais, como o devido processo legal, o contraditório e ampla defesa.

A duração razoável do processo ainda está intimamente ligada ao princípio do acesso à justiça e inafastabilidade da jurisdição. Com efeito, a efetivação do acesso à justiça reclama mais do que simples tutela jurídica. O preceito deve ser interpretado num contexto de tempestividade, como um direito a uma tutela jurisdicional efetiva, prestada em tempo razoável.

Ora, o acesso à justiça – indiretamente consagrado no inc. XXXV do art. 5º da CF – não é mera concepção encerrada no direito abstrato de ação. Em

---

3. Como bem observa Fernando da Fonseca Gajardoni, até mesmo o Executivo "serve-se despudoradamente do Poder Judiciário para mascarar seu crônico problema de caixa" (GAJARDONI, Fernando da Fonseca. *Técnicas de aceleração do processo*. São Paulo: Lemos & Cruz, 2003, p. 21/22). E o Estado – um dos maiores litigantes da justiça brasileira – serve de exemplo àqueles que vão aos tribunais "não para lutar por um direito, mas para, explorando a lentidão do judiciário, adiar o cumprimento de uma obrigação" (PINHEIRO, Armando Castelar. *O judiciário e a economia na visão dos magistrados*. In: Tribunal de Alçada Criminal do Estado de São Paulo. Os juízes e a reforma do judiciário. São Paulo: CETAC, 2011, p. 48/49).

sentido mais amplo, é a obtenção de adequada e justa resposta final do Poder Judiciário ao exercício deste direito de acesso.

Em 1921, por ocasião da formatura da turma da Faculdade de Direito de São Paulo, Rui Barbosa já se mostrava preocupado com a tempestividade para o acesso a uma justiça efetiva. Em seu discurso – que parece ecoar nos dias de hoje – dizia que

> Justiça atrasada não é justiça, senão injustiça qualificada e manifesta. Porque a dilação ilegal nas mãos do julgador contraria o direito escrito das partes, e, assim, as lesa no patrimônio, honra e liberdade (...).[4]

Em suma, decisão tardia é ineficiente, e lesa seus fins, devendo o processo demorar apenas o tempo necessário! O grande desafio na busca de um processo civil de resultados está em construir tecnologias processuais que possibilitem a tão almejada resposta jurisdicional tempestiva e efetiva.

Em meio às tantas tentativas voltadas à superação de óbices ligados à intempestividade da prestação jurisdicional, procurar-se-á investigar o fracionamento da resolução de mérito como técnica a disposição na busca de uma tutela efetiva, prestada em tempo razoável, ainda que de forma progressiva, até a completa entrega do direito material reclamado.

O sistema processual não impede – e a prática clama – uma solução imediata dos pleitos maduros para julgamento, ainda que decididos em mais de um momento, diante da conclusão que os pedidos cumulados nem sempre precisam ser julgados simultaneamente.

Afinal, não é devido processo legal aquele que, tendo que prosseguir para a elucidação de parte do litígio, não possui técnica capaz de viabilizar a imediata realização da parcela do direito que está pronta para definição.

Após, dedica-se ao estudo dos provimentos judiciais que propiciam a cisão do julgamento no CPC ainda vigente, bem como o tratamento conferido pelo Novo Código de Processo Civil sobre o tema.

2. DA CUMULAÇÃO[5] E DESACUMULAÇÃO DE DEMANDAS

O instituto processual da cumulação de demandas é técnica que visa basicamente dois objetivos: a economia processual, eis que permite resolver em

---
4. BARBOSA, Rui. Oração aos moços. São Paulo: Martin Claret, 2004, p. 53.
5. Para o estudo, é importante entender o instituto da cumulação de demandas, sobretudo as suas classificações. Afinal, é em razão da cumulação de pedidos em um mesmo processo – e obviamente quando um

um mesmo processo o maior número de pretensões, otimizando a solução de conflitos com menor gasto de tempo e dinheiro; e evitar decisões contraditórias.

E com a mitigação da clássica concepção da teoria da unicidade sentencial, há situações em que a desacumulação "é atitude salutar e absolutamente em consonância com os princípios processuais ligados ao tempo de duração da litispendência".[6]

Com efeito, também a desacumulação deve ser prestigiada, sob pena de desestímulo da economicidade que se visa com a cumulação. Afinal, como bem ressalta Luiz Guilherme Marinoni:

> Não há sentido em estimular o cidadão a cumular pedidos, em homenagem ao princípio da economia processual, e não possibilitar que o pedido cumulado, que pode apresentar-se maduro para julgamento antes de outro, possa ser definido de imediato.[7]

No entanto, a cisão do julgamento só será possível nas hipóteses de autonomia e independência dos pedidos.

A autonomia refere-se à possibilidade de os pedidos serem ajuizados em processos diversos.

É o que ocorre, por exemplo, nos casos de cumulação objetiva própria simples. Nesta modalidade, pretende-se o acolhimento de todos os pedidos deduzidos, mas o acolhimento ou rejeição de um em nada afeta o outro. Cada pedido inclusive poderia ser objeto de ação própria.

Assim, diante desta autonomia, não haverá qualquer empecilho para a cisão do julgamento, o que poderá ocorrer quando um deles mostrar-se passível de solução antes dos demais, seja no caso de procedência ou de improcedência.

Independência, por sua vez, ocorre quando não existe relação de subordinação precedente entre os pedidos.[8] Melhor esclarecendo, quando entre duas

---

deles já está pronto para julgamento antes dos demais – que viabiliza (na verdade, impõe) a resolução parcial do mérito.

6. Desacumulação é expressão utilizada por José Henrique Mouta Araújo ao tratar sobre redução da demanda (ARAÚJO, José Henrique Mouta. *Coisa julgada progressiva e resolução parcial de mérito*. Curitiba: Juruá, 2008. p. 230). Heitor Vitor Mendonça Sica denomina o fenômeno de descumulação de demandas, que "se inspira nos mesmos objetivos da própria cumulação, ou seja, economia e celeridade processual (...). Afinal, não faria sentido que demandas fossem cumuladas por medida de economia, para que, a partir de então, jamais pudessem ser separadas (...)" (SICA, Heitor Vitor Mendonça. *Algumas implicações do novo conceito de sentença no processo civil de acordo com a Lei 11.232/2005*. Texto cedido pelo autor, p. 10-11).
7. MARINONI, Luiz Guilherme. *Tutela antecipatória e julgamento antecipado*: parte incontroversa da demanda. 5. ed. São Paulo: Revista dos Tribunais, 2002, p. 141.
8. É o que José Carlos Barbosa Moreira trata de relação de precedência lógica entre os pedidos (Cf. BARBOSA MOREIRA, José Carlos. *Questões prejudiciais e coisa julgada*. Rio de Janeiro: Borsoi, 1967, p. 38).

ou mais questões houver tal relação de subordinação, dir-se-á que a questão subordinante é uma questão prévia, que poderá ser dividida em prejudiciais e preliminares.[9]

As preliminares são obstáculos que precisam ser ultrapassados para o exame da questão de mérito, na medida em que impedem o exame do objeto do processo, bem como podem dispensar o julgador de prosseguir em sua atividade cognitiva.

Já a prejudicialidade é "questão que se caracteriza por ser um antecedente lógico e necessário da questão prejudicada, cuja solução condiciona o teor do julgamento da questão subordinada"[10], inclusive podendo constituir objeto de processo autônomo.

Ocorre, portanto, quando o resultado de um dos pedidos está condicionado à decisão de outro, marcada ainda por uma relação de antecedência lógica entre eles. O pedido prejudicado depende do prejudicial e a solução daquele está condicionada ao resultado deste.

É o caso da cumulação objetiva própria sucessiva. Nesta modalidade, vários pedidos são formulados e busca-se o acolhimento de todos. Porém, a apreciação do segundo pressupõe a procedência do primeiro.

Exemplo disso é a ação de investigação de paternidade cumulada com pedido de alimentos. A fixação de alimentos definitivos (pedido prejudicado) depende do capítulo de investigação de paternidade, estando condicionada ao reconhecimento da filiação (pedido prejudicial).

Os pedidos de reconhecimento de paternidade e alimentos não precisam ser julgados simultaneamente. Já tendo o julgador condições de solucionar o pedido prejudicial, poderá, imediatamente, reconhecer ou afastar o vínculo biológico. Reconhecida a paternidade, deverá o juiz desde logo proferir decisão de procedência em relação a este capítulo. E demandando o pedido de alimentos dilação probatória para a aferição do quantum devido, o feito prosseguirá até o seu ulterior julgamento.

No mais, ainda no que tange à possibilidade de desacumulação, uma parcela da doutrina exclui toda a cumulação objetiva imprópria. Outra parcela admite a técnica na hipótese de cumulação objetiva imprópria subsidiária, mas não na cumulação alternativa.

---

9. Cf. DIDIER JR., Fredie. *Curso de direito processual civil* – teoria geral do processo e processo de conhecimento. v. 1, 11. ed. Salvador: JusPODIVM, 2009, p. 299.
10. FERNANDES, Antônio Scarance, apud DIDIER JR., Fredie. *Curso de direito processual civil* – teoria geral do processo e processo de conhecimento. v. 1, 11. ed. Salvador: JusPODIVM, 2009, p. 301.

Mas em se tratando de resolução fracionada de mérito, Bruno Valentim Barbosa adverte que "a discussão não deve partir do vocábulo possibilidade, mas sim de utilidade".[11]

Importante esclarecer, em primeiro lugar, que a cumulação objetiva imprópria é caracterizada pela eventualidade ou alternatividade. Enquanto na cumulação objetiva própria busca-se a satisfação de todos os pedidos (simultaneamente ou sucessivamente), na imprópria apenas um será atendido, até mesmo porque o acolhimento de um implica na impossibilidade de acolhimento de outro.

A modalidade alternativa consiste na formulação de vários pedidos – para que apenas um deles seja acolhido – sem que a parte manifeste sua preferência. Qualquer pedido deduzido poderá ser acolhido, não estabelecendo o autor qualquer hierarquia entre eles.

Neste caso, não se enxerga óbice a que o juiz rejeite desde logo uma das pretensões deduzidas, prosseguindo-se o feito em relação aos demais pleitos que demandam dilação probatória para oportuna solução.

Não há se falar, por outro lado, em fracionamento quando, já estando pronto para apreciação, um dos pedidos é acolhido. Ora, não existindo ordem de preferência entre os vários que foram deduzidos, o acolhimento de um resolve todo o processo.

Na modalidade subsidiária, ou eventual, o autor também formula vários pedidos – em que apenas um será atendido – e estabelece uma ordem de preferência entre suas pretensões. O julgador está condicionado à hierarquia dos pedidos que lhe foi apresentada. Não poderá passar ao exame do seguinte se não tiver rejeitado o anterior. E caso já tenha acolhido o primeiro, não apreciará o pedido subsidiário.

Aqui, o juiz poderá desde já rejeitar o pedido preferencial e prosseguir o feito para a apreciação dos demais, na ordem de preferência estabelecida pelo autor, até que o processo seja solucionado quando um deles for acolhido.[12]

A cumulação subjetiva – em que mais de uma parte compõe o mesmo pólo da relação jurídica processual – também está sujeita à desacumulação[13]. É o que

---

11. BARBOSA, Bruno Valentim. *Julgamentos parciais de mérito no processo civil individual brasileiro*. Dissertação (Mestrado) - Faculdade de Direito da Universidade de São Paulo, São Paulo, 2013, p. 29
12. Vale ressaltar que o acolhimento do pedido prioritário implica no não julgamento dos subsidiários por ausência de interesse processual.
13. Com ressalva ao litisconsórcio unitário, que não configura modalidade de cumulação, além do que o julgamento será o mesmo para todos os litisconsortes.

pode ocorrer, por exemplo, caso seja reconhecida a ilegitimidade de apenas um dos litisconsortes da demanda, que prosseguirá em relação às demais partes.

Por fim, o julgamento pode ser cindido ainda que tenha sido formulada uma única pretensão, bastando a existência de um pedido decomponível. Humberto Theodoro Junior bem exemplifica a hipótese de decomposição do pedido único com o seguinte exemplo:

> Suponha-se que a inicial peça a condenação do demandado a pagar a soma de R$10.000,00, e a resposta do réu seja a de que ele só deve R$8.000,00. A controvérsia ficará restrita à diferença de R$2.000,00. Logo terá direito o autor à antecipação de tutela para exigir o imediato pagamento de R$8.000,00 (parte incontroversa do pedido).[14]

Portanto, verificada a possibilidade – tanto no caso de cumulação de demanda, como de pedido único decomponível – a desacumulação pode ocorrer na apreciação dos pedidos durante o andamento da relação processual, fazendo com que o processo passe a tratar de apenas um pedido simples ou a diminuição dos pedidos cumulados, atendendo o clamor popular ligado à tempestividade da prestação jurisdicional.[15]

3. A RESOLUÇÃO PARCIAL DE MÉRITO

3.1. Breves Considerações sobre a Cisão do Julgamento

Ainda que através de um único pronunciamento judicial, a sentença pode conter vários capítulos decisórios, o que ocorrerá, por exemplo, nas hipóteses de cumulação de demandas. E é assim que a teoria do objeto do processo exerce influência sobre o tema dos capítulos de sentença.[16]

Ora, tendo sido formulados diversos pedidos em uma única ação, haverá mais de uma decisão na mesma sentença. É o que Alexandre Freitas Câmara explica sobre o assunto: "a teoria dos capítulos de sentença nada mais é do que o reconhecimento de que uma sentença formalmente uma pode conter mais de uma decisão".[17]

---

14. THEODORO JÚNIOR, Humberto. *Curso de direito processual civil – teoria geral do direito processual civil e processo de conhecimento*. v. 1. 44. ed. Rio de Janeiro: Forense, 2006, p. 408.
15. ARAÚJO, José Henrique Mouta. *Coisa julgada progressiva e resolução parcial de mérito*. Curitiba: Juruá, 2008. p. 233-235.
16. Sobre o alcance da expressão "capítulos de sentença", Alexandre Freitas Câmara adverte que "(...) o termo sentença vai aqui empregado em sentido bastante amplo, pois deve haver capítulos em qualquer provimento jurisdicional (como de uma decisão interlocutória ou um acórdão)" (CÂMARA, Alexandre Freitas. *Lições de direito processual civil*. v. 1. 20. ed. Rio de Janeiro: Lumen Juris, 2010, p. 464).
17. CÂMARA, Alexandre Freitas. *Lições de direito processual civil*. v. 1. 20. ed. Rio de Janeiro: Lumen Juris, 2010, p. 465.

Por oportuno, ressalte-se que a existência de vários capítulos decisórios em uma única decisão exerce influência no processo de formação da coisa julgada, que inclusive poderá ocorrer de maneira progressiva, conforme a multiplicidade de interesse recursal.[18]

Assim, no caso de recurso parcial, apenas a parcela rebelada do julgado será remetida ao tribunal, ao passo em que a parte não impugnada – capítulo aquiescido que não será objeto de julgamento pelo tribunal ad quem – transitará em julgado desde logo, verificando-se, nesta hipótese, verdadeira coisa julgada parcial e progressiva.

Embora não seja pacífico o entendimento[19], recentemente, o STF reconheceu que as partes do julgado que resolver questões autônomas formam sentenças independentes entre si, passíveis de serem mantidas ou reformadas sem dano para as demais.

No julgamento do RE 666.589/DF[20], ponderou que a coisa julgada reconhecida no art. 5º, XXXVI, da CF como cláusula pétrea constituiria aquela que pudesse ocorrer de forma progressiva quando fragmentada a sentença em partes autônomas, inclusive viabilizando, por conseguinte, o manejo de ações rescisórias distintas, com termo inicial de prazo decadencial a partir de cada trânsito em julgado.

Tem-se, portanto, que a imutabilidade poderá ocorrer em diferentes momentos e atingindo variados capítulos em uma mesma relação processual. E a análise da formação progressiva da coisa julgada é de suma importância para o estudo da cisão do julgamento.

Ora, admitindo-se o trânsito em julgado dos capítulos de sentença em momentos distintos no curso da demanda, não há óbice para que cada um seja

---

18. Neste sentido, Cândido Rangel Dinamarco observa que quando o recurso interposto é parcial "os capítulos inatacados reputam-se cobertos pela preclusão adequada ao caso, tendo, portanto, o mesmo destino que teria o ato decisório inteiro, se recurso algum houvesse sido interposto. Se o capítulo irrecorrido fizer parte de uma sentença, a preclusão incidente sobre ele será a preclusão máxima, ou seja, a coisa julgada formal; se ele contiver um julgamento de mérito, seus efeitos ficarão também imunizados pela autoridade da coisa julgada material" (DINAMARCO, Cândido Rangel. Capítulo de sentença. 3. ed. São Paulo: Malheiros, 2008, p. 105).
19. Para o STJ, a ação seria una e indivisível, não havendo se falar no trânsito em julgado parcial, uma vez que a formação da coisa julgada somente ocorre quando esgotados todos os prazos para a interposição de qualquer recurso. Inclusive editou a Súmula nº 401 no dia 07 de outubro de 2009: "o prazo decadencial da ação rescisória só se inicia quando não for cabível qualquer recurso do último pronunciamento judicial".
20. "COISA JULGADA. PRONUNCIAMENTO JUDICIAL. CAPÍTULOS AUTÔNOMOS. Os capítulos autônomos do pronunciamento judicial precluem no que não atacados por meio de recurso, surgindo, ante o fenômeno, o termo inicial do biênio decadencial para a propositura da rescisória" (BRASIL. Supremo Tribunal Federal. RE nº 666.589/DF, Relator: Ministro Marco Aurélio, Segunda Turma, julgado em 25.03.2014, publicação no DJE de 03.06.2014).

julgado em ocasiões também distintas, como nos casos de decisão que resolve apenas parcialmente o mérito da demanda.

Tendo sido formulados mais de um pedido em uma mesma ação, não é raro que um deles, prescindindo de dilação probatória, já esteja passível de decisão antes dos demais. Costuma-se dizer, nesta situação, que o pleito se encontra maduro para julgamento.[21]

Havendo capítulos já maduros e outros não, sendo desacumuláveis – porque independentes e autônomos – não há razão para se adiar a apreciação de parte do objeto litigioso para momento posterior. Afinal, "se o sistema incentiva a cumulação de pedidos, também a desacumulação deve ser prestigiada".[22]

Interessante esclarecimento sobre a técnica é traçada por Bruno Valentim Barbosa. Para ele, resolução parcial é formulada nos seguintes termos:

> Se autor e réu possuem um conflito que pode ser decomposto em mais de um fragmento, em relação a um deles já se tem segurança para se decidir, resolve-se o que já está pronto para tal, prolatando-se uma decisão (sentença parcial) que decide parcela do conflito, com o prosseguimento do processo apenas em relação ao que ainda não se há convicção. Em outras palavras, colhe-se o que já está maduro.[23]

Conforme se infere, a parcela do litígio que está pronta para solução deverá ser imediatamente resolvida, antes da outra que ainda necessita da dilação probatória para elucidação.

É o que ocorre, por exemplo, no caso de pedido incontroverso ou ainda quando as partes transacionam sobre parcela da demanda, bem como na hipótese de as provas existentes serem suficientes a formar o convencimento do julgador em relação a determinado pleito (mesmo controvertido), mas não em relação a outro.

A propósito, tais hipóteses estão expressamente previstas no NCPC (Lei nº 13.105/2015). Por exemplo, estabelece em seu art. 487, que "haverá resolução de mérito quando o juiz" homologar "o reconhecimento da procedência do

---

21. Enrico Tullio Liebman já observava a hipótese de amadurecimento precoce de um dos pedidos cumulados. Segundo o autor italiano: "Pode ocorrer, todavia, que algumas das demandas já estejam prontas para decisão e outras precisem ainda de uma ulterior instrução. Em tal caso, pode parecer oportuno decidir desde logo as primeiras, sem aguardar que as demais estejam instruídas" (LIEBMAN, Enrico Tullio apud ARAÚJO, José Henrique Mouta. *Coisa julgada progressiva e resolução parcial de mérito*. Curitiba: Juruá, 2008, p. 230).
22. ARAÚJO, José Henrique Mouta. *Coisa julgada progressiva e resolução parcial de mérito*. Curitiba: Juruá, 2008, p. 341.
23. BARBOSA, Bruno Valentim. Julgamentos parciais de mérito no processo civil individual brasileiro. Dissertação (Mestrado) - Faculdade de Direito da Universidade de São Paulo, São Paulo, 2013, p. 15.

pedido formulado na ação ou na reconvenção" (inc. III, alínea "a") ou "a transação" (inc. III, alínea "b"), ainda que a decisão "dizer respeito a apenas parcela do processo" (art. 354, parágrafo único).

Ou seja, desde que observado o contraditório, impõe-se o julgamento no instante em que a parcela do litígio não mais requer atividade probatória para ser solucionada. Para esta parcela, o processo torna-se inútil e incompatível com o princípio da razoável duração.[24]

De acordo com Rafael Caselli Pereira, "o processo é um instituto essencialmente dinâmico e, até mesmo por uma exigência lógica, não exaure seu ciclo vital em um único momento, sendo destinado a desenvolver-se no tempo".[25]

Com isso, uma vez que os pedidos podem ser apreciados em momentos distintos "a prestação jurisdicional global será assim prestada em segmentos diferenciados de cronologia procedimental"[26], resolvendo-se o mérito de forma progressiva ao longo do curso da demanda até a completa entrega do direito material tutelado.

Afinal, "uma fruta já madura não precisa esperar o amadurecimento de uma outra, ainda verde, para ser colhida".[27]

Com a quebra da teoria da unicidade da sentença[28] – perdendo espaço a antiga concepção de que todos os pedidos devem ser julgados simultaneamente e ao final do processo por sentença – e considerando que os capítulos de sentença são passíveis de transitar em julgado em diferentes momentos, conclui-se que o próprio julgamento de cada capítulo poderá ocorrer em diversos momentos no curso da demanda, medida que inclusive foi sacramentada pela Lei nº 13.105/2015.

---

24. Luiz Guilherme Marinoni salienta que a imediata definição dos pedidos que prescindem de instrução "visa atender a demora patológica do processo de conhecimento, estando intimamente ligada aos fins que são buscados pelas tutelas sumárias e pelas tutelas de condenação parcial", qual seja, a satisfação imediata da pretensão. (MARINONI, Luiz Guilherme. Tutela antecipatória, julgamento antecipado e execução imediata da sentença. 3. ed. São Paulo: RT, 1999, p. 143).
25. PEREIRA, Rafael Caselli. Tutela definitiva da parcela incontroversa da demanda: compreensão dogmática à luz dos direitos fundamentais e a legislação infraconstitucional. São Paulo: LTr, 2011, p. 60.
26. ARMELIN, Donaldo. Notas sobre sentença parcial e arbitragem. *Revista de Arbitragem e Mediação*, São Paulo, Revista dos Tribunais, n. 18, jul./set. 2008, p. 278.
27. DIDIER JR., Fredie. Inovações na antecipação dos efeitos da tutela e a resolução parcial do mérito. *Revista de Direito Processual Civil*. Curitiba: Genesis, n. 26, 2002, p. 232.
28. Idealizada por Chiovenda na Itália através do princípio "della unità e unicità della decisione", a ideia de unicidade sentencial possui raízes na oralidade e concentração dos atos processuais, princípios que não se inserem no atual estado do processo civil nacional. O grande volume de processos existentes nos tribunais do país torna o princípio da oralidade impraticável, diante da dificuldade da realização de audiências que permitiriam a concentração dos atos processuais em um único momento. Embora ainda muito prestigiado entre os julgadores – basta observar que o julgamento simultâneo ainda prevalece na prática forense – tendo sido modificada a realidade em que concebido o dogma em comento, perde sentido a ideia de que a sentença deva ser única e proferida ao final do processo. Por sua vez, ganha força a visão de julgamento fracionado.

Ou melhor, tendo em vista que uma única sentença possui tantos capítulos quantos forem os pedidos decididos, o procedimento pode ter várias decisões ao longo de seu curso, na qual cada uma soluciona um dos pedidos da inicial.[29] É assim que a prestação jurisdicional será prestada de forma progressiva, ao longo do curso da demanda.

3.2. Utilidade do Julgamento Parcial como Forma de Abreviar o Tempo do Processo

Como visto anteriormente, o acesso à justiça não se resume ao simples direito de ingressar em juízo. Não se trata de mera garantia formal de bater às portas do Poder Judiciário, mas de um direito de acesso à ordem jurídica justa, consubstanciada em uma prestação jurisdicional célere, adequada e eficaz.[30]

Como um dos principais obstáculos ao acesso à justiça efetiva, José Rogério Cruz e Tucci assinala que "o tempo é um implacável inimigo do processo, contra o qual todos - o juiz, seus auxiliares, as partes e seus procuradores - devem lutar de modo obstinado".[31]

Ansiosa por uma prestação jurisdicional mais célere e efetiva, a sociedade clama por mecanismos que tragam resultados práticos e úteis ao titular do direito material tutelado, em tempo razoável, sem dilações indevidas.

Nesta busca, em meio à realidade da justiça pátria, a resolução parcial de mérito se insere como medida salutar e em absoluta consonância com os princípios processuais ligados ao tempo e à duração do processo, visando imprimir maior celeridade à prestação jurisdicional, o que inclusive vai ao encontro do disposto no art. 4º da Lei nº 13.105/2015.

Em um processo civil de resultados, a cisão do julgamento, através da resolução parcial de mérito, visa conferir maior celeridade, mostrando-se como importante mecanismo na busca do real e concreto acesso à justiça.

Aliás, nas hipóteses cabíveis, é medida de imperiosa observação por se tratar de direito fundamental, eis que, em um contexto de razoável tramitação do processo, enquadra-se naqueles "meios que garantam a celeridade de sua tramitação" de que trata o inc. LXXVIII do art. 5º da CF.[32]

---

29. Cf. BARBOSA, Bruno Valentim. *Julgamentos parciais de mérito no processo civil individual brasileiro*. Dissertação (Mestrado) - Faculdade de Direito da Universidade de São Paulo, São Paulo, 2013, p. 26.
30. Cf. DIDIER JR., Fredie. *Curso de direito processual civil – teoria geral do processo e processo de conhecimento*. v. 1, 11. ed. Salvador: JusPODIVM, 2009, p. 39.
31. TUCCI, José Rogério Cruz. *Tempo e processo* – uma análise empírica das repercussões do tempo na fenomenologia processual (civil e penal). São Paulo: Revista dos Tribunais, 1997, p. 161.
32. "(...) caracterizando-se o direito a um processo com duração razoável como um direito a um processo sem dilações indevidas, resta claro que qualquer ato processual posterior à incontroversa fáctico-jurídica constitui uma dilação indevida no curso da causa, sendo, pois, desautorizada pela nossa Constituição"

Diante de pedidos cumulados, estando um ou mais prontos para resolução, não é razoável impor às partes o total amadurecimento do processo para que determinadas questões sejam imediatamente definidas.

A boa técnica determina o seu imediato julgamento, prosseguindo o feito para a oportuna apreciação dos demais pleitos, propiciando uma tutela jurisdicional efetiva, prestada em tempo razoável, ainda que de forma progressiva, até a completa entrega do direito material reclamado. Com a habitual percuciência, Luiz Guilherme Marinoni ressalta o seguinte:

> Obrigar o autor a esperar a instrução necessária para a definição de um dos seus pedidos, quando o outro já foi evidenciado, é impor à parte, de forma irracional, o ônus do tempo do processo e agravar o 'dano marginal' que é acarretado a todo autor que tem razão.[33]

Estando o pleito em condições de julgamento, que seja julgado imediatamente. Sujeitar a parcela da demanda já pronta para resolução à espera das demais é totalmente incompatível com a razoável duração do processo. Ou melhor, como observa Rafael Caselli Pereira, "a duração não é razoável quando o pedido se torna maduro para julgamento e a sua definição é adiada.[34]

Não se trata apenas de infringir princípios e dispositivos constitucionais ligados ao tempo do processo. O não julgamento quando devido, ou seu atraso demasiado, constitui-se em prestação jurisdicional deficiente e injusta, podendo, na prática, implicar no perecimento da pretensão.[35]

O processo não pode ser prolongado em prejuízo daquele que tem razão. O não julgamento do pedido já maduro – quando haja necessidade de prosseguimento do feito para amadurecimento de outro – implica na má distribuição do ônus do tempo no processo.[36]

(MITIDIERO, Daniel. Direito fundamental ao julgamento definitivo da parcela incontroversa: uma proposta de compreensão do art. 273, §6º, do CPC, na perspectiva do direito fundamental a um processo sem dilações indevidas (art. 5º, LXXVIII, da CF/1998). Revista de Processo, São Paulo, v. 32, n. 149, p. 105-119, jul. 2007, p. 108).

33. MARINONI, Luiz Guilherme. *Tutela antecipatória e julgamento antecipado*: parte incontroversa da demanda. 5. ed. São Paulo: Revista dos Tribunais, 2002, p. 145.
34. PEREIRA, Rafael Caselli. *Tutela definitiva da parcela incontroversa da demanda*: compreensão dogmática à luz dos direitos fundamentais e da legislação infraconstitucional. São Paulo: LTr, 2011, p. 45.
35. Pedro Lenza lembra que em algumas situações, "a demora, causada pela duração do processo e sistemática dos procedimentos, pode gerar total inutilidade ou ineficácia do provimento requerido" (LENZA, Pedro. *Direito constitucional esquematizado*. 13. ed. São Paulo: Saraiva, 2009, p. 722).
36. Sobre o que chama de dano marginal, Luiz Guilherme Marinoni tece que "se o tempo é a dimensão fundamental da vida humana e se o bem perseguido no processo interfere na felicidade do litigante que o reivindica, é certo que a demora no processo gera, no mínimo, infelicidade pessoal e angústia e reduz as expectativas de vida feliz (ou menos infeliz)" (MARINONI, Luiz Guilherme. *Novas linhas do processo civil*. 4. ed. São Paulo: Malheiros, 2000, p. 17).

Além disso, o não fracionamento do julgamento do mérito da causa, quando possível, implica desmotivar a parte de ajuizar ações cumuladas em um só processo, o que causará prejuízos ao próprio erário, uma vez que inúmeras demandas serão mais dispendiosas que um único processo com vários pedidos.

Enfim, a cisão do julgamento de mérito é técnica que visa à celeridade e efetividade da prestação jurisdicional, buscando o real e concreto acesso à justiça, ainda que de forma progressiva, até a total entrega dos direitos materiais tutelados.

4. OS PROVIMENTOS JUDICIAIS QUE POSSIBILITAM O FRACIONAMENTO DE MÉRITO

Os julgamentos parciais já estão presentes no ordenamento pátrio há muito tempo. Embora parcela da doutrina negue esse tratamento, em alguns procedimentos especiais afiguram-se presentes mais de uma sentença na mesma fase de conhecimento.

Tanto no CPC/1973 como no NCPC, é o que ocorre, por exemplo, na ação de consignação em pagamento, quando há dúvida sobre quem é o credor (CPC/1973, art. 898; NCPC, arts. 547 e 548); na ação de prestação de contas (CPC/1973, arts. 915, §2º, e 918; NCPC, arts. 550, §§1º e 2º, e 552); e na ação de demarcação e divisão de terras particulares (CPC/1973, arts. 958, 966 e 980; NCPC, arts. 581, 587 e 597).

No entanto, a técnica não é exclusiva dos ditos procedimentos especiais, dedicando-se o presente trabalho ao estudo de outros dispositivos que viabilizam o julgamento de um pedido maduro antes dos demais.

Embora já sancionada a Lei nº 13.105/2015 – que introduz o Novo Código de Processo Civil no ordenamento pátrio, com vacatio legis de um ano (art. 1.045) – importante estudar o tema, em primeiro lugar, sob a vigência do CPC de 1973, palco de profundo embate doutrinário e jurisprudencial acerca natureza jurídica da decisão que resolve apenas parcela da demanda e o seu próprio cabimento.

E foi justamente essa ampla divergência que motivou o novel legislador a pôr uma pá de cal na matéria. Ainda que criticável a posição adotada – diversa daquela sustentada sob a égide do CPC/1973 – o NCPC sacramentou a cisão do julgamento de forma expressa e estabeleceu qual a natureza jurídica dessa decisão, bem como o recurso dela cabível, eliminando as dúvidas acerca do tema (mas não as críticas que já se estabelecem).

Enfim, para o bom entendimento, importante um breve enfoque da matéria sob a égide do CPC ainda vigente, rumo à legislação que vigorará a partir de 17 de março de 2016.

4.1. O Julgamento do Pedido Incontroverso

4.1.1. O §6º do art. 273 do CPC

Foi a partir das ideias de Luiz Guilherme Marinoni que, através da Lei nº 10.444/2002, incluiu-se o §6º no art. 273 do CPC de 1973, prevendo a possibilidade de antecipação da tutela da parcela da demanda que se tornar incontroversa. É o que se infere através da exposição de motivos do PL nº 3.476:

> É acrescentando, como o §6º, dispositivo sugerido por Luiz Guilherme Marinoni, que explicita a possibilidade de o juiz nos casos em que uma parte do pedido ou dos pedidos se torne incontroversa, conceder desde logo a esse respeito a tutela antecipada. Esta sugestão apresenta-se consentânea com as preocupações de eficiência do novo processo civil.

Anteriormente, à falta de um dispositivo específico, a doutrina se inclinava pela concessão de tutela antecipatória com fulcro no inc. II do art. 273 do CPC.[37]

Com efeito, reconhecendo parcialmente as pretensões do autor, ou não tendo se insurgido sobre a totalidade da demanda, já era considerada abusiva a defesa apresentada pelo réu que visasse apenas retardar a satisfação de um direito que não se mostra mais controvertido.[38]

Com a introdução do §6º do artigo 273, previu-se que "a tutela também poderá ser concedida quando um ou mais dos pedidos, ou parcela deles, mostrar-se incontroverso".

Assim como no caso de abuso do direito de defesa e do manifesto propósito protelatório do réu de que trata o inc. II do art. 273, o §6º representa uma tutela de evidência, instituto que está expressamente previsto no art. 311 do NCPC. Aliás, mesmo antes da Lei nº 10.444/2002 Luiz Fux já considerava o fato

---

37. A antecipação da tutela fundada neste inciso está relacionada à conduta do demandado que visa unicamente retardar a prestação jurisdicional e a satisfação de um direito evidente através de atitudes meramente protelatórias. É modalidade que a doutrina vem denominando de tutela antecipada punitiva, com maior grau de evidência do direito do autor, em contraponto à tutela assecuratória do inc. I, em que a urgência é o ponto de contato entre o direito material discutido e a tutela jurisdicional reclamada.

38. Já eram essas as lições de Luiz Guilherme Marinoni em obra publicada antes da Lei nº 10.444/2002: "A tutela antecipatória, fundada nas técnicas da não-contestação e do reconhecimento jurídico (parcial) do pedido, pode ser requerida com base no artigo 273, II, do Código de Processo Civil, já que a tutela visa a impedir que a defesa do réu adie, indevidamente, a realização de direitos – ou de parcelas de direitos – que não são mais controvertidos. É abusiva a defesa que protela a realização de direito – ou de parcela de direito – que não mais é controvertido" (MARINONI, Luiz Guilherme. Questões do novo direito processual civil brasileiro. Curitiba: Juruá, 2000, p. 119-122).

incontroverso como um direito evidente[39], e que, portanto, reclama o seu imediato julgamento.[40]

4.1.2. Do pedido incontroverso

A doutrina não é pacífica sobre o que vem a ser incontrovérsia para os fins do dispositivo em comento. De todo modo, está basicamente ligada à conduta do réu frente às pretensões do autor, como no caso de reconhecimento jurídico de um dos pedidos cumulados ou não insurgência em relação à totalidade da demanda, também podendo ocorrer por meio de confissão, renúncia e transação.

O art. 302 do CPC (que corresponde ao art. 341 do NCPC) impõe ao réu o ônus de impugnar especificamente os fatos narrados na petição inicial, sob pena de presunção de veracidade daqueles não impugnados, o que inclusive admite o julgamento antecipado da lide.

Havendo mais de uma pretensão, a falta de impugnação específica de um deles gera a presunção de veracidade dos fatos suscitados pelo autor em relação ao referido pedido, desde que sejam fatos não comuns, gerando também a presunção de existência do próprio direito.[41]

Outros autores vão ainda mais longe e sustentam que o §6º do art. 273 do CPC também tem lugar quando os fatos, mesmo controvertidos, já estão suficientemente esclarecidos pelas provas apresentadas pelas partes – não havendo necessidade de dilação probatória ou quando não dependem de provas.[42]

---

39. "É evidente o direito demonstrável prima facie através de prova documental que o consubstancie líquido e certo, como também o é o direito assentado em fatos incontroversos (...) os fatos incontroversos também militam em prol da evidência do direito, porque sobre eles não houve 'intenção' de debatê-los" (FUX, Luiz. Tutela de segurança e tutela de evidência. São Paulo: Saraiva, 1996, p. 313).
40. "A tutela de evidência, através da sumarização formal, está encartada na garantia constitucional do acesso à justiça mediante tutela adequada e processo devido, mercê o dever de o juiz prestar uma rápida solução dos litígios, velando pela manutenção do interesse de prosseguir o processo na busca da verdade, dispensando esse prolongamento desnecessário à luz da efetividade, toda vez que verifique que o direito evidente reclama provimento imediato" (FUX, Luiz. Tutela de segurança e tutela de evidência. São Paulo: Saraiva, 1996, p. 333).
41. Cf. ARAÚJO, José Henrique Mouta. Coisa julgada progressiva e resolução parcial de mérito. Curitiba: Juruá, 2008, p. 317.
42. Cf. NOGUEIRA, Gláucia Assalin. O julgamento parcial: possibilidade de cisão do julgamento de mérito relativamente à parte incontroversa da demanda. Dissertação (Mestrado) - Faculdade de Direito da Universidade de São Paulo, São Paulo, 2009, p. 118. No mesmo sentido: "É totalmente consentâneo com o sistema processual civil brasileiro que um dos pedidos, ou parcela de um único, igualmente possa se tornar incontroverso não somente porque não houve contestação, confissão parcial, reconhecimento jurídico parcial do pedido, renúncia parcial ou transação parcial, mas porque já se encontra suficientemente comprovado nos autos" (SANT'ANNA, Paulo Afonso de Souza. Sentença parcial. Revista de Processo. São Paulo: Revista dos Tribunais, n. 151, 2007, p. 156).

O entendimento, contudo, implicaria em indevido alargamento do §6º do art. 273 do CPC, restrito às hipóteses de incontrovérsia, que não ocorre quando parcela da demanda esteja suficientemente provada, mas forem controvertidos os fatos.

Não que a suficiência probatória não seja apta a ensejar o julgamento fracionado da lide. Ao contrário, as partes não precisam aguardar o amadurecimento total do processo para que determinadas questões sejam imediatamente definidas.

Mesmo controvertidos, caso as provas existentes sejam capazes de formar o convencimento do julgador em relação a determinado pedido, mas não em relação a outro, o julgamento deve ser cindido, mas através de uma sentença parcial de mérito, deixando-se o §6º do art. 273 para os fatos que forem incontroversos.

4.1.3. Da cognição[43] exercida, definitividade e outras características do provimento

No pronunciamento judicial fundado no §6º do art. 273 do CPC, a cognição do juiz é exauriente, eis que decorre de uma certeza obtida pela incontrovérsia, apta a formação da coisa julgada material, tornando-se definitiva quando transitar em julgado.

A propósito, segundo as lições de Cândido Rangel Dinamarco:

> Quando a antecipação é concedida com fundamento na incontrovérsia, a probabilidade de acerto é superlativamente grande, em face da presunção da veracidade dos fatos alegados e consequente dispensa da prova (art. 302 e 324, III e IV) e, como a possibilidade de revogação antecipatória é muito reduzida nesses casos, na mesma proporção reduzem-se os riscos inerentes à irreversibilidade.[44]

Diante da certeza que se estabelece após o exercício da cognição exauriente, ainda que nem todo o processo esteja pronto para julgamento, estará o juiz habilitado a proferir pronunciamento definitivo acerca da parcela

---

43. Segundo classificação de Kazuo Watanabe, no plano vertical (profundidade), cognição pode ser dividida em sumária e exauriente. A primeira é superficial, baseando-se em mero juízo de probabilidade, típico das tutelas de urgência (medida cautelar e tutela antecipada do art. 273, inc. I, do CPC). Se a cognição é sumária, a decisão é provisória e não produz coisa julgada material. Por sua vez, na cognição exauriente, há aprofundado exame das alegações e provas, criando um juízo de certeza, inclusive com aptidão para formação da coisa julgada material, o que é próprio das tutelas de evidência (WATANABE, Kazuo. Da cognição no processo civil. 2. ed. Campinas: Bookseller, 2000, p. 124).
44. DINAMARCO, Cândido Rangel. A reforma da reforma. São Paulo: Malheiros, 2002, p. 97.

incontroversa, prosseguindo-se o feito para elucidação e posterior julgamento daquela ainda controvertida.

A decisão proferida com base em uma cognição exauriente, que conhece parcela da demanda em toda a sua profundidade, portanto, é definitiva, sequer estando sujeita a confirmação ou substituição por outro provimento.[45] Aliás, "nem sequer há a necessidade de menção, na sentença, do capítulo (rectius, pedido) apreciado antecipadamente".[46]

Tanto é que os pressupostos genéricos do caput do art. 273 do CPC (prova inequívoca e verossimilhança das alegações) e os específicos de seus incisos I e II (perigo de dano, abuso do direito de defesa ou manifesto propósito protelatório, respectivamente), não são exigidos no caso do §6º.

No mais, não apenas os efeitos da tutela são antecipados. Com o §6º do art. 273, a antecipação é da própria tutela (ainda que parcial), ou seja, do objeto litigioso incontroverso.

Com características tão diversas, estranhas às tutelas de urgência, a doutrina qualifica a tutela do pedido incontroverso como verdadeira hipótese de julgamento antecipado da lide, estando mal posicionada no art. 273 do CPC.

São essas as conclusões de Fredie Didier Jr. ao ressaltar que a mais importante observação sobre o §6º do art. 273 do CPC diz respeito à sua natureza jurídica:

> (...) não se trata de tutela antecipada, e sim resolução parcial da lide (mérito). A topologia do instituto está equivocada.
>
> Não é antecipação dos efeitos da tutela, mas emissão da própria solução judicial definitiva, fundada em cognição exauriente e apta, inclusive, a ficar imune com a coisa julgada material. E, por ser definitiva, desgarra-se da demanda que resta a ser julgada, tornando-se decisão absolutamente autônoma: o magistrado não precisa confirmá-la em decisão futura, que somente poderá examinar o que ainda não tiver sido apreciado.
>
> (...) se não tiver havido recurso da decisão que fracionou o julgamento, haverá coisa julgada, que somente poderá ser desconsiderada via ação rescisória. Frise-se, mais uma vez: são duas (ou mais) decisões de igual porte (a que fracionou e a final), sem qualquer distinção ontológica nem vínculo de subordinação (...).

---

45. Diferentemente do que ocorre com a tutela antecipada clássica, com caráter essencialmente provisório, podendo ser revogada ou modificada a qualquer tempo, caso alteradas as circunstâncias que embasaram a sua concessão, de acordo com o §4º do art. 273 do CPC.
46. ARAÚJO, José Henrique Mouta. *Coisa julgada progressiva e resolução parcial de mérito*. Curitiba: Juruá, 2008, p. 365.

Trata-se, na verdade, de mais uma modalidade de julgamento conforme o estado do processo (art. 329 a 331 do CPC). Eis sua topografia ideal.[47]

Assim, já estando pronto para julgamento, as partes não precisam aguardar o amadurecimento total do processo para que um pedido incontroverso seja imediatamente reconhecido ao demandante, antes dos demais.

A técnica permite o fracionamento dos pedidos cumulados – que nem sempre precisam ser apreciados ou fazer coisa julgada ao mesmo tempo – o que é absolutamente necessário em um processo civil de resultados[48], com duas importantes consequências: constitui título executivo a ensejar futuro cumprimento mediante execução definitiva[49]; e estabelece o termo inicial de contagem do biênio para o ajuizamento de ação rescisória.

Resta tecer algumas considerações sobre a natureza do pronunciamento proferido com base no §6º do art. 273, que para alguns se trata de decisão interlocutória de mérito e, para outros de sentença parcial de mérito, especialmente após a alteração do art. 162, §1º, do CPC, o que será discorrido em item próprio, após análise da Lei nº 11.232/2005.

4.2. A Sentença Parcial

4.2.1. A sentença pré e pós Lei nº 11.232/2005

Originalmente, em seu art. 162, §1º, o Código de Processo Civil de 1973 conceituava sentença como "o ato pelo qual o juiz põe termo ao processo, decidindo ou não o mérito da causa". Esse conceito apoiava-se em critério finalístico ou topológico, sendo absolutamente irrelevante o conteúdo para a sua definição.[50]

---

47. DIDIER JR., Fredie. Inovações na antecipação dos efeitos da tutela e a resolução parcial do mérito. Revista de Direito Processual Civil. Curitiba: Genesis, n. 26, 2002, p. 716.
48. "(...) o julgamento definitivo e desmembrado do mérito é fenômeno que consagra os princípios constitucionais ligados à efetividade da prestação jurisdicional, ao devido processo legal e à razoável duração do processo, permitindo que a tutela jurisdicional seja concedida de forma definitiva no que respeita ao pedido incontroverso, prosseguindo o feito apenas no que respeita à sua parte controvertida" (ARAÚJO, José Henrique Mouta. Coisa julgada progressiva e resolução parcial de mérito. Curitiba: Juruá, 2008, p. 325).
49. "(...) a decisão que resolve parcialmente a lide, acaso transite em julgado, pode ser executada definitivamente. Não se lhe aplica o regramento da execução provisória (rectius, incompleta) previsto no §3º do art. 273 c.c. art. 588, ambos do CPC. Trata-se, assim, de nova espécie de título executivo judicial, a despeito do silêncio do art. 584, que deveria, por isso, ter sido adaptado, com o acréscimo – apenas para evitar dúvidas – de um outro inciso" (DIDIER JR., Fredie apud ARAÚJO, José Henrique Mouta. Coisa julgada progressiva e resolução parcial de mérito. Curitiba: Juruá, 2008, p. 367).
50. Como bem leciona José Carlos Barbosa Moreira, "(...) o conceito de sentença baseava-se em critério puramente topológico, não substancial. O que interessava não era o conteúdo do ato, mas a pura e simples posição por ele ocupada no itinerário do feito. Na arquitetura característica do Código, a sentença

Para ser sentença, bastava o ato judicial pôr fim ao processo, tenha ele se debruçado sobre o mérito da demanda (definitivas) ou sem apreciar o mérito (terminativas). Tal critério era de simples compreensão e facilitava a diferenciação entre sentença e decisão interlocutória, bem como a identificação do recurso apropriado para impugnar os atos do juiz.

Mas com o advento das ações sincréticas e a necessidade de repensar o conceito de sentença, a Lei nº 11.232/2005 deu nova redação ao art. 162, §1º, estatuindo que "sentença é o ato do juiz que implica alguma das situações previstas nos arts. 267 e 269 desta lei".

Com isso, o conteúdo entra em cena para a definição do ato decisório (critério substancial). Para ser sentença, o dispositivo fez expressa remissão aos artigos 267 e 269 do CPC, conforme analise ou não o mérito da causa (sentença definitiva ou terminativa, respectivamente), sem a necessidade de "colocar termo ao processo".

No entanto, outra parcela majoritária sustenta que o efeito de encerrar o processo ou alguma fase do procedimento continua presente para a definição da sentença, que também deverá ser associado ao critério do conteúdo a partir da Lei nº 11.232/2005.

Formulam, dessa forma, um conceito híbrido, mesclando o critério topológico característico do conceito anterior com o critério substancial introduzido pela referida lei.

Entre outros, é a posição adotada por Cássio Scarpinella Bueno[51], Humberto Theodoro Junior[52], Alexandre Freitas Câmara[53], Nelson Nery Junior e Rosa Maria de Andrade Nery[54]. Sustentam que, além do conteúdo (art. 267 e 269 do CPC), a sentença continua a ser o ato que encerra o processo ou uma de suas fases.

Com todo o respeito que merecem, tal entendimento doutrinário é criticável. Tudo indica que a adoção desse conceito misto foi motivada pela angústia da possível existência de inúmeras sentenças em um mesmo processo e, consequentemente, inúmeras apelações, o que esbarraria no seguinte óbice:

---

assinalava o ponto final de um processo" (BARBOSA MOREIRA, José Carlos. A nova definição de sentença. Revista de Processo – RE-PRO, São Paulo: RT, n. 136, jun./2006, p. 268-276).
51. Cf. BUENO, Cássio Scarpinella. Curso sistematizado de direito processual civil. v. 2. Rio de Janeiro: Saraiva, 2009, p. 327/328.
52. Cf. THEODORO JÚNIOR, Humberto. As novas reformas do código de processo civil. Rio de Janeiro: Forense, 2006, p. 05-06.
53. CÂMARA, Alexandre Freitas. A nova execução de sentença. Rio de Janeiro: Lumen Juris, 2006, p. 15.
54. NERY JR., Nelson; NERY, Rosa Maria de Andrade. Código de processo civil comentado. 9. ed. São Paulo: RT, 2006, p. 373.

a remessa dos autos ao tribunal superior seria incompatível com o processamento dos demais em primeiro grau.

Essa foi a mesma impressão de Heitor Vitor Mendonça Sica, para quem esses autores enxergam no art. 162, §1º, do CPC algo que nele não está escrito. Segundo aduz:

> As razões que levaram esses autores a optar por esse conceito híbrido de sentença (ao mesmo tempo formal e material) devem-se, quase que exclusivamente, à intenção de evitar problemas no terreno recursal.[55]

No entanto, o argumento não se sustenta. A aparente incompatibilidade do recurso de apelação em relação à parcela decidida e prosseguimento do feito em primeiro grau para o processamento da outra pode ser solucionada através da formação de instrumento ou autos suplementares, conforme será mais bem detalhado em item próprio.

Assim, no atual CPC, pautando-se a decisão judicial em um dos incisos dos artigos 267 ou 269 do CPC, tratar-se de sentença – ainda que parcial – e impugnada através do recurso de apelação, mesmo que haja a necessidade formação de instrumento ou autos suplementares para não prejudicar o processamento da parcela ainda não decidida em primeiro grau.

É o que se propõe demonstrar adiante.

4.2.2. A sentença parcial de mérito

É bem verdade que, primariamente, a finalidade de alterar o conceito de sentença era amoldá-la ao novo modelo de execução que se estabelecia a partir da Lei nº 11.232/2005 para as obrigações de pagar quantia[56], assim como já tinham feito as Leis nº 8.952/94 e 10.444/2001, respectivamente, em relação às obrigações de fazer, não fazer e dar coisa certa.

Porém, é inegável que abandonar a posição do ato judicial para adotar o conteúdo como critério a ser observado para a sua classificação - pondo em xeque a Teoria da Unidade da Sentença[57] - abre espaço para a prolação de

---

55. SICA, Heitor Vitor Mendonça. *Algumas implicações do novo conceito de sentença no processo civil de acordo com a Lei 11.232/2005*. Texto cedido pelo autor, p. 5.
56. "(...) tal modificação deriva do novo sistema que a própria lei outorgou à execução da sentença que impõe o pagamento de quantia certa, dispensando a propositura da ação de execução e permitindo que a execução seja feita em uma fase do processo já instaurado, denominada de 'cumprimento da sentença' (Capítulo X, Título VIII, Livro I, acrescido pela Lei 11.232/2005 ao CPC)" (MARINONI, Luiz Guilherme. *Curso de processo civil* – processo de execução. v. 3. São Paulo: Revista dos Tribunais, 2013, p. 404).
57. Com as alterações implementadas pela Lei nº 11.232/2005, Heitor Vitor Mendonça Sica ressalta que "a análise dos artigos 162, §1º, 269, caput, 458, 463 e 468, todos do CPC, nos indica não mais haver base legal para que se continue enxergando em nosso sistema processual o princípio da concentração do

mais de uma sentença judicial sobre o mérito da causa, o que a doutrina vem denominando de "sentença parcial".

José Roberto dos Santos Bedaque alertou sobre as alterações da Lei nº 11.232/2005: "outra consequência da inovação é a admissibilidade, em tese, de mais de uma sentença no mesmo processo. Haverá tantas sentenças quantas forem as resoluções de mérito."[58]

Afinal, no CPC em vigor, sendo o conteúdo que determina se o ato é ou não sentença, não há razão para que seja mantida a concepção de que deva ser única e proferida ao final do processo. Ora, como bem lembra Gláucia Assalin Nogueira, "a essência de um ato está em seu conteúdo e não nos efeitos que ele produz".[59]

Ainda que tenha o juiz se pronunciado apenas sobre um dos pedidos cumulados (ou mesmo sobre parte deles), sem encerrar toda a fase de cognição, trata-se de sentença definitiva, embora parcial.[60]

Aliás, a definitividade é "marca essencial de todas as sentenças". E na sentença parcial, "o ponto decidido não poderá ser controvertido pelas partes naquela relação processual e nem o julgador poderá sobre ele emitir novo julgamento divergente, nas fases posteriores ao procedimento".[61]

Decidindo sobre todo litígio, ou apenas parcela dele, a sentença produz coisa julgada. São definitivas porque encerram o litígio quanto ao ponto sobre o qual decidem.[62]

---

julgamento do mérito em uma única sentença" (SICA, Heitor Vitor Mendonça. *Algumas implicações do novo conceito de sentença no processo civil de acordo com a Lei 11.232/2005*. Texto cedido pelo autor, p. 8).

58. BEDAQUE, José Roberto dos Santos. Algumas considerações sobre o cumprimento de sentença condenatória. Revista do Advogado, ano XXVI, n. 85, maio/2006, p. 72.
59. NOGUEIRA, Gláucia Assalin. *O julgamento parcial*: possibilidade de cisão do julgamento de mérito relativamente à parte incontroversa da demanda. Dissertação (Mestrado) - Faculdade de Direito da Universidade de São Paulo, São Paulo, 2009, p. 99.
60. Há verdadeira confusão na doutrina, mas os conceitos de sentença definitiva e sentença final não se equiparam, especialmente na legislação vigente. Ora, "o oposto de definitivo não é o parcial, mas o provisório. É um erro gramatical e lógico dizer que uma sentença não é definitiva por ser uma sentença parcial. Se ela encerrar o litígio quanto ao ponto decidido, deverá ser classificada como definitiva, tanto porque define, quanto porque põe termo àquele ponto apreciado pelo julgador (...)" (SILVA, Ovídio A. Baptista da. Decisões interlocutórias e sentenças liminares. *Revista da AJURIS*, Porto Alegre, n. 51, mar. 1991, p. 143/144).
61. SILVA, Ovídio A. Baptista da. Decisões interlocutórias e sentenças liminares. *Revista da AJURIS*, Porto Alegre, n. 51, mar. 1991, p. 144/145.
62. "(...) o provimento que julgar parcialmente a demanda estará sujeito à imutabilidade da coisa julgada e não à mera preclusão, não havendo necessidade de confirmação na sentença que vier a ser proferida ao final, quando todas as demandas cumuladas estiverem prontas para julgamento" (NOGUEIRA, Gláucia Assalin. O julgamento parcial: possibilidade de cisão do julgamento de mérito relativamente à parte incontroversa da demanda. Dissertação (Mestrado) - Faculdade de Direito da Universidade de São Paulo, São Paulo, 2009, p. 133).

É assim que, na hipótese de sentença parcial, a coisa julgada ser formará progressivamente, em momentos distintos no curso da demanda, eis que decidirá apenas a parcela de mérito já madura para julgamento, constituindo, quanto a esta, título executivo a ensejar futuro cumprimento de sentença.

Em um caso concreto de cumulação de demandas com pedidos de reparação por danos morais e materiais, o juiz Pedro Luiz Pozza, da 5ª Vara da Fazenda Pública do Foro Central de Porto Alegre/RS (processo nº 001/1.05.2267650-6)[63], proferiu a primeira sentença parcial (assim denominada) que se tem notícia.

Fracionando o mérito, através de uma sentença parcial, julgou procedente a pretensão indenizatória de danos materiais (gastos com advogado), pois dispensavam a produção e outras provas, determinando o prosseguimento do feito para a instrução e resolução dos danos morais.

O tema também foi objeto de criterioso estudo de Pedro Luiz Pozza em sua tese de doutoramento. Nela, também defende que a sentença parcial amplia a possibilidade de fracionar o mérito da demanda, não se restringindo às limitadas hipóteses de incontrovérsia do art. 273, §6º, do CPC.

Além da incontrovérsia, a sentença parcial terá cabimento quando os fatos, embora controvertidos, já estejam suficiente comprovados, o que permite o julgamento antecipado com esteio no inc. I do art. 330 do CPC.

Enfim, na legislação vigente, sentença é todo provimento judicial que implica em alguma das situações do art. 267 e 269 do CPC. E não tendo mais como pressuposto encerrar o processo ou uma fase do procedimento, abre-se a possibilidade de ser proferida uma sentença parcial, apta a resolver o mérito de maneira fracionada quando houver cumulação de pedidos ou quando, mesmo único, for decomponível.

4.2.3. A sentença parcial terminativa

Ainda que não seja o tema central do presente trabalho – voltado ao estudo da resolução fracionada de mérito – é importante tecer alguns esclarecimentos sobre a decisão que tem por conteúdo umas das hipóteses do art. 267 do

---

63. Processo nº 001/1.05.2267650-6, 5ª Vara da Fazenda Pública do Foro Central de Porto Alegre/RS, Juiz: Pedro Luiz Pozza, Julgamento: 14/03/2006. Ressalte-se que a sentença foi proferida antes da entrada em vigor da Lei nº 11.232/2005 em 23/06/2006, o que, segundo o magistrado "não impede que se use como argumento de reforço as alterações por ela levadas a efeito". A sentença parcial, no entanto, foi desconstituída pela 5ª Câmara Cível do TJ/RS, sob o argumento de que "a solução adotada pelo magistrado encontra óbice intransponível no art. 463, I e II, do CPC, com a redação em vigor na data da sentença, ou seja, 14.03.2006" (Apelação Cível nº 70017516881, Relator: Des. Leo Lima, Julgamento: 16/05/2007). Disponíveis em: www.tj.rs.jus.br Acesso em 07/11/2013.

CPC, mas não acarreta a extinção do procedimento em primeiro grau, ou seja, sobre a sentença parcial terminativa.

A permanência da oração "extingue-se o processo" no caput do art. 267 – que foi suprimida do caput do art. 269 pela Lei nº 11.232/2005 – realmente sugestiona que sentença terminativa será aquela que põe fim à fase cognitiva. Assim, não haveria se falar em sentença parcial terminativa.[64]

No entanto, a matéria reclama segunda análise. Conforme já esclarecido, ao modificar o conceito de sentença através da Lei nº 11.232/2005, o legislador tinha por escopo pôr fim à dicotomia então existente entre o processo de conhecimento e o processo de execução, buscando a satisfação de sentença condenatória através de nova fase procedimental (cumprimento de sentença).

Todavia, embora tenha retirado da redação do caput do art. 269 qualquer menção à extinção processo, não teve a mesma atenção em relação ao caput do art. 267 do CPC, partindo de errada presunção de que as sentenças terminativas dispensariam aquela fase de cumprimento de sentença, o que está equivocado.

Com efeito, mesmo nesta espécie de sentença, ainda que o processo tenha se encerrado em relação ao capítulo principal, condenará o autor nas verbas de sucumbência, devendo prosseguir, em nova fase, destinada ao cumprimento deste capítulo secundário.

Equívoco ou mero descuido, tudo está a recomendar "que se ignore a parte inicial do caput do art. 267, e coerentemente à exegese dos artigos 162, §1º, e 269, caput, reconheça que as sentenças terminativas não necessariamente põem fim ao processo"[65], para daí concluir pela possibilidade das sentenças parciais terminativas.

Portanto, tendo por conteúdo uma das situações previstas no art. 267[66], trata-se de sentença terminativa. E caso não acarrete a extinção do processo

---

64. Posição adotada por Daniel Amorin Assunção Neves: "No tocante à sentença terminativa, portanto, nenhuma alteração ocorreu em virtude da modificação do conceito legal de sentença estabelecido pelo art. 162, §1º do CPC. Uma decisão que tenha como conteúdo umas das matérias dos incisos do art. 267 do CPC, mas que não coloque fim ao procedimento de primeiro grau (...) será considerada uma decisão interlocutória e, como tal, será recorrível por meio do recurso de agravo (art. 522 do CPC)" (NEVES, Daniel Amorin Assunção. Manual de direito processual civil. São Paulo: Método, 2014, p. 568).
65. SICA, Heitor Vitor Mendonça. Algumas implicações do novo conceito de sentença no processo civil de acordo com a Lei 11.232/2005. Texto cedido pelo auto, p. 13.
66. Cumpre ressaltar, no entanto, que o conteúdo do art. 267 só está presente quando uma de suas hipóteses for acolhida. Por outro lado, não haverá conteúdo do art. 267 do CPC no caso de rejeição de um dos seus incisos. Nessa hipótese, trata-se de decisão interlocutória, impugnável através do recurso de agravo. Ou seja, a pretensão de extinção com base no art. 267 do CPC é acolhida por meio de sentença e rejeitada por meio de decisão interlocutória (Cf. SICA, Heitor Vitor Mendonça. Algumas implicações do novo conceito de sentença no processo civil de acordo com a Lei 11.232/2005. Texto cedido pelo autor, p. 16).

(ou melhor, não encerre a fase cognitiva em primeiro grau), determinando o prosseguimento do feito com relação aos demais pleitos e/ou sujeitos qualifica-se como sentença parcial terminativa, recorrível por meio de apelação.[67]

4.2.4. Compreensão do art. 273, §6º, do CPC: sentença parcial x decisão interlocutória de mérito

A doutrina diverge sobre a natureza do ato judicial que decide definitivamente a parcela da demanda com fulcro no art. 273, §6º, do CPC. Para alguns, trata-se de decisão interlocutória de mérito. Para outros, é hipótese de sentença parcial.

Dentre outros, José Henrique Mouta Araújo, por exemplo, entende que o conceito de mérito não é exclusivo de sentença e que não se vislumbra fundamento legal para a existência de várias sentenças numa mesma relação processual. Sustenta possibilidade de decisão interlocutória com conteúdo de mérito, "com alma definitiva" (apta para a formação da coisa julgada material).[68]

Isso porque, dentre outros, nega a possibilidade de sentença parcial, considerando decisões interlocutórias aquelas intermediárias, ainda que com conteúdo dos artigos 267 ou 269 do CPC, entendimento adotado pela doutrina majoritária, mas que não merece prosperar.

Ora, como visto, a Lei nº 11.232/2005 deu nova redação ao art. 162, §1º, do CPC, alterando o conceito de sentença, que passou a ser definida pelo conteúdo do ato decisório, deixando de lado o critério topológico antes adotado.

Assim, atualmente, sentença é o ato do juiz que implica em alguma das situações dos artigos 267 e 269 do CPC, ainda que não resolva todos os pedidos deduzidos e não encerre a fase de cognição em primeira instância, configurando o que se tem chamado de sentença parcial, ora defendida.

Já estudado também que o art. 273, §6º, do CPC sedimentou a possibilidade de fracionamento dos pedidos cumulados, através de um pronunciamento definitivo, apto a formação da coisa julgada material, em relação a parcela da demanda que se mostrar incontroversa. E ao decidir sobre pedido incontroverso, por óbvio, resolverá sobre o mérito da demanda, ainda que parcialmente, implicando em alguma das situações previstas no art. 269 do CPC, caracterizando-se, portanto, como uma hipótese de sentença parcial.

---

67. Embora seja noutro sentido o entendimento que vem prevalecendo na praxe forense. "(...) O julgado que exclui litisconsorte do polo passivo da lide sem extinguir o processo é decisão interlocutória, recorrível por meio de agravo de instrumento, e não de apelação, cuja interposição, nesse caso, é considerada erro grosseiro (...)" (STJ, 4ª Turma, AgRg no Ag 1329466, Relator: Ministro João Otávio Noronha; Julgamento: 10/05/2011).
68. Cf. ARAÚJO, José Henrique Mouta. *Coisa julgada progressiva e resolução parcial de mérito*. Curitiba: Juruá, 2008, p. 345-346.

Com razão, Daniel Mitidiero defende que "a decisão que aprecia um dos pedidos incontroversos ou parcela incontroversa do pedido constitui, no direito brasileiro, uma sentença parcial de mérito".[69]

Não há como fugir da implacável realidade. Sentença é o que estabelece a lei processual, que atualmente utiliza o conteúdo do ato decisório para a sua definição, independentemente da sua posição dentro da ordem processual. Atualmente, cumpre frisar.

Assim, mesmo sendo mais restrita (eis que limitada a hipótese de incontrovérsia), mas tendo por conteúdo umas das situações do art. 269, deve ser tratada como sentença parcial.

A propósito, vale lembrar que o julgamento antecipado parcial da parcela incontroversa, fundado em cognição exauriente, é definitivo. A decisão é autossuficiente, e não se sujeita a revogação ou ratificação pelo juiz em momento posterior. Apenas poderá ser revista em sede recursal mediante o manejo do recurso correspondente.

Caso interpretado como se decisão interlocutória fosse, o recurso cabível seria o de agravo (art. 522 do CPC), que não conta com inúmeras garantias estabelecidas no recurso de apelação para a apreciação do mérito em segundo grau de jurisdição: maior prazo, presença do revisor, efeito suspensivo, possibilidade de sustentação oral, cabimento de embargos infringentes contra acórdão que decide a apelação e tramitação imediata de eventual recurso especial/extraordinário em caso de apelação.

Se resolvem o mérito, tanto a decisão proferida no curso do processo como aquela que encerra a fase de cognição de primeira instância, por força do princípio da isonomia, merecem o mesmo tratamento em sede recursal, o que também induz interpretação no sentido de que a decisão que resolver o pedido incontroverso tem natureza de sentença, recorrível por meio de apelação, cujo procedimento será explanado em seguida.

4.2.5. O recurso cabível da sentença parcial

Proferida decisão fundada no art. 267 ou art. 269 do CPC – sem esgotar toda a atividade cognitiva em primeiro grau – a doutrina e jurisprudência diverge sobre o cabimento do recurso: apelação ou agravo de instrumento?[70]

---

69. MITIDIERO, Daniel. Direito fundamental ao julgamento definitivo da parcela incontroversa: uma proposta de compreensão do art. 273, §6º, do CPC, na perspectiva do direito fundamental a um processo sem dilações indevidas (art. 5º, LXXVIII, da CF/1998). Revista de Processo, São Paulo, v. 32, n. 149, p. 105-119, jul. 2007, p. 108-111.
70. Ora, o sistema recursal foi estruturado pelo legislador de 1973 com base na classificação e conceitos dos provimentos judiciais do art. 162, em sua redação original. No entanto, a despeito de ter operado mudanças significativas, a Lei nº 11.232/2005 não atentou para os eventuais efeitos da alteração do conceito de sentença na esfera recursal.

Tratando-se de sentença, parece lógico o cabimento do recurso de apelação (art. 513, CPC). Entretanto, o problema surge em face da sistemática prevista para o processamento desse recurso, que imporia a remessa dos autos ao tribunal superior, o que prejudicaria o processamento dos demais pleitos em primeiro grau.[71]

Isso inclusive fez com que parcela da doutrina negasse o novo conceito de sentença – baseado exclusivamente no conteúdo – para evitar falar em sentença parcial de mérito, recorrível por apelação.

Por exemplo, Flávio Cheim Jorge, Marcelo Abelha Rodrigues e Fredie Didier Jr. defendem que se trata de decisão interlocutória, recorrível por meio de agravo de instrumento, o pronunciamento judicial que resolve parcialmente o mérito da demanda: "não há como retirar da noção de sentença – ao menos até que se reestruture o sistema recursal – a ideia de encerramento de instância".[72]

Outros autores defendem a natureza de sentença de acordo com o critério substancial já abordado, mas não para fins de recorribilidade. Admitem a existência de sentença parcial, que deveria ser impugnada através de agravo de instrumento.[73]

Entretanto, e com todo respeito aos insignes processualistas, se sentença é – ainda que parcial – como corolário lógico do art. 513 do CPC, e atento ao princípio da tipicidade recursal, a apelação é o meio recursal adequado para os atos judiciais desse tipo.

Ora, independentemente de onde está situado, se determinado ato judicial é sentença (critério substancial) contra ele caberá apelação.[74]

Além disso, admitir o recurso de agravo contra sentença também violaria o princípio da isonomia[75], na medida em que a apelação conta com inúmeras

---

[71]. Já alertava Daniel Amorim Assumpção Neves que "o problema é eminentemente prático, porque criará uma recorribilidade incompatível com o andamento do processo (...) o recurso de apelação gera como consequência inexorável a remessa dos autos ao tribunal, o que impede que o mesmo tenha continuação em primeiro grau de jurisdição (...)" (NEVES, Daniel Amorim Assumpção. Reformas do CPC. São Paulo: RT, 2006, p. 80-82).

[72]. JORGE, Flávio Cheim; RODRIGUES, Marcelo Abelha; DIDIER JR., Fredie. A terceira etapa da reforma processual civil. São Paulo: Saraiva, 2006, p. 68.

[73]. "(...) enquanto o direito brasileiro não contar com uma apelação incidente (ou parcial), por instrumento, o recurso contra sentença parcial tem de ser o de agravo de instrumento", mas com substância de apelação, devendo-se admitir embargos infringentes, sustentação oral, bem como a figura do revisor (MITIDIERO, Daniel. Direito fundamental ao julgamento definitivo da parcela incontroversa: uma proposta de compreensão do art. 273, §6º, do CPC, na perspectiva do direito fundamental a um processo sem dilações indevidas (art. 5º, LXXVIII, da CF/1998). Revista de Processo, São Paulo, v. 32, n. 149, p. 105-109, jul. 2007, p. 110).

[74]. Cf. MILMAN, Fábio. O novo conceito legal de sentença e suas repercussões recursais: primeiras experiências com a apelação por instrumento. Revista de Processo, ano 32, n. 150, ago/2007, p. 165.

[75]. "Não faria sentido que sentenças de conteúdo idêntico recebessem tratamento distinto quanto aos efeitos dos recursos delas cabíveis, simplesmente pelo fato de terem sido proferidas no curso ou no final do

garantias para a apreciação do mérito em segundo grau de jurisdição: maior prazo, presença de revisor, efeito suspensivo, possibilidade de sustentação oral, cabimento de embargos infringentes contra acórdão que decide apelação e tramitação imediata de eventual recurso especial/extraordinário em caso de apelação.

Mas ainda restaria pendente de solução a problemática de como compatibilizar a tramitação do apelo na instância superior, sem atravancar o prosseguimento do processo em primeiro grau para oportuno julgamento das demais questões litigiosas. A formação de instrumento para este recurso parece solução viável para o apelo chegar ao conhecimento do tribunal sem implicar na paralisação do procedimento em primeiro grau.

Tal foi a solução adotada pelo juiz Pedro Luiz Pozza no já citado processo nº 001/1.05.2267650-6, da 5ª Vara da Fazenda Pública do Foro Central de Porto Alegre/RS.[76]

Com efeito, ao julgar procedente um dos pedidos cumulados e determinar o prosseguimento do feito para a instrução e julgamento dos demais, o próprio julgador esclareceu que "o recurso cabível contra a presente sentença parcial (quer dizer: pedido de indenização por danos materiais) é o de apelação, nos termos do art. 513 do CPC, ainda que não extinto o processo". Ao final, destacou que, em caso de eventual recurso de apelação, "deverão ser formados autos suplementares" para envio à superior instância e prosseguimento do feito em relação aos danos morais.

O princípio da taxatividade também não é óbice para o manejo da apelação de instrumento. Com efeito, não há criação de recurso novo, mas sim, emprego da apelação consagrada no CPC com estreita observância a toda sorte de pressupostos.[77]

E como bem lembra Heitor Vitor Mendonça Sica, "entre flexibilizar o procedimento do recurso que a lei indica como correto (apelação), e aplicar em seu um recurso errado (agravo), parece-nos que a primeira opção mostra-se menos inadequada (...)".[78]

---

processo" (SICA, Heitor Vitor Mendonça. *Algumas implicações do novo conceito de sentença no processo civil de acordo com a Lei 11.232/2005*. Texto cedido pelo autor, p. 20).

76. Processo nº 001/1.05.2267650-6, 5ª Vara da Fazenda Pública do Foro Central de Porto Alegre/RS, Juiz: Pedro Luiz Pozza, Julgamento: 14/03/2006.

77. "Apenas o que se agrega ao ritual ortodoxo é a remessa do recurso na forma de fotocópias em caderno próprio, condição em que em nada descaracteriza a apelação" (MILMAN, Fábio. O novo conceito legal de sentença e suas repercussões recursais: primeiras experiências com a apelação por instrumento. *Revista de Processo*, ano 32, n. 150, ago/2007, p. 169).

78. SICA, Heitor Vitor Mendonça. *Algumas implicações do novo conceito de sentença no processo civil de acordo com a Lei 11.232/2005*. Texto cedido pelo autor. p. 22.

Aliás, a ausência de previsão legal não é barreira intransponível para a admissão desta figura recursal no ordenamento, bastando alteração legislativa para a implementação da apelação por instrumento, tentativa que inclusive foi ensaiada no PLNCPC (artigos 1.023 a 1.025 do PL nº 8.046/2010).[79]

É bem verdade que a crescente implementação do processo eletrônico torna sem sentido a discussão acerca da tramitação do apelo em autos suplementares (por instrumento). Em um ambiente virtual, o processo poderá ser integralmente acessado tanto pelo tribunal como pelo juiz de primeiro grau, viabilizando a apreciação de eventual apelo interposto em face de sentença parcial sem prejudicar o prosseguimento do feito para resolução dos demais pedidos.

5. RESOLUÇÃO FRACIONADA DE MÉRITO NO NOVO CÓDIGO DE PROCESSO CIVIL – LEI Nº 13.105/2015

Desde o anteprojeto até a sanção da Lei nº 13.105 em 16 de março de 2015, o novo Código de Processo Civil, que entrará em vigor a partir de 17/03/2016, sacramentou a possibilidade de resolução parcial de mérito no curso da fase de conhecimento.

No entanto, deu nova definição aos pronunciamentos judiciais, diversa daquela conferida pela Lei nº 11.232/2005 ao alterar a redação do art. 162, §1º do CPC vigente. No NCPC, Sentença deixa de ser definida exclusivamente pelo seu conteúdo – posição sustentada neste trabalho de acordo com a atual legislação processual.

De acordo com o §1º do art. 203 do NCPC, "sentença é o pronunciamento por meio do qual o juiz, com fundamento nos arts. 485 e 487, põe fim à fase cognitiva do procedimento comum, bem como extingue a execução".

Cumpre notar, portanto, que ao lado do conteúdo, a posição do ato decisório novamente entra em cena para a definição de sentença, adotando-se um critério híbrido.

Sentença é o pronunciamento por meio do qual o juiz, com fundamento nos arts. 485[80] e 487[81] (critério substancial), põe fim à fase cognitiva do procedimento comum (critério topológico). E para as decisões interlocutórias, optou

---

79. De acordo com o Projeto do Novo CPC na Câmara dos Deputados, a apelação por instrumento seria interposta diretamente no Tribunal na tentativa de diminuir o "tempo morto" do processo. A ideia foi pontualmente criticada, inclusive pelo Professor Fernando da Fonseca Gajardoni (GAJARDONI, Fernando da Fonseca. Apelação por instrumento - breve leitura crítica à proposta apresentada no PLC 8046/2010. Disponível em: <http://www.atualidadesdodireito.com.br/fernandogajardoni>. Acesso em: 11 jun. 2014).
80. NCPC, art. 485. O juiz não resolverá o mérito quando: (...)
81. NCPC, art. 487. Haverá resolução de mérito quando o juiz: (...)

por um conceito residual, estabelecendo ser todo pronunciamento decisório que não seja sentença (art. 203, §2º).

Desta forma, colocará fim a possibilidade de serem proferidas mais de uma sentença no curso do processo, não mais subsistindo as sentenças parciais, ora sustentadas de acordo com a redação do art. 162, §1º, do CPC em vigor.

Contudo, a opção do legislador, em conferir natureza de decisão interlocutória àquela que julga apenas parcela da demanda, parece não alinhar-se com o princípio da isonomia, especialmente no âmbito recursal.

Ora, aquela decisão será definitiva, autossuficiente. Não precisará ser ratificada e também não poderá ser modificada por meio de sentença, apenas podendo ser revista pela instância superior com o manejo do agravo de instrumento, cujo procedimento diferencia-se da apelação em inúmeros aspectos (arts. 1.009 e ss.; e arts. 1.015 e ss. do NCPC).

Conforme sustentado neste trabalho, trazendo o mérito em seu conteúdo, tanto a decisão proferida no curso do processo como aquela que põe fim à fase cognitiva, mereceriam o mesmo tratamento em sede recursal.

Mas bem ou mal, sentença é o que a lei assim define. E se terá como pressuposto pôr fim à fase cognitiva do procedimento comum, não haverá mais lugar para as sentenças parciais.

De todo modo, a alteração da legislação processual não retira a importância do presente estudo, que, frise-se, alcançou suas conclusões a partir do sistema processual vigente e tem como um de seus pontos principais a utilidade da resolução fracionada de mérito como instrumento em busca do efetivo acesso à justiça, prestado em tempo razoável.

Ora, ainda que através de outro pronunciamento judicial, ao menos o NCPC deixa clara a possibilidade de resolução fracionada de mérito, através de uma decisão definitiva – mas enquadrada como interlocutória de mérito – com todos os benefícios advindos da utilização desta técnica, que atende aos anseios da doutrina e jurisprudência como mecanismo de uma prestação jurisdicional célere e eficaz.

O NCPC inclusive dedica uma seção própria ao instituto que intitula "Do julgamento antecipado parcial do mérito" – Seção III do Capítulo IX ("Julgamento conforme o estado do processo") do Título I ("Do procedimento comum") do Livro I ("Do processo de conhecimento e do cumprimento de sentença") da Parte Especial.

Fixa expressamente as hipóteses de resolução fracionada de mérito no art. 356, com a seguinte redação:

> Art. 356. O juiz decidirá parcialmente o mérito quando um ou mais dos pedidos formulados ou parcela deles:

I – mostrar-se incontroverso;

II – estiver em condições de imediato julgamento, nos termos do art. 355.

Por sua vez, o art. 355 trata do julgamento antecipado do pedido, através de sentença de mérito (porque decide a totalidade da demanda, pondo fim à fase cognitiva do procedimento comum), quando não houver necessidade de produção de outras provas (inc. I), ou no caso de revelia (inc. II).

A primeira hipótese parece alinhar-se com o atual art. 273, §6º, do CPC. Assim, haverá julgamento do pedido incontroverso no caso de reconhecimento jurídico de um dos pedidos cumulados ou quando o réu não se insurgir em relação à totalidade da demanda.

O dispositivo foi inserido como hipótese de julgamento antecipado atendendo os clamores da doutrina sobre a má localização do §6º do art. 273, que "não se trata de tutela antecipada, e sim resolução parcial da lide (mérito)".[82]

Enfim, a partir de sua entrada em vigor, o NCPC, no art. 356, inc. I, determina o fracionamento de mérito para imediata resolução dos pedidos maduros (incontroversos) através de um julgamento antecipado parcial da lide, prosseguindo-se o feito em relação à parcela da demanda ainda controvertida.

A segunda hipótese, prevista no inc. II do art. 356 do NCPC, dispõe sobre a cisão do julgamento em caso de suficiência probatória, ou seja, quando um pedido ou parcela dele já está suficientemente esclarecido pelas provas apresentadas pelas partes ou quando não depender de prova.

Portanto, mesmo controvertidos, caso as provas existentes sejam aptas a formar o convencimento do julgador em relação a determinado pedido, mas não em relação a outro, o julgamento deve ser cindido, não precisando as partes aguardar o amadurecimento total do processo para que determinadas questões sejam imediatamente definidas, em consonância com o que estabelece seu art. 4º.

Com cognição suficiente para a imunização, a decisão interlocutória de mérito que decide parcela da demanda madura para julgamento será apta a formação da coisa julgada material – vislumbrando-se a figura da coisa julgada progressiva – quando não impugnada por meio de agravo de instrumento[83], constituindo título judicial para execução definitiva.[84]

---

82. DIDIER JR., Fredie. Inovações na antecipação dos efeitos da tutela e a resolução parcial do mérito. Revista de Direito Processual Civil. Curitiba: Genesis, n. 26, 2002, p. 716.
83. Segundo o art. 356, §5º, "a decisão proferida com base neste artigo é impugnável por agravo de instrumento". O parágrafo único do art. 354 reitera que "a decisão a que se refere o caput pode dizer respeito a apenas parcela do processo, caso em que será impugnável por agravo de instrumento", e o art. 1.015 estabelece que "cabe agravo de instrumento contra as decisões interlocutórias que versarem sobre" "o mérito do processo" (inc. II).
84. Art. 356, §2º A parte poderá liquidar ou executar, desde logo, a obrigação reconhecida na decisão que julgar parcialmente o mérito, independente de caução, ainda que haja recurso contra essa interposto;

Assim como no atual CPC em mais de trinta anos, também o novo código será objeto de críticas, já sofridas enquanto projeto.

Mas em relação ao tema objeto do presente estudo, mesmo não acolhendo algumas das posições ora defendidas, o NCPC trilhará bom caminho na busca da efetiva entrega da prestação jurisdicional, inclusive adotando a resolução fracionada de mérito como técnica capaz de, na prática, assegurar um resultado real e útil para a tutela almejada.

Com previsão expressa na legislação processual, o litigante não dependerá de interpretações doutrinárias e jurisprudenciais para o fracionamento de mérito e obter a imediata definição de um pleito que já esteja maduro para julgamento, antes dos demais.

6. CONCLUSÃO

Como visto no decorrer do presente trabalho, em meio ao cenário de intempestividade que assola o Poder Judiciário, é imperioso adotar técnicas aptas à efetiva entrega da prestação jurisdicional, assegurando, na prática, um resultado real e útil para a tutela almejada.

E a resolução parcial de mérito se insere como medida salutar e em absoluta consonância com os princípios processuais ligados ao tempo e à duração do processo, visando imprimir maior celeridade à prestação jurisdicional, ao menos em relação à parcela da demanda que já se encontra madura para julgamento.

Considerando que os capítulos de sentença são passíveis de transitar em julgado em diferentes momentos – de acordo com recente entendimento do STF no RE 666.589/DF –conclui-se que o próprio julgamento de cada capítulo decisório poderá ocorrer de forma progressiva no curso da demanda, perdendo espaço a antiga concepção de que todos os pedidos devem ser julgados simultaneamente e ao final do processo por uma única sentença.

Assim como a cumulação de pedidos é prevista como medida de economia processual, a desacumulação deve ser prestigiada. Não faria sentido permitir que demandas fossem cumuladas para que jamais pudessem ser separadas.

Desde que observado o princípio do contraditório, impõe-se o julgamento no instante em que a parcela do litígio não mais requer atividade probatória para ser solucionada, até mesmo porque, para tal parcela, o processo torna-se inútil e incompatível com o princípio da razoável duração.

---

§3º Na hipótese do § 2º, se houver trânsito em julgado da decisão, a execução será definitiva.

Não é razoável impor às partes o total amadurecimento do processo para que determinadas questões sejam imediatamente definidas. Estando, portanto, prontos para solução, a fim de evitar uma demora verdadeiramente desnecessária, tem lugar a técnica de julgamento parcial.

Em um processo civil de resultados, na busca do real e concreto acesso à justiça, o mecanismo propicia uma tutela jurisdicional efetiva, prestada em tempo razoável, ainda que de forma progressiva, até a completa entrega do direito material reclamado.

É o que ocorre, por exemplo, com a tutela do pedido incontroverso prevista no §6º do CPC vigente, que, embora tenha sido mal inserido no art. 273, não trata de hipótese de antecipação dos efeitos da tutela, mas emissão da própria solução judicial definitiva, de cognição exauriente e apta a formação da coisa julgada material.

O dispositivo permite fracionar o mérito da demanda para a imediata resolução daqueles que não mais reside a controvérsia, de forma definitiva, com duas importantes consequências: constitui título executivo a ensejar futuro cumprimento mediante execução definitiva e estabelece o termo inicial do biênio para o ajuizamento de ação rescisória.

O julgamento parcial ainda é possível quando, mesmo controvertidos os fatos, as provas existentes sejam capazes de formar o convencimento do julgador em relação a determinado pedido, mas não em relação a outro.

Mas neste caso, não com fundamento no art. 273, §6º, do CPC – cuja aplicação se limita às hipóteses de incontrovérsia – e sim com fulcro no próprio art. 162, §1º, do CPC, que a partir da alteração do conceito de sentença pela Lei nº 11.232/2005, abre espaço para a prolação de sentença parcial de mérito.

Com efeito, na legislação vigente, independentemente da posição que ocupa no curso da fase cognitiva em primeiro grau, sentença é todo provimento judicial que implica em alguma das situações dos arts. 267 e 269 do CPC.

E não tendo mais como pressuposto encerrar o processo ou uma fase do procedimento, visualiza-se a possibilidade de ser proferida uma sentença parcial, apta a resolver o mérito de maneira fracionada quando houver cumulação de pedidos ou quando, mesmo único, for decomponível.

Como visto, há ampla divergência doutrinária e jurisprudencial acerca da natureza jurídica da decisão fundada em um dos incisos dos arts. 267 e 269 do CPC sem esgotar toda a atividade cognitiva em primeiro grau.

Aliás, a doutrina majoritária sustenta tratar-se de decisão interlocutória de mérito e não sentença parcial, sob o argumento de inadequação do sistema recursal caso houvesse a necessidade de interposição da apelação em face da sentença que resolve apenas parcela da demanda.

No entanto, é a própria sistemática recursal que impõe defender a natureza de sentença daquela decisão que resolver parcialmente o mérito da demanda – e recorrível por meio de apelação – por força do princípio da isonomia.

Com efeito, tanto a decisão proferida no curso do processo como aquela que encerra a fase de cognição em primeiro grau podem trazer o mérito em seu conteúdo. Assim, merecem o mesmo tratamento em sede recursal.

Ora, fere o princípio da isonomia sustentar que decisões de conteúdo idêntico tenham tratamento distinto quanto aos efeitos dos recursos delas cabíveis, simplesmente porque proferida no curso ou no final do processo.

Se decisão interlocutória fosse, seria impugnável por meio de agravo, que não conta com inúmeras garantias estabelecidas na apelação, recurso que permite às partes maior oportunidade de debater a causa e ao judiciário de analisá-la em segundo grau de jurisdição.

E a aparente incompatibilidade do recurso de apelação em relação à parcela da demanda que precisa ser remetida à instância superior e o prosseguimento do feito em primeiro grau para o processamento das demais questões litigiosas é solucionada através da formação de instrumento.

É bem verdade que os tribunais de justiça poderão vir a suportar uma pesada carga de tarefas com a apelação por instrumento. No entanto, é inadmissível a insistência do Estado em transferir às partes o ônus de sua falta de estrutura.

Importante frisar que tais conclusões foram alcançadas a partir da interpretação do sistema processual vigente, que admite a cisão do julgamento através de sentença parcial a partir da alteração do conceito de sentença pela Lei nº 11.232/2005.

O NCPC, por sua vez, deu outro tratamento ao tema. Ainda que tenha preferido enquadrá-la como decisão interlocutória de mérito – já que adotou o critério misto para a definição de sentença (topológico e substancial), tornando insubsistentes as sentenças parciais – ao menos previu a resolução fracionada de mérito como técnica apta a proporcionar um resultado útil, prestado em tempo razoável, em relação à parcela da demanda que está pronta para julgamento.

Seja através de sentença parcial ou de uma decisão interlocutória de mérito, o veículo é menos importante do que ele carreta, ou seja, o mérito da demanda, que deverá ser solucionado tão logo esteja pronto para julgamento, assegurando uma tutela jurisdicional mais célere e eficaz, em perfeita consonância o disposto constitucional do art. 5º, incisos LXXVII e XXXV.

7. REFERÊNCIAS

ARAÚJO, José Henrique Mouta. *Coisa julgada progressiva e resolução parcial de mérito.* Curitiba: Juruá, 2008.

ARMELIN, Donaldo. Notas sobre sentença parcial e arbitragem. *Revista de Arbitragem e Mediação,* São Paulo, Revista dos Tribunais, n. 18, jul./set. 2008.

BARBOSA MOREIRA, José Carlos. A nova definição de sentença. *Revista de Processo – REPRO,* São Paulo: RT, n. 136, jun./2006.

_____. *Questões prejudiciais e coisa julgada.* Rio de Janeiro: Borsoi, 1967.

BARBOSA, Bruno Valentim. *Julgamentos parciais de mérito no processo civil individual brasileiro.* Dissertação (Mestrado) - Faculdade de Direito da Universidade de São Paulo, São Paulo, 2013.

BARBOSA, Rui. *Oração aos moços.* São Paulo: Martin Claret, 2004.

BEDAQUE, José Roberto dos Santos. Algumas considerações sobre o cumprimento de sentença condenatória. *Revista do Advogado,* ano XXVI, n. 85, maio/2006.

BUENO, Cássio Scarpinella. *Curso sistematizado de direito processual civil.* v. 2. Rio de Janeiro: Saraiva, 2009.

CÂMARA, Alexandre Freitas. *A nova execução de sentença.* Rio de Janeiro: Lumen Juris, 2006.

_____. *Lições de direito processual civil.* v. 1. 20. ed. Rio de Janeiro: Lumen Juris, 2010.

DIDIER JR., Fredie. *Curso de direito processual civil – teoria geral do processo e processo de conhecimento.* v. 1, 11. ed. Salvador: JusPODIVM, 2009.

_____. Inovações na antecipação dos efeitos da tutela e a resolução parcial do mérito. *Revista de Direito Processual Civil.* Curitiba: Genesis, n. 26, 2002.

DINAMARCO, Cândido Rangel. *A reforma da reforma.* São Paulo: Malheiros, 2002.

_____. *Capítulo de sentença.* 3. ed. São Paulo: Malheiros, 2008.

FUX, Luiz. *Tutela de segurança e tutela de evidência.* São Paulo: Saraiva, 1996.

GAJARDONI, Fernando da Fonseca. Apelação por instrumento - breve leitura crítica à proposta apresentada no PLC 8046/2010. Disponível em: <http://www.atualidadesdodireito.com.br/fernandogajardoni>. Acesso em: 11 jun. 2014.

_____. *Técnicas de aceleração do processo.* São Paulo: Lemos & Cruz, 2003.

GONÇALVES, Marcos Vinícius. *Novo curso de direito processual civil.* v. 2, 4. ed. São Paulo: Saraiva, 2008.

JORGE, Flávio Cheim; RODRIGUES, Marcelo Abelha; DIDIER JR., Fredie. *A terceira etapa da reforma processual civil*. São Paulo: Saraiva, 2006.

LENZA, Pedro. *Direito constitucional esquematizado*. 13. ed. São Paulo: Saraiva, 2009.

MARINONI, Luiz Guilherme. *Curso de processo civil* – processo de conhecimento. v. 2. 11. ed. São Paulo: Revista dos Tribunais, 2013.

_____. *Curso de processo civil* – processo de execução. v. 3. São Paulo: Revista dos Tribunais, 2013.

_____. *Novas linhas do processo civil*. 4. ed. São Paulo: Malheiros, 2000.

_____. *Questões do novo direito processual civil brasileiro*. Curitiba: Juruá, 2000.

_____. *Tutela antecipatória e julgamento antecipado*: parte incontroversa da demanda. 5. ed. São Paulo: Revista dos Tribunais, 2002.

_____. *Tutela antecipatória, julgamento antecipado e execução imediata da sentença*. 3. ed. São Paulo: RT, 1999.

MILMAN, Fábio. O novo conceito legal de sentença e suas repercussões recursais: primeiras experiências com a apelação por instrumento. *Revista de Processo*, ano 32, n. 150, ago/2007.

MITIDIERO, Daniel. Direito fundamental ao julgamento definitivo da parcela incontroversa: uma proposta de compreensão do art. 273, §6º, do CPC, na perspectiva do direito fundamental a um processo sem dilações indevidas (art. 5º, LXXVIII, da CF/1998). *Revista de Processo*, São Paulo, v. 32, n. 149, p. 105-119, jul. 2007.

NERY JR., Nelson; NERY, Rosa Maria de Andrade. *Código de processo civil comentado*. 9. ed. São Paulo: RT, 2006.

NEVES, Daniel Amorim Assumpção. *Reformas do CPC*. São Paulo: RT, 2006.

_____. *Manual de direito processual civil*. São Paulo: Método, 2014.

NOGUEIRA, Gláucia Assalin. *O julgamento parcial*: possibilidade de cisão do julgamento de mérito relativamente à parte incontroversa da demanda. Dissertação (Mestrado) - Faculdade de Direito da Universidade de São Paulo, São Paulo, 2009.

PEREIRA, Rafael Caselli. *Tutela definitiva da parcela incontroversa da demanda*: compreensão dogmática à luz dos direitos fundamentais e da legislação infraconstitucional. São Paulo: LTr, 2011.

PINHEIRO, Armando Castelar. *O judiciário e a economia na visão dos magistrados*. In: Tribunal de Alçada Criminal do Estado de São Paulo. Os juízes e a reforma do judiciário. São Paulo: CETAC, 2011.

POZZA, Pedro Luiz. *A sentença parcial de mérito na perspectiva do formalismo-valorativo*. Tese (Doutorado) - Faculdade de Direito da Universidade Federal do Rio Grande do Sul, Rio Grande do Sul, 2011.

SANT'ANNA, Paulo Afonso de Souza. Sentença parcial. *Revista de Processo*. São Paulo: Revista dos Tribunais, n. 151, 2007.

SICA, Heitor Vitor Mendonça. *Algumas implicações do novo conceito de sentença no processo civil de acordo com a Lei 11.232/2005*. Texto cedido pelo autor.

SILVA, Ovídio A. Baptista da. Decisões interlocutórias e sentenças liminares. *Revista da AJURIS*, Porto Alegre, n. 51, mar. 1991.

THEODORO JÚNIOR, Humberto. *As novas reformas do código de processo civil*. Rio de Janeiro: Forense, 2006.

_____. *Curso de direito processual civil* – teoria geral do direito processual civil e processo de conhecimento. v. 1. 44. ed. Rio de Janeiro: Forense, 2006.

TUCCI, José Rogério Cruz. *Tempo e processo* – uma análise empírica das repercussões do tempo na fenomenologia processual (civil e penal). São Paulo: Revista dos Tribunais, 1997.

WATANABE, Kazuo. *Da cognição no processo civil*. 2. ed. Campinas: Bookseller, 2000.

CAPÍTULO 3

O Julgamento Antecipado Parcial do Mérito no Novo Código de Processo Civil Brasileiro[1]

Thiago Ferreira Siqueira[2]

SUMÁRIO: 1. INTRODUÇÃO: O ART. 356 DO NOVO CÓDIGO DE PROCESSO CIVIL; 2. O MÉRITO E SEU JULGAMENTO NA ESTRUTURA DO PROCESSO CIVIL DE CONHECIMENTO; 3. A FRAGMENTAÇÃO DO MERITUM CAUSAE E DE SEU JULGAMENTO; 4. O ESTADO DA QUESTÃO NO CÓDIGO DE PROCESSO CIVIL DE 1973; 4.1. O CÓDIGO DE 1973 EM SUA REDAÇÃO ORIGINAL; 4.1.1. ALGUMAS INCOERÊNCIAS DO SISTEMA; 4.2. O § 6º DO ART. 273 DO CPC; 5. O "JULGAMENTO ANTECIPADO PARCIAL DO MÉRITO" NO NOVO CÓDIGO DE PROCESSO CIVIL; 5.1. NATUREZA JURÍDICA: RESOLUÇÃO DO MÉRITO (CAPUT - "O JUIZ DECIDIRÁ PARCIALMENTE O MÉRITO"); 5.2. REQUISITOS PARA A INCIDÊNCIA DO DISPOSITIVO; 5.2.1. REQUISITOS: OBJETO DO PROCESSO DIVISÍVEL (CAPUT - "QUANDO UM OU MAIS DOS PEDIDOS FORMULADOS OU PARCELA DELES"); 5.2.2. REQUISITOS: INCONTROVÉRSIA PARCIAL (INCISO I – "MOSTRAR-SE INCONTROVERSO"); 5.2.3. REQUISITOS: CONDIÇÕES DE JULGAMENTO (INCISO II – "ESTIVER EM CONDIÇÕES DE IMEDIATO JULGAMENTO, NOS TERMOS DO ART. 355"); 5.3. CONSEQUÊNCIAS PARA O SISTEMA PROCESSUAL; 5.3.1. CONSEQUÊNCIAS: CORRELAÇÃO ENTRE DEMANDA E DECISÃO (§ 1º - "A DECISÃO QUE JULGAR PARCIALMENTE O MÉRITO PODERÁ RECONHECER A EXISTÊNCIA DE OBRIGAÇÃO LÍQUIDA OU ILÍQUIDA"); 5.3.2. CONSEQUÊNCIAS: EXECUÇÃO OU LIQUIDAÇÃO IMEDIATA (§ 2º - A PARTE PODERÁ LIQUIDAR OU EXECUTAR, DESDE LOGO, A OBRIGAÇÃO RECONHECIDA NA DECISÃO QUE JULGAR PARCIALMENTE O MÉRITO); 5.3.2.1. CONSEQUÊNCIAS: A EXECUÇÃO PROVISÓRIA E SEU REGIME JURÍDICO (§ 2º - "INDEPENDENTEMENTE DE CAUÇÃO, AINDA QUE HAJA RECURSO CONTRA ESSA INTERPOSTO"); 5.3.2.2. CONSEQUÊNCIAS: EXECUÇÃO E LIQUIDAÇÃO EM AUTOS SUPLEMENTARES (§ 4º - "A LIQUIDAÇÃO E O CUMPRIMENTO DA DECISÃO QUE JULGAR PARCIALMENTE O MÉRITO PODERÃO SER PROCESSADOS EM AUTOS SUPLEMENTARES, A REQUERIMENTO DA PARTE OU A CRITÉRIO DO JUIZ"); 5.3.3. CONSEQUÊNCIAS: COISA JULGADA PARCIAL E AÇÃO RESCISÓRIA (§ 3º - [...] SE HOUVER TRÂNSITO EM JULGADO DA DECISÃO, A EXECUÇÃO SERÁ DEFINITIVA.); 5.3.4. CONSEQUÊNCIAS: CLASSIFICAÇÃO DOS PRONUNCIAMENTOS JUDICIAIS E RECORRIBILIDADE (§5º - "A DECISÃO PROFERIDA COM BASE NESTE ARTIGO É IMPUGNÁVEL POR AGRAVO DE INSTRUMENTO"); 6. CONVENIÊNCIA E LIMITES DA TÉCNICA DA FRAGMENTAÇÃO DO JULGAMENTO DO MÉRITO; 7. CONCLUSÃO

---

1. O presente estudo foi anteriormente publicado em: *Revista de Processo*, vol. 229. São Paulo: RT, mar-2014. Na ocasião, entretanto, tratamos do assunto à luz da versão do projeto de Novo CPC que ainda tramitava na Câmara dos Deputados. Considerando, portanto, as diferenças significativas daquela versão do Código para a que acabou sendo aprovada em 16/03/2015, entendemos ser oportuno republicar o artigo, devidamente atualizado.
2. Doutorando em direito processual civil pela Universidade de São Paulo (USP). Mestre em direito processual civil pela Universidade Federal do Espírito Santo (UFES). Professor de cursos de pós-graduação. thiago_siqueira@hotmail.com

1. INTRODUÇÃO: O ART. 356 DO NOVO CÓDIGO DE PROCESSO CIVIL

Inserto no capítulo ali destinado ao *"julgamento conforme o estado do processo"*, o art. 356 do Novo Código de Processo Civil (CPC/15) cuida do chamado *"julgamento antecipado parcial do mérito"*.

No que diz respeito ao diploma hoje vigente (CPC/73), o assunto, como é cediço, foi - e ainda é - motivo de infindável controvérsia doutrinária, especialmente a partir do advento da Lei nº 10.444/2002, que acrescentou um § 6º ao art. 273. A discussão gira em torno da resposta à seguinte pergunta: é possível que o julgamento de cada um dos pedidos porventura cumulados em um só processo seja feito em etapas distintas do mesmo procedimento?

O Novo Código, como deixa claro o art. 356, optou pela resposta positiva. Na verdade, foi além e buscou regulamentar, em seus parágrafos e em outros dispositivos, aquela hipótese, da qual o atual sistema não trata de forma tão explícita.

O que se prevê, assim, é que o julgamento do mérito de um processo seja feito de forma fragmentada, por etapas, conforme cada um dos pedidos de que é formado comporte apreciação.

Busca, o presente estudo, além de avaliar a conveniência da regra, analisar cada um dos requisitos e hipóteses que ensejam sua aplicação, e suas consequências em outros campos do sistema processual.

Antes, porém, para que se possa melhor compreender os problemas hoje apontados pela doutrina e a medida da inovação, é importante analisa-la no contexto maior procedimento, além de entender o estado da questão em relação ao diploma vigente.

2. O MÉRITO E SEU JULGAMENTO NA ESTRUTURA DO PROCESSO CIVIL DE CONHECIMENTO

Apesar das enormes controvérsias que no passado envolveram o termo, hoje se encontra razoavelmente assentado na doutrina brasileira[3,4] que o

---

3. Sobre o assunto, ver, por todos, na doutrina brasileira: DINAMARCO, Cândido Rangel. *O conceito de mérito em processo civil*, in: "Fundamentos do processo civil moderno", t. I. 6ª ed. São Paulo: Malheiros, 2010, *passim*.

4. É essa, ainda, a lição de renomados autores, que trataram do tema nas doutrinas espanhola, italiana e alemã, respectivamente: GUASP, Jaime. *La pretensión procesal*. Madrid: Instituto Nacional de Estudios Jurídicos, 1952, *passim*, esp. p. 28-40; LIEBMAN, Enrico Tullio. *O despacho saneador e o julgamento do mérito*. In: "Revista Forense Comemorativa – 100 anos", t. 5. Coord: José Carlos Barbosa Moreira. Rio de Janeiro: Forense, 2006, n. 6-9, p. 30-38; SCHWAB, Karl Heinz. *El objeto litigioso en el proceso Civil*. Buenos Aires: EJEA, 1968, *passim*, esp. p. 5.

meritum causae (ou, ainda, o objeto do processo[5-6]) no direito processual civil deve significar nada além do que a pretensão trazida à apreciação jurisdicional em busca de satisfação[7-8].

Dessa forma, superada a noção de lide constante até mesmo da exposição de motivos do Código de 1973[9], tem-se atualmente a consciência de que é sobre as pretensões efetivamente veiculadas nos pedidos formulados pelo autor – ou mesmo pelo réu ou por terceiros – que recai, em última análise, a atividade a ser desempenhada no ambiente do processo.

Dizer que as pretensões formam o objeto do processo significa dizer que é em torno delas que gravitará toda a atividade processual, que se destinará, no procedimento cognitivo, a julgá-las, para conceder, ou não, ao autor provimento capaz de dar acesso ao bem da vida desejado. Também na atividade executiva é no pedido que se consubstancia o mérito, que, entretanto, não é levado a julgamento, mas apenas à efetivação[10].

Dessa forma, se é certo que a jurisdição tem variados objetivos, não menos verdade é que o alcance de cada um deles se dá na medida em que as pretensões que lhe são apresentadas são julgadas (e efetivadas). Trata-se de consequência de sua inércia, que mantem o juiz adstrito aos limites da demanda.

---

5. Diferentemente da doutrina brasileira, os autores alemães dedicaram-se enormemente ao estudo do objeto do processo (*streitgegenstand*), que desempenha papel central na ciência processual daquele país. O conceito, todavia, exprime a mesma ideia daquilo que chamamos de *meritum causae*, como ensina Dinamarco (*O conceito de mérito...*, p. 305-306).
6. Há quem prefira falar em *objeto litigioso*, em vez de objeto do processo. O assunto, contudo, ao menos na doutrina alemã, é um só: é que a tradução do vocábulo *streitgegenstand* autoriza as duas expressões. Por todos, conferir: DINAMARCO, Cândido Rangel. *Instituições de direito processual civil*, vol. II. São Paulo: Malheiros, 2001. p. 180, nota 1.
7. Importante, aqui, pontuar que não se está tratando da chamada *pretensão de direito civil* de que fala o art. 189 do Código Civil – pretensão como situação jurídica subjetiva vantajosa -, mas da *pretensão processual*, como estado de espírito caracterizado pela aspiração a um dado bem jurídico e exteriorizado em atos destinados a obtê-lo.
8. Deixemos claro, porém, existir controvérsia doutrinária a respeito do papel que a causa de pedir desempenharia em relação ao objeto do processo.
9. "O projeto só usa a palavra 'lide' para designar o mérito da causa. Lide é, consoante a lição de Carnelutti, o conflito de interesses qualificado pela pretensão de um dos litigantes e pela resistência do outro. O julgamento desse conflito de pretensões, mediante o qual o juiz, acolhendo ou rejeitando o pedido, dá razão a uma das partes e nega-a a outra, constitui uma sentença definitiva de mérito. A lide é, portanto, o objeto principal do processo e nela se exprimem as aspirações em conflito de ambos os litigantes" (BUZAID, Alfredo. *Exposição de motivos do projeto do Código de Processo Civil*. In: "Revista Forense Comemorativa – 100 anos", t. 5. Coord: José Carlos Barbosa Moreira. Rio de Janeiro: Forense, 2006, item 6, p. 37).
10. As mesmas considerações são válidas, ainda, para o processo cautelar, em que o *meritum causae* é representado pelo pedido de providência assecuratória, amparado nos clássicos requisitos do *periculum in mora* e do *fumus boni iuris* (nesse sentido: THEODORO JÚNIOR, Humberto. *Processo cautelar*. 24ª ed. São Paulo: LEUD, 2008, n. 48-a, p. 58). O mesmo pode ser dito em relação aos recursos, cujo mérito consubstancia-se no pedido de reforma ou anulação da decisão, apoiado nos *errores in judicando* ou *in procedendo* (DINAMARCO, Cândido Rangel. *O conceito de mérito...*, p. 332-334).

Pode-se dizer, ademais, que o procedimento cognitivo é todo voltado e estruturado para o julgamento do mérito: inicia com a apresentação de uma ou mais pretensões pelo autor, seguida de posterior resistência ou mesmo pedidos do réu (fase postulatória); analisa-se a viabilidade do julgamento e são tomadas medidas necessárias para que possa ele ocorrer (fase de saneamento); são coletados elementos de que o juiz necessita para avaliar os fundamentos que sustentam cada um dos pedidos e correspondentes defesas (fase instrutória/probatória); por fim, julga-se a causa (fase decisória) [11].

Da mesma forma, o CPC/73 prevê possibilidades de que esse esquema procedimental seja abreviado, conforme comporte o *meritum causae* apreciação antes de percorrida todas as suas etapas. É o caso, por exemplo, do julgamento antecipado da lide (art. 330), da improcedência liminar (art. 285-A) ou mesmo do indeferimento da petição inicial como decorrência da prescrição ou decadência (art. 295, IV c/c art. 269, IV)[12].

Na mesma linha, o Código prevê, na fase *"do julgamento conforme o estado do processo"*, que a verificação da inviabilidade (art. 267) ou desnecessidade (art. 269, II, III ou V) do julgamento do mérito deva levar à extinção do processo (art. 329).

O que fica muito claro, nesse quadro, é que o procedimento cognitivo existe para (e enquanto for necessário e possível) o julgamento do mérito. É essa, aliás, a lição deixada por Jaime Guasp, no sentido de que a pretensão é responsável pelo nascimento, manutenção e conclusão do processo[13].

Não é de se estranhar, em tal contexto, que o diploma vigente tenha arrolado sob a rubrica *"da extinção do processo"* hipóteses em que o mérito é ou não "resolvido" (arts. 269 e 267, respectivamente). Não por outro motivo, ainda, a redação original do Código associou o conceito de sentença ao término do feito (art. 162, § 1º).

---

11. Nesse sentido, com considerações semelhantes, é o pensamento de Jaime Guasp: "¿Cual será, pues, el núcleo objetivo central de un proceso, el ente de realidad ideal al que se reconduzcan las distintas atividades de los diversos sujetos procesales? No hay más que un posible elemento objetivo básico del proceso: la reclamación que una parte dirige frente a otra y ante el Juez. En torno a esta reclamación giran todas y cada una de las vicisitudes procesales. La iniciación del proceso, la instrucción del mismo (por ejemplo, la prueba em el proceso de cognición o la realización de los bienes en el proceso de ejecución) y la decisión, sobre todo (ya que en la decisión del Juez nadie dejará de ver el acto culminante de todo el proceso) tinen uma sola Y exclusiva referencia: la reclamación de la parte" (*La pretensión procesal*, p. 37).
12. Ressalte-se que todas essas possibilidades estão previstas no CPC/15. Em relação ao julgamento antecipado do mérito, o art. 355 repetiu o mesmo regramento do atual art. 330, corrigindo, entretanto, falhas terminológicas hoje apontadas pela doutrina. Quanto à improcedência liminar, o novel art. 332 ampliou sobremaneira as hipóteses em que pode ocorrer, incluindo, em seu § 1º, o reconhecimento da prescrição ou da decadência, que passa a se submeter ao mesmo regime em termos de recorribilidade.
13. *La pretención procesal*, p. 54.

Por trás de tais opções legislativas está a ideia de que, proferida sentença e julgado o mérito (art. 269, I ou IV) – ou, ainda, sendo este julgamento desnecessário ou inviável (arts. 269, II, III e V, e art. 267, respectivamente) -, não haveria razão para o prosseguimento do feito, que, então, seria extinto.

3. A FRAGMENTAÇÃO DO *MERITUM CAUSAE* E DE SEU JULGAMENTO

O legislador de 1973, todavia, parece não ter considerado, em tais dispositivos, que variadas são as possibilidades em que um só processo pode comportar, em sua dimensão objetiva, não apenas uma, mas duas ou mais pretensões, de modo que o mérito da causa seja formado por uma pluralidade destas.

Basta que pensemos, por exemplo, nas diversas modalidades de cumulação de pedidos trazidas – de forma deficiente, é certo – pelos artigos 288 e ss. do Código de Processo Civil. Ou, ainda, na reconvenção (art. 315 e ss.), ou em algumas espécies de intervenção de terceiros como a denunciação da lide (CPC/73, art. 70 e ss.) e a oposição (CPC/73, art. 56 e ss.).

Nessas e em várias outras hipóteses – em que, como alcunhou Cândido Dinamarco, o objeto do processo é *composto*[14] - é perfeitamente possível pensar que o mérito da causa possa comportar divisão em partes autônomas, tantas quantas sejam as pretensões que lhe dão substância.

Há, ainda, a possibilidade de que, não obstante haja pedido único a ser julgado, seja divisível o bem da vida que pretenda o autor, comportando, da mesma forma, fragmentação o mérito da causa. Ou, na feliz expressão do professor das Arcadas, seja *decomponível* o objeto do processo[15].

Se somada tal possibilidade – de por vezes ser divisível o *meritum causae* – à constatação, acima mencionada, de que o sistema processual prevê fases distintas em que pode ser julgado o mérito, o questionamento é quase intuitivo: e se, nos casos em que há mais de um pedido a ser julgado, cada pretensão puder ser examinada em um momento procedimental distinto?

Imaginemos, por exemplo, que, havendo o autor formulado dois pedidos em cumulação simples, o réu limite sua defesa a um deles, deixando o outro incontroverso. Pode o magistrado julgar antecipadamente uma das pretensões, mas não a outra?

Da mesma forma, imaginando que, proposta demanda com pedido simples, o réu tenha oferecido contestação e, ao mesmo tempo, reconvenção. O

---
14. *Capítulos de sentença*. 3ª ed. São Paulo: Malheiros, 2008. p. 64.
15. *Capítulos de sentença*, p. 70.

autor, quando intimado para responder a esta, não se manifesta. Poderia o juiz julgar antecipadamente apenas a reconvenção?

É, então, justamente nessas e em várias outras situações que pode ocorrer o que chamamos de *fragmentação do julgamento do mérito*. Trata-se, por outras palavras, de possibilitar que o julgamento dos diversos pedidos porventura cumulados em um só processo se dê em momentos distintos do mesmo procedimento, na medida em que cada um deles se encontre "maduro" para tanto.

Nesses casos, havendo julgamento de apenas parcela do mérito, não há, por óbvio, que se falar em *extinção do processo*[16], que deve prosseguir para a análise das demais pretensões. Ademais, não haveria, por tal razão, ao menos conforme a opção da redação original do CPC/73, prolação de *sentença*, mas de simples *decisão interlocutória*.

Por essas e outras razões que veremos a seguir, a doutrina sempre manifestou certo receio com a possibilidade, que, de fato, oferece maiores dificuldades exegéticas e operacionais no sistema hoje vigente.

Não por outro motivo, o CPC/15, ao lado de prever explicitamente a figura do julgamento antecipado parcial, cuidou de retirar dos arts. 485 e 487 – que tratam das hipóteses em que há ou não resolução do mérito, constantes hoje nos arts. 267 e 269 – qualquer referência à extinção do processo. Tais dispositivos, aliás, não mais se situam no título relativo à *"formação, suspensão e extinção do processo"*, mas naquele que trata *"da sentença e da coisa julgada"*.

Antes, porém, de adentrar na análise do tema no Novo Código de Processo Civil, é importante que entendamos o estado da questão no sistema que temos atualmente, especialmente para que possamos verificar se o diploma é capaz de suplantar as dificuldades hoje existentes.

4. O ESTADO DA QUESTÃO NO CÓDIGO DE PROCESSO CIVIL DE 1973

Como adiantado, a doutrina que escreveu à luz do CPC/73 sempre apontou uma série de dificuldades para que pudesse ser realizado, em momentos distintos, o julgamento dos diversos pedidos porventura cumulados num só processo.

---

16. Indevido é, ainda, como ensina Dinamarco, falar em *extinção parcial* do processo: "O processo é sempre um só e unitário, ainda quando contiver pedidos cumulados [...] ou mesmo uma pluralidade de sujeitos em um dos pólos da relação jurídica processual. Litisconsórcio é, por definição, a coexistência de mais de um autor ou mais de um réu, em um só e mesmo processo; cúmulo de demandas ou de ações como dizem alguns, é a aglutinação de mais de uma pretensão em um só processo, em busca de instrução unificada e sentença única. [...] Tudo se passa, como se vê, no âmbito de um só processo; e as reduções objetivas ou subjetivas impostas a este não importam sua extinção, sequer parcial" (*Vocabulário do processo civil*. São Paulo: Malheiros, 2009. p. 146-147).

Alguns autores de renome chegam a afirmar que existe, em nosso ordenamento jurídico, uma norma geral que impossibilitaria tal cisão do julgamento do mérito. É o caso, por exemplo, de Athos Gusmão Carneiro, que fala no *princípio da unidade da sentença*.[17] Ou, ainda, de Cândido Dinamarco, que faz alusão ao *princípio da concentração da decisão*[18-19].

A verdade, entretanto, é que não há, no Código hoje vigente, qualquer norma expressa que permita ou proíba a cisão na apreciação do mérito. E, assim sendo, trata-se de questão que apenas comporta solução a partir de uma análise sistemática. Somente deste modo poderemos ver se o diploma comporta ou não a fragmentação do julgamento.

4.1. O Código de 1973 em sua redação original

Como já afirmamos, nosso Código de Processo Civil parece ter buscado associar o julgamento do mérito com a extinção do processo, o que fica muito claro da leitura de seus arts. 267 e 269.

Mais evidente, ainda, era o que se passava – ao menos até o advento da Lei nº 11.232/2005 - com o conceito legal de sentença: o § 1º do art. 162 dispunha que apenas poderia ser assim chamado o ato do juiz que *"põe termo ao processo"*.

No que diz respeito a este último aspecto, aliás, a opção foi muito além de questões meramente terminológicas, sendo, na verdade, reflexo do sistema

---

17. *Da Antecipação de Tutela*. 7ª ed. Rio de Janeiro: Forense, 2010. p. 47.
18. "Tal é o princípio da concentração da decisão, de que fala Liebman e que só comporta as exceções que a lei estabelecer; e a lei brasileira não formula as exceções que se vêem na italiana (condenações com reserva, provvisionali etc.). Aqui, a conclusão pela procedência ou improcedência vem exclusivamente na parte decisória da sentença e a solução de todas as questões de mérito, em sua motivação (art. 458, incs. II-III)." (DINAMARCO, Cândido Rangel. *Ação Rescisória Contra Decisão Interlocutória*. In: "Nova Era do Processo Civil". 3ª ed. São Paulo: Malheiros, 2009. p. 285).
19. Ao que nos parece, porém, nenhum dos dois autores explica de forma satisfatória qual seria a fonte normativa de tais princípios: enquanto Athos Gusmão se mantem em completo silêncio, Dinamarco invoca as lições de Liebman. O fato, todavia, é que diferentemente do que se passa com nosso Código de Processo Civil, o diploma processual italiano tem norma expressa nesse sentido, o que justifica o pensamento de Liebman. Trata-se do ali está contido no art. 277, que, afirma que o colegiado, ao julgar o mérito, *"deve decidir todas as demandas propostas e as exceções a elas relativas, definindo o julgamento"*. Vale dizer, aliás, que o próprio art. 277 do *Codice* deixa claro não tratar-se de norma absoluta, permitindo que o colégio limite a decisão a algumas demandas, se verificar que para elas não seja necessário instrução ulterior. Nesse sentido, é, inclusive, o que expõe o próprio Liebman ao escrever sobre o assunto (*Manual de direito processual civil*, vol. II. Tocantins: Intellectus, 2003. p. 222 e 229 - é exatamente esse o trecho a que se refere Dinamarco no texto a que acabamos de nos referir), assim como Carnelutti (*Instituciones del proceso civil*, v. II. Buenos Aires: EJEA, 1959. n. 480, p. 131). Curioso notar que, em conhecido estudo, Chiovenda apontava, em relação ao direito justinianeu, a possibilidade de formação de diversas coisas julgadas num mesmo processo (*Cosa juzgada y preclusión*. In: "Ensayos de derecho procesal civil", t. III. Buenos Aires: EJEA, 1949. p. 241).

recursal arquitetado pelo legislador: considerando que o recurso de apelação, da maneira como projetado, ocasionaria a remessa dos autos ao tribunal de justiça, apenas poderia ser manejado contra o ato do juiz que colocasse fim ao procedimento em primeiro grau de jurisdição (sentença). Todos os outros pronunciamentos, sem o condão de extinguir o processo (decisões interlocutórias), deveriam ser impugnados pela via do agravo, que "subiria" por instrumento ou ficaria retido nos autos.

Nesse quadro, a doutrina sempre se mostrou relutante em aceitar que o juiz pudesse julgar antecipadamente parte do mérito, determinando o prosseguimento do feito para a análise do restante dos pedidos. Na maioria das vezes, a opinião é fundamentada na circunstância de que eventual recurso de apelação a ser manejado contra essa decisão poderia causar tumultos na marcha do processo. É, por exemplo, o que pensava José Frederico Marques:

> "Formado o processo cumulativo, não pode o juiz decidir antecipadamente um ou alguns dos litígios e deixar os demais para a sentença a ser proferida a final. Todos os litígios devem ser julgados numa só sentença (sentença antecipada sobre a lide ou sentença em audiência), uma vez que não se pode suspender o curso do procedimento em havendo apelação, com efeito suspensivo, para aguardar o julgamento do recurso. E como seria absurdo, *contra ius* e *contra legem*, entender-se que aí caberia o agravo de instrumento, - o princípio da economia processual (que é um dos inspiradores do art. 330) impede aquela suspensão do processo cumulativo, e, consequentemente, julgamento antecipado de apenas uma ou algumas das lides contidas em *simultaneous processos*."[20]

Partiam os autores, assim, da premissa de que tal pronunciamento seria uma sentença, relutantes em aceitar que simples decisão interlocutória pudesse versar a respeito do *meritum causae*.

Havia, é certo, razão para tanto. Não apenas a tradição havia consagrado a sentença como sendo o ato culminante do processo, responsável pelo julgamento da causa, como o próprio Código dava mostras dessa importância e de sua proeminência em relação às decisões interlocutórias.

---

20. MARQUES, José Frederico. *Manual de direito processual civil*, vol. 2. 9ª ed. São Paulo: Saraiva, 1987. p. 165. Exatamente no mesmo sentido: SANTOS, Moacyr Amaral. *Primeiras linhas de direito processual civil*, vol. 2. 25ª ed. São Paulo: Saraiva, 2009. p. 274. Tratando especificamente da impossibilidade de julgamento antecipado da ação declaratória incidental, ver, ainda: MESQUITA, José Ignácio Botelho de. *Julgamento antecipado*. In: "Teses, estudos e pareceres de processo civil", vol. 3. São Paulo: RT, 2007. p. 242.

Assim, por exemplo, são poucas as menções que o Código de Processo Civil faz às decisões interlocutórias. Na verdade, a expressão, seja no plural ou singular, aparece apenas seis vezes no texto que hoje vige.

As primeiras referências encontram-se no artigo 162 - caput e § 2º-, que, como sabemos, procura definir os pronunciamentos do juiz. Depois disso, o termo aparece unicamente no Título X do Livro I, que se destina ao trato dos recursos: art. 522 (cabimento do agravo), art. 523, § 3º (obrigatoriedade do agravo retido oral na audiência de instrução e julgamento), art. 539, parágrafo único (agravo na causa de competência originária do STJ a que se refere o inciso II, alínea b do mesmo artigo) e art. 542, § 3º (regime de retenção dos recursos excepcionais quando interpostos contra decisões interlocutórias).

Importante notar que nenhum desses dispositivos faz qualquer referência à resolução do mérito ou suas consequências.

Por outro lado, a palavra sentença aparece, do Livro I ao Livro V, em nada menos que 216 oportunidades. Há, inclusive, uma parte do Código que destina-se exclusivamente ao trato de seus requisitos e efeitos (Livro I, Título VIII, Capítulo VIII, Seção I).

Em diversas das vezes que aparece, a figura da sentença está ligada ao julgamento da causa. É o caso, por exemplo, do art. 330 (o juiz conhecerá diretamente do pedido, proferindo *sentença*), do art. 459 (o juiz proferirá a *sentença*, acolhendo ou rejeitando, no todo ou em parte, o pedido formulado pelo autor), ou, ainda, do art. 460 (é defeso ao juiz proferir *sentença*, a favor do autor, de natureza diversa da pedida), dentre outros.

Do mesmo modo, o capítulo do Código destinado à disciplina da coisa julgada refere-se diversas vezes à sentença, como em seus art. 467, que conceitua o instituto e os arts. 468, 469 e 472, que cuidam de seus limites objetivos e subjetivos. Ademais, o art. 485 afirma que é a *sentença de mérito* que pode ser objeto de ação rescisória.

Chama atenção, ainda, o que se prevê em dispositivos ligados à atividade executiva. Assim, por exemplo, no rol dos títulos executivos judiciais (art. 475-N), fala-se em *sentença* proferida no processo civil que reconheça a existência de obrigação (inc. I), ou, ainda, em *sentença* homologatória de conciliação ou de transação (inc. III). Aliás, é da liquidação e do cumprimento de *sentença* que tratam os artigos 475-A a 475-R.

É, porém, no tratamento dado aos recursos de apelação e de agravo - cabíveis respectivamente contra sentenças (art. 513) e decisões interlocutórias (art. 522) - que se mostra maior a disparidade de tratamento. Neles, a diferença é muito mais que meramente semântica.

A começar, por exemplo, pelo *prazo* em que cada um deles deve ser interposto: 15 dias para a apelação (art. 508) e 10 dias para o agravo (art. 522). É, ainda, apenas para o julgamento da apelação que se prevê a presença de um *desembargador revisor* (art. 551) e a possibilidade de *sustentação oral* (art. 554). Aliás, os embargos infringentes têm seu cabimento expressamente previsto contra acórdão que, *em grau de apelação*, houver reformado a *sentença de mérito* (art. 530).

Mais expressivo é, ainda, o fato de que a apelação, como regra, é dotada de *efeito suspensivo* (art. 520), ao contrário do que ocorre com o recurso de agravo (art. 497). Ou, ainda, a circunstância de que o *recurso extraordinário, ou o recurso especial, quando interpostos contra decisão interlocutória ficará retido nos autos* (art. 542, § 3º).

O que fica claro, com tudo isso, é que nosso diploma processual deu importância muito maior às sentenças que às decisões interlocutórias, justamente pelo fato de que a matéria a ser por elas tratada seria de maior relevo. Ao que parece, assim, não esteve realmente no pensamento do legislador de 1973 que pudesse ser fragmentado o julgamento do mérito[21].

4.1.1. Algumas incoerências do sistema

Uma análise mais atenta de nossa doutrina, porém, revela que diversos autores admitiam que o juiz, em determinadas situações, emitisse pronunciamentos parciais sobre o objeto do processo, caracterizando, destarte, verdadeiras *decisões interlocutórias de mérito*.

Assim, por exemplo, diferentemente do que se passa com o julgamento antecipado do mérito (art. 330), a opinião manifestamente dominante é no sentido de que os atos autocompositivos – art. 269, II, III e V – podem, sim, ser parciais, devendo o juiz homologá-los desde logo e determinar o prosseguimento do feito[22].

---

21. É o que conclui Daniel Mitidiero, a partir das mesmas considerações: "Para o Código Buzaid (1973-1994), somente no quando da sentença poderia o juiz apreciar o mérito da causa. Certo poderia ocorrer uma sentença terminativa do feito; agora, jamais, poderia haver uma decisão interlocutória que enfrentasse o mérito da causa. Vale dizer: a oportunidade para o exame do mérito, no Código Buzaid (1973-1994), era tão-somente no quando da sentença. Observe-se: as 'questões incidentes' apenas preparavam a apreciação do mérito. Isto é: nosso legislador pressupunha que uma decisão interlocutória jamais poderia enfrentar o mérito da causa porque vocacionada para deslindar questões processuais, concernentes à regularidade e à marcha do processo. [...] Essa contingência explica, segundo pensamos, tanto o regime jurídico a que se submetem os agravos como as apelações. [...] É evidente a pressuposição do legislador nesse particular. Apenas as apelações poderiam levar adiante a apreciação do mérito da causa e, por isso, teriam essas um regime jurídico mais minucioso, inspirando maior atenção e cuidado." (*Direito fundamental ao julgamento definitivo da parcela incontroversa: uma proposta de compreensão do art. 273, § 6º, na perspectiva do direito fundamental a um processo sem dilações indevidas (art. 5º LXXVII, CF/88)*. In: RePro nº 149. São Paulo: RT, 2007. p. 114-115).
22. DINAMARCO, Cândido. *Instituições de direito processual civil*, vol. III. São Paulo: Malheiros, 2001. p. 264; FABRÍCIO, Adroaldo Furtado. *Extinção do processo e mérito da causa*. In: "Saneamento do processo (estudos

Também admitem os autores, sem maiores problemas, a ocorrência de decisões interlocutórias de mérito quando se der o indeferimento parcial da petição inicial por ter-se operado a prescrição ou decadência quanto a um dos pedidos cumulados, ou quanto a um dos litisconsortes.[23]

A prescrição ou a decadência podem, ainda, provocar decisões interlocutórias de mérito quando derem causa ao indeferimento liminar da reconvenção. Aqui, novamente, não vê maiores dificuldades a doutrina[24].

O que fica claro, segundo pensamos, é que o mesmo sistema processual que supostamente negaria a possibilidade de fracionamento no julgamento do mérito convive com decisões que, prolatadas sem que se encerre o procedimento, têm como conteúdo um dos incisos do art. 269. Dessa forma, queiramos ou não, vez ou outra aparecem, em um dado processo, decisões interlocutórias de mérito. Trata-se, como bem coloca Flávio Yarshell, de "uma possibilidade concreta que decorre do sistema e, em certa medida, de suas próprias imperfeições e incoerências."[25]

4.2. O § 6º do art. 273 do CPC

Era esse o estágio das discussões doutrinárias quando, por meio da Lei nº 10.444/2002, inseriu-se um § 6º no art. 273 do Código, dispondo que *"a tutela antecipada também poderá ser concedida quando um ou mais dos pedidos cumulados, ou parcela deles, mostrar-se incontroverso".*

Como é cediço, o art. 273 é o dispositivo que generaliza, para o procedimento comum, a possibilidade de antecipação de tutela, antes apenas prevista para alguns procedimentos especiais encartados no Código e em leis extravagantes.

---

em homenagem ao prof. Galeno Lacerda)". Coord.: Carlos Alberto Alvaro de Oliveira. Porto Alegre: Sérgio Antonio Fabris, 1989. p. 21; MOREIRA, José Carlos Barbosa. *O novo processo civil brasileiro*. 27ª ed. Rio de Janeiro: Forense, 2008. p. 96; NERY JUNIOR, Nelson & NERY, Rosa Maria de Andrade. *Código de processo civil comentado e legislação extravagante*. 10ª ed. São Paulo: RT, 2008, p. 516; RODRIGUES, Marcelo Abelha. *Elementos de direito processual civil*, vol. 2. 2ª ed. São Paulo: RT, 2003. p. 350. Em sentido contrário, no tocante ao reconhecimento do pedido: FORNACIARI JÚNIOR, Clito. *Reconhecimento Jurídico do Pedido*. São Paulo: RT, 1977. p. 61-62.

23. Nesse sentido, admitindo expressamente o indeferimento parcial da inicial: DINAMARCO, Cândido Rangel, *Instituições...*, vol. III, p. 391; MOREIRA, José Carlos Barbosa, *O novo processo civil...*, p. 25-26; RODRIGUES, Marcelo Abelha. *Elementos...*, vol. 2, p. 152; THEODORO JÚNIOR, Humberto. *Curso de direito processual civil*, vol. I. 51ª ed. Rio de Janeiro: Forense, 2010. p. 360
24. FORNACIARI, Clito. *Da Reconvenção no direito processual civil brasileiro*. 2ª ed. São Paulo: Saraiva, 1983. p. 170; MOREIRA, José Carlos Barbosa, *O novo processo civil...*, p. 46; PASSOS, José Joaquim Calmon de. *Comentários ao código de processo civil*, vol. III. 9ª ed. Rio de Janeiro: Forense, 2005. p. 354-355 RODRIGUES, Marcelo Abelha, *Elementos...*, vol. 2 p. 289, nota 11; SANTOS, Moacyr Amaral, *Primeiras linhas...*, vol. 2., p. 241; THEODORO JÚNIOR, *Curso...*, vol. I, p. 401.
25. *Ação rescisória: juízos rescindente e rescisório*. São Paulo: Malheiros, 2005. p. 187, nota 6.

Por tal razão, parte da doutrina entendeu que o novo parágrafo visava abrir mais uma possibilidade, ao lado daquelas já previstas nos dois incisos do *caput* do art. 273, para a antecipação – *provisória* - dos efeitos da tutela[26]. Outros, todavia, defendiam que a disposição trazia inovação de maior monta, passando a permitir, em nosso sistema processual, que haja cisão no julgamento – *definitivo* - do mérito[27].

Em relação àquele primeiro grupo de autores, que extraiam do dispositivo mais uma possibilidade de antecipação da tutela, apegam-se especialmente à literalidade da lei: por estar o novo § 6º inserido no contexto do art. 273, deve ter a mesma natureza jurídica do que ali é tratado, conclusão que se reforçaria pela presença da cláusula *"também"*.

Dessa forma, entendem que, ainda que a decisão tenha por base a *incontrovérsia*, por opção do legislador, não se trataria de verdadeiro julgamento definitivo do mérito. Estaria, destarte, submetido ao regime da *provisoriedade*, assim como à necessidade de *requerimento da parte* (§ 4º e *caput* do art. 273, respectivamente)[28].

---

26. Nesse sentido: BEDAQUE, José Roberto dos Santos, *Tutela cautelar e tutela antecipada: tutelas sumárias e de urgência*. 5ª ed. São Paulo: Malheiros, 2009. p. 361, nota 118, e p. 362-363; CARNEIRO, Athos Gusmão. *Da antecipação de tutela*. 7ª ed. Rio de Janeiro: Forense, 2010. p. 47; DINAMARCO, Cândido Rangel, *A reforma da reforma*. São Paulo: Malheiros, 2002. p. 95-96; VAZ, Paulo Afonso Brum. *Tutela antecipada fundada da técnica da ausência de controvérsia sobre o Pedido (§ 6 do art. 273 do CPC)*. In: RePro nº 131. São Paulo: RT, 2006. p. 137-138; ZAVASCKI, Teori Albino. *Antecipação de tutela*. 6ª ed. São Paulo: Saraiva, 2008. p. 113-114.
27. É o que defenderm: ALVIM, Eduardo Arruda. *O perfil da decisão calcada no § 6º do art. 273 do CPC – hipótese de julgamento antecipado parcial da lide*. In: Revista Forense, vol. 398. Rio de Janeiro: Forense, 2008; ARAÚJO, José Henrique Mouta. *Tutela antecipada do pedido incontroverso: estamos preparados para a nova sistemática processual?* In: RePro nº 116. São Paulo: RT, 2004. p. 213; BUENO, Cássio Scarpinella. *Tutela antecipada*. 2ª ed. São Paulo: Saraiva, 2007. p. 51-62; CÂMARA, Alexandre Freitas. *Lições de direito processual civil*, vol. I. 19ª ed. Rio de Janeiro: Lúmen Júris, 2009. p. 447; CUNHA, Leonardo José Carneiro da. *O § 6º do art. 273: tutela antecipada parcial ou julgamento antecipado parcial da lide?*. In: Revista Dialética de Direito Processual, nº 1. São Paulo: 2003; DALL'ALBA, Felipe Camilo. *Julgamento antecipado ou antecipação dos efeitos da tutela do pedido incontroverso?* In: RePro nº 128. São Paulo: RT, 2005. p. 220-221; DIDIER JÚNIOR, Fredie. *Curso de direito processual civil*, vol. 2. 5ª ed. Bahia: JusPodivm, 2010. p. 527; MITIDIERO, Daniel, *Direito fundamental...*, p. 111-112; PASSOS, José Joaquim Calmon de, *Comentários...*, vol. III, p. 71-72; RODRIGUES, Marcelo Abelha, *Elementos...*, vol. 2, p. 221-223 e p. 359, nota 3; SOUZA, Wilson Alves de. *Tutela antecipada em caso de incontrovérsia parcial – breves comentários à proposta do Poder Executivo de alteração do § 1º do Art. 273 do Código de Processo Civil*. In: "A segunda etapa da reforma processual civil", coord. por Fredie Didier Jr. e Luiz Guilherme Marinoni. São Paulo: Malheiros, 2001. p. 49-63; THEODORO JÚNIOR, Humberto. *Processo cautelar*. 24ª ed. São Paulo: LEUD, 2008. p. 458; YARSHELL, Flávio Luiz, *Ação Rescisória...*, p. 197.
28. A grande diferença para as outras hipóteses de antecipação dos efeitos da tutela estaria, porém, na maior facilidade de concessão nesta modalidade. Isso, porque entende, a maior parte desses autores, que não estaria proibido seu deferimento quando houvesse o risco de irreversibilidade (§ 2º). É o caso de: DINAMARCO, Cândido Rangem, *A reforma...*, p. 96-97; ZAVASCKI, Teori Albino, *Antecipação de tutela*, p. 114. Em sentido contrário, entendo ser necessário o preenchimento do requisito do § 2º: BEDAQUE, José Roberto dos Santos, *Tutela cautelar e tutela antecipada...*, p. 361, nota 118.

Interessante notar que alguns desses autores chegam a lamentar a opção do legislador, como é o caso de Teori Zavascki, para quem "talvez a melhor solução tivesse sido a da cisão no julgamento do mérito".[29]

Mais expressivas, ainda, são as palavras de Dinamarco, que, logo após afirmar que a impossibilidade do julgamento antecipado parcial seria "somente um dogma estabelecido no direito positivo, que bem valia a pena desmistificar", deseja que os tribunais adotem a posição "mais otimista" – que atribui a Marinoni – e permitam "aquelas cisões no julgamento da causa".[30]

Segundo entendemos, porém, pedindo vênia aos que pensam em contrário, não se sustenta o argumento topológico, e a razão para tanto está na origem do dispositivo, atribuída, como se sabe, à sugestão de Luiz Guilherme Marinoni[31].

Partindo da premissa de seria *"injusto obrigar o autor a esperar a realização de um direito que não se mostra mais controvertido"*, Marinoni defendia, em obra publicada anos antes da promulgação da Lei nº 10.444/2002, a possibilidade do *"julgamento antecipado de um dos pedidos cumulados"*. Se na redação original do Código não havia previsão legal para tanto, o professor paranaense afirmava que, *por meio da técnica da antecipação de tutela* – mais especificamente do inciso II do art. 273 do CPC –, era permitido verdadeiro *julgamento definitivo da parcela incontroversa do mérito*[32].

Estranhamente, o mesmo Marinoni, em edição mais recente da obra, publicada após o advento da Lei nº 10.444, parece ter mudado de opinião: passou a defender que, por ter sido o dispositivo inserido dentro do art. 273, sua

---

29. *Antecipação de tutela*, p. 113
30. *A reforma da reforma*, p. 96.
31. É o que não deixa dúvidas a exposição de motivos do Anteprojeto nº 13, que deu origem à Lei nº 10.444, que, no entanto, numerava o dispositivo como § 1º do art. 273: "É acrescentado, como § 1º, dispositivo sugerido por Luiz Guilherme Marinoni, que explicita a possibilidade de o juiz, nos casos em que uma parte dos pedidos ou do pedido se torne incontroversa, conceder desde logo a esse respeito a tutela antecipada. Esta sugestão apresenta-se consentânea comas preocupações de eficiência do "novo" processo civil" (CARNEIRO, Athos Gusmão; TEIXEIRA, Sálvio de Figueiredo. *Anteprojeto de Lei (nº 13)*. Disponível em: http://bdjur.stj.jus.br/xmlui/bitstream/handle/2011/33350/Anteprojeto_lei_13.pdf?sequence=1. Consultado em: 03.03.2013).
32. É o que se vê, dentre outros, do seguinte trecho: "Se é possível a realização antecipada de um direito que se afigure apenas provável, seria uma gritante contradição não admitir a antecipação, mediante cognição exauriente, do julgamento de um dos pedidos cumulados. [...] Se o direito provável pode não admitir a protelação, o direito incontroverso, por razões óbvias, não deve ter a sua tutela postergada. É lícito, assim, retirar do art. 273, II, do CPC, a possibilidade da tutela antecipatória mediante julgamento antecipado de um dos pedidos cumulados, ou mesmo através do julgamento antecipado parcial do pedido [...]. A tutela antecipada, nos casos ora estudados, não precisa ser confirmada pela sentença e conserva a sua eficácia mesmo após a extinção do processo. O processo prossegue, após a tutela antecipatória, apenas para averiguar a existência do direito que não foi definido" (*Tutela antecipatória, julgamento antecipado e execução imediata da sentença*. 3ª ed. São Paulo: RT, 1999. p. 162-164).

aplicação, mesmo que fundada em cognição exauriente, caracterizaria hipótese de antecipação efeitos da tutela, revogável ou modificável, portanto[33]. Chega a afirmar, assim, que "somente não há coisa julgada material em razão de uma questão de política legislativa".

A explicação para tal mudança, porém, não convence: quando advogava que a hipótese tratava-se de verdadeira resolução do mérito, definitiva, fazia-o com base justamente no inciso II do art. 273. Note-se que, à época, já constava, naquele artigo, o § 4º, cuja redação é a mesma desde 1994. Ora, se antes defendia, com base no inciso II, verdadeira exceção ao que constava no § 4º, por que deveria o novo parágrafo submeter-se àquele regime? Deve-se considerar, inclusive, que o § 6º fala não em *"verossimilhança"* – como o *caput* -, mas sim em *"incontrovérsia"*.

Importante, aqui, insistir que, segundo entendia o autor, a cisão no julgamento do mérito seria possível por meio da utilização do instrumental da "tutela antecipatória [que] nesse caso estará antecipando o momento do julgamento do pedido". E é isso, segundo nos parece, o que explica a inserção do § 6º no art. 273, que, a rigor, não seria a localização mais adequada para um dispositivo cuja hipótese de incidência é a *incontrovérsia*.

Nunca é demais lembrar que a ideia de cognição sumária sempre esteve por trás da figura da antecipação de tutela (art. 273): seja fundada na *urgência* (inciso I) ou no *abuso de direito de defesa* (inciso II), o requisito, imprescindível, é que o juiz, amparado em *"prova inequívoca"*, se convença da *"verossimilhança da alegação"* (*caput*).

Aliás, caso o espírito do julgador já esteja convencido da razão de uma das partes, não se justifica a antecipação da tutela, visto que pode, desde logo, julgar a causa. É justamente por não contar o juiz com a certeza, que a antecipação submete-se ao regime da provisoriedade (§ 4º), não podendo ser concedida quando houver o risco de irreversibilidade dos seus efeitos (§ 2º).

---

33. O seguinte trecho é bem expressivo: "A tutela antecipatória, no caso do julgamento antecipado de um dos pedidos cumulados, antecipa o momento do julgamento do pedido. Antecipa-se o momento do julgamento, mas não se julga com base em probabilidade ou cognição sumária. [...]. Sendo assim, é óbvio que esta tutela antecipatória é fundada em cognição exauriente, e não em cognição sumária. Se o julgamento ocorre quando não faltam provas para a elucidação da matéria fática, não há juízo de probabilidade, mas sim juízo capaz de permitir a declaração da existência do direito. No presente caso, em que é aplicável o § 6º do art. 273, somente não há coisa julgada material em razão de uma questão de política legislativa. Em outros termos, tendo permanecido inalterado o art. 273 quanto ao aspecto da possibilidade de revogação e modificação da tutela (art. 273, § 4º), esta pode ser revogada ou modificada ao final, muito embora somente possa ser concedida com base em cognição exauriente" (*Tutela antecipatória e julgamento antecipado: parte incontroversa da demanda*. 5ª ed. São Paulo: RT, 2002. p. 146).

Diferentemente de seu *caput*, todavia, o § 6º do art. 273 ampara-se na *incontrovérsia*, que, como veremos, pressupõe *cognição exauriente*, fundada em *juízo de certeza*.

Por tal motivo, a razão parece estar com a doutrina majoritária, que entende que, com base no dispositivo, o juiz estaria autorizado a julgar, de modo definitivo, a parcela do objeto do processo que se mostre incontroversa. Se antes o sistema processual não possibilitava essa cisão na apreciação do mérito, a permissão teria sido dada justamente pelo § 6º do art. 273.

O dispositivo, assim, não teria trazido mais uma hipótese para a antecipação provisória dos efeitos da tutela, mas a possibilidade de o juiz proferir *julgamento antecipado de parte do mérito*. Se sua confusa localização autoriza ambas as posições, parece-nos ser esta a interpretação que melhor se coaduna, como entendeu Calmon de Passos, com o ideal de "efetividade da tutela"[34].

Para que se possa aplicar o dispositivo, entretanto, é necessário superar as dificuldades acima mencionadas, decorrentes da associação que faz o Código do julgamento do mérito com a prolação de sentença e a extinção do processo. Para tanto, seria necessário adaptar alguns os institutos diretamente ligados à definição legal de sentença – e de sua ligação com a extinção do processo. É, aliás, o que, como veremos, procura fazer o Novo Código de Processo Civil, que passamos a analisar.

5. O "JULGAMENTO ANTECIPADO PARCIAL DO MÉRITO" NO NOVO CÓDIGO DE PROCESSO CIVIL

Indo muito além da maneira – confusa e deficiente, como vimos - com a qual o diploma hoje vigente disciplina o assunto, o CPC/15, além de optar claramente pela possibilidade de fragmentação no julgamento do mérito, buscou regulamentar com minúcias o instituto, cuidando não apenas dos requisitos necessários à sua incidência, como de diversas das consequências que provoca em outros campos do sistema processual.

Passemos, então, à exegese do art. 356 do CPC/15, que, se não é o único dispositivo a tratar do assunto – que, como veremos, mereceu atenção em alguns outros espalhados pelo Código -, é certamente o que reúne a maior parte das normas a ele concernentes. Antes de prosseguir, porém, vejamos a redação que recebeu na versão final do Código:

---

34. *Comentários*..., vol. III, p. 72. Na mesma linha, Daniel Mitidiero afirma que é essa a interpretação que melhor se amolda à garantia da *razoável duração do processo* (*Direito fundamental*..., p. 111-112).

Art. 356. O juiz decidirá parcialmente o mérito quando um ou mais dos pedidos formulados ou parcela deles:

I - mostrar-se incontroverso;

II - estiver em condições de imediato julgamento, nos termos do art. 355.

§ 1º A decisão que julgar parcialmente o mérito poderá reconhecer a existência de obrigação líquida ou ilíquida.

§ 2º A parte poderá liquidar ou executar, desde logo, a obrigação reconhecida na decisão que julgar parcialmente o mérito, independentemente de caução, ainda que haja recurso contra essa interposto.

§ 3º Na hipótese do § 2º, se houver trânsito em julgado da decisão, a execução será definitiva.

§ 4º A liquidação e o cumprimento da decisão que julgar parcialmente o mérito poderão ser processados em autos suplementares, a requerimento da parte ou a critério do juiz.

§ 5º A decisão proferida com base neste artigo é impugnável por agravo de instrumento.

5.1. Natureza jurídica: resolução do mérito (caput - "o juiz decidirá parcialmente o mérito")

Se, como vimos, a redação do atual § 6º do art. 273 provoca controvérsia na doutrina sobre a natureza jurídica do que ali se prevê, o art. 356 acima transcrito não deixa dúvidas: trata-se de verdadeira *resolução do mérito*, e não de mera antecipação dos efeitos da tutela. Tal julgamento, porém, tem a particularidade de não abranger todo o objeto do processo, mas apenas uma ou algumas das pretensões (ou, ainda, parcela de uma delas) das quais é este formado.

Obviamente, para que possa ser caracterizada como *de mérito*, a decisão a ser proferida deve se enquadrar num dos incisos do art. 487, que, no CPC/15, trata das hipóteses que se encontram no atual art. 269. Vale lembrar, aliás, que, no CPC/15, referido dispositivo – assim como o art. 485, equivalente ao vigente art. 267 – não mais se situa no capítulo relativo à *"extinção do processo"*, mas naquele que cuida *"da sentença e da coisa julgada"*.

É bem verdade que de verdadeiro *julgamento* apenas podemos falar nas hipóteses dos incisos I e II do art. 487, únicas em que há heterocomposição do conflito. Quanto às demais, encerram situações em que há simples homologação de ato autocompositivo praticado pelas partes.

Considerando, aliás, que já se aceitava de forma relativamente tranquila a homologação de atos autocompositivos ainda quando parciais, foi certamente nas hipóteses de autêntico julgamento que se pensou ao instituir todo o regramento contido no art. 356. Tal conclusão é reforçada, ainda, pela redação do parágrafo único do art. 354 – cujo *caput* equivale ao atual art. 329 -, que cuida justamente da possibilidade da decisão com esteio nos arts. 485 ou 487, II e III *"dizer respeito a apenas parcela do processo"*.

O fato, porém, é que, na linha do que faz o Código hoje vigente, o CPC/15 equiparou completamente os atos autocompositivos às verdadeiras decisões de mérito. Com exceção de suas origens, auto e heterocomposição em tudo se equivalem: são aptas ficar imunizadas pela autoridade da coisa julgada material, produzem efeitos extraprocessuais e podem tornar adequada a tutela executiva.

Justamente por isso é que, segundo nos parece, convém aplicar às homologações parciais o mesmo regime jurídico previsto para o julgamento antecipado parcial, especialmente no que diz respeito à sua recorribilidade e, mais ainda, efetivação.

É isto, assim, o que devemos entender por *"julgamento antecipado parcial do mérito"*, expressão que dá nome à Seção do Código formada pelo art. 356: trata-se de decisão que caracteriza resolução do mérito (art. 487), sem, entretanto, abranger a totalidade do objeto do processo, mas apenas parte das pretensões que lhe dão forma, relegando a análise do restante para etapas posteriores do procedimento.

Importante, por fim, deixar claro que, por julgamento parcial, não se deve entender a resolução gradual das várias questões – de fato e de direito – que se colocam como antecedente lógico para a apreciação de uma única pretensão. Na verdade, o que o art. 356 do CPC/15 possibilita é que o julgamento de cada um dos pedidos cumulados num mesmo processo se dê em momentos distintos.

Não basta, destarte, que a incontrovérsia recaia sobre apenas uma ou algumas das questões necessárias ao julgamento de um dos pedidos, se ainda não é possível afirmar sua procedência ou improcedência. Assim, por exemplo, não deve o juiz simplesmente afastar uma alegação do réu de prescrição, se ainda há questões a serem elucidadas antes da apreciação do pedido a que ela se refere. Ou, ainda, não se deve afirmar a existência de um fato não contestado pelo réu – incontroverso, portanto – caso seja necessária a realização de atividade instrutória quanto a outro fato subjacente à mesma pretensão.

Por outras palavras, é necessário que, efetivamente, se possa julgar, em juízo de certeza, um dos pedidos, para declarar sua procedência ou improcedência.

É certo que a redação do dispositivo permite o julgamento antecipado de apenas uma *parcela* do pedido. Ainda assim, porém, é necessário que, sobre tal parcela, se possa proferir efetivo julgamento. O que é divisível nestes casos é o próprio bem da vida disputado em juízo, cabendo o julgamento antecipado em relação ao montante que já se pode atribuir ao autor ou ao réu.

5.2. Requisitos para a incidência do dispositivo

5.2.1. Requisitos: objeto do processo divisível (caput - "quando um ou mais dos pedidos formulados ou parcela deles")

Obviamente, apenas pode-se cogitar de resolução parcial do mérito quando comportar ele próprio, o *meritum causae*, divisão.

Como já exposto, isso ocorrerá, na maior parte das vezes, por ser o mérito da causa formado por mais de uma pretensão. Lembramos, aqui, antes de qualquer coisa, da possibilidade de o autor cumular diversos pedidos em sua inicial, *"ainda que entre eles não haja conexão"* (CPC/15, art. 327).

Não apenas, porém, as clássicas modalidades de cumulação de pedido podem levar à cindibilidade do *meritum causae*: como é cediço, também o litisconsórcio, desde que não unitário, pode redundar na existência de cúmulo objetivo. Há casos, ademais, em que não obstante haja pedido único formulado em face dos colitigantes (ou, ainda, por eles), é possível julgá-lo de forma distinta em relação a cada um dos litisconsortes, podendo, assim, se enquadrar perfeitamente na hipótese de pretensão divisível[35].

Fenômeno parecido se passa, ainda, quando o autor deduzir uma pluralidade de causas de pedir como sustentáculo de uma só pretensão. Nesses casos, é de se considerar que cada *causae petendi* individualiza, em última

---

35. Segundo dá a entender Dinamarco, o litisconsórcio simples levaria, sempre, a uma pluralidade de pedidos: "Em casos assim [de litisconsórcio não unitário] o que se tem é uma pluralidade jurídica de demandas, também unidas só formalmente; cada um dos litisconsortes é parte legítima apenas com referência àquela porção do objeto do processo que lhe diz respeito, e, consequentemente, entende-se que seu petitum se reduz a essa parcela. Trata-se, efetivamente, de um cúmulo de demandas, não só subjetivo mas também objetivo, na medida em que à pluralidade de sujeitos corresponde uma soma de pedidos, todos eles amalgamados no complexo objeto que esse processo tem" (*Litisconsórcio*. 8ª ed. São Paulo: Malheiros, 2009. p. 86). Barbosa Moreira, porém, partindo do exemplo do litisconsórcio formado entre credores ou devedores solidários, demonstra que há casos em que, não obstante sejam únicos o pedido e a causa de pedir, podem ser distintas as sortes dos colitigantes: "[...] a unitariedade do litisconsórcio sem dúvida pressupõe a unicidade do pedido e da causa petendi, porém não se configura necessariamente todas as vezes que uma e outra ocorrem. Na ação proposta por vários credores solidários ou contra vários devedores solidários, haja embora um único pedido e uma causa petendi única, o litisconsórcio, ativo o passivo, não é unitário" (*Litisconsórcio unitário*. Rio de Janeiro: Forense, 1972. p. 124-125, nota nº 21).

análise, demanda distinta[36], a merecer, portanto, julgamento próprio. Tudo se passa, nesses casos, como se um mesmo pedido houvesse sido deduzido tantas vezes quantos sejam os fundamentos suficientes a acolhê-lo.

Também o réu pode provocar a ampliação objetiva do processo quando apresenta reconvenção (CPC/15, art. 343). É de se ressaltar, aliás, que o Código retirou, da disciplina desta, a regra contida no art. 318 do CPC/73, que determina seu julgamento em conjunto com a demanda originária.

Já dentre as modalidades de intervenção de terceiros[37]-[38], destaca-se, inicialmente, a denunciação da lide (CPC/15, art. 125): ao permitir que o denunciante exercite seu direito de regresso em processo já instaurado, há nítida ampliação de sua dimensão objetiva, que passa a contar, além do pedido inicial, com aquele outro, a ele subordinado logicamente.

Considerações análogas valem, ainda, para o chamamento ao processo (CPC/15, art. 130): ao oportunizar àquele que fora inicialmente demandado que traga ao feito os demais corresponsáveis pelo débito, acaba por ampliar o objeto do processo, que passa a ser formado, em conjunto com o pedido inicial, pela pretensão daquele que eventualmente satisfizer a dívida em face dos demais devedores. Ademais, em relação ao pedido inicial, é formado um litisconsórcio simples entre os devedores solidários, sendo perfeitamente possível pensar, em tais casos, na fragmentação do julgamento do mérito.[39]

---

36. "Tem aceitação geral na doutrina brasileira o esquema segundo o qual as ações se identificam ou se individualizam por três elementos: partes, pedido e causa de pedir. [...] De semelhante concepção deveria naturalmente derivar, sem grande esforço de raciocínio, a consciência nítida de que, quando alguém pleiteia em juízo certa providência jurisdicional, baseando-se em dois ou mais fatos ou conjunto de fatos, cada qual suficiente por si para justificar o acolhimento do pedido, está propondo, em cumulação, tantas ações quantas são as causae petendi invocadas". (MOREIRA, José Carlos Barbosa. *Julgamento colegiado e pluralidade de causas de pedir*. In: "Temas de Direito Processual Civil: Terceira Série". São Paulo: Saraiva, 1984. p. 131)
37. No que tange à assistência (CPC/15, arts. 119 a 124), seja ela simples ou litisconsorcial, não é capaz, como é cediço, de provocar a ampliação no objeto do processo. As mesmas considerações valem, ainda, para a intervenção do *amicus curiae*, regulada no art. 138 do CPC/15.
38. A oposição, por sua vez, muito embora tenha sido deslocada, no Novo Código, para o título que cuida dos procedimentos especiais, continua a ser, claramente, modalidade de intervenção de terceiros. E isso, porque, desde que oferecida *"até ser proferida a sentença"* (art. 682), *"será apensada aos autos e tramitará simultaneamente à ação originária, sendo ambas julgadas pela mesma sentença"* (art. 685). Justamente, porém, em virtude da clareza desta última regra, que determina seu julgamento conjunto com a demanda inicial, parece-nos inviável cogitar do julgamento antecipado parcial da oposição.
39. Como é cediço, é polêmica na doutrina a determinação dos efeitos que tal modalidade interventiva causa sobre os aspectos subjetivos e objetivos da relação processual. Entendem alguns, com esteio na ideia de que cabe única e exclusivamente ao credor escolher contra qual dos devedores solidários demandará, que o chamamento ao processo veicula unicamente pedido regressivo dos primitivos réus em face daqueles eventualmente chamados (nesse sentido: NERY JUNIOR, Nelson & NERY, Rosa Maria de Andrade. *Código...*, p. 297-298; RODRIGUES, Marcelo Abelha. *Elementos...*, vol. 2, p. 303-304). Outros, porém, defendem que o chamamento ao processo ocasiona unicamente uma ampliação subjetiva do processo, tornando réus aqueles corresponsáveis que o autor optara por deixar de fora do processo (nesse sentido: CÂMARA, Alexandre

Há, por fim, situações em que, mesmo que haja sido formulado apenas um pedido, seja divisível o bem da vida – ou o conjunto deles - pretendido, comportando, da mesma forma, divisão o mérito da causa. Nesses casos, poderíamos dizer, com apoio nas já mencionadas lições de Dinamarco, que o objeto do processo é simples, mas *decomponível*.

Assim é que, sempre que o pedido recaia sobre certa quantidade de bens *fungíveis* (CC, art. 85) – por exemplo, o dinheiro -, pode-se pensar na fragmentação do objeto da causa. O mesmo se passa quando o bem da vida postulado for único, mas *divisível* física e juridicamente (CC, art. 87 e 88).

Mais à frente, na etapa final do presente estudo, analisaremos, com base nestes casos de divisibilidade objetiva do processo, algumas das possibilidades que podem levar ao julgamento antecipado parcial.

5.2.2. Requisitos: incontrovérsia parcial (inciso I – "mostrar-se incontroverso")

Segundo o que diz o inciso I do art. 356, o julgamento antecipado parcial pode ocorrer quando um ou mais dos pedidos formulados ou parcela deles *"mostrar-se incontroverso"*. De tal disposição deve-se extrair, obviamente, que também há necessidade de que, ao lado disso, parte das pretensões cumuladas mostre-se *controversa*.

Controverter o pedido, como se sabe, é se opor à causa de pedir, ou seja, àquele fato ou conjunto de fatos que, por se encaixar na previsão de uma dada norma jurídica, é capaz de dar ao autor acesso ao bem jurídico pretendido[40].

Em resumo, é justamente contra *fato constitutivo* e/ou *fundamentos jurídicos* (causa de pedir em seus aspectos remoto e próximo, respectivamente) que se voltará o réu no intuito de controverter o pedido do autor, donde surgem *questões de fato e de direito* a serem dirimidas como pressupostos lógicos do julgamento de mérito.

Pode, para tanto, limitar-se a negar a existência dos fatos constitutivos do direito do autor. Assim, estará tornando controvertidos aqueles fatos (causa de

---

Freitas, Lições..., vol. I, p. 195; DIDIER JÚNIOR, Fredie. *Curso de direito processual civil*, vol. 1. 12ª ed. Bahia: JusPodivm, 2010. p. 391; JORGE, Flávio Cheim. *Chamamento ao processo*. 2ª ed. São Paulo: RT, 1999. p. 41-51). A nosso ver, porém, a razão parece estar com Cândido Dinamarco, para quem o chamador tanto amplia o objeto do processo, quanto altera sua estrutura subjetiva (*Instituições*..., vol. II, p. 409-410).

40. Nesse sentido, Cleanto Siqueira ensina que "é errôneo pensar que o réu, na defesa de mérito, dirigindo-se contra o pedido, ataca-o frontalmente; ao contrário, direciona o seu insurgimento para as bases de sustentação do pedido, fazendo ruir a pretensão a partir do enfrentamento e da demonstração da fragilidade dos argumentos (razões de fato e de direito) trazidos pelo autor. [...] O estudo da defesa de mérito deve ser feito a partir da causa de pedir remota e próxima [...]" (*A defesa no processo civil: as exceções substanciais no processo de conhecimento*. 3ª ed. São Paulo: Saraiva, 2008. p. 273).

pedir remota) e, em consequência, o pedido. Cabe alertar, ademais, que, por vezes, mesmo os fatos não refutados tornar-se-ão controvertidos, caso sobre eles não recaia a presunção de veracidade nos termos dos arts. 341 e 345[41].

Também ficará controvertido o pedido caso o réu simplesmente negue as consequências jurídicas apontadas na inicial (causa de pedir próxima). Dessa forma, apesar de deixar incontroversos os fatos, também controverte o pedido.

Ainda no intuito de opor-se às consequências jurídicas afirmadas pelo autor, o réu pode, ao invés de simplesmente negá-las, alegar a ocorrência de fatos com eficácia extintiva, impeditiva ou modificativa do direito pretendido. Nesse caso, interessante notar, mesmo que o requerido se abstenha de negar os acontecimentos narrados na inicial, acabará por refutar a causa de pedir próxima[42] no que fica, inegavelmente, controvertido o pedido. É o que se chama de defesa de mérito indireta, manejável por meio das clássicas exceções substanciais.

Temos, aí, as três possibilidades em que o réu controverte o pedido: (i) nega os fatos constitutivos do direito do autor; (ii) nega diretamente as consequências jurídicas que busca ele extrair; ou (iii) acrescenta outros fatos, extintivos, impeditivos ou modificativos daquele direito, no que acaba, indiretamente, negando as consequências jurídicas. Tais técnicas podem, como é cediço, ser utilizadas conjuntamente, sem esquecer, ademais, da possibilidade de alguma objeção de ordem processual.

Importante perceber, porém, que, conquanto essas hipóteses representem controvérsia ao pedido do autor, nem todas terão sempre o condão de impedir o seu julgamento imediato. Quanto à primeira delas, é certo que torna inviável a analise imediata do *meritum causae*, justamente pela necessidade de se desenvolver atividade probatória no intuito de elucidar as *questões de fato* que eventualmente surgiram.

Já quando apenas são suscitadas *questões de direito*, contudo, nenhum impedimento haverá para que se proceda à resolução do mérito: cabe ao juiz

---

41. Tratam-se dos artigos que, no CPC/15, disciplinam respectivamente o ônus da impugnação especificada e o efeito material da revelia, com suas exceções. Interessante notar que, enquanto o art. 341 é substancialmente idêntico ao atual art. 302, o art. 345 acrescenta, se comparado ao art. 320 hoje vigente, mais dois casos – já há muito apontados pela doutrina - em que a revelia não produz seus efeitos: "Art. 345. A revelia não produz o efeito mencionado no art. 344 se: [...] IV - as alegações de fato formuladas pelo autor forem inverossímeis ou estiverem em contradição com prova constante dos autos." Não se entende, porém, a razão pela qual (ao contrário da hipótese de "contradição com a prova dos autos") a inverossimilhança das alegações de fato do autor não está elencada no art. 341 como exceção ao ônus da impugnação específica, que, em última instância, decorre, tal qual a revelia, do ônus de afirmar – e de negar – a que estão sujeitas as partes (nesse sentido: DINAMARCO, Cândido Rangel. *Causa de pedir e ônus de afirmar*. In: "Fundamentos do processo civil moderno", t. I. 6ª ed. São Paulo: Malheiros, 2010. p. 572-573).
42. Nesse sentido ver, por todos: SIQUEIRA, Cleanto Guimarães. *A defesa no processo civil...*, p. 121.

simplesmente extrair as consequências jurídicas dos fatos narrados na inicial, para então julgar o pedido procedente ou improcedente. Não por outro motivo também é possível, nessas situações, proferir-se *julgamento antecipado* (CPC/15, art. 355, I), razão pela qual, para fins do que agora analisamos, também podem ser caracterizadas como de incontrovérsia.

Situação interessante ocorre, por fim, na última daquelas hipóteses: imaginando que o réu não negue os fatos afirmados pelo autor, mas alegue algum outro impeditivo, modificativo ou extintivo – se, por exemplo, ao invés de negar a existência de certa dívida, apenas suscite sua prescrição –, será o autor chamado a apresentar réplica (CPC/15, art. 350).

Nesse caso, se o autor não negar aqueles fatos, ficarão incontroversos e, assim sendo, não demandarão qualquer atividade instrutória (CPC/15, art. 374, III). Interessantemente assim, controverte-se o pedido por meio de fatos, mas estes fatos, mesmo, não se encontram controvertidos, o que autoriza o julgamento. Caso contrário, negando o autor aquelas alegações, suportará o requerido o ônus provar sua veracidade.

O que fica claro, em última análise, é que é justamente a existência de *questões de fato* o que impede o julgamento – antecipado – do *meritum causae*, exatamente pela necessidade de que sejam produzidas provas a fim de dirimi-las. Vale lembrar que, em regra, as afirmações de direito não dependem de prova.

É essa a conclusão a se chega pela leitura do art. 355, I[43], de onde se extrai, ainda, que tais questões fáticas, para que possam obstar a análise do mérito, necessitam ser *atuais*. Isto é, ainda que tenha surgido controvérsia sobre matéria de fato, a partir do momento em que as provas dos autos forem suficientes para elucida-la, também está autorizado o julgamento antecipado parcial. Desta última hipótese, todavia, trata o art. 356, II, que será analisado na sequência[44].

Pelo que se vê, assim, podemos dizer que fica *incontroverso o pedido*, para fins do art. 356, quando seu julgamento não dependa da análise de qualquer questão de fato que ainda dependa de produção de provas, seja porque: (i) não surgem questões de fato, vez o réu não apresentou qualquer defesa

---

43. Art. 355. O juiz julgará antecipadamente o pedido, proferindo sentença com resolução de mérito, quando: I - não houver necessidade de produção de *outras provas*;
44. Na versão anterior deste estudo, havíamos afirmado, neste ponto, que, a partir do momento em que as provas fossem suficientes para elucidar as questões fáticas surgidas, estaria configurada a incontrovérsia, razão pela qual também de tal situação trataria o inciso I do então art. 362 (atual art. 356, I do CPC/15), e que, por isso, a previsão do inciso II seria *"verdadeiramente desnecessária"*. Ainda que continuemos a pensar que, desde quando as provas dos autos sejam capazes de resolver as questões de fato, verifica-se, para estes fins a incontrovérsia, parece-nos que o inciso II do art. 356 foi criado justamente para tratar de tal hipótese, razão pela qual revemos, no particular, nosso entendimento.

relativa ao pedido; (ii) o réu se limitou a negar diretamente os fundamentos jurídicos do autor; e (iii) o réu apresentou apenas defesa de mérito indireta, não refutada pelo autor.

Além disso, também podemos dizer ser incontroverso o pedido quando, por fim, (IV) independentemente de ter surgido qualquer controvérsia fática ou jurídica, alguma das partes ou ambas adotem comportamentos autocompositivos.

Como alertado, porém, em qualquer desses casos a incontrovérsia deve ser meramente *parcial*, isto é, deve dizer respeito a *"um ou mais dos pedidos formulados ou parcela deles"*, mas não ao aos outros. Assim é que, alguma daquelas quatro situações acima elencadas deve atingir apenas um, alguns, ou parte de um dos pedidos cumulados, mas não todos.

Por isso mesmo é que, em se tratando de *cumulação inicial*, a revelia, produzindo seus regulares efeitos, não levará a aplicação do analisado art. 356. Nesses casos, em que estaremos falando de incontrovérsia *total*, a hipótese seria de julgamento antecipado do mérito, nos termos do art. 355, II do CPC/15, versão aprimorada do atual art. 330, II. Diferente seria, por outro lado, se o réu, descumprimento o ônus da impugnação específica, deixasse de negar os fatos constitutivos de um dos direitos pleiteados, mas não dos demais.

Por outro lado, sendo a *cumulação ulterior*, a total ausência de contestação daquele contra o qual foi deduzida a pretensão pode levar à incontrovérsia parcial, que não atingirá, por óbvio, os pedidos iniciais. Basta que pensemos, por exemplo, na inércia do autor reconvinte, ao ser chamado para responder á reconvenção.

Conclui-se, destarte, que, além dos casos de autocomposição, a *incontrovérsia* de que fala o art. 356, I do CPC/15, se verifica quando para a análise de *todas* as *questões de fato* (constitutivos, extintivos, impeditivos ou modificativos) que se colocam como pressuposto lógico ao julgamento de alguma (ou parte de uma) das pretensões que formam o objeto do processo (mas não das demais), não seja necessária a produção de qualquer prova.

O que fica claro, nesses casos, é que a partir do momento em que se manifesta a incontrovérsia quanto ao pedido, é desnecessária, em relação a ele, a realização de atividade instrutória, uma vez que já conta, o juiz, com todos os elementos de convicção de que necessita para dar um destino à causa. Exaure, então, a cognição quanto àquela pretensão, podendo sobre ela emitir um *juízo de certeza (cognição exauriente)*.[45]

---

45. Nesse sentido, sobre o § 6º do atual art. 273, dentro outros: BUENO, Cássio Scarpinella. *Tutela antecipada*, p. 54-55; CÂMARA, Alexandre Freitas. *Lições...*, vol. I, p. 447; e DIDIER JÚNIOR, Fredie. *Curso...*, vol. 2, p. 530. Em sentido contrário, ver: BEDAQUE, José Roberto dos Santos. *Tutela cautelar...*, p. 361-362, nota 119.

5.2.3. Requisitos: condições de julgamento (inciso II – "estiver em condições de imediato julgamento, nos termos do art. 355")

Nos termos do inciso II, haverá decisão parcial de mérito quando alguns dos pedidos cumulados *"estiver em condições de imediato julgamento, nos termos do art. 355"*, artigo este que, como já afirmarmos, trata das mesmas hipóteses de julgamento antecipado que estão no art. 330 do CPC/73.

Analisando o teor dos dois incisos do art. 355, verifica-se, inicialmente, que estaria autorizada a aplicação do art. 356 quando, sobre parcela do objeto do processo, *"não houver necessidade de produzir outras provas"* (inciso I). Trata-se, de situação em que, a despeito de ter havido controvérsia inicial, já não houver necessidade de produção de qualquer *outra prova* além daquelas que constem dos autos sobre um ou alguns dos pedidos cumulados, ou fração deles.

Já o inciso II, relativo aos efeitos da revelia, traduz-se, como vimos, em hipótese de verdadeira incontrovérsia, caso em que incide, na verdade, o art. 356, inciso I, e não o inciso II, ora analisado. É de se lembrar, aliás, que em se tratando de cumulação inicial, a revelia, na maior parte das vezes, leva ao julgamento antecipado de todo o *meritum causae*, e não de apenas parte dos pedidos.

5.3. Consequências para o sistema processual

Na linha do que tentamos demonstrar, a fragmentação do julgamento do mérito, no sistema hoje vigente, apresenta uma série de problemas que decorrem justamente do fato de não ter o legislador de 1973 pensado na possibilidade ao regulamentar os institutos ligados à resolução o mérito. Tais dificuldades, como parece claro, não foram superadas pela simples inserção do § 6º no art. 273, que se limitou a estabelecer os *requisitos* que podem levar a tanto.

Já o CPC/15, como se infere de uma rápida análise do art. 356, buscou não apenas disciplinar as condições necessárias ao julgamento antecipado parcial, mas também procurou *operacionaliza-lo*, regulamentando as *consequências* que causa em outros institutos processuais. É exatamente isso o que passamos a analisar, no intuito de verificar se – e em que medida -, o Novo Código estará apto a superar aquelas dificuldades.

5.3.1. Consequências: correlação entre demanda e decisão (§ 1º - "A decisão que julgar parcialmente o mérito poderá reconhecer a existência de obrigação líquida ou ilíquida")

Nos termos do § 1º do art. 356, estaria autorizado o juiz, ao julgar parcialmente o mérito, a *"reconhecer a existência de obrigação líquida ou ilíquida"*.

Trata-se de regra, como é cediço, ligada ao princípio da correlação entre *petitum* e *decisum*.

A verdade é que a possibilidade de prolação de sentenças ilíquidas, em si mesma, nada tem de inovador. No sistema hoje vigente, como se extrai do parágrafo único do art. 459, estará o juiz autorizado a tanto desde que o autor haja formulado pedido genérico, nas situações excepcionais contidas nos três incisos do art. 286.

Já no CPC/15, o art. 491 impõe que, em regra, a sentença defina *"desde logo a extensão da obrigação"*, *"ainda que formulado pedido genérico"*. Traz, entretanto, duas exceções: a impossibilidade de determinar, de modo definitivo, o *quantum debeatur* (inciso I); e a demora ou dispêndio excessivo resultantes da realização da prova (inciso II). Não fazendo o texto qualquer diferenciação, parece-nos que as exceções se aplicam não somente aos casos de pedido ilíquido, como também aos que forem determinados.

Questão distinta, que agora nos interessa, é saber se os limites traçados no art. 491 se aplicam ao § 1º do art. 356. Isto é, se a possibilidade de *"reconhecer a existência de obrigação ilíquida"* em sede de julgamento parcial está subordinada à existência de alguma daquelas situações excepcionais acima mencionadas.

Aqui, não nos parece que se deva restringir onde o legislador não pretenda fazê-lo. Seria redundante a previsão do § 1º se ficasse sujeita à regra do art. 491. Além disso, verificando-se incontrovérsia sobre a *existência da obrigação* que forma parte do objeto do processo, pode ser útil que já seja se defina, desde logo, o dever de pagar, retirando-se tal discussão do "procedimento principal". Ainda que sobre tal parcela seja necessária a realização de liquidação, esta em nada atrapalhará o julgamento do restante do *meritum causae*.

5.3.2. Consequências: execução ou liquidação imediata (§ 2º - A parte poderá liquidar ou executar, desde logo, a obrigação reconhecida na decisão que julgar parcialmente o mérito)

Resultando em verdadeira análise de mérito, o julgamento antecipado parcial pode, ainda, ter a aptidão de tornar adequada a *tutela executiva* para a satisfação do direito nele reconhecido. Isto é, ainda que seja ele veiculado, como veremos, por decisão interlocutória, pode caracterizar *título executivo judicial*, nos termos dos incisos I e II do art. 515 do CPC/15. Não por outra razão, aliás, retirou-se, de tais dispositivos, a referência à *sentença*, hoje contida no art. 475-N.

Considerações análogas valem, ainda, para os casos em que, com esteio no § 1º, seja reconhecida *obrigação ilíquida*, isto é, aquela em que falta a definição do *quantum debeatur*.

Em todos essas situações, assim, a *"parte poderá"* promover a execução ou liquidação *"desde logo"*, disposição da qual se retira duas importantes regras: a primeira delas é a de que em ambos os casos a atividade está sujeita à iniciativa da parte, assim como estaria em se tratando de sentença[46]; a segunda delas é a de que não há, por óbvio, necessidade de se esperar o julgamento dos demais pedidos para que, então, possa ser promovida a atividade satisfativa.

5.3.2.1. Consequências: a execução provisória e seu regime jurídico (§ 2º - "independentemente de caução, ainda que haja recurso contra essa interposto")

Consectário lógico da eficácia imediata da decisão a que se refere o art. 356 é a possibilidade de aparelhar, *"desde logo"*, execução (e liquidação) provisória, ou seja, aquela que se faz quando há *"recurso dela interposto"*.

Causa certa estranheza, porém, a expressão *"independentemente de caução"*, que dá a ideia de que mesmo quando seja provisória a execução, será processada sem aquela garantia. Ocorre que, tal como faz o art. 475-O hoje vigente, o art. 520, IV do CPC/15 exige, dentre os cuidados inerentes a este tipo de execução, a prestação de caução para que possam ser praticados expropriatórios.

Não se justifica, porém, a diferença de tratamento: seja de sentença ou de decisão interlocutória, a execução, caso qualquer dessas decisões esteja sujeita a recurso, ostentará a marca da provisoriedade. E, sendo assim, as garantias que se justificam em uma também devem existir na outra. Ao estabelecer tal distinção, o dispositivo acaba por desvirtuar a ideia, implementada em outros artigos do Código, de igualar os regimes jurídicos a que estão sujeitas ambas as espécie de pronunciamento judicial.

5.3.2.2. Consequências: execução e liquidação em autos suplementares (§ 4º - "A liquidação e o cumprimento da decisão que julgar parcialmente o mérito poderão ser processados em autos suplementares, a requerimento da parte ou a critério do juiz")

Permite o § 4º do art. 356, que a execução ou liquidação sejam processadas em *"autos suplementares"*. A que, entretanto, estaria se referindo o dispositivo por meio de tal expressão?

Primeiramente, importa deixar claro que não se está falando dos autos suplementares de que trata o § 1º do art. 159 do CPC/73, de formação obrigatória

---

46. Os arts. 509, 520 e 523 não deixam dúvidas de que, respectivamente, liquidação, execução provisória e cumprimento definitivo de sentença se fazem, sempre, a requerimento da parte. Este último artigo, aliás, alude expressamente à *"decisão sobre parcela incontroversa"*.

nas Comarcas situadas fora das Capitais dos Estados ou do Distrito Federal. Ao que parece, tal regra – verdadeira *letra morta* nos dias de hoje, como alerta Dinamarco[47] – foi abolida do novo sistema.

À falta de qualquer outra referência no CPC/15, a expressão, ao que nos parece, significa simplesmente autos *distintos* do principal. Curioso notar, porém, que em duas outras oportunidades relativas à liquidação - de sentença sujeita a recurso (art. 512) e a que se faz simultaneamente à execução (art. 509, § 1º) – o Código utiliza a expressão *"autos apartados"* quando quis se referir à necessidade de formação de um novo instrumento, assim como o faz ao cuidar da execução de alimentos provisórios (art. 531, § 1º).

Mais relevante, porém, que a expressão utilizada pelo Código, é perceber que a formação de novos autos não ocorrerá em todos os casos, ficando *"a critério do juiz"*. Ou seja, pelo que prevê o § 4º, há a possibilidade de que a liquidação ou efetivação da decisão parcial de mérito se faça *nos mesmos autos* em que tramita o procedimento cognitivo originário, que persiste para o julgamento das pretensões que ainda não se encontravam incontroversas.

Não nos parece ser essa, porém, a medida mais adequada, se levarmos em conta que, a partir do momento em que ocorre a fragmentação na resolução do mérito, forma-se *novo procedimento* para a parcela dos pedidos já julgados. Isto é, tudo o que se seguir a este julgamento – recursos, liquidação, execução, etc. – demandará a prática de *atos processuais distintos*, mas muitas vezes *simultâneos* àqueles que estão sendo desenvolvidos no processo de origem.

E esta característica, a nosso ver, aconselha que sejam formados autos distintos para os procedimentos, sob pena de que tal contingência, meramente burocrática, acabe por causar tumultos no desenvolvimento do próprio processo. Basta que pensemos, por exemplo, que estejam em curso dois prazos simultâneos – um no procedimento cognitivo e outro no de execução – para se ter ideia do imbróglio que poderia ser criado.

Aliás, é de se perceber que em diversas outras oportunidades nas quais, num mesmo processo, convivem procedimentos autônomos, o CPC/15 determina a formação de autos apartados: assim o faz nos já mencionados arts. 509, § 1º, 512 e 531, § 1º, assim como no § 5º do art. 828, relativo ao incidente que visa apurar a indenização decorrente do averbamento indevido da certidão de admissão da execução.

De toda sorte, ao requerer a liquidação ou a execução, deve a parte apresentar petição acompanhada de cópias das peças que se mostrarem

---

47. *Instituições...*, vol. II, p. 500.

necessárias, em especial da decisão que julgou parcialmente o mérito, da certidão de trânsito em julgado ou de interposição de recurso não dotado de efeito suspensivo, e das procurações outorgadas pelas partes[48]. Deve, ainda, se for o caso, apresentar, na linha do que exige o art. 524 para o cumprimento de sentença, demonstrativo discriminado e atualizado do crédito.

5.3.3. Consequências: coisa julgada parcial e ação rescisória (§ 3º - [...] se houver trânsito em julgado da decisão, a execução será definitiva.)

Considerando que a decisão a ser proferida com base no art. 356 caracteriza-se como sendo de mérito, parece óbvia a possibilidade de que seja imunizada pela autoridade da coisa julgada material. Tal conclusão é reforçada, ainda, pela segunda parte de seu § 3º, que alude expressamente ao trânsito em julgado e à execução definitiva.

O raciocínio é simples: a partir do momento em que não seja mais cabível qualquer recurso contra a decisão que julga parcialmente o mérito, ocorre seu *trânsito em julgado*, isto é, passa ela do estado de *mutável* para o de *imutável*. Estabiliza-se, assim, enquanto ato do procedimento, adquirindo o *status* de *coisa julgada formal*.

O fato, porém, é que, justamente por versar sobre o *meritum causae*, tal julgamento se destina a produzir *efeitos extraprocessuais*, que também, por sua vez, tornam-se imutáveis e indiscutíveis. Há, portanto, *coisa julgada material*, isto é, aquela que projeta sua autoridade para além do processo em que se originou. É essa, aliás, a conclusão que se impõe se levarmos em conta que, como visto, o julgamento antecipado parcial pressupõe, já que fundado em incontrovérsia, cognição exauriente.

O que pode causar certa estranheza, num primeiro momento, é o fato de que, nesses casos, a coisa julgada poderá recair sobre decisão interlocutória (ou, é claro, sobre outra que vier a substituí-la em grau de recurso). Quanto a isto, porém, basta levarmos em conta que, como veremos, o sistema do CPC/15 não diferencia sentenças e interlocutórias com base em seu conteúdo, mas, simplesmente, em sua localização na cadeia procedimental.

Dessa forma, se as decisões interlocutórias, por opção do legislador, podem versar matéria de mérito, também são aptas a adquirir aquela especial qualidade. Se analisarmos, aliás, a redação do art. 502, que define a coisa julgada material, bem como do art. 508, que trata de sua eficácia preclusiva,

---

48. Valemo-nos, aqui, da relação de documentos que devem ser juntados à petição de cumprimento provisório de sentença, prevista no art. 522.

veremos que foi deles retirada a menção à sentença, presente nos arts. 467 e 474 hoje vigentes. Ao que parece, porém, não teve, o legislador, o mesmo cuidado ao tratar dos limites objetivos (art. 504), temporais (art. 505) e subjetivos (art. 506) da res judicata.

Consequência da aptidão de ostentar autoridade de coisa julgada é a possibilidade de ser a decisão que julgar parcialmente o mérito alvo de *ação rescisória*. Diferentemente, aliás, do que faz o atual art. 485, o art. 966 do CPC/15 não alude mais à sentença, mas simplesmente à *"decisão de mérito, transitada em julgado"*[49].

Importante perceber que o trânsito em julgado, nestes casos, não depende de forma alguma do destino a ser dado àquelas pretensões que, por não se encontrarem incontroversas, não foram objeto do julgamento antecipado. Afinal, sendo tais decisões interlocutórias impugnáveis de imediato pela via do agravo, eventual preclusão das vias recursais independe do que esteja ocorrendo com os pedidos ainda não apreciados.

É, destarte, inevitável a formação da chamada *coisa julgada parcial*, isto é, aquela que atinge apenas parcela do objeto do processo. Há, dessa forma, a possibilidade de que, num mesmo processo, formem-se progressivamente *diversas coisas julgadas*, conforme ocorram os julgamentos de cada um dos pedidos cumulados e subsequentes trânsitos em julgado.

Assemelha-se, tal fenômeno, ao que ocorre nos casos em que, proferida sentença objetivamente complexa, é apresentado recurso apenas parcial, fazendo com que os capítulos não impugnados fiquem acobertados pela coisa julgada. Quanto aos demais, mantido o estado de litispendência, transitarão em julgado em momento posterior, conforme se tornem preclusas as vias recursais.

O fato, porém, é que a jurisprudência do Superior Tribunal de Justiça vem se mostrado resistente à possibilidade da formação de coisas julgadas distintas e progressivas num mesmo processo. Na maior parte das vezes, o posicionamento – firmado, ao que parece, no julgamento do EREsp nº 404.777/DF[50] – fun-

---

49. Como é cediço, apesar da redação do atua art. 485, aceita a doutrina, sem maiores dificuldades, o ajuizamento de ação rescisória contra decisões interlocutórias sobre as quais formou-se coisa julgada material. Nesse sentido, dentre outros: DINAMARCO, Cândido Rangel, *Ação rescisória contra decisão interlocutória*, p. 288-289; NERY JUNIOR, Nelson & NERY, Rosa Maria de Andrade. *Código...*, p. 784-785; YARSHELL, Flávio Luiz, *Ação rescisória...*, p. 192-193. É este, ainda, o entendimento encontradiço na jurisprudência: STJ, 3ª Turma, AgRg no AREsp 203279 / MG, rel. Min. Sidnei Beneti, DJ 11.8.2012; STJ, 1ª Turma, REsp 784799/PR, rel. Min. Teori Albino Zavascki, DJ 2.2.2010; STJ, 3ª Turma, REsp 685738/PR, rel. Min. Sidnei Beneti, DJ 3.12.2009; STJ, 3ª Turma, REsp 628464/GO, rel. Min. Nancy Andrighi, DJ 27.11.2006; STJ, 4ª Turma, REsp 100902/BA, Rel. Min. Cesar Asfor Rocha, DJ 27.9.2007.
50. Eis a ementa daquele julgado: PROCESSUAL CIVIL - EMBARGOS DE DIVERGÊNCIA NO RECURSO ESPECIAL - AÇÃO RESCISÓRIA - PRAZO PARA PROPOSITURA - TERMO INICIAL – TRÂNSITO EM JULGADO DA ÚLTIMA DECISÃO PROFERIDA NOS AUTOS - CPC, ARTS. 162, 163, 267, 269 E 495. - A coisa julgada material é a qualidade conferida por lei

damenta-se em preocupações de ordem eminentemente pragmática, ligadas especialmente à possibilidade de que uma mesma relação processual dê azo ao ajuizamento de subsequentes ações rescisórias, sujeitas a prazos decadenciais com termos *a quo* diferentes[51].

Posteriormente, ainda, no ano de 2010, tal entendimento foi cristalizado na Súmula nº 401 daquela Corte Superior, no sentido de que *"o prazo decadencial da ação rescisória só se inicia quando não for cabível qualquer recurso do último pronunciamento judicial"*[52].

Do ponto de vista da técnica processual, porém, não há como afastar tal possibilidade. No que tange às sentenças objetivamente complexas, decorre ela da expressa autorização de que seja interposto recurso meramente *parcial*, como, ainda, da circunstância de que, havendo sucumbência recíproca, cabe a cada uma das partes impugnar, se assim desejar, o capítulo da sentença que lhe for desfavorável, vedada a *reformatio in pejus*.

Já no que concerne ao julgamento antecipado parcial, a formação de coisas julgadas progressivas é consequência do ônus de se recorrer de imediato de tais decisões interlocutórias, encargo que, uma vez descumprido, ocasiona seu trânsito em julgado. E, uma vez verificado tal fenômeno, estará a decisão, *ipso facto*, imunizada pela coisa julgada material.

à sentença /acórdão que resolve todas as questões suscitadas pondo fim ao processo, extinguindo, pois, a lide. - Sendo a ação una e indivisível, não há que se falar em fracionamento da sentença/acórdão, o que afasta a possibilidade do seu trânsito em julgado parcial. - Consoante o disposto no art. 495 do CPC, o direito de propor a ação rescisória se extingue após o decurso de dois anos contados do trânsito em julgado da última decisão proferida na causa. - Embargos de divergência improvidos. (STJ, Corte Especial, EREsp 404777 / DF, rel. Min. Fontes de Alencar, rel. p. acórdão Min. Francisco Peçanha Martins, DJ 11.4.2005). No mesmo sentido, ainda, na jurisprudência mais recente daquela Corte: STJ, 3ª Turma, AgRg nos EDcl no REsp 1202069 / RJ, rel. Min. Paulo de Tarso Sanseverino, DJ 15.10.2013; STJ, 3ª Turma, REsp 1004472 / PR, rel. Min. Massami Uyeda, DJ 23.11.2010; STJ, 1ª Seção, AR 1328 / DF, rel. Min. Castro Meira, DJ 1.10.2010.

51. Para críticas a tal posicionamento, em relação às sentenças que contem mais de um capítulo de mérito, ver, por todos: MOREIRA, José Carlos Barbosa. *Sentença objetivamente complexa, trânsito em julgado e rescindibilidade*. In: RePro, nº 141. São Paulo: RT, 2006. p. 7-19. Como lembra o autor em tal estudo, aliás, a possibilidade de que uma mesma relação processual leve ao ajuizamento de mais de uma ação rescisória não fica afastada sequer se considerado único seu *dies a quo*.

52. Vale ressaltar que referido enunciado visa resolver, ainda, problema distinto, relativo à determinação da data em que se deve considerar transitada em julgada uma decisão quando o recurso dela interposto não é conhecido. A esse respeito ver, por todos: JORGE, Flávio Cheim. *Teoria geral dos recursos cíveis*. 5ª ed. São Paulo: RT, 2011. p. 77-81. O fato, porém, é que a Súmula nº 401 vem sendo aplicado à questão aqui discutida, como não deixa dúvidas o seguinte trecho de julgado extraído da jurisprudência do STJ: "[...] III - interpretando-se o disposto no artigo 495 do Código de Processo Civil, o termo inicial da contagem do prazo bienal para a propositura da ação rescisória, será o trânsito em julgado da última decisão posta no último recurso eventualmente interposto, momento em que já não cabe qualquer insurgência quanto à decisão rescindenda. Incidência da recente Súmula nº 401/STJ. Observância, na espécie. IV - Não se admite, por consequência, a chamada "coisa julgada por capítulos", uma vez que tal entendimento resultaria em grave tumulto processual, tornando possíveis inúmeras e indetermináveis quantidade de coisas julgadas em um mesmo feito. [...]" (STJ, 3ª Turma, REsp 1004472 / PR, rel. Min. Massami Uyeda, DJ 23.11.2010)

Se tal constatação parece inescapável em relação aos recursos que não abranjam a totalidade do ato decisório, ainda com maior razão se impõe em relação à fragmentação do julgamento do mérito: aqui, não apenas *materialmente* se pode enxergar uma pluralidade de decisões num mesmo processo (isto é, os vários capítulos de uma mesma sentença), mas sobretudo do ponto de vista *formal*, já que as diversas pretensões serão julgadas por meio de *atos processuais distintos*, praticados em etapas diferentes de um mesmo procedimento.

Não há qualquer dúvida, portanto, de que, julgado antecipadamente parcela do mérito da casa, a respectiva decisão estará apta a ser imunizada pela autoridade da coisa julgada material desde o momento em que contra ela não seja mais cabível qualquer recurso, independentemente do que venha a ocorrer com o restante das pretensões cumuladas.

E, sendo assim, retornando ao que havíamos dito, uma vez preclusas as vias recursais contra a decisão interlocutória de mérito, será cabível, de imediato, o ajuizamento de ação rescisória.

O grande problema, que se coloca, todavia, se refere ao *início do prazo decadencial* para o ajuizamento da ação rescisória, tendo em vista que, nos termos do art. 975 do CPC/15, o direito à rescisão se extinguiria "em 2 (dois) anos contados do trânsito em julgado *da última decisão proferida no processo*".

O legislador teria, assim, neste dispositivo, optado por condicionar o início do prazo da ação rescisória ao *término do processo*, ainda que, antes disso, tenha havido o trânsito em julgado referente a uma parcela do *meritum causae*.

Desta forma, ocorrido o julgamento antecipado parcial, e ainda que sobre a respectiva decisão tenha recaído a autoridade de coisa julgada, o início do prazo da ação rescisória contra ela cabível ficará na dependência do encerramento do processo originário. Apenas a partir do momento em que tenha transitado em julgado a *última decisão* naquele proferida, é que começará a correr o prazo bienal para obter a rescisão de *qualquer decisão de mérito* que tenha sido nele prolatada, ainda que, repitamos, sobre alguma delas já se tenha formado coisa julgada em momento anterior.

Tal constatação, todavia, não pode impedir, a nosso ver, que, desde o momento em que ocorra o trânsito em julgado parcial, seja a decisão objeto de ação rescisória, *ainda que* não tenha tido início o prazo decadencial. É de se considerar, neste momento, a possibilidade de que a parte esteja sofrendo os efeitos negativos da decisão transitada em julgado – sujeita, inclusive, a execução definitiva, conforme o art. 356, § 3º -, razão pela qual não lhe pode ser obstado o manejo da ação rescisória pelo simples fato de que pende de julgamento uma parcela do objeto do processo.

Tudo isto demonstra, segundo nos parece, o desacerto da opção do legislador ao prestigiar o entendimento contido na já mencionada Súmula nº 401 do STJ, e condicionar o início do prazo decadencial para a propositura da ação rescisória ao trânsito em julgado da última decisão proferida no processo, na medida em que, nessas situações, pode transcorrer longo lapso temporal entre o julgamento antecipado parcial e aquele relativo às pretensões que ainda se mostravam controversas. E, sendo assim, sujeitar a coisa julgada que primeiro se formar à definitividade de outra decisão, que não se sabe sequer quando virá, acabaria por depor contra a própria finalidade buscada com a técnica prevista no novel art. 356, que é justamente possibilitar julgamento definitivo em relação ao direito que não mais se põe em dúvida.

5.3.4. Consequências: classificação dos pronunciamentos judiciais e recorribilidade (§5º - "A decisão proferida com base neste artigo é impugnável por agravo de instrumento")

Sem dúvida alguma, a questão mais polêmica dentre a parcela – majoritária – da doutrina que aceita a fragmentação o julgamento do mérito por meio do § 6º do vigente art. 273 diz respeito à determinação da espécie do pronunciamento judicial a ser proferido nestes casos, e, por conseguinte, do recurso apto a atacar tal decisão.

Se a redação originária do art. 162 do CPC/73 não deixava muita dúvida, o fato é que a modificação empreendida em seu § 1º por meio da Lei nº 11.232/2005 fez com que respeitados autores divergissem a respeito do critério a ser utilizado na classificação das decisões judiciais de primeiro grau. Entendem alguns que, com a alteração legislativa, passou a ser o *conteúdo* do ato o *discrimen*, razão pela, se enquadrando na hipótese do art. 269, I, o julgamento antecipado parcial se daria por meio de *sentença*[53]. Outros, porém, defendem que foi mantido o critério *topológico*, e, sendo assim, por não ter o condão de extinguir o processo – ou a fase de conhecimento –, tal pronunciamento seria *decisão interlocutória*[54].

Para o que nos interessa, importante entender que ambas as posições apresentam problemas, que decorrem, na verdade, das próprias fragilidades

---

53. Nesse sentido, dentre outros: MITIDIERO, Daniel, *Direito fundamental...*, p. 112-116; OLIVEIRA, Bruno Silveira de. A 'interlocutória-faz-de-conta' e o 'recurso ornitorrinco' (ensaio sobre a sentença parcial e sobre o recurso dela cabível). In: RePro nº 203. São Paulo: RT, 2012. _____. Um novo conceito de sentença? In: RePro nº 149. São Paulo: RT, 2007, p. 120-138; WAMBIER, Teresa Arruda Alvim. *Nulidades do processo e da sentença*. 6ª ed. São Paulo: RT, 2007, p. 32-34.
54. É o que pensam, por exemplo: ALVIM, Eduardo Arruda. *O perfil da decisão...*, p. 57; BUENO, Cássio Scarpinella. *Tutela antecipada*, p. 51-62; CÂMARA, Alexandre Freitas. *Lições...*, vol. I, p. 447; CUNHA, Leonardo José Carneiro da. *O § 6º do art. 273...*, p. 122-123; DIDIER JÚNIOR, Fredie. *Curso...*, vol. 2, p. 532-534.

do Código vigente. E isso, pela já alardeada ligação que o atual sistema estabelece entre decisão de mérito, fim do processo e prolação de sentença, estrutura não alterada por qualquer das reformas processuais.

Assim, aqueles que entendem que o julgamento antecipado parcial se faz por meio de decisão interlocutória, têm de buscar superar as claras diferenças que o Código estabelece entre o regime jurídico desta e da sentença, e, mais ainda, entre o dos recursos de apelação e de agravo. Surge, então, como solução, aplicar ao recurso de agravo de instrumento uma série de regras previstas para a apelação, como a possibilidade de sustentação oral e a presença de um desembargador revisor, além do cabimento de embargos infringentes.[55]

Por outro lado, os que advogam tratar-se de sentença, têm de conviver com a ideia de que o recurso tipicamente cabível, da maneira como o Código o trata, não é processado por instrumento, mas sim nos mesmos autos, o que, no caso do julgamento antecipado parcial, seria verdadeiramente inviável, pela necessidade de se dar prosseguimento ao procedimento em primeiro grau quanto aos pedidos ainda não analisados. Surgem, então, duas soluções distintas: aceita-se, ainda que se trate de sentença, a utilização do recurso de agravo[56], ou, então, de apelação a ser processada por instrumento[57].

Já no sistema do CPC/15, não parece restar qualquer dúvida: o § 5º do art. 356 deixa claro que o recurso cabível no caso de julgamento antecipado parcial é o de *agravo de instrumento*. Da mesma forma, o art. 1015, II arrola a hipótese dentre uma daquelas em que, excepcionalmente, será impugnável de imediato a decisão interlocutória.

Nos termos, ainda, do que dispõe o § 1º do art. 203, *"sentença é o pronunciamento por meio do qual o juiz, com fundamento nos arts. 485 e 487, põe fim à fase cognitiva do procedimento comum".* Adotou-se, mais uma vez, o critério topológico: apenas a decisão com aptidão de encerrar o processo ou um de seus módulos poderá ser chamada de sentença; caso contrário, não importando seu conteúdo, será decisão interlocutória, impugnável, portanto, por meio de recurso de agravo de instrumento.

Considerando, destarte, que o CPC/15 opta pela possibilidade de que seja julgado por decisão interlocutória o *meritum causae*, resta saber se – e em que medida – buscou superar as dificuldades hoje existentes. E, analisando detidamente as disposições atinentes aos recursos de apelação e de agravo de

---

55. Nesse sentido ver, por todos: DIDIER JÚNIOR, Fredie. *Curso...*, vol. 2, p. 533-534.
56. MITIDIERO, Daniel, *Direito fundamental...*, p. 112-116; WAMBIER, Teresa Arruda Alvim. *Nulidades...*, p. 34-36.
57. Para a defesa dessa ideia, e correspondentes – e contundentes – críticas às posições contrárias, consultar, por todos: OLIVEIRA, Bruno Silveira de. *A 'interlocutória-faz-de-conta' e o 'recurso ornitorrinco'...*, p. 73-96.

instrumento, o que se vê é que, conquanto tenha o legislador tentado aproximá-los, deixou a descoberto certas áreas.

É certo que o § 5º do art. 1003 iguala o prazo para a interposição de qualquer das espécies recursais, que passa a ser de quinze dias. A exceção fica por conta dos embargos de declaração, que continuam sujeitos ao prazo de cinco dias (art. 1023).

Em outros dispositivos, todavia, verifica-se que se mantiveram diferenças significativas entre o regime jurídico do recurso de apelação, e o do agravo de instrumento cabível contra as decisões interlocutórias de mérito.

É de se considerar, primeiramente, que não há, no art. 937, previsão de *sustentação oral* contra os agravos de instrumento que versem matéria de mérito, ao contrário do que se passa com o recurso de apelação (inciso I), e mesmo com os agravos interpostos contra decisões interlocutórias que tratem de tutelas provisórias (inciso VIII).

Outro dispositivo em que, a nosso ver, deveriam ter sido ressalvados os agravos manejados contra decisões interlocutórias de mérito é o art. 997, que, ao tratar do *recurso adesivo*, admite-o apenas *"na apelação, no recurso extraordinário e no recurso especial"*. As mesmas considerações valem, *mutatis mutandis*, à *remessa necessária*, que, prevista apenas para sentenças, deveria ser estendida às decisões interlocutórias que ostentem as características descritas no art. 496.

Mais preocupante, porém, segundo nos parece, é a disciplina do *efeito suspensivo* de cada uma das espécies recursais: na linha do regramento hoje vigente, enquanto o recurso de apelação *"terá efeito suspensivo"* (art. 1012), os agravos de instrumento *"não impedem a eficácia da decisão"* (art. 995). Considerando, contudo, a possibilidade, expressa no diploma, de que as decisões interlocutórias versem sobre o *meritum causae*, caberia, nesses casos, outorgar-lhes o mesmo regime jurídico dado às sentenças de mérito, que, regra geral, não produzem efeitos imediatos.

Curioso, é, ainda, o que se passa com a técnica de julgamento, criada para substituir os embargos infringentes (art. 942). Nos termos do *caput*, desde que o resultado da apelação seja *não unânime*, o julgamento terá prosseguimento, com a presença de outros julgadores, em número suficiente para garantir a inversão do resultado inicial. Perceba-se que, em relação à apelação, *não se exige* que tenha havido a *reforma da sentença*, aplicando-se, o dispositivo, ainda em caso de desprovimento do recurso.

Já no § 3º, inciso II, deste art. 942, procurou, o CPC/15, estender a aplicação da técnica a julgamento do *agravo de instrumento* interposto contra a decisão *"que julgar parcialmente o mérito"*. À diferença, todavia, do que ocorre com a apelação, é necessário, para tanto, que tenha havido a *reforma da decisão interlocutória*, diferença de tratamento que, segundo nos parece, não encontra qualquer justificativa.

6. CONVENIÊNCIA E LIMITES DA TÉCNICA DA FRAGMENTAÇÃO DO JULGAMENTO DO MÉRITO

Realizada essa breve interpretação dos dispositivos atinentes ao julgamento antecipado parcial do mérito no CPC/15, cabe-nos, como derradeira etapa deste estudo, esboçar certas considerações a respeito da *conveniência* da consagração daquela possibilidade, assim como sobre os *limites* de sua aplicação.

Importa, para tanto, frisar que fragmentar o julgamento do mérito equivale, em última instância, a separar, do ponto de vista procedimental, pretensões que estavam sendo processadas conjuntamente. Significa, destarte, uma verdadeira cumulação às avessas, ou, como prefere Cássio Scarpinella, uma "descomulação, total ou parcial, de ações"[58].

Ocorre que, como é cediço, a possibilidade – por vezes, obrigatoriedade – de se processar em *simultaneous processus* mais de uma demanda, longe de ser mera conveniência, visa atender a certos valores de grande importância: a *economia processual*[59] e a *harmonia dos julgamentos*[60]. São esses ideais, como se sabe, as justificativas geralmente utilizadas para a cumulação, e que, por conseguinte, acabam sendo de certa forma fragilizados pelo julgamento antecipado parcial.

Que valores, porém, a fragmentação do julgamento do mérito poderia ajudar a efetivar? Aqui, parece-nos óbvio que a técnica visa, sobretudo, acelerar

---

58. *Tutela antecipada*, p. 53.
59. Referimo-nos, aqui, ao conceito clássico de *economia processual*, que "recomenda [...] que se obtenha o máximo resultado na atuação da lei com o mínimo emprego possível de atividades processuais" (SANTOS, Moacyr Amaral. *Primeiras linhas...*, vol. 2, p. 68). Nesse sentido tradicional, a economia processual ostenta caráter eminentemente *técnico*, razão pela qual costuma ser enquadrado dentre os chamados *princípios informativos* do processo, que, despidos de maior conteúdo ético, "representam uma aspiração de melhoria do aparelhamento processual" (CINTRA, Antônio Carlos de Araújo, et alii. *Teoria geral do processo*. 23ª ed. São Paulo: Malheiros, 2007. p. 56-57). Mais modernamente, tem-se relacionado a economia processual à ideia de celeridade, dando-lhe conteúdo ideológico, ligado ao direito constitucional (assim, por exemplo: BUENO, Cássio Scarpinella. *Curso sistematizado de direito processual civil*, vol. 1. São Paulo: Saraiva, 2007. p. 141-146). Segundo nos parece, porém, a técnica do *simultaneous processus* em nada contribui para efetivar a garantia da razoável duração do processo, causando, na verdade, efeito oposto, conquanto possibilite um maior rendimento das atividades processuais.
60. Neste sentido, por todos: DINAMARCO, Cândido Rangel. *Instituições...*, vol. II, p. 162-163. Cabe salientar, ademais, como lembra Bruno Silveira de Oliveira, que a harmonia de julgamentos é uma exigência, antes de tudo, do ideal de *justiça formal* (*Conexidade e efetividade processual*. São Paulo: RT, 2007. p. 161-170).

a entrega da tutela jurisdicional. Busca evitar, como expunha Marinoni, que a tutela de um direito que já não se mostre mais controverso tenha de ser postergada pela necessidade de se investigar a existência de outro, sobre o qual ainda paire dúvida.[61]

É imediata, assim, a ligação que se faz com a *garantia da razoável duração do processo* (CF, art. 5º, LXXVIII), e, em última instância, com a do amplo *acesso à justiça* (CF, art. 5º, XXXV), que, como é cediço, não se limita a possibilitar a simples apresentação de demandas ao Poder Judiciário, mas, sobretudo, visa à efetivação de justiça concreta.

Antes de prosseguir, importante entender, ainda, que em cada uma das hipóteses de reunião de ações é distinta a intensidade em que atuam aqueles valores. A busca pela harmonia entre os julgados, por exemplo, é muito mais premente quando a cumulação se dá entre demandas *conexas*, ou seja, aquelas em que há relações lógicas entre seus elementos *concretos* (fáticos). E, dentre essas, é ainda mais necessária quando a conexidade se dá entre os *objetos* de cada uma delas, caso em que eventual desacordo poderia levar à incompatibilidade *prática* – e não meramente *teórica* - entre julgados[62].

Nesse sentido, Bruno Silveira de Oliveira defende, com base em consistente argumentação, que o julgamento antecipado parcial, no sistema hoje vigente, não deva ser realizado quando houver relação de conexidade entre as demandas cumuladas. Seria, aliás, justamente para esses casos que se voltaria o § 6º do art. 273, que possibilitaria simples antecipação dos efeitos da tutela. Quanto aos demais casos, inexistindo a conexão, o julgamento antecipado parcial se daria por meio do atual art. 330[63].

---

61. "No estágio em que vive o direito processual, com o realce cada vez maior da importância da efetividade do processo, é praticamente inconcebível quo autor tenha que esperar o tempo necessário à instrução de uma das demandas para ter a outra, que desnecessita de instrução dilatória, devidamente julgada. [...] Assim, se um direito mostrar-se incontrovertido, ou evidenciado, no curso de um processo igualmente destinado a investigar a existência de um outro direito que requer instrução dilatória, é necessário que este processo seja dotado de uma técnica que, atuando no seu interior, viabilize a pronta tutela do direito que comporta julgamento imediato" (*Tutela antecipatória, julgamento antecipado...*, p. 157).
62. Assim, por todos: OLIVEIRA, Bruno Silveira. *Conexidade...*, p. 164.
63. "O dever de julgamento antecipado do capítulo incontroverso encontra seu limite, porém, em outro dever judicial: o de coerência na formação do convencimento e na prolação de atos decisórios sobre a mesma lide. (em outra palavras, encontra seu limite no dever de justiça formal). Para se evitar o advento, em um mesmo processo, de sentenças lógica ou praticamente incompatíveis, não se deve aplicar a técnica do julgamento antecipado de capítulo incontroverso quanto, entre os vários capítulos cumulados, houver algum tipo de conexidade.[...] Se ao invés de julgar antecipada e precipitadamente o capítulo não impugnado, o juiz simplesmente antecipar os efeitos da tutela nele pretendida, concederá à parte, desde logo, o bem da vida a que muito provavelmente tem direito sem contudo, assumir o risco de proferir sentenças incompatíveis. [...] Propomos, nessa linha, que a técnica do art. 273,§ 6º, seja compreendida como aquilo que ela realmente é: verdadeira antecipação dos efeitos da tutela, com as características inerentes ao instituto (revogabilidade, provisoriedade, etc" (*Um novo conceito de sentença?*, p. 129-131).

A ideia, porém, se é de fato interessante para o CPC/73, não parece ter espaço no sistema do Novo Código: se levarmos em conta a amplitude do brilhante conceito de conexão formulado pelo mesmo autor em outra obra – que, indo além do texto do art. 55 do CPC/15, idêntico ao atual art. 103, englobaria todo tipo de relação lógica entre os elementos concretos (fáticos) das demandas[64] – veremos que nele se enquadrarão praticamente todas as hipóteses em que é cindível o objeto do processo.

Conquanto o art. 327 não exija a presença de *conexão* entre os pedidos para que haja sua cumulação, a verdade é que, salvo na hipótese de cumulação simples[65] – em que tal vínculo pode ou não se estabelecer –, em todas as outras modalidades se manifestará alguma das relações lógicas que permitem enxergar a conexão: enquanto a cumulação sucessiva encerra nítida hipótese de prejudicialidade, a eventual redunda em contrariedade. Já na cumulação alternativa, há verdadeira identidade de causas de pedir.

Já dentre as três figuras do litisconsórcio, apenas aquela que se dá por *afinidade* não importa em conexão, visto que as demais dizem respeito justamente à *"conexão pelo objeto ou causa de pedir"* e à *"comunhão de direitos ou obrigações"*[66].

Quanto à pluralidade de causas de pedir, importam em conexão pela identidade de objeto. A denunciação da lide, por sua vez, é resultado da existência de relação de prejudicialidade entre as demandas. Por fim, o chamamento ao processo leva à formação de um litisconsórcio entre os devedores solidários, subsumindo-se, assim, na hipótese acima tratada.

Não nos parece, porém, que se deva limitar o julgamento antecipado parcial apenas à hipótese de cumulação simples de pedidos, o que reduziria, a quase nada, todos os benefícios que pode trazer ao sistema processual. Para demonstrá-lo, passemos a tecer breves comentários a respeito dos efeitos que a técnica provocaria sobre os valores, acima mencionados, que a cumulação de demandas visa proteger.

Em relação à economia processual, não há dúvidas do prejuízo que lhe seria causado em grande parte das hipóteses de fragmentação do julgamento do mérito, especialmente se levada em conta a observação, acima feita, de

---

64. *Conexidade...*, p. 23-158. O seguinte trecho resume bem o pensamento do autor: "A conexidade é a existência de alguma relação lógica entre os elementos objetivos e concretos das demandas: identidade, oposição (contraditoriedade, contrariedade e subcontrariedade) ou subordinação" (p. 135).
65. Utilizamos, aqui a classificação das hipóteses de cumulação de pedidos proposta por Barbosa Moreira (*O novo processo...*, p. 14-15).
66. Vejamos a redação do art. 113 do CPC/15: Art. 113. Duas ou mais pessoas podem litigar, no mesmo processo, em conjunto, ativa ou passivamente, quando: I - entre elas houver comunhão de direitos ou de obrigações relativamente à lide; II - entre as causas houver conexão pelo pedido ou pela causa de pedir; III - ocorrer afinidade de questões por ponto comum de fato ou de direito.

que dá azo ao surgimento de *novo procedimento*. Não nos parece, porém, que a economia processual, neste sentido eminentemente técnico[67], deva se colocar como óbice à pronta entrega da tutela jurisdicional em relação a um direito que não se mostre mais controvertido.

A questão, porém, se torna um pouco mais complicada quando levamos em conta a necessidade de se buscar a harmonia de julgamentos.

Em relação, primeiramente, aos casos em que inexiste conexão, não se coloca qualquer empecilho à fragmentação do julgamento do mérito, que nenhum prejuízo traria àquele ideal. Ainda que haja *afinidade* de questões entre as demandas inicialmente cumuladas, o risco de interpretações jurídicas dissonantes reduz-se muito se levada em consideração, antes de tudo, a crescente valorização dos precedentes judiciais, traduzida em diversas técnicas a serem implementadas pelo CPC/15.

Aliás, deve ser considerado que a técnica do julgamento antecipado parcial possibilita a separação de pretensões que, inicialmente, eram processadas em conjunto, sob um mesmo procedimento e sob a competência de um só juízo. E isto, a nosso ver, afasta sobremaneira a possibilidade de se verificarem interpretações jurídicas diversas para idênticas questões de direito.

Tal aspecto, inclusive, minimiza em muito o risco de julgamentos contraditórios também em relação às demandas conexas: além do fato de serem elas julgadas em um mesmo juízo[68], é único, ao menos inicialmente, o procedimento que as carreia, e, sendo assim, é grande a probabilidade de que tenham compartilhado ao menos parte de uma só atividade probatória.

Deve-se recordar, aliás, que a fragmentação do julgamento do mérito apenas é possível se não houver qualquer controvérsia fática quanto ao pedido a ser apreciado. Sendo assim, ainda que subjacente à pretensão julgada antecipadamente haja alguma afirmação de fato comum em relação àquelas ainda controversas, não será esta objeto de ulterior atividade probatória, nos termos do já mencionado art. 374, III do CPC/15.

E isso, em nossa opinião, reduz substancialmente a possibilidade de que, ao ser aprofundada a cognição quanto ao pedido ainda controverso, se descubra que alguma das questões de fato subjacente à pretensão antecipadamente julgada tenha sido equivocadamente apreciada.

---

67. Ver nota nº 57, *supra*.
68. Cabe salientar, aqui, que o próprio Bruno Silveira admite que, em certos casos, a reunião de demandas sob um só juízo, mas não em um mesmo procedimento, é técnica que pode ser útil no intuito de harmonizar os ideais de harmonia dos julgamentos e da razoável duração do processo (*Conexidade...*, p. 167-170).

Afinal – repitamos - apenas é viável a análise de um pedido a partir do momento em que *todos* os fatos que se colocam como pressupostos lógicos a seu julgamento encontrarem-se incontroversos e, portanto, insuscetíveis de prova. O máximo que se poderia cogitar é que, ao ser realizada a instrução quanto aos fatos sobre os quais tenha se instaurado controvérsia, seja descoberto, *por acidente*, algo relativo à pretensão já julgada.

Tal possibilidade, porém, meramente acidental, não deve evitar a utilização daquela técnica: os ganhos, em termos de entrega da tutela jurisdicional em tempo razoável, são grandes se comparados ao diminuto risco de desarmonia entre os julgados.

Alguns exemplos podem nos auxiliar.

Comecemos por uma hipótese em que, não obstante seja simples a cumulação, há nítida conexão causal entre as demandas: a vítima de um acidente automobilístico ajuíza, em face do indigitado causador, ação visando (i) a reparação das avarias sofridas em seu veículo, (ii) lucros cessantes pelo período em que deixou de trabalhar, além de (iii) compensação por danos morais. O réu, em sua contestação, conquanto não negue ter sido ele o culpado pelo sinistro, refuta por completo o orçamento apresentado pelo autor para o conserto do carro, e alega que os lucros cessantes estariam sendo cobrados a maior.

Parece-nos claro, aqui, que enquanto (i) a delimitação dos danos emergentes causados no veículo demandará instrução probatória, (ii) o pedido relativo aos lucros cessantes encontra-se parcialmente incontroverso. Já a (iii) pretensão de ressarcimento pelos danos morais encontra-se totalmente apta para julgamento, autorizando a incidência do art. 356.

Note-se que, na situação proposta, o *fato comum* entre as três demandas – justamente o que permite enxergar a relação de conexidade entre elas – encontra-se incontroverso, não sendo, assim, alvo da atividade instrutória que ainda há de se realizar. Quanto a esta, limitar-se-á a averiguar a extensão dos danos causados no veículo e a renda que a vítima deixou de auferir enquanto encontrava-se hospitalizada.

É bem verdade que não está excluída em absoluto a possibilidade de que, ao ser produzida alguma dessas provas, descubra-se algo em relação àquele fato comum. Assim, por exemplo, pode ser que, ao ser periciado o veículo, descubra-se a existência de alguma falha mecânica até então oculta, e que teria sido responsável pelo acidente. Tal hipótese, porém, como pensamos, é meramente acidental, não devendo impedir a pronta entrega da tutela jurisdicional em relação àqueles direitos, não controvertidos total ou parcialmente.

Analisemos outro exemplo, envolvendo a denunciação da lide, que, como já exposto, encerra hipótese de conexão por prejudicialidade: um cidadão, com fulcro no art. 37, § 6º da Constituição Federal, ajuíza demanda em face da União pretendendo sua condenação ao ressarcimento de danos que, por ação de agente desta, lhe teriam sido causados. A Fazenda Pública, uma vez citada, conquanto se abstenha de refutar o pedido do autor - por entender que estaria configurada hipótese de responsabilidade objetiva, sem a incidência de qualquer excludente -, denuncia da lide o funcionário causador do dano, para que possa exercitar, em *simultaneous processus*, seu direito de regresso. O agente, por sua vez, ao ser trazido ao processo, limita-se a afirmar que não agiu com culpa.

Note que, neste caso, não se coloca qualquer dúvida quanto à demanda originária, de forma que toda a atividade instrutória que se desenvolverá no processo girará em torno do direito de regresso do estado em face de seu funcionário. Por que, então, fazer o autor esperar para ter seu direito reconhecido, se a controvérsia não lhe diz respeito?

É por isso, aliás, que parte da doutrina entende ser incabível o manejo de da denunciação da lide em casos tais, justamente no intuito de evitar que a discussão quanto à culpa do agente imiscua-se em demanda que, de início, resolvia-se com base na responsabilidade objetiva[69]. Neste sentido, inclusive, a jurisprudência mais recente do Superior Tribunal de Justiça, se não afirma peremptoriamente a inviabilidade da intervenção, vem chancelando decisões que a indeferem[70].

A nosso ver, porém, toda a problemática pode ser resolvida a partir da cisão no julgamento do mérito: incontroverso o direito do autor, o juiz profere decisão interlocutória julgando procedente seu pedido. Prossegue, então, o feito, apenas para apreciar a denunciação da lide. Ganha-se, com isso, em *celeridade* - já que o autor pode, desde logo, ter acesso à indenização a que faz jus – sem tanto sacrificar a *economia processual* – uma vez que o mesmo processo será aproveitado para averiguar a existência do direito regressivo.

---

69. É este o entendimento majoritário entre os autores que escrevem sobre o Direito Administrativo, como, por exemplo: MEIRELLES, Hely Lopes. *Direito administrativo brasileiro*. 14ª ed. São Paulo: RT, 1989. p. 560-561; MELLO, Celso Antônio Bandeira de. *Curso de direito administrativo*. 26ª ed. São Paulo: Malheiros, 2009. p. 1031-1032. Dentre os processualistas, porém, com a exceção de Vicente Greco Filho (*Da intervenção de terceiros*. São Paulo: Saraiva, 1986. p. 93), prevalece a tese da admissibilidade: BARBI, Celso Agrícola. *Comentários ao Código de Processo Civil*, vol. I. 13ª ed. Rio de Janeiro: Forense, 2008. p. 260-261; DINAMARCO, Cândido Rangel. *Instituições...*, vol. II, p. 400-401; THEODORO JÚNIOR, Humberto. *Curso...*, vol. I, p. 135-136.
70. STJ, 2ª Turma, REsp 1187456 / RJ, rel. Min. Castro Meira, DJ 11.12.2010; STJ, 1ª Turma, REsp 1089955 / RJ, rel. Min. Denise Arruda, DJ 24.11.2009; STJ, 2ª Turma, REsp 955352 / RN, rel. Min. Eliana Calmon, DJ 18.6.2009; STJ, 1ª Turma, REsp 891998 / RS, rel. Min. Luiz Fux, DJ 11.2.2008.

Passemos, por fim, à situação que redunda em conexão objetiva, hipótese na qual, como dissemos, deve ser maior a atenção com o ideal de harmonia de julgamentos: formado um litisconsórcio passivo entre devedores solidários – seja porque o autor assim propôs sua demanda, seja porque o primitivo réu fez uso do chamamento ao processo -, um dos colitigantes, ao apresentar contestação, alega alguma exceção pessoal a que alude o art. 281 do Código Civil[71].

O demandante, instado a apresentar réplica, nada diz a respeito daquela defesa pessoal, deixando incontroversos os fatos a ela subjacentes. Nesse caso, parece claro que se possa afirmar, desde logo, a improcedência do pedido em relação a este específico codevedor, independente do que ocorra em relação aos demais.

Imaginemos, por exemplo, que os demais réus afirmem a inexistência da dívida, o que demandará a realização de atividade probatória. Neste caso, não importando se ao final seja o autor vitorioso ou sucumbente, nenhuma incompatibilidade haverá em relação ao que já houver sido decidido, antecipadamente, quanto àquele devedor. Por isso, aliás, não se afigura correto postergar o julgamento em relação a este, obrigando-o injustamente a permanecer ligado a um processo que nada lhe trará de útil.

Por tudo isso, destarte, não pensamos que deva ser excluída, *a priori*, a possibilidade de fragmentação no julgamento do mérito ainda que a cumulação se dê entre demandas conexas. Não se está a afirmar, é certo, que tal técnica seja sempre benéfica em situações tais. Caberá, assim, à prática judiciária demonstrar, concretamente, quais serão as situações nas quais o art. 356 é capaz de trazer benefícios ao atingimento dos escopos do processo.

7. CONCLUSÃO

Analisada a fragmentação do julgamento do mérito, da maneira como prevista no Novo Código de Processo Civil, a impressão é a de que o legislador preocupou-se não apenas em tomar clara posição em relação à controvérsia doutrinária hoje existente, mas, sobretudo, em garantir que possa ser a técnica operacionalizada sem prejuízos. Se, é certo, as opções não são imunes a críticas e, mais ainda, vislumbra-se áreas a descoberto, a verdade é que o sistema é, quanto ao assunto, em muito superior àquele que hoje temos.

---

71. Basta que pensemos, por exemplo, na hipótese de renúncia da solidariedade em relação a um dos devedores, ou, ainda, que deduza este exceção de compensação. Neste sentido: GOMES, Orlando. *Obrigações*. 17ª ed. Rio de Janeiro: Forense, 2009. p. 87.

Supera-se, assim, a crença, certeira para o Código vigente, de que, ao mesmo em que o legislador estimula a cumulação de demandas, prejudica aquele que dela lança mão justamente por ter associado, em tantos dispositivos, a resolução do mérito à extinção do processo.

Evidentemente, porém, só a dinâmica do dia-a-dia dos processos, com suas inúmeras e imprevisíveis possibilidades, mostrará se a opção foi ou não acertada e, ainda, a necessidade de que se façam aperfeiçoamentos.

PARTE VII

DECISÃO JUDICIAL E COISA JULGADA

CAPÍTULO 1
Contornos da fundamentação no Novo CPC

Beclaute Oliveira Silva[1]

SUMÁRIO: 1. INTRODUÇÃO; 2. FUNDAMENTAÇÃO DA DECISÃO JUDICIAL COMO GARANTIA CONSTITUCIONAL; 3. FUNDAMENTAÇÃO DA DECISÃO JUDICIAL, CONCEITO JURÍDICO INDETERMINADO?; 4. O LEGISLADOR E A CONCREÇÃO DA FUNDAMENTAÇÃO; 4.1. (IN)COMPETÊNCIA LEGISLATIVA PARA DEFINIR ABSTRATAMENTE DECISÃO NÃO FUNDAMENTADA; 4.2. ROL DO ART. 489, §1º, DO NOVO CPC (EXEMPLIFICATIVO OU TAXATIVO?); 5. ANÁLISE DO ART. 489, §1º, DO NOVO CPC; 5.1. HIPÓTESE DO ART. 489, §1º, I, DO NOVO CPC; 5.2. HIPÓTESE DO ART. 489, §1º, II, DO NOVO CPC; 5.3. HIPÓTESE DO ART. 489, §1º, III, DO NOVO CPC; 5.4. HIPÓTESE DO ART. 489, §1º, IV, DO NOVO CPC; 5.5. HIPÓTESE DO ART. 489, §1º, V, DO NOVO CPC; 5.6. HIPÓTESE DO ART. 489, §1º, VI, DO NOVO CPC; 6. CONCLUSÃO?; 7. REFERÊNCIAS.

> **DICIONÁRIO**
> As palavras são certas.
> Seus significados, precisos.
> Até saírem do dicionário
> E caírem, ingênuas,
> Em minha mente confusa...
> Pobres palavras...
> Para dar vida a meus pensamentos,
> Liquefazem-se...,
> Construindo sentidos
> Totalmente imprecisos
> Em meu dicionário!
> **Beclaute**

1. INTRODUÇÃO

O novo CPC consagra um dispositivo bem interessante referente à fundamentação das decisões judiciais. Trata-se de determinação do que seria uma decisão não fundamentada. A prescrição está contida no art. 489, §1º, do novel código, que assim dispõe:

---
1. Professor Adjunto de Direito Processual Civil da UFAL (Mestrado e Graduação). Doutor em Direito (UFPE). Mestre em Direito (UFAL). Membro da ANNEP, do IBDP e da ABDPC.

§ 1º Não se considera fundamentada qualquer decisão judicial, seja ela interlocutória, sentença ou acórdão, que:

I – se limitar à indicação, à reprodução ou à paráfrase de ato normativo, sem explicar sua relação com a causa ou a questão decidida;

II – empregar conceitos jurídicos indeterminados, sem explicar o motivo concreto de sua incidência no caso;

III – invocar motivos que se prestariam a justificar qualquer outra decisão;

IV – não enfrentar todos os argumentos deduzidos no processo capazes de, em tese, infirmar a conclusão adotada pelo julgador;

V – se limitar a invocar precedente ou enunciado de súmula, sem identificar seus fundamentos determinantes nem demonstrar que o caso sob julgamento se ajusta àqueles fundamentos;

VI – deixar de seguir enunciado de súmula, jurisprudência ou precedente invocado pela parte, sem demonstrar a existência de distinção no caso em julgamento ou a superação do entendimento.

No presente ensaio, a fundamentação da decisão judicial e a sua contradição serão objeto de análise, dando-se ênfase ao novo contorno em que o ato ilícito não fundamentar entra neste contexto. Para isso se demarcará a categoria fundamentação como categoria esperada pelo legislador constituinte, suas consequências no ordenamento jurídico pátrio, além da inserção do cerco conceitual do que seria não fundamentar. Trata-se de uma aproximação sobre o tema, sem pretensão de exauri-lo, já que ele demanda análise mais pormenorizada.

2. FUNDAMENTAÇÃO DA DECISÃO JUDICIAL COMO GARANTIA CONSTITUCIONAL

O sistema jurídico pátrio, desde o período colonial, elegeu a necessidade de fundamentar a decisão judicial como elemento necessário da sentença. Isso já se acha explicitado nas Ordenações Filipinas, que se transcrevem:

> E para as partes saberem se lhes convém apelar, ou agravar das sentenças definitivas, ou vir com embargos a elas, e os Juízes da mor alçada entenderem melhor os fundamentos, por que os Juízes inferiores se movem a condenar, ou absolver, mandamos que todos nossos Desembargadores, e quaisquer outros Julgadores, ora Letrados, ora não o sejam, declarem especificamente em suas sentenças definitivas, assim na primeira instância, como no caso da apelação ou agravo, ou revista, as causas, em que se fundaram a condenar, ou absorver, ou a confirmar ou a revogar.[2]

---

2. Ordenações Filipinas, Livro III, título LXVI, n. 7.

Indica o texto acima transcrito que a fundamentação se prestava para dar conhecimento aos interessados das razões da decisão, a fim de que o interessado verificasse se convinha ou não recorrer. Observa-se aqui uma nítida preocupação, no sistema, com o respeito ao contraditório e com a publicidade das decisões.

É claro que a exigência também tinha nítida função fiscalizadora dos atos dos mandatários do Rei, julgadores, já que judicar era função atrelada ao Poder Central. Daí o advérbio "especificamente", enfatizando a necessidade de pormenorizar as razões da decisão.

A exigência de fundamentar acompanhou a história processual pátria. O CPC ainda vigente estabelece isso em várias ocasiões (art. 131 do CPC, art. 273, §1º e 4º, do CPC, 458, II do CPC etc.), tendo sido considerada, no sistema constitucional passado, como cláusula constitucional implícita, decorrente do Estado de Direito.[3]

Esta garantia passou a ser expressa com o advento da Constituição de 1988, que no art. 93, IX, prescreve: "todos os julgamentos dos órgãos do Poder Judiciário serão públicos, e fundamentadas todas as decisões, sob pena de nulidade...".

Assim como nas Ordenações Filipinas, a publicidade e a fundamentação andam juntas em nossa Constituição. Assim, além do aspecto endoprocessual da fundamentação, há o caráter extraprocessual, que visa legitimar as decisões do Poder Judiciário, funcionando como um controle democrático difuso, na visão de Michele Taruffo.[4]

Além disso, como defendido em obra anterior,[5] a exigência de fundamentação compõe o antecedente de norma de estrutura que impede a edição de Emenda Constitucional que, revogando o art. 93, IX, da CF/88, implique mácula ao equilíbrio entre os Poderes (art. 60, §4º, III, da CF/88), já que, se o Magistrado ficar dispensado de fundamentar, estará acima da lei. Ter-se-ia, no Judiciário, um Poder acima dos demais. Esta é uma das razões que lançam a garantia da fundamentação da decisão judicial como uma cláusula pétrea. Mas, não só. Sua existência concretiza o valor constitucional justiça e segurança jurídica, além das garantias do devido processo legal, acesso à justiça (inafastabilidade da jurisdição), juiz natural, contraditório, ampla defesa etc.[6]

---

3. MOREIRA, José Carlos Barbosa. A Motivação das Decisões Judiciais como Garantia Inerente ao Estado de Direito. *Temas de Direito Processual (Segunda Série)*. 2ª ed. São Paulo: Saraiva, 1988, p. 89.
4. TARUFFO, Michele. Note sulla Garanzia Costituzionale della Motivazione. *Boletim da Faculdade de Direito*. Vol. LV: 29-38. Coimbra: Universidade de Coimbra, 1979, p. 30-31.
5. SILVA, Beclaute Oliveira. *A garantia fundamental da motivação da decisão judicial*. Salvador: Jus Podivm, 2007, p. 145-148.
6. SILVA, Beclaute Oliveira. *A garantia fundamental da motivação da decisão judicial*. Op. cit., p. 99-133.

Por essas razões, revela-se de suma importância, para a estrutura funcional do sistema vigente, a manutenção e o aprimoramento da referida garantia. Trata-se de um imperativo que impõe tanto ao Legislativo como ao Judiciário velarem para que a exigência da motivação seja efetivada em seu mais alto grau de otimização. O Novo CPC cumpre o aludido papel com a prescrição do art. 489, §1º.

Fique claro que a garantia não só se dirige à sentença, mas a todo ato decisório do Poder Judiciário, culminando com a própria Constituição, resultando na pecha de nulidade ao seu desrespeito.

3. FUNDAMENTAÇÃO DA DECISÃO JUDICIAL, CONCEITO JURÍDICO INDETERMINADO?

A fundamentação da decisão judicial é algo tão comezinho no direito processual que até parece ser uma categoria semanticamente fechada, tendo seus contornos totalmente delimitados, necessitando-se, para esclarecer eventuais dúvidas sobre seu conteúdo, nada mais que um dicionário. Ledo engano!

No pensamento de Karl Engisch, um conceito juridicamente indeterminado seria aquele que possui em certa medida um conteúdo incerto. No conceito juridicamente indeterminado haveria núcleo determinado e uma zona de incerteza, em que reinam as dúvidas sobre a exata dimensão e limite do conceito.[7]

A indefinição do conceito decorre de uma imprecisão semântica. Muitas vezes o léxico não consegue abarcar as diversas facetas de um objeto. Nesses casos, fixa-se o núcleo e deixa para o caso concreto a delimitação dos contornos efetivos do conceito. Assim, o conceito juridicamente indeterminado é semanticamente determinável, no plano pragmático. Talvez uma melhor definição fosse o conceito juridicamente determinável, já que se for indeterminado, jamais seria passível de determinação. Feitas estas sucintas considerações, passa-se a verificar os contornos que a expressão fundamentação possui.

Pode-se afirmar que fundamentar explicita a ideia de conferir fundamentos, alicerces, fundar. Indica a ideia de que a decisão tem solidez, densidade. Não se abala com vergastas eventuais. Permanece firme, já que (pro)funda!

Mas fundamentar também evoca a ideia de motivar, apresentar os motivos, as razões, as causas para a decisão. Entretanto não é qualquer razão ou motivo. A fundamentação só se contenta com um firme lastro na ordem jurídica de onde a decisão provém. Não pode ser simplesmente um "eu quero",

---

7. ENGISCH, Karl. *Introdução ao pensamento jurídico.* 8ª ed. Trad. José Baptista Machado. Lisboa: Fundação C. Gulbenkian, 2001, p. 208-209.

típico do discurso político, mas um "eu sei", embora queira dizer, claro, um "eu quero". A fundamentação, neste contexto, deve se manifestar como razão, embora evoque um ato de vontade, de escolha.[8] Isso fica patente na obra de Hans Kelsen, que afirma ser o ato de aplicação um ato de vontade, permeado pela intelecção.[9]

No contexto de fundamentar, ainda, ingressa a questão da explicação (ex + plicare), que etimologicamente significa extrair, retirar, pôr para fora (ex) as dobras (plicas). Só se (a)plica o que antes se (ex)plica. Interessante, neste contexto, a lição de Tércio Sampaio Ferraz Júnior:

> O termo *aplicabilidade* tem origem, etimologicamente, no verbo *applicare*, que, por sua vez, resulta de *ad-plicare*. *Plicare* significa dobrar e o sufixo *ad* é uma preposição de acusativo que acompanha as circunstâncias de lugar, proximidade, tanto no sentido espacial (onde) quanto no sentido temporal (quando). Daí o sentido original de *applicare* reportar-se à idéia de *enroscar, juntar* numa certa direção, envolvendo, em conseqüência, uma finalidade. Na linguagem jurídica, por isso, aplicar a norma vai significar pô-la em contato com um referente objetivo (fatos e atos). A aplicabilidade exige, assim, interpretação.[10] (O original está destacado).

Mas não é só. Fundamentar é também justificar. O radical "jus" ou "ius" não aparece à toa no termo, pelo contrário, comunica sua exata dimensão. Sempre bom lembrar que o termo *ius* tanto serve para designar o direito, como também enquanto radical da expressão *iustitia*. Neste caso, a fundamentação ganha outro contorno. Ela não se contenta apenas com as meras razões, pois exige que o julgador demonstre que a decisão tomada é a que melhor se a(-jus)ta ao caso, tal qual a "régua de lesbos"[11], que alegoricamente Aristóteles usa para expressar a justiça no caso concreto, também denominada por ele como equidade.[12] Não se trata aqui de alusão ao jusnaturalismo. Pelo contrário, foi opção expressa de nosso sistema jurídico que determinou como meta da República Federativa do Brasil "construir uma sociedade livre, justa e solidária" (art. 3º, I, da CF/88). Tal comando se dirige aos Poderes do Estado, inclusive ao Judiciário, que tem na fundamentação a oportunidade de demonstrar que sua

---

8. A ideia de que o discurso jurídico é um eu quero travestido de um eu sei é de Torquato Castro Júnior. Professor Titular da Faculdade de Direito da UFPE, vertida em Conferências.
9. KELSEN, Hans. *Teoria pura do direito*. Trad. Jose Baptista Machado. 4ª ed. Coimbra: Arménio Amado Editor, 1979, p. 469-471.
10. FERRAZ JÚNIOR, Tércio Sampaio. *Interpretação e Estudos da Constituição de 1988*. São Paulo: Atlas, 1990, p. 14.
11. Instrumento de medida utilizado pelos gregos para mensurar superfícies irregulares. Tal régua se ajustava ao objeto, e não o objeto à régua.
12. ARISTÓTELES. *Etica Nicomáquea. Ética Eudemia*. Trad. Julio Palli Bonet. 1ª ed., 4ª reimp. Madrid: Editorial Gredos. 1998, p. 238, 264-265.

decisão é justa, ou seja, que segue os ditames perseguidos pela ordem jurídica, a qual determina que no ato de aplicação o Magistrado deve observar os fins sociais a que a lei se destina, bem como as exigências do bem comum (art. 5º da LINDB, antiga LICC).

Outra questão que a fundamentação lança é a necessidade de demonstrar. E isso remete à prova. Ou seja, fundamentar exige demonstração tanto do direito, como do fato. Demonstra-se argumento com outro argumento. Essa assertiva tanto serve para o direito como para o fato. O argumento que serve para demonstrar fato denomina-se prova. Sem adentrar em pormenores, o presente articulista trabalha com a ideia de que fato é relato linguístico do evento.[13] Assim, a prova é um relato que fala de outro relato, ou seja, argumento que se refere a outro argumento.

Deve-se registrar também que a lei enuncia que a decisão será fundamentada quando ela não for omissa, contraditória ou obscura. Exige-se, desta feita, que ela seja completa, consistente e clara. No novo Código de Processo Civil, há a obrigatoriedade de o Magistrado manifestar-se sobre todos os argumentos das partes que infirmem ou confirmem a tese que adotou para resolver o caso. Outra importante inovação.

Nesta análise, percebe-se que o termo fundamentar evoca a ideia de fundamento, de motivo ou de razão, de explicação, de justificação e de demonstração. Mais. A lista não é exaustiva. Para cada significado a que a expressão remete, há referência a outros conceitos que necessitam de densificação. A fundamentação é categoria que não existe abstratamente só. Ela positiva valores (justiça, segurança jurídica etc.), mas necessita sempre do concreto. E a concreção sempre exige complementação, que normalmente não é determinada, mas determinável.

Por essa razão, apesar de fundamentar se apresentar aparentemente como um termo semanticamente fechado, ele demanda concretização que perpassa categorias complexas que o tornam aberto. Deve-se salientar, no entanto, que a abertura ou o fechamento sempre irão depender do caso em análise. Fundamentar uma sentença que extingue a execução por pagamento ou que homologa um acordo não se compara àquela que decide sobre a construção ou não de uma hidrelétrica na bacia do Amazonas.

4. O LEGISLADOR E A CONCREÇÃO DA FUNDAMENTAÇÃO

Através do novo CPC, surgiu no texto que estipula o que não é uma decisão fundamentada uma tentativa de indicar caminhos para a efetividade da

---

13. CARVALHO, Paulo de Barros. *Direito Tributário - Fundamentos Jurídicos da Incidência*. 2ª ed. São Paulo: Saraiva, 1999, p. 85-90.

fundamentação. Aqui duas perguntas se lançam: a) o legislador tem competência para efetivar tal limitação? b) se é competente, o rol estipulado é taxativo?

Passa-se à análise das questões propostas.

4.1. (In)competência legislativa para definir abstratamente decisão não fundamentada

Até hoje, coube ao Poder Judiciário, destinatário da norma de estrutura que ordena a fundamentação, definir os contornos de uma decisão fundamentada.[14] Para isso, muitas vezes, fez-se uso da denominada, mas rechaçada por muitos, fundamentação *per relationem*, que ocorre quando o julgador, em vez de construir as razões que o levaram a decidir acerca de uma questão em sentido amplo, prefere se reportar a decisão anteriormente produzida.

A casuística da fundamentação *per relationem* pode ser assim resumida: a) o Tribunal adota como seus os fundamentos da decisão de 1º grau rechaçada; b) o Magistrado adota como seus os motivos apresentados por outro juízo - inclusive os que remetem à jurisprudência ou à súmula; c) o Magistrado adota como suas as razões produzidas por qualquer das partes ou manifestação do Ministério Público;[15] d) decisão em juízo de retratação; e) a hipótese do art. 285-A do CPC.[16]

Há decisões do STF consagrando a aludida prática, como se percebe do disposto nas seguintes ementas:

> Ementa: Questão de ordem. Agravo de Instrumento. Conversão em recurso extraordinário (CPC, art. 544, §§ 3° e 4°). 2. Alegação de ofensa aos incisos XXXV e LX do art. 5º e ao inciso IX do art. 93 da Constituição Federal. Inocorrência. 3. O art. 93, IX, da Constituição Federal exige que o acórdão ou decisão sejam fundamentados, ainda que sucintamente, sem determinar, contudo, o exame pormenorizado de cada uma das alegações ou provas, nem que

---

14. Deve-se registrar que a administração, no processo administrativo, também tem o dever de fundamentar. Alerte-se que, com o advento da regra do art. 15 do Novo CPC, as estipulações contidas neste documento aplicam-se supletiva e subsidiariamente ao processo administrativo. Neste caso, as regras de fundamentação aqui lançadas se aplicam ao processo administrativo. No entanto, este tópico não é objeto de análise neste trabalho.
15. PERO, Maria Thereza Gonçalves. **A Motivação da Sentença Civil.** São Paulo: Saraiva, 2001, p. 116.
16. "Art. 285-A. Quando a matéria controvertida for unicamente de direito e no juízo já houver sido proferida sentença de total improcedência em outros casos idênticos, poderá ser dispensada a citação e proferida sentença, reproduzindo-se o teor da anteriormente prolatada." Redação estipulada pela Lei nº 11.277/2006.

sejam corretos os fundamentos da decisão. 4. Questão de ordem acolhida para reconhecer a repercussão geral, reafirmar a jurisprudência do Tribunal, negar provimento ao recurso e autorizar a adoção dos procedimentos relacionados à repercussão geral. (AI 791292 QO-RG/PE – Pernambuco. Repercussão Geral na Questão de Ordem no Agravo de Instrumento. Relator Min. Gilmar Mendes. Julgamento em 23.6.2010. DJe. 149. Divulg 12.8.2010. Public 13.8.2010. Ement. Vol. 2410-06, PP. 01289. RDECTRAB v. 18, n.203, 2011, p. 113-118).

Ementa: Habeas corpus. 2. Homicídio e estupro. Pronúncia. Recurso em sentido estrito. Juízo de retratação (CPP, art. 589). 3. Alegada ausência de fundamentação. Não ocorrência. Motivação *per relationem*. Validade. 4. Ordem denegada. 5. Revogação da prisão por excesso de prazo. Superveniência de sentença condenatória. Prejuízo. Rel. Min. Gilmar Mendes. (HC 112207/SP, 2ª Turma. Julgamento 26.6.2012. Processo Eletrônico. DJe.-188. Divulg. 24.9.2012. Public. 25.9.2012).

Ementa: Habeas Corpus. Colégio Recursal de Juizado Especial. Apelação. Não provimento. Remissão aos fundamentos da sentença. Ausência de fundamentação. Inocorrência. O §5º do art. 82 da Lei n. 9.099/95 faculta ao Colégio Recursal do Juizado Especial a remissão aos fundamentos adotados na sentença, sem que isso implique afronta ao artigo 93, IX da Constituição do Brasil. Ordem denegada". (HC 86.533-0 - SP; Relator Min. Eros Grau, v.u., j. 8.11.2005; DJ 2.12.2005, p. 13).

Alejandro Nieto, apesar de rechaçar a prática da fundamentação *per relationem*, lamenta que a Suprema Corte de seu País - a Espanha - não a considere um vício relevante da fundamentação.[17]

A orientação do Supremo Tribunal Federal que reputa satisfeita a exigência constitucional de fundamentação satisfeita pela via *per relationem* pode vir a criar um impasse acerca da atuação do legislador ordinário quanto à sua vedação. Afirma-se isso porque o disposto no art. 489, §1º, do novo CPC tem como um dos fins acabar com a aludida prática.

Deve-se destacar que tal dispositivo poderá ser reputado incompatível com a Constituição, já que estabelece parâmetros e limites para o julgador, não presentes no texto supremo. É um argumento. No entanto, parece plausível o movimento inverso. Ou seja, é plenamente possível a estipulação de indicativos que maximizem uma garantia fundamental, principalmente quando esta encerra, como demonstrado, uma regra semanticamente aberta. No caso,

---

17. NIETO, Alejandro. *El arbítrio judicial*. Barcelona: Ariel, 2000, p. 286-289.

o legislador, que aplica e, por isso, interpreta a Constituição, está se valendo dos princípios que norteiam a interpretação constitucional, especificamente, o princípio da máxima efetividade ou da interpretação efetiva, que consiste em "atribuir às normas constitucionais o sentido que maior efetividade lhe dê, visando otimizar ou maximizar a norma para dela extrair todas as suas potencialidades".[18] [19]

Interessante notar que o legislador não pretende dizer o que é fundamentação. Apenas aponta para o que não considera uma decisão fundamentada. Cria para isso uma norma de estrutura que irá balizar a conduta do Magistrado, no ato de produzir a decisão judicial.

Antes não havia tal parâmetro, ficando ao Judiciário a aptidão de, no caso concreto, estabelecer o que era ou não uma decisão fundamentada. Permanece assim. O que houve é que agora o legislador está, no novo CPC, ampliando semanticamente o espectro do que seria uma decisão fundamentada, atentando para uma melhor e máxima efetivação da garantia constitucional, otimizando-a.

Desse modo, por reputar que a norma não tem o condão de limitar o alcance do que é fundamentar, mas apenas conferir ao aplicador uma maior e melhor forma de realizá-lo no ato de concretização, é que considera constitucional a ideia estipulada no art. 489, §1º, do novo CPC. Frise-se ainda que tal atuação diz respeito à regulação de processo, pois estabelece o modo como a decisão judicial será concretizada, estando o Congresso Nacional a fazer uso da competência estatuída no art. 22, I, da CF/88.

Superada esta etapa, passa-se à próxima. Ou seja, a discussão se o rol estabelecido no art. 489, §1º, do novo CPC é taxativo ou exemplificativo.

4.2. Rol do art. 489, §1º, do novo CPC (exemplificativo ou taxativo?)

O legislador lançou uma lista de situações em que, segundo indica, haverá inexistência de fundamentação, logo deverá ser anulada. O termo "não" ingressa com uma função concretizadora interessante, já que retira do espectro da fundamentação decisões antes reputadas, no caso concreto, fundamentadas.

Outro aspecto que deve ser levado em consideração é o fato de que a fundamentação, por se dar no plano concreto, como já visto, não pode ser demarcada totalmente no plano abstrato. Abstratamente só é possível, para o caso, indicar algumas pistas, mas não estabelecer, *a priori*, o que é uma decisão

---

18. CUNHA JÚNIOR, Dirley. *Curso de direito constitucional*. Salvador: Jus Podivm, 2008, p. 215.
19. Prefere-se ao termo extrair a expressão construir, já que norma não é extraída do texto, mas construída pelo intérprete.

fundamentada. Delimitar o conceito de decisão fundamentada implicaria tolher a garantia constitucional, o que seria vedado, no caso, já que a aludida regra constitucional não se mostra de eficácia contida ou restringível – aquelas normas em que o texto constitucional autoriza o legislador ordinário a conter a sua eficácia.[20]

Por essa razão, andou bem o legislador ao indicar situações que implicariam não fundamentação. Ele não limita o conteúdo semântico da fundamentação, mas aponta para aquilo que não seria, para o legislador pátrio, uma decisão não fundamentada. Mais. Toma por critério uma regra de interpretação constitucional importante, já que, como relatado, materializa e potencializa ao máximo o preceito constitucional. Não deixa de ser uma delimitação semântica. Porém a delimitação tem por função conferir maior efetividade.

Deve-se destacar ainda que a estipulação delimitadora em nenhum momento tem a pretensão de ser exaustiva, já que indica casuisticamente o que é uma decisão não fundamentada. Não exaure as possibilidades, porquanto a fundamentação ou a sua negativa só serão vistas no caso concreto. Noutras palavras, no caso concreto o aplicador poderá encontrar outras situações que não realizam o preceito constitucional e, por isso, nulas. A regra do art. 489, §1º, do novo CPC não é uma camisa de força, mas oferece uma importante ferramenta facilitadora para a atuação dos Magistrados, como também de todos os que atuam no processo, no intuito de identificar uma decisão não fundamentada, bem como possibilitar aos órgãos do Judiciário construir decisões fundamentadas.

Feitas tais considerações, analisa-se, no próximo item, o rol lançado pelo legislador.

5. ANÁLISE DO ART. 489, §1º, DO NOVO CPC

Como já demarcado, o legislador, no intuito de conferir maior efetividade ao comando constitucional que institui a obrigatoriedade de fundamentar, indicou, em rol exemplificativo, situações em que, *a priori*, será reputada decisão fundamentada. Para isso se lançam algumas situações, que serão, sucintamente, objeto de análise.

5.1. Hipótese do art. 489, §1º, I, do novo CPC

Estipula o art. 489, §1º, I, do novo CPC que não será fundamentada a decisão que "se limitar à indicação, à reprodução ou à paráfrase de ato normativo, sem explicar sua relação com a causa ou a questão decidida". O aludido

---

20. SILVA, José Afonso da. *Aplicabilidade das normas constitucionais*. 3ª ed. São Paulo: Malheiros, 2007, p. 81.

dispositivo assinala a necessidade de o Magistrado explicar os motivos que o levaram a utilizar o aludido preceito legal. Ou seja, exige-se que o julgador motive de modo pormenorizado a subsunção, isto é, por que um preceito serve para regular determinada situação.

Um alerta deve ser dado, entretanto. Tal prescrição deve ser analisada sempre no caso concreto, já que haverá situações em que a mera menção ao texto legal será suficiente para satisfazer o comando constitucional, máxime quando se está diante de uma conciliação ou de uma extinção de execução, por conta da satisfação da obrigação, como na hipótese do art. 924, II, do novo CPC. Em casos como esse, basta uma fundamentação concisa. Assim, malgrado a estipulação legal, deve-se atentar que às vezes não se faz necessário, ou melhor, não é possível ir além do sentido estatuído de forma objetiva no preceito legislado.

5.2. Hipótese do art. 489, §1º, II, do novo CPC

Conforme prescrição do art. 489, §1º, II, do novo CPC, não será fundamentada a decisão que "empregar conceitos jurídicos indeterminados, sem explicar o motivo concreto de sua incidência no caso". A prescrição aqui se aplica sem restrição, já que, se se trata de conceito jurídico indeterminado, a determinação só poderá ocorrer no caso concreto, e isso reclama densificação.

A concreção exige a necessária justificação, sob pena de arbitrariedade. Aqui a "régua de lesbos" cai como uma luva, já que o ajuste que se dá é o do caso à norma. O método é indutivo.

Pode-se afirmar que se tem aqui uma situação de concreção semântica, muito comum quando a lei se utiliza de conceitos como moralidade, interesse público, boa-fé, melhor interesse do incapaz, plausibilidade, relevância de fundamentos, meios necessários etc. Sempre bom lembrar que o conceito jurídico indeterminado é determinado no caso. A indeterminação semântica determina-se no plano pragmático.

5.3. Hipótese do art. 489, §1º, III, do novo CPC

Dispõe o art. 489, §1º, III, do novo CPC que não haverá fundamentação toda vez que o julgador "invocar motivos que se prestariam a justificar qualquer outra decisão". Claramente o legislador visa coibir a denominada motivação genérica.

Deve-se advertir que fundamentação genérica não se confunde com fundamentação repetida. Nada impede que o Magistrado, em situações idênticas, como acontece em demandas de massa, faça uso de fundamentação já lançada em causa idêntica. Isso atende à máxima aristotélica que estipula: mesma razão, mesma solução. Tal prática realiza o preceito constitucional da segurança jurídica.

Presta-se, entretanto, o dispositivo para evitar fundamentações como: "estando presentes os fundamentos, defiro a liminar". Práticas como essa são lamentáveis e agridem frontalmente a determinação que manda fundamentar.

5.4. Hipótese do art. 489, §1º, IV, do novo CPC

A estipulação contida no art. 489, §1º, IV, do novo CPC, que reputa não fundamentada a decisão que "não enfrentar todos os argumentos deduzidos no processo capazes de, em tese, infirmar a conclusão adotada pelo julgador", é talvez uma das mais interessantes inovações do texto sob análise.

Aqui se deve lançar uma advertência. Se o magistrado acolher prescrição, ele deve enfrentar todos os argumentos lançados pelo autor que rechacem a ocorrência da aludida exceção. Neste caso, não necessita adentrar em outras questões deduzidas pela parte para justificar a procedência do pedido.

Nota-se aqui a necessidade de concretizar a congruência entre a decisão e a atividade das partes. Realiza de forma enfática o contraditório, pois proíbe que o Magistrado faça tábula rasa dos argumentos lançados pelas partes. Efetiva assim o papel da parte como agente apto a interferir na produção judicial do direito, fato este visto por Hans Kelsen como função primordial do advogado, que, ao propor norma, exerce função política no processo.[21]

5.5. Hipótese do art. 489, §1º, V, do novo CPC

Na redação do art. 489, §1º, V e VI, do CPC, o legislador lança sua preocupação para uma realidade que vem reclamando cuidado redobrado, já que trata da aplicação de precedentes e de súmulas.

Agora a preocupação é lançar algumas poucas considerações sobre o disposto no inciso V, que estipula não ser fundamentada a decisão que "se limitar a invocar precedente ou enunciado de súmula, sem identificar seus fundamentos determinantes nem demonstrar que o caso sob julgamento se ajusta àqueles fundamentos".

O sistema pátrio tem, em regra, sua pauta na lei, sendo sua aplicação norteada pelo modelo de pensamento dedutivo. Neste contexto, o precedente e a

---

21. KELSEN, Hans. *Teoria pura do direito*. Op. cit., p. 472-473.

súmula, normalmente, se apresentam como sendo uma demarcação semântica do texto legislado, seja no plano constitucional, seja no plano infraconstitucional.

Assim, a aplicação do precedente e da súmula requer a identificação das razões que indiquem o ajuste do caso ao preceito construído a partir deles.[22]

Faz-se necessário atentar para uma mudança de paradigma, já que, como alertado no item 4.2., o modo de ajuste terá de se valer também do método indutivo. Aqui o Magistrado será chamado a fazer uso da justiça concreta, tal qual preconizado por Aristóteles, que alude à já mencionada "régua de lesbos".

Nada impede, entretanto, em questões massificadas, que tal justificativa seja sucinta.

5.6. Hipótese do art. 489, §1º, VI, do novo CPC

A hipótese prevista no inciso VI do já mencionado artigo remonta, como já ressaltado, à questão do precedente e da súmula. Aqui, entretanto, visa regular a questão da não aplicação da súmula ou do precedente. Assim, prescreve que não será fundamentada a decisão que "deixar de seguir enunciado de súmula, jurisprudência ou precedente invocado pela parte, sem demonstrar a existência de distinção no caso em julgamento ou a superação do entendimento".

Uma questão deverá ser levada em consideração. Toda súmula e/ou precedente é vinculante? O texto leva a crer que sim. Mas deve-se ter em mente que há precedentes persuasivos. Um exemplo é uma decisão veiculada pelo Superior Tribunal de Justiça sobre danos morais, que seria precedente vinculativo para a justiça comum e federal, mas seria persuasivo para a justiça do trabalho. Percebe-se que há uma mudança de paradigma, já que o precedente e a súmula terão o condão de regular as situações de forma abstrata e geral, como os preceitos veiculados pela lei.

É bem verdade que, em regra, como já explicitado, o precedente e a súmula apenas demarcam semanticamente algo já estatuído pela lei ou pela Constituição, embora possa ser criado sem que haja texto positivo expresso, como, de certa forma, ocorreu com a regulação do direito de greve dos servidores públicos.

O preceito em comento exige que o aplicador indique as razões que o levaram a não aplicar a súmula ou precedente. Duas situações podem acontecer. O caso não se ajusta ao preceito veiculado no precedente ou na súmula, ou, na segunda situação, simplesmente eles estão ultrapassados.

---

22. Para aprofundar o tema, indica-se o excelente trabalho de Jaldemiro Rodrigues de Ataíde Jr. (ATAÍDE JR., Jaldemiro Rodrigues de. *Precedentes vinculantes e irretroatividade do direito no sistema processual brasileiro*. Curitiba: Juruá, 2012).

Interessante notar que em nosso sistema, que tem como lastro a construção de súmulas e precedentes a partir de textos legislados, em regra, a mudança pode não implicar mudança dos veículos introdutores primários de normas jurídicas, mas de mutação de sentido, no plano pragmático, de texto legal que permanece vigente. Veja-se, por exemplo, a mudança ocorrida no caso da prisão do depositário infiel ou em casamento entre pessoas do mesmo sexo. O texto de direito positivo não mudou, mas mudou completamente a orientação dos órgãos judicantes.

Tais situações refletem de modo evidente a necessidade de justificar o porquê de não se fazer uso da súmula ou de precedente.

6. CONCLUSÃO?

O texto chega ao seu fim, porém longe de uma conclusão, já que o tema não pode ser esgotado nas quadras do presente artigo. Muitas reflexões ainda estão por vir, pois a temática reclama maturação. Agora, apenas uma aproximação. O debate está apenas começando. Parabéns ao legislador por lançar a fagulha de uma grande mudança de paradigma. Fechando o texto e abrindo o debate, pode-se afirmar que a análise posta teve por objetivo, ainda que sucintamente, expor a questão de o novo CPC indicar o que é uma sentença não fundamentada, com o intuito de, delimitando semanticamente o não, alargar, do ponto de vista da maior efetividade, a garantia constitucional que exige a fundamentação da decisão judicial.

Tal proposta, entretanto, não é isenta de senões, principalmente no que diz respeito à quantidade de embargos de declaração que poderão advir a respeito de decisão que supostamente venha a ofender alguns dos aludidos preceitos. Esta preocupação é real. Caberá aos órgãos judicantes dimensionar, na medida do possível, o alcance dos aludidos comandos.

Deve-se destacar também que as regras que indicam o que é uma sentença não fundamentada necessitam de densificação no caso concreto e, por isso, veiculam conceitos juridicamente indeterminados. Quer-se dizer com isso que só no caso concreto se pode afirmar se há ou não deficiência na fundamentação, mesmo com a alocação de situações hipotéticas que impliquem não fundamentação.

Pode-se afirmar assim que não se solucionam problemas do plano concreto com abstrações. São planos diferentes. Problema no plano concreto só se resolve no plano concreto. Porém, nada impede que o legislador indique caminhos. É o que se apresenta. Os aludidos preceitos fornecem atalhos para se identificar uma decisão não fundamentada. Mas nem todo atalho leva ao caminho certo. Só quando se chega ao lugar pretendido é que se pode afirmar que o atalho funcionou ou não.

Por tais razões, as regras que estipulam o que é uma decisão não fundamentada, de cunho exemplificativo, fornecem pistas que poderão indicar, em boa parte dos casos, uma decisão não fundamentada. No entanto, como diz o compositor Caetano Veloso, a verdade pode pregar peças, pode iludir: "você diz a verdade, a verdade é seu dom de iludir" (*Dom de iludir*, Caetano Veloso).

7. REFERÊNCIAS

ARISTÓTELES. **Ética Nicomáquea. Ética Eudemia.** Trad. Julio Palli Bonet. 1ª ed., 4ª reimp. Madrid: Editorial Gredos. 1998.

ATAÍDE JR., Jaldemiro Rodrigues de. **Precedentes vinculantes e irretroatividade do direito no sistema processual brasileiro.** Curitiba: Juruá, 2012.

CARVALHO, Paulo de Barros. **Direito Tributário** - Fundamentos Jurídicos da Incidência. 2ª ed. São Paulo: Saraiva, 1999.

CUNHA JÚNIOR, Dirley. **Curso de direito constitucional.** Salvador: Jus Podivm, 2008.

ENGISCH, Karl. **Introdução ao pensamento jurídico.** 8ª ed. Trad. José Baptista Machado. Lisboa: Fundação C. Gulbenkian, 2001.

FERRAZ JÚNIOR, Tércio Sampaio. **Interpretação e Estudos da Constituição de 1988.** São Paulo: Atlas, 1990.

KELSEN, Hans. **Teoria pura do direito.** Trad. Jose Baptista Machado. 4ª ed. Coimbra: Arménio Amado Editor, 1979.

MOREIRA, José Carlos Barbosa. A Motivação das Decisões Judiciais como Garantia Inerente ao Estado de Direito. *In* **Temas de Direito Processual** (Segunda Série). 2ª ed. São Paulo: Saraiva, 1988.

NIETO, Alejandro. **El arbítrio judicial.** Barcelona: Ariel, 2000.

PERO, Maria Thereza Gonçalves. **A Motivação da Sentença Civil.** São Paulo: Saraiva, 2001.

SILVA, Beclaute Oliveira. **A garantia fundamental da motivação da decisão judicial.** Salvador: Jus Podivm, 2007.

SILVA, José Afonso da. **Aplicabilidade das normas constitucionais.** 3ª ed. São Paulo: Malheiros, 2007.

TARUFFO, Michele. Note sulla Garantia Costituzionale della Motivazione. **Boletim da Faculdade de Direito.** Vol. LV:29-38. Coimbra: Universidade de Coimbra, 1979.

CAPÍTULO 2

O dever de motivação em questões de fato e de direito como garantia do jurisdicionado no Novo CPC: breves notas sobre os aportes da teoria do direito para a constitucionalização do processo civil

Daniel Giotti[1]

SUMÁRIO: 1. INTRODUÇÃO; 2. AS NARRATIVAS DA REALIDADE COMO CONSTRUÇÕES, OS ARGUMENTOS EM TORNO A FATOS E O DEVER DE ANÁLISE PELO JULGADOR; 3. AS NORMAS JURÍDICAS APLICÁVEIS AO CASO E O DEVER DE SUA REVELAÇÃO/MOTIVAÇÃO PELO JULGADOR; 4. UM JUIZ ATENTO AOS ARGUMENTOS ... E AOS LIMITES DO DIREITO; 5. BIBLIOGRAFIA.

1. INTRODUÇÃO

A lei n. 13.015/05 traz um dos dispositivos normativos mais importantes do ordenamento jurídico brasileiro. Esboçam-se nele os requisitos essenciais, para que uma decisão judicial de mérito, seja individual (=sentença[2]), seja coletiva (=acórdão), não padeça de nulidade. Refiro-me ao artigo 489, do novo CPC, transcrito na integra:

---

1. Doutorando em Finanças Públicas, Tributação e Desenvolvimento pela UERJ, Procurador da Fazenda Nacional, Coordenador da Pós-Graduação em Direito Tributário do IDS/INTEJUR. Professor-convidado dos Programas de Pós-Graduação em Direito, *lato sensu* da UFJF, PUC-Rio, UFF e PUC-Minas.
2. Artigo 203, § 1º Ressalvadas as disposições expressas dos procedimentos especiais, sentença é o pronunciamento por meio do qual o juiz, com fundamento nos arts. 485 e 487, põe fim à fase cognitiva do procedimento comum, bem como extingue a execução

Art. 489. São elementos essenciais da sentença:

I – o relatório, que conterá os nomes das partes, a identificação do caso, com a suma do pedido e da contestação, e o registro das principais ocorrências havidas no andamento do processo;

II – os fundamentos, em que o juiz analisará as questões de fato e de direito;

III – o dispositivo, em que o juiz resolverá as questões principais que as partes lhe submeterem.

§ 1º Não se considera fundamentada qualquer decisão judicial, seja ela interlocutória, sentença ou acórdão, que:

I – se limitar à indicação, à reprodução ou à paráfrase de ato normativo, sem explicar sua relação com a causa ou a questão decidida;

II – empregar conceitos jurídicos indeterminados, sem explicar o motivo concreto de sua incidência no caso;

III – invocar motivos que se prestariam a justificar qualquer outra decisão;

IV – não enfrentar todos os argumentos deduzidos no processo capazes de, em tese, infirmar a conclusão adotada pelo julgador;

V – se limitar a invocar precedente ou enunciado de súmula, sem identificar seus fundamentos determinantes nem demonstrar que o caso sob julgamento se ajusta àqueles fundamentos;

VI – deixar de seguir enunciado de súmula, jurisprudência ou precedente invocado pela parte, sem demonstrar a existência de distinção no caso em julgamento ou a superação do entendimento.

§ 2º No caso de colisão entre normas, o juiz deve justificar o objeto e os critérios gerais da ponderação efetuada, enunciando as razões que autorizam a interferência na norma afastada e as premissas fáticas que fundamentam a conclusão.

§ 3º A decisão judicial deve ser interpretada a partir da conjugação de todos os seus elementos e em conformidade com o princípio da boa-fé", (grifos nossos)

Os grifos feitos revelam duas mudanças substanciais na prática judicial, que se pretendem forjar após o período de início de vigência da lei. O julgador deve enfrentar todos os argumentos deduzidos em juízo; não podendo também invocar, como razão de decidir, apenas um ato normativo, sem se desvencilhar do dever de mostrar a relação lógico-jurídica entre o caso sob apreciação e a norma jurídica ou o conjunto de normas jurídicas aplicáveis ao caso.

Não é que esses deveres já não existissem como projeções de uma série de princípios e regras, de que são exemplos o do devido processo legal, o contraditório, a ampla defesa, a boa-fé processual e a motivação, mas tendo eles fonte explicita ou implicitamente constitucional, sem previsão clara em normas processuais, a jurisprudência do STJ, sobretudo, e do STF, em menor grau, construiu-se ao arrepio desse estatuto constitucional de proteção do jurisdicionado.

De qualquer sorte, a inclusão expressa desses deveres do julgador suscita uma mudança na forma como se decide, o que representa a necessidade de reversão da jurisprudência existente e da própria forma como os sujeitos processuais entendam seus papéis no processo.

Com intuito de estimular essa mudança cultural, este artigo traz aportes da teoria do direito, propondo alguns critérios de validação da decisão judicial em relação às questões de fato e de direito, fiando-se, ainda, na concepção argumentativa do Direito[3].

2. AS NARRATIVAS DA REALIDADE COMO CONSTRUÇÕES, OS ARGUMENTOS EM TORNO A FATOS E O DEVER DE ANÁLISE PELO JULGADOR

A dogmática processual, há muito, tenta diferençar controvérsias de fato e de direito. Fugiria ao escopo deste breve artigo revisar toda a bibliografia sobre o tema, mas se adota a concepção de que, na verdade, existe uma relação entre o fato e o direito na tomada de decisão judicial, "pois o ´fato em litígio´ somente se pode identificar de acordo com a norma jurídica que se usa como critério para decidir"[4].

Sob a ótica da teoria do direito, poder-se-ia conjecturar que a interpretação envolveria as questões jurídicas, enquanto a aplicação do direito pressuporia identificar um fato e concluir qual norma jurídica ou conjunto de normas jurídicas se aplicaria ao caso.

Para Sérgio André Rocha, interpretação "seria a compreensão dos sentidos possíveis de um determinado texto", enquanto a aplicação "consistiria na valoração de um dado fato de acordo com o resultado da interpretação"[5]

É que, muitas vezes, interpretam-se os textos normativos, em uma operação complexa e integrada, sincronicamente se dando qualificação jurídica a um fato. Um exemplo de como isso ocorreria é na análise da licitude de planejamento tributário.

---

3. Segundo essa concepção, "o Direito é entendido como uma estrutura argumentativa por meio da qual são reconstruídas as alternativas semânticas possíveis de uma norma mediante critérios hermenêuticos. A norma jurídica, em geral, não contém um único sentido, mas alternativas semânticas e núcleos de significação, de maneira que a atividade do intérprete consiste em reconstruir alternativas decisórias por meio de uma atividade dinâmica e argumentativa" (ÁVILA, Humberto. *Segurança Jurídica: Entre permanência, mudança e realização no Direito Tributário*. 2ª ed., São Paulo: Malheiros, 2012, p. 159).
4. TARUFFO, Michele. *La prueba*. Trad. por Laura Manríquez e Jordi Ferrer Beltrán. Madrid: Marcial Pons, 2008, p. 17.
5. ROCHA, Sérgio André. *O que é o formalismo tributário?* In: QUEIROZ, Luís Cesar de Souza; OLIVEIRA, Gustavo da Gama Vital. *Tributação Constitucional, Justiça Fiscal e Segurança Jurídica*. Rio de Janeiro: GZ Editora, 2014, p. 56.

Outro exemplo, já analisado pelo Superior Tribunal de Justiça, que demonstra a arbitrariedade dessa cisão, foi o caso do redirecionamento de execuções fiscais para pessoas físicas pela dissolução irregular das pessoas jurídicas ou a elas equiparadas.

Havendo uma dúvida sobre o que caracteriza o redirecionamento ou para qual pessoa física se deve redirecionar a execução (aquele administrador que o era na época do fato gerador ou na época da dissolução irregular ou apenas para aquele que atendesse aos dois requisitos), o Superior Tribunal de Justiça entendeu que esse tipo de análise envolve, em parte, a qualificação jurídica de um fato, tendo afastado o enunciado n. 7 de sua súmula dominante, avançando na análise da questão fática[6].

Seja como for, o julgador aprecia as provas produzidas e aceita determinada descrição parcial da realidade[7]. Uma descrição interessante é que as partes tentam fazer com que o julgador aceite ou creia em uma narrativa judicial, uma reconstrução dos fatos.

Como adverte Michele Taruffo, porém, o procedimento judicial é uma situação complexa, "em que várias ´histórias´ são construídas e contadas por diferentes sujeitos, desde diferentes pontos de vista e de maneiras distintas"[8]. Daí que não seja apenas a coerência de uma narrativa apresentada pela parte que deve levar o juiz a aceitar a reconstrução dos fatos, sendo mister que os enunciados sobre fatos sejam considerados falsos ou verdadeiros pelo julgador.

Essa descrição de como são construídos judicialmente os enunciados sobre fatos sugere, por fim, mudança interessante na atuação dos magistrados.

Conectada com a teoria do jurista italiano, pode-se trazer à colação a ideia de Daniel Mendonca no sentido de que os enunciados sobre fatos são relacionais, ou seja, são elementos de juízo sobre cuja base se considera provado um fato[9].

A dogmática processual acostumou-se a chamar esses enunciados de alegações, quando forjados pelas partes[10], e fundamentos e razões de decidir, quando esboçados ou tomados como verdadeiros pelo magistrado[11].

---

6. STJ, AgRg no REsp n. 1279422, 2ª Turma, Rel. Min. Humberto Martins, j. em 13.03.2012, p. no DJe 19.03.2012.
7. MENDONCA, Daniel. *Las claves del derecho*. Barcelona: Gedisa, 2000, p. 191.
8. TARUFFO, M. *Op. cit.*, p. 189l
9. MENDONCA, Daniel. *Interpretación y aplicácion del derecho*. Almería: Servicio de publicaciones de la Universidad de Almería, 1997, pp. 77-78.
10. Digno de nota que, segundo Luis Alberto Reichelt (*A prova no Direito Processual Civil*. Porto Alegre: Livraria do Advogado, 2009, pp.49-52), pela doutrina mais moderna, não são os fatos propriamente ditos que são objeto de prova, mas as *alegações sobre a prova*. Além do próprio autor, são signatários dessa corrente Cândido Rangel Dinamarco, Luiz Guilherme Marinoni, Sérgio Cruz Arenhart, Carlos Alberto Alvaro de Oliveira, Francisco Cavalcanti Pontes de Miranda, Santiago Sentís Melendo, Friedrich Stein, Francesco Carnelutti, Michele Taruffo e Giovani Verdi.
11. Não se deve esquecer que, tanto pelo CPC de 1973, quanto pelo CPC de 2015, é possível que o magistrado decida uma causa a partir de um fundamento, não trazido em qualquer alegação das partes. Isso,

Na sistemática do novo Código Civil, os enunciados sobre fatos, na dicção do artigo 489, IV, são argumentos em torno ou sobre fatos, quando deduzidos pelas partes, e são fundamentos de fato da decisão, segundo dicção do inciso segundo do parágrafo primeiro do mesmo dispositivo, quando integrarem a construção do enunciado de fato levado a efeito pelo juízo.

O novo CPC indica que o juiz deve enfrentar todos os argumentos deduzidos no processo capazes de, em tese, infirmar a conclusão adotada pelo julgador.

Sob o ponto de vista dos enunciados fáticos, esse dever afasta posições absolutamente atentatórias ao devido processo legal e seus corolários, contraditório e ampla defesa, como a de magistrado que indefere, sem fundamentar, todas as perguntas formuladas por advogados em colheita de depoimento pessoal ou prova testemunhal ou, o que seria muito pior, *kafkaniamente* pior, mas nem por isso inverossímil, que é a prática por um magistrado de dispensar oitiva de partes e de testemunhas, formulando apenas uma pergunta, a parir da qual se declara convencido sobre os fatos ocorridos.

Lembre-se de que os enunciados sobre os fatos, em geral, possuem versões diversas pelas partes, e essa é a razão para que, apenas se um enunciado sobre um fato for apresentado por uma parte e não contraditado pela outra, aquele fato se tornar incontroverso.

Assim, na formulação de seu convencimento, o magistrado deve estar aberto epistemicamente a encontrar a melhor versão da realidade fática, e, na decisão judicial, deve expressar quais os elementos racionais de juízo levaram a considerar provado determinado fato.

Nem se alegue que o artigo 489, CPC, impede a duração razoável do processo, pois criaria obrigação desmedida para o magistrado, ao determinar analisar todos os enunciados sobre fatos formulados por uma parte.

A própria redação do inciso quarto sugere que somente se devem analisar os argumentos em torno a fatos aptos a afastar à reconstrução feita pelo magistrado. Limites normativo e epistêmico operam no cumprimento desse dever.

Epistemicamente, tem-se que a razoabilidade passa a operar como um critério de controle da decisão judicial. Argumentos complexos exigem fundamentos de fato melhor explicitados na decisão judicial, como no caso de uma narração extensa e complicada, que demonstraria uma relação causal de fatos[12]. Argumentos outros, que, em verdade, trazem enunciados sobre fatos simples, desafiam menor dever de motivação pelo magistrado.

---

porém, não é um consenso universal, pois existem sistemas em que o fundamento ou razão de decidir deve ter sido trazido pelas partes, não podendo o juiz *inovar* na fundamentação.

12. Em contexto semelhante, ver TARUFFO, M. *Op. cit.*, 2010, p. 56.

A motivação passa a ser uma questão de grau, o que não significa desmerecer o dever, mas apenas indicar que se devem buscar quais fatos são jurídica ou logicamente relevantes para o caso[13].

Ademais, o novo CPC, como o anterior, já traz regra para o magistrado revelar os fatos controversos, a partir da filtragem de sua relevância jurídica e lógica. Trata-se do saneamento, claramente considerado decisão pelo novo CPC:

> Art. 357. Não ocorrendo nenhuma das hipóteses deste Capítulo, deverá o juiz, em decisão de saneamento e de organização do processo:
>
> (omisso)
>
> II – delimitar as questões de fato sobre as quais recairá a atividade probatória, especificando os meios de prova admitidos;

Paulo Henrique Mortiz Martins da Silva demonstra, inclusive, como o bom uso do saneamento do processo pode ser expressão do dever de cooperação estabelecido no artigo 6º, do novo CPC[14].

Em verdade, o que esses dispositivos todos reforçam é o dever de o magistrado bem identificar a demanda e quais os fatos são controversos.

3. AS NORMAS JURÍDICAS APLICÁVEIS AO CASO E O DEVER DE SUA REVELAÇÃO/MOTIVAÇÃO PELO JULGADOR

Como está revelada a relação indissociável entre questões de fato e questões de direito, há que se analisar o dever de motivação do magistrado em relação aos argumentos de direito.

Na teoria geral do Direito, cujos aportes teóricos cada vez mais se aproximam da dogmática processual, de que são exemplos contundentes as obras de Michele Taruffo, Luiz Guilherme Marinoni, Jordi Ferrar Beltrán e Fredie Didier Jr., tem-se a definição da norma como uma ordem estatal ou, mais modernamente, como razões ou planos para os indivíduos agirem.

Essa visão sobre a norma jurídica, que expressa da melhor forma possível a prática judicial, realça que existe um processo intelectivo, desde a edição da norma em abstrato até se chegar à norma concreta, individualizada, segundo o qual o cidadão identifica qual a conduta que se espera dele.

---

13. *Ibidem*, p. 55.
14. SILVA, Paulo Henrique Mortiz Martins. *Novo CPC busca prestação jurisdicional mais rápida, eficiente e completa*. In: "CONJUR, 29 de março de 2015."

Quando o cidadão falha nessa atividade intelectiva ou simplesmente assume o risco de tomar conduta diversa à norma jurídica, é necessário aplicar a ele uma sanção, que nada mais é do que a aplicação de uma consequência jurídica por um fato ocorrido na realidade.

Jordi Ferrer Beltran afirma que as sanções somente são aplicadas pela existência de órgãos específicos – juízes e tribunais -, cuja função principal é determinar à ocorrência desses fatos, para os quais o Direito vincula consequências jurídicas e a imposição delas aos sujeitos previstos pelo próprio sistema jurídico[15].

Sendo bem didático, tome-se como exemplo a postura de duas pessoas, uma que deixa de pagar tributo devido e outra que mata. Para que o Direito funcione informativamente e, realmente, impeça o cometimento de homicídios e obrigue o pagamento de tributos, é necessário que as condutas contrárias a essas obrigações, fatos que se operam na realidade, sejam de alguma forma detectadas.

O processo judicial, em geral, e a atividade probatória, em particular, são as formas erigidas pelo Direito como aptas a detectar esses fatos. Para o jurista catalão, "a prova como atividade teria a função de comprovar a produção dos fatos condicionantes, aos quais o direito vincula consequências jurídicas, ou, o que é o mesmo, determinar o valor da verdade das proposições que descrevem a ocorrência de fatos condicionantes"[16].

A partir dos dispositivos normativos, deve o cidadão identificar qual conduta está permitida, proibida ou obrigada. O ideal, do ponto de vista da segurança jurídica, é que cada dispositivo normativo trouxesse claramente uma conduta permitida, proibida ou obrigada, *reduzindo* o problema do cidadão a simplesmente conhecer esse dispositivo.

De qualquer forma, o sistema jurídico operaria – e todos, de fato, operam – com base na ficção de que todos conhecem os vários dispositivos normativos. O problema, porém, é de perspectiva maior: como o legislador não consegue, por incompetência ou impossibilidade lógica, frente a complexidade, atender aquele ideal, existem dispositivos normativos sem norma, dispositivos normativos que trazem mais de uma norma e normas que são expressas pela conjugação de vários dispositivos normativos[17].

---

15. BELTRAN, Jordi Ferrer. *La valoración racional de la prueba*. Madrid: Marcial Pons, 2007, pp. 29-30.
16. *Ibidem*, p. 30.
17. Amplamente difundida a ideia no Brasil, sobretudo a partir da obra de Humberto Ávila a seguir referenciada, para a qual se remete o leitor: ÁVILA, Humberto. *Teoria dos princípios*. 9ª ed., São Paulo: Malheiros, 2009.

Revela notar, porém, que a indeterminação, a vagueza e a ambiguidade dos textos normativos, de há muito, deveriam afastar-se as atividades simplistas de se recorrer a dispositivos normativos, em parte ou integralmente, para decidir controvérsias judiciais.

Mesmo para dispositivos que se valem de conceitos matemáticos, erigidos como exemplos de objetividade na formulação normativa, existem problemas em sua interpretação.

A partir do dispositivo constitucional de que poderia ser presidente da República cidadão brasileiro nato com 35 anos, sem verificar a existências de normas infraconstitucionais e jurisprudência sobre o tema, surgiriam várias possibilidades interpretativas: 1. a idade se verificaria na data da posse; 2. ou deveria ser verificada na data da diplomação; 3. ou, em verdade, já na data da candidatura.

Como o Direito deve ser guia para ação humana, a indeterminação, a vagueza e a ambiguidade dos textos normativos devem ser corrigidas, ao longo do tempo, pela publicação de novos textos normativos ou mesmo por correção jurisprudencial, que se dá, pelas várias técnicas de decisão (v.e.: declaração de inconstitucionalidade parcial sem redução de texto, interpretação conforme etc).

Disso adviria que a certeza do Direito seria um processo dinâmico e que se realiza ao longo do tempo, mas que tenderia a se concretizar. Sendo assim, pelo artigo 489, § 1º, I, do novo CPC, o julgador não poderia indicar, reproduzir ou parafrasear dispositivos, para decidir uma causa, justamente porque o Direito se opera além dos dispositivos normativos, pelas normas jurídicas propriamente ditas.

Existindo mais de um sentido possível para um texto normativo, o Direito somente conserva o caráter informativo, se a interpretação e aplicação levada a cabo pelo magistrado for um daqueles sentidos possíveis e, mais do que isso, ater-se à jurisprudência dominante.

É que, pensando-se na dinâmica jurídica, pode-se conceber que o sistema jurídico é um conjunto de normas associado a um parâmetro temporal, embora ao longo do tempo pode se falar na persistência de uma ordem jurídica[18]. Por isso, de um dispositivo pode-se chegar a uma norma em um tempo e, se estiver dentro da moldura normativa, em momento posterior, pode-se construí nova norma.

Pense-se na vedação ao não-confisco como limite constitucional ao poder de tributar. Em um primeiro momento, entendeu-se que somente se aplicaria

---

18. BELTRÁN, Jordi Ferrer; RODRÍGUZ, Jorge Luis. *Jerarquías normativas y dinámica de los sistemas normativos*. Barcelona: Marcial Pons, 2011, p. 88.

ao principal de uma obrigação tributária. Em um segundo momento, passou-se a aplicar o artigo 150, IV, CR/88, para as multas moratórias e, finalmente, o STF passa, na atual quadra, a aplicar o limite também às multas punitivas, lidando-se, com um conteúdo variável, já tendo dito que é inconstitucional multa punitiva de 350%, 225% e não para 150%, por exemplo.

Percebe-se, assim, claramente que o universo de casos regulados pela norma do não-confisco em matéria tributária foi se alargando ao longo do tempo. O fato de isso ser permitido não afasta a necessidade de se conceber algum controle, sobretudo quando essa operação se dá em instâncias ordinárias.

De certa forma, o que o novo CPC estabelece é afastar o decisionismo, uma postura judicial de, com espeque em livre convencimento, criar-se o direito por vontade pessoal do magistrado e após os fatos que deveria regular[19], em um atendado conjunto à segurança jurídica e à legalidade.

Além da agressão a essas duas normas que garantem o jurisdicionado, seria contraintuitivo considerar natural o decisionismo, pois, normalmente, a maioria das pessoas, na regularidade dos casos, age como a própria norma jurídica em abstrato já estabelecia.

Não se tolera mais atitude voluntarista do magistrado, para o qual norma só surgiria após uma decisão judicial, embora, com Kelsen, reconheça-se que a indeterminação da linguagem conduz a uma situação de possível incerteza apriorística das normas em abstrato, de modo que direito válido é uma opção judicial (=ato de vontade) dentro de opções legítimas que o texto normativo permitiria.

Sem desconhecer que existem casos em que o juiz realmente criaria uma norma jurídica – "*quando o juiz dá uma interpretação à lei conforme à Constituição ou a reputa constitucional*"[20], a preocupação maior nesse estudo é saber como evitar que o juiz, a pretexto de estar simplesmente aplicando a lei, estar criando nova norma jurídica, pois não se estriba em uma fonte social do direito, ou mal aplica o direito, errando sobre a base fática que atrairia a incidência de uma norma jurídica.

Isso ocorre, sobremaneira, no recurso a princípios como *supertrunfos* ou *coringas*. Marcelo Neves, por exemplo, cita instigante caso de "rinha de galos" submetido ao Supremo Tribunal Federal, no qual como razão de decidir invocou-se a *dignidade da pessoa humana*.

---

19. Para uma crítica contundente dessa postura, ver STRECK, Lênio. *O que é isto? Decido conforme minha consciência*. Porto Alegre: Livraria do Advogado, 2010.
20. DIDIER JR. Fredie. *Sobre a fundamentação da decisão judicial*. Disponível em http://www.frediedidier.com.br/wp-content/uploads/2012/02/sobre-a-fundamentacao-da-decisao-judicial.pdf, acesso em 19.04.2015

Sob a ótica do novo CPC, os Ministros do STF deveriam ter exercido especial ônus argumentativo, para provar que dentro do universo de casos regulado pela dignidade da pessoa humana estaria a briga entre animais.

Pode parecer que, em muitos casos, princípios são utilizados como argumentos de mero reforço retórico e isso influenciaria pouco na formação do Direito, mas a verdade é que, a todo momento, eles informam a aplicação das regras jurídicas, limitando ou ampliando o universo de casos regulados por essas últimas.

Por tudo isso, justifica-se um mecanismo de controle erigido é o dever de se explicar a relação entre a(s) norma(s) existente(s) e o(s) caso(s) sob apreciação. Mais uma vez, a teoria analítica tem a colaborar. O objetivo de uma norma é solucionar casos, ou seja, "circunstâncias ou situações nas quais interessa saber se uma ação está permitida, ordenada ou proibida, por um determinado sistema normativo"[21].

Trata-se de saber se um fato ocorrido seria aquele regulado por uma norma. Para chegar a essa conclusão, necessário que se reconheçam quais as propriedades relevantes para incidência da norma.

Por hipótese ainda, pensa na regra-matriz do ISS. Como se discutiu à exaustão, se ele era devido no local do estabelecimento ou da prestação, a definição da norma de incidência passava por isso. Conhecido o fato de que certa pessoa jurídica prestou um serviço no Município X e o local do estabelecimento é no Município Y, a cobrança do ISS por X ou Y não é uma questão de fato, que aparentemente é simples de se concluir, mas uma questão jurídica.

Com Frederick Schauer, tem-se que as normas podem tratar de menos casos do que deveriam tratar ou de mais casos do que se esperaria o legislador que tratassem, o que sugere serem sub ou sobreinclusivas.

Na verdade, as normas operam por generalizações e porque essas "são necessariamente seletivas, as generalizações probabilísticas incluirão algumas propriedades que em casos particulares serão irrelevantes, e todas as generalizações, probabilísticas ou não, vão excluir algumas propriedades que em alguns casos particulares serão relevantes"[22].

Todos se lembram dos exemplos de Herberth Hart, a demonstrar esse problema. A norma proibitiva de que um carro entre no parque pode suscitar questões

---

21. ALCHÓURRON, Carlos E.; BULLYGIN, Eugenio. *Introducción a la metodologia de las ciências jurídicas y sociales*. Buenos Aires: Editorial Astrea, 1987, p. 52.
22. SCHAUER, Frederick. *Playing by the Rules: A Philosopical Examination of Rule-Based Decision-Making in Law and in Life*. New York: Oxford University Press, 2002, p. 34.

como saber, se dentro do universo de casos regulados, poderia não estar o da entrada de uma ambulância em atendimento de emergência, por exemplo.

Esse *insight* permite que se visualize algo potencialmente pernicioso, que é a ampliação e redução de abrangência das normas por atos judiciais, desbordando-se da limitação que deveriam guardar com as normas, feito de forma decisionística pelo julgador, quando não invocando critérios de justiça e de moral particulares, não reconduzidos ao Direito.

A definição de que qual a norma, quais as propriedades relevantes se verificam naquele caso aptas a atrair a norma, mostram-se ainda mais interessantes, quando se pensa em normas-princípio. Ora, se elas possuem uma dose indeterminada de conteúdo, afastar uma norma-regra que regularia de maneira mais clara um caso, passa a exigir esforço argumentativo do magistrado.

Tanto quando o magistrado invoca um princípio aleatoriamente, quanto quando aplica mal uma regra jurídica, alargando ou diminuído seu campo de incidência, estão agindo de forma voluntarista, além dos limites jurídicos.

O dever de motivação da decisão judicial, como uma obrigação decorrente da própria ideia de Estado de Direito, age para que o direito não seja aleatório, posterior aos casos que regula e um produto arbitrário, deve-se verificar se a decisão judicial está conforme a ordem jurídica.

Uma sentença judicial deve ser motivada, e motivação é "a expressão linguística das razões que justificam a decisão adotada"[23]. Essa é a versão-padrão do silogismo judicial que, para muitos processualistas, deveria ser afastada da prática jurídica, em tempos de *neoconstitucionalismo, neoprocessualismo* ou *pós-positivismo*.

O erro nessa versão crítica do ato de decidir e o correlato do dever de motivar é desconhecer que o Estado de Direito rima bem com previsibilidade, cognoscibilidade e confiabilidade, e essas três facetas da segurança jurídica, não se conquistam com a assunção de que o juiz constrói sempre a norma[24].

Não é desmerecer o fato de a Constituição irradiar efeitos por toda ordem jurídica, nem na primazia dos direitos fundamentais, pois a constitucionalização

---

23. BELTRAN JR., Jordi. Apuntes sobre el concepto de motivación de las decisiones judiciales. In: ISONOMÍA, n. 34, abril/2011, p. 94.
24. Corolário dessa posição, entre outros, é representado por Luiz Guilherme Marinoni: "se nas teorias clássicas o juiz apenas *declarava a lei ou criara a norma individual a partir da norma geral*, agora ele constrói a *norma jurídica* a partir da interpretação de acordo com a Constituição, do controle de constitucionalidade e da adoção da regra do balanceamento (ou da regra da proporcionalidade em sentido estrito) dos direitos fundamentais no caso concreto" (*Curso de processo civil: teoria geral do processo*. São Paulo: RT, 2006, p. 96).

do processo sugere que se chegou a essa etapa. Nesse sentido, o artigo 8º do novo Código de Processo Civil, "ao aplicar o ordenamento jurídico, o juiz atenderá aos fins sociais e às exigências do bem comum, resguardando e promovendo a dignidade da pessoa humana e observando a proporcionalidade, a razoabilidade, a legalidade, a publicidade e a eficiência.

Antes mesmo do novo CPC, parte da doutrina já clamava por um *neoprocessualismo*, cujas características básicas seriam

> "i) inserção do direito processual na perspectiva constitucional; ii) aplicação dos princípios constitucionais processuais independente da existência de previsão legal; iii) utilização da reserva de consistência (e não simplesmente a reserva do possível) para justificar eventual escolha do exegeta; iv) fundamentação analítica (e não meramente sintética); v) democratização do processo (preocupação com as formas de intervenção popular); vi) visão publicista do processo; vii) implementação concreta dos princípios da colaboração e da cooperação; viii) aumento dos poderes do juiz no curso do processo"[25]

O neoprocessualismo, no entanto, recomenda que o artigo oitavo, por lidar com material jurídico abstrato, altamente indeterminado e com forte viés axiológico, seja temperado com institutos e mecanismos que evitem decisões arbitrárias.

A ferramenta lógica de controle – e, no caso brasileiro, como de outros ordenamentos, também normativa – é a motivação

As razões de decidir não podem ser casuísticas e arbitrárias, pois isso geraria nova norma jurídica, obviamente inválida. Esse controle somente se efetiva a partir da análise da movimentação exarada judicialmente.

O juiz deve dar boas razões, justificar como e porque assim decidiu. Mais do que isso, deve ele levar em conta os argumentos em torno das questões jurídicas postos pelas partes, pois a ideia de que o juiz conhece o Direito, nos tempos modernos, pressupõe ônus maior, exigindo-lhe que conheça qual o sentido que um dispositivo normativo traz e qual vem sendo utilizado pelos Tribunais Superiores.

Não se quer dizer que o juiz deva, necessariamente, analisar todos os argumentos de direito, nem que isso exija dele uma análise pormenorizada sempre.

---

25. FARIA, Márcio Carvalho. *Neoconstitucionalismo, neoprocessualismo, pós-positivismo, formalismo-valorativo ... a supremacia constitucional no estudo do processo.* In: "Revista Ética e Filosofia Política, n. 15, volume 2, dez./2012, p. 104, disponível em https://www.academia.edu/3591871/NEOCONSTITUCIONALISMO_NEOPROCESSUALISMO_P%C3%93S-POSITIVISMO_FORMALISMO-VALORATIVO..._A_SUPREMACIA_CONSTITUCIONAL_NO_ESTUDO_DO_PROCESSO, acesso em 19.04.2015.

Como quem lida com execução fiscal, posso afiançar que, não raro, exceções de pré-executividade e embargos à execução fiscal trazem uma série de argumentos sem qualquer nexo com a demanda ou trazem argumentos, *normas hipotéticas*, já afastadas pelo STF e STJ, por exemplo.

Para dar rendimento ao processo, e não se menoscabar a duração razoável do processo, o que se espera é que o julgador, até possa decidir com base em algum argumento de direito não esgrimado, mas ele deve levar em conta os argumentos alegados pelas outras partes.

Como o Direito é uma prática argumentativo, as teorias hermenêuticas, com seus desenvolvimentos a partir de autores como Robert Alexy, Manuel Atienza e muitos juristas atuais, deverá ser aplicada como controle intersubjetivo da decisão judicial, calibrando os ônus argumentativos para o juiz superar as alegações das partes e estabelecer as razões de decidir.

4. UM JUIZ ATENTO AOS ARGUMENTOS... E AOS LIMITES DO DIREITO

A teoria analítica do Direito ajuda a deixar o rei nu. Não se pode mais menosprezar a importância dos fatos, antes se devendo levá-los a sério. Existem casos difíceis no Direito, que não se referem às controvérsias jurídicas, mas aos fatos envolvidos.

Por outro lado, o magistrado, em tempos de *neoprocessualismo*, não pode ser um sujeito processual com posição privilegiada, como se pudesse construir sua própria narrativa na reconstrução dos fatos e invocar meramente os dispositivos normativos para chancelar suas decisões.

O processo ambicionado com o novo CPC quer mais: objetiva que os fatos sejam construídos em bases epistêmicas e normativas sólidas, além de as normas que os regulem sejam demonstradas pelos magistrados de forma clara, aberta e dialógica.

Nesse sentido, por mais que já houvesse material constitucional para democratizar e constitucionalizar o processo, o artigo 489, CPC, inaugura, entre outros, dois deveres substanciais para o magistrado: fundamentar bem sua decisão em torno a fatos e a direito, para isso indicando os motivos pelos quais aceitou alguns enunciados sobre fatos e também qual norma ou normas se aplicam ao caso; e, ainda, analisar todos os argumentos substanciais que possam infirmar sua decisão.

Sugere-se, no atendimento desse desiderato, que o magistrado deixe claro os raciocínios que tomou para construir a narrativa da realidade pelo processo, bem como o caminho intelectivo para chegar às normas de incidência no caso.

5. BIBLIOGRAFIA

ÁVILA, Humberto. *Segurança Jurídica: Entre permanência, mudança e realização no Direito Tributário*. 2ª ed., São Paulo: Malheiros, 2012.

_____. *Teoria dos princípios*. 9ª ed., São Paulo: Malheiros, 2009.

ALCHÓURRON, Carlos E.; BULLYGIN, Eugenio. *Introducción a la metodologia de las ciências jurídicas y sociales*. Buenos Aires: Editorial Astrea, 1987.

BRASIL, STJ, AgRg no REsp n. 1279422, 2ª Turma, Rel. Min. Humberto Martins, j. em 13.03.2012, p. no DJe 19.03.2012.

BELTRAN, Jordi Ferrer. *Apuntes sobre el concepto de motivación de las decisiones judiciales*. In: ISONOMÍA, n. 34, abril/2011.

_____. *La valoración racional de la prueba*. Madrid: Marcial Pons, 2007.

_____; RODRÍGUZ, Jorge Luis. *Jerarquías normativas y dinámica de los sistemas normativos*. Barcelona: Marcial Pons, 2011.

DIDIER JR. Fredie. *Sobre a fundamentação da decisão judicial*. Disponível em http://www.frediedidier.com.br/wp-content/uploads/2012/02/sobre-a-fundamentacao-da-decisao-judicial.pdf, acesso em 19.04.2015.

FARIA, Márcio Carvalho. *Neoconstitucionalismo, neoprocessualismo, pós-positivismo, formalismo-valorativo ... a supremacia constitucional no estudo do processo*. In: "Revista Ética e Filosofia Política, n. 15, volume 2, dez./2012, p. 104, disponível em https://www.academia.edu/3591871/NEOCONSTICIONALISMO_NEOPROCESSUALISMO_P%C3%93S-POSITIVISMO_FORMALISMO-VALORATIVO..._A_SUPREMACIA_CONSTITUCIONAL_NO_ESTUDO_DO_PROCESSO, acesso em 19.04.2015.

MARINONI, Luiz Guilherme. *Curso de processo civil: teoria geral do processo*. São Paulo: RT, 2006.

MENDONCA, Daniel. *Interpretación y aplicácion del derecho*. Alméria: Servicio de publicaciones de la Universidad de Almería, 1997.

_____. *Las claves del derecho*. Barcelona: Gedisa, 2000.

REICHELT, Luis Alberto. *A prova no Direito Processual Civil*. Porto Alegre: Livraria do Advogado, 2009.

ROCHA, Sérgio André. *O que é o formalismo tributário?* In: QUEIROZ, Luís Cesar de Souza; OLIVEIRA, Gustavo da Gama Vital. *Tributação Constitucional, Justiça Fiscal e Segurança Jurídica*. Rio de Janeiro: GZ Editora, 2014.

SCHAUER, Frederick. *Playing by the Rules: A Philosophical Examination of Rule-Based Decision-Making in Law and in Life*. New York: Oxford University Press, 2002.

SILVA, Paulo Henrique Mortiz Martins. *Novo CPC busca prestação jurisdicional mais rápida, eficiente e completa*. In: "CONJUR, 29 de março de 2015.

STRECK, Lênio. *O que é isto? Decido conforme minha consciência*. Porto Alegre: Livraria do Advogado, 2010.

TARUFFO, Michele. *La prueba*. Trad. por Laura Manríquez e Jordi Ferrer Beltrán. Madrid: Marcial Pons, 2008.

CAPÍTULO 3

A fundamentação das decisões judiciais e o Novo Código de Processo Civil: uma mudança profunda

Fábio Luís Pereira de Souza[1]

SUMÁRIO: 1. INTRODUÇÃO; 2. BREVE SÍNTESE HISTÓRICA; 3. A FUNDAMENTAÇÃO DAS DECISÕES JUDICIAIS NO CPC/1973; 4. A FUNDAMENTAÇÃO DAS DECISÕES JUDICIAIS NO NOVO CÓDIGO DE PROCESSO CIVIL; 4.1. O §1º DO ART. 489 DO NOVO CÓDIGO DE PROCESSO CIVIL; 4.2. AS HIPÓTESES DE DECISÃO NÃO FUNDAMENTADA PREVISTAS NO §1º DO ART. 489; 4.2.1. MERA INDICAÇÃO, REPRODUÇÃO OU PARÁFRASE DE ATO NORMATIVO; 4.2.2. O EMPREGO DE CONCEITOS JURÍDICOS INDETERMINADOS; 4.2.3. A DECISÃO GENÉRICA; 4.2.4. OS ARGUMENTOS CAPAZES DE, EM TESE, INFIRMAR A DECISÃO DO JULGADOR; 4.2.5. A INVOCAÇÃO DE PRECEDENTE OU ENUNCIADO DE SÚMULA; 4.2.6. O NÃO SEGUIMENTO DE SÚMULA, JURISPRUDÊNCIA OU PRECEDENTE INVOCADO PELA PARTE; 4.3. OS §§2º E 3º DO ART. 489 DO NOVO CPC; 4.4. CONSIDERAÇÕES FINAIS; 5. CONCLUSÃO; 6. REFERÊNCIAS BIBLIOGRÁFICAS.

1. INTRODUÇÃO

Não há como se conceber a ideia de um Estado Democrático de Direito sem a presença de um Poder Judiciário forte, independente e resoluto; mas que, ao mesmo tempo, seja efetivo, transparente e represente, de fato, aos anseios da população pela aplicação da lei da maneira mais justa o possível. E isso só se torna possível com a devida fundamentação de suas decisões.

Com efeito, o Estado Democrático é um Estado que se justifica - e deve mesmo fazê-lo -, pois os representantes do povo, no exercício do múnus público, estão a representar, em última análise, o próprio povo, exercendo referidos cidadãos uma atividade de suma importância.

Assim são os Magistrados, os quais, enquanto investidos de jurisdição pelo Estado e, deste modo, integrantes do Poder Judiciário, devem exercer sua

---

1. Pós-graduado em Direito Processual Civil pela Faculdade de Direito da USP – Ribeirão Preto (FDRP-USP). Advogado.

função pública - mais uma vez, delegada pelo povo - com a máxima eficiência. E isto implica no dever de fundamentar, esclarecer, motivar, lastrear suas decisões, de modo a demonstrar, às partes e a toda a população (princípio da participação popular), sua conformidade com o ordenamento jurídico brasileiro; com a forma de Estado praticada.

Neste contexto é que, dada a sua relevância, o dever de motivar as decisões judiciais foi erigido e evidencia-se como um dos mais aclamados princípios constitucionais, insculpido no artigo 93, inciso IX, da atual Constituição Federativa Brasileira de 1988 (CF/88), o qual prescreve: "todos os julgamentos dos órgãos do Poder Judiciário serão públicos, e fundamentadas todas as decisões, sob pena de nulidade".

Outrossim, o atual Código de Processo Civil Brasileiro também preocupou-se em disciplinar a matéria, inclusive trazendo como requisito, ou elemento, essencial da sentença os seus "(...) fundamentos, em que o juiz analisará as questões de fato e de direito" (artigo 458, inciso II).

Nem por isso, contudo, mostra-se um tema pacífico; muito pelo contrário, desde longa data até hoje permanecem acesos e acalorados os debates acerca do que deve ser compreendido como uma decisão devidamente fundamentada.

E o tema ganha uma maior relevância ainda ao se considerar a grande incidência atual das normas jurídicas abertas, imiscuídas de conceitos jurídicos indeterminados. Estes exigem do magistrado um ainda maior esforço argumentativo na demonstração de seu cabimento ao caso, sob pena de se incorrer em indesejáveis discricionariedades.

O atual ordenamento jurídico processual nem ao menos tentou fornecer qualquer forma de critério objetivo para aferir-se, no caso concreto, a ocorrência - ou não - do vício de fundamentação.

Em suma, embora a constituição e o ordenamento processual em vigor exijam a fundamentação das decisões judiciais, ambos furtaram-se a esclarecer o que deve ser compreendido como tal.

Se o objetivo era deixar o máximo aberto o campo para, em cada caso concreto, ser feita a análise, o certo é que a falta de qualquer norteamento sempre gerou grande confusão, insatisfações e discussões colossais.

Ademais, o campo ficou explicitamente aberto para debates doutrinários e jurisprudenciais acerca do tema, restando mesmo a estas fontes do direito, haja vista a inércia do legislador, definir o que é uma decisão fundamentada.

Todavia, mesmo havendo um posicionamento de certo modo consolidado por parte da jurisprudência, em verdade, há um desconforto e uma insatisfação generalizada por parte da comunidade jurídica, visto que por muitos é apontado como equivocado, ou seja, corriqueiramente é posto em xeque.

Certamente por estes fatores, o recentemente sancionado Novo Código de Processo Civil (Lei nº 13.105, de 16 de março de 2015), que passará a viger a partir de março/2016, traz, expressamente, em seu art. 489, parágrafo primeiro, uma grande inovação: hipóteses que, se constatadas, acarretarão no vício de fundamentação das decisões judiciais.

Preocupou-se o legislador, com este intento, nortear o aplicador do direito, construindo critérios objetivos mínimos.

Cumpre analisar, todavia, o acerto e as consequências destas alterações propostas, cotejando-as com o atual entendimento da doutrina e jurisprudência a respeito do tema.

Enfim, o tema é importantíssimo, rico em debates e volta à tona com toda a força. Está iminente de ocorrer a revolução pretendida pelo Novo Código de Processo Civil, é dizer, a revolução pretendida pela própria comunidade jurídica em geral, desgostosa com o atual entendimento jurisprudencial majoritário construído sobre a matéria.

2. BREVE SÍNTESE HISTÓRICA

As decisões judiciais nem sempre foram fundamentadas. Em verdade, numa evolução de séculos, partiu-se de uma ausência completa de fundamentos para, pouco à pouco, as decisões, sobretudo as sentenças, passarem a trazê-los em seu corpo. Tornaram-se, inclusive, hodiernamente, um requisito intrínseco essencial deste ato e dos demais atos decisórios.

Somente com a atual Constituição da República de 1988 é que o Estado, pela primeira vez, erigiu a nível constitucional tal obrigatoriedade (artigo 93, inciso IX), dada a sua notória relevância. Realmente, conforme lição do eminente magistrado e professor Fernando da Fonseca Gajardoni, "(...) É na análise da fundamentação que se afere em concreto a imparcialidade do juiz, a correção e justiça dos próprios procedimentos e decisões nele proferidas".[2]

Com efeito, a fundamentação das decisões judiciais, ou seja, a demonstração lógica dos motivos pelos quais o julgador decidiu desta ou daquela forma, constitui princípio basilar de um verdadeiro Estado Democrático de Direito - como o é o Brasil hoje.

---

2. GAJARDONI, Fernando da Fonseca. Flexibilidade procedimental: um novo enfoque para o estudo do procedimento em matéria processual. 2007. Tese (Doutorado em Direito Processual) - Faculdade de Direito, Universidade de São Paulo, São Paulo, 2007, p. 112. Disponível em: <http://www.teses.usp.br/teses/disponiveis/2/2137/tde-06082008-152939/>. Acesso em: 2014-01-18.

Embora todos os Códigos Processuais pátrios tenham disciplinado a matéria – de maneira simplista, é verdade, do Regulamento 737/1850 até o atual CPC/1973 –, certo é que o paradigma existente à época impossibilitava sua efetiva aplicação.

Ora, para tanto, basta rememorar que as duas Constituições anteriores à atual Carta Magna, quais sejam, de 1964 e 1967, período historicamente deveras recente, foram outorgadas – não promulgadas – durante a ditadura militar no país, período sabidamente nebuloso, onde por reiteradas vezes as garantias fundamentais dos cidadãos eram olvidadas.

À evidência, somente com o advento do Estado Democrático de Direito é que nasce verdadeiramente a obrigação, inarredável, da devida motivação das decisões judiciais e a efetiva busca por sua escorreita aplicação – busca esta permanente, ocorrendo até os presentes dias.

3. A FUNDAMENTAÇÃO DAS DECISÕES JUDICIAIS NO CPC/1973

O atual Código de Processo Civil Brasileiro também preocupou-se em disciplinar a matéria, inclusive trazendo como requisito, ou elemento, essencial da sentença os seus "(...) fundamentos, em que o juiz analisará as questões de fato e de direito" (artigo 458, inciso II).

Contudo, embora referido artigo faça menção exclusiva a sentença, sua aplicação, em verdade, estende-se a todas as decisões judiciais – mesmo aquelas em que, ao menos a priori, a fundamentação poderia ser efetuada de modo conciso, como é o caso das decisões interlocutórias e as que extinguem o processo sem resolução de mérito. Dissertando acerca da necessidade de motivação das decisões interlocutórias, pontifica Tucci:

> Advirta-se, porém, que, não poucas vezes, tais atos judiciais tem um núcleo decisório extremamente relevante, como, e.g., na decisão declaratória de saneamento, em que devem ser resolvidas todas as questões impeditivas da marcha procedimental; na que aprecia requerimento de produção de determinada prova; ou, então, até mesmo, naquela concessiva ou denegatória de medida liminar. Em todas essas circunstâncias, não obstante permitida concisão, de vez que não se trata de sentença de mérito, inadmite-se decisão lacônica, desprovida da imprescindível motivação[3].

Deste modo, além do dever de motivação aplicar-se, sem exceção, a todas as decisões judiciais, há que se analisar, à evidência, o tipo do *decisum*

---

3. TUCCI, José Rogério Cruz e. *A motivação da sentença no processo civil*. Saraiva: 1987, p. 123.

(sentença, decisão interlocutória, etc.) e as peculiaridades de cada caso, a fim de aferir-se, corretamente, o acerto dos fundamentos: seja na abrangência da matéria tratada (sentido horizontal), seja na profundidade da análise feita (sentido vertical).

Há que se considerar, outrossim, a norma aplicável ao caso. Isto porque existem inúmeras normas nas quais incidem conceitos jurídicos indeterminados (normas jurídicas abertas), os quais, hodiernamente, encontraram bastante campo no ordenamento jurídico brasileiro e mundial, ante a impossibilidade do legislador, num contexto de rápidas mudanças culturais, sociais, políticas e econômicas elencar as hipóteses de incidência da norma de forma específica para cada situação da vida (normas jurídicas fechadas). Nesse sentido:

> Passou o legislador a editar normas abertas, outorgando um verdadeiro mandato aos juízes, obrigados a exercitar amplamente sua capacidade criativa na interpretação de cláusulas gerais e conceitos indeterminados e a colaborar com a criação e desenvolvimento do próprio direito. De mero aplicador da lei, como almejavam os positivistas, o julgador foi chamado a interpretar leis com alto grau de abstração, preenchendo lacunas, esclarecendo significados, desempenhando um papel novo (...).[4]

Esta maior incidência das normas jurídicas abertas, ao menos em tese, exige, por outro lado, um maior esforço argumentativo do magistrado no sentido de motivar corretamente a implicação da norma ao caso, e o mais importante, o seu exato sentido através da demonstração / justificação da interpretação aplicada. Com efeito,

> A motivação, analisada sob uma nova perspectiva, passa a ser vista, não como um simples meio para justificar a aplicação da lei, mas como forma de justificar, com argumentos convincentes, as escolhas interpretativas do julgador e o resultado do julgamento, a fim de legitimar a atuação do Poder Judiciário, demonstrando o correto exercício do poder de julgar na busca da solução mais justa para o caso concreto.[5]

Mas, neste contexto, onde o ordenamento jurídico omite-se em prescrever, ou ao menos nortear, o que se entende por uma decisão devidamente motivada e, como fator agravante, há a cada dia mais a incidência de normas jurídicas

---

4. SILVA, Ana de Lourdes Coutinho. Estudo da motivação das decisões judiciais no século da jurisdição: uma reavaliação do momento jurisprudencial do direito. 2010. Tese (Doutorado em Direito Processual) - Faculdade de Direito, Universidade de São Paulo, São Paulo, 2010, p. 11. Disponível em: <http://www.teses.usp.br/teses/disponiveis/2/2137/tde-15032013-093940/>. Acesso em: 2014-01-18.
5. Idem, p. 17.

abertas, como constatar-se objetivamente, de maneira efetiva, a irretocabilidade dos fundamentos lançados em cada decisão?

Tanto a Carta Magna brasileira, quanto o ordenamento jurídico processual vigente omitem-se na tentativa da criação dos referidos critérios, os quais - acredita-se - norteariam os juízes, tribunais, advogados, enfim, a comunidade jurídica em geral na aplicação (e fiscalização da aplicação) do direito.

Restou a doutrina e a jurisprudência pátrias esta árdua tarefa, em uma construção infindável que se perpetua desde longa data até os presentes dias.

Tradicionalmente, a motivação empregada de maneira correta deveria ocorrer através de uma decisão silogística. Nesta, a premissa maior (a Lei) se encaixaria a premissa menor (caso concreto), de onde haveria, como consequência lógica, uma decisão congruente com tais preceitos (decisão interlocutória, sentença, acórdão). Nesse sentido:

> Tanto assim que é bastante comum a doutrina acentuar que a sentença encerra um silogismo composto de premissas necessárias para se chegar a uma conclusão, cada uma dessas assertivas correspondendo a um dos elementos exigidos pelos três incisos do art. 458. Assim, o *relatório* e a *fundamentação* (art. 458, I e II) corresponderiam às premissas, maior e menor, respectivamente, enquanto o *dispositivo* (art. 458, III) equivaleria à conclusão, aplicando a vontade *abstrata* da lei no caso *concreto*.[6]

Contudo, trata-se de uma técnica pouco eficaz por si só no atual paradigma[7], justamente porque, conforme estudado, as normas jurídicas abertas estão cada vez mais difundidas.

Isto acaba por exigir, do Magistrado, a interpretação dos conceitos jurídicos indeterminados casuisticamente, muito além do que uma simples subsunção matemática do fato à norma.

Com efeito, o professor Sérgio Nojiri, ao citar Tércio Sampaio Ferraz Júnior, demonstra de forma feliz, na prática, a dificílima posição que os magistrados enfrentam ao terem de apreciar os chamados conceitos jurídicos indeterminados contidos no ordenamento jurídico.

> É por estas razões que Tércio Sampaio Ferraz Jr. disse, em passagem já transcrita, que o problema da subsunção, que partia das

---

6. BUENO, Cassio Scarpinella. *Curso sistematizado de direito processual civil:* procedimento ordinário e sumário. 4. ed. São Paulo: Saraiva, 2011, p. 390.
7. Ressalve-se, contudo, que a crítica ora esposada se refere aos casos em que o silogismo é aplicado de forma matemática entre o fato e a norma. Não se nega, de modo algum, a utilidade da forma silogística para a apresentação das fundamentações.

premissas maior – a justiça deve ser respeitada – e menor – a ação de x é injusta –, é o de saber o que efetivamente é a justiça e de provar que a ação de x é injusta.[8]

Nesta monta, a técnica do silogismo - pura e simplesmente - pode, quiçá, funcionar mais ou menos bem quanto às normas jurídicas fechadas.

Contudo, no mais das vezes, também em razão das rápidas mudanças sociais, culturais e políticas, a doutrina e, sobretudo, a jurisprudência acaba por flexibilizá-las, tornando conceitos outrora rígidos relativos.

Exige-se, com isto, mais uma vez, que o julgador se valha de toda técnica interpretativa para, casuisticamente, decidir a lide, justificando as razões pelas quais a norma foi flexibilizada e o porquê da interpretação empregada.

Ao julgador, contudo, ao interpretar referidas normas jurídicas abertas, incumbe o dever de fazê-lo corretamente. Equivocado pensar que se lhe outorga, nestes casos, total discricionariedade; pelo contrário,

> Muito embora caiba ao magistrado a competência de dar sentidos possíveis a conceitos jurídicos vagos e ambíguos, não lhe é dado fazer de maneira arbitrária. O princípio da legalidade, inerente ao Estado Democrático de Direito, impõe ao magistrado a demonstração de que este julgou de acordo com as deliberações encampadas no texto legal. Mesmo que tenha uma certa margem de liberdade para valorar e precisar o conteúdo da norma, deverão esses valores ser buscados no próprio ordenamento jurídico.[9]

Muito se tem discutido, outrossim, acerca dos fatores psicológicos que influenciam o julgador, mais especificamente do dever destes fatores serem demonstrados no decorrer da fundamentação. Ocorre que

> Para o direito é irrelevante conhecer dos mecanismos psicológicos que, às vezes, permitem ao juiz chegar às decisões. O que importa, somente, é saber se a parte dispositiva da sentença e a motivação estão, do ponto de vista jurídico, lógicas e coerentes, de forma a constituírem elementos inseparáveis de um ato unitário, que se interpretam e se iluminam reciprocamente.[10]

À evidência, não interessa aos jurisdicionados nem a ninguém mergulhar na *psique* do Magistrado, obrigando-o a demonstrar nas decisões os aspectos

---

8. FERRAZ JR, Tércio Sampaio. *Introdução ao Estudo do direito: técnica, decisão, dominação*. 2. Ed. São Paulo: Atlas, 1994, p 315, Apud NOJIRI, Sérgio. *O dever de fundamentar as decisões judiciais*. 2. ed. São Paulo: Revista dos Tribunais, 2000, p. 92.
9. NOJIRI, Sérgio. *O dever de fundamentar as decisões judiciais*. 2. ed. São Paulo: Revista dos Tribunais, 2000, p. 101.
10. LIEBMAN, Enrico Tullio. Do arbítrio à razão – Reflexões sobre a motivação da sentença, RePro n. 29, São Paulo: Revista dos Tribunais, p. 80.

íntimos que lhe influenciaram ou deixaram de influenciar. Os motivos da decisão não dizem respeito a isto, mas sim à justificativa final alcançada após o cotejo dos fatos e provas expostos e a análise jurídica, com a interpretação da norma aplicável.

No entanto, questão tormentosa guarda relação com a obrigatoriedade ou não do Magistrado, neste discurso justificativo, apreciar fundamentadamente todos os argumentos levantados pelas partes.

Conforme o atual entendimento doutrinário e jurisprudencial majoritário, cabe ao julgador a obrigatoriedade de suficientemente fundamentar sua decisão, independente de ter analisado ou não, neste mister, todas as teses jurídicas existentes *sub judice*. Nesse sentido recente julgado do Supremo Tribunal Federal (STF):

> AGRAVO REGIMENTAL EM AGRAVO DE INSTRUMENTO. AUSÊNCIA DE PREQUESTIONAMENTO. VIOLAÇÃO AO ART. 93, IX, DA CONSTITUIÇÃO FEDERAL. INEXISTÊNCIA. CONTROVÉRSIA DECIDIDA COM BASE NO CONJUNTO FÁTICO-PROBATÓRIO DOS AUTOS. SÚMULA 279/STF. Tal como constatou a decisão agravada, a questão alegada no recurso extraordinário não foi objeto de análise pelo Tribunal de origem. Incidência das Súmulas 282 e 356/STF. *Quanto à alegação de ofensa ao art. 93, IX, da Constituição, o Plenário do Supremo Tribunal Federal já assentou o entendimento de que as decisões judiciais não precisam ser necessariamente analíticas, bastando que contenham fundamentos suficientes para justificar suas conclusões.* De qualquer forma, a resolução da controvérsia demandaria o reexame dos fatos e provas constantes dos autos, o que é vedado em recurso extraordinário (Súmula 279/STF). Agravo regimental a que se nega provimento (STF, AI 777357 AgR / SC – SANTA CATARINA, 1ª Turma, Ministro Relator Roberto Barroso, julgamento 15/10/2013, publicação 13/11/2013)

Extrai-se, ademais, interessante excerto do julgado acima, de lavra do Ministro Roberto Barroso, onde a questão é tratada com extrema clareza. Veja-se:

> (...) Ademais, quanto à alegação de ofensa ao art. 93, IX, da Constituição, *o Plenário deste Tribunal já firmou o entendimento de que as decisões judiciais não precisam ser necessariamente analíticas, bastando que contenham fundamentos suficientes para justificar suas conclusões*. Nesse sentido, reconhecendo a repercussão geral da matéria, confira-se a ementa do AI 791.292-QO-RG, julgado sob a relatoria do Ministro Gilmar Mendes: "Questão de ordem. Agravo de Instrumento. Conversão em recurso extraordinário (CPC, art. 544, §§ 3º e 4º). 2. Alegação de ofensa aos incisos XXXV e LX do art. 5º e ao inciso IX do art. 93 da Constituição Federal. Inocorrência. 3. O art. 93, IX, da Constituição Federal exige que o acórdão ou decisão sejam fundamentados, ainda que sucintamente, sem determinar, contudo,

o exame pormenorizado de cada uma das alegações ou provas, nem que sejam corretos os fundamentos da decisão. 4. Questão de ordem acolhida para reconhecer a repercussão geral, reafirmar a jurisprudência do Tribunal, negar provimento ao recurso e autorizar a adoção dos procedimentos relacionados à repercussão geral."

Imperioso ressaltar do relatório acima a referência a um outro julgado, no qual houve o reconhecimento da repercussão geral da matéria e a reafirmação da jurisprudência do Tribunal, no caso, a mais alta Corte brasileira, no sentido de que, havendo a devida motivação, é desnecessária a análise de todas as alegações das partes para a validade da decisão.

Para o Superior Tribunal de Justiça, inclusive as decisões *per relationem*[11] são válidas, conforme abaixo:

> ADMINISTRATIVO. PROCESSUAL CIVIL. AGRAVO REGIMENTAL EM RECURSO ESPECIAL. VIOLAÇÃO AO ART. 535 DO CPC. INEXISTÊNCIA. JULGAMENTO EXTRA PETITA. AUSÊNCIA DE PREQUESTIONAMENTO. SÚMULA 282/STF. ADOÇÃO, TAMBÉM, DE PARECER DO MINISTÉRIO PÚBLICO COMO RAZÃO DE DECIDIR DO ACÓRDÃO RECORRIDO. POSSIBILIDADE. EMBARGOS INFRINGENTES. EFEITO DEVOLUTIVO LIMITADO. DISCUSSÃO SOBRE O PONTO DE DISCREPÂNCIA. VIOLAÇÃO AO ART. 530 DO CPC. NÃO OCORRÊNCIA. DESAPROPRIAÇÃO. CONTROVÉRSIA SOBRE O DOMÍNIO. CABIMENTO. ÁREA SITUADA EM FAIXA DE FRONTEIRA. BEM DOMINICAL DA UNIÃO TRANSFERIDO PELO ESTADO DO PARANÁ A TERCEIRO. NULIDADE DO ATO JURÍDICO. INDENIZAÇÃO DESCABIDA. 1. Há que ser afastada a alegada violação ao art. 535, II, do CPC, na medida em que a Corte de origem analisou, de forma objetiva e fundamentada, as questões que lhe foram submetidas, apreciando integralmente a controvérsia posta no presente feito, não se havendo falar em omissão. 2. A matéria pertinente à ocorrência de julgamento extra petita não foi apreciada pela instância judicante de origem, tampouco suscitada nos embargos declaratórios opostos perante a Corte local. Portanto, ante a falta do necessário pré questionamento, incide o óbice da Súmula 282/STF. 3. *Segundo jurisprudência consolidada desta Corte, não importa nulidade do acórdão a utilização, pelo julgador, de fundamentação per relationem.* (STJ, AgRg no REsp 1220823 / PR, 1ª Turma, Ministro Relator Sérgio Kukina, julgamento 15/10/2013, publicação 21/10/2013) (grifo nosso).

Enfim, tanto as cortes superiores quanto os demais tribunais admitem a possibilidade do Magistrado decidir sinteticamente, inclusive sem se ater

---

11. Decisões *per relationem* são aquelas que ocorrem quando a decisão consubstancia-se na simples adoção dos fundamentos de uma das partes ou outros elementos dos autos, como, por exemplo, o parecer do Ministério Público, a sentença de primeiro grau (decisão *per relationem* perfeita), ou, então, de elementos estranhos aos autos (decisão *per relationem* imperfeita).

necessariamente a todos os pontos levantados pelas partes, desde que seus fundamentos estejam em conformidade com o ordenamento e resolvam por inteiro a questão posta sub judice.

Admitem, ainda, a chamada decisão *per relationem*, pela qual são adotados, como razão de decidir, os fundamentos constantes em outros documentos (pareceres, decisões, peças, etc.).

4. A FUNDAMENTAÇÃO DAS DECISÕES JUDICIAIS NO NOVO CÓDIGO DE PROCESSO CIVIL

O Novo Código de Processo Civil (*Lei nº 13.105, de 16 de março de 2015*) fora sancionado recentemente pela Presidenta Dilma Roussef. O novo *Codex* encontra-se no período de *vacatio legis* e entrará em vigor efetivamente em março/2016.

Também no Novo Código de Processo Civil houve a preocupação em manter-se a obrigatoriedade de fundamentação das decisões judiciais. O artigo 11 trata-se de reprodução fiel, *ipses litteris*, do já referido artigo 93, inciso IX, da CF/88.

O artigo 489 e incisos, por sua vez, também não inovaram substancialmente, mantendo-se praticamente idênticos ao atual artigo 458 e incisos do CPC/73; entretanto, e aí sim houve uma guinada brusca em relação ao atual diploma processual, foram inseridos três parágrafos no referido artigo 489.

4.1. O §1º do art. 489 do Novo Código de Processo Civil

O parágrafo do art. 489 primeiro define, expressamente, o que deve se entender por uma decisão não fundamentada. Veja-se:

> § 1º Não se considera fundamentada qualquer decisão judicial, seja ela interlocutória, sentença ou acórdão, que:
>
> I – se limitar à indicação, à reprodução ou à paráfrase de ato normativo, sem explicar sua relação com a causa ou a questão decidida;
>
> II – empregar conceitos jurídicos indeterminados, sem explicar o motivo concreto de sua incidência no caso;
>
> III – invocar motivos que se prestariam a justificar qualquer outra decisão;
>
> IV – não enfrentar todos os argumentos deduzidos no processo capazes de, em tese, infirmar a conclusão adotada pelo julgador;

V – se limitar a invocar precedente ou enunciado de súmula, sem identificar seus fundamentos determinantes nem demonstrar que o caso sob julgamento se ajusta àqueles fundamentos;

VI – deixar de seguir enunciado de súmula, jurisprudência ou precedente invocado pela parte, sem demonstrar a existência de distinção no caso em julgamento ou a superação do entendimento.

À evidência, inovou sobremaneira o legislador na busca por uma sistematização. E o fez de uma forma diferente, definindo por exclusão o que se compreende por uma decisão fundamentada.

Seu objetivo - acredita-se - foi deixar o mais aberto possível o campo das hipóteses. Em outras palavras, o legislador buscou elaborar um rol meramente exemplificativo, servindo com o único propósito de orientação, norteamento aos aplicadores do direito.

Ademais, importantíssimo ressaltar a sensibilidade havida na redação ao estipular que "Não se considera fundamentada *qualquer decisão judicial*, seja ela *interlocutória, sentença ou acórdão*, que: (...)" (g.n.), deixando claro e extreme de dúvidas a obrigatoriedade do dever de fundamentação de absolutamente todas as decisões judiciais, sem qualquer exceção. Houve, assim, a complementação - e por que não dizer, correção - do constante no artigo 458 do atual Código de Processo Civil/1973.

Outra observação bastante interessante guarda relação com a consagração do entendimento já consolidado pela doutrina e jurisprudência majoritárias em relação a determinadas matérias (I, II e III), inovando, por outro lado, em relação a outras (IV, V e VI).

4.2. As hipóteses de decisão não fundamentada previstas no §1º do art. 489

4.2.1. Mera indicação, reprodução ou paráfrase de ato normativo

A primeira hipótese que caracterizaria o vício de fundamentação consubstancia-se no caso do julgador, na decisão, "se limitar à indicação, à reprodução ou à paráfrase de ato normativo, sem explicar sua relação com a causa ou a questão decidida" (inc. I).

Realmente, o fato do julgador simplesmente indicar, reproduzir ou parafrasear a norma de forma mecânica ao caso concreto gera uma tutela jurisdicional deficitária.

Isto porque sem o devido cotejo entre os fatos trazidos aos autos pelas partes, as provas produzidas e toda a dogmática incidente (que não se limita meramente à Lei, devendo, no mais das vezes, o caso ser analisado sob o prisma principiológico, dos usos e costumes de determinada região, etc.) não é possível fundamentar-se adequadamente uma decisão.

Não obstante, no caso deste primeiro inciso, a falta de fundamentação fica ainda mais evidente nos casos em que incidem as normas jurídicas abertas que, como visto, exigem do magistrado um esforço argumentativo ainda maior no ato de interpretar os conceitos jurídicos indeterminados e motivar a decisão. Impossível nestes casos a mera reprodução da norma sem sua efetiva interpretação e demonstração do *iter* percorrido para se chegar a esta ou aquela conclusão.

4.2.2. O emprego de conceitos jurídicos indeterminados

O parágrafo acima esclarece, outrossim, a segunda hipótese trazida pelo parágrafo 1º do art. 489, que diz respeito ao julgador, na decisão, "empregar conceitos jurídicos indeterminados, sem explicar o motivo concreto de sua incidência no caso" (inc. II).

Com isto, evitam-se decisões como "Indefiro o pedido de tutela antecipada do Autor porque ausente a *verossimilhança* em suas alegações", ou, então, outras tantas pautadas, por exemplo, na presença ou ausência de "boa fé" e de *"fumus boni iuris"*.

Faz-se necessário esclarecer sempre a incidência dos referidos termos ao caso concreto, com a demonstração, pelo Magistrado, de qual foi a interpretação empregada; o que os caracterizou ou deixou de os caracterizar na análise da conduta das partes; quais as provas carreadas aos autos - ou que deveriam ter sido carreadas - que os afirmam ou negam. Sem isto não há como se conceber uma decisão motivada.

4.2.3. A decisão genérica

Pela terceira hipótese elencada no parágrafo 1º do art. 489, considerar-se-á desprovida de motivação a decisão que "invocar motivos que se prestariam a justificar qualquer outra decisão" (inc. III).

Refere-se este inciso às decisões genéricas, padrão, no mais das vezes encontradas no chamado "processo contencioso de massa".

O problema reside na desídia de se levar em consideração as particularidades do caso concreto e as minúcias de cada pedido formulado pela parte, acarretando, por isso, na ocorrência de muitos erros e, portanto, prejuízo aos jurisdicionados.

Qualquer peça processual onde se alterem apenas nomes e números é indesejável, seja ela uma petição, seja ela uma decisão judicial, pois não atende, em absoluto, aos anseios de Justiça.

4.2.4. Os argumentos capazes de, em tese, infirmar a decisão do julgador

A hipótese subsequente considera desprovida de fundamentação a decisão que "não enfrentar todos os argumentos deduzidos no processo capazes de, em tese, infirmar a conclusão adotada pelo julgador" (inc. IV).

Este é, sem dúvida, o ponto de maior mudança. Isto porque colide com o atual posicionamento, amplamente majoritário, da doutrina e jurisprudência a respeito do tema (cf. demonstrado no Item 2).

Prima facie, interessante ressaltar a expressão "infirmar" empregada pelo legislador no referido texto, a qual significa "tirar a firmeza, a força, a autoridade".[12]

Mas como identificar o que, de fato, é capaz de tirar a firmeza, a força ou a autoridade da decisão proferida pelo julgador? Trata-se de questão extremamente relevante, intrincada e, sobretudo, de difícil resposta a depender do caso.

Em verdade, desde que não se trate de matéria flagrantemente ultrapassada pela doutrina e jurisprudência, manifestamente contrária à lei ou alegada sem qualquer relação com o discutido nos autos ou no ordenamento jurídico pátrio, neste novo paradigma, deve a decisão analisar - ainda que de maneira sucinta, pois isto não foi alterado - todas as questões postas pelas partes.

Questões controvertidas em geral e, até mesmo, entendimentos minoritários da doutrina e jurisprudência devem ser devidamente analisados, pois são "(...) capazes de, *em tese*, infirmar a conclusão adotada pelo julgador". Importantíssima, na exegese da norma, o termo utilizado pelo legislador: *em tese*. Portanto, a plausibilidade jurídica da questão trazida a Juízo acarreta na obrigatoriedade de sua análise.

Pelo exposto, mesmo que o Magistrado encontre motivação suficiente para fundar a decisão, fica o órgão julgador obrigado a responder, um a um, todos os questionamentos juridicamente plausíveis suscitados pelas partes.

A questão ganha contornos ainda mais acentuados nas hipóteses em que a demanda for resolvida sob ótica diversa daquela almejada pela parte. Mesmo

---

12. Fonte: Dicionário Michaellis. Disponível em: http://michaelis.uol.com.br/moderno/portugues/index.php?lingua=portugues-portugues&palavra=infirmar, acesso em 30 de junho de 2014.

suficientemente fundamentada, o julgador também terá de analisar todas as questões plausíveis postas em juízo.

Outrossim, o magistrado deverá, nestes casos em que a lide é dirimida sob ótica diversa daquela pretendida pelas partes, propiciar a estas a oportunidade de se manifestarem a respeito da matéria antes do provimento jurisdicional.

Isto é decorrência do também revolucionário art. 10 do Novo Código de Processo Civil, o qual preceitua: "Em qualquer grau de jurisdição, o órgão jurisdicional não pode decidir com base em fundamento a respeito do qual não se tenha oportunizado manifestação das partes, ainda que se trate de matéria apreciável de ofício."

Destarte, a título de exemplificação, estando os autos conclusos para sentença, acaso o julgador constate neste momento a prescrição do crédito constante na cártula de cheque que fundamenta a ação monitória, caberá a ele, antes de julgar, dar vista aos autos às partes para que se pronunciem sobre isto, acaso não o tenham feito antes. Se não o fizer e decidir com fundamento na prescrição, a sentença será inválida.

Resta aguardar como a comunidade jurídica em geral, sobretudo os tribunais, recepcionará tal norma. O fato é que, com esta reforma em especial, altera-se bruscamente um cenário jurisprudencial já consolidado, desassossegando os julgadores em geral, os quais terão um trabalho infinitamente maior na análise e construção da fundamentação de suas decisões.

Se por um lado a sociedade ganha com uma decisão na qual são abordados todos os pontos plausíveis trazidos pelas partes, por outro lado esta mesma sociedade perde com uma demora exponencial no deslinde do processo.

Não se olvida, ademais, das ferrenhas discussões que virão à tona a respeito de quais são, efetivamente, "(...) os argumentos deduzidos no processo capazes de, em tese, infirmar a conclusão adotada pelo julgador".

Enfim, até a jurisprudência se consolidar de novo, haverá uma fase nebulosa, uma verdadeira zona cinzenta, da qual se pode esperar diversos debates e alguma confusão.

4.2.5. A invocação de precedente ou enunciado de súmula

Conforme a quinta hipótese, não será considerada fundamentada a decisão que "se limitar a invocar precedente ou enunciado de súmula, sem identificar seus fundamentos determinantes nem demonstrar que o caso sob julgamento se ajusta àqueles fundamentos" (inc. V).

Tocante à hipótese prevista no inc. V, guardadas as devidas diferenças, trata-se de caso extremamente semelhante ao exposto no inc. I (casos em que o julgador se limita a indicar, reproduzir ou parafrasear ato normativo sem explicar sua relação com a causa ou a questão decidida), principalmente no tocante às súmulas.

Com efeito, o fato do julgador simplesmente invocar o precedente ou enunciado de súmula de forma mecânica ao caso concreto gera uma tutela jurisdicional deficitária. Deve haver, para a validade do ato decisório, o devido cotejo entre os fatos trazidos aos autos pelas partes, as provas produzidas e toda a dogmática incidente ao caso.

Com esta hipótese, certamente buscou o legislador obstaculizar a utilização da chamada "motivação *per relationem* imperfeita". Como já estudado, este tipo de motivação ocorre quando nas decisões o magistrado cinge-se à mera adoção das razões de elementos estranhos aos autos, por exemplo, um precedente judicial.

Esta mudança mostra-se positiva porque, dada a sua praticidade, têm-se abusado na utilização das decisões *per relationem* (perfeita e imperfeita). Como corolário, por vezes deixam-se de ser levadas em conta as especificidades do caso concreto, que não poderiam ser relegadas à margem das conclusões atingidas pelo Juízo.

De outra sorte, perdeu o legislador a oportunidade de impedir a chamada "motivação *per relationem* perfeita". Esta, como também já exposto, ocorre quando o julgador cinge-se à adoção de algum elemento constante dos autos (petições das partes, parecer do Ministério Público, sentença do Juízo *a quo*, etc.) para motivar sua decisão.

Sem embargo, parece claro e extreme de dúvidas a maior gravidade das decisões *per relationem* imperfeitas para os jurisdicionados e o acerto havido ao buscar impedir sua ocorrência; entretanto, poderia o legislador ter sido mais arrojado e aproveitado o ensejo para já impedir o emprego das decisões *per relationem* perfeitas, sob pena de vício do ato.

Em outras palavras, poderão os Tribunais de Justiça continuar a se valer unicamente das sentenças de primeiro grau, pareceres do Ministério Público e de peritos constantes dos autos para fundamentar os Acórdãos, consubstanciando-se arriscada prática.

4.2.6. O não seguimento de súmula, jurisprudência ou precedente invocado pela parte

Derradeiramente, não se considera fundamentada a decisão que "deixar de seguir enunciado de súmula, jurisprudência ou precedente invocado pela parte, sem demonstrar a existência de distinção no caso em julgamento ou a superação do entendimento" (inc. VI).

Consoante determinado pela norma, quando a parte invocar enunciado de súmula, jurisprudência ou precedente, para afastar a sua aplicação ao caso, deverá o magistrado proceder ao chamado *distinguishing*, ou seja, deverá demonstrar que a hipótese fática concreta está a determinar conclusão diversa da constante em tais enunciados.

O legislador mais uma vez andou bem ao formular a hipótese sob análise. São variadas as vezes nas quais os patronos das partes buscam o entendimento jurisprudencial mais adequado ao caso para fundar suas peças processuais, por vezes encontrando até mesmo posicionamento pacífico de tribunais superiores sobre a matéria, e as decisões simplesmente ignoram o texto, julgando em sentido oposto sem esclarecer os porquês.

O ponto de atenção deste novo cenário guarda relação com o bom senso que deve acompanhar os advogados e demais operadores do direito ao citar referidos enunciados. A razão é óbvia: se em cada peça houver mil citações, o magistrado demorará horas por processo, refletindo na marcha processual de todo um Cartório, quem sabe de uma Comarca inteira.

A situação fica ainda mais crítica levando em consideração a possibilidade de serem acostados entendimentos flagrantemente ultrapassados e sem qualquer relação com a causa, os quais, por mais absurdo que sejam, também deverão ser analisados.

Isto porque, diferente do ocorrido no inc. IV, equivocadamente deixou-se de inserir a seguinte expressão em destaque: "deixar de seguir enunciado de súmula, jurisprudência ou precedente invocado pela parte *capazes de, em tese, infirmar a conclusão adotada pelo julgador* (...)".

E, no caso, a interpretação da norma não pode ser, em absoluto, ampliativa, sob pena de ferir-se de morte o direito dos jurisdicionados. Há que haver, a *contrario sensu*, interpretação a mais restritiva possível. Com efeito,

> Outras vezes, o intérprete e o aplicador da norma devem valer-se da interpretação restritiva, limitando a incidência do comando normativo, impedindo que produza efeitos injustos ou danosos, porque suas palavras abrangem hipóteses que nelas, na realidade, não contêm. Esse ato interpretativo não reduz o campo da norma, determina-lhe tão-somente os limites ou as fronteiras exatas, com o auxílio de elementos lógicos e de fatores jurídico-sociais, possibilitando a aplicação razoável e justa da norma de modo que corresponda à sua conexão de sentido.[13]

Encerradas as hipóteses previstas no parágrafo primeiro do art. 489, passa-se a ao estudo dos parágrafos restantes.

---

13. DINIZ, Maria Helena. *Compêndio de Introdução à Ciência do Direito*. 2008, Atlas, São Paulo.

4.3. Os §§2º e 3º do art. 489 do Novo CPC

O parágrafo segundo do referido artigo prescreve que "No caso de colisão entre normas, o órgão jurisdicional deve justificar o objeto e os critérios gerais da ponderação efetuada, enunciando as razões que autorizam a interferência na norma afastada e as premissas fáticas que fundamentam a conclusão".

Com isto, reverencia-se o princípio da ponderação - chamado por alguns de princípio da adequação -, pelo qual, havendo colisão de normas da mesma hierarquia, deverá haver uma análise parcimoniosa por parte do julgador para saber, no caso concreto, qual é a mais adequada, devendo por isto prevalecer. A este respeito,

> Em conclusão, a complexidade do problema da colisão aumenta a sua dimensão ao considerarmos que, no mundo contemporâneo, problemas de aplicação não raramente se convertem em (ou retornam a) problemas de fundamentação. Assim, frequentemente, na aplicação de princípios a casos concretos, exige-se do encarregado de aplicar a norma que não apenas empregue adequadamente os princípios (como razões de fundamentação previamente dispostas) aos casos litigiosos, mas, antes e principalmente, sobretudo em situações nas quais são os próprios princípios que estão problematicamente envolvidos em uma colisão, que apresente as razões (de fato e de direito) com base nas quais conferiu primazia a esse ou aquele princípio (em detrimento de outros tantos). Com isso, uma situação de aplicação de princípios, em casos de colisão, dificilmente deixará de percorrer uma conversão recíproca de argumentação/fundamentação e aplicação, de tal forma que, diante de uma colisão com outros princípios, o princípio previamente disposto para aplicação (como fundamento de decisão) deve confirmar a sua aplicação ao caso com a comprovação de merecer — mediante argumentação com as possibilidades jurídicas e reais do caso — a outorga de sua pretensão de primazia (discurso de fundamentação).[14]

Portanto, imperioso ressaltar o acerto do legislador ao exigir do magistrado não só a análise norma, mas sua efetiva demonstração, inclusive com as "(...) premissas fáticas que fundamentam a conclusão".

Por fim, assevera o parágrafo terceiro do art. 489 que: "A decisão judicial deve ser interpretada a partir da conjugação de todos os seus elementos e em conformidade com o princípio da boa-fé", exigindo a necessidade da interpretação sistemática das decisões.

---

14. GUEDES, Neviton. *A ponderação e as colisões de normas constitucionais*. Revista Consultor Jurídico: 10 de dezembro de 2012. Disponível em: http://www.conjur.com.br/2012-dez-10/constituicao-poder-ponderacao-colisoes-normas-constitucionais.Acesso em 02 de julho de 2014.

4.4. Considerações Finais

Por todo o exposto, conclui-se que as mudanças pretendidas pelo Novo Código de Processo Civil são positivas.

Pela primeira vez na história do Brasil há uma busca baseada em critérios objetivos para nortear o aplicador do direito sobre o que deve ser compreendido por uma decisão devidamente fundamentada. E isto, por si só, é louvável.

O advogado, ao fazer a inicial de forma minuciosa, ao juntar cada documento e pensar em cada detalhe, espera do magistrado - do Estado em última análise - uma resposta a altura, devidamente motivada.

Assim, uma decisão que se limita a indicar, reproduzir ou parafrasear ato normativo, sem explicar sua relação com a causa ou a questão decidida; que emprega conceitos jurídicos indeterminados, sem explicar o motivo concreto de sua incidência no caso; que invoca motivos que se prestariam a justificar qualquer outra decisão; que não enfrenta todos os argumentos deduzidos no processo capazes de, em tese, infirmar a conclusão adotada pelo julgador; se limita a invocar precedente ou enunciado de súmula, sem identificar seus fundamentos determinantes nem demonstrar que o caso sob julgamento se ajusta àqueles fundamentos; ou que deixa de seguir enunciado de súmula, jurisprudência ou precedente invocado pela parte, sem demonstrar a existência de distinção no caso em julgamento ou a superação do entendimento, é manifestamente deficitária porque não traz a pacificação social, ou melhor, não chega nem perto disto; pelo contrário, acaba por acarretar no desprestígio do Estado, haja vista a insatisfação e sentimento de impotência que afetam os jurisdicionados.

Não se está a afirmar, em absoluto, que as mudanças pretendidas configuram um milagre que irá sanar todas as questões tormentosas que envolvem o tema, sobretudo porque as novas normas sobrecarregarão os magistrados, porquanto terão trabalho redobrado.

Por isso, além de aumento do efetivo de julgadores e servidores da Justiça, deverá também haver altos investimentos em estrutura, o que sabidamente não ocorre de um dia para o outro, senão com o decorrer de anos de insistência e planejamento. Sabe-se, portanto, que haverá um período inicial nebuloso, de incertezas.

Não se nega, também, que talvez o legislador pudesse ter sido mais ousado em determinadas matérias, e em outras talvez mais cauteloso. Todavia, no balanço geral, as mudanças são positivas e, acredita-se, trarão grande benefício a toda a comunidade jurídica.

5. CONCLUSÃO

Hoje vivemos um paradigma privilegiado em relação à fundamentação das decisões judiciais, pois muito já se discutiu e hoje, à unanimidade, sabe-se de sua importância e imprescindibilidade.

Por outro lado, a busca pelo aperfeiçoamento do tema permanece – e para sempre o será -, bastando rememorar que no ano vindouro entrará em vigor o Novo Código de Processo Civil com disposições específicas sobre a fundamentação, algumas inovadoras a respeito do tema. Sem dúvidas, dia após dia exige-se e espera-se mais do Poder Judiciário, sobretudo uma tutela jurisdicional clara, fundamentada e efetiva.

O primeiro item do presente artigo foi dedicado ao estudo histórico, de maneira bastante sucinta. Notória a evolução advinda com o decorrer dos anos, pois se passou de uma total ausência de fundamentos para, pouco a pouco, ser um requisito essencial a validade dos atos decisórios. Hoje, no Brasil, trata-se de um princípio constitucionalmente assegurado, inarredável.

O item subsequente foi dedicado a análise da fundamentação propriamente dita sob a luz do atual *codex* processual.

Viu-se, inicialmente, que absolutamente todas as decisões devem ser devidamente fundamentadas, ainda que de modo conciso. E para a correta fundamentação, devem ser analisadas a natureza do ato (sentença, decisão interlocutória, despacho), as peculiaridades de cada caso e a norma aplicável, visto que as normas jurídicas abertas normalmente exigem um maior esforço argumentativo do magistrado em razão dos conceitos jurídicos indeterminados existentes.

Estudou-se que, à revelia do ordenamento jurídico positivado, coube a doutrina e a jurisprudência pátrias definir os casos em que ocorre o vício de fundamentação.

Em resumo, com base na corrente majoritária, constatou-se que o emprego da lógica silogística, como operação matemática de subsunção do fato a norma, por si só, é insuficiente para a fundamentação das decisões, sobretudo em razão da maior incidência das normas jurídicas abertas; que ao magistrado, ao interpretar estas normas, em que pese a maior liberdade hermenêutica, incumbe-lhe o dever de basear-se no próprio ordenamento jurídico; que se faz desnecessária a demonstração dos fatores psicológicos no ato de motivar; que a decisão pode ser devidamente fundamentada mesmo sem apreciar todas as teses jurídicas postas pelas partes; que a fundamentação *per relationem* é legal, em que pese a possibilidade de acarretar gravíssimos prejuízos aos jurisdicionados.

Após, o tema foi analisado com fulcro nas inovações pretendidas pelo Novo Código de Processo Civil.

Pela análise dos dispositivos atinentes à matéria, foi possível constatar o nítido intuito do legislador de positivar alguns pontos já pacificados pela jurisprudência acerca do vício de fundamentação, quais sejam, a simples referência a dispositivo de Lei ou súmula; o emprego de conceitos jurídicos indeterminados sem explicar sua incidência ao caso; e a utilização das decisões genéricas.

Nítido, por outro lado, o intuito de romper com o posicionamento jurisprudencial já pacificado quanto a outros pontos, por exemplo, a desnecessidade de ser analisados todos os pontos postos pelas partes.

Pelo Novo Código de Processo Civil, deverá o magistrado obrigatoriamente analisar todos os argumentos capazes de, em tese, infirmar a sua decisão. Ou seja, todas as teses, desde que plausíveis e lastreadas no ordenamento jurídico, deverão ser analisadas.

Outro ponto de rompimento do atual cenário trazido pelo novo CPC guarda relação com a obrigatoriedade do julgador justificar o porquê deixou de seguir enunciado de súmula, jurisprudência ou precedente invocado pela parte, sem demonstrar a existência de distinção no caso em julgamento ou a superação do entendimento.

Quanto a estes pontos de rompimento, altera-se bruscamente um cenário jurisprudencial já consolidado, desassossegando os julgadores em geral, os quais terão um trabalho infinitamente maior na análise e construção da fundamentação de suas decisões.

Se por um lado a sociedade ganha com uma decisão mais fundamentada, por outro lado esta mesma sociedade pode ser prejudicada com uma demora exponencial no deslinde do processo.

Embora não se negue que talvez o legislador pudesse ter sido mais ousado em determinadas matérias, e em outras talvez mais cauteloso, o fato é que pela primeira vez na história do Brasil há uma busca baseada em critérios objetivos para nortear o aplicador do direito sobre o que deve ser compreendido por uma decisão devidamente fundamentada.

Portanto, conforme estudado, no balanço geral, as mudanças são positivas e, acredita-se, trarão grande benefício a toda a comunidade jurídica.

6. REFERÊNCIAS BIBLIOGRÁFICAS

ALVIM, Arruda. *Manual de direito processual civil*: processo de conhecimento. 12. ed. São Paulo: Revista dos Tribunais, 2008.

ALVIM, Thereza. Questões prévias e os limites objetivos da coisa julgada. São Paulo: Revista dos Tribunais, 1977.

AMENDOEIRA JR., Sidnei. *Poderes do juiz e tutela jurisdicional*: a utilização racional dos poderes do juiz como forma de obtenção da tutela jurisdicional efetiva, justa e tempestiva. São Paulo: Atlas, 2006.

AMENDOEIRA JR., Sidnei. *Direito processual civil*: teoria geral do processo e processo de conhecimento. São Paulo: Atlas, 2007.

BAPTISTA, Francisco de Paula. *Compêndio de Theoria e Prática*. Rio de Janeiro-Paris: H. Garnier, 1910, pp. 240-241 apud NORONHA, Carlos Silveira. *Sentença civil: perfil histórico-dogmático*. São Paulo: Revista dos Tribunais, 1995

BEDAQUE, José Roberto dos Santos. *Efetividade do processo e técnica processual*. 3. ed. São Paulo: Malheiros, 2010.

BUENO, Cassio Scarpinella. *Curso sistematizado de direito processual civil*: procedimento ordinário e sumário. 4. ed. São Paulo: Saraiva, 2011.

DINIZ, Maria Helena. Compêndio de Introdução à Ciência do Direito. São Paulo: Atlas, 2008..

FERRAZ JR, Tércio Sampaio. Introdução ao Estudo do direito: técnica, decisão, dominação. 2. Ed. São Paulo: Atlas, 1994, Apud NOJIRI, Sérgio. *O dever de fundamentar as decisões judiciais*. 2. ed. São Paulo: Revista dos Tribunais, 2000.

GAJARDONI, Fernando da Fonseca. *Flexibilidade procedimental*: um novo enfoque para o estudo do procedimento em matéria processual. 2007. Tese (Doutorado em Direito Processual) - Faculdade de Direito, Universidade de São Paulo, São Paulo, 2007, p. 112. Disponível em: <http://www.teses.usp.br/teses/disponiveis/2/2137/tde-06082008-152939/>. Acesso em: 2014-01-18.

GUEDES, Neviton. *A ponderação e as colisões de normas constitucionais*. Revista Consultor Jurídico: 10 de dezembro de 2012. Disponível em: http://www.conjur.com.br/2012-dez-10/constituicao-poder-ponderacao-colisoes-normas-constitucionais.Acesso em 2014-06-05.

LIEBMAN, Enrico Tullio. Do arbítrio à razão – Reflexões sobre a motivação da sentença, RePro n. 29, São Paulo: Revista dos Tribunais.

KELSEN, Hans. Teoria pura do direito. 4. ed. São Paulo: Martins Fontes, 1995, APUD NOJIRI, Sérgio. *O dever de fundamentar as decisões judiciais*. 2. ed. São Paulo: Revista dos Tribunais, 2000.

NOJIRI, Sérgio. *O dever de fundamentar as decisões judiciais*. 2. ed. São Paulo: Revista dos Tribunais, 2000.

NORONHA, Carlos Silveira. *Sentença civil: perfil histórico-dogmático*. São Paulo: Revista dos Tribunais, 1995.

REALE, Miguel. A motivação, requisito essencial da sentença. Questões de direito público. São Paulo: Saraiva, 1997, APUD NOJIRI, Sérgio. *O dever de fundamentar as decisões judiciais*. 2. ed. São Paulo: Revista dos Tribunais.

SILVA, Ana de Lourdes Coutinho. *Estudo da motivação das decisões judiciais no século da jurisdição*: uma reavaliação do momento jurisprudencial do direito. 2010. Tese (Doutorado em Direito Processual) - Faculdade de Direito, Universidade de São Paulo, São Paulo, 2010, p. 11. Disponível em: <http://www.teses.usp.br/teses/disponiveis/2/2137/tde-15032013-093940/>. Acesso em: 2014-01-18.

TARUFFO, Michele. *La fisionomia della sentenza in Itália*. La sentenza in Europa: método, técnica e stile. Padova: Cedam, 1988, p 189 apud NOJIRI, Sérgio. *O dever de fundamentar as decisões judiciais*. 2. ed. São Paulo: Revista dos Tribunais, 2000.

TUCCI, José Rogério Cruz e. *A motivação da sentença no processo civil*. São Paulo: Saraiva, 1987.

WAMBIER, Luiz Rodrigues; Almeida, Flávio Renato Correia de; Talamini, Eduardo. *Curso Avançado de Processo civil: teoria geral do processo e processo do conhecimento*.8.ed. São Paulo: Revista dos Tribunais, 2006.

WATANABE, Kazuo. *Cognição no processo civil*. 4. ed. São Paulo: Saraiva, 2012.

CAPÍTULO 4

Os Efeitos da Sentença no Novo Código de Processo Civil

Francisco Barros Dias[1]

SUMÁRIO: 1. – INTRODUÇÃO; 2. – QUESTÃO TERMINOLÓGICA – IDENTIDADE OU DISTINÇÃO ENTRE EFICÁCIA E EFEITO.; 3. – O SIGNIFICADO DAS EXPRESSÕES EFICÁCIA E EFEITOS DA SENTENÇA; 3.1 – UMA BREVE ANÁLISE DE EFICÁCIA E EFEITO NO CAMPO DA TEORIA GERAL DO DIREITO.; 3.2 – EFICÁCIA E EFEITOS NO CAMPO PROCESSUAL; 4. – CLASSIFICAÇÃO E CARACTERIZAÇÃO DOS EFEITOS DA SENTENÇA.; 5. – O QUE REPRESENTA OS EFEITOS DA SENTENÇA NO CAMPO PRÁTICO E A IMPORTÂNCIA QUE ADQUIRE NO PROCESSO NOS DIAS DE HOJE.; 6. - OS EFEITOS DA SENTENÇA NO NOVO CÓDIGO DE PROCESSO CIVIL.; 7 - CONCLUSÕES; 8. - BIBLIOGRAFIA.

1. – INTRODUÇÃO

O estudo da sentença no que toca aos seus efeitos, nos parece ser um dos mais relevantes ao processo, porém constata-se ser um tema que não goza de muita clareza quanto a sua configuração ou identidade de seu conceito. A legislação nem sempre produz uma boa sistematização a respeito dos efeitos da sentença. O novo código teve alguns acréscimos nessa seara, procurando aperfeiçoar o sistema existente. Em capítulo específico alterou o título de "Dos requisitos e efeitos da sentença" para "Dos elementos e dos efeitos da sentença" A matéria nos parece ser de grande relevância para o profissional do direito.

É frequente na doutrina e na jurisprudência a utilização das expressões "eficácia da sentença" e "efeitos da sentença", como se estivéssemos trabalhando com institutos idênticos, quando isso não é verdade. Com isso nos deparamos sempre com muitas contradições e imprecisões que dificultam consideravelmente a compreensão do tema.

Com o propósito de contribuir com o entendimento dos efeitos da sentença no novo código de processo civil é que nos propomos a trazer alguns dados a respeito desse tema que consideramos relevante ao processo, especialmente quando estamos diante dos efeitos práticos de uma decisão.

Não é nosso propósito aqui adentrarmos no tema da coisa julgada e os efeitos da sentença, ora entendendo ser o primeiro um desses efeitos, ora

---

1. Professor e Magistrado.

sendo apenas uma qualidade que os efeitos da sentença adquire com o seu trânsito em julgado. Ou seja, procurando distinguir ou não a coisa julgada dos efeitos da sentença.

A mesma coisa afirmamos com relação aos efeitos reflexos da sentença que como o tema anterior, comporta estudo aprofundado e com riqueza de detalhes que a finalidade do presente trabalho não se presta a tal.

Tentaremos explorar o tema que tem larga vastidão sob os aspectos relativos aos bens da vida que se postula em juízo e como resultam da sentença essas pretensões formuladas através de pedidos que levam a consequências práticas palpáveis.

O objeto do trabalho está circunscrito a se ter uma visão dos efeitos da sentença quando a pretensão é acolhida ou rejeitada (quanto ao mérito da demanda). Não alcança assim um estudo de todos os efeitos que podem surgir do processo, inclusive quando ele é extinto sem análise do mérito.

Inicialmente procuramos demonstrar um resumo quanto ao uso das expressões eficácia e efeitos da sentença pela relevância e grande importância que as mesmas adquirem no estudo da decisão, mostrando que com o passar do tempo o tema vem adquirindo maior amplitude tornando imprescindível compreendermos a sua atual classificação para que se alcance maior praticidade na identificação dos efeitos principais e acessórios ou secundários da sentença.

Com isso nos propomos demonstrar a necessidade de se visualizar os efeitos principais e acessórios da sentença, especialmente, como afirmado, sob os auspícios de sua praticidade de forma a verificarmos a riqueza em que os mesmos se encontram nos dias de hoje e a relevância que vem a cada dia adquirindo, quer no campo da legislação, quer na seara da própria decisão para bem delinearmos os recursos cabíveis, o cumprimento da sentença e os momentos ou fracionamentos que hoje comporta um julgado.

Entendemos ser de suma importância à questão relativa aos efeitos da sentença, especialmente quando estamos diante das consequências práticas que um julgado pode trazer e influir decisivamente na vida e nas relações jurídicas das pessoas.

Precisamos saber, quando estamos diante de uma decisão, quais os comportamentos ou atitudes dos destinatários do julgado. Exemplos: deve-se cumprir ou exigir uma obrigação de pagar, fazer, deixar de fazer, ou entregar algo a alguém, quando tais obrigações resultam de uma sentença? Essas hipóteses são de efeitos ou de eficácias da sentença?

Nem sempre encontramos respostas precisas para essas indagações. No entanto, a concepção moderna na busca de uma teoria da sentença merece a nossa preocupação, e, com isso procurarmos dar uma resposta que seja clara e objetiva o suficiente para melhor compreensão da matéria.

Para empreendermos nosso trabalho tratamos no capítulo 2 do questionamento se há identidade ou distinção entre eficácia e efeito. No capítulo 3 discorremos sobre o significado das expressões eficácia e efeitos da sentença no campo doutrinário, tanto na área da teoria geral do direito e na área específica do processo civil. No capítulo 4 procuramos fazer uma classificação e caracterização dos efeitos da sentença. No capítulo 5 buscamos demonstrar o que representa os efeitos da sentença no campo prático e sua importância nos dias atuais. Depois, no capítulo 5 mostramos as situações previstas no novo código de processo civil quanto aos efeitos da sentença. Por último, retiramos algumas conclusões de tudo quanto foi visto.

2. – QUESTÃO TERMINOLÓGICA – IDENTIDADE OU DISTINÇÃO ENTRE EFICÁCIA E EFEITO.

A questão terminológica nos preocupa por entendermos que o processo como meio de comunicação deve seguir uma linguagem própria e objetividade na mensagem, sem que isso signifique dificuldade de compreensão e perda de sentido do discurso, a fim de alcançar o mais rápido possível o seu destinatário e este compreender aquilo que lhe foi dado em termos de prestação jurisdicional.

FERNANDO SÁ, em um de seus trabalhos escritos em obra conjunta – EFICÁCIA E COISA JULGADA -, afirma que "Eficácia é termo genérico, *lato*, que engloba o conceito de efeito, contido na sentença."[2]

Depois acrescenta FERNANDO SÁ, "Finalmente, observamos que, na "comunidade comunicativa", jurídica – fora dos estritos limites da teoria do processo -, estes dois termos, *eficácia e efeitos* – mesmo que impropriamente a nosso juízo – são usados *lato sensu*, como correlatos, sem que, todavia, o contexto do discurso deixe de ser compreendido pelo endosso intersubjetivo dado pelos membros do auditório a que se destinam, com a óbvia ressalva de que seja empregadas com rigor científico".[3]

Não podemos afirmar que há identidade nas expressões eficácia e efeito da sentença. Os termos guardam significados e objetivos específicos. Enquanto a eficácia reside num campo mais abstrato visando explicitar a potencialidade da realização de algo, os efeitos são traduzidos como situações e elementos práticos que se obtém de um ato seja ele uma lei, seja uma sentença, como

---

2. SÁ, Fernando. *Ainda sobre as Diversas Eficácias e Efeitos da Sentença*. In EFICÁCIA E COISA JULGADA. Carlos Alberto Álvaro de Oliveira (organizador). Rio de Janeiro: Forense. 2006, pág. 76.
3. Idem, pág. 78.

resultado daquilo que se postulou em prol da necessidade de um bem da vida que só poderia ser obtido através de uma prestação jurisdicional, quando se trata de ato judicial.

O bem obtido pelo reconhecimento de uma relação jurídica através de uma declaração judicial, como a constituição ou a desconstituição de um negócio jurídico, a condenação em alguma das espécies de obrigações existentes em nossas relações jurídicas, sejam voluntárias ou compulsórias, é o resultado que se quer e deseja em uma decisão judicial.

Então, é importante que esse resultado possa ser facilmente compreendido para que possa seu destinatário se sentir suficientemente seguro e saber quais os caminhos e providências que deverão ser seguidos, inclusive em se satisfazer com o julgado logo em primeiro grau ou recorrer se o mesmo não atende a plenitude de seus anseios dentro de uma ordem jurídica que lhe garanta algo mais do que lhe foi dado.

3. – O SIGNIFICADO DAS EXPRESSÕES EFICÁCIA E EFEITOS DA SENTENÇA.

3.1 – Uma breve análise de eficácia e efeito no campo da teoria geral do direito.

Na teoria geral do direito não é difícil encontrarmos o termo "eficácia". NORBERTO BOBBIO explica que "O problema da *eficácia* de uma norma é o problema de ser ou não seguida pelas pessoas a quem é dirigida (os chamados destinatários da norma jurídica) e, no caso de violação, ser imposta através de meios coercitivos pela autoridade que a evocou".[4]

Essa linha de pensamento é seguida por EDUARDO ÁNGEL RUSSO, quando afirma que: "La eficacia del sistema puede ser entendida em dos sentidos distintos: primero, en tanto la conducta de los ciudadanos se ajuste al cumplimiento de las obligaciones jurídicas, o sea, que se abstengan de cometer las conductas penadas por el sistema. Segundo, hay un sentido más fuerte de eficacia, particularmente para aquellas teorías que adoptan como criterio distintivo de la juridicidad, el elemento sancionatório".[5]

No caso, ambas as posições, nos parecem se referir à aptidão que tem a norma jurídica de produzir efeitos, quer com o cumprimento da mesma pelos

---

4. BOBBIO, Norberto. *Teoria da Norma Jurídica*. Tradução: Fernando Pavan Baptista e Ariani Bueno Sudatti. EDIPRO. Bauru-SP: 2001, pág. 47.
5. Teoría General del Derecho – en la modernidad y en la posmodernidad. 3ª edición. Lexis-Abeledo-Perrot. Buenos Aires. 2004, pág. 86)

seus destinatários, quer sancionando-se o destinatário através da autoridade competente quando falha o desiderato natural da norma.

Então, eficácia, sob a visão da teoria do direito, é a potencialidade que a lei tem em sentido amplo para fazer surtir os seus efeitos, principalmente visando uma aceitação, aplicação e utilização da mesma pelos seus destinatários.

3.2 – Eficácia e efeitos no campo processual.

Em uma visão processual LIEBMAN procura trabalhar o tema da eficácia da sentença com relação aos seus efeitos, sempre voltado para a ideia da questão relativa a coisa julgada, procurando demonstrar que a coisa julgada não é um efeito da sentença, mas uma qualidade que se ajunta aos efeitos da sentença para "reforçá-lo em sentido bem determinado," como se pode extrair de toda sua obra.[6]

PONTES DE MIRANDA, ao falar de eficácia, também no campo processual, faz compreender a expressão albergando os termos força e efeito, ou seja, a eficácia compreende força e efeitos de uma resolução, no caso, de uma sentença: "Falando-se de eficácia de resolução, tem-se de cogitar de força e efeitos, porque a eficácia é a propriedade de ter força ou efeitos. É eficácia: a) certa imodificabilidade pelo prolator que varia da modificabilidade, quando o juiz volte a ter de examinar o assunto, até a sentença, que de regra é imodificável (sentença apelável) e só excepcionalmente alterável por provocação (juízo de retratação; embargos); b) a força formal de coisa julgada; c) a força ou o efeito declaratório, ou a força ou o efeito material de coisa julgada; d) a força ou o efeito constitutivo, condenatório, mandamental, ou executivo, se o tem; e) os efeitos próximos ou laterais; f) os efeitos-reflexos, que são os da sentença como ato jurídico ou fato jurídico. Em sentido estrito, eficácia seria o ter os efeitos a) e b)".[7]

No sentido utilizado por PONTES DE MIRANDA, as letras "a" e "b" estão voltadas para a eficácia entendida como expressão relativa à questão da coisa julgada material, isto porque na primeira se refere a imodificabilidade da sentença, enquanto na segunda fala expressamente da força formal da coisa julgada. As demais letras do enunciado, cuidam exatamente da força e efeitos declaratório, constitutivo, condenatório, mandamental ou executivo, além dos efeitos próximo ou laterais da sentença e os chamados efeitos-reflexos do julgado.

---

6. LIEBMAN, Enrico Tullio. *Eficácia e Autoridade da Sentença e outros escritos sobre a Coisa Julgada*. Tradução: Ada Pellegrini Grinover, após a edição de 1945. 3ª. Ed. Rio de Janeiro: Forense. 1984, pág. 40.
7. MIRANDA, Pontes de. *Tratado das Ações*. Atualizado por Vilson Rodrigues Alves. Tomo 1. Campinas: Bookseller. 1998, págs. 171 a 172.

Assim, sob o ângulo de visão do exponencial doutrinador, eficácia definiria melhor a coisa julgada material, dada a imodificabilidade do julgado, a coisa julgada formal seria uma força que resultava da sentença, enquanto os demais elementos que podem ser extraídos da sentença seriam força ou efeitos, todos advindos da eficácia que esta sentença pode produzir.

Depois continua PONTES DE MIRANDA a esclarecer outras eficácias da sentença e repetir as anteriormente mencionadas, afirmando: "A eficácia da sentença concerne: a) ao processo, que ainda continua, após ela, pois as próprias intimações e os recursos são processo; b) à demanda, que se ultima com ela, ou com a sentença que a reformar; c) à relação jurídica ou a inexistência de relação jurídica, ou aos fatos, que ela examinou, por terem sido objeto do pleito; d) ao conteúdo da sentença como prestação estatal (declaração, constituição, condenação, mandamento, execução); e) a efeitos anexos ou a efeitos reflexos da decisão; f) à sentença mesma como ato jurídico; g) à sentença mesma como simples fato".

Interessante ainda é o significado reforçado de eficácia por PONTES DE MIRANDA quando afirma que "Eficácia é (a) a energia automática da resolução judicial. A sentença ou o despacho torna-se suscetível de ser obrigativo, eficaz, no momento em que faz entrar na espécie abstrata a espécie fática; mas ainda é a lei que vai marcar o momento dessa eficácia. As decisões sobre mandado têm eficácia, posto que não haja litígio. Outra (b) precisam de execução para que tenham eficácia completa. A regra é que a eficácia depende da coisa julgada formal, mas a lei conhece casos de exceção (e. g., as medidas preventivas)".

Aqui o eminente Mestre procura vê a eficácia no momento em que a sentença é proferida. E adentrando o fato no campo abstrato da norma, já resultar daí alguma eficácia na sentença, porém esclarecendo que a lei é quem vai ditar o momento dessa eficácia, indo até o ponto em que determinadas eficácias só vão resultar em sua completude com a execução do julgado, após a coisa julgada formal, excepcionando-se as hipóteses de provimentos preventivos.

Depois, esclarece de forma mais nítida que a eficácia compreende tanto a força como o efeito, deixando bem claro que a primeira está voltada mais para a coisa julgada, enquanto a segunda se relaciona com o efeito que diz de perto a condenação que deságua na execução, sendo que esta não existe nas sentenças declaratórias, segunda sua visão naquele momento histórico. "A eficácia compreende, portanto, a força (e. g., a eficácia consistente na força de coisa julgada material da sentença declarativa) e o efeito (e. g., eficácia consistente no efeito de execução da sentença condenatória, efeito que as sentenças declarativas de ordinário não têm)."[8]

---

8. MIRANDA, Pontes de. *Tratado das Ações*. Atualizado por Vilson Rodrigues Alves. Tomo 1. Campinas: Bookseller. 1998, pág. 173.

Depois arremata: "Quando se fala de força e efeitos da sentença – englobadamente, da "sua" eficácia – entende-se que se sabe o que é eficácia jurídica. A linguagem vulgar e, infelizmente, a grande maioria dos juristas não distinguem força e efeitos, conceitos ambos contidos em "eficácia", palavra com que se traduz Wirkung. A eficácia jurídica supõe que exista mundo jurídico, que o nosso espírito capta em suas relações, de modo que toda mudança desse mundo é *eficácia jurídica* (cf. A. Manigk, Uber Rechtswirkungen, 6-13)".[9]

Portanto, eficácia para PONTES DE MIRANDA, em uma síntese de seu pensamento, engloba força e efeitos da sentença, estes mais palpáveis num mundo prático por ser alcançado através dos fatos, enquanto aquela se pauta em um campo mais abstrato, captado por nossos espíritos em razão das relações entre os homens que leva as mais variadas mudanças.

Para BARBOSA MOREIRA, a "Eficácia, enfim, é palavra que se costuma usar, na linguagem jurídica, para designar a qualidade do ato enquanto gerador de efeitos". Em correspondência com o duplo enfoque dos efeitos, acima expostos, pode-se falar de eficácia como simples aptidão para produzir efeitos (em potência) ou como conjunto de efeitos verdadeiramente produzidos (em ato). Menos frequente é o uso de "eficácia" como sinônimo de efeito, isto é, para designar cada um dos efeitos (em potência ou em ato) particularmente considerados, o que leva a conferir-se ao mesmo ato jurídico uma pluralidade de "eficácias".[10]

O Professor BARBOSA MOREIRA, portanto, procura dar um sentido genérico ao termo eficácia, sendo num primeiro momento a simples aptidão de produzir efeitos, potencialmente considerado, ou um "conjunto de efeitos verdadeiramente produzidos", sendo aí já concretizado em ato.

Com essa ideia temos a eficácia num plano mais abstrato, enquanto o efeito ficaria num patamar cujo vetor, seria mais prático.

FERNANDO SÁ, em trabalho escrito na obra conjunta organizada por CARLOS ALBERTO ALVARO DE OLIVEIRA, após análise do conceito de eficácia levado a efeito por FALSEA, esclarece: "Eis, pois aqui o que consideramos como sendo a conceituação do termo eficácia. Esse fenômeno jurídico, através do qual o direito se realiza, é aquele instante da situação jurídica, quando um especial interesse, tido como necessário pela comunidade jurídica, passa à concreção de determinada *fattispecie* posta na hipótese legal para que se cumpra o efeito jurídico nela valorado e pretendido".[11]

---

9. Idem ... ob. Cit. Págs. 184 e 185.
10. MOREIRA, José Caros Barbosa. *Conteúdo e Efeitos da Senença:Variações sobre o tema*, in TEMAS DE DIREITO PROCESSUAL, Quarta série. São Paulo. Saraiva: 1989, págs. 175/176).
11. SÁ, Fernando. *Ainda sobre as Diversas Eficácias e Efeitos da Sentença*. In EFICÁCIA E COISA JULGADA. Carlos Alberto Álvaro de Oliveira (organizador). Rio de Janeiro: Forense. 2006. pág. 87.

Com base nessas lições, podemos dizer que a sentença adquire eficácia plena quando transita em julgado. Mas, a partir do momento em que é proferida e publicada já começa a produzir determinados efeitos e por isso ela já contém uma carga eficacial relativa. Por exemplo, ela já pode ser liquidada, em se tratando de efeito condenatório de obrigação de pagar, cujo julgado não é líquido. A mesma espécie de obrigação oportuniza a possibilidade de constituir hipoteca judiciária. Nessas hipóteses, mesmo que haja recurso e tenha efeito suspensivo, não inibe esses efeitos. O mesmo se diga dos casos autorizados o cumprimento provisório da sentença. E assim por diante.

Dessa forma, pode-se afirmar que a sentença uma vez publicada adquire determinado grau de eficácia e por isso está apta a produzir alguns efeitos, desde que os mesmos estejam autorizados pela ordem jurídica (pela lei).

As lições aqui explanadas leva-nos a compreender que a *eficácia* reina em campo mais abstrato, podendo ser expressão utilizada pelo legislador para que algum objetivo seja alcançado, transformando assim, aquilo que seria intenção e vontade em algo concreto e por isso resultando em *efeito* plenamente palpável e realizável ou realizado.

4. – CLASSIFICAÇÃO E CARACTERIZAÇÃO DOS EFEITOS DA SENTENÇA.

O estudo dos efeitos da sentença tem passado pelos mais acirrados debates doutrinários e sempre foi alvo de teses e teorias que pudessem justificar a sua existência e delimitar sua configuração.

Basta lembrar o embate travado entre CHIOVENDA e LIEBMAN, a fim de que se pudesse situar o conceito de coisa julgada, para que se possa chegar a uma compreensão a respeito da eficácia, dos efeitos ou da qualidade da sentença.

LIEBMAN, prenuncia vários efeitos da sentença procurando sempre explicá-los diante do instituto da coisa julgada, quando afirma: "quais são, pois, as relações entre a coisa julgada e esses efeitos da sentença, vários e diversos, ora meramente declarativos, ora constitutivos".[12]

Essa posição de LIEBMAN apesar da afirmativa de que os efeitos da sentença são "vários ou diversos", representava um momento histórico que não tinha os efeitos da sentença como além de declaratório, constitutivo e condenatório, como principais, e, alguns acessórios ou secundários, como a hipoteca judiciária. Para fazer essa constatação é bastante que se consulte sua obra Eficácia e

---

12. LIEBMAN, Enrico Túlio. *Eficacia e Autoridade da Sentença e outros escritos sobre a coisa julgada*. Tradução: Alfredo Buzaid. Notas de ADA PELLEGRINI GRINOVER. Forense, 3ª edição. Rio de Janeiro: 1984, pág. 17.

Autoridade da Sentença que teve tradução de ALFREDO BUZAID e anotações de ADA PELLEGRINE GRINOVER.

Hoje, é sabido que os efeitos da sentença vão além dos três classicamente conhecidos como os declaratório, constitutivo e condenatório, sendo aceito pela quase totalidade da doutrina como sendo cinco, pois adiciona-se ainda o mandamental e o executório ou executivo *lato sensu*.

Mas, além desses efeitos chamados sempre de principais, temos que verificar que o efeito condenatório faz disseminar outros efeitos no campo das obrigações como a obrigação de fazer ou não fazer, entregar coisa certa ou incerta e por quantia certa ou de pagar.

Há muitas formas de se entender esses efeitos. Para alguns estamos diante de efeitos práticos da sentença, enquanto para outros, estamos diante mesmo de efeitos da sentença. Ainda há quem nomine os chamados efeitos principais da sentença como conteúdo da sentença.

É importante frisar nesta oportunidade que os efeitos principais da sentença, uma vez identificados historicamente se tornaram permanentes, variando apenas em cada julgado, pois este representa situação concreta que somente o seu objeto ou finalidade pode definir. Não variam no tempo. Sempre foram os mesmos, havendo apenas divergência se o mandamento ou a executividade *lato sensu* seriam também efeitos da sentença.

No curso da história houve uma grande evolução quanto à abrangência que a ideia de efeito da sentença pode alcançar. Inicialmente foi trabalhado apenas o efeito declaratório, para em seguida afirmar-se ter o constitutivo e mais adiante o condenatório. Bem depois é que se começou a aceitar os efeitos mandamentais e executivo *lato sensu*, como perfeitamente possíveis de serem vislumbrados em algumas sentenças, hoje posição quase unânime da doutrina, passando assim da doutrina ternária, para a doutrina quinária, na terminologia de PONTES DE MIRANDA.[13]

Mas, a sentença não se limita a produzir somente esses efeitos. Outros efeitos chamados de acessórios ou secundários, como a própria liquidação da sentença, o cumprimento da sentença nos dias atuais, os honorários advocatícios, as custas e despesas processuais, os juros de mora e/ou compensatórios, a multa de natureza coercitiva do julgado, a correção monetária, a hipoteca judiciária, os cancelamentos ou suspensão dos mais variados tipos de registros e inscrições como: de protesto, de imóvel, de automóvel, de escrituras,

---

13. Ao se fazer a leitura da obra de LIEBMAN, em sua Eficácia e Autoridade da Sentença, chega-se exatamente a essa conclusão. Ali, de forma muito acanhada, LIEBMAN fala primeiro em efeito declaratório da sentença, depois do efeito constitutivo e com menor expressividade em efeito condenatório.

de contratos; serviços de restrição ao crédito tipo serasa, spc, além de muitos outros, são também efeitos secundários da sentença.

Importante esclarecer também que estes efeitos conhecidos como acessórios ou secundários são variáveis em cada julgado, bem assim podem ser acrescidos ou suprimidos no tempo. Exemplo: a correção monetária não existia como efeito de sentença enquanto esta não restou criada no Brasil. Os cadastros restritivos de crédito nos dias atuais são exemplos típicos dessa característica. É que surge com certa constância novos tipos de cadastros.

LIEBMAN identifica na sentença ao lado dos efeitos principais os efeitos acessórios ou secundários quando afirma: "Nas pegadas de algumas breves proposições de WACH, a doutrina germânica unânime completa o quadro dos efeitos possíveis da sentença, colocando, ao lado dos principais (que ela, como sabemos, identifica, na coisa julgada, na eficácia executória e na constitutiva), outro grupo de efeitos que se manifestariam sobre as relações substanciais privadas das partes ou de terceiros e que seriam causados pela sentença, não em sua função do ato jurisdicional, mas em sua simples qualidade de fato juridicamente relevante;".[14]

É importante frisar que os efeitos acessórios da sentença que também podem ser entendidos como consequência natural da sentença, são efeitos que resultam do princípio da sucumbência, o qual pode ser ditado como traduzindo a ideia de que quem é vencido em uma demanda terá de suportar todos seus efeitos.

Por isso, não é desarrazoado se afirmar que mesmo não tendo sido requerido, ou se requerido vier a ser silente a sentença a respeito dos seus efeitos acessórios, pode o Tribunal, caso haja recurso, se manifestar de ofício sobre os mesmos, ou não havendo recurso, podem ser objeto de liquidação e de execução do julgado. É bastante que este efeito acessório se compatibilize com a espécie ou natureza do efeito principal. Por exemplo: juros, correção monetária, hipoteca judiciária, podem resultar de uma sentença, mesmo que ela nada tenha feito de referência sobre a matéria e com isso poderem ser objeto de execução ou de imposição no cumprimento do julgado, desde logicamente, nesses casos, haja efeito principal de obrigação por quantia certa ou de pagar.

Os efeitos acessórios da sentença recebem essa denominação por serem em primeiro lugar dependentes ou acessórios dos principais, e, em segundo plano se encontrarem previstos expressamente na ordem jurídica e poderem ser executados por força da impositividade da norma que os criou ou da norma que os disciplinou.

---

14. LIEBMAN... Eficácia... pág. 71.

LIEBMAN é bem esclarecedor sobre o tema: "Produz a sentença, às vezes, ao lado de seus efeitos principais, efeitos secundários, que se distinguem dos primeiros, não por seu caráter exclusivamente privatístico, nem por sua importância menor, porque, não raro, são praticamente os mais relevantes, mas por sua falta absoluta de autonomia; são simplesmente acessórios e consequentes aos efeitos principais e ocorrem automaticamente por força de lei, quando se produzem os principais. Não têm por isso os efeitos secundários condições próprias de admissibilidade, que o juiz deva reconhecer e declarar existentes, independentemente das condições dos efeitos principais".[15]

LIEBMAN afirma: "Quando o exame da causa autoriza a prolação da sentença com determinados efeitos (principais), dever-se-ão, só por isso, produzir, e logo se produzirão, também os secundários, os quais, portanto, não deverão ser pedidos pelas partes na demanda judicial, nem estar contidos e indicados na decisão (e por isso é exato dizer que não fazem parte do objeto da sentença); e assim como não poderiam ser produzidos separadamente dos principais, não podem, tampouco, ser denegados quando se pronunciam aqueles".[16]

Assim, os efeitos principais precisam de pronunciamento da sentença. Necessitam ser requeridos, postulados ou provocados. Definem a natureza jurídica da ação ou da sentença. São permanentes e só variam em relação a cada processo que se postula algo em que eles deverão ser revelados.

Enquanto isso, os efeitos acessórios ou secundários da sentença não precisam, necessariamente, que tenham sido analisados no julgado. Independem de requerimento ou postulação a seu respeito, pois decorrem de uma condição natural de quem é vencido e existem por força de imposição legal. Podem variar em cada processo, mas não são permanentes ou absolutamente estáveis, podendo variar também no tempo e se fazer surgir ou desaparecer a cada momento histórico. Não definem a natureza jurídica da demanda ou da sentença, mas podem ser objeto de execução, independentemente, de constar expressamente do julgado.

5. – O QUE REPRESENTA OS EFEITOS DA SENTENÇA NO CAMPO PRÁTICO E A IMPORTÂNCIA QUE ADQUIRE NO PROCESSO NOS DIAS DE HOJE.

Depois de delinearmos alguns pontos deste ensaio, podemos verificar, como digo na introdução, que o nosso primeiro propósito é trazer um mínimo

---
15. LIEBMAN... Eficácia... pág. 75.
16. Idem pág. 75.

de compreensão do tema para facilitar o manuseio do instituto nas atividades dos intérpretes e aplicadores do direito.

O compreender vai desde o significado e riqueza da expressão em suas variadas formas, até chegarmos a um sentido que facilite o trabalho de entendimento de um julgado, do cumprimento de uma sentença, a fim de que possamos saber a natureza de uma ação e como sabemos o que temos a executar em uma sentença.

Ainda, mesmo estando diante de efeitos acessórios da sentença, é possível saber que uma sentença em processo puramente declaratório é suscetível de ser executada, tendo em vista que seus efeitos acessórios comportam obrigações dentro de suas variadas espécies, até mesmo a possibilidade de uma obrigação por quantia certa, como ocorre com os honorários advocatícios ou com as custas do processo.

São esses ingredientes que nos levam a vislumbrar a importância que o instituto adquire, a praticidade que comporta e o prestígio que vem adquirindo na ordem jurídica, sendo exemplo palpável o ainda vigente art. 475-N, inciso I, do Código de Processo Civil, que se encontra reproduzido no novel Código em seu 515, inciso I, ao descrever a hipótese de execução em processo de qualquer natureza, quando antes afirmava que o título executivo só poderia se formar quando se tratasse de sentença condenatória.

Por isso pode-se afirmar hoje e doravante que o título executivo pode se formar de uma sentença puramente declaratória, tendo em vista que ela comporta, além do seu efeito principal que a identifica como tal, como por seus efeitos acessórios identificados pelo pagamento de despesas expendidas com o processo como custas processuais e honorários advocatícios.

É nesse campo prático que devemos entender os efeitos da sentença, a fim de que possamos saber quais os elementos ou capítulos que restaram resolvidos, definidos e versados no julgado, para melhor se delimitar o objeto do recurso, sabendo-se primeiro do que se deve recorrer e do que não se deve. Portanto, a definição do conteúdo do recurso vai depender da compreensão que se tem dos efeitos que resultaram favoráveis ou desfavoráveis da sentença.

É sabido que a doutrina capitaneada pelo eminente Professor CANDIDO RANGEL DINAMARCO, utiliza com percuciência a expressão capítulo de sentença de uma forma bem abrangente, compreendendo outros efeitos que da sentença resulta, porém aqui procuramos cingirmo-nos aos efeitos voltados para o bem da vida que é concedido ou negado no julgado, sob o ângulo da matéria restrita aos efeitos acessórios da sentença de forma tradicional que sempre foi estudada.

A compreensão e utilização da expressão em termos práticos leva a facilitação da fase do cumprimento da sentença, quer quanto aos efeitos principais, quer quanto aos acessórios, extraindo-se a ideia precisa do que deve ser executado, quais os efeitos que já resultaram líquidos, os ilíquidos que comportam atitudes distintas, executar no todo em parte, liquidar no todo ou em parte.

As espécies de obrigações que podem resultar de um julgado são perfeitamente definíveis através dos efeitos da sentença. Com isso vamos saber se o cumprimento da sentença vai ocorrer através de um dar, um fazer ou não fazer e/ou um pagar.

O tema torna-se de suma importância na definição, compreensão e praticidade do instituto da antecipação dos efeitos da sentença, pois, o seu delineamento, quanto a sua real identificação reside inteiramente no estudo dos efeitos do julgado, seja ele definitivo, seja ele provisório.

Ainda, ajuda a se compreender o julgamento fracionado do processo, tema que foi objeto de certa controvérsia quando criado em 2002, através da Lei 10.444, que acrescentou o § 6º ao artigo 273, do atual código de processo civil, tendo recebido no novo código tratamento bem especial, conforme se extrai da leitura do art. 356, seus incisos e parágrafos.

O tema desperta grande importância quando estamos diante de situações quanto a modulação de efeitos de um julgado, especialmente no processo de controle de constitucionalidade como prevê a Lei 9.868/99, em seu art. 27.

Importante frisar que a sentença produz efeitos antes e depois de transitar em julgado. Antes de transitar em julgado pode ser liquidada quando não for líquida, conforme artigo 512 do novel código de processo civil, quando prevê a liquidação na pendência de recurso, mesmo não tendo efeito suspensivo.

Pode também ser executada provisoriamente a sentença quando preenche os requisitos do artigo 520 do novo código.

Após o trânsito em julgado todos os efeitos podem ser produzidos, embora se sabendo que muitos efeitos podem ser produzidos antes do trânsito em julgado. Na análise que fizermos de alguns dispositivos do novo código apontaremos efeitos que se produzem logo que publicada a sentença, como outros só se produzem após transitar em julgado.

Com isso podemos reafirmar que muitas são as vantagens, muitos são os frutos obtidos com o sentido prático que guardam os efeitos da sentença, fugindo-se um pouco do sempre aprofundado exame teórico do instituto, para podermos usufruir de seus resultados na planície prática do processo, especialmente pelo fato de se tentar, no momento, traduzir o processo e seu procedimento em coisa relativamente simples, palpável e compreensível, senão a todos, pelo menos aqueles que de uma forma ou de outra lidam com esse enigma que é o processo.

6. - OS EFEITOS DA SENTENÇA NO NOVO CÓDIGO DE PROCESSO CIVIL.

Apesar do novo código de processo trazer na seção II, do capítulo XIII, do título I, do livro I, da parte especial sete artigos (489 a 495) sobre os elementos e os efeitos da sentença, na realidade somente dois artigos (491 e 495), a rigor, tratam de efeitos da sentença. Isso não significa dizer que o código não oferece maiores detalhes ou informações sobre os efeitos da sentença. De forma expressa, não. Mas, muitos dispositivos e temas das mais variadas matizes do processo estão relacionados com os efeitos da sentença. Procuraremos demonstrar aqui algumas dessas situações.

É importante frisar que na sentença podemos extrair temas como eficácia, elementos e efeitos. De eficácia já se falou anteriormente. Quanto aos elementos o legislador trouxe a expressão como a se referir aos requisitos formais da sentença como relatório, fundamento e conclusão. Os efeitos estão tratados em diversos dispositivos.

O artigo 491 que ao se referir à sentença de obrigação de pagar (efeito principal), determina além dessa obrigação os seus acessórios (efeito secundário) e o art. 495, que alude à hipótese de conversão de obrigação de fazer ou não fazer e entrega de coisa em obrigação de pagar (efeitos principais), acrescenta um efeito acessório que é fazer valer o julgado como título constitutivo de hipoteca judiciária.

Os demais dispositivos dessa seção cuidam de elementos, requisitos e outras peculiaridades da sentença. O art. 490, de forma indireta trata de efeitos da sentença, pois ao falar que "o juiz resolverá o mérito acolhendo ou rejeitando, no todo ou em parte, os pedidos formulados pelas partes", estes pedidos acolhidos são efeitos principais e acessórios do julgado, porque uma característica importante dos efeitos da sentença é que eles guardam coerência e atendem ao princípio da congruência em relação ao que foi pedido na inaugural ou na reconvenção. Rejeitando a pretensão haverá efeitos também, pois é possível resultar um efeito declaratório como principal e os efeitos acessórios relativos a honorários, custas, despesas do processo, etc.

Quando falamos de efeito condenatório da sentença quanto a obrigação de pagar, vamos buscar no art. 491 do novo código o que deve resultar da sentença nesse peculiar aspecto. Diz o dispositivo que "Na ação relativa à obrigação de pagar quantia, ainda que formulado pedido genérico, a decisão definirá desde logo a extensão da obrigação, o índice de correção monetária, a taxa de juros, o termo inicial de ambos e a periodicidade da capitalização dos juros, se for o caso..."

O que temos aí? Um dos efeitos principais da sentença que é o condenatório de obrigação de pagar, onde o julgado já deve indicar o valor do principal, traduzido pela expressão "extensão da obrigação", mais outros efeitos acessórios como "o índice de correção monetária, a taxa de juros, o termo inicial de ambos e a periodicidade da capitalização de juros, se for o caso".

Nas ações indenizatórias ou de cobrança de valores resultantes das mais variadas relações jurídicas esses elementos estão presentes e por isso a espécie de ação define a sua natureza jurídica como sendo condenatória, o que também levará a decisão a ter a mesma natureza, adicionando mais os efeitos acessórios de um julgado que resulte essa espécie de obrigação principal.

A novidade no dispositivo legal reside no fato de que na sentença onde um dos efeitos é o condenatório de obrigação de pagar, sejam definidos também os efeitos acessórios quanto ao percentual de juros, o índice de correção monetária, desde quando deve incidir esses elementos, a periodicidade da capitalização de juros, pois os mesmos já devem constar do julgado ou do contrário pelo menos devem ser reconhecidos e constar os critérios da incidência de cada um. Não é obrigado constar o valor exato, mas os critérios previstos em lei deverão, desde logo, constar da sentença.

Isso facilitará o entendimento do julgado como indicativo de já se saber o que vai ser executado ou se a parte desejar recorrer de algum desses capítulos da sentença. Ela tem os dados para avaliar ou aferir o grau de sucumbência que possa justificar o recurso e definir o objeto de sua irresignação, além de facilitar uma apuração do *quantum* em liquidação por cálculo e a consequente executividade.

O art. 495 cuida da hipótese em que os efeitos da sentença poderão ser de obrigação de pagar ou de fazer ou não fazer, ou de entregar coisa. As obrigações de fazer ou não fazer e a de entrega de coisa quando transformadas em obrigação de prestação pecuniária, ao lado da obrigação de pagar "valerão como título constitutivo de hipoteca judiciária".

Eis aí outro efeito acessório que pode advir das sentenças de obrigação de pagar ou que sendo de outra espécie de obrigação vindo a se transformar em prestação pecuniária, produzirá efeito acessório concernente à constituição de título hipotecário, assegurando assim uma garantia de privilégio por ocasião do cumprimento dessa sentença. Esse efeito acessório está previsto no código de processo civil em vigor, porém não há essa abrangente explicitação. Fala no art. 466, em prestação em dinheiro ou coisa.

A novidade é que inclui a hipótese de uma sentença que resulte em obrigação de fazer ou não fazer ou entrega de coisa, a qual pode se transformar em obrigação de pagar. Essa possibilidade existe dado o princípio da fungibilidade que pode eventualmente ocorrer nessas espécies de obrigações, notadamente quando há opção do credor ou for impossível o cumprimento da obrigação específica, como no caso de perecimento do objeto.

Os parágrafos desse dispositivo indicam todo o procedimento que deve ser levado em consideração na consolidação desse efeito, inclusive as consequências que advirão na hipótese de reforma da sentença. Essas consequências poderão ocorrer pelo fato de que esse efeito acessório da sentença pode se dar antes do seu trânsito em julgado, mesmo que haja recurso com efeito suspensivo.

Assim, a matéria relativa aos efeitos da sentença não se limita ao ponto em que o próprio código denominou como tal. Ao contrário, outros dispositivos em várias partes do código cuidam ou se referem de forma direta ou indireta aos efeitos que da sentença possam resultar.

Cuidemos de alguns deles, sem que esgotemos a matéria. Apenas para enriquecer e bem configurar o instituto dos efeitos da sentença, especialmente levando em consideração o novo código de processo civil que servirá de instrumento de trabalho do profissional do direito a partir de março de 2016.

Um efeito acessório importante que a sentença adquiriu no novo código é o do artigo 517 ao proclamar que "A decisão judicial transitada em julgado poderá ser levada a protesto, nos termos da lei, depois de transcorrido o prazo para pagamento voluntário previsto no art. 523".

Essa providência não existe no código de processo em vigor. É tema novíssimo cuja aplicação após o novo texto legal adquirir eficácia se presta a dar maior segurança e efetividade a decisão judicial, especialmente quando estamos diante de obrigação de pagar. Isso demonstra o que já se afirmou aqui quanto aos efeitos acessórios. Eles não são estáticos. São mutáveis e o curso do tempo tem indicado a sua ampliação de forma considerável.

Os artigos 497 e 498 cuidam de sentenças relativas às prestações de fazer, não fazer e de entrega de coisa, sendo esses efeitos resultantes de obrigações dessas naturezas. O legislador preferiu tratar os efeitos da sentença no que diz respeito as obrigações de fazer, não fazer e entrega de coisa, em seção distinta daquela dos efeitos da sentença, incluindo a seção IV para tratar "do julgamento das ações relativas às prestações de fazer, de não fazer e de entregar coisa".

O tema, embora tratado em seção distinta, versa, no entanto, sobre os efeitos da sentença em ações cujos julgamentos digam respeito a obrigações de fazer, não fazer e entrega de coisas, que são também efeitos principais da sentença cuja condenação resulte em uma ou algumas dessas espécies de obrigações.

A escolha do legislador em tratar o tema em seção distinta e específica tem em vista melhor sistematizar essa matéria no novo código, detalhá-la com maior percuciência, pois no código em vigor ela não recebe um tratamento tão rico e bem sistematizado quanto no novel instrumento processual.

As hipóteses previstas nesses dispositivos não só denotam a total coerência do que já se afirmou antes quanto aos efeitos da sentença no tocante a condenação que pode ser de obrigação de pagar, fazer, não fazer e entregar coisa, como no que tange as três últimas o legislador foi pródigo em prevê detalhes, como tornar a decisão a mais eficaz possível, pois assegura o seu cumprimento de forma específica ou através de providências que assegurem o resultado prático equivalente, como também exemplifica situações e acima de tudo trás importantes informações quanto à irrelevância da ocorrência de dano, culpa ou dolo quando estamos diante de tutela específica destinada a inibir a prática, a reiteração ou a continuação de um ilícito, como se infere do parágrafo único do art. 497. Hoje, há previsão e possibilidade de sentença com esses efeitos, mas não podemos comparar o que temos no código em vigor que disciplina a matéria apenas nos arts. 461 e 461-A com o que se encontra exaustivamente delineado no novo código.

Aliás, com relação ao art. 497, o Professor LUIZ GUILHERME MARINONI escreveu percuciente trabalho intitulado Tutela contra o Ilícito – inibitória e de remoção (São Paulo:RT. 2015), o qual recomendamos a leitura.

Ainda, na mesma seção no art. 501, temos a sentença proferida em ação cujo efeito pode ser o suprimento de uma declaração de vontade, sendo esta a finalidade primeira de uma demanda dessa natureza, porém sabendo-se que a declaração não sendo emitida será suprida pelo teor da sentença, uma vez ocorrido o seu trânsito em julgado.

Os artigos 536 a 538 que cuidam "do cumprimento de sentença que reconheça a exigibilidade de obrigação de fazer, de não fazer ou de entrega de coisa" encontram-se consideravelmente enriquecidos em relação aos arts. 461 e 461-A do código em vigor. Importante frisar que esses efeitos da sentença adquiriram nos últimos trinta anos um avanço excepcional. Para ficarmos apenas no código de processo civil, tivemos o art. 461 em 1994, com a lei 8.952 que reproduziu fielmente o art. 84 do código do consumidor e o art. 461-A acrescido em 2002, através da lei 10.444. Agora esses e outros artigos do novo código enriquecem, esclarecem, ampliam, alargam e proclamam o máximo de carga eficacial que os efeitos da sentença devem receber.

O juiz ao julgar antecipadamente, de forma parcial, o mérito da causa, como se extrai da leitura do artigo 356 do novo código de processo civil, nas hipóteses previstas nos incisos está antecipando os efeitos da decisão final. Nesse julgamento pode até ser conhecida a existência de obrigação líquida ou ilíquida. Na parte ilíquida pode ser liquidada através de autos suplementares, consoante se constata dos parágrafos desse mesmo artigo, o qual culmina com a possibilidade de recurso de agravo de instrumento da decisão proferida nesse julgamento fracionado, como bem deixa claro o seu § 5º. Em todas essas hipóteses está cuidando exatamente de efeitos da sentença ou assuntos relacionados com eles.

Quando estamos trabalhando com a tutela provisória na modalidade antecipatória ou de evidência, como se infere dos artigos 294 e seguintes do novel instrumento processual, estamos envoltos com os efeitos da decisão provisória que nada mais é do que o reflexo imediato, em juízo de probabilidade daquilo que vai ser objeto de concessão definitiva da sentença, onde configurados restarão os efeitos que vierem a ser atendidos diante de pedido ou pedidos que leve a uma definição do judiciário.

O artigo 1002 do novo código que corresponde ao artigo 505 do código em vigor, ao tratar da possibilidade de impugnação do todo ou em parte da decisão, está se referindo aos efeitos da sentença naquilo que foi concedido e a parte vencida só tem interesse em recorrer de parte do que lhe foi dado na sentença.

Esses e outros tantos artigos do código podem servir de justificativa quanto a importância que os efeitos da sentença geram em uma demanda. Daí porque a relevância do tema no processo civil, para que acima de tudo reste facilitada a compreensão de um julgado e possa oferecer aos operadores do direito o máximo de facilidade possível no manuseio do processo.

Aspecto importante a ser afirmado é que antes do julgamento de uma demanda vários assuntos giram em torno da causa de pedir e acima de tudo do pedido, como objetos do processo que se prestam a identificá-lo, indicar sua natureza e facilitar o manuseio do processo nas suas mais variadas peculiaridades como por exemplo produzir uma prova, fazer um saneamento do feito e tantas outras providências que são caras a essa espécie de relação jurídica.

As coisas mudam totalmente de rumo quando proferida a sentença. Sobre esta e seus efeitos é que passarão a ser trabalhados os mais variados institutos do processo como liquidação, execução ou cumprimento e meios de impugnação do julgado. Tudo girará em torno da sentença. Por isso são de primordial relevância os estudos da teoria do objeto do processo e uma teoria da sentença com extensão e completude naquilo que diz respeito aos seus efeitos.

7 - CONCLUSÕES

Não podemos afirmar que há identidade nas expressões eficácia e efeito da sentença. Os termos guardam significados e objetivos específicos. Enquanto a eficácia reside num campo mais abstrato visando explicitar a potencialidade da realização de algo, os efeitos são traduzidos como situações e elementos práticos que se obtém em uma sentença, como resultado daquilo que se postulou em prol da necessidade de um bem da vida que só poderia ser obtido através de uma prestação jurisdicional.

As expressões eficácia e efeitos são encontráveis tanto na teoria do direito, como no estudo da sentença e fazem parte integrante desta, mas não se pode confundir os conceitos, pois como visto cada um guarda peculiaridade própria.

Os efeitos principais da sentença no decurso do tempo restaram configurados como declaratório, constitutivo, condenatório, executivo *lato sensu* e mandamental. Esses efeitos são imutáveis no tempo e variam apenas em cada caso julgado, definem a natureza jurídica da ação e da sentença.

Os efeitos acessórios ou secundários da sentença podem ser identificados exemplificadamente como liquidação, cumprimento da sentença, custas e despesas processuais, honorários advocatícios, hipoteca judiciária, multa coercitiva, juros de mora e compensatórios, correção monetária, cancelamentos de protesto, de registros das mais variadas espécies e são mutáveis, frequentemente, no tempo e em cada caso concreto julgado, não definem a natureza jurídica da ação ou da sentença, mas são tão relevantes no campo prático quanto os principais.

Os efeitos da sentença, uma vez identificados, gozam da mais relevante importância no campo prático, quer para se poder recorrer ou não do todo ou em parte da sentença, quer para executá-la, liquidá-la. Também se presta a identificar o que se pretende antecipar em termos de efeitos da sentença em casos de urgência, de fracionamento do julgado ou de abuso do direito de defesa, além de possibilitar a sua modulação.

O novo código de processo civil trata especificamente na seção II, do capítulo XIII, do título I, do livro I, da parte especial artigos (489 a 495) sobre os elementos e os efeitos da sentença. Na realidade somente dois artigos (491 e 495), a rigor, tratam de efeitos da sentença. Isso não significa dizer que o código não oferece maiores detalhes ou informações sobre os efeitos da sentença. De forma expressa, não. Mas, muitos dispositivos e temas dos mais variados matizes do processo estão relacionados com os efeitos da sentença.

Os efeitos da sentença são encontráveis em vários dispositivos do novo código de processo civil, tendo havido relevante destaque os efeitos da sentença quanto a obrigação de fazer, não fazer ou entrega de coisas, mais notadamente no cumprimento do julgado nessas espécies de obrigações. Também é assunto que está presente no julgamento parcial do mérito, nas tutelas antecipada e de evidência. Na liquidação, na parte recursal e em tantos outros temas os efeitos da sentença sempre ditam as regras de facilitação do entendimento das mais variadas matérias do código de processo civil a entrar em vigor.

8. - BIBLIOGRAFIA.

- ARAGÃO, Egas Moniz de. *EXEGESE do Código de Processo Civil*. Vol. IV-2. AIDE. Rio de Janeiro. 1984.

- ASSIS, Araken de. *Cumprimento da Sentença*. Forense. Rio de Janeiro. 2006.

- BEDAQUE, José Roberto dos Santos. *Efetividade do Processo e Técnica Processual*. Malheiros. São Paulo: 2006.

- BOBBIO, Norberto. *Teoria da Norma Jurídica*. Tradução: Fernando Pavan Baptista e Ariani Bueno Sudatti. EDIPRO. Bauru-SP: 2001.

- BUENO, Cássio Scarpinella. *Novo Código de Processo Civil Anotado*. São Paulo. Saraiva. 2015.

- CABRAL, Antonio do Passo e CRAMER, Ronaldo (Coordenadores). *Comentários ao novo Código de Processo Civil*. Rio de Janeiro: Forense. 2015.

- DELGADO, José Augusto. *Interesses difusos e coletivos: evolução conceitual. Doutrina e Jurisprudência do STF*. In: Revista de Processo. RT. São Paulo. Vol. 98, págs. 61-68. abr./jun.2000.

- DIDIER Jr. Fredie. (Coordenador). *Relativização da Coisa Julgada – Enfoque Crítico*. 2ª. Ed. Salvador: JusPODIVM. 2006.

- DIDIER Jr., Fredie (Coordenador geral). MACEDO, Lucas Buril de; PEIXTO, Ravi e FREIRE, Alexandre. *Coleção novo CPC – doutrina selecionada – Processo de Conhecimento e Disposições Finais e Transitórias*. Salvador: juspodium. 2015, vol. 02.

- DINAMARCO, Cândido Rangel. *Capítulos de Sentença*. 2ª. Ed. São Paulo: Malheiros. 2006.

- *O novo Código de Processo Civil brasileiro e a ordem processual vigente*. Revista de Processo. Vol. 247,. São Paulo: Ed. RT, ano 40. P. 63-103, set-2015.

- LIEBMAN, Enrico Tullio. *Eficácia e Autoridade da Sentença e outros escritos sobre a Coisa Julgada*. Tradução: Ada Pellegrini Grinover, após a edição de 1945. 3ª. Ed. Rio de Janeiro: Forense. 1984.

- *Processo de Execução*. Notas de atualização do Prof. Joaquuim Munhoz de Mello. 5ª edição. Saraiva. São Paulo: 1986.

- MARINONI, Luiz Guilherme. *Tutela Específica*. São Paulo: RT. 2000.

- *Tutela contra o ilícito – inibitória e de remoção – art. 497, parágrafo único, CPC/2015.* São Paulo: RT. 2015.

- MIRANDA, Pontes de. *Tratado das Ações.*Atualizado por Vilson Rodrigues Alves. Tomo 1. Campinas: Bookseller. 1998.

- MOREIRA, José Carlos Barbosa. *Conteúdo e Efeitos da Sentença: variações sobre o tema.* In Temas de Direito Processual – Quarta Série. São Paulo. Saraiva: 1989.

- MURITIBA, Sergio. *Ação Executiva Lato Sensu e Ação Mandamental.* Coleção Estudos de Direito de Processo Enrico Tullio Liebman. Vol. 58. São Paulo: RT. 2006.

- NEVES, Daniel Amorim Assumpção. *Novo CPC – Código de Processo Civil – Lei 13.105/2015 – Inovações. Alterações. Supressões* – Comentadas. São Paulo. Método-GEN. 2015

- OLIVEIRA, Carlos Alberto Álvaro de. *Eficácia e Coisa Julgada.* Rio de Janeiro: Forense. 2006.

- ROCCO, Alfredo. *La sentencia civil.* Tradución de Mariano Ovejero. Colección Clássicos. Buenos Aires: El Foro.

- RUSSO, Eduardo Angel. *Teoría General del Derecho – en la modernidad y en la posmodernidad.*

- 3ª edición. Lexis-Abeledo-Perrot. Buenos Aires. 2004.

- SCHWAB, Karl Heinz. *El objeto litigioso en el proceso civil.* Buenos Aires. Ediciones Jurídicas Europa-America.1968.

- SILVA, Ovídio A. Baptista da. *Sentença e Coisa Julgada.* 2ª edição. Porto Alegre: Fabris. 1988.

- TARTUCE, Flávio. *O novo CPC e o Direito Civil. Impactos, diálogos e interações.* São Paulo. GEN/ Método. 2.015.

- TESHEINER, José Maria. *Eficácia da Sentença e Coisa Julgada no Processo Civil.* São Paulo: RT. 2001.

- TUCCI, José Rogério Cruz e. *Limites Subjetivos da Eficácia da Sentença e da Coisa Julgada.* São Paulo: RT. 2006.

WAMBIER, Teresa Arruda Alvim; CONCEIÇÃO, Maria Lúcia Lins; RIBEIRO, Leonardo Ferres da Silva e MELLO, Rogério Licastro Torres de. *Primeiros Comentários ao novo CÓDIGO DE PROCESSO CIVIL – artigo por artigo.* São Paulo. Ruters/RT. 2015.

CAPÍTULO 5

A fundamentação das decisões judiciais no NCPC e o resgate da categoria jurídica da incidência

Jaldemiro Rodrigues de Ataíde Júnior[1]

SUMÁRIO: 1. CONSIDERAÇÕES INICIAIS; 2. DO NECESSÁRIO RESGATE DA TEORIA DA INCIDÊNCIA; 3. BREVES CONSIDERAÇÕES SOBRE O PRINCÍPIO DA FUNDAMENTAÇÃO; 4. DA FUNDAMENTAÇÃO ADEQUADA INSTITUÍDA PELO NCPC; 5. CONCLUSÕES.

1. CONSIDERAÇÕES INICIAIS

A crise da modernidade repercutiu fortemente sobre o modelo de racionalidade dominante na era moderna, atingindo fortemente o Estado, a economia, a política, o direito e a atividade jurisdicional.

Conforme restará melhor demonstrado adiante, o "Direto Moderno", em virtude de diversos fatores, entrou em crise, revelando a insuficiência do modelo tradicional para resolver os problemas atuais, o que se tornou bastante evidente a partir da segunda metade do século passado.

O mundo ocidental, como um todo, passa por um período de transição. A contemporaneidade é uma época tão especial, que sequer há uma palavra ou expressão, amplamente aceita para designá-la; alguns autores defendem ser a Pós-modernidade; para outros, ainda, seria a Modernidade[2]. O fato é que se

---

1. Doutorando em Direito Processual Civil pela Pontifícia Universidade Católica de São Paulo – PUC/SP. Mestre em Direito Processual Civil pela Universidade Católica de Pernambuco – UNICAP. Graduado em ciências jurídicas e sociais pela Universidade Federal da Paraíba – UFPB. Membro da Associação Norte e Nordeste de Professores de Processo – ANNEP. Professor da Escola Superior da Advocacia da Paraíba. Advogado e consultor jurídico.
2. Eduardo Bittar, diante dessa indagação, afirma o seguinte: "Após essas discussões, perguntar-se o que é a pós-modernidade passa, em primeiro lugar, por esta outra pergunta: existe uma pós-modernidade? Como já se discutiu anteriormente, há um consenso dos autores quanto ao fato de que mudanças estão em curso, mas não há um consenso nem no plano conceitual (que nome atribuir a esta realidade) e nem no plano hermenêutico (como interpretar esta realidade). Assim, as dificuldades para a determinação estável de idéias a respeito do tema se tornam ainda maiores, o que não impede que se assuma uma postura perante esta grande turba de opiniões. (...) Diz-se existir um momento pós-moderno como a descrição intelectual (filosófica e sociológica) de um quadro de mudanças, definido como estado histórico

vive em um momento de mudança, um momento de crise da modernidade[3], e isso influi fortemente em todos os ramos do direito, sobretudo, no Processual, que é um dos mais rentes à vida social.

Diversos fatores e transformações ocorridas, sobretudo, no período posterior ao segundo pós-guerra, como o (neo)constitucionalismo; o *Welfare State* (Estado Social); a mudança na técnica legislativa e a consequente multiplicação de enunciados legais de textura aberta, nos diversos sistemas jurídicos, têm aberto espaço para grau mais elevado de criatividade do Judiciário, aproximando o juiz do *civil law* ao seu colega do *common law*[4].

Os efeitos de tão grande transformação do papel do Estado e do Direito, nas sociedades contemporâneas, têm repercutido sobre os juízes que, passando a lidar, diuturnamente, com enunciados de textura mais aberta, como os princípios *prima facie*[5], as cláusulas gerais e os conceitos jurídicos indeterminados, não podem mais ser considerados como a "boca da lei", autômato ou braço mecânico do legislador[6].

---

transitivo, marcado pelo desaparecimento das grandes marcas culturais distintivas da modernidade". In: BITTAR, Eduardo Carlos Bianca. O Direito na Pós-Modernidade. Rio de Janeiro: Forense Universitária, 2005, p. 138.

3. De acordo com João Paulo Allain Teixeira, a crise da modernidade reflete sobre o modelo de racionalidade dominante na era moderna, atingindo fortemente o Estado, a política e a atividade jurisdicional. "Os dias atuais revelam um quadro de crise. Crise da civilização, crise da racionalidade, crise enfim da modernidade". O foco da crise reside no fato de que as promessas da modernidade não se concretizaram. Constatando-se um excesso de promessas com um déficit do seu cumprimento. Apesar do avanço da técnica, da industrialização, o que se viu foi a crise econômica de 1929; duas Guerras Mundiais e a exploração dos trabalhadores, que sequer tinham condições de satisfazer as necessidades mais básicas, como: moradia, saúde e educação. *In:* TEIXEIRA, João Paulo Allain. *Racionalidade das Decisões Judiciais.* São Paulo: Editora Juarez de Oliveira, 2002, p. 17-18. No mesmo sentido: BITTAR, Eduardo Carlos Bianca. *O Direito na Pós-Modernidade*, p. 05-33.
4. ATAÍDE JR., Jaldemiro Rodrigues de. *Precedentes vinculantes e irretroatividade do direito no sistema processual brasileiro.* Curitiba: Juruá, 2012, p. 44-61.
5. É importante esclarecer, de logo, que este autor concorda com Marcelo Neves, quando este defende que a distinção definitiva entre princípios e regras só se dá e faz sentido no plano da argumentação jurídica (no processo de concretização da norma), onde se identifica a regra que proporciona diretamente a decisão de um caso concreto e os *princípios* que iluminam a construção da norma. Contudo, é possível falar-se em uma distinção, *prima facie*, entre princípios e regras, no plano semântico, embora que, posteriormente, no plano da argumentação, a disposição que *prima facie* encartava uma regra funcione como princípio e vice-versa. Tal conclusão encontra apoio na nota de rodapé nº 52, pág. 18, da obra *Entre Hidra e Hércules*. Marcelo Neves, ao tratar do art. 3º, III, da CF (erradicar a pobreza e a marginalização e reduzir as desigualdades sociais e regionais), afirma que tal disposição normativa, *prima facie*, corresponde a um *princípio*, embora em situações excepcionais, a partir dele, possa-se construir uma regra, senão veja-se: "É claro que se pode afirmar que esse dispositivo contém uma regra (ou regras). De fato, em certas situações-limite, a ele pode ser atribuída diretamente uma regra (ou regras), tendo em vista a omissão manifesta contra os seus fins, levando à responsabilidade política do governante. Mas se trata, então, de situações excepcionalíssimas, muito improváveis. Parece-me que *prima facie* cumpre caracterizá-lo, geralmente, como disposição de um princípio (ou de princípios), pois sua concretização depende de medidas políticas das quais decorrem regras". In: NEVES, Marcelo. *Entre Hidra e Hércules: princípios e regras constitucionais como diferença paradoxal do sistema jurídico.* São Paulo: Martins Fontes, 2013, p. 18; 89-112; 169-170.
6. MERRYMAN, John Henry. *La Tradición Jurídica Romano-Canónica*. Tradução de Carlos Sierra. 2ed. México: FCE, 1989, p. 56.

O momento atual é de mudança de paradigma. Se por mais de um século e meio (da Revolução Francesa de 1789 ao segundo pós-guerra) prevaleceu o paradigma liberal-racionalista, que impunha o emprego do *método cartesiano*[7] ao direito e a busca das verdades absolutas e demonstráveis algebricamente; hoje, vive-se noutro momento, onde a lógica material[8] (ou *lógica de lo razonable*) e o silogismo dialético (*dialética aristotélica*)[9] devem prevalecer sobre a lógica formal e o silogismo analítico.

Ou seja, a crise da modernidade trouxe como uma de suas principais consequências a quebra do paradigma racionalista, "que procurou fazer do Direito uma 'ciência', sujeita aos princípios metodológicos utilizados pelas matemáticas"[10].

Com a quebra do paradigma racionalista, ruiu a pretensão de ser a lei uma proposição de sentido unívoco, assim como ruíram as verdades absolutas no mundo do direito e o método hermenêutico tradicional, fundado na lógica formal[11].

---

7. Ovídio Baptista demonstra com muita propriedade que o emprego do método cartesiano ao direito deve-se muito mais a Leibniz que ao próprio Descartes, já que este, quando tratava dos problemas da moral prática, admitia a utilização de opiniões verossímeis, visto que as oportunidades de agir nos negócios passariam em geral antes que se pudesse livrar de todas as dúvidas. Leia-se a transcrição de trechos da obra: "Temo-nos referido a Descartes, e nem poderia ser diferente, quando desejamos ressaltar a influência do racionalismo na Ciência do Direito, mas é necessário fazer justiça ao filósofo. Certamente considerava ele imprestáveis aos desígnios da ciência as verdades que não fossem claras e distintas, recusando-se a aceitar o probabilismo e a verossimilhança. Contudo, diferentemente de sua metafísica, quando tratava dos problemas de moral prática, seu entendimento era completamente diverso: 'Porque é exato que, em tudo quanto diz respeito à orientação de nossa existência, encontramo-nos, muitas vezes, obrigados a seguir opiniões verossímeis, visto que as oportunidades de agir nos negócios passariam em geral antes que pudéssemos nos livrar das dúvidas'. Daí porque: 'mesmo que não concedamos, talvez, mais verossimilhança a umas do que a outras, se a ação não admite contemporização, a razão requer que façamos a escolha de uma delas e, depois de feita a escolha, a sigamos com firmeza, como se tivéssemos considerado muito certa' (*Princípios de Filosofia*, 1644, trad. bras., 1968, p. 50). Não nos parece portanto inteiramente justa a crítica de Perelman (*Justice et raison*, Bruxelles, 1963, p. 147), quando ele se limita a considerar sem nenhum valor o método cartesiano, *ou l'urgence exige dês décisions rapides*. É o próprio Descartes a recomendar a adoção de outros critérios *racionais* neste casos. Outra observação que se impõe é a de que a doutrina de Descartes a respeito dos juízos de verossimilhança não foi diretamente responsável pela orientação posterior, seguida pelo Direito moderno. O problema decorreu da transferência do Direito para o campo das ciências matemáticas, resultado este que a Leibniz mais se deve do que a Descartes." In: SILVA, Ovídio A. Baptista da. *Jurisdição e Execução na tradição romano-canônica*. 2ed. São Paulo: RT, 1997 p. 198-199.
8. Sobre o tema, recomenda-se a leitura da seguinte obra: SICHES, Luis Recasens. *Introducíon al estudio del derecho*. 16 ed. México: Editorial Porrúa S.A., 2009, p. 251-262.
9. Sobre a redescoberta da *dialética* aristotélica, recomenda-se a leitura da seguinte obra: PERELMAN, Chaïm; OLBRECHTS-TYTECA, Lucie. *Tratado da Argumentação*. 2 ed. São Paulo: Martins Fontes, 2005.
10. SILVA, Ovídio Baptista da. *Processo e Ideologia*. 2 ed. Rio de Janeiro: Forense, 2006, p. 01.
11. SILVA, Ovídio Baptista da. *Processo e Ideologia*, p. 01-03. No mesmo sentido: BARROSO, Luís Roberto; BARCELLOS, Ana Paula de. *A Nova Interpretação Constitucional: Ponderação, Argumentação e Papel dos Princípios*. In: LEITE, G. S. (Org.). *Dos Princípios Constitucionais: Considerações em Torno das Normas Principiológicas da Constituição*. São Paulo: Malheiros, 2003, p. 103; ÁVILA, Humberto Bergman. *Subsunção e Concreção na aplicação do direito*. In: MEDEIROS, Antônio Paulo Cachapuz. *Faculdade de Direito da PUCRS: o ensino jurídico no limiar do novo milênio*. Porto Alegre: Edipucrs, 1997. p. 423.

Não há dúvidas de que o (neo)constitucionalismo[12], o Estado Social (*Welfare State*) e a consequente multiplicação, nos diversos sistemas jurídicos, de enunciados legais de textura mais aberta (princípios *prima facie*, cláusulas gerais e conceitos indeterminados) ensejaram a falência do método hermenêutico tradicional do silogismo subsuntivo[13]; sendo, hoje, imprescindível o método hermenêutico da concreção, haja vista que, atualmente, é assente a distinção entre *texto* (enunciado legal) e *norma*[14-15]; além do que não há mais que se falar nos dogmas da estrita separação dos poderes; da supremacia do parlamento; da estrita legalidade; da atividade jurisdicional meramente declaratória e do juiz como a boca da lei.

Há que se destacar, ainda, que esse momento de quebra de paradigma, de transição do método hermenêutico tradicional do silogismo subsuntivo para o método hermenêutico da concreção, tem sido marcado por um momento de crise de segurança.

Com efeito, o solipsismo, o subjetivismo, o "panprincipiologismo"[16], a aplicação de princípios *per saltum* e o sistemático desrespeito aos precedentes, no

---

12. John Merryman demonstrou com muita lucidez as profundas transformações suportadas pela tradição de civil law com o advento do constitucionalismo. Leia-se: "A concepção dogmática do que é o direito, como muitas outras implicações dos dogmas do período revolucionário, tendo sido minada pelo tempo e pelos acontecimentos. É possível que a inovação mais extraordinária tenha sido o forte movimento feito pelo constitucionalismo, com seu empenho na rigidez funcional, e portanto na superioridade das constituições escritas como fonte do direito. Tais constituições, que eliminam o poder da legislatura para emendar mediante a ação legislativa ordinária, reduz o monopólio da legislatura em matéria de produção de leis. Inserem um elemento novo na hierarquia das fontes do direito, que agora fica assim: 'constituição, legislação, regulamentos e costume'. Ademais, se um tribunal pode decidir que um estatuto é inválido porque está em conflito com a constituição, se destrói o dogma da separação estrita entre o poder legislativo e o poder judicial. In: La tradición Jurídica Romano-Canónica, p. 56.
13. Sobre a insuficiência do método hermenêutico do silogismo subsuntivo para o trato com normas de textura mais aberta, como princípios, cláusulas gerais e conceitos jurídicos indeterminados, recomenda-se a leitura da seguinte obra: ÁVILA, Humberto Bergman. *Subsunção e Concreção na aplicação do direito*, p. 413-465.
14. Nesse sentido: GUASTINI, Ricardo. Das Fontes às Normas. São Paulo: Quartier Latin, 2005; BARROSO, Luís Roberto; BARCELLOS, Ana Paula de. A Nova Interpretação Constitucional: Ponderação, Argumentação e Papel dos Princípios, p. 103. No mesmo sentido: ÁVILA, Humberto Bergman. Subsunção e Concreção na aplicação do direito, p. 429-436; ÁVILA, Humberto Bergman. Teoria dos Princípios. 9 ed. São Paulo: Malheiros, 2009, p. 30; GRAU, Eros Roberto. Por que tenho medo dos juízes: a interpretação/aplicação do direito e os princípios. São Paulo: Malheiros, 2013, p. 16.
15. É de admirar a lucidez e o vanguardismo do professor paraibano, Flóscolo da Nóbrega, que, já nos primeiros anos da década de 50 do século passado, flertava com a aplicação da semiótica ao direito e com a distinção entre texto e norma. Leia-se: "O pensamento, a vontade, o sentimento, quase sempre se exprimem por intermédio de signos. Cada signo tem uma significação que é necessário descobrir, precisar, para compreensão da coisa significada. É isso que constitui a interpretação – interpretar é descobrir a significação. Tudo quanto é signo, tudo que tem significação, exige interpretação; interpretam-se o gesto, a palavra, o sinal, a pintura, a música, a obra literária, a fórmula matemática. A lei se exprime por intermédio de signos, palavra escritas que concretizam a norma jurídica. Interpretar a lei é descobrir a sua significação, é descobrir a significação da norma jurídica, de que ela é apenas a expressão verbal". In: FLÓSCOLO DA NÓBREGA, José. Introdução ao Direito. Rio de Janeiro: José Konfino Editor, 1953, p. 227.
16. Expressão cunhada por Lenio Streck. In: STRECK, Lenio Luiz. *Verdade e consenso: constituição, hermenêutica e teorias discursivas*. 4ed. São Paulo: Saraiva, 2011, p. 538-539.

Brasil, tem comprometido o próprio Estado de Direito, na medida em que as coisas passam a ocorrer como se houvesse várias leis regendo a mesma conduta, o que indubitavelmente gera um clima de integral instabilidade e ausência absoluta de previsibilidade[17]. Como assevera a Prof.ª Teresa Wambier: "de que adianta ter uma só lei com diversas interpretações possíveis? Tantas pautas de conduta haverá, quantas forem estas interpretações. É como, repetimos, se houvesse *várias leis* disciplinando a mesma situação"[18].

Eduardo Cambi, no clássico artigo intitulado *Jurisprudência Lotérica*, afirma que "quando uma mesma regra ou princípio é interpretado de maneira diversa por Juízes ou Tribunais em casos iguais, isso gera *insegurança jurídica*, pois, para o mesmo problema, uns obtêm e outros deixam de obter a tutela jurisdicional"[19]. Ainda de acordo com Eduardo Cambi, o patológico fenômeno que o mesmo chamou de *jurisprudência lotérica* elimina a certeza do direito, sendo causa de crise, na medida em que é a previsibilidade quanto à aplicação do direito que dá segurança à sociedade; já que sob um direito incerto, ninguém vive seguro dos bens ou da vida.

Na opinião deste articulista, muito dessa crise de segurança jurídica, no Brasil, tem decorrido (i) do esquecimento de uma categoria jurídica de primeira relevância, qual seja, a *incidência jurídica* e, (ii) da ausência de critérios precisos para se considerar uma decisão (des)motivada, ou melhor, da ausência de requisitos que imponham ao discurso judicial a consideração séria e detida das razões apresentadas pelas partes, o que exige a justificação da não incidência das normas invocadas, caso não se as aplique, bem como a justificação da incidência das normas aplicadas na solução do caso.

E por isso se recebe com tanto entusiasmo o art. 489, §§ 1º e 2º, do CPC/2015, que, conforme restará demonstrado a seguir, põe a *incidência* no centro do discurso judicial, seja na aplicação de *regras*, de *princípios* ou de *precedentes*[20] e,

---

17. Sobre uma crítica à crise de segurança gerada pelo solipsismo, o subjetivismo, o pan-principiologismo e a aplicação de princípios *per saltum*, no contexto europeu, recomenda-se a seguinte leitura: FERRAJOLI, Luigi. *Constitucionalismo principialista y constitucionalismo garantista*. In: FERRAJOLI, L. (Org.). *Un debate sobre el constitucionalismo: monográfico revista Doxa*, núm. 34. Madrid: Marcial Pons, 2012, p. 103 p. 11-50.
18. WAMBIER, Teresa Arruda Alvim. Estabilidade e adaptabilidade como objetivos do direito: civil law e common law.In: Revista de Processo, São Paulo, ano 34, n. 172, jun. 2009, p. 146.
19. CAMBI, Eduardo. Jurisprudência Lotérica. RT 78/108-128. São Paulo: Revista dos Tribunais, abr. 2001.p. 111.
20. Lucas Buril de Macêdo percebeu com acuidade que a *ratio decidendi* dos precedentes tem natureza de *norma*, enquanto que o precedente em si é texto. Assim, da mesma forma que se distingue o texto (enunciado legal) da *norma* construída a partir dele; deve-se distinguir o precedente (texto) da *ratio decidendi* (norma) construída a partir dele. Não se pode olvidar, ainda, que a *ratio decidendi* é construída pelos juízes dos casos posteriores, tal qual a *norma* é construída a partir do enunciado legal. A consequência disso, relativamente, à fundamentação é que o juiz que opera com precedente tem que construir a *norma*, explicitando os elementos de sua estrutura lógica, quais sejam, a hipótese de incidência e o preceito. *In*: MACÊDO, Lucas Buril de. *Precedentes judiciais e o direito processual*. Salvador: Juspodivm, 2014, p. 317-322.

assim, certamente, revolucionará o tema da adequada fundamentação[21] das decisões, no Brasil.

2. DO NECESSÁRIO RESGATE DA TEORIA DA INCIDÊNCIA

Na opinião deste articulista, o momento atual exige estudos sérios em torno da incidência e, nada melhor para iniciar tal debate, do que uma breve análise da *teoria da incidência* (ou teoria do fato jurídico) de Pontes de Miranda.

Nos primeiros contatos que este autor manteve com *teoria da incidência* de Pontes de Miranda – tão bem desenvolvida e divulgada pelo Prof. Marcos Bernardes de Mello – fora arrebatado com algumas dúvidas, tais como: a teoria do fato jurídico continua útil e atual na contemporaneidade? Uma teoria da incidência seria compatével com esse momento em que tanto se fala: (i) em "Crise da Modernidade"; (ii) na quebra do paradigma racionalista; (iii) na virada linguística; (iv) na falência do método hermenêutico tradicional fundado na lógica formal e, (v) nas normas de textura mais aberta, como princípios *prima facie*, conceitos jurídicos indeterminados e cláusulas gerais?

Percebeu-se, rapidamente, que a *teoria da incidência* de Pontes de Miranda era perfeitamente aplicável aos enunciados normativos de tipicidade mais rígida como os do direito penal e tributário. Mas, e diante dos enunciados normativos de textura mais aberta, como princípios, conceitos jurídicos indeterminados e cláusulas gerais, que "aparentemente" não atendem à estrutura lógica da norma jurídica, que exige ao menos uma proposição jurídica que contenha (a) a descrição de um suporte fático (ou hipótese de incidência) e, (b) a prescrição dos efeitos atribuídos ao fato que preencha o suporte fático (preceito ou consequente)?

Dessa indagação relativa à atualidade e utilidade da *teoria da incidência ponteana* diante das normas de textura aberta, decorrem várias outras, tais como: (i) há uma relação de interdependência entre, de um lado, *a teoria do fato jurídico (com o seu consequente fenômeno da incidência) e, de outro, a Escola da Exegese, a lógica formal, a interpretação literal e atividade judicial meramente declaratória? (ii) o silogismo subsuntivo é apenas um método hermenêutico (logo, ligado ao contexto de descoberta), ou pode funcionar também, sob o ponto de vista retórico, como um estilo de apresentação da decisão judicial (logo, no contexto de justificação)? (iii) a teoria do fato jurídico é compatível com o método hermenêutico da concreção e com a distinção entre texto e norma tão bem defendida*

---

21. Sobre a necessidade de uma releitura do princípio da fundamentação diante do "nascimento de uma teoria dos precedentes brasileira": MACEDO, Lucas Buril de; PEREIRA, Mateus Costa; PEIXOTO, Ravi de Medeiros. *Precedentes, cooperação e fundamentação: construção, imbricação e releitura*, p. 527-553.

por juristas como Ricardo Guastini, Humberto Ávila, Eros Grau, Roberto Barro e Ana Paula Barcellos e vários outros[22]?

Além de todas essas indagações, cumpre destacar que há frases emblemáticas utilizadas por Pontes de Miranda em sua obra, que, frequentemente, são pinçadas fora de contexto e utilizadas por diversos autores, justamente, para criticar a teoria ponteana; de forma que se afigura imprescindível perquirir-se sobre o real sentido e alcance de frases, como: (i) *a incidência da norma se dá de forma "automática", "incondicional" e "infalível"*; (ii) *tanto mais haverá justiça, quanto mais coincidirem a incidência e aplicação da norma*; (iii) *não há distinção entre o ser e o dever-ser*.

Uma análise dessas asserções fora de seu contexto, fora da obra de Pontes como um todo, pode levar às seguintes conclusões apressadas e equivocadas: (i) que a incidência *"automática", "incondicional" e "infalível"* está relacionada à aplicação mecânica da lei pelo juiz, à atividade judicial meramente declaratória e ao juiz como boca da lei (*bouche de la loi*); (ii) que a afirmação segundo a qual *"tanto mais haverá justiça, quanto mais coincidirem a incidência e aplicação da norma"* está ligada à interpretação literal da lei, ou melhor, que tanto mais haverá justiça, quanto mais próxima for a aplicação da literalidade da lei e, (iii) que a afirmação segundo à qual não há distinção entre o ser e o dever-se, equipara as leis do direito às leis da natureza, aproximando o direito das ciências exatas e exigindo que observe o mesmo método dessas, isto é, o método cartesiano da busca das verdades absolutas e demonstráveis.

Ao contrário do que possa parecer à primeira vista, a verdade é que a teoria ponteana continua plenamente útil, atual e compatível com as normas de textura aberta, como os princípios, as cláusulas gerais e os conceitos jurídicos indeterminados.

Uma rápida análise das premissas da *teoria da incidência* de Pontes de Miranda permitirá responder cada uma das supracitadas indagações e concluir pela sua atualidade e utilidade.

Pois bem, a teoria do fato jurídico tem como pontos centrais: (i) o Direito como um processo de adaptação social; (ii) o fenômeno da incidência, que juridiciza os fatos que compõem o mundo, tornando-os jurídicos; (iii) a estrutura lógica da norma jurídica; (iv) a fenomenologia da juridicização; (v) a divisão do mundo jurídico nos planos da existência, da validade e da eficácia e, (vi) a dissociação entre incidência e aplicação da norma jurídica.

---

22. GUASTINI, Ricardo. *Das Fontes às Normas*; BARROSO, Luís Roberto; BARCELLOS, Ana Paula de. *A Nova Interpretação Constitucional: Ponderação, Argumentação e Papel dos Princípios*, p. 103. No mesmo sentido: ÁVILA, Humberto Bergman. *Subsunção e Concreção na aplicação do direito*, p. 429-436; ÁVILA, Humberto Bergman. *Teoria dos Princípios*, p. 30; GRAU, Eros Roberto. *Por que tenho medo dos juízes*, p. 16.

Pontes de Miranda considera o Direito como um dos processos de adaptação social, como a Religião, a Moral, a Arte, a Economia, a Política e a Ciência, ou seja, como um instrumento apto a conformar a conduta dos homens, mediante regras, possibilitando a vida em sociedade[23].

A diferença do Direito para os demais processos de adaptação social reside na sua coercibilidade, decorrente da incidência automática, incondicional e infalível das normas jurídicas, que as torna obrigatórias, independentemente, da adesão daqueles a que a incidência da regra possa interessar[24].

Para Pontes de Miranda, "a noção fundamental do direito é a de fato jurídico; depois, a de relação jurídica"[25]. E tal conclusão é bastante lógica, pois é a partir do fato jurídico que se forma o mundo jurídico, possibilitando o nascimento das relações jurídicas com a produção de toda a sua eficácia, constituída por direitos-deveres, pretensões-obrigações, ações-situações do acionado, exceções-situações do exceptuado e outras categorias eficaciais (situações jurídicas)[26].

Há fatos que são tidos como relevantes para o direito e outros não. A valoração do que tem relevância para o relacionamento inter-humano e, consequentemente, para o direito, encontra-se nas proposições normativas editadas pela comunidade jurídica, que, na sua finalidade de ordenar a conduta humana, atribui relevância a determinados fatos, prevendo-os na sua hipótese de incidência[27] e atribuindo-lhes consequências, quando da sua concretização no mundo fático.

---

23. PONTES DE MIRANDA, Francisco Cavalcanti. *Tratado da Ação Rescisória*. Atualizado por Vilson Rodrigues Alves. 2 ed. Campinas: Bookseller, 2003, p. 35. No mesmo sentido: MELLO, Marcos Bernardes de. *Teoria do fato jurídico: plano da existência*. 14ed. rev. São Paulo: Saraiva, 2007, p. 03-05.
24. PONTES DE MIRANDA, Francisco Cavalcanti. *Tratado de Direito Privado*, tomo I. 4 ed. São Paulo: RT, 1983, p. 16. No mesmo sentido: MELLO, Marcos Bernardes de. *Teoria do fato jurídico: plano da existência*, p. 75.
25. PONTES DE MIRANDA, Francisco Cavalcanti. *Tratado de Direito Privado*, tomo I, p, XVI.
26. Nesse sentido: GOUVEIA FILHO, Roberto P. Campos; ALBUQUERQUE JR., Roberto Paulino de; ARAÚJO, Gabriela Expósito de. *Da noção de direito ao remédio jurídico processual à especialidade dos procedimentos das execuções fundadas em título extrajudicial: ensaio a partir do pensamento de Pontes de Miranda*. In: DIDIER Jr., F.; CUNHA, L. C.; BASTOS, A. A.. (Org.). *Execução e Cautelar - Estudos em homenagem a José de Moura Rocha*. Salvador: Juspodivm, 2012, p. 506. No mesmo sentido: NOGUEIRA, Pedro Henrique Pedrosa. *Situações Jurídicas Processuais*. In: DIDIER JR., F. (Org). *Teoria do Processo: Panorama Doutrinário Mundial*. Salvador: Juspodivm, 2010. 2 v., p.749-753.
27. Afigura-se importante a distinção que o Prof. Marcos Bernardes de Mello faz entre (a) o suporte fático, que designa o enunciado lógico da norma em que se representa a hipótese fática condicionante de sua incidência – denominado de *suporte fáctico hipotético* ou *abstrato* e, (b) que nomeia o próprio fato quando materializado no mundo dos fatos, denominado de *suporte fático concreto*. Nesse sentido, leia--se a seguinte transcrição: "(a) Ao suporte fáctico, enquanto considerado apenas como enunciado lógico da norma jurídica, se dá o nome de *suporte fáctico hipotético* ou *abstrato*, uma vez que existe, somente, como hipótese prevista pela norma sobre a qual, se ocorrer, dar-se-á a sua incidência. (b) Ao suporte fáctico quando já materializado, isto é, quando o fato previsto como hipótese se concretiza no mundo fáctico, denomina-se *suporte fáctico concreto*." In: Op. Cit., p. 42.

"Parece claro, daí, que a norma jurídica atua sobre os fatos que compõem o mundo, atribuindo-lhes consequências específicas (efeitos jurídicos) em relação aos homens, os quais constituem um *plus* quanto à natureza do fato em si. A norma jurídica, desse modo, adjetiva os fatos do mundo, conferindo-lhes uma característica que os torna espécie distinta dentre os demais fatos – o ser fato jurídico"[28].

Ou seja, a norma jurídica é que, através de sua incidência[29] sobre o suporte fático concretizado no mundo dos fatos, gera os fatos jurídicos, que compõem o mundo jurídico, e de onde se possibilita o nascimento de relações jurídicas com a produção de toda a sua eficácia, constituída por direitos-deveres, pretensões-obrigações, ações, exceções e outras categorias eficaciais.

Por conseguinte, resta mais que evidente a relevância do fenômeno da incidência, que tem como efeito primordial (denominado eficácia legal, por Pontes de Miranda) gerar o fato jurídico, do qual decorrem outros efeitos como as relações jurídicas.

Assinale-se, por oportuno, que a norma, contendo a previsão normativa do fato jurídico, constitui-se numa proposição, "através da qual se estabelece que, ocorrendo determinado fato ou conjunto de fatos (= suporte fático) a ele devem ser atribuídas certas consequências no plano do relacionamento intersubjetivo (= efeitos jurídicos)"[30].

Destarte, a estrutura lógica da norma jurídica exige ao menos uma proposição jurídica que contenha: (a) a descrição de um suporte fático do qual resultará o fato jurídico e, (b) a prescrição dos efeitos atribuídos ao fato jurídico respectivo[31].

Como afirma o Prof. Marcos Bernardes de Mello, "do ponto de vista lógico-formal, a norma jurídica constitui uma proposição hipotética que, usando-se a linguagem da lógica tradicional, pode ser assim expressada: 'se SF então deve ser P', em que a hipótese é representada pelo suporte fático (SF) e a tese pelo preceito (P)"[32].

Quanto à incondicionalidade e infalibilidade da incidência, o que isso quer significar é que ocorridos os fatos que constituem o suporte fático da norma

---

28. MELLO, Marcos Bernardes de. Op. Cit., p. 09.
29. Sobre a incidência na teoria ponteana, recomenda-se, ainda, a leitura das seguintes obras: NEVES, Marcelo da Costa Pinto. A incidência da norma jurídica. Revista de Informação legislativa. Brasília, a. 1, n. 01., p. 267-283, Março 1964., p. 279-283; SILVA, Beclaute Oliveira. Considerações acerca da incidência na teoria de Pontes de Miranda. Revista do Mestrado e Direito da Universidade Federal de Alagoas. Salvador, a. I, n. 01., p. 217-249, Jan/Dez 2005 p. 217-249.
30. MELLO, Marcos Bernardes de. Op. Cit., p. 20.
31. Ibidem, p. 32.
32. MELLO, Marcos Bernardes de. Op. Cit., p. 32

jurídica, a mesma incide, incondicional e infalivelmente, isto é, independentemente do *querer* das pessoas. Isso é o que distingue as normas jurídicas das demais normas de convivência social, como as da moral, da etiqueta, da religião e dos outros processos de adaptação social, exatamente porque as torna obrigatórias, independentemente da adesão daqueles a que a incidência da regra possa interessar[33].

Outro ponto relevante da *teoria da incidência ponteana* constitui-se na dissociação entre incidência e aplicação da norma jurídica.

A incidência é *prius*, com relação à aplicação, e se dá no mundo dos nossos pensamentos, ocorrendo de modo incondicional e infalível sempre que se concretizar no mundo dos fatos o suporte fático previsto na hipótese de incidência da norma jurídica. A aplicação é ato humano exteriorizado, é ato de execução, isto é, vida humana objetivada. É *posterius* em relação à incidência. Nem sempre coincidem a incidência e a aplicação, podendo, portanto, haver aplicação com desrespeito à norma sem que isso afaste a incidência e sua incodicionalidade[34]. "A inafastabilidade da incidência pela conduta humana contrária – salvo quando permitida –, porém, tem como resultado considerar-se *contra legem* as atitudes que tornem incoincidentes a aplicação e a incidência, e não inocorrida esta"[35].

Nas palavras de Pontes de Miranda, se fossem coincidentes a incidência e a aplicação, seria o ideal da justiça, mas a falibilidade humana faz com que nem sempre a aplicação da norma jurídica atenda à sua incidência e, por tal motivo é que o sistema, em busca da justiça, prevê a rescindibilidade das decisões civis (art. 485, V e IX, CPC/73 e art. 966, V, VIII, CPC/2015), e a revisibilidade da sentença penal (CPP, art. 621, I a III), quando a aplicação se deu contra o direito (em sentido contrário à incidência) ou quando houver erro sobre os fatos (= suporte fático) em que se baseou[36].

Sendo certo, porém, que, ultrapassadas as hipóteses de reforma, rescindibilidade e revisibilidade das decisões judiciais, a aplicação prevalece com relação a incidência, pois "no plano jurídico, o Estado pode dar por ultimada a sua missão, com o trânsito material em julgado, o que fecha as portas para rediscussão"[37].

Após essa breve análise das premissas da *teoria da incidência* de Pontes de Miranda, pode-se responder àqueles questionamentos e concluir que a mesma continua útil e atual na contemporaneidade. Observe-se:

---

33. PONTES DE MIRANDA, Francisco Cavalcanti. *Tratado de Direito Privado*, tomo I, p. 16. No mesmo sentido: MELLO, Marcos Bernardes de. *Teoria do fato jurídico: plano da existência*, p. 75.
34. PONTES DE MIRANDA, Francisco Cavalcanti. Op. Cit., p. 36-37.
35. MELLO, Marcos Bernardes de. Op. Cit., p. 76.
36. PONTES DE MIRANDA, Francisco Cavalcanti. Op. Cit., p. 36; MELLO, Marcos Bernardes de. Op. Cit., p. 79.
37. PONTES DE MIRANDA, Francisco Cavalcanti. *Comentários ao Código de Processo Civil*, T. V: arts. 444 a 475. Atualização legislativa de Sérgio Bermudes. 3 ed. Rev. e aum. Rio de Janeiro: Forense, 1997, p. 114.

(i) A crise da modernidade, a quebra do paradigma racionalista, o constitucionalismo e a técnica legislativa surgida após a 2ª Guerra Mundial revelaram a falência do método lógico-formal e da Escola da Exegese; jamais da noção de *incidência*. No início deste tópico questionamos se o *silogismo poderia funcionar, sob o ponto de vista retórico e no contexto de justificação (jamais no contexto de descoberta), como um estilo de apresentação da decisão judicial*. A resposta a tal questão é positiva! Embora o método lógico-formal (silogismo analítico) das "premissas verificáveis e comprováveis", que conduzem às "verdades absolutas" seja hoje ultrapassado e insuficiente[38], permanece útil o silogismo dialético como um estilo retórico de apresentação da decisão judicial, ou melhor, como um estilo de *argumentação jurídica* empregado no *contexto de justificação*.

De acordo com Torquatro de Castro Jr., um dos grandes retóricos brasileiros, a *metáfora* da incidência é imprescindível para se justificar a decisão judicial através de um silogismo subsuntivo e, assim, garantir "objetividade" ao direito, sob pena de se esvair a própria disciplina – "direito":

> Teorias como a do fato jurídico não são teorias propriamente "científicas" em sentido literal, mas metafórico. Não produzem hipóteses teoréticas gerais, que se possam verificar ou refutar controladamente, como a física, química ou biologia, entre outras "insuficiências". (...)
>
> O que os tradicionais chamam "regra", chama-se, desde esta perspectiva retórica, "persuasão" e se alguém reclamar que com isso se esvai o próprio conceito de direito, tem razão na reclamação. Sem um argumento "objetivo", não haverá "direito", só poder nu.
>
> (...) Não se trata de materialmente pleitear legitimidade epistemológica para tal doutrina, mas de entender sob que condições ela pode retoricamente ser sustentada como discurso "objetivo", mesmo que não "científico", como parece necessário pelas razões acima referidas de que sem "objetividade" o direito perde sua qualidade retórica mais elementar. Sem esse adjetivo (o "jurídico") tomar uma forma substantiva, o próprio valor da disciplina em questão, numa escola de direito, parece se esvair.
>
> A teoria do fato jurídico reforma a objetividade do direito de uma maneira própria, da qual Pontes de Miranda soube tirar máximo proveito. Seu sistema apóia-se na referenciabilidade do fato jurídico, cuja incidência concebe determinada no tempo e no espaço. Isso cria uma circunstância única, um advento também lógico cujas

---

38. Quanto às críticas ao silogismo como método hermenêutico, recomendamos a leitura da seguinte obra: SICHES, Luis Recansens. Introducción al Estudio del Derecho. 16 ed. México: Editorial Porrúa S.A., 2009, p. 195-204.

conseqüências sintático-semânticas sempre se podem calcular. Isso contextualiza uma acepção de "direito subjetivo" também determinada, i.e. especificada pelo fato jurídico e pela incidência espaçotemporalmente situada (...)

A propósito da maior especificidade ou concreção desse linguagem, que assume a demarcação, classificação e determinação da incidência espaçotemporal como tarefa central do ofício jurídico, uma tarefa de cientistas, portanto, observe-se o quanto esse expediente oferece sofisticação analítica (e retórica) ao discurso do direito.

A teoria do fato jurídico constitui uma linguagem metafórica com que se realiza uma prática decisional dos juristas, que lhes é como queria Pontes de Miranda, adaptativa e econômica. Assim, quando se a invalida epistemologicamente, abala-se a base persuasiva mais tradicional do direito, a objetivo de seu discurso.

(...) Numa certa medida, toda retórica só se torna "jurídica" se ela passa a advogar pelo "Direito", com "D" maiúsculo, como que postulando por uma "objetividade" única, com características quase divinas, tomando seu partido "teológico", digamos assim.

O jurista parte da condição "objetiva" de sua ocupação, essa é sua condição retórica, aquele que ele não pode contornar[39].

Por mais que se saiba que o julgador não chega à sua decisão (contexto de descoberta) através de um silogismo subsuntivo puro; é imprescindível que ele *justifique* sua decisão argumentando em torno da incidência da norma aplicada[40].

E, além disso, o controle da decisão judicial, ao fim e ao cabo, consiste numa análise do juízo acerca da incidência da norma jurídica (obviamente, conformada à Constituição, aos valores dominantes, fatos relevantes etc.), ou melhor, em um juízo quanto ao fato de a aplicação ter se dado ou não em sentido contrário à incidência; ou quanto a terem ou não os fatos ocorridos da forma como considerados na decisão. Nesse sentido, as lições de Pontes de Miranda são esclarecedoras:

A sentença é justa ou injusta, válida ou nula. I) É *injusta: a)* quando aplica ao caso concreto lei que não incidiu ou deixa de aplicar a

---

39. CASTRO JR., Torquato da Silva. *Metáforas na Teoria do Fato Jurídico*. In: DIDIER Jr., F.; EHRHARDT Jr., M.. (Org.). *Teoria do Fato Jurídico – Homenagem a Marcos Bernardes de Mello*. São Paulo: Saraiva, 2010, p. 649-652.
40. Com essa afirmação não desprezamos o pensamento tópico-problemático, principalmente, para os *hard cases*; nem o raciocínio por distinção-aproximação, em que ora se alega especificidade do caso para afastar a aplicação da norma, ora se alega uma similitude a outro caso, que se enquadra no suporte fático hipotético (ou hipótese de incidência) da norma, para invocar sua aplicação.

que incidiu, ou b) quando viu no caso concreto o que ele não é e aplica a lei que incidiria sobre o caso que ela viu, e não a que incidiria sobre o caso concreto, ou c) é superlativamente injusta, aplicando lei que não incidiria sobre o caso que ela viu, nem sobre o caso concreto, ou d) aplica ao que 'viu' o que não incidiria sobre ele[41].

(ii) Os princípios, as cláusulas gerais e os conceitos jurídicos indeterminados apenas aparentemente não atendem a estrutura lógica da norma, pois uma análise mais acurada conduz à conclusão de que toda proposição normativa pode ser reformulada como um enunciado hipotético.

O Prof. Marcos Bernardes de Mello apresenta um exemplo eloquente, demonstrando que o princípio da isonomia atende a estrutura lógica da norma e incide como qualquer outra norma. Leia-se:

> Nunca encontramos argumento suficientemente razoável para negar caráter normativo aos princípios. Ao contrário, consoante passaremos a demonstrar, não temos dúvida de que os princípios preenchem os pressupostos necessários para caracterizar uma norma como jurídica. Com efeito, para ser considerada jurídica, uma norma há de atender a duas exigências essenciais: (i) uma formal, referente à completude de sua estrutura proposicional, que deve conter, essencialmente, a descrição de um suporte fáctico e a prescrição de um preceito; (ii) outra de natureza material, concernente ao poder de incidência, em decorrência da qual as condutas previstas ficam vinculadas a seus comandos. (i) Analisados conforme essa óptica, chega-se à óbvia constatação de que, do ponto-de-vista formal, os princípios ostentam uma estrutura lógica completa; mesmo quando há caso de acentuada indeterminação, contêm a descrição de um suporte fáctico e a prescrição de um preceito. Exemplifiquemos: (a) o *princípio constitucional da isonomia* (CF/88, art. 5º, *caput*), e. g., tem por pressuposto fáctico (= suporte fáctico) a *existência de pessoas em situações fáticas ou jurídicas iguais, e por preceito o comando dirigido ao legislador, ao poder público e, em geral, a qualquer pessoa.* Segundo esse princípio, não é permitido dar tratamento (legislativo ou administrativo) *diverso a situações de igualdade* nem, inversamente, *tratar igualitariamente sujeitos em posições que sejam desiguais;*(...)
>
> (ii) Em relação à segunda exigência, também não há como negar que os princípios são dotados do poder de incidir e que, por isso, se revestem de força vinculante das condutas a que se referem. A aplicabilidade das normas jurídicas depende de sua incidência;

---

41. PONTES DE MIRANDA, Francisco Cavalcanti. *Comentáios ao Código de Processo Civil*, tomo V, p. 114.

por isso, uma norma jurídica somente pode ser aplicada quando incide sobre a situação fáctica nela prevista. Pela incidência é que os fatos da vida são regrados e as condutas correspondentes ficam subordinadas à norma jurídica. Ora, quando o Judiciário, por exemplo, decreta a inconstitucionalidade de certa lei por conflitar com determinado princípio constitucional, está, em última análise, a *aplicar* aquele princípio, que declara incidente sobre a situação concreta (ato legislativo) e, por conseqüência, que o comportamento do legislador está a ele vinculado[42].

Outrossim, a indeterminação semântica das normas de textura aberta, muitas vezes, é apenas aparente, já que, apesar de a hipótese de incidência e o preceito não se encontrarem explicitados num único dispositivo legal considerado isoladamente, podem ser facilmente determinados mediante uma leitura conjugada das normas que constituem o ordenamento como um todo[43]. Por exemplo: *o art. 402 do CC que fala que as perdas e danos devidas ao credor abrangem o que ele efetivamente perdeu e o que razoavelmente deixou de lucrar;* esse dispositivo não menciona a hipótese de incidência da norma e, seria uma proposição incompleta, não fosse o art. 389 do CC, segundo o qual *não cumprida a obrigação responde o devedor pelas perdas e danos, mais juros, correção monetária e honorários advocatícios.*

(iii) Não há nenhuma relação de interdependência entre, de um lado, a teoria do fato jurídico e, de outro, a Escola da Exegese e interpretação literal da lei. Como já se esclareceu, o que faliu foi o silogismo como método hermenêutico lógico-formal. O silogismo subsuntivo continua útil como um estilo retórico de apresentação e justificação da decisão judicial, afigurando-se, pois, imprescindível o regate da *incidência* como categoria jurídica.

---

42. MELLO, Marcos Bernardes de. *Teoria do fato jurídico: plano da existência,* 21-22.
43. O Prof. Marcos Bernardes de Mello, falando da técnica de formulação dos textos normativos em proposições sintéticas e em **linguagem elíptica**, bem explica esse aparente desatendimento à estrutura lógica da norma. Vejamos: "Nos sistemas de direito escrito, as normas jurídicas, em geral, são expressadas através de proposições formuladas em textos sintéticos, ordenados segundo uma metodologia própria com a finalidade de fazer deles um conjunto harmônico e coerente, em que as diversas normas que o compõem se integram e se completam entre si. Por isso, é mesmo comum haver proposições jurídicas em cuja formulação liguística, geralmente elíptica, não se encontra expressa a descrição dos efeitos jurídicos. Tais proposições, evidentemente, se examinadas *isoladamente* aparentam ser sem sentido lógico-jurídico; na verdade, porém, não no são, se consideradas *integradamente* dentro do conjunto das normas jurídicas que constituem o *ordenamento jurídico.* Essas situações são comumente encontradas quando se trata de *instituições jurídicas* que, por definição, constituem um conjunto de normas que regula determinada relação jurídica. Nessas espécies, por uma questão de técnica redacional, com objetivo de evitar repetições inúteis (e deselegantes para a linguagem), as proposições jurídicas são expressadas de modo que umas pressupõem as outras, o que permite, em decorrência da ordenação, que aquelas normas cujo suporte fático não esteja expresso no seu texto, sejam relacionadas ao suporte fáctico de outra norma que lhes corresponder." Ibidem, p. 25-26.

Além disso, vale destacar que Pontes de Miranda defendia que o que incide é a *norma viva* – "significação socialmente aceita, vivida e aplicada"[44], produzida mediante um complexo processo de interpretação e consideração dos valores sociais, dos costumes, da doutrina e da jurisprudência –, e não a literalidade do enunciado legal[45]. Pontes de Miranda jamais confundiu o direito com a letra da lei[46], muito pelo contrário, ao tratar da ação rescisória por afronta à lei, defendeu que o direito vai muito além da letra da lei e que evolui incessantemente para acompanhar as transformações sociais etc.[47].

(iv) A teoria do fato jurídico é compatível com o método hermenêutico da concreção, de acordo com o qual há distinção entre o *enunciado legal* e a *norma jurídica*, que é construída diante do caso concreto, mediante a conformação do texto com a Constituição, com os valores vigentes na sociedade e os fatos relevantes do caso. Pontes de Miranda "embora não tenha tido a preocupação de empregar de modo distinto os signos 'lei' e 'regra jurídica', a ele não passou despercebida a distinção entre 'texto' e 'significação'"[48]. Aqui, basta relembrar que Pontes de Miranda defendia que o que incide não é a literalidade do

---

44. COSTA, Adriano Soares da. Teoria da Incidência da Norma Jurídica - Crítica ao Realismo Linguístico de Paulo de Barros Carvalho. 2 ed., rev., cor. e ampl. São Paulo: Malheiros, 2009, p. 46.
45. Vejamos o seguinte trecho em que Pontes de Miranda trata da *norma viva*: "3. Lei e dado científico. O aplicar a lei porque está na lei, o resolver pelo sentido literal, porque assim quis o legislador, corresponde ao fazer porque está no Evangelho, no Talmude, no Korão, no *Corpus Iuris*, porque o nosso pai fez, e ao ingênuo 'porque mamãe disse' das criancinhas. Em tudo isso há muitíssimo de oracular e revela a relativa infância dos povos, da Humanidade. À ciência e não somente a ela, mas pelo menos, principalmente à Ciência, é que deveremos o sair o *infantilismo* social e político, que nos acorrenta a ridículos preconceitos, que não servem à ordem social. Deve o intérprete (jurisconsulto, juiz) procurar, na aplicação da regra, não o conteúdo dos sinais ópticos ou sonoros (ordens verbais), mas, com o auxílio deles, o que se neles contém, mais ou menos o que se perdeu ou se argumentou no trabalho de expressão. Em vez de início em si, apenas é a lei a forma intermédia, durável, mas dúctil, para conservar o dado, ainda que isto o deforme. Não seria social a aplicação da lei, se não houvesse entre a norma viva (dado) e a aplicada (julgado) o veículo social (costume, jurisprudência), ainda que, após a permanência individual (ditame do legislador), se comunique, se socialize pela linguagem, fenômeno caracteristicamente social. O que naquele período pessoal se diminui ou se aumenta ao dado, cumpre ao intérprete corrigir; se o legislador, pela expressão, inicial a socialização, é ao doutrinador e principalmente ao juiz que incumbe ultimá-la. Em vez que se limitar a induzir da lei, o que não satisfaria, induzirá das realidades, e a regra escrita apenas lhe serve de guia. É o esboço feito por outrem, como podia, e assim aconteceu noutras épocas, ter sido feito pelo próprio juiz. Não é o dado conceptual que se quer, mas – o que é bem diferente – o dado concreto e imediato." *In*: PONTES DE MIRANDA, Francisco Cacalcanti. *Sistema de Ciência Positiva do Direito, Tomo II.*, 2ed. Campinas: Bookseller, 2005, p. 102-103. Sobre a *norma viva*, recomendamos, ainda: COSTA, Adriano Soares da. *Teoria da Incidência da Norma Jurídica*, p. 44-46.
46. "As leis não são o Direito; a regra jurídica apenas está em conexidade simbólica com a realidade. Mais evidente será a relatividade do enunciado quando advertirmos na índole social da realidade, em que o Direito é apenas um dos elementos integrantes dela e mantém, na composição, a sua especificidade". *In*: PONTES DE MIRANDA, Francisco Cavalcanti. *Sistema de Ciência Positiva do Direito, Tomo I.* 2 ed. Campinas: Bookseller, 2005 p. 114.
47. PONTES DE MIRANDA, Francisco Cavalcanti. *Comentáios ao Código de Processo Civil*, T. VI: arts. 476 a 495. Atualização legislativa de Sérgio Bermudes. 3 ed. Rev. e aum. Rio de Janeiro: Forense, 1998, p. 288-292.
48. COSTA, Adriano Soares da. *Teoria da Incidência da Norma Jurídica*, p. 44.

enunciado normativo, mas a *norma viva* – produzida mediante um complexo processo de interpretação e consideração dos valores sociais, dos costumes, da doutrina e da jurisprudência –, de forma que, mesmo em se tratando de normas de textura aberta, como princípios, cláusulas gerais e conceitos jurídicos indeterminados, não há qualquer óbice à categoria jurídica da incidência, vez que a *norma viva* – que incidirá – já pressupõe o preenchimento da vagueza semântica, a determinação do suporte fático e do preceito.

A advertência que se faz, neste momento, com apoio em Adriano Soares da Costa[49], é que essa *construção de sentido* de que tanto se fala atualmente não pode ser entendida como a criação da norma pela *interpretação individual, subjetiva*, do aplicador – como defendem alguns autores –, pois a norma é fato social, "é a significação socialmente aceita, vivida e aplicada", logo, na intersubjetividade. Ou seja, a construção de sentido não pode ser confundida com solipsismo!

(v) Quanto à afirmação de que a incidência da norma se dá de forma *automática, incondicional* e *infalível*, quer significar que a incidência, que se dá no plano do pensamento, ocorre independentemente do querer e da adesão daqueles a quem a regra possa interessar, *isso é o que torna as normas obrigatórias*. Se a norma incidiu sobre determinados fatos e se observa uma conduta humana contrária à incidência, temos aí um comportamento *contra legem*, passível de suportar as consequências antevistas no preceito. A referida expressão não quer significar, de modo algum, que a incidência provoca necessariamente alteração no mundo fático, tendo em vista que a causalidade jurídica se dá por imputação e no mundo dos pensamentos, isto é, de forma totalmente diversa da causalidade física[50].

(vi) Quanto à afirmação de que tanto mais haverá justiça, quanto mais coincidirem a incidência e aplicação da norma, quer significar o seguinte: (a) se o que incide é a *norma viva*; (b) se a norma viva "é a significação socialmente

---

49. Ibidem, p. 44-45.
50. Nesse sentido, as lições do Prof. Marcos Bernardes de Mello são esclarecedoras: "O mundo jurídico, como se vê, é criação humana e se refere, apenas, à conduta do homem em sua interferência intersubjetiva; não se desenvolve, assim, no campo da causalidade física, mas, sim, numa ordem de valência, no plano do dever-ser. O ser fato jurídico e o produzir efeito jurídico são situações que se passam no mundo de nossos pensamentos e não impõem transformações na ordem do ser. A circunstância de o nascimento com vida de um ser humano ser considerado fato jurídico ao qual se imputa o efeito jurídico de o recém-nascido adquirir a personalidade civil (= ser pessoa para os fins de direito, ou seja, poder ter direitos e obrigações na ordem civil), não altera em coisa alguma o fato biológico do nascimento, como também nada acrescenta ou retira ao ser humano, do ponto-de-vista físico". "As mudanças que vemos ocorrer no mundo como defluência de fatos jurídicos são, sempre e exclusivamente, de cunho comportamental". "As modificações por que passam as situações jurídicas jamais implicam alterações na natureza mesma dos fatos (a venda, pelo proprietário, da safra do coqueiral, não altera o ciclo natural da frutificação), mas, ao contrário, as transformações havidas nas situações de fato podem determinar mutações nas situações jurídicas (se o bem móvel é consumido pelo foto, extingue-se o direito de propriedade)." In: Teoria do fato jurídico: plano da existência, p. 10-11.

aceita", construída no mundo dos pensamentos; (c) haverá justiça se o julgador decidir o caso concreto aplicando a *norma viva*.

(vii) Quanto à afirmação de que Pontes de Miranda não aceitava a distinção entre o *ser* e o *dever-ser*, equiparando as leis do direito às leis da natureza, não está correta. Pontes de Miranda, ao defender que a incidência da norma ocorre infalível e incondicionalmente, não quis dizer que a causalidade no mundo jurídico se dá tal qual a causalidade física, alterando o mundo fático, mas apenas que a norma incidirá, inevitavelmente, uma vez preenchido o seu suporte fático (ou hipótese de incidência). Como bem explica o Prof. Marcos Bernardes de Mello, "a incidência, no entanto, não *se nos dá* no mundo sensível, porque suas consequências se passam no mundo da psique. (...) Por isso mesmo, por ser fato do mundo dos nossos pensamentos, é que ela ocorre fatalmente à simples concreção do suporte fático"[51].

Ou seja, a incidência ocorre de modo infalível, porque se passa no plano do pensamento; ao passo que a aplicação – que é ato humano exteriorizado, ato de execução e *posterius* com relação à incidência – pertence à vida humana objetivada, ou melhor, ao plano concreto, podendo, por isso mesmo, dá-se de forma falha.

Enfim, Pontes de Miranda soube "distinguir as *leis do preciso* e as *leis do deve*: leis que querem expressar algo que impreterivelmente se realiza (proposição descritiva) e leis que ordenam o que é possível fique irrealizado (proposição prescritiva)"[52].

Para finalizar esse tópico, cumpre reiterar que, no discurso judicial, afigura-se imprescindível a justificação sobre a *incidência* seja para aplicar ou se afastar de um enunciado legal de textura rígida, de um princípio, de um conceito jurídico indeterminado, de uma cláusula geral ou de um precedente.

Em todas essas hipóteses, o julgador terá que explicitar (i) qual a *norma* utilizada como razão definitiva para a solução do caso; (ii) quais os elementos da estrutura lógica dessa *norma* (hipótese de incidência e preceito) construída a partir de enunciados legais ou de precedentes e, (iii) quais os fatos do caso concreto se afiguram suporte fático dessa norma, ou melhor, quais os fatos do caso que preenchem a hipótese de incidência da norma.

3. BREVES CONSIDERAÇÕES SOBRE O PRINCÍPIO DA FUNDAMENTAÇÃO

Neste tópico, pretende-se apresentar as fases históricas pelas quais passou o dever de motivação das decisões judiciais, visando realçar a importância

---

51. MELLO, Marcos Bernardes de. *Teoria do fato jurídico: plano da existência*, 75-76.
52. COSTA, Adriano Soares da. *Teoria da Incidência da Norma Jurídica*, p. 46.

das inovações trazidas pelo art. 489, §§ 1º e 2º, do CPC/2015, que, na visão deste articulista, têm tudo para revolucionar o tema da fundamentação das decisões judiciais e da argumentação jurídica, no Brasil; proporcionando um maior controle racional das decisões e com isso o atingimento de mais elevado grau de coerência sistêmica e de integridade do direito.

Pois bem, sem o aprofundamento que o tema requer, em virtude dos limites deste trabalho e, numa tentativa de acomodar em estágios as fases históricas pelas quais passou o dever de fundamentação, pode-se afirmar que o mesmo atingirá, no Brasil, com o CPC/2015, o quinto estágio de sua evolução histórica.

Primeiro estágio. Como se sabe, o processo romano se desenvolveu *lato sensu* em três modelos processuais correspondentes às respectivas fases históricas: o período da *legis actiones* (fase arcaica); os períodos do processo formular (*agere per formulas*), fase clássica, e o período da cognição extraordinária (*cognitio extra ordinem*), fase pós-clássica, tendo o dever de fundamentação surgido nessa última fase[53]. O período do processo da *legis actiones* e o período do processo formular constituíram a fase privada do direito romano, ou *ordo iudiciorum privatorum*. O elemento comum desses dois modelos processuais era o procedimento bifásico[54]. A primeira fase, *in iure*, desenvolvia-se perante o pretor. Estabelecida a contraposição entre as partes e verificada a presença dos requisitos de admissibilidade do processo, o pretor, com a participação da partes, escolhia o *iudex* e definia, na *litis contestatio*, os limites da controvérsia e as possibilidades de solução. Na fase seguinte, *in iudicio* ou *apud iudicem*, o *iudex* (privado) instruía o processo e julgava a causa nos limites e para os fins que haviam ficado estabelecidos na fase anterior. A investidura do *iudex* advinha do ajuste feito entre as partes perante o pretor, e não de uma imposição estatal, razão pela qual sua sentença não estava sujeita a recurso e, por isso, não se exigia a fundamentação. Com a afirmação do império, o processo da *extraordinaria cognitio* foi ocupando o posto de primazia em face do anterior modelo bifásico. O período da *cognição extraordinária* inaugura a fase pública do processo civil romano, que passa a se desenvolver em fase única perante um juiz – autoridade estatal – cujo poder de julgar advinha diretamente da

---

53. TUCCI, José Rogério Cruz e. *A motivação da sentença no processo civil*. São Paulo: Saraiva, 1987, p. 25-33.
54. Por trás da identidade estrutural entre o processo das ações da lei e o processo formular havia significativas diferenças entre os mesmos. O processo das ações da lei era formal e solene, com traços herdados de sua origem religiosa. Existia um número restrito de ações cabíveis, fora das quais, não havia tutela possível. Assim, o processo arcaico estava ainda impregnado de ritualismo que remontava aos Primórdios de Roma, quando religião e direito estavam intimamente vinculados. Já o processo formular foi progressivamente se instalando como fruto do trabalho criativo do pretor. Novas formas de tutela foram sendo moldadas. Além disso, era mais célere, menos formalista e já distante dos resquícios religiosos. Quanto às referências, remete-se o leitor àquelas constantes da próxima nota de rodapé.

autoridade do imperador, e não mais da *litis contestatio*, que antes era ato também das partes. Nesse período, surge o direito de recorrer das decisões do juiz e como uma exigência prática, como uma consequência *funcional*, o dever de motivação das decisões, pois a parte só poderia recorrer se conhecesse os motivos que conduziram o juiz à uma tal decisão[55].

Segundo estágio. Pode-se identificar o segundo estágio de evolução do dever de motivação *como um imperativo da racionalidade* – como dever de justificar as conclusões, as proposições, as asserções –, imperativo esse, que surge com toda força diante do racionalismo[56]. Tal *imperativo racional*, que impõe a justificação, mostra-se muito evidente na teoria da argumentação do filósofo inglês Stephen E. Toulmin, para quem um dos modos de comportamento do homem é constituído pela prática de raciocinar, de dar aos outros razões a favor do que se faz, do que se pensa e do que se diz; o que se percebe, sobretudo, quando Toulmin afirma que: "um homem que faz uma asserção faz também um pedido – pede que lhe demos atenção ou que acreditemos no que afirma. (...) um homem que afirma alguma coisa aspira a que sua declaração seja levada a sério; e, se o que diz é entendido como uma asserção, será levada a sério. Só que o quanto será levada a sério a asserção depende, é claro, de muitas circunstâncias (...) Mas o fato de que acreditemos no que dizem estes homens não significa que não se possa levantar a questão de se eles têm ou não direito à nossa confiança, a cada asserção que se ouça deles; significa apenas que confiamos que as alegações que eles fazem, com seriedade e ponderação, revelar-se-ão, de fato, alegações bem-fundadas, que cada uma delas tenha por trás

---

55. TUCCI, José Rogério Cruz e. *A motivação da sentença no processo civil*. São Paulo: Saraiva, 1987, p. 25-33; TUCCI, José Rogério Cruz e; AZEVEDO, Luiz Carlos de. *Lições de História do Processo Civil Romano*. 1ed. 2.triagem. São Paulo: Revista dos Tribunais, 2001, p. 41-54; 101-104; 119-121; 157; 365-376; TUCCI, José Rogério Cruz e. *A Causa Petendi no Processo Civil*. São Paulo: Revista dos Tribunais, 2001, p. 30-44; SILVA, Ovídio A. Baptista da. *Jurisdição e execução na tradição romano-canônica*. 2ed., rev. São Paulo: Revista dos Tribunais, 1997, p. 72-80 ALVES, José Carlos Moreira. *Direito romano*, Vol I. 11ed. Rio de Janeiro, Forense, 1998, p. 193-255; CHAMOUN, Ebert. *Instituições de direito romano*. 5ed., rev. e atual. Rio de Janeiro: Forense, 1968, p. 121-148; IGLESIAS, Juan. *Direito romano*. 18ed. Tradução de Cláudia de Miranda Avena. São Paulo: Revista dos Tribunais, 2011, p. 267-289; DUCOS, Michèle. *Roma e o direito*. Tradução de Silvia Sarzana, Mário Pugliesi Netto. São Paulo: Madras, 2007, p. 114-122; CUNHA, Leonardo Carneiro da. *A atendibilidade dos fatos supervenientes no processo civil: uma análise comparativa entre o sistema português e o brasileiro*. Coimbra: Almedina, 2012, p. 15-24; TALAMINI, Eduardo. *Coisa Julgada e sua Revisão*. São Paulo: Revista dos Tribunais, 2005, p. 197-215.
56. "Sistema filosófico baseado na supremacia da razão humana. Tem grande importância no conjunto de tendências que contribuíram para fixar as bases do chamado Movimento Codificador Moderno. (...) A idéia de um sistema jurídico racional, i. e., do novo ius naturale, baseado na razão humana e independente de pressupostos e condicionamentos éticos e religiosos, que eleva a razão humana à categoria de valor supremo do indivíduo e da humanidade, inicia-se realmente com o Renascimento (...). Projeta-se na corrente positivista, que, tomando uma nova forma na pandectística, é decisiva no fenômeno das modernas codificações, cuja gênese, em princípios do século XIX, parte dos Estados autoritários, seguindo o exemplo da França revolucionária". In: SURGIK, Aloísio. Racionalismo. In: FRANÇA, R.L. (Coord.). *Enciclopédia Saraiva do Direito*, Vol 47. São Paulo: Saraiva, 1977, p. 156-157.

uma causa sólida e que, assim, a alegação feita por aqueles homens merece que lhe dediquemos atenção. O 'pedido' implícito numa asserção é como a reivindicação de um direito ou de um título. (...) os méritos do 'pedido' implícito na asserção dependem dos méritos dos argumentos que se possa apresentar para apoiá-lo. (...) sempre se pode, em cada caso, contestar a asserção e pedir que se preste atenção aos fundamentos em que a asserção se baseia (suporte, dados, fatos, evidências, indícios, considerações traços) dos quais dependem os méritos da asserção"[57-58].

Terceiro estágio. O terceiro estágio se dá no final do século XVIII, quando há uma forte positivação do dever de motivar, sobretudo, em decorrência da Revolução Francesa, que consagrou o princípio no art. 15, Tít. V, da Lei de Organização Judiciária de 1790, e depois no art. 208 da Constituição do ano III. "Na mesma época adotou-se na Prússia a *Allgemeine Gerichtsordnung* de 1973, ao passo que na península itálica a inovação se vira introduzida por anteriores reformas, em Nápoles (1774) e no Principado de Trento (1788)"[59]. No Brasil, também é antiga a previsão legal do dever de motivar, eis que tal dever já constava das Ordenações Filipinas (Livro III, Título LXVI, n. 7) e, posteriormente, no Regulamento 737 (art. 232), de 1850[60].

As afirmações quanto a este *terceiro estágio* não querem significar que antes da Revolução Francesa não houvesse positivação do dever de motivar, mas apenas que tal fato histórico foi um marco relevante quanto à positivação do princípio da fundamentação. Michelle Taruffo, por exemplo, reputa simplista relacionar a positivação da obrigação de motivar ao contexto político e cultural da Ilustração, tendo em vista a variedade de conteúdos específicos que esse princípio assumiu nos diferentes ambientes políticos e culturais europeus do século XVIII[61]; além disso, Taruffo, ainda, põe em dúvida a inferência quanto ao início da positivação do princípio da motivação na época da Ilustração (século XVIII) e, em seguida, apresenta diversos exemplos de positivação de tal

---

57. TOULMIN, Stephen E. *Os usos do argumento.* Tradução de Reinaldo Guarany. São Paulo: Martins Fontes, 2006, p. 15-16.
58. Nesse mesmo sentido é o pensamento do Prof. José Rogério Cruz e Tucci: "A motivação, concebida como um 'ensaio de persuação, tem por fim imediato demonstrar ao próprio órgão jurisdicional, antes mesmo do que às partes, a *ratio scripta* que legitima o decisório, cujo teor se encontrava em sua intuição'". In: TUCCI, José Rogério Cruz e. *A motivação da sentença no processo civil.* São Paulo: Saraiva, 1987, p. 21.
59. MOREIRA, José Carlos Barbosa. *A motivação das decisões judiciais como garantia inerente ao Estado de Direito.* In: *Temas direito processual (segunda série).* 2ed. São Paulo: Saraiva, p. 83.
60. SILVA, Beclaute Oliveira. *A garantia fundamental à motivação da decisão judicial.* P. 24-25. Salvador: Podivm, 2007; MELLO, Rogerio Licastro Torres de. Ponderações sobre a motivação das decisões judiciais. Revista de Processo, São Paulo, ano 28, n. 111, jul-set. 2003, p. 274-275.
61. TARUFFO, Michele. *La obligación de motivación de la sentencia civil: entre el derecho común y la ilustración.* In: *Páginas sobre justicia civil.* Tradução de Maximiliano Aramburro Calle. Buenos Aires: Marcial Pons, 2009, p. 489-490.

princípio, nos séculos XVI e XVII, em alguns principados da Itália[62], tais como: (i) "em Florencia, la obligatión de motivación la impuso la Rota Florentina (instituida em 1502), com la reforma del 14 de mayo de 1532, en cuyo aparte 12 se ordena a los jueces «*dare e scrivere a piè della sentenza [...] brevemente e motivi principali che gli aranno mossi a così giudicare*» o em cualquier caso redacatar los motivos dentro de los tres dìas siguientes a la sentencia ..."; (ii) "um alcance mucho más limitado, y de un significado bastante diferente tiene en cambio, en Piamonte, la Constitución de Carlos Manuel I, del 7 de enero de 1615 (luego reconfirmada en una Constitución de 1632)..."[63].

Quarta fase. O quarto estágio surge com as Constituições do século XX, que passam a assegurar assento constitucional ao dever de motivação. Como afirmou José Carlos Barbosa Moreira "o fenômeno não esgota sua significação no acréscimo de estabilidade que assim se imprime à norma, colocada ao abrigo das vicissitudes legislativas em nível ordinário; sugere, ademais, visualização diversa da matéria, pela adequada valoração de seu enquadramento num sistema articulado de garantias fundamentais". Dessa quadra histórica são exemplos: a Constituição italiana de 1948 (art. 111); as Constituições gregas de 1952 (art. 93) e de 1968 (art. 117) e a de vários países latino-americanos, como: Colômbia, Haiti, México[64]. Rogério Licastro Torres de Mello afirma que no Brasil o princípio da motivação não encontrou assento constitucional antes da Constituição de 1988, contudo, os doutrinadores de direito processual constitucional, entendiam que o referido princípio defluia do princípio do devido processo legal, positivado no § 4º, do art. 153, da Constituição de 1969[65].

Quinto estágio. Na visão desta articulista, o quinto estágio da fundamentação é o que já existe em outros países (v.g., na Alemanha, com o *Erwägungspflicht*[66] – dever do magistrado de considerar séria e detidamente os argumentos da parte, art. 103, I, da GG) e que se inaugura, no Brasil, com o art. 489, §§ 1º e 2º, do CPC/2015. Este é o *estágio da fundamentação adequada*, próprio ao modelo constitucional do processo.

---

62. Idem, p. 490
63. Idem, p. 500-501.
64. MOREIRA, José Carlos Barbosa. *A motivação das decisões judiciais como garantia inerente ao Estado de Direito*. In: Temas direito processual (segunda série). 2ed. São Paulo: Sraiva, p. 84.
65. MELLO, Rogerio Licastro Torres de. *Ponderações sobre a motivação das decisões judiciais*. Revista de Processo, São Paulo, ano 28, n. 111, jul-set. 2003, p. 279. No mesmo sentido: SILVA, Beclaute Oliveira. *A garantia fundamental à motivação da decisão judicial*. P. 24-25. Salvador: Podivm, 2007.
66. O *Recht auf rechtliches Gehör*, em inglês, *Right to be heard* (direito de ser ouvido) consiste no direito que a parte tem de ser ouvida e de ver o órgão julgador considerar, séria e detidamente, suas razões. A esse direito da parte corresponde o dever do magistrado de considerar séria e detidamente os argumentos da parte (*Erwägungspflicht*). In: MURRAY, Peter; STÜRNER, Rolf. *German Civil Justice*. Durham: Carolina Academic Press: 2004, p. 188-190

Pois bem, é nesse contexto que surge o art. 489, §§ 1º e 2º, do CPC/2015, que, indubitavelmente, proporcionará maior controle racional às decisões judiciais e com isso tende a alcançar maior grau de coerência sistêmica e de integridade do direito.

Tendo em vista a relevância das inovações trazidas pelo supracitado dispositivo legal, suas implicações, no discurso judicial, serão tratadas, pormenorizadamente, no tópico seguinte.

4. DA FUNDAMENTAÇÃO ADEQUADA INSTITUÍDA PELO NCPC

O art. 489, §§ 1º e 2º, do CPC/2015, ao estabelecer parâmetros para se considerar uma decisão (des)motivada[67], findará por inibir o solipsismo, o subjetivismo, o "panprincipiologismo", pois o julgador estará mais fortemente constrangido[68] a considerar as disposições constitucionais, legais e os precedentes, tendo que se desincumbir de um qualificado ônus argumentativo[69] para não aplicá-los, quando invocados pelas partes. Leia-se a redação do supracitado enunciado legal:

> Art. 489. São elementos essenciais da sentença:
>
> II – os fundamentos, em que o juiz analisará as questões de fato e de direito;
>
> § 1º Não se considera fundamentada qualquer decisão judicial, seja ela interlocutória, sentença ou acórdão, que:
>
> I – se limitar à indicação, à reprodução ou à paráfrase de ato normativo, sem explicar sua relação com a causa ou a questão decidida;

---

67. Como bem percebeu Beclaute Oliveira Silva, "Até hoje, coube ao Poder Judiciário, destinatário da norma de estrutura que ordena a fundamentação, definir os contornos de uma decisão fundamentada (...) Interessante notar que o legislador projetista não pretende dizer o que é fundamentação. Apenas aponta para o que não considera uma decisão fundamentada. Cria para isso uma norma de estrutura que irá balizar a conduta do magistrado, no ato de produzir a decisão judicial. Antes não havia tal parâmetro, ficando ao Judiciário a aptidão de, no caso concreto, estabelecer o que era ou não uma decisão fundamentada. Permanece assim. O que houve é que agora o legislador está, no projeto, ampliando semanticamente o espectro do que seria uma decisão fundamentada, atentando para uma melhor e máxima efetivação da garantia constitucional, otimizando-a". SILVA, Beclaute Oliveira. *Decisão judicial não fundamentada no projeto de novo CPC: nas sendas da linguagem*. In: DIDIER Jr. CAMARGO, L.H.V. et. al. (Org.). *Novas tendências do processo civil - estudos sobre o projeto do novo código de processo civil*. Salvador: Juspodivm, 2013, p. 195-197.
68. Michele Taruffo bem demonstra que a existência de critérios para a justificação racional da decisão judicial, pode influenciar, inclusive, no *juízo de descoberta*, pois "la necesidad de justificar de forma expresa y argumentada las decisiones puede inducir al juez a juzgar por medio de juicios racionales en lugar de hacerlo tirando los dados o mediante otras modalidades de elección inaceptables". In: TARUFFO, Michele. *Juicio: processo, decisón*. In: *Páginas sobre justicia civil*. Trad. Maximiliano Aramburro Calle. Buenos Aires: Marcial Pons, 2009, p. 241-242.
69. Utiliza-se a expressão ônus argumentativo, por sê-la consagrada na teoria da argumentação, mas aqui, na verdade, tem-se um dever.

II – empregar conceitos jurídicos indeterminados, sem explicar o motivo concreto de sua incidência no caso;

III – invocar motivos que se prestariam a justificar qualquer outra decisão;

IV – não enfrentar todos os argumentos deduzidos no processo capazes de, em tese, infirmar a conclusão adotada pelo julgador;

V – se limitar a invocar precedente ou enunciado de súmula, sem identificar seus fundamentos determinantes nem demonstrar que o caso sob julgamento se ajusta àqueles fundamentos;

VI – deixar de seguir enunciado de súmula, jurisprudência ou precedente invocado pela parte, sem demonstrar a existência de distinção no caso em julgamento ou a superação do entendimento.

§ 2º No caso de colisão entre normas, o juiz deve justificar o objeto e os critérios gerais da ponderação efetuada, enunciando as razões que autorizam a interferência na norma afastada e as premissas fáticas que fundamentam a conclusão.

§ 3º A decisão judicial deve ser interpretada a partir da conjugação de todos os seus elementos e em conformidade com o princípio da boa-fé.

Como já asseverado anteriormente, o supracitado enunciado legal, resgata a categoria jurídica da *incidência*, tão esquecida em tempos de neoconstitucionalismo, neoprocessualismo etc., mas que é de importância inestimável para a adequação da argumentação judicial, ou melhor, para impor ao discurso judicial a consideração séria e detida das razões deduzidas pelas partes, o que exige a justificação da não incidência das normas invocadas, caso não se as aplique, bem como a justificação da incidência das normas aplicadas na solução do caso.

O art. 489, §§ 1º e 2º, do CPC/2015, conforme restará demonstrado logo a seguir, põe a *incidência* no centro do discurso judicial, seja na aplicação de enunciados legais, seja na aplicação de *precedentes* e, assim, certamente, revolucionará o tema da adequada fundamentação[70] das decisões, no Brasil.

É que a função jurisdicional cognitiva é composta por atividades destinadas a formular juízo acerca da incidência ou não de norma jurídica sobre determinado fato. Tais atividades consistem, primordialmente, em coletar e examinar as provas sobre o ato ou fato em questão; construir a partir do ordenamento jurídico a norma de regência da matéria e, por fim, declarar as consequências

---

70. Sobre a necessidade de uma releitura do princípio da fundamentação diante do "nascimento de uma teoria dos precedentes brasileira": MACEDO, Lucas Buril de; PEREIRA, Mateus Costa; PEIXOTO, Ravi de Medeiros. *Precedentes, cooperação e fundamentação: construção, imbricação e releitura*, p. 527-553.

jurídicas decorrentes da incidência ou, se for o caso, declarar que não houve incidência; que inexistiu fato jurídico e, consequentemente, relação jurídica ou que esta não se deu da forma e na extensão pretendida[71-72].

Assim, trabalhar sobre as normas e os fatos é trabalhar sobre o fenômeno jurídico da incidência. Daí, pode-se concluir que toda sentença tem um conteúdo declaratório e que toda aplicação da norma é um enunciado de incidência.

Por mais que se saiba que o julgador não chega à sua decisão (contexto de descoberta)[73] através de um silogismo subsuntivo puro; é imprescindível que ele justifique sua decisão através de uma argumentação centrada na incidência[74], afinal, no Brasil, vige o princípio da legalidade (art. 5º, II, CF).

Ademais, o controle racional da decisão judicial, ao fim e ao cabo, consiste numa análise acerca do juízo de incidência da *norma jurídica*[75] (obviamente, conformada à Constituição, aos valores dominantes, fatos relevantes etc.), ou

---

71. PONTES DE MIRANDA, Francisco Cavalcanti. *Comentários ao Código de Processo Civil*, tomo I, p. XVII.
72. No mesmo sentido: ZAVASCKI, Teori Albino. *Eficácia das sentenças na jurisdição constitucional*, p. 80.
73. ATIENZA, Manuel. *As razões do direito: teorias da argumentação jurídica*. Trad. Maria Cristina Guimarães Cupertino. São Paulo: Landy Editora, 2006, p. 20-23. No mesmo sentido: TARUFFO, Michele. *Juicio: processo, decisón*. In: *Páginas sobre justicia civil*. Trad. Maximiliano Aramburro Calle. Buenos Aires: Marcial Pons, 2009, p. 241-242.
74. Com essa afirmação não se despreza o pensamento tópico-problemático, principalmente, para os *hard cases*; nem o raciocínio por distinção-aproximação, em que ora se alega especificidade do caso para afastar a aplicação da norma, ora se alega uma similitude a outro caso, que se enquadra no suporte fático hipotético da norma, para invocar sua aplicação.
75. Não se pode olvidar que, como defendia Pontes de Miranda, o que incide é a norma viva – "significação socialmente aceita, vivida e aplicada", produzida mediante um complexo processo de interpretação e consideração dos valores sociais, dos costumes, da doutrina e da jurisprudência –, e não a literalidade do enunciado legal ou do precedente. In: COSTA, Adriano Soares da. Teoria da Incidência da Norma Jurídica - Crítica ao Realismo Linguístico de Paulo de Barros Carvalho. 2 ed., rev., cor. e ampl. São Paulo: Malheiros, 2009, p. 46. Leia-se, ainda, o seguinte trecho em que Pontes de Miranda trata da norma viva: "3. Lei e dado científico. O aplicar a lei porque está na lei, o resolver pelo sentido literal, porque assim quis o legislador, corresponde ao fazer porque está no Evangelho, no Talmude, no Korão, no Corpus Iuris, porque o nosso pai fez, e ao ingênuo 'porque mamãe disse' das criancinhas. Em tudo isso há muitíssimo de oracular e revela a relativa infância dos povos, da Humanidade. À ciência e não somente a ela, mas pelo menos, principalmente à Ciência, é que deveremos o sair o infantilismo social e político, que nos acorrenta a ridículos preconceitos, que não servem à ordem social. Deve o intérprete (jurisconsulto, juiz) procurar, na aplicação da regra, não o conteúdo dos sinais ópticos ou sonoros (ordens verbais), mas, com o auxílio deles, o que se neles contém, mais ou menos o que se perdeu ou se argumentou no trabalho de expressão. Em vez de início em si, apenas é a lei a forma intermédia, durável, mas dúctil, para conservar o dado, ainda que isto o deforme. Não seria social a aplicação da lei, se não houvesse entre a norma viva (dado) e a aplicada (julgado) o veículo social (costume, jurisprudência), ainda que, após a permanência individual (ditame do legislador), se comunique, se socialize pela linguagem, fenômeno caracteristicamente social. O que naquele período pessoal se diminui ou se aumenta ao dado, cumpre ao intérprete corrigir; se o legislador, pela expressão, inicial a socialização, é ao doutrinador e principalmente ao juiz que incumbe ultimá-la. Em vez que se limitar a induzir da lei, o que não satisfaria, induzirá das realidades, e a regra escrita apenas lhe serve de guia. É o esboço feito por outrem, como podia, e assim aconteceu noutras épocas, ter sido feito pelo próprio juiz. Não é o dado conceptual que se quer, mas - o que é bem diferente - o dado concreto e imediato." In: PONTES DE MIRANDA, Francisco Cacalcanti. Sistema de Ciência Positiva do Direito, Tomo II., 2ed. Campinas: Bookseller, 2005, p. 102-103.

melhor, em um juízo quanto ao fato de a aplicação ter se dado ou não em sentido contrário à incidência; ou quanto a terem ou não os fatos ocorridos da forma como considerados na decisão.

Destarte, no discurso judicial, afigura-se imprescindível a justificação sobre a *incidência*, seja para aplicar ou se afastar de um enunciado de textura rígida, de um princípio *prima facie*, de um conceito jurídico indeterminado, de uma cláusula geral ou de um precedente. Em todas essas hipóteses, o julgador terá que explicitar (i) qual a *norma jurídica* utilizada como razão definitiva para a solução do caso; (ii) quais os elementos da estrutura lógica (hipótese de incidência e preceito) dessa *norma jurídica* construída a partir de enunciados legais ou de precedentes e, (iii) quais os fatos do caso concreto se afiguram suporte fático dessa norma, ou melhor, quais os fatos do caso que preenchem a hipótese de incidência da norma.

Não é ocioso destacar que também na aplicação de precedentes a categoria jurídica da *incidência* afigura-se imprescindível.

Como bem percebeu Lucas Buril de Macêdo[76], em primorosa obra, a *ratio decidendi* dos precedentes tem natureza de *norma*, ao passo que o precedente em si é texto. Assim, da mesma forma que se distingue o *texto* (enunciado legal) da *norma* construída a partir dele; deve-se distinguir o precedente (texto) da *ratio decidendi* (norma) construída a partir dele. Não se pode olvidar, ainda, que a *ratio decidendi* é (re)construída pelos juízes dos casos posteriores, tal qual a *norma* é (re)construída pelos juízes a partir dos enunciados legais[77].

A consequência disso, relativamente, à fundamentação, é que o juiz que opera com precedente tem que (re)construir a *norma jurídica* (*ratio decidendi*), explicitando os elementos de sua estrutura lógica, quais sejam, a hipótese de incidência e o preceito.

Esclarecidos os motivos pelos quais se entende que o art. 489, §§ 1º e 2º, do CPC/2015 põe a *incidência* no centro do discurso judicial, passa-se a analisar, em virtude da grande relevância, todas as disposições constantes do art. 489 do CPC/2015.

Pois bem, *os incisos I e III, do § 1º, do art. 489, do CPC/2015* – ao estabelecerem que não se considera fundamentada a decisão que "se limitar à indicação, à reprodução ou à paráfrase de ato normativo, sem explicar sua relação com a causa ou a questão decidida", assim como a que "invocar motivos que se prestariam a justificar qualquer outra decisão" – está apenas dizendo o óbvio:

---
76. MACÊDO, Lucas Buril de. *Precedentes judiciais e o direito processual*. Salvador: Juspodivm, 2014, p. 317-322.
77. Nesse sentido, o Enunciado 166 do FPPC: "A aplicação dos enunciados das súmulas deve ser realizada a partir dos precedentes que os formaram e dos que os aplicaram posteriormente".

que o juiz para decidir uma questão jurídica aplicando *norma* construída a partir de enunciado legal, tem que justificar sua incidência, demonstrando que a hipótese de incidência da *norma* é preenchida pelos fatos relevantes do caso – seu suporte fático.

O *inciso II, do § 1º, do art. 489, do CPC/2015* – ao estabelecer que não se considera fundamentada a decisão que "empregar conceitos jurídicos indeterminados, sem explicar o motivo concreto de sua incidência no caso" – quer significar apenas que a *norma jurídica* construída a partir de dispositivos legais que encartem *conceitos jurídicos indeterminado* e *cláusulas gerais* deve ter explicitados os elementos de sua estrutura lógica (a *hipótese de incidência* e o *preceito*) e que o magistrado, ao decidir uma questão jurídica aplicando *norma* construída a partir de um tal enunciado legal, tem que justificar sua incidência, demonstrando que sua hipótese de incidência é preenchida pelos fatos relevantes do caso – seu suporte fático – e que a decisão proferida está em consonância com o preceito ou consequente da norma.

O *inciso IV, do § 1º, do art. 489, do CPC/2015* – ao estabelecer que não se considera fundamentada a decisão que "não enfrentar todos os argumentos deduzidos no processo capazes de, em tese, infirmar a conclusão adotada pelo julgador" – quer significar que o julgador deve considerar séria e detidamente todos os argumentos das partes capazes de infirmar sua decisão, ou melhor, se o juiz julga procedente a ação não precisa apreciar todos os argumentos do autor, pois os que não foram considerados não terão o condão de infirmar a conclusão do julgado; contudo, se o juiz julga a ação improcedente tem que enfrentar todas as teses autorais, pois apenas uma delas seria bastante para mudar o resultado da causa. Da mesma forma, para julgar improcedente a ação, o juiz não precisa apreciar todos os argumentos deduzidos na contestação; porém, para julgá-la procedente, terá que apreciar todas as teses do réu, pois o acolhimento de quaisquer delas, seria o suficiente para alterar o resultado da causa[78-79]. Observe-se que esse abrandamento da *fundamentação completa*, explicado nas linhas anteriores, não se aplica quando se tratar de *recursos repetitivos* (art. 1.038, § 3º, CPC/2015) ou de *incidente de resolução de demandas repetitivas* (art. 984, § 2º, CPC/2015); quando a estes a fundamentação tem que ser, literalmente, completa, tendo em vista a relevância da função extraprocessual da fundamentação das decisões proferidas nesses casos – já que são decisões paradigmáticas.

---

78. Nesse sentido: DIDIER JR., Fredie. *Curso de direito processual civil,* Vol 2. 10ed. Salvador: Juspodivm, 2015, p. 334-335.
79. A Professora Teresa Wambier há cerca de dez anos vem defendendo que o atendimento ao dever de motivação deve significar também a fundamentação completa, e não apenas suficiente. *In*: WAMBIER, Teresa Arruda Alvim. *Omissão judicial e embargos de declaração*. São Paulo: Revista dos Tribunais, 2005, p. 101-106; 373-400.

Os incisos V e VI, do § 1º, do art. 489, do CPC/2015, que são os que mais interessam para os fins do presente artigo, – ao estabelecerem que não se considera fundamentada a decisão que "se limitar a invocar precedente ou enunciado de súmula, sem identificar seus fundamentos determinantes nem demonstrar que o caso sob julgamento se ajusta àqueles fundamentos", assim como a que "deixar de seguir enunciado de súmula, jurisprudência ou precedente invocado pela parte, sem demonstrar a existência de distinção no caso em julgamento ou a superação do entendimento" – exigem que o magistrado, para aplicar ou deixar de aplicar precedente invocado pela parte, em primeiro lugar, perquira sobre a *ratio decidendi* do precedente e, em seguida, realize o devido *distinguishing* (distinção).

Em escrito anterior[80], este articulista defendeu que os incisos V e VI, do § 1º, do art. 489, do CPC/2015 concretizam o que se denomina de *princípio da inércia argumentativa*, cujo conteúdo consiste em *dispensar* uma ampla argumentação ao magistrado que, no julgamento do caso posterior, segue precedente firmado em caso análogo e, ao mesmo tempo, *exigir* uma carga argumentativa qualificada ao magistrado que pretenda se afastar da *ratio decidendi* de precedente gerado a partir de caso em tudo semelhante ao que se encontra em julgamento. Aqui, não se exige apenas a fundamentação ordinária – onde o juiz tem que expor os fundamentos com base nos quais aprecia as questões de fato e de direito –, mas uma fundamentação qualificada, pois a desconsideração do precedente, quer na dimensão vertical, quer na horizontal, impõe um pesado ônus argumentativo, do qual se desincumbirá o julgador apenas se: (i) demonstrar que o precedente se formou equivocadamente, ou que não goza mais de congruência social e/ou consistência sistêmica (*overruling*); (ii) demonstrar que no caso em julgamento há fatos relevantes que o distancia do caso em que se firmou o precedente (*distinguishing*).

Ou seja, a *inércia argumentativa* intervém em favor do estado de coisas existente, que só deve ser alterado, se houver justificadas razões para a mudança, se houver prova da oportunidade de mudar de conduta diante de uma situação que se repete. No direito, as razões a favor da mudança funcionam de forma bastante semelhante à força resultante que pode pôr em movimento um corpo em repouso, ou a alterar a velocidade ou direção de um corpo em movimento[81].

Por fim, § 1º, do art. 489, do CPC/2015 – ao estabelecer que "no caso de colisão entre normas, o juiz deve justificar o objeto e os critérios gerais da

---

80. ATAÍDE JR., Jaldemiro Rodrigues de. *O princípio da inércia argumentativa diante de um sistema de precedentes em formação no direito brasileiro*. Revista de Processo. São Paulo: Revista dos Tribunais, vol. 239, p. 377-401.
81. Ibidem, p. 390.

ponderação efetuada, enunciando as razões que autorizam a interferência na norma afastada e as premissas fáticas que fundamentam a conclusão" – impõe um "ônus argumentativo" ao magistrado, exigindo que este explicite o seu juízo de ponderação, exponha-o à crítica, primeiro, informando todos os enunciados normativos aparentemente em conflito; segundo, apresentando sua análise das circunstâncias fáticas do caso e de suas repercussões sobre os enunciados objeto do juízo de ponderação e, por fim, esclarecendo as razões pelas quais atribuiu maior peso a tal ou qual norma, que fora utilizada como razão definitiva de solução do caso[82].

É de se defender, com apoio na doutrina de Marcelo Neves, que não apenas os princípios, mas também as regras (embora mais dificilmente) podem ser objeto de um juízo de ponderação. Isso é o que se faz quando se constrói exceção à uma regra, excluindo da sua hipótese de incidência uma situação fática, em virtude de uma interpretação conforme ou de critérios de adequação; isso tudo tem a ver com as possibilidades fáticas de aplicação de regras. Destaque-se, ainda, que não há que se falar, com grau de definitividade, da distinção entre princípios e regras, apensa no plano da literalidade, pois, como ensina Marcelo Neves, a distinção definitiva entre princípios e regras só se opera no plano da argumentação, pois um mesmo enunciado legal pode ser utilizado ora como princípio, ora como regra, a depender do discurso e do seu uso como razão definitiva-direta à decisão, ou como razão indireta[83].

5. CONCLUSÕES

Por todas essas razões expendidas, recebe-se com entusiasmo as inovações trazidas pelo art. 489, §§ 1º e 2º, do CPC/2015, que tem tudo para pôr a categoria jurídica da incidência no centro do discurso judicial e, assim, proporcionar o atendimento ao dever de fundamentação adequada, próprio do modelo constitucional do processo.

As inovações trazidas pelo art. 489, §§ 1º e 2º, do CPC/2015 – que põem a incidência no centro do discurso judicial – têm tudo para revolucionar o tema da fundamentação das decisões judiciais e da argumentação jurídica, no Brasil; proporcionando um maior controle racional das decisões e com isso o atingimento de mais elevado grau de coerência sistêmica e de integridade do direito.

---

82. Sobre o tema, recomenda-se a seguinte leitura: BARCELLOS, Ana Paula de. *Ponderação, racionalidade e atividade jurisdicional*. In: BARROSO, Luís Roberto (Org.). *A reconstrução democrática do direito público no Brasil: livro comemorativo dos 25 anos de magistério do professor Luís Roberto Barroso*. São Paulo: Renovar, 2007, p. 259-292.
83. NEVES, Marcelo. *Entre Hidra e Hércules: princípios e regras constitucionais como diferença paradoxal do sistema jurídico*. São Paulo: Martins Fontes, 2013, p. 89-112; 169-170.

O art. 489, §§ 1º e 2º, do CPC/2015, ao estabelecer parâmetros para se considerar uma decisão (des)motivada, findará por inibir o solipsismo, o subjetivismo, o "panprincipiologismo", pois o julgador estará mais fortemente constrangido a considerar as disposições constitucionais, legais e os precedentes, tendo que se desincumbir de um qualificado ônus argumentativo[84] para não aplicá-los, quando invocados pelas partes.

Enfim, nos termos do art. 489, §§ 1º e 2º, do CPC/2015, afigura-se imprescindível ao discurso judicial a justificação sobre a *incidência*, seja para aplicar ou se afastar de um enunciado de textura rígida, de um princípio *prima facie*, de um conceito jurídico indeterminado, de uma cláusula geral ou de um precedente. Em todas essas hipóteses, o julgador terá que explicitar (i) qual a *norma jurídica* utilizada como razão definitiva para a solução do caso; (ii) quais os elementos da estrutura lógica (hipótese de incidência e preceito) dessa *norma jurídica* construída a partir de enunciados legais ou de precedentes e, (iii) quais os fatos do caso concreto se afiguram suporte fático dessa norma, ou melhor, quais os fatos do caso que preenchem a hipótese de incidência da norma.

Crê-se, ainda, que a exigência de fundamentação adequada estabelecida no art. 489, §§ 1º e 2º, do CPC/2015, incentivará estudos sobre argumentação jurídica, o que, por sua vez, tende a proporcionar um maior grau de coerência sistêmica e de integridade ao direito brasileiro.

---

84. Utiliza-se a expressão ônus argumentativo, por sê-la consagrada na teoria da argumentação, mas aqui, na verdade, tem-se um dever.

CAPÍTULO 6

A interpretação da sentença judicial no processo civil

Clóvis Juarez Kemmerich[1]

SUMÁRIO: 1. INTRODUÇÃO; 2. O OBJETIVO DA INTERPRETAÇÃO DA SENTENÇA JUDICIAL; 2.1. O TEXTUALISMO; 2.2. A BUSCA DA INTENTIO OPERIS; 2.3. A REALIDADE DA INTENTIO LECTORIS; 2.4. A BUSCA DA INTENÇÃO DO JUIZ EXTERIORIZADA NA SENTENÇA; 3. ESTRATÉGIAS PARA INTERPRETAÇÃO; 3.1. A LEITURA NO CONTEXTO ; 3.2. A LEITURA NO SENTIDO USUAL: VOCABULÁRIO, GRAMÁTICA E LÓGICA; 3.3. O PRINCÍPIO DA CARIDADE; 4. ASPECTOS PROCESSUAIS DA INTERPRETAÇÃO DA SENTENÇA; 5. CONCLUSÕES; 6. REFERÊNCIAS.

1. INTRODUÇÃO

O novo Código de Processo Civil (Lei 13.105, de 16 de março de 2015, abreviado CPC/2015) introduziu norma no direito brasileiro sobre uma atividade de essencial importância para todo e qualquer processo judicial: a interpretação da sentença. Diz o código:

> Art. 489. § 3º A decisão judicial deve ser interpretada a partir da conjugação de todos os seus elementos e em conformidade com o princípio da boa-fé.

A prática dos tribunais demonstra que a sentença – ato destinado a resolver a controvérsia trazida pelas partes – muito frequentemente provoca novas controvérsias, estas com objeto consistente justamente na interpretação da própria sentença, seja para a sua execução, para desafiá-la com um recurso, para definir os limites da coisa julgada ou, ainda, para utilizá-la como precedente.

A interpretação, em certa acepção, é a *atividade destinada a obter o sentido de um texto*. Em outra acepção, ela é o resultado dessa atividade. Fala-se em "obter" e não em simplesmente "atribuir" um sentido porque, embora os textos não tenham um sentido único e objetivo (ideia talvez induzida pelo verbo "obter"), a atividade destinada à sua compreensão é uma busca racional. A observância de cuidados e critérios parece distante da ideia de "atribuição",

---

1. Doutor em Direito pela Universidade Federal do Rio Grande do Sul – UFRGS.

ao menos quando esta remete a uma ligação puramente volitiva entre duas coisas. Quando alguém estabelece aleatoriamente o sentido de um texto, não se pode dizer que esse alguém *obteve* o sentido do texto, mas ainda se pode dizer que *lhe atribuiu* um sentido. Esta última atividade, contudo, dificilmente seria chamada interpretação.

A norma recém-criada adota duas diretrizes interpretativas muito importantes, seguidamente destacadas nos estudos sobre interpretação jurídica. Sabe-se, porém, que não existe um método acabado para a produção de uma interpretação confiável. Não há um algoritmo para a resposta correta (DWORKIN, 1986, p. 412; HABERMAS, 1997, p. 288). A interpretação não é, normalmente, uma tarefa difícil. Ela é realizada todos os dias com razoável facilidade. Suas bases "estão dadas e são implicitamente utilizadas por todos os falantes de uma língua." (WRÓBLEWSKI, 1989, p. 93) Mas tentar descrever teoricamente os processos envolvidos na sua realização é tarefa das mais complexas. Não temos ainda os instrumentos teóricos para tanto. Quando se trata de compreender um texto, todos os manuais do mundo podem ser insuficientes e também podem ser todos desnecessários. A interpretação, em concreto, pode envolver fatores tão diversos quanto o conhecimento da situação à qual o texto está dirigido, o conhecimento linguístico, jurídico, histórico, científico, literário e, ainda, um poder de reflexão e uma teoria da racionalidade (v. HABERMAS, 2007, p. 366). A *hermenêutica*, conforme apontado por Todorov (2014, p. 22), guarda parentesco originário com a *retórica*. A atividade de *produção* dos discursos possui essa ligação, por vezes esquecida, com aquela de sua *compreensão*. E como as formas de produção dos discursos são infinitas, o mesmo se dá com as formas de interpretação. Quando muito, é possível falar, como Dascal (2006, p. 97), em "estratégias de compreensão". Mas até mesmo estas constituiriam um campo vasto demais para ser disciplinado por lei. Um método, ou fórmula, legalmente fixado para a interpretação da sentença poderia levar, muitas vezes, a um significado completamente distorcido ou, até mesmo, à impossibilidade de alcançar um significado.

Nada obstante as dificuldades de legislar sobre interpretação da sentença, pode-se escrever sobre ela. Aliás, é preciso escrever sobre interpretação da sentença. A sentença, como texto que é, no mínimo comporta interpretação e, dependendo do sentido no qual o termo é empregado, sempre requer interpretação (sobre interpretação em *latissimo sensu*, *lato sensu* e *stricto sensu*, ver WRÓBLEWSKI, 1985, p. 21-23).

Este artigo busca dar uma visão de conjunto das questões atuais ligadas à interpretação da sentença judicial. O ponto de vista é, em geral, o descritivo. Mas por vezes, onde necessário, é adotado o ponto de vista normativo. Wróblewski (1999, p. 426) denomina "ponto de vista normativo", aquele de onde "determina-se como se deve interpretar, isto é, formulam-se os valores e ideais a serem realizados...".

Por opção metodológica, o artigo não trata da interpretação de textos em geral, nem da interpretação da Constituição e, sequer, da interpretação das leis. Embora essas atividades tenham muito em comum, e talvez de um ponto de vista normativo fosse possível tentar reconduzi-las a um único problema hermenêutico (GADAMER, 2005, p. 431), de um ponto de vista descritivo todas essas atividades são consideravelmente diferentes umas das outras.

A interpretação da sentença judicial é uma espécie de interpretação jurídica. Esta última diferencia-se da interpretação em geral por seu caráter prático e institucional (ALEXY, 1996). O seu caráter é prático, porque compete ao intérprete reconstruir o *sentido preceptivo da sentença* (BETTI, 2007, p. 318), em outras palavras, a *norma concreta* posta pelo juiz para regular a controvérsia entre as partes (KEMMERICH, 2013, p. 15). Conforme Betti (2007, p. 6), "aqui, interpretar não é apenas voltar a conhecer uma manifestação de pensamento, mas voltar a conhecê-la para integrá-la e realizá-la na vida de relação." E o seu caráter é institucional porque (a) o objeto é um ato oficial (a sentença), (b) existe um intérprete (o juiz) que, por força do direito, interpreta de forma vinculante e (c) ela é realizada no curso de um processo judicial, com obediência a um procedimento (especialmente as regras sobre cumprimento de sentença e embargos de declaração, no direito brasileiro).

Ao tratar da interpretação da sentença judicial, o artigo explora aspectos como o objetivo da interpretação, as estratégias interpretativas e o regramento processual.

2. O OBJETIVO DA INTERPRETAÇÃO DA SENTENÇA JUDICIAL

O interesse do jurista na interpretação da sentença judicial é essencialmente prático. Ciente de que o significado da sentença é algo a ser alcançado caso a caso, mediante interpretação, ao jurista importa "saber como se averigua o sentido e não saber o que seja 'sentido' de um amplo ponto de vista teórico ou filosófico" (WRÓBLEWSKI, 1989, p. 65). Ele se preocupa com o método e descura das razões pelas quais o método existe. Compartilho da impressão de Wróblewski (1989, p. 65) sobre este ponto: "Estou seguro, contudo, que muitos desatinos e um número de pensamentos confusos em matéria de interpretação jurídica estão ligados com a falta de clarificação suficiente sobre os pressupostos filosóficos deste modo de pensar."

Para bem interpretar, não basta escolher um método (ou técnica, estratégia, processo, cânones etc.). É necessário, antes, saber qual é o objetivo da interpretação. Sem saber o objetivo, não é possível avaliar a utilidade dos meios empregados para realizar a interpretação. Para escolher um modo de investigação, é preciso saber antes o que se está procurando. Além do mais, não há método, ao menos por enquanto, que dê conta de todas as formas de expressão que a criatividade linguística permite. "A noção de que uma metodologia confiável de interpretação possa ser construída com base em um conjunto de cânones é, portanto, uma miragem." (HIRSCH, 1967, p. 203).

Tentar definir o objetivo da interpretação da sentença judicial se aproxima da questão que Hirsch (1967, p. VIII) chama de "validade na interpretação".

Deve-se ter em mente que o tema aqui tratado é a interpretação *da sentença judicial* e não, portanto, a interpretação das leis, da constituição, ou de outros tipos de texto. Alguns contrastes são apontados, mas não é minha pretensão formular uma teoria geral da interpretação. O caráter *prático* e *institucional* da interpretação jurídica, gênero ao qual a interpretação da sentença judicial pertence, distingue-a da interpretação de outros textos (ALEXY, 1996). O caráter é prático porque a interpretação é feita sobre textos normativos, que precisam ser interpretados para indicar o que é obrigatório, proibido ou permitido. E é institucional tanto em razão do *objeto*, como do *sujeito* (as pessoas comuns também fazem interpretação jurídica, mas existem diferenças no plano institucional), como do *processo*. A interpretação jurídica e a de outros textos são atividades similares, talvez reconduzíveis à "unidade do problema hermenêutico", como pretendido por Gadamer (2005, p. 431), mas não idênticas. Sequer as regras do discurso prático geral se aplicam integralmente ao direito (HABERMAS, 1997, p. 292), e a interpretação desse discurso segue o mesmo destino (TODOROV, 2014, p. 22-23). Seria conveniente pensar que as regras jurídicas não poderiam intervir no âmago da lógica da interpretação, mas o fato é que o fazem.

A interpretação jurídica não depende apenas da aplicação da razão na busca do sentido do texto: a obtenção do sentido é influenciada por métodos e conteúdos preestabelecidos. Alguns exemplos de normas que, no direito brasileiro, limitam e condicionam a atividade do intérprete de leis e de atos jurídicos: CPC/2015, art. 322, § 2º ("A interpretação do pedido considerará o conjunto da postulação e observará o princípio da boa-fé."); CPC/2015, art. 489, § 3o ("A decisão judicial deve ser interpretada a partir da conjugação de todos os seus elementos e em conformidade com o princípio da boa-fé."); Lei 3.071/1916, art. 1.027 ("A transação interpreta-se restritivamente. Por ela não se transmitem, apenas se declaram ou reconhecem direitos."); Decreto-Lei 4.657/1942, art. 5º ("Na aplicação da lei, o juiz atenderá aos fins sociais a que ela se dirige e às exigências do bem comum."); Lei 9.784/1999, art. 2º ("XIII - interpretação da norma administrativa da forma que melhor garanta o atendimento do fim público a que se dirige, vedada aplicação retroativa de nova interpretação."). Os tribunais americanos costumam ter um rol de *rules of construction*, com ou sem força de lei, aplicáveis às diversas espécies de atos jurídicos. A regra *contra proferentem* é um exemplo de *rule of construction*. De acordo com ela "ao interpretar documentos, as ambiguidades devem ser interpretadas desfavoravelmente à parte que redigiu o texto" (GARNER, 2009, p. 377).

Conforme explica Dascal (2006, p. 350; ref. WRÓBLEWSKI, 1985, cap. 6), em razão da necessidade de se resolver com celeridade as controvérsias no momento da aplicação da lei, "diretrizes para a interpretação legal normativas (ou ideológicas) devem ser capazes de suplementar as práticas linguísticas comuns de interpretação."

O exemplo que mais claramente revela o quanto é peculiar a interpretação jurídica é o da denominada "interpretação conforme a constituição". Bonavides (2004, p. 517) explica essa técnica:

> A interpretação das leis "conforme a Constituição", se já não tomou foros de método autônomo na hermenêutica contemporânea, constitui fora de toda a dúvida um princípio largamente consagrado em vários sistemas constitucionais. Decorre em primeiro lugar da natureza rígida das Constituições, da hierarquia das normas constitucionais - de onde promana o reconhecimento da superioridade da norma constitucional - e enfim do caráter de unidade que a ordem jurídica necessariamente ostenta. [...] Método especial de interpretação, floresceu basicamente durante os últimos tempos à sombra dos arestos da Corte Constitucional de Karlsruhe, na Alemanha, que o perfilhou decididamente, sem embargo das contradições de sua jurisprudência a esse respeito. A *Verfassungskonforme Auslegung*, consoante decorre de explicitação feita por aquele Tribunal, significa na essência que nenhuma lei será declarada inconstitucional quando comportar uma interpretação "em harmonia com a Constituição" e, ao ser assim interpretada, conservar seu sentido ou significado. Uma norma pode admitir várias interpretações. Destas, algumas conduzem ao reconhecimento de inconstitucionalidade, outras, porém, consentem tomá-la por compatível com a Constituição. O intérprete, adotando o método ora proposto, há de inclinar-se por esta última saída ou via de solução. A norma, interpretada "conforme a Constituição", será portanto considerada constitucional. Evita-se por esse caminho a anulação da lei em razão de normas dúbias nela contidas, desde naturalmente que haja a possibilidade de compatibilizá-las com a Constituição.

Ora, se dentre diversos significados possíveis, o intérprete está compelido a adotar aquele que o ordenamento jurídico indica (e não aquele que ele, intérprete, entende correto), resta claro que essa atividade está a alguma distância da interpretação de outros tipos de texto. Caso se tratasse de pura e simples interpretação, o intérprete concluiria racionalmente pelo significado X e, por perceber sua incompatibilidade com a Constituição, declararia a inconstitucionalidade do dispositivo legal interpretado. Mas na interpretação jurídica, para a qual mais interessa a aplicação atual do dispositivo legal na resolução dos conflitos, o intérprete vai descartar o sentido X e adotar o sentido Y, constitucional, desde que o texto permita. A discussão sobre a intenção do legislador, por exemplo, perde parte de sua importância em razão das normas referentes à interpretação conforme a constituição. Ora, se o intérprete precisa ler a lei de forma que o seu sentido seja compatível com a constituição, é evidente que, em muitos casos, o sentido pretendido pelo legislador é posto de lado.

Essa característica da interpretação jurídica vem servindo a inúmeros desvios, como a interdição de significados que nada têm de incompatível com a Constituição e atribuição de significados que o texto jamais comportaria.

A interpretação jurídica está próxima do que era a exegese patrística, na qual o conteúdo da doutrina dominante era previamente conhecido e a interpretação dos textos bíblicos só poderia servir para reforçá-la, jamais para infirmá-la. Todorov (2014, p. 133) descreve a principal característica dessa escola:

> O exegeta da Bíblia não tem dúvidas quanto ao sentido ao qual chegará; nisso reside o ponto mais solidamente estabelecido de sua estratégia: a Bíblia enuncia a doutrina cristã. Não é o trabalho de interpretação que permite estabelecer o sentido novo, muito pelo contrário, é a certeza concernindo ao sentido novo que guia a interpretação.

A descrição, até aqui, refere-se à interpretação das leis e tem por finalidade demonstrar que o objetivo da interpretação jurídica não é o mesmo da interpretação comum. Voltemo-nos, agora, à investigação do objetivo da interpretação da sentença.

O objetivo da interpretação da sentença assemelha-se ao da interpretação da lei no que se refere ao caráter prático e institucional. Como espécie de interpretação jurídica, a interpretação da sentença compartilha da mesma lógica, isto é, de ser uma interpretação eminentemente voltada para a aplicação prática. Aliás, a conclusão de Gadamer (2005, p. 408, v. tb. 436-437), no sentido de que "compreender é sempre também aplicar", foi inspirada pela interpretação jurídica:

> Uma lei não quer ser entendida historicamente. A interpretação deve concretizá-la em sua validez jurídica. [...] Que existe uma diferença é evidente. O jurista toma o sentido da lei a partir de e em virtude de um determinado caso dado. [...] A tarefa da

interpretação consiste em concretizar a lei em cada caso, ou seja, é tarefa de aplicação." (GADAMER, 2005, p. 408, 428, 432)

Em relação à interpretação da sentença, essas conclusões são ainda mais evidentes, pois toda sentença é vocacionada ao cumprimento. Essa é sua razão de ser.

Quando se observa o tipo de discurso interpretado (uma sentença judicial) – que se forma com observância do contraditório, em contato direto com as partes e dirigida a um caso concreto –, percebe-se que a interpretação da sentença apresenta também semelhança com o modelo da *conversação* (DASCAL, 2006, p. 353). Comparada com a interpretação da lei, a interpretação da sentença guarda uma fidelidade maior à intenção do seu autor (juiz ou tribunal). Isso não quer dizer que se busque reconstituir historicamente o que se passava na mente do juiz ao proferir a sentença.

O objetivo da interpretação de uma sentença judicial (aquilo que se busca com a interpretação) é identificar a vontade normativa indicada por meio do texto, considerados o contexto do processo no qual a sentença foi proferida e o contexto no qual a sentença deve ser aplicada. Procurarei justificar essa afirmativa. Desde já, cabe alertar que não se está falando de uma *estratégia interpretativa*, mas de um *objetivo*, a serviço do qual estão as estratégias.

As principais correntes presentes no debate hermenêutico atual, bem como nos estudos de interpretação jurídica, inclusive sobre interpretação de decisões judiciais (SANTANGELI, 1996, p. 93-94), formam o que Eco (1992b, p. 29) descreve como uma "tricotomia entre interpretação como busca da *intentio auctoris*, interpretação como busca da *intentio operis* e interpretação como imposição da *intentio lectoris*."

A primeira corrente elege como objetivo da interpretação a reconstrução daquilo que o juiz quis dizer (*mens iudicis*, intencionalismo, *intentio auctoris*). A segunda privilegia o que o texto disse, independentemente do que o juiz tenha pretendido dizer (textualismo, *intentio operis*). A terceira parte da constatação de que, para interpretar, é necessário um intérprete e que este, consciente ou inconscientemente, interpreta de acordo com sua ideologia, preferências políticas, preconceitos e idiossincrasias.

Existem diversas correntes intermediárias ou mistas como, por exemplo, a proposta de *purposive interpretation* de Barak (2005, p. 88). Segundo Barak, o objetivo da interpretação é "realizar o objetivo que o texto legal está projetado para realizar" e "o objetivo que o texto legal está projetado para realizar" leva em conta tanto a intenção do autor do texto como as finalidades estabelecidas pelo sistema jurídico para o tipo de texto considerado.

Farei algumas considerações sobre as teses do textualismo, da *intentio operis* e da *intentio lectoris* para, depois, expor minha tese sobre o objetivo da interpretação da sentença judicial.

2.1. O textualismo

Na interpretação da sentença judicial, importa encontrar o *sentido* que permita realizar o que foi decidido em relação ao caso dos autos. Esse sentido corresponde, primordialmente, à vontade do juiz expressa no texto. Por vontade do juiz, entenda-se a sua vontade significativa, aquilo que ele quis dizer, e não supostos ideais ou intenções ocultas.

Essa busca inicia com o sentido literal, que é indispensável (BETTI, 2007, p. 320). Mas o sentido literal não é o objetivo final da interpretação. Sem entender o sentido literal, não é possível entender sequer se uma afirmativa é séria ou se é uma piada. É somente a partir do sentido literal, avaliado em seu contexto, que é possível perceber o sentido indireto e o erro de expressão e chegar ao sentido pretendido. Confira-se o exemplo utilizado por Eco (1992b, p. 34-35):

> Há que se iniciar todo discurso sobre a liberdade de interpretação com uma defesa do sentido literal. Há alguns anos, o presidente norte-americano Reagan, testando os microfones antes de uma conferência de imprensa, disse mais ou menos: "Dentro de poucos minutos darei a ordem de bombardear a Rússia." Se os textos dizem algo, esse texto dizia exatamente que o enunciador, em um breve espaço de tempo subsequente à enunciação, teria ordenado o lançamento de mísseis com ogivas atômicas contra o território da União Soviética. Pressionado pelos repórteres, Reagan logo admitiu ter feito uma brincadeira: havia dito essa frase, mas não queria dizer aquilo que ela significava. Portanto, qualquer destinatário que tivesse acreditado que a *intentio auctoris* coincide com a *intentio operis* teria se equivocado. [...] Ninguém é mais a favor de abrir as leituras do que eu, mas o problema é, ainda assim, o que se deve proteger para abrir, não o que se deve abrir para proteger. Minha opinião é que, para interpretar a história de Reagan, mesmo que em sua versão narrativa, e para estar autorizados a extrapolar todos os sentidos possíveis, é necessário antes de tudo captar o fato de que o presidente dos Estados Unidos disse – gramaticalmente falando – que tinha a intenção de bombardear a Rússia. Se não se compreende isso, nem sequer se compreenderia que (não tendo a intenção de fazê-lo, por admissão própria) tinha brincado.

Na tradição constitucional americana, a importância do sentido literal é elevada ao extremo pela abordagem denominada *strict textualism* (ou *literalism*), que Brest (1980, p. 204) qualifica como "a mais extrema forma de originalismo". Pode-se afirmar, inclusive, que em qualquer tipo de exegese existem "defensores do sentido único e literal, detratores da polivalência simbólica." (TODOROV, 2014, p. 153) Sem entrar no mérito dessa abordagem para a interpretação constitucional, é preciso deixar claro que, para entender uma sentença judicial, o sentido literal é indispensável mas, normalmente, insuficiente. "O textualismo é logicamente incompatível com acomodações necessárias tais como as doutrinas do resultado absurdo e do erro material." (SIEGEL, 2009, p. 175) Isso porque uma palavra não possui um sentido imanente, mas ganha algum sentido "por influência das que a rodeiam no discurso, e pela lembrança das que poderiam ter ocorrido em seu lugar" (DUCROT, 1995, p. 134), isso sem falar nas peculiaridades da interpretação jurídica, já citadas. Conforme Todorov (2014, p. 61), "mesmo o enunciado mais literal evoca inevitavelmente um grupo de outros sentidos." Sem o fio condutor de uma intenção, texto algum faria sentido, a começar pela polissemia semântica da maioria dos vocábulos. O leitor de uma sentença judicial tem por pressuposto que ali se encontra uma decisão de juiz, expressa voluntariamente e em uma forma que busca dar a entender o que o juiz quis dizer.

Dependendo do caso, uma palavra ou frase pode até mesmo ser interpretada como o seu exato oposto, se restar claro que foi isso que o juiz quis dizer. Tome-se como exemplo uma sentença que condene o réu a fornecer ao autor "no prazo mínimo de um mês" determinado medicamento que aquele possui em estoque (exemplo inspirado no caso US 9th Circuit, Amalgamated Transit Union v. Laidlaw Transit, 2006). Não faz sentido condenar ao fornecimento de um medicamento e estabelecer apenas um prazo *mínimo*. Se tomado o sentido literal, o réu poderia esperar até o autor morrer ou recuperar-se, para então fornecer o medicamento. Bastaria a lógica para concluir que o juiz quis dizer "no prazo máximo de um mês", mas é preciso ainda verificar se as circunstâncias dos autos apontam na mesma direção.

2.2. A busca da intentio operis

Algumas vezes, como no texto de Eco sobre o discurso de Reagan, por *intentio operis* designa-se o sentido literal do texto isolado, descontextualizado.

Outras vezes, porém, a expressão *intentio operis* é utilizada apenas como contraposto à ideia de "vontade real" do autor. No campo da história do direito, costuma-se supor que tenha existido uma "escola" da exegese (école de l'exégèse), dedicada à interpretação do Código Napoleão, que pretenderia "fundar a resolução de quaisquer questões na *intenção do legislador*" (BOBBIO, 1995, p. 77) e que cultuava o texto da lei (BONNECASE, 1924, p. 128). Atualmente, existem sérias dúvidas sobre essa visão a respeito da "escola" da exegese (ver RÉMY,

1985), mas esse interessante debate histórico não é nossa preocupação aqui. No que importa para clarificação dos conceitos, a "escola" da exegese teria buscado a *mens legislatoris* (equivalente jurídico da *intentio auctoris*), porém de uma forma que seus críticos consideravam excessivamente apegada ao texto. Os adversários da école queriam mais "espírito", o espírito da lei, a *mens legis* (equivalente jurídico da *intentio operis*). Bobbio situa a mudança do paradigma da "vontade do legislador" para a "vontade da lei" no final do século XIX:

> Contrapõe-se à interpretação fundada na vontade do legislador, perto do fim do século passado, a interpretação fundada na vontade da lei. Enquanto o primeiro método se baseia numa concepção subjetiva da vontade da lei (entendida como vontade do legislador que a pôs historicamente), o segundo se baseia numa concepção objetiva da vontade da lei (entendida como o conteúdo normativo que a lei possui em si mesma, prescindindo das intenções dos seus autores); enquanto o primeiro método liga a interpretação da lei ao momento de sua emissão e comporta, portanto, uma interpretação estática e conservadora, o segundo método desvincula a interpretação da lei do contexto histórico no qual ela surgiu e permite uma interpretação progressiva ou evolutiva, isto é, uma interpretação que leva em conta a mudança das condições histórico-sociais. (BOBBIO, 1995, p. 87-88)

Literalmente, a expressão *"intentio operis"* se refere a uma vontade *do próprio texto*. É evidente que se trata de um sentido figurado, uma convenção linguística. Um texto, por ser um objeto inanimado, não pode ter, literalmente, uma "vontade". Essa convenção linguística deve ser entendida como significante de algo diferente do texto isolado e interpretado literalmente, mas também diferente da vontade real do autor (visto que é justamente uma contraposição a essa corrente). A expressão *"intentio operis"* se aproxima ainda do que Betti chama de *ratio iuris* do texto legal ou ato jurídico (BETTI, 2007, p. 207), isto é, "a sua racionalidade (entendida como correspondência a uma exigência historicamente condicionada)" (BETTI, 2007, p. 94). Essa ideia encontra-se bastante próxima da que defendo e, por isso, farei as distinções necessárias no tópico próprio (2.4). Mas antes veremos como a intenção do leitor se relaciona com o objetivo da interpretação.

2.3. A realidade da intentio lectoris

As correntes do denominado "realismo jurídico" sustentam a teoria cética segundo a qual "todo texto pode ser entendido em uma pluralidade de modos diferentes, e as diversas interpretações dependem das diversas posturas valorativas dos intérpretes." (GUASTINI, 2005, p. 140) Segundo essas correntes, as interpretações são feitas, consciente ou inconscientemente, de acordo com a ideologia, preferências políticas, preconceitos e idiossincrasias dos juízes (a esse respeito, ver SCHAUER, 2013, p. 754-756).

Barak (2005, p. 35) descreve a forma de pensar subjacente a essas correntes:

> As regras de interpretação não limitam os juízes, porque as mesmas regras requerem interpretação pelos juízes. Em última análise, o direito torna-se política, e não existe critério objetivo para guiar os juízes. A [doutrina da] interpretação livre vê qualquer tentativa de apresentar uma doutrina jurídica objetiva como um mascaramento da realidade de que os juízes interpretam o texto de acordo com suas visões políticas.

Há alguma semelhança entre a teoria cética e a hermenêutica filosófica de Gadamer, embora este não seja um cético. Ambas as teorias têm em comum a ideia de que, para interpretar, é necessário um intérprete e este sempre é influenciado por seus preconceitos (GADAMER, 2005, p. 315). Gadamer (2005, p. 392) afirma ainda que "o verdadeiro sentido de um texto ... não depende do aspecto puramente ocasional que representam o autor e seu público originário ... pois sempre é determinado também pela situação histórica do intérprete ...". Mas para Gadamer a interpretação correta é possível: ela ocorre quando o intérprete consegue legitimar seus preconceitos. Ela não existe, portanto, "em si", pois depende de apropriações sempre novas (GADAMER, 2005, p. 514). Contudo, o leitor não deve impor um sentido ao texto e todo o esforço deve ser feito para deixar que o texto fale ao leitor.

Para o realismo jurídico, o direito é o que os tribunais estão fazendo. Contudo, mesmo que se adotasse essa posição para *proferir* sentenças, penso que dificilmente se poderia adotá-la para *interpretar* as mesmas sentenças. Se o direito é – de acordo com o realismo jurídico – aquilo que os tribunais estão fazendo, e sentenças judiciais (normas concretas) são o que os tribunais estão fazendo, então elas são o direito. Ao menos na interpretação da sentença deveria haver, então, uma fidelidade ao que foi decidido. Caso contrário, nem mesmo aquilo que os tribunais estão fazendo será o direito.

Falar em objetivo da interpretação pressupõe a aceitação da ideia de que nem todas as interpretações são dignas do mesmo respeito. Essa, contudo, é uma assunção que não poderá ser justificada aqui, sob pena de perder-se o foco do tema principal. Limito-me, por isso, a trazer uma espirituosa comparação de Eco (1992b, p. 63):

> Caso Jack, o Estripador, viesse a declarar que ele fez o que fez por inspiração recebida da leitura do Evangelho, nos inclinaríamos a pensar que ele tinha lido o Novo Testamento de uma maneira, no mínimo, incomum. Creio que o diriam até mesmo os

mais favoráveis defensores do princípio de que, na leitura, tudo é permitido. Diríamos que Jack usou os Evangelhos à sua própria maneira (e consulte a seção 1.5 para a diferença entre uso e interpretação) diríamos talvez (ou eles o diriam), que devemos respeitar a sua leitura; embora, diante dos resultados da sua má-interpretação, eu preferiria que Jack não continuasse lendo. Mas não diríamos que Jack é um modelo que poderíamos propor às crianças de uma escola para explicar-lhes o que pode ser feito com um texto.

Se, por um lado, os realistas jurídicos estão certos em combater a tese do realismo do significado (ideia de que o significado é uma coisa, ou um fato, imanentismo do significado), por outro, deixam de perceber que o realismo do significado não é a única maneira de justificar nossas atribuições de significado. Estas podem ser justificadas, ou adotadas, em razão do seu papel e de sua utilidade em nossas vidas como membros de uma comunidade linguística (KEMMERICH, 2013, p. 44). Quando Wittgenstein (2009, § 198) diz que "alguém só se orienta por uma placa de orientação na medida em que houver um uso contínuo, um costume", ele está nos lembrando de que os símbolos não podem ser interpretados tão livremente pelo leitor de um texto, pois eles fazem parte de um uso anterior. Os usos linguísticos admitem, em abstrato, uma gama vasta de significados. Mas em circunstâncias concretas essa gama é consideravelmente reduzida (MEDINA, 2006, p. 15). Dessa forma, as "atribuições de significado que não caem dentro dessa gama são dificilmente sustentáveis, sujeitas à crítica e provavelmente destinadas ao insucesso" (GUASTINI, 2005, p. 141). Em suma, existe uma determinabilidade contextual, que nem sempre exclui a possibilidade de interpretações alternativas, mas que em situações concretas as limita a um conjunto restrito (ver MEDINA, 2006, p. 15).

O conjunto das interpretações possíveis não está limitado apenas pela letra do texto. Seguidamente, para justificar interpretações muito distantes da visível vontade do autor (constituinte, legislador, juiz), tribunais afirmam que o limite da interpretação é somente "o texto", isto é, que o intérprete precisa apenas respeitar os "limites do texto", no sentido de "limites semânticos" (STF, RE 201.819, Rcl 11.634, RE 593.544). Mas os "limites do texto" são pouco mais do que nada, visto que um texto sempre comporta diversas interpretações, algumas delas claramente equivocadas mas, ainda assim, interpretações que não violam a semântica.

A interpretação deve buscar, como resultado, o sentido do que foi decidido na sentença interpretável. Não basta o respeito ao limite negativo representado pela extensão máxima dos termos do texto, pois isso ainda permitiria usá-lo "como se fosse uma bola de cristal com a qual podemos ver qualquer coisa que queremos." (TRIBE; DORF, 2007, p. 17) A mera exploração dos limites do texto deixaria de ser interpretação para ser alguma outra coisa (ECO, 1992a, p. 48) e, conforme o caso, violaria a coisa julgada e o devido processo legal (ver ALVARO DE OLIVEIRA, 2006, p. 255 e KEMMERICH, 2013, p. 68).

Importa, na interpretação da sentença judicial, não forçar o sentido das palavras até o seu limite, mas entender a vontade que se tentou expressar por meio das palavras. E, dependendo do caso, esse limite precisa ser superado e um texto interpretado como o exato oposto do seu sentido usual, caso reste claro que foi isso que o juiz quis dizer (ver, por exemplo, US 9th Circuit, Amalgamated Transit Union v. Laidlaw Transit, 2006).

2.4. A busca da intenção do juiz exteriorizada na sentença

O objetivo da interpretação da sentença judicial é obter o seu sentido como norma concreta, o sentido preceptivo. Conforme visto, existem diversas teorias interpretativas e cada uma delas adota uma ideia diferente do que seja o sentido de um texto ou de como ele pode ser obtido, atribuído, ou abordado. De um ponto de vista descritivo, é preciso reconhecer que todas elas têm o seu lugar na prática do direito. De um ponto de vista normativo, entendo que o significado da sentença não deve se limitar: (a) ao sentido literal (porque isso diz muito pouco, é apenas o início da interpretação); (b) àquilo que o intérprete quer (porque isso não diz nada, não é um critério). Cabe agora examinar a hipótese (c) da real vontade do juiz que proferiu a sentença.

Uma sentença é um ato comunicativo de uma decisão tomada pelo juiz ou tribunal (DASCAL, 2006, p. 354). E uma vez que o sucesso dos atos comunicativos depende da compreensão daquilo que o praticante do ato quis dizer, poder-se-ia concluir que o objetivo da interpretação é exatamente a compreensão daquilo que o juiz ou tribunal quis dizer.

No campo literário, a polêmica em torno do valor da intenção do autor não está resolvida, como demonstra, por exemplo, a recente discussão entre Eco e Rorty (1992a). Para alguns, como Rigolot (1980) e Raval (1981), ela é irresolúvel. Mas é significativo, para a interpretação jurídica, que o texto fundamental de Wimsatt Jr. e Beardsle, "Intentional Fallacy" (1954), reconheça que "a poesia difere das mensagens práticas, que são bem-sucedidas se, e apenas se, corretamente inferirmos a intenção." Decisões judiciais são, evidentemente, espécie de comunicação com um propósito prático (ver CPC/2015, art. 17 e SIEBRASSE, 2013).

Existem boas razões para que se tente divisar a intenção do juiz que proferiu a sentença ou do tribunal que proferiu o acórdão. Se existe uma razão para que determinada pessoa tenha autoridade para decidir em determinado caso, então parece recomendável que se queira saber o que foi realmente que ela decidiu (MARMOR, 2005, p. 134), e não meramente as possibilidades semânticas das palavras empregadas. Quando se trata de interpretação da sentença ou acórdão, diferentemente do que ocorre quando o tema é a interpretação das leis, não existe a dúvida quanto ao cabimento de consulta à *exposição de motivos*. No caso da sentença, "os fundamentos" são parte integrante da sentença (CPC/2015, art. 489, II) e "indispensável elemento para determinar com exatidão o significado e o alcance do dispositivo." (LIEBMAN, 1947, p. 168; ver também NASI, 1972, p. 304; COUTURE, 2004, p. 349-350 e WAMBIER, 2007, p. 313).

Na prática dos tribunais, referências explícitas à "intenção do legislador" são bastante comuns (por exemplo: STF RE 548.181; RE 627.815; ARE 702.110 AgR; HC 99.448; US Supreme Court Scheidler v. Nat'l Org. of Women, Inc., 126 S. Ct. 1264, 1273-74, 2006; Millbrook v. United States, 11-10362; Pacific Operators Offshore, LLP v. Valladolid, 10-507). Essa terminologia não é tão comum no que se refere à interpretação da sentença, presumivelmente porque os questionamentos sobre objetivismo e intencionalismo não tenham chegado ao âmbito prático da interpretação da sentença. Mesmo assim, registre-se, o tema não é completamente estranho à jurisprudência (exemplos: STJ HC 155.645; TRF4 AC 2007.70.00.001536-0; TRF5 AC 2008.05.00.084695-9). De toda forma, tanto no que se refere à lei quanto no que se refere à sentença, "não existem tais práticas convencionais, isto é, as pessoas não esperam, normalmente, que as leis sejam interpretadas pelos tribunais primordialmente de acordo com as intenções da legislatura." (MARMOR, 2005, p. 132).

No direito brasileiro, há regra expressa no sentido da prevalência da intenção. O art. 112 do Código Civil/2002 diz que "nas declarações de vontade se atenderá mais à intenção nelas consubstanciada do que ao sentido literal da linguagem". Note-se que a lei fala em uma "intenção consubstanciada", o que me parece correto. Tratarei desse ponto agora.

Ressaltada a importância da investigação da vontade do juiz para a interpretação da sentença, é importantíssimo estabelecer o que se deve, nesse contexto, entender por "vontade do juiz". Não se trata da vontade real, histórica, íntima, do juiz que proferiu a sentença ou do tribunal que proferiu o acórdão.

Dascal (2006, p. 350) formula uma doutrina pragmática onde ressalta a necessidade de "determinar para cada significado da elocução se ele corresponde ou não ao 'significado do falante'." Sua posição fica clara na seguinte passagem:

> Toda ação possui um elemento intencional. Ele é o que distingue as ações de meros acontecimentos. A ação comunicativa não é exceção: a comunicação é uma atividade direcionada a um objetivo, na qual o agente reúne os meios para alcançar o seu objetivo

comunicativo. Compreender os atos comunicativos do outro é ser capaz de determinar a intenção do outro ao executá-los.

A esse respeito, a nossa posição deve ser vista como pertencente à tradição filosófica que se recusa a reduzir a intencionalidade (tanto no sentido geral de 'ser-sobre-algo a' ou 'direcionalidade' dos nossos estados mentais quanto no sentido específico do 'ter a intenção de fazer' algo) às formas usuais de causalidade. Essa tradição inclui Brentano, que considerava a 'intencionalidade' (no seu sentido geral) como a marca do mental; Grice, que articulou uma semântica e uma pragmática baseadas nas intenções; Davidson, que insistia nas 'razões', enquanto opostas a causas, como a base para explicar a ação humana; e Searle (1992c), que argumenta a favor do caráter único da intencionalidade e da consciência. Para nós, não existe comunicação – concebida de maneira adequada – sem as intenções comunicativas. (DASCAL, 2006, p. 673)

Quando se trata da interpretação jurídica, porém, Dascal (2006, p. 353) faz uma ressalva para admitir que se valoriza menos saber o que os autores de uma constituição quiseram dizer do que o modo como os tribunais de hoje interpretam os seus termos. Afirma então, sem maiores explicações sobre esse ponto, que é "esse significado 'objetivo' único (em um dado contexto) do texto que corresponde ao papel desempenhado pela noção de 'significado do falante' na pragmática da conversação." (DASCAL, 2006, p. 353) Então, na interpretação jurídica, um *sentido objetivo* ocuparia o lugar que o *significado do falante* ocupa na pragmática. Essa conclusão, contudo careceria de maior precisão e justificação. Wróblewski (1989, p. 114) dá uma pista do que seja esse *sentido único* quando diz que "na maioria dos sistemas jurídicos, a interpretação operativa deve terminar na determinação de um sentido único da norma, que seja suficientemente preciso para a regulação do caso." Seja como for, Dascal parte do modelo da interpretação constitucional e não chega a tratar da interpretação da sentença judicial (tema deste artigo). A interpretação da sentença judicial, por esta ter se formado em uma relação muito mais próxima entre o emissor e os destinatários, em contraditório, e por conter norma para um *caso concreto*, parece estar mais próxima do modelo da *conversação* do que daquele da interpretação das leis ou da constituição.

A questão da *vontade interior* (a vontade *real*), em contraposição com o texto (a declaração), não exprime adequadamente as alternativas para o campo do direito, pois está mal colocada (BETTI, 2007, p. 359). A interpretação é apenas parte do ato comunicativo. Ela é, pode-se dizer, a parte final do ato comunicativo, na qual ocorre verdadeira comunicação, aparente comunicação ou fracasso (o *misfire* referido por AUSTIN, 1962, p. 18). A outra parte do ato comunicativo é o texto. O texto é o elemento sobre o qual a interpretação, de forma mais livre ou menos livre, trabalha. Quanto ao texto, necessário examinar, no mínimo, um fator que reduz a importância da vontade interior do juiz: a possibilidade do erro de expressão. Haveria dezenas de outros fatores a observar, mas esse parece ser paradigmático para a definição do objetivo da interpretação das sentenças judiciais.

O próprio texto da sentença, por defeito de formulação pode, faticamente, não corresponder ao que o juiz tinha em mente. Uma sentença, por exemplo, pode textualmente condenar o réu a um pagamento de vinte mil reais quando a intenção do juiz era condená-lo a pagar quarenta mil reais. Erros de digitação ou de transcrição computadorizada fazem parte da rotina dos tribunais (KEMMERICH, 2013, p. 17-23). Em tempos de processos "de massa", tornou-se comum a prática da utilização de modelos computadorizados para qualquer ato processual, inclusive para a elaboração do acórdão ou sentença. Basta, assim, a utilização de um modelo inadequado para que ocorra um desencontro entre a intenção do juiz e o texto da sentença. O erro pode ser detectável ou indetectável. Um modelo dissociado do caso dos autos, embora semanticamente perfeito, não fará qualquer sentido (avaliação pragmática do sentido). Mas há casos em que o erro não será detectável.

O fracasso na comunicação da intenção do juiz – causado por erro de expressão não detectável – é algo que o direito precisa aceitar como legítimo. Quando, não importando quanto esforço interpretativo tenha sido feito, não aparecem razões para pensar que a intenção comunicativa do juiz foi outra, é necessário aceitar a intenção aparente, comunicada pelos signos linguísticos, como verdadeira. Isso é necessário para que as normas jurídicas possam orientar a conduta humana, de modo rápido e seguro (o *jus breve et certum* almejado por LEIBNIZ, 2006, p. 164).

Imagine-se que uma placa de trânsito indicando limite de velocidade de 60 km/h tenha sido colocada, por engano, em determinado local. Imagine-se, ainda, que esse local, de acordo com os parâmetros técnicos e a intenção da autoridade competente, deveria ter recebido uma placa de 80 km/h. Nesse exemplo, a intenção do autor é 80 km/h e a intenção da obra (maneira de falar, pois uma obra não tem intenção) é 60 km/h. O motorista que trafega no local saberá com razoável certeza que o limite de velocidade ali vigente é de 60 km/h, nada importando o fato de que a intenção da prefeitura era estabelecer outro limite. Nesse exemplo, bem como no da sentença que condenou ao pagamento de valor menor do que o intencionado pelo juiz, a verdadeira *intentio auctoris* não foi percebida.

Sequer seria viável iniciar uma investigação da vontade real por detrás das sentenças judiciais: seria demorado demais para fins práticos e demandaria especialistas com grande competência e em número impossível de ser atingido, visto que todos os casos demandariam essa investigação. Acresça-se, ainda, todo o rol de dificuldades que surgem quando se trata de decisões colegiadas, suficientemente destacadas pela doutrina sobre o tema (WALDRON, 2000, p. 505; DASCAL, 2006, p. 348; ALEXANDER, 2000, p. 582-584, este defendendo a autoridade das intenções).

O que a hipótese do erro de expressão não detectável demonstra? Uma vez que se trata de um erro não detectável, a conclusão a seu respeito pode ser extrapolada para qualquer sentença judicial, com ou sem erro, vez que, para o leitor, a diferença é irrelevante (não é detectável). E a conclusão que os exemplos impõem é esta: não é objetivo da interpretação das decisões judiciais descobrir a verdadeira e concreta intenção, histórica, psicológica, ocorrida no íntimo do juiz singular ou dos juízes integrantes do tribunal que proferiu a decisão.

Esse entendimento não é novo. Conforme lembrado por Wieacker (1993, p. 331), Grócio já aplicava à interpretação do negócio jurídico uma teoria que unia os princípios da vontade e o da confiança na declaração:

> Desde logo, acerca das relações entre vontade e declaração. Na sequência dos estóicos e da teologia moral, Grócio liga a eficácia jurídica da declaração à vontade das pessoas moralmente auto--responsáveis. No entanto, os efeitos de direito não podem tão--pouco decorrer de um *mero animi motus* quando este se não manifeste através de sinais externos: pois não estaria de acordo com a natureza humana medir os efeitos sociais a partir de actos de vontade internos, os quais, pelo contrário, apenas provêm de decisões exteriorizadas (ainda que da palavra e dos escritos não resulte uma certeza absoluta, mas apenas uma probabilidade quanto ao conteúdo da vontade). Assim é tratado como verdadeiro aquilo que foi exteriorizado através de palavras, mesmo contra a vontade do declarante. É deste modo que a teoria da declaração de Grócio consegue unificar o princípio da vontade e o princípio da confiança.

E Betti (2007, p. 359-360) argumenta, com razão, que

> A questão se a "vontade interior" (porque essa é a vontade "verdadeira") deve prevalecer sobre a declaração ou a declaração sobre a vontade interior exprime uma alternativa inadmissível no campo do direito; portanto, é mal colocada. Pois a vontade das partes só adquire relevância jurídica justamente enquanto for reconhecível na forma de declaração ou de comportamento: sendo assim, não pode ser colocada no mesmo plano dessa forma nem assumir um valor distinto, em antítese com ela. Quando a lei (art. 1362) visa a valorizar a intenção comum das partes diante do

sentido literal das palavras, ela entende, por intenção comum, não a "vontade" da parte individual, que não foi expressa na esfera interna da consciência, mas o intento concorde, formado entre ambas as partes, uma vez que se tornou reconhecível em sua declaração e em sua conduta comuns ou congruentes. Por conseguinte, a lei entende essa declaração e essa conduta comuns e congruentes, de resto interpretadas não segundo a letra morta e abstrata das palavras ou dos comportamentos, mas sim segundo o espírito: ou seja, interpretada em função do comportamento recíproco total das partes das quais provém e da situação de fato, na qual parece realmente enquadrada.

O objetivo da interpretação da sentença aqui defendido se aproxima, de certa maneira, da *purposive interpretation* de Barak (2005, p. 88). Segundo Barak, o objetivo da interpretação é "realizar o objetivo que o texto legal está projetado para realizar". E "o objetivo que o texto legal está projetado para realizar" leva em conta tanto a intenção do autor do texto como as finalidades estabelecidas pelo sistema jurídico para o tipo de texto considerado. A proximidade entre o objetivo proposto neste artigo e o objetivo defendido por Barak está na valorização da intenção do juiz. A distância é pequena, pois penso que na interpretação da sentença judicial entram realmente todos os elementos indicados. Contudo, não vejo todos eles como parte do *objetivo* da interpretação da sentença. Identificar *o propósito que o sistema jurídico atribui para a sentença*, para mim, é objeto da interpretação *das leis e da constituição* (ou até dos precedentes), mas não da interpretação *da sentença*. Esses elementos entram como parte do *método* (e não do *objetivo*) interpretativo e são fundamentais para entender a sentença e para criticá-la.

Em conclusão, não se trata simplesmente da *vontade do juiz*, mas sim da vontade exteriorizada no texto, porque *o objeto de interpretação é o texto e não o seu autor*. Aliás, se, como afirma Kelsen (2000, p. 6), a norma é o sentido de um ato de vontade, ainda assim é o sentido de um ato e não da vontade pura e simples. O mesmo vale para a norma concreta, usualmente contida na sentença (KELSEN, 1986, p. 41). A diferença é destacada por Todorov (2014, p. 170):

> A investigação das circunstâncias nunca se torna um fim em si mesma; ela é submetida a um objetivo superior, que é a compreensão do texto, o estabelecimento de seu sentido. Não é o texto que serve para conhecer seu autor, mas o conhecimento sobre o autor que facilita a compreensão do texto. Esse conhecimento é indispensável no caso em que a intenção do autor possa mudar completamente o sentido do texto, tal como num escrito irônico ou que trate do sobrenatural. "Ocorre muito frequentemente que leiamos histórias bem semelhantes em diferentes livros e que as

julguemos diversamente por causa da multiplicidade das opiniões que temos sobre os autores." O Rolando de Ariosto, o Perseu de Ovídio e o Sansão da Bíblia massacram, sozinhos, multidões de adversários. Rolando e Élie voam pelos ares, mas esses atos adquirem significações diferentes porque a intenção de cada autor, distinta dos outros, nos obriga a uma interpretação particular. A intenção age como o faria uma indicação da tonalidade na qual um trecho de música deve ser interpretado. "Só nos persuadimos disso em razão da opinião que temos dos autores." [As citações feitas por Todorov são de Espinosa, Tratado teológico-político]

Em vez de falar de "espírito" do texto (ou vontade da sentença, *ratio iuris*, *ratio decidendi* e similares), prefiro a expressão "vontade do juiz exteriorizada na sentença". Todas essas formas referem-se a algo que está entre a vontade real e o texto, mas enquanto o "espírito" ou "vontade" do texto são ficções, com conteúdo pouco específico, a expressão "vontade exteriorizada na sentença" remete a elementos bem mais definidos: uma sentença real e um autor real (indivíduo ou assembleia), pois toda sentença judicial tem um autor. Não é lícito desprezar a intenção significativa do autor. Intenções ocultas podem ser desprezadas. Mas não a informação que se quis revelar. E não se trata de "vontade da sentença". É vontade do juiz, que ele colocou na sentença.

Para identificar a vontade do juiz exteriorizada na sentença, existem algumas estratégias, que serão objeto do próximo tópico.

3. ESTRATÉGIAS PARA INTERPRETAÇÃO

As estratégias (postulados, convenções, diretrizes, cânones etc.) da interpretação jurídica são muitas. Elas são úteis, mas não garantem uma boa interpretação. Assim, é possível que surjam sentenças judiciais para a interpretação das quais a aplicação das estratégias interpretativas não baste. Da mesma forma, pode ser o caso de aplicar várias estratégias, ou de estabelecer uma hierarquia entre elas, ou, inclusive, contrariá-las. A observância acrítica de estratégias interpretativas tende mais a confundir do que a esclarecer. Por isso é preciso ter sempre em mente o objetivo da interpretação (examinado anteriormente). Esse vem em primeiro lugar. As estratégias interpretativas são apenas meios para alcançá-lo e, na sua insuficiência, o intérprete deve buscar outros meios. A interpretação, mesmo em sentido lato, não condiz com a ideia de simples entendimento. A noção que mais próxima dela é a de "entendimento refletido" (WEIMAR, 1980, p. 175). Por essas razões, não é preciso relembrar aqui todos os postulados e estratégias já formulados pela doutrina. As diretrizes mais importantes estão integradas no esquema geral exposto a seguir.

3.1. A leitura no contexto

Para a interpretação ser bem-sucedida, as palavras devem ganhar sentido no conjunto do discurso no qual estejam inseridas (no caso, a sentença judicial). A intenção externada por meio do discurso deve ser entendida no seu contexto e, para ser bem entendida, a totalidade do discurso deve considerada. O *ambiente verbal* da sentença, que inclui todo o seu entorno de natureza linguística e que possui dimensões ilimitadas, é chamado por muitos de co-texto (PETÖFI, 1969, 1975). O termo *contexto*, quando se distingue este de *co-texto*, fica reservado para a *situação de comunicação*, que inclui o conjunto de condições não verbais que envolvem a prolação da sentença, como a posição das partes e do juiz e o momento em que cada ato processual foi praticado, bem como os vínculos jurídicos relevantes para o processo. Neste estudo, o termo *contexto* é empregado de forma abrangente tanto do ambiente verbal (co-texto) e da situação de comunicação (contexto *stricto sensu*).

Palavras ou frases isoladas fazem parte da *língua*, algo que existe em abstração. O *discurso*, no entanto, "é uma manifestação concreta da língua e se produz necessariamente num contexto particular" (TODOROV, 2014, p. 11). O paradigma é o diálogo: normalmente não se entende a resposta sem o conhecimento da pergunta ou, no mínimo, interpreta-se mal a resposta quando não se conhece a pergunta, os interlocutores e o tipo de conversa. O contexto de uso pode definir se uma elocução foi utilizada no seu sentido usual ou não. O contexto no qual o dispositivo da sentença está inserido vai desde o texto da sentença na sua completude, passa pelos autos do processo, abarca o sistema jurídico ao qual ela pertence, e inclui o quadro espaciotemporal, a situação social local, o tipo de sentença, seus participantes e as regras que a regem (ver CHARAUDEAU, 2006, p. 127). Na verdade, não existe limite para o que possa ser importante para o entendimento da sentença, a não ser a necessidade prática de brevidade. O que pode ocorrer é uma graduação da influência do contexto em razão da sua amplitude.

O *sistema jurídico*, como parte do contexto da sentença, tem relevância porque, uma vez que a sentença é um ato processual previsto e disciplinado pela lei, "o intérprete, ao indagar o sentido do ato realizado em concreto, não pode eximir-se de compará-lo à tipicidade legal, à qual se propõe a corresponder." (BETTI, 2007, p. 299) Da mesma forma que se parte do pressuposto de que os termos foram empregados em seu sentido usual (o que inclui o sentido técnico-jurídico, no caso da sentença judicial), presume-se que a decisão está de acordo com o entendimento jurídico usual. Davidson (2004, p. 35), em uma das formulações do *princípio da caridade*, diz que para identificar os significados intencionados por outras pessoas, é necessário "que as vejamos como criaturas mais ou menos racionais que habitam mentalmente um mundo muito parecido com o nosso." Nessa linha de pensamento, a sentença, dentro do possível, deve ser interpretada como uma decisão tomada de boa-fé (o CPC/2015, arts. 322 e 489, contém normas similares para interpretação do pedido e da sentença). Essas presunções, contudo, cedem espaço à intenção do juiz quando ela estiver clara. O princípio da caridade serve para entender a sentença, mas não para corrigir eventual desacordo entre esta e o direito.

> Se o juiz condena o réu a pagar juros, sem esclarecer nem insinuar se estes serão simples ou compostos mas havendo as partes discutido sobre a adequação de uns ou outros, o intérprete buscará na lei civil a determinação do cabimento de uns, ou de outros. Só mesmo quando a sentença houver sido clara quanto à intenção de conceder juros simples onde a lei manda que conceda os compostos, ou vice-versa, é que se poderá atribuir a ela um eventual *error in judicando* - e, se essa sentença já não comportar recurso, a autoridade da coisa julgada terá favorecido a perpetuação do erro, que em princípio prevalecerá sobre a lei em relação ao caso concreto. (DINAMARCO, 2009, p. 710)

O sistema jurídico, a terminologia especializada, o conhecimento assentado na doutrina e na jurisprudência, todo esse ambiente envolve a sentença judicial. É com base nesse conjunto teórico que se sabe, por exemplo, que a estrutura da sentença comporta um momento lógico e um momento preceptivo, que o provimento tem funções que variam conforme a tutela pretendida, que há laços de dependência ou subordinação com provimentos ou atos anteriores.

Os *autos do processo judicial* também integram o contexto ao qual a sentença pertence. O exame da petição inicial, por exemplo, não é dispensável sequer quando a sentença tiver um texto claro: "se a sentença é uma resposta ao pedido, como se costuma dizer em doutrina, certamente facilita a compreensão da resposta o exame do que foi perguntado." (MALLET, 2008, p. 38, ver também DIDIER JR., 2014, p. 377) Isso porque o texto isolado pode ser semanticamente claro e, ainda assim, no contexto dos autos ter outro sentido ou mesmo não fazer sentido algum. "Caso o texto como um todo, embora claro semanticamente, não fosse adequado pragmaticamente à situação – por exemplo, uma resposta sobre x a uma pergunta sobre y – o texto seria obscuro." (KEMMERICH, 2013, p. 39) Basta pensar, por exemplo, nos casos em que o tribunal copia o texto de um acórdão elaborado originalmente para um caso similar, mas não idêntico, e resolve utilizá-lo para julgar o recurso em um novo processo. Dependendo das discrepâncias entre os dois processos (aquele no qual o texto foi originalmente empregado e o novo), talvez um texto semanticamente claro seja, pragmaticamente, sem sentido. Há poucos anos era comum, por exemplo, os tribunais confundirem as teses (a) da conversão dos benefícios previdenciários em URV, com a (b) da conversão dos salário-de-contribuição em URV (ver STF, AI 472.444

c/c RE 509.839), mas o acórdão de um caso era inútil para julgar o outro, por tratar de bases fáticas diferentes e nem haver elementos que possibilitassem o cumprimento.

Além do mais, a decisão final de um pedido judicial é dada pela integração das diversas decisões proferidas no curso do processo. É preciso examinar, primeiramente, que capítulos da sentença foram objeto de recurso (ou de exame de ofício) e, depois, como os recursos foram julgados.

Um modo prático – mas não o único – para conjugar as diversas decisões que se substituíram ao logo do processo pode ser assim descrito:

Passo 1. Ler a última decisão. Ela decide sobre o mérito de algum dos pedidos? Em caso afirmativo, essa decisão faz parte do título executivo judicial.

Passo 2. Ler a decisão anterior (recorrida). Ela decide sobre o mérito de algum dos pedidos? Em caso afirmativo, verificar se o pedido examinado é o mesmo que foi julgado pelo tribunal superior. Em caso afirmativo, permanece apenas a decisão final como parte integrante do título executivo judicial. Em caso negativo, a decisão final, mais a parte não reformada da decisão anterior integram o título executivo judicial.

Passo 3. Repete-se o passo 2 para outras decisões anteriores no mesmo processo.

No final, pode-se ter, por exemplo, uma decisão composta pelas condenações "a", "b" e "c", cada uma delas proferida em uma instância diferente. Iniciar o exame pela última decisão é apenas uma opção. Aqui, a ordem dos fatores não altera o produto. Esse esquema elementar é suficiente para demonstrar a importância de que os autos sejam considerados na sua integralidade.

A *sentença judicial*, na sua totalidade, serve de contexto para a parte dispositiva. A sentença deve ser lida na sua totalidade, sem interpretação isolada do dispositivo, embora a obtenção do significado deste seja o objetivo central da interpretação da sentença. O uso peculiar de um termo na fundamentação pode revelar o sentido com que foi utilizado no dispositivo, ou vice-versa, tudo dependendo das frases formuladas. Definições importantes podem estar contidas em uma das partes da sentença sem estar em outras, justamente porque a leitura deve ser integral. Algumas disposições podem ter efeito sobre outras, inclusive quando estão em partes diferentes da sentença. Sabe-se, ainda, que o conteúdo preceptivo deve, normalmente, estar na parte dispositiva. Mas não há ilegalidade caso esteja inserido na fundamentação. Em suma, conforme escreve Betti (2007, p. 323-324):

> ... ao se propor a tarefa de reconhecer o sentido do provimento na medida em que tem relevância jurídica, tal interpretação não pode limitar-se a considerar separadamente as partes em que se

articula, mas deve colocá-las em correlação entre si, segundo o cânone da totalidade e da coerência da consideração hermenêutica: e, assim, deve interpretar o "dispositivo" mediante a "motivação" (cód. proc. civ. 132, n. 4-5; cf. norma de execução 118), e dela deduzir o significado preceptivo de toda a sentença, seja enquanto decide, seja enquanto raciocina.

A ideia de sistema, tão importante para a interpretação jurídica geral (CANARIS, 1996), constitui, também para a interpretação da sentença, uma necessidade. O sistema se forma justamente porque existe uma finalidade constante, presente ao longo do processo. Uma precisa indicação da finalidade do processo é objeto de discussões às quais não é possível dar atenção no momento. Para os fins desta exposição, pode-se ficar com a proposta de Betti (2007, p. 322), apresentada no final do parágrafo onde trata justamente da leitura da sentença em seu contexto:

> Segundo o cânone hermenêutico da totalidade, a interpretação da sentença deve ser conduzida seja: a) na mesma declaração documentada (texto da sentença), considerada como um todo, coerente em si mesmo; seja b) na correlação da sentença com a demanda judicial, com a discussão processual, com o procedimento e com a lei a ser aplicada, tomando-se aqui a sentença como um provimento que se enquadra (isto é, que deve enquadrar-se) harmonicamente nesse todo que é o processo, enquanto *destinado à atuação jurisdicional da lei*. (BETTI, 2007, p. 322)

Uma leitura no contexto dos autos é indissociável da chamada "interpretação teleológica", uma vez que o contexto inclui o fio condutor formado pela finalidade do processo. Conforme Canaris (1996, p. 159-160), "a própria interpretação a partir do sistema interno ... é apenas uma forma de interpretação teleológica."

É nesse ponto que exsurge a importância da finalidade que o sistema jurídico atribui para a sentença. Conhecer essa finalidade não é exatamente o *objetivo* da interpretação da sentença, mas faz parte de um *método* de interpretação. Se o direito estabelece o processo como condição para o exercício da jurisdição (CRFB/1988, art. 5º, LIV), e a sentença precisa ser lida no contexto do processo, a finalidade do processo é elemento contextual para interpretação da sentença.

De tudo quanto dito, deve ficar claro que o intérprete está exposto a diversos tipos e níveis de informação contextual e que, sem considerá-los, dificilmente ele identificará a vontade do juiz exteriorizada na sentença. A sentença, por sua vez, é ato ao mesmo tempo condicionado pelo contexto e transformador desse mesmo contexto. A situação jurídica das partes (autor e réu), antes indefinida, ganha novos contornos a partir da sentença.

3.2. A leitura no sentido usual: vocabulário, gramática e lógica

Não importa o quanto tenha sido destacada a importância do contexto, um texto não existe sem palavras. E até mesmo o que se chama de co-texto – textos que acompanham o texto interpretado – depende de palavras. O texto da sentença judicial é expresso em uma língua natural. No direito brasileiro, o CPC/2015 estabelece que em "todos os atos e termos do processo é obrigatório o uso da língua portuguesa" (art. 192). Betti ressalta o papel do sentido literal e lógico na primeira aproximação do texto:

> Como na interpretação da lei, também aqui a interpretação começa com uma recognição histórica da declaração preceptiva, documentada no texto da sentença, considerada em seu significado literal e lógico: ou seja, visa a entender tanto a lógica da língua quanto a lógica da matéria tratada, relativa à natureza das relações afirmadas e contestadas, sobre as quais versa a lide. (BETTI, 2007, p. 320)

O sentido usual de um termo, ou mesmo literal, pode variar de acordo com a frase e o tipo de texto em que foi utilizado. Em razão da polissemia semântica da maioria dos vocábulos, esses referenciais são necessários. A forma de falar das ruas não é, normalmente, a mesma do processo judicial. Logo, as palavras comuns que determinado grupo emprega de modo especial devem ser entendidas, em princípio, de modo especial. O linguajar de um contexto, muitas vezes, sequer seria entendido em outro. Termos técnicos podem tornar o discurso mais breve e preciso, embora seja mais producente evitá-los quando desnecessários. As sentenças judicias costumam conter termos técnicos. Quando se fala, portanto, em iniciar a leitura pelo "sentido usual", isso quer dizer o usual para cada tipo de texto: para os termos técnicos da sentença, o seu sentido técnico.

Normalmente, o sentido corriqueiro das palavras e a forma gramatical usual de ordená-las revela a vontade do juiz, pois é presumível que um falante educado da língua as tenha utilizado para indicar a sua vontade e não para confundir o intérprete.

> Dos métodos interpretativos gerais, o primeiro a aplicar-se às sentenças, tanto quanto às leis, é o exegético, Busca-se nas palavras em si mesmas, como símbolos que são, a intenção do juiz que as empregou. (DINAMARCO, 2009, p. 710)

Além do mais, as "pessoas não estão livres para significar o que bem entenderem por meio das palavras que usam" (DWORKIN, 1986, p. 315), pois as palavras pertencem a uma língua e esta tem existência em sociedade. Quem participa de uma língua, deve respeitar sua base semântica, até mesmo para transgredi-la. A presunção de observância das regras da língua é uma manifestação do princípio da caridade, mas este é mais amplo e envolve desde a presunção de racionalidade até a de boa-fé (ver Subseção 3.3).

A percepção do sentido usual é normalmente necessária para a compreensão de sentidos indiretos e até dos erros de expressão (dos quais pode ser possível ou impossível extrair um sentido, conforme o caso). Na compreensão da sentença judicial, tal qual na de outros textos jurídicos, que constituem expressões linguísticas, "devemos partir das características semânticas" (WRÓBLEWSKI, 1989, p. 93). Mesmo quando se trata, portanto, de detectar o emprego de certo termo em um sentido especial, o início é sempre a compreensão do sentido usual. Para perceber, por exemplo, que Kelsen emprega o termo "validade" em um sentido diferente daquele com que Pontes de Miranda o emprega, não seria preciso sequer que esses autores o tivessem definido. O seu uso nos textos, porque entendemos o sentido usual e a posição gramatical das demais palavras, já seria suficiente para entender o que cada um quis dizer com "validade".

É preciso uma estratégia para abordar as palavras. Não há, a priori, uma hierarquia dentro do texto entre as unidades e o todo. A unidade pode tanto indicar o sentido do conjunto, como o conjunto pode indicar o sentido da unidade. Na interpretação da sentença judicial, busca-se o sentido do dispositivo, que é a parte da sentença onde o juiz julga a lide. Trata-se de uma unidade composta de unidades menores, e integrada em uma unidade maior que é a própria sentença. É preciso entender o dispositivo no contexto da sentença como um todo, mas pode ocorrer de a formulação do dispositivo ser tão clara a taxativa que será preciso reler a fundamentação para tentar entendê-la de modo harmônico com o dispositivo. O mesmo ocorre com as palavras em relação à frase ou com as frases em relação ao parágrafo. O que importa aqui é ressaltar que as unidades formam o conjunto e são entendidas como partes desse mesmo conjunto. Penso que uma estratégia que se pode adotar para avaliar as influências recíprocas entre as unidades e os conjuntos onde estão inseridas é esta: o elemento de maior precisão permanece com seu sentido preciso e o elemento de menor preciso adota um sentido semanticamente admissível e compatível com o elemento de maior precisão. O elemento mais vago se adapta e o elemento mais preciso resiste. Pelo mesmo princípio, os provimentos gerais devem ser interpretados como admitindo, como ressalva, os provimentos específicos. Não existe garantia de sucesso na aplicação dessa estratégia como, de resto, para nenhuma estratégia interpretativa.

Interpretar um termo em sentido distante do usual (inclusive o técnico), sem que o texto ou o contexto indiquem a necessidade do desvio, pode configurar violação à coisa julgada. O *princípio da conservação* (que orienta a procurar conservar o máximo possível do negócio jurídico) pode fornecer uma pista no sentido de que um termo não foi empregado em seu sentido usual ou técnico. Mas o emprego do princípio, na interpretação da sentença judicial, deve ocorrer com cautela. Em primeiro lugar, importa entender o que o juiz sentenciante quis dizer, e a eficácia ou ineficácia do ato, com base no sentido encontrado, será consequência inevitável. Bem interpretada a sentença, o fato de o sentido encontrado levar à sua ineficácia não invalida a interpretação. O contexto de incidência do princípio é a interpretação-atividade, onde ele possui um valor heurístico, e não a interpretação-resultado. A constatação de que a sentença é ineficaz pode servir para sua reforma pelos meios legalmente disponíveis ou para a sua crítica nos mais diversos planos. Não se pode, porém, a título de interpretação, alterar o que foi decidido. Por essas razões, o princípio da conservação, na interpretação da sentença judicial, tem lugar exclusivamente no caso de dúvida entre dois sentidos igualmente plausíveis. Com o princípio da caridade ocorre algo similar. O princípio da caridade serve para entender a sentença, mas não para corrigir eventual desacordo entre esta e o direito.

Cabe insistir no ponto da necessidade de que, para o entendimento de um termo em sentido distante do usual, é preciso que algo dispare a desconfiança de que o sentido intencionado não foi o usual. "Toda palavra é complexa" – diz Todorov (2014, p. 61) – "e toda frase é carregada de pressuposições, mas não entendemos essa complexidade a menos que, de um modo ou de outro, se chame nossa atenção sobre ela." Esse "algo", para Dworkin (1986, p. 351), geralmente consiste nas próprias convicções do intérprete. Para a Exegese Patrística, era a desconformidade com a doutrina consagrada. Presumia-se que os autores da Bíblia eram inspirados por Deus, e que a doutrina da igreja era correta. Não seria possível, portanto, discrepância entre ambas. Caso parecesse haver, isso era um sinal de que o intérprete estava no caminho errado: o autor poderia ter escrito em um sentido figurado ou, no mínimo, indireto, e caberia ao intérprete encontrá-lo (ver TODOROV, 2014, p. 118-119).

Na interpretação da sentença judicial, o "estranhamento" mais comum ocorre quando verificado que a interpretação semântica do texto gera uma dificuldade de cumprimento. Outro caso comum é a percepção de alguma incoerência. Essa incoerência pode ser interna a uma das partes da sentença (a fundamentação, por exemplo), ou pode ser entre as partes (fundamentação vs. dispositivo), ou externa à sentença, verificada entre a sentença e o sistema jurídico ao qual ela pertence (e aqui a ideologia do intérprete, inevitavelmente, desempenha um papel importante). Outro fator pode ser a aparência de irracionalidade, um choque do texto com o constructo do *juiz racional*. A própria aplicação do princípio da caridade pode levar à busca de outros sentidos para o texto. Na aplicação do princípio, o leitor toma como ponto de referência aquilo que ele entenderia normalmente pelos termos utilizados, mas toma também como referência aquilo que ele teria decidido se fosse o juiz. Da discrepância entre os dois conjuntos de crenças, nasce a dúvida que leva a investigar o sentido com o qual as palavras (ou frases) foram utilizadas. Nessas situações, o intérprete pergunta-se: Há algo que esteja subentendido? Há um sentido mais adequado para as palavras? Houve um uso peculiar de uma expressão? A terminologia está conectada a uma determinada escola jurídica? Este trecho contém um erro de expressão?

O que o intérprete faz com essas dúvidas iniciais é partir em busca do significado, é prosseguir na interpretação do texto. Para cada fator de estranhamento são levantadas hipóteses interpretativas. Não há um limite absoluto para as hipóteses interpretativas, há apenas o norte dado pelo objetivo da interpretação. Creio que a seguinte estratégia de leitura é condizente com a busca da intenção do juiz contida na sentença: lê-se o texto em seu sentido mais usual (o que inclui o sentido técnico-jurídico, no caso da sentença judicial), na presunção de que o juiz utilizou as palavras nesse sentido para exprimir a sua vontade. Quando, porém, o texto, no contexto dos autos, indicar uma vontade diferente, esta deve prevalecer sobre o sentido usual. O reconhecimento de que o juiz sentencia utilizando palavras e frases de uma língua, gera a presunção de que estas refletem a sua intenção. Essa presunção é afastada quando a sentença, no conjunto dos autos, indica que a terminologia não foi empregada em seu sentido usual. Nesse caso, o sentido não-usual prevalece, por refletir melhor a intenção do juiz.

3.3. O princípio da caridade

Davidson (1984, p. 197) observou que o intérprete não tem nenhuma outra opção a não ser assumir que o sistema de crenças de seu interlocutor seja muito parecido com o seu próprio. "Não podemos – afirma – dar sequer um primeiro passo em direção à interpretação sem pressupor muito a respeito das crenças do falante." (1984, p. 196) Por trabalhar com uma admissão *prima facie* de que as afirmativas do interlocutor são verdadeiras, Davidson chamou sua ideia de "princípio da caridade" (1984, p. 136). Lewis (1983, p. 113) levou adiante a proposição de Davidson para demonstrar que é preciso também que o interlocutor seja visto como um "agente racional." Essa admissão *prima facie* é chamada por Lewis de "princípio da racionalização". Mas há mais suposições caridosas que ajudam na interpretação. Dascal (2006, p. 364) aponta algumas:

> Normalmente atuamos de acordo com tradições nas quais certas crenças, desejos e significados podem ser atribuídos, de modo padronizado, aos indivíduos e a suas elocuções. Essas atribuições *default* são o ponto de partida no processo de exame do ambiente em busca de indicações relevantes que confirmam ou

desconfirmam as atribuições iniciais. Nessas circunstâncias, a onisciência se torna desnecessária quer como ponto de partida quer como meta do processo de interpretação. Em vez disso, interpretações razoáveis – embora não-conclusivas – podem ser alcançadas na base de evidência razoável embora não-completa.

Uma leitura inicial no sentido usual, gramatical e lógico é procedimento aliado da brevidade e da certeza. No fundo, trata-se de trabalhar com a suposição de que o juiz e os tribunais tenham seguido regras ao expressar suas decisões em uma sentença ou acórdão. Regras constituem uma categoria que não está limitada a um vocabulário culto, uma gramática e a lógica (WITTGENSTEIN, 2009, § 199, deu grande atenção ao tema). Estão nessa categoria costumes, hábitos e instituições. Segue uma regra, por exemplo, quem age de boa-fé ou é fiel aos costumes. Para a interpretação da sentença, essas noções importam porque a primeira hipótese interpretativa deve ser – de acordo com o princípio da caridade – a de que o autor do texto tenha agido com racionalidade, razoabilidade e boa-fé, enfim, que tenha seguido as regras do modo de vida social e histórico no qual estava inserido (WITTGENSTEIN, 2009, § 200-205). Didier Jr. (2014, p. 379) demonstra com exemplos a importância dos usos do lugar e da boa-fé para a interpretação da sentença:

> Os signos (palavras, números e outros símbolos) utilizados pelo órgão julgador na decisão devem ser interpretados de acordo com a boa-fé e com os usos do lugar de sua celebração. Se uma determinada palavra vinha sendo utilizada, ao longo de todo o processo, em uma determinada acepção, a interpretação da decisão em que esta palavra aparece não pode, por exemplo, dar a ela um sentido diverso. Se, em outro exemplo, em determinada comunidade, uma expressão consagrou-se, pelo uso, em um sentido, não se pode, ao interpretá-la posteriormente, dar a ela um sentido incompatível com aquele que a ela sempre se atribuiu.

Um exemplo de Dinamarco retrata bem a razoabilidade que o intérprete deve buscar ver no texto da sentença:

> Nenhum texto deve ser interpretado, sem maiores e exaustivos cuidados, de modo a concluir que nele se contenham absurdos. ... Se a sentença condenou o responsável por uma fonte emissora de sons a abster-se de utilizar o amplificador que vinha utilizando, só pela lógica do absurdo poder-se-ia afirmar que o sujeito não estaria proibido de substituir aquele aparelho por outro de maior potência. (DINAMARCO, 2009, p. 708-709)

A hipótese interpretativa inicial inclui a boa-fé do juiz que sentenciou (CPC/2015, art. 489, § 3º). "*Homo praesumitur bonus*", conforme velha regra lembrada por Alvaro de Oliveira (2006, p. 253). Se o art. 489, § 3º, for entendido dessa forma, teremos um CPC que adotou uma moderna concepção da interpretação da sentença, na linha do *princípio da caridade* formulado por Davidson.

Contudo, caso o artigo venha a ser aplicado como um mandamento para criação de sentidos que "concretizem" o princípio da boa-fé – opção que Markovitz (2014, p. 288), chama de "boa-fé utópica" –, estou convicto de que esse será o maior passo já dado por um código de processo civil brasileiro em direção à insegurança. Ora, as coisas que são feitas a título de interpretação já vêm sendo alvo de severas críticas, ao ponto de Moore (2000, p. 4-5) falar do "desagrado de ver um conceito útil transformado num exemplo de retórica vazia" e admitir "um grande sentimento de identificação com reações como a de Michael Devitt: 'quando alguém começar a falar sobre *interpretação*, pegue o seu revólver'." A aplicação direta dos princípios tem sido outro ponto de insegurança. Se com as regras vigora a aplicação "tudo ou nada" (ALEXY, 1997, p. 87), com os princípios, ao menos no Brasil, pode-se dizer, com perdão do trocadilho, que vigora o "vale tudo". Não é difícil imaginar o que aconteceria caso justamente a sentença judicial, *o texto com maior pretensão de precisão em todo o sistema jurídico*, fosse obrigatoriamente submetida, em cada caso concreto, a uma releitura corretiva ou ampliativa com balizas fornecidas *por um princípio que*, nada obstante os esforços da doutrina, ainda representa uma noção vaga "na cultura jurídica actual" (MENEZES CORDEIRO, 1997, p. 41). Por essa razão, penso que o art. 489, § 3º, apenas positivou o princípio da caridade, na linha do que importante corrente da Filosofia da Linguagem vem defendendo desde os anos setenta.

A boa-fé objetiva (norma de conduta) foi expressamente adotada pelo CPC/2015, no art. 5º ("Aquele que de qualquer forma participa do processo deve comportar-se de acordo com a boa-fé."). Se a boa-fé sujeita todos os agentes e fases do processo, evidentemente alcança a interpretação da sentença. O art. 489, § 3º, caso quisesse dizer a mesma coisa, seria dispensável. Cabe lembrar a redação do art. 489, § 3º: "A decisão judicial deve ser interpretada a partir da conjugação de todos os seus elementos e em conformidade com o princípio da boa-fé." Penso que essa regra tem um objetivo diferente do da regra do art. 5º. Trata-se de regra destinada a facilitar a compreensão do texto interpretando. A regra do art. 489 trouxe para o processo civil uma parte do princípio da caridade. A ligação entre *boa-fé* e *princípio da caridade*, aliás, já vinha sendo apontada pela doutrina. Conforme Markovits (2014, p. 288), a "boa-fé é o análogo prático do princípio da caridade na interpretação de comunicações teóricas, um ponto que algumas vezes surge nos casos." Pelo princípio da caridade – aqui já adaptado para a interpretação da sentença judicial – presume-se que o juiz tenha proferido a sentença imbuído de boa-fé (concepção ética), isto é, sem pretender induzir as partes em crenças falsas, e com observância do direito (logo, observância do art. 5º). O art. 489 fornece diretrizes interpretativas para chegar ao significado da sentença, da mesma forma que a *interpretação conforme a constituição* direciona a obtenção do significado da lei. É claro que a interpretação é uma atividade a ser exercida de boa-fé. Isso é o mais importante (DINAMARCO, 2009, p. 712). Mas quando o art. 489, § 3º, fala que a sentença "deve ser interpretada ... em conformidade com ...", está se referindo a como o texto da sentença deve, em princípio, ser entendido, e não à conduta subjetiva do intérprete. A diferença entre as duas concepções (repita-se, ambas aplicáveis à interpretação da sentença) é esta: (a) viola o art. 5º, o intérprete que simplesmente escolhe o sentido que lhe convém, sem aplicar um esforço racional ao entendimento do texto; e (b) viola o art. 489, § 3º, o intérprete que, sem indícios razoáveis no texto ou nos autos, atribui à sentença um sentido que ela somente teria se o juiz tivesse agido de modo desleal.

As suposições com as quais se trabalha na primeira leitura da sentença ou do acórdão são suposições *prima facie*, isso quer dizer que elas valem apenas para esse exame inicial e que perdem o seu valor logo que ocorra algum estranhamento. Esse estranhamento pode decorrer da incompatibilidade entre os próprios elementos que integram a hipótese interpretativa inicial. Por exemplo, o sentido usual de uma expressão, a boa-fé, a juridicidade e a racionalidade podem não ser todas compatíveis entre si. Disparada a desconfiança em relação ao sentido usual (que inclui o sentido técnico, onde essa for a praxe), o intérprete parte em busca de outro sentido. É por isso que se afirma que "a clareza não é um dado absoluto, mas dependente da existência de dúvidas razoáveis quanto ao significado. Essas dúvidas, ainda que referidas a uma base semântica, reportam-se primariamente à situação comunicativa." (FERRAZ JR., 2009, p. 65)

A possibilidade permanente de correções de rumo não contradiz a necessidade da adoção de hipóteses *prima facie*, orientadas pelo princípio da caridade. A estratégia gera maior probabilidade de entender corretamente a sentença ou acórdão, perceber o que é erro de expressão e o que é intencional e, assim, ser fiel à coisa julgada.

4. ASPECTOS PROCESSUAIS DA INTERPRETAÇÃO DA SENTENÇA

Esta seção trata dos aspectos processuais da interpretação da sentença. No plano processual, é preciso trabalhar com um conjunto conceitual ligeiramente diferente do da teoria da interpretação (seções anteriores). No plano do direito processual, teremos de falar em *limites temporais, oportunidades, competência* e respeito à *coisa julgada*. A própria atividade de interpretar ingressa nesse plano como um objeto a ser analisado processualmente.

Normalmente trabalhamos com a hipótese do texto significativo. Afinal, é para isso que um texto existe, não é? Tenderíamos a dizer que sim, mas até mesmo essa resposta já estaria repleta da incansável busca humana por sentido. "Estamos condenados ao sentido", diria Merleau-Ponty (1999, p. 18) e "somos animais interpretativos, caçadores de significado", nas palavras de Dascal (2006, p. 662). A sentença judicial é parte desse mundo que se apresenta aos intérpretes (todos nós). Estes, condenados ao sentido, presumirão que a sentença tem sentido. Aplicarão princípios como os da caridade ou da conservação. Invocarão a *intentio auctoris, intentio operis* e *intentio lectoris* (a sua própria). Recusar-se-ão a admitir a ausência de significado.

Ao menos no processo judicial, admitidas as necessidades de *brevitas* e *certitudo* (LEIBNIZ, 2006, p. 164), a interpretação-atividade precisa ter um fim e a interpretação-resultado (o texto interpretativo do texto interpretado) precisa ter limites. No processo judicial, a hipótese de que determinada sentença judicial possa ser desprovida de qualquer significado precisa ter seu lugar entre as opções. Quando, por exemplo, um erro de transcrição insere na sentença o texto de mensagens românticas trocadas entre funcionários, ou quando ocorre uma contradição insanável entre as partes do dispositivo, não há como admitir (com segurança e boa-fé) que tal texto faça sentido para o processo.

O processo judicial precisa trabalhar com a possibilidade fática da *sentença sem sentido*, em outras palavras, com a possibilidade de falha absoluta na comunicação. Mas interessa também analisar o tratamento a ser conferido à *sentença cujo sentido pode ser estabelecido* pela interpretação. O grau de obscuridade da sentença a coloca em uma ou em outra categoria, e essa definição, normalmente, será objeto de novas controvérsias no processo.

Enquanto a sentença ainda comporta recursos, não há maiores problemas: basta a parte interessada ingressar com os recursos cabíveis, a começar pelos embargos de declaração (CPC/2015, art. 1.022), nos quais defenderá seu ponto de vista. Problema maior surge quando se esgotam os prazos recursais.

Em obra específica sobre o tema da *sentença obscura transitada em julgado*, escrevi:

> Diversos problemas linguísticos podem fazer com que o significado da sentença seja inacessível. É possível julgar um texto quanto à sua clareza e presença ou ausência de significado. Em um texto significativo, o significado é algo contextualmente determinável e os diversos significados possíveis não são igualmente legítimos. Quando isso não se verifica, o texto carece de significado ou, no mínimo, de um significado que possa ser imposto, com força de sentença, às partes em um processo judicial. A decisão judicial sem significado não decide. O juiz pode ter decidido algo no seu

íntimo, mas é preciso que expresse sua decisão de forma publicamente compreensível, ou o texto da sentença não configurará o ato ilocutório sentença de mérito, ou seja, não terá força de sentença de mérito e, portanto, não fará coisa julgada material. (KEMMERICH, 2013, p. 125)

Para chegar à conclusão sobre a possibilidade de obter o sentido de uma sentença judicial, é preciso tentar entendê-la. Essa primeira leitura na busca do significado pode ser chamada interpretação, e um dos seus resultados possíveis é a conclusão de que não é possível chegar a um juízo honesto e seguro sobre o significado do texto. Em certo sentido, dir-se-ia que a *interpretação* fracassou. Mas melhor é reconhecer, em tais casos, que a *comunicação* fracassou por defeito do texto. Em outras palavras, por meio da interpretação-atividade pode-se chegar à conclusão que de que a opacidade do texto não pode ser superada e que uma interpretação-resultado não pode ser fornecida. Seja como for, o conceito de opacidade, ao qual me refiro, é um conceito pragmático. Isso quer dizer que ele não é uma propriedade inerente ao texto da sentença da judicial, mas depende de seu uso e do contexto encontrados na fase de cumprimento (ver DASCAL, 2006, p. 359; WRÓBLEWSKI, 1992, p. 33; WRÓBLEWSKI, 1999, p. 426).

A sentença da qual é possível extrair um sentido suficiente para regular a relação jurídica controvertida (independentemente do esforço interpretativo necessário) é apta a formar coisa julgada material (se for sentença de mérito). No processo civil brasileiro, depois do trânsito em julgado, não cabe ao tribunal que prolatou um acórdão fazer a sua interpretação. Esta deve ser feita pelo juiz responsável pelo cumprimento da sentença (KEMMERICH, 2013, p. 124). É possível que o órgão judicial a dar a sentença e a interpretá-la venha a ser o mesmo, como no caso da sentença do juiz de primeiro grau que transita em julgado sem ter havido recurso. Mas as competências funcionais com as quais esse juiz atua em um e outro momento são distintas: no primeiro momento ele atua como juiz da fase de conhecimento (e se houvesse recurso, haveria outros juízes) e no segundo momento como juiz da fase de cumprimento.

Em outras palavras, o juiz da fase de cumprimento é competente para decidir as controvérsias interpretativas entre as partes (CPC/2015, art. 516, II). Não deve ser outro juiz, pois existem cadeias decisórias e recursais previstas, em separado, para as fases de conhecimento e de cumprimento. Em todo processo são sempre discerníveis as atividades de formação da sentença e de aplicação da sentença (afirmativa válida também para as liminares e sua aplicação). Mesmo quando entrelaçados, em processos sincréticos, esses dois momentos são sempre identificáveis. Mesmo nos países onde o sistema judicial não permite que o processo passe por muitos órgãos jurisdicionais diferentes, e até mesmo onde os processos são decididos em um único grau de jurisdição, ainda assim existe uma diferença conceitual entre proferir uma decisão e fazê-la ser cumprida.

Caso chegue-se à conclusão de que a sentença ou o acórdão que transitou em julgado não faz sentido para o caso dos autos, o que deve ser feito? Nesse caso, sustento a tese de que a decisão deve ser tida por juridicamente inexistente e outra precisa ser dada. A nova decisão (sentença ou acórdão) deve ser dada no mesmo processo em que foi dada a decisão sem sentido. Naquele mesmo processo, as partes permanecem com direito a uma decisão.

A sentença incompreensível, isto é, aquela à qual uma interpretação-resultado não pode ser fornecida, inexiste juridicamente como sentença. Ela ainda deve ser criada como sentença, ou o respectivo processo permanece pendente. Em outras palavras, a fase de conhecimento permanece inconclusa e a competência para concluí-la, ou dar-lhe continuidade, é do juiz ou tribunal que proferiu a sentença ou acórdão pragmaticamente carente de sentido para o caso dos autos.

> A criação da sentença de mérito, nessa situação, deve ocorrer no mesmo processo, exceto se a sentença for objetivamente complexa e a obscuridade estiver restrita à decisão de um dos pedidos. Nesse caso, existe sentença, mas ela é *citra petita*, o que permite a reiteração do pedido em um novo processo. (KEMMERICH, 2013, p. 124)

Uma das críticas mais inteligentes à tese por mim defendida foi formulada por Tesheiner (2011). Seu ponto central é o seguinte:

> [Kemmerich sustenta que, no] caso de obscuridade insuperável e geral, a sentença é inexistente, o que me parece uma contradição em termos, porque a obscuridade não pode referir-se a algo que não exista. Existe com a qualidade de obscura, mas existe. Tanto não se trata de sentença inexistente que dela poderiam ter sido interpostos embargos e apelação.

É conhecida a posição de Tesheiner no sentido de que "não há plano da existência que se contraponha aos planos da validade e da eficácia" (2008, p. 30). Conforme sustenta, provavelmente com razão, "até hoje a doutrina não consegue precisar os contornos entre o que no ato é essencial e o que não é." (2008, p. 32) A melhor opção, segundo entende, seria "tratar o problema dos defeitos do processo e dos atos processuais sempre no plano da validade, pois nele se admite, quando possível, a sanação dos vícios, sem maiores artificialismos, o que é fundamental para que o processo alcance seu objetivo maior: a pacificação com justiça dos conflitos sociais." (TESHEINER, 2008, p. 33)

Sem pretender refutar um argumento que sequer foi possível reproduzir adequadamente aqui, devo dizer que adoto os planos jurídicos da *existência*, da *validade* e da *eficácia*, na forma que estão delineados no Apêndice de Kemmerich, 2013. É certo que todos os fenômenos poderiam ser tratados nos planos da validade e da eficácia ou, até mesmo, exclusivamente no plano da eficácia. Afinal, o que interessa, ao fim e ao cabo, é saber se o fato ou ato possui algum efeito. Uma classificação dos fatos quanto à eficácia jurídica incluiria apenas duas categorias: eficazes e não eficazes. Para o direito, como universo de normas, importam apenas os fatos pertencentes à primeira categoria. Mas, para solução de problemas práticos, a segunda categoria é extremamente útil e importante, pois, conquanto a ineficácia seja uma qualidade simples, diversas podem ser as suas origens (ou causas) e a aplicação do direito requer que se reconheça cada uma delas. No caminho dos atos até o efeito pretendido, muitas coisas podem acontecer (a obscuridade da sentença é apenas um exemplo) e são cabíveis inúmeras distinções, para as quais são úteis os planos da existência, da validade e da eficácia.

O caso da sentença ininteligível é um dos melhores exemplos da utilidade do plano da *existência*. Caso ele não fosse considerado, um "nada" significativo (a sentença ininteligível) apresentaria mera invalidade que, não tendo sua nulidade decretada a tempo, transitaria em julgado e seria tida, nos termos da doutrina tradicional, por "sanada".

O juiz da execução, defende Tesheiner (2011), deveria colmatar a "lacuna" deixada pela sentença. Ocorre que o papel do juiz da execução é fazer cumprir a sentença e, nesse caminho, solucionar as dúvidas interpretativas. Não é sua função dar uma sentença de mérito originariamente, substituindo-se a todas as instâncias que examinaram os autos e tinham competência na fase de conhecimento. Esse é um caso em que o plano da existência mostra seu valor, justamente por refletir as coisas como elas são: o sem-sentido é sem-sentido, e não se pode criar sentido, ganhando de herança a força da coisa julgada, a título de interpretação.

> A acessibilidade a um sentido faz parte do núcleo essencial da sentença. Sem isso, não existe a mínima possibilidade de que um texto se qualifique como uma sentença judicial. Admitir que um texto incompreensível, pelo simples fato de ter sido assinado por um juiz, seja uma sentença é praticamente o mesmo que considerar um suspiro do juiz como sendo uma sentença. Não se trata de um problema de validade ou de eficácia do documento, portanto, mas de ser ou não ser sentença. Se é que a coisa julgada pode fazer do branco negro e do quadrado redondo, para isso (e para tudo o mais que pretenda comandar) é indispensável que o diga, e o diga de maneira inteligível. Cabe, quanto a esse ponto, repisar

dois ensinamentos muito elucidativos. O primeiro, de Hans Kelsen, explica que a norma é *sentido*, razão pela qual o *sem sentido* não pode ser norma. ... (KEMMERICH, 2013, p. 79)

Por que é possível embargar e apelar da sentença sem sentido? A sentença juridicamente inexistente, dada em processo judicial existente, não retira o direito a uma sentença. O pedido nesse sentido por ser feito por qualquer via, inclusive em embargos de declaração e apelação. E existem vantagens quando o momento é apropriado para esses recursos, pois o princípio da eventualidade exige que se faça, em cada momento oportuno, todas as alegações cabíveis. Sendo um problema de significado da sentença, são evidentes as vantagens da interposição dos embargos de declaração. Vícios do ato admitem recursos. Com maior razão a sua inexistência jurídica, que não se confunde com a existência material e aparência. Dito de outra forma:

> ... os embargos de declaração, nesse caso, são apenas um meio para requerer que seja proferida uma decisão compreensível e, mesmo que preclua a oportunidade de utilizar esse meio, isso em nada interfere no direito a uma decisão compreensível, que continua existindo. Prossegue-se no mesmo processo pois, como permanece intacto o direito a uma sentença, esta deve ser criada, não importando a forma de provocação ou se houve ou não provocação. O mais lógico, e respeitoso com o direito do jurisdicionado, é que o juiz ou tribunal cumpra espontaneamente o seu dever de entregar uma sentença compreensível. (KEMMERICH, 2013, p. 81)

Dependendo do caso concreto, o novo julgamento poderá integralizar o anterior ou decidir *ex novo*. Não há contradição entre a possibilidade de integralização, aqui defendida, e a tese da inexistência jurídica do acórdão anterior, pois não se deve confundir a inexistência jurídica do comando do acórdão com inexistência material do texto. Nada apaga a existência material do ato e nada impede que a decisão judicial posterior venha a juridicizá-lo. O acórdão ganha existência jurídica, as partes são dele intimadas, e o processo segue seu curso normal. (KEMMERICH, 2013, p. 82)

Cabem também algumas palavras sobre a suposta criação de insegurança jurídica que adviria da adoção da tese sustentada:

> A possibilidade de reativar um processo a qualquer tempo causa insegurança? Talvez. Mas não maior do que (a) a possibilidade de iniciar um novo processo sobre a mesma controvérsia ou (b) ver o mérito decido pelo juiz da fase de execução, sem as garantias próprias da fase de conhecimento. A continuação no mesmo processo é a que melhor atende aos valores da celeridade e da economia processual, pois aproveita-se toda a instrução e elementos

decisórios existentes e passa-se, simplesmente, a decidir algo que o tribunal já estava pronto para decidir quando incidiu na falha de decidir de modo incompreensível. (KEMMERICH, 2013, p. 82-83)

Dois outros temas ainda precisam ser examinados: a obscuridade decorrente de erro material e obscuridade que atinge a fundamentação.

Há algumas peculiaridades quando a obscuridade de uma sentença judicial é consequência de uma inexatidão material ou de um erro de cálculo:

> Nesses casos, a lei permite a correção do erro a qualquer tempo, mesmo após o trânsito em julgado do restante da decisão, pelo juiz que esteja na condução do processo no momento da correção. Enquadra-se no conceito de erro material que permite correção a qualquer tempo apenas o erro evidente e cuja solução possa ser obtida com segurança a partir da interpretação da decisão, vedada a introdução de um novo julgamento da causa ou a alteração do significado da decisão. (KEMMERICH, 2013, p. 124).

Resta examinar o tratamento a ser dispensado aos casos de obscuridade na fundamentação da sentença. A fundamentação recebeu tratamento detalhado no CPC/2015 (art. 489, § 1º). Uma fundamentação ininteligível equivale à ausência de fundamentação. Uma sentença com fundamentação ininteligível não é, automaticamente, nula. O artigo 93 da Constituição estabelece apenas uma causa que autoriza, e até mesmo impõe, a decretação da nulidade pela autoridade competente. Mas a sentença somente será nula depois de anulada. Se a anulação não ocorrer antes do trânsito em julgado, forma-se a coisa julgada material, que faz com que a sua desconstituição dependa da propositura de uma ação rescisória (CPC/2015, art. 966).

5. CONCLUSÕES

Interpretar uma sentença judicial requer clareza de objetivos e método. A adoção de um objetivo claro e de métodos modernos não é garantia de resultados unívocos. Intérpretes diferentes, utilizando processos idênticos, chegarão muitas vezes a resultados distintos. Contudo, a identificação do objetivo específico da interpretação da sentença judicial, aliada à escolha de estratégias harmônicas com o objetivo são a opção possível no momento.

A interpretação das leis difere da interpretação dos textos comuns pelo seu caráter prático (influir na conduta) e institucional (textos oficiais, juiz, processo). A interpretação da sentença assemelha-se à interpretação da lei no que se refere ao caráter prático e institucional, mas difere dela porque somente a sentença é formada com observância permanente do contraditório, contém um imperativo categórico e dirige-se a um caso concreto. Esses aspectos aproximam-na mais do modelo da *conversação* do que daquele da interpretação das leis. Por essas características, pode-se dizer que o objetivo da interpretação da sentença é *obter o significado da parte decisória, entendido este como a vontade do juiz exteriorizada na sentença*. Não é objetivo da interpretação das decisões judiciais descobrir a intenção concreta, histórica, psicológica, ocorrida no íntimo do juiz singular ou dos juízes integrantes do tribunal que proferiu a decisão. O objetivo consiste em entender a intenção significativa, aquilo que se buscou traduzir em palavras no texto. Por isso, é importante que a leitura seja guiada pela hipótese de que o texto foi produzido intencionalmente. Essa opção permite que o intérprete trabalhe com o erro de expressão (dificuldade das correntes do textualismo e da *intentio operis*) e com a impossibilidade prática da investigação da vontade real do juiz (dificuldade da corrente *intentio auctoris*) e, dessa forma, dê efetividade à coisa julgada.

As principais diretrizes, ou estratégias, para a interpretação da sentença – seria exagero dizer que chegam a constituir um método – são a leitura *no contexto*, a atenção à *semântica* e o *princípio da caridade*. A leitura contextual é absolutamente necessária para o entendimento correto do texto e para maior eficácia do contraditório. O conhecimento do sentido semântico é essencial inclusive para o reconhecimento de outros sentidos. E pelo princípio da caridade, o intérprete mantém, enquanto possível, as presunções de que o juiz empregou as palavras no seu sentido usual, que agiu racionalmente e que agiu de acordo com o direito e de boa-fé. Quando o texto, lido no contexto, com atenção à semântica e com caridade, indicar que a vontade do juiz é diferente do significado usual das palavras, prevalece a vontade do juiz assim encontrada: esse é o sentido da sentença.

No aspecto processual, cabe uma distinção entre interpretação da sentença e criação de nova sentença para a causa. A criação de uma sentença pode ser necessária em razão da percepção de que a sentença não possui um significado para o caso dos autos. Cada ato – seja a interpretação da sentença, seja a nova prolação superveniente ao reconhecimento da ausência de sentido da sentença anterior – deve respeitar as competências, o contraditório, a necessidade de fundamentação, em suma, o devido processo para a sua produção.

6. REFERÊNCIAS

ALEXANDER, Larry. Tudo ou nada? As intenções das autoridades e a autoridade das intenções. In: MARMOR, Andrei (ed.). *Direito e interpretação*. Trad. Luís Carlos Borges. São Paulo: Martins Fontes, 2000. ISBN 85-336-1317-2.

ALEXY, Robert. Interpretazione giuridica. *Enciclopedia delle scienze sociali Treccani*. 1996. Disponível em: http://www.treccani.it/enciclopedia. Acesso em: 7 jan. 2015.

ALEXY, Robert. *Teoria de los derechos fundamentales*. Trad. Ernesto Garzón Valdés. Madrid: Centro de Estudios Constitucionales, 1997.

ALVARO DE OLIVEIRA, Carlos Alberto. Coisa julgada. Respeito que merece. Interpretação da sentença. Princípios pertinentes. *Revista Forense*, v. 102, n. 383, p. 249-257, jan./fev., 2006.

AUSTIN, J. L. *How to do things with words*. The William James Lectures delivered at Harvard University in 1955. Oxford: Clarendon, 1962.

BARAK, Aharon. *Purposive interpretation in law*. Transl. Sari Bashi. Princeton: Princeton University Press, 2005. ISBN 0-691-12007-2.

BETTI, Emilio. *Interpretação da lei e dos atos jurídicos*. Trad. Karina Jannini. São Paulo: Martins Fontes, 2007. ISBN 978-85-336-2348-4.

BOBBIO, Norberto. *O positivismo jurídico*: lições de filosofia do direito. Compil. Nello Morra. Trad. Márcio Pugliesi, Edson Bini e Carlos E. Rodrigues. São Paulo: Ícone, 1995. ISBN 85-274-0328-5.

BONAVIDES, Paulo. *Curso de direito constitucional*. 15. ed. São Paulo: Malheiros, 2004. ISBN 978-85-7420-621-9.

BONNECASE, Julien. *L'école de l'exégèse en droit civil*. 2. ed. Paris: E. de Boccard, 1924.

BREST, Paul. The misconceived quest for the original understanding. *Boston University Law Review*, Boston, v. 60, p. 204-238, 1980.

CANARIS, Claus-Wilhelm. *Pensamento sistemático e conceito de sistema na ciência do direito*. 2. ed. Lisboa: Calouste Gulbenkian, 1996.

CHARAUDEAU, Patrick; MAINGUENEAU. *Dicionário de análise do discurso*. Coord. Trad. Fabiana Komesu. 2. ed. São Paulo: Contexto, 2006. ISBN 85-7244-262-6.

COUTURE, Eduardo J. *Fundamentos del derecho procesal civil*. 4. ed. Montevideo: B de F, 2004. ISBN 987-1089-05-8.

DASCAL, Marcelo. *Interpretação e compreensão*. Trad. Marcia Heloisa Lima da Rocha. São Leopoldo: Unisinos, 2006. ISBN 978-85-7431-275-0.

DAVIDSON, Donald. *Problems of Rationality*. Oxford: Clarendon Press, 2004. ISBN 0-19-823754-5.

DAVIDSON, Donald. Radical Interpretation. In: *Inquiries into Truth and Interpretation*. Oxford: Clarendon Press, 1984.

DIDIER JR., Fredie; BRAGA, Paula Sarno; OLIVEIRA, Rafael Alexandria de. *Curso de direito processual civil*, v. 2. 9. ed. Salvador: JusPodium, 2014.

DINAMARCO, Cândido Rangel. *Instituições de direito processual civil*. Vol. III. 6. ed. São Paulo: Malheiros, 2009. ISBN 978-85-7420-941-8.

DUCROT, Oswald; TODOROV, Tzvetan. *Diccionario enciclopédico de las ciencias del lenguaje*. Mexico: Siglo XXI, 1995.

DWORKIN, Ronald. *Law's empire*. Cambridge, Mass.: Belknap, 1986. ISBN 0-674-51835-7.

ECO, Umberto et alii. *Interpretation and overinterpretation*: interpretation terminable and interminable. Cambridge: University Press, 1992a. ISBN 0-521-42554-9.

ECO, Umberto. *Los límites de la interpretación*. Trad. Helena Lozano. Barcelona: Lumen, 1992b. ISBN 84-264-1214-9.

FERRAZ JÚNIOR, Tércio Sampaio. Limites da interpretação jurídica. *Revista dos Tribunais*, São Paulo, v. 232, p. 57-77, 2009.

GADAMER, Hans-Georg. *Verdade e método I*. Trad. Flávio Paulo Meurer; rev. da trad. Enio Paulo Giachini. 7. ed. Petrópolis, RJ: Vozes, Bragança Paulista: EDUSF, 2005. ISBN 85-326-1787-5.

GARNER, Bryan A. (ed.). *Black's Law Dictionary*. 9th ed. St. Paul, MN: West, 2009. ISBN 978-0-314-19949-2.

GUASTINI, Riccardo. *Das fontes às normas*. Trad. Edson Bini. São Paulo: Quartier Latin, 2005. ISBN 85-7674-027-3.

HABERMAS, Jürgen. *A inclusão do outro*. Trad. George Sperber, Paulo Astor Soethe e Milton Camargo Mota. São Paulo: Loyola, 2007. ISBN 978-85-15-02438-4.

HABERMAS, Jürgen. *Direito e democracia*: entre facticidade e validade, vol. I. Trad. Flávio Beno Siebeneichler. Rio de Janeiro: Tempo Brasileiro, 1997. ISBN 85-282-0091-4.

HIRSCH JR., E. D. *Validity in interpretation*. New Haven and London: Yale University Press, 1967.

KELSEN, Hans. *Teoria geral das normas*. Trad. José Florentino Duarte. Porto Alegre: Fabris, 1986.

KELSEN, Hans. *Teoria pura do direito*. 6. ed. Trad. João Baptista Machado. São Paulo: Martins Fontes, 2000. ISBN 85-336-0836-5.

KEMMERICH, Clóvis Juarez. *Sentença obscura e trânsito em julgado*. Porto Alegre: Livraria do Advogado, 2013. ISBN 978-85-7348-859-3.

LEIBNIZ, Gottfried Wilhelm. *Sämtliche Schriften und Briefe*. Berlin: Akademie, 2006. ISBN 978-3-05-004187-2.

LEWIS, David. Radical interpretation. In: *Philosophical Papers I*. New York: OUP, 1983.

LIEBMAN, Enrico Tullio. *Estudos sobre o processo civil brasileiro*. São Paulo: Saraiva, 1947.

MALLET, Estêvão. Breves notas sobre a interpretação das decisões judiciais. *Revista do Tribunal Superior do Trabalho*, Porto Alegre, RS, v. 74, n. 1, p. 17-44, jan./mar. 2008.

MARKOVITS, Daniel. Good faith as contract's core value. In: KLASS, Gregory; LETSAS, George; SAPRAI, Prince. *Philosophical Foundations of Contract Law*. Oxford: OUP, 2014. ISBN 978-0-19-871301-2.

MARMOR, Andrei. *Direito e interpretação*. Trad. Luís Carlos Borges. São Paulo: Martins Fontes, 2000. ISBN 85-336-1317-2.

MARMOR, Andrei. *Interpretation and Legal Theory*. 2nd ed. Oxford and Portland, Oregon: Hart, 2005. ISBN 1-84113-424-4.

MEDINA, José. *Speaking from elsewhere*. Albany: State University of New York, 2006. ISBN 978-0-7914-9616-3.

MENEZES CORDEIRO, António Manuel da Rocha e. *Da boa fé no direito civil*. Coimbra: Almedina, 1997.

MERLEAU-PONTY, Maurice. *Fenomenologia da percepção*. Trad. Carlos Alberto Ribeiro de Moura. 2. ed. São Paulo: Martins Fontes, 1999. ISBN 85-336-1033-5.

MOORE, Michael S. Interpretando a interpretação. In: MARMOR, Andrei. *Direito e interpretação*. Trad. Luís Carlos Borges. São Paulo: Martins Fontes, 2000. ISBN 85-336-1317-2.

NASI, Antonio. Interpretazione della sentenza. In: *Enciclopedia del diritto*. [Milano]: Giuffrè, 1972. v. XXII, p. 293-309.

PETÖFI, János S. *On the problems of co-textual analysis of texts*. Preprint No. 50. Event: COLING, 1969.

PETÖFI, János S. *Vers une theorie partielle du texte*, ser. Papiere zur Textlinguistik. Hamburg: Buske, 1975.

RAVAL, Suresh. *Metacriticism*. Athens, GA: University of Georgia Press, 1981.

RÉMY, Philippe. Éloge de l'Exégese. *Droits*, n. 1, p. 115, 1985.

RIGOLOT, François. Intentionalité du Texte et Théorie de la Persona: Le Cas des Épitres de l'Amant Vert. *Poétiques*, Michigan Romance Studies, pp. 186-207, 1980.

SANTANGELI, Fabio. *L'interpretazione della sentenza civile*. Milano: Giuffrè, 1996. ISBN 88-14-06039-8.

SCHAUER, Frederick. Legal realism untamed. *Texas Law Review*, vol. 91, 749-780, 2013.

SIEBRASSE, Norman. The SCC Did Not Hold the Viagra Patent to Be Void in Rem. In: *Sufficient Description*. Jan. 22 2013. Disponível em: <http://www.sufficientdescription.com>. Acesso em 18 ago. 2014.

SIEGEL, Jonathan R. *The inexorable radicalization of textualism*. University of Pennsylvania Law Review, Philadelphia, PA, v. 158, p.117-178, 2009.

TESHEINER, José Maria Rosa. Sentença obscura e trânsito em julgado. *Processos coletivos*. Publicado em 28 abr. 2011. Disponível em: <www.processoscoletivos.net/ponto_impressao.asp?id=207>. Acesso em: 7 jan. 2012.

TESHEINER, José Maria Rosa; BAGGIO, Lucas Pereira. *Nulidades no processo civil brasileiro*. Rio de Janeiro: Forense, 2008. ISBN 978-85-309-2555-0.

TODOROV, Tzvetan. *Simbolismo e interpretação*. Trad. Nícia Adan Bonatti. São Paulo: Unesp, 2014. ISBN 978-85-393-0536-0.

TRIBE, Laurence; DORF, Michael. *Hermenêutica constitucional*. Trad. Amarílis de Souza Birchal. Belo Horizonte: Del Rey, 2007. 158 p. ISBN 85-7308-892-3.

WALDRON, Jeremy. As intenções dos legisladores e a legislação não-intencional. In: MARMOR, Andrei. *Direito e interpretação*. Trad. Luís Carlos Borges. São Paulo: Martins Fontes, 2000. ISBN 85-336-1317-2.

WAMBIER, Teresa Arruda Alvim. *Nulidades do processo e da sentença*. 6. ed. São Paulo: RT, 2007. ISBN 978-85-203-3026-5.

WEIMAR, Klaus. *Enzyklopädie der Literaturwissenschaft*. München: A. Francke, 1980.

WIEACKER, Franz. *História do direito privado moderno*. Trad. A. M. Botelho Hespanha. 2. ed. Lisboa: C. Gulbenkian, 1993 (trad. da 2. ed. 1967). ISBN 972-31-0172-6.

WIMSATT JR, William K.; BEARDSLEY, Monroe C. Intentional Fallacy. In: *The Verbal Icon*: Studies in the Meaning of Poetry. Lexington: University Of Kentucky Press, 1954. p. 2-18.

WITTGENSTEIN, Ludwig. *Investigações filosóficas*. Trad. Marcos G. Nontagnoli. Petrópolis: Vozes, 2009. ISBN 978-85-326-1328-8.

WRÓBLEWSKI, Jerzy. *Constitución y teoría general de la interpretación jurídica*. Trad. Arantxa Azurza. Madrid: Civitas, 1985. ISBN 84-7398-372-6.

WRÓBLEWSKI, Jerzy. Interpretação jurídica. In: *Dicionário enciclopédico de teoria e de sociologia do direito*. Dir. André-Jean Arnaud et al. Trad. Patrice Charles e F. X. Willaume. Rio de Janeiro: Renovar, 1999. ISBN 85-7147-114-2.

WRÓBLEWSKI, Jerzy. *Sentido y hecho em el derecho*. Trad. F. J. Ezquiaga Ganuzas e J. Igartua Salaverria. Leioa: Universidad del País Vasco, 1989. ISBN 978-84-7585-193-8.

WRÓBLEWSKI, Jerzy. *The judicial application of law*. Edited by Zenon Bańkowski and Neil MacCormick. Dordrecht; Boston: Kluwer Academic Publishers, 1992. ISBN 978-90-481-4113-5.

CASOS CITADOS

BRASIL. Superior Tribunal de Justiça. *Habeas corpus n. 155.645-CE*. Relator: Ministro Sebastião Reis Júnior, Sexta Turma. Julgado em 3 set. 2013. DJe 21 ago. 2014. Disponível em: www.stj.jus.br. Acesso em: 18 nov. 2014.

BRASIL. Supremo Tribunal Federal. *Agravo de instrumento n. 472.444-RS*. Relator: Ministro Marco Aurélio. Julgado em 31 out. 2003. DJ 26 nov. 2003. Disponível em: www.stf.jus.br. Acesso em: 18 nov. 2014.

BRASIL. Supremo Tribunal Federal. *Agravo regimental no recurso extraordinário com agravo n. 702.110-SP*. Relator: Ministro Luiz Fux, Primeira Turma. Julgado em 25 set. 2012. DJe-198, publicado em 9 out. 2012. Disponível em: www.stf.jus.br. Acesso em: 18 nov. 2014.

BRASIL. Supremo Tribunal Federal. *Agravo Regimental no recurso extraordinário n. 509.839-RS*. Relator: Ministro Marco Aurélio, Primeira Turma. Julgado em 3 abr. 2012. DJe-116. Publicado em 15 jun. 2012. Disponível em: www.stf.jus.br. Acesso em: 18 nov. 2014.

BRASIL. Supremo Tribunal Federal. *Habeas corpus n. 99.448-RS*. Relator: Ministro Luiz Fux, Primeira Turma. Julgado em 10 maio 2011. DJe-103, publicado em 31 maio 2011. Disponível em: www.stf.jus.br. Acesso em: 18 nov. 2014.

BRASIL. Supremo Tribunal Federal. *Reclamação n. 11.634-RS*. Relator: Min. Dias Toffoli. Julgado em 8 ago. 2013. DJe-161, publicado em 19 ago. 2013. Disponível em: www.stf.jus.br. Acesso em: 18 nov. 2014.

BRASIL. Supremo Tribunal Federal. *Recurso extraordinário n. 201.819-RJ*. Relator para o acórdão: Ministro Gilmar Mendes, Segunda Turma. Julgado em 11 out. 2005. DJ 27 out. 2006. Disponível em: www.stf.jus.br. Acesso em: 18 nov. 2014.

BRASIL. Supremo Tribunal Federal. *Recurso extraordinário n. 548.181-PR*. Relatora: Ministra Rosa Weber, Primeira Turma. Julgado em 6 ago. 2013. DJe-213, publicado em 30 out 2014. Disponível em: www.stf.jus.br. Acesso em: 18 nov. 2014.

BRASIL. Supremo Tribunal Federal. *Recurso extraordinário n. 627.815-PR*. Relatora: Ministra Rosa Weber, Tribunal Pleno. Julgado em 23 maio 2013. DJe-192, publicado em 1 out. 2013. Disponível em: www.stf.jus.br. Acesso em: 18 nov. 2014.

BRASIL. Supremo Tribunal Federal. *Repercussão geral no recurso extraordinário n. 593.544-RS*. Relator: Ministro Joaquim Barbosa. Julgado em 24 nov. 2011. DJe-215, publicado em 31 out. 2012. Disponível em: www.stf.jus.br. Acesso em: 18 nov. 2014.

BRASIL. Tribunal Regional Federal da 4ª Região. *Apelação cível n. 2007.70.00.001536-0-PR*. Relator: Artur César de Souza, Segunda Turma. Julgado em 15 dez. 2009, D.E. 27 jan. 2010. Disponível em: www.trf4.jus.br. Acesso em: 18 nov. 2014.

BRASIL. Tribunal Regional Federal da 4ª Região. *Apelação cível n. 2008.05.00.084695-9-CE*. Relator: Francisco Cavalcanti, Primeira Turma. Julgamento 2 jul. 2009. DJ 28 ago. 2009. Disponível em: http://www.trf5.jus.br. Acesso em: 18 nov. 2014.

UNITED States of America. US Court of Appeals, Ninth Circuit. *Amalgamated Transit Union v. Laidlaw Transit, No. 05-56567*. Decided May 31, 2006. Disponível em: http://law.justia.com/cases/federal/appellate-courts/. Acesso em: 27 jan. 2010.

UNITED States of America. US Supreme Court. *Millbrook v. United States, 11-10362*. Decided Mar. 27, 2013. Disponível em: http://caselaw.findlaw.com. Acesso em: 18 nov. 2014.

UNITED States of America. *US Supreme Court. Pacific Operators Offshore, LLP v. Valladolid, 10-507*. Decided Jan. 11, 2012. Disponível em: http://caselaw.findlaw.com. Acesso em: 18 nov. 2014.

UNITED States of America. US Supreme Court. *Scheidler v. Nat'l Org. of Women, Inc., 126 S. Ct. 1264, 1273-74*. Decided Feb. 2, 2006. Disponível em: http://caselaw.findlaw.com. Acesso em: 27 jan. 2010.

CAPÍTULO 7
Fundamentando decisões com outras decisões

Leonard Ziesemer Schmitz[1]

SUMÁRIO: 1. NOTAS INTRODUTÓRIAS – CULTURA DE PRECEDENTES, OU CULTURA DE EMENTAS?; 2. ORIGENS POLÍTICAS E ECONÔMICAS DA PADRONIZAÇÃO DECISÓRIA; 3. EQUÍVOCOS NA TROPICALIZAÇÃO DA DOUTRINA DE PRECEDENTES; 4. O PROBLEMA DAS DECISÕES QUE JÁ "NASCEM COMO PRECEDENTES"; 5. PREMISSAS PARA COMPREENDER E UTILIZAR OS "PRECEDENTES"; 5.1. A DECISÃO JUDICIAL NÃO É FRUTO DE UM EXERCÍCIO DE SILOGISMO; 5.2. PRECEDENTES SÃO TEXTOS, E DEVEM SER INTERPRETADOS; 5.3. O PRECEDENTE É UM PONTO DE PARTIDA; 6. A FUNDAMENTAÇÃO ADEQUADA NA UTILIZAÇÃO DE "PRECEDENTES"; 6.1. OS PROBLEMAS DA MÁ-FUNDAMENTAÇÃO – O USO ESTRATÉGICO DA JURISDIÇÃO; 6.2. O QUE É FUNDAMENTAR COM BASE EM PRECEDENTES? 7. CONCLUSÕES – A UTILIZAÇÃO CONSCIENTE DOS PRECEDENTES JUDICIAIS; 8. BIBLIOGRAFIA.

1. NOTAS INTRODUTÓRIAS – CULTURA DE PRECEDENTES, OU CULTURA DE EMENTAS?

A prática jurídica brasileira atravessa um momento controvertido: vinte e cinco anos após a promulgação da Constituição, as discussões sobre o modelo jurisdicional que deve ser adotado no País apenas intensificam, e não dão sinais de terminar. Com a positivação e a promessa de um Estado Democrático de Direito de feições garantistas, aumentam os inconformismos, tanto na comunidade jurídica quanto fora dela, frente a situações de descompasso entre a realidade social e o texto constitucional. É esse o contexto de intenso debate em que foi promulgado o Novo Código de Processo Civil (Lei n. 13.105/2015).

Em face a isso, muitas reformas legislativas buscaram combater problemas do sistema de administração de Justiça brasileiro. Já há pelo menos duas décadas, a tônica das reformas no campo do processo é a de imprimir *celeridade* e *desburocratizar* os procedimentos, na tentativa de diminuir tanto o número excessivo de casos quanto a duração média da solução das demandas. O ápice dessas reformas (que tiveram início em 1994 com a modificação da redação do

---

1. Doutorando em Direito Processual Civil na Pontifícia Universidade Católica de São Paulo (PUC/SP). Mestrado em Direito Processual Civil na PUC/SP. Graduado em Direito pela Universidade Federal de Santa Catarina – UFSC, com estágios de pesquisa em Washington DC (George Washington University) e Padova (UNIPD/Itália). Advogado.

art. 273, do CPC/73) foi a Emenda Constitucional 45/2004, que inseriu no art. 5º o "princípio da razoável duração do processo". A partir daí, as situações de morosidade ou inefetividade do Judiciário passaram a ser combatidas pela doutrina, indiscriminadamente, com a invocação desse enunciado.

O que ocorreu, no entanto, foi a consolidação definitiva de uma situação que há muito já assolava o Brasil: passou-se a apostar cada vez mais na ideia de que os juízes de instâncias inferiores devam vincular-se ao que dizem os tribunais superiores, em nome de uma suposta *isonomia jurisdicional*.[2] Gradualmente, foram sendo introduzidos no ordenamento instrumentos[3] que serviriam para uniformizar o entendimento jurisprudencial a respeito de questões jurídicas. Quis-se acreditar, com isso, que seria criada no País uma doutrina de "precedentes", na tentativa de aproximar as famílias jurídicas da *civil law* e da *common law*.

O resultado dessas reformas acabou sendo a positivação da possibilidade de que casos concretos sejam decididos puramente com base em "ementas", com a simples transcrição do resumo de um julgado, em uma espécie de *acoplamento* do caso anterior ao caso presente.

Isso é perceptível com frequência, e a esse fator deve ser aliado outro muito importante: já há alguns anos, a disseminação de informações em meio virtual facilitou sobremaneira o acesso a julgados – e, consequentemente, às suas ementas –, fazendo com que o esforço para fundamentar uma sentença, ou um voto, seja mínimo. Carlos Maximiliano, em obra clássica sobre a interpretação do Direito, alertava antes mesmo do uso da internet:

> "Basta a consulta rápida a um índice alfabético para ficar um caso liquidado, com as razões na aparência documentadas cientificamente. Por isso, os repositórios de decisões em resumo, simples compilações, obtêm êxito esplêndido de livraria"[4]

O que foi noticiado pelo autor toma proporções gigantescas, e perigosas inclusive, nos tempos virtuais. Com efeito, "tornou-se muito fácil encontrar respostas para dilemas jurídicos através de consultas a mecanismos eletrônicos

---

2. A percepção do problema é bem sintetizada no seguinte trecho: [...] É que, se dois casos idênticos recebem tratamento diverso, qual das decisões é justa, e qual é injusta? Onde se efetuou a distribuição da Justiça? Cremos, assim, que nenhuma das hipóteses pode se falar em verdadeira distribuição de Justiça, já que houve uma desestabilização da ordem Sujeitar o indivíduo, portanto, à "loteria das decisões judiciais" pode ser considerado um dos caminhos mais propícios para a desestruturação da ordem e para o não cumprimento dos preceitos insculpidos na Carta de 1988. (GOMES TOSTES, Natacha Nascimento. Uniformização de jurisprudência. In Revista de Processo, n. 104, out./dez. 2001, p.194).
3. Citem-se, como exemplos, a Lei 9.756/98, que modificou o art. 557; as leis 11.276 e 11.277/06, que introduziram o §1º do art. 518, e o art. 285-A, respectivamente, e a lei 11.418/06, que inseriu os arts. 543-B e C, todos do CPC.
4. MAXIMILIANO, Carlos. Hermenêutica e aplicação do direito. Rio de Janeiro: Forense, 2011, p. 181.

de buscas de julgados na internet, bastando para isso digitar algumas palavras-chaves e clicar um botão".[5] O problema que se instaura, nesse contexto, é a utilização indiscriminada de sínteses rasas de julgados anteriores para fundamentar decisões. Mais ainda: o grande problema decorrente dessa situação é que a comunidade jurídica, como um todo, tem aplaudido essa suposta "efetividade", mostrando-se satisfeita com a má qualidade dos julgamentos, tudo em prol da mítica que se instaurou em volta da necessidade de acelerar os procedimentos e a resolução das demandas.

Trata-se, portanto, da concepção (aparentemente uníssona), de que é salutar ao sistema jurídico que os tribunais superiores passem a ditar os rumos da interpretação jurídica, solidificando uma hierarquia de autoridade. A partir dessa premissa, no entanto, grande parte da doutrina brasileira tem visto com bons olhos a submissão cega dos juízes singulares às súmulas e dizeres dos tribunais, e nesse ponto reside um sério problema sistêmico, verificado no cotidiano forense:

> "é prática recorrente – afinal, não há sentença ou acórdão que assim não proceda – a mera menção de ementas de acórdãos, utilizados como pautas gerais nas decisões. Tal circunstância acarreta um enfraquecimento da força persuasiva da doutrina, deixando-se a tarefa de atribuição do sentido das leis aos tribunais, fenômeno que é retroalimentado por uma verdadeira indústria de manuais jurídicos, que colacionam ementários para servirem de pautas gerais".[6]

A "cultura de ementas" que se instaura acaba por definir os contornos e o conteúdo do Direito a partir da palavra final dada pelos tribunais superiores. Em outras palavras, "os Tribunais superiores passaram a ser os produtores iniciais e finais dos sentidos e significações da lei. O direito passa a ser – quase que exclusivamente – aquilo que é dito e repetido pelos pretórios".[7] As consequências disso são mais graves do que aparentam:

> "a produção jurídica mais 'autorizada' é aquela dos tribunais superiores, por força da concentração de poder imposta pelo sistema recursal; por isso, também é ela a mais estudada e citada; como os julgados do STF e do STJ desconhecem os fatos, também o estudo jurídico e a doutrina os ignoram. Como resultado, surgem uma teoria e uma prática independentes da realidade que

---

5. RAMIRES, Maurício. Crítica à aplicação de precedentes no direito brasileiro. Porto Alegre: Livraria do Advogado, 2010, p. 30.
6. STRECK, Lenio Luiz; ABBOUD, Georges. O que é isto – o precedente judicial e as súmulas vinculantes? Porto Alegre: Livraria do Advogado, 2013, p. 78.
7. SAUSEN, Dalton. Súmulas, repercussão geral e recursos repetitivos: crítica à estandardização do direito. Porto Alegre: Livraria do Advogado, 2013, p. 20.

os solicita, separando com isso o direito da realidade social e histórica.".[8]

A reprodução cotidiana dessa concepção, de que o direito precisa ser acelerado e estar sujeito ao que decidem os tribunais superiores, acaba criando artificialmente um senso-comum teórico[9] na comunidade jurídica, que "sufoca as possibilidades interpretativas" e acaba por aniquilar qualquer posição crítica a respeito. Esse sentido comum teórico é, na verdade, a institucionalização de um pensamento falacioso, que rejeita argumentos contrários.[10]

Tem-se como resultado imediato dessa situação que o direito passa a ser enxergado desvencilhado de sua facticidade, como um produto técnico e científico, já que as decisões apenas reproduzem teses jurídicas, num processo de "encaixe" de sentidos entre o que foi decidido anteriormente e o que está sendo decidido agora.

É claro que os casos julgados anteriormente devem servir para informar e dar balizas à compreensão do caso presente; isso, na verdade, é imprescindível à segurança jurídica. Aliás, é por esse motivo que o art. 926 do novo CPC exige que os tribunais mantenham sua jurisprudência "estável, íntegra e coerente". São requisitos mínimos para que juízes futuros possam utilizar as decisões dos tribunais como parâmetro de fundamentação.

No entanto, a utilização mecanizada de "precedentes"[11] é um sintoma de um "processo de acomodação do direito",[12] onde tem parecido cada vez mais fácil e rápido decidir casos e emprestar às decisões uma aparência de legitimidade, com a simples menção de que tal ou qual tribunal já decidiu dessa maneira. Isso tudo acaba transformando a realização do direito em uma prática baseada em discursos prévios de argumentação, onde o raciocínio jurídico já vem pronto ao julgador, como se fosse possível extrair, de um caso concreto, uma solução onipotente, apta a solucionar casos futuros que se mostrem "análogos". O direito, assim, passa a sobreviver através da reprodução de "standards", de meros enunciados desprovidos de conteúdo fático.

---

8. RAMIRES, Maurício, 2010, p. 47.
9. WARAT, Luiz Alberto. Introdução geral ao direito II. Porto Alegre: Fabris, 1995, p. 82.
10. Pierre Bordieu chama essa institucionalização de "habitus". Segundo Bordieu, há um conjunto de crenças que propiciam, através de uma espécie de falácia de autoridade, um conhecimento acrítico, sem questionamentos, uma internalização falaciosa do significado das palavras, das categorias e das atividades jurídicas. Isso faz da dogmática uma rotina banal que trivializa a compreensão (BORDIEU, Pierre. O poder simbólico. Rio de Janeiro: Bertrand Brasil, 2007).
11. O escopo do presente artigo é enfrentar as hipóteses em que uma decisão é proferida com base no resultado de um caso anterior, supostamente análogo a ele. Essa não é uma situação, em sentido estrito, de "precedente judicial", nos moldes anglo-americanos. Por esse motivo o termo vai entre aspas, e continuará grafado dessa maneira ao longo do texto.
12. SAUSEN, Dalton, 2013, p. 73.

A proposta desse artigo, diante do panorama que foi aqui apresentado, é discorrer sobre a má utilização dessa técnica – de fundamentar decisões utilizando casos anteriormente julgados – e responder a uma pergunta que, se não preocupa, ao menos deveria preocupar toda a comunidade jurídica: *"Como um juiz deve se comportar diante de um caso novo, para se referir às decisões de casos anteriores, que envolvem fatos parecidos [...]?."*[13].

A resposta a esse questionamento deve necessariamente passar pelas origens da judicialização em massa, e pelos motivos e equívocos na adoção da doutrina de precedentes no Brasil, para só então ser possível compreender como os "precedentes" devem ser abordados e como devem ser utilizados como parâmetros para decisões judiciais. O intuito do texto é, então, auxiliar a entender como devem ser utilizados os incisos V e VI, do art. 489, §1º, do novo CPC, que dizem não ser fundamentada a decisão que citar julgado precedente sem explicar a sua relação com o caso, e que deixar de seguir enunciado de precedente sem demonstrar distinção ou superação.

2. ORIGENS POLÍTICAS E ECONÔMICAS DA PADRONIZAÇÃO DECISÓRIA

As origens da mecanização decisória – o fenômeno que pode ser chamado de *estandardização* do direito – são, em última análise, um reflexo da crescente importância que o Judiciário vem tomando em relação aos demais poderes dentro da estrutura político-constitucional no Brasil.

A Constituição de 88 introduz um modelo garantista de bem-estar social, no qual se busca, através da legítima (democrática) promulgação de textos dotados de força normativa, a transformação da sociedade. Ocorre que, contrariamente ao que se esperava dessa estrutura sociopolítica, "o welfare state, na origem essencialmente um estado legislativo, transformou-se, assim, e continua permanentemente se transformando, em 'estado administrativo', na verdade 'estado burocrático', não sem o perigo de sua perversão em 'estado de polícia'".[14]

O Poder Público assume, notadamente no Brasil pós-88, responsabilidades adicionais àquelas de um Estado liberal, até então comprometido com a não-ingerência na liberdade dos cidadãos. Passa a existir um poder-dever de concretizar direitos fundamentais, pois "os direitos sociais pedem para sua execução a intervenção ativa do estado".[15] Nem sempre, no entanto, isso ocorre de maneira satisfatória:

---

13. TRIBE, Laurence; DORF, Michael. Hermenêutica constitucional. Belo Horizonte: Del Rey, 2007, p. 107.
14. CAPPELLETTI, Mauro. Juízes Legisladores? Porto Alegre: Fabris, 1999, p. 39.
15. Idem, p. 55.

> "A despeito dessa premissa de separação dos Poderes albergada constitucionalmente, é sabido que em países de modernidade tardia, tal como o Brasil, em que o Poder Executivo cumpre mal, ou nem mesmo cumpre seu papel de realização de direitos, o Poder Judiciário acaba servindo como agente, não só de harmonização de eventuais diferenças entre os Poderes Legislativo e Executivo, mas sobretudo, como garantidor da efetividade dos direitos constitucionais"[16]

O deslocamento dos problemas sociais para a esfera judiciária é uma decorrência da inefetividade do Poder Executivo em dar cumprimento àquilo que havia prometido o Legislativo. A lógica da separação de poderes, assim, acaba controvertida, em um modelo social onde a Constituição tenta encontrar sua normatividade (seu poder transformador da sociedade) e as instituições não conseguem desempenhar seu papel como esperado. Acontece então a "judicialização" exacerbada de questões normalmente pertencentes à política e a economia.

Por outro lado, o Poder Judiciário sofre influxos alheios à própria vontade do Estado; a modernização e globalização econômica trazem consigo a necessidade de respostas rápidas, que atendam à dinâmica própria do mercado financeiro internacional:

> "A retórica do capital é de que o Poder Judiciário é lento demais e burocratizado, incompatível com a dinâmica e agilidade que o mercado exige, configurando um elevado custo que é acrescido às transações, daí que reformas judiciais buscam aumentar a capacidade de produção na melhor lógica do custo/benefício, o que, indubitavelmente, conflui para o aumento do nível de estandardização do direito".[17]

O que acaba acontecendo é uma submissão do Direito a um sopesamento de custo e benefício aos agentes econômicos, e como resultado a própria prática jurídica perde em qualidade.

Seja pelo excessivo número de novas demandas oriundas da má prestação de serviços pela Administração, seja pela exigência de celeridade ínsita aos tempos atuais, o que se percebe é um abarrotamento das funções do Judiciário. Ao mesmo tempo, paradoxalmente, é preciso cuidar de cada vez mais casos, e oferecer uma resposta cada vez mais rapidamente a eles. Em meio a esse contexto, cresce assustadoramente o número de questões semelhantes que são levadas ao judiciário, especialmente quando o litiga o poder público – em

---

16. SAUSEN, Dalton, 2012, p. 24.
17. Idem, p. 29.

matéria tributária e previdenciária – ou seus concessionários de serviços – telefonia, em especial. O fenômeno foi constatado já há mais de década:

> Alinho-me entre os que acreditam que a maior parte das questões trazidas ao foro, especialmente ao foro federal, são causas repetitivas, onde, embora diversas as partes e seus patronos, a lide jurídica é sempre a mesma. São causas que se contam aos milhares em todo o país e que dizem respeito a matérias exaustivamente discutidas e de há muito pacificadas pela jurisprudência.[18]

A válvula de escape dessa conjuntura, ao que parece, é a (re)produção mecânica de decisões, privilegiando a quantidade em detrimento da qualidade. Isso é, ainda, agravado pelo comportamento do Conselho Nacional de Justiça, que vem editando "metas"[19] e resoluções que estimulam o esvaziamento das prateleiras em gabinetes, sem a devida preocupação com como as questões estão efetivamente sendo decididas.

Está, assim, instaurada definitivamente a cultura (o senso comum) de celeridade e efetividade quantitativa, no Brasil.

3. EQUÍVOCOS NA TROPICALIZAÇÃO DA DOUTRINA DE PRECEDENTES

Pode-se dizer, sem medo, que atualmente existe uma "fetichização por parcela de nossa doutrina em relação ao common law".[20] Isso quer dizer que há, aparentemente, certo entusiasmo doutrinário em querer ver, no Brasil, a aplicação de instrumentos semelhantes aos da *common law*. Tendo em vista a noção, acima descrita, de que casos seriam bem julgados quando são repetidas teses jurídicas, parece aflorar cada vez mais a vontade de que a "cultura de precedentes" seja instaurada.

No entanto, diga-se já de início, há um enorme engano na ideia de que o País tem condições de absorver, ou de importar, a teoria do respeito aos precedentes judiciais, nos exatos moldes de como ocorre no modelo anglo-saxão.

---

18. NORTHFLEET, Ellen Gracie. Ainda sobre o efeito vinculante, in Cadernos de Direito Tributário e Finanças Públicas, n. 16, jul.-set. 1996, p. 12.
19. As "metas" são diretrizes para o aperfeiçoamento da função dos tribunais. É de se destacar, dentre elas, a de nº 2: "Identificar os processos judiciais mais antigos e adotar medidas concretas para o julgamento de todos os distribuídos até 31/12/2005 (em 1º, 2º grau ou tribunais superiores)". Não se trata de simplesmente julgar preferencialmente casos mais antigos; quer-se exterminar qualquer processo judicial anterior ao ano de 2006. Pode parecer, é claro, que sete anos (de 2006 até o presente ano de 2013) seja tempo mais do que razoável para o deslinde dos casos. No entanto, a realidade judiciária é outra, e de fato há inúmeros casos mais antigos aguardando julgamento. É bastante óbvio que o resultado da edição da "meta dois" foi um atropelamento do devido processo legal em prol do cumprimento da diretriz do CNJ.
20. ABBOUD, Georges. Precedente judicial versus jurisprudência dotada de efeito vinculante. IN: WAMBIER, Teresa Arruda Alvim (org). Direito jurisprudencial. São Paulo: RT, 2012, p. 493.

A importação da teoria, em primeiro lugar, é prejudicada pois nem mesmo nos países onde ela existe, há um consenso sobre seus exatos contornos. Não se pode dizer que existe uma concepção clara e sistemática a respeito de o que constitua o precedente judicial a ser seguido.[21] Como diz Neil MacCormick, "é de fato verdade que há muitas decisões nas quais é impossível encontrar qualquer comando claro. Por outro lado, é possível tecer larga dúvida sobre o conceito de 'ratio decidendi', que é central à teoria do precedente".[22]

Com efeito, as noções mais basilares dessa sistemática – como as de *ratio decidedi, obter dictum,* e *distinguishing* – são fruto de uma longa construção doutrinária e jurisprudencial, coexistindo ainda hoje ideias conflitantes a seu respeito. Isso tem feito com que certa parte (ainda pequena) da comunidade jurídica brasileira seja refratária a "simplesmente importar uma teoria do precedente formulada para a realidade do common law, adaptando para o nosso contexto aquilo que lá representariam seus institutos fundamentais"[23]

Muito além dessa inconsistência, de ordem técnica, há um problema estrutural e sistêmico. As famílias jurídicas do common law e do direito continental tem raízes históricas muito diversas:[24]

> "O common law estruturou-se com base na prática cotidiana do direito, e não a partir de doutrina ou da ciência do direito como ocorreu com o civil law. Ou seja, a common law ao contrário do civil law não se originou cientificamente, mas sim judicialmente, como prática judiciária".[25]

Totalmente diferente é a origem da *civil law,* como a conhecemos hoje, que surgiu mais solidamente no início do século XIX com a promulgação do código napoleônico. Ali tinha início a "jurisprudência dos conceitos", escola de pensamento segundo a qual a ciência do direito seria o resultado de estruturações

---

21. TARUFFO, Michele. Dimensiones del precedente judicial. Paginas sobre justicia civil. Madrid: Marcial Pons, 2009, p. 542
22. "That is the fact which makes sense of the doctrine of precedent, in that the ruling made by today's Courts is available for use as a rule by tomorrow's court. It is certainly true that there are many reported decisions in which it is impossible to find any single clear ruling. On the other hand, it is possible to cast excessive doubt over the concept of 'ratio decidendi', which is central to the theory of precedent." (Neil Maccormick. *The motivation of judgments in the common law,* cit., p. 186).
23. SANTOS, Evaristo Aragão. Em torno do conceito e da formação do precedente judicial. IN: WAMBIER, Teresa Arruda Alvim (org). Direito jurisprudencial. São Paulo: RT, 2012, p. 137.
24. O direito na Inglaterra (e, posteriormente, nos Estados Unidos) é bem explicado pela noção empirista da filosofia de David Hume, onde a ciência é o resultado de uma estrutura de causalidade entre experiência (causa) e resultado (efeito). A consequência de uma prática jurídica criada sobre essa premissa é uma estrutura pragmática, que evoluiu conforme se observava o comportamento dos juízes e o resultado prático de seus julgados. Mais amplamente: HUME, David. An enquiry concerning human understanding. Cambridge: Hackett Pub Co, 1993.
25. ABBOUD, Georges, 2012, p. 511.

lógico-semânticas elaboradas no campo da teoria,[26] com pretensão de resolver os problemas práticos.

Essa estrutura teve enorme influência na maneira como o direito era criado na Europa e, consequentemente, no Brasil. Nesse modelo de produzir direito, "as mais altas fontes do direito podiam manter a aparência de distância da prática, da divisão social e da atividade comercial".[27] Perceba-se como é nítida a divergência entre o fundamento básico de criação do direito nesses dois sistemas, pois de um lado, a prática judiciária ditava o que era Direito, enquanto de outro, esse era fruto da produção intelectual no estrito campo teórico.

Quer-se, com isso, demonstrar que existe uma distância muito grande entre essas concepções jurídicas, não sendo tão simples adotar instrumentos seculares da *common law* no Brasil como, em grande parte, quer a doutrina, sem antes ao menos filtrá-los e adaptá-los à nossa realidade.

4. O PROBLEMA DAS DECISÕES QUE JÁ "NASCEM COMO PRECEDENTES"

Não obstante os apontamentos que foram feitos no capítulo anterior, a utilização de julgados anteriores para fundamentar casos concretos é uma realidade no Brasil, e já o era mesmo antes da Emenda Constitucional 45/2004. Ocorre que não só a utilização de "precedentes", mas também a formação deles merece atenção especial.

O que salta aos olhos a esse respeito é que tem sido feito uso, atualmente mais do que nunca, de meras transcrições de ementas, como se a solução do caso estivesse ali contida, nas entrelinhas do que está escrito nas quatro ou cinco frases que resumem a tese jurídica do caso antecedente. A grande consequência dessa prática reiterada é que as ementas, e, mais ainda, as súmulas – mesmo as não vinculantes, passaram a ser redigidas com a pretensão de, desde já, serviram como resposta automática a casos futuros. Em outras palavras, a existência de súmulas e ementas não é um problema em si, no entanto:

> "o problema reside na elaboração de ementas já com a pretensão de que elas venham a ser diretamente transcritas em textos jurídicos a serem produzidos futuramente, como se uma resposta

---

26. Essa visão decorre, diferentemente, de uma concepção quase cartesiana do que seja o Direito, inspirada nas ideias de Immanuel Kant sobre a dualidade metafísica entre teoria e prática. A filosofia kantiana é a origem, por exemplo, da "teoria pura do direito" de Kelsen, exemplo máximo do positivismo jurídico no âmbito da *civil law*. A desconstrução da teoria kantiana – e a proposta de sua superação pela dogmática jurídica – é muito bem apresentada por OLIVEIRA, Rafael Tomaz de. Decisão judicial e o conceito de princípio. Porto Alegre: Livraria do advogado, 2008, especialmente pp. 93/125.
27. Dezalay, Yves; TRUBEK, David. A reestruturação global e o direito. IN: FARIA, José Eduardo (org.). Direito e globalização econômica. São Paulo: Malheiros, 1998.

a um problema jurídico pudesse abranger, em si mesma, outras hipóteses de sua aplicação, para casos ainda sequer nascidos".[28]

Isso é parte do cotidiano forense, porém é exatamente o contrário daquilo que ocorre na *common law*, onde uma decisão judicial só se transforma em "precedente" quando, reiteradamente, juízes utilizam-na em casos posteriores. Quer dizer, "ontologicamente, o precedente constitui decisão judicial proferida para solucionar o caso concreto, ele nunca pode pretender nascer desde sempre como precedente":[29]

> "mesmo na common law, as decisões não são proferidas para que possam servir de precedentes para casos futuros; são, antes, emanadas para solver as disputas no caso concreto e, também por isso, não basta a simples menção do precedente para solucionar a controvérsia. Este deve vir acompanhado da necessária justificação e contextualização no caso concreto".[30]

O verdadeiro caso precedente, portanto, surge retrospectivamente, enquanto no Brasil quer-se cada vez mais que isso ocorra de forma *prospectiva*, com a formação de "precedentes que nascem como precedentes". Aí reside outro grande equívoco teórico:

> "O Tribunal Superior ao julgar um *leading case* não pode determinar que ele tenha valor de precedente judicial, somente se, historicamente, ele for utilizado na argumentação das partes e na fundamentação de novas decisões judiciais é que ele começará a ganhar o status de precedente".[31]

Infelizmente, uma majoritária parcela da comunidade jurídica deixa de analisar essa particularidade da teoria do precedente anglo-americana. Tem-se visto, cada vez com mais ânimo, defensores da ideia de que prolatar uma decisão jurídica "implica[ria] expor os fundamentos da decisão não apenas tendo em vista o caso concreto, como estamos acostumados. O órgão judicial deverá prolata-la tendo a consciência de que aquele pronunciamento servirá de modelo para decisão de outros casos".[32]

É evidente que o julgador dos dias de hoje – ainda mais quando for componente de órgão colegiado – tem consciência de que sua decisão poderá

---

28. RAMIRES, Maurício, 2010, p. 5.
29. ABBOUD, Georges, 2012, p. 514.
30. STRECK, Lenio luiz. Da interpretação de textos à concretização de direitos. IN: Streck, Lenio luiz, et al (org). Constituição, sistemas sociais e hermenêutica. Programa de pós-graduação em direito da unisinos: mestrado e doutorado, 2005, n. 2, p. 172.
31. ABBOUD, Georges, 2012, p. 514.
32. SANTOS, Evaristo Aragão, 2012, p. 152.

ser utilizada futuramente. Isso não quer dizer, no entanto, que deva fabricar o raciocínio jurídico com vistas a resolver qualquer coisa além do caso concreto.[33]

Não se pode negar, é claro, que em uma grande parcela de situações, a coerência do ordenamento exige também a uniformidade de interpretação dispensada a casos que se mostrem repetitivos. Isso implica que os juízes de instâncias inferiores devam tomar conhecimento, de como se comportam os tribunais.

Um dado preocupante, nesse ponto, é que de fato os instrumentos de "uniformização de jurisprudência" mais recentes subvertem o conceito do que seja "precedente", ignorando que a sua formação é mais cultural e pragmática do que impositiva. Os arts. 543-B, e 543-C, do CPC, são exemplos nítidos disso. Também o são o incidente de resolução de demandas repetitivas (arts. 976 e ss.) e as disposições sobre recursos repetitivos (arts. 1.036 e ss.), ambos do NCPC, nos quais o tribunal competente deverá destacar um caso concreto para prolatar uma decisão-paradigma, enquanto os casos análogos aguardam, sobrestados, até que sejam contemplados com a mesma decisão daquela situação paradigmática.

Ao comentar esses artigos de maneira crítica, acerta Georges Abboud quando diz que "pretendem trazer a decisão pronta que permitiria, de maneira automática, o deslinde de todos os casos sobrestados. Almejam constituir-se como a regra decisória de uma multiplicidade de casos concretos".[34] Em uma teoria coerente de utilização dos precedentes, como diz Sérgio Gilberto Porto, "a decisão de adotar o precedente cabe ao juiz posterior, ou seja, àquele que está no momento julgando e não se constitui uma imposição do juízo anterior como no caso da edição de súmula, máxime quando e se de caráter vinculante".[35] Em outras palavras, esses julgamentos-paradigma formam o que se pode chamar de "padronização decisória preventiva",[36] consistindo em uma teoria às avessas do precedente judicial.

Acreditar, como se tem acreditado no Brasil, que a ementa de decisão jurídica pode conter em si mesma as soluções para casos futuros equivale a dizer

---

33. Essa ideia é melhor trabalhada em SCHMITZ, Leonard; ABBOUD, Georges; LUNELLI, Guilherme. Como trabalhar - e como não trabalhar - com súmulas no Brasil: um acerto de paradigmas. In: MENDES, Aluísio Gonçalves Castro; MARINONI, Luiz Guilherme; WAMBIER, Teresa Arruda Alvim. Direito jurisprudencial, vol. II. São Paulo: RT, pp. 645/687.
34. ABBOUD, Georges, 2012, p. 522.
35. PORTO, Sério Gilberto. Sobre a common law, civil law e o precedente judicial. IN: MARINONI, Luiz Guilherme (org.). Estudos de direito processual civil; homenagem ao professor Egas Dirceu Moniz de Aragão. São Paulo: RT, 2006, p. 766.
36. NUNES, Dierle. Precedentes, padronização decisória preventiva e coletivização. IN: WAMBIER, Teresa Arruda Alvim (org). Direito jurisprudencial. São Paulo: RT, 2012, p. 262.

que o julgador poderia abrir mão do raciocínio jurídico, utilizando o discurso previamente fabricado para justificar sua decisão. Tomas da Rosa Bustamante, baseando-se nas ideias de Neil Maccormick, pontua:

> "Seria extremamente difícil, talvez impossível, e por certo incompatível com qualquer pretensão de clareza ou cognoscibilidade do Direito, tentar alcançar uma formulação de todas as pré-condições de validade imagináveis em todos os enunciados de todas as regras. Por isso, formulações gerais acerca de direitos são passíveis de deixar muitas condições de fundo não expressamente enunciadas, especialmente aquelas que surgem apenas em casos excepcionais".[37]

Esse é, sem dúvida, o problema dos casos que já são decididos com pretensão totalizante, nascidos desde já como "precedentes". Nesse panorama, comenta com precisão Maurício Ramires que "o hard case tornou-se easy case: o julgador só terá de avaliar se o caso posterior é adequável ao precedente: a fundamentação/argumentação para a condenação e para a imprescritibilidade e a ponderação entre os princípios (o que consubstanciava a parte "difícil" do caso) já estão dadas".[38]

Novamente se diga que a existência de parâmetros decisórios formados por julgados de tribunais superiores, em si, é saudável e necessária. O que não pode ocorrer é a supervalorização desses julgados, pois isso acarreta sua má utilização. Assim, "a ementa de um julgado deve ser vista como não mais que um instrumento para proporcionar a catalogação da decisão nos repertórios jurisprudenciais, facilitando o acesso à informação nela contida".[39]

5. PREMISSAS PARA COMPREENDER E UTILIZAR OS "PRECEDENTES"

5.1. A decisão judicial não é fruto de um exercício de silogismo

Primeiramente, e como decorrência do modelo constitucional por nós adotado, é imprescindível abandonar e superar de uma vez por todas a ideia de que o ato de julgar consistiria em um silogismo, onde a premissa maior (a lei) e a premissa menor (os fatos) seriam "encaixados" subsuntivamente. Essa concepção é ultrapassada e presa a um paradigma positivista que há muitas décadas deixou de ser utilizado em outros ordenamentos, muito embora no Brasil ainda persista:

---

37. BUSTAMANTE, Thomas da Rosa. Teoria do precedente judicial. São Paulo: Noeses, 2012, p. 339.
38. RAMIRES, Maurício, 2010, p. 58.
39. Idem, p. 49.

"Na formação da sentença, terá assim o juiz de estabelecer duas premissas: uma referente aos fatos, outra referente ao direito. São as premissas do silogismo. Diz-se, assim, que a sentença, na sua formação, se apresenta como um silogismo, do qual a premissa maior é a regra de direito e a menor a situação de fato, permitindo extrair, como conclusão, a aplicação da regra legal à situação de fato."[40]

Para quem trabalhe com o direito de maneira presa a esse paradigma, a "norma" que incide por subsunção,[41] fazendo com que os fatos, que devem ser simplesmente acoplados, ingressem no mundo jurídico, como se antes disso fosse possível enxergar uma distinção clara entre "mundo jurídico" e "mundo fático".

Nas palavras de Georges Abboud, "conceber a norma como simples silogismo é conceituar a sentença como um ato meramente lógico embasado num paradigma racionalista lógico-matemático, pois crer que um fato determinado pode simplesmente ser solucionado por lógica é algo completamente ingênuo".[42] Prossegue o autor:

"O silogismo judicial cria uma atitude reconfortante para o intérprete, que passa a se iludir ao crer que a lei, ou a súmula vinculante, traz consigo a norma já pronta para a solução dos casos futuros, restando ao juiz a simples tarefa de acoplar o suporte fático ao texto normativo".[43]

Ainda aliado ao positivismo do início do século XX, é possível dizer que "quem seguir a concepção – ingênua – segundo a qual o juiz deduziria a sua decisão jurídica da lei, 'subsumiria' o caso da norma codificada, atribui à codificação a função de fonte única de toda a decisão jurídica".[44] E essa constatação vai de encontro inclusive às correntes doutrinárias mais recentes no Brasil, que querem justamente ver na jurisprudência (e não mais apenas nos códigos) uma fonte de direito.

---

40. Moacyr Amaral Santos. Primeiras linhas de direito processual civil, v. 3. São Paulo: Saraiva, 1995, p. 10.
41. O pensamento de Pontes de Miranda, na brilhante descrição da teoria do fato jurídico, acaba incidindo no mesmo equívoco. Para ele, três são os pilares do mundo jurídico: norma jurídica, fato jurídico lato sensu e relação jurídica. A norma jurídica incide sobre um suporte fático (um ou mais fatos do mundo fático); o suporte fático, por causa da incidência da norma jurídica, sai do mundo fático e entra no mundo jurídico, agora como fato jurídico lato sensu. O fato jurídico gera efeitos jurídicos, sendo o mais importante desses efeitos a relação jurídica. Assim, tem-se que a norma jurídica incide sobre o suporte fático transformando-o em "fato jurídico" e provocando efeitos jurídicos. (MELLO, Marcos Bernardes de. Teoria do Fato Jurídico: plano da existência. São Paulo: Saraiva, 2007, p. 74).
42. ABBOUD, Georges. Jurisdição constitucional e direitos fundamentais. São Paulo: RT, 2011, p. 70.
43. Idem, p. 71.
44. HASSEMER, Winfried. Sistema jurídico e codificação: a vinculação do juiz à lei. IN: KAUFMANN, Arthur; HASSEMER, Winfried (org.) Introdução à filosofia do direito e à teoria do direito contemporâneas. Lisboa: Calouste Gulbenkian, 2002, p. 282.

A ideia de subsunção – que é, repita-se, fortemente difundida no País – aparece com mais solidez quando se cuidam dos chamados casos fáceis e difíceis. Os chamados hard cases envolveriam a aplicação de princípios, e os easy cases seriam resolvidos por subsunção. Ocorre que essa cisão não pode existir. Sem dúvida alguma, a resposta jurídica a algumas demandas será de complexidade menor do que a de outra: "há casos em que a regra será aplicada praticamente de imediato, porque simples e incontroversa, e outros em que a aplicação da regra vai requerer, invariavelmente, uma justificação mais aprofundada. Em qualquer destas hipóteses, no entanto, o direito deve ser interpretado".[45] Assim, não existem normas prontas e acabadas, nem mesmo quando há "precedente" aplicável ao caso. Há na verdade textos, que encerram tanto regras quanto princípios, dotados de força normativa, servindo de parâmetros iniciais para a construção da norma, que é a decisão final de um caso concreto.

O processo de interpretação do direito é uma atividade que não pode fazer distinção entre fatos e fontes de direito (seja a lei, sejam os "precedentes"), como descreve Gustavo Zagrebelski:

> "No processo interpretativo do direito, o caso é a mola que move o interprete e dá a direção. Sobre essa base [fática], dirige-se ao direito para interrogá-lo e receber uma resposta. Do caso, o interprete procede à procura das regras e ao caso retorna, em um procedimento circular (assim chamado 'círculo interpretativo') de recondução bipolar que encontra sua paz no momento em que se compõem de modo satisfatório as exigências do caso e as pretensões das regras jurídicas".[46]

Os precedentes não são facilitadores do direito. Não tornam o fenômeno jurídico menos complexo. Por isso o perigo de se acreditar que, por mera subsunção, o juiz "aplique uma tese" a um caso concreto.

5.2. Precedentes são textos, e devem ser interpretados

A mesma noção e o mesmo raciocínio de superação de silogismos devem ser aplicados aos "precedentes" judiciais, pois em realidade, "quando o juiz analisa um precedente, questionando sobre a sua aplicabilidade ao caso

---

45. Érica de Oliveira Hartmann. *A parcialidade do controle jurisdicional da motivação das decisões*. Florianópolis: Conceito, 2010, p.100.
46. "nel processo interpretativo del diritto, il caso è la molla che muove l'interprete e dà la direzione. Sulla base di esso, ci si rivolge al diritto per interrogarlo e avere da questo una risposta. Dal caso, l'interprete procede alla ricerca delle regole e a esso ritorna, in un procedimento circolare (il cosidetto 'circolo interpretativo') di riconduzione bipolar che trova la sua pace nem moment in cui si compongono in modo soddisfacente le esigenze del caso e le pretese delle regole giuridiche" (ZAGREBELSKY, Gustavo. Il diritto mite. Torino: Einaudi, 1992, p. 183.

presente que deve julgar, o que tem diante de si é um texto. Os fatos já aconteceram; a decisão já foi prolatada":[47]

> "para melhor compreensão do problema, há que se ter presente que um precedente (súmula ou acórdão que exprima a posição majoritária) é (também) um texto, ao qual deve ser atribuído um sentido, a partir do caso concreto sob análise. É assim que surge o caso concreto".[48]

Isso quer dizer que utilizar um dispositivo de lei ou uma decisão anterior não podem diferir muito, pois ambos são textos dotados de normatividade, aptos a auxiliar na construção da norma – a decisão do caso concreto.

Por esse motivo, soa estranho quando parte da doutrina brasileira que defende um sistema de precedentes para o Brasil fala que a lei, sozinha, não consegue abarcar todas as situações concretas futuras. Quer dizer, já se sabe que no início do século XIX "desejava-se uma lei abstrata e dotada de generalidade, que pudesse albergar quaisquer situações futuras e eliminasse a possibilidade de o juiz, ao decidir, tomar em conta as características específicas da situação conflitiva concreta".[49] No entanto e aparentemente, essa corrente doutrinária esbarra no próprio problema que quer apontar, pois as súmulas e as ementas têm as mesmas características de dispositivos de lei: são abstratas e prévias à sua aplicação. Ocorre que a simples transcrição de uma ementa não dá legitimidade a uma nova decisão, assim como a transcrição do dispositivo de lei não soluciona um caso concreto.[50]

Reina no Brasil, também nesse ponto, a concepção equivocada de que uma subsunção resolveria o caso quando for aplicado um "precedente", tendo alguns autores, com auxílio da doutrina de Robert Alexy, sustentado que: "se a ratio decidendi é uma norma do tipo regra, então segue-se que a operação básica necessária para sua aplicação em um caso futuro será a subsunção".[51] Muito pelo contrário, no entanto, "a norma de um caso concreto também não pode ser confundida com a norma solucionadora de um caso anterior semelhante; ainda que o efeito prático seja o mesmo nos dois casos, cada caso jurídico possui sua norma, que sempre será única e irrepetível".[52] Em outras palavras:

---

47. RAMIRES, Maurício, 2010, p. 125.
48. STRECK, Lenio Luiz; ABBOUD, Georges., 2013, p. 54.
49. MARINONI, Luiz Guilherme. A ética dos precedentes. São Paulo: RT, 2014, p. 50.
50. "decidir com base em precedentes não é fazer um juízo prévio de semelhança entre duas situações (puramente) de fato distintas e, a posteriori, julgar que são suficientemente identificáveis para ter a mesma solução jurídica. O importante é a identificação de aplicação principiológica, a partir da semelhança das perguntas e das respostas" (Maurício Ramires. Crítica à aplicação de precedentes no direito brasileiro, cit., p. 137).
51. BUSTAMANTE, Tomas da Rosa, p. 468.
52. ABBOUD, Georges, 2011, p. 80.

"o precedente não vale por si só. Mais os precedentes não devem ser aplicados de forma dedutivista/subsuntiva, como se fossem uma premissa maior. [...] Para o precedente ser aplicado, deve estar fundado em um contexto, sem a dispensa de profundo exame acerca das peculiaridades do caso que o gerou. Logo, a fundamentação de um princípio através do uso da jurisprudência, em nosso sistema, não dispensa o que é mais caro para a common law – a justificação acerca da similitude do caso que está servindo como holding".[53]

Com efeito, na *common law* os precedentes não são tratados como algo aplicável de pronto. Ronald Dworkin, com propriedade, é enfático ao rejeitar a utilização de precedentes através de um método silogístico:

"ninguém imagina que os juízes possam ou devam decidir os casos por meio de um algoritmo que pretenda fazêlos-chegar, ao longo de um processo lógico ou formal de outra natureza, a uma decisão correta, utilizando apenas os materiais canônicos da tomada de decisões judiciais como o texto legal ou constitucional e decisões anteriores"..[54]

Dworkin conclui, a esse respeito, que "a compreensão meramente burocrática do decidir despe o juiz de responsabilidade e o afasta do compromisso com o caso. Quando se deixam de julgar casos, para julgarem-se teses, tem-se sintoma inequívoco da suplantação da atividade judicial pela burocracia".[55] José Carlos Barbosa Moreira, sobre isso, chama a atenção para o fato de que "não raro, a motivação reduz-se à enumeração de precedentes: o tribunal dispensa-se de analisar as regras legais e os princípios jurídicos pertinentes [...] e substitui o seu próprio raciocínio pela mera invocação de julgados anteriores".[56]

O que se tem percebido no Brasil é exatamente isso, pois a utilização de decisões pretéritas para fundamentar casos concretos tem sido cada vez mais confundida com a aplicação mecânica de teses jurídicas – reproduzindo, como já se viu, a noção equivocada de que o enunciado do "mundo jurídico" possa ser encaixado na situação do "mundo prático".

Ocorre, no entanto, que a simples transcrição de uma ementa não dá legitimidade a uma nova decisão. A conclusão a que se chega é de que realmente

---

53. STRECK, Lenio Luiz. Da interpretação de textos à concretização de direitos. IN: Streck, Lenio luiz, et al (org). Constituição, sistemas sociais e hermenêutica. Programa de pós-graduação em direito da unisinos: mestrado e doutorado, 2005, n. 2, p. 172.
54. DWORKIN, Ronald. A justiça de toga. São Paulo: Martins Fontes, 2010, p. 148.
55. Idem, p. 175.
56. MOREIRA, José Carlos Barbosa. Súmula, jurisprudência e precedente: uma escalada e seus riscos. In: *Temas de direito processual, nona série.* São Paulo: Saraiva, 2007, p. 300.

a noção de silogismo judicial é predominante, quando na verdade a decisão jurídica baseada em "precedente" precisa de muito mais do que uma mera identificação, uma analogia entre o caso anterior e o que se julga:

> "decidir com base em precedentes não é fazer um juízo prévio de semelhança entre duas situações (puramente) de fato distintas e, a posteriori, julgar que são suficientemente identificáveis para ter a mesma solução jurídica. O importante é a identificação de aplicação principiológica, a partir da semelhança das perguntas e das respostas".[57]

Precedentes, portanto, são textos, e como tais, carecem sempre de interpretação e de compreensão. Não é dado ao julgador a faculdade de se eximir de interpretar (e, portanto, compreender), e portanto é necessário sempre (re)construir o sentido normativo – a norma – do caso.

> "o dispositivo da sentença, ao ser utilizado em casos futuros, não configura mais a norma em si, o texto do dispositivo que consubstanciou a norma do caso concreto em que foi proferida essa sentença interpretativa passa a consistir em enunciado normativo a solucionar casos futuros, dando origem a novas normas à medida que surgirem novas sentenças resolventes de novos casos jurídicos".[58]

As súmulas e as ementas têm as mesmas características de dispositivos de lei: são abstratas e prévias à sua aplicação. É necessário, portanto, enxergar o "precedente" como o produto inacabado de um raciocínio jurídico; um texto que veicula uma mensagem, mas que não é a mensagem em si.

5.3. O precedente é um ponto de partida

Repita-se que a existência de ementas, de enunciados de súmula e a possibilidade de sua utilização, guardam uma importância considerável dentro do sistema normativo. Sua utilidade é, em primeiro lugar, estrutural:

> "precedentes jurisprudenciais são úteis para a compreensão do fenômeno jurídico (uma vez que são, por definição, textos jurídicos datados e contextualizados), e é válido e saudável que sejam invocados para demonstrar a viabilidade de uma determinada interpretação".[59]

O ato de julgar obriga que se tenha uma noção de como a questão jurídica concreta tem sido decidida até então; os acertos e os erros do passado

---

57. RAMIRES, Maurício, p. 137.
58. ABBOUD, Georges, 2011, p. 91.
59. RAMIRES, Maurício, 2008, p. 48.

constituem a história institucional daquele ponto específico da prática jurídica. A pesquisa por jurisprudência deve dar ao juiz o quadro dessa totalidade prática. Sendo assim, muito ao contrário do que tem ocorrido no Brasil, a decisão anterior não pode significar desde já o resultado do julgamento concreto, mas sim o verdadeiro início do raciocínio jurídico que solucionará o caso, pois precedentes são, no processo de compreensão, como experiências, e servem para reduzir o "conteúdo inesperado" do resultado da questão jurídica decidida.[60]

Nas palavras de Castanheira Neves, que analisou os "assentos" do direito português (que em muito se assemelhavam às nossas súmulas vinculantes), os precedentes são "invocados como *starting points* do *legal reasoning*, isto é, como *topoi* no sentido da casuística retórica".[61]

Súmulas e julgados são, portanto, *starting points*. Esse ponto de partida argumentativo é a partir de onde o julgador e as partes demonstrarão seus argumentos, e com base em outros pontos de partida (outros casos semelhantes julgados anteriormente) pode ser construído o sentido normativo de um caso concreto. O importante é que a questão seja decidida de forma coerente, utilizando-se os "precedentes" como parâmetros normativos e elaborando o raciocínio jurídico escorado no que por eles foi estabelecido. "precedentes" e lei, nesse caso, trabalham sempre conjuntamente:

> Como juízes não são legisladores, suas decisões não podem ser aceitas como algo mais do que o Direito produzido pelo legislador. Nos tempos recentes, pelo menos, é preciso alertar que, mesmo nos países da Common Law, direito jurisprudencial puro é relativamente raro.[62]

A posição do julgador em relação aos "precedentes" deve ser, como em qualquer outra situação em que um intérprete se depara com um texto, de diálogo, e não de submissão, até porque o sentido do texto não saltará aos olhos do intérprete, mas será construído à medida que a compreensão ocorrer. Em outras palavras, "quem quer compreender um texto, deve estar disposto a deixar que este lhe diga alguma coisa".[63]

Aplicar uma decisão anterior, uma ementa ou uma súmula, como fundamento para julgar um caso concreto, depende portanto de uma contextualização que, conforme se verá, só pode ocorrer na fundamentação da decisão.

---

60. Idem, p. 77.
61. NEVES, A. Castanheira. O Instituto dos Assentos e a Função Jurídica dos Supremos Tribunais. Coimbra: Coimbra Editora, 1983, p. 62.
62. MACCORMICK, Neil. Retórica e o estado de direito. RJ: Elsevier, 2008, p. 192.
63. GADAMER, Hans-Georg. Verdade e Método I. Petrópolis: Vozes, p. 358.

6. A FUNDAMENTAÇÃO ADEQUADA NA UTILIZAÇÃO DE "PRECEDENTES"

Até aqui foram apresentados alguns aspectos que devem ser basilares para uma utilização correta dos "precedentes" judiciais. Tratam-se, na verdade, de noções paradigmáticas que necessariamente deve(ria)m acompanhar o raciocínio jurídico no ato de julgar. A maneira como esse raciocínio será desenvolvido, e o modo como essas noções serão aplicadas, invariavelmente deverá ser explicitada na fundamentação da decisão que utilize um "precedente".

Fala-se, aqui, em fundamentação *ad relationem*, na qual a justificação de outra decisão anterior é tomada emprestada, prática que há muito tempo vem sendo utilizada em países de *civil law*.[64]

Nem por isso, a nova decisão deixa de precisar apresentar uma justificação autônoma, própria do caso concreto, sem apenas utilizar todo o raciocínio do julgado anterior como se se encaixasse perfeitamente e solucionasse a questão. Assim, se houve mera referência e não a transcrição dos argumentos, nula será a decisão.[65] Teresa Arruda Alvim Wambier, sobre o tema, ensina que "não se admite a motivação *per relationem* quando é exclusivamente *per relationem*, ou seja, quando o magistrado se limita a remeter a fundamentação à de outra decisão, o que significa a renúncia integral do juiz a justificar autonomamente, sua decisão".[66] E prossegue:

> "é claro que esta alusão (a outro julgado) não substitui a motivação. Como referência, o que é a jurisprudência, consiste em um dos elementos que o juiz pode levar em conta para decidir, além dos outros, de que deverá necessariamente compor-se a motivação".[67]

Esse tema já tem sido melhor compreendido em alguns países, como em Portugal,[68] embora seja explicitamente aceito como válido em outros, como na Argentina.[69]

---

64. TARUFFO, Michele. *La motivazione della sentenza civile*. Padova: CEDAM, 1975, p. 422.
65. OLIVEIRA, Vallisney de Souza. Nulidade da sentença e o princípio da congruência. São Paulo: Saraiva, 2004, p. 226.
66. WAMBIER, Teresa Arruda Alvim. Omissão judicial e embargos de declaração. São Paulo: RT, 2005, p. 304.
67. Idem, p. 306.
68. Assim, o Artigo 154, 2, do recentíssimo CPC português (publicado em junho de 2013): "A justificação não pode consistir na simples adesão aos fundamentos alegados no requerimento ou na oposição, salvo quando, tratando-se de despacho interlocutório, a contraparte não tenha apresentado oposição ao pedido e o caso seja de manifesta simplicidade".
69. "É de ter-se presente, ainda noutro aspecto, que, curiosamente, os pretórios argentinos admitem uma espécie de motivação aliunde, ou seja, não se tem como nula a sentença fundada em semelhante julgado anteriormente proferido" (TUCCI, José Rogério Cruz e. A motivação da sentença no processo civil. São Paulo: Saraiva, 1987, p. 89).

É na fundamentação, com efeito, que se poderá saber se o "precedente" foi aplicado conscientemente ou se se tratou de uma reprodução mecânica, nos moldes combatidos por este artigo. A obrigação de fundamentar, assim, "representa uma blindagem contra interpretações deslegitimadoras e despistadoras do conteúdo que sustenta o domínio normativo dos textos constitucionais".[70] Por isso, é também através de uma fundamentação adequada que, acreditamos, poderão ser minimizados os efeitos indesejados do atual mau uso de textos de súmulas e ementas.

6.1. Os problemas da má-fundamentação – o uso estratégico da jurisdição

Súmula e o "precedente", por não conterem dentro de si mesmas a essência do caso que solucionaram, transmitem um sentido incompleto; a leitura de um texto – como o de uma súmula – pode dar ao julgador interpretações várias, inclusive dissonantes, em face de um caso concreto. Além disso, é sabido que casos aparentemente semelhantes têm sido julgados, pelos mesmos órgãos fracionários de tribunais superiores, de forma distinta.

Quando se passa a acreditar que o juiz possa invocar um "precedente" pela simples transcrição de ementas, a decisão se transforma numa busca por um julgado conveniente à própria vontade de quem julga. Assim, na realidade prática, é infelizmente frequente que se vejam decisões que simplesmente afirmam a preferência do julgador por uma das soluções possíveis, sem se preocupar com as razões que a seguem.[71] Em outras palavras:

> "o juiz escolhe livremente (leia-se arbitrariamente) uma das interpretações trazidas pelas partes, e a seguir a confirma com uma rápida e simples busca em algum dos vários repertórios eletrônicos de jurisprudência, selecionando julgados que convêm à tese e ignorando os que a infirmam".[72]

Essa espécie de protagonismo judicial não pode ser defendida, pois como diz Dierle Nunes, mostra-se "absolutamente romântica a visão de que o juiz solitariamente poderia, sem a expertise e sem uma infraestrutura de planejamento, viabilizar, com precisão, políticas públicas e antever impactos decisórios".[73]

Assim, a elaboração de uma decisão apenas com a reprodução de outra decisão pode ser uma porta aberta para discricionariedades. Isso, pois se a

---

70. STRECK, Lenio Luiz. Verdade e Consenso. São Paulo: Saraiva, 2012, p. 542.
71. SILVA, Ovídio Araújo Baptista da. Fundamentação de sentenças como garantia constitucional. Revista do instituto de hermenêutica jurídica, n. 4, Porto Alegre, 2006, p. 339.
72. RAMIRES, Maurício, 2010, pp
73. NUNES, Dierle, 2012, p. 252.

decisão passada, quando analisada pelo juiz do caso concreto, é um texto que precisa ser (re)interpretado, é imprescindível que essa nova compreensão daquele caso precedente esteja expressa na fundamentação do caso em que o julgado vai ser aplicado. Do contrário, é impossível controlar o processo hermenêutico.

Fundamentar uma decisão tomando por base um julgado anterior, portanto, significa muito mais do que inserir no julgamento do caso concreto o texto da ementa, e conferir-lhe a interpretação que melhor se amoldar ao caso. É assim, segundo Lawrence Tribe e Michael Dorf, que ocorre a interpretação desintegrada do texto legal, quando o juiz "levanta uma questão, dá total importância e valor a ela, fornece-lhe todas as possíveis interpretações e, ao mesmo tempo, ignora o fato de que ela está imersa em um todo".[74]

A situação descrita nesse item é prática cotidiana, especialmente nos tribunais superiores. É muito frequente que se encontrem acórdãos cujos votos são compostos, tão somente, de alusões a um caso anterior. Elaborar uma decisão apenas com a reprodução de outra decisão, sem ao menos justificar o porquê ela é aplicável, é nítida violação ao art. 93, IX, da Constituição. Nesse panorama, a ausência de fundamentação é equivalente a ativismos judiciais não autorizados, sendo praticamente impossível o controle da atividade jurisdicional quando o conteúdo das decisões é apenas aparentemente legítimo.

Exemplos dessa aplicação descontextualizada de enunciados são facilmente encontráveis no sistema. Vejam-se o tratamento dispensado, ao longo dos anos, à súmula 26 do Superior Tribunal de Justiça,[75] e n. 304, do Supremo Tribunal Federal.[76]

---

74. TRIBE, Laurence; DORF, Michael, 2007, p. 23.
75. "O fiador na locação não responde por obrigações resultantes de aditamento ao qual não anuiu". Esse enunciado foi editado baseado em casos nos quais a Quinta e a Sexta Turmas do Tribunal reconheceram a impossibilidade de imputação de responsabilidade ao fiador nas locações quando, sem a sua anuência/participação: (i) o contrato fora modificado em audiência no processo de despejo (REsp 151071/MG); (ii) existiu novação contratual (REsp 64019/SP e REsp 74859/SP); (iii) existiu aditamento contratual alterando o valor da locação (REsp 61947/SP, REsp 64273/SP e REsp 34981/SP); (iv) o valor da locação foi modificado em ação revisional de aluguéis (REsp 50437/SP e REsp 62728/RJ). Todos os casos são de aditivos inovadores ao teor do contrato original. Ocorre que, após a sua edição, a súmula passou a ser invocada como argumento final para casos nos quais o contrato de locação, por expressa previsão legal (art. 39 da Lei do Inquilinato), prorrogou-se automaticamente. A mera prorrogação contratual constituir-se-ia forma de aditamento, elidindo, assim, a responsabilidade do fiador? Diante disso, o STJ modificou o entendimento: para fins de aplicação da súmula 214, a mera prorrogação do contrato não se confunde com o seu aditamento. É dizer: o Tribunal se prestou a realizar uma "interpretação autêntica" da "interpretação autêntica", delimitando o alcance de sua própria súmula.
76. "Decisão denegatória de Mandado de Segurança, não fazendo coisa julgada contra o impetrante, não impede o uso da ação própria." A origem da proposição deriva de entendimento consolidado pelo STF no sentido de que a decisão denegatória de mandado de segurança, mesmo quando decidida em seu mérito, jamais faria coisa julgada material (AR 569/RS; RMS 9598/SP; RE 46283/CE; RE 50816/SP). Sendo possível revisitar-se a questão pelas vias ordinárias, a rescisão de decisões denegatórias da segurança

Se – e quando – o juiz deixar de ser "senhor dos sentidos", e perder a possibilidade de julgar de acordo com a sua consciência, ele acabará por ser obrigado a fundamentar suas decisões de forma completa e constitucionalmente adequada.

6.2. O que é fundamentar com base em precedentes?

A questão que se coloca, portanto, é a dúvida sobre o que é fundamentar uma decisão tomando por critério o raciocínio jurídico desenvolvido e condensado em uma ementa ou uma súmula. Uma vez superada a questão do silogismo, é preciso deixar claro que fundamentar não é o mesmo que explicar a decisão. "A explicação só confere à decisão uma falsa aparência de validade. O juiz explica, e não fundamenta, quando diz que assim decide por ter incidido ao caso "tal ou qual norma legal".[77]

Nesse contexto, um déficit de fundamentação é também um déficit de legitimação,[78] e esse dever é agravado no caso dos precedentes, pois fala-se aqui de uma fundamentação baseada em "outra fundamentação" sendo redobrada a necessidade de exposição concreta do raciocínio jurídico. O "precedente", assim, só poderá ser aplicado quando for efetivamente demonstrado que se tratam de casos em que o *legal reasoning* é análogo.

As partes em um processo, além do julgador, irão invocar ementas e súmulas como razões de convencimento, e muitas vezes os argumentos são contrapostos porém são escorados na mesma ideia jurídica. Portanto, é imprescindível justificar tanto a concordância com determinado "precedente" quanto a não aplicação de outros julgados com força normativa, especialmente diante das situações de julgados antagônicos que se amoldariam à mesma situação. Na

---

seria impossível, eis que a respectiva rescisória careceria de interesse processual. Ocorre que, ao longo do tempo, o sentido da súmula alterou-se substancialmente. A expressão "não fazendo coisa julgada contra o impetrante", que, a luz da facticidade dos casos que lhe deram origem, deveria expressar "nunca fazendo coisa julgada contra o impetrante", passou a ser interpretada como "nos casos em que em que não fizer coisa julgada contra o impetrante" (RE 78119, Relator(a): Min. RODRIGUES ALCKMIN, Primeira Turma, julgado em 08/08/1975). Sobre isso: "o Supremo acabou por dar, à sua Súmula 304, interpretação diferente dos precedentes que a formaram. A jurisprudência posterior a essa Súmula entendeu que o enunciado queria dizer, na verdade, que a decisão denegatória, apenas quando não julgava o mérito, não impediria a formação do mesmo pedido em ação ordinária. Ou seja, para a jurisprudência do Supremo, a coisa julgada no mandado de segurança era pro et contra". (REDONDO, Bruno Garcia; OLIVEIRA, Guilherme Peres de; CRAMER, Ronaldo. *Mandado de segurança*. Rio de Janeiro: Forense, 2009, p. 146/147). É dizer: a súmula conservou-se intacta, mas foi interpretada de forma a esvaziá-la de qualquer sentido. O Tribunal simplesmente modificou seu posicionamento, e não entendeu necessário revogar a súmula 304, já que sua semântica comportava interpretação condizente com o novo entendimento.

77. SILVA, Ovídio Araújo Baptista da. Fundamentação de sentenças como garantia constitucional. Revista do instituto de hermenêutica jurídica, n. 4, Porto Alegre, 2006, p. 334.
78. ABBOUD, Georges, 2012, p. 501.

realidade, o ônus argumentativo ao não aplicar "precedentes" é ainda maior: "o juiz 'pode' desviar-se do direito jurisprudencial; não é, pois, determinado pelo precedente com o mesmo rigor formal do postulado da vinculação à lei. Contudo, se se afasta dos precedentes, é obrigado a um muito maior esforço argumentativo para justificar a sua decisão".[79] Isso é reconhecido por Pietro Perlingieri: "O juiz pode ter opinião diversa [daquela do tribunal superior], mas sua decisão pode ser cassada. A prática constante deve ser analisada criticamente; para se dissociar dela, é necessária uma motivação adequada. Se a argumentação tem força convincente, poderá inverter a interpretação e modificar a prática jurisprudencial".[80]

Para que se possa controlar de maneira efetiva a qualidade das decisões, é no mínimo saudável ao sistema que elas sejam o melhor fundamentadas possível, até para possibilitar sua recorribilidade.[81]

Além disso, a adequada fundamentação de decisões, a médio prazo, auxilia indiretamente os próximos julgadores que optarem pela fundamentação *ad relationem*, já que o debate exaustivo da questão jurídica vai dando contornos e acrescentando pontos de vista diversos até que se possa ter um panorama mais completo de como interpretar uma determinada questão. É preciso esgotar, mesmo que momentaneamente, os argumentos relativos àquela questão, e essa tarefa muitas vezes pode não ser cumprida inteiramente por um só julgador em um só caso concreto:

> "Definir uma tese sem que o assunto esteja amadurecido ou amplamente discutido acarreta o risco de haver novos dissensos, com a possibilidade de surgirem, posteriormente, novos argumentos que não foram debatidos ou imaginados naquele momento

---

79. HASSEMER, Winfried. Sistema jurídico e codificação: a vinculação do juiz à lei. In: KAUFMANN, Arthur; HASSEMER, Winfried (org.). *Introdução à filosofia do direito e à teoria do direito contemporâneas*. Lisboa: Calouste Gulbenkian, 2002, p. 296.
80. "Il giudice di merito può anche essere di opinione diversa, però la sua decisione può essere cassata. La prassi ed il suo valore di costante sono da acquisire criticamente; per dissociarsi da essa ocorre un'adeguata motivazione. Se l'argomentazione ha forza convincente, potrà invertire l'interpretazione e modificare la prassi giurisprudenziale" (Pietro Perlingieri. *Il diritto civile nella legalità costituzionale*, cit., pp. 223/224).
81. De fato, os recursos de decisões mal fundamentadas tendem a não enfrentar corretamente a questão jurídica, pois a própria decisão não o fez adequadamente. Ovídio Baptista da Silva já diagnosticou que "o aumento exagerado do número de recursos é sintoma de sentenças inconvincentes, sentenças carentes de fundamentação" (SILVA, Ovídio Araújo Baptista da. *Jurisdição, direito material e processo*. RJ: Forense, 2008, p. 157). Igualmente, em artigo da década de 1970, onde já pedia a inclusão do princípio da fundamentação no texto constitucional, José Carlos Barbosa Moreira conclui que "só o conhecimento das razões de decidir pode permitir que os interessados recorram adequadamente e que os órgãos superiores controle com segurança a justiça e a legalidade das decisões submetidas à sua revisão" (MOREIRA, José Carlos Barbosa. A motivação das decisões judiciais como garantia inerente ao estado de direito. *Temas de direito processual: segunda série*. 2. ed. São Paulo: Saraiva, 1988, p. 86).

inicial em que, previamente, se fixou a tese jurídica a ser aplicada a casos futuros".[82]

Especialmente no contexto em que qualquer ementa, súmula, é invocado como "precedente", recai sobre o julgador uma responsabilidade argumentativa maior. Dierle Nunes tem se referido a essa utilização consciente e fundamentada de "precedentes" de "aplicação discursiva do padrão decisório",[83] o que implica compreender o "precedente" como um discurso, uma ferramenta argumentativa, que deve ser utilizada como *ponto de partida* para a tomada da decisão, e não como a decisão pronta em si mesma.

A aplicação discursiva impõe o reconhecimento da história institucional da questão; a busca por precedentes deve fornecer ao juiz o "DNA" daquele raciocínio jurídico,[84] sendo possível traçar uma cadeia de integridade (como quer Dworkin)[85] e afastar interpretações inautênticas, que são casuísmos – ou mesmo equívocos – decisórios, justamente os que não podem ser invocados como "precedentes" e simplesmente reproduzidos no ato de julgar o caso concreto. Nesse ponto, "o regime de precedentes representa o direito observando a si próprio".[86]

É, assim, através das fundamentações decisórias que os próprios juízes tomam conhecimento de como uma questão jurídica tem sido decidida, e, se o Brasil busca mesmo adotar as ideias de respeito às decisões de tribunais superiores, é preciso ter em mente que "só é possível formar-se direito jurisprudencial, se os juízes comunicarem acerca dos problemas jurídicos".[87]

7. CONCLUSÕES – A UTILIZAÇÃO CONSCIENTE DOS PRECEDENTES JUDICIAIS

Pudemos observar que atualmente o Judiciário vem, de forma gradual, perdendo fôlego diante da demanda e do volume de casos a julgar. A partir

---

82. CUNHA, Leonardo Carneiro da. Anotações sobre o incidente de resolução de demandas repetitivas previsto no projeto de novo Código de Processo Civil. RePro, vol. 193, São Paulo: RT, mar. 2011.
83. NUNES, Dierle, 2012, p. 268.
84. "Integridade da reconstrução da história institucional de aplicação da tese ou instituto pelo tribunal: ao formar o precedente o Tribunal Superior deverá levar em consideração todo o histórico de aplicação da tese, sendo inviável que o magistrado decida desconsiderando o passado de decisões acerca da temática. E mesmo que seja uma hipótese de superação do precedente, o magistrado deverá indicar a reconstrução e as razões (fundamentação idônea) para a quebra do posicionamento acerca da temática" (NUNES, Dierle, 2012, p. 264).
85. O conceito de "direito como integridade" (law as integrity) de Dworkin impõe que os juízes identifiquem direitos e deveres partindo da premissa hipotética de que foram criados, todos, por um único autor – que é a personificação da comunidade enquanto legitimadora do poder democrático. Isso não significa capturar a vontade dos legisladores passados; muito pelo contrário, trata-se, para Dworkin, de encontrar justificativas para que aquele texto normativo tenha validade atual. (DWORKIN, Ronald. Law's Empire. Cambridge: Harvard University Press, 1986, pp. 225/231).
86. STRECK, Lenio Luiz; ABBOUD, Georges, 2013, p. 63.
87. KAUFMANN, Arthur; HASSEMER, Winfried (org.), 2002, p. 286.

disso, no que importa ao estudo aqui realizado, viu-se que uma das maneiras encontradas para remediar a situação e imprimir mais celeridade aos procedimentos foi incutir, no imaginário da comunidade jurídica, a ideia de que julgar um caso com uma simples transcrição de outro julgado anterior seria conduta legítima da atividade jurisdicional.

O que foi percebido, diante da conjuntura apresentada, é que a linha de corte entre decisões que aplicam bem ou mal a técnica de "precedentes" é a fundamentação das decisões. Falta de justificação equivale à não contextualização do caso utilizado como "precedente", e por isso mesmo, significa que o juiz poderá controlar o resultado do caso concreto conforme melhor entender, ignorando a autonomia do direito e sobrepondo suas visões pessoais, apenas se escorando no recurso argumentativo do "precedente" para tanto.

Quando são invocados "precedentes", existe um ônus argumentativo maior, que recai sobre o julgador. Fundamentar, portanto, é mais do que explicar: é justificar o processo de compreensão, e justificar a rejeição de argumentos não utilizados na decisão.

É muito mais importante que a fundamentação judicial se dirija à parte sucumbente, que à vencedora. Claro, pois do contrário o julgador apenas concorda com a tese que adotar, mas não explica o porquê essa mesma tese tem capacidade de "desbancar" ou superar o raciocínio que levaria a uma decisão contrária. É por esse motivo que o art. 1§ ,489º, VI do NCPC diz não ser fundamentada a decisão que "deixar de seguir enunciado de súmula, jurisprudência ou precedente invocado pela parte, sem demonstrar a existência de distinção no caso em julgamento ou a superação do entendimento".

Não fosse assim, o discurso jurídico ficaria empobrecido[88] e a reponsabilidade do julgador seria cada vez menor.

A jurisprudência (sumulada ou na forma de ementas) deve desempenhar o papel de informar, ao julgador e às partes, sobre a história institucional da questão jurídica a ser debatida. Isso dará uma noção de como casos semelhantes foram solucionados, mas não trará a solução do caso concreto diretamente. Buscar por "precedentes", então, é buscar por perguntas respondidas, e não pela resposta já pronta.

A fundamentação adequada com base em precedentes demanda, é verdade, um esforço e um trabalho maiores na hora de julgar. Em tempos de "celeridade processual", pode parecer antipática a ideia de exigir mais cuidado nas

---

88. "padrões decisórios não podem empobrecer o discurso jurídico, nem tampouco serem formados sem o prévio dissenso argumentativo e um contraditório dinâmico, que imporia ao seu prolator buscar o esgotamento momentâneo dos argumentos potencialmente aplicáveis à espécie" (NUNES, Dierle, 2012, p. 268).

decisões e um maior respeito ao fenômeno jurídico. No entanto, como disseram Tribe e Dorf ao criticar Robert Bork, que argumentava pela impossibilidade de os juízes deixarem de decidir conforme sua própria consciência, "uma coisa é reconhecer os limites da objetividade humana, e outra muito diferente é abandonar o esforço de melhorá-la".[89]

8. BIBLIOGRAFIA

ABBOUD, Georges. **Jurisdição constitucional e direitos fundamentais**. São Paulo: RT, 2011.

_____. Precedente judicial versus jurisprudência dotada de efeito vinculante. IN: WAMBIER, Teresa Arruda Alvim (org). **Direito jurisprudencial**. São Paulo: RT, 2012.

BEDAQUE, José Roberto dos Santos. **Efetividade do processo e técnica processual**. São Paulo: Malheiros, 2006.

BORDIEU, Pierre. **O poder simbólico**. Rio de Janeiro: Bertrand Brasil, 2007.

BUSTAMANTE, Thomas da Rosa. **Teoria do precedente judicial**. São Paulo: Noeses, 2012.

CAPPELLETTI, Mauro. **Juízes Legisladores?** Porto Alegre: Fabris, 1999.

CUNHA, Leonardo Carneiro da. Anotações sobre o incidente de resolução de demandas repetitivas previsto no projeto de novo Código de Processo Civil. **Revista de Processo**, vol. 193, São Paulo: RT, mar/2011.

DEZALAY, Yves; TRUBEK, David. A restruturação global e o direito. IN: FARIA, José Eduardo (org.). **Direito e globalização econômica**. São Paulo: Malheiros, 1998.

DWORKIN, Ronald. **Law's Empire**. Cambridge: Harvard University Press, 1986.

DWORKIN, Ronald. **A justiça de toga**. São Paulo: Martins Fontes, 2010.

FACCINI NETO, Orlando. **Elementos de uma teoria da decisão judicial**. Porto Alegre: Livraria do Advogado, 2011.

GADAMER, Hans-Georg. **Verdade e Método I**. Petrópolis: Vozes, 2008.

GOMES TOSTES, Natacha Nascimento. Uniformização de jurisprudência. In **Revista de Processo**, n. 104, out./dez. 2001

HASSEMER, Winfried. Sistema jurídico e codificação: a vinculação do juiz à lei. IN: KAUFMANN, Arthur; HASSEMER, Winfried (org.) **Introdução à filosofia do direito e à teoria do direito contemporâneas**. Lisboa: Calouste Gulbenkian, 2002.

KAUFMANN, Arthur. **Filosofia do direito**. Lisboa: Calouste Gulbenkian, 2004.

LAMEGO, José. **Hermenêutica e jurisprudência**. Lisboa: Fragmentos, 1990.

---

89. TRIBE, Lawrence; DORF, Michael, 2007, p. 86.

LIEBMAN, Enrico Tullio. Do arbítrio à razão: reflexões sobre a motivação da sentença, in: **Revista de Processo**, São Paulo: RT, jan./mar. 1983, n. 29.

MACCORMICK, Neil. **Retórica e o estado de direito**. Rio de Janeiro: Elsevier, 2008.

MARINONI, Luiz Guilherme. **A ética dos precedentes**. São Paulo: RT, 2014

MAXIMILIANO, Carlos. **Hermenêutica e aplicação do direito**. Rio de Janeiro: Forense, 2011.

MELLO, Marcos Bernardes de. **Teoria do Fato Jurídico: plano da existência**. São Paulo: Saraiva, 2007.

MOTTA, Francisco José Borges. **Levando o direito a sério**. Porto Alegre: Livraria do Advogado, 2012.

MOREIRA, José Carlos Barbosa. A motivação das decisões judiciais como garantia inerente ao estado de direito. **Temas de direito processual: segunda série**. 2. ed. São Paulo: Saraiva, 1988.

_____. Súmula, jurisprudência e precedente: uma escalada e seus riscos. In: **Temas de direito processual, nona série**. São Paulo: Saraiva, 2007

MULLER, Friedrich. **Teoria estruturante do direito**. São Paulo: RT, 2011.

NORTHFLEET, Ellen Gracie. Ainda sobre o efeito vinculante, in **Cadernos de Direito Tributário e Finanças Públicas**, n. 16, jul.-set. 1996.

NUNES, Dierle. Precedentes, padronização decisória preventiva e coletivização. IN: WAMBIER, Teresa Arruda Alvim (org). **Direito jurisprudencial**. São Paulo: RT, 2012.

OLIVEIRA, Rafael Tomaz de. **Decisão judicial e o conceito de princípio**. Porto Alegre: Livraria do advogado, 2008.

OLIVEIRA, Vallisney de Souza. Nulidade da sentença e o princípio da congruência. São Paulo: Saraiva, 2004, p. 226

PORTO, Sério Gilberto. Sobre a common law, civil law e o precedente judicial. IN: MARINONI, Luiz Guilherme (org.). **Estudos de direito processual civil; homenagem ao professor Egas Dirceu Moniz de Aragão**. São Paulo: RT, 2006.

RAMIRES, Maurício. **Crítica à aplicação de precedentes no direito brasileiro**. Porto Alegre: Livraria do Advogado, 2010.

SANTOS, Evaristo Aragão. Em torno do conceito e da formação do precedente judicial. IN: WAMBIER, Teresa Arruda Alvim (org). **Direito jurisprudencial**. São Paulo: RT, 2012.

SARTORIUS, Rolf. **The justification of the judicial decision**. Disponível em http://www.jstor.org/discover/10.2307/2379709?uid=3737664&uid=2&uid=4&sid=21102079924543, acesso em 06/06/2013.

SAUSEN, Dalton. **Súmulas, repercussão geral e recursos repetitivos: crítica à estandardização do direito**. Porto Alegre: Livraria do Advogado, 2013.

SCHMITZ, Leonard; ABBOUD, Georges; LUNELLI, Guilherme. Como trabalhar – e como não trabalhar – com súmulas no Brasil: um acerto de paradigmas. In: MENDES, Aluísio

Gonçalves Castro; MARINONI, Luiz Guilherme; WAMBIER, Teresa Arruda Alvim. **Direito jurisprudencial, vol. II**. São Paulo: RT, pp. 645/687.

SILVA, Ovídio Araújo Baptista da. **Processo e ideologia**. RJ: Forense, 2004.

_____. Fundamentação de sentenças como garantia constitucional. **Revista do instituto de hermenêutica jurídica**, n. 4, Porto Alegre, 2006.

_____. **Jurisdição, direito material e processo**. Rio de Janeiro: Forense, 2008.

STRECK, Lenio luiz. Da interpretação de textos à concretização de direitos. IN: Streck, Lenio luiz, et al (org). **Constituição, sistemas sociais e hermenêutica**. Programa de pós-graduação em direito da unisinos: mestrado e doutorado, 2005.

_____. Súmulas vinculantes em terrae brasilis: necessitamos de uma teoria para a elaboração de precedentes? In: **Revista brasileira de ciências criminais**. São Paulo, n. 78, 2009.

_____. Hermenêutica e decisão jurídica. IN: STEIN, Ernildo; STRECK, Lenio Luiz (org). **Hermeneutica e epistemologia**. Porto Alegre: Livraria do Advogado, 2011.

_____. **Verdade e Consenso**. São Paulo: Saraiva, 2012.

TARUFFO, Michele. **La motivazione della sentenza civile**. Padova: CEDAM, 1975.

_____. Dimensiones del precedente judicial. **Paginas sobre justicia civil**. Madrid: Marcial Pons, 2009, p. 542

TRIBE, Laurence; DORF, Michael. **Hermenêutica constitucional**. Belo Horizonte: Del Rey, 2007.

TUCCI, José Rogério Cruz e. **A Motivação da Sentença no Processo Civil**. São Paulo: Saraiva, 1987.

WAMBIER, Teresa Arruda Alvim. **Omissão Judicial e Embargos de Declaração**. São Paulo: RT, 2005.

_____(org). **Direito jurisprudencial**. São Paulo: RT, 2012.

WARAT, Luiz Alberto. **Introdução geral ao direito II**. Porto Alegre: Fabris, 1995.

ZAGREBELSKY, Gustavo. **Il diritto mite**. Torino: Einaudi, 1992.

CAPÍTULO 8
Sentença no Novo CPC

Rennan Faria Krüger Thamay[1]
Vinícius Ferreira De Andrade[2]

SUMÁRIO: 1. ASPECTOS INICIAIS; 2. SENTENÇA NO NOVO CPC; 3. APONTAMENTOS SOBRE AS ESPÉCIES DE SENTENÇAS; 4. SENTENÇA: DESTINATÁRIOS, EFICÁCIAS E EFEITOS.; 5. ELEMENTOS DA SENTENÇA; 6. SENTENÇA E O DEVER DE FUNDAMENTAÇÃO; REFERÊNCIAS BIBLIOGRÁFICAS

1. ASPECTOS INICIAIS

Realmente, é de se afirmar que a jurisdição contenciosa visa a tutelar interesses públicos ou privados, difusos ou coletivos ou direitos individuais, por meio da ação. Destacadamente, essa tutela pode ser definitiva ou provisória, podendo ser prestada mediante cognição, isto é, por sentença de mérito, ou mediante execução (definitiva ou provisória).

Segundo o art. 203 do CPC/2015, os pronunciamentos do juiz consistirão em sentenças, decisões interlocutórias e despachos. Tendo presente que, por natureza, esses são os atos processuais praticados pelo juiz, deve-se destacar que a sentença é o pronunciamento por meio do qual o juiz, com fundamento nos arts. 485 e 487 do CPC/2015, seja por concluir que o processo instaurado está maculado por insuficiências nos planos da validade ou da legitimidade da relação instaurada, seja compondo o conflito de direito matéria, no que resulta por fim a fase cognitiva do procedimento comum, bem como quando extingue a execução.

Com efeito, exatamente por tais razões, com foco no conteúdo da sentença, é usual diferenciarem-se três espécies de sentenças, sendo elas a de mérito, de carência de ação e meramente processual.

---

1. Pós-Doutor pela Universidade de Lisboa. Doutor em Direito pela PUC/RS e Università degli Studi di Pavia. Mestre em Direito pela UNISINOS e pela PUC Minas. Especialista em Direito pela UFRGS. É Professor do programa de graduação e pós-graduação (Doutorado, Mestrado e Especialização) da FADISP. Foi Professor assistente (visitante) do programa de graduação da USP, Professor do programa de graduação e pós-graduação (lato sensu) da PUC/RS. Membro do IAPL (International Association of Procedural Law), do IIDP (Instituto Iberoamericano de Derecho Procesal), do IBDP (Instituto Brasileiro de Direito Processual), IASP (Instituto dos Advogados de São Paulo), da ABDPC (Academia Brasileira de Direito Processual Civil). Advogado, consultor jurídico e parecerista.
2. Especialista em Direito Processual Civil pela PUC/SP. Professor Assistente na FADISP. Advogado.

Assim, "na sentença de mérito, o juiz poderá: acolher ou rejeitar o pedido formulado na ação ou na reconvenção; decidir, de ofício ou a requerimento, sobre a ocorrência de decadência ou prescrição; homologar o reconhecimento da procedência do pedido formulado na ação ou na reconvenção, a transação, ou, ainda, a renúncia à pretensão formulada na ação ou na reconvenção"[3].

De outro lado, na sentença de carência de ação, "o juiz não resolve o mérito, decreta a extinção do processo, por falta de alguma condição da ação"[4].

Por fim, destaque-se que a sentença processual "extingue o processo em função de outro pressuposto processual, como a capacidade da parte, a inépcia da petição inicial, a litispendência, a coisa julgada ou, simplesmente, porquanto a ação se exauriu, como no caso da sentença que extingue a execução"[5].

2. SENTENÇA NO NOVO CPC

A sentença é um ato do Estado que se realiza por meio do Poder Judiciário, realisticamente formada, no processo, pela figura do juiz, órgão de exercício da função jurisdicional[6].

Segundo o art. 485 do CPC/2015, o juiz não resolverá o mérito quando: indeferir a petição inicial (inc. I); o processo ficar parado durante mais de 1 (um) ano por negligência das partes (inc. II); por não promover os atos e as diligências que lhe incumbir, o autor abandonar a causa por mais de 30 (trinta) dias (inc. III); verificar a ausência de pressupostos de constituição e de desenvolvimento válido e regular do processo (inc. IV); reconhecer a existência de perempção, de litispendência ou de coisa julgada (inc. V); verificar ausência de legitimidade ou de interesse processual (inc. VI); acolher a alegação de existência de convenção de arbitragem ou quando o juízo arbitral reconhecer sua competência (inc. VII); homologar a desistência da ação (inc. VIII); em caso de morte da parte, a ação for considerada intransmissível por disposição legal (inc. IX); e, por fim, nos demais casos prescritos no próprio CPC.

Efetivamente, trata-se de sentença[7] de natureza terminativa, ou seja, processual, pois destacadamente sobrevém em situações que impedem o juiz de apreciar o mérito.

---

3. TESHEINER, José Maria Rosa. THAMAY, Rennan Faria Kruger. *Teoria Geral do Processo*: em conformidade com o Novo CPC. Rio de Janeiro: Forense, 2015, p. 173.
4. TESHEINER, José Maria Rosa. THAMAY, Rennan Faria Kruger. *Teoria Geral do Processo*: em conformidade com o Novo CPC. Rio de Janeiro: Forense, 2015, p. 173.
5. TESHEINER, José Maria Rosa. THAMAY, Rennan Faria Kruger. *Teoria Geral do Processo*: em conformidade com o Novo CPC. Rio de Janeiro: Forense, 2015, p. 173.
6. "Dicemmo che la sentenza è un atto dello Stato, ossia del giudice, suo organo, nell'esecizio della funzione giurisdicionale". ROCCO, Alfredo. *La sentenza civile*. Milano: Giuffrè, 1962, p. 28.
7. "Las sentencias se dividen en *definitivas* e *incidentales*. Aquéllas (§ 300) finalizan el proceso, total o parcialmente, en una instancia. En el segundo caso reciben el nombre de sentencias *parciales*, que son

Destaque-se que, nas hipóteses descritas nos incisos II e III do art. 485 do CPC/2015, a parte será intimada pessoalmente para suprir a falta; movimento processual este necessário no prazo de 5 (cinco) dias.

O juiz conhecerá de ofício – em qualquer tempo e grau de jurisdição[8], enquanto não ocorrer o trânsito em julgado – das questões que envolvam a ausência de pressupostos de constituição e de desenvolvimento válido e regular do processo, assim como da existência de perempção, de litispendência ou de coisa julgada, bem como da ausência de legitimidade ou de interesse processual e, por fim, das situações em que ocorra morte de uma das partes (art. 485, § 3º, do CPC/2015).

Tendo em vista que as situações que proporcionam sentenças processuais impedem a apreciação do mérito, resta afirmar que o pronunciamento judicial que não resolve o mérito, assim como no CPC/73, segundo o art. 486 do CPC/2015, não obsta a que a parte proponha de novo a ação, visto que não se forma a coisa julgada material.

---

las definitivas (improcedentes en asuntos matrimoniales) que recaen sobre una parte cuantitativa del pedimento de la demanda, concretamente determinada y susceptible de ser juzgada separadamente; o sobre una de las acciones ejercitadas en una demanda con diversas peticiones (no solamente eventuales) o sobre la demanda o la reconvención, separadamente (§ 301). En cambio, no tiene este carácter, sino simplemente el de, definitiva, la sentencia que ha de dictarse en caso de que uno de los procesos acumulados por orden j judicial (§ 147) esté antes que los demás en condiciones de ser resuelto (§ 300, II). Son *sentencias incidentales* aquellas que resuelven una cuestión accesoria (§ 303), es decir, una cuestión de cuya resolución depende la continuación del procedimiento (§ 366, I; cfs. También los §§ 347, II, y 461, I) ; así, por ej., sobre el deber de exhibir un documento, o sobre la admisibilidad de un acto de postulación (por ej., sobre admisibilidad de la demanda, es decir, sobre los presupuestos de la sentencia de fondo y sobre los impedimentos procesales, así como también sobre las «excepciones dilatorias» reguladas en el § 275, sobre la admisibilidad de modificaciones en la demanda, de la oposición de la reposición en el estado anterior, de un recurso, de una proposición de pruebas, y aun de la revocación de una confesión) y sobre la reanudación de un procedimiento interrumpido. Además de estas sentencias incidentales sobre cuestiones de esta índole entre las partes, las hay por cuestiones de éstas con terceros, así, por ej., sobre la petición de que se rechace una intervención adhesiva (§ 71), o sobre la petición elevada para que se condene a un abogado a devolver un documento que le ha sido entregado (§ 135) y sobre la procedencia jurídica de la denegación de un testimonio o dictamen pericial (§§ 387 y 402)". GOLDSCHMIDT, James. *Derecho procesal civil*. Trad. Leonardo Prieto Castro. Barcelona: Labor, 1936. p. 302-303.

8. A limitação da atividade oficiosa é relativa às instâncias ordinárias, conforme entendimento da doutrina (v., nesse sentido, especificamente referindo-se ao chamado efeito translativo do recurso excepcional, NERY JÚNIOR, Nelson e ANDRADE NERY, Rosa Maria de. *Comentários ao Código de Processo Civil – Novo CPC – Lei 13.105/15*, São Paulo: Editora Revista dos Tribunais, 2015, pp.1115-1116. Em relação às instâncias, ditas excepcionais, "há de se atribuir a esse requisito um adequado grau de relatividade, de modo a não representar insuperável entrave a que o recurso especial alcance a sua outra função, de julgar uma causa determinada, aplicando o direito à espécie. Assim, nos casos em que eventual nulidade ou falta de condição da ação ou de pressuposto processual impede, a toda evidência, que o recurso especial cumpra sua função de ser útil ao desfecho da causa, é de se admitir que, uma vez superado o juízo de admissibilidade (inclusive o do prequestionamento das matérias atacadas no recurso), o tribunal conheça e enfrente de ofício as relevantes matérias acima referidas, enquadráveis no art. 267, § 3º e no art. 301, § 4º do CPC. Nesses limites, portanto, também o efeito translativo é inerente ao recurso especial." (STJ, REsp nº 885.152-RS, 1ª Turma, Rel. Min. Teori Albino Zavascki, j. 6-2-07, DJ 22-2-07, v.u.)

De outro lado estão as sentenças de mérito que, de seu turno, estão comprometidas com o cerne da questão judicializada. Parece-nos, nesse contexto, causa de mérito todo juízo concernente a questão alheia à relação processual.

Nesse sentido, a sentença de mérito é aquela em que, segundo art. 487 do CPC/2015, o juiz acolhe ou rejeita o pedido formulado na ação ou na reconvenção (inc. I); decide, de ofício ou a requerimento, sobre a ocorrência de decadência ou prescrição (inc. II); ou ainda homologa (inc. III) o reconhecimento da procedência do pedido formulado na ação ou na reconvenção, a transação ou a renúncia à pretensão formulada na ação ou na reconvenção.

Destaque-se, por fim, segundo o art. 488 do CPC/2015, que, desde que possível, o juiz resolverá o mérito sempre que a decisão for favorável à parte a quem aproveitaria eventual pronunciamento, nos termos do art. 485 do CPC/2015.

3. APONTAMENTOS SOBRE AS ESPÉCIES DE SENTENÇAS

Relevante destacar que, em relação aos efeitos que o pronunciamento judicial produz na e sobre a relação ou situação de direito material, as sentenças distinguem-se dentre declaratórias, constitutivas, condenatórias, mandamentais e executivas. É, mais propriamente, o plano da eficácia ou, dizendo de outra forma, das cargas eficaciais que a sentença carrega.

Segundo Alfredo Rocco[9], por delongado período, a ciência do direito processual concentrou sua atenção sobre uma só categoria de sentenças: a sentença de condenação. Não que a existência de outras espécies de decisões fosse totalmente ignorada; sob o nome de ações prejudiciais, os jurisconsultos romanos examinaram ações meramente declaratórias. Mas sendo o caso mais frequente, o caso típico, aquele da ação tendente a obter do réu uma prestação, a doutrina concentrou-se no estudo da sentença correspondente, que condenava o réu a entregar a prestação. No entanto, especialmente depois de promulgada a ordenação germânica de 1877, que, no § 231, reconhecia, em caráter geral, a possibilidade de ações de mera declaração, a atenção da doutrina voltouse para aquela categoria de sentenças que se limitava a declarar a existência ou inexistência de uma relação ou de um fato jurídico.

Diz-se *sentença declaratória* aquela que o juiz se limita a declarar, conforme determina o art. 19, caput, I e II, do CPC/2015, a existência, a inexistência ou o modo de ser de uma relação jurídica; bem como a autenticidade ou a falsidade de documento.

---

9. ROCCO, Alfredo. *La sentenza civile*. Milano: Giuffrè, 1962, p. 123.

Não menos relevante notar que é admissível a ação, segundo o art. 20 do CPC/2015, meramente declaratória, ainda que tenha ocorrido a violação do direito.

Com efeito, a *sentença constitutiva* é aquela que cria, modifica ou extingue relação jurídica.

A construção jurídica, de modo preciso e completo, a respeito dessa categoria de sentenças é atribuída a Hellwig, que as conectou aos direitos formativos ou potestativos[10]. Nesse sentido, com base em Hellwig, pode-se exercer o direito à mudança de uma relação jurídica existente: 1) por declaração unilateral e extrajudicial de vontade do titular do direito; 2) mediante uma sentença em ação proposta pelo titular do direito; 3) mediante uma declaração de vontade do adversário, exigida por ele. Desse modo, tem-se, nessa última hipótese, a pretensão a uma prestação do adversário, e a sentença correspondente é condenatória. Nos dois outros, encontramo-nos diante de direitos formativos diversamente regulados. Para o exercício de tais direitos, em regra, basta uma declaração de vontade do titular, que produz imediatamente a mudança da situação jurídica. Todavia, em outros casos, a mudança deve ser conseguida mediante ação: isso implica que a só declaração do titular do direito não é suficiente, mas é necessária a sentença que, transitada em julgado, modifica a situação jurídica. Assim, nos casos em que o exercício do direito formativo ou potestativo precisa ser exercitado por via de ação, há um direito de ação, que tem por objeto a emissão de uma sentença constitutiva[11].

A sentença é ato jurídico e processual do juiz que declara, cria, modifica ou extingue relação jurídica.

Ademais, a *sentença condenatória* é a que cria, para o autor, o poder de sujeitá-lo à execução. Efetivamente, enquanto a sentença declaratória não produz outro efeito que a determinação de uma relação jurídica concreta, a sentença condenatória, de outro lado, além desse efeito, produz outro: o de constituir um título para a execução forçada da relação declarada.

A diferença entre as duas espécies de sentença[12] está, pois, em que da simples declaração não pode jamais derivar execução forçada[13]; ao passo que a possibilidade de sobrevir execução forçada caracteriza a sentença condenatória. A bem da verdade, o pensamento acima era bastante presente antes

---

10. Idem, p. 126.
11. Idem, p. 1267.
12. TESHEINER, José Maria Rosa. THAMAY, Rennan Faria Kruger. *Teoria Geral do Processo*: em conformidade com o Novo CPC. Rio de Janeiro: Forense, 2015, p. 180-181.
13. Em sentido conforme, v. ARRUDA ALVIM. José Manoel. *Sentença no Processo Civil – As diversas formas de terminação do processo em primeiro grau*, Revista de Processo nº 2, Ano 1 – abril-junho, São Paulo: RT, 1976, p. 56.

da reforma operada pela Lei 11.232/05, que revogou o artigo 584 do CPC/73, e acrescentou o disposto no art. 475-N, inc. I, do CPC/73, dando-lhe nova redação com base no conceito amplo de que seria título executivo judicial a sentença proferida no processo civil, passando a doutrina a catalogar a sentença declaratória, desde que presentes no *decisum* todos os elementos da relação jurídico-obrigacional – ou seja, desde que o juiz na sentença "reconheça a existência da obrigação".[14]

A linha evolutiva da jurisprudência oriunda do Superior Tribunal de Justiça, passando pelos votos, a respeito do direito de crédito para compensação tributária, pelo então Ministro Teori Zavascki[15], chegando ao julgamento selecionado como recurso repetitivo da lavra do Ministro Mauro Campbell[16], igualmente chancela o entendimento de que o art. 475, N, I, do CPC/73, atribuiu eficácia executiva à sentença declaratória.

Tanto quanto possível, a doutrina e a própria legislação processual mais recentes minimizaram a dicotomia entre cognição e execução que a teoria provocou, o que não foi ignorado pelo novo Código, sendo ao manter o cumprimento da sentença como fase do processo de conhecimento (art. 513 do CPC/2015), estabelecendo um processo sincrético, sendo ao estender o efeito condenatório às sentenças que reconheçam a exigibilidade de obrigação de pagar quantia, de fazer, de não fazer ou de entregar coisa, reconhecendo-as como título executivo judicial (art. 515, inciso I, do CPC/2015).

A nosso juízo, a *ratio* contida no CPC/15, especificamente no inc. I, do art. 515, ao catalogar o gênero decisões proferidas no processo civil que reconheçam a exigibilidade de obrigação, igualmente se mantém fiel à orientação do CPC/73, passando pela redação da Lei 11.232/05 e ao entendimento sedimentado no Superior Tribunal de Justiça no sentido de que a sentença com carga preponderante declaratória pode ensejar, a depender da presença dos requisitos completos da obrigação, execução por meio do cumprimento de sentença[17].

A *sentença executiva*, de seu lado, é aquela que contém, imanente em si mesma, como eficácia interna que lhe é própria, a entrega ao credor da prestação devida pelo devedor. Assim, executiva será, então, a sentença que importa, ela própria, em entrega ao credor da prestação devida pelo devedor.

---

14. WAMBIER, Arruda Alvim Teresa, MEDINA, José Miguel Garcia, WAMBIER, Luiz Rodrigues. *Breves Comentários à Nova Sistemática Processual Civil*, 2, São Paulo: RT, 2006, p. 167.
15. STJ, 1ª Turma, REsp nº 588202/PR, Rel. Min. Teori Zavascki, DJ 25-2-04, v.u.
16. STJ, 1ª Seção, REsp nº 1261888/PR, Rel. Min. Mauro Campbell Marques, DJe 18-11-11, v.u.
17. Em sentido contrário, v. NERY JÚNIOR, Nelson e ANDRADE NERY, Rosa Maria de. *Comentários ao Código de Processo Civil – Novo CPC – Lei 13.105/15*, São Paulo: Editora Revista dos Tribunais, 2015, p. 1116, para quem somente a sentença condenatória pode ensejar eficácia executiva, ou seja, "para que o juiz possa condenar é necessário que o autor peça a condenação (CPC 2º, 141 e 492)."

Pode-se dizer, por outras palavras, que a sentença executiva se completa por atos executivos praticados na mesma relação processual em que foi prolatada a sentença. Por conseguinte, "com a ação de despejo, por exemplo, que tem natureza executiva, o demandante não se limita a pedir que o juiz declare rescindido o contrato de locação e lhe reconheça o direito a recobrar a posse da coisa locada, direito esse que seria exercido numa subsequente ação executória, sendo que, já no pedido inicial, ao invés de pedir que o demandado seja condenado a entregar-lhe a coisa, pede logo a expedição do mandado de evacuando. A tal eficácia chamase efeito executivo da demanda e, pois, da respectiva sentença que a acolhe"[18].

Assim sendo, no sistema atual, a execução constitui nova fase do processo, que acaba sendo posterior à condenação.

A *sentença mandamental* é a que se completa por ato quando definível como executivo. Sendo mais preciso, foi primeiramente definida como mandamental a sentença que continha um mandado dirigido a outro órgão do Estado[19].

Nesse contexto, Pontes de Miranda, indo ao ponto, afirma que "o conteúdo da ação de mandamento é obter mandado do juiz, que se não confunde com o efeito executivo da sentença de condenação"[20].

Assim, aclarando, fora do processo, "são atos jurídicos mandamentais aqueles em que o manifestante da vontade impõe ou proíbe, tais como a manifestação de vontade do marido à mulher desquitada, para que não use o seu nome, a manifestação de vontade do locador contra o uso indevido da coisa pelo locatário, ou para que repare o prédio ou conserte o muro"[21].

Segundo Ovídio A. Baptista da Silva, "o direito moderno conhece, como aliás o conhecia o direito romano, inumeráveis hipóteses de atividade jurisdicional nas quais o juiz, ao invés de condenar, emite uma ordem para que se faça ou se deixe de fazer alguma coisa, ordem essa que se origina da própria estabilidade da função jurisdicional e nada tem a ver com a atividade privada do demandado. Tal o resultado, por exemplo, de uma ação de mandado de segurança, ou de uma ação de manutenção de posse. Nestes casos, diversamente do que ocorreria nas hipóteses em que o demandado, condenado a fazer ou não fazer alguma coisa, não o fizesse e como consequência de sua omissão ficasse sujeito a indenizar perdas e danos – o resultado da insubmissão ao comando jurisdicional, o não cumprimento da ordem contida na sentença jamais

---

18. SILVA, Ovídio A. Baptista da. *Sentença e coisa julgada*. 2. ed. Porto Alegre: Sergio A. Fabris Editor, 1988. p. 101.
19. GOLDSCHMIDT, James. *Derecho procesal civil*. Trad. Leonardo Prieto Castro. Barcelona: Labor, 1936. p. 113.
20. PONTES DE MIRANDA, Francisco Cavalcanti. *Comentários ao Código de Processo Civil*. Rio de Janeiro: Forense, v. I, 1974, p. 145.
21. PONTES DE MIRANDA, Francisco Cavalcanti. *Tratado de direito privado*. Rio de Janeiro: Borsoi, 1954, t. 2, p. 461.

conduzirá ao sucedâneo do ressarcimento por perdas e danos. Aqui a consequência será a responsabilidade criminal por desobediência, ou outra sanção de natureza publicística, tal como ocorre nos casos de não cumprimento da ordem judicial contida na sentença de mandado de segurança que pode determinar a responsabilidade penal da autoridade desobediente, ou a própria intervenção federal, com prevê a Constituição. As consequências fundamentalmente diversas previstas para os casos em que o condenado a fazer alguma coisa, como seria o caso de condenar-se o pintor a executar a pintura a que se obrigara, e as hipóteses em que o juiz determine que outra autoridade ou mesmo um particular faça ou deixe de fazer alguma coisa, em razão do império contido na jurisdição, tal como ocorre no exemplo da ordem contida na sentença de acolhimento do mandado de segurança, definem a diferença entre sentença condenatória e sentença mandamental e entre execução forçada e mandamento, como resultado da atividade jurisdicional. O resultado tanto das ações executivas como das ações mandamentais é uma transformação da realidade. A distinção entre ambas, porém, é nítida: o ato executivo é originariamente ato privado que o juiz executa substituindo-se ao demandado; o que se ordena em virtude de uma sentença mandamental é ato essencialmente estatal que não poderia ser praticado originariamente pelos particulares, fora ou antes do surgimento do Estado"[22].

De fato, alguns processualistas reconhecem unicamente a existência das sentenças declaratórias, condenatórias e constitutivas, sendo essa a classificação adotada, dentre outros, por Gabriel José de Rezende Filho,[23] Celso Agrícola Barbi,[24] Moacyr Amaral Santos[25] e José Frederico Marques[26].

Em verdade, Pontes de Miranda, na sua época, premido pela compreensão de sua classificação quinária das sentenças, afirmou que "não há nenhuma ação, nenhuma sentença, que seja pura. Nenhuma é somente declarativa. Nenhuma é somente constitutiva. Nenhuma somente mandamental. Nenhuma é somente executiva"[27].

Acerta Pontes de Miranda, pois uma sentença condenatória é também declaratória de que o réu deve determinada prestação, por exemplo, assim como cria o estado de subjeção do devedor ao poder de executar do credor e é mandamental, no que nela se contém de ordem dirigida ao órgão da execução.

---

22. SILVA, Ovídio A. Baptista da. *Sentença...* cit., p. 103-104.
23. REZENDE FILHO, Gabriel. *Curso de direito processual civil*. V. 1.São Paulo: Saraiva, 1965, p. 174.
24. BARBI, Celso Agrícola. *A ação declaratória no processo civil brasileiro*. Belo Horizonte, 1962. p. 15.
25. SANTOS, Moacyr Amaral. *Primeiras linhas de direito processual civil*. São Paulo: Max Limonad, 1963, p. 35.
26. MARQUES, José Frederico. *Instituições de direito processual civil*. 2. ed. Rio de Janeiro: Forense, 1962. v. 3, p. 528.
27. PONTES DE MIRANDA, Francisco Cavalcanti, *Comentários...* cit., 1974, p. 222.

4. SENTENÇA: DESTINATÁRIOS, EFICÁCIAS E EFEITOS.

A sentença, como ato do poder público, é ato de império. Seus comandos sujeitam, por excelência, as partes envolvidas no processo, mas eventualmente estende sua força a terceiros. Nesse sentido, Enrico Tullio Liebman[28], a seu tempo, sensibilizou a doutrina, demonstrando que a sentença qualificada pela coisa julgada poderia produzir efeitos a terceiros, mas sendo estes secundários, ou indiretos.

Estes efeitos que alcançam os terceiros, de forma secundária, acabam por caracterizar os chamados *efeitos reflexos* da sentença que produzem seus resultados para fora da sentença, atingindo-lhes no mundo fático.

Os ditos efeitos têm o poder de levar aos terceiros os resultados da *res iudicata*, entretanto de modo secundário. O efeito reflexo, relatado por parte da doutrina italiana, é logo chamado, por Enrico Tullio Liebman[29], de *eficácia reflexa*.

Tradicionalmente, sem maiores dificuldades, reconhece-se que a sentença, assim como a coisa julgada que é a sua imutabilidade ou indiscutibilidade, atinge as partes envolvidas no litígio. O que não significa que qualquer terceiro não poderá, em tese, sofrer algum efeito da sentença e não apenas no mundo fático, mas também sob o aspecto jurídico, o que escapa aos limites da eficácia reflexa. Dessa maneira, a partir das construções de José Carlos Barbosa Moreira e José Maria Rosa Tesheiner[30], afirmamos que é possível a eficácia da sentença atingir terceiros, com maior ou menor intensidade.

Na verdade, os efeitos, sob o prisma dos limites subjetivos da sentença trânsita em julgado, podem ser observados e vividos, por vezes, no mundo dos fatos, pois a sentença, como ato emanado do Estado-juiz, ao decidir a questão controvertida, tem como qualidade inicialmente gerar eficácia (potencialidade

---

28. LIEBMAN, Enrico Tullio. *Eficácia e autoridade da sentença e outros escritos sobre a coisa julgada*. 3. ed. Rio de Janeiro: Forense, 1984. p. 81. Observemos a passagem do autor italiano, vide: "[...] prescindindo, então, da corrente que reconhecia na sentença uma eficácia probatória em relação a terceiros, esforçou-se a estender a coisa julgada a algumas categorias de terceiros, arquitetando uma hierarquia entre os vários interessados na relação jurídica e admitindo que a sentença pronunciada entre os interessados principais obrigassem também, e igualmente, os que tinham um interesse secundário".
29. "Destas poucas indicações transparece clara a tendência da hodierna doutrina italiana de estender a terceiros ou a certos terceiros a autoridade da coisa julgada sob a espécie de uma eficácia reflexa, virando as opiniões somente sobre a amplitude em que o fenômeno se deva ter por admissível." LIEBMAN, Enrico Tullio. *Eficácia e autoridade da sentença e outros escritos sobre a coisa julgada*. 3. ed. Rio de Janeiro: Forense, 1984. p. 84.
30. "A eficácia da sentença pode atingir terceiros, com maior ou menor intensidade. O sublocatário é despejado; o credor do réu perde a garantia do bem de que este foi desapropriado. A autoridade de coisa julgada, porém, é, de regra, restrita às partes (incluindo aí o substituto processual, parte em sentido material) e aos seus sucessores." TESHEINER, José Maria Rosa. *Elementos para uma teoria geral do processo*. São Paulo: Saraiva, 1993. p. 186-187.

de gerar resultados) e, depois, efeitos (resultados) daquilo que fora decidido. Assim, a sentença se concretiza no mundo dos fatos por meio dos seus resultados, ou seja, de seus efeitos, efeitos estes que ou somente se limitam aos sujeitos interessados do processo ou, também, estendem-se a terceiros.

A título de exemplo, a sentença que reconhece (declara) que A deve R$ 100,00 a B, condenando aquele a pagar essa quantia a este, limitando-se o espectro sentencial exclusivamente ao autor e ao réu. Nesse caso, ter-se-ão, no processo, a sentença e suas eficácias (potencialidade de gerar resultados) efetivamente concretizadas, produzindo-se efeitos somente se, no mundo dos fatos, efetivamente o devedor pagar a quantia determinada ao credor, caso contrário, não se terá nada mais do que eficácia. Já no caso de uma ação de despejo, promovida pelo locador contra o locatário, a sentença que julga procedente o pedido de despejo alcançará também o sublocatário embora este não tenha participado do processo, mas que igualmente estará sujeito à retomada do bem em favor do locador, restando igualmente desconstituída a relação negocial de sublocação que o locatário e o sublocatário mantiveram até então. Aqui, tanto a eficácia como os efeitos atingiram terceiro não integrante do processo.

Em suma, as eficácias da sentença são as potencialidades de se concretizar a ordem judicial, enquanto que os efeitos se consubstanciam na realização do que foi estatuído judicialmente no mundo dos fatos.

5. ELEMENTOS DA SENTENÇA

Como dantes, no CPC/73, são elementos essenciais da sentença, segundo o art. 489 do CPC/2015, o relatório (inc. I), a fundamentação (inc. II) e o dispositivo (inc. III).

O relatório conterá os nomes das partes, a identificação do caso, com a suma do pedido e da contestação, bem como o registro das principais ocorrências havidas no andamento do processo. Trata-se de elemento comprometido com a recordação dos principais eventos processuais, dando margem à construção da fundamentação.

De outro lado, os fundamentos são elementos comprometidos com as razões de decidir do magistrado, visto que o juiz, sob comando constitucional do dever de motivação de suas decisões, analisará as questões de fato e de direito, promovendo solução jurídica mais adequada ao caso concreto.

O dispositivo é o elemento sentencial direcionado à definição decisional do julgador, pois nele o juiz, de forma explícita, resolverá as questões principais que as partes lhe submeterem, sendo este objeto de posterior formação da coisa julgada.

Estruturalmente, as sentenças são formadas e compostas, obrigatoriamente, por esses elementos, excepcionalmente, nos casos dos juizados especiais cíveis, que, por determinação do art. 38 da Lei 9.099/95, o relatório poderá ser dispensado. No mais, deve a sentença ser formada por relatório, fundamentação e dispositivo.

É característica da sentença que o juiz resolva o mérito acolhendo ou rejeitando, no todo ou em parte, os pedidos formulados pelas partes.

Na verdade, segundo o disposto no art. 491, *caput*, I e II, do CPC/2015, na ação relativa à obrigação de pagar quantia, ainda que formulado pedido genérico, a decisão definirá desde logo a extensão da obrigação, o índice de correção monetária, a taxa de juros, o termo inicial de ambos e a periodicidade da capitalização dos juros, se for o caso, salvo quando não for possível determinar, de modo definitivo, o montante devido; ou, ainda, se a apuração do valor devido depender da produção de prova de realização demorada ou excessivamente dispendiosa, assim reconhecida na sentença. Nesses casos, seguir-se-á a apuração do valor devido por liquidação. É a imposição que decorre do art. 491 do CPC/2015.

Outra relevante característica da sentença, para o CPC/2015, vem a ser o respeito ao princípio da congruência, pois, segundo o art. 492, resta vedado ao juiz proferir decisão de natureza diversa da pedida, bem como condenar a parte em quantidade superior ou em objeto diverso do que lhe foi demandado. Aqui está o repúdio às sentenças *extra*, *ultra* e *citra petita*. A congruência inicia, num primeiro momento, entre o relatório e a fundamentação, pois esta deverá corresponder àquele, em uma ordem sequencial e lógica. Em um segundo momento, talvez o mais relevante, entre a fundamentação e o dispositivo.

Caso haja algum fato constitutivo, modificativo ou extintivo do direito – conhecido depois da propositura da ação – que venha a influir no julgamento do mérito, caberá ao juiz tomá-lo em consideração, de ofício ou a requerimento da parte, no momento de proferir a decisão (art. 493 do CPC/2015). Ademais, ainda se afirme que constatando o juiz, de ofício, o fato novo, ouvirá as partes sobre ele antes de decidir, para garantir que, em sua decisão, já possa analisar tal fato.

É a garantia constitucional ao contraditório substancial, isso é, a potencialidade que as partes detêm no processo de poder influir na decisão do juiz, ajustando-se o processo como espaço democrático de construção do direito do caso concreto, o que Fredie Didier Jr., inclusive amparado em doutrina de Luiz Guilherme Marinoni, defende[31]: "O princípio do contraditório é reflexo do

---

31. DIDIER JR., Fredie. Curso de Direito Processual Civil, Vol. 1, 17ª ed., Salvador: Ed. Jus Podivm, 2015, p. 78-79.

princípio democrático na estruturação do processo. Democracia é participação, e a participação no processo opera-se pela efetivação da garantia do contraditório. O princípio do contraditório deve ser visto como exigência para o exercício democrático de um poder". E prossegue: "Há, porém, ainda, a dimensão *substancial* do princípio do contraditório. Trata-se do "poder de influência". Não adianta permitir que a parte simplesmente participe do processo. Apenas isso não é o suficiente para que se efetive o princípio do contraditório. É necessário que se permita que ela seja ouvida, é claro, mas em condições de poder influenciar a decisão do órgão jurisdicional".

Por outro lado, em nome inclusive da segurança jurídica, publicada a sentença, o juiz só poderá alterá-la para corrigir, de ofício ou a requerimento da parte, inexatidões materiais ou erros de cálculo ou ainda por meio de embargos de declaração. Isso porque a via adequada para reexame da sentença com vistas a sua reforma (ou desconstituição) é a da apelação. Contudo, omissões, obscuridades, contradições ou erros materiais permitem que ela seja corrigida. Não se pode olvidar que a sentença, como ato de império, deve ser completa, clara e precisa.

Quanto a erros materiais, é da doutrina tradicional que eles – porque não estão no âmbito do jurídico – não precluem, podendo inclusive ser corrigidos após o trânsito em julgado. Os erros materiais, segundo o novo CPC, passam também a ser objeto de embargos de declaração (art. 1.022, inciso III), o que já vinha sendo aceito pela jurisprudência. Contudo, é preciso ter presente que os erros materiais, com ou sem interposição de embargos de declaração, poderão ser de ofício ou arguidos e corrigidos a qualquer tempo, porque não se sujeitam à indiscutibilidade da coisa julgada. O tempo não os afeta. A mesma extensão, pelo menos em princípio, não alcança as omissões, as obscuridades ou as contradições que porventura maculem a sentença, até porque o prazo recursal dos embargos declaratórios é, a exemplo de qualquer outro recurso, peremptório. Ainda que perifericamente, o novo contexto legislativo poderá ensejar alguma dúvida quanto à correção dos erros materiais em tempo distinto ao da interposição do recurso, questionando-se se a fórmula do Código de 1973 não seria mais efetiva.

No tocante à sentença que condena o réu ao pagamento de prestação consistente em dinheiro e a que determina a conversão de prestação de fazer, de não fazer ou de dar coisa em prestação pecuniária, objetivando seu futuro e pleno cumprimento, valerão como título constitutivo de hipoteca judiciária, como determina o art. 495 do CPC/2015, o que já era da tradição do direito processual brasileiro. A hipoteca judiciária, por sua vez, independe do trânsito em julgado, de estar em curso a execução provisória ou de estar a sentença *sub judice* por força de recurso recebido no efeito suspensivo. Ganha a medida força na sua nova previsão legal, devendo ser levada a efeito tão somente com a apresentação de cópia da sentença junto ao cartório registral imobiliário, não carecendo de pronunciamento judicial. Trata-se de efeito anexo ao da sentença, que dela decorre por força de lei. A disposição constante do §3º do art. 495, dando-se ciência no processo que foi efetivada a hipoteca judiciária à parte condenada, não só atende o princípio do contraditório como também contém, pelo menos implicitamente, um estímulo ao pagamento, na medida em que se trata de restrição patrimonial, nem sempre conveniente ao devedor.

Ainda quanto à hipoteca judiciária, o §5º do art. 495 prevê hipótese de ressarcimento de perdas e danos com fundamento em responsabilidade objetiva processual no caso de a sentença condenatória ser reformada ou invalidada. A liquidação, por sua vez, será processada e executada nos mesmos autos, agregando-se simplicidade formal, concentração de atos, tempestividade e efetividade no procedimento previsto.

6. SENTENÇA E O DEVER DE FUNDAMENTAÇÃO

O princípio da motivação das decisões judiciais, também conhecido como princípio da fundamentação, de matriz constitucional, tem como centro a noção de que "todos os julgamentos dos órgãos do Poder Judiciário serão públicos, e fundamentadas todas as decisões, sob pena de nulidade" (inciso IX do artigo 93 da Constituição).

Com efeito, esse dever de motivação se estende às decisões administrativas (artigo 93, X, Constituição, e artigo 2º da Lei nº 9.784/99).

Não é novidade que a obediência à devida fundamentação das decisões é matéria de ordem pública, razão por que pode ser conhecida a qualquer tempo e grau de jurisdição. De fato, não é lógico e nem aceitável a ideia de o cidadão ter sua vida, liberdade e patrimônio invadidos pelo Estado-juiz, se aquele não tiver, ao menos, ciência dos motivos que balizaram a decisão desfavorável para, em última análise, ter o direito de impugná-la e exercer o direito ao contraditório, ou sujeitar-se ao decaimento sofrido.

Por conseguinte, é de se afirmar que a garantia de motivação das decisões judiciais tem a finalidade de assegurar uma justificação política para as decisões proferidas e validade da decisão[32]. Isso, efetivamente, faz com que a decisão fundamentada possa ser submetida a determinada espécie de controle,

---

[32]. Nesse sentido: "A fundamentação constitui pressuposto de legitimidade das decisões judiciais. A fundamentação dos atos decisórios qualifica-se como pressuposto constitucional de validade e eficácia das decisões emanadas do Poder Judiciário. A inobservância do dever imposto pelo art. 93, IX, da Carta Política, precisamente por traduzir grave transgressão de natureza constitucional, afeta a legitimidade

seja o conhecido controle advindo das partes, seja da sociedade ou até do próprio Poder Judiciário.

Em não sendo fundamentada a decisão, por certo que o controle restará prejudicado, pois a raiz da decisão será desconhecida e, nessa hipótese, a impugnação não versará sobre o mérito da decisão em si, mas, sim, sobre o fato de a decisão não ter sido fundamentada[33].

Evidencia-se, desse modo, que a decisão mal fundamentada se equipara à não fundamentada, sendo ambas maculadas com a mesma nulidade prevista no texto constitucional. Não é difícil se concluir o motivo, pois tanto a decisão não fundamentada quanto a mal fundamentada impossibilitam o exercício do contraditório pela parte lesada e o controle dos atos do magistrado e, por terem a mesma consequência, deverão ter o mesmo efeito[34].

De acordo com Eduardo Arruda Alvim, "fundamentar significa dar as razões de fato e de direito que levaram à tomada da decisão. A fundamentação deve ser *substancial* e não meramente *formal*"[35].

Nessa linha, imprescindível se faz à decisão judicial a fundamentação, ou seja, a exposição dos motivos que levaram o julgador a tomar aquela decisão que atingirá as partes envolvidas no litígio, servindo-se, realmente, como uma explicação jurídica para a posição adotada, dando ao insatisfeito a oportunidade de, querendo e cabendo, interpor o respectivo recurso para ver-se novamente analisar, agora pelo Tribunal, a decisão anteriormente proferida pelo julgador originário.

Por conseguinte, atento à importância da fundamentação das decisões, o legislador inseriu, no § 1º do artigo 489 do CPC/2015, verdadeiro rol de elementos que, se presentes, tornarão a decisão judicial não fundamentada:

> Art. 489. (...)
>
> § 1º Não se considera fundamentada qualquer decisão judicial, seja ela interlocutória, sentença ou acórdão, que:
>
> I - se limitar à indicação, à reprodução ou à paráfrase de ato normativo, sem explicar sua relação com a causa ou a questão decidida;

---

jurídica da decisão e gera, de maneira irremissível, a conseqüente nulidade do pronunciamento judicial. Precedentes" (STF, 2ª T., Min. Celso de Mello, HC 80.892, j. 16-10-01, DJ 23.11.2007, v.u).

33. "O princípio da motivação expressa a necessidade de toda e qualquer decisão judicial ser explicada, fundamentada, justificada pelo magistrado que a prolatou. Com isto o princípio assegura não só a transparência da atividade judiciária mas também viabiliza que se exercite o adequado controle de todas e quaisquer decisões jurisdicionais" BUENO, Cassio Scarpinella. *Curso sistematizado de direito processual civil*: teoria geral do direito processual civil. V. 1. 8. ed. - São Paulo: Saraiva, 2014, p. 162.
34. CÂMARA, Alexandre Freitas. *Lições de direito processual civil*. V.1. 25 ed. - São Paulo: Atlas, 2014, p.66.
35. ALVIM, Eduardo Arruda. *Direito processual civil*. 5. ed. rev. atual. e ampl. São Paulo: RT, 2013, p. 153.

II - empregar conceitos jurídicos indeterminados, sem explicar o motivo concreto de sua incidência no caso;

III - invocar motivos que se prestariam a justificar qualquer outra decisão;

IV - não enfrentar todos os argumentos deduzidos no processo capazes de, em tese, infirmar a conclusão adotada pelo julgador;

V - se limitar a invocar precedente ou enunciado de súmula, sem identificar seus fundamentos determinantes nem demonstrar que o caso sob julgamento se ajusta àqueles fundamentos;

VI - deixar de seguir enunciado de súmula, jurisprudência ou precedente invocado pela parte, sem demonstrar a existência de distinção no caso em julgamento ou a superação do entendimento.

Parece-nos que a tentativa do legislador foi boa, mas o resultado, perigoso, porquanto pretendem estruturar rol que venha a definir, objetivamente, quais decisões serão ou não fundamentadas. Pensando em tentar tirar melhor proveito do novo texto inserido na sistemática processual pelo CPC/2015, vejamos aquilo que se pode ponderar sobre esse aspecto.

De fato, no tocante ao inciso I, se a parte é obrigada a expor as razões de fato e de direito em sua fundamentação, parece-nos não existir justificativa para eximir-se o magistrado do mesmo ônus processual. Por certo que a decisão se limita a reproduzir ou, ainda que seja, parafrasear dispositivo, sem fazer a subsunção entre o fato e a norma, não pode ser considerada fundamentada e nem se presta para resolver a lide.

Sabe-se que a norma é abstrata, e o caso *sub judice* é concreto. A menção de dispositivo normativo na decisão é o começo, a introdução, que espera o jurisdicionado, para este assegurar-se de que o magistrado está decidindo de acordo com o princípio da legalidade, contudo, de maneira alguma, pode ser tida como o fim em si mesmo. Se não houver enfrentamento dos fatos, a decisão nada decidiu.

Igualmente, o inciso II deve ser encarado identicamente ao inciso anterior, pois, ao empregar conceitos jurídicos vagos como princípios, brocardos ou "máximas" do direito, o julgador deve adentrar no fato e informar às partes a correlação entre ambos. Citar, copiar, parafrasear conceitos jurídicos como "cláusula abusiva é nula", "presente lesão grave e de difícil reparação", "direito líquido e certo" é o mesmo que não fundamentar o caso concreto. A conexão entre o fato subjacente e o enunciado manejado deve ser manifesta.

De outro lado, com relação ao inciso III, este é discutível, pelo menos quanto à sua extensão, pois, se a demanda for repetitiva, estando a petição inicial sempre constituída sobre os mesmos fundamentos de fato e de direito, *mutatis mutandis*, não nos parece razoável exigir do magistrado que profira uma decisão customizada para cada demanda, isso sob pena de violar os princípios da celeridade, economia processual e da segurança jurídica.

Efetivamente, a violação aos princípios da celeridade e economia processual é de fácil visualização, pois, se obrigarmos o magistrado a elaborar uma decisão para cada caso, desconsiderando a existência de demandas idênticas – nas quais o patrono só muda o nome do postulante, nada mais –, estaremos onerando o judiciário com um trabalho que o patrono dos demandantes não teve, o que não parece razoável. A segurança jurídica, dessa forma, restará afetada se tivermos por base que, em casos análogos, o mesmo magistrado terá que proferir enésimas decisões, somente no intuito de não ter sua decisão tida como "não fundamentada".

Há uma forma, porém, de compor os possíveis excessos, num ou noutro sentido. Mesmo nos casos de ações repetitivas, o ponto de partida, a premissa de que o caso julgado é, de fato, idêntico ou similar aos antecedentes e/ou precedentes deve vir especificado, definido, expressado, para, depois, como mera consequência, aproveitar-se o julgador dos fundamentos decisionais já esposados no passado. Esta adequação ou aderência entre o caso julgado e os que o antecederam é que, por vezes, escapa à fundamentação e, aí sim, estaríamos frente ao tipo vedado.

Em relação ao inciso IV, parece-nos que sua redação foi infeliz ao acrescentar a condição "em tese". Essa expressão carrega uma carga de subjetivismo tão acentuada que será capaz de, na prática, tornar o inciso sem efeito, reiterando-se a prática de decisões genéricas que a lei pretende evitar. Não obstante tal fato, a intenção do legislador foi louvável, pois não são raras as hipóteses nas quais a parte suscita argumento que entende fundamental para seu êxito na demanda, mas, ao final, o julgador ignora a questão e decide sem nem ao menos mencionar a existência da arguição para simplesmente generalizar que os demais pontos atacados não são suficientes para infirmar o resultado. De se destacar que o inciso não distingue argumentos fáticos ou jurídicos, estando todos sob o mesmo manto regulamentar.

Deve-se afirmar que o inciso V vem na mesma linha dos incisos I e II, desta vez no tocante a precedente judicial utilizado para fundamentar a decisão. Certamente não pode uma decisão se lastrear em outro julgado se este não guardar similitude fática e jurídica suficiente para tanto e, mesmo que a similitude exista, é dever do magistrado demonstrar a existência e não do jurisdicionado exercer profundo processo interpretativo para concatenar o seu caso concreto com o da decisão paradigma. Situação distinta daquela que será a seguir tratada, pois, enquanto aqui, a partir dos fatos elencados pelo litigante, o juiz opta por escolher essa ou aquela tese jurídica, no próximo, é a parte que elenca as teses jurídicas.

Nesse fio, importante afirmar que o inciso VI vem na mesma linha do inciso anterior, tratando-se, contudo, de situação diametralmente oposta. Nesse caso, o jurisdicionado foi quem suscitou a existência de entendimentos judiciais para embasar seu fundamento e respectivo direito, sendo que o magistrado, por outro lado, não analisou a questão em sua decisão. Não se pode ignorar, contudo, que ao inverso da ausência de fundamentação, muitas vezes aporta no processo uma multiplicidade de teses nem sempre tão aderentes ao caso, nem sempre tão cuidadosas ou responsavelmente levantadas pelo litigante, especialmente nos casos de ações repetitivas. Para a boa aplicação desse dispositivo, cujo mérito não se nega, o que de fato se reclama é um aperfeiçoamento profissional, seja do advogado, seja do magistrado, abortando a generalização exagerada de teses e versões no mais das vezes impertinentes à solução do caso, cumprindo aos profissionais do Direito resgatar a postulação e o seu enfrentamento de forma mais objetiva e precisa. Que a virtualização do processo se limite aos mecanismos de sua documentação, não à postulação ou à decisão. Em sede de processo subjetivo, ainda são os fatos que se submetem a julgamento.

A título de conclusão, o certo é que a fundamentação é dever daquele que, na condição de julgador, decide o litígio, e sua ausência é elemento gerador de nulidade constitucionalmente prevista. O legislador deu real atenção ao tema e arrolou as hipóteses nas quais a falta de fundamentação irá gerar a nulidade da decisão.

Finalize-se dizendo que a intenção foi louvável, e bons resultados virão dessa construção, mas, ainda assim, como apontados, problemas certamente surgirão na prática forense, visto que a criação veio lastreada, como em outras construções legislativas, de vícios conceituais.

REFERÊNCIAS BIBLIOGRÁFICAS

ARRUDA ALVIM. José Manoel. *Sentença no Processo Civil – As diversas formas de terminação do processo em primeiro grau*, Revista de Processo nº 2, Ano 1 – abril-junho, São Paulo: RT, 1976.

BARBI, Celso Agrícola. *A ação declaratória no processo civil brasileiro*. Belo Horizonte, 1962.

BUENO, Cassio Scarpinella. *Curso sistematizado de direito processual civil: teoria geral do direito processual civil*. V. 1. 8. ed. – São Paulo: Saraiva, 2014.

CÂMARA, Alexandre Freitas. *Lições de direito processual civil*. V.1. 25 ed. – São Paulo: Atlas, 2014.

ALVIM, Eduardo Arruda. *Direito processual civil.* 5. ed. rev., atual. e ampl. São Paulo: RT, 2013.

DIDIER JR., Fredie. *Curso de Direito Processual Civil.* Vol. 1. 17ª ed., Salvador: Ed. Jus Podivm, 2015.

GOLDSCHMIDT, James. *Derecho procesal civil.* Trad. Leonardo Prieto Castro. Barcelona: Labor, 1936.

LIEBMAN, Enrico Tullio. *Eficácia e autoridade da sentença e outros escritos sobre a coisa julgada.* 3. ed. Rio de Janeiro: Forense, 1984.

MARQUES, José Frederico. *Instituições de direito processual civil.* V. 3. 2. ed. Rio de Janeiro: Forense, 1962.

NERY JÚNIOR, Nelson e ANDRADE NERY, Rosa Maria de. *Comentários ao Código de Processo Civil – Novo CPC – Lei 13.105/15,* São Paulo: Editora Revista dos Tribunais, 2015.

PONTES DE MIRANDA, Francisco Cavalcanti. *Tratado de direito privado.* Rio de Janeiro: Borsoi, 1954, t. 2.

_____. *Comentários ao Código de Processo Civil.* Rio de Janeiro: Forense, v. I, 1974.

REZENDE FILHO, Gabriel. *Curso de direito processual civil.* V.1. São Paulo: Saraiva, 1965.

ROCCO, Alfredo. *La sentenza civile.* Milano: Giuffre, 1962.

SANTOS, Moacyr Amaral. *Primeiras linhas de direito processual civil.* São Paulo: Max Limonad, 1963.

SILVA, Ovídio A. Baptista da. *Sentença e coisa julgada.* 2. ed. Porto Alegre: Sergio A. Fabris Editor, 1988.

TESHEINER, José Maria Rosa. *Elementos para uma teoria geral do processo.* São Paulo: Saraiva, 1993.

_____, e THAMAY, Rennan Faria Kruger. *Teoria Geral do Processo: em conformidade com o Novo CPC.* Rio de Janeiro: Forense, 2015.

USTÁRROZ, Daniel, PORTO, Sérgio Gilberto. *Manual dos recursos cíveis.* 4º ed., Porto Alegre: Livraria do Advogado Editora, 2013.

WAMBIER, Arruda Alvim Teresa, MEDINA, José Miguel Garcia, WAMBIER, Luiz Rodrigues. *Breves Comentários à Nova Sistemática Processual Civil,* 2, São Paulo: RT, 2006.

CAPÍTULO 9

A Extinção do Processo sem Julgamento de Mérito e a Produção de Efeitos Favoráveis às Partes no Novo Código de Processo Civil

Frederico Augusto Leopoldino Koehler[1]

SUMÁRIO: 1. INTRODUÇÃO; 2. EFEITOS BENÉFICOS DA EXTINÇÃO DO PROCESSO SEM JULGAMENTO DO MÉRITO PARA O AUTOR; 3. EFEITOS BENÉFICOS DA EXTINÇÃO DO PROCESSO SEM JULGAMENTO DO MÉRITO PARA O RÉU: PEREMPÇÃO, COISA JULGADA FORMAL E O CASO ESPECIAL DA AÇÃO CONSIGNATÓRIA; 3.1. O LEVANTAMENTO DOS DEPÓSITOS PECUNIÁRIOS NA AÇÃO CONSIGNATÓRIA E O ARTIGO 545, PARÁGRAFO 1º, DO NCPC; 3.2. EFEITOS DO AJUIZAMENTO DA AÇÃO CONSIGNATÓRIA; 3.3. NATUREZA JURÍDICA DA SENTENÇA E DO DEPÓSITO PECUNIÁRIO NA AÇÃO CONSIGNATÓRIA; 4. CONCLUSÃO; 5. REFERÊNCIAS BIBLIOGRÁFICAS.

1. INTRODUÇÃO

O presente artigo tem como objetivo analisar a produção de efeitos favoráveis às partes quando da extinção do processo sem julgamento de mérito.

Inicialmente, serão examinados os efeitos benéficos da extinção do processo sem julgamento do mérito para o autor, passando pela análise da aplicação do princípio da causalidade na questão das custas e honorários sucumbenciais.

Posteriormente, proceder-se-á ao exame dos efeitos benéficos da extinção do processo sem julgamento do mérito para o réu, com o estudo da perempção (art. 486, §3º, do NCPC), da coisa julgada formal e de seus efeitos, seguindo-se uma análise detida da ação consignatória e de um problema prático enfrentado

---

1. Juiz Federal. Professor Adjunto da Universidade Federal de Pernambuco - UFPE. Mestre em Direito pela UFPE. Membro do Instituto Brasileiro de Direito Processual – IBDP. Membro da Associação Norte-Nordeste de Professores de Processo – ANNEP. Diretor do Conselho Editorial da Revista Jurídica da Seção Judiciária de Pernambuco.

no cotidiano forense, qual seja, saber a quem compete o levantamento dos depósitos pecuniários na ação consignatória extinta sem julgamento do mérito. Para tanto, desenvolver-se-á o tema dos efeitos do ajuizamento da ação consignatória, da natureza jurídica da sentença e do depósito pecuniário neste tipo de ação, e, por fim, o estudo das duas correntes jurisprudenciais sobre o tema, apontando, ao final, a nossa posição.

2. EFEITOS BENÉFICOS DA EXTINÇÃO DO PROCESSO SEM JULGAMENTO DO MÉRITO PARA O AUTOR

A extinção do processo sem julgamento do mérito pode gerar efeitos favoráveis para o autor, em oposição ao que se costuma pensar. É o que será demonstrado neste tópico, com o exame da aplicação do princípio da causalidade para a determinação da parte responsável pelo pagamento das custas processuais e honorários sucumbenciais, nos casos em que ocorra a extinção do processo sem julgamento do mérito.

Diversamente do que uma reflexão rápida pode indicar, nem sempre o autor responderá pelas custas processuais e honorários sucumbenciais quando ocorrer a extinção do processo sem julgamento do mérito. De fato, ao ler-se o disposto no art. 85 do NCPC ("*Art. 85. A sentença condenará o vencido a pagar honorários ao advogado do vencedor.*"), pode-se chegar à equivocada conclusão de que basta a verificação da sucumbência a fim de determinar-se a parte responsável pelo pagamento das custas processuais e honorários advocatícios.

Não é essa a interpretação correta, contudo. Há que se aplicar, no ponto, o princípio da causalidade, que "*se baseia no raciocínio de que o sujeito que provocou a movimentação indevida da máquina judiciária deve arcar com as despesas decorrentes da prestação jurisdicional*"[2].

O princípio da causalidade embasa-se nos arts. 85, § 10, e 90 do NCPC[3] e tem ampla aceitação jurisprudencial, conforme farta gama de precedentes do STJ,

---

2. BASTOS, Antônio Adonias. Honorários sucumbenciais: natureza jurídica, titularidade e limites à penhora – análise à luz da legislação vigente, do projeto do novo Código de Processo Civil e da jurisprudência. In: DIDIER JR., Fredie, CUNHA, Leonardo Carneiro da, BASTOS, Antônio Adonias (coord.). **Execução e cautelar**: estudos em homenagem a José de Moura Rocha. Coletâneas ANNEP – 3ª Série. Salvador: Juspodivm, 2012, p. 70.
3. "*Art. 85. § 10. Nos casos de perda do objeto, os honorários serão devidos por quem deu causa ao processo. Art. 90. Proferida sentença com fundamento em desistência, em renúncia ou em reconhecimento do pedido, as despesas e os honorários serão pagos pela parte que desistiu, renunciou ou reconheceu.*". Como se vê, o projeto do NCPC poderia ser mais ousado e explicitar a aplicação do princípio da causalidade também nos casos de extinção do processo sem julgamento do mérito em geral, e não apenas nos casos de perda do objeto, desistência, renúncia ou reconhecimento do pedido – estas duas últimas hipóteses, a propósito, implicam julgamento do mérito.

a exemplo de: EREsp 490.605/SC, Rel. Ministro Antônio de Pádua Ribeiro, Corte Especial, j. em 04/08/2004, DJ 20/09/2004; REsp 1.019.316/RS, Rel. Ministro Luiz Fux, Primeira Turma, j. em 17/03/2009, DJe 30/03/2009; AgRg no Ag 798.313/PE, Rel. Ministro Teori Albino Zavascki, Primeira Turma, j. em 15/03/2007, DJ 12/04/2007; REsp 472.375/RS, Rel. Ministro Ruy Rosado de Aguiar, Quarta Turma, j. em 18/03/2003, DJ 22/04/2003.

A título exemplificativo, imagine-se o seguinte caso concreto: o autor ingressa com ação visando à liberação de mercadoria que se encontra sem exame na alfândega, devido a uma greve dos funcionários da Receita Federal. Após o ajuizamento, e antes de proferida decisão liminar, a greve termina e a mercadoria é liberada espontaneamente. Ocorre, in casu, a perda do objeto da ação, por ausência superveniente de interesse processual, devendo o feito ser extinto sem julgamento do mérito. As custas processuais e as verbas sucumbenciais, no entanto, deverão ser pagas pela parte ré, em virtude do princípio da causalidade[4]. Diversa seria a hipótese em que a liberação da mercadoria ocorresse em cumprimento a decisão judicial - proferida em sede liminar, verbi gratia -, caso em que não haveria a perda do objeto da ação, havendo a necessidade de prolatação de julgamento final a fim de confirmar-se ou não a decisão interlocutória[5].

---

4. Nesse sentido, o seguinte precedente do TRF-1ª Região: TRIBUTÁRIO. ADMINISTRATIVO. GREVE. SERVIDORES PÚBLICOS. PARALISAÇÃO DE SERVIÇOS ESSENCIAIS. PREJUÍZOS A TERCEIROS. RESSARCIMENTO DAS CUSTAS PROCESSUAIS. APELAÇÃO E REMESSA OFICIAL NÃO PROVIDAS. I. Conquanto o direito de greve assegurado pela Constituição em relação ao servidor público ainda não se encontre regulamentado (art. 37, VII, CF), deve a Administração, se verificada a paralisação, zelar pela manutenção dos serviços, máxime os considerados essenciais. II. A paralisação do serviço público por motivos de greve não pode trazer prejuízos ao usuário que, satisfazendo as obrigações fiscais para liberação de mercadorias importadas ou destinadas à exportação, tem direito ao desembaraço aduaneiro em prazo razoável. III. Em face do princípio da causalidade, não tendo a parte autora dado causa ao ajuizamento da ação, mostra-se correta a condenação da Fazenda ao pagamento de honorários advocatícios e ao reembolso das custas processuais. IV. Apelação e remessa oficial não providas. (AC 200834000115650, JUIZ FEDERAL OSMANE ANTÔNIO DOS SANTOS (CONV.), TRF1 - OITAVA TURMA, e-DJF1 DATA:30/04/2010 PAGINA:290.)
5. In casu, colhe-se precedente do TRF-3ª Região: ADMINISTRATIVO - SERVIDORES ANVISA - PARALISAÇÃO - LIBERAÇÃO DOS PEDIDOS DE LICENCIAMENTO DE IMPORTAÇÃO - CONTINUIDADE DO SERVIÇO PÚBLICO - DIREITO LÍQUIDO E CERTO - REJEIÇÃO DA PRELIMINAR DE ILEGITIMIDADE PASSIVA DO INSPETOR DA RECEITA FEDERAL - INOCORRÊNCIA DE PERDA DO OBJETO DA AÇÃO MANDAMENTAL - APELAÇÃO E REMESSA OFICIAL DESPROVIDAS. -Nos termos da Portaria MF n.º 030, de 25/02/2005, alterada pela Portaria MP n.º 275, de 15 de agosto de 2005, que aprovou o Regimento Interno da Secretaria da Receita, às inspetorias da Receita Federal - IRF de Classe Especial, compete desenvolver as atividades de arrecadação e cobrança, de fiscalização, de controle aduaneiro, de tecnologia e segurança da informação, de atendimento ao contribuinte, de programação e logística e de gestão de pessoas, relativas às operações de comércio exterior, bem assim as relacionadas com planejamento, organização e modernização, nos limites de suas jurisdições. Preliminar rejeitada. - O exercício do direito de greve, direito assegurado aos servidores públicos no artigo 37, VII, do Texto Magno, deve preservar a continuidade do serviço público essencial, sob pena de inconstitucionalidade do movimento grevista e violação do direito líquido e certo do administrado. - A r. sentença concedeu a segurança, a fim de determinar às autoridades impetradas que procedam às medidas necessárias à liberação dos pedidos de licença de importação formulados pela impetrante, bem como afastem a aplicação de qualquer penalidade oriunda do descumprimento ao disposto no artigo 21 da Instrução Normativa

Portanto, como se vê, a extinção do processo sem julgamento do mérito pode trazer efeitos favoráveis ao autor, pelo menos no que tange às custas do processo e aos honorários sucumbenciais.

3. EFEITOS BENÉFICOS DA EXTINÇÃO DO PROCESSO SEM JULGAMENTO DO MÉRITO PARA O RÉU: PEREMPÇÃO, COISA JULGADA FORMAL E O CASO ESPECIAL DA AÇÃO CONSIGNATÓRIA

Passa-se à análise dos efeitos favoráveis da extinção do processo sem julgamento do mérito em relação ao réu.

O primeiro caso é o da perempção (art. 486, §3º, do NCPC). O dispositivo legal citado prescreve o seguinte:

> "Art. 486. (...).
>
> § 3º Se o autor der causa, por 3 (três) vezes, a sentença fundada em abandono da causa, não poderá propor nova ação contra o réu com o mesmo objeto, ficando-lhe ressalvada, entretanto, a possibilidade de alegar em defesa o seu direito."

O art. 485, inc. III, por sua vez, assim prescreve:

> "Art. 485. Art. 485. O juiz não resolverá o mérito quando:
>
> III – por não promover os atos e as diligências que lhe incumbir, o autor abandonar a causa por mais de 30 (trinta) dias;"

A perempção consiste, portanto, em três extinções do processo sem julgamento de mérito, ocasionadas pelo abandono da causa por mais de 30 (trinta) dias pelo autor, quando não promove os atos e diligências que lhe competem. E a consequência da ocorrência de perempção é a proibição de que o autor intente nova ação contra o réu com o mesmo objeto, ficando-lhe ressalvada, entretanto, a possibilidade de alegar em defesa o seu direito. Claro fica, destarte, o efeito favorável trazido ao réu pela perempção.

A segunda hipótese a ser examinada é a da coisa julgada formal. Adota-se, no ponto, o entendimento de Luiz Eduardo Ribeiro Mourão, sustentado com brilhantismo em sua dissertação de mestrado apresentada à Pontifícia

---

n.º 386 SRF, sem condenação em honorários advocatícios. - Patenteada a real ocorrência do movimento grevista, a solução à controvérsia dada pela r. sentença atendeu à garantia constitucional do mandado de segurança, à luz das circunstâncias trazidas a julgamento, não se tratando de caso de perda do objeto, já que a autoridade impetrada só procedeu à inspeção das mercadorias em razão da concessão da liminar. - Preliminar rejeitada. - Apelação e Remessa oficial não providas. (AMS 00079896120064036100, JUIZ CONVOCADO RODRIGO ZACHARIAS, TRF3 - TERCEIRA TURMA, DJF3 DATA:08/07/2008.)

Universidade Católica de São Paulo[6]. O processualista conceitua a coisa julgada formal como a indiscutibilidade externa referente às decisões de cunho processual (art. 485 do NCPC). A coisa julgada material é a mesma indiscutibilidade externa, mas das decisões de mérito (art. 487 do NCPC). Distinguem-se ambas da preclusão, que é endoprocessual, ou seja, gera efeitos apenas dentro do processo - indiscutibilidade interna[7]-[8].

Assim, no caso de extinção do processo sem julgamento de mérito, decorrente, por exemplo, de ausência de interesse processual por inexistência de pretensão resistida – por não haver sido protocolado prévio requerimento administrativo perante a Administração Pública – caso o autor ingresse com ação idêntica, sem sanar o vício que gerou a extinção sem julgamento de mérito, o novo feito terá o mesmo fim do anterior, isto é, a prolatação de sentença terminativa.

O mesmo acontece em qualquer dos casos do art. 485 do NCPC. A título ilustrativo, imagine-se a hipótese de extinção do processo sem mérito, em face do reconhecimento de ilegitimidade passiva *ad causam*. O mesmo réu não poderá figurar no polo passivo de demanda idêntica, devido à formação da coisa julgada formal quanto ao ponto.

Há, destarte, indiscutível efeito favorável ao réu gerado pela extinção do feito sem julgamento do mérito e consequente surgimento da coisa julgada formal.

A última hipótese objeto de estudo é a extinção da ação consignatória sem julgamento do mérito, que será estudada nos tópicos seguintes.

3.1. O levantamento dos depósitos pecuniários na ação consignatória e o artigo 545, parágrafo 1º, do NCPC

A ação de consignação em pagamento é regida pelos artigos 539 a 549 do Novo Código de Processo Civil, fazendo-se necessária a transcrição de alguns desses dispositivos para a elucidação da questão em estudo:

---

6. MOURÃO, Luiz Eduardo Ribeiro. **Ensaio sobre a coisa julgada civil (sem abranger as ações coletivas)**. Dissertação apresentada ao Programa de Pós-Graduação em Direito da Pontifícia Universidade Católica de São Paulo, como requisito parcial para obtenção do grau de Mestre em Direito. São Paulo: 2006, p. 107-108.
7. A lição do referido autor é elogiada e difundida na obra de DIDIER JR., Fredie; BRAGA, Paula Sarno; OLIVEIRA, Rafael. **Curso de Direito Processual Civil**. V. 2, 6. ed., Salvador: Juspodivm, 2011, p. 419-420.
8. Pelo escopo deste trabalho, optamos por utilizar os conceitos de coisa julga material, formal e preclusão nos moldes ainda prevalecentes na doutrina brasileira. Para uma evolução no tratamento desta temática, imprescindível a leitura de: CABRAL, Antônio do Passo. **Coisa julgada e preclusões dinâmicas**: entre continuidade, mudança e transição de posições processuais estáveis. Salvador: Juspodivm, 2013, p. 254-266. O autor faz uma exposição coerente pugnando pelo fim da diferença entre os conceitos citados. Conclui ser indevida a importação, pelo Brasil, do conceito de coisa julgada formal da Europa, e que o uso deste conceito só faria algum sentido teórico se fosse aceita no país a categoria das sentenças parciais (*Teilurteile*), incidentais (*Zwischenurteile*) ou "com reserva" (Itália).

> "Art. 539. Nos casos previstos em lei, poderá o devedor ou terceiro requerer, com efeito de pagamento, a consignação da quantia ou da coisa devida..
>
> Art. 545. Alegada a insuficiência do depósito, é lícito ao autor completá-lo, em 10 (dez) dias, salvo se corresponder a prestação cujo inadimplemento acarrete a rescisão do contrato.
>
> § 1º No caso do caput, poderá o réu levantar, desde logo, a quantia ou a coisa depositada, com a consequente liberação parcial do autor, prosseguindo o processo quanto à parcela controvertida.
>
> § 2º A sentença que concluir pela insuficiência do depósito determinará, sempre que possível, o montante devido e valerá como título executivo, facultado ao credor promover-lhe o cumprimento nos mesmos autos, após liquidação, se necessária."

O objetivo primordial da ação consignatória é o pagamento forçado da dívida ao credor-consignado, com a conseqüente liberação do devedor-consignante.

Enfatize-se o teor do artigo 545, parágrafo 1º, do NCPC, acima transcrito, o qual permite que o réu levante desde logo o valor depositado, independentemente de concordância do autor, com a liberação parcial da dívida, prosseguindo o processo quanto à parcela controvertida, sempre que sua contestação esteja limitada à alegação de insuficiência do depósito. A esse respeito, procedo à transcrição dos ensinamentos de Antônio Carlos Marcato[9]:

> "Não complementado o depósito, ainda assim poderá o réu levantar a quantia ou coisa depositada, eis que a controvérsia repousa exclusivamente na diferença por ele reclamada. E o processo prosseguirá, agora, apenas para a obtenção de um provimento judicial dispondo sobre a aludida diferença".

Essa faculdade do réu decorre do fato de que o valor depositado pelo autor-devedor é incontroverso, não havendo dúvida alguma de que tal quantia pertence ao réu-credor, a quem compete levantá-la.

Imaginemos, porém, um caso em que a ação consignatória seja extinta sem julgamento do mérito, por desistência do autor ou outro motivo qualquer, sem que ainda tenha havido o levantamento dos valores em depósito previsto no indigitado artigo 545, parágrafo 1º. A quem caberia o levantamento dos valores depositados nessa hipótese?

---

9. MARCATO, Antônio Carlos. Da consignação em pagamento: os procedimentos do Código de Processo Civil e da Lei nº 8.245, de 1991. **Revista do Advogado**, São Paulo-SP, n. 63, jun. 2001, p. 67.

3.2. Efeitos do ajuizamento da ação consignatória

Com a ação consignatória ajuizada e o depósito deferido e realizado, surgem várias conseqüências jurídicas relevantes, dentre as quais a suspensão da exigibilidade da dívida e o afastamento da mora do devedor.

Em um processo de Sistema Financeiro de Habitação, *verbi gratia*, o mutuário pode ajuizar ação consignatória contra a Caixa Econômica Federal, com vistas a depositar o montante do financiamento imobiliário que entende devido e liberar-se da dívida. Caso o depósito seja deferido por medida liminar – o que geralmente acontece caso seja oferecido um valor razoável –, permanece o devedor-consignante na posse do seu imóvel, cuja execução extrajudicial fica obstada. Além disso, o depósito exitoso ocasiona a retirada do nome do consignante dos cadastros restritivos de crédito.

Outro exemplo: em um contrato de financiamento de automóvel alienado fiduciariamente, o devedor ingressa com ação consignatória, com o fito de depositar as parcelas vincendas e, com isso, obstar a perda do bem em ação de busca e apreensão. Como afirmado nos enunciados das primeiras conclusões dos estudos e discussões realizados pelo Fórum Permanente das Varas Cíveis da Capital, desenvolvido com o apoio do Instituto dos Magistrados de Pernambuco – IMP[10]:

> "**A situação é de conexão entre as duas ações, pois ambas originam-se de um mesmo contrato, e através de uma delas o devedor fiduciário pretende anular a mora e, principalmente, evitar a perda da posse do bem alienado fiduciariamente**, culminando com a final declaração da extinção da obrigação de pagamento. Na jurisprudência do Superior Tribunal de Justiça encontramos indicativos de que essa Corte tentou inicialmente resolver esse problema pelo critério temporal, isto é, a prévia distribuição de uma ou outra ação prejudicaria o pedido na subseqüente. Ajuizada previamente a consignatória, com o depósito das parcelas na forma pretendida pelo autor, não se poderia deferir liminar na ação de busca e apreensão que se lhe seguisse. Representa essa corrente acórdão da lavra do eminente Ministro Ruy Rosado de Aguiar, assim ementado:
>
> 'Ajuizada ação consignatória antes de intentada a ação de busca e apreensão, com depósito das prestações consideradas

---

10. **Enunciados das primeiras conclusões dos estudos e discussões realizados pelo Fórum Permanente das Varas Cíveis da Capital**, desenvolvido com o apoio do Instituto dos Magistrados de Pernambuco – IMP. Disponível em <http://www.tjpe.gov.br/cej/SumulasEnunciados/arquivos/Enunciados%20.doc>. Acesso em 06 abr. 2007.

devidas, não cabe deferir medida liminar de busca e apreensão'. (Resp 489564-DF, rel. Min. Ruy Rosado de Aguiar, ac. j. 17.06.03, DJ 25.08.03)". (grifos nossos)

Na verdade, os efeitos do depósito benéficos ao consignante-devedor têm sua exata contrapartida no levantamento das quantias depositadas pelo réu-consignado. É o que se pode apreender da lição a seguir explicitada[11]:

> "Realizado o depósito inicial pelo autor, poderá o réu requerer o levantamento das importâncias posteriormente depositadas por aquele, desde que sobre elas não penda controvérsia.
>
> **A possibilidade aberta pela lei é extremamente benéfica, quer por ensejar ao autor sua desoneração dessas prestações, livrando-se, no que a elas pertine, dos riscos e ônus da mora, quer por permitir ao réu a pronta satisfação desses créditos".** (grifos nossos)

Destarte, afigurar-se-ia deveras injusto que o devedor-consignante se valesse dos depósitos pecuniários para atingir as finalidades adrede descritas, eximindo-se do pagamento da dívida por um longo período, e, posteriormente, viesse a desistir da ação ou a abandoná-la, com o levantamento dos valores em depósito, deixando o consignado sem a sua contrapartida, qual seja, o recebimento da parte incontroversa do débito[12].

3.3. Natureza jurídica da sentença e do depósito pecuniário na ação consignatória

A sentença na ação consignatória tem natureza declaratória. O depósito, por sua vez, é instituto de direito material, e não propriamente processual. Isso porque não se discute a existência do débito, o *an debeatur*, mas sim o *quantum debeatur*. Aí está mais uma razão para não se considerar que apenas com a sentença de mérito poderia o credor levantar os valores em depósito. Tal fato foi bem entendido pelo legislador, que incluiu o parágrafo 1º no artigo 899 do CPC/73, por meio da Lei nº 8.951/94 (reproduzido em sua ideia pelo art. 545, §1º, do NCPC).

---

11. MARCATO, Antônio Carlos. *Op. cit.*, p. 69.
12. Para ilustrar essa hipótese, recorre-se novamente ao exemplo anteriormente citado do mútuo para financiamento de imóvel através do Sistema Financeiro de Habitação. Imagine-se a hipótese em que, após longo trâmite processual com a exigibilidade da dívida suspensa, tenha sido produzida prova pericial em sentido contrário ao entendimento do autor-consignante. Seria irrazoável e descabido permitir que o autor, posteriormente à realização da prova pericial desagasalhando a sua pretensão, desistisse da ação e ainda pretendesse levantar a quantia que ele próprio afirmara dever. Nesse sentido, leia-se o inteiro teor do REsp 568.552-GO, adiante analisado.

Sobre a natureza da sentença na ação consignatória, vide mais uma vez a lição de Antônio Carlos Marcato[13]:

> "A sentença proferida na ação de consignação em pagamento tem natureza meramente declaratória.
>
> De fato, a extinção da obrigação opera-se em razão da pertinência e suficiência do depósito, contendo a sentença a declaração da inexistência do crédito em razão da realização daquele;".

A propósito, observe-se o que dispõe o Código Civil de 2002 a esse respeito:

> "**Art. 334. Considera-se pagamento, e extingue a obrigação, o depósito judicial ou em estabelecimento bancário da coisa devida, nos casos e forma legais.**" (grifos nossos)

É por essa razão que o parágrafo 1º do artigo 545 do NCPC dispõe que, alegada a insuficiência do depósito, poderá o réu levantar, desde logo, a quantia ou a coisa depositada, com a conseqüente liberação parcial do autor, prosseguindo o processo quanto à parcela controvertida. A eficácia liberatória integral do pagamento fica a depender do juízo posterior que o julgador emite a respeito do montante devido. Contudo, de um modo ou de outro, as parcelas depositadas podem ser de logo empregadas na quitação da parte incontroversa do débito.

Como se pode perceber, o pronunciamento judicial será decisivo para determinar se o valor depositado é correto ou se é insuficiente. Em outras palavras, se o devedor deposita X, tem-se que esse é o valor incontroverso a que, no mínimo, o credor faz jus, independentemente de declaração do Poder Judiciário quanto a isto. A atividade jurisdicional, nesse caso, será imprescindível apenas para determinar se há valores complementares a serem depositados.

A esse respeito, veja-se a lição de Cândido Dinamarco[14]:

> "A lei inovou corajosamente na disciplina da ação de consignação em pagamento, também para autorizar ao réu o levantamento imediato do valor depositado. Diz que o processo prosseguirá 'quanto à parcela controvertida', o que significa que prosseguirá para converter em integral essa parcial exoneração obtida pelo autor quando feito o levantamento (art. 899, § 1º) ou para condená-lo a pagar a diferença que houver.

---

13. MARCATO, Antônio Carlos. Op. cit., p. 69.
14. DINAMARCO, Cândido Rangel. **A Reforma do Código de Processo Civil**. 5. ed., São Paulo: Malheiros, p. 175-176.

Essa valiosíssima inovação inclui-se no contexto de um processo que não é mais encarado unilateralmente como arma de um dos litigantes contra o outro, mas como instrumento para dar tutela a quem tiver direito. **Se o réu-credor nada alega além de insuficiência do crédito, a única divergência possível entre ele e o autor é sobre se o crédito se reduz àquilo que foi depositado ou se é maior. No mínimo, ele terá direito ao valor do depósito."** (grifos nossos)

No que pertine a essa matéria, vem a calhar a doutrina de Nelson José de Souza Travassos[15]:

"A questão relativa à natureza do depósito é abordada por ADROALDO FURTADO FABRÍCIO(8), que sustenta sê-la de direito material, consignando, inclusive, que alguns sistemas jurídicos permitem a liberação por essa via sem nenhuma intervenção judicial, desde que não impugnado o depósito (...).

(...).

Atualmente, pois, em razão de o § 1º do art. 890 do Código de Processo Civil prever a liberação do devedor através do depósito bancário da dívida de dinheiro, é possível afirmar que o pagamento por consignação já não é mais um procedimento totalmente judicial e agora, mais que antes, está evidenciado como sendo de direito material a natureza do depósito liberatório e que o processo cuida apenas de *dar validez a un pago en el que no interviene la voluntad del credor*(9). Por isso, as razões que antes davam suporte ao majoritário entendimento doutrinário de que a sentença proferida na consignatória ser de natureza declaratória não empalideceram com a reforma(10), muito pelo contrário, reabasteceram-nas, porque agora está explicitamente reconhecido na lei processual que a eficácia extintiva da obrigação decorre do próprio depósito e não da sentença (art. 891 do CPC).

(...).

CÂNDIDO DINAMARCO(11) parece entender que o fato de a norma conferir a essa sentença a eficácia de título executivo judicial, não lhe altera a natureza eminentemente declaratória (...).

(...).

A questão da suficiência do depósito e da sua quantificação quando resolvida na sentença não declara a relação de direito

---

15. TRAVASSOS, Nelson José de Souza. Ação de consignação em pagamento: a natureza da sentença em face das alterações imprimidas pela reforma do código de processo civil. **RJ**, n. 249, jul. 1998.

material nem cria nenhum direito novo a ser integrado ao patrimônio do credor, porque esse direito está constituído no próprio título. A sentença não declara a existência da obrigação porque ela já existe. Ela somente determina o montante devido e condena o devedor a satisfazer a obrigação agora determinada na espécie e quantidade." (grifos nossos)

No momento de ajuizar a ação, o consignante tem que ter ciência de que está oferecendo uma quantia ao credor, indicando aquela quantia como efetivamente devida. Assim, a propositura da ação consignatória equivale a uma confissão de dívida, que deve ser levada em consideração quando do ajuizamento da demanda.

Note-se que o melhor resultado que pode ser obtido pelo autor na demanda é o recebimento dos valores por ele indicados como pagamento integral, com a conseqüente quitação da dívida. Isso advém da inexistência de controvérsia no que diz respeito a esses valores, que constituem um piso da dívida em discussão.

Nesse diapasão, faz-se mister a leitura da lição de Antônio Carlos Marcato, a seguir transcrita[16]:

> "De fato, é o depósito (e não a oferta) que, uma vez declarado válido e suficiente por sentença, libera o autor consignante do vínculo obrigacional (CC, artigo 972) e faz cessar os juros e os riscos da dívida (artigos 958 e 976). Logo, é de todo conveniente seja ele realizado *ab initio*, evitando assim, para o depositante, os riscos e transtornos que poderiam advir de seu retardamento". (grifos nossos)

A importância do depósito resta claramente demonstrada quando se percebe que a propositura de ação consignatória sem a efetivação de depósito gera como conseqüência direta a extinção do processo sem julgamento do mérito. Nessa senda, é de ver-se novamente a doutrina de Antônio Carlos Marcato[17]:

> "A lei é omissa quanto às conseqüências advindas da não realização do depósito, mas é evidente que essa omissão do autor acarretará a pura e simples extinção do processo, sem julgamento do mérito. E isto porque o depósito é essencial para o prosseguimento regular do processo, seja porque o réu somente será citado (e poderá, portanto, exercer o seu direito de resposta)

---

16. MARCATO, Antônio Carlos. *Op. cit.*, p. 63.
17. MARCATO, Antônio Carlos. *Op. cit.*, p. 64.

após a sua realização, seja porque apenas ele (e não a sentença) tem o condão de desconstituir o vínculo obrigacional, se e quando reputado correto e eficaz pelo juiz".

3.4. A jurisprudência do STJ sobre o tema

A jurisprudência do Colendo Superior Tribunal de Justiça vem oscilando sobre o tema em estudo, havendo acórdãos discrepantes nos diversos órgãos turmários. Primeiramente, transcrevo decisórios segundo os quais o levantamento dos depósitos em ação consignatória extinta sem julgamento do mérito cabe ao devedor-consignante, com o retorno da situação ao *status quo ante*:

> "REsp 583354/GO; RECURSO ESPECIAL 2003/0151738-2
>
> Relator(a) Ministra NANCY ANDRIGHI (1118)
>
> Órgão Julgador T3 - TERCEIRA TURMA
>
> Data do Julgamento 07/12/2004
>
> Data da Publicação/Fonte DJ 01.02.2005 p. 545
>
> Acórdão. Vistos, relatados e discutidos estes autos, acordam os Ministros da TERCEIRA TURMA do Superior Tribunal de Justiça, na conformidade dos votos e das notas taquigráficas constantes dos autos, por unanimidade, não conhecer do recurso especial. Os Srs. Ministros Castro Filho e Carlos Alberto Menezes Direito votaram com a Sra. Ministra Relatora. Ausentes, ocasionalmente, os Srs. Ministros Antônio de Pádua Ribeiro e Humberto Gomes de Barros.
>
> Ementa. Processual civil. Recurso especial. Ação de consignação em pagamento. Ausência de contestação. Homologação do pedido de desistência formulado pelo autor. Extinção do processo sem julgamento do mérito. Levantamento do depósito pelo autor. Possibilidade.
>
> **- Em razão da extinção do processo sem julgamento do mérito, decorrente da homologação do pedido de desistência da ação de consignação em pagamento formulado pelo autor, na qual não houve contestação, tem ele o direito ao levantamento das quantias depositadas em juízo, posto que a obrigação junto ao réu subsiste para todas as consequências de direito.**
>
> Recurso especial não conhecido.[18]
>
> * * *

---

18. BRASIL. Superior Tribunal de Justiça. Recurso Especial nº 583.354/GO. Terceira Turma. Relator(a): Nancy Andrighi. Julgamento: 07.12.2004. Publicação: DJ 01.02.2005, p. 545. Disponível em ‹http://www.stj.gov.br/SCON›. Acesso em 07 mar. 2007.

REsp 427414/RS; RECURSO ESPECIAL 2002/0042988-5

Relator(a) Ministro TEORI ALBINO ZAVASCKI (1124)

Órgão Julgador T1 - PRIMEIRA TURMA

Data do Julgamento 06/05/2004

Data da Publicação/Fonte DJ 24.05.2004 p. 159

Acórdão. Vistos e relatados estes autos em que são partes as acima indicadas, decide a Egrégia Primeira Turma do Superior Tribunal de Justiça, por unanimidade, negar provimento ao recurso especial, nos termos do voto do Sr. Ministro Relator. Os Srs. Ministros Denise Arruda e Francisco Falcão votaram com o Sr. Ministro Relator.

Ementa. **PROCESSUAL CIVIL. AÇÃO CONSIGNATÓRIA. DESISTÊNCIA. EXTINÇÃO DO PROCESSO SEM JULGAMENTO DE MÉRITO (CPC, ART. 267, VI). POSSIBILIDADE DE AJUIZAMENTO DE NOVA AÇÃO. RETORNO AO STATUS QUO ANTE. LEVANTAMENTO DO DEPÓSITO PELO AUTOR.**[19]

* * *

AgRg no Ag 664268/SC; AGRAVO REGIMENTAL NO AGRAVO DE INSTRUMENTO 2005/0038613-3

Relator(a) Ministro FERNANDO GONÇALVES (1107)

Órgão Julgador T4 - QUARTA TURMA

Data do Julgamento 20/10/2005

Data da Publicação/Fonte DJ 14.11.2005 p. 331

Acórdão. Vistos, relatados e discutidos estes autos, acordam os Ministros da Quarta Turma do Superior Tribunal de Justiça, na conformidade dos votos e das notas taquigráficas a seguir, por unanimidade, negar provimento ao agravo regimental. Os Ministros Aldir Passarinho Junior, Jorge Scartezzini, Barros Monteiro e Cesar Asfor Rocha votaram com o Ministro Relator.

Ementa. AGRAVO REGIMENTAL. AGRAVO DE INSTRUMENTO. AÇÃO DE CONSIGNAÇÃO EM PAGAMENTO. HOMOLOGAÇÃO DO PEDIDO DE DESISTÊNCIA FORMULADO PELO AUTOR. EXTINÇÃO DO PROCESSO SEM JULGAMENTO DO MÉRITO. LEVANTAMENTO DO DEPÓSITO PELO AUTOR. POSSIBILIDADE.

1. No caso de homologação de pedido de desistência formulado em ação de consignação em pagamento, acarretando na extinção do processo sem julgamento do mérito, é cabível que o autor proceda ao levantamento das quantias por ele depositadas em juízo.

---

19. BRASIL. Superior Tribunal de Justiça. Recurso Especial nº 427.414/RS. Primeira Turma. Relator(a): Teori Albino Zavascki. Julgamento: 06.05.2004. Publicação: DJ 24.05.2004 p. 159. Disponível em <http://www.stj.gov.br/SCON>. Acesso em 07 mar. 2007.

2. Agravo regimental desprovido."[20] (grifos nossos)

Por outro lado, passo à transcrição dos acórdãos do STJ que entendem que a extinção da ação consignatória sem julgamento do mérito dá ensejo ao levantamento dos valores depositados pelo credor-consignado:

"REsp 568552/GO; RECURSO ESPECIAL 2003/0146143-5

Relator(a) Ministro LUIZ FUX (1122)

Órgão Julgador T1 - PRIMEIRA TURMA

Data do Julgamento 03/03/2005

Data da Publicação/Fonte DJ 28.03.2005 p. 190

RSTJ vol. 191 p. 111

Acórdão. Vistos, relatados e discutidos estes autos, acordam os Ministros da PRIMEIRA TURMA do Superior Tribunal de Justiça, na conformidade dos votos e das notas taquigráficas a seguir, por unanimidade, dar provimento ao recurso especial, nos termos do voto do Sr. Ministro Relator. Os Srs. Ministros Teori Albino Zavascki, Denise Arruda, José Delgado e Francisco Falcão votaram com o Sr. Ministro Relator.

Ementa. PROCESSUAL CIVIL. AÇÃO DE CONSIGNAÇÃO EM PAGAMENTO. SFH. DESISTÊNCIA, APÓS A REALIZAÇÃO DA PROVA PERICIAL. LEVANTAMENTO DO DEPÓSITO.

1. A Administração Pública, direta e indireta, conquanto ré, salvo exceções legais, submete-se aos ritos especiais traçados no Código de Processo Civil.

2. A reforma do Código de Processo Civil engendrada em 1994 introduziu o § 1º no art. 899, possibilitando o levantamento, pelo consignado, das quantias depositadas, quando, alegada em contestação, a insuficiência do depósito, revelando-se faculdade do credor, independentemente de concordância por parte do consignante.

3. À luz do § 1º do art. 899 do CPC, não é lícito ao devedor valer-se de consignação em pagamento para, após a realização da prova pericial desagasalhando a sua pretensão, desistir da ação e pretender levantar a quantia que ele próprio afirmara dever.

4. Havendo a desistência da ação e levantada a quantia incontroversa, a quitação parcial produzirá os seus efeitos no plano do

---

20. BRASIL. Superior Tribunal de Justiça. Agravo Regimental no Agravo de Instrumento nº 664.268/SC. Quarta Turma. Relator(a): Fernando Gonçalves. Julgamento: 20.10.2005. Publicação: DJ 14.11.2005, p. 331. Disponível em ‹http://www.stj.gov.br/SCON›. Acesso em 07 mar. 2007.

direito material, e, sob o ângulo processual, impedirá a repropositura pelo todo, admitindo a acionabilidade pelo resíduo não levantado.

5. Raciocínio inverso infirmaria a ratio essendi do § 1º do art. 899 do CPC, fundado em razão de Justiça, equidade e economia processual.

6. Recurso especial provido.[21]

* * *

REsp 515976/GO; RECURSO ESPECIAL 2002/0176065-8

Relator(a) Ministro HUMBERTO GOMES DE BARROS (1096)

Órgão Julgador T3 - TERCEIRA TURMA

Data do Julgamento 02/12/2004

Data da Publicação/Fonte DJ 17.12.2004 p. 519

Acórdão. Vistos, relatados e discutidos os autos em que são partes as acima indicadas, acordam os Ministros da Terceira Turma do Superior Tribunal de Justiça na conformidade dos votos e das notas taquigráficas a seguir, por unanimidade, conhecer do recurso especial e dar-lhe provimento. Os Srs. Ministros Carlos Alberto Menezes Direito, Nancy Andrighi, Castro Filho e Antônio de Pádua Ribeiro votaram com o Sr. Ministro Relator.

Ementa. PROCESSUAL. CONSIGNAÇÃO. DEPÓSITO. LEVANTAMENTO. EXTINÇÃO DO FEITO SEM JULGAMENTO DO MÉRITO. CPC, ART. 899, § 1º. APLICABILIDADE.

- O § 1º do Art. 899 do CPC outorga ao réu, na ação de consignação, o direito de levantar, desde logo, a quantia depositada pelo autor, por se tratar de valor incontroverso. Isto porque, a quantia oferecida é aquela que o autor reconhece como devida e, se o réu aceita recebê-la, é porque admite ser credor.

- O § 2º do Art. 899 nada tem com o § 1º. Ele trata de sentença de mérito que constitui um título executivo em favor do credor demandado.

- Não faz sentido devolver à devedora quantia que ela mesma ofereceu em pagamento. Tal devolução obrigaria a credora a desenvolver desnecessário esforço de cobrança. Isso significa: a devolução instaurará lide em torno de controvérsia inexistente,

---

21. BRASIL. Superior Tribunal de Justiça. Recurso Especial nº 568.552/GO. Primeira Turma. Relator(a): Luiz Fux. Julgamento: 03.03.2005. Publicação: DJ 28.03.2005, p. 190. Disponível em <http://www.stj.gov.br/SCON>. Acesso em 08 mar. 2007.

fazendo tábula rasa da instrumentalidade das normas processuais."[22] (grifos nossos)

Em nossa opinião, afigura-se correto o posicionamento segundo o qual a extinção da ação consignatória sem julgamento do mérito permite o levantamento dos valores depositados pelo credor-consignado.

Entendimento contrário negaria a própria razão de ser do parágrafo 1º do artigo 545 do NCPC. Ademais, como dito anteriormente, seria profundamente injusto devolver os valores depositados ao autor/devedor, sabendo que inexiste controvérsia com relação a tal montante, o qual, a propósito, fora ofertado voluntariamente em pagamento ao réu/credor. Tal procedimento forçaria o credor a desenvolver todo um supérfluo esforço de cobrança acerca de débito incontroverso. Seria uma total afronta aos princípios da instrumentalidade das normas processuais, da economia processual e da duração razoável do processo, além do que possibilitaria ao devedor tentar evadir-se, com todos os meios processuais de defesa e recurso cabíveis, do adimplemento de um débito que já confessara devido e já houvera oferecido em pagamento.

Nesse mesmo sentido adotado neste trabalho, cito os seguintes precedentes jurisprudenciais do Tribunal Regional Federal da 1ª Região:

> "PROCESSUAL CIVIL. AÇÃO DE CONSIGNAÇÃO EM PAGAMENTO. EXTINÇÃO DO PROCESSO SEM JULGAMENTO DO MÉRITO. LEVANTAMENTO DOS VALORES DEPOSITADOS. PECULIARIDADES DAS AÇÕES RELATIVAS AO SFH. IMPOSSIBILIDADE.
>
> **1. Embora tecnicamente correto, não é razoável, do ponto de vista prático, que a parte, tendo depositado valores que considerou incontroversos em vez de pagar as mensalidades diretamente ao agente financeiro, venha a levantar esses valores depositados em razão de extinção do processo sem julgamento do mérito.**
>
> 2. Negado provimento ao agravo de instrumento.
>
> (AG 2002.01.00.033395-3/PA, Rel. Desembargador Federal João Batista Moreira, Rel. Acor. Desembargador Federal João Batista Moreira, Quinta Turma, DJ de 29/08/2005, p.122)[23]

* * *

---

22. BRASIL. Superior Tribunal de Justiça. Recurso Especial nº 515.976/GO. Terceira Turma. Relator(a): Humberto Gomes de Barros. Julgamento: 02.12.2004. Publicação: DJ 17.12.2004, p. 519. Disponível em ‹http://www.stj.gov.br/SCON›. Acesso em 08 mar. 2007.
23. BRASIL. Tribunal Regional Federal da 1ª Região. Agravo de Instrumento nº 2002.01.00.033395-3/PA. Quinta Turma. Relator(a) p/ Acórdão: João Batista Moreira. Publicação: DJ 29.08.2005, p. 122. Disponível em ‹http://www.trf1.gov.br/›. Acesso em 09 mar. 2007.

PROCESSUAL CIVIL. SFH. CONTRATO DE MÚTUO. EXECUÇÃO EXTRAJUDICIAL CONSUMADA. AUSÊNCIA DE INTERESSE PROCESSUAL DA MUTUÁRIA PARA PROPOR AÇÃO CONSIGNATÓRIA. COMPETÊNCIA PARA O LEVANTAMENTO DOS VALORES CONSIGNADOS.

1. Após consumado o leilão extrajudicial, com a subseqüente expedição da carta de arrematação do imóvel, não mais subsiste o interesse processual da mutuária de ajuizar ação de consignação em pagamento com o objetivo de liberar-se da obrigação por meio do depósito de prestações de contrato de mútuo habitacional, visto que já extinto o vínculo obrigacional. Carência de ação proclamada. Precedentes da Corte.

2. De outro lado, não se conhece do pedido deduzido na inicial de suspensão dos efeitos dos leilões realizados, porquanto tal pretensão não se encontra amparada em nenhum fundamento fático-jurídico.

3. **Tendo sido a consignatória extinta, sem julgamento do mérito, é admissível o levantamento dos valores depositados pela entidade financeira mutuante, a fim de amortizar as parcelas do mútuo. Aplicação do § 1º do art. 899 do CPC.**

4. O ato judicial que delibera a quem compete o levantamento da quantia consignada não configura julgamento *extra petita*, porquanto, em ações da espécie, cabe ao Juiz definir, em conformidade com a lei, o destino dos valores depositados na conta judicial.

5. Apelação da Autora a que se nega provimento."

(AC 2000.39.00.012626-0/PA, Rel. Desembargador Federal Fagundes de Deus, Quinta Turma, DJ 24/08/2006, p.58)[24] (grifos nossos)

Nesse mesmo caminho dispõe o artigo 5º, §4º, do Decreto nº 3.431/2000, que regulamenta a Lei nº 9.964/00:

"Art. 5º Os débitos da pessoa jurídica optante serão consolidados tomando por base a data da formalização.

§ 2º. Na hipótese de crédito com exigibilidade suspensa por força do disposto no inciso IV do artigo 151 da Lei nº 5.172, de 25 de outubro de 1966 (Código Tributário Nacional – CTN), a inclusão, no REFIS, dos respectivos débitos implicará dispensa de juros de mora incidentes até a data de opção, condicionada ao encerramento do feito por desistência expressa e irrevogável da respectiva

---

24. BRASIL. Tribunal Regional Federal da 1ª Região. Apelação Cível nº 2000.39.00.012626-0/PA. Quinta Turma. Relator(a): Fagundes de Deus. Publicação: DJ 24.08.2006, p. 58. Disponível em <http://www.trf1.gov.br/>. Acesso em 09 mar. 2007.

ação judicial e de qualquer outra, bem assim a renúncia do direito, sobre os mesmos débitos, sobre o qual se funda a ação.

§ 4º. **Requerida a desistência da ação judicial, com a renúncia ao direito sobre que se funda, os depósitos judiciais efetuados deverão ser convertidos em renda, permitida a inclusão no REFIS do saldo devedor."**

4. CONCLUSÃO

Após esse breve estudo, conclui-se que a extinção do processo sem julgamento de mérito pode beneficiar o autor ou o réu, a depender do caso concreto.

Vimos que, no caso do autor, podem lhe surgir benefícios no que tange às custas processuais e honorários sucumbenciais, que serão devidos, em alguns casos, pelo réu, em virtude da aplicação do princípio da causalidade.

No tocante ao réu, por sua vez, os benefícios surgem no caso da perempção e da coisa julgada formal, além da hipótese de levantamento dos valores depositados no bojo da ação consignatória extinta sem julgamento do mérito.

É este o posicionamento adotado neste trabalho, qual seja, o de que a extinção da ação consignatória sem julgamento do mérito enseja o levantamento dos valores depositados pelo credor-consignado. Tal entendimento se adequa à legislação que rege a matéria, máxime à previsão do parágrafo 1º do artigo 545 do NCPC, além de ser mais consentâneo com os princípios da instrumentalidade das normas processuais, da economia processual e da duração razoável do processo. Ademais, com essa postura se busca impedir eventuais tentativas do devedor de procrastinar ou evadir-se do adimplemento de um débito que já confessara devido e houvera oferecido em pagamento de forma espontânea.

5. REFERÊNCIAS BIBLIOGRÁFICAS

BASTOS, Antônio Adonias. Honorários sucumbenciais: natureza jurídica, titularidade e limites à penhora – análise à luz da legislação vigente, do projeto do novo Código de Processo Civil e da jurisprudência. In: DIDIER JR., Fredie, CUNHA, Leonardo Carneiro da, BASTOS, Antônio Adonias (coord.). **Execução e cautelar**: estudos em homenagem a José de Moura Rocha. Coletâneas ANNEP – 3ª Série. Salvador: Juspodivm, 2012, p. 67-82.

BRASIL. Superior Tribunal de Justiça. Recurso Especial nº 583.354/GO. Terceira Turma. Relator(a): Nancy Andrighi. Julgamento: 07.12.2004. Publicação: DJ 01.02.2005, p. 545. Disponível em <http://www.stj.gov.br/SCON>. Acesso em 07 mar. 2007.

BRASIL. Superior Tribunal de Justiça. Recurso Especial nº 427.414/RS. Primeira Turma. Relator(a): Teori Albino Zavascki. Julgamento: 06.05.2004. Publicação: DJ 24.05.2004 p. 159. Disponível em <http://www.stj.gov.br/SCON>. Acesso em 07 mar. 2007.

BRASIL. Superior Tribunal de Justiça. Agravo Regimental no Agravo de Instrumento nº 664.268/SC. Quarta Turma. Relator(a): Fernando Gonçalves. Julgamento: 20.10.2005. Publicação: DJ 14.11.2005, p. 331. Disponível em <http://www.stj.gov.br/SCON>. Acesso em 07 mar. 2007.

BRASIL. Superior Tribunal de Justiça. Recurso Especial nº 568.552/GO. Primeira Turma. Relator(a): Luiz Fux. Julgamento: 03.03.2005. Publicação: DJ 28.03.2005, p. 190. Disponível em <http://www.stj.gov.br/SCON>. Acesso em 08 mar. 2007.

BRASIL. Superior Tribunal de Justiça. Recurso Especial nº 515.976/GO. Terceira Turma. Relator(a): Humberto Gomes de Barros. Julgamento: 02.12.2004. Publicação: DJ 17.12.2004, p. 519. Disponível em <http://www.stj.gov.br/SCON>. Acesso em 08 mar. 2007.

BRASIL. Tribunal Regional Federal da 1ª Região. Agravo de Instrumento nº 2002.01.00.033395-3/PA. Quinta Turma. Relator(a) p/ Acórdão: João Batista Moreira. Publicação: DJ 29.08.2005, p. 122. Disponível em <http://www.trf1.gov.br/>. Acesso em 09 mar. 2007.

BRASIL. Tribunal Regional Federal da 1ª Região. Apelação Cível nº 2000.39.00.012626-0/PA. Quinta Turma. Relator(a): Fagundes de Deus. Publicação: DJ 24.08.2006, p. 58. Disponível em <http://www.trf1.gov.br/>. Acesso em 09 mar. 2007.

CABRAL, Antônio do Passo. **Coisa julgada e preclusões dinâmicas**: entre continuidade, mudança e transição de posições processuais estáveis. Salvador: Juspodivm, 2013.

DIDIER JR., Fredie; BRAGA, Paula Sarno; OLIVEIRA, Rafael. **Curso de Direito Processual Civil**. V. 2, 6. ed., Salvador: Juspodivm, 2011.

DINAMARCO, Cândido Rangel. **A Reforma do Código de Processo Civil**. 5. ed. São Paulo: Malheiros.

Enunciados das primeiras conclusões dos estudos e discussões realizados pelo Fórum Permanente das Varas Cíveis da Capital, desenvolvido com o apoio do Instituto dos Magistrados de Pernambuco – IMP. Disponível em <http://www.tjpe.gov.br/cej/SumulasEnunciados/arquivos/Enunciados%20.doc>. Acesso em 06 abr. 2007.

MARCATO, Antônio Carlos. Da consignação em pagamento: os procedimentos do Código de Processo Civil e da Lei nº 8.245, de 1991. **Revista do Advogado**, São Paulo-SP, n. 63, p. 57-78, jun. 2001.

MOURÃO, Luiz Eduardo Ribeiro. **Ensaio sobre a coisa julgada civil (sem abranger as ações coletivas)**. Dissertação apresentada ao Programa de Pós-Graduação em Direito da Pontifícia Universidade Católica de São Paulo, como requisito parcial para obtenção do grau de Mestre em Direito. São Paulo: 2006.

TRAVASSOS, Nelson José de Souza. Ação de consignação em pagamento: a natureza da sentença em face das alterações imprimidas pela reforma do código de processo civil. **RJ**, n. 249, jul. 1998.

CAPÍTULO 10

Hipoteca judiciária: breves noções e sua nova roupagem segundo o Novo Código de Processo Civil

Rodrigo Mazzei[1]
Lucas Fernando Dummer Serpa[2]

SUMÁRIO: 1. UMA ABORDAGEM INICIAL; 2. A NATUREZA JURÍDICA DA HIPOTECA JUDICIÁRIA; 2.1. DIREITO DE NATUREZA PROCESSUAL?; 2.2. DIREITO DE NATUREZA MATERIAL?; 2.3. HIPOTECA JUDICIÁRIA COMO DIREITO DE NATUREZA BIFRONTE; 3. HIPOTECA JUDICIÁRIA NO NOVO CÓDIGO DE PROCESSO CIVIL; 4. BIBLIOGRAFIA.

1. UMA ABORDAGEM INICIAL

A figura jurídica em comento, no seu aspecto mais amplo – hipoteca – tem como eixo central as previsões contidas nos artigos 1.473 e seguintes do Código Civil, tendo seus contornos fixados como modalidade de direito real de garantia "em virtude do qual um bem imóvel remanesce na posse do devedor ou de terceiro, assegurando preferencialmente ao credor o pagamento de uma dívida"[3].

A existência da hipoteca, vale ressaltar, está diretamente ligada às repercussões da obrigação principal. Consequências distintas se verificam, desse modo, quando há o inadimplemento da prestação, e, no lado oposto, quando se verifica o seu cumprimento. Na primeira e na segunda hipóteses, respectivamente, "o credor hipotecário pode sempre pôr termo à *propriedade*[4] do

---

1. Doutor (FADISP) e Mestre (PUC/SP). Pós doutorando (UFES - bolsa CAPES-REUNI). Professor (graduação e mestrado) da Universidade Federal do Espírito Santo (UFES). Vice-presidente do Instituto dos Advogados do Estado do Espírito Santo (IAEES). Presidente da Escola Superior da Advocacia (ESA-OAB/ES). Membro do Instituto Brasileiro de Direito Processual (IBDP).
2. Graduando em Direito pela Universidade Federal do Espírito Santo. Membro do Grupo de Pesquisa 'A reconstrução do Processo Civil segundo o modelo democrático' (UFES), com estágio em pesquisa pelas editoras *Eppur si Muove* (ESM) e Juspovdim.
3. No sentido (entre vários): FARIAS, Cristiano Chaves; ROSENVALD, Nelson. Direitos Reais.6. ed., Rio de Janeiro: Editora JusPODIVM, 2012. p. 909.
4. Destaque não original, mas que se faz necessário, na medida em que – atualmente – é perfeitamente possível que a hipoteca tenha por objeto bem do devedor (ou de terceiro) que não é caracterizado pela

devedor pela venda da coisa, e o devedor pode dar fim em qualquer momento ao direito do credor pagando a dívida"[5].

Importante realçar que embora se firme uma teoria geral do direito hipotecário a partir da chamada *hipoteca convencional*, a codificação civil – como manancial de regulações acerca do instituto - traz previsões que envolvem outras espécies, tais como a hipoteca legal (artigos 1.489-1.491[6]) e, em relação ao bem imóvel objeto de garantia, a hipoteca de vias férreas (artigos 1.502 a 1.505[7]). Há, ainda, as hipotecas cedulares - que são tratadas em leis especiais destacando-se, no sentido, o Decreto-Lei nº 167, de 1967/02/14 (cédula hipotecária rural) e o Decreto-lei 413, de 69/01/19 (cédula de crédito industrial), jungindo-se tais espécies ao sistema legal do Código Civil naquilo que não for incompatível com a legislação específica.[8]

Além do ambiente especial das hipotecas cedulares e do geral da codificação civil, há situação peculiar envolvendo a hipoteca que merece ser analisada, sendo tal questão a eleita como foco do presente estudo.

Com efeito, o Código de Processo Civil de 1973 traz a previsão da chamada hipoteca judiciária, consoante disposto em seu artigo 466[9], fixando-se, pois, a

---

propriedade (ao menos no seu conceito mais ortodoxo). No sentido, basta observar o rol do artigo 1.473 do Código Civil que admite a hipoteca sobre alguns direitos reais sobre coisas alheias, como é o caso do direito de uso especial para fins de moradia, do direito real de uso e da "propriedade superficiária" (na verdade, dos implantes decorrentes do direito de superfície). Com olhos na última situação, ainda que de forma breve, confira-se: MAZZEI, Rodrigo (*Direito de superfície*. Salvador: Juspodivm, 2013, p. 197-206).
5. IHERING, Rudolf Von. Teoria Simplificada da Posse, trad. Fernando Bragança. Belo Horizonte: Líder, 2004, p. 37.
6. Art. 1.489. A lei confere hipoteca: I - às pessoas de direito público interno (art. 41) sobre os imóveis pertencentes aos encarregados da cobrança, guarda ou administração dos respectivos fundos e rendas; II - aos filhos, sobre os imóveis do pai ou da mãe que passar a outras núpcias, antes de fazer o inventário do casal anterior; III - ao ofendido, ou aos seus herdeiros, sobre os imóveis do delinqüente, para satisfação do dano causado pelo delito e pagamento das despesas judiciais; IV - ao co-herdeiro, para garantia do seu quinhão ou torna da partilha, sobre o imóvel adjudicado ao herdeiro reponente; V - ao credor sobre o imóvel arrematado, para garantia do pagamento do restante do preço da arrematação. Art. 1.490. O credor da hipoteca legal, ou quem o represente, poderá, provando a insuficiência dos imóveis especializados, exigir do devedor que seja reforçado com outros. Art. 1.491. A hipoteca legal pode ser substituída por caução de títulos da dívida pública federal ou estadual, recebidos pelo valor de sua cotação mínima no ano corrente; ou por outra garantia, a critério do juiz, a requerimento do devedor.
7. Art. 1.502. As hipotecas sobre as estradas de ferro serão registradas no Município da estação inicial da respectiva linha Art. 1.503. Os credores hipotecários não podem embaraçar a exploração da linha, nem contrariar as modificações, que a administração deliberar, no leito da estrada, em suas dependências, ou no seu material. Art. 1.504. A hipoteca será circunscrita à linha ou às linhas especificadas na escritura e ao respectivo material de exploração, no estado em que ao tempo da execução estiverem; mas os credores hipotecários poderão opor-se à venda da estrada, à de suas linhas, de seus ramais ou de parte considerável do material de exploração; bem como à fusão com outra empresa, sempre que com isso a garantia do débito enfraquecer. Art. 1.505. Na execução das hipotecas será intimado o representante da União ou do Estado, para, dentro em quinze dias, remir a estrada de ferro hipotecada, pagando o preço da arrematação ou da adjudicação.
8. No sentido: SANTA MARIA, José Serpa de. *Direito reais limitados*. Brasília: Editora e Livraria Brasília Jurídica, 1993, p. 234-235.
9. Confira-se a redação do citado dispositivo: Art. 466. A sentença que condenar o réu no pagamento de uma prestação, consistente em dinheiro ou em coisa, valerá como título constitutivo de hipoteca

concepção de que a sentença que condenar o réu no pagamento de uma prestação consistente em dinheiro ou em coisa valerá como título constitutivo de hipoteca judiciária, cuja inscrição será ordenada pelo juiz na forma prescrita pela Lei de Registros Públicos.

Em resenha, o magistrado[10] - através de expedição de mandado - determina a inscrição da sentença condenatória no registro geral de imóveis sobre *patrimônio* do (possível) futuro executado, valendo a sua decisão como título constitutivo da hipoteca judiciária. Portanto, a dicção da lei deixa claro que a sentença condenatória será o título para inscrição da hipoteca, situação que justifica a denominação do instituto (hipoteca judiciária), na medida em que o título tem detém raiz em processo judicial e a sua inscrição se dá por determinação de um juiz.

Assim, somente se poderá falar em constituição da hipoteca judicial após o seu registro respectivo, nos termos do artigo 167, I, "2" da Lei nº 6.015/1073[11]. Verifica-se, desse modo, que esta se submete ao regime geral do disposto no artigo 1.227 do Código Civil[12], no sentido de que os direitos reais imobiliários por atos entre vivos só se adquirem com o registro no Cartório de Registro de Imóveis.

Há, na doutrina, postura que defende que o objetivo último do instituto é evitar a fraude à execução (artigo 593 do CPC[13-14]), um dos consagrados

---

judiciária, cuja inscrição será ordenada pelo juiz na forma prescrita na Lei de Registros Públicos. Parágrafo único. A sentença condenatória produz a hipoteca judiciária: I - embora a condenação seja genérica; II - pendente arresto de bens do devedor; III - ainda quando o credor possa promover a execução provisória da sentença.

10. Não obstante seja mais usual o requerimento da parte interessada, a jurisprudência do Tribunal Superior do Trabalho já colaciona posicionamentos no que se refere à possibilidade de aplicação da hipoteca judiciária no direito processual do trabalho, por meio de ato oficioso do juiz. Nesse sentido: (...) À luz da jurisprudência desta Corte e do art. 466, parágrafo único, do CPC, a hipoteca judiciária, instituto compatível com o processo do trabalho, decorre, por força da lei, da sentença condenatória proferida, sendo viável, portanto, sua determinação ex officio (...)" (TST, autos nº 98600-73.2006.5.03.0087. TST-SBDI--1-E-RR. Relator: Ministro Aloysio Corrêa da Veiga. Publicado em 21/05/2010. Disponível em: http://www.tst.jus.br/web/guest/processos-do-tst. Acesso em: 11.07.2014); "A hipoteca judiciária é medida de ordem pública, podendo ser constituída de ofício, independentemente de requerimento da parte, mesmo no juízo trabalhista. Há precedentes.(...)" (TST, autos nº 159500-70.2008.5.03.113. Órgão Julgador: 6º Turma do TST. Relator: Ministro Augusto César Leite de Carvalho. Julgado em 05/02/2014. Disponível em: ‹http://tst.jusbrasil.com.br/jurisprudencia/121181253/recurso-de-revista-rr-1595007020085030113› Acesso em 11.07.2014.
11. Art. 167 - No Registro de Imóveis, além da matrícula, serão feitos. I – o registro: 2) das hipotecas legais, judiciais e convencionais;
12. Art. 1.227. Os direitos reais sobre imóveis constituídos, ou transmitidos por atos entre vivos, só se adquirem com o registro no Cartório de Registro de Imóveis dos referidos títulos (arts. 1.245 a 1.247), salvo os casos expressos neste Código.
13. No sentido: "Hipoteca judicial. É efeito secundário e imediato da sentença que visa resguardar o interessado de eventual e futura fraude. Para ter eficácia contra terceiros, exige inscrição e especialização, considerando-se em fraude de execução toda e qualquer transação que lhe seja posterior (LRP 16712)" (NERY, Rosa Maria de Andrade & JUNIOR, Nelson Nery. Código de Processo Civil Comentado. 10º ed. rev.,atual., e ampl. São Paulo: Revista dos Tribunais, 2008, p. 591).
14. Há autores que parecem confundir os institutos, equiparando-os de alguma maneira. Silvio Venosa afirma, por exemplo, que "a disposição (hipoteca judicial) perde utilidade perante os princípios da fraude de execução" (*Direito Civil - Direitos Reais*. V. 5. 9ª edição. São Paulo: Atlas, 2009. p. 518).

instrumentos da tutela judicial da responsabilidade patrimonial, embora se deva entender que há diferenças entre os institutos e que tal comparação acaba por criar ambiente de desnível em relação às demais espécies de hipoteca[15].

O que se deve compreender, pois, é que com a inscrição da hipoteca judiciária bens do devedor (fixados pelo juiz) passam a garantir a dívida proveniente do eventual não cumprimento da condenação sentencial. A execução fica garantida, desse modo, porque, mesmo que se aliene o bem, a vinculação dele à dívida continuará, aplicando-se, pela lógica, o princípio da sequela. Não há que se falar, em razão disso, na necessidade de se comprovar a má-fé de terceiro adquirente, requisito este que é exigido para fins de reconhecimento da fraude à execução, conforme preceitua o enunciado sumulado n° 375 do STJ.[16] A particular finalidade da hipoteca judicial é, pois, garantir a plena exequibilidade das sentenças judiciais[17], devendo para tanto aproximar a figura jurídica do tipo real, sendo nociva a ideia de fixação do instituto apenas a partir de parâmetros (e fenômenos) processuais.

Embora seja um instrumento pouco utilizado na *práxis forense*, e isso se dá, principalmente, em razão de uma disciplina lacunosa e precária, a hipoteca judiciária deve ser concebida como um importante meio para a persecução da efetividade da tutela jurisdicional e busca pela celeridade processual, que é um clamor dos jurisdicionados e interesse maior do Estado[18].

2. A NATUREZA JURÍDICA DA HIPOTECA JUDICIÁRIA

A formalização da hipoteca judiciária é uma faculdade do litigante que obtém sentença condenatória a seu favor, condenando a contraparte numa obrigação de prestar quantia ou coisa, formalizando em favor do primeiro garantia para eventual inadimplemento quando do vencimento da obrigação. Mais do que uma *faculdade*, tem-se trilhando a ideia de que a hipoteca judiciária deve

---

15. Ponto apreciado adiante com mais vagar no presente trabalho quando examinado o texto do novo Código de Processo Civil.
16. Súmula 375 STJ - O reconhecimento da fraude à execução depende do registro da penhora do bem alienado ou da prova de má-fé do terceiro adquirente.
17. No sentido: TST, AIRR - 776-21.2010.5.03.0105, Rel. Ministro Fernando Eizo Ono, Quarta Turma, Julgado em 24.04.2013, DJ 10.05.2013.
18. Como adiante abordaremos, a hipoteca judiciária é extremamente útil, notadamente quando conjugada com a liquidação de sentença prévia, isto é, sendo apresentada de forma antecipada (antes do trânsito em julgado), possibilidade esta que se extrai do disposto no § 2º do artigo 475-A do CPC atual, confira-se: Art. 475-A (...) § 2º A liquidação poderá ser requerida na pendência de recurso, processando-se em autos apartados, no juízo de origem, cumprindo ao liquidante instruir o pedido com cópias das peças processuais pertinente (há no CPC/15 dispositivo semelhante, a saber: artigo 512. A liquidação poderá ser realizada na pendência de recurso, processando-se em autos apartados no juízo de origem, cumprindo ao liquidante instruir o pedido com cópias das peças processuais pertinentes). Sobre liquidação de sentença, em especial quanto à possibilidade de ser efetuada antes do trânsito em julgado, confira-se: MAZZEI, Rodrigo. *Reforma do CPC*. São Paulo: Revista dos Tribunais, 2006., p. 162-160.

ser vista na teoria processual como efeito da sentença, lapidado por alguns como *efeito secundário* ou *efeito anexo da sentença*.[19]

2.1. DIREITO DE NATUREZA PROCESSUAL?

Sobre os efeitos da sentença, Enrico Tulio Liebman, em sua clássica obra "Eficácia e Autoridade da Sentença", ensina que além daqueles efeitos que são diretamente inerentes ao próprio objeto da demanda, isto é, ao litígio que na ação se discute (eficácia direta do provimento jurisdicional), em certas situações a sentença produz efeitos que independem da vontade do magistrado ou das partes[20]. Verifica-se, desse modo, que os chamados efeitos secundários, anexos, ou ainda reflexos da sentença existem em razão de um fato jurídico, que nada mais é que a própria sentença. É nessa concepção que se toma a hipoteca judiciária, que é construída *per si*, independente de prévia postulação da parte na petição inicial e sem necessidade de menção expressa, pelo juiz, no bojo da sentença.

Partindo dessa premissa, alguns autores como – por exemplo - Nelson Rosenvald e Cristiano Chaves de Farias entendem ser a hipoteca judiciária um direito de cunho processual. No sentido, afirmam os citados juristas que "não se pode cogitar de preferência sobre os bens do devedor, em virtude de um débito comum, justamente pelo fato de a hipoteca judicial não ser um direito real. Aliás, a sua índole meramente processual explica por que foi extirpada do Código Civil de 2002"[21-22].

2.2. DIREITO DE NATUREZA MATERIAL?

A parte mais tradicional da doutrina civilista, representada pelos autores que defenderam seus posicionamentos num contexto anterior à vigência do Código Civil de 2002, costuma sustentar a tese de que natureza jurídica da

---

19. No sentido: "Ratificando a previsão de que a sentença condenatória constitui hipoteca judiciária, o parágrafo único do art. 466 do CPC explicita tal efeito anexo imediato da sentença, ao estabelecer que "A sentença condenatória produz a hipoteca judiciária". O verbo produz está para efeito anexo imediato, como a metáfora está para a poesia." (CLAUS, Ben-Hur Silveira. Hipoteca Judiciária: A (Re)Descoberta do Instituto Diante da Súmula n° 375 do STJ – Execução Efetiva e Atualidade da Hipoteca Judiciária. Disponível em: <http://www.lex.com.br/doutrina_25510822_HIPOTECA_JUDICIARIA_A_RE_DESCOBERTA_DO_INSTITUTO_DIANTE_DA_SUMULA_N_375_DO_STJ__EXECUCAO_EFETIVA_E_ATUALIDADE_DA_HIPOTECA_JUDICIARIA.aspx>. Acesso em 30.06.2014).
20. LIEBMAN, Erico Tullio, Eficácia e Autoridade da Sentença, trad. Alfredo Buzaid, Benvindo Aires e Ada Pellegrini Grinover, 3. Ed., Forense, Rio de Janeiro, 1984, p.. 72.
21. FARIAS, Cristiano Chaves; ROSENVALD, Nelson. op.cit., p. 929..
22. Dando sinais de concordar com a afirmativa, Flávio Tartuce afirma que a análise veryical do instituto deve ser feita a partir da ótica do Direito Processual Civil e não do Direito Civil (Direito Civil. Direito das Coisas. Volume 4. 6ª Ed. São Paulo: Método, 2014, p. 521).

hipoteca judicial tem cunho propriamente de direito material, ou seja, é uma espécie do *tipo* hipoteca enquanto figura de direito real. Caio Mario, nesse sentido, enquadra a hipoteca judicial como modalidade de hipoteca legal (artigo 1.489 do Código Civil), dotada de direito de sequela, mas sem o atributo da preferência[23]. De forma próxima, Luciano de Camargo Penteado trata a hipoteca judiciária juntamente com a hipoteca legal, devendo ser especializada para que irradie seus regulares efeitos[24-25].

Muito do que se extrai dessas posições doutrinárias é, na verdade, um destrinchar da ideia contida no artigo 824 do Código Civil de 1916 [26]. Nesse sentido, fala-se que ao gravame posto no bem por intermédio da hipoteca judiciária é assegurado o direito de sequela contra os adquirentes que o adquiriram após o registro. Negava-se majoritariamente, com base no citado dispositivo, o direito de preferência, diante da exclusão contida na parte final da redação do próprio artigo 824, muito embora não fosse a questão pacífica.[27-28]

---

23. PEREIRA,Caio Mário da Silva. Instituições de Direito Civil - Direitos Reais. V. 4. 21ª Ed. Rio de Janeiro: Forense, 2012, p. 344
24. PENTEADO, Luciano de Camargo. Manual de direito civil: coisas. 1. Ed. São Paulo: Editora Revista dos Tribunais, 2013, p. 323.
25. No sentido: "(...) Não obstante constitua a hipoteca judiciária efeito secundário próprio da sentença (que condena o devedor à prestação em dinheiro ou coisa), instituindo-se independentemente do trânsito em julgado, afigura-se imprescindível sua especialização, como forma de individualização do bem a respaldar a obrigação e a oportunizar a intervenção do devedor nesse procedimento. 3.3 Assim, embora a lei concretamente não estabeleça um procedimento próprio para a efetivação da hipoteca judiciária, em possuindo os institutos objetivos e características semelhantes, é indelével a viabilidade de aplicação analógica dos preceitos concernentes à hipoteca legal àquela outra modalidade de garantia. 3.4 Há que se ter em perspectiva uma interpretação sistemática associada ao conteúdo do art. 620 do CPC, porquanto embora tal preceito legal assegure a menor devassa possível ao patrimônio do devedor na fase de ultimação da obrigação, de outro lado, por constituir emanação direta de princípio de envergadura constitucional (art. 1º, III, da CF/88), também irradia efeitos no estágio incipiente em que surge a hipoteca judicial, ou seja, quando o crédito ainda não está definitivamente constituído, sujeito a objeções e questionamentos.(...). 4. Recurso especial parcialmente conhecido, e, nesta extensão, provido para anular a hipoteca judiciária efetuada nos presentes autos, sem prejuízo de nova constituição da garantia, observado o contraditório no respectivo procedimento" (STJ, REsp 1120024/SP, Rel. Ministro MARCO BUZZI, QUARTA TURMA, julgado em 13/11/2012, DJe 28/06/2013).
26. Artigo 846 do Código Civil de 1916 - Compete ao exequente o direito de prosseguir na execução da sentença contra os adquirentes dos bens do condenado; mas, para ser oposto a terceiros, conforme valer e sem preferência, depende de inscrição e especialização.
27. Como pontuado por Dacy Bessone, para se compreender a exclusão do direito de preferência tracejado no artigo 824 do Código Civil de 1916 (que era, no particular, contrário a principiologia da hipoteca), acabou se formando várias correntes doutrinárias sobre o assunto: "Os comentadores do texto [artigo 824 CC/1916] não se entendem a respeito da ressalva. Uns consideram que a letra da lei exclui o direito de preferência, que é próprio da hipoteca; outros pretendem que, se as disposições legais conferem direito de preferência ao credor hipotecário, a referida ressalva carece de alcance; outros, tentando a conciliação entre as duas correntes, sustentam que a hipoteca judicial não confere preferência em relação aos credores contemporâneo a sua constituição, mas a estabelece em relação ao credores futuros" (Direitos Reais. São Paulo: Saraiva, 1988, p. 406-407).t
28. Fausto Pereira de Lacerda Filho, embora não negasse que o direito de sequela fosse inerente à hipoteca judiciária, adotava posição de que –por carecer do direito de preferência – a classificação do instituto

Com efeito, Washington de Barros Monteiro defende que a hipoteca judiciária é um direito real que se confere ao exequente sobre bens do executado, objetivando garantir a execução do julgado[29]. Em trilha próxima, Pontes de Miranda afirma que a hipoteca judicial se operacionaliza como qualquer outra hipoteca. Para o jurista, "A hipoteca judiciária é plus – cria vínculo real, de modo que, na execução imediata ou mediata, está o vencedor munido de direito de sequela, que não tinha"[30].

Percebe-se, pela análise dos argumentos sustentados por tais doutrinadores, que a análise que faziam sobre a hipoteca judiciária estava muito ligada aos contornos que o Código Civil de 1916 estipulava. Não se trata de postura ultrapassada, pois parcela da doutrina ainda sustenta esse posicionamento, reproduzindo ideias aqui plasmadas. Mas o fato é que deve ser realizada uma nova interpretação em relação a essa temática, de maneira que seja mais voltada ao sistema jurídico atual e aos ditames constitucionais previstos na Carta Magna de 1988[31].

2.3. HIPOTECA JUDICIÁRIA COMO DIREITO DE NATUREZA BIFRONTE

Muito além da discussão dicotômica existente em relação à natureza jurídica processual ou material de um direito, aponta-se aqui uma terceira vertente que se mostra eficaz para enquadrar institutos jurídicos complexos, como é o caso da hipoteca judiciária.

Pensamos, pois, que é perfeitamente possível que alguns institutos – diante das suas peculiaridades – possam ter características mistas (híbridas), tendo em seu núcleo, simultaneamente, cargas de direito material e de direito

---

em estudo como hipoteca era equivocada (Hipoteca. Curitiba: Juruá, 1977, p 59).
29. MONTEIRO, Washington de Barros. Curso de Direito Civil. Direito das Coisas. 38. Ed. Revista e atualizada por Carlos Alberto Dabus Maluf. São Paulo: Saraiva, 2007, p. 426.
30. MIRANDA, Pontes de. Comentários ao Código de Processo Civil. Rio de Janeiro. Forense, 1974. Tomo V, p. 111.
31. Sem dúvida, com a Carta Constitucional de 1988, há *a necessidade de releitura de todo ordenamento jurídico infraconstitucional*, do qual não desapega o direito processual e os seus institutos. No sentido, confira-se: Rodrigo Mazzei (*Embargos de declaração: recurso de saneamento com função constitucional*. Tese de Doutoramento. Orientador: Professor dr. Eduardo Arruda Alvim. São Paulo: FADISP, 2012, p. 05), Eduardo Arruda Alvim (*Direito processual civil*. 2ª. São Paulo: Revista dos Tribunais, p. 104), José Rogério Cruz e Tucci (*Garantias constitucionais do processo civil: homenagem aos 10 anos de Constituição Federal de 1988*. São Paulo: Revista dos Tribunais, 1988, p. 7), Hermes Zaneti Junior (*Processo constitucional*. Lumen Juris: Rio de Janeiro, 2007, p. 191) e Luiz Guilherme Marinoni (*Técnica processual e tutela dos direitos*. São Paulo: Revista dos Tribunais, 2004, p. 229-230). Correta, pois, a assertiva de Salvatore Patti (*Codificazione ed evoluzione del diritto privato*. 1. ed., Roma: Laterza, 1999, p. 17-18) de que - com a mudança do paradigma constitucional - os dispositivos codificados anteriores à Carta Magna devem receber nova leitura compatível com os ditames constitucionais. Eleanora Ceccherini, por sua vez, afirma que as disposições devem refletir o Estado Democrático que se pretende (*La codificazione dei diritti nelle recenti constituzioni*. Milano: Giuffrè Edirore, 2002, em especial p. 53-63).

processual. São os chamados institutos bifrontes, em que se tem numa mesma figura, a partir do ângulo de leitura que se efetua, consequências não apenas no âmbito processual, como também resultados no plano material[32]. Ainda que a abordagem não seja exata a que aqui é apresentada, percebe-se, mesmo que de forma ligeira, que tal fenômeno já foi vislumbrado por Liebman e por Dinamarco[33].

Entende-se, desse modo, que a hipoteca judiciária, não obstante tenha natureza processual (até porque somente poderá ter raiz a partir de decisão condenatória judicial), guarda em seu núcleo elementos de direito material (tanto assim que para a sua constituição é mister seu registro imobiliário, em atenção ao disposto no artigo 1.227 do Código Civil, tendo, por outro lado, seu objeto limitado ao rol de bens que podem servir de bandeja à formação da hipoteca, conforme previsto no artigo 1.473 do Código Civil[34]).

No que tange a segunda faceta acima exposta (ponto de contato existente entre a hipoteca judiciária e o direito material), é possível estabelecer outras comunicações do instituto em acato com as principais diretrizes dos direitos reais, tais como o princípio da taxatividade (visto que os tipos reais devem estar devidamente previstos na legislação) e o princípio da tipicidade (que preconiza que o conteúdo de tais direitos estará contido em tipos legais)[35].

---

32. Confira-se, no sentido, MAZZEI, Rodrigo. *Enfoque processual do art. 928 do Código Civil*. In RBDPro – *Revista Brasileira de Direito Processual*, n. 59, p. 48-51; MAZZEI, Rodrigo. Algumas Notas sobre o ('dispensável') artigo 232 do Código Civil. In: *Prova, Exame Médico e Presunção: o artigo 232 do Código Civil*. Fredie Didier Jr. e Rodrigo Mazzei (Coords). Salvador: Juspodivm, 2006, p. 261-262.
33. Aproveitamos aqui a expressão (*bifronte*) já trazida em estudo de Enrico Tullio Liebman ao examinar as normas processuais contidas no Código Civil italiano de 1942 (Norma processuali nel codice civile. In Problemi del Processo Civile. Milano: Morano Editores, 1962, p. 158). No Brasil, com a utilização da mesma expressão, há registro da doutrina de Cândido Rangel Dinamarco: "A ação, a competência, a coisa julgada e a responsabilidade patrimonial, recebendo do direito processual parte de sua disciplina (na sua técnica), mas também dizendo respeito a situações dos sujeitos fora do processo (às vezes, até antes dele), compõem um setor que a doutrina já denominou de *direito processual material* (Chiovenda). Elas são, portanto, *institutos bifrontes*: só no processo aparecem de modo explícito em casos concretos, mas são integrados por um intenso coeficiente de elementos definidos pelo direito material e – o é que mais importante – de algum modo dizem respeito à própria vida dos sujeitos e suas relações entre si e com os bens da vida. Constituem *pontes de passagem* entre o direito e o processo, ou seja, entre o plano substancial e o processual do ordenamento jurídico (Calamandrei)" (Instituições de Direito Processual Civil. Vol. I.. São Paulo: Malheiros: 2001, p. 44).
34. Art. 1.473. Podem ser objeto de hipoteca: I - os imóveis e os acessórios dos imóveis conjuntamente com eles; II - o domínio direto; III - o domínio útil; IV - as estradas de ferro; V - os recursos naturais a que se refere o art. 1.230, independentemente do solo onde se acham; VI - os navios; VII - as aeronaves. VIII - o direito de uso especial para fins de moradia; IX - o direito real de uso; X - a propriedade superficiária. § 1º A hipoteca dos navios e das aeronaves reger-se-á pelo disposto em lei especial.§ 2º Os direitos de garantia instituídos nas hipóteses dos incisos IX e X do caput deste artigo ficam limitados à duração da concessão ou direito de superfície, caso tenham sido transferidos por período determinado.
35. Com boa abordagem sobre as diretrizes aplicáveis aos direitos reais, vale conferir: ARRUDA ALVIM, José Manuel de. *Breves anotações para uma teoria geral dos direitos reais*. In: CAHALI, Yussef Said (Org.). *Posse e propriedade: doutrina e jurisprudência*. São Paulo: Revista dos Tribunais, 1987. p. 67-39.

Mas não é só: uma característica intrínseca aos direitos reais é a sua eficácia global, isto é, desde que devidamente registrados, passam a ter eficácia global, sendo, portanto, oponíveis *erga omnes*[36]. Preenchido esse requisito, é possível visualizar outros atributos, tais como o direito de sequela e o de preferência. Pelo primeiro, o titular do direito real pode perseguir a coisa onde quer que ela esteja, mesmo estando em poder de terceiros. Já o direito de preferência representa um privilégio que o titular do direito real possui. Trata-se de uma prerrogativa que, predominantemente, está presente nos direitos reais de garantia, de posição prioritária no recebimento dos créditos decorrentes da alienação da coisa.[37]

Desse modo, o credor hipotecário tem preferência em obter a satisfação de um crédito em relação aos demais credores (quirografários) do devedor que não possuem tal garantia, exceto quando existir créditos que tenham prelação em decorrência de outras leis, como, por exemplo, no caso da falência[38]. Assim, o bem que garante a dívida contraída pelo devedor será protegido em favor do credor que tem a coisa afetada por garantia real. Colocados os principais aspectos dos direitos reais, é perfeitamente possível afirmar que a hipoteca judiciária possui ponto de contato com eles, pois:

(a) obedece ao princípio da taxatividade;

(b) submete-se aos contornos traçados pela tipicidade;

(c) depois de registrada no Cartório de Registro de Imóveis, possui eficácia *erga omnes*;

(d) o exequente deterá direito de sequela e de preferência.

Importante realçar, ainda que com risco de ser repetitivo, que os argumentos de que a hipoteca judiciária não contempla o direito de preferência estão,

---

36. Um dos argumentos que afasta a posse como Direito Real, inclusive, é justamente a impossibilidade de se considerá-la *erga omnes*, pois há situações em que o terceiro de boa-fé não poderá ser alcançado por postulação do possuidor (artigo 1.212 do Código Civil), ao contrário da regra do *caput* do artigo 1.228 do Código Civil – aplicável a toda espécie (tipo) de direito real, com suas devidas adaptações – para afastar qualquer pessoa que esteja causando embaraço ao exercício das faculdades conferidas ao titular do direito real.

37. Fazendo uma análise ampla do dueto *preferência* e *sequela* aplicado à hipoteca (gênero), Darcy Bessone afirma que: "Afeta-se um imóvel à garantia de uma obrigação, de tal modo que, da afetação, resultam o direito de *preferência*, oponível aos demais credores do devedor comum, e o direito de *sequela*, que, no que interessar a eficácia da garantia hipotecária, se opõe a qualquer direito real ou de outra natureza. Já esta visto que o direito de preferência consiste no de pagar-se o credor hipotecário, pelo produto da alienação da coisa, antes e com exclusão de qualquer outro credor. Também é sabido que o direito de seqüela autoriza a persequição da coisa, para garantir-se a dívida a que ela se vinculara realmente" (Direitos Reais. São Paulo: Saraiva, 1988, p. 391).

38. AQUINO, Leonardo Gomes de. Garantias reais: disposições gerais do penhor, da hipoteca e da anticrese. Disponível em: http://www.academia.edu/2547061/Garantias_reais_disposicoes_gerais_do_penhor_da_hipoteca_e_da_anticrese. Acesso em 18.07.2014

atualmente, esvaziados, pois com a revogação do artigo 824 do Código Civil de 1916 (dotado de infeliz redação), não há no sistema qualquer regra que permita - de forma segura – fazer tal exceção de encaixe da figura jurídica nas diretrizes gerais da hipoteca e dos direitos reais.

Configura-se, desse modo, como um instituto dotado de notável importância no sistema jurídico, visto que permite a especificação de bens particulares do patrimônio do devedor de modo a servir de base para uma futura execução, possuindo ainda preferência em caso de excussão ou adjudicação do bem[39].

Noutro rumo, é forçoso reconhecer que a hipoteca judiciária se comunica amplamente com o direito processual. É, pois, efeito anexo da sentença condenatória. Um atributo que o legislador concedeu ao provimento jurisdicional final, portanto. Ao analisar tal situação, verifica-se que o objetivo primordial da hipoteca judicial é garantir uma (possível) execução futura ou até mesmo provisória.

Assim, não há que se conceber tal instituto sem se valer das regras fundamentais atinentes à hipoteca, uma variação de um *tipo* de direito real de garantia previsto na codificação civil, ao mesmo tempo em que não há como imaginá-lo fora da esfera do processo civil[40].

O presente estudo, pelas razões expostas, considera a hipoteca judiciária como figura jurídica *bifronte*: atua como um instrumento destinado a dar efetividade ao processo, ao passo que, sem perder o vínculo com o direito material, guarda consigo elementos típicos de direitos reais, tais como o direito de sequela e, tendo em vista que não há nenhum impedimento para tal, o direito de preferência.

Trata-se de um instituto que permite (e necessita) de uma interação entre o plano material e processual. Nessa esteira, é salutar a colocação de Antônio Augusto Bello Ribeiro da Cruz, que dispõe que a hipoteca judicial "Pode ser visto como um instituto do direito civil, pois neste está contido o gênero do qual é espécie. Também é escopo do direito processual por ter ganhado vida para servi-lo"[41].

3. HIPOTECA JUDICIÁRIA NO NOVO CÓDIGO DE PROCESSO CIVIL

O Novo Código de Processo Civil (Lei nº 13.105/2015), sancionado pela presidência da república em 16.03.15, tem o Projeto de Lei nº 8.046 de 2010 como seu

---

39. No sentido, com boa fundamentação, confira-se: BUFULIN, Augusto Passamani. Hipoteca: constituição, eficácia e extinção. São Paulo: Editora Revista dos Tribunais, 2011, p. 136.
40. Situação semelhante à figura do "parcelamento legal", prevista no artigo 745-A do CPC. No tema, confira-se. MAZZEI, Rodrigo. Reforma do CPC 2. São Paulo: Revista dos Tribunais, 2007, p. 601-621.
41. CRUZ, Antônio Augusto Bello Ribeiro da. A hipoteca judiciária e o novo código civil: Morte ou renascimento?. Disponível em: <http://blog.newtonpaiva.br/direito/wp-content/uploads/2012/08/PDF-D6-02.pdf.>. Acesso em 28.06.2014

arquétipo. De iniciativa do Senado Federal (PLS n° 166/2010), o projeto, naquela ocasião, contou com uma comissão presidida pelo ministro Luiz Fux e contou com notáveis juristas como integrantes. A ideologia norteadora do projeto, vale dizer, foi trazer maior celeridade à prestação jurisdicional, efetividade ao resultado da ação, estímulo à inovação e à modernização de procedimentos e técnicas processuais, tudo isso em consonância com a promessa constitucional da duração razoável do processo[42].

A criação de um novo código, nesse contexto, tem objetivos múltiplos, tais como extirpar contradições eventualmente existentes, consolidar no âmbito do direito positivo entendimentos jurisprudenciais[43] e doutrinários consolidados, desburocratizar procedimentos e, até mesmo, inovar no que for cabível, quando a experiência cotidiana assim o exigir e os interesses políticos se mostrarem convenientes. Trata-se, pois, de verdadeiro processo de *recodificação*.[44]

Embora contenha algumas vacilações em seu texto, no que tange à regulamentação da hipoteca judiciária, o projeto trouxe notáveis e importantes alterações.

No projeto original, desenvolvido por comissão formada no Senado Federal, o dispositivo que regulamentava o instituto avançou timidamente. Naquela oportunidade, mantendo-se a redação do artigo 466 do texto vigente, apenas houve preocupação no sentido de regular, de forma mais detalhada, o procedimento a ser realizado para a constituição da hipoteca judiciária. Preceituava o artigo 482 da versão do Senado, nesses termos, que a hipoteca judiciária será realizada mediante apresentação de cópia da sentença perante o cartório de registro imobiliário, independente de ordem judicial[45].

---

42. Ato do Presidente do Senado Federal n° 379, de 2009, disponível em: http://www.senado.gov.br/senado/novocpc/pdf/anteprojeto.pdf. Acesso em 17.07.2014
43. "O projeto elaborado pela comissão de juristas e agora revisto pelo Senado estabelece claramente os propósitos que persegue no sentido de dar cumprimento a alguns objetivos identificados como adequados à ordem jurídica processual contemporânea, tendo como plano de fundo, evidentemente, a celeridade. Dentre esses se pode claramente identificar o propósito de [...] prestigiar posições consolidadas, na tentativa de instituir uma espécie de efeito "commonlawlizante" à civil law brasileira, através da busca da previsibilidade das decisões jurisdicionais, no sentido de oferecer maior segurança jurídica." Comentários ao Projeto de Lei n. 8.046/2010 - Proposta de um novo Código de Processo Civil. Organizador: Elaine Harzheim Macedo. EdiPUCRS. 2012. P. 25. Disponível em: http://ebooks.pucrs.br/edipucrs/Ebooks/Pdf/978-85-397-0300-5.pdf. Acesso em 19.07.2014.
44. Sobre a edificação de nova codificação, valendo-se do processo de *recodificação* (ainda que com olhos para o Código Civil de 2002), confira-se: MAZZEI, Rodrigo. Notas iniciais à leitura do novo código civil. In: Arruda Alvim; Thereza Alvim. (Org.). Comentários ao Código Civil Brasileiro, parte geral. Rio de Janeiro: Forense, 2005, v. 1, p. LXVII-LXIX.
45. Art. 482. A sentença que condenar o réu ao pagamento de uma prestação, consistente em dinheiro, valerá como título constitutivo de hipoteca judiciária: § 1º A sentença condenatória produz a hipoteca judiciária: I – embora a condenação seja genérica; II – pendente arresto de bens do devedor; III – ainda quando o credor possa promover a execução provisória da sentença. (Texto disponível em: http://www.camara.gov.br/proposicoesWeb/prop_mostrarintegra?codteor=921859&filename=Avulso+-PL+8046/2010. Acesso em: 29.10.2014).

Pois bem. Como prevê a legislação constitucional, o processo de criação de leis obedece a uma série de regras. Sendo assim, e conforme previsto no artigo 65[46] da Carta Constitucional de 1988, o PL nº 8.046/2010 foi encaminhado à Câmara dos Deputados, onde passou por um crivo de análise, discussão e votação e assumiu uma nova feição, com inclusão de uma série de emendas. Após, retornou à Casa do Senado, que aprovou (em dezembro de 2014) o texto consolidado enviado à presidência em fevereiro de 2015 e sancionado em março do mesmo ano.

Havendo ambiente seguro para discorrer sobre as regras do novo código, em razão da estabilização de seu texto, é possível tecer maiores discussões acerca do regime jurídico da hipoteca judiciária nele contido. Agora regulada no artigo 495, a hipoteca judiciária, do ponto de vista topológico, não sofreu significativa mudança. Está, pois, disciplinada no Capítulo XIII (Da Sentença e Da coisa Julgada), na Seção II (Dos Elementos e dos Efeitos da Sentença). É digno de nota, por outro lado, que uma análise despretensiosa do dispositivo já permite conduzir à conclusão de que desta vez o legislativo buscou tratar do instituto de forma mais detalhada.

Feitas as considerações breves sobre o texto projetado, a redação do artigo 495 do CPC/15 possui o seguinte teor:

> Art. 495. A decisão que condenar o réu ao pagamento de prestação consistente em dinheiro e a que determinar a conversão de prestação de fazer, de não fazer ou de dar coisa em prestação pecuniária valerão como título constitutivo de hipoteca judiciária.
>
> § 1º A decisão produz a hipoteca judiciária:
>
> I – embora a condenação seja genérica;
>
> II – ainda que o credor possa promover o cumprimento provisório da sentença ou esteja pendente arresto sobre bem do devedor;
>
> III – mesmo que impugnada por recurso dotado de efeito suspensivo.
>
> § 2º A hipoteca judiciária poderá ser realizada mediante apresentação de cópia da sentença perante o cartório de registro imobiliário, independentemente de ordem judicial, de declaração expressa do juiz ou de demonstração de urgência.
>
> § 3º No prazo de até 15 (quinze) dias da data de realização da hipoteca, a parte informá-la-á ao juízo da causa, que determinará a intimação da outra parte para que tome ciência do ato.

---

46. Art. 65 - O projeto de lei aprovado por uma Casa será revisto pela outra, em um só turno de discussão e votação, e enviado à sanção ou promulgação, se a Casa revisora o aprovar, ou arquivado, se o rejeitar. Parágrafo único - Sendo o projeto emendado, voltará à Casa iniciadora.

§ 4º A hipoteca judiciária, uma vez constituída, implicará, para o credor hipotecário, o direito de preferência, quanto ao pagamento, em relação a outros credores, observada a prioridade no registro.

§ 5º Sobrevindo a reforma ou a invalidação da decisão que impôs o pagamento de quantia, a parte responderá, independentemente de culpa, pelos danos que a outra parte tiver sofrido em razão da constituição da garantia, devendo o valor da indenização ser liquidado e executado nos próprios autos.

Após anos a fio sendo desprestigiada pelo legislador e pela jurisprudência, aquele por dispor de uma disciplina lacunosa para o instituto e esta por ter receio em aplicá-la nas decisões, a hipoteca judiciária, enfim, parece ganhar algum destaque na esfera da legislação processual.

A ampliação dos regramentos da hipoteca judiciária no CPC/15, dentro deste contexto, vem a revelar a efetivação de um de seus escopos, que é justamente o primor pela efetividade do processo. Ora, abrindo essa possibilidade, o objetivo da hipoteca judicial de garantir uma execução ganha contornos ainda mais relevantes na nova sistemática processual.

Ao destrinchar, pois, as expressões constantes no artigo 495 do projeto, é possível verificar mudanças e inovações.

É digno de nota, primeiramente, que enquanto o artigo 466 do Código de Processo Civil de 1973, em vigência, fala em "sentença que condenar o réu no pagamento de uma prestação", o projeto preceitua que a *decisão* condenatória que se adequar ao tipo legislativo valerá como titulo constitutivo de hipoteca judiciária.

Sobre tal aspecto, o legislador parece ter ampliado o rol de vetores capazes de constituir a hipoteca judiciária, não sendo a *sentença* (ou acórdão que a substituir) a opção única. Tal constatação, na nossa visão, assume importância diante da previsão da resolução parcial de mérito (art. 354, parágrafo único do CPC/15[47]), visto que a redação mais genérica do dispositivo do texto projetado permite o encaixe de tal dicção decisória (que não é uma sentença propriamente dita, notadamente se analisarmos a questão topográfica). Mais ainda, pode se cogitar – em casos excepcionais – a constituição da hipoteca judiciária por tutela antecipatória de urgência, situação invulgar no sistema atual e que demanda uma inteligência simbiótica aberta dos artigos 273 e 466 da codificação

---

47. Art. 354. Ocorrendo qualquer das hipóteses previstas nos arts. 485 e 487, incisos II e III, o juiz proferirá sentença. Parágrafo único. A decisão a que se refere o caput pode dizer respeito a apenas parcela do processo, caso em que será impugnável por agravo de instrumento.

processual civil de 1973[48]. Ora, sendo a hipoteca judiciária efeito secundário da sentença condenatória, abre-se a possibilidade da parte autora requerer ao juízo a antecipação desse efeito secundário com base no artigo 273 do código vigente.

Em relação à espécie de condenação que enseja a constituição da hipoteca judiciária, o projeto sedimenta algo que já é lógico. Tem-se, desse modo, que a condenação deve consistir no pagamento de prestação consistente em dinheiro ou naquela que determinar a conversão da prestação de fazer, de não-fazer ou de dar coisa em prestação pecuniária.

Parece certo, nesse contexto, que o instituto tem incidência nas execuções pecuniárias, que afetam, por via principal, o patrimônio do devedor. Assim, à primeira vista, não faria muito sentido conceber a hipoteca judiciária nas tutelas específicas. No entanto, a partir do momento em que se torna inviável a obtenção dessa tutela, uma das possibilidades do exequente é requerer a conversão da obrigação em perdas e danos. É o que se chama de subsidiariedade da execução por quantia. Nessa esteira, sendo o objeto da prestação de cunho patrimonial, não há óbices para a constituição da hipoteca judiciária.

Vale notar que a nova redação pode permitir raciocínio (que entendemos como correto) de que é possível se cogitar a configuração da hipoteca judiciária nas sentenças que homologam transação e fixam obrigações pecuniárias, pois a inteligência do dispositivo indica que se trata de regramento que visa garantir o cumprimento de obrigação pecuniária fixada no âmbito judicial, não podendo, de tal modo, descartar as decisões homologatórias de transação.

Ao se admitir o uso da hipoteca judiciária de modo amplo, alcançando a hipótese aqui versada, a transação judicial (solução amigável homologada judicialmente) será bastante atraente ao credor, pois este terá a seu favor um instrumento de garantia em relação ao cumprimento da obrigação pecuniária, em relação ao que foi avençado especificamente para pagamento ou por conversão pecuniária da prestação de fazer, de não-fazer ou de dar coisa fixada na transação. Mais ainda, permitirá que terceiro (que não figure como parte no processo) possa intervir na transação e indique bem de seu patrimônio para garantir o cumprimento da avença a ser homologada judicialmente, tendo em vista não existir qualquer restrição no sentido no artigo 1.420 do Código Civil[49-50].

---

48. No sentido: TJDF, 3ª Turma Cível. Agravo de Instrumento n. 1999.00.2003430-3, j. 02.10.2000, v. unânime; TJES Agravo de Instrumento n. 11009000560, Quarta Câmara Cível, j. 05/11/2001, DJ 03/12/2001.
49. Art. 1.420. Só aquele que pode alienar poderá empenhar, hipotecar ou dar em anticrese; só os bens que se podem alienar poderão ser dados em penhor, anticrese ou hipoteca.
50. Na verdade, o sistema autoriza que o terceiro empenhe garantia real em favor do devedor, consoante pode se extrair da inteligência do Art. 1.427, que dispõe: Salvo cláusula expressa, o terceiro que presta

Verifica-se, nessas condições, que "qualquer decisão judicial a que a lei atribua eficácia condenatória imediata ou mediata, ainda que não seja ação de condenação e só se refira a custas, é inscretível"[51-52].

Os incisos do artigo 495, parágrafo primeiro, por sua vez, repetem o texto do parágrafo único do artigo 466 do código vigente. Tem-se, como resultado, que a hipoteca judicial se constitui ainda que a condenação seja genérica, mesmo existindo outras válvulas processuais e também na hipótese de haver execução provisória.

Noutro rumo, os demais parágrafos do dispositivo apresentam enorme conquista para a efetivação, no caso concreto, da hipoteca judiciária.

Com efeito, o parágrafo segundo do artigo 495 mantém a regra prevista na versão original do projeto que culminou no sancionamento CPC/15, relativa à regulamentação procedimental do instituto. Sendo assim, a inscrição da hipoteca judiciária poderá ser realizada pela apresentação de cópia da decisão no cartório de Registro Geral de Imóveis sem que haja necessidade de qualquer ordem judicial prévia ou declaração expressa do juiz. É uma sistemática parecida com a prevista na legislação processual de Portugal[53].

Reforça-se, no mais, a qualidade do instituto de ser efeito anexo da sentença, que se produz independente do pedido das partes e sem que haja declaração expressa, pelo juiz, no bojo da decisão final.

Embora seja louvável a simplificação do procedimento para inscrição da hipoteca judicial, parece que nem sempre será possível, de imediato, realizar o registro. Com efeito, quando a condenação não demonstrar o *quantum debeatur*, haverá necessidade de instaurar um incidente para traçar a estimativa da repercussão financeira da sentença[54]. No particular, vale lembrar que, mesmo

---

garantia real por dívida alheia não fica obrigado a substituí-la, ou reforçá-la, quando, sem culpa sua, se perca, deteriore, ou desvalorize.
51. MIRANDA, Pontes de. op.cit., p. 115.
52. "Quanto ao conceito de sentença condenatória, é o mais amplo possível, pois o texto fala em condenar, seja a que título for... Trata-se de sentença que imponha o dever de adimplir, de cumprir, de pagar, e possa, por isso, constituir título executivo judicial". MONIZ DE ARAGÃO, Egas Dirceu. Hipoteca Judiciária. Revista de Processo. Vol. 51. Jul/1988.
53. Douglas Ribeiro Neves, em tese de dissertação de mestrado sobre o tema, aduz que, em Portugal, o credor, para registrar o título constitutivo da hipoteca judiciária, deve obter uma certidão da sentença e requerer o registro na matrícula dos imóveis que indicar ao oficial do registro. Não é necessária, para isso, decisão judicial nem mesmo de mandado. Trata-se de itinerário notadamente simplificado e célere (NEVES, Douglas Ribeiro. Hipoteca Judiciária. Orientador: Professor Dr. José Rogério Cruz e Tucci. USP: São Paulo, 2011. p. 30).
54. Tendo em vista que a hipoteca judiciária decorre da sentença condenatória, não há que se instaurar o procedimento de liquidação de sentença para apurar o montante devido, visto que a aplicabilidade do instituto prescinde da fase de execução para ser constituído. Sustenta Luis Alberto Hoff, nesse sentido,

no sistema em vigor (balizado no Código de Processo Civil de 1973) é perfeitamente possível "liquidar a sentença" tão logo proferida, pouco importando se o recurso possui ou não efeito suspensivo. Isso porque a Lei 11.232/05 inseriu regra processual (§ 2º do artigo 475-A) que permite a liquidação na pendência de recurso, pouco importando se este tenha ou não efeito suspensivo.[55] Semelhante regra consta no CPC/15, consoante pode ser extraído da redação do artigo 512[56].

Note-se, por deveras relevante, que – mantendo o sistema anterior- a urgência não figura como requisito para a constituição da hipoteca judicial, conforme disposição expressa do parágrafo segundo do artigo 195. Não precisará a parte, certamente, comprovar a forte *plausibilidade do direito alegada* e risco de demora (= *periculum in mora*), até porque tal mecanismo não se confunde com (modalidade de) tutela de urgência. Tal fato, contudo, não impedirá a (excepcional) constituição da hipoteca judiciária por tutela antecipatória de urgência, se assim for necessário, até mesmo diante da redação mais ampla do *caput* do artigo 495, encartando a sua constituição por qualquer tipo de *decisão*, consoante já exposto.

Há que se ressaltar, todavia, que a previsão de um procedimento com viés essencialmente prático e célere, quase que unilateral, e que tem grande repercussão na esfera patrimonial do responsável, pode dar margem para inseguranças e até mesmo violar princípios e garantias fundamentais como a ampla defesa e o contraditório. Atento a essa problemática, o projeto tenta não deixar margens para qualquer dúvida e prevê que no prazo de até quinze dias da data da realização da hipoteca, a parte [*beneficiada com a garantia propiciada com a formalização da hipoteca judiciária*] deve informar o juízo, que, a seu turno, deverá intimar a outra parte para tomar ciência do ato (parágrafo terceiro do artigo 503).

Entende-se que ao abrir vista para ciência do ato, deverá o juiz conceder prazo para que a parte vencida se manifeste, impugnando, nesse momento, eventuais exceções que impossibilitam a inscrição do gravame, tal como

---

que o que se deve perseguir é a estimativa da repercussão financeira da sentença. Desse modo, a parte interessada pleiteia, por meio de simples petição, o pedido de inscrição do provimento judicial final, fundamentando seu pedido com a estimativa da repercussão financeira da responsabilidade do vencido. O magistrado, então, no âmbito de sua cognição, podendo, se for o caso, recorrer a peritos, irá avaliar os valores estimulados pelo postulante e proferirá sua decisão. (HOFF, Luis Alberto. A hipoteca judiciária e sua importância como instrumento de garantia. Revista dos Tribunais. Vol. 674. P. 81. Dez/1991.)

55. No sentido, MAZZEI, Rodrigo. *Reforma do CPC*. São Paulo: Revista dos Tribunais, 2006, p. 160-162.
56. Art. 512. A liquidação poderá ser realizada na pendência de recurso, processando-se em autos apartados no juízo de origem, cumprindo ao liquidante instruir o pedido com cópias das peças processuais pertinentes.

a alegação de impenhorabilidade do bem (em caso de bem de família, por exemplo)[57-58].

Outro mecanismo que visa proteger a parte que suporta o gravame da hipoteca judicial em seu patrimônio foi previsto no parágrafo quinto do artigo 495. Sendo assim, sobrevindo a reforma ou a invalidação da decisão que impôs o pagamento de quantia, a parte responderá, independentemente de culpa, pelos danos que a outra parte tiver sofrido em razão da constituição da garantia, devendo o valor da indenização ser liquidado e executado nos próprios autos. Trata-se da criação de uma espécie de responsabilidade objetiva, que se justifica pela gravidade que os efeitos de uma decisão injusta, ainda que temporários, podem causar aos sujeitos de direito[59].

Por fim, a mudança de maior notoriedade no projeto, indubitavelmente, está prevista no parágrafo quarto do artigo 495. Eis que, por expressa determinação do dispositivo, a hipoteca judiciária implica no direito de preferência em relação aos demais credores do devedor.

É certo, pois, que o texto projetado desmistifica um dos temas de maior debate quando se fala em hipoteca judiciária. Trata-se de uma polêmica infundada, é verdade, tendo em vista que se sustenta em razão de um dispositivo concebido pelo Código Civil de 1916 que não foi repetido pelo diploma de 2002, mas que mesmo assim causa embaraço na doutrina e jurisprudência.

No modelo do novo Código de Processo Civil, o credor que possui hipoteca judiciária terá direito de preferência sobre os demais credores do devedor, desde que observada a prioridade no registro.

Dessa maneira, diante do fenômeno de pluralidade de hipotecas, por exemplo, deve-se observar o disposto no direito material: nos termos do artigo 1.476[60] do Código Civil, não há entraves para constituição de uma segunda ou

---

57. O contraditório é o *valor-fonte* do modelo democrático de processo civil que se pretende que se instale de forma concreta (em respeito ao artigo 1º da Carta de 1988). Confira-se: Hermes Zaneti Junior (*Processo constitucional*. Lumen Juris: Rio de Janeiro, 2007, p. 190) e Rodrigo Mazzei (*Embargos de Declaração: Recurso de saneamento com função constitucional*. Tese de Doutoramento. FADISP, Orientação: Professor Dr. Eduardo Arruda Alvim, 2012, p. 399-409).
58. No sentido: "É cabível o mandado de segurança contra o ato judicial que determinou a constituição da hipoteca legal sobre o imóvel residencial do impetrante, pois esse instituto esta subsumido na área de abrangência do art. 1. da Lei 8.009/90" (STJ, RMS 8.281/RJ, Rel. Ministro BARROS MONTEIRO, Rel. p/ Acórdão Ministro CESAR ASFOR ROCHA, QUARTA TURMA, julgado em 16/12/1997, DJ 27/04/1998, p. 164).
59. No tema, com análise fulcral no sistema de responsabilidade objetiva processual vinculado às tutelas de urgência, que terá contato com a hipoteca judiciária, confira-se: MAZZEI, Rodrigo; MARQUES, Bruno Pereira. *Primeiras linhas sobre a responsabilidade pelos danos decorrentes da efetivação de tutelas de urgência em caso de insucesso final da ação de improbidade administrativa*. In Revista Jurídica (Porto Alegre. 1953), v. jun-14, p. 9-44, 2014.
60. Art. 1.476 - O dono do imóvel hipotecado pode constituir outra hipoteca sobre ele, mediante novo título, em favor do mesmo ou de outro credor.

terceira hipoteca sobre o mesmo bem e em favor de credores diferentes. Em situações que o valor do bem hipotecado exceda o da obrigação garantida, com boa margem de sobra, é perfeitamente possível visualizar a hipótese de pluralidade de hipotecas[61], fenômeno que também é tratado como *sub-hipoteca*.

Ora, se alguém aceita a qualidade de sub-hipotecário, automaticamente estará sujeitando-se a uma licitação, com posição próxima ao credor quirografário em relação aos credores hipotecários pretéritos.

Trata-se de uma limitação do próprio direito material. Não há que se falar, assim, na mitigação do direito de preferência na hipoteca judicial. Ele efetivamente existe, ressalvadas as devidas exceções, e passa a ser categoricamente previsto no novo modelo processual que virá.

Destaca-se, por derradeiro, que o projeto passa a prever expressamente como uma das hipóteses que ensejam a fraude à execução a alienação de bem gravado pela hipoteca judiciária (artigo 792, III)[62]. Há que se ressaltar que tal instituto, como já exposto, prevê o direito de sequela, que não deve se confundir com a caracterização da fraude à execução.

Há aqui, ainda que de forma involuntária, uma contradição com os regramentos gerais da hipoteca judiciária, pois se o direito de sequela e o direito de preferência estão garantidos no artigo 495, a alienação ou a oneração do bem não afetará o direito do credor. Aplicado do disposto no artigo 1.422 do Código Civil[63] (artigo que faz parte regramento geral dos direitos reais de garantia), o artigo 792, III, do Projeto de novo Código de Processo Civil perde potência, já que a solução da codificação civil parece ser mais adequada.

Ultrapassando a redação do artigo 1.422, vale lembrar ainda que o Código Civil permite alienação do bem hipotecado, não se configurando tal como qualquer tipo de fraude, até porque o texto legal considera como nula de pleno direito a cláusula que vede a alienação de bem que é alvo de garantia de penhor, hipoteca ou anticrese (artigo 1.475).[64] O adquirente de bem hipotecado,

---

61. SANTOS, Francisco Cláudio de Almeida. Do direito do promitente comprador e dos direitos reais de garantia (penhor, hipoteca, anticrese). P. 184. Editora Revista dos Tribunais, 2006. Coordenação: Miguel Reale e Judith Martins-Costa.
62. Art. 792. A alienação ou a oneração de bem é considerada fraude à execução: III – quando tiver sido averbado, no registro do bem, hipoteca judiciária ou outro ato de constrição judicial originário do processo onde foi arguida a fraude.
63. Art. 1.422. O credor hipotecário e o pignoratício têm o direito de excutir a coisa hipotecada ou empenhada, e preferir, no pagamento, a outros credores, observada, quanto à hipoteca, a prioridade no registro. Parágrafo único. Excetuam-se da regra estabelecida neste artigo as dívidas que, em virtude de outras leis, devam ser pagas precipuamente a quaisquer outros créditos.
64. Art. 1.475. É nula a cláusula que proíba ao proprietário alienar imóvel hipotecado. Parágrafo único. Pode convencionar-se que vencerá o crédito hipotecário, se o imóvel for alienado.

nos termos do artigo 1.481 do Código Civil[65] passa a ter uma posição com trilhas fixadas em lei, que buscam o adimplemento da obrigação, com proteção no sentido do credor hipotecário.

Há, na realidade, um feixe de regramentos que o adquirente do imóvel hipotecado deve seguir, sujeitando-se a tais situações previamente desenhadas na legislação civil, podendo também se citar no sentido os artigos 1.479 e 1.480 do Código Civil[66].

Por tal motivo, cremos que o artigo 792 do novo Código de Processo Civil não possui grande inspiração, sendo a solução dos artigos 1.475 e 1.481 do Código Civil mais adequada às características e natureza da hipoteca judiciária.

4. BIBLIOGRAFIA

ALVIM, Eduardo Pellegrini de Arruda. Direito processual civil. 2ª. São Paulo: Revista dos Tribunais.

ARRUDA ALVIM, José Manuel de. Breves anotações para uma teoria geral dos direitos reais. In: CAHALI, Yussef Said (Org.). Posse e propriedade: doutrina e jurisprudência. São Paulo: Revista dos Tribunais, 1987.

AQUINO, Leonardo Gomes de. Garantias reais: disposições gerais do penhor, da hipoteca e da anticrese. Disponível em: http://www.academia.edu/2547061/Garantias_reais_disposicoes_gerais_do_penhor_da_hipoteca_e_da_anticrese.

BESSONI, Darcy. Direitos Reais. São Paulo: Saraiva, 1988, p. 391.

BUFULIN, Augusto Passamani. Hipoteca: constituição, eficácia e extinção. São Paulo: Editora Revista dos Tribunais, 2011.

---

65. Art. 1.481. Dentro em trinta dias, contados do registro do título aquisitivo, tem o adquirente do imóvel hipotecado o direito de remi-lo, citando os credores hipotecários e propondo importância não inferior ao preço por que o adquiriu. § 1º Se o credor impugnar o preço da aquisição ou a importância oferecida, realizar-se-á licitação, efetuando-se a venda judicial a quem oferecer maior preço, assegurada preferência ao adquirente do imóvel. § 2º Não impugnado pelo credor, o preço da aquisição ou o preço proposto pelo adquirente, haver-se-á por definitivamente fixado para a remissão do imóvel, que ficará livre de hipoteca, uma vez pago ou depositado o preço. § 3º Se o adquirente deixar de remir o imóvel, sujeitando-o a execução, ficará obrigado a ressarcir os credores hipotecários da desvalorização que, por sua culpa, o mesmo vier a sofrer, além das despesas judiciais da execução. § 4º Disporá de ação regressiva contra o vendedor o adquirente que ficar privado do imóvel em conseqüência de licitação ou penhora, o que pagar a hipoteca, o que, por causa de adjudicação ou licitação, desembolsar com o pagamento da hipoteca importância excedente à da compra e o que suportar custas e despesas judiciais
66. Art. 1.479. O adquirente do imóvel hipotecado, desde que não se tenha obrigado pessoalmente a pagar as dívidas aos credores hipotecários, poderá exonerar-se da hipoteca, abandonando-lhes o imóvel. Art. 1.480. O adquirente notificará o vendedor e os credores hipotecários, deferindo-lhes, conjuntamente, a posse do imóvel, ou o depositará em juízo. Parágrafo único. Poderá o adquirente exercer a faculdade de abandonar o imóvel hipotecado, até as vinte e quatro horas subseqüentes à citação, com que se inicia o procedimento executivo.

CECCHERINI, Eleonora. La codificazione dei diritti nelle recenti constituzioni. Milano: Giuffrè Edirore, 2002.

CLAUS, Ben-Hur Silveira. Hipoteca Judiciária: A (Re)Descoberta do Instituto Diante da Súmula n° 375 do STJ – Execução Efetiva e Atualidade da Hipoteca Judiciária. Disponível em: http://www.lex.com.br/doutrina_25510822_HIPOTECA_JUDICIARIA_A_RE_DESCOBERTA_DO_INSTITUTO_DIANTE_DA_SUMULA_N_375_DO_STJ__EXECUCAO_EFETIVA_E_ATUALIDADE_DA_HIPOTECA_JUDICIARIA.aspx.

CRUZ, Antônio Augusto Bello Ribeiro da. A hipoteca judiciária e o novo código civil: Morte ou renascimento?. Disponível em: http://blog.newtonpaiva.br/direito/wp-content/uploads/2012/08/PDF-D6-02.pdf.

DIDIER JR., Fredie e MAZZEI, Rodrigo.

DINAMARCO, Cândido Rangel. Instituições de Direito Processual Civil. Vol. I.. São Paulo: Malheiros: 2001.

FARIAS, Cristiano Chaves; ROSENVALD, Nelson. Direitos Reais.6. ed., Rio de Janeiro: Editora JusPODIVM, 2012.

HOFF, Luis Alberto. A hipoteca judiciária e sua importância como instrumento de garantia.. Revista dos Tribunais. Vol. 674. P. 81. Dez/1991.

IHERING, Rudolf Von. Teoria Simplificada da Posse, trad. Fernando Bragança. Belo Horizonte: Líder, 2004.

JORGE, Flávio Cheim. Teoria Geral dos Recursos Cíveis. 6. Ed. São Paulo, Revista dos Tribunais.

LACERDA FILHO, Fausto Pereira. Hipoteca. Curitiba: Juruá, 1977.

LIEBMAN, Erico Tullio, Eficácia e Autoridade da Sentença, trad. Alfredo Buzaid, Benvindo Aires e Ada Pellegrini Grinover, 3ª Ed., Forense, Rio de Janeiro, 1984.

_____, Norma processuali nel codice civile. In Problemi del Processo Civile. Milano: Morano Editores

MACEDO, Elaine Harzheim Macedo (Org).*Comentários ao Projeto de Lei n. 8.046/2010 - Proposta de um novo Código de Processo Civil*. EdiPUCRS. 2012. Disponível em: http://ebooks.pucrs.br/edipucrs/Ebooks/Pdf/978-85-397-0300-5.pdf

MARINONI, Luiz Guilherme. Técnica processual e tutela dos direitos. São Paulo: Revista dos Tribunais, 2004.

MAZZEI, Rodrigo. Direito de superfície. Salvador: Juspodivm, 2013.

_____, Enfoque processual do art. 928 do Código Civil (responsabilidade civil do incapaz). Revista Autônoma de Direito Privado - nº 3. Coord.: Arruda Alvim e Angélica Arruda Alvim. 2007.

_____, Reforma do CPC. São Paulo: Revista dos Tribunais, 2006.

_____, Reforma do CPC 2. São Paulo: Revista dos Tribunais, 2007.

_____.Notas iniciais à leitura do novo código civil. In: Arruda Alvim; Thereza Alvim. (Org.). Comentários ao Código Civil Brasileiro, parte geral. Rio de Janeiro: Forense, 2005, v. 1.

_____, Algumas Notas sobre o ('dispensável') artigo 232 do Código Civil. In: Prova, Exame Médico e Presunção: o artigo 232 do Código Civil. Fredie Didier Jr. e Rodrigo Mazzei (Coords). Salvador: Juspodivm, 2006.

_____, Embargos de declaração: recurso de saneamento com função constitucional. Tese de Doutoramento (Orientação Professor Dr. Eduardo Arruda Alvim). São Paulo: FADISP, 2012.

MAZZEI, Rodrigo; MARQUES, Bruno Pereira. Primeiras linhas sobre a responsabilidade pelos danos decorrentes da efetivação de tutelas de urgência em caso de insucesso final da ação de improbidade administrativa. In Revista Jurídica (Porto Alegre. 1953), v. jun-14, p. 9-44, 2014

MIRANDA, Pontes de. Comentários ao Código de Processo Civil. Rio de Janeiro. Forense, 1974. Tomo V. P. 111.

MONIZ DE ARAGÃO, Egas Dirceu. Hipoteca Judiciária. Revista de Processo. Vol. 51. P. 10. Jul/1988.

MONTEIRO, Washington de Barros. Curso de Direito Civil. Direito das Coisas. 38. Ed. Revista e atualizada por Carlos Alberto Dabus Maluf. São Paulo: Saraiva, 2007.

NERY, Rosa Maria de Andrade & JUNIOR, Nelson Nery. Código de Processo Civil Comentado. 10° ed. rev.,atual., e ampl. São Paulo: Revista dos Tribunais, 2008.

NEVES, Douglas Ribeiro. Hipoteca Judiciária. Orientador: José Rogério Cruz e Tucci. São Paulo, 2011. No prelo.

PENTEADO, Luciano de Camargo. Manual de direito civil: coisas. 1. Ed. São Paulo: Editora Revista dos Tribunais, 2013.

PEREIRA,Caio Mário da Silva. Instituições de Direito Civil - Direitos Reais. V. 4. 21ª Ed. Rio de Janeiro: Forense, 2012.

SALVATORI, Patti. Codificazione ed evoluzione del diritto privato. 1. ed., Roma: Laterza, 1999.

SANTA MARIA, José Serpa de. *Direito reais limitados*. Brasília: Editora e Livraria Brasília Jurídica, 1993, p. 234-235.

SANTOS, Francisco Cláudio de Almeida. Do direito do promitente comprador e dos direitos reais de garantia (penhor, hipoteca, anticrese). P. 184. Editora Revista dos Tribunais, 2006. Coordenação: Miguel Reale e Judith Martins-Costa.

TARTUCE, Flávio. Direito Civil. Direito das Coisas. Volume 4. 6ª Ed. São Paulo: Método, 2014.

TUCCI, José Rogério Cruz e. Garantias constitucionais do processo civil: homenagem aos 10 anos de Constituição Federal de 1988. São Paulo: Revista dos Tribunais, 1988.

VENOSA, Silvio de Sá. Direito Civil - Direitos Reais. V. 5. 9ª edição. São Paulo: Atlas, 2009.

ZANETI JUNIOR, Hermes. Processo constitucional. Lumen Juris: Rio de Janeiro, 2007.

CAPÍTULO 11

A força da sentença influencia na fixação dos honorários de sucumbência?

Rinaldo Mouzalas de Souza e Silva[1]
Marcello Trindade Paulo[2]

> **SUMÁRIO:** 1. INTRODUÇÃO; 2. CONSIDERAÇÕES INICIAIS; 3. HONORÁRIOS ADVOCATÍCIOS DE SUCUMBÊNCIA: SISTEMÁTICA DO CÓDIGO DE PROCESSO CIVIL DE 1973; 4. HONORÁRIOS ADVOCATÍCIOS DE SUCUMBÊNCIA EM SENTENÇA DECLARATÓRIA APÓS A EDIÇÃO DA LEI Nº 11.232/05; 5. HONORÁRIOS ADVOCATÍCIOS DE SUCUMBÊNCIA EM SENTENÇA DECLARATÓRIA ANTES DA EDIÇÃO DA LEI Nº 11.232/05; 6. HONORÁRIOS ADVOCATÍCIOS DE SUCUMBÊNCIA EM SENTENÇA DECLARATÓRIA NO NOVO CÓDIGO DE PROCESSO CIVIL; 7. CONCLUSÕES; 8. REFERÊNCIAS.

1. INTRODUÇÃO

O Novo Código de Processo Civil é inspirado pelo ideal de efetividade da prestação jurisdicional. Conforme sua exposição de motivos, ele visa a trazer mecanismos de aceleração ao processo[3]. Além de trazer novos instrumentos

---

1. Mestre em Processo e Cidadania pela Universidade Católica de Pernambuco. Especialista em Processo Civil pela Universidade Potiguar. Graduado em Ciências Jurídicas e Sociais pela Universidade Federal da Paraíba. Professor da Universidade Federal da Paraíba. Membro da Associação Norte e Nordeste dos Professores de Processo. Membro da Academia Paraibana de Letras Jurídicas. Advogado e consultor jurídico.
2. Graduado em Ciências Jurídicas e Sociais pela Universidade Federal da Paraíba. Pós-graduando lato sensu em Direito Público pela Pontifícia Universidade Católica de Minas Gerais e em Direito Eleitoral pelo Instituto Brasiliense de Direito Público. Advogado e consultor jurídico.
3. Segue passagem extraída da exposição de motivo do Novo Código de Processo Civil, que ratifica nossa afirmação:
"O Senado Federal, sempre atuando junto com o Judiciário, achou que chegara o momento de reformas mais profundas no processo judiciário, há muito reclamadas pela sociedade e especialmente pelos agentes do Direito, magistrados e advogados. Assim, avançamos na reforma do Código do Processo Penal, que está em processo de votação, e iniciamos a preparação de um anteprojeto de reforma do Código do Processo Civil. São passos fundamentais para a celeridade do Poder Judiciário, que atingem o cerne dos problemas processuais, e que possibilitarão uma Justiça mais rápida e, naturalmente, mais efetiva.
A Comissão de Juristas encarregada de elaborar o anteprojeto de novo Código do Processo Civil, nomeada no final do mês de setembro de 2009 e presidida com brilho pelo Ministro Luiz Fux, do Superior Tribunal de Justiça, trabalhou arduamente para atender aos anseios dos cidadãos no sentido de garantir um novo Código de Processo Civil que privilegie a simplicidade da linguagem e da ação processual, a celeridade do processo e a efetividade do resultado da ação, além do estímulo à inovação e à modernização de procedimentos, garantindo o respeito ao devido processo legal".

que permitem tornar o processo judicial cada vez mais célere, buscou o novo código preservar aqueles já existentes no antigo sistema processual. Em muitas oportunidades, buscou torná-los expressos em seu texto.

Isso ocorreu aose possibilitar a utilização do proveito econômico obtido com a causa como base de cálculo para os valores a serem fixados a título de honorários advocatícios, bem quando possibilitoua execução das sentenças declaratórias, que reconheçam a exigibilidade de obrigação de pagar quantia certa, de fazer, de não fazer ou de entregar coisa. Basta uma simples leitura dos artigos 85 e 529 do novo Código de Processo Civil para se alcançar esta conclusão.

De fato, em razão das inovações trazidas pela novel legislação, a sistemática de arbitramento dos honorários advocatícios foi modificada. Deixou de adotar procedimento dual do art. do CPC/73, em que a disposição do § 3º se aplicavaàs sentenças de força condenatória, enquanto que a do §4º às causas de pequeno valor, às de valor inestimável, àquelas em que não houver condenação ou que for vencida a Fazenda Pública, e às execuções.

No novo Código de Processo Civil, o art. 85 estabeleceu critérios para a fixação dos honorários advocatícios decorrentes da sucumbência. Ficou assentada a inexistência de distinção, para fins de fixação dos valores devidos à titulo de honorários advocatícios de sucumbência, entre a sentença de natureza condenatória e declaratória, desde que esta certifique a existência de algum proveito que tenha repercussão econômica.

Este ensaio mostrará que a dita novidade trazida pelo texto do novo Código de Processo Civil nada mais fez do que corrigir equívoco que vinha a ser cometido pelos tribunais brasileiros, dentre os quais se inclui o Superior Tribunal de Justiça, que insistiam em aplicar as disposições do §3º do art. 20 do CPC/73 exclusivamente às sentenças de força condenatória.

2. CONSIDERAÇÕES INICIAIS

Os honorários advocatícios podem ser contratuais, fixados por arbitramento judicial ou em razão da sucumbência em determinada ação[4]. Tratam-se de contraprestação pelos serviços advocatícios dos advogados e são, portanto, verbas de natureza alimentar. Eles pertencem aos advogados, constituem direito autônomo e podem ser objeto de execução nos próprios autos em que tiverem sido fixados, ou em ação autônoma.[5,6]

---

4. Lei Federal nº. 8.906/94, art. 22. A prestação de serviço profissional assegura aos inscritos na OAB o direito aos honorários convencionados, aos fixados por arbitramento judicial e aos de sucumbência.
5. (STJ. REsp 1.102.473-RS. Corte Especial, rel. Min. Maria Thereza de AssisMoura, j. 16/5/2012)
6. Segundo prevê o art. 85, § 14º, do novo Código de Processo Civil, "os honorários constituem direito do advogado e têm natureza alimentar, com os mesmos privilégios dos créditos oriundos da legislação do trabalho, sendo vedada a compensação em caso de sucumbência parcial".

Em regra, os honorários devem ser pagos por quem deu causa à propositura da ação que, quase sempre, coincide com aquela que foi vencida. Para José Roberto dos Santos Bedaque(2008, p.2011):

> [...] na grande maioria dos casos, existe relação direta entre este ônus e a sucumbência. Quem normalmente torna necessário o processo é o vencido, seja ele autor ou réu. Caso a tutela jurisdicional seja concedida a quem formulou o pedido, significa que o réu resistiu indevidamente à atuação espontânea da regra de direito material. Improcedente a demanda ou extinto o processo sem julgamento do mérito, pode-se afirmar, em princípio, que o autor movimentou injustificadamente a máquina judiciária.

Conclui que a lei estabelece a causalidade como paradigma para condenação ao pagamento das despesas processuais[7].

Pois bem.

Os honorários advocatícios de sucumbência a serem pagos pela parte vencida (quando devidos[8]) serão fixados pelo juiz, em maior ou menor amplitude, de acordo com os parâmetros estabelecidos pela legislação processual. O Código de Processo Civil de 1973, no § 3º do art. 20, estabelece algumas balizas, que também estão presentes no novo Código de Processo Civil. São elas: a) o grau de zelo do profissional; b) o lugar de prestação do serviço; c) a natureza e importância da causa, o trabalho realizado pelo advogado e o tempo exigido para o seu serviço.

O dispositivo mencionado faz referência à "sentença". Mas qualquer outro pronunciamento jurisdicional decisório de mérito, se definitivo e submetido a eventual contraditório[9], autoriza a condenação da parte vencida no pagamento de honorários advocatícios de sucumbência. Esta verba, na sua acepção atual, tem como principal finalidade possibilitar justa remuneração do(s) advogado(s) patrocinador(es) da parte vencedora, a servir como prêmio pela sua "atuação vitoriosa". Não se pode negar, todavia, que ela também inibe o exercício abusivo do direito de ação.

---

7. Este paradigma é adotado sem discussões pelos tribunais superiores, a exemplo do Superior Tribunal de Justiça, que, em repetidas oportunidades, definiu que "conforme o princípio da causalidade, os honorários são devidos pela parte sucumbente que deu causa à atividade dos advogados das demais". (REsp 1084484/SP. Relator(a) Ministra ELIANA CALMON. Órgão Julgador: T2 - SEGUNDA TURMA. Data da Publicação/Fonte: DJe 21/08/2009)
8. A Lei n.º 12.016/09, por exemplo, reza em seu art. 25 que "não cabem, no processo de mandado de segurança, a interposição de embargos infringentes e a condenação ao pagamento dos honorários advocatícios, sem prejuízo da aplicação de sanções no caso de litigância de má-fé".
9. Por exemplo, o pronunciamento jurisdicional que decide a liquidação de sentença deve fixar honorários advocatícios sucumbenciais (STJ. REsp 978.253/SE. DJU 16.09.08) – malgrado também haja entendimento em sentido contrário. Do mesmo modo, no julgamento de objeção de executividade, ainda que ela seja rejeitada (STJ. AgRg no REsp 1149679/RS. DJe 15.03.10).

Uma das grandes dificuldades enfrentada pela advocacia se relaciona ao valor da verba remuneratória decorrente da sucumbência, porquanto, a despeito de estabelecidos os parâmetros legais de arbitramento, eles costumam ser interpretados de forma no mínimo injusta (para não dizer equivocada). É comum ver decisões judiciais que fixam honorários de sucumbência em percentuais bem inferiores a 10% (dez por cento) – percentual, "*a priori*", colocado como "mínimo".

O usual fundamento utilizado pelos tribunais para assim proceder é que o balizamento mínimo de 10% (dez por cento) alcançaria unicamente as sentenças "condenatórias"[10]. Aduzem que o art. 20, § 3º, do Código de Processo Civil de 1973 se referiria apenas à "condenação", pelo que as sentenças que não a impusessem, poderiam fugir daquele percentual mínimo, aplicando outro ainda menor.

Muitos profissionais do direito, entretanto, olvidam que o emprego do vocábulo "condenação" tem um motivo particular[11], que não é o de limitar a aplicação do dispositivo às "sentenças condenatórias". Sobretudo porque, depois da Lei nº 11.232/05, que incluiu o art. 475-N, I, ao CPC (e revogou o art. 584, I), qualquer sentença, independentemente de sua carga predominante, é passível de execução (a bastar que reconheça a existência de obrigação e, consequentemente, de prestação em favor da parte adversa), a não haver, hoje, diferenças substanciais, em termos procedimentais futuros, entre elas[12].

Mas, pior que isso, é que os honorários advocatícios de sucumbência são fixados em valores módicos, a adotar como base percentuais bem inferiores àqueles atribuídos como remuneração a outros profissionais que, conquanto seja nobre a função desempenhada dentro do processo, despendem bem menos trabalho. Aqui se coloca como exemplo o leiloeiro, cuja remuneração, em regra, é de 5% do bem penhorado, paga em decorrência do simples ato de alienação.

---

10. "Havendo condenação, não é adequada a estipulação da verba honorária tomando-se por base o valor da causa, critério adotado somente para as hipóteses previstas no § 4º do artigo 20 do Código de Processo Civil. Conforme entendimento desta Corte, quando o acórdão proferido é de cunho condenatório, devem os honorários advocatícios ser fixados entre o mínimo de 10% e o máximo de 20% sobre o valor da condenação, nos termos do artigo 20, § 3º, do Código de Processo Civil" (STJ. REsp 570026/RJ. Rel. Min. FERNANDO GONÇALVES. T4. DJe 08/03/2010).
11. Ver, neste sentido, Processo e Ideologia: o paradigma racionalista, de Ovídio Baptista A. da Silva.
12. A reconhecer executividade à sentença declaratória, já se pronunciou o STJ: "tem eficácia executiva a sentença declaratória que traz definição integral da norma jurídica individualizada. Não há razão alguma, lógica ou jurídica, para submetê-la, antes da execução, a um segundo juízo de certificação, até porque a nova sentença não poderia chegar a resultado diferente do da anterior, sob pena de comprometimento da garantia da coisa julgada, assegurada constitucionalmente. E instaurar um processo de cognição sem oferecer às partes e ao juiz outra alternativa de resultado que não um, já prefixado, representaria atividade meramente burocrática e desnecessária, que poderia receber qualquer outro qualificativo, menos o de jurisdicional" (STJ. REsp 588202/PR. DJ 25.02.04).

Em contraponto, mas não de forma satisfatória, perante o Superior Tribunal de Justiça, há vários precedentes a considerar que honorários fixados abaixo de 1% (um por cento) do valor do "benefício econômico" proporcionado (em sentenças de qualquer carga eficacial predominante) pela atuação do advogado é irrisório[13]. Contudo, se o percentual fixado nas sentenças "não-condenatórias" for superior a 1%, aquela corte superior entende não ser irrisória a remuneração estabelecida pela sucumbência, a ser aceitável e, portanto, praticável. Esta senda tem sido seguida pela maioria dos tribunais locais[14].

---

13. EXECUÇÃO POR QUANTIA CERTA. DESISTÊNCIA. HONORÁRIOS ADVOCATÍCIOS. FIXAÇÃO EM VALOR IRRISÓRIO. ELEVAÇÃO. POSSIBILIDADE. I - Tem-se por satisfeito o requisito do prequestionamento implícito, se a Corte a quo, ao fixar os honorários advocatícios, arbitra valor aviltante ao trabalho desenvolvido pelos advogados, contratados para o patrocínio da defesa em execução por quantia certa objeto de pedido de desistência após o oferecimento de exceção de pré-executividade. II - Sendo o valor da Execução estimado em cerca de R$ 105 mil reais, a fixação de honorários em menos de 1% (um por cento) do quantum exeqüendo configura valor irrisório, devendo ser mantida a decisão que majora os honorários para o percentual de 5% (cinco por cento). III - A jurisprudência do Superior Tribunal de Justiça tem reiteradamente afirmado a possibilidade de elevação de honorários advocatícios nos casos em que estes se mostrem irrisórios em face do valor atribuído à causa. Precedentes: REsp nº 678.642/MT, Rel. Min. NANCY ANDRIGHI, DJ de 29/05/2006 e AgRg no AgRg no REsp nº 802.273/MS, Rel. Min. FELIX FISCHER, DJ de 22/05/2006. IV - Impõe-se o afastamento da Súmula nº 07/STJ, ante a desnecessidade de reexame das questões de fato do processo, porquanto a elevação de honorários irrisórios prestigia o princípio da proporcionalidade. V - Agravo Regimental improvido. (STJ. AgRg nos EDcl no REsp 841507/MG. Relator(a) Ministro FRANCISCO FALCÃO. Órgão Julgador: T1 - PRIMEIRA TURMA. Data da Publicação/Fonte: DJ 14/12/2006 p. 298)
14. A AASP – Associação dos Advogados de São Paulo, a manifestar a insatisfação que se tornou ínsita à categoria, implementou a campanha "Honorários Advocatícios não são Gorjeta". Em notícia veicula no jornal Valor Econômico, restou exposta as principais reivindicações dos advogados. Confira-se:
 Honorários advocatícios não são gorjeta
 Com a bandeira "honorários não são gorjeta", entidades ligadas à advocacia começam a colher no Judiciário e Congresso Nacional frutos da campanha iniciada neste ano. A mobilização foi provocada pelas inúmeras reclamações de profissionais que, mesmo atuando em causas milionárias contra as Fazendas, vêm recebendo percentuais irrisórios de honorários de sucumbência. Esses valores são fixados pelo juiz da causa e pagos no fim do processo por quem perde a ação ao advogado da parte contrária, numa espécie de recompensa pelos esforços de quem ganhou a disputa.
 A previsão do pagamento de honorários de sucumbência está no artigo 20 do Código de Processo Civil (CPC). Pela norma, os valores devem ser fixados entre 10% e 20% da condenação. No entanto, quando a parte vencida é a Fazenda Pública, o mesmo código estabelece que os valores a serem pagos ficam a critério do juiz. Os baixos valores arbitrados pelas instâncias inferiores, contudo, têm sido revertidos no Superior Tribunal de Justiça (STJ). A Corte já proferiu diversas decisões favoráveis aos advogados e aumentou os honorários.
 Além dos esforços perante o Judiciário, o projeto de reforma do Código de Processo Civil (CPC), aprovado no Senado e agora na Câmara, pretende fixar parâmetros para que os juízes estabeleçam esses valores. O texto prevê percentuais entre 5% e 10 % do valor da causa. O que se traduziria em valores muito maiores do que os atuais. Há juízes que decidem por menos de 1% do valor da causa.
 A Câmara dos Deputados também está avaliando o Projeto de Lei nº 5.452 que garante o pagamento de honorários de sucumbência na Justiça do Trabalho. Hoje, os advogados trabalhistas não recebem esses percentuais. Apenas ganham os honorários pagos por seus clientes. O projeto foi proposto a partir de uma mobilização da Ordem dos Advogados do Brasil (OAB) em 2009 e está para ser votado na Comissão de Constituição de Justiça (CCJ) da casa.
 Em recente decisão do Superior Tribunal de Justiça (STJ), a relatora do caso, ministra Nancy Andrighi, chegou a citar em seu voto a mobilização da Associação dos Advogados de São Paulo (Aasp), que em junho publicou um texto sob o título "Honorários não são gorjeta". Segundo o artigo, os valores arbitrados em

O novo Código de Processo Civilsanou a referida incongruência ao estabelecer, ao lado do vocábulo "condenação" (contido com exclusividade na redação do art. 20 do CPC/73), a expressão "proveito econômico". Pela nova sistemática, os honorários (em regra) serão fixados entre o mínimo de 10% (dez por cento) e o máximo de 20% (vinte por cento) sobre o valor da condenação ou do proveito econômico obtido. A dizer de outra forma, a redação do texto legal não se refere apenas à "condenação", e, por assim dizer, possibilita a conclusão, nomeadamente aos mais conservadores, de que os parâmetros (máximo e mínimo) de fixação não se abstêm à sentença condenatória.

Aliás, para não deixar qualquer dúvida quanto a isso, o § 6º do art. 85 afirma que os percentuais mínimos e máximos serão aplicados inclusive nos casos de improcedência e de extinção do processo sem resolução de mérito.

---

alguns casos seriam ínfimos. A entidade ainda argumenta que essas quantias são dedicadas a cobrir inúmeras despesas, investimentos "e, quando possível, justa melhoria de vida para o profissional da advocacia".
Para a ministra, a iniciativa da AASP "não pode passar despercebida". No entanto, afirma em seu voto que tribunais sempre procuram analisar com cautela e atenção cada um dos processos para fixar honorários no patamar mais razoável possível. "Contudo, se a postura até aqui adotada tem gerado indignação significativa a ponto de gerar um manifesto oficial, tal vez seja o momento de, com humildade e parcimônia, revê-la", afirma.
"Os bons advogados têm de ser premiados", segundo o voto de Nancy Andrighi. Assim, reconheceu que honorários de R$ 5 mil em uma causa de R$ 10 milhões seria uma quantia considerada aviltante. "Ainda que em causa de baixa complexidade, implica acréscimo significativo na responsabilidade e no risco em que incorre". Sua posição foi seguida por unanimidade pelos demais ministros da turma, que ampliou o honorário para R$ 300 mil.
O STJ também aumentou os honorários de um advogado de São Paulo de R$ 1,2 mil para R$ 45 mil por ganhar uma execução fiscal de R$ 1,5 milhão contra a União. A primeira instância tinha entendido que ele não deveria receber nada, pois a Fazenda desistiu de cobrar o montante antes da sentença ser proferida. Ao recorrer da decisão para o Tribunal Regional Federal (TRF) da 3ª Região, a Corte fixou um montante de R$ 1,2 mil - 0,08% do valor da causa. Já a 2ª Turma do STJ aumentou o valor do pagamento em 3% sobre o total, ou seja, R$ 45 mil. Em outro caso de abril deste ano, a 2ª Turma julgou que o valor de R$ 300, arbitrado a título de honorários, "seria insuficiente para remunerar adequadamente" o advogado e elevou o valor para R$ 15 mil.
Segundo a presidente da Comissão de Assuntos Tributários da seccional fluminense da Ordem dos Advogados do Brasil (OAB) e membro da mesma comissão na OAB Federal, Daniela Gusmão, desde o início de 2010 a entidade tem atuado para expressar sua preocupação com relação aos baixos honorários arbitrados. A seccional fluminense da Ordem elaborou artigo sobre o tema e levou o assunto para ser discutido na OAB Federal. "Nossa causa agora começou a dar resultado para que haja uma justa valorização do nosso trabalho", afirma.
O presidente da AASP, Arystóbulo de Oliveira Freitas, também afirma estar satisfeito com a repercussão da campanha. "Começamos a nos organizar em maio e em agosto já temos decisões do STJ que reconhecem nossos argumentos", diz. Para Freitas, os magistrados estão dispostos a ouvir a advocacia e já demonstraram preocupação com relação ao tema. Agora, a entidade está preparando uma coletânea das decisões que fixaram valores ínfimos ou reduziram os honorários. "Vamos passar a fazer um monitoramento periódico", afirma Freitas.
As recentes decisões do STJ já demonstram que o Judiciário começa a se sensibilizar sobre a questão, avalia o advogado Maurício Pereira Faro, do escritório Barbosa, Müssnichã Aragão. "Não pode continuar a existir dois pesos e duas medidas. A Fazenda recebe de 10% a 20% do valor da causa, enquanto os advogados não chegam a receber 1%", diz.

Ocorre que, mesmo antes do CPC/15, já era razoável se interpretar que a sentença que certifica um proveito econômico em favor de determinado beneficiário poderia ser executada e, portanto, não mereceria a distinção para com as sentenças condenatórias, a ponto de justificar a fixação de valores, a título de honorários, em patamares inferiores ao mínimo de 10% (dez por cento). O CPC/73, mesmo antes da mudança legislativa trazida pela Lei nº 11.232/05 (que incluiu o art. 475-N, I, ao CPC erevogou o inciso I do art. 584), já permitia a execução da sentença declaratória, razão pela qual não subsistiam razões para impedir que os honorários de sucumbência não estivessem dentrodo patamar de 10% (dez por cento) a 20% (vinte por cento) estabelecido §3º.

Aliás, qualquersentença, independentemente de sua carga predominante, era passível de execução, a bastar que reconhecesse a existência de obrigação e, consequentemente, de prestação em favor da parte adversa.Assim, certificada a existência ou inexistência de determinada relação jurídica por sentença declaratória,não haveria necessidade de posterior ação condenatória para se alcançar futura execução.

Contudo, por não atentar a este importante detalhe, os tribunais, quanto às sentenças que não fossem condenatórias, insistiam em fixar honorários advocatícios sucumbenciais em percentuais inferiores ao mínimo estabelecido pelo § 3º do art. 20 do CPC/73. Justificavam que, além da referência do texto ao vocábulo "condenatória", o vencedor da ação de eficácia predominante diversa, para alcançar executividade, deveria intentar ação condenatória. Ao assim ponderarem, os tribunais cometiam sério equívoco interpretativo.

Confira-se:

3. HONORÁRIOS ADVOCATÍCIOS DE SUCUMBÊNCIA: SISTEMÁTICA DO CÓDIGO DE PROCESSO CIVIL DE 1973

Nos termos do art. 20, §3ºdo CPC/73, os honorários advocatícios de sucumbência eram fixados entre o mínimo de 10% (dez por cento) e o máximo de 20% (vinte por cento) sobre o valor da condenação, atendidos o grau de zelo do Professional, o lugar de prestação do serviço, a natureza e importância da causa, o trabalho realizado pelo advogado e o tempo exigido para o seu serviço. Noutras situações, dispunha o §4º do art. 20, consoante apreciação equitativa do juiz, a se utilizar dos mesmos parâmetros mencionados, nas causas de pequeno valor, nas de valor inestimável, naquelas em que não houver condenação ou for vencida a Fazenda Pública, e nas execuções, embargadas ou não.

Nada obstante a necessária crítica feita ao entendimento majoritário extraído da redação do §3º do art. 20do CPC/73, fato é que a expressão "condenar" acabou por permitir (erroneamente) queas sentenças que não impusessem tal comando, pudessem fugir daquele percentual mínimo, aplicando-se o disposto no art. 20, §4º. Esse entendimento seria mais defensável antes da edição da Lei nº 11.232/05 (que incluiu o art. 475-N, I, ao antigo CPC, e revogou o art. 584, I), por meio da qual qualquer sentença, independentemente de sua carga predominante, tornou-se passível de execução, desde que reconheça a existência de obrigação e, consequentemente, de prestação em favor da parte adversa.

Isso se dava com o único intuito de evitar que os advogados fossem remunerados em "duas" oportunidades: quando intentassemação declaratória, com a certificação, por meio de sentença, da existência de determinada obrigação que impusesse a prestação em favor da parte, bem como na ação condenatória, em sentença advinda de um novo processo de conhecimento, supostamente necessário ao início da execução, por não se considerar (por engano inescusável) a sentença de carga declaratória como título executivo.

Esta aparente impossibilidade restou superada com a edição da Lei nº 11.232/05. A partir do novel texto legislativo, tornou-se expressamente possível a execução de sentença declaratória, razão pela qual não subsistia motivo razoável para distingui-la, para efeitos de fixação de honorários, da sentença condenatória. Tratava-se de uma distinção de pouco (ou nenhum) fundamento, como também impunha ao advogado que quisesse uma melhor remuneração, ter que propor uma nova ação em busca de uma sentença condenatória, mesmo que já dispusesse de um provimento declaratórioa certificar a mesma obrigação, algo inadmissível em tempos que se busca, além de eficiência, afirmação da duração razoável do processo.

4. HONORÁRIOS ADVOCATÍCIOS DE SUCUMBÊNCIA EM SENTENÇA DECLARATÓRIA APÓS A EDIÇÃO DA LEI Nº 11.232/05

A par das considerações postas acima, tem-se, como primeiro argumento favorável à aplicação da sistemática de fixação de honorários prevista no art. 20, §3º, do CPC/73, para as sentenças declaratórias, sua executividade em razão da modificação legislativa ensejada pela Lei nº 11.232/05, que revogou o artigo 584, I, do Código de Processo Civil e incluiu o artigo 475-N, I, que possui texto diferente[15].

O artigo 584, I, da redação original do Código de Processo Civil (que data de 11 jan. 1973), dispunha que "são títulos executivos judiciais: [...] a sentença

---

15. Com este tom, pronunciam-se as lições de Alexandre Freire Pimentel (2003, p. 87): "por decisão legislativa do parlamento federal, intencionalmente, o art. 475-N, I, passou a considerar título executivo não apenas a sentença condenatória, como fazia o revogado art. 584, I, do CPC".

condenatória proferida no processo civil". O texto legislativo revogado era expresso em fazer referência apenas às sentenças condenatórias. As demais espécies de sentenças proferidas no processo civil, de acordo com a interpretação literal, não eram consideradas títulos executivos judiciais.

Este paradigma foi herdado do Código de Processo Civil de 1939, que, em seu artigo 290, vedava expressamente a execução da sentença de força declaratória: "na ação declaratória, a sentença que passar em julgado valerá como preceito, mas a execução do que houver sido declarado somente poderá promover-se em virtude de sentença condenatória".

A redação do inciso I do artigo 475-N do Código de Processo Civil, por sua vez, editada pela Lei nº 11.232, de 23 dez. 2005, é a seguinte: "são títulos executivos judiciais: [...] a sentença proferida no processo civil que reconheça a existência de obrigação de fazer, não fazer, entregar coisa ou pagar quantia". O novel dispositivo excluiu o vocábulo "condenatória", que qualificava a sentença proferida no processo civil como título executivo.

Daí concluir-se que, se não há mais a restrição do título executivo às sentenças condenatórias (como aparentemente dispunha o revogado artigo 584, I), nem muito menos está em voga o texto do artigo 290 do Código de Processo Civil de 1939, que tributava contra a executividade das sentenças declaratórias, torna-se possível a execução da sentença declaratória (inclusive de improcedência[16]).

Aliás, o artigo 475-N, I, foi mais além quando incluiu, em seu texto, o verbo "reconhecer", que guarda íntima relação com as sentenças declaratórias[17], ficando, assim, patente que a razão da modificação legislativa decorre da intenção de admitir a possibilidade de execução de tais sentenças. Foi mais do que uma simples troca de verbos, porquanto não são sequer sinônimos. Representou albergue claro (ainda que tenha sido desproposital) à possibilidade de execução da sentença declaratória.

Com a anterior revogação do artigo 290 do Código de 1939 (porque assim o foi o bloco em que ele estava inserido), não existiria qualquer razão para modificar a redação do artigo 584, I do Código de 1973. Se a finalidade da Lei nº 11.232/05, que instituiu o novel artigo 475-N, I, tivesse sido apenas alargar a ideia de processo sincrético, não haveria razão para modificar o texto do revogado artigo 584, I. A simples mudança topológica já possibilitaria a ampliação do sincretismo processual.

---

16. Da doutrina, apóiam este argumento: Fredie Didier Júnior (2011, p. 160), Teori Albino Zavascki (2005, p. 31-32), Sérgio Luís Wetzel de Mattos (2006, p. 167-168) e Humberto Theodoro Junior (2006, p. 132).
17. Sérgio Luís Wetzel de Mattos (2006, p. 170)

Logo, tem-se como premissa do texto do artigo 475-N, I, do Código de Processo Civil, extraída de básicas regras hermenêuticas, que é possível a execução da sentença declaratória. Uma vez possível a execução das sentenças declaratórias, não mais subsiste a necessidade de propositura de uma novaação cognitiva, já que o provimento declaratório constitui título hábil a deflagrar o processo executivo. Portanto, a partir da Lei nº 11.232/05, foi afastado o único (e equivocado) motivo para aplicação da sistemática do art. 20, §4º, do CPC/73, no momento da fixação de honorários da sentença declaratória.

A partir dali, não mais seria razoável se cogitar que o advogado seria remunerado "duas vezes".A remuneração estava adstringida tão somente à sentença declaratória, que, por trazer à parte eficácia comumdas sentenças condenatórias ao certificar a existência de determinada obrigação, que possa ser traduzida em proveito econômico a uma das partes, não pode, no plano sucumbencial, ter tratamento diferenciado.

Pode até ser que a sentença declaratória não possa ou não seja (por opção) executada. Mas os fatores relacionados a tal possibilidade são outros (como a ausência do reconhecimento do direito à prestação em favor da parte e a falta de manifestação de vontade em promover a execução), que não estão relacionados à força do pronunciamento jurisdicional decisório definitivo, nem muito menos à redação do dispositivo citado.

5. HONORÁRIOS ADVOCATÍCIOS DE SUCUMBÊNCIA EM SENTENÇA DECLARATÓRIA ANTES DA EDIÇÃO DA LEI Nº 11.232/05

Mesmo antes da modificação legislativa imposta pela Lei nº 11.232/05, que incluiu o artigo 475-N ao Código de Processo Civil, já existiam dispositivos outros a ratificar a possibilidade de execução das sentenças declaratórias (e, dentre elas, as de improcedência, por ser assim classificada em razão de sua força)[18]. Basta fazer uma simples leitura sobre os títulos executivos judiciais, para se verificar que nem sempre eles têm força condenatória[19], conquanto possuam executividade.

---

18. A esta conclusão também chegou Humberto Theodoro Junior (2006, p. 133).
19. O primeiro título executivo judicial previsto no Código de Processo Civil é a sentença proferida no processo civil que reconhece a existência de obrigação de fazer, não fazer, entregar coisa ou pagar quantia. Se uma sentença traz elementos suficientes ao reconhecimento de obrigação em detrimento da parte vencida, ela será considerada exequível.
O segundo título executivo judicial é a sentença penal condenatória transitada em julgado. Em relação a ela, não houve alteração em sua previsão legal, considerando-se como parâmetro o revogado regime do artigo 584 do Código de Processo Civil. Após o trânsito em julgado, o efeito anexo extra-penal da sentença (decorrente de previsão constante no artigo 91, I, do Código Penal) repercutirá, tornando exigível o título sem necessidade de condenação posterior à fase de conhecimento desenvolvida perante o juízo criminal.

Daí concluir-se que o legislador brasileiro não visou a preservar um monopólio de execução relacionado exclusivamente às sentenças condenatórias. Sentenças que não são condenatórias podem sim aparelhar execução. Sob esta tônica, pertinentes são as considerações apresentadas por Eduardo Ribeiro de Oliveira (2009, p. 78):

> Outros preceitos do Código de Processo Civil indicam que o legislador brasileiro não pretendeu estabelecer um monopólio de exequibilidade para a sentença condenatória. Citam-se, a título ilustrativo, os seguintes dispositivos: art. 584, revogado pela Lei 11.232/05, o qual incluía no catálogo dos títulos executivos judiciais (hoje consoante do art. 475-N), "[...] sentenças em que, de forma alguma, o juiz cogitou de ordenar ao vencido qualquer tipo concreto de prestação (sentença penal condenatória, sentença homologatória de conciliação ou transação, formal de partilha); art. 899, § 2º, segundo o qual na ação de consignação em pagamento, declarando o juiz a insuficiência do depósito efetuado pelo autor, forma-se um título executivo em favor do réu; art. 918, ao dispor que, na ação de prestação de contas, "O saldo credor declarado na sentença poderá ser cobrado em execução forçada"; e art. 76, do seguinte teor: "A sentença, que julgar procedente a ação, declarará, conforme o caso, o direito do evicto,

---

O terceiro título executivo judicial previsto no artigo 475-N é a sentença homologatória de conciliação ou de transação, ainda que inclua matéria não posta em juízo. Quando as partes se compuserem na pendência de litígio, a sentença que homologa o negócio jurídico celebrado também será título executivo judicial. E se a conciliação ou transação realizada envolver matéria não discutida originariamente nos autos, a sentença será também exigível, mediante cumprimento de sentença, quanto ao conteúdo total do negócio celebrado entre os litigantes.

O quarto título é a sentença arbitral. No caso de direitos patrimoniais disponíveis, pelos quais litigam pessoas capazes, admite-se a instituição da arbitragem para a composição do conflito, constituindo, como título executivo judicial, a sentença proferida pelo árbitro. A Lei de Arbitragem (Lei nº 9.307/96), especificamente em seu artigo 18, considera o árbitro como juiz de fato e de direito, não se sujeitando a sentença que ele proferir a recurso ou a homologação pelo Poder Judiciário.

O quinto título executivo judicial previsto no Código de Processo Civil é o acordo extrajudicial, de qualquer natureza, homologado judicialmente. Constitui título executivo judicial o negócio jurídico transacional, celebrado extrajudicialmente, quando homologado em juízo. Trata-se de exercício da autonomia de vontade, que a lei processual, mediante intervenção estatal, confere eficácia de título executivo judicial. Celebrado o acordo extrajudicial, o qual será regulado na forma da lei civil (artigo 841 do Código Civil), qualquer das partes poderá requerer a sua homologação em juízo materialmente competente.

O sexto título é a sentença estrangeira homologada pelo Superior Tribunal de Justiça. Com a Emenda Constitucional de nº 45/04, a competência originária para homologar sentença estrangeira passou a ser do Superior Tribunal de Justiça, segundo determina o artigo 105, I, i, da Constituição da República. Com isso, o revogado artigo 584, IV, do Código de Processo Civil, tornou-se incompatível com novo regime constitucional trazido pela Reforma do Judiciário.

E o sétimo e último título executivo judicial previsto no Código de Processo civil é o formal e a certidão de partilha, exclusivamente em relação ao inventariante, aos herdeiros e aos sucessores a título singular ou universal. Sua exequibilidade, no entanto, até por conta da delimitação subjetiva da coisa julgada, valerá exclusivamente em relação ao inventariante, aos herdeiros e aos sucessores a título singular ou universal.

ou a responsabilidade por perdas e danos, valendo como título executivo".

Também, para se evidenciar que não apenas as sentenças condenatórias podem ser executadas, transcrevem-se as lições trazidas por Fredie Didier Junior (2007, p. 250):

> A referência exclusiva à sentença condenatória, constante da redação do inciso I do revogado art. 584, dava margem ao surgimento de dúvida sobre a exaustividade do rol legislativo dos títulos executivos judiciais. É que, indiscutivelmente, havia títulos executivos judiciais que, entretanto, não estavam previstos no art. 584, exatamente porque não eram condenatórios: a) sentença que homologa reconhecimento da procedência do pedido; b) sentença que extingue a execução provisória, e que gera o dever de indenizar (art. 475-O, I); c) sentença que extingue o processo cautelar e gera o dever de indenizar (art. 811 do CPC); d) sentença em ação de oferta de alimentos, consignação em pagamento e desapropriação, de conteúdo meramente declaratório. O texto atual não dá margem a essa controvérsia.

Nos exemplos trazidos pelas lições doutrinárias transcritas, não há sentenças condenatórias e, mesmo assim, é possível a execução aparelhada com base nelas. Certamente, as situações decorrentes do julgamento das ações dúplices (que são aquelas em as partes ocupam posições jurídicas ativas e passivas simultaneamente[20]), conquanto não sejam únicas, são as mais simbólicas para ratificar a executividade das sentenças declaratórias.

À título de exemplo, nas ações de prestação de contas, bem como nas de consignação em pagamento, no caso de improcedência, serão proferidas sentenças declaratórias. No âmbito da declaração, poderá ser reconhecido direito à prestação. Para que esta seja exigida, não se faz necessária a propositura de nova ação judicial para obter sentença condenatória.

E a razão de ser dos dispositivos legais relacionados às ações dúplices referidas, que autorizam a execução da sentença de improcedência (que seria declaratória), certamente se finca, além da particularidade do direito material, na certificação proporcionada pelo ato judicial decisório, que é suficiente ao reconhecimento do direito à prestação, a dispensar, assim, propositura de nova ação, agora condenatória.Improcedentes as ações dúplices, as sentenças proferidas reconhecem direito à prestação em favor do réu. Ao mesmo passo, elas estabelecem obrigação em detrimento do autor, com impossibilidade, em

---

20. "Nestas ações a condição dos litigantes é a mesma, não se podendo falar em autor e réu, pois ambos assumem concomitantemente as duas posições processuais" (CÂMARA. [et al], 2011, p. 360).

face da certificação ensejada, de alcançar conclusão diversa (que não seja o reconhecimento do direito à prestação em favor do réu).

De qualquer forma, aos que objetam a possibilidade de execução da sentença de improcedência por suposta falta de previsão legal, estão aqui apresentadas algumas situações (exemplificativas), onde são proferidas tais sentenças e que, por expressa autorização do legislador, são suficientes a aparelhar execução. Queda-se, por expressa disposição legal, o imaginário monopólio de execução amparada em sentença condenatória[21] (definida como aquela que impõe uma sanção ao resolver crise de inadimplemento).

Isso leva a concluir que, no revogado art. 584, I, existia uma lacuna axiológica, pois o legislador distinguiu sem razão sentenças condenatórias e declaratórias, pelo que cabe ao Poder Judiciário dizer que falta uma imposição igualadora[22]. Em termos de execução, não existe razão para diferenciar as sentenças condenatórias das declaratórias, quando estas reconhecem o direito a uma prestação[23]. Prova maior da confirmação desta conclusão é que, a despeito de

---

21. A executividade da sentença declaratória vinha prevista no Anteprojeto de modificação do Código de Processo Civil, publicado no Diário Oficial da União de 24 dez. 1985, o qual acrescentava ao artigo 584 um inciso (o VI), cuja redação era a seguinte:
    Art. 584. São títulos executivos judiciais:
    (...)
    VI – a sentença declaratória transitada em julgado, quando tenha ocorrido a violação do direito (art. 4º, parágrafo único).
    Da exposição de motivos do Anteprojeto reformista, consta no item 15:
    15. Quanto à execução, deu-se natureza de título executivo à sentença declaratória, quando se cuide de certificação de direito que, em cognição plena, ensejaria condenação (art. 4º, parágrafo único). Em verdade, a ação condenatória que se exigisse seria apenas para apurar o quantumdebeatur, matéria típica de processo de liquidação. Assim, com a sentença declaratória, nas condições apontadas, se ajuizará ação de liquidação e não condenatória, como desnecessária e inadequadamente se tem exigido.
22. Emilio Betti, 2007, p. 215.
23. "Em conhecido estudo sobre a natureza da sentença condenatória civil, o Professor Barbosa Moreira inicia suas reflexões com a seguinte afirmação: 'É sabido que só a sentença condenatória atribui à parte vencedora o poder de promover ação executória contra o sucumbente. Nenhuma outra sentença é apta a produzir tal efeito. Não o produz decerto, ainda quando reconheça ao autor a titularidade de um crédito em face do réu, a sentença meramente declaratória: tornando-se exigível o crédito declarado, e não se dispondo a satisfazê-lo o devedor, cumpre ao credor voltar a juízo com ação condenatória, e apenas a nova sentença que lhe julgue procedente o pedido constituirá em seu favor título hábil para a execução forçada. E depois de examinar as várias correntes doutrinárias a respeito do tema e de referir que, ao fim e ao cabo, "a sentença condenatória já não se distinguiria da declaratória senão pela extensão do declarado, que nesta seria apenas o crédito (lato sensu) de uma contra a outra parte, naquela o crédito e mais a sanção aplicável à parte inadimplente', encerra seu trabalho com uma pergunta não respondida: 'Em que consiste, afinal, a declaração capaz de proporcionar à parte vencedora título hábil para a execução forçada? A resposta de Liebman, vazada em fórmula mais aderente à realidade soaria: na declaração de aplicabilidade da sanção. Ora, justamente nisso é que não se pode convir sem fazer tábua rasa das hipóteses em que o juiz condena e se executa, sem que se trate em absoluto de sanção; e também daquelas outras, não tão raras, em que a sanção se efetiva na própria sentença, sem necessidade – nem, aliás, possibilidade – de repor-se em movimento, para atuá-la, o mecanismo judicial'" (CÂMARA. [et al], 2011, p. 451).

não trazer exortação ao adimplemento, a sentença declaratória que reconhece direito à prestação pode ser voluntariamente cumprida.

E é importante frisar que, conforme prevê a redação do art. 20, *caput*, do CPC/73, mesmo que a sentença tenha eficácia diferente da condenatória, o capítulo que versa acerca dos encargos sucumbenciais será condenatório. Mas este capítulo não altera a sua eficácia predominante. Ainda que se diga que a execução se refere ao capítulo, sendo possível apenas porque condenatória sua eficácia, o presente ensaio continua firme na defesa da possibilidade de execução da sentença declaratória.

Pelo que foi demonstrado, é absolutamente descabido, por inexistir fundamento razoável, que fosse aplicado o disposto no §4º, do art. 20, do CPC/73, na fixação de honorários nas sentenças declaratórias, enquanto que, nas condenatórias, seria aplicado o disposto no §3º. Trata-se de um desprestígio a um provimento judicial que traz o mesmo resultado à parte e exige do advogado idêntico esforço e comprometimento profissional.

6. HONORÁRIOS ADVOCATÍCIOS DE SUCUMBÊNCIA EM SENTENÇA DECLARATÓRIA NO NOVO CÓDIGO DE PROCESSO CIVIL

O novo Código Civil, baseado nos direitos fundamentais dos jurisdicionados em ter um processo de duração razoável e efetivo para aquilo que se presta, afastou qualquer discussão menor que a redação do antigo instrumento legal causava. O novo código prestigiou, portanto, o que aqui ficouevidenciado. Não havia razão para distinguir as sentenças declaratórias das condenatórias, nomeadamente quanto à sistemática utilizada para a fixação dos honorários decorrentes da sucumbência, a considerar que ambas constituem provimentos jurisdicionais que certificam relação jurídica.

O novo Código de Processo Civil prevê, de forma expressa, em seu art. 85, §5º, que "os honorários serão fixados entre o mínimo de dez e o máximo de vinte por cento sobre o valor da condenação, do proveito econômico obtido [...]". Eis a premissa fundamental que justifica a execução de uma determinada sentença, independente de a carga predominante ser condenatória: se existe proveito econômico em benefício de uma das partes, é possível a execução da decisão judicial (inclusive declaratória), pelo que não se justifica a fixação de honorários em patamares inferiores aos das sentenças condenatórias.

O §6º do mesmo artigo se prestou a ratificar o que se está a dizer: "os limites e critérios previstos nos §§ 2º e 3º aplicam-se independentemente de qual seja o conteúdo da decisão, inclusive aos casos de improcedência ou extinção do processo sem resolução do mérito".O legislador estabeleceu que não existem diferenças, para fins de fixação de honorários advocatícios decorrentes da sucumbência, entre sentenças declaratórias e condenatórias.

Por fim, o legislador, no art. 529, I, do CPC/15, deixou clara a possibilidade legítima de execução das sentenças declaratórias, a tornar seus efeitos práticos semelhantes aos das sentenças condenatórias, quando dispôs: "Além da sentença condenatória, são títulos executivos judiciais, cujo cumprimento dar-se-á de acordo com os artigos previstos neste Título: [...] as decisões proferidas no processo civil que reconheçam a exigibilidade de obrigação de pagar quantia, de fazer, de não fazer ou de entregar coisa". Se uma sentença declaratória reconhece a exigibilidade de obrigação de pagar quantia, de fazer, de não fazer ou de entregar coisa, que implique o proveito econômico a uma das partes, claro está que pode ser executada e seus honorários, por conseguinte, segundo o CPC/15, serão arbitrados em patamares idênticos aos empregados nas sentenças de força condenatória.

7. CONCLUSÕES

Mesmo diante das disposições contidas no Código de Processo Civil de 1973, não existia qualquer justificativa minimamente sustentável para emprestar na fixação dos honorários das sentenças declaratórias uma sistemática distinta da que era utilizada nas sentenças condenatórias. Tratava-se de verdadeiro desprestígio ao provimento judicial declaratório, que traz o mesmo resultado à parte e, justamente por isso, exige, do advogado, idêntico esforço e comprometimento profissional.

A discussão se centra em saber se as sentenças declaratórias possuem aptidão para deflagrar o processo de execução, o que, caso contrário, tornar-lhes-ia distintas das sentenças condenatórias, para este fim. Demonstrada a possibilidade de execução das sentenças declaratórias, mesmo antes da edição da Lei nº 11.232/2005 (mas, principalmente, depois dela), não subsistem os motivos para um tratamento distinto daquele que é reconhecido às sentenças condenatórias.

Fixada essa premissa, não subsiste o infundado motivo que justificaria um tratamento diferenciado para com as sentenças declaratórias no momento da fixação dos honorários advocatícios. Não há a possibilidade de o advogado receber "duas" vezes, que seria uma na sentença declaratória e outra na "necessária" (e posterior) sentença condenatória, para permitir que a obrigação reconhecida naquela fosse executada. Afastada essa incongruência, desaparece o "motivo"para o tratamento diferenciado em termos de fixação dos honorários advocatícios de sucumbência.

Portanto, o CPC/15, de uma forma assaz simbólica, afastou, definitivamente, toda e qualquer discussão infrutífera no sentido de proporcionar, em nível de fixação de honorários de sucumbência, tratamento diferenciado, na medida em que seus artigos 85, §§ 2º e 6º, e 529, I, reconheceram a similitude com a qual devem ser tratadas as sentenças declaratórias econdenatórias, para extirpar qualquer incongruência que ainda pudesse subsistir em razão do CPC/73.

8. REFERÊNCIAS

BEDAQUE, José Roberto dos Santos.**Código de Processo Civil Interpretado**. 3ª Ed. São Paulo: Atlas, 2008.

BETTI, Emílio. **Interpretação da lei e dos atos jurídicos**. São Paulo: Martins Fontes, 2007.

CÂMARA, Alexandre Freitas. [et al]. **Leituras Complementares de Processo Civil**. 9 ed. Salvador: Juspodivm, 2011.

DIDIER JUNIOR, Fredie. A sentença meramente declaratória como título executivo – aspecto importante da reforma processual civil brasileira de 2005. In: CIANCI, Mirna; QUARTIERI, Rita (coords.). **Temas atuais da execução civil**: estudos em homenagem ao professor Donaldo Armelin. São Paulo: Saraiva, 2007, pp. 245-251.

DIDIER JUNIOR, Fredie. **Curso de direito processual civil**. 13 ed. Salvador: Juspodivm, 2011-vol 1.

MATTOS, Sérgio Luís Wetzel de. **A Nova Execução**: comentários à Lei n.º 11.232, de 22 de dezembro de 2005. Carlos Alberto Alvaro de Oliveira (coord.). Rio de Janeiro: Forense, 2006

OLIVEIRA, Eduardo Ribeiro de. Notas sobre o conceito de lide. **Revista de Processo**, vol. 34, 1984, pp. 88-107.

PIMENTEL, Alexandre Freire. Tipologia quinária das ações na era do sincretismo processual: a eficácia executiva da sentença declaratória e os efeitos preponderantes da sentença condenatória. **Revista da Ajuris** nº 116, dez. 2009, pp. 95-73.

SILVA, Ovídio A. Baptista da. **Processo e ideologia**: o paradigma racionalista. Forense: Rio de Janeiro, 2004.

THEODORO JUNIOR, Humberto. **As novas reformas do Código de Processo Civil– Leis 11.187, de 19.10.2005; 11.232, de 22.12.2005; 11.276 e 11.277, de 07.02.2006; e 11.280, de 16.02.2006**. Rio de Janeiro: Forense, 2006.

ZAVASCKI, Teori Albino. Sentenças declaratórias, sentenças condenatórias e eficácia executiva dos julgados. **Leituras complementares de processo civil**. 3 ed. Salvador: Juspodivm, 2005.

CAPÍTULO 12
Limites objetivos da coisa julgada no Novo Código de Processo Civil Brasileiro

Alexandre Freitas Câmara[1]

1. O novo Código de Processo Civil inova, grandemente, em relação ao Código de Processo Civil de 1973, no que diz respeito aos limites objetivos da coisa julgada. Tal inovação, impõe registrar, está diretamente ligada à abolição da "ação declaratória incidental", que o Código Buzaid implantou no ordenamento jurídico brasileiro. O que se pretende examinar neste pequeno ensaio é o modo como a matéria vem tratada no novo Código, sendo certo que a exata compreensão do ponto impõe que sejam feitas breves considerações sobre o mesmo no CPC de 1973.

No CPC de 1973 estabeleceu-se, de forma expressa, que a fundamentação da sentença não é alcançada pela autoridade de coisa julgada material. Dito de outro modo, apenas a parte dispositiva da sentença transita em julgado. Este é ponto que, à luz da doutrina concebida sob a égide deste diploma legislativo, pode ser considerado pacífico.[2]

Assim sendo (e nos expressos termos do tautológico art. 469 do CPC de 1973), não são alcançados pela coisa julgada "os motivos" da sentença, "a verdade dos fatos, estabelecida como fundamento da sentença" e a resolução "da questão prejudicial, decidida incidentemente no processo".

A limitação da coisa julgada à parte conclusiva da sentença, excluída de seus limites objetivos a fundamentação do pronunciamento judicial, sempre contou com o apoio de nobre doutrina processual. Assim, por exemplo, na

---

1. Desembargador no TJRJ. Professor Emérito e Coordenador de direito processual civil da EMERJ (Escola da Magistratura do Estado do Rio de Janeiro). Membro do Instituto Brasileiro de Direito Processual, do Instituto Ibero-Americano de Direito Processual e da International Association of Procedural Law. Doutorando em Direito Processual na PUCMINAS.
2. Desnecessário alongar as citações. Sobre o ponto, por todos, Moacyr Amaral Santos, *Comentários ao Código de Processo Civil*, vol. IV. Rio de Janeiro: Forense, 6ª ed., 1994, p. 437.

doutrina italiana, isso se encontra afirmado desde o mais clássico dos autores, Chiovenda.[3]

Por conta disso é que, na mais autorizada doutrina, se sustenta que a resolução da questão prejudicial não é alcançada pela autoridade de coisa julgada material, salvo no caso de ter sido formulado uma demanda com esse objeto ou se assim o determinar expressamente a lei.[4]

Pois no regime do Código de Processo Civil de 1973 a resolução da questão prejudicial não pode ser alcançada pela autoridade de coisa julgada, salvo no caso de haver sido formulada, por qualquer das partes, uma demanda neste sentido, a que se deu, tradicionalmente, o nome de "ação declaratória incidental".

Por conta disso, o art. 5º do CPC de 1973 expressamente estabeleceu que "se, no curso do processo, se tornar litigiosa relação jurídica de cuja existência ou inexistência depender o julgamento da lide, qualquer das partes poderá requerer que o juiz a declare por sentença". Sendo certo que, por força do disposto no art. 469, III, daquele diploma, não faz coisa julgada "a apreciação da questão prejudicial, decidida incidentemente no processo", tal regra é excepcionada pelo que estabelece o art. 470 do mesmo código: "[f]az, todavia, coisa julgada a resolução da questão prejudicial, se a parte o requerer (arts. 5º e 325), o juiz for competente em razão da matéria e constituir pressuposto necessário para o julgamento da lide".

Fica claro, então, pela leitura dos dispositivos mencionados, que sob a égide do Código de Processo Civil de 1973, a resolução da questão prejudicial – que, via de regra, se dá na fundamentação da sentença – não é alcançada pela *auctoritas rei iudicatæ*, e só se afasta esta limitação se alguma das partes tiver demandado uma declaração incidental. Neste caso, o que era mera *questão prejudicial* terá se tornado uma *causa prejudicial*, o que exigirá a prolação de uma decisão, que será encontrada no dispositivo da sentença, já que proferida *principaliter*. E assim, a decisão proferida sobre a causa prejudicial alcançará a autoridade de coisa julgada material.

Vale registrar, neste ponto, que, por força do que expressamente estabelece o já citado art. 470, tal decisão *principaliter* acerca da causa prejudicial só poderá ser proferida se a demanda de declaração incidental tiver sido dirigida a juízo competente em razão da matéria (o que decorre da óbvia constatação de que a decisão proferida por juízo absolutamente incompetente é viciada – como expressamente afirma o art. 113, § 2º, do Código Buzaid – e pode, se transitar em julgado, ser impugnada e desconstituída por "ação rescisória", na forma do art. 485, II, do mesmo diploma).

---

3. Giuseppe Chiovenda, *Principii di diritto processuale civile*. Nápoles: Jovene, 3ª ed., 1923, p. 917.
4. Assim, por exemplo, Giovanni Verde, *Il nuovo processo di cognizione*. Nápoles: Jovene, 1995, p. 226.

2. O novo Código de Processo Civil, porém, afasta-se deste regime. Estabelece o art. 503 do novo CPC (que corresponde, com alterações, ao art. 468 do Código de 1973) que "[a] decisão que julgar total o parcialmente o mérito tem força de lei nos limites da questão principal expressamente decidida", mas prossegue o § 1º do aludido dispositivo afirmando que "[o] disposto no caput aplica-se à resolução de questão prejudicial, decidida expressa e incidentalmente no processo", desde que preenchidas algumas exigências de que se tratará adiante. Daí já se observa uma mudança de orientação. A resolução da questão prejudicial passa a ser alcançada pela autoridade de coisa julgada não mais por força da manifestação de vontade de alguma das partes, que teria ajuizado sua demanda de declaração incidente, mas por força de lei.

Fica expresso, então, que a *auctoritas rei iudicatæ*, com a vigência do novo CPC, passará a alcançar não só a decisão proferida pelo órgão jurisdicional em resposta ao pedido formulado pelo demandante mas, também, a resolução de questão prejudicial.[5]

O regime, como se vê, é substancialmente alterado. Impõe-se, porém, analisar o que consta do novo Código de Processo Civil, de modo a se poder perceber exatamente quando os limites da coisa julgada realmente abarcarão o que se tiver pronunciado acerca das relações que guardem, com o objeto principal do processo, alguma relação de prejudicialidade.

3. Para compreender-se, exatamente, o novo sistema, impõe-se também, buscar definir o que sejam três conceitos que são, sempre, manipulados quando se fala sobre este tema: *ponto*, *questão* e *causa*.

Impende afirmar, em primeiro lugar, que *prejudicialidade* é uma relação entre dois postulados, de modo que a solução dada a um deles tem o poder de influir na solução do segundo. Assim, por exemplo, sempre que para solucionar o postulado B tenha o juiz de determinar, antes, a solução do postulado A, e esta influa na resolução daquele, será possível afirmar que entre A e B existe uma relação de prejudicialidade, em que A é prejudicial e B é prejudicado.

Pense-se, por exemplo, na relação que existe entre saber-se se Pedro é ou não o pai de Maria e a solução que se tenha de dar a uma demanda de

---

5. Consequência disso tudo é que o art. 504 do novo Código, que corresponde ao art. 469 do Código Buzaid, não reproduz o que consta do inciso III deste último dispositivo, segundo o qual – como visto anteriormente – a resolução de questão prejudicial que se desse incidentemente não seria alcançada pela coisa julgada. É que, no novo sistema, a resolução de questão prejudicial se daria, sempre (e ao contrário do que consta expressamente do novo texto normativo), *principaliter*. Isto, contudo, nem sempre corresponderá à verdade, e casos haverá em que a solução da questão prejudicial não será coberta pela *auctoritas rei iudicatæ*. De todo modo, nesses casos tal solução, *incidenter tantum*, se dará na fundamentação da sentença, que não transita em julgado, como expressamente dispõe o inciso I deste mesmo art. 504 do novo CPC.

alimentos proposta por esta em face daquele. Ora, caso se verifique que entre eles não existe a relação de paternidade, logicamente não será possível condenar Pedro a prestar alimentos a Maria.

A prejudicialidade pode ser característica de um *ponto*, de uma *questão* ou de uma *causa*.

Ponto, como ensina importante monografista, "é o fundamento de uma afirmação referente ao mérito, ao processo ou à ação".[6] Em outras palavras, *ponto* é qualquer afirmação, de fato ou de direito, que tenha sido feita no processo. Assim, e.g. (e utilizando o exemplo anterior), se Maria afirma que Pedro é seu pai e, com base nesta afirmação, postula sua condenação a lhe pagar alimentos, tem-se na paternidade um *ponto prejudicial*.

Questão, na lição do jurista que, originariamente, refletiu acerca desta categoria, é "a dúvida acerca de uma razão".[7] Dito de outro modo, pode-se afirmar que *questão* é todo ponto controvertido, de fato ou de direito. Assim, e sempre usando o mesmo exemplo, se Pedro contesta a paternidade afirmada por Maria, ter-se-á uma *questão prejudicial*.

Pode, então, acontecer de um ponto ser dotado dessa característica chamada *prejudicialidade*. Tornando-se ele controvertido, ter-se-á uma *questão prejudicial*. Tudo isso, porém, ocorre dentro de um processo instaurado, cujo objeto é distinto desse ponto ou questão prejudicial. Pode ocorrer, porém, de a questão prejudicial ser suscitada, em outro processo, em caráter principal. Pois neste processo, no qual se buscará resolver *principaliter* a questão que, para o primeiro processo era prejudicial, se desenvolverá o que se pode chamar de *causa prejudicial*.[8] É o que vai acontecer, então, se houver sido instaurado, e.g., um processo cujo objeto seja uma pretensão declaratória de paternidade deduzida por Maria em face de Pedro, enquanto em outro processo pede ela a condenação de seu suposto pai a pagar alimentos. Neste caso, aquele primeiro processo veicula a *causa prejudicial*, enquanto neste segundo processo se terá a *causa prejudicada*.

Os pontos prejudiciais, por não serem controvertidos, não são objeto de resolução judicial. Assim, toda a relação entre prejudicialidade e coisa julgada se restringe às questões e às causas prejudiciais.

Ocorre que, como evidente, na causa prejudicial haverá uma resolução *principaliter* acerca do que é prejudicial. Deste modo, inegavelmente se terá

---

6. Antonio Scarance Fernandes, *Prejudicialidade*. São Paulo: RT, 1988, p. 57.
7. Francesco Carnelutti, *Instituciones del proceso civil*, vol. I. Trad. esp. de Santiago Sentís Melendo. Buenos Aires: El Foro, 1997, p. 36.
8. Scarance, *Prejudicialidade*, cit., p. 60.

de reconhecer a formação, *in casu*, da coisa julgada material. Assim, e sempre usando o mesmo exemplo, julgado procedente o pedido de declaração de paternidade formulado por Maria em face de Pedro, essa declaração de paternidade será alcançada pela *auctoritas rei iudicatæ* (e não poderá ser objeto de qualquer discussão no processo da causa prejudicada, no qual não será possível negar-se aquela paternidade, sob pena de ofender-se a coisa julgada formada no primeiro processo).

Por tais razões, fica o problema restrito a saber-se como se dá a relação entre a solução de uma questão prejudicial, resolvida *incidenter tantum*, e a coisa julgada que se forme neste processo em que tal resolução ocorreu.

Pois no direito brasileiro, como se viu anteriormente, a resolução *incidenter tantum* de questões prejudiciais nunca foi alcançada pela autoridade de coisa julgada.

É preciso – para facilitar o curso da exposição – afirmar aqui que o problema de que ora se cuida só se põe se a questão prejudicada é de mérito. É que pode haver algum caso em que uma questão seja prejudicial a outra, estranha ao mérito (em outros termos, pode a questão prejudicada ser meramente processual). É o que se dá, por exemplo, quando, para saber-se se uma pessoa é, realmente, o representante legal de uma pessoa jurídica que é parte em um processo, torna-se necessário resolver se foi ou não válida sua eleição. Neste caso, a questão prejudicada diz respeito à capacidade processual da parte e, pois, é estranha ao *meritum causæ*. Sendo certo que a resolução de questões processuais jamais poderia ser alcançada pela coisa julgada material, seria absurdo sequer cogitar-se de ser alcançada pela autoridade de coisa julgada a resolução, *incidenter tantum*, dessa questão prejudicial.[9] Aliás, é exatamente por causa disso que o inciso I do art. 503, § 1º, do novo CPC expressamente estabelece que a resolução de questão prejudicial será alcançada pela autoridade de coisa julgada se "dessa resolução depender o julgamento do mérito". Apenas prejudiciais *ao mérito*, portanto, poderão ser alcançadas pela autoridade de coisa julgada.

Havendo de resolver-se, em caráter incidental, uma questão prejudicial que subordina a resolução de uma questão de mérito, porém, torna-se necessário saber se a autoridade de coisa julgada ficará limitada à decisão sobre o mérito ou se alcançará, também, o que se diga sobre aquela questão prévia. E – perdoe-se a insistência – no direito brasileiro sempre se negou tal extensão (ressalvada, apenas, a possibilidade de alguma das partes formular demanda

---

9. Neste sentido, José Carlos Barbosa Moreira, *Questões prejudiciais e coisa julgada*. Tese. Rio de Janeiro, 1967, p. 126.

declaratória incidental, mas nesse caso a solução da questão prejudicial se dá *principaliter*).

Assim já era ao tempo do Código de Processo Civil de 1939.[10] E assim foi, também, sob o império do CPC de 1973.[11]

Pois o novo Código de Processo Civil rompe, inteiramente, com esta tradição. Aparentemente ocorre, com a nova legislação processual, o fim da "ação declaratória incidental" (que não é mencionada no texto normativo),[12] estendendo-se os limites objetivos da coisa julgada à solução das questões prejudiciais (art. 503, § 1º, já citado).

É preciso ter claro – como já dito – que o novo CPC, claramente, limita a extensão objetiva da coisa julgada à resolução de questões prejudiciais ao mérito. Assim, por exemplo, se em um processo cujo objeto seja uma pretensão a receber alimentos, tiver surgido controvérsia sobre a paternidade, a solução desta questão também ficará coberta pela autoridade de coisa julgada.

Duas considerações, porém, se impõem. A primeira é que – ao contrário do que pode parecer – a solução proposta pelo novo CPC não implica afirmar-se que a coisa julgada alcançará, também, a fundamentação da sentença (ou uma parte dela). O que o novo CPC na verdade estabelece é que, tendo surgido no processo uma questão prejudicial ao mérito, a resolução da mesma passe a integrar, por força de lei, o objeto do processo, devendo a mesma ser resolvida *principaliter*. Há, pois, um equívoco na redação do texto do § 1º do art. 503. É que ali se afirma que a resolução da questão prejudicial transitará em julgado quando se der "expressa e incidentemente". Ora, não se trata de "decidir incidentemente", mas de se decidir *principaliter*, independentemente de ter havido pedido expresso quanto ao ponto. Ter-se-á, pois, aí, uma questão que, por força de lei, integra o objeto do processo independentemente de pedido (como

---

10. Vale registrar que, àquela época, este tema era tremendamente controvertido. Sempre pareceu melhor, porém, considerar-se que a coisa julgada não alcançava a resolução *incidenter tantum* das questões prejudiciais. Neste sentido pronunciou-se o mais importante monografista do tema entre nós: José Carlos Barbosa Moreira, *Questões prejudiciais e coisa julgada*, cit., p. 114. No mesmo sentido, sob a égide do Código de 1939, Lopes da Costa, *Direito processual civil brasileiro*, vol. III. Rio de Janeiro: José Konfino Editor, 2ª ed., 1948, p. 128 (onde se lê que "se o autor ou o réu pretendem que um pressuposto da sentença também entre para o domínio da coisa julgada, deverão no libelo, na contestação ou em reconvenção fazer tais pedidos").
11. Aqui sem qualquer controvérsia digna de nota, dados os expressos termos do art. 469, III. Sobre o ponto, por todos, Humberto Theodoro Júnior, *Curso de direito processual civil*, vol. I. Rio de Janeiro: Forense, 51ª ed., 2010, p. 550.
12. Não obstante o silêncio do texto normativo, porém, parece possível sustentar que a "ação declaratória incidental" ainda será admissível em casos nos quais não estejam preenchidos os requisitos legais para que a resolução da questão prejudicial. Assim, por exemplo, revel o réu (o que afasta a incidência automática da coisa julgada sobre a resolução da questão prejudicial), seria possível ao autor que pretenda ver formada essa coisa julgada propor a demanda de declaração incidente.

se dá com relação à inclusão, na condenação, de correção monetária ou juros moratórios legais). Há quem fale, em casos assim, em "pedido implícito".[13] Esta, com todas as vênias devidas, não parece a melhor terminologia. Nesses casos não se deve considerar que o pedido tenha sido feito implicitamente, mas que a matéria integra o objeto do processo independentemente de pedido.

Assim, é de se reconhecer que, no novo sistema, haverá uma resolução *principaliter* das questões prejudiciais, independentemente de se ter formulado pedido neste sentido. E, proferida a resolução *principaliter* da questão prejudicial, esta será alcançada pela autoridade de coisa julgada material.

Outra exigência feita pelo novo texto normativo (inciso III) é que a matéria tenha sido decidida por juízo competente, "em razão da matéria e da pessoa", para dela conhecer "como questão principal". Em outros termos (e ampliando, em alguma medida, o que expressamente consta do novo texto normativo, que mais uma vez não parece ser o mais adequado, já que não faz alusão a todos os critérios absolutos, deixando de lado, por exemplo, a "competência territorial absoluta", como é a que se tem para demandas relativas a direitos reais imobiliários, nos termos do art. 47 do novo CPC), é preciso que os critérios absolutos de fixação da competência interna tenham sido observados. Assim, por exemplo, no caso de em um processo que tramita perante um juízo de família surgir uma questão prejudicial acerca da titularidade do domínio de um bem que é disputado na partilha de bens de um casal, o pronunciamento do juízo acerca da propriedade não alcançará a coisa julgada material.

Por fim, merece ser examinada a exigência estabelecida pelo inciso II do art. 503, § 1º do novo CPC, o qual deve necessariamente combinado com o § 2º do mesmo artigo. Estabelece-se ali que a resolução da questão prejudicial será alcançada pela autoridade de coisa julgada material se "a seu respeito tiver havido contraditório prévio e efetivo, não se aplicando no caso de revelia", e que não haverá coisa julgada "se no processo houver restrições probatórias ou limitações à cognição que impeçam o aprofundamento da análise da questão prejudicial".

É preciso observar, então, que o contraditório pleno e efetivo, entendido como garantia de participação com influência e de não surpresa,[14] é exigido como requisito para a formação da coisa julgada material sobre a resolução da questão prejudicial. Deste modo, casos como o da revelia (em que o contraditório é possibilitado, mas não se torna *efetivo* em razão da inércia do

---

13. Entre outros, usa essa terminologia J. J. Calmon de Passos, *Comentários ao Código de Processo Civil*, vol. III. Rio de Janeiro: Forense, 8ª ed., 1998, p. 209.
14. Sobre o ponto, Dierle José Coelho Nunes, "O princípio do contraditório", in Revista Síntese de Direito Civil e Processual Civil. Porto Alegre: Síntese, 2004, pp. 73 *et seq.*

demandado) excluem por completo a possibilidade de que os limites objetivos da coisa julgada alcancem a resolução da prejudicial. Do mesmo modo, no caso de estabilização da tutela antecipada de urgência satisfativa (art. 304), não haverá formação de coisa julgada sobre a resolução da questão prejudicial por não ter havido contraditório *prévio*.

Tampouco será possível considerar que a resolução da questão prejudicial tenha alcançado a coisa julgada quando "no processo houver restrições probatórias". É o que se dá, por exemplo, no processo do mandado de segurança, ou no procedimento especial de inventário e partilha de bens, em que só se admite a produção de prova documental. O mesmo se dará nos processos dos Juizados Especiais Cíveis, em que existem tremendas limitações probatórias (não se admitindo, por exemplo, perícias complexas). Nesses casos a resolução da questão prejudicial se dará, apenas, *incidenter tantum*, na fundamentação da sentença, não sendo – e não podendo ser – alcançada pela autoridade de coisa julgada material.

Do mesmo modo, não haverá coisa julgada material sobre a resolução da questão prejudicial quando no processo houver "limitações à cognição que impeçam o aprofundamento da análise" da matéria. É o que se dá nos casos em que certas matérias não podem ser objeto de apreciação judicial (como, por exemplo, nos processos possessórios, em que não se pode discutir domínio, ou nas causas fundadas em títulos cambiários ou cambiariformes que tenham sido postos em circulação, nas quais não se pode discutir a relação jurídica subjacente ao título de crédito). Nessas hipóteses também fica excluída a formação da coisa julgada material sobre o quanto se afirme acerca da questão prejudicial.

O que se extrai disso tudo é que a partir do novo Código de Processo Civil se inaugurará uma nova sistemática para a definição dos limites da coisa julgada, por força da qual o obstáculo a que se torne a discutir o que já foi objeto de pronunciamento resulte do fato de que aquela matéria já tenha sido efetivamente *debatida e decidida*,[15] em processo que tenha observado prévio e efetivo contraditório e se tenha desenvolvido perante juízo competente.

Perceba-se, assim, a diferença entre os limites objetivos da coisa julgada e a "eficácia preclusiva da coisa julgada", a qual é objeto do art. 508 do novo Código (correspondente ao art. 474 do Código de Processo Civil de 1973). Enquanto esta alcança o deduzido e o dedutível, impedindo posteriores discussões

---

15. Aqui há uma evidente aproximação entre o sistema estabelecido pelo novo Código de Processo Civil e a *issue preclusion* do direito processual civil norte-americano. Sobre o ponto, consulte-se Antônio do Passo Cabral, *Coisa julgada e preclusões dinâmicas*. Salvador: JusPodium, 2013, pp. 189 *et seq*, especialmente pp. 193-194.

acerca daquilo que foi discutido e, também, do que *poderia ter sido*, a coisa julgada só alcançará o que *tenha sido efetivamente discutido e decidido*, tanto no que concerne às questões principais do processo como no que diz respeito às prejudiciais de mérito.

A diferença é relevante. Figure-se um exemplo para melhor compreensão: A propõe em face de B demanda para postular a condenação do réu ao cumprimento de certa obrigação de entrega de coisa certa. Este, em sua contestação, alega que o pedido deve ser julgado improcedente por dois fundamentos: (a) houve novação; (b) a coisa pereceu sem culpa do demandado. Após amplo e efetivo contraditório, ambos os fundamentos de defesa são rejeitados e o pedido do autor é julgado procedente. A sentença de mérito, então, transita em julgado. Pois bem: não poderá o demandado, quando da execução da sentença, alegar que antes de ser condenado havia comprado a coisa do demandante, tendo se tornado seu legítimo proprietário, pois esta é matéria de defesa que *poderia ter sido deduzida como defesa no processo de conhecimento*. A vedação ao exame dessa matéria resulta, pois, da eficácia preclusiva da coisa julgada. Não se poderia, porém, afirmar que no caso exista coisa julgada material sobre a titularidade do domínio, pois não houve efetiva discussão, nem se proferiu expressa decisão, acerca do ponto.

Dito de outro modo, não tendo sido preenchidas todas as exigências contidas nos incisos do art. 503, § 1º, do novo Código de Processo Civil, a questão prejudicial não será examinada *principaliter*, não integrará o objeto do processo, só podendo ser enfrentada *incidenter tantum*, na fundamentação do julgado, ficando fora dos limites objetivos da coisa julgada material.

Assim interpretado, o sistema proposto no novo CPC fica, ao menos, imune a críticas mais severas.[16] A única questão que fica no ar, então, é a de se saber se era mesmo conveniente promover-se esta modificação, contrária à tradição do direito processual civil brasileiro. Com o funcionamento do sistema na prática, porém, será possível verificar se daí resultou alguma melhora para o sistema de prestação de justiça civil brasileira. Quem viver, verá!

---

16. Embora não se possa afastar o risco de que surja, em algum caso concreto, discussão sobre se o pronunciamento emanado em processo posterior foi ou não capaz de alcançar a coisa julgada material. Basta figurar a hipótese de uma das partes negar a existência de coisa julgada por não ter havido, no processo anterior, contraditório efetivo, ou se houve ou não alguma limitação à cognição capaz de impedir a formação da coisa julgada sobre a decisão acerca da prejudicial.

CAPÍTULO 13

Coisa julgada nas relações tributárias sucessivas e a mudança do Estado de Direito decorrente do precedente do STF

Antonio Carlos F. de Souza Júnior[1]

SUMÁRIO: 1. INTRODUÇÃO; 2. COISA JULGADA NAS RELAÇÕES JURÍDICAS TRIBUTÁRIAS CONTINUATIVAS; 2.1. ENUNCIADO Nº 239 DA SÚMULA DO SUPREMO TRIBUNAL FEDERAL; 3. A DECISÃO DO STF COMO MUDANÇA DO ESTADO DE DIREITO; 4. AÇÃO DE MODIFICAÇÃO PREVISTA NO ARTIGO 505, INCISO I, DO CÓDIGO DE PROCESSO CIVIL DE 2015; 5. CONCLUSÃO.

1. INTRODUÇÃO

O tema da coisa julgada nas relações continuativa ou de trato sucessivo, sobretudo na seara tributária, vem despertando, ao longo dos anos, profundos debate na doutrina e nos tribunais superiores. Os pontos centrais da discussão consistem justamente na definição do "estado de direito" como elemento sustador da eficácia futura da sentença, bem como o qual o mecanismo processual para a certificação do estado de direito.

Com a edição, em 16 de março de 2015, da Lei nº 13.105/2015, que dispõe sobre o novo Código de Processo Civil, não houve nenhuma mudança legislativa na questão, haja vista que os dispositivos normativos que tratam do tema, basicamente, possuem a mesma dicção daqueles constantes no Código de Processo Civil de 1973.

No presente trabalho, busca-se, a partir do arcabouço normativo que circunda o regime jurídico da coisa julgada nas relações tributárias sucessivas, verificar se o precedente julgado em plenário pelo Supremo Tribunal Federal

---

1. Mestre em Direito pela Universidade Católica de Pernambuco (UNICAP). Pós-graduação em Direito Tributário pelo IBET/SP. Professor do Curso de Pós-graduação do IBET/IPET em Recife/PE. Advogado. Membro da Associação Norte Nordeste de Professores de Processo – ANNEP.

possui o condão de promover a modificação do estado de fato de sentença anteriormente produzida e transitada em julgado.

Dentro do contexto do tema, investigaremos qual o mecanismo processual previsto na legislação para certificação da mudança de estado de direito, apontando eventuais problemas jurídicos em face do não uso de ações modificatórias.

2. COISA JULGADA NAS RELAÇÕES JURÍDICAS TRIBUTÁRIAS CONTINUATIVAS

A relação jurídica tributária, do ponto de vista temporal, pode ser classificada como: a) instantânea ou estática: é aquela em que o fato jurídico é autônomo e todos os elementos da relação são referentes a um mesmo marco temporal ou; b) continuativa ou de trato sucessivo: na qual o fato jurídico tributário não é autônomo, pois, mesmo que a obrigação tributária seja extinta a cada exercício ou período de apuração, ela será renovada para os períodos subsequentes, enquanto a mesma situação perdurar. Aliás, nos casos de tributos não-cumulativos, as relações tributárias posteriores dependerão dos valores ou fatos estabelecidos anteriormente, funcionando como verdadeira cadeia de fatos jurídicos.[2]

Nas lições de Heleno Tôrres, as "relações tributárias continuativas são aquelas caracterizadas por um estado que se prolonga no tempo, de eventos que tendem a se repetir, numa sucessão de fatos jurídicos tributários. Não decorre de 'estado de sujeição permanente à tributação', mas do encadeamento de fatos jurídicos tributários sucessivos, segundo critérios semelhantes definidos em lei".[3]

Como observa, também, Hugo de Brito Machado, "A relação jurídica *continuativa* é peculiar aos tributos relacionados com ocorrências que se repetem, formando uma atividade mais ou menos duradoura. Por isso mesmo os contribuintes, sujeitos passivos dessa relação, inscrevem-se em cadastro específico, que se faz necessário precisamente em virtude da continuidade dos acontecimentos relevantes do ponto de vista tributário. Na relação jurídica *continuativa*, ou *continuada*, muita vez até a determinação do valor a ser pago pelo contribuinte depende não apenas de um fato tributável, mas do encadeamento dos fatos que a integram, como acontece no Imposto sobre Produtos

---

2. MACHADO, Hugo de Brito. *Mandado de segurança em matéria tributária*. 3.ed. São Paulo: Dialética, 1998.p.168-169.
3. TÔRRES, Heleno Taveira. *O Poder Judiciário e o Processo Tributário: divergência jurisprudencial e coisa julgada nas relações tributárias continuativas*. In: Separação dos poderes e efetividade do sistema tributário. Misabel Abreu Machado Derzi (coordenadora). Belo Horizonte: Del Rey, 2010. p.86.

Industrializados (IPI), e no Imposto sobre Operações Relativas à Circulação de Mercadorias e Prestação de Serviços de Transporte Interestadual e Intermunicipal e de Comunicação (ICMS), tributos ditos *não cumulativos*."[4]

Nesse contexto, podem-se conceituar as relações continuativas ou continuadas como "aquelas situações nas quais a mesma comunicação normativa disciplina sucessivos fatos de um mesmo teor, que passam a ser regidos de acordo com a expectativa estabilizada na decisão (chamada nesses casos de "determinativa")."[5]

Em outras palavras, são diferentes eventos sociais que se adequam a uma mesma hipótese de incidência, possibilitando sucessivas implicações da norma geral e abstrata aos fatos ocorridos e, consequentemente, o surgimento de várias normas individuais e concretas. "Assim, a relação jurídica continuativa pode ser explicada como a incidência sucessiva da mesma norma jurídica e da sua conseqüente aplicação reiterada, envolvendo sempre os mesmos sujeitos ativos e passivos."[6]

Em face da natureza dessas relações no direito material, a legislação processual possibilitou a formulação de pedidos ligados a prestações futuras[7], fazendo com que o comando sentencial projete eficácia para o futuro. Nesses casos, "a sentença contém, explicita ou implicitamente, a cláusula de modificabilidade"[8], ou seja, a decisão será albergada pela coisa julgada material, mas a indiscutibilidade da coisa julgada protege a força declaratória da sentença "apenas enquanto as circunstâncias (fáticas e jurídicas) da causa permanecem as mesmas, inseridas que estão na causa de pedir da ação."[9] É o que dispõe o inciso I do artigo 505 do Código de Processo Civil 2015:

> Art. 505. Nenhum juiz decidirá novamente as questões já decididas relativas à mesma lide, salvo:
>
> I – se, tratando-se de relação jurídica de trato continuado, sobreveio modificação no estado de fato ou de direito, caso em que poderá a parte pedir a revisão do que foi estatuído na sentença;

---

4. MACHADO, Hugo de Brito. Idem. p.169.
5. VALVERDE, Gustavo Sampaio. *Coisa julgada em matéria tributária*. São Paulo: Editora Quartier Latin, 2004. p.140.
6. VALVERDE, Gustavo Sampaio. *Coisa julgada em matéria tributária*. São Paulo: Editora Quartier Latin, 2004. p.141.
7. Código de Processo Civil 2015: "Art. 323. Na ação que tiver por objeto cumprimento de obrigação em prestações sucessivas, essas serão consideradas incluídas no pedido, independentemente de declaração expressa do autor, e serão incluídas na condenação, enquanto durar a obrigação, se o devedor, no curso do processo, deixar de pagá-las ou de consigná-las."
8. PONTES DE MIRANDA, Francisco Cavalcanti. *Comentários ao código de processo civil*: Tomo V. São Paulo. Editora Forense. 1974. p. 192.
9. MARINONI, Luiz Guilherme. *Coisa julgada inconstitucional: a retroatividade da decisão de (in) constitucionalidade do STF sobre coisa julgada: a questão da relativização da coisa julgada*. 2 Ed. São Paulo: Editora Revista dos Tribunais, 2010. p.139.

II – nos demais casos prescritos em lei.

Para Humberto Theodoro Júnior, "(...). O que se modifica, na espécie, não é a sentença, mas a relação jurídica material sobre a qual a força da sentença tem de atuar. Cabe, portanto, a ação de revisão, não porque a sentença se apresenta despida da autoridade da coisa julgada, mas, sim, porque sendo nova a questão em torno da alteração, de fato e de direito, a que se submeteu a relação continuativa, não se acha dita questão dentro daquelas decididas no julgado anterior. Pode a parte suscitá-la e pode o juiz apreciá-la, porque disso não decorre ofensa alguma à intangibilidade do que antes se estatuiu acerca da relação jurídica material nos termos em que se achava ao tempo da primeira sentença."[10]

Deve-se advertir que nem toda relação jurídica tributária continuativa projetará efeitos futuros dentro de uma relação processual. A eficácia futura da sentença dependerá da natureza da demanda posta em juízo, examinada de acordo com a causa de pedir e o pedido deduzido no processo.

O fundamento da decisão, apesar de importante para determinação do seu conteúdo, não produz coisa julgada, de modo que nem sempre a relação continuativa material terá eficácia processual futura, isto é, a relação tributária pode ser materialmente continuativa, mas o debate trazido no processo judicial está limitado a determinado ou determinados fatos jurídicos. O exemplo mais comum é o caso em que o contribuinte ingressa com ação anulatória com escopo de desconstituir determinado lançamento de ICMS ou IRPJ, fundamentado na inconstitucionalidade da lei que instituiu o tributo. Caso a ação seja julgada procedente, nada obstante a fundamentação conter o juízo sobre a constitucionalidade da norma instituidora do tributo, o dispositivo estará restrito aos fatos jurídicos tributários contidos no pedido.

De outro modo, a relação jurídico-tributária continuativa poderá ser deduzida em juízo sob a égide de ações com carga declaratória relevante, como no caso da ação em que se pleiteia a declaração de existência ou inexistência de relação jurídica tributária e nas ações mandamentais preventivas. No caso específico dessas ações, igualmente, os motivos da decisão não integrarão o conteúdo da sentença, mas o exame da constitucionalidade da norma que instituiu determinado tributo poderá resultar na declaração de existência ou inexistência de relação tributária entre o contribuinte e o sujeito ativo. Tal comando judicial, além de produzir eficácia para os fatos pretéritos, projetará efeitos para o futuro.

---

10. THEODORO JÚNIOR, Humberto. *Coisa julgada. Mandado de Segurança. Relação Jurídica Continuativa. Contribuição social. Súmula nº 239 do STF.* In: MARTINS, Ives Gandra da Silva et AL (coord.). Coisa Julgada Tributária. São Paulo: MP Editora, 2005. p.175.

Aliás, a ausência desta necessária distinção ocasionou inúmeras controvérsias no âmbito dos Tribunais Superiores, culminado com a edição do enunciado nº 239 da súmula do Supremo Tribunal Federal, que será analisada a seguir.

2.1. Enunciado nº 239 da Súmula do Supremo Tribunal Federal

A discussão sobre a eficácia da decisão proferida dentro do âmbito de uma relação tributária continuativa surgiu no Supremo Tribunal Federal a partir de um caso envolvendo o Imposto sobre a Renda do período de 1927.

Entrementes, somente com o julgamento do agravo de petição nº 11.227, da relatoria do Ministro Castro Nunes, a discussão ganhou novos contornos que posteriormente foram ratificados pelo enunciado da súmula do tribunal. O precedente foi firmado em uma ação de execução fiscal para cobrança do Imposto sobre a Renda referente ao exercício de 1936. Em sua defesa, a contribuinte argumentou que já havia sido executada anteriormente em relação ao ano-calendário de 1934 e, naquele processo, logrou êxito em afastar a exigência do imposto pelo mesmo motivo da discussão atual. Logo, na visão da executada, seria incabível uma nova cobrança do mesmo tributo em relação aos exercícios subsequentes, pois o fundamento da ação anterior teria feito coisa julgada e deveria ser respeitado pela Fazenda Nacional.[11]

Diante do caso, o plenário do Supremo Tribunal Federal, proferiu decisão no seguinte sentido:

> Ementa: Executivo fiscal - Impôsto de renda sobre juros de apólices - Coisa julgada em matéria fiscal. É admissível em executivo fiscal a defesa fundada em "coisa julgado" para ser apreciada pela sentença final. Não alcança os efeitos da coisa julgada em matéria fiscal, o pronunciamento judicial sobre nulidade do lançamento do impôsto ou da sua prescrição referente a um determinado exercício, que não obsta o procedimento fiscal nos exercícios subseqüentes.[12]

Em 13 de dezembro de 1963, o plenário da Suprema Corte brasileira aprovou o enunciado nº 239 com a seguinte redação: "Decisão que declara indevida a cobrança do imposto em determinado exercício não faz coisa julgada em relação aos posteriores."[13]

---

11. SUPREMO TRIBUNAL FEDERAL. Agravo de Petição nº 11.227. Relator. Min. Castro Nunes. DJ: 10/02/1945. Disponível em: www.stf.jus.br. Acesso em: 28/01/2011.
12. Idem.
13. SUPREMO TRIBUNAL FEDERAL. Enunciado nº 239 da Súmula. DJ: 13/12/1963. Disponível em: www.stf.jus.br. Acesso em: 28/01/2011.

A solução jurídica dada no agravo de petição nº 11.227 é idêntica à defendida no tópico anterior. Repita-se: existem relações jurídicas tributárias de natureza continuativa que, quando deduzidas em juízo, assumem a feição de relações estáticas em função da delimitação estabelecida no pedido da ação. No precedente citado, a relação material, sem dúvida, era de natureza continuativa, visto que a incidência do Imposto sobre a Renda se repetia para os períodos subsequentes, mas os contornos delimitados no processo continham a feição estática, já que se tratava de execução fiscal para cobrança do Imposto sobre a Renda de determinado exercício e, na defesa, apenas se buscou o cancelamento da cobrança.

Por isso, não seria cabível que os motivos da decisão anterior atingissem os demais períodos. Frise-se que, com a edição do Código de Processo Civil de 1973, a solução foi positivada no artigo 469[14] e permanece no artigo 504[15] do Código de Processo Civil de 2015.

O entendimento do Supremo manifestado na súmula, por muitos anos, entretanto, foi objeto de equivocada interpretação por parte dos Tribunais Superiores, especialmente pelo Superior Tribunal de Justiça, que ampliou a hipótese de aplicação da súmula para outras demandas, inclusive aquelas em que a sentença declara a existência ou inexistência da relação jurídica tributária.[16]

Tal entendimento é fruto do desuso de postulado importante da teoria do precedente: a *ratio decidendi* de um precedente deve ser aplicada aos litígios com os mesmos ou semelhantes contornos fáticos. A má aplicação do enunciado nº 239 do STF gerou problemas para os jurisdicionados, pois, diversas sentenças, nas quais a relação jurídica de direito material era de natureza continuativa e o pedido da ação projetava a sua eficácia para o futuro, tiveram a sua eficácia sustada indevidamente com fundamento na orientação construída pela súmula.

Aliás, salienta-se que, desde 14 de agosto de 1981, o Supremo Tribunal Federal limitava o alcance daquele verbete aos exatos termos fáticos para os quais fora construído.

Isto é, a súmula somente se aplica quando a ação, apesar de tratar de direito material com eficácia continuativa, refira-se apenas a determinado

---

14. Art. 469 - Não fazem coisa julgada: I - os motivos, ainda que importantes para determinar o alcance da parte dispositiva da sentença; II - a verdade dos fatos, estabelecida como fundamento da sentença; III - a apreciação da questão prejudicial, decidida incidentemente no processo.
15. Art. 504. Não fazem coisa julgada: I – os motivos, ainda que importantes para determinar o alcance da parte dispositiva da sentença; II – a verdade dos fatos, estabelecida como fundamento da sentença.
16. SUPERIOR TRIBUNAL DE JUSTIÇA. Recurso Especial nº 599.764. Relator Min. Luiz Fux. DJ: 01/07/2004. Disponível em: www.stj.jus.br. Acesso em: 28/01/2011. SUPERIOR TRIBUNAL DE JUSTIÇA. Recurso Especial nº 686.058. Relator Min. Teori Zavascki. DJ: 16/11/2006. Disponível em: www.stj.jus.br. Acesso em: 28/01/2011.

período de apuração ou lançamento. No voto proferido no recurso extraordinário nº 93.048, o Ministro Rafael Mayer criou a distinção entre o plano do direito tributário formal (onde é aplicável o enunciado nº 293) e o plano do direito tributário material. Para o Ministro:

> Esse verbete se situa no plano do direito tributário formal, pois realmente o lançamento de um tributo originante de um crédito exigível num determinado exercício financeiro, não se poderia transpor a condições do débito de um próximo exercício. São novos elementos que igualmente inovam o procedimento tendente à verificação da razão factual da existência da dívida e de seu montante.
>
> Mas se a decisão se coloca no plano da relação de direito tributário material para dizer inexistente a pretensão fiscal do sujeito ativo, por inexistência de fonte legal da relação jurídica que obrigue o sujeito passivo, então não é possível renovar a cada exercício o lançamento e a cobrança do tributo, pois não há precedentes de vinculação substancial.[17]

Somente a partir de 2006, o Superior Tribunal de Justiça modificou a sua jurisprudência para atribuir a necessária delimitação dos casos em que o enunciado pode ser aplicado, conforme se vê no aresto a seguir:

> Ementa: AGRAVO REGIMENTAL EM RECURSO ESPECIAL. EXECUÇÃO FISCAL. EMBARGOS. AÇÃO DECLARATÓRIA DE INEXISTÊNCIA DA RELAÇÃO JURÍDICO-TRIBUTÁRIA. COISA JULGADA. SÚMULA Nº 239/STJ.
>
> 1. É firme a jurisprudência desta Corte no sentido de que, "se a decisão atacar o tributo em seu aspecto material da hipótese de incidência, não há como exigir o seu pagamento sem ofender a coisa julgada, ainda que para exercícios posteriores e com fundamento em lei diversa que tenha alterado somente aspectos quantitativos da hipótese de incidência." (AgRg REsp nº 839.049/MG, Relator Ministro Mauro Campbell Marques, in DJe 27/5/2009).
>
> 2. Agravo regimental improvido.[18]

Portanto, o enunciado nº 239 do STF se aplica exclusivamente aos casos em que o pedido deduzido no processo se refira a determinado ou determinados períodos de apuração. Em contrapartida, para que o comando sentencial

---

17. SUPREMO TRIBUNAL FEDERAL. Recurso Extraordinário nº 93.048. Relator Min. Rafael Mayer. DJ: 14/08/1981. Disponível em: www.stf.jus.br. Acesso em: 28/01/2011.
18. SUPERIOR TRIBUNAL DE JUSTIÇA. Recurso Especial nº 1.185.360. Relator Min. Hamilton Carvalhido. DJ: 02/12/2010. Disponível em: www.stj.jus.br. Acesso em: 28/01/2011. No mesmo sentido: SUPERIOR TRIBUNAL DE JUSTIÇA. Recurso Especial nº 1.194.372. Relator Min. Hamilton Carvalhido. DJ: 16/12/2010. Disponível em: www.stj.jus.br. Acesso em: 28/01/2011; SUPERIOR TRIBUNAL DE JUSTIÇA. Recurso Especial nº 731.250. Relator Min. Eliana Calmon. DJ: 30/04/2007. Disponível em: www.stj.jus.br. Acesso em: 28/01/2011.

projete a sua eficácia para o futuro, deve-se conjugar uma relação material de natureza continuativa com relação processual que contenha pleitos que alcancem fatos futuros, como o pedido de existência ou inexistência de relação jurídica tributária.

3. A DECISÃO DO STF COMO MUDANÇA DO ESTADO DE DIREITO

A decisão plenária do STF pode ser considerada uma mudança de estado de direito?

Para José Souto Maior Borges a resposta seria afirmativa, pois, segundo ele, "O Supremo Tribunal Federal não é órgão consultivo ou opinativo. É órgão de produção do direito: a sua decisão introduz norma individual, se controle difuso se trata, como na hipótese". Houve, portanto, no plano dessas normas individuais, nítida alteração no antecedente estado de direito. É o quanto será necessário para consistentemente invocar o CPC-2015, art. 505 (...) [19]

Em sentido contrário, Gustavo Valverde argumenta: "Os programas jurídicos vigentes à época em que a decisão transitada em julgado foi proferida continuam vigentes sem qualquer alteração. Não há introdução de uma comunicação nova no sistema jurídico. Vale dizer, a lei sempre existiu e pôde ser aplicada, em face do princípio da presunção de validade dos atos legislativos. A declaração do Supremo Tribunal Federal apenas agrega certeza a essa situação, vinculando as manifestações das demais instâncias judiciais. Porém, não há nesses casos, a alteração do "estado de direito" a que se refere o artigo [505], inciso I, do Código de Processo Civil [de 2015], sendo incabível a propositura de ação revisional."[20]

A questão por muitos debatida traz consigo outra indagação: o Poder Judiciário cria direito? Advirta-se, de logo, que o corte metodológico dado ao presente trabalho não permite divagar sobre as diversas correntes e a evolução do debate acerca da atividade criativa do juiz, tanto na óptica da filosofia do direito, da hermenêutica jurídica quanto da ciência do direito. Porém, para que não surjam dúvidas a respeito da opção adotada, faz-se uma breve exposição dela.

Ricardo Guastini, no festejado "das fontes às normas", identificou que a função criativa do Poder Judiciário pode ser entendida em quatro sentidos diferentes: a) No primeiro sentido, a decisão seria criação de direito quando possuísse eficácia normativa para todos os sujeitos, independentemente de

---

19. BORGES, José Souto Maior. *Limites constitucionais e infraconstitucionais da coisa julgada tributária*. In: Revista dos Tribunais: Cadernos Tributários nº 27, abril/junho 1999. p. 190.
20. VALVERDE, Gustavo Sampaio. *Coisa julgada em matéria tributária*. São Paulo: Editora Quartier Latin, 2004. p.235.

figurarem no processo; b) No segundo sentido, dado que o sistema é constituído por normas gerais e individuais, a decisão judicial seria um caso típico de norma individual e, portanto, criadora de direito; c) Numa terceira acepção, a criação se daria porque a interpretação não é uma atividade cognoscitiva de normas preexistentes, mas sim uma atividade redutora das formulações possíveis e; c) Por fim, o quarto sentido, se dá quando a atividade judicante não encontra normas preexistentes e é obrigada a preencher a lacuna.[21]

Para o autor italiano, contudo, apenas a última acepção pede ser considerada como ato criativo em sentido estrito, pois não houve aplicação de nenhuma norma preexistente, ao passo que, nos demais casos, a atividade criativa é integrada à aplicação de norma preexistente.[22]

Partindo da classificação proposta pelo autor, mas, desde já, aderindo-se à ampliação do conceito proposta por Misabel Abreu Machado Derzi[23], entende-se que se confere eficácia criadora estrita à decisão quando dotada de eficácia normativa para todos os sujeitos, independentemente de figurarem no processo.

Assim, a partir da análise da eficácia normativa das decisões, formulam-se as seguintes conclusões acerca da decisão plenária do Supremo Tribunal Federal:

A decisão, quando proferida pelo plenário do Supremo Tribunal Federal sobre a constitucionalidade ou inconstitucionalidade de determinada norma, primeiramente assume papel de eleger, dentro de um campo semântico e normativo de alternativas possíveis, o sentido da norma constitucional em relação à compatibilidade da lei com o sistema.

A partir daí, esse processo comparativo de aferição da validade da norma deve ser formulado de acordo com a construção eleita, o que resulta no fechamento do campo das alternativas até então possíveis dentro do sistema. Num segundo momento, a eficácia do fechamento mencionado irradia-se para todos, fazendo com que a alternativa ou sentido criado na decisão seja vinculativa em relação aos demais que estejam na mesma situação e, por fim, caso seja proferida em controle difuso, produzirá comando normativo dirigido às partes envolvidas no processo.

Em outros termos, são elucidativas as lições de Misabel Abreu Machado Derzi: "(...) a partir do momento em que o Poder Judiciário se firma em umas

---

21. GUASTINI, Ricardo. *Das fontes às normas.* Trad. Edson Bini. São Paulo: Quartier Latin, 2005. p.215-226
22. Idem.
23. Cf. DERZI, Misabel Abreu Machado. *Modificação da jurisprudência no direito tributário.* São Paulo: Noeses, 2009. pp. 60-193.

das alternativas possíveis criando a norma específica e determinada do caso, e repetível para o mesmo grupo de casos, norma cabível dentro da norma legal [ou princípio constitucional], ele fecha as demais alternativas - antes possíveis. As demais alternativas já não são mais disponíveis, sustentamos, exatamente porque foram afastadas pelo Poder Judiciário, em entendimento consolidado. Desde o momento de tal fechamento, o espaço, discricionariamente deixado pelo legislador e dotado de uma cadeia de signos e significados inúmeros, concretiza-se e fixa em certo sentido único, criando-se verdadeira expectativa normativa de comportamento para todos, integrantes do mesmo grupo de casos. (...)"[24]

Tomando por base as características da decisão e sua eficácia nas relações tributárias, conclui-se que a decisão plenária do STF irradia-se por todo o sistema, gerando modificação no arcabouço normativo até então presente.

Logo, da mesma forma que a alteração legislativa inova no mundo jurídico, permitindo que haja a sustação da eficácia futura da sentença qualificada pela coisa julgada individual, a decisão plenária do STF assume a condição de ato criador do direito, dada sua eficácia vinculativa para as relações tributárias, constituindo também uma alteração no quadro anterior de expectativa normativa, capaz de limitar ou expurgar possibilidades admitidas anteriormente.

Com isso, entende-se que tanto a alteração legislativa quanto a decisão proferida pelo plenário do Supremo Tribunal Federal podem ser caracterizadas como mudança de estado de direito, pois "nosso sistema jurídico conhece e lida com a sentença como fonte de criação do Direito, ou seja, de expectativas normativas" [25].

Neste prisma, a modificação da expectativa normativa preexistente, já estabilizada pela coisa julgada individual, entra em rota de colisão com a nova expectativa gerada pela decisão do Supremo Tribunal Federal. Mas a colisão é apenas aparente, pois, as duas normas conviverão no sistema, já que a norma-decisão proferida pelo STF, que alterou o quadro normativo anterior, apenas susta a eficácia futura da sentença, v. g., somente gera efeitos *ex nunc*.

De acordo com Helenilson Cunha Pontes, "A posterior pronuncia de constitucionalidade pelo Supremo Tribunal Federal em sentido contrário à coisa julgada individual, fundada em inconstitucionalidade da mesma norma, não retira a validade do comando consubstanciado na decisão judicial individual, mas subtrai-lhe a eficácia para reger os fatos posteriores à pronuncia de

---

24. DERZI, Misabel Abreu Machado. *Modificação da jurisprudência no direito tributário*. São Paulo: Noeses, 2009. p.188.
25. DERZI, Misabel Abreu Machado. Op. Cit. p.312.

constitucionalidade. A mudança de qualificação normativa ocorre no plano da eficácia e não no da validade. A norma jurídica individual e concreta continua válida para reger os atos jurídicos praticados sob a sua égide, mas perde autoridade normativa (na dimensão da eficácia) para continuar regulando no futuro os efeitos jurídicos daqueles fatos, caso eles venham a se repetir."[26]

Desse modo, mesmo que se entenda que a decisão do STF não possua a eficácia de produzir nova norma, ainda assim é possível qualificá-la como uma alteração superveniente que possuiria o mesmo efeito de uma alteração normativa, como expõe Luiz Guilherme Marinoni: "(...) a declaração de inconstitucionalidade não tem o efeito de retroagir sobre a coisa julgada. Não obstante, a declaração de inconstitucionalidade embora não atinja a coisa julgada, limita a sua eficácia temporal. A declaração de inconstitucionalidade pode ser vista como uma circunstância superveniente, tal como uma nova norma. Assim, pode permitir ao vencido na ação anterior – em que a inconstitucionalidade não foi reconhecida – alegar, por exemplo, a declaração de inconstitucionalidade do tributo (...). Isto significa que uma circunstância nova é um evento capaz de interferir sobre a relação continuativa e não sobre a essência da coisa julgada. Na verdade, ao interferir sobre a relação material continuativa, a circunstância nova limita, por conseqüência, a eficácia temporal da coisa julgada."[27]

No mesmo sentido, Heleno Taveira Tôrres adverte sobre as diferentes eficácias da coisa julgada e sua regulação. São elas: "a) *coisa julgada garantidora de fatos* (oponível *ad praeteritum*), cuja imutabilidade deve ser garantida como efeito de direito fundamental; e b) *coisa julgada garantidora de direito 'in abstracto'* (futuro), para a qual a teoria da jurisdição constitucional una ou princípio da unicidade do sistema constitucional (para evitar privilégios, garantir equilíbrio de concorrência etc), impõe seu necessário controle".[28]

Portanto, tanto do ponto de vista da mudança das expectativas normativas que lastreiam o sistema jurídico e vinculam as decisões, quanto da mudança superveniente das circunstâncias que embasaram a decisão anterior, a decisão plenária do STF, dada sua vinculação para as questões tributárias, enquadra-se verdadeiramente como modificação do estado de direito capaz de possibilitar a propositura da ação de modificação prevista no artigo 505, inciso I, do Código de Processo Civil de 2015.

---

26. PONTES, Helenilson Cunha. *Coisa julgada tributária e inconstitucionalidade*. São Paulo: Dialética, 2005. p. 168.
27. MARINONI, Luiz Guilherme. *Coisa julgada inconstitucional: a retroatividade da decisão de (in) constitucionalidade do STF sobre coisa julgada: a questão da relativização da coisa julgada*. 2 ed. São Paulo: Editora Revista dos Tribunais, 2010. p.154/156.
28. TÔRRES, Heleno Taveira. *O Poder Judiciário e o Processo Tributário: divergência jurisprudencial e coisa julgada nas relações tributárias continuativas*. In: Separação dos poderes e efetividade do sistema tributário. Misabel Abreu Machado Derzi (coordenadora). Belo Horizonte: Del Rey, 2010. p.92.

4. AÇÃO DE MODIFICAÇÃO PREVISTA NO ARTIGO 505, INCISO I, DO CÓDIGO DE PROCESSO CIVIL DE 2015

Como visto anteriormente, a eficácia temporal da sentença que regula a relação jurídica tributária de natureza continuativa pode ser limitada ou sustada em função da superveniente alteração das circunstâncias fáticas ou jurídicas que nortearam a lide. No direito positivo brasileiro, esta situação está prevista no inciso I do artigo 505 do Código de Processo Civil de 2015.

Apesar da clareza do dispositivo legal, todavia, não há consenso, entre os aplicadores do direito sobre de que forma a eficácia da sentença será limitada ou sustada. No direito civil, a doutrina atribuiu à ação que busca reformular a eficácia futura de uma sentença de alimentos a denominação de revisional. No direito tributário, o tema, talvez em virtude de outras divergências a respeito à coisa julgada tributária, não suscitou maiores debates na doutrina.

Essa ausência de posições doutrinárias consolidadas vem despertando o surgimento de posicionamentos jurisprudenciais controvertidos no Poder Judiciário e no próprio âmbito da Administração Pública Federal. Há posicionamentos que aceitam que a ação (ou pelo menos o pedido) de modificação ocorra nos próprios autos da ação anterior.[29] Outros, mais radicais, defendem que a alteração superveniente, por si só, possui o condão de sustar ou limitar os efeitos futuros da decisão.[30]

Contudo o que vem prevalecendo no âmbito dos tribunais é a necessidade de ajuizamento de ação autônoma para que o Poder Judiciário possa aferir se há ou não causa superveniente que justifique a sustação da eficácia futura da sentença, isto é, a ação material de modificação surge desde a ocorrência do fato modificador, mas a sustação só terá eficácia plena após a certificação dada pelo Poder Judiciário. Isto é, "A lei processual não fulmina automaticamente a validade da decisão transitada em julgado nem admite que os órgãos do sistema o façam de ofício, como pretendem os defensores da 'relativização da coisa julgada'". Em qualquer caso, será sempre no âmbito de um novo procedimento que se verificará a efetiva ocorrência da alteração fático-jurídica, constituindo-se essa outra verdade formal que irá embasar uma nova decisão sobre a matéria.[31]

---

29. SUPERIOR TRIBUNAL DE JUSTIÇA. Recurso Especial nº 651.260. Relator Min. Gilson Dipp. DJ: 29/05/2006. Disponível em: www.stj.jus.br. Acesso em: 28/01/2011. "O art. 471, inciso I do Código de Processo Civil permite o rejulgamento da lide nos mesmos autos, se se tratar de relação jurídica continuada - como na hipótese dos autores - e houver sido modificado o estado de direito - no caso, a liminar na ADIN nº 1.434 proferida pelo Supremo Tribunal Federal, em face do novo regime jurídico instituído pela Constituição Paulista."
30. CONSELHO ADMINISTRATIVO DE RECURSOS FISCAIS. Acórdão nº 108- 09512. Relator Cândido Rodrigues Neuber. Sessão: 08/11/2007. Disponível em: www.carf.fazenda.gov.br. Acesso em: 08/01/2011.
31. VALVERDE, Gustavo Sampaio. *Coisa julgada em matéria tributária*. São Paulo: Editora Quartier Latin, 2004. p.238.

Pontes de Miranda elaborou consistente estudo sobre o tema[32], no qual identifica, na doutrina estrangeira, várias posições quanto à natureza desta ação. Aqui destacamos: a) limitação da eficácia executiva do primeiro julgado; b) espécie impugnativa de ação transitada em julgado (espécie de ação rescisória), todas, segundo o autor, equivocadas e inaplicáveis para nosso sistema jurídico.[33]

O jurista alagoano ensina que a ação de modificação não possui o escopo de atacar a decisão proferida anteriormente, pois não se busca discutir a existência ou validade do comando judicial anterior, mas tão-somente "à interpretação, ou versão, da sua eficácia. Houve modificação essencial e imprevista das circunstâncias que formaram os pressupostos para a condenação quanto ao futuro, a determinação do importe no futuro e a duração da prestação no futuro."[34]

Com isso, a ação de modificação assume a feição mandamental contra a eficácia futura da sentença, não podendo ser confundida com a ação rescisória de caráter constitutivo. Incorreto, igualmente, é a atribuição de caráter revisional à referida ação.

Quanto à eficácia, diferentemente da ação rescisória que possui eficácia *ex tunc* ou retrospectiva, a ação de modificação possui eficácia *ex nunc* ou prospectiva e somente atinge os fatos ocorridos após a modificação.[35]

No direito tributário, o debate se torna mais complexo, haja vista que, para o sujeito ativo exercer o seu direito de cobrar o cumprimento da obrigação tributária, se faz necessária a constituição do crédito tributário (= pretensão a cobrança) mediante lançamento tributário.

Porém, a decisão judicial transitada em julgado, também possui o efeito de extinguir o crédito tributário, nos termos do inciso X do artigo 156 do Código Tributário Nacional, motivo pelo qual, enquanto não afastada a eficácia da sentença, o Fisco estará impedido de promover a cobrança do crédito.

Entende-se que, desde a ocorrência fática ou jurídica da modificação, a eficácia futura da sentença é abalada, entretanto, apenas com a certificação judicial da ocorrência da modificação o Fisco estará autorizado a realizar a cobrança do crédito tributário.

Destarte, enquanto a suspensão ou modificação da eficácia futura da sentença não for certificada pelo Poder Judiciário, o Fisco não poderá promover a cobrança do crédito.

---

32. PONTES DE MIRANDA, Francisco Cavalcanti. *Comentários ao código de processo civil*: Tomo V. São Paulo. Editora Forense. 1974. p.194-202.
33. Idem. p.195-196.
34. Idem. p.199.
35. Idem. p.200-201.

A necessidade de ajuizamento de ação de modificação para o reconhecimento da mudança do estado de fato ou de direito, não implica defesa de que a ocorrência da modificação operar-se-á com a decisão judicial. Muito pelo contrário, a mudança de estado de fato ou de direito ocorrida por alteração legislativa e/ou decisão vinculante do Supremo Tribunal Federal ocorrerá desde o fato legislativo ou jurisprudencial, mas somente produzirá efeitos a partir do reconhecimento jurisdicional que contém no seu pronunciamento eficácia retroativa desde a ocorrência do fato.

Isto é, uma coisa é a ocorrência da modificação fática, que se dá a partir da publicação da decisão do Supremo Tribunal Federal, e a outra é a produção de eficácia daquela decisão no caso concreto que depende de certificação jurisdicional.

A norma jurídica que estabeleceu a necessidade do ajuizamento de ação de modificação não possui o escopo formalista. Sua função é, justamente, garantir a segurança jurídica das relações, conciliando a imperatividade da coisa julgada com os seus efeitos futuros por meio de decisão judicial e a necessidade de certificação judicial dos fatos modificativos da sua eficácia.

A justificativa para inserção de tal regra no sistema privilegia a necessidade das normas gerais ou individuais permanecerem imperativas até que sejam retiradas do mundo jurídico ou sustadas pelo órgão competente que, no caso, é o Poder Judiciário. A justificativa para tal opção é que os fatos jurídicos, para serem aplicados, dependem da atividade cognitiva das autoridades competentes, eleitas dentro do sistema de direito positivo, o que demanda um conhecimento específico para o fato.

Para contextualizar o exposto, utiliza-se um exemplo bastante conhecido para demonstrar que a exigência da ação de modificação não é um mero "capricho" do legislador, mas sim um importante mecanismo de garantia da segurança da ordem jurídica e a imperatividade da decisão judicial transitada em julgado.

Eis o exemplo:

A partir da edição das Leis nº 7.856/89 e 8.034/90, a LC 70/91 e as Leis 8.383/91 e 8.541/92 que modificaram as alíquotas e base de cálculo da Contribuição Social sobre o Lucro Líquido, a Fazenda Nacional encampou tese jurídica no sentido que a edição das mencionadas normas mudou o estado de direito das decisões anteriores transitadas em julgadas que reconheceram a não incidência da CSLL em virtude da inconstitucionalidade da norma instituidora da contribuição.

Porém, levada a demanda ao Poder Judiciário, órgão que, nos termos do art. 505 do CPC-2015, possui competência exclusiva para apreciar a ocorrência ou não da modificação da relação transitada em julgada, houve o reconhecimento expresso de que as leis posteriores não alteraram a relação jurídica original e, portanto, não modificaram o estado de direito.

Assim, a exigência da ação de modificação, como elemento integrativo para o reconhecimento da mudança de estado de fato ou direito das decisões judiciais transitadas em julgado, é instrumento fundamental para preservar a autoridade da coisa julgada nas relações de trato sucessivo. Caso contrário, toda decisão judicial transitada em julgado poderia ser descumprida sob o pretexto de que houve uma modificação da situação de fato ou de direito.

Cabe aqui uma analogia com o problema da inconstitucionalidade das leis. Uma lei inconstitucional é viciada desde sua produção, ou seja, a invalidade deve ser reconhecida na origem por qualquer integrante do sistema. Mas, por questão de segurança jurídica e para preservar a imperatividade das normas, o ordenamento jurídico brasileiro atribuiu a competência para análise da inconstitucionalidade a alguns órgãos.

O raciocínio empregado deve ser integralmente transportado para a questão da ação de modificação. Em tese, o sistema jurídico poderia atribuir a qualquer um a competência para o reconhecimento da modificação do estado de fato ou de direito da relação jurídica albergada por decisão transitada em julgado. No entanto, por questão de segurança jurídica e para preservar a imperatividade da coisa julgada, preferiu atribuir a competência exclusiva para o Poder Judiciário.

Desta feita, o ajuizamento da ação de modificação é imprescindível para que haja a suspensão da eficácia futura de uma sentença que trate de relação de continuada ou sucessiva.

5. CONCLUSÃO

Considerando as premissas construídas no presente estudo, conclui-se que o ordenamento jurídico brasileiro, ao menos no que se refere à relação tributária, atribui um caráter vinculativo às decisões plenárias do Supremo Tribunal Federal. Tal caráter constitui verdadeira alteração do arcabouço normativo prévio, pois insere uma nova expectativa normativa que deve ser obedecida pela administração pública e pelos contribuintes. O modelo processual civil brasileiro permite a formulação de pedidos com eficácia futura dentro das relações continuativas ou sucessivas, mas igualmente assevera que a eficácia futura da sentença, ainda que atingida pela coisa julgada, possa ser sustada em virtude de alteração de fato e de direito ocorrida supervenientemente. Para tanto, basta o interessado lançar mão da ação de modificação que possui o caráter mandamental e atinge os efeitos futuros da sentença a partir da ocorrência do ato modificativo.

A necessidade de ajuizamento da ação de modificação está prevista no nosso ordenamento jurídico e se justifica em função de um órgão judicial já ter emitido um pronunciamento sobre uma questão, isto é, ter certificado a existência de determinada situação jurídica. Dessa forma, qualquer modificação do estado de fato ou de direito que norteou a decisão anterior deve ser atestada pelo órgão jurisdicional que prolatou a primeira decisão, emitindo-se uma contra-ordem para que aquela sentença não produza eficácia futura.

CAPÍTULO 14
Coisa Julgada e o Momento de sua Configuração

Gelson Amaro de Souza[1]

SUMÁRIO: INTRODUÇÃO; 1. CONCEITO DE COISA JULGADA.; 2. NORMA DO ART. 467, DO CPC. ; 3. SENTENÇAS QUE NÃO PASSAM FORMALMENTE EM JULGADO; 3.1. DEPENDENTE DE REMESSA NECESSÁRIA; 3.2. RECURSO CONHECIDO; 4. SENTENÇAS QUE NÃO PASSAM MATERIALMENTE EM JULGADO; 4.1. SENTENÇA INCONSTITUCIONAL; 4.2. FALTA DE CONDIÇÕES DA AÇÃO ; 4.3. FALTA DE PRESSUPOSTO PROCESSUAL; 4.4. SENTENÇA DE IMPROCEDÊNCIA; 4.4.1. IMPROCEDÊNCIA POR FALTA DE PROVA; 4.5. PROCESSOS CONEXOS; 5. IMPOSSIBILIDADE DE RECURSO E A MODIFICAÇÃO DO JULGADO; 5.1. PRECLUSÃO CONSUMATIVA ; 5.2. PRECLUSÃO TEMPORAL ; 5.3. REMESSA NECESSÁRIA ; 5.4. RECURSO COM EFEITO TRANSLATIVO; 6. MOMENTO DO TRÂNSITO EM JULGADO; 6.1. IMPOSSIBILIDADE DE COISA JULGADA SOMENTE PARA UMA DAS PARTES; 7. O SISTEMA PROCESSUAL BRASILEIRO; BIBLIOGRAFIA

INTRODUÇÃO

Um dos assuntos mais relevantes do processo civil é o relacionado à coisa julgada, que ainda provoca divergências nas hastes judiciais. A relevância se apresenta quando se busca descobrir o que é coisa julgada e quando esta se dá no tempo. Saber o que foi ou não julgado em determinado processo é da mais alta importância para se estabelecer os limites objetivos da coisa julgada. Não menos importante é a descoberta do momento em que se dá a coisa julgada. O primeiro aspecto já foi bem esclarecido pela doutrina; mas o segundo, ou seja, o momento em que se caracteriza a coisa julgada, ainda não está bem esclarecido. A doutrina, de uma maneira geral, se preocupa em seguir literalmente a letra da Lei (art. 467, do CPC), afirmando que se dá a coisa julgada quando não mais for possível a interposição de recurso contra a sentença. Mas, a doutrina tradicional, seguindo as pegadas da lei afirma que a coisa julgada, quando não mais for possível a interposição de recurso, mas, não esclarece se essa impossibilidade de se

---

1. Doutor em Direito Processual Civil pela PUC/SP. Membro do Instituto Panamericano de Derecho Procesal. Laureado com a Comenda Luciano Pinheiro de Souza do I Congresso de Direito Internacional de Direito Processual Civil. Professor concursado para os cursos de graduação e pós graduação em direito da Universidade Estadual do Norte do Paraná – UENP (Campus de Jacarezinho), ex-diretor e atual professor da Faculdade de Direito da Associação Educacional Toledo - AET de Presidente Prudente-SP. Ex professor da ITE/Bauru; Fadap/Tupã; Fai/Adamantina. Procurador do Estado (aposentado) e advogado em Presidente Prudente – SP, E-mail: advgelson@yahoo.com.br. – Site: www.gelsonamaro.com

recorrer se refere ao julgamento (decisão, sentença ou acórdão) ou se está se referindo ao não cabimento mais de recurso dentro do processo.

Neste pequeno ensaio, procurar-se-á analisar a questão sob o ponto de vista lógico-sistemático, no sentido de melhor esclarecer o momento em que se dá a coisa julgada e, com isso, facilitar a compreensão deste instituto, bem como dos demais institutos a ela conexo, tais como a ação rescisória e o prazo para a sua propositura.

O momento que se firma a coisa julgada é extremamente importante, não só para efeitos de execução ou cumprimento do julgado, para o início do prazo para a ação rescisória, mas, também e mais importante ainda para delimitar até que momento a lei nova poderá atingir aquela situação, pois, se já houver coisa julgada, a nova lei não incidirá em face da irretroatividade assegurada na Constituição da República (art. 5º, XXXVI).

1. CONCEITO DE COISA JULGADA.

Pode-se dizer que a coisa julgada advém daquilo que foi julgado. Somente aquilo que foi julgado[2] é que pode ser qualificado como coisa julgada. Essa operação parece simples e essa simplicidade aparente, pode iludir o intérprete. Falar que é coisa julgada, aquilo que foi julgado, é de uma simplicidade enganadora. É certo que o que foi julgado é caso julgado, mas isso não quer dizer que já é coisa julgada para os efeitos jurídicos.

Para os efeitos jurídicos não basta somente que a questão ou o caso tenha sido julgado. Só o julgamento do caso ou da questão não perfaz a figura enigmática da coisa julgada para os efeitos jurídicos. Para a configuração do caso julgado, mais do que o simples julgamento, exige-se, que as conclusões deste julgamento não mais possam ser modificadas por outro pronunciamento no mesmo processo. Enquanto a questão estiver aberta, as conclusões do julgado podem ser alteradas por pronunciamento posterior, não se podendo, até aí, falar-se em coisa julgada.

Coisa julgada, que na mais fiel terminologia da língua portuguesa deveria ser chamada de caso julgado[3], é aquele julgamento definitivo, cujas conclusões não serão abaladas por outro julgamento similar no mesmo processo[4].

---

2. Só o que constar no dispositivo da sentença ou do acórdão é que será alcançado pela coisa julgada. Os fatos, a verdade dos fatos e os fundamentos não fazem coisa julgada, ainda que importantes para direcionar a decisão. (art. 469, I, II e III, do CPC).
3. "No entanto, o Direito português utiliza a expressão **"caso julgado"** para se referir à coisa julgada. SOARES, Carlos Henrique. *Coisa julgada Constitucional*, p. 90.Coimbra-Portugal. Almedina, 2009.
4. Ressalva-se aqui, o caso da ação rescisória prevista no art. 485, do CPC de 1973.

Enquanto o processo não for finalizado ele fica sujeito a novos provimentos e, com isso, haverá a possibilidade de modificação do que foi julgado, não se podendo falar de coisa julgada.

Por isso, é que se sustenta a impossibilidade de decisão interlocutória fazer caso julgado ou coisa julgada, porque neste caso, o processo continua em aberto e sujeito á novas decisões, sendo que estas podem modificar o que antes fora decidido, por se tratar de provimento não definitivo[5].

Conforme ensina ALMEIDA JUNIOR[6], a coisa julgada decorre de uma sentença proferida pelo Poder Judiciário, da qual não cabe mais recurso. Essa afirmação é indicativa de que ela necessariamente recai sobre sentença ou acórdão, não comportando, pensar em coisa julgada de decisão interlocutória[7].

O artigo 467 do Código de Processo Civil, afirma que a coisa julgada advém de sentença quando esta não mais estiver sujeita a recurso algum. Parece que a norma quis que a coisa julgada fosse restrita à sentença ou a acórdão, não alcançando a decisão interlocutória ou incidental, porque estas não encerram o processo[8] e, por isso, sempre estão sujeitas à modificação.

A coisa julgada tal qual está colocada na redação do artigo 467, do CPC, é a chamada coisa julgada formal, sendo equivocada a referência à coisa julgada "material" constante da referida norma. Só a sentença e o acórdão ficam sujeitos à coisa julgada material, quando julgarem o mérito da causa e no processo não houver mais possibilidade de alteração com ou sem recurso. A decisão interlocutória ou incidental, seja ela proferida em primeiro grau ou em grau superior, não tem o condão de atingir a coisa julgada, senão apenas sujeita à preclusão recursal, quando não for mais possível a interposição de recurso[9].

---

5. No Supremo Tribunal Federal, há julgado neste sentido: "RECURSO EXTRAORDINÁRIO. DECISÃO INTERLOCUTÓRIA. RETENÇÃO. Consoante dispõe o § 3º do art. 542 do Código de Processo Civil, tratando-se de extraordinário interposto contra decisão interlocutória, ou seja, pronunciamento que não se mostra definitivo – deixando, assim, de por termo ao processo, com ou sem julgamento -, o recurso há de ficar retido, pouco importando a origem da decisão proferida". STF. AI-AgR 513.242-1; SP. Rel. Min. Marco Aurélio; DJE 02/05/2008, p. 110. Revista Magister de Direito Civil e Processo Civil, v. 24, p. 111. Porto Alegre: Magister, maio/junho, 2008.
6. ALMEIDA JUNIOR, Jesualdo Eduardo. O controle da Coisa Julgada Inconstitucional. p. 51. Porto Alegre-RS: Sergio Antonio Fabris Editor –SAFE, 2006.
7. "Pela redação do Código de Processo Civil, a coisa julgada atinge apenas as sentenças, e por extensão óbvia, os acórdãos. As decisões interlocutórias e os despachos não se sujeitam ao fenômeno, ficando a mercê da preclusão processual". ALMEIDA JUNIOR, obra citada, p. 54.
8. A questão do encerramento do processo é motivo de cerrada divergência na doutrina. Esta questão foi analisada mais detalhadamente em nosso estudo Sentença – Em Busca de uma Definição (Coautoria com Gelson Amaro de Souza Filho), Repertório IOB, v. III, nº 5, 2009. 1ª quinzena, março, 2009; Revista Jurídica, v. 376, pp. 19:42. Porto Alegre-RS, fevereiro, 2009. Referindo-se ao encerramento do processo o STJ assim decidiu: "1. Os honorários advocatícios são obrigação financeira da parte que litiga em juízo e é fixado pelo juiz apenas quando há o encerramento do processo". STJ-REsp. 1.019.953-MG (2007/0309880-2), j. 05-04-2011, DJe 12.4.2011, publicado na Revista Dialética de Direito Processual, v. 99, p. 211, de junho, de 2011.
9. Diferentemente, pensa MOURÃO, Luiz Eduardo Ribeiro, para quem decisões interlocutórias também podem ser acobertadas pela coisa julgada. Coisa julgada, p. 279.

O conceito de coisa julgada está estritamente relacionado ao *status* de imutabilidade do julgamento. Enquanto o julgado puder ser modificado, seja por recurso direto, seja por via indireta, como no caso de remessa necessária (art. 475 do CPC), ou ainda quando no processo há recurso que conduza os efeitos, devolutivo, translativo e extensivo[10], não se tem ainda a coisa julgada.

Mesmo quando da sentença em si, não caiba mais recurso, mas se o processo ainda não foi extinto e nele existir recurso que carrega o efeito devolutivo, translativo ou extensivo, não se pode dizer que existe coisa julgada. Diz-se que a sentença ou o acórdão atinge a coisa julgada, no momento em que eles não mais poderão ser modificados por recurso seja ordinário ou excepcional[11]. Mas, deve-se acrescentar também, a remessa necessária prevista no art. 475, do CPC. A remessa necessária enquanto não apreciada pelo tribunal impede a formação de coisa julgada, muito embora da sentença não caiba mais recurso.

A coisa julgada é conhecida como a qualidade que torna a sentença imutável (coisa julgada formal) ou a imutabilidade de seus efeitos matrizes (coisa julgada material)[12]. Não se trata de um efeito direto da sentença, mas de uma qualidade que, após ser incorporada à sentença, produz indiretamente os efeitos da imutabilidade. Em princípio, a coisa julgada é a qualidade que se agrega ao julgado não mais sujeito aos efeitos de qualquer recurso e da remessa necessária, quando se torna imutável, nada importando para essa imutabilidade se foi ou não julgado o mérito.

Mesmo não podendo mais ser a sentença atacada via recurso em razão da preclusão consumativa e nem modificada por efeito de outro recurso já interposto (apelação já interposta) ou, ainda, sujeita a interposição de outros recursos, tais como, nos casos de recurso especial, extraordinário, embargos de divergência ou da remessa necessária, ainda assim, não se estabelece a coisa julgada, porque o comando decisório, ainda pode ser modificado. A coisa julgada somente se instala a partir do momento em que o comando da sentença não mais possa ser modificado.

---

10. "1. As matérias de ordem pública, ainda que desprovidas de prequestionamento, podem ser analisadas excepcionalmente em sede de recurso especial, cujo conhecimento se deu por outros fundamentos, à luz do efeito translativo dos recursos. Precedentes do STJ. REsp. 801.154/TO, DJ 21.05.2008; REsp. 911.520/SP, DJ. 30.04.2008; REsp. 869.534/SP, DJ. 10-12-2007; REsp 660.519/CE, DJ 07-11-2005.
11. Essa imutabilidade está relacionada estritamente ao cabimento ou existência de recurso pendente. Enquanto existir recurso cabível, é possível a modificação em razão deste. Não cabendo mais recurso, instala-se a coisa julgada e, de regra, a sentença se torna imodificável. Mas essa imutabilidade se liga à noção de inexistência de recurso, mas não impede que a sentença seja excepcionalmente modificada pela via da ação rescisória (art. 485, do CPC), da ação anulatória (art. 486, do CPC) ou mesmo de simples correção de inexatidão material ou retificação de erro de cálculo (art. 463, I, do CPC).
12. Confira com maior amplitude nossa tese de doutorado que foi publicada com o título: *Efeitos da sentença que julga os embargos à execução*, p. 37. São Paulo: Academia Brasileira de Direito -MP – Editora, 2007.

2. NORMA DO ART. 467, DO CPC.

A norma do artigo 467 do CPC, que tem merecido críticas por se referir à coisa julgada material[13], quando em verdade, está cuidando da coisa julgada formal. Todavia, tal dispositivo, não se ressente apenas desta impropriedade. A norma ao dizer que se dá a coisa julgada quando a sentença não estiver mais sujeita a recurso, também está se ressentindo de impropriedade. A sentença pode não mais estar sujeita a recurso, mas pode estar ainda sujeita à modificação. O que fixa a coisa julgada é a imutabilidade e não a simples ausência de recurso.

Não é a impossibilidade pura e simples de recurso, que inviabiliza a modificação ou alteração do julgamento. O julgamento não se estabiliza e nem se torna imutável pelo simples fato de que contra ele não mais possa ser proposto recurso. O julgado pode ser modificado mesmo quando contra ele não caiba mais recurso, basta que aconteça qualquer causa ensejadora desta modificação. Melhor seria se o Código dissesse que se dá a coisa julgada quando o julgado não puder ser modificado por ausência de recurso ou remessa necessária sujeitos à apreciação no processo em que foi proferido.

Não é a ausência de recurso contra determinado julgado ou a impossibilidade de se propor novos recursos contra aquele julgado que o qualifica de caso julgado. A impossibilidade de se propor recurso contra o julgado pode se dar por diversas causas preclusivas. A mais conhecida causa de preclusão é a temporal, quando a parte deixa passar o tempo sem a prática do ato; outra forma preclusiva é a incompatibilidade na prática do ato caracterizado pela preclusão lógica, como no caso de aceitação do julgado (art. 503, do CPC); a outra forma de preclusão é a consumativa, aquela que indica a consumação do ato quando já praticado anteriormente, seja por inteiro ou por parte (art. 303, do CPC). No caso de recurso, se a parte já recorreu do julgado, não pode ela voltar-se e interpor novo recurso ou querer complementar aquele já interposto, em face do princípio da singularidade recursal. Mas, não é essa impossibilidade, pura e simples, que vai tornar imutável o julgado.

A norma do artigo 467 do CPC, peca pela dicção apresentada, pois, mesmo não sendo mais possível a interposição de recurso contra o julgado, este não fica, só por isso, imune à modificação, como será visto a seguir. Como adverte TESHEINER[14], toda sentença produz coisa julgada formal, desde o momento em que se torna irrecorrível. Contudo, nem toda sentença produz coisa julgada material.

---

13. Thereza Alvim observa: "Ante o exposto, o art. 467, ao dizer que a coisa julgada material é a eficácia que torna imutável a sentença, está tecnicamente errado, tendo em vista a posição de Liebman, assemelhando-se à posição de Chiovenda". *Questões prévias e os limites da coisa julgada*, p. 89.
14. TESHEINER, José Maria. *Eficácia da sentença e coisa julgada no processo civil*. p. 73. São Paulo: RT. 2001.

3. SENTENÇAS QUE NÃO PASSAM FORMALMENTE EM JULGADO

Nada obstante a norma do artigo 467 do CPC falar em coisa julgada da sentença que não estiver mais sujeita a recurso algum, ainda é de se ver, que apenas uma parte das sentenças atinge essa qualidade. Muitas sentenças jamais transitam em julgado.

Ao que se pensa a maioria das sentenças não passam em julgado, muito embora em relação a elas não caiba mais recurso algum. Isto se dá em razão de várias circunstâncias, mas, que nem sempre são anotadas pela doutrina especializada. A seguir, expor-se-ão alguns casos de sentença que jamais passam em julgado, seja formalmente ou materialmente.

3.1. Dependente de remessa necessária

Entre outras sentenças que jamais transitam em julgado, está a que depende de remessa necessária, como são os casos descritos no art. 475 do CPC. A norma do artigo 475 do CPC impõe a remessa necessária nos casos ali descritos, o que importa dizer que a sentença não pode passar em julgado, devendo, antes disto, sempre ser submetida ao crivo do Tribunal competente. Sendo necessária a reapreciação pelo Tribunal, a sentença será sempre substituída pelo acórdão, deixando assim de existir (art. 512, do CPC)[15]. Com a substituição pelo acórdão, a sentença deixa de existir[16], desaparecendo antes de adquirir a qualidade de coisa julgada[17].

Uma vez ocorrida substituição pelo acórdão, a sentença desaparece e, quem transitará em julgado será o acórdão e não mais a sentença[18]. Daí resulta

---

15. "Quando, ao contrário, órgão ad quem efetivamente acaba por proceder a novo julgamento, a decisão recorrida não chega jamais a adquirir a estabilidade característica da coisa julgada, nem portanto, a eficácia definitiva que pendia de condição legal suspensiva, exatamente por que essa condição falta". BARBOSA MOREIRA, José Carlos. Comentários ao CPC, vol. V, p. 379, nº 212. Rio de Janeiro: Forense, 1976.
16. "O ato impugnado desapareceu, substituído pelo subseqüente". ARAKEN DE ASSIS, Manual dos recursos, p. 261. "Nada obstante a falta de coincidência, há substituição: o acórdão ocupará o lugar da sentença de primeiro grau". ARAKEN DE ASSIS, Manual dos recursos, p. 262. "Todos os efeitos que eventualmente se produzem, escapando da suspensão, já defluem do provimento substituto, e não do substituído". ARAKEN DE ASSIS, Manual dos recursos, p. 264. São Paulo: Revista dos Tribunais, 2ª ed. 2008.
17. "Ainda que a decisão recursal negue provimento ao recurso, ou, na linguagem inexata mas corrente "confirme" a decisão recorrida, existe o efeito substitutivo, de sorte que o que passa a valer e ter eficácia é a decisão substitutiva e não a decisão confirmada". NERY JUNIOR, Nelson. Princípios fundamentais – teoria geral dos recursos, p. 416. São Paulo: RT, 4ª ed. 1997.
18. "Por isso, se ainda for admissível algum recurso subseqüente ao que foi julgado, ele será um recurso contra o acórdão e não contra a sentença (ou seja, contra o ato superior e não contra o inferior). Se nenhum recurso se interpuser, o acórdão virá a ser imunizado pela preclusão e eventualmente até pela coisa julgada material (se se houver pronunciado sobre o meritum causae – e não o ato decisório inferior, já previamente retirado do mundo jurídico pelo julgamento superior. A extinção do processo será nesse caso obra do acórdão e não da sentença recorrida. Eventual ação rescisória poderá ser admitida contra

que dá sentença (que deixou de existir) não cabe mais recurso, mas nem por isso, há coisa julgada, visto que a parte interessada poderá recorrer do acórdão[19], o que demonstra a inexistência de coisa julgada. Enquanto for possível algum recurso no processo e, mesmo por outra forma, for possível a modificação do julgado, não se pode falar em existência de coisa julgada.

A coisa julgada somente poderá existir quando não mais for possível a modificação do julgado no mesmo processo. Enquanto for possível, em tese, a modificação no mesmo processo daquilo que foi julgado não haverá coisa julgada.

3.2. Recurso conhecido

O sistema processual pátrio albergou o princípio da substituição do primeiro julgado pelo segundo[20] em qualquer grau, de forma tal, que o primeiro julgado desaparece e é substituído pelo segundo que prevalece[21], conforme se vê da norma do artigo 512 do CPC[22].

Neste diapasão o julgamento anterior não passa em julgado[23], sendo que esta qualidade fica reservada ao julgamento do último recurso ou da remessa

---

aquele e não contra esta, contando-se depois da prolação do acórdão o prazo para propô-la etc", DINAMARCO, Cândido Rangel. in Aspectos polêmicos e atuais dos recursos cíveis e assuntos afins, v. 5, pp. 62-63. Coord de WAMBIER, Teresa Arruda Alvim e NERY JUNIOR, Nelson. São Paulo: RT, 2006.

19. "3. Ainda que não tivesse o autor interposto apelação contra a sentença, isto não importaria em preclusão da faculdade processual de interpor recurso extraordinário para o STF, quando a decisão, em remessa necessária, lhe é desfavorável. De fato, o recurso de ofício, devolvendo à instância superior o conhecimento integral da causa, impede a preclusão do que decidiu a sentença, daí não haver que se falar em falta de interesse processual em recorrer, assim consignei no voto do RE 330.007/RO, da minha relatoria, DJ. De 23-08-2002". STF. AgRg no RE 540.508-7/RJ – 2ª T. j. 11-11-2008 – vu. Rel. Min. Ellen Gracie – Dje 28.11.2008. RT. 881, p. 135-136, março, 2009.

"1. A Corte Especial do Superior Tribunal de Justiça pacificou entendimento no sentido de que a ausência de recurso da Fazenda Pública contra sentença de primeiro grau não impede, em razão da remessa necessária (art. 475 do CPC), que ela recorra do acórdão proferido pelo Tribunal de origem. Não se aplica aos casos da espécie o instituto da preclusão lógica". STJ – ED em REsp 851.704-PR (2011/0037381-2). Rel. Min. João Otávio de Noronha, DJ. 16-03-2011, DJe 22-3-2011. RDDP, v. 99, p. 157.

20. "A `confirmação´ decorrente do desprovimento do recurso, posto que linguagem corrente, não autoriza a suposição de que haja prevalecido, após o julgamento, o ato do juízo *a quo*". ARAKEN DE ASSIS, Manual dos recursos, p. 261. São Paulo: Revista dos Tribunais, 2ª ed. 2008.

21. "A substituição ocorrerá quer seja o recurso provido ou desprovido, mesmo quando a decisão é confirmada, ainda que pelos seus próprios fundamentos, ela desaparece, para dar lugar à decisão proferida no recurso". FERREIRA FILHO, Manoel Caetano. Com. CPC, v. 7, p. 78. São Paulo: RT, 2001.

"Em geral, a decisão inferior, que vem a ser substituída, justamente porque não passará em julgado, era ineficaz. Como o órgão *ad quem* conheceu do recurso, ela jamais alcançará a *auctoritas rei iudicatae*. Transitará em julgado, isso sim, a decisão do órgão *ad quem*". BARBOSA MOREIRA, J.C, Comentários ao CPC, v. V, p. 381. Rio de Janeiro: Forense, 2ª ed. 1976.

22. A sentença somente continua a prevalecer se o recurso não for conhecido. O mesmo acontece com o acórdão recorrido, quando o recurso não for conhecido. Não sendo conhecido o recurso, não haverá substituição. Mas, uma vez conhecido o recurso qualquer que seja a solução – provimento ou improvimento, a substituição ocorrerá e prevalecerá o segundo julgamento e não primeiro.

23. "Da substituição do provimento anterior pelo subseqüente resulta, em primeiro lugar, que só o último transitará em julgado". ARAKEN DE ASSIS, Manual dos recursos, p. 264. São Paulo: Revista dos Tribunais, 2ª ed. 2008.

necessária[24]. Somente o último julgamento é quem passará em julgado e não o primeiro que foi objeto de recurso[25]. Por isso é que, uma vez apreciado o recurso o seu julgamento substituirá o anterior[26], mesmo que o recurso não logre provimento[27]. Assim, provido ou improvido o recurso, o seu julgamento é quem passa a valer e, se for o caso, ele é quem passará em julgado[28].

Neste aspecto é extremamente claro o artigo 512, do CPC, ao adotar o efeito substitutivo do recurso, fazendo com que o julgamento anterior desapareça com o conhecimento do recurso contra ele interposto[29]. Disto resulta uma circunstância interessante, pois, para os casos de ação rescisória[30] ou a

---

24. "Ocorrendo a substituição a decisão inferior não transitará em julgado, pois este será um atributo da decisão do órgão *ad quem*. Logo, todos os efeitos serão emanados da decisão substitutiva e não da substituída". FERREIRA FILHO, Manoel Caetano. *Com. CPC*, v. 7, p. 79. São Paulo: RT, 2001.
"Quando, ao contrário, o órgão *ad quem* efetivamente acaba por proceder a novo julgamento, a decisão recorrida não chega jamais a adquirir a estabilidade característica da coisa julgada, nem portanto a eficácia definitiva que pendia da condição legal suspensiva, exatamente porque essa condição falta". BARBOSA MOREIRA, J.C, Comentários ao CPC, v. V, p. 379. Rio de Janeiro: Forense, 2ª ed. 1976.
"Convém acentuar, por outro lado, que, em tais hipóteses ocorre a substituição quer se dê provimento, que se negue provimento ao recurso. Idem, idem, p. 380.
25. "Por efeito substitutivo deve ser entendida a possibilidade de o recurso, uma vez conhecido, substituir a decisão anterior, a decisão recorrida, independentemente do conteúdo da nova decisão, que julga o recurso. O que deve ser destacado é que a nova decisão que vier a ser proferida e na extensão que seja proferida- põe-se no lugar da decisão recorrida que, por isto mesmo, não mais subsiste". SCARPINELLA BUENO, Cássio. *Efeitos dos recursos in* Aspectos polêmicos e atuais dos recursos cíveis e assuntos afins, v. 10, p. 88. Coord de WAMBIER, Teresa Arruda Alvim e NERY JUNIOR, Nelson. São Paulo: RT, 2006.
26. "Por isso é que, após o julgamento do recurso, o que poderá ter eficácia é o próprio acórdão e não mais a sentença". CHEIM JORGE, Flávio. *Teoria geral dos recursos cíveis*, p. 291. Rio de Janeiro: Forense, 2003.
27. "Convém acentuar por outro lado, que, em tais hipóteses, ocorre a substituição quer se dê provimento, quer se negue provimento ao recurso". BARBOSA MOREIRA, José Carlos. *Comentários ao CPC*, vol. V, p. 380, nº 213. Rio de Janeiro: Forense, 1976.
28. "Ao prover ou improver o recurso interposto com o pedido de que o tribunal inverta o teor do julgamento inferior, fazendo do vencido vencedor e do vencedor, vencido (na causa ou no incidente julgado por decisão interlocutório), o tribunal está cassando a sentença ou decisão porque a retira do mundo jurídico para que não mais produza efeitos". DINAMARCO, Cândido Rangel. *in* Aspectos polêmicos e atuais dos recursos cíveis e assuntos afins, v. 5, p. 62. Coord de WAMBIER, Teresa Arruda Alvim e NERY JUNIOR, Nelson. São Paulo: RT, 2006. Depois, acrescenta: "Por isso, se ainda for admissível algum recurso subseqüente ao que foi julgado, ele será um recurso contra o acórdão e não contra a sentença (ou seja, contra o ato superior e não contra o inferior). Se nenhum recurso se interpuser, o acórdão virá a ser imunizado pela preclusão e eventualmente até pela coisa julgada material (se se houver pronunciado sobre o *meritum causae* - e não o ato decisório inferior, já previamente retirado do mundo jurídico pelo julgamento superior. A extinção do processo será nesse caso obra *do acórdão* e não da sentença recorrida. Eventual ação rescisória poderá ser admitida contra aquele e não contra esta, contando-se depois da prolação do acórdão o prazo para propô-la etc". Idem, idem, pp. 62-63.
29. "O julgamento que se faz em grau de recurso substitui a decisão ou sentença no que dele tiver sido objeto". FIDELIS DOS SANTOS, Ernane. *Manual de Direito de Processual Civil*. v. 1, p. 581. São Paulo: Saraiva, 10ª ed. 2003. O mesmo autor acrescenta: "Para Carnelutti, a sentença impugnada gera efeitos que lhe são próprios. Mas, recorrida, sempre será substituída, de forma que, se reformada, ditos efeitos não apenas se extinguem como também são cancelados. É como se nunca tivesse existido", p. 582.
30. "AÇÃO RESCISÓRIA - IMPOSSIBILIDADE JURÍDICA DO PEDIDO. CONFIGURAÇÃO. SENTENÇA INDICADA COMO RESCINDENDA SUBSTITUIDA POR ACÓRDÃO. SÚMULA 192, III, DESTA CORTE. Esta Corte, na compreensão as Súmula 192, III, firmou entendimento no sentido de que, **em face do disposto no art. 512 do CPC, é juridicamente impossível**

execução do julgado[31], estas recaíram sobre o último acórdão e não mais sobre a sentença ou acórdão anterior[32].

Em face do efeito substitutivo acolhido pelo sistema processual e procedimental pátrio, a sentença submetida à remessa necessária não passa em julgado, nem mesmo formalmente[33]. Já as sentenças que extingue o processo sem julgamento do mérito nos casos previstos nos artigos 267, do CPC, somente passam em julgado se não houver recurso, ou se o recurso, eventualmente interposto não for conhecido. Uma vez conhecida a remessa necessária ou, conhecido o recurso interposto, a sentença desaparece e nem sequer atinge a coisa julgada formal.

4. SENTENÇAS QUE NÃO PASSAM MATERIALMENTE EM JULGADO

Todo julgamento para atingir a qualidade de coisa julgada material, antes tem deve ser agraciado com a coisa julgada formal, mas há julgamentos que jamais atingem a coisa formal. Não havendo coisa julgada formal, como nos casos acima mencionados, jamais se chegará à coisa julgada material. Mas, casos existem em que mesmo atingindo a coisa julgada formal, não se chegam a ser atingido pela coisa julgada material[34], como se verá a seguir.

4.1. Sentença inconstitucional

Tornou-se corrente a expressão "coisa julgada inconstitucional", quando em verdade o que pode ser inconstitucional é o julgado (decisão, sentença ou acórdão)[35], jamais a própria coisa julgada[36]. No entanto, se tal julgamento for

---

o pedido explícito de desconstituição de sentença quando substituída por acórdão Regional. Recursos conhecidos e desprovidos". Proc. RXOF e ROAR 1132000-29.2004.5.02.0000 do TST. SDI-JU do TST, v. 161, abril, 2010.

31. "Assim, os efeitos que se hajam de produzir serão efeitos da decisão de grau superior; esta, e não a outra, por exemplo, é que se executará, se for o caso". BARBOSA MOREIRA, José Carlos. Comentários ao CPC, vol. V, p. 381. "A partir do momento em que esta última transmite em julgado, a execução passará a tê-la por título". BARBOSA MOREIRA, José Carlos. Comentários ao CPC, vol. V, p. 382, nº 215. Rio de Janeiro: Forense, 1976.
32. "De fato, havendo julgamento de mérito do recurso, quem passará a produzir efeitos será propriamente a decisão que julgou o recurso e não a decisão recorrida, em razão da existência da substituição", CHEIM JORGE, Flávio. Teoria geral dos recursos cíveis, p. 305. Rio de Janeiro: Forense, 2003.
33. Assim se pronunciou o Egrégio Supremo Tribunal Federal: "A decisão de Tribunal que conhece da apelação, em sentido amplo, interposta pela defesa, substitui a sentença condenatória". STF. 1ª T. HC. 82.561-3. Rel. Min. Ilmar Galvão, j. 8-4-2003, vu. AASP-jur. de 7 a 13-02-2005, nº 2405, p. 3369.
34. "Toda sentença produz coisa julgada formal, desde o momento em que se torna irrecorrível. Contudo, nem toda sentença produz coisa material". TESHEINER, José Maria. Eficácia da sentença e coisa julgada no processo civil, p. 73. São Paulo: RT. 2001.
35. "Processos ilegítimos e inconstitucionais que levam à formação de uma "sentença inconstitucional" nada mais são que sentenças inexistentes, que não podem autorizar a formação de coisa julgada pelo simples fato de que não transitam em julgado". SOARES, Carlos Henrique. Coisa julgada constitucional. p. 250. Coimbra-Portugal: Almedina, 2009
36. . Sobre este assunto especificamente sobre a chamada coisa inconstitucional, verso nosso "Coisa julgada inconstitucional", em co-autoria com SOUZA FILHO, Gelson Amaro de, in RT v. 893, pp. 9:31, de março de 2010.

inconstitucional por malferir a Constituição da República, ele jamais poderá ser qualificado como coisa julgada[37].

O respeito à Constituição é o requisito maior para a validade e eficácia de qualquer julgamento. O julgamento somente poderá ser considerado legítimo e válido quando estiver de acordo com os princípios constitucionais, entre estes, o da legalidade, o do respeito à dignidade humana, o da proporcionalidade entre outros. Caso contrário o julgamento será inconstitucional e estéril sem possibilidade de gerar o caso julgado[38].

Cuidando da sentença inconstitucional, mas se referindo à coisa julgada inconstitucional, THEODORO JUNIOR e FARIA[39], afirmam: "Dúvida não mais pode subsistir que a coisa julgada inconstitucional não se convalida, sendo nula, portanto, seu reconhecimento independe de ação rescisória e pode se verificar a qualquer tempo e em qualquer processo". Em outra passagem os mesmos autores afirmam que a decisão judicial transitada em julgado desconforme à Constituição padece do vício da inconstitucionalidade que, nos mais diversos ordenamentos jurídicos, lhe impõe a *nulidade*[40].

Proclamando pela nulidade, também aparecem SLAIB FILHO[41], DELGADO[42], NASCIMENTO e PEREIRA JUNIOR[43], WELSCH[44], NASCIMENTO[45], ARMELIN[46], entre outros.

---

37. "No entanto, se a decisão não for gerada democraticamente, essa nunca ficará sob o manto da coisa julgada, pois tal decisão é manifestamente inconstitucional". SOARES, Carlos Henrique. *Coisa julgada constitucional*. p. 21. Coimbra-Portugal: Almedina, 2009.
38. "Decisões judiciais ilegais ou inconstitucionais nunca poderiam ser consideradas válidas diante do ordenamento jurídico e nem necessitariam de anulação, pois, já seriam nulas, por carecer de fundamento de validade, ou seja, vinculação a uma norma hierarquicamente superior". SOARES, Carlos Henrique. *Coisa julgada constitucional*. p. 161. Coimbra-Portugal: Almedina, 2009.
39. THEODORO JUNIOR, Humberto e FARIA, Juliana Cordeiro de. Citados por ALMEIDA JUNIOR, Jesualdo Eduardo, obra citada, p. 196.
40. THEODORO JUNIOR, Humberto e FARIA, Juliana Cordeiro de. *Reflexões sobre o princípio da intangibilidade da coisa julgada e sua relativização*, in Coisa Julgada Inconstitucional, Coord. Carlos Valder do Nascimento e José Augusto Delgado p. 185.
41. SLAIB FILHO, Nagib. *Anotações à Constituição de 1988: Aspectos fundamentais*. p. 87.
42. "3. Em se tratando de sentença nula de pleno direito, o reconhecimento do vício de inconstitucionalidade pode se dar a qualquer tempo e em qualquer procedimento, por ser insanável". DELGADO, José Augusto. *Reflexões contemporâneas sobre a flexibilização, revisão e relativização da coisa julgada quando a sentença fere postulados e princípios explícitos e implícitos da Constituição Federal. Manifestações doutrinárias*. in Coisa julgada inconstitucional, p. 133.
43. NASCIMENTO, Carlos Valder e PEREIRA JUNIOR, Lourival, afirmam: "A coisa julgada não tem o condão de remover essa patologia que a contamina, por improvável possa a qualidade modificar essência de matéria que não é própria, para convalidar ato jurisdicional nulo". *Natureza da coisa julgada: uma abordagem filosófica*, in Coisa Julgada Inconstitucional, p. 53.
44. WELSCH, Gisele Mazzoni. "Não se pode olvidar que a coisa julgada inconstitucional é nula e atacada não por ação rescisória, mas por ação declaratória de nulidade da decisão, a chamada *querela nullitatis*". *A coisa julgada inconstitucional*. Revista Jurídica, v. 364, p. 64, fevereiro, 2008.
45. NASCIMENTO, Carlos Valder. *Coisa julgada inconstitucional*. p. 25. Rio de Janeiro: América Jurídica, 2002.
46. "Realmente, em se tratando de declaração de inconstitucionalidade, as situações constituídas ao amparo da lei declarada inconstitucional por contrariar a Carta Magna carecem totalmente de amparo jurídico,

Como é de notória sabença, a nulidade é o vício da mais alta gravidade e, por isso, jamais se convalida, podendo ser alegada em qualquer época e em qualquer grau de jurisdição e, até mesmo, conhecida de ofício.

Sabe-se que as nulidades processuais de regra, são sanadas com o trânsito em julgado da sentença, quando então se dá a eficácia preclusiva da coisa julgada prevista no art. 474 do CPC. Todavia, por ser caso de nulidade, a inconstitucionalidade do julgamento (decisão, sentença ou acórdão), jamais será afetada pela eficácia preclusiva da coisa julgada, podendo ser alegada a qualquer momento e por qualquer meio, independentemente de qualquer formalidade. Pode ser alegada dentro do próprio processo de execução por petição simples[47].

De outro lado, pela inexistência da sentença inconstitucional aparece DANTAS[48], para quem a coisa julgada inconstitucional é algo que não existe, acrescentando: "em se tratando de coisa julgada inconstitucional, o atentado à Constituição poderá ser invocado a qualquer momento e em qualquer instância ou Tribunal, pois se trata de decisão inexistente"[49]. No mesmo sentido, expressam: ALVIM WAMBIER e MEDINA[50]. Segue-se este entendimento BARROS DIAS[51], para quem, a sentença que afronta um princípio constitucional, deve ser tida como inexistente, por sua incoerência com o ordenamento jurídico

---

na medida em que a lei que lhes serviu de respaldo é reconhecida como nula e, pois, incapaz de produzir efeitos passíveis de subsistência no mundo jurídico". ARMELIN, Donaldo. *Alterações da jurisprudência e seus reflexos nas situações já consolidadas sob o império orientação superada*, in Tendências do moderno processo civil brasileiro, p. 197. Coords. Lucio Delfino, Fernando Rossi, Luiz E.R. Mourão e Ana Paula Chiovitti. Belo Horizonte-Mg: Editora Fórum, 2008.

47. "Em regra, as nulidades dos atos processuais, observa Liebman, 'podem suprir-se ou sanar-se no decorrer do processo'. E, 'ainda que não supridas ou sanadas, normalmente não podem mais ser argüidas depois que a sentença passou em julgado. A coisa julgada funciona como sanatória geral dos vícios do processo.
Há contudo – adverte o processualista – vícios maiores, vícios essenciais, vícios radicais, que sobrevivem à coisa julgada e afetam a sua própria existência. Neste caso a sentença embora se tenha tornado formalmente definitiva, é coisa vã, mera aparência e carece de efeitos no mundo jurídico. Dá-se então a nulidade *ipso iuri*, "tal impede a sentença passar em julgado (Lobão, Segundas Linhas, I, nota 578). É por isso que 'em todo tempo se pode opor contra ela, que é nenhuma" tal se pode também nos embargos à execução".
[...] o caso julgado não cobre o defeito da sentença. O caso julgado não pode ter a virtude milagrosa de dar vida ao nada. Se a sentença não existe juridicamente, não passa a existir pelo fato de ter transitado em julgado... O caso julgado (também) não pode fazer desaparecer a nulidade absoluta. Perante sentença inexistente ou nula a parte interessada pode servir-se de todos os meios tendentes a afastá-la". THEODORO JUNIOR, Humberto. *Nulidade, Inexistência e rescindibilidade da sentença*. REPRO, v. 19, p. 29, julho/setembro, 1980.
48. DANTAS, Ivo. *Coisa julgada inconstitucional: declaração de inexistência*. in Coisa Julgada Inconstitucional. Coords. Carlos Valder do Nascimento e José Augusto Delgado, p. 256.
49. Idem, idem, p. 261.
50. ALVIM WAMBIER, Teresa Arruda e MEDINA, José Miguel Garcia. "Se a sentença é juridicamente inexistente, à execução faltará, *ipso facto*, o título executivo". *Meios de impugnação das decisões transitadas em julgado*. in Coisa julgada inconstitucional, p. 325.
51. Citado por José Augusto Delgado, in *Coisa julgada inconstitucional*. p. 112.

vigente[52]. Também na jurisprudência encontram-se exemplo deste entendimento[53].

Será inconstitucional a sentença que contrariar a norma expressa na Constituição da República, bem como aquela que der interpretação não condizente com mandamentos constitucionais ou ainda aquela que der aplicação ou interpretação de lei ou ato normativo tidas pelo Supremo Tribunal Federal como incompatíveis com a Constituição Federal (art. 475-L, § 1º e 741, parágrafo único, do CPC).

A questão em saber se a sentença inconstitucional é nula ou inexistente, parece não haver maior relevância prática. O que importa é que ela jamais poderá passar em julgado e, por isso, não pode ganhar o selo da imutabilidade que caracteriza a coisa julgada. De qualquer forma, entenda-se pela nulidade ou pela inexistência, o que importa é que a sentença inconstitucional, não produz efeitos, e assim, não pode ser qualificada pela coisa julgada. Portanto, jamais passará em julgado[54].

Por não passar em julgado, esta sentença pode ser objeto de impugnação a qualquer tempo e por qualquer meio, em qualquer grau de jurisdição. ALVIM WAMBIER e MEDINA[55] ensinam: "Na verdade, a inexistência, no processo, e especificamente a inexistência das sentenças, pode ser alegada a *qualquer tempo*, por meio (ou no bojo) de *qualquer ação*, inclusive a ação de execução. Assim nada haverá a 'rescindir', pois sentenças inexistentes não ficam acobertadas pela autoridade da coisa julgada".

No mesmo sentido aponta DELGADO[56], para quem o reconhecimento do vício de inconstitucionalidade pode dar-se a qualquer tempo e em qualquer procedimento, não se exigindo ação própria e nem procedimento predeterminado.

---

52. O Superior Tribunal de Justiça, assim decidiu: "Lei inconstitucional é lei natimorta; não possui qualquer momento de validade. Atos administrativos praticados com base nela devem ser desfeitos, de oficio pela autoridade competente, inibida qualquer alegação de direito adquirido". STJ-EROMS 10527-SC. Rel. Min. Edson Vidigal. J. 03-02-2000 – DJU 08.03.2000, p. 136. Se se considera como lei natimorta, é porque a considera inexistente.
53. "Esta Corte, em diversas oportunidades, assentou que não há coisa julgada quando a sentença contraria abertamente o princípio constitucional da "justa indenização" ou decide em evidente descompasso com dados fáticos da causa (teoria da coisa julgada inconstitucional)". STJ. REsp 1.187.297/RJ (2010/0051391-9), vu, relª. Min. Eliana Calmon. DJe 22.09.2010. RT. 903/208, janeiro, 2011.
54. "Com efeito, "segundo a teoria da relativização da coisa julgada, haverá situações em que a própria sentença, por conter vícios insanáveis, será considerada inexistente juridicamente. Se a sentença sequer existe no mundo jurídico, não poderá ser reconhecida como tal, e, por esse motivo, nunca transitará em julgado. STJ -REsp. 710.599/SP, 1ª T, j. 21.06.2007, rel. Min. Denise Arruda, DJ. 14-02-2008)". STJ-REsp 1.187.297/RJ (2010/0051391-9), 2a t. j. 02.09.2010, vu. Relª. Min. Eliana Calmon – Dje 22.09.2010. RT. 903/216, janeiro, 2011.
55. ALVIM WAMBIER, Teresa Arruda e MEDINA, José Miguel Garcia. Obra citada, p. 323.
56. DELGADO, José Augusto. Obra citada, p. 133.

4.2. Falta de condições da ação

A falta de qualquer das condições da ação, no atual sistema processual pátrio, não permite que se chegue ao julgamento de mérito. Não se podendo chegar ao julgamento de mérito, por via de conseqüência, também não se pode produzir caso julgado material. Dúvida aparece quando ausente qualquer das condições da ação e, mesmo assim, o juiz profere sentença de mérito.

ARRUDA ALVIM, sustenta que nos casos em que falte uma das condições da ação, a sentença e o acórdão não podem fazer coisa julgada[57]. Também BOTELHO DE MESQUITA[58], reconhece a ineficácia da sentença proferida entre partes ilegítimas. Como é caso de ineficácia não pode produzir efeito e nem ser atingida pela coisa julgada. Em sendo assim, não será a ausência de recurso que implicará em coisa julgada. Mesmo quando passada a oportunidade recursal, o julgado no processo em que falte uma das condições da ação, permanecerá sem a coisa julgada. Neste caso não é a ausência de recurso que impulsionará a coisa julgada, pois, tal fenômeno não acontecerá por falta de condições da ação, pois, a ausência das condições da ação impede a formação da coisa julgada.

4.3. Falta de pressuposto processual

Os pressupostos processuais são requisitos que servem para dar regularidade ao processo. Existem pressupostos processuais que provocam apenas irregularidade do processo, como aqueles cuja falta fica sujeita à anulabilidade, não prejudicando a validade ou a existência do processo, casos em que sentença proferida pode passar em julgado.

Todavia, não se pode cogitar de coisa julgada material quando o processo se recente da falta de pressuposto de validade ou de existência. Se faltar pressuposto de validade, o processo não vale; se não vale, não pode produzir efeitos. De outra ótica, se faltar pressuposto de existência, o processo não chega a existir e, por isso, não pode produzir a coisa julgada.

A maioria dos chamados pressupostos processuais, que em alguns casos não têm natureza processual, mas, apenas procedimental[59], a sua ausência em

---

57. "Ausente uma das condições da ação, a sentença não faz coisa julgada material". ARRUDA ALVIM – Exceção de pré-executividade – Falta de condições da ação – sentença de mérito; REPRO, 72, p. 197. No mesmo sentido: "Ausente(s) condição (ões) da ação, não há sentença sob o ponto de vista jurídico, e, portanto, não há trânsito em julgado". GARCIA MEDINA, José Miguel e WAMBIER, Teresa Arruda Alvim. *O dogma da coisa julgada*. p. 208. São Paulo: RT, 2003.
58. "Ineficaz, é a sentença proferida entre ilegítimos contraditores; ou seja, a que foi proferida na ausência de verdadeira parte (CPC art. 56)". BOTELHO DE MESQUITA, José Ignácio. *Coisa julgada*, p. 10. Rio de Janeiro: Forense, 2004.
59. A matéria de competência nada tem a ver com os chamados pressupostos processuais, por se tratar de instituto de natureza procedimental e não processual. Para se dar conta disso, basta verificar que para

boa parte pode ser convalidada[60] e, com isso, alcançada pela eficácia preclusiva da coisa julgada (art. 474, do CPC)[61] e [62]. No entanto, existem pressupostos, cuja ausência implica na invalidade do processo e, por via de conseqüência, também da sentença[63], de tal forma que não se pode pensar em convalidação e nem em eficácia preclusiva da coisa julgada, porque, nem mesmo coisa julgada haverá[64].

Quando se tratar de nulidade absoluta ou de inexistência do processo e da sentença, não poderá haver coisa julgada, pois esta figura processual somente poderá aparecer nos processos regulares e não em processo em que falte algum pressuposto cuja presença é indispensável. Nesta hipótese, não haverá coisa julgada e nem eficácia preclusiva, podendo o vício ser reconhecido a qualquer momento e, em qualquer grau de jurisdição[65].

---

a matéria de processo, só a União pode legislar (art. 22, I, da CF) e a matéria de procedimento pode haver legislação concorrente entre a União, os Estados e o Distrito Federal (art. 24, XI, da CF). Como a competência pode ser legislada concorrentemente entre os três entes mencionados (art. 125, §, 1º, da CF e art. 91 do CPC), isto confirma não ser a competência matéria de processo, senão apenas de procedimento, pois, se de matéria processual se tratasse, só a União poderia legislar, como foi tratado em nosso: *Competência. Natureza jurídica da norma*. Revista de Direito Civil e Processual Civil. v. 38, pp. 56:59 . Porto Alegre-RS. Síntese, novembro-dezembro, 2005.

60. Por exemplo, a ausência do pressuposto procedimental de competência pode ser atingida pela eficácia preclusiva da coisa julgada, por se tratar de matéria apenas rescindível e não de nulidade ou de inexistência, cujo assunto que foi tratado com maiores detalhes em nossos: *Validade da decisão do Juízo incompetente*. Revista Jurídica, vol. 277. Notadez. Porto Alegre: Novembro 2000; *Prorrogação da competência absoluta*. Revista Jurídica v. 292. Porto Alegre: Notadez. Fevereiro/2002. REPRO v. 110, p. 350:358. São Paulo: RT. Abril:junho, 2003; *Dever de declaração da incompetência absoluta e o mito da nulidade de todos os decisórios*. Revista Jurídica, v. 320. pp 22:36. Porto Alegre: Notadez, junho 2004. Revista de direito do trabalho, v. 139, pp. 16:32. Curitiba: Gênesis, julho, 2004 e RNDJ, v. 60, pp 32- 46, dezembro 2004; Revista dos Tribunais, v. 833, p. 82-96. São Paulo, Editora Revista dos Tribunais, março de 2005.
61. Para se falar em eficácia preclusiva da coisa julgada, necessário é verificar se naquele processo é possível haver coisa julgada. Se o julgado jamais poderá passar em julgado, não se pode falar em eficácia de coisa julgada que nem sequer existe.
62. "Presente a coisa julgada, esta prevalece sobre a declaração de incompetência, ainda que absoluta, em observância aos princípios da coisa julgada, segurança jurídica, economia e celeridade processual". STJ - AgRh. CC. 84.977; proc. 2007/0105660-4; RS. 2ª T. rel. Min. Luis Felipe Salomão; DJe 20/11/2009. Revista Magister de Direito Civil e Processo Civil, v. 33, p.146. Porto Alegre-RS, Magister, nov/dez, 2009.
63. "Já a *querela nullitatis* é utilizada para as sentenças que não transitam em julgado pelo simples fato de que nunca existiram, por lhes faltar pressuposto fundamental, qual seja, a legitimidade do processo". SOARES, Carlos Henrique. *Coisa julgada constitucional*. p. 249. Coimbra-Portugal: Almedina, 2009.
64. "Ato eivado de vício que macula a formação da relação processual - Existência de trânsito em julgado que não se verifica". STJ - REsp 695.879/AL, 4ª T, j. 21.09.2010, vu. Rel. Min. Maria Isabel Gallotti, DJe 07.10.2010. RT. 904/225, fevereiro de 2011. No mesmo sentido: RT. 766/196, 647/221; REPRO 129/207 e RDPriv. 26/347.
65. "A nulidade absoluta insanável – por ausência dos pressupostos de existência – é vício que, por sua gravidade, pode ser reconhecido mesmo após o trânsito em julgado, mediante simples ação declaratória de inexistência de relação jurídica (o processo), não sujeita a prazo prescricional ou decadencial e fora das hipóteses taxativas do art. 485, do CPC". STJ. REsp. 1.187.297/RJ (2010/0051391-9). 2ª T. j. 02.09.2010, vu. Relª. Min. Eliana Calmon – DJe 22.09.2010. RT. 903/214, janeiro, 2011.

4.4. Sentença de improcedência

Tornou-se corrente nos meios forenses e acadêmicos, que o julgamento de mérito é sempre aquele que proclama pela procedência ou improcedência. Corrente também é o entendimento de que a sentença que julga improcedente o pedido produz coisa julgada material[66]. Esta afirmação vem de longe e a comunidade a ela não se tem dado maior atenção ao seu significado. A improcedência do pedido apenas representa a sua rejeição. O simples fato de ser o pedido improcedente não quer dizer que a parte não tenha o direito pleiteado. A rejeição do pedido pode se dar por variados motivos, não sendo necessariamente pela a ausência do direito pela parte.

Parece haver chegado o momento de se intentar buscar o verdadeiro significado da palavra "improcedência". Somente em se encontrando o verdadeiro significado desta palavra será possível, avaliar os seus efeitos.[67]

A sentença de improcedência pode sim ser oriunda de julgamento do mérito e produzir coisa julgada material, sempre que, através de provas efetivas, o juiz chegar à conclusão de que o autor não tem direito ao que pede. Mas, em grande maioria dos casos de improcedência o juiz não tem provas suficientes para afirmar ou negar a existência do direito. Neste caso o julgamento não pode ser de mérito e nem fazer coisa julgada material[68].

A sentença de improcedência tem preponderante carga declaratória e, como é por demais sabido, o ato declaratório, nada cria e nada constitui, permanecendo tudo como antes, permanecendo o *status quo ante*. Ora, se nada altera e tudo fica como antes, as partes voltam à situação anterior. Se antes não havia coisa julgada material, por certo continuará não havendo A sentença declaratória de improcedência do pedido, não pode se constituir em coisa julgada, salvo se diante da prova produzida puder afirmar a inexistência do direito.[69]

---

66. "A sentença que julga improcedente ação de conhecimento produz coisa julgada material, ainda que fundada na insuficiência das provas produzidas pelo autor". TESHEINER, José Maria. *Eficácia da sentença e coisa julgada no processo civil*, p. 80. São Paulo: RT, 2001.
67. "Também os juristas não podem se limitar apenas a interpretar as leis. É preciso que se sirvam delas para modificar o mundo e fazer justiça". SILVA, Antonio Álvares. *Um discurso e algumas reflexões sobre a Justiça do Trabalho*. Revista Magister de Direito do Trabalho, nº 41, p. 57, março-abril, 2011.
68. "É que a ação de investigação de paternidade versa sobre direitos indisponíveis e, por tal razão, a improcedência do pedido jamais poderia gerar coisa julgada". GARCIA MEDINA, José Miguel e WAMBIER, Teresa Arruda Alvim. *O dogma da coisa julgada*, p. 195. São Paulo: RT, 2003.
69. "Em casos como este, não há o que transitar em julgado, ou seja, a matéria decidida não é daquelas sobre as quais acaba por pesar autoridade de coisa julgada. Não terá havido atribuição de um bem jurídico a alguém". GARCIA MEDINA, José Miguel e WAMBIER, Teresa Arruda Alvim. *O dogma da coisa julgada*, p. 21. São Paulo: RT, 2003.

Como afirma BOTELHO DE MESQUITA[70], as sentenças de improcedência têm exatamente a virtude de manterem inalterada a situação existente entre as partes, simplesmente conservando o *status quo*. Se a sentença de improcedência conserva o *status quo*, nada altera e, se antes não havia coisa julgada, continua a não haver. Em outro ponto acrescenta BOTELHO DE MESQUITA, "Continua, pois, a situação jurídica em condições de ser alterada pelos efeitos de futura sentença, exatamente como era antes da propositura frustrada da primeira ação"[71].

Quando o juiz julga procedente o pedido feito pela parte, está ele afirmando a existência do direito pleiteado. Diferentemente, ao se pronunciar pela improcedência do pedido, nem sempre estará o juiz afirmando a inexistência do direito em provimento definitivo[72]. Para BOTELHO DE MESQUITA, a sentença de improcedência não produzirá nenhum efeito jurídico, a não ser o de extinguir o processo[73].

O mesmo pensamento é desenvolvido por CRUZ E TUCCI[74], para quem o ato decisório de improcedência dos embargos não produz qualquer efeito confirmatório do título executivo ou do crédito, isto porque, não teria o condão de conferir ao embargado a titularidade de um direito substancial que, na verdade, ele não possui. Em verdade a improcedência dos embargos, não pode afirmar um direito de crédito que o exeqüente não tem[75].

Levando-se em conta que a improcedência nada altera no mundo jurídico, discutível é a presença de coisa julgada, pois esta, apesar de ser uma qualificação que se agrega ao julgamento, esta qualidade quando agregada, modifica o mundo jurídico, fazendo nascer algo até então inexistente. Em se admitindo a presença de coisa julgada no julgamento de improcedência, estar-se-á admitindo que há alteração no mundo jurídico, o que parece pouco provável. Mas, ainda que se admita a coisa julgada no julgamento de improcedência geral, não se pode admitir tal qualificação quando a improcedência é por falta de prova, como se verá a seguir.

---

70. BOTELHO DE MESQUITA, José Ignacio. *Coisa julgada*, pp. 8 e 25. Rio de Janeiro: Forense, 2004.
71. BOTELHO DE MESQUITA, José Ignacio. *Coisa julgada*, p. 16. Rio de Janeiro: Forense, 2004.
72. "Investigação de paternidade. Ação anteriormente ajuizada e julgada improcedente por ausência de provas. Coisa julgada. Inocorrência. Mesmo havendo ação investigatória anteriormente ajuizada e julgada improcedente, verifica-se que a decisão baseou-se na ausência de provas acerca da paternidade do requerido, não se configurando, pois, a coisa julgada. A eficácia da coisa julgada material não pode se sobrepor à busca da verdade real, mormente quando se trata de direito personalíssimo como o da identidade". TJRS. AI. 70022574180. 8ª Câmara. RJTJRGS nº 268, p. 114, agosto, 2008.
73. BOTELHO DE MESQUITA, José Ignacio. *Coisa julgada*, p. 26. Rio de Janeiro: Forense, 2004.
74. CRUZ E TUCCI, José Rogério. *Processo civil – realidade e justiça – 20 anos de vigência do CPC*, pp.46 e 47. São Paulo: Saraiva, 1994.
75. Esta matéria foi tratada com maior amplitude em nosso: *Efeitos da sentença que julga embargos à execução*. São Paulo: MP-Editora, 2007.

4.4.1. Improcedência por falta de prova

A sentença de improcedência por falta de prova não pode produzir a coisa julgada[76], pois, a coisa julgada material somente acontece no julgamento de mérito e sem prova do fato o juiz não pode decidir sobre o mérito, razão bastante para afastar a incidência da coisa julgada material, cuja matéria foi mais amplamente tratada em outro local[77].

A questão da improcedência do pedido por falta de prova, certamente é um dos pontos em que pode haver maior controvérsia, no que se diz respeito à coisa julgada. A improcedência do pedido está apenas afirmando que o autor não demonstrou ter direito ao que pede. Mas, nem sempre o juiz terá elementos para afirmar definitivamente a inexistência do direito, como é o que se dá na falta de prova[78]. Se o juiz não tem prova para afirmar a existência do direito, também não a tem para afirmar a inexistência, razão porque a decisão será necessariamente sem julgamento de mérito[79].

Começa a surgir na jurisprudência pátria, entendimento de que no caso de falta de prova, o caso é de extinção do processo sem julgamento de mérito[80]. Mesmo sem serem expressos a respeito, há outros julgamentos direcionados à sentença que se diz julgar improcedente o pedido por ausência de prova,

---

76. Contra TESHEINER: "A sentença que julga improcedente ação de conhecimento produz coisa julgada material, ainda que fundada na insuficiência das provas produzidas pelo autor". TESHEINER, José Maria. *Eficácia da sentença e coisa julgada no processo civil*. p. 80. São Paulo: RT. 2001. Todavia em outro local afirma: "Se o juiz rejeita pedido de indenização, porque o autor não comprovou a propriedade do veículo danificado em acidente de trânsito, pode o autor propor outra, afirmando-se comodatário que pagou os danos ao comodante", idem, p. 48.
77. SOUZA, Gelson Amaro de. *A falta de prova e a falsa coisa julgada*. Revista Dialética de Direito Processual, v. 93, pp. 36:51. São Paulo: Dialética, dezembro, 2010. Nesta mesma linha encontra-se a doutrina de SAVARIS, José Antonio. *Coisa julgada previdenciária como concretização do Direito Constitucional a um processo justo*. Revista Brasileira de Direito Previdenciário, v. 1. pp. 65:86. Porto Alegre-RS: Lex-Magister, fev/março, 2011.
78. "Nas ações de estado, dentre elas, a ação de investigação de paternidade, não se materializa a coisa julgada, se não restou excluída expressamente a paternidade do investigado, face a insuficiência de prova".TJMS. Ap. 2009.027124-2/0000. 2ª T. rel. Luiz Carlos Santini, vu. DJ 23-09-2010. Revista Juris Plenum, v. 36, p. 157. Caxias do Sul, novembro, 2010.
79. Ver mais amplamente o nosso: *A falta de prova e a falsa coisa julgada*. Revista Dialética de Direito Processual, v. 93. São Paulo: Dialética, dezembro, 2010.
80. "1. Não configura coisa quando o único motivo que ensejou a improcedência da ação anteriormente ajuizada foi a falta de prova, caso em que, segundo entendimento já firmado nesta Corte, cabível é extinção do feito sem julgamento do mérito, pois em direito previdenciário não se admite a preclusão do direito ao benefício". TRF. 4ª Região. Apelação 2007.71.17.001904-3-RS, 6ª Turma. Rel. Des. Fed. João Batista Pinto Silveira, j. 10-08-2010, DEJF 19-08-2010, p. 698. Se assim é, para a questão previdenciária, por lógica deve ser para as demais causas.
No STJ. Há julgamento no mesmo sentido aplicado a outra causa: "1. Não há óbice ao ajuizamento de nova ação, semelhantemente a outra que fora extinta para que se reivindiquem juros compensatórios não concedidos por falta de provas da data em que a ocupação se efetivou. Isso porque, o que ocorreu foi coisa julgada formal, e não material". STJ-REsp. 169.577-SP. (1998/0023483-7). Rel. Min. Castro Meira. J. 05-10-2004. DJ 16/11/2004 (doc. 5031119).

aplicando o entendimento de que o julgamento neste caso é sem mérito[81], afastando esta do alcance da coisa julgada, o que implica, indiretamente, afastar a qualificação de sentença de mérito[82].

A jurisprudência aponta julgamentos repugnando a solução dada como mérito em casos de dúvida a respeito do fato[83]. Existem decisões afastando a coisa julgada, mesmo não se fazendo referência à falta ou insuficiência de prova, em caso de investigação em que não se utilizou do exame de DNA[84]. Há decisão que sem se referir ao afastamento da coisa julgada, afirma a possibilidade da repropositura da ação, o que implicitamente está reconhecendo a inexistência da coisa julgada[85]. Encontra-se ainda, decisão que faz menção à coisa julgada formal e que abriu espaço para a propositura de nova ação[86].

---

81. "Por último, verificamos que, na dinâmica forense, deparamos nos com algumas sentenças de extinção do processo sem julgamento do seu mérito na hipótese de o juiz entender que o processo não reuniu as provas necessárias ao acolhimento das pretensões do autor. Em situações tais, e pela deficiência da prova, entendem certos magistrados que o pronunciamento correspondente deveria ser terminativo, fazendo coisa julgada formal, autorizando-se a repropositura da ação". MONTENEGRO FILHO, Misael. *Curso de processo civil.* v. I, p. 578.
82. "Investigação de paternidade. Ação anteriormente ajuizada e julgada improcedente por ausência de provas. Coisa Julgada Inocorrência. Mesmo havendo ação investigatória anteriormente ajuizada e julgada improcedente, verifica-se que a decisão baseou-se na ausência de provas acerca da paternidade do requerido, não se confundindo, pois, a coisa julgada. A eficácia da coisa julgada material não pode se sobrepor à busca da verdade real, mormente quando se trata de direito personalíssimo como o da identidade. Negado seguimento ao recurso". TJRS – AI. 70022574180. 8ª Câmara. RJTJRGS nº 268, p. 114, de agosto, 2008.
83. "Coisa julgada – Rediscussão – Admissibilidade – Ação de estado – Recurso não provido. Coisa Julgada – Pretensão de rediscutir questão de parentesco já solucionada em processo judicial com trânsito em julgado. Possibilidade – Direito personalíssimo em estudo – Julgamento com resultado baseado na dúvida e que não traz segurança quanto à falta do vínculo genético – Ação de estado que exige a efetiva busca da verdade – Recurso desprovido". AI 308.582-4/5. JTJSP, v. 286, p.319 de março de 2005.
"Renovação da ação – Possibilidade – Julgamento anterior que não reconheceu a exclusão da paternidade pelo sistema HLA – Possibilidade de realização de exame pelo método DNA – Questão de estado de interesse – Recurso não provido". TJSP. AI. 288.887-4/3-00. J. 14-08-2003. JTJSP 272, p. 327, de janeiro, 2004.
84. "INVESTIGAÇÃO DE PATERNIDADE – Existência de anterior investigatória julgada improcedente – Coisa julgada – Não caracterização – Possibilidade de nova avaliação pericial pelo Sistema DNA – Princípio da dignidade humana – Prosseguimento do feito – Recurso provido". TJSP. Ap. 282.782-4/0. j. 25-05-2004. JTJSP 284/110-122, de janeiro de 2005 (Acórdão com vários precedentes). Contra. JTJSP 284/122.
"NEGATÓRIA DE PATERNIDADE – Extinção do processo sem julgamento do mérito – Fundamentação no trânsito em julgado da decisão que reconheceu a paternidade – Inadmissibilidade – Hipótese e que não esgotados todos os meios de prova – Alegação de indução ao erro no reconhecimento – Atenuação da rigidez da coisa julgada – Admissibilidade – prosseguimento do feito – Recurso provido". TJSP. Ap. 330.922-4/4-00. j. 19-05-2005. JTJSP 294/249, de novembro de 2005.
85. "NEGATÓRIA DE PATERNIDADE – Extinção do processo sem julgamento do mérito – Fundamentação no trânsito em julgado da decisão que reconheceu a paternidade – Inadmissibilidade – Hipótese em que não esgotados todos os meios de prova – Alegação de indução ao erro no reconhecimento – Atenuação da rigidez da coisa julgada – Admissibilidade – prosseguimento do feito – Recurso provido". TJSP. Ap. 330.922-4/4-00. j. 19-05-2005. JTJSP 294/249, de novembro de 2005.
86. "Ação de Investigação de Paternidade Cumulada com Anulação de Registro de Nascimento. Imprescritibilidade. Coisa julgada formal. Nova Propositura da demanda. Possibilidade. Recurso Especial não conhecido. STJ. REsp. 456.005, rel. Min. Hélio Guaglia Barbosa. RDDP, v. 57, pp. 178, dez/2007.

Tal posicionamento parece aliar ao de BOTELHO DE MESQUITA[87], para quem só as sentenças que julgam procedente a ação produzem efeitos (condenatórios, constitutivos ou declaratórios), afirmando que o julgamento de improcedência não produz efeito. Ora, se não produz efeito, certamente não será atingido pela coisa julgada.

É de se notar que a sentença de improcedência não altera a situação anterior, fazendo com que tudo permanece como antes. Para BOTELHO DE MESQUITA[88], "as sentenças de improcedência da ação não produzem efeito algum, não geram nenhuma alteração no mundo jurídico; limitam-se a manter o *status quo ante*". Ora, se tudo permanece como antes, logo, volta-se à situação anterior como se a ação não tivesse sido proposta. Nesse caso não se poderá falar em coisa julgada, porque a ação anterior não produziu efeito.

Sendo assim, com a sentença de improcedência em geral, com maior razão haverá de sê-lo em relação à sentença de improcedência por falta de prova, que por ausência de prova não pode analisar os fatos e se não analisa os fatos, não pode ser considerada julgamento de mérito e nem ser qualificada de coisa julgada.

Nesse passo CAMARGO SOBRINHO[89], anota que a sentença que nega a habilitação de herdeiro na forma do artigo 1055 do CPC, por falta de prova dessa qualidade, não transita em julgado e não se reveste da autoridade de coisa julgada com força de impedir a renovação do pedido.

Por fim é de notar que o próprio sistema brasileiro em alguns casos pontuais já acolhe o entendimento esposado, como se nota através da Lei nº 7.347/85, art. 16 (Ação Civil Pública), da Lei nº 4.717/65, art. 18 (Ação Popular), da Lei 7.853/89, art. 4º (Lei de apoio ao deficiente) e da Lei nº 8.078/90, art. 103, I e II (Código do consumidor).

Nestas normas fica bem clara a disposição de que sendo a ação julgada improcedente por falta ou insuficiência de prova, poderá haver a sua

---

87. "[...] só as sentença que julgam procedente a ação produzem efeitos (condenatórios, constitutivo ou declaratórios, embora todas contenham um elemento declaratório". BOTELHO DE MESQUITA, José Ignácio. *Coisa Julgada*, p. 07. "Daí resulta que o julgamento de improcedência de uma ação declaratória negativa não produz o efeito de uma sentença declaratória positiva a favor do réu". Idem, p. 83.
88. BOTELHO DE MESQUITA, José Ignácio. "As sentenças de improcedência da ação não produz efeito algum, não gerando nenhuma alteração no mundo jurídico; limitam-se a manter o *status quo ante*". Obra citada, p. 25.
89. "A sentença é de natureza declaratória. Apenas declara que o habilitado é sucessor ou substituto do falecido. O recurso cabível é a apelação, com os efeitos suspensivo e devolutivo. **A sentença que nega a habilitação, por falta de prova dessa qualidade, não transita em julgado**, ou, pedlo menos, não se reveste da autoridade da coisa julgada com força de impedir a renovação do pleito". CAMARGO SOBRINHO, Mário de. *Procedimentos especiais*, pp. 182-183. Campinas: CS-Edições, 2003. Co-edição: Lex Editora S.A.

repropositura o que evidencia a inexistência de julgamento de mérito, bem como, a ausência de coisa julgada material, pois, se coisa julgada material existisse a ação não mais poderia ser reproposta.

4.5. Processos conexos

Nos processos conexos pode acontecer de haver uma só sentença para todos os processos, sendo que o recurso em um processo impede a coisa julgada nos outros não recorridos. Basta a parte propor recurso em relação a um processo, que se apresenta o efeito obstativo da coisa julgada, também para o outro processo[90]. Nesse caso, a interposição de recurso em um processo, impede que no outro surja a coisa julgada.

5. IMPOSSIBILIDADE DE RECURSO E A MODIFICAÇÃO DO JULGADO

A modificação do que foi julgado não fica afastada pela simples impossibilidade de propositura de recurso contra a decisão proferida. Tantos são os motivos que impedem a formação da coisa julgada, mesmo sem a interposição de recurso. SAVARIS[91] proclama que não se pode supervalorizar a coisa julgada, a ponto de considerá-la presente mesmo diante de vícios processuais.

Existem casos, em que nem recurso é cabível, e nem por isso, a decisão se torna imutável como acontece na Justiça do Trabalho, nos Juizados Especiais e nas demais legislações que não permitem recursos das decisões interlocutórias, servindo de exemplos os casos do art. 527, II e III e parágrafo único, do CPC. Excepcionalmente também aparecem sentenças que não permitem a interposição de recurso, como é o caso da sentença em procedimento de justificação que não comporta defesa e nem recurso (Art. 865, do CPC).

Mesmo nos casos de julgamentos finais, como sentença ou acórdão, ainda quando ultrapassada a oportunidade recursal, casos existem e, são vários, em que a modificação do julgado é possível. Vejam-se alguns:

---

90. "Não ocorre o trânsito em julgado de matérias oriundas de processos conexos que foram apreciados em sentença única, uma vez que a parte pode interpor apenas um recurso abrangendo todas as ações. Preliminar rejeitada". TJES Ap. Civ. 024950024166-3ª C. DJES de 30-01-2006. Rev. Jurídica, v. 340, p. 146, fev/2006.
91. "Reconhecer o papel fundamental a coisa julgada não conduz, todavia, à idéia de que a decisão judicial contra a qual não cabe mais recurso seja imutável independentemente das nulidades processuais que concorreram para a sua formação ou do inequívoco e inescondível erro *in judicando* que se manifesta". SAVARIS, José Antonio. *Coisa julgada previdenciária como concretização do Direito Constitucional a um processo justo*. Revista Brasileira de Direito Previdenciário, v. 1. p. 75. Porto Alegre-RS: Lex-Magister, fev/março, 2011.

5.1. Preclusão consumativa

Pode ocorrer preclusão consumativa, circunstância em que a parte não mais poderá interpor recurso da sentença ou acórdão, mas mesmo assim, ainda não haverá coisa julgada. Isto se dá nos casos em que a parte interpõe um recurso, com isso fica fechada as portas para outro recurso da mesma decisão, pois, uma vez interposto um recurso pela parte, esta não poderá apresentar outro, contra a mesma decisão em face do princípio da unirecorribilidade ou da unicidade recursal[92]. Neste caso, nenhum outro recurso é cabível e, nem por isso, se dá a coisa julgada.

Este é exemplo, em que a parte já recorreu e, em razão do princípio da singularidade recursal[93], não mais poderá recorrer daquele julgado. Nesse caso, não mais cabe recurso novo contra a decisão[94], mas esta ainda permanece sujeita à modificação pelo recurso anteriormente interposto. O julgamento não comporta mais recurso, mas, por força daquele anteriormente interposto, fica sujeito à modificação, não sendo ainda caso de coisa julgada.

5.2. Preclusão temporal

Neste caso se a parte não recorrer e passado o prazo previsto em lei, dá-se a preclusão recursal e a parte não mais poderá recorrer. Mas isso não é ainda o suficiente para se falar em caso julgado. Isto porque, se a parte contrária recorreu, apesar de não mais caber recurso contra o julgado, o recurso interposto pelo adversário impede a formação de coisa julgada e a decisão poderá ser modificada. Em outros termos, a decisão não mais poderá ser atacada por recurso algum, mas o anteriormente interposto devolve ao Tribunal o julgamento da causa e, esse novo julgamento poderá modificar o que foi julgado, por isto, impede a formação da coisa julgada. Além do mais, se o Tribunal julga o recurso interposto por uma das partes, esse julgamento substitui o anterior

---

92. "1. Interpôs dois recursos pela mesma parte contra a mesma decisão, não se conhece daquele apresentado em segundo lugar, por força do princípio da unirecorribilidade e em razão da preclusão consumativa". STJ. EDcl-Ag. 1365788/RS.4ª T. rel. Min. João Otávio de Noronha, j. 14.04.2001, DJe 04-05-2011. RJ. 403, p. 200, maio, 2011.
93. "RECURSO – Tutela antecipada concedida na sentença – Interposição de agravo de instrumento – Inadmissibilidade – Interposição de dois recursos – Inadmissibilidade – Princípio da singularidade recursal – Sentença apelável – Decisão interlocutória agravável – Despachos irrecorríveis – A apelação é o recurso cabível contra sentença em que foi concedida a antecipação de tutela – Recurso não conhecido, com observação". TJSP- AI. 7.235.026-4, j. 13-05-2008, rel. Des. Álvaro Torres Junior. JTJSP-Lex v. 327, p.151, agosto 2008.
94. Neste sentido decidiu o STJ ressaltando que não é admitida a interposição simultânea de dois recursos especiais pela mesma parte, contra uma mesma decisão, em face do princípio unirecorribilidade, também chamado de singularidade ou unicidade recursal. REsp. 799.490, j. 25-05-2011, rel. Min. Og Fernandes. Extraído do site www.editoramagister,com, visitado em 25-05-2011.

na forma do artigo 512, do CPC, fazendo com que, o que passa em julgado será o acórdão e não mais a sentença.

5.3. Remessa necessária

A remessa necessária autoriza a modificação do julgado mesmo sem qualquer recurso. Neste caso a ausência de recurso não implica, só por isso, em coisa julgada (art. 475, do CPC). A lei chega até mesmo ao exagero de dizer que a sentença neste caso não produz efeito enquanto não reapreciada pelo tribunal[95]. Mesmo sem recurso não se pode falar em coisa julgada, enquanto não houver a apreciação pelo tribunal. Mas o tribunal ao conhecer da remessa necessária substitui a sentença (art. 512, do CPC), não chegando esta a passar em julgado.[96] Ao apreciar a remessa necessária o Tribunal poderá modificar o julgado ou manter o mesmo conteúdo, mas de qualquer forma estará substituindo a sentença que deixa de existir e jamais passará em julgado. Nesse caso o que passa em julgado é o acórdão e não mais a sentença.

Sendo caso de remessa necessária (art. 475 do CPC), ainda que o juiz não a determine ou se, por qualquer outro motivo, não ocorrer a remessa, também a sentença jamais passará em julgado, independentemente de não haver recurso. Portanto, não é a ausência de recurso quem vai necessariamente qualificar a sentença ou acórdão em coisa julgada.

5.4. Recurso com efeito translativo

A coisa julgada somente poderá ocorrer com o último julgamento, quando então se encerra o processo. Enquanto no processo pender algum recurso, todo e qualquer provimento poderá ser desfeito ou modificado, ainda que contra ele não haja recurso específico. Isto se dá, porque algum processo traz em seu bojo questão de ordem pública, que pode ser apreciada a qualquer momento e, até mesmo de ofício, em face do efeito translativo do recurso ou da remessa necessária.

---

95. Sobre os efeitos da sentença sujeita a recurso ou à remessa necessária ver nosso *Eficácia da sentença e o efeito suspensivo do recurso*. RDDP, V. 80, pp. 61-70, novembro, 2009.
96. REMESSA NECESSÁRIA – Recurso de ofício – Preclusão – Inocorrência – Devolução à instância superior do conhecimento integral da causa. "3. Ainda que não tivesse o autor interposto apelação contra a sentença, isto não importaria em preclusão da faculdade processual de interpor recurso extraordinário para o STF, quando a decisão, em remessa necessária, lhe é desfavorável. De fato, o recurso de ofício, devolvendo à instância superior o conhecimento integral da causa, impede a preclusão do que decidiu a sentença, daí não haver que se falar em falta de interesse processual em recorrer, assim consignei no voto do RE 330.007/RO, da minha relatoria, DJ. De 23-08-2002". STF. AgRg no RE 540.508-7/RJ – 2ª T. j. 11-11-2008 – vu. Rel. Min. Ellen Gracie – Dje 28.11.2008. RT. 881, p. 135-136, março, 2009.

O efeito translativo corresponde a possibilidade de o tribunal poder conhecer matérias de ordem pública, mesmo que não tenha sido objeto de exame anterior e não sendo objeto de recurso específico. Basta que exista algum recurso sobre qualquer outro ponto do julgamento que o impeça de passar em julgado, para abrir oportunidade ao tribunal de conhecer outras questões de ordem pública não recorrida, por força do efeito translativo do recurso interposto[97].

Mesmo havendo a figura da preclusão em relação ao recurso de determinada parte, mas se outro recurso for interposto pela mesma ou outra parte, tudo que antes fora julgado poderá ser alterado por força do recurso que conduza o efeito translativo. Exemplo disto pode ser encontrado para o caso em que o Tribunal depare com a falta de condição da ação ou de pressuposto processual de validade ou de inexistência do processo[98].

6. MOMENTO DO TRÂNSITO EM JULGADO

É de notório conhecimento de que grassa séria divergência sob qual o momento em que ocorre a coisa julgada. Há quem entenda que no mesmo processo podem haver várias coisas julgadas, com o entendimento por vezes de que as decisões interlocutórias passam em julgado, ou que a coisa julgada pode ser progressiva ou por capítulo[99]. Não parece ser este o melhor entendimento, porque se o mesmo processo pudesse ter várias coisas julgadas, poderia ser atacado por várias ações rescisórias, o que o bom senso parece abominar[100]. O que se apresenta como correto é que somente pode passar

---

97. RIOS GONÇALVES, Marcus Vinicius, ao tratar do efeito translativo assevera: "Consiste na possibilidade de o tribunal conhecer de matérias de ordem pública, que não sejam objeto do recurso, nem tenham sido examinadas pela primeira instância. Não de confunde com o efeito devolutivo, que restitui ao tribunal o exame daquilo que foi objeto do recurso". RIOS GONÇALVES, Marcus Vinicius. Novo curso de direito processual civil, v. 2, p. 88. São Paulo: Saraiva, 4ª ed. 2008.
98. "1. As matérias de ordem pública, ainda que desprovidas de prequestionamento, podem ser analisadas excepcionalmente em sede de recurso especial, cujo conhecimento se deu por outros fundamentos, à luz do efeito translativo dos recursos. Precedentes do STJ: REsp 801.154/TO, DJ. 21.05.2008; REsp 911.520/SP, DJ. 30.04.2008; REsp 869.534/SP, DJ 10.12.2007; REsp 660.519/CE, DJ. 07.11.2005. Edcl no AgRg no REsp 1.043.561-RO (2008/0064147-3). Rel. Min. Francisco Falcão. RDDP, v. 98, p. 134, maio, 2011.
99. "Não se admite a coisa julgada por capítulos, uma vez que tal exegese pode resultar em grande conturbação processual". STJ-REsp 639.233-DF. Rel. Min. José Delgado, j. 06-12-2005, DJU I, 14.9.2006, p. 258, Revista Dialética de Direito Processual, v. 44, p. 197, novembro, 2006.
100. "O trânsito em julgado ensejador do pleito rescisório não se aperfeiçoa em momentos diversos (capítulos), sendo único para todas as partes [...]. Assim, o interregno autorizativo da ação rescisória (art. 495 do CPC) somente deve ter inicio após proferida a última decisão na causa". STJ-REsp 639.233-DF. Rel. Min. José Delgado, j. 06-12-2005, DJU I, 14.9.2006, p. 258, Revista Dialética de Direito Processual, v. 44, p. 197, novembro, 2006.

em julgado o último julgamento possível no processo[101]. Enquanto pender de julgamento algum recurso, o processo não se encerra[102].

O momento da passagem em julgado do julgamento há de ser o correspondente ao último julgamento quando então o processo se encerra[103]. Enquanto pendente o processo não se pode falar em coisa julgada, porque o decidido poderá ser alterado por novo provimento[104].

6.1. Impossibilidade de coisa julgada somente para uma das partes

Como foi visto acima, o trânsito em julgado somente ocorre quando não mais for possível a alteração do julgado no mesmo processo. Enquanto a lide continua e for possível a modificação do julgado no mesmo processo, não pode falar em coisa julgada[105]. Em sendo assim, não se pode falar em coisa julgada enquanto pender recurso no processo, não importando qual a parte que o

---

101. "Trânsito em julgado da última decisão proferida na causa – Entendimento firmado pela corte especial. O certo é que havendo um único processo e uma única sentença, não há cogitar de coisa julgada material progressiva. A coisa julgada material somente ocorre com o trânsito em julgado da última decisão proferida na causa. É impossível dividir uma única ação, que deu origem a um único processo, em tantas quantas forem as questões submetidas ao judiciário, sob pena de se provocar um verdadeiro caos processual, ferindo princípios que regem a preclusão, a coisa julgada formal e material, e permitindo até mesmo a rescisão da capítulos em relação aos quais nem sequer se propôs ação rescisória". STJ. REsp 705. 354-SP. 2ª T. Rel. Min. Franciulli Netto. DJU. 09-05-2005. RJ. 332/122-123.
102. "Logo, enquanto não julgado o recurso, o processo não pode terminar, razão por que não se forma a coisa julgada. Somente depois de encerrado o julgamento do recurso e não cabendo mais nenhuma impugnação no processo é que se poderá ter como terminada a litispendência que, em vista disso, se "transforma" em coisa julgada". NERY JUNIOR, Nelson. *Julgamento de agravo de instrumento posterior à sentença: a eficácia da sentença está condicionada ao desprovimento do agravo.* REPRO, v. 130. pp. 162-163. RT, dezembro, 2005.
103. "A coisa julgada material é a qualidade conferida por lei à sentença/acórdão que resolve todas as questões suscitadas pondo fim ao processo ao processo, extinguindo, pois, a lide. Sendo a ação uma e indivisível, não há que se falar em fracionamento da sentença/acórdão, o que afasta a possibilidade do seu trânsito em julgado parcial". STJ – EdivREsp 404.777-DF. DJU 11.04.2005. Revista Jurídica v. 330, p. 128, abril, 2005. Também: A coisa julgada material somente ocorre com o trânsito em julgado da última decisão proferida na causa". STJ-REsp 705.354-SP, 2ª T. DJU 09.05.2005, RSTJ, v. 194, pp. 301:302 e Revista Jurídica, v. 332, pp. 122-123.
104. "A litispendência persiste no processo até que não haja mais nenhuma possibilidade de impugnação de decisões judiciais. Evidentemente que os recursos efetivamente interpostos no curso do processo prolongam a litispendência, pois somente depois de conhecidos e julgados por decisão não mais sujeita a outra impugnação é que se poderia falar, no processo, em cessação da litispendência". NERY JUNIOR, Nelson. *Julgamento de agravo de instrumento posterior à sentença: a eficácia da sentença está condicionada ao desprovimento do agravo.* REPRO, v. 130. p. 162. RT. dezembro, 2005.
105. "Como afirmam Rosemberg-Schwab-Gottwald, "o recurso impede a ocorrência da coisa julgada e enseja a continuação do litígio". Com isso pode-se dizer que a interposição do recurso prolonga a existência da litispendência, o que, em termos práticos, significa que enquanto não julgado o recurso, há lide pendente e, conseqüente, não é possível a formação da coisa julgada". NERY JUNIOR, Nelson. *Julgamento de agravo de instrumento posterior à sentença: a eficácia da sentença está condicionada ao desprovimento do agravo.* REPRO, v. 130. pp. 160-161. RT. dezembro, 2005.

interpusera[106]. Não importa, para efeito de impedir o trânsito em julgado, ser o recurso interposto apenas por uma das partes. A sentença ou acórdão jamais passará em julgado enquanto pender recurso, seja de qual parte for. O recurso de uma parte impede a ocorrência do trânsito em julgado para a outra[107].

É princípio básico de direito processual e incorporado à ampla defesa e o devido procedimento legal[108], que enquanto persistir o recurso de uma parte, a outra continuará intervindo no processo, seja para responder o recurso, seja para acompanhá-lo, bem como para também recorrer, se do julgamento do recurso do adversário implicar em seu prejuízo. Assim, a sentença ou acórdão transita em julgado para todas as partes ou não passa em julgado para nenhuma. O trânsito em julgado deve ser simultâneo para todas as partes. Dizer-se que a sentença transitou em julgado para uma das partes e não para outra é impropriedade terminológica inaceitável, que por vezes ocorre até na jurisprudência[109].

Na órbita penal esta impropriedade é mais corrente, quando se trata de prescrição retroativa. Entretanto, tal não se justifica. Tudo isso, ao que se pensa, deve-se a uma equivocada interpretação da súmula 146 do STF[110] e alimentada pela a atecnia da redação do parágrafo primeiro do art. 110 do Código Penal[111]. Esta norma fala em trânsito em julgado para a acusação, quando em verdade, o que ocorre é a preclusão recursal e não o trânsito em julgado.

---

106. "Isso significa que a simples interposição do recurso obstaculiza a verificação da coisa julgada, vale dizer, evita a preclusão sobre a matéria impugnada e faz com que, enquanto não julgado o recurso, não pode haver decisão firme, isto é, coisa julgada formal e material". NERY JUNIOR, Nelson. *Julgamento de agravo de instrumento posterior à sentença: a eficácia da sentença está condicionada ao desprovimento do agravo.* REPRO, v. 130. p. 160. RT. dezembro, 2005.
107. "[...] faz sentido a afirmação de que a interposição do recurso obstaculiza a formação da coisa julgada: enquanto não julgado o recurso, sobre aquela questão não há preclusão e sobre todas as questões da causa – inclusive sobre o mérito – não há formação da coisa julgada". NERY JUNIOR, Nelson. *Julgamento de agravo de instrumento posterior à sentença: a eficácia da sentença está condicionada ao desprovimento do agravo.* REPRO, v. 130. p. 162. RT. dezembro, 2005.
108. "Tomando-se por base que enquanto existir recurso de uma parte, a outra poderá intervir no processo, seja para recorrer ou não, inexiste o propalado trânsito em julgado". SOUZA, Gelson Amaro de. *Trânsito em julgado – impossibilidade de apenas para uma das partes.* Revista Jurídica, v. 229, p. 26.
109. "Prescrição Criminal – Condenação – Prazo que se conta do trânsito em julgado da sentença para o MP e não para ambas as partes". RT. 506/399.
110. Súmula 146 do STF: "A prescrição da ação penal regula-se pela pena concretizada na sentença, quando não há recurso da acusação". Vê-se, pois, que o enunciado da súmula, não fala em coisa julgada ou trânsito em julgado. Fala apenas "quando não há recurso da acusação". Uma coisa é não haver recurso da acusação, outra é a ocorrência de trânsito em julgado.
111. "Art. 110 do CP: § 1º A prescrição depois da sentença condenatória com trânsito em julgado para a acusação, ou depois de improvido seu recurso, regula-se pela pena aplicada". Não pode trânsito em julgado para a acusação sem haver o mesmo para o réu. Se o processo está em aberto, não trânsito em julgado para ninguém. O que pode haver é preclusão recursal, para quem perdeu a oportunidade recorrer, mas não coisa julgada.

Enquanto houver recurso de uma parte, do seu julgamento pode surgir interesse para a outra recorrer. Quando uma parte recorre, mesmo que a outra não possa recorrer de imediato (ex: falta de sucumbência), mas, se vier a sucumbir no julgamento do recurso da parte adversária, poderá interpor novos recursos, tais como embargos infringentes, de divergência, bem como recurso extraordinário ou especial, até mesmo o genérico recurso adesivo, além da possibilidade de interposição de embargos de declaração, mesmo sem sucumbência.

7. O SISTEMA PROCESSUAL BRASILEIRO

Em várias passagens do atual Código de Processo Civil e em algumas normas extravagantes, encontram-se comandos normativos que amparam o acima exposto. O sistema do Código de Processo civil, indica que a coisa julgada somente pode se dar quando ocorrer o último julgamento que leva o processo à extinção. Desta forma é possível concluir que não poderá haver coisa julgada de decisão interlocutória e nem de parte da sentença. Bem como não pode haver coisa julgada para uma parte e não para a outra. O trânsito em julgado deve ser para todas as partes do processo e não somente alguma ou algumas.

Com relação à inexistência de coisa julgada em caso de improcedência do pedido por falta de prova, podem ser indicadas várias normas que interpretadas conjuntamente indicam o acerto dessa conclusão. O artigo 458, do CPC, ao estipular os requisitos da sentença, em seu inciso II, exige os fundamentos em que o juiz analisará as questões de fato e de direito. Ao se exigir como requisitos da sentença a análise dos fundamentos de fato e de direito, logo, está a afirmar que sem a prova do fato não se pode proferir sentença de mérito. Para a prolação de sentença de mérito é necessária a fundamentação de fato e esta não pode acontecer sem prova. Somente se pode fundamentar sobre fato quando existente a prova correspondente.

Também o artigo 267, III, do CPC aponta como hipótese de julgamento sem mérito sempre que o autor deixar de promover os atos e diligências que lhe competir, por mais de trinta dias, considerando como abandono do processo. Ora, se o ônus da prova dos fatos constitutivos do alegado direito do autor, a ele pertence, cabe ao mesmo diligenciar produção das provas necessárias. Não diligenciando a produção das provas necessárias ao convencimento do juiz, no prazo estipulado, está caracterizado o abandono da causa e o processo deve ser extinto sem julgamento de mérito. Extinguir o processo por falta de prova e dizer que o faz com julgamento de mérito pela improcedência, nada mais é, do que um falso julgamento de mérito, porque o mérito mesmo não foi julgado por ausência ou insuficiência de prova.

Mas, não é só. Outras hipóteses existem em que o legislador reconhece que a falta de prova não enseja julgamento de mérito, podem ser vistas nas seguintes normas: Lei nº 7.347/85, art. 16 (Ação Civil Pública), na Lei nº 4.717/65, art. 18 (Ação Popular), Lei 7.853/89, art. 4º (Lei de apoio ao deficiente) e Lei nº 8.078/90, art. 103, I e II (Código do consumidor).

Nestas normas fica bem clara a disposição de que sendo a ação julgada improcedente por falta ou insuficiência de prova, poderá haver a sua repropositura o que evidencia a inexistência de julgamento de mérito, bem como, a ausência de coisa julgada material, pois, se coisa julgada material existisse a ação não mais poderia ser reproposta.

A tendência moderna é a ampliação da coisa julgada com efeito *erga omnes* quando julgado o verdadeiro mérito com bases sólidas em prova, mas ao mesmo tempo, também é tendência futurística em reconhecer a inexistência de julgamento de mérito quando não existir prova ou esta for insuficiente, caso em que será autorizada a repropositura da ação, a exemplo das normas acima citadas.

O normal e o conveniente é que se interprete em termos lógico e prático os atuais artigos 267, III e 458, II, do CPC, para atribuir o peso de julgamento de mérito somente para os casos em que o pedido for julgado com base segura em prova e considerar sem julgamento de mérito qualquer outro julgamento tomado com base na ausência ou insuficiência de prova.

BIBLIOGRAFIA

ALMEIDA JUNIOR, Jesualdo Eduardo. *O controle da Coisa Julgada Inconstitucional.* Porto Alegre-RS: Sergio Antonio Fabris Editor –SAFE, 2006.

ALVIM, Tereza. *Questões prévias e os limites da coisa julgada.* São Paulo: RT, 1977.

ARMELIN, Donaldo. *Alterações da jurisprudência e seus reflexos nas situações já consolidadas sob o império orientação superada.* in Tendências do moderno processo civil brasileiro. Coords. Lucio Delfino, Fernando Rossi, Luiz E.R. Mourão e Ana Paula Chiovitti. Belo Horizonte-MG: Editora Fórum, 2008.

_____ Flexibilização da coisa julgada. In; NASCIMENTO, Carlos Valder; DELGADO, José Augusto (Org.) *Coisa julgada inconstitucional.* Belo Horizonte. Fórum, 2006.

ASSIS, Araken. Eficácia da coisa julgada inconstitucional. In. NASCIMENTO, Carlos Valder; DELGADO, José Augusto (Org.). *Coisa julgada inconstitucional.* Belo Horizonte: Fórum, 2006.

BAPTISTA DA SILVA, Ovídio Aurélio. *Sentença e Coisa Julgada.* Porto Alegre-RS. Sergio Antonio Fabris Editor, 3ª ed. 1.995.

BOTELHO DE MESQUITA, José Ignacio. *Coisa Julgada.* Rio de Janeiro: Forense, 2004.

CALLEGARI, José Antonio. Alexandre. *Execução: Inovações no âmbito do Direito do Trabalho*. Revista LTR – Legislação do Trabalho, v. 72, nº 02. São Paulo: LTR, fev. 2008.

CAMPOS JUNIOR, Anésio de. *Princípios Gerais do Direito Processual*. São Paulo: Saraiva, 1963.

CRAMER, Ronaldo. Impugnação da sentença transitada em julgado fundada em lei posteriormente declarada inconstitucional. REPRO, v. 164. São Paulo: Revista dos Tribunais, outubro, 2008.

CRUZ E TUCCI, José Rogério. *Processo civil – realidade e justiça – 20 anos de vigência do CPC*. São Paulo: Saraiva, 1994.

DANTAS, Ivo. Coisa julgada inconstitucional: declaração de inexistência. In. NASCIMENTO, Carlos Valder do; DELGADO, José Augusto (Org.). *Coisa julgada inconstitucional*. Belo Horizonte. Fórum, 2006.

DELGADO, José Augusto. Reflexões contemporâneas sobre a flexibilização, revisão e relativização da coisa julgada quando a sentença fere postulados e princípios explícitos e implícitos da Constituição Federal. Manifestações doutrinárias. In *Coisa julgada inconstitucional*. Belo Horizonte: Editora Fórum, 2006.

FABRICIO, Adroaldo Furtado. *Reu Revel Não Citado – "Querela Nullitatis" – e Ação Rescisória*. REPRO, v. 48, p. 27, outubro/dezembro, 1987.

FREITAS CÂMARA, Alexandre. Bens sujeitos à proteção do Direito Constitucional Processual, In. NASCIMENTO, Carlos Valder; DELGADO, José Augusto (Org.). *Coisa julgada inconstitucional*. Belo Horizonte: Fórum, 2006.

GIDE, Antonio. *Coisa Julgada e Litispendência em ações Coletivas*. S. Paulo: Saraiva, 1995.

GUERRA FILHO, Willis Santiago. *A filosofia do direito:* São Paulo: Atlas, 2001.

_____ Notas fenomenológicas sobre a relativização dos limites subjetivos da coisa julgada em conexão com o litisconsórcio necessário. In NASCIMENTO, Carlos Valder do; DELGADO, José Augusto (Org.). *Coisa julgada inconstitucional*. Belo Horizonte, Fórum, 2006.

GARCIA, Gustavo Filipe Barbosa. *Coisa Julgada*. São Paulo: Método, 2007.

LEITE, Glauco Salomão. *Súmula Vinculante e Jurisdição Constitucional Brasileira*. Rio de Janeiro: Forense, 2007.

MANCUSO, Rodolfo de Camargo. *Jurisdição Coletiva e Coisa Julgada*. S. Paulo: RT. 2006.

MARINONI, Luiz Guilherme. *Coisa Julgada Inconstitucional*. São Paulo: 2008.

MEDINA, José Miguel Garcia. *Execução*. São Paulo: RT. 2008.

MENDES, Gilmar Ferreira. Coisa julgada inconstitucional: considerações sobre a declaração de nulidade da lei e as mudanças introduzidas pelo Lei 11.232/2005. In. NASCIMENTO, Carlos Valder; DELGADO, José Augusto (Org.) *Coisa julgada inconstitucional*. Belo Horizonte. Fórum, 2006.

MOURÃO, Luiz Eduardo Ribeiro. *Coisa julgada*. Belo Horizonte: Forum, 2008.

MOUTA ARAÚJO, José Henrique. *A verticalização das decisões do STF como instrumento de diminuição do tempo do processo: um reengenharia necessária*. REPRO, v. 164, pp. 342-349. São Paulo: Revista dos Tribunais, outubro, 2008.

NASCIMENTO, Carlos Valder. *Coisa julgada inconstitucional*. Rio de Janeiro: América Jurídica, 2002.

NASCIMENTO, Carlos Valder e PEREIRA JUNIOR, Lourival. Natureza da coisa julgada: uma abordagem filosófica, In *Coisa Julgada Inconstitucional*. Belo Horizonte: Fórum, 2006.

OLIVEIRA LIMA, Paulo Roberto de. *Teoria da Coisa Julgada*. São Paulo: RT. 1997.

PORTO, Sergio Gilberto. *Coisa Julgada Civil*. São Paulo: RT, 3ª ed. 2006.

SANDES, Márcia Rabelo. Mandado de segurança contra coisa julgada inconstitucional; admissibilidade e aspectos processuais. In. NASCIMENTO, Carlos Valder; DELGADO, José Augusto (Org.) *Coisa julgada inconstitucional*. Belo Horizonte. Fórum, 2006, p. 375-408.

SANTOS, Claudio Sonoé Ardenghy dos. Breve histórico da revitalização da coisa julgada no Brasil. In. NASCIMENTO, Carlos Valder; DELGADO, José Augusto (Org.) *Coisa julgada inconstitucional*. Belo Horizonte. Fórum, 2006, p. 21-44.

SAVARIS, José Antonio. *Coisa julgada previdenciária como concretização do Direito Constitucional a um processo justo*. Revista Brasileira de Direito Previdenciário, v. 1. pp. 65:86. Porto Alegre-RS: Lex-Magister, fev/março, 2011.

SLAIB FILHO, Nagib. *Anotações à Constituição de 1988: Aspectos fundamentais*. Rio de Janeiro, Forense, 1.989.

SILVA PACHECO, José da. *Direito Processual Civil*, v. II. São Paulo: Saraiva, 1976.

SOARES, Carlos Henrique. *Coisa julgada Constitucional*, p. 90. Coimbra-Portugal. Almedina, 2009.

SOUZA, Gelson Amaro de. *Efeitos da sentença que julga os embargos à execução*. São Paulo: Academia Brasileira de Direito - MP – Editora, 2007.

_____ *Eficácia da sentença e o efeito suspensivo do recurso*. Revista Dialética de Direito Processual, V. 80, pp. 61-70. São Paulo: Dialética, novembro, 2009.

_____ *Efeitos da sentença que acolhe embargos à execução da sentença por falta ou nulidade de citação na forma do art. 741, I, do CPC*. Revista Brasileira de Direito Processual, v. 6, gênesis. Curitiba: setembro/dezembro, 1997; RIPE, v. 20. Bauru, Dez/março, 1998; REPRO, v. 93. São Paulo: jan/março, 1999; RNDJ, v. 9. Ribeirão Preto. Setembro, 2000; Revistas dos Tribunais, v. 785. São Paulo: RT, março, 2001.

_____ *A falta de prova e a falsa coisa julgada*. Revista Dialética de Direito Processual, v. 93, pp. 36:51. São Paulo: Dialética, dezembro, 2010.

_____ *Trânsito em julgado – Impossibilidade de ser apenas para uma das partes*. Revista Jurídica, v. 229, pp. 24:26. Porto Alegre-RS. Notadez, novembro, 1996.

TALAMINI, Eduardo. *Coisa julgada e sua revisão*. São Paulo: RT. 2005.

TESHEINER, José Maria. *Eficácia da Sentença e Coisa Julgada no Processo Civil.* São Paulo: RT. 2001.

THEODORO JUNIOR, Humberto. *Curso de direito processual civil.* v. 1. Rio de Janeiro: Forense, 18ª ed, 1996.

_____ THEODORO JUNIOR, Humberto. *Nulidade, Inexistência e rescindibilidade da sentença.* REPRO, v. 19. São Paulo: Revista dos Tribunais, julho/setembro, 1980.

THEODORO JUNIOR, Humberto e FARIA, Juliana Cordeiro de. Reflexões sobre o princípio da intangibilidade da coisa julgada e sua relativização, In NASCIMENTO, Carlos Valder; DELGADO, José Augusto (Org.). *Coisa Julgada Inconstitucional.* BH: Fórum, 2006.

VITAGLIANO, José Arnaldo. *Coisa julgada e Ação anulatória.* Curitiba: Juruá, 2006.

WAMBIER, Teresa Arruda Alvim. *Nulidades do processo da sentença.* São Paulo: Revista dos Tribunais, 2004.

WAMBIER, Teresa Arruda Alvim e MEDINA, José Miguel Garcia. Meios de impugnação das decisões transitadas em julgado. In; NASCIMENTO, Carlos Valder do; DELGADO, José Augusto(Org.) Belo Horizonte: Editora Fórum, 2006, p. 301-330.

_____ e _____. *O Dogma da Coisa Julgada.* São Paulo: RT. 2003.

WELSCH, Gisele Mazzoni. A coisa julgada inconstitucional, Revista Jurídica, v. 364. Porto Alegre-RS, fevereiro, 2008.

ZAVASCKI, Teori Albino. Embargos à execução com eficácia rescisória: sentido e alcance do art. 741, parágrafo único do CPC. In. NASCIMENTO, Carlos Valder; DELGADO, José Augusto (Org.) *Coisa julgada inconstitucional.* Belo Horizonte. Fórum, 2006.

CAPÍTULO 15

Limites Objetivos Da Coisa Julgada No CPC/2015 e o Fantasma Da Simplificação Desintegradora

Daniel Guimarães Zveibil[1]

SUMÁRIO: 1. REFORMAS PROCESSUAIS E O TEXTO DO CPC/2015 EM MATÉRIA DE LIMITES DA COISA JULGADA: DE 1939 A 2015.; 2. QUESTÕES PREJUDICIAIS E INCIDÊNCIA DE COISA JULGADA MATERIAL NO CPC/2015: MÉRITOS E LIMITAÇÕES; 2.1. PROCEDÊNCIA DO ARGUMENTO DA "ECONOMIA PROCESSUAL".; 2.2. PRINCÍPIO DA ECONOMIA PROCESSUAL VS. SIMPLICAÇÕES DESINTEGRADORAS: CAUTELA NECESSÁRIA.; 2.3 PRINCÍPIO DA ECONOMIA PROCESSUAL VS. SIMPLIFICAÇÕES DESINTEGRADORAS: PEQUENA APRESENTAÇÃO DA EVOLUÇÃO NORTE-AMERICANA QUANTO AO COLLATERAL ESTOPPEL (OU ISSUE PRECLUSION).; 2.4 PRINCÍPIOS DISPOSITIVO VS. INQUISITIVO: RUPTURA ENTRE 1973 E 2015?; 2.5 MODELO COOPERATIVO DO CPC/2015: O FATOR CONTRADITÓRIO PRÉVIO E EFETIVO EQUILIBRANDO A RELAÇÃO PROCESSUAL.; 2.6 O PAPEL FUNDAMENTAL QUE O DESPACHO SANEADOR PODE EXERCER NA AMPLIAÇÃO DOS LIMITES OBJETIVOS DA COISA JULGADA; COMPETÊNCIA PARA RECONHECIMENTO DA COISA JULGADA EM QUESTÃO PREJUDICIAL.; 2.7 OS RISCOS ADVINDOS DA ABERTURA TOTAL DE MATÉRIAS A SUPORTAREM A AMPLIAÇÃO OBJETIVA DA COISA JULGADA: NECESSIDADE DE PLANEJAMENTO.; 2.8 APLICAÇÃO DO NOVEL INSTITUTO E O PRINCÍPIO HEDONISTA.; 2.9 DEPENDÊNCIA DA RESOLUÇÃO DA QUESTÃO PREJUDICIAL PARA O JULGAMENTO DE MÉRITO.; 2.10. COMO INTERPRETARMOS O § 2.º DO ART. 503 DO CPC/2015?; 3. LIMITAÇÕES DO INSTITUTO QUE DEVEM SER RESPEITADAS; O EXERCÍCIO DA JURISDIÇÃO COMO PRESTAÇÃO DE UM SERVIÇO PÚBLICO; 4. BIBLIOGRAFIA.

1. REFORMAS PROCESSUAIS E O TEXTO DO CPC/2015 EM MATÉRIA DE LIMITES DA COISA JULGADA: DE 1939 A 2015.

As reformas implementadas ao longo da vigência do CPC/1973, segundo Cândido Dinamarco, tiveram como objetivo central a aceleração da tutela jurisdicional e, como postura metodológica predominante, a disposição de liberar-se de poderosos dogmas plantados na cultura processualística ocidental ao longo de séculos[2]. Sob o influxo desse ideário, a exposição de motivos contida no projeto do CPC/2015 deixa claro que a notável Comissão de Juristas visou:

---

1. Doutorando e mestre em Direito Processual pela USP, defensor público do Estado de São Paulo, membro do Centro de Estudos Avançados de Processo (CEAPRO) e do Instituto Brasileiro de Direito Processual (IBDP).
2. DINAMARCO, Cândido Rangel. **Nova era do processo civil.** São Paulo: Malheiros, 2003, cap. 1 (Relendo princípios e renunciando a dogmas), p. 01.

"resgatar a crença no Judiciário e tornar realidade a promessa constitucional de uma justiça pronta e célere."

Perseguindo esse nobre propósito, com respeito à coisa julgada a exposição de motivos afirma, no item "04", que *"o novo sistema permite que cada processo tenha o maior rendimento possível. Assim, e por isso, estendeu-se a autoridade da coisa julgada às questões prejudiciais."*[3] Concretizou-se tal extensão minudenciando-se os pressupostos para que incida coisa julgada material sobre questão prejudicial no art. 503 do CPC/2015[4], indo muito além do quanto prescrevia o art. 468[5] do CPC/73. Ademais, diferentemente do CPC/73, cujo art. 469[6] fazia um *drástico corte* excluindo, expressamente, a possibilidade de incidir a coisa julgada material sobre questões prejudiciais, o CPC/2015 deixa de excluir expressamente a extensão da coisa julgada material à questão prejudicial apreciada e decidida (art. 504)[7] – indo ao exato encontro do art. 503, que exige certos pressupostos para que tal efeito jurídico sobrevenha. E detalhe final: diferentemente do CPC/73[8], o texto do CPC/2015 não prevê a ação declaratória incidental, exceto a arguição de falsidade (art. 430 e seguintes).

Mas, passado esse breve cotejo, é importante retornarmos brevemente ao CPC/39 para que fique clara a evolução do direito positivo.

Quanto aos limites objetivos da coisa julgada, o texto do CPC/39 alimentou uma das maiores polêmicas de nossa história processual, porque a redação de seu art. 287, mal copiado do art. 290 do Projeto Mortara de 1929, suprimiu parte desse mesmo Projeto: *"A sentença que decidir total ou parcialmente a lide terá força de lei nos limites [supressão: da lide e] das questões decididas"*. Então, como a redação final passava a impressão de que regulava a força de lei da sentença

---

3. Entre outros sítios digitais, está disponível no seguinte endereço: ‹http://www.direitoprocessual.org.br/download.php?f=91dfbdf0bc0509a427a0c18c2ca194b3›, grifado.
4. CPC/2015, art. 503. A decisão que julgar total ou parcialmente o mérito tem força de lei nos limites da questão principal expressamente decidida.
   § 1º O disposto no *caput* aplica-se à resolução de questão prejudicial, decidida expressa e incidentalmente no processo, se: I – dessa resolução depender o julgamento do mérito; II – a seu respeito tiver havido contraditório prévio e efetivo, não se aplicando no caso de revelia; III – o juízo tiver competência em razão da matéria e da pessoa para resolvê-la como questão principal.
   § 2º A hipótese do § 1º não se aplica se no processo houver restrições probatórias ou limitações à cognição que impeçam o aprofundamento da análise da questão prejudicial.
5. CPC/1973, art. 468. A sentença, que julgar total ou parcialmente a lide, tem força de lei nos limites da lide e das questões decididas.
6. CPC/1973, art. 469. Não fazem coisa julgada: I – os motivos, ainda que importantes para determinar o alcance da parte dispositiva da sentença; II – a verdade dos fatos, estabelecida como fundamento da sentença; III – a apreciação da questão prejudicial, decidida incidentemente no processo.
7. CPC/2015, art. 504. Não fazem coisa julgada: I – os motivos, ainda que importantes para determinar o alcance da parte dispositiva da sentença; II – a verdade dos fatos, estabelecida como fundamento da sentença.
8. CPC/1973, art. 5.º, 325 e 470, além da arguição de falsidade.

– *i.e.*, coisa julgada – nos limites das questões decididas, muitos aderiram à tese de que as questões prejudiciais transitavam em julgado materialmente[9]. Importante registrar, ainda que de passagem, que o trânsito em julgado material das questões prejudiciais foi sustentada pelos juristas brasileiros sob o influxo da obra de Savigny[10].

Fato é que sobreveio o CPC/73 e, como dito, seu texto – especialmente o do art. 469[11] – operava drástico corte deixando inexcedivelmente clara a impossibilidade das questões prejudiciais transitarem materialmente em julgado, exceto quando as partes fizessem uso da ação declaratória incidental[12]; esta que, por sinal, não estava prevista expressamente no CPC/39 a não ser pela arguição de falsidade.

O CPC/2015, portanto, no justo empenho de tentar obter do processo "*o maior rendimento possível*" promete flexibilizar o extremo rigor da legislação processual de 1973, ao permitir que, em maior número de casos, a questão prejudicial seja atingida pelo manto da coisa julgada.

Fixado o terreno das alterações atuais, cabe-nos a empresa de analisar criticamente a ampliação dos limites objetivos da coisa julgada no CPC/2015.

Antes, porém, é importante destacarmos que a matéria ressuscitada pelo CPC/2015 envolve discussão bastante antiga, e é Barbosa Moreira, apoiado em Friedrich Carl von Savigny, que aponta as várias correntes processuais que já foram registradas a respeito do tema:

"*Até o segundo quartel do século XIX, era extremamente confusa a posição da doutrina sobre a força dos motivos em que se baseia a decisão do juiz. Diversas correntes digladiavam-se, propondo soluções as mais das vezes inspiradas em critérios empíricos e arbitrários. A enorme variedade de matizes dificulta a classificação de opiniões, que, aliás, não raro apenas em pontos secundários e acidentais se diferenciavam entre si. Em todo o caso, é possível distinguir: (a) a tese que negava radicalmente aos motivos, quaisquer que fossem, a auctoritas rei iudicatae; (b) a que só lhes reconhecia essa autoridade quando fosse indispensável levá-los em consideração para esclarecer o dispositivo jurídico; (c) a que entendia fazerem coisa julgada os motivos quando insertos na parte decisória da sentença; (d) a que*

---

9. V. amplamente nas seguintes referênçais: ALVIM, Thereza. **Questões prévias e os limites objetivos da coisa julgada**. São Paulo: RT, 1977, cap. XI; BARBOSA MOREIRA, José Carlos. **Estudos sobre o CPC/2015**. Rio de Janeiro: Liber Juris, 1974, p. 61 e seguintes; LIEBMAN, Enrico Tullio. **Estudos sobre o processo civil brasileiro**. São Paulo: Bestbook, 2004, Título VII; LOPES.
10. Bruno Vasconcelos Carrilho. **Limites objetivos e eficácia preclusiva da coisa julgada**. São Paulo: Saraiva, 2012, cap. I, item "03", p. 29.
11. V. nota 52.
12. CPC/1973, art. 5.º, 325 e 470, além da arguição de falsidade.

lhes reconhecia, sempre, a autoridade da coisa julgada, vendo neles a 'anima et quase nervus' da decisão."[13]

Ainda a título histórico, vale mencionar que em pleno século XIX o ilustrado lente da Escola de Direito de Recife, Francisco de Paula Baptista, em meio a essa diversidade de correntes, posicionava-se em favor da tese do renomado jurista alemão, recusando, no contexto da época, a coisa julgada de todos os motivos enunciados na decisão: *"A autoridade da cousa julgada é restricta á parte dispositiva do julgamento e aos pontos ahi decididos, e fielmente comprehendidos em relação aos seus motivos objetivos, e não abrange o que é simplesmente indicado em forma de enunciação."*[14]

Não podemos, portanto, iludirmo-nos pensando que a discussão sobre limites objetivos da coisa julgada seria nova demais nos termos propostos pelo CPC/2015. Devemos, isto sim, concentrarmo-nos para que dessa discussão seja possível extrair sistema processual límpido o suficiente para permitir que o exercício da jurisdição possa se realizar em duração razoável e com segurança jurídica para as partes.

2. QUESTÕES PREJUDICIAIS E INCIDÊNCIA DE COISA JULGADA MATERIAL NO CPC/2015: MÉRITOS E LIMITAÇÕES.

2.1. Procedência do argumento da "economia processual".

Após listar argumentos comumente utilizados para justificar a restrição da coisa julgada material ao dispositivo da sentença, Bruno Carrilho Lopes argumenta que há fundadas razões de interesse público para a extensão da coisa julgada às questões prejudiciais. *"A solução encontra amparo no princípio da economia processual, valor tradicionalmente referido como um mero princípio formativo do processo e que a atual ordem constitucional incorpora um verdadeiro princípio político (CF, art. 5.ª, LXXVIII). Conforme realça Bedaque, 'entre os aspectos inerentes a esse princípio aponta-se o externo ou ultraprocessual, destinado a evitar a necessidade de novos processos, mediante o máximo aproveitamento do já existente.'"*[15]

---

13. BARBOSA MOREIRA, José Carlos. **Questões prejudiciais e coisa julgada**. Rio de Janeiro: Borsoi, 1967, item "52", p. 80.
14. BAPTISTA, Francisco de Paula. **Compendio de Theoria a Pratica do Processo Civil comparado com o Commercial para uso das Faculdades de Direito do Imperio**. Quarta edição. Rio de Janeiro: Garnier, 1890, § 185, p. 250/251, grifado no original. O Professor da Escola de Recife não cita expressamente Savigny, mas deduzimos seu posicionamento por esclarecer que os motivos *objetivos* estão abrangidos pela coisa julgada material, e é Barbosa Moreira quem esclarece que *"a pedra angular da famosa doutrina* [de Savigny] *é a distinção entre motivos objetivos e subjetivos da decisão (...)"* (BARBOSA MOREIRA, José Carlos. **Questões prejudiciais...**, cit., item "52", p. 80/81).
15. LOPES, Bruno Vasconcelos Carrilho. **Limites...**, cit., p. 66/67.

A nosso ver, realmente constitui dever constitucional a busca pelo maior rendimento possível do processo, e Carrilho Lopes oferece linha de raciocínio bastante sustentável e apta a abrir caminho para que a incidência de coisa julgada material sobre questões prejudiciais passe a integrar ao ordenamento jurídico brasileiro. Sem contar que seu estudo revela ser tendência atual de Espanha e França o alcance da coisa julgada material às questões prejudiciais, e ainda que o debate tem crescido fortemente na Itália, além de ser prática consagrada nos Estados Unidos da América do Norte[16].

2.2. Princípio da economia processual vs. simplicações desintegradoras: cautela necessária.

Todavia, considerando que o princípio da economia processual manda que o processo seja, nas palavras de Botelho de Mesquita, *"sem complicações descabidas, nem simplificações desintegradoras"*[17], fica claro que tal princípio não se confunde com os princípios de informalidade, celeridade e simplificação, porquanto determinado procedimento formal, lento e de alta complexidade pode estar respeitando plenamente o ideal econômico: apenas não é informal, célere, e simples dado o fim a que eventualmente se proponha.

Essa perspectiva revela, assim, a extrema cautela que se deve ter em torno da nova regulamentação dos limites objetivos da coisa julgada no CPC/2015, porque o texto aprovado poderia ser muito aperfeiçoado ao não refletir – por exemplo – a profundidade dos estudos de Carrilho Lopes, não obstante a significativa melhoria implementada no art. 503 do CPC/2015 (se comparado com a versão original).

A exagerada brevidade da regulamentação legal ensejará muitas dúvidas em sua aplicação, na medida em que temos cultura processual absolutamente consagrada e cristalizada no drástico corte realizado pelo CPC/73 quanto à impossibilidade da coisa julgada material albergar questões prejudiciais – exceto quando as próprias partes fizerem uso da ação declaratória incidental. Apenas para exemplificar o valor irrefutável da clareza decorrente desse corte drástico, quando Barbosa Moreira faz ponderações a respeito do art. 469 do CPC/73 em comparação ao sistema de 1939, abona a modificação não só por entender que o melhor sistema fosse o de limitar a qualidade da coisa julgada ao dispositivo da sentença, porém, chama a atenção os advérbios utilizados por ele:

---

16. Ibidem, p. 19/42.
17. BOTELHO DE MESQUITA, José Ignacio. Apresentação da edição de 1988 da obra 'Teoria e Prática do Processo Civil e Comercial' de Francisco de Paula Baptista. In: **Teses, Estudos e Pareceres de Processo Civil**. Vol. 1. São Paulo: RT, 2005, p. 312.

"Em boa hora, a meu ver, o novo Código, decididamente, categoricamente [grifamos], opta pela tese mais correta, isto é, pela limitação da autoridade da coisa julgada exclusivamente à última conclusão do juiz." Decididamente, em vernáculo, significa "de modo decidido", firme, "com firmeza" ou "com resolução"; *categoricamente* significa "de modo categórico", claro, definido, indiscutível; essas qualidades não faltaram à redação do CPC/73 o que, não podemos negar, evitou incertezas e recursos judiciais nos Tribunais. A este respeito, vale o expendido por Bruno Carrilho Lopes:

> "A controvérsia [baseada no CPC/39] motivou um tratamento extremamente pormenorizado dos limites objetivos da coisa julgada no CPC/73, que não deixa margens para interpretações ampliativas de tais limites para além da decisão contida no dispositivo da sentença."[18]

Já a redação do CPC/39, segundo Barbosa Moreira, *"está longe de ser um primor de clareza, e perfeitamente se compreende a matéria tenha suscitado tormentosas controvérsias."*[19]

Evidentemente, não é por isso que nos enclausuraremos; não podemos nos apegar ao passado sem justos motivos. Todavia, por outro lado, temos de admitir que uma modificação tão severa de pelo menos 40 anos de tradição – contando somente o Código de 1973 – exige explicações mais claras e minuciosas no texto legal de 2015. Vale lembrar, por sinal, socorrendo-nos novamente de Barbosa Moreira, que na vida real *"não há dois órgãos judiciais que processem de modo rigorosamente idêntico, em todos os pormenores, ainda as causas cujas características guardem entre si a mais perfeita analogia, e por maior que seja o empenho dos juízes em observar estrita fidelidade à disciplina legal aplicável."*[20] Essa tendência sentida por todos nós que atuamos no foro é multiplicada por insondáveis vezes, sempre que sobrevém matéria processual nova, fundada em cultura jurídica diversa, e o texto processual não explica exatamente o modo de se proceder dentro dessa outra cultura.

Por essa perspectiva, as palavras de Dinamarco constituem farol nessa situação tão delicada em que se visa o progresso da legislação processual: *"Ousar sem o açodamento de quem quer afrontar, inovar sem desprezar os grandes pilares do sistema."*[21]

---

18. LOPES, Bruno Vasconcelos Carrilho. **Limites...**, cit., p. 30.
19. BARBOSA MOREIRA, José Carlos. **Estudos...**, cit., p. 63.
20. BARBOSA MOREIRA, José Carlos. Sobre a multiplicidade de perspectivas no estudo do processo. In: **Temas de Direito Processual**. Quarta série. São Paulo: Saraiva, 1989, p. 13.
21. DINAMARCO, Cândido Rangel. **Nova era do processo civil**. São Paulo: Malheiros, 2003, cap. 1 (Relendo princípios e renunciando a dogmas), p. 21.

De nossa parte, nutrimos o desejo sincero de que a nova regulamentação dos limites objetivos da coisa julgada material possa, de fato, aperfeiçoar o sistema processual; mas para que isso aconteça, é necessário debatermos o texto do CPC/2015 mais a fundo para que os pilares do sistema não sejam torpedeados em nome do "máximo rendimento processual".

Lembramos, por sinal, lição do Professor Botelho de Mesquita a respeito da interpretação do direito; uma lição, a princípio, despretensiosa pela simplicidade metafórica de seu conteúdo e transmitida pela palavra oral, mas que guarda uma profunda verdade a respeito do direito – especialmente para o direito comparado. Dizia ele que se qualquer um de nós cozinhasse seguindo receita qualquer, nós nos depararíamos com algumas dessas expressões típicas: *"pitada de sal"*; *"mexer bem"*; *"misturar lentamente"*; *"colocar uma camada"*; etc. O que é, afinal, "pitada de sal"? ou "mexer bem"? ou "misturar lentamente"? ou "uma camada"? São expressões indeterminadas, e quem nunca cozinhou encontrará dificuldades insuperáveis para concretizar o significado dessas expressões, a não ser que assista previamente a realização das receitas; assisti-las prestando atenção ajudará seguramente, mas não substituirá os meandros complicados da *vivência*.

É exatamente a dificuldade com a qual nos deparamos por essa inovação processual, influenciada pela prática estadunidense do *collateral estoppel*.

Portanto, o maior desafio que assumimos aqui é enfrentarmos essa "simplicação desintegradora" do texto que inova na regulamentação dos limites objetivos da coisa julgada no CPC/2015.

E para tanto, visitaremos brevemente a cultura jurídica estadunidense quanto ao *collateral estoppel* (ou *issue preclusion*) no próximo item, além de menções ao longo do texto. Não se trata, obviamente, de interpretar o direito brasileiro à luz do estadunidense; não se trata, numa palavra, de mero traslado de lá para cá. Mas, em nosso entendimento é impossível interpretar a nova regulamentação brasileira da extensão objetiva da coisa julgada sem que se tenha ideia do que dita o direito estadunidense nessa matéria.

2.3 Princípio da economia processual *vs.* simplificações desintegradoras: pequena apresentação da evolução norte-americana quanto ao *collateral estoppel* (ou *issue preclusion*).

Nos Estados Unidos, a doutrina do *collateral estoppel* consagrou-se pelo *leading case* Cromwell v. County of Sac em 1876[22], e a simples leitura dos votos

---

22. SCOTT, Austin Wakeman. Collateral estoppel by judgement. **Harvard Law Review**, LVI, n. 01, September, 1942, p. 03/04.

manifestados nesse *case* revela que o debate é antigo, já ocorrido no seio de outras Cortes estadunidenses. Ou seja, a Suprema Corte dos Estados Unidos não criou o *collateral estoppel* pura e simplesmente numa discussão repentina, em 1876, impondo ao resto do país tal doutrina. A cultura jurídica estadunidense já conhecia a discussão há tempos, tanto que não faltava conhecimento de causa aos advogados que, usando terminologias próprias da época, debatiam-na no século XIX.

Mais do que isso: nos Estados Unidos, a *American Law Institute*[23] elaborou a primeira consolidação da *res judicata* – que contém as subdoutrinas *direct estoppel* e *collateral estoppel*, atualmente reunidas debaixo da terminologia *issue preclusion* –; consolidação que hoje é conhecida como First Restatement of Judgements, publicada em 1942. Posteriormente, em 1982, após decisivas contribuições do Prof. Allan Vestal (que estimulou e difundiu a terminologia *claim preclusion* e *issue preclusion*, dando nomes diversos a efeitos jurídicos diversos no regime da *res judicata*[24]) bem como de precedentes que enriqueceram a prática da *res judicata*, emergiu a Second Restatement of Judgements, aperfeiçoando o importante trabalho da First Restatement. Um dos méritos das Restatements é justamente a proposta de uniformização de terminologia dos institutos pertencentes à *res judicata* estadunidense, dando maior trato científico especialmente no que diz respeito a dois efeitos jurídicos que claramente não se confundem: o efeito jurídico da *claim preclusion* e o efeito jurídico da *issue preclusion* – hoje, até mesmo a Suprema Corte dos Estados Unidos adota a terminologia apontada[25].

Atualmente, vale ressaltar, ademais, a Second Restatement reflete o pensamento moderno de coisa julgada nos Estados Unidos, e embora não tenha formalmente força vinculante própria de lei, pode-se dizer que os Estados Unidos usufruem de regime semicodificado a respeito de grande parte do instituto da *res judicata*, embora a uniformização não seja oficial porque espontaneamente aceita e aplicada pelos Tribunais (e não por força de lei)[26].

Ora, no Brasil, sem qualquer conhecimento difundido quanto a essa delicada prática estadunidense da *issue preclusion* – construída há no mínimo dos mínimos por 150 anos nos Estados Unidos –, de quem dependerá a extensão da coisa julgada material às questões prejudiciais?

---

23. Confira: <http://www.ali.org/>.
24. WRIGHT, Charles Alan; KANE, Mary Key. **Law of Federal Courts**. Sixth edition. Saint Paul: West Group, 2002, § 100A, p. 726.
25. CASAD, Robert; CLERMONT, Kevin M. **Res judicata: a handbook on its theory, doctrine, and practice**. Durham: Carolina Academics Press, 2001, p. 09.
26. Ibidem, p. 05/07.

2.4 Princípios dispositivo vs. inquisitivo[27]: ruptura entre 1973 e 2015?

A indagação pela qual concluímos o item antecedente é justa quando analisamos o nosso sistema processual brasileiro, porque pelo Código de 1973 vigorava, quase em absoluto, o princípio *dispositivo* em matéria de ampliação da extensão objetiva da coisa julgada: ora, o efeito jurídico extensivo da coisa julgada material às questões prejudiciais depende exclusivamente das partes[28] – salvo raríssimas exceções pontuadas por Carrilho Vasconcelos[29].

Se o sistema processual do CPC/2015, porém, exclui a previsão da ação declaratória incidental, significaria, deste modo, que depende exclusivamente do juiz a extensão objetiva da coisa julgada?

Num primeiro olhar a exclusão da ação declaratória incidental pode até passar a ilusória impressão de que nosso sistema processual dará giro de 180º: do sistema quase absolutamente dispositivo de 1973 para sistema, no mínimo, muito mais inquisitivo. Isso, apenas em tese, porque não existe razão lógica para não se extrair a ação declaratória incidental das dobras do próprio sistema – ainda mais de sistema que permitirá a ocorrência de coisa julgada de questão prejudicial se preenchidos os pressupostos do art. 503 e, em tese, sem pedido expresso das partes que poderiam trabalhar de modo complementar. Por sinal, Alfredo Buzaid sustentava que essa poderia ser uma interpretação do CPC/39, que expressamente não previa ação declaratória incidental exceto para o incidente de falsidade[30].

Por esse prisma, é justa a indagação: então como o juiz respeitará o pilar do contraditório? E até que ponto o juiz pode forçar o debate para o trânsito em julgado alcançar questões prejudiciais a evitarem, em tese, futuros processos? São dois pilares cruciais entabulados na Constituição Federal – contraditório e inércia jurisdicional – e que podem ser atingidos pela suposta inversão do sistema processual quanto a esse tema, se na prática se observar veemente giro do princípio dispositivo para o inquisitivo.

---

27. Barbosa Moreira esclarece bem a amplitude e oposição dos princípios dispositivo e inquisitivo: "A expressão 'princípio dispositivo', encontradiça na doutrina brasileira, é algo equívoca: costuma ser empregada acerca dos problemas diversos, como o da iniciativa da instauração do processo, o da delimitação da matéria a ser julgada, o da prova dos fatos relevantes. Em termos gerais", conclui, "pode-se dizer que ela denota o predomínio da vontade das partes e uma correlata inibição do juiz. O 'princípio inquisitivo' refletiria tendência oposta" (BARBOSA MOREIRA, José Carlos. O processo civil brasileiro: uma apresentação. In: **Temas de Direito Processual.** 5.ª série. São Paulo: Saraiva, 1994, item "II" (Alguns princípios fundamentais), p. 04 e 05.
28. CPC/1973, art. 5.º, 325 e 470, além da arguição de falsidade.
29. LOPES, Bruno Vasconcelos Carrilho. **Limites...**, cit., p. 65/81.
30. BUZAID, Alfredo. **Da ação declaratória no direito brasileiro.** São Paulo: Saraiva, 1943, *in fine*, quando faz considerações sobre a ação declaratória incidental.

A nosso ver, ilustres processualistas do CEAPRO tocaram no ponto com as seguintes indagações: "quando condicionamos a inclusão da prejudicial no campo de questões estáveis a partir do trânsito em julgado ao 'contraditório prévio e efetivo' [nos termos do art. 503, § 1.º, II, do CPC/2015], estamos exigindo que a parte interessada atravesse uma petição nos autos, ainda que isso seja feito no curso do processo? Essa expressão traz implícita a necessidade de assinalação de prazo para resposta específica, com advertência quanto aos potenciais efeitos do silêncio, como é de regra com a citação?" Ora, acaso se entenda que tais formalidades sejam necessárias, não se estaria, de certo modo, admitindo implicitamente a ação declaratória incidental? Pela razão contrária, se prescindíveis tais formalidades – dependendo exclusivamente do juiz, portanto, a extensão da coisa julgada material às prejudiciais – torna-se para as partes algo absolutamente imperscrutável, e sempre, qual a extensão objetiva que alcançará a coisa julgada – pois dependerá da opinião subjetiva de cada intérprete[31].

Será que em nome do interesse público travestido de "máximo rendimento processual" pode-se chegar ao ponto de tornar totalmente imprevisível o alcance objetivo da coisa julgada? Não alberga, também, o interesse público, que o jurisdicionado possa compreender – assessorado por alguém profissionalmente habilitado – os possíveis riscos concretos da demanda em matéria de coisa julgada?

É importante termos em mente que o modelo cooperativo do CPC/2015 é incompatível com a interpretação de que os limites objetivos da coisa julgada dependa exclusivamente do juiz, e é do que trataremos no tópico seguinte.

2.5 Modelo cooperativo do CPC/2015: o fator *contraditório prévio e efetivo* equilibrando a relação processual.

É importante ponderarmos o fato de que o CPC/2015, inspirado na doutrina *collateral estoppel* (ou *issue preclusion*), exige que a questão tenha *contraditório prévio e efetivo*[32], o que vale dizer, tenha havido *prévio e efetivo debate sobre a questão prejudicial*.

Neste ponto, sustentamos que a nova regulamentação dos limites objetivos da coisa julgada tenta equilibrar tendências liberais e autoritárias, embora

---

31. CAIS, André Luis; CORREA, Fábio Peixinho Gomes; PEREIRA; Guilherme Setoguti J.; FONSECA, João Francisco Naves da; DELLORE, Luiz Guilherme Pennachi; OLIVEIRA, Marco Antonio Perez; THAUNAY, Rennan Faria Krüger. Proposta de melhoria da coisa julgada e questão prejudicial no CPC/2015, **Revista Consultor Jurídico**, 13 de outubro de 2014, disponível eletronicamente em: <http://www.conjur.com.br/2014-out-13/proposta-coisa-julgada-questao--prejudicial-cpc>.
32. CPC/2015, art. 503, § 1.º, II.

prevaleça a nosso ver tendências do modelo liberal. E dizemos isso não porque somos partidários do processo liberal, em detrimento do processo autoritário; não se trata de nossa opção pura e simples, mas porque a regulamentação dos limites objetivos da coisa julgada exige, do ponto de vista do sistema processual de 2015 (isto é, sistêmico). Numa palavra, em nosso entendimento essa é uma exigência de funcionalidade e coerência do sistema processual de 2015. É o que tentaremos demonstrar.

Como se sabe, o modelo cooperativista do CPC/2015 tenta superar a tradicional dicotomia entre *processo liberal* e *processo autoritário*, razão pela qual prevê no mesmo corpo legal regras que observam generosamente a autonomia da vontade das partes, mas sem prejuízo de regras que reforçam os poderes do juiz (fiscalizando, também, os negócios processuais) e, todavia, estimulando-se o fim do "decisionismo judicial" (solipsismo judicial) por meio de institutos que visam garantir ao *serviço público jurisdicional* a capacidade de oferecer tratamento igualitário entre jurisdicionados na mesma posição (incidente de assunção de competência, de incidente de resolução de demandas repetitivas, etc.): nesse caldo, redimensiona-se a aplicação mais incisiva do princípio do contraditório, afastando-se a ideia de "protagonismos" no processo; incentiva-se o policentrismo na condução do processo, ressalvada a assimetria própria do momento decisório[33].

O sentido de "debelar protagonismos" no processo explica os art. 9º e 10 do CPC/2015, pois espera-se da prática que haja uma comunidade de trabalho, o que vale dizer: espera-se que as decisões sejam realmente construídas.

Sendo assim, é importante ponderarmos o fato de que o CPC/2015, inspirado na doutrina *collateral estoppel* (ou *issue preclusion*), exige que a questão tenha *contraditório prévio e efetivo*[34], ou seja, tenha havido *prévio e efetivo debate sobre a questão prejudicial*. Ora, dizemos *efetivo debate* sobre a questão

---

33. Humberto Theodoro Júnior, Dierle Nunes, Alexandre Melo Franco Bahia, Flávio Quinaud Pedron. *Novo CPC: fundamentos e sistematização*. 2ª edição. Rio de Janeiro: Forense, 2015, cap. 2, p. 68 e seguintes; transcrevemos o seguinte excerto: "(...) *Percebe-se, assim, a tendência de superação tanto do modelo liberal, de esvaziamento do poder do juiz, quanto do modelo social autoritativo, de exercício solitário de aplicação compensadora do direito pelo juiz, reduzindo os espaços de discussão endoprocessual e a função técnica desenvolvida pelas partes e seus advogados, e que muitas vezes impõe a essas uma mera posição de sujeição.*" Confira-se também: Fredie Didier Junior, Os três modelos de direito processual: inquisitivo, dispositivo e cooperativo. In: José Rogério Cruz e Tucci, Walter Piva Rodrigues, Rodolfo da Costa Manso Real Amadeo. *Processo Civil: homenagem a José Ignacio Botelho de Mesquita*. São Paulo: Quartier Latin, 2013, p. 268; "*Disso [da revisão da comunidade de trabalho no processo, policêntrica e compartipativa], surgem deveres de conduta tanto para as partes como para o órgão jurisdicional, que assume 'dupla posição': 'mostra-se paritário na condução do processo, no diálogo processual', e 'assimétrico' no momento da decisão; não conduz o processo ignorando ou minimizando o papel das partes na 'divisão de trabalho', mas, sim, em uma posição paritária, com diálogo e equilíbrio.*"
34. NCPC, art. 503, § 1.º, II.

prejudicial porque o sentido clássico do princípio do contraditório, como sabido, é composto por dois elementos: *informação e reação*[35]; portanto, se o CPC/2015 fala em *contraditório efetivo* abrange seus dois elementos: mesmo nos casos em que a reação seja indisponível e não tenha sido efetivada, é óbvio que a extensão da coisa julgada seria heresia. Esse aspecto, por si só, numa perspectiva da dicotomia *dispositivo-inquisitivo* esclarece que o CPC/2015 não dá uma guinada de 180º do princípio dispositivo ao inquisitivo. Porém, olhando pelo modelo cooperativo, a exigência de contraditório prévio e que seja *efetivo* compartilha perfeitamente a responsabilidade na comunidade de trabalho, isto é, o juiz pode provocar a manifestação das partes no propósito de estender a coisa julgada material para alguma questão prejudicial, porém cabe às partes permitir tal ocorrência pelo contraditório efetivo. Em síntese, do ponto de vista prático não depende do juiz tornar a matéria *efetivamente* debatida; no máximo ele pode abrir ensancha para tal ao determinar que as partes se manifestem. O debate *efetivo*, em si, depende das partes

Não será essa a interpretação, pendendo de maneira distorcida o modelo autoritário de processo, se a jurisprudência partir para entendimento desfocada do sistema processual, pensando exclusivamente na administração do acervo processual.

A interpretação que propomos, por sinal, atende não só ao princípio do contraditório previsto na Constituição brasileira, como observa com impressionante fidelidade o que acontece nos Estados Unidos da América, onde as alegações do autor que não tenham sido contestadas não podem ser consideradas *issues* para efeito da *issue preclusion*: "*The plaintiff's pleading must be allege, in some form the facts upon which recovery depends. As just explained*" – explicam Casad e Clermont – "*these facts are not in issue unless the defendent chooses to deny them. Those undenied facts have no issue preclusion effect even though they are necessary elements of the plaintiff's claim and even though the plaintiff won judgement.*"[36] Hazard e Taruffo, ademais, acrescem nesse exato sentido a seguinte ponderação: "*En consecuencia, una sentencia dictada en rebeldía o una conciliación judicial no impiden que la misma cuestión se plantee de nuevo en un proceso posterior. De este modo*" – esclarecem sobre estratégias advocatícias baseadas nesse regime jurídico – "*un demandado que ha de enfrentarse a diversos posibles demandantes puede decidir llegar a todos los acuerdos que pueda com ellos, para no correr el riesgo de que se dicte una sentencia desfavorable, que le vincularia respecto de todos los demandantes posteriores. Se trata, pues, de un*

---

35. Por todos, v. por todos: CINTRA, Antônio Carlos de Araújo; DINAMARCO, Cândido Rangel; GRINOVER, Ada Pellegrini. **Teoria Geral...**, cit., item "20", p. 57.
36. CASAD, Robert; CLERMONT, Kevin M. **Res judicata...**, cit., p. 125.

factor importante en la estrategia defensiva, en los casos en que varios atores pueden dirigirse contra el mismo demandado."[37]

Essa configuração, por sinal, mais uma vez demonstra claramente que se estamos importando o instituto do *collateral estoppel* (ou *issue preclusion*), é impossível excluirmos totalmente de nosso país o princípio dispositivo em matéria de extensão de limites objetivos da coisa julgada às prejudiciais, fazendo prevalecer o inquisitivo.

Nos Estados Unidos, ademais – para evitarmos importações jurídicas exageradamente desfiguradas (porque é inevitável o desfiguramento até certa medida, em razão da diferença de culturas jurídicas) –, é importante frisarmos que a doutrina do *collateral estoppel* serve para ampliar os objetivos da coisa julgada para além do efeito jurídico da *claim preclusion*[38], tanto que só é aplicável quando inaplicável a *claim preclusion*[39]. Ademais, além de diversa a incidência de cada um dos institutos, a lógica da *claim preclusion* é inversa à da *issue preclusion*: utilizando a linguagem processual brasileira, naquela se incluem sob o manto da coisa julgada material não só o que tradicionalmente chamamos de *efeito preclusivo da coisa julgada*, mas também as *causas de pedir* que poderiam ter sido propostas ao tempo de propositura da ação, num efeito expansivo muito significativo (e distinto do sistema processual brasileiro de 1973, bem como do de 2015); enquanto a *issue preclusion* abrange tão e somente questões de fato (e às vezes de direito) que sejam efetivamente debatidas, decididas, e necessárias para um julgamento de mérito válido, não se permitindo interpretações elásticas fundadas em "julgamentos implícitos", mas podem acontecer variações de extensão desse instituto decorrentes de dúvidas que surjam nos debates forenses do próprio conteúdo do que seja, no caso concreto debatido, *issue of fact or law actually litigated and determined by a valid and final judgement*[40].

Como se pode notar, o modelo cooperativo do CPC/2015 equilibra a divisão de trabalho processual quanto à extensão dos limites objetivos da coisa

---

37. TARUFFO, Michele; HAZZARD, Geoffrey C. **La Justicia Civil en los Estados Unidos**. Tradução: Fernando Gascón Inchausti. Navarra: Editorial Aranzadi, 2006, p. 216.
38. CASAD, Robert; CLERMONT, Kevin M. **Res judicata**..., cit., p. 11/12; SHREVE, Gene R.; HANSEN, Peter Raven. **Understanding Civil Procedure**. Third edition. Washington DC: LexisNexis, 2002, § 15.06, p. 506; TARUFFO, Michele; HAZZARD, Geoffrey C. **La Justicia Civil**..., cit., p. 214/215.
39. CASAD, Robert; CLERMONT, Kevin M. **Res judicata**..., cit., cap. 07, p. 112.
40. WRIGHT, Charles Alan; KANE, Mary Key. **Law of Federal**..., cit., § 100A, p. 727/728: *"The principal distinction between claim preclusion and issue preclusion is, as noted, earlier, that the former forecloses litigation of matters that never have been litigated. This makes it important to know the dimensions of the 'claim' that is foreclosed by bringing the first action, but unfortunately no precise definition is possible. (...) The general rule of issue preclusion is that if na issue fact or law actually litigated and determined by a valid final judgement, the determination is conclusive in a subsequent action between the parties, whether on the same or a different claim."*

julgada, e tal equilíbrio se afina ao sistema que importamos dos Estados Unidos: o qual possui um cabedal jurídico sólido sobre o *collateral estoppel* (ou *issue preclusion*), a despeito de polêmicas que, no fundo, são inerentes a qualquer instituto jurídico; e este cabedal bastante delineado e sólido deixa claro que *a parte possui papel fundamental na formação da coisa julgada às questões prejudiciais*.

2.6 O papel fundamental que o despacho saneador pode exercer na ampliação dos limites objetivos da coisa julgada; competência para reconhecimento da coisa julgada em questão prejudicial.

Para demonstrarmos, mais uma vez, que o desconhecimento de nossa cultura jurídica quanto os meandros da doutrina dou *collateral estoppel* (ou *issue preclusion*) exige clareza e minudência legislativa mais apurada por parte do CPC/2015, passamos a debater a sugestão dos estudiosos do CEAPRO àquelas dúvidas que levantaram linhas acima (sobre ação declaratória incidental).

Sugerem os eminentes processualistas que *"seria muito desejável que se exigisse a indicação expressa da questão prejudicial como ponto controvertido, no saneamento ou em momento posterior (devendo ficar assegurado, nesse último caso, o direito à prova), para que o contraditório a respeito realmente tenha condições de ser exercido em sua plenitude."*[41] Com efeito, a delimitação da questão prejudicial apontada no despacho saneador teria o efeito de *previsibilidade* dos sujeitos do processo quanto à questão prejudicial que possivelmente poderia transitar materialmente em julgado produzindo o efeito positivo da coisa julgada. À luz de nosso sistema processual – muitíssimo acostumado com a herança portuguesa do despacho saneador, e sem conhecer a "pitada de sal" segundo os padrões da *issue preclusion* – é solução a ser considerada com muita atenção.

Como se sabe, competirá ao juiz do segundo processo (ou do processo posterior) reconhecer se existe, ou não, coisa julgada material cobrindo determinada questão prejudicial, para decidir se considerará em seu próprio processo o elemento prejudicial como *questão* (podendo, portanto, decidi-la) ou *ponto prejudicial* (estando vinculado ao julgamento precedente pelo efeito positivo da coisa julgada)[42]. Fato é que não temos vivência da tecnologia jurídica para reconhecimento dessa questão prejudicial transitada materialmente em

---

41. CAIS, André Luis; CORREA, Fábio Peixinho Gomes; PEREIRA; Guilherme Setoguti J.; FONSECA, João Francisco Naves da; DELLORE, Luiz Guilherme Pennachi; OLIVEIRA, Marco Antonio Perez; THAUNAY, Rennan Faria Krüger. Proposta de melhoria da coisa julgada..., citado.
42. ALVIM, Thereza. **Questões prévias...**, cit., cap. VI, p. 28: "Já, se a prejudicial de uma questão tiver sido, anteriormente ao processo, decidida com força de coisa julgada material, teremos ponto prejudicial. (...)."

julgado, pois cada requisito do art. 503, §§ 1.º e 2.º do CPC/2015, nos Estados Unidos, possui exigências e alguns *tests* que os juristas de lá realizam e a maioria de nós sequer imagina. Só para se ter uma pequena ideia do que dizemos, o § 27 da *Second Restatement of Judgment* impõe os seguintes testes a serem realizados pelo juiz do processo posterior para se aferir se a questão prejudicial do processo anterior é a mesma do processo posterior[43]:

1. Há substancial coincidência de questões nos aspectos probatórios e argumentativo?
2. A nova prova ou argumento envolve aplicação da mesma regra de direito que a utilizada no julgamento precedente?
3. Com relação à questão decidida na ação primeva (original, primeira), poderia a fase *pretrial preparation* ou *discovery* gerar expectativa da questão se tornar *issue*?
4. Quão próximos são as reivindicações envolvidas nos dois procedimentos?

Este é um pequeno exemplo da simplificação desintegradora do CPC/2015 que não apresenta roteiro mais trabalhado para aplicação do art. 503, §§ 1.º e 2.º, no propósito de se evitar injustiças graves e permitindo que o procedimento flua com segurança para partes e em duração razoável; é a confusão entre economia processual e simplificação desintegradora do processo.

Seja como for, como pudemos notar, existindo nos Estados Unidos cabedal normativo cujo cerne é bastante claro para fins de reconhecimento da questão prejudicial apta a ser coberta pela coisa julgada material (isto é, ser ou não reconhecida como *issue* na linguagem estadunidense) – novamente deixando de lado polêmicas ali discutidas em torno de detalhes do instituto –, os Tribunais estadunidenses costumam seguir, em termos gerais, os mesmos padrões e inspirados na *Second Restatement*, que é detalhada em cada requisito do *collateral estoppel*. Tanto que, conforme exemplo supratranscrito de Taruffo e Hazzard, os advogados dos Estados Unidos traçam estratégias em cima desse corpo normativo. Portanto, no Brasil, o despacho saneador poderia constituir baliza importantíssima para não nos perdermos totalmente, servindo de farol: primeiro para as partes, seja no processo anterior permitindo que entrevejam eventuais questões que possam transitar materialmente em julgado, seja no processo posterior para enxergarem as questões com potencial de serem reconhecidas como transitadas materialmente em julgado; e em segundo lugar, na mesma linha, tanto para o juiz anterior como para o juiz posterior.

---

43. CASAD, Robert; CLERMONT, Kevin M. **Res judicata**..., cit., cap. 07, p. 116/117.

2.7 Os riscos advindos da abertura total de matérias a suportarem a ampliação objetiva da coisa julgada: necessidade de planejamento.

Outro ponto altamente crítico advindo da exagerada simplicidade do texto do CPC/2015 diz respeito à falta de detalhamento quanto às matérias sujeitas à extensão dos limites objetivos da coisa, o que é de vital importância para uma cultura jurídica alheia aos meandros do *collateral estoppel* (*issue preclusion*). Se cada juiz entender num determinado sentido não saberemos, por um bom tempo (sabe-se lá quanto...), sobre o âmbito de incidência do instituto, sem falar na possível enxurrada de recursos que daí pode advir. Nesse sentido, é muito interessante o testemunho do Professor Austin Wakeman Scott que, em 1942, já alertava para os casos mais comuns de aplicação do instituto do *collateral estoppel* na prática estadunidense: *"The commonest types of situation where these are successive actions based on different causes of action but involving the same questions or issues are to recover successive installments of interest on notes or other obligations; actions to enforce separate notes or other obligations given in the same transaction; actions to recover installments of rent; actions to recover recurring taxes; successive actions between spouses for separation or divorce; actions for successive torts; actions for tort brought by two parties against each other, arising out of the same transaction."*[44]

Não bastasse a comprovação da limitada utilidade do *collateral estoppel* para determinadas matérias, devemos recordar a advertência de Barbosa Moreira quando escreveu sobre os *mitos da Justiça*: *"Estou convencido de que a ânsia de modificar incessantemente a lei – tão sensível, nos últimos anos, no campo processual – cresce na razão inversa de nossa disposição para pesquisar a realidade com critérios técnicos. (...) Antes de reformar a lei processual (rectius: qualquer lei), mandam a lógica e o bom senso que se proceda ao diagnóstico, tão exato quanto possível, dos males que se quer combater e das causas qeu os geram ou alimentam. Nenhum médico digno desse nome prescreve remédios e tratamentos sem inteirar-se de que mal padece o doente, e por quê. (...) Depois de reformar a lei, impende acompanhar de perto, com lentes adequadas, a repercussão da reforma no dia-a-dia forense. Não há outra maneira de descobrir o que realmente mudou, em que sentido e com que alcance."*[45]

Como não se apurou previamente o problema que se pretendia resolver com a ampliação dos limites objetivos da coisa julgada, até porque a doutrina processual não se queixa do sistema de 1973 quanto aos limites objetivos da coisa julgada, o texto do CPC/2015 sequer se preocupou em limitar as matérias

---

44. SCOTT, Austin Wakeman. Collateral estoppel..., cit., p. 04.
45. BARBOSA MOREIRA, José Carlos. O futuro da Justiça: alguns mitos. In: **Temas de Direito Processual.** 8.ª série. São Paulo: Saraiva, 2004, p. 10/11.

sobre as quais incidiria a ampliação dos limites objetivos da coisa julgada. Deste modo, teria sido louvável se a nova lei processual apresentasse lista de matérias para servir de guia inicial, diminuindo entendimentos tão díspares em nosso sistema processual; até porque ele pode ser aperfeiçoado por pequenas reformas legais posteriores. Essa metodologia nos permitiria enxergar, com mais vagar, o impacto do instituto de modo racional, com números inclusive. Sem falar que se tem algo de que não podemos duvidar é da imaginação e competência de advogados de grandes conglomerados econômicos, que se enxergarem uma oportunidade nessa modificação processual não abrirão mão de utilizar o instituto tentando impor a força econômica (capacidade de litigância organizacional) de seus clientes. Acresça-se a isso que não se conhece qualquer estudo brasileiro, mesmo que especulativo, a respeito do possível impacto desse instituto sobre prestadores de serviços públicos em geral: telefone, água, esgoto, energia elétrica, concessionárias em geral (rodovias, aeroportos, etc.). Justamente serviços vitais para a sociedade, e que aparentemente possuem o perfil adequado para o *collateral estoppel* por envolverem relações jurídicas de continuidade.

2.8 Aplicação do novel instituto e o princípio hedonista.

Outro ponto de grave preocupação quanto à aplicação desse instituto em razão de sua regulação exageradamente genérica, é prevermos como será seu funcionamento à luz da racionalidade hedonista. Calha lembrar, por sinal, advertência de Calamandrei no sentido de que *"los artículos de los Códigos son necesariamente mudos: el legislador inocente no ha calculado a qué sutiles virtuosismos pueda prestarse en cada caso, en la táctica de los litigantes, el empleo indirecto de ciertos institutos, ni ha sospechado siquiera que puedan ellos ser utilizados como medios de estímulo o de freno, orientados a fines que van mucho más allá de los queridos o previstos por la ley."*[46] Por tal motivo, antes já havia advertido no mesmo estudo *"El proceso como juego"*, que *"el legislador debe conocer, antes que la técnica jurídica, la psicologia y la economia de su pueblo: y sobre todo no puede limitarse a ser un jurista puro el abogado que en todo instante tiene que recordar que todo hombre es una persona, es decir, un mundo moral único y original, que frente a las leyes se comporta según sus aficiones y sus intereses, de manera imprevisible y a menudo desconcertante."*[47]

Seguindo o conselho de Calamandrei – de prestar atenção no ser humano, em seu aspecto psicológico, para refletir sobre a lei jurídica –, é válida

---

46. CALAMANDREI, Piero. El proceso como juego. In: **Derecho Procesal Civil**. Vol. 3 (Estudios sobre el processo civil). Buenos Aires: EJEA, 1973, p. 259/261, p. 270/271.
47. Ibidem, p. 260/261.

a pergunta: como essa racionalidade hedonista agirá em nossos juízes com relação ao novo instituto processual que estenderá a coisa julgada material às questões prejudiciais? Para respondermos – ou pelo menos especularmos – sobre a resposta a esta indagação, temos que pelo menos ter uma ideia do que seja *hedonismo*. Em filosofia, hedonismo é a doutrina em que o prazer é um bem (ou benefício) inerente a todas as ações humanas, constituindo objetivo próprio delas. Na psicologia, o hedonismo diz respeito a qualquer teoria que sugira ser o único ou principal motivador do comportamento a busca pelo prazer e o evitamento da dor[48].

Para termos uma ideia sobre a aplicação prática do hedonismo, em economia a racionalidade hedonista é utilizada para explicar certos fenômenos como, por exemplo, a *falha de mercado conhecida por falta de incentivo* (ou *falha de incentivo*), que é incompatível no caso de suprimento de *bens coletivos*. Neste sentido, em economia se costuma explicar que num regime de mercado os agentes econômicos preferem bens individualizáveis aos bens coletivos, porque nos coletivos acaba-se investindo e os benefícios, porém, extravasam para outros destinatários; ou em outras palavras, o agente econômico não pode excluir outros beneficiários do investimento[49]. Portanto, o princípio hedonista, *"se aplicado coerentemente pelos agentes econômicos, levá-los-á, invariavelmente, a esconder sua preferência pelos bens coletivos, justamente pelo fato de não poderem ser excluídos de sua utilização, caso tais bens venham a ser produzidos."*[50] Sendo assim, uma economia fundada apenas no mercado (isto é, com pouca ou mínima intervenção do Estado) tenderá a discriminar fortemente os bens coletivos e a exagerar na produção de bens exclusivos. *"Terá, assim"* – exemplifica Fábio Nusdeo – *"muitos carros, mas poucas linhas de metrô ou um deficiente transporte coletivo; terá muitas fábricas, mas poucos aparelhos antipoluentes – o ar puro é um bem coletivo: maior pureza para uns, não significa menor pureza para outros –; terá médicos particulares mas uma deficiente higiene pública e assim por diante."*[51]

---

48. VANDERBOS, Gary R. (editor). American Psychological Association (APA). **Dictionary of Psychology**. Washington DC: APA, 2007, verbete *hedonism*, p. 434.
49. É o que explica Fábio Nusdeo, doutor em Economia e livre-docente em Direito econômico pela USP, Professor Titular da mesma Universidade na Faculdade de Direito´: "Os bens coletivos são aqueles aptos ao atendimento simultâneo das necessidades de um grupo ou coletividade para os quais não vigora o princípio da exclusão no ato de seu uso ou do seu consumo. Contrariamente, no caso dos bens exclusivos, o fato de alguém deles se utilizar exclui, ipso facto, dessa mesma utilização outro ou outros consumidores. O exemplo mais absoluto de um bem coletivo, como já apontado, é a defesa nacional. Com efeito, a proteção que ela traz a um cidadão é exatamente igual àquela proporcionada a qualquer outro membro da coletividade. Da mesma maneira, vários motoristas podem se servir simultaneamente de uma estrada, sem que qualquer deles exclua os demais." (NUSDEO, Fábio. **Curso de Economia: introdução ao Direito Econômico**. 4.ª edição. São Paulo: RT, 2005, cap. 7, item "7.6", p. 163).
50. Ibidem, cap. 7, item "7.6", p. 163/164.
51. Ibidem, loc. cit.

Imaginemos, agora, juiz titular numa cidade como São Paulo, em que só na região central há por volta de 40 varas cíveis. Imaginemos, também, por outro lado, juiz titular numa cidade com vara distrital (vara única), ou que não seja distrital: mas que ele seja o único juiz cível da cidade. Lembremos agora das condições de trabalho dos juízes que, em geral, são bastante precárias: em regra, faltam recursos humanos e materiais (qualitativa e quantitativamente falando). E por fim, consideremos que a doutrina *collateral estoppel* (ou *issue preclusion*) é totalmente desconhecida de nossa cultura jurídica, e que a regulação no CPC/2015 é genérica apesar das melhorias no atual art. 503 e §§ 1.º e 2.º. Com tudo isso, perguntemos: sob este ponto de vista, quem tenderá, segundo o princípio hedonista, a tentar aplicar de modo máximo o novo instituto?

Pela lógica da racionalidade hedonista, deixando de lado fatores pessoais o juiz da megalópole tenderá a não respeitar o instituto, porque a questão prejudicial, exigindo contraditório efetivo, evidentemente tornará o processo mais demorado e mais trabalhoso, porque a área de cognição pode aumentar bastante significativamente além do campo probatório, e necessariamente esse juiz não será diretamente beneficiado; *necessariamente, ele não será o juiz posterior*. No mesmo sentido, em varas judiciais nas quais atuem somente juízes substitutos não haverá qualquer incentivo para a prática do *collateral estoppel*, a não ser o comprometimento puro e simples do próprio juiz somados à preocupação da confirmação na carreira estando ele, diga-se de passagem, sob a pressão de enorme quantidade de trabalho em condições muito precárias. E a regulação genérica do CPC/2015 permitirá que o juiz não aplique como deveria o instituto.

Como podemos notar, no ambiente de cidades em que haja muitos juízes competentes em abstrato para a mesma matéria, a tendência será de *inefetividade total do instituto* pela racionalidade hedonista.

Por outro lado, na cidade em que o juiz seja titular e único competente para a matéria, o equívoco será oposto: o juiz terá maior incentivo para aplicar o *collateral estoppel* (ou *issue preclusion*) de modo maximizado, porque estando o juiz mergulhado numa estrutura administrativa precária, com poucos recursos humanos e materiais, e fixado ele na vara provavelmente até o final de sua vida, além do desconhecimento total da cultura jurídica que precede o novel instituto jurídico, ele enxergará o *collateral estoppel* como um *investimento em seu trabalho futuro*. E o perigo reside exatamente aqui: como será que o juiz interessado no *collateral estoppel* agirá? Inspirado pela máxima inquisitividade, ou temperando o instituto com a percepção de que a parte precisa querer discutir a questão? Nada disso está regulamentado expressamente e detalhadamente no CPC/2015, e não faltará juiz concluindo no sentido de que "contraditório efetivo poderia se limitar ao conhecimento, excluída a reação":

e o prejudicado é o jurisdicionado, pois torna muito imprevisível a aplicação do instituto e os efeitos que decorrerão dessa aplicação.

O raciocínio que aqui aplicamos dirigidos a juízes pode também ser aplicado a promotores de justiça, defensores públicos, e a outras funções essenciais à justiça que trabalhem no serviço público, sob a pressão da imensa quantidade de trabalho e dispondo de condições precárias de trabalho, além do pouco ou nenhum conhecimento sobre a cultura jurídica que viceja por detrás do instituto de origem norte-americana.

Sem dúvida, nossas considerações são especulativas. Todavia, ainda a título exemplificativo de como a *racionalidade hedonista* funciona no sistema de justiça e em reforço à nossa especulação, não podemos ignorar – e essa informação é pública e notória – que a forte tendência de vinculação dos precedentes em nosso país se deve, em boa parte, como *política de administração de acervo de processos* – e não a preocupação real com o princípio da igualdade. Se a causa dessa mudança significativa na postura metodológica de prestação do serviço público judicial fosse a preocupação com a igualdade, o instituto da *uniformização de jurisprudência* não seria puro enfeite ao longo de quase 40 anos. Hoje, a discussão dos precedentes pelo viés da igualdade constitucional ganhou força em nosso país, mas não foi assim desde o começo: e as reformas atinentes a esse assunto sempre foram principalmente motivadas pelo excesso de trabalho, a ser combatido com o maior efeito vinculante no plano dos precedentes judiciais.

Como podemos notar, aplicando rudimentos da ciência psicológica ao CPC/2015 no ponto em que se prevê a coisa julgada material aplicada às questões prejudiciais, podemos notar que a falta de clareza quanto ao cabimento do novo instituto poderá criar práticas judiciais absolutamente díspares em nossas varas, até que o trabalho lento da jurisprudência coloque as coisas em seu lugar – isso se os Tribunais suportarem o tanto de recursos que podem ser gerados pelas diferentes interpretações do instituto.

2.9 Dependência da resolução da questão prejudicial para o julgamento de mérito.

Notemos outro exemplo de insuficiência do texto: como bem explica Carrilho Lopes em seu importante trabalho, quando o *collateral estoppel* impõe que a questão prejudicial seja premissa necessária e determinante do resultado do julgado, o instituto exclui questões decididas *desfavoravelmente* ao vencedor[52]:

---

52. LOPES, Bruno Vasconcelos Carrilho. **Limites...**, cit., p. 68/70.

o que está absolutamente correto. E o texto do CPC/2015, em seu art. 503, § 1.º, inciso I, assim se manifesta: *"A decisão que julgar total ou parcialmente o mérito tem força de lei nos limites da questão principal expressamente decidida. § 1º O disposto no caput aplica-se à resolução de questão prejudicial, decidida expressa e incidentalmente no processo, se: I – dessa resolução depender [grifamos] o julgamento do mérito; (...)."* É verdade que se a questão prejudicial é resolvida desfavoravelmente ao vencedor, então o julgamento de mérito *não dependeu* dela; a nosso ver parece bastante tranquila essa compreensão.

Mas, haverá quem diga – sobretudo se não conhecer a cultura jurídica que subjaz o *collateral estoppel* (ou *issue preclusion*) – que a questão prejudicial, embora julgada desfavoravelmente ao vencedor, pode ter influenciado outra questão julgada favoravelmente e da qual dependeu diretamente o mérito, por exemplo. Para evitarmos essas polêmicas, seria de bom tom que o CPC/2015 prescrevesse expressamente, de forma didática, que a questão prejudicial julgada desfavoravelmente ao vencedor está excluída do trânsito em julgado material – o que não aconteceu.

De qualquer modo, parece-nos que a melhor interpretação esposada é a de Carrilho Lopes, não só porque inspirada na cultura jurídica que deu origem ao *collateral estoppel* – bastante preocupada com o exaurimento do debate em torno da questão a ser imunizada –, mas porque é a única capaz de impedir enxurrada de recursos dirigida contra questões prejudiciais, recursos esses com a finalidade imediata dos recorrentes se acautelarem contra futuras demandas e não para resolução de conflitos existentes. Por sinal, Carrilho Lopes apresenta importante fato histórico a esse respeito: *"Nos trabalhos de elaboração da ZPO alemã suscitou-se a possibilidade de ser criada hipótese de declaração incidental ex lege com referência à relação jurídica prejudicial, caso sua existência ou validade fosse questionada no processo. Dentre os argumentos para rejeição da proposta, foi citada a experiência do Reino da Saxônia, em que a teoria de Savigny encontrou aplicação na prática judiciária. A ampliação dos limites objetivos da coisa julgada teve por imediato reflexo o surgimento de relevante quantidade de recursos interpostos contra a sentença de primeiro grau pelo vencedor, dada a insatisfação quanto ao decidido na motivação. A limitação da coisa julgada aos argumentos decididos favoravelmente ao vencedor evita essa indesejável proliferação de recursos"* – conclui Lopes – *"pois a inexistência de coisa julgada quanto aos motivos que lhe são desfavoráveis exclui o interesse do vencedor em recorrer."*[53]

---

53. Ibidem, p. 70.

2.10. Como interpretarmos o § 2.º do art. 503 do CPC/2015?

Para interpretarmos o § 2.º do art. 503 do CPC, a nosso ver é importante nos socorrermos da doutrina estadunidense: porque ela aponta bons motivos que afastam a aplicação da doutrina do *collateral estoppel* quando tal aplicação ameaçar a *justiça*.

Segundo conceituada doutrina norte-americana, "*some tribunais may not actually be as adequate as a court of general jurisdiction to deal with the issues. Also, the discovery and trial of evidence is often expensive and inconvenient, and so if the amount involved in the first action was not enough to warrant an all-out effort to prove the parties' positions, it might be unfair to hold the losing party forever bound by determinations made in case. Sometimes all the implications of a particular issue are not known or even foreseeable at the time of the first action. A litigant should not be bound by a determination of an issue unless they was a full and fair opportunity, and incentive, to put forth an effective case on that issue in the first action. For these and other reasons*" – concluem os autores – "*absolute prohibition of relitigation of all issues in all situations is not justified. The interest in avoiding repetitious litigation of the same issues must be weighed against contrary considerations of fairnesse and efficiency.*"[54]

Essa curtíssima explicação é um resumo que justifica relevantes limitações à aplicação da doutrina do *collateral estoppel* (ou *issue preclusion*), e é o que explica a redação do § 2.º do art. 503 do CPC: não obstante seja evidente a correspondência *fraca* entre o que está efetivamente escrito de modo muito lacônico no § 2.º em discussão, e o caminhão de significado que esse dispositivo representa a partir da cultura jurídica norte-americana.

De modo que, lendo-se esse dispositivo – "A hipótese do § 1º não se aplica se no processo houver restrições probatórias ou limitações à cognição que impeçam o aprofundamento da análise da questão prejudicial" – é necessário que os juízes brasileiros, mesmo limitados ao texto do CPC/2015, tentem compreender o espírito que está por detrás dele: em síntese, a proteção do valor *justiça*, pois quando um órgão judicial estadunidense não reconhece a coisa julgada em questão prejudicial pelas cautelas acima expostas, nada mais faz que defender o direito das partes sustentarem suas teses jurídicas no cadinho do processo judicial, sem qualquer obstáculo precipitado.

De qualquer modo, ainda que esse §2.º do art. 503 do CPC/2015 seja insuficiente em sua redação, trasladando pouco do espírito zeloso e cauteloso por detrás do instituto norte-americano que irá ser implantado, devemos

---

54. CASAD, Robert; CLERMONT, Kevin M. **Res judicata...**, cit., p. 114.

reconhecer que já é alguma coisa a existência desse dispositivo para se tentar balizar melhor o campo de atuação do juiz, servindo de freio ao exercício jurisdicional e sobretudo ao juiz posterior (o competente para avaliar a existência de coisa julgada). Numa palavra, o § 2.º do art. 503 do CPC/2015 representa política pública que visa neutralizar injustiças quando aplicada a ampliação dos limites objetivos da coisa julgada.

Razão assiste a Cássio Scarpinella Bueno, portanto, quando sinaliza que *"eventuais restrições probatórias (como ocorre, por exemplo, em mandado de segurança) ou limitações à cognição que impeçam aprofundamento da análise da questão prejudicial (é o que se dá, por exemplo, na 'ação de consignação de pagamento' - v. art. 544) são fatores suficientes para afastar a coisa julgada material sobre a questão prejudicial."*[55] O que não exclui a ponderação de Machado, com quem estamos de acordo, qual seja, de que deve haver uma análise *in concreto*: *"O problema seria apenas, em casos de procedimentos com limitações probatórias, que eventualmente seriam compatíveis com o julgamento do pedido principal, mas incompatíveis com a solução da questão prejudicial, a qual dependeria da produção de provas inadmissíveis naquela via. Parece-nos que nesta hipótese não poderia haver coisa julgada sobre questão prejudicial."*[56]

3. LIMITAÇÕES DO INSTITUTO QUE DEVEM SER RESPEITADAS; O EXERCÍCIO DA JURISDIÇÃO COMO PRESTAÇÃO DE UM SERVIÇO PÚBLICO.

Em suma, o instituto do *collateral estoppel* (ou *issue preclusion*, sua terminologia moderna) é complexo e vasto; em nosso estudo existe pouco mais do que o nada analisando o instituto. De qualquer modo, são importantes as palavras do Professor Austin Wakeman Scott, da Harvard Law School, quando em 1942 declarou: "A doutrina do collateral estoppel, *que se aplica quando a causa de pedir posterior é distinta da anterior*, tem aplicação reduzida. E sua limitada aplicação baseia-se em sensata política pública, a fim de não causar injustiça."[57]

Sim, porque em nome da pura eficiência ou administração que vise redução do acervo de processos, graves injustiças podem ser perpetradas na

---

55. BUENO, Cássio Scarpinella. **Novo CPC anotado**. São Paulo: Saraiva, 2015, anotação ao art. 503, p. 335.
56. MACHADO, Marcelo. Novo CPC: que coisa julgada é essa? **JOTA**, 16 de fevereiro de 2015, em: ‹http://jota.uol.com.br/novo-cpc-que-coisa-julgada-e-essa?fb_comment_id=845048048890059_845781742150023#f2c5a-fe38c›.
57. SCOTT, Austin Wakeman. Collateral estoppel..., cit., p. 04, no original: *"The doctrine of collateral estoppel, which applies where the cause of action [=claim, na linguagem moderna] is different, has much more limited application. In its limited application it is based upon a sound public policy. Care must be exercised in its application to see that it works no injustice."*

equivocada aplicação do *collateral estoppel*. E definitivamente, verdade seja dita, em matéria de ampliação dos limites objetivos da coisa julgada o CPC/2015 não oferece norte claro para os sujeitos do processo, numa simplificação que ameaça a qualidade do serviço público de prestação jurisdicional. Essa simplificação exagerada, desconsiderando que cada ser humano, cada juiz, cada parte, representa um mundo moral único e original com reações diferentes frente à novel legislação processual, corremos o risco de nos perdermos em recursos processuais e abrirmos ensancha até mesmo para a má-fé processual – pois, como se viu, o *collateral estoppel* possui o potencial de ampliar o trabalho de cognição e produção probatória no processo precedente[58].

Faz-se mister, portanto, que reflitamos antes de mais nada sobre *a verdadeira utilidade desse novo instituto em nosso sistema processual*, de modo que ele permita maior rendimento processual a casos escolhidos cuidadosamente, o que vale dizer, casos que por sua natureza acomodem realmente a aplicação do novo instituto contribuindo para a prevenção de novos conflitos entre as mesmas partes. E o único modo de não se incidir no rematado erro de Tribunais se apropriarem do novo instituto para simplesmente tentarem baixar acervo processual (longe da finalidade do instituto!), é a compreensão: primeiro, de que *"a função da economia no processo transcende, assim, a mera preocupação individualista de poupar trabalho a juízes e partes, de frear gastos excessivos, de respeitar o dogmatismo dos prazos. Não visa à comodidade dos agentes da atividade processual, mas à ânsia de perfeição da justiça humana – reconhecer e proclamar o direito, com o menor gravame possível"*[59]; em segundo lugar, é a compreensão de que o exercício da jurisdição, em última análise, trata-se de prestação de um serviço público.

A respeito desse último aspecto, somente esse programa de pensamento permitirá que façamos leitura republicana da ampliação dos limites objetivos da coisa julgada, exatamente na perspectiva projetada por Mauro Cappelleti de que *"direito e Estado devem, finalmente, ser vistos por aquilo que são: como simples instrumentos a serviço dos cidadãos e de suas necessidades, e não vice--versa."*[60]

---

58. A respeito do tema *collateral estoppel*, por sinal, é interessante notarmos que os Professores Wright e Kane correlacionam a ampliação do objeto do processo, permitindo às partes completa discussão sobre os fatos e direitos a serem decididos, com a consequência de estreitamento das situações em que uma segunda oportunidade de litigar possa ser dada (WRIGHT, Charles Alan; KANE, Mary Key. **Law of Federal...**, cit., § 100A, p. 725). Nota-se, mais uma vez, que é impossível analisar o *collateral estoppel* se não ponderarmos aspectos administrativos, econômicos, políticos, psicológicos, como, aliás, em todos os institutos jurídicos.
59. LACERDA, Galeno. **Do despacho saneador**. Porto Alegre: Fabris, 1985, cap. I, item "1", p. 6.
60. CAPPELLETI, Mauro. Acesso à Justiça como programa de reforma e como método de pensamento. In: **Processo e ideologia**. Vol. I. Porto Alegre: Sérgio Fabris Editor, 2008, p. 393.

4. BIBLIOGRAFIA.

ALVIM, Thereza. **Questões prévias e os limites objetivos da coisa julgada.** São Paulo: RT, 1977.

BAHIA, Alexandre Melo Franco, THEODORO JR., Humberto, NUNES, Dierle, PEDRON, Flávio Quinaud. **Novo CPC: fundamentos e sistematização.** 2ª edição. Rio de Janeiro: Forense, 2015.

BARBOSA MOREIRA, José Carlos. **Estudos sobre o CPC/2015.** Rio de Janeiro: Liber Juris, 1974.

_____. O futuro da Justiça: alguns mitos. In: **Temas de Direito Processual.** 8.ª série. São Paulo: Saraiva, 2004.

_____. O processo civil brasileiro: uma apresentação. In: **Temas de Direito Processual.** 5.ª série. São Paulo: Saraiva, 1994.

_____. **Questões prejudiciais e coisa julgada.** Rio de Janeiro: Borsoi, 1967.

_____. Sobre a multiplicidade de perspectivas no estudo do processo. In: **Temas de Direito Processual.** Quarta série. São Paulo: Saraiva, 1989.

BAPTISTA, Francisco de Paula. **Compendio de Theoria a Pratica do Processo Civil comparado com o Commercial para uso das Faculdades de Direito do Imperio.** Quarta edição. Rio de Janeiro: Garnier, 1890.

BOTELHO DE MESQUITA, José Ignacio. Apresentação da edição de 1988 da obra 'Teoria e Prática do Processo Civil e Comercial' de Francisco de Paula Baptista. In: **Teses, Estudos e Pareceres de Processo Civil.** Vol. 1. São Paulo: RT, 2005.

_____; DELLORE, Luiz Guilherme Pennachi; LOMBARDI, Mariana Capela; AMADEO, Rodolfo da Costa Manso Real; TEIXEIRA, Guilherme Silveira; ZVEIBIL, Daniel Guimarães. Questões de ordem pública: revisíveis ad infinitum?. In: ASSIS, Araken de; ALVIM, Eduardo Arruda; ALVIM, Thereza; JUNIOR, Nelson Nery; MAZZEI, Rodrigo; WAMBIER, Teresa Arruda Alvim (Org.). **Direito Civil e Processo: estudos em homenagem ao Prof. Arruda Alvim.** São Paulo: Revista dos Tribunais, 2008.

BUZAID, Alfredo. **Da ação declaratória no direito brasileiro.** São Paulo: Saraiva, 1943.

BUENO, Cássio Scarpinella. **Novo CPC anotado.** São Paulo: Saraiva, 2015.

CAIS, André Luis; CORREA, Fábio Peixinho Gomes; PEREIRA; Guilherme Setoguti J.; FONSECA, João Francisco Naves da; DELLORE, Luiz Guilherme Pennachi; OLIVEIRA, Marco Antonio Perez; THAUNAY, Rennan Faria Krüger. Proposta de melhoria da coisa julgada e questão prejudicial no CPC/2015, **Revista Consultor Jurídico,** 13 de outubro de 2014, disponível eletronicamente em: ‹http://www.conjur.com.br/2014-out-13/proposta-coisa-julgada-questao-prejudicial-cpc›.

CALAMANDREI, Piero. El proceso como juego. In: **Derecho Procesal Civil.** Vol. 3 (Estudios sobre el processo civil). Buenos Aires: EJEA, 1973.

CAPPELLETI, Mauro. Acesso à Justiça como programa de reforma e como método de pensamento. In: **Processo e ideologia.** Vol. I. Porto Alegre: Sérgio Fabris Editor, 2008.

CASAD, Robert; CLERMONT, Kevin M. **Res judicata: a handbook on its theory, doctrine, and practice**. Durham: Carolina Academics Press, 2001.

CINTRA, Antônio Carlos de Araújo; DINAMARCO, Cândido Rangel; GRINOVER, Ada Pellegrini. **Teoria Geral do Processo**. 20.ª edição. São Paulo: Malheiros, 2004.

DIDIER JR., Fredie. Os três modelos de direito processual: inquisitivo, dispositivo e cooperativo. In: TUCCI, José Rogério Cruz e, RODRIGUES, Walter Piva, AMADEO, Rodolfo da Costa Manso Real. **Processo Civil: homenagem a José Ignacio Botelho de Mesquita**. São Paulo: Quartier Latin, 2013, p. 262/273.

DINAMARCO, Cândido Rangel. **Nova era do processo civil**. São Paulo: Malheiros, 2003.

HANSEN, Peter Raven. **Understanding Civil Procedure**. Third edition. Washington DC: LexisNexis, 2002.

LACERDA, Galeno. **Do despacho saneador**. Porto Alegre: Fabris, 1985.

LIEBMAN, Enrico Tullio. **Estudos sobre o processo civil brasileiro**. São Paulo: Bestbook, 2004.

LOPES, Bruno Vasconcelos Carrilho. **Limites objetivos e eficácia preclusiva da coisa julgada**. São Paulo: Saraiva, 2012.

MACHADO, Marcelo. Novo CPC: que coisa julgada é essa? **JOTA**, 16 de fevereiro de 2015, em: ‹http://jota.uol.com.br/novo-cpc-que-coisa-julgada-e-essa?fb_comment_id=845048048890059_845781742150023#f2c5afe38c›.

NUNES, Dierle, THEODORO JR., Humberto, BAHIA, Alexandre Melo Franco, PEDRON, Flávio Quinaud. **Novo CPC: fundamentos e sistematização**. 2ª edição. Rio de Janeiro: Forense, 2015.

NUSDEO, Fábio. **Curso de Economia: introdução ao Direito Econômico**. 4.ª edição. São Paulo: RT, 2005.

PEDRON, Flávio Quinaud, BAHIA, Alexandre Melo Franco, THEODORO JR., Humberto, NUNES, Dierle. **Novo CPC: fundamentos e sistematização**. 2ª edição. Rio de Janeiro: Forense, 2015.

SCOTT, Austin Wakeman. Collateral estoppel by judgement. **Harvard Law Review**, LVI, n. 01, September, 1942, p. 01/26.

TARUFFO, Michele; HAZZARD, Geoffrey C. **La Justicia Civil en los Estados Unidos**. Tradução: Fernando Gascón Inchausti. Navarra: Editorial Aranzadi, 2006.

THEODORO JR., Humberto, NUNES, Dierle, BAHIA, Alexandre Melo Franco, PEDRON, Flávio Quinaud. **Novo CPC: fundamentos e sistematização**. 2ª edição. Rio de Janeiro: Forense, 2015.

VANDERBOS, Gary R. (editor). American Psychological Association (APA). **Dictionary of Psychology**. Washington DC: APA, 2007.

WRIGHT, Charles Alan; KANE, Mary Key. **Law of Federal Courts**. Sixth edition. Saint Paul: West Group, 2002, § 100A.

CAPÍTULO 16

A Coisa julgada formal no novo Código de Processo Civil

Luiz Eduardo Ribeiro Mourão[1]

SUMÁRIO: 1. CONCEITO DE COISA JULGADA; 2. FINALIDADE DA COISA JULGADA; 3. ESPÉCIES DE COISA JULGADA; 4. A COISA JULGADA FORMAL NO NOVO CÓDIGO DE PROCESSO CIVIL.

1. CONCEITO DE COISA JULGADA

A coisa julgada é um dos mais antigos institutos jurídicos. Sua origem vai além da Lei das XII Tábuas e inspira-se no brocardo latino *bis de eadem re ne sit actio* que, traduzido livremente, significa: sobre uma mesma relação jurídica não se pode exercer duas vezes a ação da lei, isto é, o processo.

Infelizmente, em decorrência de uma análise isolada do art. 467 do CPC/73, reproduzido em parte no art. 502 do NCPC, a coisa julgada tem sido abordada, com muita frequência, apenas sob o viés da imutabilidade e indiscutibilidade do conteúdo da decisão judicial transitada em julgado.

Entretanto, o referido texto não poder ser interpretado de forma isolada, mas deve ser analisado em conjunto com as normas do artigo do artigo 337, §§ 1º e 4º do NCPC (art. 301, §§ 1º e 3º do CPC/73).

A ideia de *proibição da repetição* está bastante clara no parágrafo primeiro, do artigo 337 do NCPC, assim redigido: verifica-se a coisa julgada quando se *reproduz* ação anteriormente ajuizada. No parágrafo quarto, de forma mais clara ainda, está dito que há coisa quando se *repete* ação que já foi decidida.

Acreditamos que a proibição de repetição da ação, bem como o selo da imutabilidade e indiscutibilidade que se agregam à decisão judicial transitada em julgado, são apenas *técnicas* para se proibir a repetição do exercício da jurisdição, sobre o mesmo objeto, pelas mesmas partes.

Assim, com base nos referidos dispositivos legais, conceituamos a coisa julgada como uma "situação jurídica que se caracteriza pela proibição de

---

[1]. Especialista em Processo pela USP. Mestre e doutor em Processo Civil pela PUC/SP. Pos-doutorando em Processo Civil pela UFES. Advogado em São Paulo (mouraoadv@terra.com.br)

repetição do exercício da mesma atividade jurisdicional, sobre o mesmo objeto, pelas mesmas partes (e, excepcionalmente, por terceiros), em processos futuros." (conf. do autor, Coisa Julgada, Ed. Fórum, Belo Horizonte, 2006, p. 29). Atualmente, com os chamados processos sincréticos, podemos dizer que essa proibição também se consolida para cada fase do processo (cognição e cumprimento de sentença).

2. FINALIDADE DA COISA JULGADA

A finalidade da *res iudicata* está atrelada aos *valores* jurídicos que se pretende proteger. O professor Miguel Reale, com muita precisão, demonstra a profunda relação entre as perspectivas teleológica e axiológica no Direto: *"Um fim outra coisa não é senão um valor jurídico posto e reconhecido como motivo de conduta.* Não existe possibilidade de qualquer fenômeno jurídico sem que se manifeste este *elemento de natureza axiológica, conversível em elemento teleológico."* (Filosofia do Direito. 20ª Ed. São Paulo: Saraiva, 2002, p. 544, o itálico não consta no original).

O *valor* protegido pela coisa julgada é, sem sombra de dúvida, a segurança jurídica, um dos mais importantes imperativos do Estado de Direito. O estabelecimento da *res iudicata* visa conferir estabilidade e firmeza ao exercício da jurisdição, para segurança do jurisdicionado. Se, de um lado, o preceito do artigo 5º, inciso XXXV, da CF, abre as portas do Poder Judiciário para a apreciação de todas as lesões ou ameaças de lesão aos direitos subjetivos, a coisa julgada, de outro lado, impede que essa atividade seja exercida em duplicidade.

A busca desse objetivo é tamanha que nem mesmo a lei, principal critério de avaliação da conduta humana no Estado de Direito (art. 5º, inciso II, da CF), pode alterar a coisa julgada. A Constituição Federal deixa clara essa questão no seguinte preceito: "a lei não prejudicará (...) a coisa julgada" (art. 5º, inciso XXXVI, da CF). É inegável, pois, o *status* constitucional da *res iudicata*, como direito e garantia fundamental do cidadão.

3. ESPÉCIES DE COISA JULGADA

A finalidade da jurisdição é o julgamento da lesão ou ameaça de lesão aos direitos subjetivos afirmados pelas partes (art. 5º, inciso XXXV, da CF). O *meio* utilizado para se conseguir esse objetivo é o processo. Nosso sistema jurídico não permite o exercício da jurisdição sem o devido *processo* legal (art. 5º, inciso LV da CF).

O processo, entretanto, não é um *fim* em si mesmo, mas um *meio* (instrumento) para o julgamento das lides. Nesse sentido, podemos dizer que o processo é *forma*, cujo objetivo é veicular um determinado *conteúdo*, tecnicamente chamado de mérito. A relação lógica entre este e aquele é de continência: o processo, como forma, é o continente; o mérito, como a matéria, é o conteúdo.

O tão propalado princípio da instrumentalidade do processo, no fundo, nada mais é do que a percepção de que na relação entre *forma* e *matéria* (*continente* e *conteúdo*), esta deve ser priorizada em relação àquela.

Tendo em vista essa duplicidade lógica entre forma e conteúdo, o exercício da jurisdição não se restringirá a análise do mérito, mas também se projetará sobre a forma. Erros formais, que descaracterizem o devido processo legal, impedem o exercício da jurisdição sobre o mérito.

Justamente porque o exercício da jurisdição incidirá sobre as questões formais e sobre o conteúdo do processo, os doutrinadores modernos reconhecem a existência de dois tipos diversos de sentenças: a) a definitiva, que julga o mérito e b) a terminativa, que julga a forma (pressupostos processuais e condições da ação).

A consequência inevitável dessa dualidade produz reflexos no instituto da coisa julgada, que pode ser classificada em duas espécies: a) a coisa julgada formal e b) a coisa julgada material.

Com base no conceito acima apresentado, podemos dizer que a coisa julgada *material* é a situação jurídica que se caracteriza pela proibição de repetição do exercício da mesma atividade jurisdicional, *sobre decisão de mérito*, pelas mesmas partes (e, excepcionalmente, por terceiros), em processos futuros (art. 337. §§1º e 4º cc com o art. 502, do NCPC).

A coisa julgada *formal*, por seu turno, pode ser definida como "a situação jurídica que se caracteriza pela proibição de repetição do exercício da mesma atividade jurisdicional, *sobre decisão terminativa*, pelas mesmas partes (e, excepcionalmente, por terceiros), em processos futuros (art. 486, §1º, do NCPC). (conf., do autor, Coisa Julgada, Ed. Fórum, Belo Horizonte, 2006, cap. 4).

Como espécies do mesmo gênero, ambas guardam pontos de *identidade* e de *diferenciação*. A diferença reside no *conteúdo* da decisão judicial: a coisa julgada material incide sobre decisões de mérito, chamadas definitivas; a coisa julgada formal acoberta decisões relativas a questões formais, chamadas terminativas.

O *ponto de identidade* é a capacidade que têm de produzirem efeitos externos ao processo (ou fase procedimental) em que foi proferida a decisão judicial. Esta eficácia externa impede a repetição do exercício da mesma atividade jurisdicional, em processos futuros, ou em fases distintas do processo sincrético, sobre o mesmo objeto.

4. A COISA JULGADA FORMAL NO NOVO CÓDIGO DE PROCESSO CIVIL

Na vigência do CPC/73 os doutrinadores, em geral, desenvolveram um conceito equivocado de coisa julgada formal, que a equiparava a preclusão. Combatemos essa doutrina pelos seguintes motivos: a) porque profliga a essência do conceito de coisa julgada, que se destina a produzir efeitos externos ao processo (ou a fase do processo) em que foi proferida a decisão judicial; b) porque confunde o conceito de preclusão e coisa julgada; c) porque se vincula ao preconceito de que as sentenças terminativas não podem produzir efeitos para fora do processo em que foram proferidas.

O novo Código de Processo Civil acolheu a tese por nós desenvolvida e desvinculou-se do preconceito de que as sentenças terminativas não podem gerar efeitos extraprocessuais. Nesse sentido, a norma do parágrafo 1º, do artigo 486 do referido texto, preceitua que no caso de extinção do processo, em certas hipóteses de sentença terminativa, *a propositura da nova ação depende da correção do vício que levou à extinção do processo sem resolução do mérito*.

Ora, a proibição de repetição da ação, com o mesmo vício que foi declarado em processo anterior, decorre, sem sombra de dúvida, da autoridade da coisa julgada *formal*.

Portanto, após a entrada em vigor do novo texto procedimental, as decisões terminativas, que tenham por conteúdo: a) o indeferimento da petição inicial; b) a falta dos pressupostos processuais; c) a ilegitimidade e a falta de interesse processual; d) o acolhimento da alegação da existência de convenção de arbitragem ou quando o juízo arbitral reconhecer sua competência, e a e) litispendência, ficarão imutabilizadas pela coisa julgada formal, produzindo efeitos externos ao processo (ou à fase procedimental, nos processos sincréticos).

Essas, em breve palavras, são nossas considerações sobre a coisa julgada formal no novo Código de Processo Civil, que deverá entrar em vigor no futuro recente.

CAPÍTULO 17
Extensão da coisa julgada à resolução da questão prejudicial incidental no Novo Código de Processo Civil Brasileiro

Fredie Didier Jr.[1]

SUMÁRIO: 1. INTRODUÇÃO; 2. QUESTÃO PRINCIPAL E QUESTÃO INCIDENTAL; 3. CONCEITO DE QUESTÃO PREJUDICIAL; 4. QUESTÃO PREJUDICIAL EXPRESSA E INCIDENTALMENTE DECIDIDA; 5. QUESTÃO PREJUDICIAL INCIDENTAL EXPRESSAMENTE DECIDIDA E EFEITO DEVOLUTIVO DO RECURSO; 6. DOIS REGIMES JURÍDICOS DISTINTOS DE COISA JULGADA: COISA JULGADA RELATIVA À SOLUÇÃO DA QUESTÃO PRINCIPAL E COISA JULGADA RELATIVA À SOLUÇÃO DA QUESTÃO PREJUDICIAL INCIDENTAL; 6.1. IMPEDIMENTOS À EXTENSÃO DA COISA JULGADA À RESOLUÇÃO DA QUESTÃO PREJUDICIAL INCIDENTAL; 6.1.1. OBJEÇÃO DE IMPERTINÊNCIA.; 6.1.2. OBJEÇÃO DE AUSÊNCIA DE CONTRADITÓRIO; 6.1.3. OBJEÇÃO DE INCOMPETÊNCIA; 6.1.4. OBJEÇÃO DE COGNIÇÃO INSUFICIENTE; 6.2. ALEGAÇÃO DAS OBJEÇÕES À EXTENSÃO DA COISA JULGADA À PREJUDICIAL INCIDENTAL; 6.3. INSTRUMENTO PARA O CONTROLE DA COISA JULGADA RELATIVA À PREJUDICIAL INCIDENTAL; 6.4. QUESTÃO PREJUDICIAL PRINCIPAL; 6.5. A SOBREVIVÊNCIA DA AÇÃO DECLARATÓRIA INCIDENTAL; 6.6. AÇÃO DECLARATÓRIA AUTÔNOMA; 6.7. DIREITO TRANSITÓRIO.

1. INTRODUÇÃO

O art. 503 do CPC cuida dos limites objetivos da coisa julgada. Trata, portanto, de definir "o quê" se torna indiscutível pela coisa julgada.

A coisa julgada torna indiscutível a norma jurídica individualizada, construída para a solução de determinado caso.

Quando se afirma que a decisão terá "força de lei", o que se pretende é deixar clara a impositividade da norma jurídica concreta definida pelo órgão julgador, e que se estabilizou pela coisa julgada.

---

1. Livre-docente (USP), Pós-doutorado (Universidade de Lisboa), Doutor (PUC/SP) e Mestre (UFBA). Professor-associado de Direito Processual Civil da Universidade Federal da Bahia. Diretor Acadêmico da Faculdade Baiana de Direito. Membro do Instituto Brasileiro de Direito Processual, do Instituto Ibero-americano de Direito Processual, da Associação Internacional de Direito Processual e da Associação Norte e Nordeste de Professores de Processo. Advogado e consultor jurídico. www.frediedidier.com.br facebook.com/FredieDidierJr

Os §§1º e 2º do art. 503 trazem grande novidade ao sistema do processo civil brasileiro: a extensão da coisa julgada à solução da questão prejudicial incidental.

É sobre essa novidade que versa esse ensaio.

2. QUESTÃO PRINCIPAL E QUESTÃO INCIDENTAL

Há questões que são postas como fundamento para a solução de outras e há aquelas que são colocadas para que sobre elas haja decisão judicial. Em relação a todas haverá cognição; em relação às últimas, haverá também julgamento. Todas compõem o objeto de conhecimento do órgão julgador, mas somente as últimas compõem o objeto de julgamento (*thema decidendum*).

As primeiras são as questões resolvidas *incidenter tantum*; esta forma de resolução não se presta a, *de regra*, ficar imune pela coisa julgada. O magistrado tem de resolvê-las como etapa necessária do seu julgamento, mas não as decidirá. São as questões cuja solução comporá a fundamentação da decisão. Sobre essa resolução, não recairá a imutabilidade da coisa julgada – ao menos não no regime comum, conforme será visto.

Os incisos do art. 504 do CPC elucidam muito bem o problema: não fazem coisa julgada os motivos da sentença nem a verdade dos fatos. Note, porém, que isso é apenas *a regra*.

Há, porém, um caso em que a resolução de uma questão incidental pode, preenchidos certos pressupostos, tornar-se indiscutível pela coisa julgada material. É o que pode acontecer com a questão prejudicial incidental: preenchidos os pressupostos dos §§1º e 2º do art. 503 do CPC, a resolução da questão prejudicial incidental fica imunizada pela coisa julgada material.

Há questões, no entanto, que devem ser decididas, não somente conhecidas. São as questões postas para uma solução *principaliter*: compõem o objeto do julgamento. Em relação à resolução delas é que se fala, normalmente, em coisa julgada. É o que se retira do art. 503, *caput*, do CPC: a decisão judicial tem força de lei, nos limites da *questão principal expressamente decidida*. A resolução da questão principal submete-se ao regime *comum* da coisa julgada – a resolução de questão prejudicial *incidental* submete-se ao regime *especial* de coisa julgada.

3. CONCEITO DE QUESTÃO PREJUDICIAL

Considera-se questão prejudicial aquela de cuja solução dependerá não a possibilidade nem a forma do pronunciamento sobre a outra questão, mas o teor mesmo desse pronunciamento. A segunda questão depende da primeira não no seu *ser*, mas no seu *modo de ser*[2]. A questão prejudicial funciona como uma espécie de placa de trânsito, que determina para onde o motorista (órgão julgador) deve seguir.

Costuma-se dizer que as questões prejudiciais podem ser objeto de um processo autônomo. É preciso ter cuidado com essa lição, pois nada impede que haja questões prejudiciais processuais (p. ex.: a concessão da gratuidade da justiça é prejudicial ao conhecimento do recurso interposto sem preparo). São exemplos de questões prejudiciais: *a)* a validade do contrato, na demanda em que se pretende a sua execução; *b)* a filiação, na demanda por alimentos; *c)* a inconstitucionalidade da lei, na demanda em que se pretenda a repetição do indébito tributário etc.

A questão prejudicial pode ser principal ou incidental – *nem toda questão prejudicial é incidental*. Quando a questão prejudicial é o próprio objeto litigioso do processo (questão a ser resolvida *principaliter*), a doutrina costuma referir-se à causa prejudicial, ao invés de "questão prejudicial", expressão que ficaria restrita à situação em que o exame da questão fará parte apenas da fundamentação da decisão – ou seja, quando a questão prejudicial é incidental.

A questão prejudicial pode ser *interna*, quando surge no mesmo processo em que está a questão subordinada, ou *externa*, quando está sendo discutida em outro processo. A distinção é relevante para fins de suspensão do processo (art. 313, V, "a", CPC).

Tratando-se de questão prejudicial *interna*, é possível que sua resolução, como questão principal, não seja da competência do juízo do processo, ainda que este tenha competência para julgamento da questão principal subordinada. Nesse caso, três são as soluções possíveis: *a)* remessa de todo o processo para o juízo competente para o julgamento da questão prejudicial, que também teria a competência para o julgamento da prejudicada (como pode ocorrer com a aplicação do art. 947, do CPC); *b)* atribuição de competência ao juízo da causa para, incidentalmente, resolver a questão prejudicial (por exemplo: art. 93, §1º, do Código de Processo Penal); *c)* cisão de julgamento, com a remessa do exame da questão prejudicial para a resolução pelo juízo com competência exclusiva para a matéria tratada nesse julgamento incidental, retornando o processo, a seguir, ao juízo originário para a resolução da questão principal, de acordo com o que se houver decidido no incidente (é o que ocorre no incidente de inconstitucionalidade em tribunal: arts. 948-950 do CPC). A observação é importante,

---

2. MOREIRA, José Carlos Barbosa. "Questões prejudiciais e questões preliminares". *Direito processual civil – ensaios e pareceres*. Rio de Janeiro: Borsoi, 1971, p. 83.

para fim de aplicação do regime jurídico da coisa julgada relativa à questão prejudicial incidental, previsto nos §§ 1º e 2º do art. 503.

4. QUESTÃO PREJUDICIAL EXPRESSA E INCIDENTALMENTE DECIDIDA

A coisa julgada estende-se à solução da questão prejudicial incidental que tenha sido *expressamente* decidida na fundamentação da sentença (art. 503, §1º). A coisa julgada abrangerá, nesse caso, a resolução de questão que não compunha o objeto litigioso do processo.

A questão prejudicial, para o fim do §1º do art. 503 do CPC, é a relação jurídica ou a autenticidade/falsidade de documento[3] que se mostrem prejudiciais à solução da relação jurídica litigiosa. É, por exemplo, a relação de filiação, em uma ação de alimentos; é a relação contratual, em uma cobrança de contrato; é a relação de união estável, em uma ação em que se pleiteia pensão por morte; é a autenticidade/falsidade da escritura pública, em uma ação de invalidação de registro imobiliário; é a falsidade da assinatura na carteira de trabalho, fundamento da improcedência da reclamação trabalhista. Questão prejudicial, aqui, é uma questão que poderia ser objeto de uma ação declaratória (art. 19, I e II, CPC).

A *ratio decidendi* não é questão prejudicial – a *ratio* é a tese jurídica que sustenta a decisão; como tese jurídica, não poderia se tornar indiscutível pela coisa julgada.

Não há problema algum com a criação de um regime especial de coisa julgada: trata-se de uma legítima opção legislativa, com nítido propósito de estabilizar a discussão em torno de uma questão que tenha sido debatida em contraditório, ainda que não seja questão principal. A doutrina já demonstrava a necessidade de romper o dogma de que a coisa julgada somente poderia recair sobre o objeto litigioso do processo[4].

A extensão da coisa julgada à questão prejudicial resolvida na fundamentação faz lembrar, por semelhança, a *issue preclusion* do direito estadunidense. "*Issue preclusion* é uma espécie do fenômeno *res judicata* que torna imutáveis e indiscutíveis as questões prejudiciais decididas em um processo"[5]. Esse

---

3. No sentido de que a solução dada à questão *de fato* prejudicial incidental não fica imunizada pela coisa julgada: WAMBIER, Teresa Arruda Alvim. "O que é abrangido pela coisa julgada no direito processual civil brasileiro: a norma vigente e as perspectivas de mudança". Revista de Processo. São Paulo: RT, 2014, n. 230, p. 87-88.
4. CABRAL, Antonio do Passo. *Coisa julgada e preclusões dinâmicas*. 2ª ed. Salvador: Editora Jus Podivm, 2014, p. 376-509; LOPES, Bruno Vasconcelos Carrilho. *Limites objetivos e eficácia preclusiva da coisa julgada*. São Paulo: Saraiva, 2012, p. 65-81.
5. PRATES, Marília Zanella. *A coisa julgada no direito comparado: Brasil e Estados Unidos*. Salvador: Jus Podivm, 2013, p. 155.

fenômeno, outrora designado *collateral estoppel*, impede a rediscussão, em outro processo, de uma mesma questão prejudicial incidental, de fato ou de direito, que tenha sido efetivamente controvertida e decidida num processo como etapa essencial para o julgamento do caso[6-7].

Essa extensão não depende de pedido da parte; dá-se automaticamente; há uma ampliação do objeto da coisa julgada por determinação legal. Nessa linha, o enunciado n. 165 do Fórum Permanente de Processualistas Civis: "Independentemente de provocação, a análise de questão prejudicial incidental, desde que preencha os pressupostos dos parágrafos do art. 503, está sujeita à coisa julgada". A coisa julgada, em qualquer dos seus regimes jurídicos, é efeito que decorre automaticamente da lei: não depende de um "dizer" do órgão julgador ("faça-se coisa julgada!") ou de pedido da parte ("pede-se que essa decisão se torne indiscutível pela coisa julgada!").

Assim, em ação de alimentos, a coisa julgada poderá estender-se à solução da prejudicial incidental de filiação; em ação de cobrança de contrato, a coisa julgada poderá estender-se à solução da prejudicial incidental de existência ou validade do contrato; em ação declaratória de interpretação de cláusula contratual, a coisa julgada estender-se-á à resolução da prejudicial incidental de existência ou validade do negócio; em ação de invalidação de registro imobiliário, a coisa julgada estender-se-á à declaração de falsidade da escritura pública.

5. QUESTÃO PREJUDICIAL INCIDENTAL EXPRESSAMENTE DECIDIDA E EFEITO DEVOLUTIVO DO RECURSO

Cabe ao recorrente impugnar a resolução da questão prejudicial incidental; se não o fizer, haverá preclusão. Embora se trate de questão resolvida na

---

6. PRATES, Marília Zanella. *A coisa julgada no direito comparado: Brasil e Estados Unidos*, cit., p. 157-168.
7. Escrevendo sobre o então Projeto do novo Código de Processo Civil, Antonio Gidi, José Maria Tesheiner e Marília Zanella Prates chegaram a dizer que "o direito brasileiro não deve adotar a coisa julgada sobre as questões prejudiciais", sob o fundamento de que "nos raros casos em que a coisa julgada sobre questões terá alguma utilidade prática, a inovação não trará economia processual. Pelo contrário, a complexidade e o tempo de duração aumentarão tanto no primeiro processo, em que a questão será decidida pela primeira vez, quanto no segundo processo, em que a coisa julgada sobre aquela determinada questão vier a ser invocada" (GIDI, Antonio; TESHEINER, José Maria Rosa; PRATES, Marília Zanella. "Limites objetivos da coisa julgada no Projeto de Código de Processo Civil". *Revista de Processo*. São Paulo: RT, 2011, n. 194, p. 129). É bem verdade que essa opinião foi construída sobre uma proposta de alteração legislativa bem diferente da que efetivamente vingou – e bem mais lacônica. O art. 490 do anteprojeto de novo Código de Processo Civil, apresentado em 2010, dizia apenas que a coisa julgada se estenderia às questões prejudiciais expressamente decididas, sem pormenorizar as hipóteses em que a resolução não estaria sujeita à coisa julgada. Mesmo, porém, diante do texto finalmente aprovado, parece que a opinião permanece, já que ela está calcada na premissa de que a discussão das hipóteses em que a própria coisa julgada não se opera (estando ou não previstas no enunciado normativo) tende a fazer com que o processo demore, tal como na experiência da *issue preclusion* norte-americana.

fundamentação, o interesse recursal existe, na medida em que essa questão pode tornar-se indiscutível pela coisa julgada.

Questão prejudicial incidental decidida e que não tenha sido impugnada é questão preclusa – não poderá o tribunal, no julgamento do recurso, que porventura tenha outro objeto, reexaminá-la.

6. DOIS REGIMES JURÍDICOS DISTINTOS DE COISA JULGADA: COISA JULGADA RELATIVA À SOLUÇÃO DA QUESTÃO PRINCIPAL E COISA JULGADA RELATIVA À SOLUÇÃO DA QUESTÃO PREJUDICIAL INCIDENTAL

Há dois regimes jurídicos distintos de coisa julgada, no processo civil brasileiro, que variam conforme o objeto da coisa julgada. Se a coisa julgada for relativa à resolução da questão principal (art. 503, *caput*), aplica-se o regime jurídico comum e tradicional, disciplinado em diversos artigos do CPC. Se a coisa julgada for relativa à resolução de prejudicial incidental, há uma diferença: o legislador impede a sua formação, em algumas situações previstas nos §§1º e 2º do art. 503, unicamente aplicáveis a esse regime de coisa julgada.

6.1. Impedimentos à extensão da coisa julgada à resolução da questão prejudicial incidental

Há fatos que impedem a extensão da coisa julgada à resolução da questão prejudicial incidental. Esses fatos são obstáculos a essa extensão da coisa julgada. Esses impedimentos estão previstos nos §§ 1º e 2º do art. 503 e são cumulativos (enunciado n. 313 do Fórum Permanente de Processualistas Civis).

6.1.1. Objeção de impertinência

A coisa julgada não se estenderá à resolução de questão prejudicial de que não depender o julgamento do mérito (art. 503, §1º, I). Somente a questão prejudicial de cuja resolução dependa o julgamento do mérito pode tornar-se indiscutível pela coisa julgada. Assim, a questão prejudicial resolvida como *obiter dictum* ou a que tenha conteúdo processual não se tornam indiscutíveis pela extensão da coisa julgada[8].

---

8. Bruno Vasconcelos Carrilho Lopes, criticando a opção do CPC-1973 quanto à extensão dos limites objetivos da coisa julgada e expondo sua opinião *de lege ferenda*, afirma que a questão prejudicial cuja resolução pode fazer coisa julgada é aquela que serve como *fundamento necessário e determinante* do resultado do julgamento. No seu entendimento, "não podem ser qualificadas como necessárias e, portanto, determinantes do resultado do julgamento as decididas *desfavoravelmente ao vencedor*, pois nesse caso a decisão não será essencial para a conclusão pela procedência ou improcedência da demanda". Isso constituiria uma espécie de coisa julgada *secundum eventum litis*: a resolução da prejudicial só faria coisa

6.1.2. Objeção de ausência de contraditório

A extensão da coisa julgada à resolução da questão prejudicial incidental pressupõe que tenha havido contraditório prévio e efetivo sobre essa questão prejudicial (art. 503, §1º, II). É fundamental lembrar que o contraditório efetiva-se com a garantia de participação no processo e o poder de influência – o conjunto de direitos processuais que permitem que a parte convença o órgão julgador sobre a procedência de suas alegações.

Não haverá a referida extensão se a questão prejudicial for trazida *ex officio* pelo órgão julgador, sem a observância do art. 10 do CPC, que impõe o prévio contraditório; do mesmo modo, não haverá extensão nos casos de revelia, exatamente porque não se considera ter havido *contraditório efetivo*. No primeiro caso, não basta que o juiz consulte as partes; é preciso que tenha havido manifestação delas a respeito do assunto, bem como que essa manifestação tenha sido apreciada pelo julgador (art. 489, §1º, IV, CPC).

Percebe-se a diferença significativa em relação ao regime jurídico da coisa julgada da resolução das questões principais, que ocorre mesmo nos casos de revelia. O legislador foi mais exigente para a formação da coisa julgada em relação à questão incidental, supondo, certamente, que em relação a elas o debate não foi ou não teria sido tão intenso como ocorreria caso fosse uma questão principal.

É interessante notar que, no caso de coisa julgada relativa à questão principal, a falta de citação não impede a formação da coisa julgada, embora se possa pedir a invalidação da decisão transitada em julgado a qualquer tempo, pela *querela nullitatis* – embora haja preclusão, se o executado apresentar a impugnação à execução da sentença e não alegar esse defeito (art. 525, §1º, I; art. 535, I, CPC)[9].

6.1.3. Objeção de incompetência

A extensão da coisa julgada à resolução da questão prejudicial incidental pressupõe que o juízo tenha competência para resolvê-la como questão principal (art. 503, §1º, III).

---

julgada se favorecesse o vencedor; nunca se lhe fosse desfavorável. A questão é relevante, logicamente consistente e merece reflexão.mais demorada.

LOPES, Bruno Vasconcelos Carrilho. *Limites objetivos e eficácia preclusiva da coisa julgada*, cit., p. 69.

9. Sobre a preclusão, nesse caso, MIRANDA, Francisco Cavalcanti Pontes de. *Comentários ao Código de Processo Civil*. 2ª ed. Rio de Janeiro: Forense, 2002, t. 11, p. 77; DIDIER Jr., Fredie; CUNHA, Leonardo Carneiro da. *Curso de direito processual civil*. 12ª ed. Salvador: Editora Jus Podivm, 2014, v. 3, p. 445.

Há casos em que o juízo pode examinar uma questão apenas se ela for incidental. É o que acontece com a alegação de inconstitucionalidade de lei federal: como questão incidental, qualquer juízo pode examiná-la no controle difuso de constitucionalidade; como questão principal, somente o Supremo Tribunal Federal pode fazê-lo no controle concentrado de constitucionalidade. Assim, em controle difuso, não se estenderá a coisa julgada à resolução da prejudicial de inconstitucionalidade.

É o que pode acontecer, também, em causa previdenciária que tramita na Justiça Federal, cuja prejudicial seja uma relação jurídica de família; à resolução da prejudicial incidental de família, feita pelo juízo federal, não se estenderá a coisa julgada, em razão da incompetência.

Note, também aqui, uma diferença em relação à coisa julgada relativa às questões principais, cuja formação não é obstada pela incompetência do juízo – ao contrário, a incompetência do juízo é hipótese de rescisão da coisa julgada (art. 966, II, CPC).

6.1.4. Objeção de cognição insuficiente

Também não haverá extensão da coisa julgada à resolução da prejudicial incidental, se, no processo em que a questão foi resolvida, houver restrições probatórias ou limitações à cognição que impeçam ou dificultem o aprofundamento da análise da questão prejudicial (art. 503, §2º).

O legislador, na linha da objeção de ausência de contraditório, exige que a cognição da prejudicial incidental não tenha sido prejudicada por eventuais restrições probatórias (como acontece no mandado de segurança) ou limitações à cognição (como acontece no processo de inventário e partilha (art. 612, CPC), nos Juizados Especiais Cíveis, ou no procedimento da desapropriação, art. 34, *caput*, e parágrafo único, do Dec.-lei 3.365/1941). Assim, por exemplo, a coisa julgada não se estenderá à resolução da prejudicial de validade do decreto expropriatório contida na sentença do processo de desapropriação.

6.2. Alegação das objeções à extensão da coisa julgada à prejudicial incidental

Há duas situações possíveis em que se pode alegar um dos impedimentos à formação da coisa julgada relativa à prejudicial incidental; ou seja, duas situações em que se negará a existência da coisa julgada de regime especial.

a) O sujeito propõe uma demanda, ignorando a resolução da prejudicial incidental havida no processo anterior; nesse caso, caberá ao réu alegar a coisa julgada (art. 503, §1º, CPC); ao replicar a contestação, o autor poderá objetar a alegação de coisa julgada, afirmando um dos fatos que impedem a extensão da coisa julgada à prejudicial incidental.

b) O sujeito propõe uma demanda, valendo-se do efeito positivo da coisa julgada relativa à prejudicial incidental; o réu, em defesa, objeta, alegando um dos fatos que impedem a extensão da coisa julgada à prejudicial incidental.

Nas duas situações, não se busca *desfazer* a coisa julgada relativa à prejudicial incidental; propõe-se demonstrar, tão somente, que essa coisa julgada sequer existe, nem se formou. Alegam-se fatos que *negam* o direito afirmado, sob o fundamento de que não há a coisa julgada que o lastreia.

6.3. Instrumento para o controle da coisa julgada relativa à prejudicial incidental

A coisa julgada relativa à prejudicial incidental pode ser controlada pelos mesmos instrumentos previstos para a coisa julgada relativa à questão principal. Caberá, então, ação rescisória para desfazer a resolução da questão prejudicial incidental que tenha sido acobertada pela coisa julgada por força do §1º do art. 503. Nesse sentido, o enunciado n. 338 do Fórum Permanente de Processualistas Civis: "Cabe ação rescisória para desconstituir a coisa julgada formada sobre a resolução expressa da questão prejudicial incidental".

Essa ação rescisória tem por pressuposto o fato de que *há coisa julgada sobre a resolução da prejudicial incidental*. Assim, na petição inicial, o autor terá de demonstrar o preenchimento dos pressupostos dos §§1º e 2º do art. 503; é que, não preenchidos esses pressupostos, não há coisa julgada e, portanto, não haverá o que ser rescindido.

6.4. Questão prejudicial principal

Nem toda questão prejudicial é incidental. Há questão prejudicial que é, também, questão principal.

É possível que a questão prejudicial tenha sido posta para resolução *principaliter*. É o que pode acontecer, por exemplo, quando há cumulação de pedidos de investigação de paternidade e de alimentos; a filiação é questão prejudicial e principal, pois há pedido sobre ela.

Nesse caso, a coisa julgada relativa à prejudicial não é a prevista no §1º do art. 503; a coisa julgada, neste caso, se submeterá ao regime jurídico comum.

6.5. A sobrevivência da ação declaratória incidental.

O CPC-1973 estabelecia um regime diferente para a resolução das prejudiciais incidentais: a coisa julgada não se estendia a elas (art. 469, III, CPC-1973).

Para que houvesse coisa julgada em relação a uma questão prejudicial, era preciso que se tratasse de questão principal.

Uma questão prejudicial poderia ser uma questão principal de duas formas: *a)* ou desde o início do processo, com a formulação de um pedido que lhe tivesse como objeto; *b)* ou por meio da ação declaratória incidental.

A ação declaratória incidental (arts. 5º, 325 e 470 do CPC-1973) tinha por utilidade transformar a análise da questão prejudicial controvertida. Posta, inicialmente, como simples fundamento do pedido, a questão prejudicial seria resolvida *incidenter tantum* e, na forma do inciso III do art. 469 do CPC-1973, não ficaria acobertada pela coisa julgada. Proposta a ação declaratória incidental, a questão prejudicial passava a ser objeto de resolução *principaliter,* compondo o *thema decidendum*; a solução que o magistrado lhe desse ficaria acobertada pela coisa julgada (art. 470 do CPC-1973). Com ação declaratória incidental, a análise da questão prejudicial mudava: ela deixava de ser simples fundamento e passava a ser objeto da decisão do magistrado.

O CPC-2015 não previu a ação declaratória incidental, exatamente porque estendeu a coisa julgada à resolução das prejudiciais incidentais, nos termos do §1º do art. 503 do CPC.

A ação declaratória incidental ainda permanece em nosso sistema, ao menos em duas situações: *a)* reconvenção declaratória proposta pelo réu, que pode ter por objeto a questão prejudicial incidental controvertida: nesse caso, a prejudicial se torna questão principal, para cuja resolução vige o regime jurídico comum da coisa julgada; *b)* ação declaratória incidental de falsidade de documento, expressamente prevista no par. ún. do art. 430 do CPC.

6.6. Ação declaratória autônoma.

Não há impedimento ao ajuizamento de ação declaratória autônoma, que tenha por objeto a declaração da existência ou inexistência da questão prejudicial incidental. Nesse caso, a questão prejudicial torna-se questão principal deste novo processo.

Haverá conexão por prejudicialidade entre a demanda originária e essa demanda declaratória, a impor a reunião das causas para processamento simultâneo (art. 55 do CPC).

Não há falta de interesse no ajuizamento dessa ação declaratória, exatamente porque o regime da coisa julgada relativa à questão principal é diferente (mais rigoroso) do regime da coisa julgada relativa à questão prejudicial incidental. Nessa linha, é o enunciado n. 111 do Fórum Permanente de

Processualistas Civis: "Persiste o interesse no ajuizamento de ação declaratória quanto à questão prejudicial incidental".

6.7. Direito transitório.

O regime jurídico especial de coisa julgada, relativo à resolução das prejudiciais incidentais, somente aplica-se aos processos iniciados após a vigência do CPC-2015 (art. 1.054, CPC). Aos processos pendentes ao tempo do início da vigência do CPC-2015, aplica-se o regramento do CPC-1973: assim, a resolução da questão prejudicial somente se torna indiscutível pela coisa julgada se ela for uma questão principal – originariamente principal ou tornada principal pelo ajuizamento da ação declaratória incidental.

CAPÍTULO 18
A duração razoável do processo e o fenômeno da coisa julgada no Novo Código de Processo Civil

José Henrique Mouta Araújo[1]

SUMÁRIO: 1. DELIMITAÇÃO DO TEMA: A DURAÇÃO RAZOÁVEL DO PROCESSO E O NOVO CPC; 2. O NOVO CPC, A REVISÃO CONCEITUAL DA COISA JULGADA E O FENÔMENO DA DURAÇÃO RAZOÁVEL DO PROCESSO; 3. CONCLUSÕES; 4. REFERÊNCIAS BIBLIOGRÁFICAS.

1. DELIMITAÇÃO DO TEMA: A DURAÇÃO RAZOÁVEL DO PROCESSO E O NOVO CPC

Neste trabalho, se pretende analisar a duração razoável do processo e aspectos ligados ao fenômeno da coisa julgada no novo Código de Processo Civil. Necessário, para tanto, partir de uma premissa: *o tempo demasiado do processo é um fator que desestimula a procura pelo Poder Judiciário*.

Destarte, a imunização mais rápida de uma decisão judicial, permitindo seu imediato e definitivo cumprimento, serve como um fator positivo em busca da brevidade da prestação jurisdicional.

É sabido que a duração excessiva dos litígios no Brasil não é um fato isolado. Ela está ligada a pouca quantidade de juízes, ao aumento progressivo de demandas reprimidas, a existência cada vez maior dos chamados "litigantes habituais", que utilizam todos os meios e incidentes processuais para protelar o encerramento da litispendência, além da existência de instrumentos processuais dispensáveis.[2]

---

1. Mestre (UFPA), Doutor (UFPA) e Pós-doutor (Universidade de Lisboa), professor titular da UNAMA, do CESUPA e da Fametro, procurador do Estado do Pará e advogado. www.henriquemouta.com.br
2. Luiz Guilherme Marinoni, já em 1994 vinha mostrando sua preocupação com o *fenômeno da lentidão* da tutela jurisdicional, principalmente no que respeita ao procedimento ordinário, considerando a permissão de manutenção do *status quo* do conflito de interesses por longo período de tempo, o que não só muitas vezes interessa ao réu, como também pode colocar em risco o princípio da isonomia processual. MARINONI, Luiz Guilherme. *Efetividade do processo e tutela de urgência*. Porto Alegre: Sérgio Fabris, 1994. p. 2.

Aliás, sobre os chamados litigantes habituais, vale a pena transcrever as lições de Mauro Cappelletti e Bryant Garth:

> O professor Galanter desenvolveu uma distinção entre o que ele chama de litigantes "eventuais" e "habituais", baseado na freqüência de encontros com o sistema judicial. Ele sugeriu que esta distinção corresponde, em larga escala, à que se verifica com o sistema judicial e entidades desenvolvidas, com experiência judicial mais extensa. As vantagens dos habituais, de acordo com Galanter, são numerosas: 1) maior experiência com o Direito possibilita-lhes maior planejamento do litígio; 2) o litigante habitual tem economia de escala, porque tem mais casos; 3) o litigante habitual tem oportunidades de desenvolver relações informais com os membros da instância decisora; 4) ele pode diluir os riscos da demanda com maior número de casos; 5) pode testar estratégias com determinados casos, de modo a garantir expectativa mais favorável em relação aos casos futuros. Parece que, em função dessas vantagens, os litigantes organizacionais são, sem dúvida, mais eficientes que os indivíduos".[3]

Além de todas essas características devem ser somadas mais três, que deixam os litigantes habituais em posição diferenciada: a) a possibilidade de fazer uso de estratégias por vezes protelatórias, visando criar obstáculos à efetiva e célere prestação jurisdicional;[4] b) a de ter menor prejuízo em face da duração da litispendência, em virtude de sua auto-suficiência; c) e a de provocar maiores incidentes processuais.[5]

Com efeito, na prática forense, é fácil perceber que aqueles que mais utilizam a esfera recursal, interpondo maior quantidade de apelos aos Tribunais Superiores – muitos dos quais infundados – são justamente as grandes empresas, inclusive, as multinacionais e as pessoas jurídicas de direito público. Ademais, o processamento dos recursos é demorado, sendo outro aspecto a merecer reflexão.[6]

---

3. CAPPELLETTI Mauro & GARTH, Bryant. *Acesso à justiça.* Trad. Ellen Gracie Northfleet. Porto Alegre: Sérgio Fabris, 1988, p. 25-6.
4. Há, nesse aspecto, claro desequilíbrio, cabendo ao sistema processual, inclusive, nas reformas já ocorridas e nas que estão sendo implementadas, diminuir cada vez mais essa distância. Aliás, referida preocupação também é objeto de reflexo por José Renato Nalini, ao abordar que: "o desequilíbrio na balança é evidente quando, de um lado, situa-se empresa provida de infindáveis arsenais para um litígio que lhe convém, muitas vezes, institucionalizar ao invés de pacificar. De outro, o indivíduo isoladamente considerado, carecedor de armas compatíveis para enfrentar a pugna, onde começa já na condição de perdedor". NALINI, José Renato. *O juiz e o acesso à justiça.* São Paulo: Revista dos Tribunais, 1994. p. 20.
5. Ainda acerca das vantagens envolvendo os litigantes habituais, vide: MARINONI, Luiz Guilherme. *Novas linhas do processo civil.* São Paulo: Revista dos Tribunais, 1993. p. 38.
6. É de consciência geral que em alguns estados apenas o processamento e julgamento dos recursos pode demorar alguns anos. Essa realidade foi enfrentada pela EC nº 45, ao estabelecer a necessidade de

Aliás, sobre o assunto, vale transcrever as reflexões apresentadas por Cruz e Tucci:

> Aduza-se: é normal aguardar-se mais de 2 anos pelo exame, no juízo *a quo*, da admissibilidade do recurso especial ou extraordinário? É normal esperar por mais de 4 anos, após encerrada a instrução, a prolação de sentença num determinado processo em curso perante a Justiça Federal? É normal a publicação de um acórdão do Supremo mais de 3 anos depois do julgamento? É normal etc., etc., etc.?! A resposta, em senso negativo, para todas estas indagações, é elementar (...).[7]

Percebe-se, outrossim, que as comissões de reforma da Constituição e a comissão de Juristas (*aliado a todos os profissionais que colaboraram na elaboração da redação final*) do novo CPC procuraram enfrentar os pontos de estrangulamento da tutela processual tradicional com o objetivo de alcançar um *processo civil de resultados e de efetiva proteção dos direitos humanos*. Em última análise: as modificações constitucionais e processuais objetivam a garantia de um concreto e real acesso à justiça.

É dever ressaltar, portanto, que o processo deve ser visto como instrumento de proteção dos direitos humanos, com a consciência de seu importante papel por todos aqueles que atuam no âmbito da prestação jurisdicional. Por conseguinte, é possível aduzir que o acesso à justiça deve ser visto como tema de direitos humanos (e também de direito fundamental), objetivando o alcance da satisfação do objeto contido no direito material,[8] sem dilações processuais indevidas (o que se convencionou denominar de *duração razoável do processo*).

Aliás, antes mesmo de se indagar o que seria a *duração razoável do processo* e a necessidade de revisitar o tema da coisa julgada, é dever ressaltar que se trata de conceito indeterminado e que deve ser aplicado a cada caso concreto, observando-se os prazos para a prática dos atos processuais.[9] Fernando da Fonseca Gajardoni observa que:

---

distribuição imediata dos processos.
7. TUCCI, José Rogério Cruz e. *Tempo e processo*. São Paulo: Revista dos Tribunais, 1997. p. 105.
8. Também Luiz Rodrigues Wambier apresenta lição sobre o assunto, ao aduzir que: "o direito ao acesso à Justiça (isto é, o direito à efetividade da jurisdição) é um direito fundamental instrumental, pois sua inefetividade pode comprometer a efetividade de todos os outros direitos fundamentais (evidentemente, sem que sejam efetivos os mecanismos de defesa dos direitos fundamentais materiais, sua efetividade pode estar comprometida)". *O contempt of court na recente experiência brasileira*: anotações a respeito da necessidade premente de se garantir efetividade às decisões judiciais. Revista de Processo n. 119. jan. 2005. São Paulo: Revista dos Tribunais, 2005. p. 39.
9. Sobre o conceito de prazo razoável, Fabiano Carvalho apresenta alguns critérios que auxiliam na sua fixação objetiva, ao afirmar que: "tem-se ponderado os seguintes critérios, por meio dos quais se pode materializar o conceito de prazo razoável, a saber: (I) natureza e complexidade do caso; (II) comportamento das partes; (III) comportamento das autoridades". *EC n. 45*: reafirmação da garantia da razoável duração do processo. In Reforma do Judiciário. Teresa Arruda Alvim Wambier et al (Org.). São Paulo: RT, 2005. p. 219.

"Eventuais razões que levem a uma duração que exceda o prazo fixado previamente pelo legislador, com base no direito a ser protegido, deve se fundar em um interesse jurídico superior, que permita justificar o quebramento da previsão contida na norma processual, no qual se inclui a alegação de excesso de demanda".[10]

Neste fulgor, o direito ao processo com duração razoável (sem dilações indevidas) é um direito subjetivo constitucional assegurado a todos os membros da coletividade a tutela jurisdicional de um prazo razoável, inclusive com previsão expressa no texto constitucional brasileiro (art. 5º, LXXVI).[11]

Referido dispositivo significou (ou mesmo ratificou) claro e importante instrumento de proteção dos direitos humanos em nível processual, tendo em vista que a efetividade da tutela jurisdicional caminha em conjunto com o fator tempo. Como bem observam Luiz Alexandre Cruz Ferreira e Maria Cristina Vidotte Blanco Tárrega, caso a legislação infraconstitucional estabeleça eventual demora indevida da prestação da tutela jurisdicional, é possível defender sua inconstitucionalidade em face do inciso LXXVIII, do art. 5º, da CF/88.[12]

A questão a ser apresentada, a partir deste momento, diz respeito ao fenômeno da coisa julgada e sua ligação com a duração razoável do processo. Algumas perguntas a serem enfrentadas durante o trabalho: o novo CPC alterou o tratamento do fenômeno da imunização da decisão judicial? Como ocorre a imunização da questão prejudicial? Há a possibilidade de formação progressiva da coisa julgada pelo novo CPC? As decisões no curso do processo formam a coisa julgada e permitem o fracionamento do sistema de cumprimento e do prazo para a rescisória? As modificações efetivamente alcançarão a duração razoável do processo?

Vamos aos argumentos.

2. O NOVO CPC, A REVISÃO CONCEITUAL DA COISA JULGADA E O FENÔMENO DA DURAÇÃO RAZOÁVEL DO PROCESSO

O novo CPC (*que passa a ser chamado neste ensaio de NCPC*) pretende superar alguns pontos de estrangulamento do sistema anterior e abreviar o tempo de duração dos processos judiciais. Em relação às modificações, um dos pontos mais importantes refere-se ao fenômeno da coisa julgada.

---

10. GAJARDONI, Fernando da Fonseca. *Técnicas de aceleração do processo*. São Paulo: Lemos & Cruz, 2003. p. 59.
11. Cf. TUCCI, José Rogério Cruz e. *Garantia do processo sem dilações indevidas*: responsabilidade do Estado pela tempestividade da prestação jurisdicional. In Temas atuais de direito processual civil. César Augusto de Castro Fiúza, Maria de Fátima Freire de Sá e Ronaldo Bretãs C. Dias (Coord.). Belo Horizonte: Del Rey, 2001. p. 172.
12. *Reforma do poder judiciário e direitos humanos*. In Reforma do judiciário. Teresa Arruda Alvim Wambier et al. (Org.). São Paulo: Revista dos Tribunais, 2005. p. 455.

A partir deste momento, serão analisadas, de forma crítica, algumas modificações e os pontos polêmicos referentes à coisa julgada e se efetivamente o NCPC alcançará um processo mais célere, justo e com duração razoável.

a) Coisa julgada e decisões parciais: o julgamento parcial de mérito, a coisa julgada e a execução parcial

O primeiro grande aspecto da novel legislação que provoca reflexão em relação à coisa julgada e a duração razoável do processo, diz respeito aos pronunciamentos parciais de mérito que podem ser proferidos no curso do processo.

Destarte, a discussão ligada às interlocutórias de mérito[13] ganhou maior espaço com as reformas ocorridas no CPC de 1973. Agora, com o NCPC, é razoável afirmar que, de um lado, as discussões conceituais tendem a diminuir ou mesmo encerrar e, de outro, ganhará espaço aspectos práticos ligados à formação da coisa julgada e os reflexos no sistema de cumprimento, nos recursos e, em última análise, na duração razoável do processo.

Uma coisa é certa: especialmente após as alterações ocorridas nos arts. 162, §1º, 267, 269 e 273, do CPC de 1973, parte da doutrina e jurisprudência passaram a admitir a existência de sentenças parciais (*decisões, no curso do processo, que, mesmo não encerrando a fase de conhecimento, poderiam ser enquadrar nos arts. 267 e 269 da legislação processual*), ao passo que outra parte defendeu a existência de decisões interlocutórias de mérito no curso da relação processual.

O tema é importante e reflete no NCPC, que consagra expressamente a possibilidade de interposição do recurso de agravo contra as decisões interlocutórias de mérito (arts. 203, §2º, c/c arts. 356 e 1015, II, do NCPC). Existem situações em que, como casos de pedidos cumulados, há o amadurecimento precoce de um dos pedidos e a necessidade de continuidade do feito em relação ao outro.

Nestes casos é dever indagar: será possível o desmembramento da resolução do mérito, em relação a um dos pedidos, inclusive mitigando o dogma da *unicidade do julgamento*? Essa decisão fará coisa julgada imediatamente permitindo seu cumprimento definitivo, abreviando o *tempo do processo*? Será possível a entrega efetiva do bem jurídico discutido neste pedido resolvido antecipadamente?

Na verdade, as situações envolvendo o desmembramento da tutela definitiva, com formação de coisa julgada em momentos diferenciados, já existem no

---

13. No tema, ver ARAÚJO, José Henrique Mouta. *Coisa julgada progressiva & resolução parcial de mérito*. Curitiba, Juruá, 2007 e, do mesmo autor, a *Tutela antecipada do pedido incontroverso: estamos preparados para a nova sistemática processual?* Revista de Processo n. 116, São Paulo : Revista dos Tribunais, 2004.

sistema processual brasileiro, mesmo que de maneira excepcional. De toda sorte, na reforma ocorrida em 2002 (*tutela antecipada do pedido incontroverso – art. 273, §6º*), e no NCPC (*julgamento antecipado parcial art. 356*), é possível perceber que o tema ganhou novo corpo e maior fôlego.

Em alguns casos, portanto, é possível que um dos capítulos cumulados necessite de instrução probatória, enquanto o outro já esteja maduro em face da inexistência de fatos contraditórios ou mesmo quando o réu o reconhece juridicamente.

Realmente, *pedido incontroverso* é pedido reconhecido ou mesmo não impugnado, podendo ocorrer quando, havendo cumulação (em regra a cumulação simples- *somatória sem dependência*) de pedidos, o réu impugna apenas um deles. No NCPC, a previsão da tutela do incontroverso consta como hipótese de resolução parcial de mérito (art. 356, I) . Aliás, acerca desta hipótese de resolução parcial de mérito, se apresenta a seguinte situação:

> "Apenas para melhor aclarar as idéias. Imagine-se uma demanda movida por A em face de B, com a cumulação simples de pedidos 1, 2 e 3. O réu, na contestação, impugna apenas o pedido 1 e 2, inclusive, suscitando fatos, não aproveitáveis ao pedido incontroverso, que devem ser objeto da fase instrutória. Por que não se permitir a antecipação do julgamento da própria tutela (do próprio pedido) envolvendo o n. 3? Imagine que fosse um balão onde existem três instrumentos pesados que dificultam o alcance da altitude ideal. Por que não se permitir que se retire do balão o peso que não será mais necessário, deixando apenas a bordo aqueles que ainda serão utilizados?"[14]

De fato, se um dos pedidos tornar-se incontroverso por atitude do réu, é dever resolvê-lo imediatamente, e com isso diminuindo, em relação a este, o pesado ônus decorrente da demora da prestação jurisdicional.[15]

Ademais, considerando que a incontrovérsia foi gerada em decorrência de atitude do próprio réu, não parece razoável adiar esse fracionamento do julgamento e, consequência, a resolução imediata deste pedido incontroverso[16]-[17]

---

14. ARAÚJO, José Henrique Mouta. *Tutela antecipada do pedido incontroverso*: estamos preparados para a nova sistemática processual? Revista de processo. n. 116. São Paulo: Revista dos Tribunais, 2004. p. 217.
15. Como observa Moacyr Amaral Santos, "onde não haja controvérsia quanto aos fatos alegados pelos litigantes, a questão se reduz à mera aplicação do direito". SANTOS, Moacyr Amaral. *Comentários ao código de processo civil*. Rio de janeiro: Forense: 1977. v. 4. p. 42.
16. J. J. Calmon de Passos, ao abordar o § 6º do art. 273, do CPC de 1973, corretamente conclui que não recorrida a decisão que assim o entendeu, transita em julgado. CALMON DE PASSOS, José Joaquim. *Comentários ao Código de Processo Civil*. 9. ed. Rio de Janeiro: Forense, 2004. v. 3. p. 72.
17. As observações apresentadas por Marcelo Abelha Rodrigues são precisas e merecem transcrição: "Se João propõe duas demandas em face de José e este oferece contestação em apenas uma delas, certamente que se afastando da regra do art. 320, tudo leva a crer que será aplicado o art. 330, II, o CPC

enquadrando-se nas disposições dos arts. 273, § 6º, 330, II e 269, do CPC de 1973 e art. 356, I, do NCPC.

Ademais, a redação atribuída ao art. 162, do CPC de 1973 (pela Lei nº 11.232/05) para o conceito de sentença demonstra que esta necessariamente não *encerra o processo*, uma vez que o feito poderá seguir para a fase de cumprimento. Ora, se a sentença não encerra – em regra – o procedimento, da mesma forma poderá ocorrer decisão interlocutória de conteúdo meritório capaz de ensejar o seu cumprimento provisório ou definitivo, mesmo com o prosseguimento da relação processual.

Se for observado o julgamento antecipado da lide, é possível concluir a hipótese do art. 273, §6º, do CPC de 1973 e art. 356, I, do NCPC trata de *antecipação parcial do próprio objeto litigioso*, ensejando a formação da coisa julgada e abreviando o inicio do cumprimento da decisão (*não seria cumprimento de sentença*).[18-19]

Ora, se o sistema processual permite, e até estimula, a cumulação de pedidos, o amadurecimento precoce de um deles enseja o desmembramento da tutela definitiva. Esta afirmação serve para se concluir que a sentença, por vezes, é o pronunciamento que encerra no máximo procedimento em 1º grau (isso sem falar no cumprimento do julgado); contudo, nos casos de pedidos cumulados, sendo um deles apreciado precocemente – rejeitado ou acatado – tal decisão não se configura sentença, mas sim decisão interlocutória definitiva, sujeitando-se a interposição de agravo de instrumento (art. 1015, II, do NCPC).

(julgamento antecipado da lide). Todavia, se João propõe uma só demanda com dois pedidos cumulados, por razões de economia processual, e José contesta apenas um deles, porque não se admitir um julgamento antecipado parcial, ou seja, daquilo que não foi impugnado? Ora, deixando as indagações de lado, a verdade é que pelo menos, a partir de agora, numa hipótese como esta última, poderá João ser beneficiado com a antecipação da tutela, caso a queira". RODRIGUES, Marcelo Abelha. *Elementos de direito processual civil*. 2. ed. São Paulo: Revista dos Tribunais, 2003. v. 2. p. 222.

18. Como aduz Fredie Didier de Souza Jr., em obra elaborada em co-autoria: "não é antecipação dos efeitos da tutela, mas emissão da própria solução judicial definitiva, fundada em cognição exauriente e apta, inclusive, a ficar imune a coisa julgada material. E, por ser definitiva, desgarra-se da parte da demanda que resta a ser julgada, tornando-se decisão absolutamente autônoma: o magistrado não precisa confirmá-la em decisão futura, que somente poderá examinar o que ainda não tiver sido apreciado". DIDIER JÚNIOR, Fredie; CHEIM JORGE, Flávio e RODRIGUES, Marcelo Abelha. *A nova reforma processual*. 2. ed. São Paulo: Saraiva, 2003. p. 72.
19. Aliás, sobre o assunto defende Flávio Luiz Yarshell: "situação diversa ocorre se a antecipação da tutela se dá porque parte da demanda é incontroversa, conforme dicção do §6º do art. 273 do CPC. É que, nesse caso, conforme anteriormente acenado, parece lícito afirmar que não há mais o caráter de 'provisório' no ato; tanto que a doutrina tem afirmado que, nessa hipótese, não vigora o limite do 'perigo de irreversibilidade' de que fala o §2º do art. 273 da lei processual". E conclui: "e, sendo assim, não há como negar que, mesmo veiculado por decisão interlocutória, há julgamento do mérito, a ensejar desconstituição por ação rescisória". *Ação rescisória : juízos rescindente e rescisório*. São Paulo : Malheiros, 2005, p. 197.

Aliás, os pontos ora apresentados trazem importantes consequências, uma vez que a coisa julgada[20] não ocorrerá apenas em um só momento,[21] o que reflete na fluência do prazo decadencial para o ajuizamento da ação rescisória e mesmo na possibilidade de execução definitiva (*cumprimento da decisão interlocutória*) em momentos diferenciados.

Destarte, passa a ser admitida, com a literalidade do permissivo constante no NCPC e sem maiores questionamentos, a formação progressiva da coisa julgada e a possibilidade de execução definitiva em momentos diferentes. Além disso, o recurso contra estas decisões parciais de mérito será, expressamente, o agravo de instrumento e não apelação ou apelação por instrumento.

Há, neste sentido, claro prestígio à possibilidade de execução definitiva de um capítulo de mérito, ainda estando outros do mesmo *decisum* pendentes de apreciação recursal, como forma de alcançar a imediata tutela do direito e, em síntese, evitando dilações indevidas.

Tudo isso demonstra que, nas situações envolvendo resolução parcial de mérito, estar-se-á diante de claro instrumento de prestígio à celeridade e duração razoável do processo, com o fracionamento do momento do cumprimento do julgado e a permissão de imediata satisfação do bem jurídico objeto da referida tutela jurisdicional.

b) **Sentença, recurso parcial e execução definitiva de capítulos não impugnados: alcance da brevidade da prestação jurisdicional mediante coisa julgada parcial e progressiva**

Como se demonstrou até o momento, na formação do título executivo, a natureza do provimento jurisdicional é menos importante do que a consequência processual por ele gerada, razão pela qual pouco importa se se trata de

---

20. Mitidiero assim se manifesta acerca do reconhecimento parcial do pedido e a cisão do julgamento da causa: "o reconhecimento a que alude o Código no art. 269, II, é o reconhecimento total. O reconhecimento parcial não dá ensejo à extinção do processo, embora possa dar lugar à cisão da decisão de mérito da causa, por obra do art. 273, § 6º, do CPC". MITIDIERO, Daniel Francisco. *Comentários ao código de processo civil*. São Paulo: Memória Jurídica, 2005. t. II. p. 555.
21. Sobre o tema *formação progressiva da coisa julgada* (formazione progressiva del giudicato) vide: CARNELUTTI, Francesco. *Diritto e processo*. Napoli: Morano, 1958. p. 272 et seq. Aliás, mencionando a transcrição feita Marinoni, é possível assim destacar as lições do mestre italiano sobre a coisa julgada parcial: "A figura da coisa julgada parcial corresponde não apenas à figura do processo parcial, mas pode haver coisa julgada parcial também quando o processo é integral e a solução das várias questões vem através de decisões sucessivas e algumas delas passam em julgado antes das outras; nesta hipótese se pode falar de uma 'formação progressiva da coisa julgada'. Portanto, a coisa julgada é um fato de duas dimensões: uma delas é a lide, enquanto a outra é a questão; a decisão de uma questão encontra o seu limite na lide; a decisão de uma lide encontra seu limite na questão. A coisa julgada integral e total é aquela que resolve todas as questões que se colocam em relação a uma lide; a coisa julgada parcial resolve somente algumas das questões da lide". MARINONI, Luiz Guilherme. *Tutela antecipatória e julgamento antecipado: parte incontroversa da demanda*. 5. ed. São Paulo: Revista dos Tribunais, 2003. p. 147-8.

sentença propriamente dita ou resolução parcial de mérito: existindo conteúdo meritório e cognição suficiente para provocar execução definitiva mesmo que em autos autônomos, é possível seu cumprimento definitivo e a formação de coisa julgada progressiva e parcial.

Mais uma vez não se pode afirmar que a possibilidade de execução definitiva de um capítulo antes do efetivo trânsito em julgado dos demais viola princípios constitucionais, considerando a autonomia dos pedidos cumulados. Pelo contrário, alcança a duração razoável e evita prolongamento desnecessário da litispendência.

Aliás, houve a formação prematura de título executivo *parcial* em decorrência de conduta da parte, que deixou de interpor agravo de instrumento contra a resolução parcial de mérito ou apresentou recurso parcial diante de uma sentença em capítulos. Isto pode ocorrer também em caso de sucumbência recíproca em que não há a interposição de recurso principal ou mesmo adesivo.

Os capítulos não impugnados de uma sentença podem, desde já e dependendo do caso concreto, ensejar execução definitiva, mesmo inexistindo efetivamente o trânsito em julgado *total* do *decisum*.[22]

Este raciocínio ligado ao conceito de resolução parcial de mérito também reflete no prazo para ajuizamento de ação rescisória. O NCPC provoca novas indagações ligadas à forma da contagem do prazo decadencial nos casos de decisões parciais de mérito. No tema, analisando o problema à luz do CPC de 1973, Nelson Nery Júnior faz indagação semelhante, partindo em seguida para a correta resposta:

> "Seria, entretanto, rescindível essa decisão interlocutória de mérito? A resposta afirmativa se impõe. Conforme já dissemos, para o cabimento da ação rescisória é relevante a *matéria* decidida. É conseqüência lógica da admissão da possibilidade de questão de mérito vir a ser resolvida por decisão interlocutória o fato de que, precisamente por ser de mérito, seja passível de ataque pela via da ação rescisória.[23]

Realmente, é necessário rever alguns conceitos tidos como intangíveis no sistema. A coisa julgada não ocorre apenas e tão-somente na sentença de

---

22. No mesmo sentido, observa Nery Júnior que: "entendemos ser possível a *execução definitiva* da parte da sentença já transitada em julgado, em se tratando de recurso parcial, desde que observadas certas condições: a) cindibilidade dos capítulos da decisão; b) autonomia entre a parte da decisão que se pretende executar e a parte objeto de impugnação; c) existência de litisconsórcio não unitário ou diversidade de interesses entre os litisconsortes, quando se tratar de recurso interposto por apenas um deles". (NERY JÚNIOR, Nelson. *Teoria geral dos recursos*. 6. ed. São Paulo: RT, 2004. p. 454).
23. NERY JÚNIOR, Nelson. *Teoria geral dos recursos*. 6. ed. São Paulo: RT, 2004. p. 130.

mérito, mas sempre que existir *decisão de mérito com cognição suficiente para a imunização*.

A segurança jurídica prestigia claro sistema de imutabilidade à decisão de mérito no momento em que não houver interposição de recurso impugnando o capítulo específico.[24] Este raciocínio também está de acordo com a necessidade de alcance do devido processo legal e a tempestividade da prestação jurisdicional.

Óbvio que, na prática forense, poderá até ocorrer certa incongruência entre julgados oriundos da mesma relação processual e imunizados em momentos diferentes. Contudo, tal aspecto não pode ser levado em consideração para se desconsiderar a possibilidade do fenômeno da coisa julgada parcial e progressiva. Como bem observa Leonardo José Carneiro da Cunha:

> Se o recurso for parcial, a análise do tribunal restringe-se a essa parte, não devendo incursionar na outra parte, não atacada pelo recurso.
>
> (...)
>
> Ora, se é certo que a sentença pode ser impugnada no todo ou em parte (CPC, art. 515), é curial que a parte não atacada terá transitado em julgado, operando-se a coisa julgada material. Desse modo, caso o tribunal desfaça toda a sentença, tendo o recurso sido parcial, exsurgirá ofensa à coisa julgada.[25]

A dificuldade não pode ser desconsiderada. O correto não é a expedição apenas de uma certidão de trânsito em julgado quando, por exemplo, pretende o interessado ajuizar ação rescisória, mas várias certidões dependendo de quantos capítulos forem imutabilizados no decorrer da relação processual.

A questão passa, a meu ver, pela interpretação o efeito substitutivo do recurso previsto no art. 512 do CPC de 1973 e art. 1008, do NCPC. A expressão

---

24. Em decorrência do efeito devolutivo da apelação, é possível ratificar a ocorrência de coisa julgada em relação aos capítulos não impugnados no recurso. Ovídio Baptista da Silva observa que: "Mas os limites do *efeito devolutivo* na apelação ainda podem ser reduzidos pelo próprio apelante nos casos em que ele, podendo pedir a reforma integral da sentença, em toda a extensão da sucumbência, decida recorrer apenas de uma porção dela, conformando-se quanto ao mais com sua derrota. Teremos, neste caso, um *recurso parcial*, em que a *matéria impugnada* pelo recorrente não alcança todos os capítulos da sentença. E, naturalmente, segundo o princípio *tantum devolutum quantum appellatum*, aquilo que o recurso devolve à instância superior será apenas o conhecimento da matéria impugnada pelo recorrente. A este respeito, diz o art. 515 do CPC: 'A apelação devolverá ao tribunal o conhecimento da matéria impugnada'. E apenas da matéria impugnada, ficando vedado ao tribunal o exame das outras questões não compreendidas na apelação, sobre as quais o silêncio das partes fez com que se consumasse a coisa julgada". BAPTISTA DA SILVA, Ovídio. *Curso de processo civil*. 5. ed. São Paulo: Revista dos Tribunais, 2000. v. 1. p. 429.
25. CUNHA, Leonardo Carneiro da. *Termo inicial do prazo para ajuizamento da ação rescisória, capítulos de sentença e recurso parcial (REsp 415.586-DF-STJ)*. Revista de Processo. n. 120. São Paulo: Revista dos Tribunais, 2005. p. 219-20.

no que tiver sido objeto de recurso indica que, em caso de recurso parcial, a devolutividade do apelo e a substitutividade do acórdão também será parcial.

A jurisprudência pátria, formada ainda com base no CPC de 1973, se comporta de forma divergente no que respeita à formação progressiva da coisa julgada nos casos envolvendo recurso parcial. Inicialmente, o STJ tinha decisões favoráveis à formação progressiva da imunização máxima[26].

Contudo, em outros julgados[27] e no Enunciado 401 da Súmula de sua Jurisprudência dominante, o STJ consagra que o prazo para a ação rescisória conta-se a partir do trânsito em julgado da última decisão.

Por outro lado, o STF, no julgamento do RE 666589/DF (rel. Min Marco Aurélio – DJ de 02.06.2014) entendeu que o prazo decadencial da ação rescisória, nos casos da existência de capítulos autônomos, deve ser contado do trânsito em julgado de cada decisão. Esta é a ementa do julgado:

> "Coisa julgada – Envergadura. A coisa julgada possui envergadura constitucional. Coisa julgada – Pronunciamento judicial – Capítulos autônomos. Os capítulos autônomos do pronunciamento judicial precluem no que não atacados por meio de recurso, surgindo, ante o fenômeno, o termo inicial do biênio decadencial para a propositura da rescisória".

Como já mencionado, este tema (*momento da coisa julgada*) é polêmico também em sede jurisprudencial e está merecendo enfrentamento específico no NCPC, que permite a interpretação de que, nestas duas situações (*decisões parciais e recursos com impugnação parcial*) a imutabilidade progressiva e parcial da decisão de mérito impugnada parcialmente.

Com o início de vigência do NCPC, deverá ser repensada a situação jurídica ligada ao recurso parcial, inclusive com o necessário reflexo na interpretação dos Tribunais Superiores. As indagações a serem enfrentadas pelos estudiosos serão: qual o momento de formação da coisa julgada nos casos envolvendo recursos parciais? Quando começará a correr o prazo bienal para a propositura de ação rescisória nos casos de decisões parciais de mérito e recursos com impugnação parcial?

Destarte, em que pese a previsão do atual CPC (art. 485) limitar-se apenas à sentença, é fato que a ação rescisória é cabível contra *decisão* (em sentido amplo) *de mérito* – seja efetivamente sentença, acórdão ou interlocutória – como expressamente consagrado no art.966 do NCPC. Esta observação serve

---

26. No tema, ver os seguintes julgados: REsp. 201.668-PR, 5 T., Rel. Min. Edson Vidigal, unânime, DJ de 28.06.1999, p. 143; REsp 212.286-RS, 6 T., Rel. Min. Hamilton Carvalhido, unânime, DJ de 29.10.2001, p. 276; REsp 278614/RS, 5 T, Rel. Min. Ministro JORGE Scartezzini – J. de 04/09/2001 – DJ de 08.10.2001 p. 240.
27. Como os AR 846, ED AR 1.275, ERESP 404.777.

para ratificar o aduzido em texto anterior em relação a algumas reflexões práticas[28] como:

a) a necessidade de se demonstrar, mediante certidão, o trânsito em julgado da resolução (quaisquer das três – sentença, interlocutória ou mesmo acórdão) de mérito;

b) a possibilidade de conciliar o instituto do cumprimento definitivo de um pedido apreciado prematuramente com outro sequer transitado em julgado;

c) possibilidade de coexistir a execução (cumprimento) provisória e definitiva na mesma relação jurídica processual, etc.

Logo, passa a ser necessária, a meu ver, uma revisitação do tema (*momento da coisa julgada e duração razoável do processo*), incluindo o posicionamento de alguns julgados que consagram a coisa julgada como fenômeno que ocorre apenas após o julgamento do último recurso. A rigor, aliás, deverão ser revisitados conceitos tradicionais como o de *coisa julgada, rescisória, trânsito em julgado, decisão de mérito, prazo decadencial para desconstituição do decisum e, em última análise, do próprio reflexo em relação à duração razoável do processo.*

C) A coisa julgada, a imunização da questão prejudicial e a abreviação do tempo de duração do processo

Outro importante tema ligado à coisa julgada refere-se a possibilidade da imunização atingir a questão prejudicial discutida no decorrer da litispendência.

Há, neste sentido, profunda modificação entre as previsões do CPC de 1973 e a nova legislação adjetiva. A preocupação do novel sistema processual é em relação à maior brevidade da prestação jurisdicional, evitando-se a eternização da discussão envolvendo a questão prejudicial decidida de forma incidental em determinada demanda judicial.

Visando o correto entendimento do que pretende o NCPC (art.500), é necessário partir da conceituação do que vem a ser *questão*, e a influência em relação à coisa julgada e à brevidade da prestação jurisdicional.

Questão, em teoria geral do processo, é utilizada com uma série de significados. Inicialmente, questão é o ponto controvertido de fato ou de direito da qual depende o julgamento do mérito[29].

---

28. Ver ARAÚJO, José Henrique Mouta. *Decisão interlocutória de mérito no projeto do novo CPC: reflexões necessárias*. In O projeto do Novo Código de Processo Civil – Fredie Didier Jr, José Henrique Mouta e Rodrigo Klippel (orgs), Salvador : Juspodivm, 2011, pp. 230.

29. "Há, no processo, determinados *assuntos* (*pontos*) que, se *controvertidos*, passam a merecer a denominação de *questões*. Se a solução destas não influir na existência (ou na inexistência) do exame do mérito, de questões prévias e preliminares propriamente ditas se tratará". ARRUDA ALVIM, José Manoel. *Manual de direito processual civil*. 9. ed. São Paulo: Revista dos Tribunais, 2005. v. 1. p. 384.

No contexto da previsão do art. 503 do NCPC, *questão* pode ser de fato ou de direito, mas não se confunde com o próprio mérito (ou o *thema decindendum*).

Por outro lado, a palavra *questão* também significa *ponto de fato ou de direito controvertido* (tendo em vista que nem todo ponto é questão, mas questão é ponto processual ou material)[30] de que dependa o pronunciamento judicial, hipótese em que é resolvido como incidente processual[31] e constará na fundamentação do julgado. Neste aspecto, as questões decididas *incidenter tantum* não são atingidas pela coisa julgada.

Questão também é utilizada como sinônimo de objeto, em que se poderá concluir que será atingida pela coisa julgada, haja vista que discutida *principaliter tantum*. Assim, as variáveis conceituais indicam que ora questão é discutida de forma incidental, ora de forma principal (objeto de decisão).

Nesse aspecto, a palavra *questão* possui íntima ligação com o conceito de mérito (objeto litigioso do processo), este concebido como questão principal a ser enfrentada e discutida durante o andamento do feito. Antes de apreciar a questão principal (*principaliter tantum*), devem ser enfrentadas as *questões prévias*[32] (preliminares e/ou prejudiciais).[33]

Em poucas palavras, é possível afirmar que as primeiras impedem a resolução da questão principal e envolvem vícios da relação material ou da própria

---

30. Cândido Rangel Dinamarco ensina que: "ponto é, em prestigiosa doutrina, aquele fundamento da demanda ou da defesa, que haja permanecido incontroverso durante o processo, sem que as partes tenham levantado discussão a respeito (e sem que o juiz tenha, de ofício, posto em dúvida o fundamento); discordem as partes, porém, isto é, havendo contestação de algum ponto por uma delas (ou, ainda, havendo o juiz suscitado a dúvida), o ponto se erige em questão. Questão é, portanto, o ponto duvidoso. Há questões de fato, correspondentes à dúvida quanto a uma assertiva de fato contida nas razões de alguma das partes; e de direito, que correspondem à dúvida quanto à pertinência de alguma norma ao caso concreto, à interpretação de textos, legitimidade perante norma hierarquicamente superior". DINAMARCO, Cândido Rangel. *O conceito de mérito em processo civil*. Revista de Processo. n. 34. São Paulo: Revista dos Tribunais, 1984. p. 25.
31. Nesse sentido, vide BARBOSA MOREIRA, José Carlos. *Item do pedido sobre o qual não houve decisão: possibilidade de reiteração noutro processo*. In Temas de direito processual civil. 2. ed. São Paulo: Saraiva, 1988. (2. série).
32. "Questões prévias são aquelas que devem ser conhecidas e 'decididas antes e fora do mérito', constituindo uma ampla e variada sorte de pontos e questões, a respeito dos quais deve o juiz dirigir o seu conhecimento com o objetivo de verificar se o processo e a ação portam os requisitos exigidos para o seu acolhimento, tornando-os hábeis a atingir a apreciação do mérito no epílogo da etapa de cognição". NORONHA, Carlos Silveira. *Sentença civil*: perfil histórico-dogmático. São Paulo: Revista dos Tribunais, 1995. p. 102.
33. Celso Agrícola Barbi assim se manifesta acerca dos conceitos de pontos e questões (preliminares e prejudiciais): "No curso de uma causa, muitas vezes o juiz quer examinar vários *pontos*, que são premissas para a decisão final sobre o pedido do autor. Esses *pontos* são *preliminares*, ou *prejudiciais*, à questão principal, quando surge entre as partes controvérsias sobre esses *pontos*, transformam-se eles em questões preliminares, ou questões prejudiciais". BARBI, Celso Agrícola. *Ação declaratória principal e incidental*. 7. ed. Rio de Janeiro: Forense, 1995. p. 166.

relação processual,[34-35] já as segundas são condicionadoras da resolução meritória.[36] Assim, quando enfrentadas questões prejudiciais *incidenter tantum*, não ficam acobertadas pela coisa julgada, sendo, portanto, apreciadas como fundamento e não como decisão, exceto nos casos previstos na inovação contida no art. 503, §1º do NCPC[37].

É possível, como consequência, que estas questões sejam *objeto* de outro processo, não acobertadas pela imutabilidade da coisa julgada, o que poderá, inclusive, gerar controvérsia entre duas coisas julgadas, como bem observou Arruda Alvim ao aduzir que:

> "Se a questão prejudicial foi decidida *incidenter tantum*, sem a autoridade de coisa julgada, e, portanto, vier a ser objeto de processo autônomo e neste se lhe der solução antagônica à do processo anterior, criam-se indesejáveis posições diferentes, do mesmo Judiciário, a respeito de uma questão (art. 469, III). Certamente sobrevivem ambas as decisões, pois no primeiro processo a questão era mera questão prejudicial ao passo que, no segundo é o próprio objeto do processo. Conquanto tal situação não seja a ideal, a sobrevivência de ambas as decisões dá-se

---

34. As questões preliminares, de acordo com a Teoria de Liebman, envolvem as condições de ação e os pressupostos processuais. Contudo, aquelas muitas vezes podem se confundir com o mérito, deixando de ser preliminares. As críticas envolvendo a separação das condições da ação do mérito não são novas e merecem muita atenção no dia-a-dia forense, não estando alheio a críticas a opção legislativa prevista no art. 267, VI, do CPC. Com muitos argumentos, ver DIDIER JÚNIOR, Fredie. *Um réquiem às condições da ação*: estudo analítico sobre a existência do instituto. Revista Forense. n. 351. Rio de Janeiro: Forense, 2000. p. 65-82.
35. Quanto às questões preliminares, observa Alexandre Freitas Câmara que: "são preliminares as questões enunciadas no art. 301 do CPC, cabendo ao réu alegá-las na contestação, sob pena de responder pelas 'custas do retardamento'. Registre-se que, no art. 301, são incluídas duas questões que não se enquadram propriamente no conceito apresentado de preliminares: a incompetência absoluta e a conexão (ai utilizado o termo em sentido amplo, abrangendo tanto a conexão *strito sensu* como a continência). Estas duas questões não chegam jamais a impedir a apreciação do mérito da causa, razão pela qual são denominadas *preliminares impróprias ou dilatórias*". CÂMARA, Alexandre Freitas. *Lições de direito processual civil*. 7. ed. São Paulo: Lumen Juris, 2002. v. 1. p. 241.
36. Sobre o assunto, ver BARBOSA MOREIRA, José Carlos. *Questões prejudiciais e coisa julgada*. Rio de Janeiro: Borsoi, 1967. p. 29-30. Também do autor, imprescindível a leitura da obra *Questões prejudiciais e coisa julgada*. Revista de Direito da Procuradoria Geral do Estado da Guanabara. n. 16. Rio de janeiro, 1967. p. 158-268. Ver também MENESTRINA, Francesco. *La pregiudiciale nel processo civile*. Milão: Giuffrè, 1951.
37. Sobre a apreciação da questão prejudicial, ensina Salvatore Satta que: "La decisione delle questioni pregiudiziali proposte dalle parti o rilevabili d'ufficio precede il merito della causa (art. 276 primo cpv.). La legge non detta alcuna norma sull'ordine delle questioni pregiuduziali, che talvolta no ha alcuna rilevanza pratica: sarà allora il giudice che stabilirà tale ordine, secondo il criterio dell'assorbimento o dando la preferenza alla questione più generale rispetto a quella particolare. Ma talvolta l'ordine ha grandissima rilevanza pratica, e se in molti casi esso è dettato dalla stessa logica del giudizio, poichè si deve dare la precedenza a quella questione che costituisce il presupposto logico delle altre (e così ad es. non potrà il giudice verificare la propria competenza per valore se non si ritiene territorialmente competente), in altri casi la sua determinazione implica sottili valutazioni giuridiche intorno alla natura stessa della questione proposta, e dà luogo a gravissimi dubbi". SATTA, Salvatore. *Diritto processuale civile*. Padova: Cedam, 1953. p. 238.

harmonicamente, subsistindo, *in totum*, os bens jurídicos definidos por tais sentenças".[38]

Também há a possibilidade de existência de duas decisões imutáveis que interpretaram a mesma questão de forma diferente, sendo que inexistirá violação à coisa julgada pelo fato de que, na primeira, a questão apreciada não fora atingida pela imutabilidade, consoante previsão contida no art. 469, III, do CPC de 1973 e art. 503 do NCPC.

Contudo, como é por todos conhecida, há a possibilidade, de acordo com as previsões do CPC, de 1973, de ampliação do objeto litigioso do processo, fazendo com que a questão prejudicial deixe de ser *incidenter tantum* e passe a ser *principaliter tantum* (art. 5º e 325).[39-40-41]. Logo, a cognição atinge as questões prévias; contudo, a coisa julgada apenas atingirá o objeto litigioso do processo (questão *principaliter tantum*).[42]

Na nova legislação haverá alteração em relação a este entendimento. Neste fulgor, a questão prejudicial caso seja conhecida, mas não decidida, ficará

---

38. ARRUDA ALVIM, José Manoel. *Ação declaratória incidental*. Revista de Processo n. 20, 1980. p. 9. A única ressalva a fazer é que a questão prejudicial, quando decidida *principaliter tantum*, irá fazer parte do *objeto litigioso do processo* e não apenas do *objeto do processo* (gênero do qual aquele é espécie).

39. Celso Agrícola Barbi expõe que: "para que a *conclusão* do juiz sobre a *questão* examinada como prejudicial tenha força de coisa julgada, é necessário que ela seja tomada como *decisão* e não apenas como atividade de simples *conhecimento 'incidenter tantum'*". BARBI, Celso Agrícola. *Ação declaratória principal e incidental*. 7. ed. Rio de Janeiro: Forense, 1995. p. 167). Já Marcelo Abelha Rodrigues expõe, ao abordar o art. 469, III, do CPC, que: "tanto nesse dispositivo quanto no do art. 470 do CPC, a expressão *questão prejudicial* foi tomada como ponto controvertido ou duvidoso de fato ou de direito, de cuja solução o julgamento de mérito depende. Segundo tais dispositivos, se a questão prejudicial surgir no processo de modo incidente, sendo apenas mais um degrau para a solução da lide, a decisão sobre ela não será revestida da autoridade da coisa julgada. Entretanto, se a questão prejudicial surgir no curso do processo e for requerido o seu julgamento por intermédio de uma ação declaratória incidental (arts. 5º. e 325 do CPC), desde que atendidos os seus pressupostos, deixará ela, então, de ser uma simples questão, para passar a ser objeto de julgamento da ação declaratória incidental. Nesse caso, por determinação do art. 470 do CPC, a decisão definitiva que julgar a ação declaratória incidental, e, por conseguinte, a questão prejudicial, será acobertada pela autoridade da coisa julgada material". RODRIGUES, Marcelo Abelha. *Elementos de direito processual civil*. 3. ed. São Paulo: Revista dos Tribunais, 2003. v. 1. p. 350.

40. "A declaratória incidental existe para estender a força da coisa julgada também às questões prejudiciais, questões que até então seriam conhecidas, mas não tecnicamente decididas". CABRAL, Antônio do Passo. *Coisa julgada e preclusões dinâmicas – entre a continuidade, mudança e transição de posições processuais estáveis*. Salvador: Juspodivm, 2013, p. 90.

41. "A ação declaratória incidental (CPC, arts. 325 e 470) é o meio processual idôneo para transformar a questão prejudicial em questão principal. Assim, com a ADI a apreciação da questão prejudicial também será coberta pela coisa julgada. Nessa hipótese, há uma ampliação dos limites objetivos, incluindo-se também parte da motivação – mas que a rigor passou a fazer parte do pedido e, assim, também constará no dispositivo e consequentemente será protegida pela *res judicata*". DELLORE, Luiz Guilherme. *Estudos sobre a coisa julgada e controle de constitucionalidade*. Rio de Janeiro: Forense, 2013, p. 67.

42. Daí pelo que se faz necessário, em item próprio, distinguir o *objeto da cognição* e *objeto de decisão*. Sobre o assunto, ver DIDIER JUNIOR., Fredie. *Cognição, construção de procedimentos e coisa julgada: os regimes diferenciados de formação da coisa julgada no direito processual civil brasileiro*. Genesis: Curitiba, n. 22. out/dez 2001. p. 709-34.

adstrita aos fundamentos do *decisum* e, portanto, não ficará imunizada, exceto se a situação for enquadrada no art. 503, do NCPC.

Este dispositivo pretende acabar com eventuais discussões e atropelos procedimentais no que respeita a análise se determinada questão prejudicial é ou não atingida pela coisa julgada.

Em suma: o NCPC pretende, desde que atendidos alguns requisitos específicos, ampliar os efeitos objetivos da coisa julgada para alcançar a questão prejudicial que, a rigor, não foi apreciada como objeto principal, mas como um antecedente.

Há, como já mencionado, uma modificação de padrão-decisório para fins de imunização pelo fenômeno da coisa julgada. Pela tradição do CPC de 1973, a *questão prejudicial* decidida de forma incidental não fica atingida pelos limites objetivos da coisa julgada, podendo ser objeto de outra ação judicial. Por outro lado, se a questão fizer parte do objeto litigioso do processo, é atingida pela imutabilidade como preconizava os arts. 325 e 470 do CPC de 1973.

Contudo, o NCPC, no art. 503, §1º, traz a possibilidade de ampliar os limites objetivos para fazer com que a coisa julgada também possa atingir a questão prejudicial, desde que sejam atendidos os seguintes requisitos: a) a sua apreciação ser condicionante ao julgamento do mérito (do objeto principal); b) existência de contraditório prévio e efetivo, o que não ocorre em caso de revelia; c) o juiz do feito for competente em razão da matéria e pessoa para apreciar a questão prejudicial como objeto principal. Ademais, o §2º do mesmo dispositivo indica que não se aplica nos casos em que existir limite cognitivo que impeça o aprofundamento da análise da questão prejudicial.

Uma coisa é certa: o objetivo do NCPC é simplificar o entendimento de quando a questão prejudicial será atingida pelos limites objetivos da coisa julgada. Contudo, há a necessidade de muita cautela na análise e interpretação destes dispositivos.

Ratifica-se, por oportuno, que este raciocínio ligado à ampliação dos limites objetivos apenas ocorrerá nos casos em que se discute a questão prejudicial de forma incidental e não como objeto principal.

Assim, por exemplo, uma coisa é a propositura de demanda com pedidos cumulados de declaração de existência de contrato com cobrança de valores (onde o pedido prejudicial – contrato – será atingido diretamente pelos efeitos objetivos da coisa julgada – art. 502 do NCPC) e outra, completamente diferente, é a propositura de ação de cobrança de valores, onde a discussão sobre a existência ou não de contrato é feita de forma incidental (como condicionante ao julgamento do mérito).

Pelo NCPC poder-se-á ampliar os limites para fazer como que a coisa julgada alcance a própria discussão incidental sobre a existência ou não de vínculo obrigacional, impedindo que o tema seja objeto de nova demanda judicial, desde que seja garantido o contraditório prévio e efetivo acerca da prejudicial.

Como citado anteriormente, esta ampliação não ocorrerá nas causas em que existir limitação cognitiva; ou seja, em processos em que o limite cognitivo horizontal vedar a ampla discussão sobre a questão prejudicial, como nas ações de desapropriação, mandado de segurança, possessória, etc.

E mais. Deve existir a garantia de ampla discussão sobre a questão prejudicial, o que o §1º, II, do art. 503, do NCPC veda nos casos em que ocorrer a revelia. Indaga-se: o que é este contraditório prévio e efetivo? É razoável afirmar que se trata de ampla possibilidade de discussão sobre a questão prejudicial, inclusive no que respeita à eventual produção de prova. Naquele caso citado acima, a análise da prejudicial *existência ou não de contrato* é condicionante ao julgamento do mérito (*dever jurídico de pagar ou não valor*), pelo que deve ser garantido o contraditório e a ampla defesa em relação ao contrato.

Na verdade, este dispositivo processual cria um novo *conceito de limites objetivos da coisa julgada*: possibilidade de alcançar *questão que, na origem, não é objeto principal*. Assim, haverá a necessidade do intérprete fazer uma profunda análise para concluir quando a prejudicial será ou não alcançada pela imutabilidade.

Acredita-se que muita polêmica prática irá gerar a interpretação deste art. 503 do NCPC. Por cautela, o julgador deverá, até para evitar dúvida quanto aos limites de sua decisão, informar, na fundamentação, que houve a garantia do contraditório prévio e efetivo, como forma de atender ao previsto neste art. 503 do NCPC e fazer com que a imunização também alcance a questão prejudicial.

Caso isto venha ocorrer na prática forense (*ampliação do efeito objetivo, evitando o prolongamento da discussão envolvendo a questão prejudicial*), por certo haverá maior brevidade à prestação jurisdicional, diminuindo o *tempo do processo*.

Por outro lado, nada impede que o prejudicado procure, por meio de outra demanda, uma declaração judicial[43] de que os efeitos da coisa julgada não atingiram a questão prejudicial em decorrência da ausência do contraditório prévio.

Este é um risco decorrente da interpretação do NCPC. Poderá existir eternização de discussão judicial visando compreender se efetivamente houve o

---

43. O enunciado n. 111 do Fórum Permanente de Processualistas Civis, ao analisar versão anterior do projeto do NCPC, consagrou que: "(art. 20; art. 330, II; art. 514, §1º) Persiste o interesse no ajuizamento de ação declaratória quanto à questão prejudicial incidental. (*Grupo: Coisa Julgada, Ação Rescisória e Sentença*)".

contraditório prévio para a extensão da coisa julgada em relação à questão prejudicial decidida incidentalmente.

Além disso, devem estar presentes os demais requisitos: condicionamento (*a prejudicial deve condicionar o julgamento da questão principal*) e a competência (*do juízo em razão da matéria e pessoa*).

Estes outros requisitos (*condicionamento e competência*) são objetivos e menos complexos, pelo que não devem gerar grandes polêmicas. A competência deve ser para ambas as questões discutidas: a incidental e prejudicial (condicionante) e a principal (e condicionada).

Assim, a inovação do NCPC em relação aos limites objetivos da coisa julgada está diretamente ligada à possibilidade de extensão da imunidade para a questão prejudicial incidental.

Resta saber como será interpretada na prática o alcance desse permissivo.

Uma coisa é certa: as modificações relativas ao fenômeno da coisa julgada (*momento, efeitos objetivos e reflexos no cumprimento e na rescisória*) procuram evitar o prolongamento desnecessário da demanda, abreviando, com isso, sua duração, e alcançando, em última análise, a efetiva e real duração razoável do processo. Vamos aguardar o início de vigência do NCPC para verificar o comportamento da doutrina e da jurisprudência brasileira em relação aos temas tratados neste ensaio.

3. CONCLUSÕES

- O tempo demasiado do processo é um fator que desestimula a procura pelo Poder Judiciário.

- A imunização mais rápida de uma decisão judicial, permitindo seu imediato e definitivo cumprimento, serve como um fator positivo em busca da brevidade da prestação jurisdicional.

- As comissões de reforma da Constituição e a comissão de Juristas (*aliado a todos os profissionais que colaboraram na elaboração da redação final*) do novo CPC procuraram enfrentar os pontos de estrangulamento da tutela processual tradicional com o objetivo de alcançar um *processo civil de resultados e de efetiva proteção dos direitos humanos*. Em última análise: as modificações constitucionais e processuais objetivam a garantia de um concreto e real acesso à justiça.

- o direito ao processo com duração razoável (sem dilações indevidas) é um direito subjetivo constitucional assegurado a todos os membros da coletividade a tutela jurisdicional de um prazo razoável, inclusive com previsão expressa no texto constitucional brasileiro (art. 5º, LXXVI).

- O novo CPC pretende superar alguns pontos de estrangulamento do sistema anterior e abreviar o tempo de duração dos processos judiciais. Em relação às modificações, um dos pontos mais importantes refere-se ao fenômeno da coisa julgada.

- Especialmente após as alterações ocorridas nos arts. 162, §1º, 267, 269 e 273 do CPC de 1973, parte da doutrina e jurisprudência passaram a admitir a existência de sentenças parciais (*decisões, no curso do processo, que, mesmo não encerrando a fase de conhecimento, poderiam ser enquadrar nos arts. 267 e 269 da legislação processual*), ao passo que outra parte defendeu a existência de decisões interlocutórias de mérito no curso da relação processual.

- Pedido incontroverso é pedido reconhecido ou mesmo não impugnado, podendo ocorrer quando, havendo cumulação (em regra a cumulação simples-*somatória sem dependência*) de pedidos, o réu impugna apenas um deles. No NCPC, a previsão da tutela do incontroverso consta como hipótese de resolução parcial de mérito (art. 356, I).

- Considerando que o sistema processual permite, e até estimula, a cumulação de pedidos, o amadurecimento precoce de um deles enseja o desmembramento da tutela definitiva.

- A sentença, por vezes, é o pronunciamento que encerra no máximo procedimento em 1º grau (isso sem falar no cumprimento do julgado); contudo, nos casos de pedidos cumulados, sendo um deles apreciado precocemente – rejeitado ou acatado – tal decisão não se configura sentença, mas sim decisão interlocutória definitiva, sujeitando-se a interposição de agravo de instrumento (art. 1015, II, do NCPC).

- Nas situações envolvendo resolução parcial de mérito, estar-se-á diante de claro instrumento de prestígio à celeridade e duração razoável do processo, com o fracionamento do momento do cumprimento do julgado e a permissão de imediata satisfação do bem jurídico objeto da referida tutela jurisdicional.

- Os capítulos não impugnados de uma sentença podem, desde já e dependendo do caso concreto, ensejar execução definitiva, mesmo inexistindo efetivamente o trânsito em julgado *total* do *decisum*.

- O NCPC provoca novas indagações ligadas à forma da contagem do prazo decadencial para a rescisória nos casos de decisões parciais de mérito.

- A segurança jurídica prestigia claro sistema de imutabilidade à decisão de mérito no momento em que não houver interposição de recurso impugnando o capítulo específico. Este raciocínio também está de acordo com a necessidade de alcance do devido processo legal e a tempestividade da prestação jurisdicional.

- Contudo, no julgamento do RE 666589/DF (rel. Min Marco Aurélio – DJ de 02.06.2014) entendeu o STF que o prazo decadencial da ação rescisória, nos casos da existência de capítulos autônomos, deve ser contado do trânsito em julgado de cada decisão.

- Deverão ser revisitados conceitos tradicionais como o de coisa julgada, rescisória, trânsito em julgado, decisão de mérito, prazo decadencial para desconstituição do decisum e, em última análise, do próprio reflexo em relação à duração razoável do processo.

- Uma das maiores preocupações do novel sistema processual é em relação à brevidade da prestação jurisdicional, evitando-se a eternização da discussão envolvendo a questão prejudicial decidida de forma incidental em determinada demanda judicial.

- No contexto da previsão do art. 503 do NCPC, *questão* pode ser de fato ou de direito, mas não se confunde com o próprio mérito.

- A questão prejudicial caso seja conhecida, mas não decidida, ficará adstrita aos fundamentos do *decisum* e, portanto, não ficará imunizada, exceto se a situação for enquadrada no art. 503, do NCPC. Esta falta de imunização da questão prejudicial poderá gerar uma eternização de sua discussão e, em última análise, demandas judiciais desnecessárias.

- Uma das grandes modificações do NCPC se refere à possibilidade, desde que atendidos alguns requisitos específicos, da coisa julgada atingir a questão prejudicial que, a rigor, não foi apreciada como objeto principal, mas como um antecedente.

- O NCPC, no art. 503, §1º, traz a possibilidade de ampliar os limites objetivos para fazer com que a coisa julgada também possa atingir a questão prejudicial, desde que sejam atendidos os seguintes requisitos: a) a sua apreciação ser condicionante ao julgamento do mérito (do objeto principal); b) existência de contraditório prévio e efetivo, o que não ocorre em caso de revelia; c) o juiz do feito for competente em razão da matéria e pessoa para apreciar a questão prejudicial como objeto principal.

- O objetivo do NCPC é simplificar o entendimento de quando a questão prejudicial será atingida pelos limites objetivos da coisa julgada. Contudo, há a necessidade de muita cautela na análise e interpretação destes dispositivos.

- Na verdade, este novo art. 503 cria um novo conceito de coisa julgada e limites objetivos: possibilidade de alcance de questão que, na origem, não é objeto principal. Assim, haverá a necessidade do intérprete analisar quando a prejudicial será ou não alcançada pela imutabilidade.

- Resta aguardar o início de vigência do NCPC para verificar o comportamento da doutrina e da jurisprudência em relação aos vários aspectos ligados ao fenômeno da coisa coisa.

4. REFERÊNCIAS BIBLIOGRÁFICAS

ARAÚJO, José Henrique Mouta. *Coisa julgada progressiva & resolução parcial de mérito*. Curitiba, Juruá, 2007.

_____. *Decisão interlocutória de mérito no projeto do novo CPC: reflexões necessárias*. In O projeto do Novo Código de Processo Civil – Fredie Didier Jr, José Henrique Mouta e Rodrigo Klippel (orgs), Salvador : Juspodivm, 2011.

_____. *Tutela antecipada do pedido incontroverso: estamos preparados para a nova sistemática processual?* Revista de Processo n. 116, São Paulo : Revista dos Tribunais, 2004.

ARRUDA ALVIM, José Manoel. *Ação declaratória incidental*. Revista de Processo n. 20, 1980.

_____. *Manual de direito processual civil*. 9. ed. São Paulo: Revista dos Tribunais, 2005. v. 1.

BAPTISTA DA SILVA, Ovídio. *Curso de processo civil*. 5. ed. São Paulo: Revista dos Tribunais, 2000. v. 1.

BARBI, Celso Agrícola. *Ação declaratória principal e incidental*. 7. ed. Rio de Janeiro: Forense, 1995. p. 166

BARBOSA MOREIRA, José Carlos. *Item do pedido sobre o qual não houve decisão: possibilidade de reiteração noutro processo*. In Temas de direito processual civil. 2. ed. São Paulo: Saraiva, 1988. (2. série).

_____. *Questões prejudiciais e coisa julgada*. Rio de Janeiro: Borsoi, 1967.

_____. *Questões prejudiciais e coisa julgada*. Revista de Direito da Procuradoria Geral do Estado da Guanabara. n. 16. Rio de janeiro, 1967.

CABRAL, Antônio do Passo. *Coisa julgada e preclusões dinâmicas – entre a continuidade, mudança e transição de posições processuais estáveis*. Salvador: Juspodivm, 2013.

CALMON DE PASSOS, José Joaquim. *Comentários ao Código de Processo Civil*. 9. ed. Rio de Janeiro: Forense, 2004. v. 3.

CÂMARA, Alexandre Freitas. *Lições de direito processual civil*. 7. ed. São Paulo: Lumen Juris, 2002. v. 1.

CAPPELLETTI Mauro & GARTH, Bryant. *Acesso à justiça*. Trad. Ellen Gracie Northfleet. Porto Alegre: Sérgio Fabris, 1988.

CARNELUTTI, Francesco. *Diritto e processo*. Napoli: Morano, 1958.

CARVALHO, Fabiano. *EC n. 45*: reafirmação da garantia da razoável duração do processo. In Reforma do Judiciário. Teresa Arruda Alvim Wambier et al (Org.). São Paulo: RT, 2005.

CHEIM JORGE, Flávio, DIDIER JÚNIOR, Fredie e RODRIGUES, Marcelo Abelha. *A nova reforma processual*. 2. ed. São Paulo: Saraiva, 2003.

CUNHA, Leonardo Carneiro da. *Termo inicial do prazo para ajuizamento da ação rescisória, capítulos de sentença e recurso parcial (REsp 415.586-DF-STJ)*. Revista de Processo. n. 120. São Paulo: Revista dos Tribunais, 2005.

DELLORE, Luiz Guilherme. *Estudos sobre a coisa julgada e controle de constitucionalidade*. Rio de Janeiro: Forense, 2013.

DIDIER JÚNIOR, Fredie. *Cognição, construção de procedimentos e coisa julgada*: os regimes diferenciados de formação da coisa julgada no direito processual civil brasileiro. Genesis: Curitiba, n. 22. out/dez 2001.

_____. *Um réquiem às condições da ação*: estudo analítico sobre a existência do instituto. Revista Forense. n. 351. Rio de Janeiro: Forense, 2000.

_____; CHEIM JORGE, Flávio e RODRIGUES, Marcelo Abelha. *A nova reforma processual*. 2. ed. São Paulo: Saraiva, 2003.

DINAMARCO, Cândido Rangel. *O conceito de mérito em processo civil*. Revista de Processo. n. 34. São Paulo: Revista dos Tribunais, 1984.

FERREIRA, Luiz Alexandre Cruz e TÁRREGA, Maria Cristina Vidotte Blanco. *Reforma do poder judiciário e direitos humanos*. In Reforma do judiciário. Teresa Arruda Alvim Wambier et al. (Org.). São Paulo: Revista dos Tribunais, 2005.

GAJARDONI, Fernando da Fonseca. *Técnicas de aceleração do processo*. São Paulo: Lemos & Cruz, 2003.

GARTH, Bryant & CAPPELLETTI Mauro. *Acesso à justiça*. Trad. Ellen Gracie Northfleet. Porto Alegre: Sérgio Fabris, 1988.

NALINI, José Renato. *O juiz e o acesso à justiça*. São Paulo: Revista dos Tribunais, 1994.

MARINONI, Luiz Guilherme. *Efetividade do processo e tutela de urgência*. Porto Alegre: Sérgio Fabris, 1994.

_____. *Novas linhas do processo civil*. São Paulo: Revista dos Tribunais, 1993.

_____. *Tutela antecipatória e julgamento antecipado*: parte incontroversa da demanda. 5. ed. São Paulo: Revista dos Tribunais, 2003

MENESTRINA, Francesco.*La pregiudiciale nel processo civile*. Milão: Giuffrè, 1951.

MITIDIERO, Daniel Francisco. *Comentários ao código de processo civil*. São Paulo: Memória Jurídica, 2005. t. II.

NERY JÚNIOR, Nelson. *Teoria geral dos recursos*. 6. ed. São Paulo: RT, 2004.

NORONHA, Carlos Silveira. *Sentença civil*: perfil histórico-dogmático. São Paulo: Revista dos Tribunais, 1995.

RODRIGUES, Marcelo Abelha. *Elementos de direito processual civil*. 2. ed. São Paulo: Revista dos Tribunais, 2003, v. 2.

_____. *Elementos de direito processual civil*. 3. ed. São Paulo: Revista dos Tribunais, 2003. v. 1.

_____; CHEIM JORGE, Flávio e DIDIER JÚNIOR, Fredie. *A nova reforma processual*. 2. ed. São Paulo: Saraiva, 2003.

SANTOS, Moacyr Amaral. *Comentários ao código de processo civil*. Rio de janeiro: Forense: 1977. v. 4.

SATTA, Salvatore. *Diritto processuale civile*. Padova: Cedam, 1953.

TÁRREGA, Maria Cristina Vidotte Blanco e FERREIRA, Luiz Alexandre Cruz. *Reforma do poder judiciário e direitos humanos*. In Reforma do judiciário. Teresa Arruda Alvim Wambier et al. (Org.). São Paulo: Revista dos Tribunais, 2005.

TUCCI, José Rogério Cruz e. *Garantia do processo sem dilações indevidas*: responsabilidade do Estado pela tempestividade da prestação jurisdicional. In Temas atuais de direito processual civil. César Augusto de Castro Fiúza, Maria de Fátima Freire de Sá e Ronaldo Bretãs C. Dias (Coord.). Belo Horizonte: Del Rey, 2001.

_____. *Tempo e processo*. São Paulo: Revista dos Tribunais, 1997

WAMBIER, Teresa Arruda Alvim. *O contempt of court na recente experiência brasileira*: anotações a respeito da necessidade premente de se garantir efetividade às decisões judiciais. Revista de Processo n. 119. jan. 2005. São Paulo: Revista dos Tribunais, 2005.

YARSHELL, Flávio Luiz. *Ação rescisória : juízos rescindente e rescisório*. São Paulo : Malheiros, 2005.

CAPÍTULO 19

Da coisa julgada no Novo Código de Processo Civil (L. 13.105/2015): Conceito e limites objetivos

Luiz Dellore[1]

SUMÁRIO: 1. INTRODUÇÃO; 2. DO CONCEITO DE COISA JULGADA; 3. DO CONCEITO DE COISA JULGADA NO NCPC: OPORTUNIDADE PERDIDA; 4. DOS LIMITES OBJETIVOS DA COISA JULGADA: MODIFICAÇÃO NO NCPC E TRAMITAÇÃO LEGISLATIVA; 4.1. POSIÇÕES FAVORÁVEIS À INOVAÇÃO; 4.2. POSIÇÕES DESFAVORÁVEIS À INOVAÇÃO. ; 4.3 DÚVIDAS EM RELAÇÃO AO NOVO SISTEMA; 5. CONCLUSÕES; 6. BIBLIOGRAFIA.

1. INTRODUÇÃO

Após pouco mais de cinco anos de tramitação[2], temos um novo Código de Processo Civil (NCPC).

Há pontos positivos e negativos na L. 13.105/2015[3]. Mas, o momento não é mais de debater o que poderia ser, mas sim de analisar o que é. E de buscamos extrair a melhor interpretação do texto legal, de modo a se lograr obter um sistema processual que seja não só célere e eficaz, mas igualmente seguro.

Um tema que merecerá cuidado de todos aqueles que atuarem no foro ou estudarem com alguma profundidade o processo será a coisa julgada[4]. Isso

---

1. Mestre e doutor em Direito Processual pela USP. Mestre em Direito Constitucional pela PUC/SP. Professor de Direito Processual do Mackenzie, EPD, IEDI e IOB/Marcato e professor convidado de outros cursos em todo o Brasil. Advogado concursado da Caixa Econômica Federal. Ex-assessor de Ministro do STJ. Membro da Comissão de Direito Processual Civil da OAB/SP, do IBDP (Instituto Brasileiro de Direito Processual) e diretor do CEAPRO (Centro de Estudos Avançados de Processo).
2. Neste momento, necessário destacar a atuação democrática e aberta de dois importantes atores na tramitação do novo Código: (i) Professor BRUNO DANTAS que, mesmo sendo membro da Comissão de Juristas que elaborou o projeto enviado ao Senado, debateu, fomentou o debate e ouviu as críticas ao projeto; (ii) Deputado SÉRGIO BARRADAS CARNEIRO, relator do projeto na Câmara que, acessível, recebeu sugestões e debateu com aqueles que quiseram contribuir para com o projeto. Destaco, ainda, sua entrevista, feita exclusivamente para a internet, explicando as principais alterações do projeto da Câmara: http://atualidadesdodireito.com.br/novocpc/2012/12/14/entrevista-com-o-deputado-sergio-barradas-carneiro/.
3. Para uma visão do NCPC, conferir, de minha autoria, texto no informativo Jota (jota.info/novo-cpc-5-anos-de-tramitacao-e-20-inovacoes) e (ii) Deputado CARLOS SAMPAIO, sempre disposto a debater, levou algumas propostas co-sugeridas por mim para debate.
4. Assunto que é de minha predileção, sendo objeto de vários estudos, com destaque para meu mestrado e doutorado, sedimentados na obra *Estudos sobre coisa julgada e controle de constitucionalidade*. Rio de Janeiro: Forense, 2013.

porque, há respeito do tema, há várias inovações em relação ao sistema anterior, como (i) limites objetivos, (ii) limites subjetivos, (iii) decisão passível de ser coberta pela coisa julgada e mesmo (iv) aspectos da ação rescisória.

Mas, para este artigo, um dos focos será os limites objetivos da coisa julgada – tema que já venho enfrentando à luz do NCPC, desde o início de sua tramitação, em 2010[5]. O outro ponto central será o conceito de coisa julgada, a respeito do qual pouca inovação houve no Novo Código.

É o que se fará na sequência.

2. DO CONCEITO DE COISA JULGADA[6]

Dúvida não há de que a coisa julgada é um dos temas mais complexos do direito processual[7].

De forma simplificada[8], a *res judicata* pode ser definida como a imutabilidade e indiscutibilidade da sentença, em virtude do trânsito em julgado da decisão (interpretação a partir do art. 467 do CPC 73).

A imutabilidade tem como conseqüência a impossibilidade de rediscussão da lide já julgada, o que se dá com a proibição de propositura de ação idêntica àquela já decidida anteriormente[9]. Este é o aspecto negativo da coisa julgada.

Já a indiscutibilidade tem o condão de fazer com que, em futuros processos (diferentes do anterior), a conclusão a que anteriormente se chegou seja observada e respeitada[10]. Este, por sua vez, é o aspecto positivo da coisa julgada.

---

5. Dentre outros trabalhos, destaco os seguintes:
   (i) Da ampliação dos limites objetivos da coisa julgada no novo Código de Processo Civil: quieta non movere. *Revista de Informação Legislativa*, n. 190, p. 35-43, 2011.
   (ii) Da coisa julgada no novo Código de Processo Civil (PLS 166/2010 e PL 8046/2010): limites objetivos e conceito. In: Freire, Alexandre; Dantas, Bruno; Nunes, Dierle; Didier Jr., Fredie; Medina, José Miguel Garcia; Fux, Luiz; Camargo, Luiz Henrique Volpe; Oliveira, Pedro Miranda de. (Org.). *Novas Tendências do Processo Civil - Estudos sobre o Projeto do Novo CPC*. Salvador: Juspodivm, 2013, v. 1, p. 633-646.
6. Este tópico, em grande parte, retoma o já exposto no artigo (ii) mencionado na nota anterior.
7. LIEBMAN, um dos maiores estudiosos do tema, afirma que a coisa julgada é um "misterioso instituto" (*Eficácia e autoridade da sentença*, p. 16). Já BARBOSA MOREIRA (Ainda e sempre a coisa julgada. *Revista dos Tribunais*, p. 9) assim destaca: "Quem se detiver, porém, no exame do material acumulado, chegará à paradoxal conclusão de que os problemas crescem de vulto na mesma proporção em que os juristas se afadigam na procura das soluções."
8. O tema foi desenvolvido, com vagar, na já mencionada obra, de minha autoria, *Estudos sobre coisa julgada e controle de constitucionalidade*.
9. Estamos aqui diante da clássica figura da "exceção de coisa julgada." (cf. BOTELHO DE MESQUITA, no artigo A coisa julgada, p. 11).
10. Segundo BOTELHO DE MESQUITA, "O juiz do segundo processo fica obrigado a tomar como premissa de sua decisão a conclusão a que se chegou no processo anterior" (Op. cit., p. 12).

Contudo, tal distinção, elaborada por parcela da doutrina, BOTELHO DE MESQUITA à frente, ainda é objeto de dúvidas e não é bem compreendida – seja entre os doutrinadores, seja na jurisprudência[11]. Diante disso, certo é que o novo Código poderia trazer luzes para tornar mais clara essas duas características decorrentes da coisa julgada.

Mas não é só.

Costuma-se afirmar que o CPC/73 adotou o conceito de coisa julgada defendido por LIEBMAN[12].

A própria Exposição de Motivos do Código de Processo Civil anterior, de autoria de BUZAID, afirma expressamente que o projeto adotou o "conceito de coisa julgada elaborado por LIEBMAN e seguido por vários autores nacionais"[13].

Para LIEBMAN, a coisa julgada é a qualidade que adere ao comando emergente da sentença, qualidade essa que torna imutáveis tanto os efeitos como a própria sentença[14].

Contudo, cotejando a definição liebmaniana e o CPC 73[15], percebe-se o seguinte:

- LIEBMAN fala em "qualidade" e "comando emergente da sentença"

- o CPC 73 traz os termos "eficácia" e "sentença"

Diante dessa distinção de termos para formular o conceito do instituto, teria o CPC 73 efetivamente adotado a teoria de LIEBMAN?

Parece-me que não.

---

11. Um bom exemplo de aplicação da distinção entre imutabilidade e a indiscutibilidade, ainda que não sejam utilizados esses termos, vê-se na seguinte decisão do STJ: "CIVIL E PROCESSO CIVIL. ATO ILÍCITO. COBRANÇA ABUSIVA. TRANSITO EM JULGADO DO ACÓRDÃO PROFERIDO EM AÇÃO DE COBRANÇA AJUIZADA PELO RÉU. COISA JULGADA MATERIAL. IMPOSSIBILIDADE DE REEXAME DO MÉRITO DA QUESTÃO PELO TRIBUNAL DE ORIGEM. (...) 2. O Tribunal de origem, que antes se manifestara sobre a ilicitude do protesto de cheque decorrente de cobrança de honorários médicos indevidos, com acórdão transitado em julgado, não pode rejulgar o mérito da controvérsia, porquanto acobertado pelo manto da coisa julgada. 3. É devida indenização por danos materiais, no equivalente ao dobro do indevidamente cobrado na ação anteriormente ajuizada pelo réu, e por danos morais, tendo em vista a ofensa a dignidade do autor em face da cobrança ilícita e do protesto indevido. 4. Recurso especial conhecido em parte e, nesta parte, provido. (REsp 593154/MG, Rel. Ministro LUIS FELIPE SALOMÃO, QUARTA TURMA, julgado em 09/03/2010, DJe 22/03/2010)".
12. Dentre outros: DINAMARCO, Instituições de direito processual civil, v. 3, p. 301; ERNANE FIDÉLIS DOS SANTOS, Manual de direito processual civil. v. 1, p. 555-556; HUMBERTO THEODORO JUNIOR, Sentença,. p. 34 e 92; JOSÉ FREDERICO MARQUES, Instituições de direito processual civil. v. 4, p. 39; MOACYR AMARAL SANTOS, Primeiras linhas de direito processual civil, v. 1, p. 52.
13. Exposição de Motivos do Código de Processo Civil, Capítulo III, título III, item 10.
14. Eficácia e autoridade da sentença, passim.
15. "Denomina-se coisa julgada material a eficácia, que torna imutável e indiscutível a sentença, não mais sujeita a recurso ordinário ou extraordinário".

Contudo, ainda que assim se entenda, deve-se ter em mente a pertinente ressalva de TESHEINER[16]. Para referido autor, apesar do Código não ter expressamente adotado tal doutrina, "(...) o certo é que a teoria de LIEBMAN é dominante entre nós, não podendo, pois, ser ignorada".

Mas, diante disso, poderia o novo CPC ou (i) ter efetivamente adotado a teoria liebmaniana ou (ii) avançado para uma nova formulação.

E há autores que conceituam a coisa julgada de maneira distinta, evoluindo em relação a LIEBMAN. Nesse rol, merecem destaque BOTELHO DE MESQUITA[17] e BARBOSA MOREIRA[18].

3. DO CONCEITO DE COISA JULGADA NO NCPC: OPORTUNIDADE PERDIDA

Considerando o exposto no tópico acima, é de se concluir que seria conveniente alguma adequação no texto legal a respeito da coisa julgada, para minorar os debates quanto ao tema, quando surgem.

Contudo, nesse particular, o NCPC basicamente reproduz o atual sistema. Na verdade, houve pouca evolução:

Nesse sentido, reproduzimos o texto do CPC/73 e do NCPC[19].

CPC/73:

Art. 467. Denomina-se coisa julgada material a eficácia, que torna imutável e indiscutível a sentença, não mais sujeita a recurso ordinário ou extraordinário.

NCPC[20]:

---

16. *Eficácia da sentença e coisa julgada no processo civil*, p. 72.
17. A doutrina de BOTELHO DE MEQUITA a respeito da coisa julgada pode ser sintetizada da seguinte forma: Afirma que o juiz, ao decidir cada uma das questões do processo (pressupostos processuais, condições da ação e mérito), chega a uma conclusão, denominada de "declaração". A declaração principal é aquela na qual o juiz acolhe ou rejeita o pedido do autor (ou seja, que julga o mérito). E essa declaração principal é denominada de "elemento declaratório" (que não se confunde com o efeito declaratório da sentença). Com o trânsito em julgado, verifica-se a indiscutibilidade e a imutabilidade do elemento declaratório da sentença. Assim, coisa julgada é a imutabilidade e indiscutibilidade do elemento declaratório da sentença transitada em julgado (A coisa julgada, cit., p. 11 e ss.).
18. BARBOSA MOREIRA, em apertada síntese, sustenta que a imutabilidade não se refere aos efeitos da sentença. Afirma que o imutável é o próprio conteúdo da sentença, e não seus efeitos, que podem ser modificados. Como exemplo, o fato do efeito executivo da sentença condenatória exaurir-se com a execução ou pagamento. Assim, a coisa julgada não é efeito da sentença nem qualidade dos efeitos da sentença – é, na verdade, uma *situação jurídica*, que se forma no momento em que a sentença se converte de instável em estável (Eficácia da sentença e autoridade da coisa julgada, *Temas de Direito Processual, 3ª Série*).
19. DELLORE, Luiz et. al. *Novo CPC anotado e comparado*. Indaiatuba: Foco Jurídico, 2015, p. 254.
20. Toda a .remissão ao NCPC neste trabalho, por certo, refere-se à L. 13.105/2015 – salvo quando indicado em sentido inverso.

Art. 502. Denomina-se coisa julgada material a autoridade que torna imutável e indiscutível a decisão de mérito não mais sujeita a recurso.

Como se percebe, a alteração é mínima (troca de "eficácia" por "autoridade"[21]), sem que haja a superação do problema apontado pela doutrina.

Mas não houve qualquer alteração no sentido de se evitar maiores debates na doutrina e jurisprudência[22]. Assim, é de se presumir que prosseguirão as discussões a respeito do próprio conceito de coisa julgada.

4. DOS LIMITES OBJETIVOS DA COISA JULGADA: MODIFICAÇÃO NO NCPC E TRAMITAÇÃO LEGISLATIVA

Desde o anteprojeto elaborado pela Comissão de Juristas em 2010 até a versão final revisada pelo Senado no início de 2015, o texto do NCPC passou por diversas alterações.

E, especificamente quanto aos limites objetivos da coisa julgada, foram diversas as modificações.

O anteprojeto inicial, enviado ao Senado no último trimestre de 2010 (onde recebeu o número PL 166/2010[23]) foi acompanhado de Exposição de Motivos – que, frise-se, não foi alterada após as inúmeras modificações que o texto recebeu.

E a Exposição de Motivos, no seu item 4, assim destaca[24]:

> "O novo sistema permite que cada processo tenha maior rendimento possível. Assim, e por isso, estendeu-se a autoridade da coisa julgada às questões prejudiciais".

Essa intenção da Comissão de Juristas acarretou, no NCPC, a modificação de alguns dispositivos em relação ao que existia no CPC/73.

Contudo, a opção não é pacífica na doutrina – como se verá ao longo deste artigo.

Mas, trata-se de uma firme escolha, sem dúvidas ou controvérsias, ao menos para o *legislador*?

---

21. O fato é que, na definição original de LIEBMAN, utiliza-se a palavra autoridade. Assim, a alteração aproxima a definição legal da doutrinária liebmaniana.
22. Há quem sustente que não compete à lei lecionar, mas sim à doutrina. Ainda que assim se pense, o fato é que, por vezes, essa opção se mostra adequada para evitar divergências na aplicação do texto. Ademais, o NCPC, em diversos momentos, claramente adota alguma tese ou trabalho produzidos na academia.
23. Para ter acesso aos diversos textos do NCPC, acesse: http://www.dellore.com/products/textos-do-ncpc/.
24. *Novo CPC anotado*, cit., p. 360.

Para a comissão de juristas, um dos membros afirma que sim[25].

Contudo, no âmbito do Congresso Nacional, não. Isso porque, essa questão relativa aos limites objetivos da coisa julgada foi das mais alteradas ao longo da tramitação do Código.

Nesse sentido, vale conferir qual foi a evolução do tema durante o processo legislativo:

(i) no Senado (PL 166/2010): dispositivo e questão prejudicial são cobertos pela coisa julgada;

(ii) na Câmara dos Deputados (PL 8046/2010), Relatório Barradas: só o dispositivo é coberto pela coisa julgada;

(iii) na Câmara dos Deputados, Relatório Paulo Teixeira: dispositivo e questão prejudicial são cobertos pela coisa julgada;

(iv) texto base aprovado pela Câmara dos Deputados, no final de 2013: só o dispositivo é coberto pela coisa julgada;

(v) destaques ao NCPC, aprovados pela Câmara dos Deputados, em março de 2014 dispositivo e questão prejudicial são cobertos pela coisa julgada.

E essa opção, portanto, foi a versão final sancionada.

Isso cabalmente demonstra, inclusive por parte do legislador, a dúvida em relação ao caminho a ser trilhado.

Para facilitar a compreensão, reproduz-se abaixo o texto do CPC/73 e do NCPC[26].

---

25. Assim se manifestou TERESA ARRUDA ALVIM WAMBIER: "Nós propusemos, no Projeto de Lei para o novo Código de Processo Civil brasileiro, entre outras coisas, a mudança do regime da coisa julgada, inspirados pelo desejo de se obter dos procedimentos resultados de longo alcance e mais efetivos. Em resumo: o conflito social subjacente ao processo nunca mais deveria ser trazido ao Judiciário. Não fomos longe o suficiente para dizer que nenhum outro *petitum* (demanda) poderia ser extraído da mesma causa petendi. Não. De acordo com o regime proposto, o autor poderia, por exemplo, pedir danos materiais na primeira ação e, anos depois, requerer danos morais, todos decorrentes da mesma causa de pedir. Entretanto, no novo regime, que foi originalmente proposto pela comissão, criamos uma regra determinando que a decisão sobre relação jurídica, cuja existência e validade fosse pressuposto da decisão em si, também ficasse coberta pelo manto da coisa julgada, mesmo no caso de a decisão ser *incidenter tantum*. Não obstante as diferenças entre os membros dessa comissão tão heterogênea, todos nós concordamos no sentido de que não há motivo para restringir a autoridade da coisa julgada ao decisum em si, pois o nível de cognição dessas questões antecedentes é profundo o bastante para gerar uma decisão sobre o mérito. Futuras ações seriam obstadas, se baseadas na mesma relação jurídica sobre a qual já havia uma decisão *incidenter tantum*. Assim, a abrangência da coisa julgada seria ampliada." (O que é abrangido pela coisa julgada no direito processual civil brasileiro: a norma vigente e as perspectivas de mudança. Revista de Processo, v. 39, p. 77/78).
26. *Novo CPC anotado*, cit., p. 254

CPC/73:

> Art. 468. A sentença, que julgar total ou parcialmente a lide, tem força de lei nos limites da lide e das questões decididas.

NCPC:

> Art. 503. A decisão que julgar total ou parcialmente o mérito tem força de lei nos limites da questão principal expressamente decidida[27].
>
> § 1º *O disposto no caput aplica-se à resolução de questão prejudicial, decidida expressa e incidentalmente no processo, se:*
>
> I – dessa resolução depender o julgamento do mérito;
>
> II – a seu respeito tiver havido contraditório prévio e efetivo, não se aplicando no caso de revelia;
>
> III – o juízo tiver competência em razão da matéria e da pessoa para resolvê-la como questão principal.

CPC/73:

> Art. 469. Não fazem coisa julgada:
>
> I – os motivos, ainda que importantes para determinar o alcance da parte dispositiva da sentença;
>
> II – a verdade dos fatos, estabelecida como fundamento da sentença;
>
> III – a apreciação da questão prejudicial, decidida incidentemente no processo.

NCPC

> Art. 504. Não fazem coisa julgada:
>
> I – os motivos, ainda que importantes para determinar o alcance da parte dispositiva da sentença;
>
> II – a verdade dos fatos, estabelecida como fundamento da sentença.

Do cotejo entre ambos os textos, é fácil perceber que o NCPC, abandonando o sistema vigente, traz, como nova regra, que a coisa julgada também abrangerá a questão prejudicial.

E isso independentemente de pedido das partes, bastando que tenha havido decisão do magistrado a respeito da questão prejudicial.

---

27. A versão original, do anteprojeto e do PL 166/2010, era a seguinte: Art. 490. A sentença que julgar total ou parcialmente a lide tem força de lei nos limites dos pedidos e das questões prejudiciais expressamente decididas.

Em síntese, tem-se a ampliação dos limites objetivos da coisa julgada: no CPC/73, apenas o dispositivo era coberto pela coisa julgada; no NCPC, o dispositivo e a questão prejudicial são cobertos pela coisa julgada.

Mas essa não seria uma boa alteração?

O tema é controvertido. Vejamos, então, argumentos nos dois sentidos.

4.1. POSIÇÕES FAVORÁVEIS À INOVAÇÃO

Uma das principais defensoras dessa tese, não por acaso, esteve na Comissão de Juristas.

TERESA ARRUDA ALVIM WAMBIER, após expor que a escolha foi pacífica no âmbito da Comissão de Juristas[28], destaca que a escolha de estender a coisa julgada à prejudicial passa por dois principais argumentos: bom senso e agilidade.

Em relação ao primeiro argumento, a professora assim entende[29]:

> Escolhas feitas pelo legislador devem respeitar o bom senso O atual regime da coisa julgada no Brasil permite, como dissemos, que a mesma questão (cuja decisão determina o julgamento de mérito) seja decidida de duas maneiras diferentes em duas (ou mais) ações sucessivas. Mesmo se essas decisões forem tomadas como base (passo necessário) para o decisum (= decisão da *Hauptsache*), não se pode negar que elas são logicamente contraditórias. Essa possibilidade não favorece a previsibilidade jurídica, não gera consistência ou promove a uniformidade.

De seu turno, quanto ao segundo argumento (agilidade), a posição é a seguinte[30]:

> O regime da coisa julgada no processo brasileiro não conduz à eficiência. Todas as portas estão abertas para se rediscutir cada uma e todas as questões, exceto a questão principal (o mérito): o divórcio, a anulação do contrato, etc.
>
> Se o novo regime da coisa julgada for realmente aprovado, com o futuro Código de Processo Civil, o que poderá ser discutido em futuras demandas deixa de ser uma lista extensa de questões, e então, me parece, os procedimentos serão naturalmente mais rápidos.

---

28. Vide nota 24 acima.
29. Op. cit., p. 81.
30. Op. cit., p. 82.

E sintetiza[31]:

> O regime da coisa julgada, na nossa opinião, proposto pela primeira versão do Projeto de Lei do novo Código de Processo Civil apresentado ao Senado em 2010, que agora está sendo discutido pela Câmara dos Deputados, está entre o regime mais amplo da coisa julgada, embora não chegue nem perto, a amplitude que propusemos, àquela existente nas jurisdições de Common Law. Na minha opinião, não há motivo plausível para considerar que passos necessários para a decisão – quando tenha havido debate suficiente entre as partes sobre o tema – possam ser considerados, julgados ou decididos de maneira diversa em ações subsequentes.
>
> Atualmente, o que não pode mais ser questionado e redecidido depois do fim do processo, é somente a decisão (o núcleo da decisão), deixando-se portas abertas a novas discussões sobre todas e quaisquer questões analisadas e decididas como pressupostos lógicos de decisões. Esse sistema nos parece ser, de certo modo, arcaico: não favorece a uniformidade, a previsibilidade, a estabilidade ou a eficiência da justiça civil.

Outro autor que elogia a escolha do NCPC é BRUNO VASCONCELOS CARRILHO LOPES. Inicialmente, afirma que há "fundadas razões de interesse público" para se cogitar da extensão da coisa julgada aos fundamentos da decisão, principal por força da economia processual[32].

Na sequência, sustenta[33]:

> O máximo aproveitamento do processo impõe que se atribua força de coisa julgada a todas as decisões ou partes da decisão que respeitem os requisitos para um julgamento definitivo: a existência de cognição prévia e exauriente e o respeito ao contraditório. Estando presentes tais requisitos, o princípio da economia processual tornará incompatível com a ordem constitucional a rediscussão de questões já enfrentadas pelo Poder Judiciário.

E, analisando a proposta de NCPC (antes de sua efetiva aprovação e sanção), assim concluiu o autor[34]:

> Está, portanto, na hora de o legislador brasileiro repensar a opção feita no Código de Processo Civil de 1973, pois a realidade da

---

31. Op. cit., p. 83/84.
32. A extensão da coisa julgada às questões apreciadas na motivação da sentença. *Revista de Processo*, v.38. n. 216, p.431.
33. Op. cit., p. 432.
34. Op. cit., p. 434.

vida contemporânea exige um processo mais econômico, efetivo e que produza soluções harmônicas. Nesse ponto merece aplausos o Projeto de Novo Código de Processo Civil, que optou em seus arts. 20 e 490[35] por estender a coisa julgada às questões prejudiciais decididas na motivação da sentença. Prudentemente, e em respeito às expectativas dos jurisdicionados que figurarem como partes de processos iniciados na vigência do Código de 1973, o art. 1.001[36] do Projeto dispõe que a nova disciplina somente será aplicável aos processos instaurados após o início de sua vigência. Em reparo à disciplina traçada no Projeto, deve ser mais uma vez ressaltado que nem todas as questões prejudiciais decididas na motivação da sentença são passíveis de ficarem imunizadas pela coisa julgada material. Para que a novidade seja legítima e haja o respeito ao devido processo legal, a coisa julgada deverá ficar restrita às questões prejudiciais que figurem como fundamentos necessários da sentença, não sendo aplicável, portanto, (a) à fundamentação das decisões submetidas ao regime da cognição sumária e definitiva, (b) às questões decididas desfavoravelmente ao vencedor e (c) aos motivos da sentença que contiver fundamentos alternativos.

Relevante destacar que as ressalvas mencionadas – a, b, e c; absolutamente pertinentes, ressalte-se – não constam do texto final. Assim, resta saber como a jurisprudência tratará do tema.

Por fim, vale trazer à baila breve reflexão de MARCELO PACHECO MACHADO. Para o autor capixaba, o novo sistema acarreta a existência de duas coisas julgadas distintas: "coisa julgada comum" e "coisa julgada excepcional"[37].

A distinção seria a seguinte:

> O Novo Código de Processo Civil parece mesmo ter dois regimes distintos e autônomos de coisa julgada. Para fins didáticos, e seguindo a posição verbalmente já manifestada por Fredie Didier, gostaria de adotar a seguinte terminologia (a) (regime de) coisa julgada comum; (b) (regime de) coisa julgada excepcional.

> A regra geral, aplicável a todos os casos, não muda. O objeto litigioso do processo, definido pelo pedido e identificado pela causa de pedir, deverá sofrer o seu correspondente reflexo na sentença (correlação ou congruência), tornando-se "questão principal expressamente decidida".

---

35. A remissão é a versão anterior do NCPC, sendo a referência atual ao art. 503, caput e § 1º.
36. A remissão ao NCPC aprovado é ao art. 1.054.
37. *Que coisa julgada é essa?*, in http://jota.info/novo-cpc-que-coisa-julgada-e-essa, acesso em 17/04/2015.

Ocorre que, além disso, em certas condições especiais, a coisa julgada pode excepcionalmente extrapolar os limites do tema principal decidido na sentença, para imutabilizar também as questões prejudiciais.

Esta possibilidade é excepcional. Não basta que existam ou tenham sido decididas questões prejudiciais na sentença, como premissa lógica pra a conclusão e julgamento dos pedidos.

É necessário que outros requisitos estejam devidamente preenchidos. Para se tornar imutável, a questão prejudicial precisa ser decidida (a) após contraditório efetivo; (b) por juiz absolutamente competente para decidi-la, caso esta tivesse sido veiculada como questão principal; (c) em processo com cognição exauriente.

Após expor seu raciocínio, assim conclui o autor:

> Temos motivos sim para ficarmos preocupados com a coisa julgada sobre questão prejudicial. Trata-se de técnica processual complexa e de difícil identificação no caso concreto. No entanto, esta foi a escolha legislativa

Ou seja, mesmo autores que entendem favorável a inovação fazem ressalvas interpretativas em relação a elas – como se viu em BRUNO VASCONCELOS CARRILHO LOPES e MARCELO PACHECO MACHADO.

Mas, vejamos quais são as críticas.

4.2. POSIÇÕES DESFAVORÁVEIS À INOVAÇÃO

Quando da tramitação do projeto na Câmara dos Deputados, essa casa do Parlamento mostrou-se muito mais sensível às críticas e sugestões do que o Senado.

Nesse contexto, ouvindo os comentários de processualistas em relação ao aumento dos limites objetivos, vale destacar a posição do deputado SÉRGIO BARRADAS CARNEIRO, que apresentou relatório para aprovação.

Quando desse relatório, o sistema da coisa julgada sobre a prejudicial havia recebido a seguinte redação:

> Art. 517. A decisão que julgar total ou parcialmente o mérito tem força de lei nos limites das questões expressamente decididas.
>
> Art. 518. Não fazem coisa julgada:
>
> I – os motivos, ainda que importantes para determinar o alcance da parte dispositiva da sentença;

II – a verdade dos fatos, estabelecida como fundamento da sentença;

III – a apreciação da questão prejudicial, decidida incidentemente no processo.

Ou seja, o NCPC, no Relatório Barradas, retomava o modelo do CPC/73.

Vale acompanhar trecho da justificativa para alteração do texto, elaborada pelo deputado BARRADAS:

> Embora louvável a intenção da comissão que elaborou o anteprojeto do novo Código de Processo Civil, a doutrina e a jurisprudência brasileiras não têm reclamado do modelo atual, não havendo qualquer problema causado com a limitação da coisa julgada material à parte dispositiva da sentença[38].

Crítica bem fundamentada à inovação é de ANTONIO GIDI, JOSÉ MARIA TESHEINER e MARÍLIA ZANELLA PRATES.

Em artigo publicado na Revista de Processo[39], os três autores tratam especificamente da proposta de ampliação dos limites objetivos da coisa julgada no PL 166/2010. E o fazem à luz do instituto da *issue preclusion* nos Estados Unidos.

E manifestam-se contrariamente à proposta, afirmando que não traria economia ou efetividade, mas sim maior demora e complexidade aos processos.

Após afirmarem que, "através da *issue preclusion*, tornam-se imutáveis e indiscutíveis as questões prejudiciais", esclarecem que isso não é isento de críticas no modelo americano[40].

E explicam[41]:

> A regra para a aplicação da *issue preclusion* é, basicamente, a de que não se pode rediscutir em outro processo a mesma questão que tenha sido efetivamente controvertida e expressamente decidida em processo anterior. Além disso, a questão deve ter sido essencial para o julgamento que encerrou o processo e sua importância para futuros processos deve ter sido previsível pelas partes, à época da primeira demanda. Tais pressupostos

---

38. Ademais, a justificativa do deputado faz menção expressa ao texto de TESHEINER et al. logo a seguir mencionado e assim expõe: "A intenção da comissão – bastante louvável, reafirme-se – é de alcançar maior economia processual e menos gasto de tempo, mas a experiência norte-americana, tal como revelada pelo trabalho doutrinário acima citado, demonstra que tal ampliação da coisa julgada material tem causado demoras injustificáveis nos processos judiciais".
39. Limites objetivos da coisa julgada no projeto de Código de Processo Civil: reflexões inspiradas na experiência norte-americana. *Revista de Processo*, 194, p. 101-138.
40. Op. cit., p. 109-110.
41. Op. cit., p. 111.

são o fruto de uma longa construção jurisprudencial da prática norte-americana e derivam do respeito à garantia constitucional do devido processo legal. Para que sejam aplicados em um caso concreto, tais pressupostos devem ser comprovados pela parte que alegar a *issue preclusion* a seu favor.

Porém, apesar de parecer ser um sistema lógico, pontuam quais são algumas das dificuldades[42]:

> Todavia, na prática, a necessidade de se analisar a presença de cada um desses requisitos torna-se um grande problema, que inviabiliza sua aplicação. Em primeiro lugar, segundo observação dos relatores do *Restatement (second) of judgments*, definir se uma questão surgida em uma demanda é idêntica à outra decidida em demanda anterior é um dos problemas mais difíceis na aplicação da *issue preclusion*.
>
> Estabelecer se uma questão foi efetivamente controvertida entre as partes em um determinado processo tampouco é tarefa simples. E a questão também deve ter sido expressamente decidida pelo juiz na demanda anterior, o que nem sempre ocorre. O autor pode, por exemplo, apresentar dois fundamentos jurídicos alternativos em suporte de sua pretensão, vindo o juiz a decidir com base em apenas um deles, caso em que a questão envolvendo o fundamento não apreciado pelo juiz não terá efeito de *issue preclusion*.

E, considerando os problemas observados na prática jurisdicional norte-americana, traçam o seguinte panorama[43]:

Ao dizer que qualquer questão prejudicial expressamente decidida terá efeito de coisa julgada, o art. 490 do novo CPC parece incluir questões não necessárias, não essenciais e que não foram adequadamente controvertidas pelas partes.

De seu turno, após a análise das divergências existentes no sistema estadunidense e das dificuldades de eventual compatibilização desse modelo com o nosso sistema, pontificam que o direito brasileiro "não deve adotar a coisa julgada sobre as questões prejudiciais". E sintetizam da seguinte forma[44]:

> Em face das críticas feitas pela doutrina brasileira anterior ao Código de Processo Civil de 1973, diante da experiência prática norte-americana e a incompatibilidade dos requisitos da *issue*

---

42. Op. cit., p. 111-112.
43. Op. cit., p. 113.
44. Op. cit., p. 132 e 135.

preclusion com a nossa realidade, conclui-se que o direito brasileiro não deve adotar a coisa julgada sobre as questões prejudiciais, nos termos da proposta contida no Projeto do Novo Código de Processo Civil.

(...)

Da forma como está redigido, o art. 490[45] da proposta de novo Código de Processo Civil não contém nenhuma diretriz concreta para a sua aplicação prática, o que levará a infindáveis controvérsias por várias décadas, até que a jurisprudência consolide o seu entendimento.

(...)

Em suma, a solução restritiva adotada atualmente no Brasil com relação aos limites objetivos da coisa julgada sobre as questões prejudiciais é mais simples, econômica e efetiva, e deve ser mantida. Não nos parece ser boa política legislativa adotar regras complexas, de efetividade duvidosa, para resolver problemas inexistentes".

Cumpre destacar que houve réplica de TERESA ARRUDA ALVIM WAMBIER a esse texto – sem, contudo, menção específica aos autores[46]:

Já se disse, equivocadamente, que a proposta feita pela comissão que redigiu o Projeto de Lei para o novo Código de Processo Civil seria similar ao regime da coisa julgada do *Common Law*, pelo menos em certa medida. Todavia, tal entendimento é inteiramente desacertado, como demonstraremos adiante.

De seu turno, em textos anteriores, publicado na Revista de Informação Legislativa editada com foco no projeto de NCPC, manifestei-me contrariamente à alteração dos limites objetivos da coisa julgada[47].

Em resumo, nos textos anteriores sustentei o seguinte – que segue sendo válido considerando a redação final do NCPC:

Independentemente da complexidade da causa, muitas vezes há diversos argumentos levantados pelas partes no decorrer do processo que podem ser classificados como questão prejudicial, mas a respeito dos quais pouco ou nenhum debate existe.

Como exemplo, basta imaginar, em uma demanda envolvendo um contrato, a discussão de nulidade de cláusula, nulidade do

---

45. Na versão final do NCPC, art. 503, § 1º.
46. Op. cit., p. 5. 80.
47. Da ampliação dos limites objetivos da coisa julgada no novo Código de Processo Civil, cit. e Da coisa julgada no novo Código de Processo Civil (PLS 166/2010 e PL 8046/2010), cit., (o segundo texto, quando elaborado, o NCPC no Congresso limitava a coisa julgada ao dispositivo).

contrato, objeto ilícito, questões relacionadas aos poderes exercidos por quaisquer das partes, violação de cláusulas etc. Independentemente da profundidade da cognição, tais questões acabam sendo apreciadas pelo juiz na sentença, ainda que de maneira breve.

Mas, pelo CPC, acaso não haja a propositura de declaratória incidental por qualquer das partes, apenas o pedido é que será coberto pela coisa julgada. Assim, ambas as partes estão plenamente cientes a respeito de qual parte da decisão será coberta pela coisa julgada.

Contudo, pela proposta de redação do NCPC, se quaisquer dessas questões forem brevemente mencionadas, seja na inicial seja na contestação, e forem apreciadas pela sentença, poderão ser cobertas pela coisa julgada, ainda que não haja maior discussão no bojo do processo.

Assim, se o pedido for o cumprimento de uma determinada cláusula e houver a alegação de que o contrato foi celebrado por quem não tinha poderes para tanto, é possível que a sentença venha a declarar isso com força de coisa julgada – sem que qualquer das partes tenha formulado pedido nesse sentido. E, talvez, de forma surpreendente para ambas as partes.

(...)

Trata-se, claramente, de uma situação que causará insegurança jurídica e demandará, por parte do advogado, um extremo cuidado na hora de elaborar a inicial ou a contestação, para que não seja levantada uma questão que possa ser considerada como prejudicial – a qual ou demandará maior dilação probatória (e maior demora na tramitação do processo) ou eventualmente não seria conveniente para debate naquele momento. Há um claro enfraquecimento do princípio dispositivo.

Mas, especialmente, haverá um hercúleo trabalho por parte de quem for interpretar uma sentença: afinal, o que se deve entender por 'questões prejudiciais expressamente decididas'? É certo que a expressão admite grande variação interpretativa. Caberão embargos declaratórios para que o juiz diga se 'expressamente decidiu' alguma questão?

Mas, prossigo, ainda há outros pontos de problemas.

O juiz poderá decidir uma questão prejudicial apenas na fundamentação da sentença, para fins de coisa julgada? Ou seja, o 'expressamente decidida' presente na legislação se refere exatamente a qual situação?

Independentemente do mérito (ser favorável ou contrário ao alargamento dos limites objetivos da coisa julgada), parece haver consenso entre os processualistas quanto à necessidade de clareza em relação exatamente a *qual parte da decisão* será coberta pela coisa julgada.

Nesse sentido, manifestação do subgrupo sentença e coisa julgada do CEAPRO (Centro de Estudos Avançados de Processo)[48]:

> A conveniência de conferir estabilidade às questões prejudiciais resolvidas pela sentença é assunto controvertido entre os processualistas, mas existe consenso em torno de que os limites da vinculação ao julgado deverão, acima de qualquer outra coisa, ser muito claros para todos os que participam do processo. A ampliação da imutabilidade da sentença deve ser cuidadosamente estruturada, de maneira a assegurar um grau maior de harmonia e pacificação social.

Isso nos leva ao último tópico: da forma como (pouco) regulado no NCPC, o tema suscita uma série de dúvidas. Lançaremos as perguntas na sequência (mas as efetivas respostas, só quando o STJ pacificar a jurisprudência quanto ao NCPC...).

4.3 DÚVIDAS EM RELAÇÃO AO NOVO SISTEMA

Como se viu no tópico anterior, a escolha de alargar os limites não nos parece a melhor. Mas, indubitavelmente, isso não é o principal problema envolvendo o tema.

A maior dificuldade, em nosso entender, está nas dúvidas e dificuldades práticas que surgirão na aplicação do novo diploma, nesse ponto específico do art. 503 § 1º.

Para tanto, apresentaremos algumas das primeiras perguntas que surgem da leitura do texto legislativo.

1) Só o que consta efetivamente do dispositivo ou também o que consta da fundamentação será coberto pela coisa julgada?

2) Serão cabíveis embargos de declaração para que isso seja esclarecido?

3) A abrangência da coisa julgada deve ser decidida pelo próprio juiz ou isso ficará a cargo de um próximo juiz, quando esse tema surgir?

---

48. *Proposta de melhoria da coisa julgada e questão prejudicial no novo CPC*, in. http://www.conjur.com.br/2014-out-13/proposta-coisa-julgada-questao-prejudicial-cpc, acesso em 2/4/15. Elaborado por André Luis Cais, Fábio Peixinho Gomes Correa, Guilherme Setoguti J. Pereira, João Francisco Naves da Fonseca, Luiz Dellore, Marco Antonio Perez de Oliveira e Rennan Faria Krüger Thamay.

4) Em uma demanda na qual se discuta multa contratual, todo e qualquer debate relacionado à validade da cláusula ou do contrato será coberto pela coisa julgada?

5) E se o juiz não decidir e o tribunal decidir a questão prejudicial? Há coisa julgada? Teoria da causa madura? E o duplo grau?

6) O juiz precisa, na fase instrutória, formalizar a fixação da controvérsia sobre a questão prejudicial, de modo a assegurar a efetividade do contraditório?

7) Se a questão principal for decidida a favor de uma parte, mas a *questão prejudicial* não, será necessário à parte vitoriosa recorrer da sentença que lhe foi favorável, para evitar a formação da coisa julgada? Para facilitar, cabe ilustrar. Autor pede multa por violação a cláusula contratual, réu alega nulidade da cláusula; juiz (i) afirma que a cláusula é válida e (ii) não reconhece ser devida a multa à luz do caso concreto.

De forma breve, as respostas, em nosso entender, seriam as seguintes – reiterando-se que o assunto é polemico, já suscita debates entre os processualistas e depende do STJ para efetivamente ser decidido:

1) Somente se constar expressamente do dispositivo é que a decisão da prejudicial será coberta pela coisa julgada[49];

2) Se houver dúvida em relação ao que foi decidido com força de coisa julgada, qualquer das partes poderá opor declaratórios requerendo que o magistrado esclareça se a questão prejudicial foi decidida e se foi coberta pela coisa julgada, apontando omissão por isso não ter constado no dispositivo;

3) Na linha das duas respostas anteriores, compete ao próprio juiz que proferiu a sentença delimitar qual parte da decisão estará coberta pela coisa julgada;

4) A princípio, qualquer discussão de cláusula poderá ter o condão de ser coberta pela coisa julgada, mas isso deverá constar do dispositivo;

5) Se o tribunal decidir a prejudicial, mas não o juiz, observados os requisitos do § 1º e constando do dispositivo, a prejudicial será coberta pela coisa julgada;

6) No momento do saneador, se ocorrer a fixação dos pontos e provas quanto à questão principal, também deverá ocorrer em relação à prejudicial, sob pena de contraditório incompleto, de modo que incapaz a ocorrência de coisa julgada sobre a prejudicial;

---

49. Nesse sentido, Ceapro, enunciado. 1 do Grupo Sentença e coisa jugada (remissões a texto anterior): Na hipótese do art. 500, § 1º do Projeto, deve o julgador enunciar expressamente no dispositivo quais questões prejudiciais serão acobertadas pela coisa julgada material, até por conta do disposto no inciso I do art. 501.

7) Questão que já suscita bons debates[50]. Porém, diante do silêncio legislativo, a solução mais segura para a parte (ainda que possa vir a ser mais prejudicial), é entender que (i) há coisa julgada sobre a prejudicial, ainda que decidida de forma oposta à principal e (ii) há, portanto, interesse recursal, de modo que a parte que teve a sentença favorável poderá ter de recorrer por força da prejudicial.

5. CONCLUSÕES

Pelo que se expôs, é possível concluir o quanto segue:

1) O NCPC inova em relação à coisa julgada.

2) Quanto ao conceito de coisa julgada, há pouca inovação – permanecendo em aberto o debate quanto à distinção entre imutabilidade e indiscutibilidade.

3) Em relação aos limites objetivos da coisa julgada, o NCPC optou por seu alargamento, para incluir a questão prejudicial, independentemente de pedido.

4) Mas essa escolha não é pacífica na doutrina e não o foi no Congresso Nacional, sendo que no total forma 5 (cinco) redações distintas, cada uma oposta à anterior.

5) Contudo, o NCPC abandona o sistema do CPC/73, e incluiu a coisa julgada na prejudicial.

6) Há defensores e opositores da inovação. Os primeiros falam em bom senso, institutos de direito estrangeiro e economia processual. Os segundos apontam que o sistema passará a ser muito mais complexo, com grandes divergências no cotidiano forense – especialmente instabilidade e insegurança jurídicas e dificuldades interpretativas em relação ao que seria coberto pela *res judicata*.

7) Mais do que um debate quanto à melhor teoria, a principal preocupação se refere a uma série de dúvidas que surgem na aplicação da novidade. E a efetiva decisão somente virá com o STJ.

6. BIBLIOGRAFIA

BOTELHO DE MESQUITA, José Ignacio. A coisa julgada. In: _____. *A coisa julgada*. Rio de Janeiro: Forense, 2004.

_____. Coisa julgada – efeito preclusivo. In: _____. *A coisa julgada*. Rio de Janeiro: Forense, 2004.

---

50. No âmbito do Ceapro, nos debates iniciais já surgiram três teses distintas.

DINAMARCO, Cândido Rangel. *Instituições de direito processual civil*. São Paulo: Malheiros Ed., 2001. v. 3.

DELLORE, Luiz. Da ampliação dos limites objetivos da coisa julgada no novo Código de Processo Civil: quieta non movere. *Revista de Informação Legislativa*, n. 190, p. 35-43, abr./jun. 2011.

_____. Da coisa julgada no novo Código de Processo Civil (PLS 166/2010 e PL 8046/2010): limites objetivos e conceito. In: Freire, Alexandre; Dantas, Bruno; Nunes, Dierle; Didier Jr., Fredie; Medina, José Miguel Garcia; Fux, Luiz; Camargo, Luiz Henrique Volpe; Oliveira, Pedro Miranda de. (Org.). *Novas Tendências do Processo Civil - Estudos sobre o Projeto do Novo CPC*. Salvador: Juspodivm, 2013, v. 1, p. 633-646.

_____. *Estudos sobre coisa julgada e controle de constitucionalidade*. Rio de Janeiro: Forense, 2013.

_____.; ROQUE, Andre; GAJARDONI, Fernando; TOMITA, Ivo; DUARTE, Zulmar. *Novo CPC anotado e comparado*. Indaiatuba: Foco Jurídico, 2015.

_____.; CAIS, André Luis; CORREA, Fabio Peixinho Gomes; SETOGUTI PEREIRA, Guilherme; FONSECA, Joao Francisco Naves da; OLIVEIRA, Marco Antonio Perez e THAMAY, Rennan Faria Kruger. *Proposta de melhoria da coisa julgada e questão prejudicial no novo CPC*, in. http://www.conjur.com.br/2014-out-13/proposta-coisa-julgada-questao-prejudicial-cpc, acesso em 2/4/2015.

ESTELLITA, Guilherme. *Da cousa julgada*. Rio de Janeiro: Livro do Vermelho, 1936.

GIDI, Antonio; TESHEINER, José Maria e PRATES, Marília Zanella. Limites objetivos da coisa julgada no projeto de Código de Processo Civil: reflexões inspiradas na experiência norte-americana. *Revista de Processo*, 194, p. 101-138, abr. 2011.

LIEBMAN, Enrico Tullio. *Eficácia e autoridade da sentença*. Trad. Alfredo Buzaid e Benvindo Aires. Rio de Janeiro: Forense, 1945.

LOPES, Bruno Vasconcelos Carrilho. -- A extensão da coisa julgada às questões apreciadas na motivação da sentença. Revista de Processo. São Paulo. v.38. n.216. p.431-8. fev. 2013.

MACHADO, Marcelo Pacheco. *Que coisa julgada é essa?*, in http://jota.info/novo-cpc-que-coisa-julgada-e-essa,acesso em 17/04/2015.

MARQUES, José Frederico. *Instituições de direito processual civil*. 4. ed. Rio de Janeiro: Forense, 1981. v. 4.

MOREIRA, José Carlos Barbosa. Ainda e sempre a coisa julgada. *Revista dos Tribunais*, n. 416, p. 9-17, jun. 1979.

_____. Eficácia da sentença e autoridade da coisa julgada. In: _____. *Temas de direito processual*. 3a série. São Paulo: Saraiva, 1984.

PORTO, Sérgio Gilberto. Apontamentos Sobre Duas Relevantes inovações no projeto de um Novo CPC, *Revista jurídica*, ano 58, n. 401, p. 49-61, fev. 2011.

RODRIGUES, Walter Piva. *Coisa Julgada Tributária*. São Paulo: Quartier Latin, 2008.

SALLES, Sérgio Luiz Monteiro. Evolução do instituto do caso julgado: do processo romano ao processo comum. *Revista da Faculdade de Direito das Faculdades Metropolitanas Unidas*, São Paulo, v. 3, n. 3, p. 173-200, ago. 1989.

SANTOS, Ernane Fidélis dos. *Manual de direito processual civil*. 10. ed. São Paulo: Saraiva, 2003. V. 1.

SANTOS, Moacyr Amaral. *Primeiras linhas de direito processual civil*. 23. ed. São Paulo: Saraiva, 2004.

TESHEINER, José Maria Rosa. *Eficácia da sentença e coisa julgada no processo civil*. São Paulo: Ed. Revista dos Tribunais, 2001.

THEODORO JÚNIOR, Humberto. *Sentença*. 2. ed. Rio de Janeiro: Aide, 1997.

WAMBIER, Teresa Arruda Alvim . O que é abrangido pela coisa julgada no direito processual civil brasileiro: a norma vigente e as perspectivas de mudança. *Revista de Processo*, v. 39, p. 75-89, 2014.

CAPÍTULO 20
A nova coisa julgada formal e o CPC/2015

Ravi Peixoto[1]

SUMÁRIO: 1. ASPECTOS INTRODUTÓRIOS ACERCA DA COISA JULGADA; 2. COISA JULGADA FORMAL E MATERIAL – VISÃO CLÁSSICA DO INSTITUTO À LUZ DO CPC/1973; 3. CRÍTICAS AO CONCEITO CLÁSSICO DE COISA JULGADA FORMAL – A REGULAÇÃO DO CPC/1973; 4. A COISA JULGADA FORMAL NO CPC/2015; 4.1. EM SUMA, A PROPOSTA DE DIFERENCIAÇÃO DE CONCEITOS; 5. CONCLUSÃO.

1. ASPECTOS INTRODUTÓRIOS ACERCA DA COISA JULGADA

Ao se analisar a relação existente entre a coisa julgada e a função jurisdicional, é quase um ato reflexo a indissociabilidade entre os institutos jurídicos. Ocorre que, por serem institutos diversos, inexistem razões naturais ou de ordem lógica para justificar a necessária formação da coisa julgada em face do exercício da função jurisdicional[2]. Na verdade, a lógica seria exatamente o contrário, pois quase sempre uma das partes do processo sente que foi injustiçada e provavelmente nunca iria desistir do litígio.[3]

Alguns ordenamentos jurídicos antigos sequer adotaram a coisa julgada, como o antigo direito norueguês, que permitia sempre uma nova proposição da demanda, quando fossem encontrados novos elementos[4]. No processo civil

---

1. Mestre em Direito pela UFPE. Membro da Associação Norte e Nordeste de Professores de Processo - ANNEP. Membro do Centro de Estudos Avançados de Processo – CEAPRO. Procurador do Município de João Pessoa.
2. Assim aponta Liebman ao afirmar que "a coisa julgada não representa um caráter logicamente essencial da função jurisdicional". (LIEBMAN, Enrico Tullio. *Eficácia e autoridade da sentença e outros escritos sobre a coisa julgada*. 4ª ed. Rio de Janeiro: Forense, 2006, p. 167). Da mesma forma: BELTRÁN, Jordi Ferrer. La valoración de la prueba. BELTRÁN, Jordi Ferrer et ali. (coord). *Estudios sobre la prueba*. México: Universidad Nacional Autónoma de México, 2006, p. 7; NEVES, Celso. *Estrutura fundamental do processo civil*. Rio de Janeiro: Forense, 1997, p. 236; ROCHA, Cármen Lúcia Antunes. O princípio da coisa julgada e o vício de inconstitucionalidade. ROCHA, Cármen Lúcia Antunes (coord). *Constituição e segurança jurídica: direito adquirido, ato jurídico perfeito e coisa julgada – estudos em homenagem a José Paulo Sepúlveda Pertence*. 2ª ed. São Paulo: Fórum, 2009, p. 172.
3. KAUFMANN, Arthur. *Filosofia do direito*. 3ª ed. Trad. de António Ulisses Cortês. Lisboa: Fundação Calouste Gulbenkian, 2009, p. 287.
4. COUTURE, Eduardo J. *Fundamentos do direito processual civil*. Florianópolis: Conceito Editorial, 2008, p. 230-231.

canônico, muito embora seja reconhecido o instituto da coisa julgada, ele é mais flexível em relação às causas sobre o estado das pessoas, sendo sempre possível a revisão, de acordo com o canône 1.643.[5]

No presente tópico, o objetivo é apenas o de desassociar a coisa julgada da jurisdição, como advinda de um direito natural, justificando-a a partir de uma ponderação de valores efetuada pelos ordenamentos jurídicos[6]. Houve, na maioria dos países, a prevalência do princípio da segurança jurídica em face da busca pela verdade, possibilitando uma maior estabilidade das relações jurídicas, já que a não adoção da coisa julgada geraria um sistema instável, permitindo sempre uma nova modificação[7-8].

Tratando especificamente do ordenamento jurídico brasileiro, ocorreu a prevalência do valor estabilidade em face da busca pela verdade, onde se permite a busca pelo virtualmente possível, justificando-se o legislador pela "verdade dos autos", por mais que esse termo verdade seja bastante discutido na atualidade. O que se objetiva no processo é, basicamente, a formação de um juízo de verossimilhança no magistrado, não implicando a dispensa da máxima investigação dos fatos, que deve ser realizada, de modo a construir a visão mais próxima e segura da ocorrência dos fatos no mundo real[9].

---

5. "Cân 1.643 – Nunca passam em julgado causas sobre o estado das pessoas, não excetuando causas sobre separação de cônjuges". (Tradução de: CRUZ E TUCCI, José Rogério; AZEVEDO, Luiz Carlos de. *Lições de história do processo civil canônico*. São Paulo: RT, 2001, p. 212)
   Por outro lado, há doutrina defendendo que, tecnicamente, tem-se também nesse caso, coisa julgada, mas seria possível "a "revisão" do julgado quando houver nova *causa petendi* a justificar o ajuizamento de *nova ação*..." (Idem, ibidem, p. 143).
6. Conforme noticia Chiovenda, já assim pensavam os romanos, que justificavam a coisa julgada por razões práticas, afirmando que, "para que a vida social se desenvolva o mais possível segura e pacífica, é necessário imprimir certeza ao gozo dos bens da vida". (CHIOVENDA, Giuseppe. *Instituições de direito processual civil*. Campinas: Bookseller, 1998, p. 447).
7. Conforme noticia Andréia Fernandes, desde Roma já havia o instituto da res iudicata, embora com algumas diferenças. (FERNANDES, Andréia. Coisa julgada: revisitação de alguns dogmas do direito processual clássico. GOMES JUNIOR, Luiz Manoel. (coord). *Temas controvertidos de direito processual civil: 30 anos do CPC*. Rio de Janeiro: Forense, 2004, p. 6-9).
8. Barbosa Moreira chega a afirmar que a existência da res iudicata é um fenômeno importante, tanto para o vencedor, como para o perdedor, para este, terá segurança da medida em que terá de se subordinar e para o outro, pela garantia de sua vitória. Ainda mais, "o interesse na preservação ultrapassa, contudo, o círculo das pessoas diretamente envolvidas. A estabilidade das decisões é condição essencial para que possam os jurisdicionados confiar na seriedade e eficiência do funcionamento da máquina judicial. Todos precisam saber que, se um dia houverem de recorrer a ela, seu pronunciamento terá algo mais que o fugidio perfil das nuvens". (MOREIRA, José Carlos Barbosa. Considerações sobre a chamada 'relativização' da coisa julgada material. *Temas de direito processual*: nona série, São Paulo: Saraiva, 2007, p. 243-244).
9. FREITAS, José Lebre de. *Introdução ao processo civil: conceito e princípios gerais*. 2ª ed. Coimbra: Coimbra Editora, 2006, p. 175. No modelo de racionalidade prática procedimental, "O que legitima as atitudes e decisões racionais (...) é a observância de um procedimento orientado por regras convencionadas ou institucionalizadas que leva à justificação, legitimação e validade da atitude prática racional." (ZANETI JR., Hermes. *A Constitucionalização do Processo: A Virada do Paradigma Racional e Político no Direito Processual Civil Brasileiro no Estado Democrático Constitucional*. Tese de doutorado. Rio Grande do Sul: UFRGS, 2005, p. 113).

Cap. 20 • A NOVA COISA JULGADA FORMAL E O CPC/2015
Ravi Peixoto

O princípio da segurança jurídica, a partir da instituição da res iudicata, visa conceder estabilidade às decisões judiciais. A sua não adoção gera uma possibilidade eterna de repetição das demandas, possibilitando uma reviravolta contínua no andamento das relações jurídicas, algo não desejado, em face dos valores constitucionalmente protegidos.[10]

Tal é a importância da segurança jurídica no Brasil, que a coisa julgada é um direito fundamental, conforme se infere do art. 5º, inciso XXXVI, da Carta Magna. Na verdade, essa proteção realizada pelo constituinte vai além da lei, proibindo, também, os magistrados de exercerem novamente a jurisdição sobre o caso e as partes de voltarem a veicular, em juízo a matéria já decidida[11]. As breves considerações anteriores objetivaram demonstrar que a coisa julgada não se justifica através de razões naturais, mas por uma ponderação de valores, em que prevaleceu o valor segurança, o que fez com que a coisa julgada fosse erigida como garantia constitucional[12].

2. COISA JULGADA FORMAL E MATERIAL – VISÃO CLÁSSICA DO INSTITUTO À LUZ DO CPC/1973

A *res iudicata*, considerada como a imutabilidade da parte dispositiva da sentença, subdivide-se em formal e material. A formal, também erroneamente denominada de "preclusão máxima", é gerada pela ocorrência do esgotamento das vias recursais ou pelo decurso dos prazos recursais.

Nos casos de sentenças terminativas, só há a formação da coisa julgada formal, por faltar a resolução acerca do mérito da causa, um dos requisitos atualmente necessários para que a demanda não possa ser repetida em processos futuros. *Mesmo que haja dilação probatória, contraditório regular, o que geraria uma cognição exauriente sobre determinada questão processual, a exemplo, sobre a inépcia da inicial, não haveria qualquer impedimento à parte para propor novamente a mesma ação sem qualquer mudança no defeito identificado e o magistrado simplesmente aceitá-la.*

---

10. ÁVILA, Humberto. *Segurança jurídica*: entre permanência, mudança e realização no direito tributário. São Paulo: Malheiros, 2011, p. 352-353.
11. DINAMARCO, Cândido Rangel. Relativizar a coisa julgada material. *Nova era do processo civil*. 3ª ed. São Paulo: Malheiros, 2009, p. 240-241.
12. A doutrina estrangeira elenca, ainda alguns outros elementos que apontam para o reconhecimento da coisa julgada, como: a) pacificação social, pois permitiria aos litigantes seguirem com suas vidas; b) diminuição de custos, pois sendo permitida, sempre, revisão das demandas, tanto os custos das partes, como das atividades do judiciário seriam bastante elevados; c) perda de prestígio da função jurisdicional pela possibilidade de existência de inconsistência e mesmo de resultados conflitantes das decisões. (SHAPIRO, David L. *Civil procedure: preclusion in civil actions*. New York: Foundation Press, 2001, p. 16-17).

Considerando a divisão realizada pelo professor Kazuo Watanabe, apontando que a cognição realizada pelo magistrado é dividida em um trinômio de questões, que seriam: a) os pressupostos processuais; b) as condições da ação e c) as questões de mérito[13], apenas as últimas poderiam produzir a denominada coisa julgada material. Se for adotado, por outro lado, a posição que não vislumbra diferenciação da cognição entre os pressupostos processuais e as condições da ação, defendendo que esta seria dividida apenas em juízo de admissibilidade, contendo ambas as categorias apontadas e o juízo de mérito,[14] a solução não se modifica, posto que apenas o juízo de mérito teria aptidão para a formação da coisa julgada material.

A coisa julgada material possui, como pressupostos, uma decisão jurisdicional, a análise do mérito da causa, cognição exauriente e o esgotamento das vias recursais, ou seja, a preclusão última do procedimento. Desta maneira, as decisões provisórias, como uma antecipação de tutela, mesmo analisando o mérito, não serão capazes de gerar a imutabilidade do dispositivo[15], por faltar-lhes a cognição exauriente. É possível que uma outra espécie de estabilidade incida sobre elas, como o fez o CPC/2015, por meio da estabilização da tutela antecipada antecedente de urgência, mas não será coisa julgada, como reconhece o §6º, do art. 304.

Na visão clássica do instituto quanto aos seus efeitos, diferenciam-se pela sua eficácia extraprocessual ou intraprocessual:

> Se a decisão é das que só produzem coisa julgada *formal*, o efeito preclusivo restringe-se ao interior do processo em que foi proferida; se é das que geram coisa julgada *material*, como a sentença definitiva, o efeito preclusivo projeta-se *ad extra*, fazendo-se sentir nos eventuais processos subseqüentes.[16]

Percebe-se, pela visualização dos conceitos que, embora ambas sejam denominadas de coisa julgada, apenas uma delas – a material – teria eficácia nos processos posteriores. Essa é, na verdade, a grande diferença entre os institutos, ou seja, a sua capacidade de repercutir em processos posteriores ou não.

---

13. WATANABE, Kazuo. *Da cognição no processo civil*. 3ª ed. São Paulo: Perfil, 2005, p. 81.
14. Nesse sentido, com a menção a outros posicionamentos no mesmo sentido, cf.: DIDIER JR., Fredie. *Curso de direito processual civil*. 16ª ed. Salvador: Juspodivm, 2014, v. 1, p. 339-341.
15. A propósito, cf. CUNHA, Alcides Munhoz. Correlação lógica entre cognição, preclusão e coisa julgada. *Revista de Processo*, n. 163, 2008. Em especial os tópicos 2, 3 e 6, em que trabalha com as cognições exauriente e provisória, afirmando que esta última não produz a *res iudicata* por conta da subversão total ou parcial da ampla defesa. Com raciocínio semelhante: SCHENK, Leonardo Faria. *Cognição sumária*: limites impostos pelo contraditório no processo civil. São Paulo: Saraiva, 2013, p. 248-252; TARDIN, Luiz Gustavo. *Fungibilidade das tutelas de urgência*. São Paulo: RT, 2006, p. 74-75.
16. MOREIRA, José Carlos Barbosa. A eficácia preclusiva da coisa julgada material. MOREIRA, José Carlos Barbosa (coord). *Revista forense comemorativa – 100 anos*. Rio de Janeiro: Forense, 2006, t. 5, p. 196.

3. CRÍTICAS AO CONCEITO CLÁSSICO DE COISA JULGADA FORMAL – A REGULAÇÃO DO CPC/1973

A coisa julgada foi erigida com o objetivo de proteção à segurança jurídica dos jurisdicionados na constituição de 1988, garantindo assim, que os processos judiciais não se perpetuassem indefinidamente e não pudessem ser repetidos a todo o momento. Todavia, não houve qualquer diferenciação pelo constituinte entre coisa julgada material e formal em termos de proteção à lei ou de decisões divergentes.[17]

Tal raciocínio gera o seguinte questionamento: qual a razão de não se garantir a proteção ao princípio da segurança jurídica nos casos em que não há análise do mérito? A cognição foi exauriente, a parte teve todas as oportunidades para demonstrar, por exemplo, que é parte legítima e não o fez. No sistema atual, sendo o processo extinto sem exame de mérito, a parte pode propor, novamente, a mesma ação, com as mesmas partes e o magistrado pode simplesmente mudar de opinião e considerá-la como parte legítima.

Não havia razão para impedir a extensão dos efeitos extraprocessuais da coisa julgada para os casos onde inexista o exame do mérito. A possibilidade de repetição *ad infinitum* das demandas em que o processo é extinto sem resolução do mérito é uma violação ao princípio da segurança jurídica, sendo esta norma um fundamento para que se permita estender a eficácia extraprocessual a todos os processos extintos com cognição exauriente, seja realizada a análise do mérito ou não.

Outro ponto importante sobre o tema é a necessária distinção entre os conceitos de coisa julgada e preclusão. A preclusão refere-se ás partes, extinguindo o direito de praticar atos processuais na mesma relação processual, tendo a função de, dentro do procedimento, garantir a estabilidade dos atos processuais, garantindo a sucessão lógica dos atos[18]-[19].

---

17. Assim, por exemplo, o conteúdo do art. 5º, XXXVI, da Constituição da República, estabelece: "a lei não prejudicará o direito adquirido, o ato jurídico perfeito e a coisa julgada".
18. MARELLI, Fabio. *La tratazione della causa nel regime delle preclusioni*. Padova: Cedam, 1996, p. 7. Esse mesmo autor assim define o conceito de preclusão: O conceito de preclusão só pode ser corretamente entendido se considerado no quadro do desenvolvimento de um procedimento, que se projeta como um conjunto de atos e fatos concatenado em uma sequência ordenada em vista do desenvolvimento de determinados efeitos que são produzidos apenas pelo ato final do procedimento. (Tradução livre do original: Il concetto di preclusione può essere corretamente inteso solo se considerato nel quadro deglo svolgersi di um procedimento, Che si prospetta, e bem noto, come um insieme di atti e fatti concatenati in sequenza ordinata in vista del raggiungimento di determinati effeti che sono prodotti unicamente dall' atto finale del procedimento.) (Idem, Ibidem, p. 6).
19. Antônio Alberto Alves Barbosa percebeu a importância da preclusão para o bom andamento dos atos processuais: "Já está superada a idéia de não ser apenas um instituto, mas também método para a compreensão do processo, porque, sendo ordem e disciplina processuais, é o instituto básico de que carece o processo para espelhar-se perfeito" (BARBOSA, Antônio Alberto Alves. *Da preclusão processual civil*. 2ª ed. São Paulo: RT, 1994, p. 38).

Esse instituto visa, além de extinguir um ônus processual, impedir a discussão de questões já trazidas ao juízo (preclusão consumativa), não apontadas no momento próprio (preclusão temporal) ou que revelem incompatibilidade com atos anteriormente praticados (preclusão lógica)[20]. Há também a preclusão *pro iudicato*[21] ou judicial[22], sendo mais adequada a segunda denominação, atingindo o magistrado, ao não permitir a este reapreciar matérias já decididas, a exemplo da sentença já proferida, só podendo ser revisitada através de eventual recurso, quando será novamente analisada pelo tribunal.

Quanto à preclusão, esta atinge tanto a parte, impossibilitando-a de impugnar determinada decisão, como também ao juiz, impedindo-o de reapreciar a decisão, surgindo, ao fim do procedimento, a "preclusão máxima", confundida por alguns autores com a coisa julgada formal[23], algo que deve ser evitado.

A diferença entre a preclusão e a coisa julgada material, no entanto, é mais simples, tendo Chiovenda assim a determinado:

> A coisa julgada é um bem da vida reconhecido ou negado pelo juiz, a preclusão de questões é o expediente de que se serve o direito para garantir o vencedor no gozo do resultado do processo (ou seja, o gozo do bem reconhecido ao autor vitorioso, a liberação da pretensão adversária ao réu vencedor). [24]

---

20. CUNHA, Leonardo José Carneiro da. Os elementos da demanda e a configuração da coisa julgada. In: *Revista Dialética de Direito Processual*, v. 22, 2005, p. 116.
21. José Maria Tesheiner e Lucas Pereira Baggio criticam a denominação de preclusão *pro iudicato* por entenderem que, na verdade, em latim, significaria "preclusão como se tivesse julgado", ou seja, seriam casos de julgamentos implícitos ou presumidos, como é exemplo o art. 474 do CPC. Por fim, sugerem que se utilize o bom português, denominando-a de "'preclusão para o juiz'; não, preclusão '*pro iudicato*', em mau latim. (TESHEINER, José Maria; BAGGIO, Lucas Pereira. *Nulidades no processo civil brasileiro*. Rio de Janeiro: Forense, 2008, p.102, nota de rodapé n. 123).
22. Para certa doutrina, os fenômenos da preclusão judicial e preclusão *pro iudicato* não se confundem. A primeira seria o típico instituto da preclusão voltado para o juiz, mencionado no texto e a segunda teria sido a nomenclatura utilizada por Enrico Redenti para a sentença que extingue o processo de execução por ter havido satisfação do crédito. Para o autor, seria uma forma de imputar os efeitos da indiscutibilidade e imutabilidade próprios da coisa julgada, mesmo que não tivesse havido julgamento do mérito da causa. A teoria serviria para defender, por exemplo, que em um caso de execução extrajudicial fundada em um contrato de obrigação de trato sucessivo, com parcelas periódicas e continuadas e apenas algumas estivessem vencidas. No caso, o autor se utilizou da execução para satisfazer esse crédito vencido e houve extinção da execução com satisfação de crédito e sem que houvesse oposição dos embargos e, caso entre novamente com outro processo executivo para reaver os valores que venceram posteriormente, mesmo que o executado alegasse e comprovasse que o contrato era nulo, não poderia reaver os prejuízos experimentados na primeira execução. (NEVES, Daniel Amorim Assumpção. *Preclusões para o juiz*. São Paulo: Método, 2004, p. 19-25. De forma semelhante, mas sem apontar a necessidade de utilização de duas nomenclaturas diferentes, apenas reconhecendo que o fenômeno da preclusão *pro iudicato* no Brasil é diverso daquele desenvolvido por Enrico Redenti: TALAMINI, Eduardo. *Coisa julgada e sua revisão*. São Paulo: RT, 2005, p. 132-135).
23. Por exemplo: "Assim conceituada a coisa julgada formal é manifestação de um fenômeno processual de maior amplitude e variada intensidade, que é a preclusão - e daí ser ela tradicionalmente denominada como *preclusio maxima*" (DINAMARCO, Cândido Rangel. Relativizar... cit., p. 222). De forma semelhante: PORTO, Sérgio Gilberto. *Coisa julgada civil*. 4ª ed. São Paulo: RT, 2011, p. 66-68.
24. CHIOVENDA, Giuseppe. Ob. cit., p. 452.

Ocorre que a preclusão atua apenas no desenvolvimento do procedimento, gerando a "preclusão da faculdade de renovar a mesma questão no mesmo processo"[25], enquanto a *res iudicata* terá eficácia em processo futuros, não permitindo que a questão principal seja julgada, novamente, em outro processo. Assim, após a demonstração da diferença entre o conceito de coisa julgada material e preclusão, deve ser feito o seguinte questionamento: a coisa julgada formal deve ficar restrita a efeitos meramente intraprocessuais ou deve ser capaz de estender a processos posteriores?

Sob o prisma do CPC/1973, em interpretação dos arts. 268, 467 e 468, havia forte polêmica doutrinária e jurisprudencial sobre o tema, que não será objeto de debate neste ensaio.[26] O texto normativo, de fato, dava a entender que inexistiriam óbices à reproposítura da demanda no caso da coisa julgada formal. O foco aqui é analisar como interpretar os dispositivos que tratam do tema no CPC/2015 e se houve alguma efetiva mudança

4. A COISA JULGADA FORMAL NO CPC/2015

O Código de Processo Civil de 2015 traz algumas diferenças no que toca à coisa julgada forma, em relação ao CPC/1973. O art. 486, do CPC/2015, equivalente ao atual art. 268, do CPC, amplia bastante as hipóteses de impossibilidade de reproposítura, mesmo nos casos de extinção sem julgamento do mérito, ao dispor o seguinte:

> Art. 486. O pronunciamento judicial que não resolve o mérito não obsta a que a parte proponha de novo a ação.
>
> § 1º No caso de extinção em razão de litispendência e nos casos dos incisos I, IV, VI e VII do art. 485, a propositura da nova ação depende da correção do vício que levou à sentença sem resolução do mérito.
>
> § 2º A petição inicial, todavia, não será despachada sem a prova do pagamento ou do depósito das custas e dos honorários de advogado.
>
> § 3º Se o autor der causa, por 3 (três) vezes, a sentença fundada em abandono da causa, não poderá propor nova ação contra o réu com o mesmo objeto, ficando-lhe ressalvada, entretanto, a possibilidade de alegar em defesa o seu direito.

---

25. Idem, Ibidem, p. 453.
26. Tratamos do tema em outro ensaio, para o qual remetemos o leitor para maiores considerações: PEIXOTO, Ravi. Breves considerações sobre a ressignificação da coisa julgada formal e a sua eficácia extraprocessual. *Revista Dialética de Direito Processual*. São Paulo: Dialética, v. 141, 2014.

Bem se percebe que houve alteração do anteprojeto original, que, embora ampliasse a estabilidade extraprocessual das sentenças terminativas, ainda era por demais restritivo, ao dispor o seguinte no §1º, do art. 468, do NCPC:

> Art. 468. A sentença sem resolução de mérito não obsta a que a parte proponha de novo a ação.
>
> § 1º No caso de ilegitimidade ou falta de interesse processual, a nova propositura da ação depende da correção do vício.

De certa forma, as críticas elaboradas por Fredie Didier Jr. foram acolhidas, que assim se manifestou sobre o texto normativo:

> A ideia é boa, mas não há razão para não incluir as hipóteses de extinção do processo por inadmissibilidade/invalidade: indeferimento da petição inicial, falta de pressuposto processual, existência de convenção de arbitragem etc. Como visto, era essa a interpretação que já se tinha do dispositivo e não há razão para que um novo CPC não a incorpore ao seu texto.[27]

Há de se perceber que o texto do CPC/2015 trata a matéria de forma diversa do CPC/1973, que regulava a mesma temática da seguinte forma:

> Art. 268. Salvo o disposto no art. 267, V, a extinção do processo não obsta a que o autor intente de novo a ação. A petição inicial, todavia, não será despachada sem a prova do pagamento ou do depósito das custas e dos honorários de advogado.
>
> Parágrafo único. Se o autor der causa, por três vezes, à extinção do processo pelo fundamento previsto no nº III do artigo anterior, não poderá intentar nova ação contra o réu com o mesmo objeto, ficando-lhe ressalvada, entretanto, a possibilidade de alegar em defesa o seu direito.

Pela simples leitura do texto do art. 268, do CPC/1973, com exceção da hipótese de extinção do processo sem resolução do mérito baseada em perempção, litispendência ou de coisa julgada, não haveria qualquer óbice à repropositura da demanda. Bastaria à parte realizar o pagamento ou o depósito das custas e dos honorários advocatícios.

Não foi essa a opção do CPC/2015. Se, sob o prisma do texto anterior, havia a necessidade de longas considerações para que se admitisse a eficácia extraprocessual da coisa julgada forma, esse não é o caso do novo texto normativo.

Voltando ao texto CPC/2015, há a expressa vedação da repropositura da demanda *sem a correção do vício* nos casos em que a sentença processual

---

27. DIDIER JR., Fredie. *Sobre o art. 468 do NCPC. Estabilidade extraprocessual (coisa julgada) de decisão que não examina o mérito da causa.* Editorial 97. Disponível em:
http://www.frediedidier.com.br/main/noticias/detalhe.jsp?CId=414 Acesso às 11h do dia 22.04.2015.

esteja fundada nos seguintes casos: a) verificação de litispendência; b) indeferimento da petição inicial; c) quando seja verificada a ausência de pressupostos de constituição e de desenvolvimento válido e regular do processo; d) verificar ausência de legitimidade ou de interesse processual; e) acolher a alegação de existência de convenção de arbitragem ou quando o juízo arbitral reconhecer sua competência. Nos demais casos, no entanto, permanece a possibilidade da repropositura da demanda mediante a prova do pagamento ou do depósito das custas e dos honorários de advogado, nos termos do §2º, do art. 468.

O texto do art. 486 do CPC/2015 não faz menção à hipótese de repropositura da demanda extinta por reconhecimento da coisa julgada, mas tal hipótese não pode ser ignorada. Tal qual nos demais casos, o vício pode eventualmente ser corrigido. Consoante leciona Adroaldo Furtado Fabrício, o óbice da primeira coisa julgada pode deixar de existir "na hipótese de procedência de ação rescisória que desconstituísse a sentença proferida no processo anterior, com exercício de *iudicium rescindens*, mas não do *rescissorium*, de tal sorte que deixe de existir qualquer sentença sobre a lide em foco".[28]

Em virtude dessa possibilidade, é possível reconhecer que há uma evidente omissão à menção no §1º, do art. 486, do CPC/2015, acerca da coisa julgada. No entanto, é possível interpretar a sua inclusão nos casos que dependem da correção do vício, sob pena de se gerar duas interpretações absurdas: a) ou simplesmente se ignora a consequência causada no exemplo, que efetivamente extingue a coisa julgada anterior e permite a repropositura da demanda ou b) é permitida a repropositura da demanda sem qualquer correção do vício. Ora, nenhum desses posicionamentos possui qualquer lógica, devendo se adotar aquele que inclui a coisa julgada dentre os vícios que podem ser sanados, de forma a permitir nova proposição da demanda.

Em suma, é vedada a repropositura da demanda nas seguintes hipóteses de sentenças terminativas: a) verificação de litispendência; b) indeferimento da petição inicial; c) quando seja verificada a ausência de pressupostos de constituição e de desenvolvimento válido e regular do processo; d) verificar ausência de legitimidade ou de interesse processual; e) acolher a alegação de existência de convenção de arbitragem ou quando o juízo arbitral reconhecer sua competência; f) acolher alegação de coisa julgada; g) verificação da peremção. A única particularidade é a de que a letra "g" não pode ser sanada.

O §2º, I, do art. 966, do CPC/2015, reforçando a valorização da estabilidade gerada pela coisa julgada forma admite, ao tratar das decisões rescindíveis,

---

28. FABRÍCIO, Adroaldo Furtado. "Extinção do processo" e mérito da causa. OLIVEIRA, Carlos Alberto Alvaro de (org). *Saneamento do processo*: estudos em homenagem ao Prof. Galeno Lacerda. Porto Alegre: Safe, 1989, p. 29-30.

que, "§ 2º Nas hipóteses previstas nos incisos do caput, será rescindível a decisão transitada em julgado que, embora não seja de mérito, impeça: I - nova propositura da demanda". Com tal previsão normativa, ultrapassa-se a lição clássica de que apenas as sentenças de mérito podem ser rescindidas,[29] focando agora na simples impossibilidade de repropositura da demanda.[30]

Em suma, o CPC/2015 parece ter adotado a eficácia extraprocessual da coisa julgada formal. Trata-se de uma escolha do legislador que favorece tanto a promoção do princípio da segurança jurídica, como da duração razoável do processo. Não será mais possível a manutenção de demandas frívolas, como o magistrado terá amparo legal para extinguir de pronto as ações que sejam propostas novamente sem a correção dos vícios identificados anteriormente.

4.1. Em suma, a proposta de diferenciação de conceitos

Sendo perceptível a diferença de abordagem do CPC/2015 quanto às sentenças processuais, passa a ser necessário lançar novas luzes sobre antigos conceitos. Não se pode confundir coisa julgada formal, material e preclusão máxima.

A partir do novo tratamento legislativo, parece ser possível propor os seguintes conceitos: a) coisa julgada material: situação jurídica que impede a repropositura de demanda de mérito pelas mesmas partes, em processos futuros; b) coisa julgada formal: situação jurídica a apta a impedir a repropositura da demanda, pelas mesmas partes, em processos futuros;[31] c) preclusão

---

29. ""A ação rescisória" só é cabível, em nosso sistema, contra sentenças de mérito cobertas pela autoridade da coisa julgada (...) Incabível, pois, a propositura de "ação rescisória" para atacar sentença terminativa, devendo-se considerar que tal demanda é juridicamente impossível". CÂMARA, Alexandre Freitas. *Lições de direito processual civil.* 15ª ed. Rio de Janeiro: Lumen Juris, 2009, v. II, p. 10. De forma semelhante: BUENO, Cassio Scarpinella. *Curso sistematizado de direito processual civil.* São Paulo: Saraiva, 2008, t. 5, p. 322-323; DINAMARCO, Cândido Rangel. Ação rescisória contra decisão interlocutória. *Nova Era do Processo Civil.* 3ª ed. São Paulo: Malheiros, 2009, p. 291; MEDINA, José Miguel Garcia; WAMBIER, Teresa Arruda Alvim. *Processo civil moderno.* 3ª ed. São Paulo: RT, 2013, v. 2, p. 288.
    Nesse sentido: STF, AR 1056, Pleno, Rel. Min. Octavio Gallotti, j. 26.11.1997, DJ 25.25.2001; STJ, 1ª T., REsp 182.906/PE, Rel. Min. José Delgado. j. 21.10.1998, DJ 15.03.1999.
30. Já existiam vozes na doutrina que ampliavam o cabimento da ação rescisória para tais decisões: YARSHELL, Flávio Luiz. *Ação rescisória: juízos rescindente e rescisório.* São Paulo: Malheiros, 2005, p. 163-164. Para Pontes de Miranda, "a ação rescisória dirige-se contra a coisa julgada formal" e, portanto, "A despeito de no art. 485 do Código de Processo Civil se falar de "sentença de mérito", qualquer sentença que extinga o processo sem julgamento do mérito (art. 267) e dê ensejo a algum dos pressupostos do art. 485 I-IX, pode ser rescindida" (MIRANDA, Pontes de. *Tratado da ação rescisória das sentenças e outras decisões.* 5ª ed. Rio de Janeiro: Forense, 1976, p. 157-158).
    É importante perceber que, para Pontes de Miranda, sequer havia a necessidade de não se poder repropor a demanda, bastando a configuração de um dos casos do art. 485, do CPC.
31. Esses conceitos foram desenvolvidos pelos seguintes autores: DELFINO, Lúcio; MOURÃO, Eduardo Ribeiro. *Novo CPC aumenta segurança jurídica ao mudar regras da coisa julgada formal.* Revista Consultor Jurídico, 12 de abril de 2015. Disponível em: http://www.conjur.com.br/2015-abr-12/cpc-aumenta-seguranca-juridica--mudar-regras-coisa-julgada. Acesso às 17h, do dia 25 de abril de 2015.

máxima: situação que ocorre em todos os processos, decorrente de não existirem mais recursos a serem interpostos, levando ao trânsito em julgado do processo.

O que se percebe é que as sentenças terminativas passam a nem sempre serem acobertadas por qualquer espécie de coisa julgada. Tais sentenças apenas terão, sobre si, a coisa julgada formal, nos seguintes casos: a) verificação de litispendência; b) indeferimento da petição inicial; c) quando seja verificada a ausência de pressupostos de constituição e de desenvolvimento válido e regular do processo; d) verificar ausência de legitimidade ou de interesse processual; e) acolher a alegação de existência de convenção de arbitragem ou quando o juízo arbitral reconhecer sua competência; f) acolher alegação de coisa julgada; g) verificação da perempção. A única particularidade é a de que a letra "g" não pode ser sanada.

Nas demais hipóteses, haverá a mera preclusão máxima, não havendo qualquer impedimento à repropositura da demanda, desde que a parte prove o pagamento ou o depósito das custas e dos honorários de advogado, nos termos do §2º, do art. 468.

5. CONCLUSÃO

A proposta do presente texto foi no sentido de ressaltar a importância do estudo do instituto da coisa julgada, em especial a expansão extraprocessual da estabilidade da coisa julgada formal.

Para tanto, são elencadas algumas conclusões a partir do raciocínio desenvolvido no texto:

1. A existência da coisa julgada não é advinda de uma razão natural, mas sim a partir de uma ponderação de valores, onde prevaleceu a segurança jurídica.

2. Tradicionalmente, a divisão do gênero coisa julgada em formal e material, gerava o entendimento de que a primeira advinha meramente da "preclusão máxima", tendo efeitos apenas endoprocessuais e a segunda advinda de cognição exauriente acerca do mérito.

3. Criticou-se esse conceito tradicional a partir de duas vertentes: a) desrespeito ao instituto da coisa julgada, pois a formal não produz efeitos fora do processo e b) gera uma confusão terminológica entre preclusão e coisa julgada.

4. O CPC/2015 ampliou a eficácia extraprocessual da coisa julgada formal no caso de haver juízo de admissibilidade negativo, inclusive, prevendo a possibilidade de utilização da ação rescisória para essas decisões que transitem em julgado.
5. Passa a haver a necessidade de nova diferenciação entre os conceitos de coisa julgada material, coisa julgada formal e preclusão máxima.

CAPÍTULO 21
A coisa julgada no Novo Código de Processo Civil

Rennan Faria Krüger Thamay[1]

Rafael Ribeiro Rodrigues[2]

SUMÁRIO: 1. A COISA JULGADA; 2. A COISA JULGADA NO CPC/73; 3. A COISA JULGADA NO CPC/2015; 4. CONSIDERAÇÕES FINAIS; 5. REFERÊNCIAS BIBLIOGRÁFICAS.

1. A COISA JULGADA

De fato, a origem da coisa julgada[3] remonta à época da antiga Roma. Assim, pode-se observar no direito romano uma das fontes primárias e iniciais desse instituto. Refere Giuseppe Chiovenda que os romanos acabavam por observar o referido instituto, atribuindo-lhe certa importância em relação à condenação ou absolvição nela inserida, e não no poder de convencimento da decisão. Sendo que, para eles, existia, efetivamente, somente a coisa julgada material, aquela que reconhecia um bem da vida a um dos demandantes.[4]

---

1. Pós-Doutorado pela Universidade de Lisboa. Doutor em Direito pela PUC/RS e Università degli Studi di Pavia. Mestre em Direito pela UNISINOS e pela PUC Minas. Especialista em Direito pela UFRGS. Professor de cursos preparatórios para concursos públicos. É Professor do programa de graduação e pós-graduação (Doutorado, Mestrado e Especialização) da FADISP. Foi Professor assistente (visitante) do programa de graduação da USP. Foi Professor do programa de graduação e pós-graduação (lato sensu) da PUC/RS. Membro do IAPL (International Association of Procedural Law), do IIDP (Instituto Iberoamericano de Derecho Procesal), do IBDP (Instituto Brasileiro de Direito Processual), IASP (Instituto dos Advogados de São Paulo), da ABDPC (Academia Brasileira de Direito Processual Civil), do CEBEPEJ (Centro Brasileiro de Estudos e Pesquisas Judiciais). Membro do Grupo de Processo Constitucional do IASP. Membro do corpo editorial da Revista Opinião Jurídica da Unichristus de Fortaleza. Advogado, consultor jurídico e parecerista.
2. Especialista em Direito Processual Civil pela Escola Paulista de Magistratura. Bacharel em Direito pela Faculdade de Direito da Universidade Mackenzie. Advogado. Associado do escritório Arruda Alvim & Thereza Alvim Advocacia e Consultoria Jurídica S/C.
3. Poder-se-iam discutir as raízes da coisa julgada, pois, para alguns, já havia resquícios deste instituto no direito babilônico, ou seja, cerca de 3.700 anos atrás. Por todos, NIEVA FENOLL, Jordi. **La cosa juzgada:** el fin de un mito. Problemas actuales del proceso iberoamericano. Málaga: Centro de Ediciones de la Diputación Provincial, 2006, p. 429 e ss. No mesmo sentido CABRAL, Antonio do Passo. **Coisa julgada e preclusões dinâmicas:** entre continuidade, mudança e transição de posições processuais estáveis. Salvador: Editora Juspodivm, 2013, p. 50.
4. "Essi vedero la importanza della res iudicata non nel ragionamento del giudice, ma nella condanna o nella assoluzione, cioè nella espressione della volontà del diritto nel caso concreto. Perciò essi non parlano di cosa giudicata se non riguardo alla sentenza di merito, la quale è quella che riconosce un bene della vita a una delle parti". CHIOVENDA, Giuseppe. **Principii di Diritto Processuale Civile.** Napoli: Casa Editrice E. Jovene, 1980, p. 907.

Vicente Greco Filho, ao analisar a origem da res iudicata, também aponta que a coisa julgada veio da tradição romana, em que a sentença era a própria coisa julgada, ou a coisa julgada o próprio objeto litigioso definitivamente decidido.[5]

A concepção de coisa julgada que os romanos empregavam está intimamente ligada à noção de segurança nas relações sociais, em que se dava um cunho muito mais prático ao instituto da res iudicata.[6]

Sabe-se que a coisa julgada, em toda construção teórica elaborada, passou por diversos estágios e princípios que acabaram por dar uma determinada tendência ao instituto,[7] fazendo com que a cada medida fosse uma conotação do instituto. Observando os juristas da Idade Média, torna-se perceptível a visão de que o fundamento da autoridade da coisa julgada estava postada na presunção de verdade contida na sentença, sendo base para essa compreensão a filosofia escolástica que tinha como finalidade do processo a busca da verdade.[8]

Nesse sentido, Ulpiano[9] sustentou que a coisa julgada vale como verdade[10] (res iudicata pro veritate habetur), tratando-a como uma presunção, pois, o que havia sido decidido pelo juiz equivaleria à verdade dos fatos e da vida.[11]

Postura similar foi adotada por Robert Joseph Pothier[12], que entendia a coisa julgada a partir de uma presunção absoluta (iuris et de iure) em favor do

---

5. GRECO FILHO, Vicente. **Direito processual civil brasileiro.** São Paulo: Saraiva, 1981, p. 231.
6. CHIOVENDA, Giuseppe. **Instituições de direito processual civil:** os conceitos fundamentais – a doutrina das ações. v.1. São Paulo: Saraiva, 1965, p. 370.
7. Toda essa compreensão se dá naturalmente porque o direito é um produto criado pelo homem e para o homem. Assim, com essa compreensão, vem Darci Ribeiro com arrimo em Radbruch e Díez-Picazo, além de outros tantos autores trazidos pelo referido autor. Nesse sentido, vale conferir RIBEIRO, Darci Guimarães. **Da tutela jurisdicional às formas de tutela.** Porto Alegre: Livraria do Advogado, 2010, p. 17 e ss.
8. Nesse viés, Francisco Cavalcanti Pontes de Miranda assevera que essa teoria foi adotada por Pothier, explicando que a presunção de verdade para o autor era *júri et de jure.* PONTES DE MIRANDA. Francisco Cavalcanti. **Comentários ao código de processo civil.** t. V. Rio de Janeiro: Forense, 1974, p. 140 e ss.
9. Sérgio Gilberto Porto afirma que *"Dessa forma, por exemplo, fundados em textos de Ulpiano, juristas da idade média identificavam a autoridade da coisa julgada na presunção de verdade contida na sentença. Com efeito, para eles, a finalidade do processo era a busca da verdade; contudo tinham ciência de que nem sempre a sentença reproduzia a verdade esperada. Porém, não seria por essa circunstância que a sentença - embora injusta, eis que em desacordo com a verdade real - deixaria de adquirir autoridade de coisa julgada. Assim, diante da impossibilidade de afirmar que a sentença sempre representava a verdade material, encontravam na ideia de presunção de verdade (res iudicata pro veritate habetur) o fundamento jurídico para a autoridade da coisa julgada".* PORTO, Sérgio Gilberto. **A coisa julgada civil.** 4. ed. rev. atual. e ampl. com notas do Projeto de Lei do Novo CPC. São Paulo: RT, 2011, p. 53.
10. Por sua vez, Egas Dirceu Moniz de Aragão aduz que *"A principal espécie de presunção iuris et de iure é a que nasce da autoridade da coisa julgada.(...) Autoridade da coisa julgada faz presumir verdadeiro e justo o conteúdo da sentença, sendo essa presunção iuris et de iure, exclui toda outra prova.(...) Assim, como o julgamento pode representar a verdade presume-se que a sentença represente sempre 'a verdade' de coisa julgada constitui, portanto, uma presunção de verdade".* ARAGÃO, Egas Dirceu. **Sentença e coisa julgada.** Rio de Janeiro: Aide, 1992, p. 205.
11. COUTURE, Eduardo J. **Fundamentos do direito processual civil.** Tradução de Benedicto Giaccobini. Campinas: RED Livros, 1999, p. 330.
12. POTHIER, Robert Joseph. **Traité dês obligations, selon les règles, tant du for de la conscience, que du for extérieur.** t. II, Paris: Letellier, 1813, p. 256-283.

conteúdo da sentença, sendo a postura que influenciou o Código Napoleônico, como se pode ver do Art. 1350[13], influenciando vários ordenamentos jurídicos.

Outra teoria que perpassou pela construção da coisa julgada foi a da ficção da verdade, de Friedrich Carl von Savigny[14], em que se atribuía à sentença uma verdade fictícia, fazendo com que a sentença viesse a possuir autoridade de coisa julgada[15], gerando-se, dessa forma, maior estabilidade e segurança nas relações jurídicas.[16]

Essa teoria teve, ao seu tempo, repercussão e relevância, fazendo com que o instituto da res iudicata pudesse evoluir a seu tempo.

Posteriormente a esse fato, pode ser observada a teoria da força legal, substancial, da sentença[17], de autoria de Max Pagenstecher[18], sendo entendimento desse autor que toda sentença, por mais que meramente declaratória, cria direito, sendo, por essa razão, constitutiva de direito.[19]

Assim, para essa teoria, toda sentença, incluindo-se a declaratória, deve ser constitutiva de direitos, ligando-se a esse elemento a sua característica força legal substancial que cria a certeza jurídica[20].

---

13. "Art. 1350. La présomption légale est celle qui est attachée par une loi spéciale à certains actes ou à certains faits ; tels sont : 1° Les actes que la loi déclare nuls, comme présumés faits en fraude de ses dispositions, d'après leur seule qualité ; 2° Les cas dans lesquels la loi déclare la propriété ou la libération résulter de certaines circonstances déterminées ; 3° L'autorité que la loi attribue à la chose jugée ; 4° La force que la loi attache à l'aveu de la partie ou à son serment.p.224 1351 Code civil Section 5 : Du serment.
    Art. 1351. L'autorité de la chose jugée n'a lieu qu'à l'égard de ce qui a fait l'objet du jugement. Il faut que la chose demandée soit la même ; que la demande soit fondée sur la même cause ; que la demande soit entre les mêmes parties, et formée par elles et contre elles en la même qualité."
14. COUTURE, Eduardo J. **Fundamentos do direito processual civil.** Tradução de Benedicto Giaccobini. Campinas: RED Livros, 1999, p. 408. Para quem conhece a língua alemã relevante conferir SAVIGNY, Friedrich Carl von Savigny. **System des heutigen römischen rechts.** v. V, Berlin: Veit & Comp, 1840.
15. Sérgio Gilberto Porto afirma que "De seu torno, a teoria da ficção da verdade teve em Savigny seu elaborador - a exemplo da teoria da presunção da verdade -, partiu ele da constatação de que também as sentenças injustas adquiriam autoridade de coisa julgada. Dessa forma, aduzia que a sentença se constituía em mera ficção da verdade, uma vez que a declaração nela contida nada mais representava do que uma verdade aparente, nessa medida produzia uma verdade artificial. E, em assim sendo, na realidade, reduzia-se a uma ficção". PORTO, Sérgio Gilberto. **A coisa julgada civil.** 4. ed. rev. atual. e ampl. com notas do Projeto de Lei do Novo CPC. São Paulo: RT, 2011, p. 54.
16. Sobre essa formulação de Savigny, vale conferir REZENDE FILHO, Gabriel Jose Rodrigues de. **Curso de direito processual civil.** v. 3. São Paulo: Saraiva, 1951, p. 56.
17. Sobre esta teoria, muito relevante para sua época, pode-se conferir COUTURE, Eduardo J. **Fundamentos do direito processual civil.** Tradução de Benedicto Giaccobini. Campinas: RED Livros, 1999, p. 409.
18. Para quem leia a língua alemã, vale conferir a doutrina da res iudicata de PAGENSTECHER, Max. **Zur Lehre von der materiellen Rechtskraft.** Berlin: Franz Vahlen, 1905. No Brasil, pode-se conferir PORTO, Sérgio Gilberto. **A coisa julgada civil.** 4. ed. rev. atual. e ampl. com notas do Projeto de Lei do Novo CPC. São Paulo: RT, 2011, p. 54.
19. Sobre essa teoria, conferir SANTOS, Moacyr Amaral. **Primeiras linhas de direito processual civil.** São Paulo: Saraiva, 1992-1989, p. 47.
20. Assim refere Celso Neves que "Assente no pressuposto de que toda sentença, inclusive a declaratória, deve ser, sempre, constitutiva de direitos, ligando-se a esse elemento a sua força legal substancial, criadora da certeza que jurídica". NEVES, Celso. **Contribuição ao estudo da coisa julgada civil.** São Paulo: RT, 1970, p.

De matriz alemã, vem a teoria da eficácia da declaração que foi defendida por Konrad Hellwig[21], Binder, Stein e outros tantos, que fundamentava a autoridade da coisa julgada na eficácia da declaração de certeza contida na sentença[22]. De tal modo, para os autores, a certeza do direito restaria posta na declaração contida na sentença, visto que declaração de certeza produz eficácia de impor às partes, bem como ao juiz[23] que proferiu a sentença e aos demais juízes a observância da declaração[24].

Essa teoria tem comprometimento com o que fora decidido e declarado na sentença, não como meio de criação do direito, mas, sim, como forma de declaração que gera certeza do direito[25].

Com efeito, imperiosa referência à teoria da extinção da obrigação jurisdicional que foi construída por Ugo Rocco[26], partindo da premissa de que o conceito de sentença e, pois, de coisa julgada, prende-se, natural e necessariamente, aos conceitos de ação[27] e jurisdição.[28] A coisa julgada[29] é, naturalmente,

---

333. Finaliza Moacir Amaral Santos aduzindo que *"(...) o fundamento da coisa julgada está no direito novo, por força de lei criada pela sentença. A sentença, pelo seu trânsito em julgado, atribui ao direito novo (direito substancial), por ela criado, força de lei"*. SANTOS, Moacir Amaral. **Comentários ao código de processo civil.** Rio de Janeiro: Forense, 1976, p. 464.
21. Sobre esta teoria, para quem leia alemão, coerente conferir HELLWIG, Konrad. **Wesen und subjektive begrenzung der rechtskraft.** Leipzig: A. Deichert, 1901. No Brasil, dentre outros autores, a teoria pode ser conferida em PORTO, Sérgio Gilberto. **A coisa julgada civil.** 4. ed. rev. atual. e ampl. com notas do Projeto de Lei do Novo CPC. São Paulo: RT, 2011, p. 54.
22. COUTURE, Eduardo J. **Fundamentos do direito processual civil.** Tradução de Benedicto Giaccobini. Campinas: RED Livros, 1999, p. 409.
23. Sobre a posição do Juiz frente à norma jurídica, conferir MENDEZ, Francisco Ramos. **Derecho y proceso.** Barcelona: Libreria Bosch, 1979, p. 193 e ss.
24. NEVES, Celso. **Contribuição ao estudo da coisa julgada civil.** São Paulo: RT, 1970, p. 335-336.
25. Com efeito, Celso Neves, ao estudar a teoria encabeçada por Konrad Hellwig, afirma que *"O conteúdo declaratório das sentenças passadas em julgado não tem nenhuma influência sobre as relações jurídicas substanciais que, em caso de erro na declaração judicial, permanecem o que são; o único efeito que se produz é um direito processual daqueles para os quais a sentença tenha efeito, em face dos órgãos jurisdicionais, direito esse à observância daquilo que foi declarado, uma correspondente obrigação desses órgãos de respeitar a precedente declaração contida em uma sentença passada em julgado"*. NEVES, Celso. **Contribuição ao estudo da coisa julgada civil.** São Paulo: RT, 1970, p. 337-336.
26. ROCCO, Ugo. **Trattato di diritto processuale civile.** v. II. Torino: Utet, 1957, p. 306-308. Também conferir obra de Ugo Rocco totalmente dedicada ao tema ROCCO, Ugo. **L'autoritá della cosa giudicata e i suoi limiti soggettivi.** Tomo I. Roma: Athaeneum, 1917, p. 29-187. Também pode ser conferido o estudo de PORTO, Sérgio Gilberto. **A coisa julgada civil.** 4. ed. rev. atual. e ampl. com notas do Projeto de Lei do Novo CPC. São Paulo: RT, 2011, p. 54.
27. Defendendo a ação como uma garantia constitucional, vem o autor Osvaldo Gazaíni. GOZAÍNI, Osvaldo A. **La conducta en el proceso.** La Plata: LEP, 1988, p. 13 e ss.
28. Há um direito à jurisdição, assim como refere o autor argentino Osvaldo Gozaíni. Idem, p. 19 e ss. Tem relação com a jurisdição a chamada tutela diferenciada. Pequena chamada ao leitor que tenha interesse em conhecer as tutelas diferenciadas que são frequentemente estudadas na Argentina, onde existem ações que são tuteladas e procedidas de forma diferenciada, seja por seu grau de urgência ou relevância, conferir BERIZONCE, Roberto Omar. **Aportes para una justicia más transparente.** Roberto Omar Berizonce Coordenador, ... [et. al.]. La Plata: LEP, 2009, p. 23 e ss.
29. Há forte ligação entre a coisa julgada material e garantia fundamental da tutela jurisdicional efetiva. Nesse sentido, BERNAL. Francisco Chamorro. **La tutela judicial efectiva.** Barcelona: Bosch, NA, p. 297. *"El*

um fenômeno processual e precisa, por isso, ser estudada em conjunto com a ação, jurisdição[30] e sentença, por restarem intimamente interligadas.

Para essa teoria, a sentença é o ato do processo, utilizado pelo Estado, para declarar o direito aplicável à espécie prestando sua obrigação jurisdicional. Estando a obrigação jurisdicional satisfeita, extingue-se, por conseguinte, o direito de ação. Estando extintos o direito de ação e a obrigação jurisdicional, a relação de direito material não poderá mais ser rediscutida, produzindo, consequentemente, a coisa julgada.

Como comenta Moacyr Amaral Santos[31], o ponto-chave desta teoria restaria no fundamento de que a coisa julgada resultaria da extinção da obrigação jurisdicional, o que importa também na extinção do direito de ação[32], já que esse direito de agir já foi utilizado e, dessa manifestação, restou a sentença e a formação de coisa julgada, que encerrou o direito de discutir mais uma vez a questão, tornando-se imutável e estável a decisão.

Em relação à teoria da vontade do Estado, que teve Giuseppe Chiovenda[33] como defensor, observa-se como grande fundamento da coisa julgada a própria vontade do Estado,[34] que dota de autoridade a decisão do magistrado, fazendo com que essa decisão não seja uma mera manifestação sem maiores poderes e obrigatoriedade. Assim sendo, a sentença, por ser ato de vontade do Estado, tem essa força obrigatória e não é um mero posicionamento de um jurisconsulto.

Através de todos esses aportes da coisa julgada, perpassando pelas teorias que sobre o instituto se puseram, abrange-se a diversas formações e compreensões da res iudicata, chegando às construções de Giuseppe Chiovenda,[35]

---

principio de la cosa juzgada material está conectado con el derecho fundamental a la tutela judicial efectiva, ya que no es posible reabrir un proceso resuelto por sentencia firme".

30. Sobre jurisdição, deve-se observar SILVA, Ovídio A. Baptista da. **Comentários ao código de processo civil.** v. 1, São Paulo: RT, 2000, p. 17-19. Importante corte é feito pelo autor em relação ao normativismo e a jurisdição declaratória em seu último livro, que foi escrito antes de seu falecimento. SILVA, Ovídio A. Baptista da. **Epistemologia das ciências culturais.** Porto Alegre: Verbo Jurídico, 2009, p. 75 e ss.
31. SANTOS, Moacyr Amaral dos. **Primeiras linhas de direito processual civil.** São Paulo: Saraiva, 1992-1989 p. 49.
32. Sobre a doutrina civilista da ação, em relação à teoria clássica, bem como às teorias modernas, da autonomia da ação, importante conferir GOZAÍNI, Osvaldo A. **Teoria general del derecho procesal:** jurisdicción, acción y proceso. Buenos Aires: Sociedad EDIAR, 1996, p. 34-39.
33. CHIOVENDA, Giuseppe. **Instituições de direito processual civil.** 2. ed., v. I, São Paulo: Bookseller, 2002, p. 7 e ss.
34. O Estado tem como um de seus requisitos mais forte a soberania, que deve ser respeitada por outros Estados para que não cheguemos, mais uma vez, a ponto de guerra. Sobre a soberania, vale conferir FERRAJOLI, Luigi. **A soberania no mundo moderno.** Tradução de Carlos Coccioli, Márcio Lauria. São Paulo: Martins Fontes, 2002, p. 1 e ss.
35. "[...] inspirado na obra de Bulow, Chiovenda empreendeu uma série de pesquisas sobre a preclusão, sua natureza, fins efeitos. Isolou o instituto, despiu-o do caráter penal, distinguiu-o da coisa julgada material, caracterizando precisamente os dois conceitos". Nesse sentido BARBI, Celso Agrícola. Da preclusão no processo civil. **Revista dos tribunais.** São Paulo: RT, n.158, p. 59.

que tratou pela primeira vez da matéria em dezembro de 1905, em Napoli, onde asseverou que a coisa julgada consistia na indiscutibilidade da existência da vontade concreta da lei[36] afirmada.[37]

Para Giuseppe Chiovenda, a coisa julgada era caracterizada por meio da sentença que expressava, ou era resultado, de um ato de vontade do Estado[38] por meio do Poder Judiciário, estando de acordo com a vontade declarada normativamente.[39] Para ele, o juiz, portanto, enquanto razoa, não representa o Estado, representando-o enquanto lhe afirma a vontade. Assim, a sentença é unicamente afirmação ou negação de uma vontade do Estado que garanta a alguém um bem de vida no caso concreto, e só a isto se pode entender como autoridade do julgado.[40]

Deste modo, através de toda a construção da coisa julgada, como instituto jurídico, influenciado pela realidade romana em que a coisa julgada representava certeza e estabilidade social que possibilitava o gozo, de forma relativamente tranquila, de direitos, foi que na sociedade pós-moderna[41] buscou os

---

36. A norma pode ser compreendida como forma de expressão clara da ideologia que se carrega em uma determinada sociedade. Assim vejamos John Merryman na obra MERRYMAN, John Henry. **La tradición jurídica romano-canónica.** Traducción de Eduardo L. Suárez. Ciudad de México: Fondo de cultura económica, 1997, p. 60. "Pero si no consideramos la codificación como una forma, sino como la expresión de una ideología, y si tratamos de entender esa ideología y por qué encuentra expresión en la forma de un código, veremos que tiene sentido hablar de los códigos en el derecho comparado".
37. "Consiste nell'índiscutilità della esistenza della volontà concreta di legge afferrmata". Vide CHIOVENDA, Giuseppe. **Principii di Diritto Processuale Civile.** Napoli: Casa Editrice E. Jovene, 1980, p. 906.
38. PORTO, Sérgio Gilberto. **A coisa julgada civil.** 4. ed. rev. atual. e ampl. com notas do Projeto de Lei do Novo CPC. São Paulo: RT, 2011, p. 55 e ss.
39. CHIOVENDA, Giuseppe. **Instituições de direito processual civil.** 2. ed., v. I, São Paulo: Saraiva, 1969, p. 369 e ss.
40. "O juiz, portanto, enquanto razoa, não representa o Estado; representa-o enquanto lhe afirma a vontade. A sentença é unicamente afirmação ou negação de uma vontade do Estado que garanta a alguém um bem de vida no caso concreto; e só a isto se pode entender como autoridade do julgado(...)" CHIOVENDA, Giuseppe. **Instituições de direito processual civil.** 2. ed., v. I, São Paulo: Saraiva, 1969, p. 372.
41. Sabe-se que o Estado brasileiro sequer passou pelo estado social, assim como outros países, neste sentido, ver GARCÍA-PELAYO, Manuel. **As transformações do estado contemporâneo.** Tradução de Agassiz Almeida Filho, Rio de Janeiro: Forense, 2009. Sobre a ideia de ser o nosso Estado pós-moderno vejamos: CHEVALLIER, Jacques. **O Estado pós-moderno.** Tradução de Marçal Justen Filho, Belo Horizonte: Forum, 2009, p. 24 e ss; BAUMAN, Zygmunt. **O mal-estar da pós-modernidade.** Tradução de Mauro Gama, Cláudia Martinelli Gama. Rio de Janeiro: Jorge Zahar, 1998, p. 7 e ss; JAYME, Erik. **Cours général de droit intenacional prive,** In recueil des cours, Académie de droit intenacional, t, 251, 1997, p. 36-37; LYOTARD, Jean-François. **O pós-moderno.** Rio de Janeiro: Olympio Editora, 1986; KUMAR, Krishan. **Da sociedade pós-industrial à pós-moderna.** Rio de Janeiro: Jorge Zahar Editor, 1997; HARVEY, David. **Condição pós-moderna.** São Paulo: Edições Loyola, 1992; VATTIMO, Gianni. **O Fim da Modernidade:** niilismo e hermenêutica na cultura pós--moderna, Lisboa: Editorial Presença, 1987; SANTOS, Boaventura de Souza. **Pela Mão de Alice:** O social e o político na pós-modernidade. São Paulo: Cortez, 1997.
Sobre a troca paradigmática da modernidade para a pós-modernidade, vale conferir KAUFMANN, Arthur. **La filosofia del derecho em la posmodernidad.** Traducción de Luis Villar Borda. Santa Fe de Bogotá: Editorial Temis S.A, 1992, p. 5 e ss.

fundamentos para então chegar hoje à ideia de segurança jurídica,[42] passando também pelas contribuições de Francesco Carnelutti[43] e Enrico Tullio Liebman.[44]

Observando Enrico Tullio Liebman, percebe-se a sua preocupação em distinguir a eficácia da autoridade da coisa julgada. Para ele, a autoridade da res iudicata não é efeito da sentença, como postura da doutrina da época, mas, sim, modo de manifestar-se e produzir-se dos efeitos da própria sentença, algo que a esses efeitos se ajunta para qualificá-los e reforçá-los em sentido bem determinado.[45]

Aduz ainda, com firmeza, o autor que a autoridade da coisa julgada "não é efeito da sentença, mas uma qualidade, um modo de ser e de manifestar-se dos seus efeitos, quaisquer que sejam, vários e diversos, consoante as diferentes categorias das sentenças."[46]

Estas linhas sobre a autoridade da coisa julgada, postulando-a, em sua época, como uma qualidade que aos efeitos da sentença se ajuntam, são valorosas para a doutrina processualista brasileira que, a partir destas referências, constrói caminho próprio tendo como base diferentes teorias.

Entretanto, vale referir que existe corrente, forte e respeitada, no sentido de que acabamos por vivenciar uma modernidade tardia, e não, efetivamente, a pós-modernidade, sendo nesse sentido STRECK, Lenio Luiz. **Hermenêutica jurídica e(m) crise:** uma exploração hermenêutica da construção do direito. 5. ed., rev. atual., Porto Alegre: Livraria do Advogado, 2004, p. 25.
Para outros autores, o que existe é uma hipermodernidade. Nesse sentido, conferir LIPOVETSKY, Gilles. **Os tempos hipermodernos.** Tradução de Mário Vilela. São Paulo: Barcarolla, 2004, p. 51 e ss.

42. Em vista disso, observando as ponderações de Cícero, no sentido de que na coisa julgada é que repousaria a estabilidade estatal é que vale conferir a obra REZENDE FILHO, Gabriel Jose Rodrigues de. **Curso de direito processual civil.** v. 3. São Paulo: Saraiva, 1951, p. 54. A segurança jurídica acaba por ser a forma de obtenção de paz social, assim como afirma o autor gaúcho Darci Ribeiro na obra RIBEIRO, Darci Guimarães. **La pretensión procesal y La tutela judicial efectiva.** Barcelona: J.M.Bosch editor, 2004, p. 35.

43. Francesco Carnelutti tem opinião diversa da de Giuseppe Chiovenda, por compreender que o comando da sentença pressupõe o comando existente na lei, não fazendo a coisa julgada uma lei paralela como pretendia Giuseppe Chiovenda. In BOMFIM JÚNIOR, Carlos Henrique de Moraes. [et al.] **O ciclo teórico da coisa julgada:** de Chiovenda a Fazzalari. Coord. Rosemiro Pereira Leal. Belo Horizonte: Del Rey, 2007, p. 260. Ademais, vale observar que "[...] a eficácia da decisão se expressa antes de tudo, com a imperatividade (que representa tão apenas a projeção da vontade do juiz); [...]. A imperatividade da decisão é chamada também coisa julgada [...]. Em caso de transgressão da sentença, atuarão as sanções como se estivesse se estabelecido pela lei". CARNELUTTI, Francesco. **Sistema de direito processual civil.** v. I, São Paulo: Editora ClassicBook, 2000, p. 412-415.

44. Para Enrico Tullio Liebman, que foi discípulo de Giusepp Chiovenda e que com sua vinda para o Brasil fundou a Escola Paulista, a coisa julgada não é um efeito da sentença, mas, sim, uma qualidade especial da sentença. Nesse sentido, conferir LIEBMAN, Enrico Tullio. **Eficácia e autoridade da sentença.** 2. ed., Rio de Janeiro: Forense, 1981, p. 46-47.

45. "Não é efeito da sentença, como postura da doutrina unânime, mas sim modo de manifestar-se e produzir-se dos efeitos da própria sentença, algo que a esses efeitos se ajunta para qualificá-los e reforçá-los em sentido bem determinado.(...)". LIEBMAN, Enrico Tullio. **Eficácia e autoridade da sentença.** Tradução de Alfredo Buzaid e Benvindo Aires. Rio de Janeiro: Forense, 1945, p. 36.

46. LIEBMAN, Enrico Tullio. **Eficácia e autoridade da sentença.** Tradução de Alfredo Buzaid e Benvindo Aires. Rio de Janeiro: Forense, 1945, p. 16.

As influências de Enrico Tullio Liebman no Brasil são visíveis em relação a todo o Direito Processual Civil, quanto mais em relação à coisa julgada que foi por ele particularmente estudada a partir de seus conhecimentos e da instrução italiana sobre a matéria, levando em conta certamente as lições de seu mestre Giuseppe Chiovenda.

Todavia, mesmo as suas considerações, por mais relevantes que fossem, não passaram ilesas na doutrina brasileira. Reconhece-se em Enrico Tullio Liebman o mérito de perceber que a coisa julgada não é efeito da sentença, mais, sim, qualidade que a estes efeitos se ajunta[47].

O processualista italiano sofreu duras críticas de José Carlos Barbosa Moreira e Ovídio A. Baptista da Silva, cada um pensando a coisa julgada, a partir de Enrico Tullio Liebman, com sua própria forma de teorizar o instituto.

Observando-se o posicionamento de Enrico Tullio Liebman, e sua construção, José Carlos Barbosa Moreira constrói verdadeiro adendo à teoria do processualista italiano ao concluir que os efeitos das sentenças estão sujeitos à mudança, razão pela qual tal qualidade, referida por Enrico Tullio Liebman, não poderia acobertar a sentença e seus efeitos com a coisa julgada, mas, somente, o conteúdo da decisão.[48]

Com efeito, o processualista fluminense concorda com a distinção da eficácia da sentença com a autoridade da coisa julgada, assim como Enrico Tullio Liebman, mas distingue-se deste ao pensar que a imutabilidade não atinge aos efeitos da decisão, mas, sim, ao seu conteúdo, não se limitando ao elemento declaratório.

Nasce, aqui, a divergência com Ovídio A. Baptista da Silva. Diferentemente do que fora afirmado por Ovídio A. Baptista da Silva, José Carlos Barbosa Moreira[49] sustenta que a autoridade da coisa julgada envolve todo o conteúdo decisório e não somente o declaratório.[50]

---

47. LIEBMAN, Enrico Tullio. **Eficácia e autoridade da sentença**. Tradução de Alfredo Buzaid e Benvindo Aires. 2. ed. Rio de Janeiro: Forense, 1981, p. 40 e ss.
48. MOREIRA, José Carlos Barbosa. Eficácia da sentença e autoridade a autoridade da coisa julgada. **Revista de processo**, ano IX, n. 34 abr-jun, 1984, 273-279.
49. O exemplo, cabalmente, trazido por José Carlos Barbosa Moreira, para combater a tese de Ovídio A. Baptista da Silva, é o de que *"Se o juiz anula o contrato, por exemplo, fica o resultado do processo, após o trânsito em julgado, menos imune à contestação do que ficaria se ele se limitasse a declarar nulo o contrato?"*. MOREIRA, José Carlos Barbosa. Coisa julgada e declaração. **Temas de direito processual**. 1º série. 2. ed., São Paulo: Saraiva, 1988, p. 82.
50. Confirmando esta postura, refere José Carlos Barbosa Moreira que *"(...) ao nosso ver o que se coloca sob o pálio da incontestabilidade, com referência à situação existente ao tempo em que a sentença foi prolatada não são os efeitos, mas a própria sentença, ou mais precisamente, a norma jurídica concreta nela contida"*. MOREIRA, José Carlos Barbosa. Eficácia da sentença e autoridade da coisa julgada. **Ajuris**. Porto Alegre, n. 28, jul., 1983, p. 27.

Entende José Carlos Barbosa Moreira que a coisa julgada deve proteger e preservar a modificação jurídica operada, não o mero direito de promovê-la, reconhecido ao autor.[51] O processualista aduz que a imutabilidade consequente ao trânsito em julgado reveste o conteúdo da sentença e não os seus efeitos. Para ele, reveste-se todo o conteúdo decisório. Deixa de fora a motivação, como a solução dada pelo juiz a cada uma das questões de fato e de direito, e mesmo a das questões prejudiciais (CPC, art. 469, II e III). Não deixa fora, todavia, os elementos do decisum de natureza não puramente declaratória.[52] Assim, para José Carlos Barbosa Moreira, a imutabilidade reveste todo o conteúdo decisório e não apenas o elemento declaratório. Se a sentença é constitutiva, não se poderá contestar que a modificação se operou, muito embora possa cessar ou alterar-se a situação constituída pela sentença.[53]

Ovídio A. Baptista da Silva acaba por concordar com Enrico Tullio Liebman em relação à total separação da coisa julgada e dos efeitos da sentença, não sendo a coisa julgada efeito. No entanto, o autor acaba entendendo que a res iudicata é uma qualidade que se agrega somente aos efeitos declaratórios do conteúdo da sentença, ou seja, à declaração judicial.[54]

Destarte, em nosso ordenamento jurídico, realmente existem diversas construções doutrinárias, referentes aos limites objetivos da coisa julgada, como já alertado e visto, o que causa, em tese, complexidade na compreensão do tema. Sérgio Gilberto Porto traz, resumidamente, de forma objetiva, o debate, que foi referido anteriormente. Deste modo aduz o processualista gaúcho:

---

51. *"Se constitutiva a sentença, o que importa preservar é justamente a modificação jurídica operada, não o mero direito de promovê-la, reconhecido ao autor"*. MOREIRA, José Carlos Barbosa. Coisa julgada e declaração. **Temas de direito processual.** 1º série. 2. ed., São Paulo: Saraiva, 1988, p. 83.
52. *"A imutabilidade consequente ao trânsito em julgado reveste, em suma, o conteúdo da sentença, não os seus efeitos. Reveste-se, convém frisar, todo o conteúdo decisório. Deixa de fora a motivação, como a solução dada pelo juiz a cada uma das questões de fato e de direito, e mesmo a das questões prejudiciais (CPC, art. 469, II e III). Não deixa fora, entretanto, os elementos do decisum de natureza não puramente declaratória."* MOREIRA, José Carlos Barbosa. Eficácia da sentença e autoridade da coisa julgada. **Ajuris.** Porto Alegre, n. 28, jul., 1983, p. 30.
53. Para deixar clara a opção doutrinária de José Carlos Barbosa Moreira, afastando a posição de Ovídio A. Baptista da Silva, diz o autor que *"A imutabilidade reveste todo o conteúdo decisório, e não apenas o elemento declaratório. Se a sentença, por exemplo, é constitutiva, não se poderá contestar que a modificação se operou, muito embora possa cessar ou alterar-se a situação constituída pela sentença"*. MOREIRA, José Carlos Barbosa. Eficácia da sentença e autoridade da coisa julgada. **Ajuris.** Porto Alegre, n. 28, jul., 1983, p. 30.
54. SILVA, Ovídio A. Baptista da. **Curso de processo civil (processo de conhecimento).** 3. ed., Porto Alegre: Fabris, 1996, p. 422. Assim, afirma Ovídio A. Baptista da Silva que *"Liebman efetivamente tem razão ao afirmar que a coisa julgada material não pode ser equiparada a um efeito da sentença, semelhante aos efeitos declaratórios, constitutivo, executório, condenatório ou mandamental. Esses cinco são os únicos efeitos que a sentença pode produzir. A coisa julgada deve ser entendida como uma maneira ou uma qualidade, pela qual o efeito se manifesta, qual seja a imutabilidade e indiscutibilidade, como afirma Liebman, ou simplesmente sua indiscutibilidade, como julgamos preferível dizer."* SILVA, Ovídio A. Baptista da. **Curso de processo civil.** V. I. 5. ed., Rio de Janeiro: Forense, 2001, p. 486.

No Brasil, especialmente, a questão se agrava, pois LIEBMAN difundiu a ideia de que a autoridade da coisa julgada não é um efeito da sentença, mais uma qualidade que aos efeitos se ajunta para torná-los imutáveis. Essa orientação sofre de pena talentosa de BARBOSA MOREIRA, quando afirmou, concordando inicialmente com LIEBMAN, que efetivamente a autoridade da coisa julgada é uma qualidade da sentença, contudo, não uma qualidade apta a tornar os efeitos imodificáveis, pois estes seriam absolutamente mutáveis. Diz BARBOSA MOREIRA, após impugnar parcialmente a ideia de LIEBMAN, que aquilo que, em verdade, adquire o selo da imutabilidade é o conteúdo da nova sentença, assumindo, portanto, autoridade de coisa julgada a nova situação jurídica decorrente desta. Não bastasse o dissenso ente a orientação de LIEBMAN e de BARBOSA MOREIRA, surge o combativo e sempre atento OVÍDIO ARAÚJO BAPTISTA DA SILVA e aduz: a) que tanto LIEBMAN quanto BARBOSA MOREIRA tem razão ao entenderem a autoridade da coisa julgada como uma qualidade da sentença; b) contudo, concordando com BARBOSA MOREIRA, admite ter LIEBMAN se equivocado ao sustentar que os efeitos adquirem o selo da imutabilidade, pois são estes realmente modificáveis; e finalmente, c) sustenta não ter razão BARBOSA MOREIRA, ao que todo o conteúdo da sentença adquire autoridade de coisa julgada, pois apenas o elemento declaratório adquire tal condição, na medida em que ele é o único imune à modificação – vale dizer que em nenhuma hipótese imaginável poderá ser modificado.[55]

Sob essas influências, a coisa julgada foi concebida no Brasil, tendo como principais correntes teóricas as construções de Enrico Tullio Liebman, José Carlos Barbosa Moreira e Ovídio A. Baptista da Silva.

2. A COISA JULGADA NO CPC/73

O Código de Processo Civil de 1973 normatiza a coisa julgada a partir da teoria de Enrico Tullio Liebman[56], em tese, muito embora em muitos aspectos

---

55. PORTO, Sergio Gilberto. **Comentários ao Código de Processo Civil**. v. 6: do processo de conhecimento, arts. 444 a 495 (coordenação: Ovídio A. Baptista da Silva). São Paulo: RT, 2000, p. 171-172. Ainda vale conferir José Carlos Barbosa Moreira em MOREIRA, José Carlos Barbosa. **Eficácia da sentença e autoridade da coisa julgada**. RePro 34: 273-275.
56. Para Enrico Tullio Liebman, que foi discípulo de Giusepp Chiovenda e que com sua vinda para o Brasil fundou a Escola Paulista, a coisa julgada não é um efeito da sentença, mas, sim, uma qualidade especial da sentença. Nesse sentido, conferir LIEBMAN, Enrico Tullio. **Eficácia e autoridade da sentença**. 2. ed., Rio de Janeiro: Forense, 1981, p. 46-47. Observando Enrico Tullio Liebman, percebe-se a preocupação do autor em distinguir a eficácia da autoridade da coisa julgada. Para ele, a autoridade da res iudicata não é efeito da sentença, como postura da doutrina da época, mas, sim, modo de manifestar-se e produzir-se dos efeitos da própria sentença, algo que a esses efeitos se ajunta para qualificá-los e reforçá-los em sentido bem determinado. Assim refere o processualista italiano: *"Não é efeito da sentença, como postura da doutrina unânime, mas sim modo de manifestar-se e produzir-se dos efeitos da própria sentença, algo que a esses efeitos se ajunta para qualificá-los e reforçá-los em sentido bem determinado.(...)"*. LIEBMAN, Enrico

acabe adotando posições que não são, realmente, consequentes do pensamento do processualista Italiano.

Justifique-se a influência de Enrico Tullio Liebman pelo fato de ter este vindo a morar em São Paulo, lecionando na Universidade de São Paulo, sendo professor de Alfredo Buzaid, então Ministro da Justiça e mentor do Código de Processo Civil de 1973. A res iudicata está disposta, nesse código, a partir do art. 467.

Far-se-á, então, uma análise comparativa daquilo que hoje vige e das mudanças que, possivelmente, serão produzidas em face da nova codificação.

Com efeito, denomina-se coisa julgada material a eficácia que torna imutável e indiscutível a sentença, não mais sujeita a recurso ordinário ou extraordinário, assim como prevê o Art. 467 do Código de Processo Civil atual.

Percebe-se que o Código buscou inspiração na construção de Enrico Tullio Liebman, pois, este observa a res iudicata não como efeito, mais como uma qualidade que torna todos os efeitos imutáveis e indiscutíveis.

De fato, esta é uma das vertentes da coisa julgada, que, como já alertado, sofreu de dura crítica de José Carlos Barbosa Moreira[57], compreendendo que a res iudicata é a qualidade que se agrega aos efeitos para tornar imutável e, consequentemente, indiscutível o conteúdo decisório da sentença.

Com efeito, deve-se observar que o dispositivo acaba confundindo a coisa julgada material com a coisa julgada formal, por não pontuar as distinções.

A coisa julgada pode ser dividia em material e formal, o que faz parcela da doutrina, muito embora se acredite, neste ensaio, que a coisa julgada, como imutabilidade do conteúdo decisório, só pode ser a substancial, pois, dotada de tal qualidade.[58]

Tullio. **Eficácia e autoridade da sentença.** Tradução de Alfredo Buzaid e Benvindo Aires. Rio de Janeiro: Forense, 1945, p. 36. Aduz ainda, com firmeza, o autor que a autoridade da coisa julgada *"não é efeito da sentença, mas uma qualidade, um modo de ser e de manifestar-se dos seus efeitos, quaisquer que sejam, vários e diversos, consoante as diferentes categorias das sentenças."* LIEBMAN, Enrico Tullio. **Eficácia e autoridade da sentença.** Tradução de Alfredo Buzaid e Benvindo Aires. Rio de Janeiro: Forense, 1945, p. 16.

57. Com efeito, José Carlos Barbosa Moreira concorda com a distinção da eficácia da sentença com a autoridade da coisa julgada, assim como Enrico Tullio Liebman, mas distingue-se deste ao pensar que a imutabilidade não atinge aos efeitos da decisão, mas, sim, ao seu conteúdo, não se limitando ao elemento declaratório. Observando o posicionamento de Enrico Tullio Liebman, e sua construção, José Carlos Barbosa Moreira constitui verdadeiro adendo à teoria do processualista italiano ao concluir que os efeitos das sentenças estão sujeitos à mudança, razão por que tal qualidade, referida por Enrico Tullio Liebman, não poderia acobertar a sentença e seus efeitos com a coisa julgada, mas, somente, o conteúdo da decisão. MOREIRA, José Carlos Barbosa. Eficácia da sentença e autoridade a autoridade da coisa julgada. **Revista de processo**, ano IX, n. 34 abr-jun, 1984, 273-279.
58. Partindo de Ugo Rocco, na Itália, alerta-se que o conceito de coisa julgada formal é inútil, pois algo que se amolda à preclusão e não à coisa julgada. Nesse aspecto, refere o autor que *"crediamo che tale*

A suposta coisa julgada formal, em verdade, não passa de preclusão temporal[59], pois ela está ocorrendo. Desse modo, as partes no mesmo processo não poderão discutir determinada situação, visto que o seu momento temporal e processual já passou. Neste caso, as partes terão em seu (des)favor a ocorrência da preclusão temporal[60], instituto distinto da res iudicata que é comprometida com a imutabilidade e, consequente indiscutibilidade do conteúdo da sentença.

Com efeito, a partir da construção do referido artigo, deve-se perceber que a coisa julgada é a imutabilidade e, consequentemente, indiscutibilidade da sentença[61] e não, como informa o texto normativo, a eficácia. Esta é algo distinto, pois, na verdade é a aptidão para a produção de efeitos.

---

distinzione sai priva di qualunque utilità e che, anzi, invece di charire i concetti serva a confonderli; dato infati, che nell'atualle sistema legislativo, la forza obrligatoria e unicamente inerente allá sentenza inoppugnabile, si potrà al massimo dire, che la inoppugnibilità della sentenza constituisce um presopposto formale (e non il solo) dell'autorità do cosa giudicata della sentenza." ROCCO, Ugo. **L'autoritá della cosa giudicata e i suoi limiti soggettivi**. Tomo I. Roma: Athaeneum, 1917, p. 06-07. No mesmo sentido, conferir: BARBI, Celso Agrícola. Da preclusão no processo civil. **Revista Forense**, 158, 1955, p. 62 e ss. MARCATO, Antônio Carlos. Preclusões: limitação ao contraditório? **Revista de Direito Processual Civil**, n. 17, 1980, p. 110. Um dos autores que sustenta esta posição, inclusive diferenciando coisa julgada formal de preclusão, é Ovídio A. Baptista da Silva, aduzindo que: *"A esta estabilidade relativa, através da qual, uma vez proferida a sentença e exauridos os possíveis recursos contra ela admissíveis, não mais se poderá modificá-la na mesma relação processual, dá-se o nome de coisa julgada formal, por muitos definida como preclusão máxima [...]."* SILVA, Ovídio Araújo Baptista da. **Teoria geral do processo civil**. 3. ed., São Paulo: RT, 2002, p. 484. Igualmente, Egas Dirceu Moniz de Aragão aduz que a denominação *coisa julgada formal* chega a ser contraditória, pois, se a coisa está julgada e por isso se fala em res iudicata (coisa julgada), é inadmissível utilizar a locução para designar fenômeno de outra natureza, correspondente ao pronunciamento que não contém o julgamento da res. Rerefere o processualista: *"A denominação 'coisa julgada formal' chega a ser contraditória; se a coisa – 'res' – está julgada e por isso se fala em 'res iudicata' (coisa julgada), é inadmissível empregar essa locução para designar fenômeno de outra natureza, correspondente ao pronunciamento que não contém o julgamento da 'res'."* ARAGÃO, Egas Dirceu. **Sentença e coisa julgada**. Rio de Janeiro: Aide, 1992, p. 219.

59. Nesse sentido, entendendo que coisa julgada só pode ser a substancial e não a formal, por ser mera preclusão, vem o STJ, 2º Turma, REsp 648.923/SP, rel. Min. Humberto Gomes de Barros. EMENTA: "PROCESSUAL CIVIL – ALÍNEA "A" – AUSÊNCIA DE PREQUESTIONAMENTO DOS ARTS. 121, 165 E 166 DO CTN – VIOLAÇÃO DA COISA JULGADA MATERIAL – NÃO-OCORRÊNCIA – QUESTÃO DE NATUREZA PROCESSUAL – TRIBUTÁRIO – ADICIONAL DE IMPOSTO DE RENDA – REPETIÇÃO DE INDÉBITO – ILEGITIMIDADE ATIVA DO RESPONSÁVEL TRIBUTÁRIO. 1. A Corte a quo não analisou a matéria recursal à luz de alguns dos dispositivos legais apontados como violados, quais sejam, os artigos 121, 165 e 166 do CTN. Incide, neste ponto, o enunciado das Súmulas 282 e 356 do STF. Ressalte-se que não foram opostos os cabíveis embargos declaratórios a fim de suprir a omissão do julgado. 2. Quanto à alegada violação dos artigos 467, 468, 471, caput, e 473, do CPC, o entendimento assente nesta Corte é o de que inexiste coisa julgada material se as questões decididas forem de natureza processual, como é o caso dos autos. 3. A Primeira Seção desta Corte pacificou a orientação de que o responsável tributário não é parte legítima para pleitear a restituição de adicional de imposto de renda em questão. Recurso especial conhecido em parte e improvido."
60. *"A mais usual das modalidades, a preclusão temporal, consiste na perda do direito de praticar determinado ato processual pelo decurso do prazo fixado para o se exercício."* RUBIN, Fernando. **A preclusão na dinâmica do processo civil**. Porto Alegre: Livraria do Advogado, 2010, p. 101.
61. *"A imutabilidade reveste todo o conteúdo decisório, e não apenas o elemento declaratório. Se a sentença, por exemplo, é constitutiva, não se poderá contestar que a modificação se operou, muito embora possa cessar ou alterar-se a situação constituída pela sentença."* MOREIRA, José Carlos Barbosa. Eficácia da sentença e autoridade da coisa julgada. **Ajuris**. Porto Alegre, n. 28, jul., 1983, p. 30. "A coisa julgada é efeito

Lançadas essas bases, cabe, agora, observarem-se os limites objetivos da coisa julgada que são lançados pelo Art. 468 do Código de Processo Civil, por conseguinte, a sentença que julgar total ou parcialmente a lide tem força de lei nos limites da lide e das questões decididas.

Destarte, os limites objetivos da res iudicata estão comprometidos com aquilo que receberá o manto protetor da coisa julgada. Neste peculiar, vislumbra-se qual o conteúdo, ou o quê, receberá a proteção da coisa julgada.[62]

Aquilo que não estiver contido na causa de pedir e pedidos, levado ao conhecimento do julgador pelo mecanismo processual adequado, não receberá o manto da res iudicata, pois, aqui está a delimitação dos limites objetivos, que estão vinculados ao que fora objeto de exame judicial.[63]

---

do trânsito em julgado da sentença de mérito, efeito consistente na imutabilidade (e, consequentemente, na indiscutibilidade) do conteúdo de uma sentença, não de seus efeitos. Posso renunciar a um direito declarado por sentença: assim agindo, afasto os efeitos da sentença, sem modificar o seu conteúdo. O que não se pode é renunciar à própria coisa julgada, o que teria por efeito a possibilidade de instauração de novo processo, a fim de ser outra vez julgada a res." TESHEINER, José Maria Rosa. **Eficácia da sentença e coisa julgada no processo civil.** São Paulo: RT, 2001, p. 72.

62. "Os limites objetivos estão ligados às matérias que serão analisadas na sentença, o conteúdo que será parte da decisão emanada pelo Poder Judiciário, separando o que fará ou não parte da res iudicata." THAMAY, Rennan Faria Krüger. **A relativização da coisa julgada pelo supremo tribunal federal:** o caso das ações declaratórias de (in)constitucionalidade e arguição de descumprimento de preceito fundamental. Porto Alegre: Livraria do Advogado Editora, 2013, p. 52. CHIOVENDA, Giuseppe. **Princippi di Diritto Processuale Civile.** Napoli: Casa Editrice E. Jovene, 1980, p. 918. Verbis "Ma oggetto del giudicato è la conclusione ultima del ragionamenti del giudice". "Por límites objetivos se entiende la frontera que tiene el fallo judicial para no transponer su eficacia hacia otro proceso donde no existe identidad con lo pedido y la causa petendi, esto es, de la extensión de la cosa juzgada hacia situaciones fuera del proceso donde se dicta". GOZAÍNI, Osvaldo A. **Teoria general del derecho procesal:** jurisdicción, acción y proceso. Buenos Aires: Sociedad EDIAR, 1996, p. 265-266.

63. Nesse sentido, STJ, 2º Turma, REsp 861.270/PR, rel. Min. Castro Meira. EMENTA: "284/STF. PRECLUSÃO PRO JUDICATO. EFICÁCIA PRECLUSIVA DA COISA JULGADA. 1. É impossível conhecer-se do recurso especial pela alegada violação ao artigo 535 do CPC nos casos em que a argüição é genérica, por incidir a Súmula 284/STF, assim redigida: "É inadmissível o recurso extraordinário, quando a deficiência na fundamentação não permitir a exata compreensão da controvérsia". 2. Não pode prevalecer, em face do óbice da preclusão pro judicato, a decisão do magistrado de primeira instância que tenha por fim retratar decisão interlocutória objeto de agravo de instrumento não conhecido pelo Tribunal ad quem. 3. O acórdão proferido pela instância de segundo grau, ao não conhecer do mérito do agravo de instrumento pela inobservância do disposto no art. 526 do CPC, trouxe como efeito a manutenção da decisão agravada, impedindo que fosse reaberto o prazo para retratação do juiz de piso. Solução em contrário, importaria em supressão de instância. 4. O art. 468 do Código de Processo Civil explicita que a sentença
tem força de lei, ou seja, faz coisa julgada, nos limites da lide e das questões decididas, o que impede a propositura de ação idêntica, com as mesmas partes, causa de pedir e pedido. 5. Já o art. 474 do CPC dispõe sobre a impossibilidade de se rediscutir não apenas as questões que tenham sido explicitamente
decididas no dispositivo, porquanto expressamente alegadas pelas partes, mas também aquelas que poderiam ser alegadas e não o foram. 6. Da interpretação desses dispositivos, extrai-se o óbice para a propositura de ação idêntica, rediscussão de pontos já decididos na sentença e alegação de fatos novos não aduzidos por desídia da parte. 7. Malgrado constar do dispositivo da sentença a determinação para que, após o trânsito em julgado, os depósitos fossem convertidos em renda da União, o reconhecimento da decadência com a conseqüente determinação de levantamento dos depósitos pela empresa recorrida
não ofende a coisa julgada. 8. Em face da decadência ter-se operado no curso da lide, seria desarrazoado exigir que a parte suscitasse esse fato extintivo em momento anterior. Além disso, essa tese não foi discutida na ação de conhecimento, consubstanciando outra causa de pedir sujeita a nova coisa julgada. 9. Recurso especial conhecido em parte e improvido."

No Brasil, em relação à coisa julgada, adotou-se a teoria restritiva dos limites objetivos da coisa julgada (diversamente do modelo alemão)[64], possibilitando que somente a parte dispositiva da decisão receba a proteção da imutabilidade e, consequente, indiscutibilidade.

Por essa razão é que, seguindo a ordem do Art. 469, caput, I, II e III, do Código de Processo Civil, não fazem coisa julgada: a) os motivos, ainda que importantes para determinar o alcance da parte dispositiva da sentença; b) a verdade dos fatos, estabelecida como fundamento da sentença; c) a apreciação da questão prejudicial, decidida incidentemente no processo.

Esta opção sistêmica feita pelo Brasil e, constantemente reafirmada pela jurisprudência[65], deixa claro que o que importa para a formação da coisa julgada é aquilo que compõe a parte dispositiva da sentença.

---

64. Os limites objetivos da coisa julgada estão ligados, em uma concepção eclética (da escola brasileira e rio-platense de processo), não adotando com rigor a teoria de abrangência da proteção da coisa julgada os fundamentos da decisão(com arrimo em Savigny) e muito menos adotando integralmente a concepção de que somente faz coisa julgada a parte dispositiva da sentença(tese de Chiovenda). Muito embora o Brasil tenha optado por um modelo restritivo que concebe a coisa julgada somente em relação ao dispositivo da sentença Eduardo Couture sustentou que os fundamentos da decisão farão parte da coisa julgada, recebendo o manto de imutabilidade, quando: a) a parte dispositiva fizer expressa referência aos fundamentos; ou b) os fundamentos forem antecedentes lógicos à parte dispositiva, sendo deste inseparável como nos casos de questão prejudicial como alerta o autor. Estes fundamentos têm sido observados pela doutrina, como visto a partir de Couture, bem como pela jurisprudência nacional. COUTURE, Eduardo J. **Fundamentos del derecho procesal civil**. 3. ed., Buenos Aires: Depalma, 1978, p. 431-432.

65. STJ, 1º Turma, REsp 795.724/SP, rel. Min. Luiz Fux. EMENTA: *"PROCESSO CIVIL. EXCEÇÃO DE PRÉ-EXECUTIVIDADE. EFICÁCIA DA COISA JULGADA EM MATÉRIA TRIBUTÁRIA. SENTENÇA QUE, EM AÇÃO DECLARATÓRIA, RECONHECEU O DIREITO À CORREÇÃO MONETÁRIA DOS SALDOS CREDORES DO ICMS. EFICÁCIA PROSPECTIVA DA COISA JULGADA. 1. A decisão em ação declaratória que reconhece, em manifestação trânsita, o direito ao creditamento de correção monetária de determinado período inadmite execução em relação ao mesmo lapso, proposta subseqüentemente à coisa julgada, sob pena de violação da eficácia preclusiva da mesma, que se opera na forma do art. 474, do CPC. 2. A exceção de pré-executividade é servil à suscitação de questões que devam ser conhecidas de ofício pelo juiz, como a coisa julgada, que consubstancia condição genérica negativa para o legítimo exercício do direito de ação. 3. Conquanto seja de sabença que o que faz coisa julgada material é o dispositivo da sentença, faz-se mister ressaltar que o pedido e a causa de pedir, tal qual expressos na petição inicial e adotados na fundamentação do decisum, integram a res judicata, uma vez que atuam como delimitadores do conteúdo e da extensão da parte dispositiva da sentença. Dessa forma, enquanto perdurar a situação fático-jurídica descrita na causa de pedir, aquele comando normativo emanado na sentença, desde que esta transite em julgado, continuará sendo aplicado, protraindo-se no tempo, salvo a superveniência de outra norma em sentido diverso. 4. Na seara tributária, valioso e atual se mostra o escólio de Rubens Gomes de Souza, verbis: "(...) a solução exata estaria em distinguir, em cada caso julgado, entre as decisões que tenham pronunciado sobre os elementos permanentes e imutáveis da relação jurídica, como a constitucionalidade ou inconstitucionalidade do tributo, a sua incidência ou não-incidência na hipótese materialmente considerada, a existência ou inexistência de isenção legal ou contratual e o seu alcance, a vigência da lei tributária substantiva ou a sua revogação, etc. - e as que se tenham pronunciado sobre elementos temporários ou mutáveis da relação jurídica, como a avaliação de bens, as condições personalíssimas do contribuinte em seus reflexos tributários, e outras da mesma natureza; à coisa julgada das decisões do primeiro tipo há que se atribuir uma eficácia permanente; e às segundas, uma eficácia circunscrita ao caso específico em que foram proferidas." (Coisa Julgada, In Repertório enciclopédico do direito brasileiro, RJ, Ed. Borsoi, p. 298) 5. Conseqüentemente, a regra de que a sentença possui efeito vinculante somente em relação às situações já perfeitas, não alcançando àquelas decorrentes de fatos futuros, deverá ser relativizada quando se tratar de situações jurídicas permanentes,*

Contudo, assim como alerta o Art. 470 do Código de Processo Civil, faz coisa julgada a resolução da questão prejudicial, se a parte o requerer, o juiz for competente em razão da matéria e constituir pressuposto necessário para o julgamento da lide.

Desse modo, muito embora, como se viu anteriormente, a regra é de que questão prejudicial não receba a proteção da coisa julgada; entretanto, havendo a propositura de ação declaratória incidental, descrita no Art. 325 do Código de Processo Civil, formar-se-á a coisa julgada[66], caracterizando-se, desta forma, a exceção apresentada pelo sistema à regra do Art. 469, III. Do contrário, se as partes não suscitarem a declaração incidente, não se formará a res iudicata.

Outro aspecto imprescindível ao estudo, neste ensaio, é compreender qual a limitação temporal da coisa julgada[67]. A res iudicata foi constituída para

---

que não se alteram de um exercício para o outro, nem findam com o término da relação processual. Nesses casos, a sentença terá efeitos prospectivos em relação aos fatos geradores similares àqueles por ela apreciados, desde que ocorridos sob uma mesma situação jurídica. 6. In casu, a natureza permanente da situação jurídica que engendrou a decisão com trânsito em julgado, qual seja, a necessidade de preservação do valor dos créditos tributários da empresa contribuinte em face dos efeitos nefastos da inflação, pelos mesmos índices de correção monetária aplicados pelo Estado aos seus créditos fiscais, de forma a impedir-se a carga tributária indevida e o enriquecimento sem causa por parte do Estado. Conseqüentemente, em virtude da perduração do contexto jurídico em que proferida a sentença da ação declaratória, encontra-se albergado pela eficácia da coisa julgada o direito da recorrente à atualização monetária do saldo credor do ICMS. 7. Recurso especial provido."

66. Assim, STJ, 2º Turma, REsp 182.735/SP, rel. Min. Castro Filho. EMENTA: "PROCESSO CIVIL. COISA JULGADA. ARTIGO 469, I E III, DO CÓDIGO DE PROCESSO CIVIL. FIXAÇÃO DE VERBA HONORÁRIA. AUSÊNCIA DE FUNDAMENTAÇÃO. INOCORRÊNCIA. I - Os limites objetivos da coisa julgada não abrangem os motivos da decisão nem questões prejudiciais, salvo, quanto a estas, a propositura de ação declaratória incidental. II - Nas causas em que não há condenação, a fixação dos honorários se dá consoante apreciação eqüitativa do juiz. Recurso a que se nega provimento."

67. Em relação aos limites temporais da res iudicata, destaca-se Othmar Jauernig, professor da Universidade de Heidelberg(Ruprecht-Karls-Universität Heidelberg) na Alemanha, foi um dos primeiros autores a trabalhar sobre a temática, assim como Remo Caponi (CAPONI, Remo. **L'efficacia del giuducato civile nel tempo.** Milano: Giuffrè, 1991), professor da Universidade de Florença (Università degli Studi di Firenze) na Itália. No Brasil José Maria Rosa Tesheiner (TESHEINER, José Maria. **Eficácia da sentença e coisa julgada no processo civil.** São Paulo: RT, 2001, p. 162-163) e Egas Dirceu Moniz de Aragão (ARAGÃO, Egas Dirceu Moniz de. **Sentença e coisa julgada.** Rio de Janeiro: Aide, 1992, p. 199 e ss) já vinham se preocupando com a temática face a sua importância e acreditando na tripartição dos limites: objetivos, subjetivos e temporais. Igualmente importante observarem-se algumas das muitas contribuições de Sérgio Gilberto Porto, autor que, atualmente, tem se dedicado à temática em decorrência de sua importância. Aduz o autor que "a matéria referente aos limites atribuídos à coisa julgada tem sido tratada pela doutrina brasileira, preferencialmente, apenas sob o ponto de vista objetivo e subjetivo, vez que esta tem concentrado esforços na tentativa de identificar 'quem' está sujeito a autoridade da coisa julgada e 'o quê' na sentença, passada em julgado, torna-se imutável. Contudo, como sabido, os limites de incidência da autoridade da coisa julgada não se esgotam somente nestas medidas, eis que as relações jurídicas, embora normadas por decisão jurisdicional, também estão sujeitas a variação dos fatos no tempo, ou seja, a autoridade da coisa julgada não é capaz de imunizar a relação jurídica anteriormente jurisdicionada." PORTO, Sérgio Gilberto. **A coisa julgada civil.** 4. ed. rev. atual. e ampl. com notas do Projeto de Lei do Novo CPC. São Paulo: RT, 2011, p. 85. Para Sérgio Gilberto Porto a "ideia parte da premissa de que a relação jurídica é somente normada nos limites da situação substancial posta à apreciação, vez que pode, com o transcurso do tempo, sofrer alterações fáticas. Contudo, deve ser registrado que esta limitação ocorre apenas quando a relação jurídica controvertida for

validade temporal, ou seja, não eternamente. Incongruente seria acreditar que uma decisão poderia valer para sempre, sabendo da mutabilidade das questões fático-sociais e do próprio ordenamento jurídico.

Nesta senda, faz-se necessário compreenderem-se os limites temporais da coisa julgada, que fazem com que este instituto tenha aplicação temporal enquanto não se alterarem os fatos jurídicos, pois, ocorrendo isto, a res iudicata não mais persistirá em face da qualidade de mutabilidade da cláusula rebus sic stantibus que é inerente à coisa julgada.[68]

Assim, nenhum juiz decidirá novamente as questões já decididas, relativas à mesma lide, em regra, assim como determina o Art. 471, caput do Código de Processo Civil. Todavia, excepcionalmente assim como permite o Art. 471, I e II do mesmo Código, poderá ser novamente decidida demanda que se trate de: a) relação jurídica continuativa (as relações jurídicas continuativas são aquelas em que há trato sucessivo entre os envolvidos que necessariamente se estendem no tempo), na qual sobreveio modificação no estado de fato ou de direito; caso em que poderá a parte pedir a revisão do que foi estatuído na sentença; b) nos demais casos prescritos em lei.

Ademais, entender os limites subjetivos[69] da coisa julgada se faz necessário. A sentença faz coisa julgada às partes entre as quais é dada, não

---

tipicamente continuativa, tais as antes citadas, ou seja, as alimentares e tributárias, dentre outras igualmente de periodicidade intrínseca. Com efeito, também as relações não marcadamente continuativas estão sujeitas as variações temporais, haja vista que toda a relação jurídica possui, com maior ou menor intensidade, a presença da cláusula rebus sic stantibus." PORTO, Sérgio Gilberto. **A coisa julgada civil.** 4. ed. rev. atual. e ampl. com notas do Projeto de Lei do Novo CPC. São Paulo: RT, 2011, p. 88.

68. STJ, 6º Turma, REsp 30.216/SP, rel. Min. José Cândido de Carvalho Filho. EMENTA: "PROCESSUAL. CPC. ART. 471, INC. I. REVISÃO DE BENEFICIOS DE PRESTAÇÃO CONTINUADA. COISA JULGADA. POSSIBILIDADE. NAS RELAÇÕES DE PRESTAÇÕES CONTINUADAS, EM BENEFICIOS ACIDENTÁRIOS, É PERMITIDA A REVISÃO EM AÇÃO AUTONOMA, MESMO APOS O TRANSITO EM JULGADO DA SENTENÇA CONCESSIVA POR FORÇA DA CLAUSULA REBUS SIC STANTIBUS. RECURSO NÃO CONHECIDO."

69. O limite subjetivo da coisa julgada está ligado aos sujeitos que poderão receber ou não a produção de efeito da res iudicata. De acordo com Giuseppe Chiovenda *"la cosa giudicata si produce fra Le parti"*. Vide CHIOVENDA, Giuseppe. **Principii di Diritto Processuale Civile.** Napoli: Casa Editrice E. Jovene, 1980, p. 924. Assim, nos diz José Maria Rosa Tesheiner que *"[...] entende-se por limite subjetivo da coisa julgada a determinação das pessoas sujeitas à imutabilidade e indiscutibilidade da sentença que, nos termos do art. 467 do CPC, caracterizam a eficácia de coisa julgada material".* TESHEINER, José Maria. **Eficácia da sentença e coisa julgada no processo civil.** São Paulo: RT, 2001, p. 81. Sua ponderação liga o limite subjetivo da coisa julgada – como havíamos referido anteriormente – às pessoas que podem ser atingidas por esta res iudicata. Este ponto é importante para que haja a percepção da limitação existente aos sujeitos que sofrerão algum efeito da coisa julgada e aos que não sofrerão estas consequências. CHIOVENDA, Jose. **Principios de derecho procesal civil.** Traducción de José Casáis y Santalo. Tomo I. Madrid: Editorial Reus, 1925, p. 429 e ss. Cândido Rangel Dinamarco entende que *"[...] a imutabilidade dos efeitos da sentença vincula somente os sujeitos que figuram no processo e aos quais se dirigiu aquela".* DINAMARCO, Cândido Rangel. **Instituições de Direito Processual Civil.** 3 v. 2. ed. São Paulo: Malheiros, 2002, p. 316-317. Sua posição se soma à de Enrico Tullio Liebman que também nesses moldes compreendia o limite subjetivo, tendo sido o autor italiano influente na formação acadêmica de Cândido Rangel Dinamarco. Ademais, como assevera Enrico Tullio Liebman o limite subjetivo da coisa julgada se presta também a um princípio de justiça, não podendo a

beneficiando, nem prejudicando terceiros. Nas causas relativas ao estado de pessoa[70], se houverem sido citados no processo, em litisconsórcio necessário, todos os interessados, a sentença produz coisa julgada em relação a terceiros. Esta conotação dos limites subjetivos é advinda da determinação do Art. 472 do Código de Processo Civil.

Portanto, a coisa julgada só envolve as partes do litígio e seus sucessores, sendo a eles imposta a imutabilidade e a consequente indiscutibilidade do conteúdo decisório da sentença. No entanto, nasce a dúvida da figura dos terceiros. Aclare-se que estes não recebem a imutabilidade e a indiscutibilidade do conteúdo decisório da sentença, ou seja, a coisa julgada. Recebem, entretanto, sim, as eficácias da sentença, que não se confundem com a res iudicata.[71]

---

coisa julgada atingir e prejudicar os direitos de pessoas que não tenham participado da lide, por não terem apresentados as suas razoes e defesa sobre a questão em debate. Vide LIEBMAN, Enrico Tullio. **Corso de diritto processuale civile.** Milano: Dott.A Giuffrè, 1952, p. 242. Francisco Cavalcanti Pontes de Miranda, sobre o tema, entende que *"[...] quanto aos limites subjetivos, a coisa julgada somente atinge as partes do processo (res iudicata ius facit inter partes)"*. PONTES DE MIRANDA. Francisco Cavalcanti. **Comentários ao código de processo civil.** t. V. Rio de Janeiro: Forense, 1974, p. 122. Assim, deve-se pensar que o efeito é *inter partes*, por ser o limite da coisa julgada relativo às partes que compõem a lide. Por todos Giuseppe Chiovenda refere que *"La cosa giudicata come risultato della definizione del rapporto processuale è obbligatoria pei sogetti di questo rapporto"*. Nesse sentido CHIOVENDA, Giuseppe. **Principii di Diritto Processuale Civile.** Napoli: Casa Editrice E. Jovene, 1980, p. 922.

70. Nas causas relativas ao estado de pessoa, importante destacar que, a eficácia da sentença atinge a todos, quais seja: as partes, terceiros interessados, e terceiros desinteressados. As partes é que são atingidas pela coisa julgada. Assim, STJ, 4º Turma, REsp 279.243/RS, rel. Min. Aldir Passarinho Júnior. EMENTA: *"CIVIL E PROCESSUAL. AÇÃO DE INVESTIGAÇÃO DE PATERNIDADE. ALEGAÇÃO DE COISA JULGADA. DESPACHO SANEADOR AGRAVADO DE INSTRUMENTO. DESPACHO DA RELATORA NEGANDO SEGUIMENTO AO RECURSO. AGRAVO INOMINADO. ACÓRDÃO DA CÂMARA CÍVEL QUE DE LOGO APRECIA O MÉRITO DO AGRAVO DE INSTRUMENTO E EXTINGUE A AÇÃO POR IMPOSSIBILIDADE JURÍDICA DO PEDIDO. OFENSA AO ART. 557, PARÁGRAFO 1º, NÃO PREQUESTIONADA. EXTINÇÃO DA AÇÃO POR IMPOSSIBILIDADE JURÍDICA DO PEDIDO. COISA JULGADA NA ANTERIOR AÇÃO DE ANULAÇÃO DE ASSENTO DE NASCIMENTO MOVIDA CONTRA O PAI REGISTRAL. AUSÊNCIA DE PREJUDICIALIDADE À AÇÃO INVESTIGATÓRIA MOVIDA CONTRA OUTREM, QUE NÃO INTEGROU A DEMANDA DESCONSTITUTIVA. AÇÃO DE ESTADO DE PESSOA. INTERESSE PÚBLICO. CPC, ARTS. 267, VI E 472. CONDIÇÃO TEMPORAL PARA O EXERCÍCIO DA AÇÃO INVESTIGATÓRIA. INEXISTÊNCIA DE IDADE MÍNIMA. PRAZO QUADRIENAL QUE, ALÉM DE NÃO MAIS PREVALECER, SE REFERIA AO LIMITE MÁXIMO, NÃO INIBINDO DEMANDA MOVIDA PELA REPRESENTANTE, EM NOME DO MENOR. CC ANTERIOR, ART. 362. ECA, ART. 27. EXEGESE. I. A ausência de prequestionamento da questão referente ao art. 557, parágrafo 1o, do CPC, impede a apreciação da tese alusiva à nulidade do acórdão, registrando-se que tal requisito se faz necessário ainda que a questão federal controvertida tenha surgido no próprio julgamento de 2a instância. Precedentes do STJ. II. A coisa julgada ocorrida na anterior ação de anulação do assento de nascimento do menor-autor, de que fez parte, no pólo passivo, apenas o pai registral, não inibe o ulterior ajuizamento de ação de investigação de paternidade contra o suposto pai verdadeiro, ainda que tal venha a produzir efeito sobre o registro primitivo, em atenção à prevalência do interesse público na ação de estado de pessoa e da busca da verdade real. Necessidade, todavia, da presença do pai registral também na lide investigatória, ab initio, na qualidade de litisconsorte passivo necessário. III. O prazo decadencial quadrienal previsto no art. 362 do Código Civil anterior, além de não mais prevalecer em face do ECA, art. 27, também então limitava apenas o tempo máximo para o exercício da ação, não inibindo o seu ajuizamento pela representante da menor para a defesa dos seus interesses. IV. Recurso especial conhecido em parte e parcialmente provido, afastada a impossibilidade jurídica do pedido, mas anulado o processo para a integração do pai registral desde o início, como litisconsorte passivo necessário."*

71. STJ, 3º Turma, RMS 21.443/SP, rel. Min. Humberto Gomes de Barros. EMENTA: *"RECURSO ORDINÁRIO EM MANDADO DE SEGURANÇA - SÚMULA 202/STJ - DETERMINAÇÃO DE REINTEGRAÇÃO DE POSSE CONTRA TERCEIROS - INEFICÁCIA - INALTERABILIDADE DA SENTENÇA - DEVIDO PROCESSO LEGAL, CONTRADITÓRIO E AMPLA DEFESA - LIMITES SUBJETIVOS DA COISA*

Assim como informa o Código de Processo Civil, no Art. 473, é defeso à parte discutir, no curso do processo, as questões já decididas, a cujo respeito se operou a preclusão[72]. Ademais, importante salientar que passada em julgado a sentença de mérito, reputar-se-ão deduzidas e repelidas todas as alegações e defesas que a parte poderia opor assim ao acolhimento como à rejeição do pedido, assim como determina o Art. 474 do Código de Processo Civil. Nesse caso, se está frente à eficácia preclusiva da coisa julgada, que se caracteriza por verdadeira proteção que o sistema lançou sobre a res iudicata.[73]

JULGADA. I- "A impetração de segurança por terceiro, contra ato judicial, não se condiciona a interposição de recurso." (Súmula 202/STJ) II- Fora das hipóteses do Art. 463 do CPC, o Juiz não pode alterar a sentença publicada para alcançar terceiros alheios a relação processual e estendê-la a fato que lhe foi posterior. III- Ninguém pode ser privado de seus bens sem o devido processo legal, que lhe garanta contraditório e ampla defesa (CF - Art. 5º, LIV e LV). IV- As decisões judiciais não atingem terceiros alheios à relação processual (CPC - Art. 472)."

72. A título de curiosidade Michele Taruffo relata, no sistema italiano, a substancial eliminação das preclusões realizada em 1950 em decorrência da pressão dos advogados. TARUFFO, Michele. **La giustizia civile in Italia dal'700 a oggi.** Bologna: Mulino, 1980, p. 299. Esse movimento não é surpreendente para o processo civil do século XIX que acabou se desenvolvendo a partir da ausência total das preclusões, em nome da liberdade absoluta reservada às partes. TARUFFO, Michele. **La giustizia civile in Italia dal'700 a oggi.** Bologna: Mulino, 1980, p. 115.

73. STJ, 1º Turma, REsp 763.231/PR, rel. Min. Luiz Fux. EMENTA: "PROCESSUAL CIVIL. AGRAVO DE INSTRUMENTO DO ART. 522, DO CPC. DECISÃO INTERLOCUTÓRIA QUE OBSTOU O LEVANTAMENTO DO DEPÓSITO JUDICIAL EFETUADO NO ÂMBITO DE MANDADO DE SEGURANÇA COM DECISÃO TRÂNSITA EM JULGADO. RECURSO ESPECIAL. ALEGAÇÃO DE OFENSA À COISA JULGADA E JULGAMENTO EXTRA PETITA. INOCORRÊNCIA. 1. A coisa julgada é tutelada pelo ordenamento jurídico não só pelo impedimento à repropositura de ação idêntica após o trânsito em julgado da decisão, mas também por força da denominada eficácia preclusiva do julgado. 2. O primeiro aspecto acerca do artigo 468, do CPC ("a coisa julgada tem força de lei nos limites da lide e das questões decididas"), assenta-se em clássica sede doutrinária que: "já o problema dos limites objetivos da res iudicata foi enfrentado alhures, em termos peremptórios enfáticos e até redundantes, talvez inspirados na preocupação de preexcluir quaisquer mal-entendidos. Assim, é que o art. 468, reproduz, sem as deformações do art. 287, caput, a fórmula carneluttiana: "A sentença, que julgar total ou parcialmente a lide, tem força de lei nos limites da lide e das questões decididas". (José Barbosa Moreira, in Limites Objetivos da Coisa Julgada no Novo Código de Processo Civil, Temas de Direito Processual, Saraiva, 1977, p. 91). 3. O segundo, inerente à eficácia preclusiva, admite dizer-se que a coisa julgada atinge o pedido e a sua causa de pedir. Destarte, a eficácia preclusiva da coisa julgada (artigo 474, do CPC) impede que se infirme o resultado a que se chegou em processo anterior com decisão trânsita, ainda qua a ação repetida seja outra, mas que, por via oblíqua, desrespeita o julgado anterior (Precedentes desta relatoria: REsp 714792/RS, Primeira Turma, DJ de 01.06.2006; EDcl no AgRg no MS 8483/DF, Primeira Seção, DJ de 01.08.2005; REsp 671182/RJ, Primeira Turma, DJ de 02.05.2005; e REsp 579724/MG, Primeira Turma, DJ de 28.02.2005). 4. Pedido de levantamento, formulado pelos impetrantes, dos depósitos efetuados no âmbito de ação mandamental, em virtude do trânsito em julgado do acórdão proferido pela Primeira Turma do STJ, segundo o qual: (a) "o imposto de renda não incide sobre o valor recebido pelo beneficiário de entidade de previdência privada em liquidação, posto não configurar o mesmo acréscimo patrimonial, exceto quanto aos valores relativos às contribuições efetuadas a partir da vigência da Lei 9.250/95"; e (b) revela-se ausente o interesse em recorrer dos impetrantes contra decisum prolatado pelo Tribunal a quo, que preconizou entendimento sustentado pelos mesmos, qual seja, a incidência de "imposto de renda no resgate das contribuições para plano de previdência privada descontadas a partir de 1º de janeiro de 1996, conforme dispõe o artigo 33, da Lei 9.250/95, excluídos os valores pagos no período de 1º de janeiro de 1989 a 31 de dezembro de 1995, eis que já tributados na fonte, conforme dispõe o art. 6º, da Medida Provisória nº 1.943-52, de 26-07-2000". 5. Decisão interlocutória, agravada de instrumento, que obstou o imediato levantamento dos depósitos, até que sejam feitos os cálculos dos valores que devem ser levantados nos termos da aludida decisão definitiva, "ou seja, considerando que só não deve incidir IR sobre os valores resgatados correspondentes à parcela das contribuições que os impetrantes recolheram após 1º de janeiro de 1989", tendo como marco final a data da

Por fim, deve-se dizer que as alegações e defesas dedutíveis não recebem a proteção da coisa julgada, em relação ao seu limite objetivo, pois, podem ser livremente debatidas em outro processo.[74]

Dessa forma, foi tratada a coisa julgada pelo Código de Processo Civil de 1973, sob forte influência do pensamento de Enrico Tullio Liebman, muito embora a doutrina nacional tenha construído novas formas de compreender a res iudicata, que, sabidamente, é a matriz de segurança jurídica do sistema jurídico.

Com efeito, resta agora, obviamente, examinar como foi tratado o instituto pelo Novo Código de Processo Civil que está às portas da entrada em vigor.

3. A COISA JULGADA NO CPC/2015

O novo Código de Processo Civil[75] vem demarcado pela manutenção de muitos instrumentos e algumas novidades pontuais que poderão ter o condão de, realmente, tornar o processo mais célere, eficiente e até de duração razoável. Mas, quanto a isto, somente o tempo poderá dizer.

Sobre o tema da coisa julgada, há tempos debatido, questionado e problematizado, o novo Código pouco muda em alguns aspectos já definidos anteriormente pela doutrina com base nas construções de Enrico Tullio Liebman.

Assim como determina o art. 502 do NCPC, denomina-se coisa julgada material a autoridade que torna imutável e indiscutível a decisão de mérito não mais sujeita a recurso.

Aqui, como se pode perceber, atribui-se à coisa julgada a qualidade de autoridade, assim como defendido por Enrico Tullio Liebman. Esta autoridade,

---

liquidação da entidade de previdência privada (PARSE), que se deu em 1991. 6. Acórdão recorrido que, nos autos do agravo de instrumento que suscitara ofensa à coisa julgada e vício extra petita, assentou o acerto da decisão agravada, ressaltando que "a isenção da Lei nº 7.713/88 abrange somente as contribuições pagas exclusivamente pelo participante, no período de 1989 a 1995, que devem ser excluídas da incidência do imposto de renda, quando do rateio do patrimônio da
entidade". 7. Deveras, a Medida Provisória 1.943-52/1996, reeditada sob o nº 2.159-70, fundamento legal do acórdão regional confirmado pelo decisum transitado em julgado, determinou a exclusão da base de cálculo do imposto de renda do "valor do resgate de contribuições de previdência privada, cujo ônus tenha sido da pessoa física, recebido por ocasião de seu desligamento do plano de benefícios da entidade, que corresponder às parcelas de contribuições efetuadas no período de 1º de janeiro de 1989 a 31 de dezembro de 1995", razão pela qual se infere o respeito à coisa julgada pelas decisões impugnadas nos presentes autos de agravo de instrumento. 8. Recurso especial desprovido."
74. STJ, 1º Turma, REsp 763.231/PR, rel. Min. Luiz Fux. EMENTA: "COISA JULGADA - LIMITES OBJETIVOS. A IMUTABILIDADE PROPRIA DE COISA JULGADA ALCANÇA O PEDIDO COM A
RESPECTIVA CAUSA DE PEDIR. NÃO, ESTA ULTIMA ISOLADAMENTE, PENA DE VIOLAÇÃO DO DISPOSTO NO ART. 469, I DO C.P.C.. A NORMA DO ART. 474 DO C.P.C. FAZ COM QUE SE CONSIDEREM REPELIDAS TAMBEM AS ALEGAÇÕES QUE PODERIAM SER DEDUZIDAS E NÃO O FORAM, O QUE NÃO SIGNIFICA HAJA IMPEDIMENTO A SEU REEXAME EM OUTRO PROCESSO, DIVERSA A LIDE."
75. Os Projetos que trataram do novo Código de Processo Civil são as leis 6.025 de 2005 e 8.046 de 2010.

que se traduz em verdadeira força, tem a qualidade de tornar imutável e, consequentemente, indiscutível a decisão de mérito não mais sujeita a recurso.

Com essa definição normativa da coisa julgada mantém-se no sistema pátrio a já conhecida divisão da res iudicata em material e formal, pois se emprega, no texto normativo, a expressão "não mais sujeita a recurso".

Discorda-se dessa orientação, como já afirmado, pois coisa julgada como imutabilidade e a consequente indiscutibilidade é somente a substancial, ou seja, a material, já que aquilo que se chama de coisa julgada formal não passa de preclusão máxima que estabiliza as decisões com base no trânsito em julgado.[76]

Outro ponto que resolve definir o NCPC é o de que a coisa julgada, como autoridade, só atinja a decisão de mérito; o que já se vislumbrava na antiga sistemática, muito embora se falasse em "sentença".

Por conseguinte, conceitua-se a coisa julgada com essas qualidades e definições. Resta recordar, como já evidenciado anteriormente, que a doutrina não acolhe em sua integralidade a teoria de Enrico Tullio Liebman, muito embora, em grande parte, dela decorra.

Mais, como já estudadas essas teorias e vislumbrando o objetivo deste texto que é o de analisar a coisa julgada no NCPC, limitar-se-á o estudo a compreender o que a projetada nova norma quer dizer com seu texto.

De outro lado, diversamente das mínimas renovações conceituais do instituto, assim como se viu do art. 502, percebe-se que no art. 503 a renovação foi mínima, mantendo-se claramente a ideologia do art. 468 do antigo Código. Segundo o novo dispositivo (art. 500), a decisão que julgar total ou parcialmente o mérito tem força de lei nos limites da questão principal expressamente decidida.

Pontualmente, a mudança desse texto veio ligada a duas relevantes palavras, substituindo a anterior "sentença" por "decisão" e também alterando a noção de "lide" por "mérito".

Muita coisa muda, pois se pode, com base no novo texto, falar em coisa julgada não somente das sentenças, mas também, como já se defendia, das decisões de mérito de natureza distinta. Com base nesse fato, nasce aqui a possibilidade de falar-se em coisa julgada de decisões interlocutórias.

Afora isso, relevante destacar-se que o art. 503 demarca os limites objetivos da res iudicata, determinando que o conteúdo da decisão que julgar total

---

76. Nesse sentido, conferir a tese de doutorado defendida na PUCRS. THAMAY, Rennan Faria Krüger. A inexistência de coisa julgada (clássica) no controle de constitucionalidade abstrato. Porto Alegre, 2014, p. 132.

ou parcialmente o mérito tem força de lei nos limites da questão principal expressamente decidida.

Os limites objetivos da coisa julgada estarão determinados pela sentença em sua parte dispositiva, definido que a questão passará a receber a imutabilidade e a consequente indiscutibilidade.

Diferentemente do que foi adotado no Código de 1973, o NCPC amplia os limites objetivos da coisa julgada para fazer com que as questões prejudiciais (aquelas que incidentalmente venham a ser decididas e possam trazer prejuízo à matéria principal sob judice) estejam protegias pelo véu da imutabilidade, assim como determina o art. 503, § 1°.

Nesse contexto, o novo Código de Processo Civil optou por flexibilizar o princípio da inércia da jurisdição, que encampa todo o processo civil vigente (art. 2º do CPC) e encontra guarida no NCPC (art. 2º), uma vez que determinada questão que diga respeito à existência ou inexistência da relação jurídica entre as partes recairá sob o manto da coisa julgada, independentemente da vontade das partes, o que poderia afrontar, até mesmo, o princípio dispositivo[77].

Barbosa Moreira[78], antes mesmo da entrada em vigor do CPC/73, já trazia elementos de ordem prática capazes de sustentar a impossibilidade de a coisa julgada recair, sem pedido expresso das partes, sobre a questão prejudicial, na medida em que as partes podem estar despreparadas para enfrentar uma discussão exaustiva acerca das questões prejudiciais, o que poderia, em alguns casos, desestimular o ajuizamento da demanda pela parte, com receio de serem vinculadas a questões meramente incidentais aos seus interesses atuais[79].

---

77. "O principal argumento empregado pela doutrina brasileira, quando da discussão acerca do art. 287 do CPC de 1939, para afastar a extensão da coisa julgada sobre as questões prejudiciais baseava-se no respeito no respeito ao princípio dispositivo." (GIDI, Antônio. TESHEINER, José Maria Rosa. PRATES, Marília Zanella. *Limites Objetivos Da Coisa Julgada No Projeto De Código De Processo Civil Reflexões Inspiradas Na Experiência Norte-Americana*. Revista de Processo 194/99 de Abril/2011, Ed. Revista dos Tribunais).

78. "Não poucas vezes, seria de todo em todo inconveniente para as partes a extensão do julgamento, a seu malgrado, a relações ou situações jurídicas que, estranhas ao âmbito do pedido, sejam todavia condicionantes da pretensão deduzida. Quem pede um pronunciamento sôbre a relação condicionada sem sempre tem interêsse em ver transpostos os limites em que, de caso pensado, confinou o *thema decidendum*, sem que, por outro lado, se possa contrapor ao da parte qualquer interesse *público* dotado de fôrça bastante para tornar necessária a produção do efeito que ela quis evitar. A parte pode estar despreparada para enfrentar uma discussão exaustiva da questão subordinante, v. g., por não lhe ter sido possível, ainda, coligir tôdas as provas que, potencialmente, a favoreceriam, e no entanto, achar-se na contingência, por êste ou aquêle motivo, de ajuizar desde logo a controvérsia subordinada, em relação à qual já dispõe dos elementos indispensáveis (...)"(MOREIRA, José Carlos Barbosa. *Questões prejudiciais e Coisa Julgada*. Revista de Direito da Procuradoria Geral do Estado da Guanabara, vol. 16. Rio de Janeiro, 1967, pag. 227).

79. Thereza Alvim sempre discordou desse argumento, uma vez que, para ela, "o debate das questões, em si, também não apresenta muita relevância: o que importa é que a parte contrária tenha tido oportunidade de se defender, obedecendo-se ao princípio do contraditório. Lembremos que, mesmo havendo revelia, poderá existir coisa julgada material." (ALVIM, Thereza. *Questões prévias e os limites objetivos da coisa julgada*. São Paulo: RT, 1977, p. 48).

Fará coisa julgada a resolução de questão prejudicial[80], decidida expressa e incidentalmente no processo (art. 503, § 1º do NCPC), se: a) dessa resolução depender o julgamento do mérito (inciso I); b) a seu respeito tiver havido contraditório prévio e efetivo, não se aplicando no caso de revelia (inciso II); e, por fim, c) o juízo tiver competência em razão da matéria e da pessoa para resolvê-la como questão principal (inciso III).

Ainda assim, como evidenciado anteriormente, modificando a estrutura anterior do Código de Processo Civil de 1973, o Novo Código de Processo Civil, no art. 503, § 2º, determina que as hipóteses do § 1º (questões prejudiciais que recebem o manto da coisa julgada), do mesmo artigo, não se aplicam, se no processo houver restrições probatórias ou limitações à cognição que impeçam o aprofundamento da análise da questão prejudicial, evitando, neste caso, a formação da coisa julgada, já que os elementos necessários para uma decisão coerente não estão presentes.

Contrariamente, não fazem coisa julgada (art. 504 do NCPC): a) os motivos, ainda que importantes para determinar o alcance da parte dispositiva da sentença (inciso I); e b) a verdade dos fatos, estabelecida como fundamento da sentença (inciso II).

Nesse peculiar não houve inovação, com exceção da já trabalhada possibilidade de a questão prejudicial fazer coisa julgada, pois se mantém aquilo que antes vinha previsto no art. 469, I e II, do Código de 1973.

Portanto, para evitar tautologia sobre a opção sistêmica, optou-se no Brasil por excluírem-se da proteção da res iudicata os motivos determinantes (diferentemente do sistema alemão[81] que inclui a fundamentação como objeto de proteção da coisa julgada) para a sentença, bem como a verdade dos fatos por mais relevantes que sejam para a conclusão sentencial.

Em plena simetria com o que foi determinado no Código de Processo Civil de 1973, vem o Novo Código de Processo Civil, dispondo no art. 505 que, em relação aos limites temporais da coisa julgada, nenhum juiz decidirá novamente as questões já decididas relativas à mesma lide.

Esta regra (art. 505) comporta ressalvas nos casos de: a) relação jurídica de trato continuado do qual sobreveio modificação no estado de fato ou de direito; caso em que poderá a parte pedir a revisão do que foi estatuído na sentença (inciso I); e b) nos demais casos prescritos em lei (inciso II).

---

80. Neste contexto, refira-se que se supera o que previa o art. 470 do Código de Processo Civil de 1973.
81. COUTURE, Eduardo J. Fundamentos del Derecho Procesal Civil. 3. ed. Buenos Aires: Depalma, 1978. p. 431-432.

Assim, segue-se neste ponto basicamente aquilo que o anterior Código de Processo Civil já previa no art. 471, I e II, devendo-se observar o que se escreveu no tópico do Código de 1973 para evitar ser recorrente.

Quanto aos limites subjetivos, em nada inova o NCPC, pois determina no art. 506 que a sentença faz coisa julgada às partes entre as quais é dada, não prejudicando a terceiros, seguindo a linha já definida pelo art. 472 do Código de Processo Civil de 1973.

Todavia, este limite subjetivo da res iudicata não mais se estende às causas relativas ao estado de pessoa; se houverem sido citados no processo, em litisconsórcio necessário, todos os interessados, a sentença produz coisa julgada em relação a terceiros, assim como fazia a parte final do art. 472 do Código de Processo Civil de 1973.

Assim, a imutabilidade e a consequente indiscutibilidade atingem às partes entre as quais é dada, não prejudicando a terceiros.

Com efeito, seguindo-se as diretrizes do art. 507 do Novo Código de Processo Civil, é vedado à parte discutir no curso do processo as questões já decididas a cujo respeito se operou a preclusão, acompanhando identicamente aquilo que já previa o art. 473 do Código de Processo Civil e 1973. Nesse caso, se está frente à eficácia preclusiva da coisa julgada.

Por fim, sem grande inovação, mas, sim, manutenção do sistema anterior, o art. 508 do Novo Código de Processo Civil determina que, transitada em julgado a decisão de mérito, considerar-se-ão deduzidas e repelidas todas as alegações e as defesas que a parte poderia opor assim ao acolhimento como à rejeição do pedido.

Essa disposição vem a ser praticamente a mesma estabelecida no art. 474 do Código de Processo Civil de 1973, mudando-se somente a noção de "passada em julgado a sentença de mérito" para "transitada em julgado a decisão de mérito".

Isso se dá em decorrência da adoção clara do Novo Código de Processo Civil pela noção de que recebem o manto da coisa julgada as decisões de mérito, alterando-se a concepção restritiva anterior por uma mais ampla no novo Código.

Dessa forma, com base nesses elementos, afirme-se que, pela nova sistemática, transitada em julgado a decisão de mérito, formar-se-á a coisa julgada que para esse Código é a autoridade que torna imutável e, consequentemente, indiscutível a decisão de mérito não mais sujeita a recurso.

4. CONSIDERAÇÕES FINAIS

Observando a coisa julgada do clássico ao contemporâneo, pode se concluir que muito se tem produzido, bem como teorias diversas têm se confrontado, mantendo o tema vívido e muito atrativo até em dias hodiernos.

No sistema do Novo Código de Processo Civil, pouca inovação se pôde perceber sobre o instituto, com ressalva da possibilidade de receber o manto da coisa julgada em relação às prejudiciais, que não mais serão manejadas por Ação Declaratória Incidental, podendose, assim, lançarse sobre as questões prejudiciais a *res iudicata*.

Com isso, visualizase nítida ampliação dos limites objetivos da coisa julgada.

Também se aclara que a coisa julgada, com arrimo em Enrico Tullio Liebman, é a autoridade que torna imutável e indiscutível a decisão de mérito vinculada ao dispositivo da decisão.

Destarte, sem maiores novidades, a coisa julgada vem assim trabalhada no Novo Código de Processo Civil.

5. REFERÊNCIAS BIBLIOGRÁFICAS

ARAGÃO, Egas Dirceu. **Sentença e coisa julgada.** Rio de Janeiro: Aide, 1992.

BARBI, Celso Agrícola. Da preclusão no processo civil. **Revista dos tribunais.** São Paulo: RT, n.158.

BAUMAN, Zygmunt. **O mal-estar da pós-modernidade.** Tradução de Mauro Gama, Cláudia Martinelli Gama. Rio de Janeiro: Jorge Zahar, 1998.

BERIZONCE, Roberto Omar. **Aportes para una justicia más transparente.** Roberto Omar Berizonce Coordenador, ... [et. al.]. La Plata: LEP, 2009.

BERNAL. Francisco Chamorro. **La tutela judicial efectiva.** Barcelona: Bosch, NA.

BOMFIM JÚNIOR, Carlos Henrique de Moraes. [et al.] **O ciclo teórico da coisa julgada:** de Chiovenda a Fazzalari. Coord. Rosemiro Pereira Leal. Belo Horizonte: Del Rey, 2007.

CABRAL, Antonio do Passo. **Coisa julgada e preclusões dinâmicas:** entre continuidade, mudança e transição de posições processuais estáveis. Salvador: Editora Juspodivm, 2013.

CARNELUTTI, Francesco. **Estudios de derecho procesal.** Tradução de Santiago Sentis Melendo. Vol. II, Buenos Aires: Ediciones Jurídicas Europa-América, 1952.

_____. **Sistema de direito processual civil.** v. I, São Paulo: Editora ClassicBook, 2000.

CHEVALLIER, Jacques. **O Estado pós-moderno.** Tradução de Marçal Justen Filho, Belo Horizonte: Forum, 2009.

CHIOVENDA, Giuseppe. **Instituições de direito processual civil:** os conceitos fundamentais – a doutrina das ações. v.1. São Paulo: Saraiva, 1965.

_____. **Instituições de direito processual civil.** 2. ed., v. I, São Paulo: Bookseller, 2002.

_____. **Princippi di Diritto Processuale Civile.** Napoli: Casa Editrice E. Jovene, 1980.

COUTURE, Eduardo J. **Fundamentos do direito processual civil.** Tradução de Benedicto Giaccobini. Campinas: RED Livros, 1999.

DONOT, F. **L'autorité de la chose jugée en matière d'état des personnes.** Coulommiers: Imprimerie Dessaint Et Cie, 1914.

FERRAJOLI, Luigi. **A soberania no mundo moderno.** Tradução de Carlos Coccioli, Márcio Lauria. São Paulo: Martins Fontes, 2002.

GARCÍA-PELAYO, Manuel. **As transformações do estado contemporâneo.** Tradução de Agassiz Almeida Filho, Rio de Janeiro: Forense, 2009.

GOZAÍNI, Osvaldo A. **La conducta en el proceso.** La Plata: LEP, 1988.

_____. **Teoria general del derecho procesal:** jurisdicción, acción y proceso. Buenos Aires: Sociedad EDIAR, 1996.

GRECO FILHO, Vicente. **Direito processual civil brasileiro.** São Paulo: Saraiva, 1981.

HARVEY, David. **Condição pós-moderna.** São Paulo: Edições Loyola, 1992.

HELLWIG, Konrad. **Wesen und subjektive begrenzung der rechtskraft.** Leipzig: A. Deichert, 1901.

JAYME, Erik. **Cours général de droit intenacional prive,** In recueil des cours, Académie de droit intenacional, t, 251, 1997.

KAUFMANN, Arthur. **La filosofia del derecho em la posmodernidad.** Traducción de Luis Villar Borda. Santa Fe de Bogotá: Editorial Temis S.A, 1992.

KUMAR, Krishan. **Da sociedade pós-industrial à pós-moderna.** Rio de Janeiro: Jorge Zahar Editor, 1997.

LIEBMAN, Enrico Tullio. **Eficácia e autoridade da sentença.** Tradução de Alfredo Buzaid e Benvindo Aires. Rio de Janeiro: Forense, 1945.

_____. **Eficácia e autoridade da sentença.** Tradução de Alfredo Buzaid e Benvindo Aires. 2. ed. Rio de Janeiro: Forense, 1981.

LIPOVETSKY, Gilles. **Os tempos hipermodernos.** Tradução de Mário Vilela. São Paulo: Barcarolla, 2004.

LYOTARD, Jean-François. **O pós-moderno.** Rio de Janeiro: Olympio Editora, 1986.

MENDEZ, Francisco Ramos. **Derecho y proceso.** Barcelona: Libreria Bosch, 1979.

MERRYMAN, John Henry. **La tradición jurídica romano-canónica.** Traducción de Eduardo L. Suárez. Ciudad de México: Fondo de cultura económica, 1997.

MOREIRA, José Carlos Barbosa. **Eficácia da sentença e autoridade da coisa julgada.** RePro 34.

_____. **Questões prejudiciais e coisa julgada.** Rio de Janeiro: Borsoi, 1967.

_____. Coisa julgada e declaração. **Temas de direito processual.** 1º série. 2. ed., São Paulo: Saraiva, 1988.

_____. Eficácia da sentença e autoridade a autoridade da coisa julgada. **Revista de processo,** ano IX, n. 34 abr-jun, 1984, 273-279.

_____. Ainda e sempre a coisa julgada. **Revista dos Tribunais,** v. 59, n. 146, p. 9-15. São Paulo, jun. 1970.

_____. Eficácia da sentença e autoridade da coisa julgada. **Ajuris.** Porto Alegre, n. 28, jul., 1983.

NIEVA FENOLL, Jordi. **La cosa juzgada:** el fin de un mito. Problemas actuales del proceso iberoamericano. Málaga: Centro de Ediciones de la Diputación Provincial, 2006.

NEVES, Celso. **Contribuição ao estudo da coisa julgada civil.** São Paulo: RT, 1970.

PAGENSTECHER, Max. **Zur Lehre von der materiellen Rechtskraft.** Berlin: Franz Vahlen, 1905.

PONTES DE MIRANDA. Francisco Cavalcanti. **Comentários ao código de processo civil.** t. V. Rio de Janeiro: Forense, 1974.

PORTO, Sérgio Gilberto. **A coisa julgada civil.** 4. ed. rev. atual. e ampl. com notas do Projeto de Lei do Novo CPC. São Paulo: RT, 2011.

POTHIER, Robert Joseph. **Traité dês obligations, selon les règles, tant du for de la conscience, que du for extérieur.** t. II, Paris: Letellier, 1813.

REZENDE FILHO, Gabriel Jose Rodrigues de. **Curso de direito processual civil.** v. 3. São Paulo: Saraiva, 1951.

RIBEIRO, Darci Guimarães. **Da tutela jurisdicional às formas de tutela.** Porto Alegre: Livraria do Advogado, 2010.

RIBEIRO, Darci Guimarães. **La pretensión procesal y La tutela judicial efectiva.** Barcelona: J.M.Bosch editor, 2004.

ROCCO, Ugo. **L'autoritá della cosa giudicata e i suoi limiti soggettivi.** Tomo I. Roma: Athaeneum, 1917.

_____. **Trattato di diritto processuale civile.** v. II. Torino: Utet, 1957.

SANTOS, Boaventura de Souza. **Pela Mão de Alice:** O social e o político na pós-modernidade. São Paulo: Cortez, 1997.

SANTOS, Moacir Amaral. **Comentários ao código de processo civil.** Rio de Janeiro: Forense, 1976.

SANTOS, Moacyr Amaral. **Primeiras linhas de direito processual civil.** São Paulo: Saraiva, 1989-1992.

SAVIGNY, Friedrich Carl von Savigny. **System des heutigen römischen rechts.** v. V, Berlin: Veit & Comp, 1840.

SILVA, Ovídio A. Baptista da. **Comentários ao código de processo civil.** v. 1, São Paulo: RT, 2000.

_____. **Curso de processo civil (processo de conhecimento).** 3. ed., Porto Alegre: Fabris, 1996.

_____. **Curso de processo civil.** V. I. 5. ed., Rio de Janeiro: Forense, 2001.

_____. **Curso de processo civil.** V. I. 7. ed., Rio de Janeiro: Forense, 2006.

_____. **Epistemologia das ciências culturais.** Porto Alegre: Verbo Jurídico, 2009.

_____. **Sentença e coisa julgada.** 3. ed., Porto Alegre: Fabris, 1995.

STRECK, Lenio Luiz. **Hermenêutica jurídica e(m) crise:** uma exploração hermenêutica da construção do direito. 5. ed., rev. atual., Porto Alegre: Livraria do Advogado, 2004.

TESHEINER, José Maria Rosa. **Elementos para uma teoria geral do processo.** São Paulo: Saraiva, 1993.

VATTIMO, Gianni. **O Fim da Modernidade:** niilismo e hermenêutica na cultura pós-moderna, Lisboa: Editorial Presença, 1987.

CAPÍTULO 22

Um Novo Código de Processo Civil, Uma Nova Coisa Julgada

Rogério Rudiniki Neto[1]

Viviane Lemes da Rosa[2]

SUMÁRIO: 1. INTRODUÇÃO; 2. AS MODIFICAÇÕES REALIZADAS PELO NOVO CÓDIGO DE PROCESSO CIVIL EM RELAÇÃO À COISA JULGADA ; 3. O DESAFIO DA COISA JULGADA SOBRE QUESTÃO PREJUDICIAL; 3.1 OS PRESSUPOSTOS DE INCIDÊNCIA; 3.2 A QUESTÃO PREJUDICIAL E A ARGUIÇÃO INCIDENTAL DE FALSIDADE DOCUMENTAL; 3.3 O CABIMENTO DE RECURSO DO VENCEDOR CONTRA A QUESTÃO PREJUDICIAL DECIDIDA EM SEU DESFAVOR; 4. CONTRATUALIZAÇÃO DA COISA JULGADA; 5. CONCLUSÕES; 6. REFERÊNCIAS BIBLIOGRÁFICAS

1. INTRODUÇÃO

Extrai-se da exposição de motivos do Anteprojeto do Código de Processo Civil[3] uma grande preocupação com a segurança jurídica. Visando reforçar essa garantia, o Código deixou de lado diversas questões pragmáticas de eficiência e celeridade, em prol de conferir maior segurança aos jurisdicionados, à administração pública e aos demais órgãos do Poder Judiciário.

A coisa julgada está prevista no artigo 5º, XXXVI, da Constituição Federal[4] e é um dos institutos responsáveis por garantir a segurança jurídica. Partindo-se desse pressuposto, vemos que os contornos e definições dados ao regime da

---

1. Mestrando em Direito Processual Civil na Pós-Graduação em Direito da Universidade Federal do Paraná, sob orientação do Prof. Dr. Sérgio Cruz Arenhart.
2. Advogada. Juíza Leiga no 12º Juizado Especial de Curitiba. Mestranda em Direito Processual Civil na Pós-Graduação em Direito da Universidade Federal do Paraná, sob orientação do Prof. Dr. Eduardo Talamini.
3. BRASIL. Congresso Nacional. Senado Federal. Comissão de Juristas Responsável pela Elaboração de Anteprojeto de Código de Processo Civil. **Código de Processo Civil:** anteprojeto. Comissão de Juristas Responsável pela Elaboração de Anteprojeto de Código de Processo Civil. Brasília: Senado Federal, Presidência, 2010.
4. Art. 5º Todos são iguais perante a lei, sem distinção de qualquer natureza, garantindo-se aos brasileiros e aos estrangeiros residentes no País a inviolabilidade do direito à vida, à liberdade, à igualdade, à segurança e à propriedade, nos termos seguintes: XXXVI - a lei não prejudicará o direito adquirido, o ato jurídico perfeito e a coisa julgada; (BRASIL. **Constituição da República Federativa do Brasil de 1988.** Disponível em: <http://goo.gl/DwXXZS>. Acesso em: 01 nov. 2015).

coisa julgada pela Lei nº 13.105/2015[5] (o novo Código de Processo Civil) precisam ser definidos e explicados para que a codificação se aplique aos casos concretos de modo a respeitar o valor da segurança jurídica, e não violá-lo.

O novo Código trouxe várias mudanças no que atine à coisa julgada. Foram consertados alguns equívocos de terminologia do Código de Processo Civil de 1973[6]; foi incorporada a ideia de decisões parciais de mérito, com incidência de coisa julgada material e possibilidade de rescisão, bem como a noção de que a coisa julgada pode beneficiar terceiros.

O regime de incidência da coisa julgada sobre as questões prejudiciais sofreu grandes modificações, impondo novos desafios à doutrina e à jurisprudência brasileiras. Por sua vez, a previsão expressa da possibilidade de realização de negócios jurídicos processuais atípicos traz o questionamento sobre a sua aplicabilidade à coisa julgada. Por fim, dois últimos exemplos de alterações relevantes quanto à coisa julgada referem-se às hipóteses de cabimento e procedimento da ação rescisória, da impugnação ao cumprimento de sentença e dos embargos à execução.

Como se vê, as transformações são importantes e precisam ser estudadas pela doutrina e pela jurisprudência, para que se possa dar-lhes a devida aplicação prática. Diante das lacunas legislativas e da eminência da entrada em vigor do Código (março de 2016), são de grande importância as interpretações realizadas até o momento pela doutrina, pois servirão como subsídio e norte para os julgadores, tanto na aplicação prática da nova legislação quanto para a formação de futuros precedentes. Nesse ponto, são de especial importância os debates democráticos realizados nos encontros do Fórum Permanente de Processualistas Civis, cujos enunciados fornecem um caminho.

Tendo isso em vista, o presente estudo propõe uma abordagem do panorama geral das alterações do regime da coisa julgada realizadas pelo novo Código, para então realizar uma análise mais detida de dois casos que se considera de extrema relevância: o trânsito em julgado de questões prejudiciais e a contratualização da coisa julgada.

Por óbvio, não se espera esgotar o tema – trazendo uma resposta definitiva às várias dificuldades que certamente enfrentará a jurisdição brasileira ao tratar desses institutos –, mas sim traçar as linhas gerais e impulsionar questionamentos sobre como poderemos lidar com eles.

---

5. BRASIL. Código de Processo Civil. **Lei nº 13.105, de 16 de março de 2015**. Disponível em: ‹http://goo.gl/Wo6wp6›. Acesso em: 01 nov. 2015.
6. BRASIL. Código de Processo Civil. **Lei nº 5.869, de 11 de janeiro de 1973**. Disponível em: ‹http://goo.gl/gStAq4›. Acesso em: 01 nov. 2015.

2. AS MODIFICAÇÕES REALIZADAS PELO NOVO CÓDIGO DE PROCESSO CIVIL EM RELAÇÃO À COISA JULGADA

O novo Código de Processo Civil manteve algumas disposições do Código de Processo Civil de 1973 concernentes à coisa julgada. Nesse sentido, em rol meramente exemplificativo, podemos dizer que *(i)* a coisa julgada ainda deve ser alegada como preliminar na contestação (artigo 337, VII); *(ii)* ela acontece quando se reproduz ação que foi julgada (artigo 337, §1º); *(iii)* a decisão que a reconhece não resolve o mérito da lide (artigo 485, V); *(iv)* pode ser conhecida de ofício pelo juiz (artigo 485, §3º); *(iv)* a coisa julgada formal não obsta a repropositura da mesma ação, observando-se o limite de três submissões, sob pena de perempção (artigo 486); *(v)* não fazem coisa julgada a verdade dos fatos e os motivos (artigo 504); *(vi)* a coisa julgada não prejudica terceiros (artigo 506); *(vii)* a sua eficácia preclusiva subsiste (artigo 508); *(vii)* a decisão que ofende a coisa julgada é rescindível (artigo 966, IV) e *(viii)* a ação rescisória continua sendo o principal meio de impugnação da decisão transitada em julgado (artigos 966 a 975).

Apesar de conservar tais noções, o novo Código de Processo Civil realizou diversas transformações em outros pontos de extrema relevância. A título de exemplo, cite-se aqui: *(i)* a expressa previsão de não incidência de coisa julgada sobre a decisão de antecipação de tutela antecedente estabilizada (artigo 304, §6º[7]); *(ii)* a alteração do rol de hipóteses de coisa julgada formal e material (incisos dos artigos 485 e 487); *(iii)* a admissão de incidência de coisa julgada sobre decisões que não extinguem o processo (*caput* dos artigos 485 e 487); *(iv)* a previsão legal de incidência da coisa julgada sobre decisões parciais de mérito (artigo 356, §3º[8]); *(v)* a correção do conceito de coisa julgada material (artigo 502); *(vi)* a admissão de que a coisa julgada pode beneficiar terceiros (artigo 506); *(vii)* a ampliação dos limites subjetivos da coisa julgada no caso de submissão da empresa (que não foi citada) à decisão proferida em ação de dissolução

---

7. O parágrafo sexto dispõe que "a decisão que concede a tutela não fará coisa julgada, mas a estabilidade dos respectivos efeitos só será afastada por decisão que a revir, reformar ou invalidar, proferida em ação ajuizada por uma das partes, nos termos do § 2º deste artigo". Todavia, a doutrina diverge sobre a questão, vez que, decorrido o prazo decadencial de dois anos para a propositura da ação que busca rever a tutela estabilizada, não há como modificá-la. Em artigo escrito por Rogério Rudiniki Neto em coautoria com Frederico Augusto Gomes, defendeu-se que a existência de um mérito de urgência, bem como que toda decisão judicial é baseada em verossimilhança, não havendo diferença qualitativa entre cognição sumária e exauriente. Na ocasião, chegou à conclusão de que a decisão definitivamente estabilizada transita em julgado após o decurso do prazo de dois anos para a propositura de ação que busque revê-la, alterá-la ou modificá-la. (GOMES, Frederico Augusto; RUDINIKI NETO, Rogério. Estabilização da tutela de urgência: algumas questões controvertidas. In: MACÊDO, Lucas Buril de; PEIXOTO, Ravi; FREIRE, Alexandre (coords.). **Doutrina Selecionada. v.4.**: procedimentos especiais, tutela provisória e direito transitório. Salvador: JusPODIVM, 2015).
8. O parágrafo terceiro do artigo 356 expressamente prevê a possibilidade de que a decisão parcial de mérito transite em julgado: "na hipótese do § 2º, se houver trânsito em julgado da decisão, a execução será definitiva".

parcial da sociedade, quando todos os seus sócios tenham sido citados (artigo 601, parágrafo único); *(viii)* admitiu a incidência de coisa julgada sobre questão prejudicial, sem a necessidade de pedido das partes e de ação declaratória incidental (artigo 503); *(ix)* modificou as hipóteses e o regime da ação rescisória (artigos 966-975); e *(x)* modificou os casos de inexigibilidade do título executivo por decisão do Supremo Tribunal Federal (artigos 525, §§12 a 15 e 535, §§5º a 8º).

Em vários pontos do novo Código, o legislador destacou a possibilidade de que sejam proferidas decisões de mérito, que não importam necessariamente na extinção do feito, e sobre as quais incide a coisa julgada, sendo cabível a ação rescisória.

Durante a vigência do CPC/1973, a doutrina[9] inicialmente interpretava que a coisa julgada formal incidia sobre sentenças que extinguiam o feito sem adentrar ao mérito da lide, enquanto a coisa julgada material incidia sobre sentenças que extinguiam o feito, analisando o mérito. Isso ocorria porque o processo de conhecimento era extinto pela sentença, que não era cumprida, mas executada em execução de ação judicial, um procedimento de execução em autos próprios. Vale dizer: o processo de conhecimento era efetivamente extinto quando finalizado o prazo para interposição de recursos e a execução da sentença ocorria em processo específico de execução.

Com o advento da Lei nº 11.232/2005[10] – que acrescentou o Capítulo X ("do cumprimento da sentença") no Título VIII do Livro I do Código de 1973 e inseriu os artigos 475-I a 475-R do mesmo diploma – modificando o conceito de sentença, que passou a ser concebida como a decisão que, julgando ou não o mérito da lide, encerra a fase de conhecimento.

Apesar da modificação dos dispositivos referentes ao procedimento do cumprimento de sentença e da alteração do teor dos incisos dos artigos 267 e 269, o CPC/1973, equivocamente, manteve: *(i)* a expressão "extingue-se o processo" no *caput* dos artigos 267 e 269; *(ii)* a denominação de "coisa julgada material" no conceito do artigo 467[11], que em verdade refere-se à coisa julgada formal (que, em verdade, se trata de uma preclusão temporal[12]).

---

9. Sobre o tema, ver MOREIRA, José Carlos Barbosa. **Temas de direito processual**: nona série. São Paulo: Saraiva, 2007, p. 315-332.
10. BRASIL. Congresso Nacional. **Lei nº 11.232, de 22 de dezembro de 2005**. Altera a Lei nº 5.869, de 11 de janeiro de 1973 – Código de Processo Civil, para estabelecer a fase de cumprimento das sentenças no processo de conhecimento e revogar dispositivos relativos à execução fundada em título judicial, e dá outras providências. Disponível em: ‹http://goo.gl/ST6pbB›. Acesso em: 28 out. 2015.
11. Vejamos o texto do dispositivo: "Denomina-se coisa julgada material a eficácia, que torna imutável e indiscutível a sentença, não mais sujeita a recurso ordinário ou extraordinário".
12. Não se desconhece o posicionamento de parcela da doutrina, que prefere não realizar essa distinção entre coisa julgada formal e coisa julgada material, atentando-se para o caráter meramente preclusivo do primeiro instituto. Nesse sentido: "A doutrina costuma tartar como espécies de um mesmo gênero

No novo Código, houve a correção do conceito de coisa julgada material, desta vez contido no artigo 502: "denomina-se coisa julgada material a autoridade que torna imutável e indiscutível a decisão de mérito não mais sujeita a recurso".

Quanto às variações operadas no rol de decisões que fazem coisa julgada formal ou material, podem ser melhor explicadas se visualizarmos o quadro abaixo, que compara o texto do CPC/1973 e do CPC/2015:

	CPC/1973	CPC/2015
COISA JULGADA FORMAL	Art. 267. *Extingue-se o processo*, sem resolução de mérito: I - quando o juiz indeferir a petição inicial; II - quando ficar parado durante mais de 1 (um) ano por negligência das partes; III - quando, por não promover os atos e diligências que lhe competir, o autor abandonar a causa por mais de 30 (trinta) dias; IV - quando se verificar a ausência de pressupostos de constituição e de desenvolvimento válido e regular do processo; V - quando o juiz acolher a alegação de perempção, litispendência ou de coisa julgada; VI - *quando não concorrer qualquer das condições da ação, como a possibilidade jurídica*, a legitimidade das partes e o interesse processual; VII - pela convenção de arbitragem; VIII - quando o autor desistir da ação; IX - quando a ação for considerada intransmissível por disposição legal; X - *quando ocorrer confusão entre autor e réu*; XI - nos demais casos prescritos neste Código.	Art. 485. O juiz não resolverá o mérito quando: I - indeferir a petição inicial; II - o processo ficar parado durante mais de 1 (um) ano por negligência das partes; III - por não promover os atos e as diligências que lhe incumbir, o autor abandonar a causa por mais de 30 (trinta) dias; IV - verificar a ausência de pressupostos de constituição e de desenvolvimento válido e regular do processo; V - reconhecer a existência de perempção, de litispendência ou de coisa julgada; VI - verificar ausência de legitimidade ou de interesse processual; VII - acolher a alegação de existência de convenção de arbitragem ou quando o juízo arbitral reconhecer sua competência; VIII - homologar a desistência da ação; IX - em caso de morte da parte, a ação for considerada intransmissível por disposição legal; e X - nos demais casos prescritos neste Código.
COISA JULGADA MATERIAL	Art. 269. Haverá resolução de mérito: I - quando o juiz acolher ou rejeitar o pedido do autor; II - quando o réu reconhecer a procedência do pedido; III - quando as partes transigirem; IV - quando o juiz pronunciar a decadência ou a prescrição; V - quando o autor renunciar ao direito sobre que se funda a ação.	Art. 487. Haverá resolução de mérito quando o juiz: I - acolher ou rejeitar o pedido formulado na ação ou na reconvenção; II - decidir, de ofício ou a requerimento, sobre a ocorrência de decadência ou prescrição; III - homologar: a) o reconhecimento da procedência do pedido formulado na ação ou na reconvenção; b) a transação; c) a renúncia à pretensão formulada na ação ou na reconvenção.

a coisa julgada formal e a coisa julgada material. Parece-nos, contudo, mais apropriado observar o fenômeno da coisa julgada somente por seu prisma material, retirando do seu exame a figura da coisa julgada formal. (...) A chamada coisa julgada formal em verdade não se confunde com a verdadeira coisa julgada (ou seja, com a coisa julgada material). É, isso sim, uma modalidade de preclusão (preclusão temporal), a última do processo, que torna insubsistente a faculdade processual de rediscutir a sentença nele proferida. A coisa julgada formal constitui, portanto, o simples trânsito em julgado de determinada decisão". (MARINONI, Luiz Guilherme; ARENHART, Sérgio Cruz; MITIDIERO, Daniel. **Novo concurso de processo civil**: tutela dos direitos mediante procedimento comum. V. 2. São Paulo: Revista dos Tribunais, 2015, p. 621). Todavia, por questões didáticas, mantém-se no tópico a expressão "coisa julgada formal".

A partir desse quadro, podemos concluir que as mudanças nesse ponto foram poucas. Em primeiro lugar, o legislador retirou a expressão "extinguir o processo" do *caput* dos dispositivos, denotando que a decisão que resolve ou não o mérito da lide nem sempre importa na extinção da demanda. É o caso, por exemplo, das decisões parciais de mérito, que apesar de julgarem o mérito da lide, não implicam na extinção do feito, cabendo contra elas o recurso de agravo de instrumento, nos termos dos artigos 354, parágrafo único, 356 e 1.015, II, do Código.

Em segundo, vê-se que a possibilidade jurídica do pedido deixou de ser condição da ação, em conformidade com o que parte da doutrina processualista vinha defendendo há tempos[13]. Em terceiro, verifica-se que o legislador retirou a expressa previsão de julgamento sem análise do mérito no caso de confusão entre autor e réu, previsto no artigo 267, X, do CPC/1973. Acredita-se que assim o fez porque a confusão configura hipótese de ausência de interesse processual, já se encaixando, portanto, na previsão do artigo 485, VI, do CPC/2015.

Por fim, observa-se que o legislador teve o cuidado de destacar que não são apenas as decisões que acolhem/rejeitam pedido do autor e que homologam reconhecimento da procedência ou renúncia de seus pedidos que resolvem o mérito da lide. Há julgamento do mérito nos casos de acolhimento/rejeição dos pedidos do réu e de homologação de renúncia ou reconhecimento da procedência desses pedidos pelo autor. Frise-se que o mesmo ocorria no CPC/1973, embora não houvesse previsão expressa no artigo 269 nesse sentido.

Embora tenham sido mencionadas tantas alterações relevantes, acredita-se que algumas das mais importantes (dentre outras) concernem à incidência da coisa julgada sobre questão prejudicial, cujo regime foi completamente modificado pelo novo Código, e à contratualização da coisa julgada. Diante da maior extensão dos debates, passa-se a abordar esses temas em tópicos próprios.

3. O DESAFIO DA COISA JULGADA SOBRE QUESTÃO PREJUDICIAL

3.1 Os pressupostos de incidência

O artigo 469, III, do Código de Processo Civil de 1973[14] prevê que, em regra, apenas a questão principal faz coisa julgada. Para que uma questão

---

13. Ver WAMBIER, Luiz Rodrigues; TALAMINI, Eduardo. **Curso avançado de processo civil**: teoria geral do processo e processo de conhecimento. V. 1. São Paulo: Revista dos Tribunais, 2015, p. 190-191; DIDIER JR., Fredie. **Curso de direito processual civil**: introdução ao direito processual civil e processo de conhecimento. V. 1. 15. Ed. Salvador: JusPODIVM, 2013, p. 236.
14. Art. 469. Não fazem coisa julgada:
III - a apreciação da questão prejudicial, decidida incidentemente no processo.

prejudicial possa transitar em julgado, seria necessário o pedido do autor ou o ajuizamento de ação declaratória incidental, conforme o artigo 470 do mesmo Código[15].

O novo Código de Processo Civil alterou esse regime ao prever expressamente que a questão prejudicial transita em julgado, *independentemente de pedido das partes*:

> Art. 503. A decisão que julgar total ou parcialmente o mérito tem força de lei nos limites da questão principal expressamente decidida.
>
> §1º O disposto no caput aplica-se à resolução de questão prejudicial, decidida expressa e incidentemente no processo, se:
>
> I - dessa resolução depender o julgamento do mérito;
>
> II - a seu respeito tiver havido contraditório prévio e efetivo, não se aplicando no caso de revelia;
>
> III - o juízo tiver competência em razão da matéria e da pessoa para resolvê-la como questão principal.
>
> §2º A hipótese do § 1º não se aplica se no processo houver restrições probatórias ou limitações à cognição que impeçam o aprofundamento da análise da questão prejudicial.

Como se vê, a incidência de coisa julgada sobre a questão prejudicial depende de cinco fatores: *(i)* a questão precisa ser efetivamente prejudicial, ou seja, é necessário que uma definição a respeito dela seja imprescindível para o julgamento da questão principal; *(ii)* a ocorrência de contraditório prévio e efetivo, com exceção dos casos de revelia; *(iii)* a competência do juízo, em razão da matéria e da pessoa, para julgá-la como se questão principal fosse; *(iv)* a inexistência de limitações probatórias ou de cognição; *(v)* a questão precisa ser decidida expressamente.

Antes de explicar cada um desses requisitos, é necessário esclarecer que se tratam de pressupostos cumulativos[16]. Vale dizer: não basta que um ou outro

---

15. Art. 470. Faz, todavia, coisa julgada a resolução da questão prejudicial, se a parte o requerer (arts. 5º e 325), o juiz for competente em razão da matéria e constituir pressuposto necessário para o julgamento da lide.
Art. 325. Contestando o réu o direito que constitui fundamento do pedido, o autor poderá requerer, no prazo de 10 (dez) dias, que sobre ele o juiz profira sentença incidente, se da declaração da existência ou da inexistência do direito depender, no todo ou em parte, o julgamento da lide (art. 5º).
16. Nesse sentido, vejamos o Enunciado nº 313 do Fórum Permanente de Processualistas Civis: "313. (art. 503, §§1º e §2º) São cumulativos os pressupostos previstos nos §1º e seus incisos, observado o §2º do art. 503. (Grupo Sentença, Coisa Julgada e Ação Rescisória)".

estejam presentes, é imprescindível que todos se apresentem diante do caso concreto, sob pena de a questão prejudicial não transitar em julgado.

Conforme o primeiro requisito, pode ser entendida como questão prejudicial "aquela que condiciona o conteúdo do julgamento de outra questão, que nessa perspectiva passa a ser encarada como questão subordinada", de modo que "não basta para caracterização da prejudicialidade a simples antecedência de uma questão em relação à outra"[17].

Quanto ao segundo requisito, o contraditório precisa necessariamente ser prévio, ou seja, é preciso que as partes se manifestem sobre a questão processual antes que seja decidida na sentença. Esse contraditório também deve ser efetivo, pelo que não basta a intimação das partes para manifestação; a oportunidade não é suficiente, sendo imprescindível que o assunto seja efetivamente enfrentado. Trata-se do contraditório substancial, representado pelo poder de influência e pela oportunidade de produzir provas a respeito[18].

No artigo 503, §1º, II, parte final, o Código prevê: "não se aplicando no caso de revelia". A expressão foi mal empregada pelo legislador e pode apresentar duas interpretações possíveis e contraditórias: *(i)* que a coisa julgada não incide sobre a questão prejudicial nos casos de revelia[19]; *(ii)* que o contraditório não é necessário/requisito nos casos de revelia. A questão é de extrema relevância e impõe maior aprofundamento, de modo que não será aqui abordada.

Em terceiro lugar, para que a questão prejudicial possa transitar em julgado, o juízo deve ser competente (em razão da pessoa e da matéria) para julgá-la como questão principal.

A título de exemplo, cita-se dois casos: *(i)* ação previdenciária ajuizada na Justiça Federal buscando o recebimento de pensão por morte, na qual, após farta produção probatória é comprovado que a parte autora mantinha união estável com o de *cujus*; *(ii)* ação inibitória na qual o autor, detentor de desenho industrial registrado no Instituto Nacional da Propriedade Intelectual (INPI), pleiteia que o réu abstenha-se da produção, divulgação e comercialização de determinado produto, sob a alegação de contrafação. Feita a perícia, comprova-se que o registro do demandante é inidôneo, pois copiou desenho industrial anteriormente registrado por terceiro, situação que não havia sido verificada pelo INPI.

---

17. MARINONI; ARENHART; MITIDIERO, 2015, p. 633.
18. ibidem, p. 634.
19. É esse o posicionamento de DIDIER JR.; OLIVEIRA; BRAGA, 2015, p. 537.

Nesses exemplos, não haverá coisa julgada em relação à questão prejudicial incidental (união estável e nulidade do registro). No primeiro caso, porque a competência para decidir questões de família em geral, incluída a união estável, é da Justiça Estadual, de modo que a decisão da questão prejudicial referente à união estável, proferida por juiz federal, não transita em julgado (artigo 503, §1º, III, CPC).

No segundo exemplo, a coisa julgada não incide sobre a questão prejudicial decidida na Justiça Estadual porque as ações declaratórias de nulidade de registro de propriedade industrial são de competência da Justiça Federal, já que o INPI (autarquia federal) é litisconsorte passivo necessário ou, no mínimo, tem interesse na causa, atraindo a incidência da regra de competência descrita no artigo 109, I, da Constituição Federal[20].

O quarto requisito consiste na inexistência de limitação do Juízo nos âmbitos probatório e de cognição. É o que se observa, por exemplo, nos Juizados Especiais, em que não se admite provas complexas. Isso não significa, no entanto, que as questões prejudiciais decididas nos Juizados Especiais nunca poderão transitar em julgado: se a prova complexa for irrelevante para o deslinde do feito – como ocorre nos casos de julgamento antecipado da lide, seja porque a questão *sub judice* é apenas de direito ou porque a prova documental trazida pelas partes é suficiente instruir o processo – a questão prejudicial decidida, desde que acompanhada dos demais requisitos supramencionados, poderá transitar em julgado.

Outro exemplo de restrição probatória é o mandado de segurança, que exige prova documental pré-constituída. Quanto às restrições cognitivas, cite-se aqui o processo de inventário e partilha (artigo 612), o processo de desapropriação (artigo 34, *caput* e parágrafo único, do Decreto-lei nº 3.365/1941) e as restrições advindas de negócios jurídicos processuais[21].

Sobre o tema, explicam Luiz Guilherme Marinoni, Sérgio Cruz Arenhart e Daniel Mitidiero:

> Tem-se, então, que a coisa julgada corresponde à imutabilidade da declaração judicial sobre a existência ou não do direito da parte que requer tutela jurisdicional. Portanto, para que possa ocorrer coisa julgada, é necessário que a sentença seja capaz de

---

20. Art. 109. Aos juízes federais compete processar e julgar:
I - as causas em que a União, entidade autárquica ou empresa pública federal forem interessadas na condição de autoras, rés, assistentes ou oponentes, exceto as de falência, as de acidentes de trabalho e as sujeitas à Justiça Eleitoral e à Justiça do Trabalho;
21. DIDIER JR.; OLIVEIRA; BRAGA, 2015, p. 538.

declarar a existência ou não de um direito. Se o juiz não tem condições de declarar a existência ou não de um direito (*em razão de não ter sido concedida às partes ampla oportunidade de alegação e produção de prova, como aliás reconhece o art. 503, §2º*), o seu juízo não terá força suficiente para gerar a imutabilidade típica da coisa julgada. Se o juiz não tem condições de conhecer os fatos adequadamente, isto é, com cognição exauriente, para fazer aplicar sobre esses uma norma jurídica, não é possível a imunização da decisão judicial, derivada da coisa julgada.[22]

Quanto ao último requisito, destaca-se que a questão prejudicial deve constar efetiva e expressamente na decisão para que possa transitar em julgado. A questão é: em que ponto da decisão? A doutrina diverge sobre a necessidade de que a questão prejudicial conste no dispositivo da sentença para transitar em julgado. Nesse sentido, poder-se-ia apontar um sexto requisito para a incidência de coisa julgada sobre a questão prejudicial: que ela conste expressamente no dispositivo.

Luiz Guilherme Marinoni, Sérgio Cruz Arenhart e Daniel Mitidiero[23] afirmam que o trânsito em julgado está condicionado à decisão da questão prejudicial no dispositivo, de acordo com o artigo 504 do Código de Processo Civil:

> Art. 504. Não fazem coisa julgada:
>
> I - os motivos, ainda que importantes para determinar o alcance da parte dispositiva da sentença;
>
> II - a verdade dos fatos, estabelecida como fundamento da sentença.

Esse artigo importaria em uma vedação à incidência de coisa julgada sobre questões prejudiciais contidas apenas na fundamentação da sentença e não em seu dispositivo. Como se verá adiante, a adoção desse posicionamento interpretativo facilitaria muito o trabalho de identificação da questão prejudicial transitada em julgado.

Por sua vez, Fredie Didier Jr., Rafael Alexandria de Oliveira e Paula Sarno Braga sustentam que o artigo 503, §1º, traz justamente uma exceção ao artigo 504, ao prever a possibilidade de que questões prejudiciais contidas na fundamentação sofram a incidência da coisa julgada.

Em mesmo sentido, os Enunciados nº 165 e 438 do Fórum Permanente de Processualistas Civis dispõem que o requerimento das partes e o julgamento

---

22. MARINONI; ARENHART; MITIDIERO, 2015, p. 623.
23. Ibidem, p. 632-634.

no dispositivo da decisão são desnecessários para que a questão prejudicial transite em julgado[24].

Este posicionamento nos parece mais acertado, tendo em vista que o legislador extinguiu a exigência (remanescendo a faculdade[25]) de apresentação de ação declaratória incidental – momento em que a questão prejudicial apta a transitar em julgado seria decidida no dispositivo da sentença que julgasse a ação declaratória – e inseriu o vocábulo "incidentemente" no *caput* do artigo 503 do novo Código.

A nosso ver, a inserção foi realizada com o intuito de demonstrar que é desnecessária a previsão no dispositivo, bastando que tenha sido decidida expressamente na fundamentação, notadamente porque o que deve constar no dispositivo são as definições judiciais sobre os pedidos formulados pelas partes, e o novo Código não exige o requerimento para o trânsito em julgado da questão prejudicial. Por fim, há que se mencionar que, caso fosse necessário que a questão prejudicial constasse no dispositivo para a incidência de coisa julgada, o legislador teria inserido tal pressuposto no artigo 503 do Código.

Assim, vislumbram-se quatro situações: *(i)* há pedido e a questão consta apenas na fundamentação: a questão é principal e a sentença é *infra petita*, cabendo embargos de declaração por omissão; *(ii)* há pedido e a questão consta no dispositivo: a questão é principal e não prejudicial; *(iii)* não há pedido e a questão consta apenas na fundamentação: trata-se da efetiva questão prejudicial, passível de transitar em julgado, se presentes os requisitos do artigo 503; *(iv)* não há pedido e a questão consta no dispositivo: a sentença é *extra petita* e cabem embargos de declaração por obscuridade. Destaca-se que, nos casos dos itens "i" e "iv", a decisão apresenta vício, conforme os artigos 492 e 1.022, I e II, do Código de Processo Civil[26].

---

24. Enunciado nº 165 (art. 503, §§1º e 2º) A análise de questão prejudicial incidental, desde que preencha os pressupostos dos parágrafos do art. 503, está sujeita à coisa julgada, independentemente de provocação específica para o seu reconhecimento. (Grupo: Coisa Julgada, Ação rescisória e Sentença; redação revista no VI FPPC-Curitiba). Enunciado nº 438 (art. 503, §1º) É desnecessário que a resolução expressa da questão prejudicial incidental esteja no dispositivo da decisão para ter aptidão de fazer coisa julgada. (Grupo: Sentença, coisa julgada e ação rescisória).
25. "A ação declaratória incidental ainda permanence em nosso sistema, ao menos em duas situações: a) reconvenção declaratória proposta pelo réu, que pode ter por objeto a questão prejudicial incidental controvertida: nesse caso, a prejudicial se torna questão principal, para cuja resolução vige o regime jurídico comum da coisa julgada; b) ação declaratória incidental de falsidade de document, expressamente prevista no par. ún. do art. 430 do CPC". (DIDIER JR.; OLIVEIRA; BRAGA, 2015, p. 540). No mesmo sentido, vejamos o Enunciado nº 111 do Fórum Permanente de Processualistas Civis: "(arts. 19, 329, II, 503, §1º) Persiste o interesse no ajuizamento de ação declaratória quanto à questão prejudicial incidental. (Grupo: Coisa Julgada, Ação Rescisória e Sentença)".
26. Art. 492. É vedado ao juiz proferir decisão de natureza diversa da pedida, bem como condenar a parte em quantidade superior ou em objeto diverso do que lhe foi demandado.
Art. 1.022. Cabem embargos de declaração contra qualquer decisão judicial para:

Como pôde ser percebido, o fato de o trânsito em julgado sobre a questão prejudicial não exigir requerimento das partes e constar apenas na fundamentação da sentença causa dificuldades para a identificação do que pode ser efetivamente compreendido como questão prejudicial dentro da decisão judicial.

A doutrina já sinalizava essa problemática desde a elaboração do Anteprojeto do novo Código[27]. Lamentavelmente, a inserção do requisito do "requerimento" não foi realizada pelo legislador. Diante disso, acredita-se que, com base no artigo 489, §1º, II, do Código de Processo Civil, caberá ao Judiciário, com o auxílio da doutrina, definir o que se entende por "questão"[28] e por "questão prejudicial", para que então possamos identificar, no caso concreto, quais as questões prejudiciais transitadas em julgado, de acordo com os requisitos do artigo 503.

Pensamos que a exigência (o requisito) de pedido em simples petição, sem maiores formalidades, seria suficiente para descomplicar vários aspectos da questão prejudicial no novo regime trazido pelo Código. Todavia, nada impede que, apesar da lacuna legislativa, pelas noções de boa-fé e cooperação processual, possam as partes fazê-lo mesmo assim.

No que concerne aos casos que envolvem a Fazenda Pública, especificamente, é necessário frisar que apresentam um requisito a mais para o trânsito em julgado de questões prejudiciais: o respeito às regras de remessa necessária, previstas no artigo 496 do Código de Processo Civil[29].

Por fim, destaca-se que o novo regime do trânsito em julgado sobre a questão prejudicial aplica-se apenas os processos iniciados (e não apenas julgados) após a entrada em vigor do novo Código de Processo Civil (que ocorrerá

I - esclarecer obscuridade ou eliminar contradição;
II - suprir omissão de ponto ou questão sobre o qual devia se pronunciar o juiz de ofício ou a requerimento;
27. DELLORE, Luiz. **Da ampliação dos limites objetivos da coisa julgada no novo Código de Processo Civil**: *quieta non movere*. Brasília, ano 48, n. 190, abr./jun. 2011, p. 35-43.
28. Segundo José Joaquim Calmon de Passos, "questão" pode ser definida como: "toda controvérsia que se constitui no bojo de um processo. Controvérsia a respeito de fato (questão de fato) ou relativa a direito (questão de direito). A questão pode ser objeto de um pedido, e se assim o for, será decidida pelo juiz com força de coisa julgada. Aquelas, entretanto, que não constituírem objeto de pedido, o juiz as apreciará incidentemente, com vistas a decidir o que foi objeto do pedido. Muitas delas integram a motivação de sua decisão de mérito. (...) Algumas dessas questões de direito são chamadas de questões prévias, porque sua decisão precede, sempre, a decisão sobre o mérito propriamente dito. Essas questões prévias, por sua vez, ou são preliminares ou são prejudi- ciais. (...) Já a prejudicial, acolhida ou não, impõe prossiga o juiz a sua tarefa de julgar, porque do que tenha concluído quanto a essa questão prévia dependerá o seu julgamento da questão prejudicada. A decisão da prejudicial (....) influi, dá sentido e dá conteúdo à decisão da chamada questão prejudicada. Essa questão prejudicial, diz o CPC (art. 469, III), será decidida incidentemente, e sem força de coisa julgada". (PASSOS, José Joaquim Calmon de. **Comentários ao CPC**. V. 3. 7. ed. Rio de Janeiro: Forense, 1994, p. 477 *apud* DELLORE, 2011, p. 39).
29. Nesse sentido, vejamos o Enunciado nº 439 do Fórum Permanente de Processualistas Civis: "Nas causas contra a Fazenda Pública, além do preenchimento dos pressupostos previstos no art. 503, §§ 1º e 2º, a coisa julgada sobre a questão prejudicial incidental depende de remessa necessária, quando for o caso".

em março de 2016), conforme os artigos 14 e 1.054 do mesmo diploma[30], e desde que estejam presentes os requisitos cumulativos do artigo 503, §1º, do CPC e, no caso da Fazenda Pública, a observância das hipóteses de remessa necessária.

3.2 A questão prejudicial e a arguição incidental de falsidade documental

Não nos preocuparemos, aqui, com a alegação de falsidade veiculada em demanda autônoma, mas apenas com aquela arguida incidentalmente.

Como ensinam Fredie Didier Jr., Paula Sarno Braga e Rafael Alexandria de Oliveira, a questão prejudicial mencionada pelo art. 503, §1º, do Código de Processo Civil é "a relação jurídica ou a autenticidade/falsidade de documento que se mostrem prejudiciais à solução da relação jurídica litigiosa"[31].

O Enunciado nº 437 do Fórum Permanente de Processualistas Civis traz previsão semelhante ao dispor que "a coisa julgada sobre a questão prejudicial incidental se limita à existência, inexistência ou modo de ser de situação jurídica, e à autenticidade ou falsidade de documento".

A arguição incidental de falsidade documental está prevista nos artigos 430-433 do Código. Conforme o artigo 430, *caput*[32], ela deve ser suscitada na contestação, na réplica ou no prazo de quinze dias contados da intimação da juntada do documento aos autos.

Todavia, conforme aponta a doutrina[33], a leitura do artigo 430, parágrafo único, do Código, gera dúvida acerca da natureza jurídica deste incidente: "uma vez arguida, a falsidade será resolvida como questão incidental, salvo se a parte requerer que o juiz a decida como questão principal, nos termos do inciso II do art. 19". Questiona-se a existência de um possível conflito entres os artigos 503, §1º e 430, parágrafo único, do Código de Processo Civil.

A partir de uma leitura rápida do artigo 430, tem-se a seguinte conclusão: *(i)* caso não exista requerimento específico, sendo a questão trazida apenas como matéria de defesa em relação à prova produzida, o questionamento acerca da

---

30. Art. 14. A norma processual não retroagirá e será aplicável imediatamente aos processos em curso, respeitados os atos processuais praticados e as situações jurídicas consolidadas sob a vigência da norma revogada.
Art. 1.054. O disposto no art. 503, §1º, somente se aplica aos processos iniciados após a vigência deste Código, aplicando-se aos anteriores o disposto nos arts. 5º, 325 e 470 da Lei no 5.869, de 11 de janeiro de 1973.
31. DIDIER JR, Fredie; BRAGA, Paula Sarno; OLIVEIRA, Rafael Alexandria de. **Curso de Direito Processual Civil:** teoria da prova, direito probatório, decisão, precedente, coisa julgada e tutela provisória. 10. ed. Salvador: JusPODIVM, 2015, p. 533-534.
32. Art. 430. A falsidade deve ser suscitada na contestação, na réplica ou no prazo de 15 (quinze) dias, contado a partir da intimação da juntada do documento aos autos.
33. MARINONI; ARENHART; MITIDIERO, 2015, p. 384.

autenticidade/falsidade do documento será tratado como mera alegação feita no bojo do processo; *(ii)* do contrário, caso haja requerimento específico, que assume as vestes de "um verdadeiro pedido de tutela jurisdicional" e enseja "uma cumulação de ações no processo" – atraindo o regramento do artigo 19, II, do Código[34] –, o magistrado será obrigado a decidir especificadamente acerca do tema, com a incidência da coisa julgada sobre a declaração de falsidade/autenticidade do documento[35].

Contudo, a interpretação supracitada não se coaduna com o artigo 503, §1º, do Código de Processo Civil. Como explicam Luiz Guilherme Marinoni, Sérgio Cruz Arenhart e Daniel Mitidiero, na medida em que o Código estende a coisa julgada a todas as questões prejudiciais (resguardados os pressupostos do artigo 503, §1º), a intepretação mais correta é a de que sobre a decisão incidental acerca da falsidade de um documento incidirá a coisa julgada independentemente da realização de requerimento expresso a esse respeito[36].

Como visto no tópico anterior, o novo Código retirou a menção expressa da necessidade de requerimento da parte para o trânsito em julgado da questão prejudicial, de modo que o pedido deixou de ser um pressuposto para a incidência da coisa julgada.

Assim, caso a declaração da falsidade/autenticidade do documento seja relevante para a resolução do mérito da demanda, tenha havido contraditório prévio e efetivo, o juiz seja competente para a apreciação da matéria e, no procedimento escolhido, inexistam restrições probatórias ou limitações à atividade cognitiva, a decisão do incidente será acobertada pela coisa julgada em qualquer das hipóteses do artigo 430, parágrafo único, do Código de Processo Civil.

Outrossim, a coisa julgada sobre essa declaração ocorrerá mesmo que o incidente tenha sido suscitado apenas em segundo grau de jurisdição, caso se trate de documento destinado a fazer prova de fatos supervenientes ou a contrapor fatos cuja prova está embasada em documentos trazidos pela parte adversa, por exemplo, em apelação (artigo 435 do Código[37]).

Nessa situação, o debate ocorrerá em instância única, pois o juízo monocrático não teve contato com o assunto e, por se tratar de matéria fática,

---

34. Art. 19. O interesse do autor pode limitar-se à declaração:
II - da autenticidade ou da falsidade de documento.
35. MARINONI; ARENHART; MITIDIERO, 2015, p. 384.
36. MARINONI; ARENHART; MITIDIERO, 2015, p. 384-385.
37. Art. 435. É lícito às partes, em qualquer tempo, juntar aos autos documentos novos, quando destinados a fazer prova de fatos ocorridos depois dos articulados ou para contrapô-los aos que foram produzidos nos autos.

serão aplicadas as restrições de acesso às instâncias extraordinárias. Todavia, como a cognição acerca da autenticidade é exauriente, formar-se-á a coisa julgada.

3.3 O cabimento de recurso do vencedor contra a questão prejudicial decidida em seu desfavor

Tem-se debatido acerca do interesse do vencedor (no mérito) em recorrer da questão prejudicial cuja resolução lhe é desfavorável, para obstar a formação de coisa julgada sobre ela.

Como exemplo, imagine-se o seguinte: em uma ação de alimentos, o réu tem sua paternidade reconhecida, mas não é condenado a prestá-los, pois (entre outras hipóteses possíveis) demostrou que o autor é maior de idade e tem economia própria.

Incide a coisa julgada sobre o reconhecimento da paternidade, de modo que o demandado (vencedor), convicto de que não é o pai, terá interesse em recorrer da questão prejudicial.

Para o artigo 503, §1º, a coisa julgada somente se forma sobre a questão prejudicial expressa e incidentalmente decidida se dela depender a resolução do mérito. No exemplo trazido, a resolução do mérito do processo depende do reconhecimento da paternidade. Se a paternidade não fosse reconhecida, sequer seria necessário analisar se o autor tem, ou não, economia própria. A "dependência" a que faz referência o novo Código é uma "dependência lógica", consubstanciada na ideia de que o direito aos alimentos decorre da paternidade.

Afasta-se o argumento de que, em casos como o citado, não há coisa julgada sobre a questão prejudicial incidentalmente decidida apenas porque o julgamento de mérito foi desfavorável ao autor em razão de uma defesa invocada pelo réu. Afinal, o Código não excepciona a incidência de coisa julgada sobre a questão prejudicial em razão de improcedência do pleito principal.

Há que se mencionar, ainda, que a resolução da questão prejudicial e a resolução do mérito formam dois capítulos autônomos e distintos da decisão. Em se tratando de capítulos diferentes, e sem relações de dependência, aquele que foi prejudicado tão somente no que concerne à questão prejudicial pode recorrer apenas desse capítulo do julgado, mantendo incólume o que lhe for favorável, nos termos do artigo 1.002 e 1.009, §3º, do Código[38].

Se os pressupostos para a incidência da coisa julgada estiverem presentes, deve-se admitir o cabimento do recurso contra o capítulo da sentença que resolveu a questão prejudicial, pois está presente o interesse recursal. No caso em que a questão prejudicial onera a parte que foi beneficiada pelo julgamento da questão principal, ambas as partes possuem interesse recursal, pois há sucumbência recíproca. Enquanto uma parte foi beneficiada pela questão principal, a outra foi beneficiada pela questão prejudicial, de modo que ambas foram vencedoras e perdedoras, ao mesmo tempo, em diferentes capítulos do *decisum*.

Caso não se admita a interposição de recurso contra o capítulo da decisão que julgou a questão prejudicial, mas se aceite, por exemplo, a interposição de apelação contra o capítulo da sentença que decidiu a questão principal, estar-se-á conferindo tratamento desigual às partes, em violação da isonomia. Notadamente porque os artigos 1.009, §3º, e 1.010, §2º, do Código[39] – que tratam do cabimento de apelação contra capítulo da sentença e da apelação adesiva – não fazem qualquer tipo de ressalva quanto à questão prejudicial. É evidente que, se a questão pode transitar em julgado, prejudicando uma das partes, esta possui interesse em submetê-la ao duplo grau de jurisdição[40].

E isso influi no cabimento da ação rescisória, pois ambas as partes têm interesse em propô-la (cada uma contra um capítulo da sentença)[41]. Se o vencedor da questão principal propuser a ação rescisória, o vencedor da questão prejudicial, sobre a qual incidiu a coisa julgada, pode apresentar reconvenção na ação rescisória. Aplica-se aqui a seguinte ideia de Cândido Rangel Dinamarco, escrita sob a égide do Código de Processo Civil de 1973:

> Proposta a ação rescisória parcial, obviamente a rescisão só poderá ser parcial, jamais indo além dos capítulos cuja rescisão se houver pedido. (...) É vedado, portanto, rescindir qualquer capítulo da sentença ou do acórdão cuja rescisão não seja sido pedida. (...) O réu que quiser a ampliação do objeto do processo da ação

---

38. Art. 1.002. A decisão pode ser impugnada no todo ou em parte.
Art. 1.009. Da sentença cabe apelação.
§3º O disposto no caput deste artigo aplica-se mesmo quando as questões mencionadas no art. 1.015 integrarem capítulo da sentença.
39. §2º Se o apelado interpuser apelação adesiva, o juiz intimará o apelante para apresentar contrarrazões.
40. É esse o posicionamento de Fredie Didier Jr., Rafael Alexandria de Oliveira e Paula Sarno Braga. Os autores defendem, ainda, que se não houver recurso contra a questão prejudicial, ao julgar recurso interposto contra a questão principal, não poderá o Tribunal de Justiça redecidir a questão prejudicial, que estará acobertada pela preclusão. (DIDIER JR.; OLIVEIRA; BRAGA, 2015, p. 535).
41. O Enunciado nº 338 do Fórum Permanente de Processualistas Civis prevê que "cabe ação rescisória para desconstituir a coisa julgada formada sobre a resolução expressa da questão prejudicial incidental".

rescisória, para que também os capítulos a ele desfavoráveis sejam incluídos no julgamento pelo tribunal, terá o ônus de reconvir, deduzindo esse pedido.[42]

O autor explica que, caso a ação rescisória seja proposta apenas contra um capítulo da sentença, somente este poderá ser eventualmente rescindido, remanescendo o capítulo que não fora objeto da demanda. Disto se extraem duas possibilidades: (i) se o réu for vencedor na questão prejudicial e vencido na questão principal, pode recorrer e/ou propor ação rescisória contra o capítulo referente à questão principal; (ii) se o réu for vencido na questão prejudicial e vencedor na questão principal, pode recorrer e/ou propor ação rescisória contra o capítulo referente à questão prejudicial.

Hipótese diversa ocorre se a parte for vencida em ambas as questões (prejudicial e principal). Por exemplo, pensemos na ação de alimentos em que, comprovada a paternidade (decidida como questão prejudicial), o réu fora condenado a pagar os alimentos (como questão principal). Aqui, ele possui três alternativas.

Em primeiro lugar, pode recorrer e/ou ajuizar ação rescisória apenas contra o capítulo que resolveu a questão prejudicial. Em caso de acolhimento do pleito de reforma ou rescisão, a questão principal terá sua sorte automaticamente modificada, pois o capítulo que julgou o mérito, nesta situação, não é absolutamente autônomo do que enfrentou a prejudicial, em verdade é dependente deste.

Em segundo, o réu pode recorrer e/ou ajuizar ação rescisória apenas do capítulo que o condenou ao pagamento dos alimentos (questão principal), sem questionar a paternidade, reafirmando apenas que não estão presentes as hipóteses legais do dever de alimentar, de modo que, caso essas alegações sejam acolhidas, a condenação à prestação alimentar não mais subsistirá, mas a declaração da paternidade restará incólume.

Por fim, pode recorrer e/ou propor ação rescisória contra ambos os capítulos da decisão, respeitando-se a regra do artigo 966, §3º, do Código de Processo Civil[43], que impõe a propositura de uma ação rescisória para cada capítulo de decisão que se pretende rescindir[44].

---

42. DINAMARCO, Cândido Rangel. **Capítulos de sentença**. 4. ed. São Paulo: Malheiros, 2009, p. 122.
43. Art. 966, §3º A ação rescisória pode ter por objeto apenas 1 (um) capítulo da decisão.
44. Critica-se tal dispositivo, pois não se vislumbra óbice para a propositura de uma mesma ação rescisória visando desconstituir dois ou mais capítulos de uma mesma decisão. Em verdade, acredita-se que disposição nesse sentido guardaria maior relação com os princípios da celeridade, economia processual, duração razoável do processo e eficiência.

4. CONTRATUALIZAÇÃO DA COISA JULGADA

O Código de Processo Civil de 1973 já possibilita que as partes celebrem negócios jurídicos processuais, mas o faz em casos previamente especificados e em rol taxativo[45]. A novidade do Código de Processo Civil de 2015 consiste justamente em trazer uma cláusula geral sobre o tema, possibilitando que as partes firmem negócios jurídicos processuais atípicos[46]. É o que prevê o artigo 190, *caput* e parágrafo único, do Código:

> Art. 190. Versando o processo sobre direitos que admitam autocomposição, é lícito às partes plenamente capazes estipular mudanças no procedimento para ajustá-lo às especificidades da causa e convencionar sobre os seus ônus, poderes, faculdades e deveres processuais, antes ou durante o processo.
>
> Parágrafo único. De ofício ou a requerimento, o juiz controlará a validade das convenções previstas neste artigo, recusando-lhes aplicação somente nos casos de nulidade ou de inserção abusiva

---

45. Eduardo Talamini cita como exemplos de negócios processuais típicos "a cláusula de eleição de foro (CPC/15, art. 63), a cláusula de inversão do ônus da prova (CPC/15, art. 373, § 30), a desistência da ação (CPC/15, art. 485, § 40: antes da contestação, é um negócio unilateral; após, é bilateral), a retirada dos autos de documento objeto de arguição de falsidade (CPC/15, art. 432, par. ún.), a convenção arbitral (Lei 9.307/96, art. 30 e ss.)". (TALAMINI, Eduardo. **Um processo para chamar de seu**: nota sobre os negócios jurídicos processuais. Disponível em: <http://goo.gl/6Qw1xv>. Acesso em: 01 nov. 2015). "Por sua vez, Leonardo Carneiro da Cunha destaca a existência de 33 (trinta e três) negócios processuais típicos, previstos expressamente no Código de Processo Civil de 1973: "a) modificação do réu na nomeação à autoria (arts. 65 e 66); b) sucessão do alienante ou cedente pelo adquirente ou cessionário da coisa litigiosa (art. 42, § 10); c) acordo de eleição de foro (art. 111); d) prorrogação da competência territorial por inércia do réu (art. 114); e) desistência do recurso (art. 158; art. 500, III); f) convenções sobre prazos dilatórios (art. 181); g) convenção para suspensão do processo (arts. 265, II, e 792); h) desistência da ação (art. 267, § 40; art. 158, parágrafo único); i) convenção de arbitragem (art. 267, VII; art. 301, IX); j) revogação da convenção de arbitragem (art. 301, IX, e § 40); k) reconhecimento da procedência do pedido (art. 269, II); l) transação judicial (arts. 269, III, 475-N, III e V, e 794, II); m) renúncia ao direito sobre o qual se funda a ação (art. 269, V); n) convenção sobre a distribuição do ônus da prova (art. 333, parágrafo único); o) acordo para retirar dos autos o documento cuja falsidade foi arguida (art. 392, parágrafo único); p) conciliação em audiência (arts. 447 a 449); q) adiamento da audiência por convenção das partes (art. 453, I); r) convenção sobre alegações finais orais de litisconsortes (arts. 454, § 10); s) liquidação por arbitramento em razão de convenção das partes (art. 475-C, I); t) escolha do juízo da execução (art. 475-P, parágrafo único); u) renúncia ao direito de recorrer (art. 502); v) requerimento conjunto de preferência no julgamento perante os tribunais (art. 565, parágrafo único); w) desistência da execução ou de medidas executivas (art. 569); x) escolha do foro competente pela Fazenda Pública na execução fiscal (art. 578, parágrafo único); y) opção do exequente pelas perdas e danos na execução de obrigação de fazer (art. 633); z) desistência da penhora pelo exequente (art. 667, III); aa) administração de estabelecimento penhorado (art. 677, § 20); bb) dispensa da avaliação se o exequente aceitar a estimativa do executado (art. 684, I); cc) opção do exequente pelo por substituir a arrematação pela alienação via internet (art. 689-A); dd) opção do executado pelo pagamento parcelado (art. 745-A); ee) acordo de pagamento amigável pelo insolvente (art. 783); ff) escolha de depositário de bens sequestrados (art. 824, I); gg) acordo de partilha (art. 1.031)". (CUNHA, Leonardo Carneiro da. **Negócios jurídicos processuais no processo civil brasileiro.** Disponível em: <https://goo.gl/wT5x2v>. Acesso em: 01 nov. 2015).
46. DIDIER; OLIVEIRA; BRAGA, 2015, p. 520.

em contrato de adesão ou em que alguma parte se encontre em manifesta situação de vulnerabilidade.

O artigo 200 do Código traz previsão semelhante ao dispor que "os atos das partes consistentes em declarações unilaterais ou bilaterais de vontade produzem imediatamente a constituição, modificação ou extinção de direitos processuais".

Como se infere do artigo 190 do Código, existem três limitações para a celebração de negócios processuais: (i) nulidade do negócio; (ii) inserção abusiva em contrato de adesão; (iii) manifesta situação de vulnerabilidade de uma das partes.

Lamentavelmente, o legislador não definiu ou exemplificou que vícios importariam na nulidade do negócio processual; que tipo de inserção em contrato de adesão pode ser considerada abusiva; e o que significa o conceito jurídico indeterminado "manifesta situação de vulnerabilidade". Assim, cabe à doutrina e à jurisprudência definir e concretizar tais conceitos, esta última em conformidade com o artigo 489, §1º, I e II, do novo Código[47], sob pena de nulidade da decisão por ausência de fundamentação.

Eduardo Talamini menciona que os negócios jurídicos processuais só podem ser firmados se estiverem presentes os pressupostos subjetivos – capacidade de ser parte e de estar em juízo, conforme o artigo 70 do Código de Processo Civil – e objetivos. Divide os requisitos objetivos em gerais – a aptidão de o "direito" submeter-se à "autocomposição", esta última abrangendo quaisquer modalidades de solução extrajudicial do litígio – e específicos – que dependem da modalidade do negócio celebrado[48].

Leonardo Carneiro da Cunha explica que é possível firmar negócios jurídicos processuais em contratos de adesão, desde que não haja nulidades, abusividades e manifesta situação de vulnerabilidade de uma das partes. O autor destaca que os negócios processuais situam-se no espaço de disponibilidade

---

47. §1º Não se considera fundamentada qualquer decisão judicial, seja ela interlocutória, sentença ou acórdão, que:
I - se limitar à indicação, à reprodução ou à paráfrase de ato normativo, sem explicar sua relação com a causa ou a questão decidida;
II - empregar conceitos jurídicos indeterminados, sem explicar o motivo concreto de sua incidência no caso;
48. TALAMINI, Eduardo. **Um processo para chamar de seu:** nota sobre os negócios jurídicos processuais. Disponível em: ‹http://goo.gl/6Qw1xv›. Acesso em: 01 nov. 2015.

das partes, não podendo alterar situações alcançadas por normas cogentes[49]. Pedro Nogueira partilha dessa concepção[50].

A título de exemplo, destaca a impossibilidade de celebração de negócios processuais sobre os seguintes assuntos: *(i)* admissão de prova ilícita; *(ii)* dispensa de fundamentação; *(iii)* imposição de segredo de justiça; *(iv)* alteração de regras de competência absoluta; *(v)* afastamento de regras de proteção a direitos indisponíveis; *(vi)* dispensa do reexame necessário; *(vii)* dispensa da intervenção obrigatória do Ministério Público; e *(viii)* temas reservados à lei, como a criação de recursos[51].

Durante os encontros do Fórum Permanente de Processualistas Civis, vários enunciados foram aprovados no sentido de identificar os casos em que é ou não possível que as partes realizem negócios jurídicos processuais, bem como os limites e princípios que pautam esses acordos.

Os Enunciados nº 19, 21, 236, 490, 491 e 492 preveem hipóteses de estipulação de negócios processuais. Dentre as possibilidades, encontram-se: *(i)* pacto de impenhorabilidade; *(ii)* ampliação de prazos; *(iii)* rateio de despesas processuais; *(iv)* dispensa de assistente técnico; *(v)* retirada de efeito suspensivo de recurso; *(vi)* exclusão da audiência do artigo 334; *(vii)* disponibilização prévia de documentos; *(viii)* sanções negociais; *(ix)* produção antecipada de provas; *(x)* escolha de depositário-administrador; *(xi)* ampliação do tempo de sustentação oral; *(xii)* julgamento antecipado do mérito convencional; *(xiii)* redução de prazos; *(xiv)* inexecução total/parcial de multa coercitiva; *(xv)* pré-indicação de bem penhorável; *(xvi)* anuência prévia de aditamento/alteração do pedido/causa de pedir até o saneamento; *(xvii)* procedimento de intervenção de terceiros (com sua anuência nos casos de prejuízo); *(xviii)* pacto antenupcial e contrato de convivência; e *(xix)* convenção processual coletiva.

---

49. CUNHA, Leonardo Carneiro da. **Negócios jurídicos processuais no processo civil brasileiro.** Disponível em: ‹https://goo.gl/wT5x2v›. Acesso em: 01 nov. 2015.
50. "O espaço para o exercício do autorregramento da vontade é aquele deixado pelas normas cogentes. No plano processual, os limites dessa autonomia são demarcados pelas normas processuais cuja aplicação seja inafastável pelos interessados. É tradicional a contraposição entre normas cogentes e normas dispositivas. As normas do primeiro tipo são as que impõem ou proíbem comportamentos, determinando que se faça ou não faça, sem deixar margem à vontade dos destinatários. As do segundo tipo são as que determinam algo quando os interessados não se autorregraram; o direito deixa certa margem de atuação para que os destinatários livremente estipulem o vínculo que os irá reger. Quando falta essa estipulação, vem a regra dispositiva, entendida como a regra que incide se o suporte fático não se compôs com vontade dos destinatários". (NOGUEIRA, Pedro Henrique Pedrosa. **Negócios jurídicos processuais**: análise dos provimentos judiciais como atos negociais. 2011. 243 f. Tese (Doutorado em Direito) – Faculdade de Direito, Universidade Federal da Bahia, Salvador, 2011, p. 144).
51. CUNHA, Leonardo Carneiro da. **Negócios jurídicos processuais no processo civil brasileiro.** Disponível em: ‹https://goo.gl/wT5x2v›. Acesso em: 01 nov. 2015.

Nesse ponto, os Enunciados nº 135 e 494 destacam, respectivamente, que "a indisponibilidade do direito material não impede, por si só, a celebração do negócio jurídico processual" e que "a admissibilidade de autocomposição não é requisito para o calendário processual", este último previsto no artigo 191 do Código.

Por sua vez, os Enunciados nº 20 e 235 impedem a contratualização de matérias como as seguintes: *(i)* modificação de competência absoluta; *(ii)* supressão de primeira instância; *(iii)* afastar impedimento do juiz; *(iv)* criação de novas espécies recursais; *(v)* ampliação de hipóteses de cabimento de recursos; e *(vi)* exclusão de intervenção do Ministério Público com fiscal da ordem jurídica.

Quanto à validade dos negócios jurídicos processuais, o Enunciado nº 132 prevê que "além dos defeitos processuais, os vícios da vontade e os vícios sociais podem dar ensejo à invalidação dos negócios jurídicos atípicos do art. 190". Novamente enfrentamos o problema de definir e concretizar conceitos como "vícios da vontade" e "vícios sociais".

Ainda na seara da validade e eficácia, destaca-se o teor dos Enunciados nº 134, 260, 402, 403, 406 e 410:

> 134. (Art. 190, parágrafo único) Negócio jurídico processual pode ser invalidado parcialmente.
>
> 260. (arts. 190 e 200) A homologação, pelo juiz, da convenção processual, quando prevista em lei, corresponde a uma condição de eficácia do negócio.
>
> 402. (art. 190) A eficácia dos negócios processuais para quem deles não fez parte depende de sua anuência, quando lhe puder causar prejuízo.
>
> 403. (art. 190; art. 104, Código Civil) A validade do negócio jurídico processual, requer agente capaz, objeto lícito, possível, determinado ou determinável e forma prescrita ou não defesa em lei.
>
> 406. (art. 190; art. 114, Código Civil) Os negócios jurídicos processuais benéficos e a renúncia a direitos processuais interpretam-se estritamente.
>
> 410. (art. 190 e 142) Aplica-se o Art. 142 do CPC ao controle de validade dos negócios jurídicos processuais.

Vê-se que os enunciados dos Fóruns Permanentes de Processualistas Civis correspondem em grande medida ao posicionamento da doutrina colacionada acima, e trazem vários indícios de qual a possível interpretação a ser realizada quanto às possibilidades, pressupostos e limites dos negócios jurídicos processuais.

Há que se destacar que, em regra, os negócios processuais não podem ser celebrados em relações de consumo, diante da corriqueira vulnerabilidade do consumidor. Na prática, tal vedação acaba sendo quase que absoluta, pois o próprio conceito de consumidor impõe a presença da vulnerabilidade, em razão da adoção da Teoria Finalista Mitigada pelo Superior Tribunal de Justiça. Sendo assim, ainda que grandes empresas litiguem entre si, para que uma delas seja considerada consumidora, é preciso que o juiz reconheça sua vulnerabilidade em face da outra.

Diante da impossibilidade de vislumbrarmos todos os exemplos práticos possíveis e futuros, fala-se aqui na impossibilidade de celebração dos negócios processuais nas relações de consumo como regra, acreditando-se que, diante do uso do vocábulo "manifesta" antes de "vulnerabilidade", o legislador possa ter possibilitado a contratualização nas relações de consumo a depender do caso concreto. A prática irá dizer.

Questiona-se se esse novo panorama de contratualização processual relaciona-se, de alguma forma, com a coisa julgada. Vale dizer: *se* e *como* podemos firmar negócios processuais dispondo sobre a coisa julgada.

Com base em um debate realizado com Eduardo José da Fonseca Costa, Fredie Didier Jr., Rafael Alexandria de Oliveira e Paula Sarno Braga afirmam que há cinco formas de se relacionar os negócios jurídicos processuais com a coisa julgada, mediante contratualização expressa das partes:

> a) *negócio jurídico para rever, rescindir ou invalidar a decisão transitada em julgado*: esse negócio não é permitido, pois as partes não podem desfazer, negocialmente, um ato estatal; não podem desfazer consensualmente uma declaração judicial.
>
> b) *negócio jurídico sobre os efeitos da decisão*: trata-se de negócio permitido; é possível renúncia ao crédito reconhecido judicialmente, as partes podem transigir a respeito desse mesmo direito; nada impede que pessoas divorciadas voltem a casar-se entre si etc.
>
> c) *negócio jurídico sobre exceptio rei iudicatae*: trata-se de pacto para que a parte não alegue a objeção de coisa julgada. A parte renuncia ao direito de opor a coisa julgada, em eventual demanda que lhe seja dirigida.
>
> d) *negócio sobre o direito à rescisão*: as partes renunciam ao direito à rescisão da decisão, à semelhança do que podem fazer com o direito ao recurso. Trata-se de negócio lícito, sendo o direito disponível. Rigorosamente, esse negócio não é processual, abre-se mão do direito potestativo material à rescisão da decisão. Trata-se de negócio permitido.

e) *negócio jurídico para afastar a coisa julgada*. É possível, com base no art. 190, que as partes afastem a coisa julgada. As partes resolvem que determinada questão pode ser novamente decidida, ignorando a coisa julgada anterior. Nesse caso, o acordo impede que o juiz conheça de ofício a existência da coisa julgada anterior.

O primeiro caso se refere à (im)possibilidade de as partes negociarem sobre a rescisão/invalidação de uma decisão transitada em julgado; o segundo sobre a contratualização dos efeitos da decisão: do teor, da providência, do objeto, do comando da decisão judicial; o terceiro item trata da renúncia ao direito de arguir a coisa julgada em demanda posterior; o quarto se refere à renúncia ao direito de rescisão da decisão transitada em julgado; e o último argumento menciona o afastamento da coisa julgada, ou seja, negociar a possibilidade de que a questão seja julgada novamente pelo Judiciário.

Acredita-se que o negócio descrito no ponto "d" está limitado aos casos de direitos disponíveis e que é vedada a celebração dos negócios processuais descritos nos itens "a", "c" e "e".

Parece-nos que tais ideias ferem a regra de que o processo se desenvolve por impulso oficial (artigo 2º do Código), o princípio da boa-fé (artigo 5º), a modalidade cooperativa de processo (artigo 6º), o princípio da eficiência (artigo 8º), a natureza pública da coisa julgada e da jurisdição e o valor constitucional da segurança jurídica[52].

Tais noções não podem ser afastadas pela vontade das partes, notadamente quando o trâmite de uma segunda ação possibilite a formação de uma segunda coisa julgada – vício que configura hipótese de rescisão da sentença, conforme o artigo 966, IV, do Código –, em prejuízo dos demais jurisdicionados (cujos processos são afetados pela demora) e dos contribuintes (que pagam os tributos referentes aos altos custos da jurisdição).

Nesse sentido, destaca-se o teor dos Enunciados nº 405 e 407 do Fórum Permanente de Processualistas Civis, os quais impõem a observância do princípio da boa-fé durante as tratativas, conclusão, execução e interpretação dos

---

52. "A Constituição refere que a lei não prejudicará a coisa julgada (art. 5º, XXXVI, da CF). Ao dizê-lo, expressamente se optou por densificar o princípio constitucional da segurança jurídica mediante a instituição de uma regra de proteção à coisa julgada. Por expressa disposição constitucional, portanto, a coisa julgada integra o núcleo duro do direito fundamental à segurança jurídica no processo. Isso significa basicamente que a coisa julgada – entendida como "autoridade que torna imutável e indiscutível a decisão de mérito não mais sujeita a recurso", art. 502 – constitui uma clara opção da Constituição brasileira a favor da estabilidade das situações jurídicas em detrimento da possibilidade de infindáveis discussões dos problemas em busca de uma decisão supostamente mais justa do litígio". (MARINONI; ARENHART; MITIDIERO, 2015, p. 620).

negócios jurídicos processuais. Não nos parece que tal princípio guarde adequação com a conduta de omitir do juiz a existência de coisa julgada.

Vedar a objeção de coisa julgada e ignorar/afastar/rescindir a coisa julgada, contratualmente, é possibilitar que uma mesma questão seja julgada quantas vezes for necessário para gerar a satisfação das partes. É transformar o processo em uma eterna discussão, em um campo de debates sucessivos sobre uma mesma questão, negando-se o caráter público da jurisdição e inutilizando-se a segurança jurídica.

Negociações nesse sentido ferem o direito dos demais jurisdicionados, pois o julgamento de demandas que efetivamente necessitam de uma decisão judicial será atrasado pelo trâmite contínuo de um processo que já fora (sabe-se lá quantas vezes) proposto pelas partes e decidido pelo Judiciário.

Uma interpretação no sentido de se possibilitar negócios processuais sobre os itens "a", "c" e "e" significa contratualizar (e institucionalizar) a relativização da coisa julgada, durante vários anos tão debatida e criticada pela doutrina processualista[53]. O direito de ação (assim como todos os demais direitos constitucionais) não é absoluto, e um contrato privado que assim o torne viola vários princípios e garantias constitucionais que, em seu conjunto, não podem ser ignorados para o privilégio das partes contratantes.

Em resumo, a contratualização da coisa julgada é admissível em dois casos, dentre os cinco listados acima: quando o negócio jurídico tratar dos efeitos da decisão (como, por exemplo, uma renúncia a um crédito reconhecido judicialmente) ou do direito à rescisão (a título de exemplo, quando há renúncia ao direito à rescisão da decisão), não sendo cabível o negócio processual que visa a desconstituir, rever, afastar, desconsiderar ou rescindir a coisa julgada.

No que concerne à coisa julgada incidente sobre questão prejudicial, a história é um pouco diferente. Em uma análise rápida da matéria, acredita-se que, inexistindo requerimento das partes ou havendo negócio processual

---

53. Sobre o tema, ver: DIDIER JR., Fredie; BRAGA, Paula Sarno; OLIVEIRA, Rafael. **Curso de direito processual civil**: teoria da prova, direito probatório, teoria do precedente, decisão judicial, coisa julgada e antecipação dos efeitos da tutela. V. 2. 4. Ed. Salvador: JusPODIVM, 2009, p. 441-448; DINAMARCO, Cândido Rangel. **Nova era do processo civil**. 3. Ed. São Paulo: Malheiros, 2009, p. 216-270; MARINONI, Luiz Guilherme. **Coisa julgada inconstitucional**. São Paulo: Revista dos Tribunais, 2008; MOREIRA, José Carlos Barbosa. **Temas de direito processual**: nona série. São Paulo: Saraiva, 2007, p. 235-267; NASCIMENTO, Carlos Valder do. **Por uma teoria da coisa julgada inconstitucional**. Rio de Janeiro: Lumen Juris, 2005; NASCIMENTO, Carlos Valder do; DELGADO, José Augusto (organizadores). **Coisa julgada inconstitucional**. 2. Ed. Belo Horizonte: Fórum, 2008. NERY JR., Nelson. **Princípio do processo na Constituição Federal**: processo civil, penal e administrative. 11. Ed. São Paulo: Revista dos Tribunais, 2013, p. 41-91; SILVA JUNIOR, Aldo Ferreira da. **Novas linhas da coisa julgada civil**: da 'relativização' da coisa julgada e os mecanismos de rescindibilidade. Campo Grande: Editora Futura, 2009; TALAMINI, Eduardo. **Coisa julgada e sua revisão**. São Paulo: Revista dos Tribunais, 2005.

nesse sentido, acredita-se que as partes podem impedir o trânsito em julgado da questão prejudicial, ou seja, a incidência da coisa julgada sobre a questão prejudicial decidida.

Como a questão prejudicial não é o objeto, o pedido da demanda, não se vislumbra óbice para que as partes contratualizem que não transitará em julgado, afastando os efeitos do artigo 503, §3º, do Código de Processo Civil, mesmo que todos os requisitos estejam presentes.

Um exemplo disso seria o caso em que, apresentando grande complexidade a questão da paternidade – que pode envolver paternidade afetiva e/ou dupla paternidade, por exemplo – as partes optem por, em ação de alimentos[54], contratualizar que mencionada questão prejudicial não transitará em julgado, podendo ser julgada definitivamente em futura ação de reconhecimento de paternidade.

De outro lado, assim como ocorre com a coisa julgada incidente sobre a questão principal, uma vez transitada em julgado a questão prejudicial, não é possível negociar para afastá-la, desconsiderá-la, ignorá-la e assim por diante. Tais questões são de extrema relevância e devem ser melhor desenvolvidas. A doutrina deve, portanto, enfrentar o tema e aprofundar as discussões, buscando pautar e auxiliar as futuras decisões judiciais sobre o assunto.

5. CONCLUSÕES

A coisa julgada sofreu transformações relevantes com a aprovação do novo Código de Processo Civil, tais como, dentre outras: (i) a expressa previsão de não incidência de coisa julgada sobre a decisão de antecipação de tutela antecedente estabilizada; (ii) a alteração do rol de hipóteses de coisa julgada formal e material; (iii) a admissão de incidência de coisa julgada sobre decisões que não extinguem o processo; (iv) a previsão legal de incidência da coisa julgada sobre decisões parciais de mérito; (v) a correção do conceito de coisa julgada material; (vi) a admissão de que a coisa julgada pode beneficiar terceiros; (vii) a ampliação dos limites subjetivos da coisa julgada no caso de submissão da empresa (que não foi citada) à decisão proferida em ação de dissolução parcial da sociedade, quando todos os seus sócios tenham sido citados; (viii) admitiu a incidência de coisa julgada sobre questão prejudicial,

---

54. O processo do exemplo versa sobre direito a alimentos (direito indisponível). Nada obstante, é preciso lembrar que a indisponibilidade característica de alguns direitos não afasta a via da autocomposição, pois é possível a composição consensual acerca do modo pelo qual os direitos indisponíveis serão efetivados (prazo, modo, lugar, definição de elementos não previstos em lei, especificação de conceitos jurídicos indeterminados etc). Logo, permite-se a pactuação de negócios processuais nesses casos.

sem a necessidade de pedido das partes e de ação declaratória incidental; *(ix)* modificou as hipóteses e o regime da ação rescisória; e *(x)* modificou os casos de inexigibilidade do título executivo por decisão do Supremo Tribunal Federal.

Todavia, acredita-se que as alterações mais substanciais referem-se ao trânsito em julgado de questões prejudiciais e à possibilidade e limites de contratualização da coisa julgada.

Segundo o artigo 503, §1º, do Código, a questão prejudicial transita em julgado se presentes cinco requisitos cumulativos: *(i)* a questão precisa ser efetivamente prejudicial; *(ii)* a ocorrência de contraditório prévio e efetivo; *(iii)* a competência do juízo, em razão da matéria e da pessoa, para julgá-la como se questão principal fosse; *(iv)* a inexistência de limitações probatórias ou de cognição; *(v)* a questão precisa ser decidida expressamente. Ademais, em se tratando de demanda que envolva a Fazenda Pública, deve-se observar as hipóteses de remessa necessária.

São desnecessários o requerimento das partes e que a definição sobre a questão prejudicial conste no dispositivo da decisão. O mesmo se aplica com relação à declaração da falsidade/autenticidade do documento, cuja decisão a respeito pode transitar em julgado independentemente de pedido das partes, e, inclusive, em segundo grau de jurisdição, caso o documento se destine a provar fatos supervenientes ou contrapor fatos cuja prova está embasada em documentos trazidos pela parte adversa.

Contra o capítulo da decisão que decide sobre a questão prejudicial, existem três possibilidades de impugnação: *(i)* se o réu for vencedor na questão prejudicial e vencido na questão principal, pode recorrer e/ou propor ação rescisória contra o capítulo referente à questão principal; *(ii)* se o réu for vencido na questão prejudicial e vencedor na questão principal, pode recorrer e/ou propor ação rescisória contra o capítulo referente à questão prejudicial; (iii) se o réu/autor for vencido em ambas as questões, pode recorrer e/ou propor ação rescisória contra os correspondentes capítulos da decisão, respeitando a limitação do artigo 966, §3º, do Código.

Destaca-se, ainda, que as regras de trânsito em julgado da questão prejudicial aplicam-se apenas aos processos iniciados após a entrada em vigor do novo Código, conforme os seus artigos 14 e 1.054.

No que concerne à contratualização, os artigos 190 e 200 do Código permitem a celebração de negócios jurídicos processuais atípicos, além dos negócios típicos já previstos em rol taxativo pela legislação. Como os pressupostos de validade descritos no artigo 190 do Código são conceitos juridicamente indeterminados, acredita-se que deverão ser definidos e concretizados.

Apesar de inexistir qualquer previsão legal relacionada especificamente à contratualização da coisa julgada, acredita-se que existem hipóteses em que os negócios jurídicos processuais poderão dispor sobre ela – o que pode ser aplicado, por exemplo, ao impedimento do trânsito em julgado de questão prejudicial, aos efeitos da decisão e ao direito à rescisão –, não sendo cabível o negócio processual que visa a desconstituir, rever, afastar, esconder, omitir, desconsiderar ou rescindir a coisa julgada incidente sobre questões prejudicial e principal.

Conclui-se que as novas disposições inevitavelmente trarão desafios que deverão ser enfrentados pela doutrina e pela jurisprudência, sendo imprescindível a realização de estudos e debates coletivos e democráticos sobre os rumos da coisa julgada.

6. REFERÊNCIAS BIBLIOGRÁFICAS

BRASIL. Código de Processo Civil. **Lei nº 5.869, de 11 de janeiro de 1973.** Disponível em: ‹http://goo.gl/gStAq4›. Acesso em: 01 nov. 2015.

BRASIL. Código de Processo Civil. **Lei nº 13.105, de 16 de março de 2015.** Disponível em: ‹http://goo.gl/Wo6wp6›. Acesso em: 01 nov. 2015.

BRASIL. Congresso Nacional. Senado Federal. Comissão de Juristas Responsável pela Elaboração de Anteprojeto de Código de Processo Civil. **Código de Processo Civil:** anteprojeto. Comissão de Juristas Responsável pela Elaboração de Anteprojeto de Código de Processo Civil. Brasília: Senado Federal, Presidência, 2010.

BRASIL. **Constituição da República Federativa do Brasil de 1988.** Disponível em: ‹http://goo.gl/DwXXZS›. Acesso em: 01 nov. 2015.

BRASIL. **Lei nº 11.232, de 22 de dezembro de 2005.** Altera a Lei no 5.869, de 11 de janeiro de 1973 – Código de Processo Civil, para estabelecer a fase de cumprimento das sentenças no processo de conhecimento e revogar dispositivos relativos à execução fundada em título judicial, e dá outras providências. Disponível em: ‹http://goo.gl/ST6pbB›. Acesso em: 28 out. 2015.

CUNHA, Leonardo Carneiro da. **Negócios jurídicos processuais no processo civil brasileiro.** Disponível em: ‹https://goo.gl/wT5x2v›. Acesso em: 01 nov. 2015.

DELLORE, Luiz. **Da ampliação dos limites objetivos da coisa julgada no novo Código de Processo Civil:** quieta non movere. Brasília, ano 48, n. 190, abr./jun. 2011, p. 35-43.

DIDIER JR., Fredie. **Curso de direito processual civil:** introdução ao direito processual civil e processo de conhecimento. V. 1. 15. Ed. Salvador: JusPODIVM, 2013.

DIDIER JR., Fredie; BRAGA, Paula Sarno; OLIVEIRA, Rafael. **Curso de direito processual civil:** teoria da prova, direito probatório, teoria do precedente, decisão judicial, coisa julgada e antecipação dos efeitos da tutela. V. 2. 4. Ed. Salvador: JusPODIVM, 2009.

_____. **Curso de Direito Processual Civil:** teoria da prova, direito probatório, decisão, precedente, coisa julgada e tutela provisória. 10. ed. Salvador: JusPODIVM, 2015.

DINAMARCO, Cândido Rangel. **Capítulos de sentença.** 4. ed. São Paulo: Malheiros, 2009.

_____. **Nova era do processo civil.** 3. Ed. São Paulo: Malheiros, 2009.

Enunciados do Fórum Permanente de Processualistas Civis: de 01, 02 e 03 de maio de 2015. Coordenadores gerais: DIDIER JR., Fredie; TALAMINI, Eduardo. [et al]. Salvador: JusPODIVM, 2015.

GOMES, Frederico Augusto; RUDINIKI NETO, Rogério. Estabilização da tutela de urgência: algumas questões controvertidas. In: MACÊDO, Lucas Buril de; PEIXOTO, Ravi; FREIRE, Alexandre (coords.). **Doutrina Selecionada. v.4.:** procedimentos especiais, tutela provisória e direito transitório. Salvador: Jus Podivm, 2015.

MARINONI, Luiz Guilherme. **Coisa julgada inconstitucional.** São Paulo: Revista dos Tribunais, 2008.

MARINONI, Luiz Guilherme; ARENHART, Sérgio Cruz; MITIDIERO, Daniel. **Novo concurso de processo civil:** tutela dos direitos mediante procedimento comum. V. 2. São Paulo: Revista dos Tribunais, 2015.

MOREIRA, José Carlos Barbosa. **Temas de direito processual:** nona série. São Paulo: Saraiva, 2007.

NASCIMENTO, Carlos Valder do. **Por uma teoria da coisa julgada inconstitucional.** Rio de Janeiro: Lumen Juris, 2005.

NASCIMENTO, Carlos Valder do; DELGADO, José Augusto (organizadores). **Coisa julgada inconstitucional.** 2. Ed. Belo Horizonte: Fórum, 2008.

NERY JR., Nelson. **Princípio do processo na Constituição Federal:** processo civil, penal e administrative. 11. Ed. São Paulo: Revista dos Tribunais, 2013.

NOGUEIRA, Pedro Henrique Pedrosa. **Negócios jurídicos processuais:** análise dos provimentos judiciais como atos negociais. 2011. 243 f. Tese (Doutorado em Direito) – Faculdade de Direito, Universidade Federal da Bahia, Salvador, 2011.

SILVA JUNIOR, Aldo Ferreira da. **Novas linhas da coisa julgada civil:** da 'relativização' da coisa julgada e os mecanismos de rescindibilidade. Campo Grande: Editora Futura, 2009.

TALAMINI, Eduardo. **Coisa julgada e sua revisão.** São Paulo: Revista dos Tribunais, 2005.

_____. **Um processo para chamar de seu:** nota sobre os negócios jurídicos processuais. Disponível em: <http://goo.gl/6Qw1xv>. Acesso em: 01 nov. 2015.

WAMBIER, Luiz Rodrigues; TALAMINI, Eduardo. **Curso avançado de processo civil:** teoria geral do processo e processo de conhecimento. V. 1. São Paulo: Revista dos Tribunais, 2015.

PARTE VIII

PRECEDENTES JUDICIAIS

CAPÍTULO 1

Precedentes no CPC-2015: por uma compreensão constitucionalmente adequada de seu uso no Brasil

Dierle Nunes[1]
Alexandre Melo Franco Bahia[2]

SUMÁRIO: 1. CONSIDERAÇÕES INICIAIS; 2. FUNÇÃO DOS TRIBUNAIS E PADRONIZAÇÃO DECISÓRIA; 3. CONTRADITÓRIO E PRECEDENTES; 4. NECESSIDADE DE UMA TEORIA DOS PRECEDENTES PARA O BRASIL; 5. PROBLEMAS EM SE DESCOBRIR O QUE FOI REALMENTE JULGADO E PADRONIZADO; 5. DO USO DOS PRECEDENTES E DA *SUPERAÇÃO E DISTINÇÃO* NO NOVO CPC; 6. PROVOCAÇÕES FINAIS.

1. CONSIDERAÇÕES INICIAIS

Vivemos no Brasil hoje uma clara tentativa de valorização dos precedentes como ferramenta para a resolução de casos, principalmente no que tange aos casos repetitivos ("de atacado"), nos quais se viabiliza uma pretensão isomórfica que leva à multiplicação de ações "idênticas".

E aqui já se apresenta uma advertência, especialmente quando se associa um *microssistema de litigiosidade repetitiva*[3] (como o previsto no CPC-2015, art. 928), técnica de gerenciamento processual (*case management* e *court management*), como ferramenta idônea e adequada de formação de precedentes, quando dos julgados não se extraem ordinariamente *ratione decidendi* na

---

1. Doutor em direito processual (PUCMinas/Università degli Studi di Roma "La Sapienza"). Mestre em direito processual (PUCMinas). Professor permanente do PPGD da PUCMINAS. Professor adjunto na PUCMINAS e na UFMG. Secretário-Geral Adjunto do IBDP, Membro fundador do ABDPC, associado do IAMG. Membro da Comissão de Juristas que assessorou na elaboração do Novo Código de Processo Civil na Câmara dos Deputados. Advogado.
2. Doutor e mestre em direito constitucional pela UFMG. Professor Adjunto na Universidade Federal de Ouro Preto e IBMEC-BH. Membro do IBDP, IHJ e SBPC. Advogado.
3. THEODORO JR, Humberto; NUNES, Dierle; BAHIA, Alexandre Melo Franco; PEDRON, Flávio. *Novo CPC: Fundamentos e sistematização*. 2. ed. Rio de Janeiro: GEN Forense, 2015.

prática brasileira.⁴ *Fundamentos determinantes são identificáveis acidentalmente no Brasil.*

Esta ressalva é relevante por duas razões que já merecem ser indicadas: a) o sistema de uso de precedentes se estruturou historicamente muito anteriormente ao (e pois, totalmente à revelia do) surgimento da nominada litigiosidade repetitiva; b) uma técnica de causa piloto⁵ ou de procedimento modelo⁶ somente terá condições de formar precedentes se a deliberação se der de tal modo que todos os argumentos relevantes sejam levado em consideração (como prescrevem os arts. 10 e 489, §1º, inc. IV, 927, §1º, CPC-2015).

Como se pontuou em outra sede:

> A aplicação do direito jurisprudencial constitui um processo de individualização do Direito e de universalização da regra estabelecida no precedente, na tese, ou no enunciado sumular a exigir do intérprete constante atenção e consideração à dimensão subjetiva (construída processualmente) do caso concreto, para que seja possível sua adequada conciliação à dimensão objetiva do Direito. No entanto, esse processo é diuturnamente ameaçado pelo formalismo dos enunciados sumulares e das teses (decisões-modelo) estabelecidas pelos tribunais superiores (repercussão geral, julgamento de recursos especiais repetitivos e incidente de resolução de demandas repetitivas), mediante técnicas de causa modelo ou de procedimento-modelo, assim como pela leitura equivocada que parcela da comunidade jurídica tem feito acerca do precedente judicial. Nesse contexto é que o Código de

---

4. *Pesquisa empírica* intitulada "A força normativa do direito judicial: uma análise da aplicação prática do precedente no direito brasileiro e dos seus desafios para a legitimação da autoridade do Poder Judiciário", financiada pelo Conselho Nacional de Justiça (CNJ), administrada pela Fundação de Desenvolvimento da Pesquisa (FUNDEP/UFMG) e concebida e executada por Grupo de Pesquisa ligado à Universidade Federal de Minas Gerais (UFMG), sob a coordenação do Prof. Dr. Thomas da Rosa de Bustamante (Contrato de n.º 17/2013) com participação dos Profs. Drs. Dierle Nunes, Misabel Derzi entre inúmeros outros pesquisadores realizada em 10 tribunais, inclusos o STF e STJ *confirma esta assertiva.* O relatório final da pesquisa se encontra em fase de finalização.
5. Na técnica de causa-piloto ou "processos teste" (*Pilotverfahren* ou *test claims*), para resolução dos litígios em massa, uma ou algumas causas são escolhidas pela similitude na sua tipicidade para serem julgadas inicialmente, e cuja solução permite que se resolvam rapidamente todas as demais causas paralelas. Não há cisão cognitiva.
6. Na técnica de Procedimento-modelo" ou "procedimento-padrão "são apreciadas somente questões comuns a todos os casos similares, deixando a decisão de cada caso concreto para o juízo do processo originário" (CABRAL, Antônio Passo. A escolha da causa-piloto nos Incidentes de Resolução de Processos Repetitivos. In: WAMBIER, Teresa Arruda Alvim (coord.). *Revista de Processo*. São Paulo: Revista dos Tribunais, Ano 39, v. 231, maio/2014. p. 2013) que aplicará o padrão decisório em consonância com as peculiaridades fático-probatórias de cada caso. (NUNES, Dierle; PATRUS, Rafael Dilly. Uma breve notícia sobre o procedimento-modelo alemão e sobre as tendências brasileiras de padronização decisória: um contributo para o estudo do incidente de resolução de demandas repetitivas brasileiro. In: FREIRE, Alexandre et al (Org.). *Novas tendências do Processo Civil*, Salvador: Editora JusPodivm, 2013.)

Processo Civil de 2015 estrutura um novo modelo dogmático para o dimensionamento do direito jurisprudencial, para, a partir de pressupostos democráticos, combater a superficialidade da fundamentação decisória e a desconsideração da facticidade do Direito, entre outros graves déficits de sua aplicação.[7]

Perceba-se, assim, que o fenômeno do uso do direito jurisprudencial para dimensionamento de litígios repetitivos seria apresentado como solução supostamente idônea para tais conflitos pela crença de que as velhas ferramentas e cânones relativos ao uso de normas já não daria mais conta da nova realidade, conduzindo vários países do "civil law" ("alegado") a buscar no *common law* soluções antigas (por lá) para esses novos problemas.[8] Contudo, o sistema de precedentes não foi delineado com esta finalidade.

Ademais, nem sempre a transposição de institutos estrangeiros pode resolver adequadamente nossos dilemas, salvo quando façamos uma comparação adequada e responsável das peculiaridades dos sistemas, de suas litigiosidades e do modo como o referido instituto deva ser aplicado.

Isto já nos conduz à percepção de que apesar do sistema brasileiro sempre ter levado em consideração os julgados dos tribunais para sua prática decisória,[9] falar-se em "aproximação" ou "identidade" de nossa práxis não é

---

7. NUNES, Dierle; HORTA, André Frederico. A doutrina do precedente judicial: Fatos operativos, argumentos de princípio e o novo Código de Processo Civil. BUENO, Cássio Scarpinela (org.). Novo CPC. São Paulo: Editora Artmed Panamericana/IBDP, 2015.
8. De igual sorte também países de "common law" vêm passando por movimentos de mixagem com institutos próprios do "civil law". Estes fenômenos (lá e cá) são conhecidos como "mixed jurisdictions". A percepção de que o sistema brasileiro não se amolda mais, tão-somente, às perspectivas do *civil law*, em face da existência e adoção de práticas típicas do *common law*, como as de reforço da importância do papel dos "precedentes" jurisprudenciais, especialmente dos Tribunais Superiores, com a formatação de um sistema jurídico em transição (entre os sistemas indicados), conduz à necessidade de delimitação de um trabalho de pesquisa que formate a compreensão do impacto desse novo modelo de aplicação do direito, tanto no âmbito da teoria do processo quanto da teoria da constituição, além dos impactos no campo da teoria do Estado. Cf.: TETLEY, William. Nationalism in a Mixed Jurisdiction and the Importance of Language. Tulane Law Review, v. 78, p. 175-218, 2003; THEODORO JÚNIOR, Humberto; NUNES, Dierle; BAHIA, Alexandre Melo Franco. Breves considerações sobre a politização do Judiciário e sobre o panorama de aplicação no direito brasileiro. In: CLÈVE, Clèmerson Merlin; BARROSO, Luís Roberto (Org.). *Doutrinas essenciais direito constitucional*. São Paulo: Ed. RT, 2011. vol. 4, p. 731-776; e: THEODORO JÚNIOR; NUNES, Dierle; BAHIA, Alexandre Melo Franco. *Novo CPC*: fundamentos e sistematização. 2ª Ed. RJ: Forense, 2015.
9. Como pontua com precisão Marcus Seixas Souza, não é nenhuma novidade o uso do Direito jurisprudencial no Brasil. No Brasil Colônia seu uso era recorrente: "(a) Arestos: constituíam precedentes dos tribunais superiores e, embora não fossem publicados em coletâneas oficiais, eram analisados pela doutrina e até mesmo reproduzidos. Não havia um consenso sobre a eficácia dos arestos da Casa da Suplicação (o mais graduado tribunal superior ordinário do Reino), sendo que alguns sustentavam que apenas seriam aplicáveis a casos semelhantes, enquanto outros viam nos arestos alguma transcendência; (b) Estilos: tratava-se do uso decorrente de prática reiterada em um tribunal, exigindo-se um período mínimo de dez anos para tanto, vedada violação à lei. Eram compilados na *Colleção Chronologica da Legislação Portugueza Compilada e Annotada* e no *Auxiliar Jurídico*. Do mesmo modo que o costume, os

plenamente correto pois, *verbi gratia*, o sistema brasileiro de súmulas não pode ser comparado com o sistema anglo-americano de *cases*, pois lá se procura uma identificação discursiva de aspectos entre a causa em exame e o precedente, inclusive nos aspectos fáticos, em uma discussão rica. Já o sistema de súmulas, de verbetes curtos e objetivos, supostamente estabeleceria apenas uma "aplicação mecânica" por parte do julgador, sem levar em consideração todo o suporte de discussão, mesmo jurídico, que conduziu o tribunal a tomar determinado posicionamento.

Sobre a necessidade da análise dos fatos operativos/materiais, comentou-se:

> A relevância desses fatos se justifica na medida em que o raciocínio por precedentes é, essencialmente, um raciocínio por comparações entre casos (o do precedente e o do presente). Nesse raciocínio – que leva em consideração situações, eventos, qualidades e atributos –, analogias e contra-analogias são estabelecidas a fim de se determinar se o caso presente deve ser tratado da forma como estabelecido no precedente, ou se deve receber tratamento diverso, à luz do princípio da igualdade substancial. Em qualquer sistema jurídico em que o direito jurisprudencial é relevante para o desenvolvimento do Direito, as analogias e as contra-analogias são realizadas considerando os elementos essenciais e não essenciais que podem ser encontrados no caso precedente e no presente (DUXBURY, 2008, p. 113). Até mesmo para que as comparações e a própria utilização desse direito jurisprudencial sejam relevantes na aplicação do Direito, não se pode prescindir da relevância dos fatos como um dos elementos que conferem força normativa a esse direito jurisprudencial. Por isso é que os juristas familiarizados com a doutrina do precedente judicial preocupam-se em descrever com considerável grau de precisão quais são os *fatos materiais* das decisões passadas, dada sua influência no discurso jurídico e na solução de outros casos a partir do direito jurisprudencial. Esses *fatos materiais* guardam estreita relação com a *ratio decidendi (fundamentos determinantes,* para se valer da expressão do CPC-2015), cujo conceito, por sua vez, constitui um dos mais controvertidos conceitos na doutrina do precedente judicial. Essa importância que lhe é atribuível decorre da constatação de que o elemento normativo do precedente reside nela própria, *ratio*

---

estilos eram dotados de eficácia vinculante, podendo ser modificados por lei ou por outro assento. c) Assentos: consubstanciavam decisão colegiada e abstrata sobre interpretação autêntica de um dispositivo legal, sendo mencionados e comentados pela doutrina. Por força da Lei da Boa Razão, todos os juízes deveriam adotar a interpretação legal contemplada nos assentos, podendo ser modificados pela lei ou por outro assento". Somente com a República ocorreu uma mitigação do uso do direito jurisprudencial (SOUZA, Marcus Seixas. *Os precedentes na história do Direito processual civil brasileiro: Colônia e Império.* Salvador: UFBA, Faculdade de Direito, 2014, p. 87-88 e 129, *passim*.

decidendi, e as pessoas (cidadãos comuns ou autoridades) debaterão intensamente sobre quais direitos e obrigações jurídicas decorrem do que foi dito no precedente. Por isso, definir a *ratio decidendi* de um precedente não se resume a uma simples tarefa de categorização científica de partes de uma decisão; pelo contrário, pois tais *fundamentos* guardam aptidão não apenas para contribuir para a solução de outros casos mas para incrementar o histórico institucional do Direito.[10]

Infelizmente, até ao menos a entrada em vigor do CPC-2105, duas posturas são costumeiras no Brasil ao se usar os julgados dos tribunais como fundamento para as decisões: (a) a de se repetir mecanicamente ementas e enunciados de súmulas (descontextualizados dos fundamentos determinantes e dos fatos que os formaram),[11] como bases primordiais para as decisões, seguindo uma racionalidade própria da aplicação das leis, encarando esses trechos dos julgados como "comandos" gerais e abstratos – é dizer, repristinando uma escola da exegese apenas que substituída a lei pelos (pseudo) "precedentes" ou (b) de se julgar desprezando as decisões anteriormente proferidas, como se fosse possível analisar novos casos a partir de um marco zero interpretativo; num e noutro caso o juiz discricionariamente despreza os julgados, a doutrina e o próprio caso que está julgando.

Dworkin,[12] criticando a recorrente aplicação positivista do *common law* (corrente a que ele chama de convencionalismo), delineou uma teoria da integridade na qual para se aplicar precedentes o intérprete deveria analisar o direito como um romance em cadeia, com coerência, de modo a decidir o novo caso diante de si, como parte de um complexo empreendimento interligado do qual os capítulos passados (julgados passados e entendimentos doutrinários) devem ser levados em consideração, para que se escreva um novo capítulo, em continuidade, que o respeite ou o supere, com coerência. É dizer, para ele a *interpretação do direito é construtiva*: a decisão, ao mesmo tempo em que foi uma resposta aos postulantes elaborada por um grupo em certo período, é também *produto de várias mãos e dá continuidade (sem ruptura)* àquela construção referida.[13]

---

10. NUNES, Dierle; HORTA, André Frederico. A doutrina do precedente judicial: Fatos operativos, argumentos de princípio e o novo Código de Processo Civil. BUENO, Cássio Scarpinela (org.). Novo CPC. São Paulo: Editora Artmed Panamericana/IBDP. 2015.
11. Contrafaticamente, o CPC 2015 determina: "Art. 926. Os tribunais devem uniformizar sua jurisprudência e mantê-la estável, íntegra e coerente.[...] § 2º Ao editar enunciados de súmula, os tribunais devem ater-se às circunstâncias fáticas dos precedentes que motivaram sua criação."
12. DWORKIN, Ronald. O império do direito. São Paulo: Martins Fontes, 1999. p. 273 e ss.; DWORKIN, Ronald. *Uma questão de princípio*. São Paulo: Martins Fontes, 2001. p. 221 e ss.
13. Falando sobre os avanços do constitucionalismo americano que passaram pela Suprema Corte, Dworkin noutro texto ainda enfatiza que a interpretação construtiva é uma práxis que já começa pela leitura que os Ministros da Suprema Corte fazem da Constituição, uma vez que muito do que é a parte mais

O Juiz, assim, *não pode ser só a boca da jurisprudência* (como já fora da lei, ao tempo dos exegetas),[14] repetindo ementas ou trechos de julgados descontextualizados dos fatos, ou usar julgados pontuais porque precisa ter uma noção do que os julgadores do passado fizeram coletivamente. Não dá para se usar julgados isolados como se estes representassem a completude do entendimento de um tribunal.

Isto, além de uma simplificação odiosa, está em desconformidade com a práxis do *common law* de onde se diz estar buscando inspiração: lá como cá princípios são a condensação de expectativas de comportamento que são posteriormente previstos em normas jurídicas. Tais princípios são a base a partir da qual são formados precedentes, é dizer, há o julgamento de casos que, **depois**, são/podem ser tomados como razões que reforcem/contrastem com certa tese. Mas, perceba-se que precedentes apenas são tais quando de sua retomada num julgamento posterior. Não se decidem casos com a finalidade de se gerar precedentes ou pior, objetivando "prevenir" avalanche de processos (jurisprudência defensiva).[15]

Ao se delinear um microssistema de litigiosidade repetitiva, o CPC-2015 cria ferramentas gerenciais de dimensionamento destes conflitos, preferencialmente formadoras de precedentes.

Para que tal desiderato se implemente haverá a absoluta necessidade de respeito ao iter de formação das decisões e um contraditório dinâmico que, no CPC-2015, se apresenta numa série de dispositivos: nos arts. 10 e 933, passando pela busca de escolha de causas representativas com "abrangente argumentação e discussão" (art. 1.036, §6), do respeito da regra da congruência e não surpresa que determina ao relator (em recursos repetitivos) a promoção da identificação com precisão da questão a ser submetida a julgamento e a vedação ao órgão colegiado decidir questão não delimitada (arts. 1.037, I e §2º), assegurando a manifestação dos *amici curiae* (arts. 983, caput, e 1.038, I) e a realização de audiências públicas (arts. 983, §1º e 1.038, II).

Busca-se a mitigação normativa (e contrafática) dos riscos de uma hiperintegração. Esta existe na interpretação "quando os fatos de um caso com alguma especificidade e restrição acabam se tornando um parâmetro geral para casos subsequentes que não guardam suficientes padrões de identificação com ele. É

---

importante desta "are drafted in abstract language; [logo] justices must interpret those clauses by trying to find principles of political morality that explain and justify the text and the past history of its application" (DWORKIN, Ronald. Bad Arguments: The Roberts Court &Religious Schools. *The New York Review of Books*, 26.04.2011. Disponível em: ‹http://www.nybooks.com/blogs/nyrblog/2011/apr/26/bad-arguments-roberts-court-religious-schools›. Acesso em: 26.04.2011).

14. BAHIA, Alexandre. As Súmulas Vinculantes e a Nova Escola da Exegese. *RePro*, vol. 206, p. 359-379, abril 2012.
15. Cf. THEODORO JÚNIOR; NUNES, Dierle; BAHIA, Alexandre Melo Franco. *Novo CPC*: fundamentos e sistematização. *cit.* Cap. 7.

como se uma decisão singular inaugurasse uma nova afinação na orquestra, e todo o restante da prática jurídica se modulasse por ele, de forma nem sempre pertinente".[16] Tal fenômeno gera uma prática comum de se considerar dois casos (o presente e o paradigma) idênticos ao se aumentar o grau de abstração (distanciamento) entre os mesmos. Dependendo do nível de abstração, dois elementos aparentemente diferentes podem se mostrar similares ou até idênticos.[17]

Como pontua Ramires:

> O problema do abstracionismo conceitual do direito brasileiro (...) é justamente a tentativa de extrair e conservar essências das decisões pretéritas. Toma-se um acórdão qualquer e busca-se espremê-lo até produzir um enunciado representativo do que foi essencial no julgamento, formulado no menor número possível de palavras. Assim como se extrai uma essência aromática através da destilação das flores, e depois se guarda num frasco para usos futuros, a conceitualização dos julgados despe os casos de tudo o que julgar ser acidental, para ter em mãos apenas as suas 'propriedades imutáveis'. Quer se saber, por baixo daquela decisão pouco relevante em sua própria contingência, qual foi o critério permanente que a informou, porque ele seria a chave para orientar todo um conjunto de decisões futuras. Em suma, uma identificação exata do holding ou da ratio decidendi de um caso, ao gosto do tecnicismo. Ao invés de se construir uma dialética entre os casos passados e os casos futuros, tenta-se montar um monólogo, e acaba se criando *um coro de muitas vozes dissonantes*.[18]

Acerca deste "coro de muitas vozes dissonantes" o CPC-2015 contrafaticamente busca corrigir estes comportamentos não cooperativos mediante uma teoria normativa da cooperação/comparticipação que impõe uma fundamentação estruturada (art. 489), uma amplitude argumentativa (art. 10) e da boa fé objetiva.

Em inúmeros trabalhos vimos apontando, há bom tempo, os riscos de nossa peculiar apreensão do direito jurisprudencial no Brasil.[19]

---

16. RAMIRES, Mauricio. *Crítica a aplicação de precedentes no direito brasileiro*. Porto Alegre: Livraria do Advogado, 2010. p. 109.
17. Na doutrina constitucional americana, fala-se em dois mecanismos complementares a tal respeito: "metáfora" e "metonímia"; pelo primeiro, aumenta-se o distanciamento do observador perante os casos (passado e presente) e, com isso, diferenças podem ser desconsideradas e se pode concentrar nas semelhanças; na "metonímia", ao revés, o observador se aproxima dos casos e, com isso, o contexto, as singularidades, irão mostrar singularidades que tornam inaplicável o precedente – é o mecanismo tecnicamente conhecido como "distinguishing". Saber quando é o caso de um, de outro, ou até de ambos (em alguma medida) somente pode ser definido na decisão do caso. Sobre isso ver ROSENFELD, Michel. The identity of the constitutional subject. *Cardoso Law Review*, jan. 1995, p. 1069 e ss.
18. RAMIRES, Mauricio. *Crítica a aplicação de precedentes no direito brasileiro* cit., p. 140.
19. Cf. THEODORO JR., Humberto. NUNES, Dierle; BAHIA, Alexandre. Breves considerações da politização do judiciário e do panorama de aplicação no direito brasileiro – Análise da convergência entre o civil law e o common law e dos problemas da padronização decisória. *RePro*, vol. 189, novembro 2010; NUNES, Dierle;

Sempre tivemos dificuldades em entender a afirmação "definitiva", de grande parcela dos pensadores pátrios, de que, por exemplo, os enunciados de súmula seriam pronunciamentos dos Tribunais vocacionados à abstração e à generalidade, tal qual as leis, e de que sua aplicação poderia se dar desligada dos casos (julgados) que deram base à sua criação.[20]

Seria como se os enunciados fossem criados e aplicados seguindo a mesma racionalidade do discurso legislativo, para o qual a Constituição prevê um complexo processo legislativo, e que eles pudessem se desprender de suas bases contingências formativas (julgados dos tribunais com limites subjetivos e objetivos muito individualizados aptos ao julgamento de um caso mas sem amplitude suficiente para dele se extrair fundamentos determinantes – *ratione decidendi*).

Vale a pena relembrarmos que as normas (leis) são feitas para serem gerais e abstratas (tentando-se, com isso, garantir sua aplicação imparcial ao maior número de casos). Uma vez que nos livramos das teses de *mens legis* e *mens legislatoris*, sabemos que a aplicação da norma não está presa à vontade do legislador ou mesmo de uma obscura vontade da lei; não são assim os precedentes, pois que feitos no curso da resolução de um caso, e, pois, sua ratio apenas faz sentido no seu contexto de origem.

Assim, leis possuem, em sua origem, argumentos pragmáticos, racionais, econômicos, morais (ou imorais, amorais), sociais etc.; no entanto, uma vez que

---

Processualismo constitucional democrático e o dimensionamento de técnicas para a litigiosidade repetitiva. A litigância de interesse público e as tendências "não compreendidas" de padronização decisória. *RePro*, vol. 199, set. 2011; NUNES, Dierle. Novo enfoque para as tutelas diferenciadas no Brasil? Diferenciação procedimental a partir da diversidade de litigiosidades. In: THEODORO JUNIOR, Humberto. *Tutelas diferenciadas*. Rio de Janeiro: GZ Ed., 2010; NUNES, Dierle. Processo, jurisdição e processualismo constitucional democrático na América Latina: alguns apontamentos. *Revista Brasileira de Estudos Políticos*, vol. 101, p. 61-96, 2010; BAHIA, Alexandre. Avançamos ou Retrocedemos com as reformas? Um estudo sobre a crença no poder transformador da legislação e sua (in)adequação face o Estado Democrático de Direito. In: Felipe Machado; Marcelo Andrade Cattoni de Oliveira (org.). *Constituição e processo: uma análise hermenêutica da (re)construção dos códigos*. Belo Horizonte: Fórum, 2012. p. 15-37; NUNES, Dierle; BAHIA, Alexandre. Por um paradigma democrático de processo. In: DIDIER, Fredie. *Teoria do processo – Panorama doutrinário mundial – 2.ª série*. Salvador: JusPodivm, 2010. p. 159-180

20. Em sendo assim, os Tribunais Superiores poderiam possuir um grande (e crescente) número de obstáculos ao seu acesso, uma vez que não estão ali para "corrigir a injustiça da decisão", mas somente para garantir a autoridade da Constituição/lei federal e a uniformidade da jurisprudência. Diante daqueles casos que conseguem ultrapassar a barreira da admissibilidade, os Tribunais Superiores não estariam preocupados com o caso em si, que seria abstraído de suas características de caso concreto e visto apenas a partir do tema de que se trata, a fim de, se valendo do caso (que é irrelevante), alcançar aqueles objetivos acima elencados. Cf. BAHIA, Alexandre. *Recursos extraordinários no STF e no STJ*: conflito entre interesses público e privado. Curitiba: Juruá, 2009, p. 175 e 310; BAHIA, Alexandre Gustavo Melo Franco. Os recursos extraordinários e a co-originalidade dos interesses público e privado no interior do processo: reformas, crises e desafios à jurisdição desde uma compreensão procedimental do Estado democrático de direito. In: OLIVEIRA, Marcelo Andrade Cattoni de; MACHADO, Felipe D. Amorim (coord.). *Constituição e processo: a contribuição do processo no constitucionalismo democrático brasileiro*. Belo Horizonte: Del Rey, 2009. p. 366.

passam pelo processo legislativo, são traduzidas para o código (deontológico) próprio do direito (direito/não-direito), valendo e devendo ser aplicadas à revelia das razões que lhe deram origem.[21] Súmulas e precedentes, ao contrário, estão umbilicalmente ligados aos casos que lhes deram origem e só existem e fazem sentido a partir destes casos. Diferentemente das leis, portanto, a aplicação de súmulas e precedentes precisa vir acompanhada dos seus casos-origem.

Outra assertiva que precisa ser problematizada é a de que o seu uso poderia ser comparado ao uso dos precedentes no common law, especialmente pela percepção de que lá é vital a ideia de que os tribunais não podem proferir regras gerais em abstrato.[22] Ou seja, em países de *common law*, os precedentes não "terminam a discussão", são sim, um principium:[23] um ponto de partida, um dado do passado, para a discussão do presente.

Aqui entre nós, a "jurisprudência" (ou que chamamos disso) esforça-se para, logo, formatar um enunciado de Súmula (ou similar), que deveria corresponder sempre a *ratio decidendi/holding* (mas com recorrência não correspondem), a fim de se encerrar o debate sobre o tema, hiperintegrando a discussão, já que, no futuro, o caso terá pinçado um tema que seja similar ao enunciado sumular e, então, a questão estará "resolvida" quase que automaticamente, como nos tempos da subsunção da escola da exegese,[24] apenas que, em vez de a premissa maior ser a lei, agora é uma Súmula, "jurisprudência dominante", ou julgado proferido em técnicas repetitivas.

Esta peculiar "jurisprudência" preventiva imagina uma possível divergência e trata logo de eliminá-la, não permitindo que a questão amadureça nos Tribunais à medida que for ocorrendo, para que, então, se forme um entendimento consolidado.

No *common law*, ao invés, para que um precedente seja aplicado há que se fazer análise comparativa *entre os casos, analogias e contra-analogias* (presente e passado, isto é, o precedente), para se saber se, em havendo similitude, em que medida a solução do anterior poderá servir ao atual.

Por aqui, ao revés, o uso de enunciados de súmula (e de ementas) se dá em geral no Brasil, *equivocadamente*, como se lei fossem. Seguindo o mesmo raciocínio de generalidade e de abstração das normas editadas pelo Parlamento,

---

21. BAHIA, Alexandre Melo Franco. *Recursos extraordinários no STF e no STJ*: conflito entre interesses público e privado. Curitiba: Juruá, 2009, p. 277.
22. HUGHES, Graham. Common Law systems. MORRISON, Alan. *Fundamentals of american law*. New York: Oxford University Press, 1996. p. 19.
23. RE, Edward D. Stare Decisis. *Revista Forense*, vol. 327, p. 38. Por isso, inclusive, a ideia de "interpretação construtiva" de Dworkin.
24. BAHIA, Alexandre. As súmulas vinculantes e a nova escola da exegese. *RePro*, vol. 206, p. 359-379, abr. 2012.

é como se esses enunciados jurisprudenciais se desgarrassem dos fundamentos determinantes (ratione decidendi ou holding) que os formaram. Não se negam as razões históricas da criação desses enunciados na década de 1960, com inspiração nos assentos portugueses. O que se critica é que após todos os avanços da teoria do direito e da ciência jurídica, se aceite a reprodução, mesmo sem se perceber, de uma peculiar aplicação do positivismo normativista da jurisprudência dos conceitos (Begriffsjurisprudenz),[25] que defendia a capacidade do Judiciário criar conceitos universais; um sistema jurídico fechado que parte do geral para o singular e que chega a "esse" geral com a negligência às singularidades.

Perceba-se: nos séculos XVIII e XIX acreditava-se que o legislador poderia fazer normas "perfeitas", gerais e abstratas de tal forma que seriam capazes de prever todas as suas hipóteses de aplicação. Descobrimos no século XX que isso não é possível (que, e.g., por detrás de toda pretensa objetividade da lei estavam os preconceitos daquele que a aplicava).[26] Agora, em fins do século XX e início deste apostamos, mais uma vez, no poder da razão em criar regras perfeitas, apenas que agora seu autor não é mais (só) o legislador mas (também) o Tribunal.[27]

Há os que acreditam que legisladores e/ou juízes possam "inventar" princípios a seu bel prazer, como se princípios "brotassem" da mera vontade do juiz ou mesmo do legislador.[28]

Em assim sendo, apesar de se tematizar com recorrência nosso peculiar movimento de convergência com o common law, chamado por Streck de "commonlização",[29] continuamos insistindo nessa equivocada formação e aplicação do direito jurisprudencial.[30]

Falta aos nossos Tribunais uma formulação mais robusta sobre o papel dos "precedentes". Se a proposta é que eles sirvam para indicar aos órgãos judiciários qual o entendimento "correto", deve-se atentar que o uso de um

---

25. PUCHTA, Georg Fredrich. *Lehrbuch der Padekten*. Leipzig: Berlag von Johann Ambrolius Barth, 1838.
26. Sobre isso dedicamos todo o Capítulo 1 do nosso: THEODORO JÚNIOR; NUNES, Dierle; BAHIA, Alexandre Melo Franco. *Novo CPC*: fundamentos e sistematização. cit.
27. Se é verdade que também o "common law" passou por uma fase de forte positivismo – na qual aos precedentes se tentou dar a mesma estabilidade e imutabilidade que dávamos às leis –, tais ideias restaram superadas desde fins do século XIX. Sobre isso ver: BUSTAMANTE, Thomas da Rosa de. *Teoria do precedente judicial*. São Paulo: Noeses, 2012.
28. Como já dito acima, princípios como normas jurídicas são uma decorrência de condensações de expectativas de comportamento. Legisladores podem ter escopos políticos, mas não necessariamente o produto do seu trabalho será o reconhecimento de um princípio; normalmente, o ele positiva regras.
29. STRECK, Lenio. Por que agora dá para apostar no projeto do novo CPC! Acesso em: <http://www.conjur.com.br/2013-out-21/lenio-streck-agora-apostar-projeto-cpc>.
30. NUNES, Dierle; BAHIA, Alexandre. Formação e aplicação do direito jurisprudencial: alguns dilemas. *Revista do TST*, vol. 79, Brasília, abr.- jun. 2013. Acesso em: <http://pt.scribd.com/doc/176023132/Dierle-Nunes-e-Alexandre-Bahia-Formacao-e-aplicacao-do-Dir-Jurisprudencial-Revista-do-TST>.

precedente apenas pode se dar, como já adiantado, fazendo-se comparação entre os casos – inclusive entre as hipóteses fáticas –, de forma que se possa aplicar o caso anterior ao novo.

E essa assertiva deve também valer para os enunciados de súmulas, é dizer, o sentido destas apenas pode ser dado quando vinculadas aos casos que lhe deram origem.

Nesse sentido caminhou muito bem o Novo CPC ao renovar o conceito de fundamentação das decisões judiciais, passando a exigir do julgador um trabalho muito mais efetivo e que explicita o que já é um dever constitucional (art. 93, IX, CR/88). O art. 489, §§1º e 2º estabelece uma série detalhada de parâmetros para a fundamentação das decisões. Entre tais parâmetros está a disposição que não considera fundamentada a decisão que se limita a citar (ou a negar a aplicação) de um precedente/súmula sem mostrar de que forma este tem relação com o caso.[31] Para se dizer que um precedente deve ou não ser aplicado ao caso, não apenas é necessário explicitar as questões jurídicas e fáticas deste, mas também se recuperar os casos que deram origem àquele. As disposições do art. 489 preenchem uma lacuna, pois que, aparentemente, o comando constitucional não era suficiente para se superar certos entendimentos jurisprudenciais que minimizavam a importância da fundamentação.

2. FUNÇÃO DOS TRIBUNAIS E PADRONIZAÇÃO DECISÓRIA

Encontramo-nos, pois, imersos nesse processo peculiar de convergência com o common law e que não pode mais ser considerado aparente,[3233] devido ao uso da jurisprudência como fundamento de prolação de decisões pelo Judiciário pátrio.

Sabe-se que após a ineficácia do modelo processual reformista imposto, entre nós, após a década de 1990 – que apostou, em apertada síntese, prioritariamente, em reformas legislativas (e não em uma abordagem panorâmica e multidimensional, nominada de "processualismo constitucional democrático")[34]

---

31. THEODORO JÚNIOR; NUNES, Dierle; BAHIA, Alexandre Melo Franco. *Novo CPC*: fundamentos e sistematização. cit.
32. THEODORO JÚNIOR, Humberto; NUNES, Dierle; BAHIA, Alexandre. Breves considerações da politização do judiciário e do panorama de aplicação no direito brasileiro – Análise da convergência entre o civil law e o common law e dos problemas da padronização decisória. RePro, vol. 189, p. 3, São Paulo: Ed. RT, nov. 2010. NUNES, Dierle. Processualismo constitucional democrático e o dimensionamento de técnicas para a litigiosidade repetitiva. A litigância de interesse público e as tendências "não compreendidas" de padronização decisória. RePro, vol. 199, p. 38, São Paulo: Ed. RT, set. 2011.
33. HONDIUS, Ewoud. *Precedent an the law*: Reports to the XVIIth Congress International Academy of Comparative Law Utrecht, 16-22 July 2006. Bruxelles, Bruylant, 2007.
34. NUNES, Dierle. Processualismo constitucional democrático e o dimensionamento de técnicas para a litigiosidade repetitiva. A litigância de interesse público e as tendências "não compreendidas" de padronização decisória cit., p. 38. NUNES, Dierle. Sistema processual exige abordagem panorâmica e macroestrutural.

e no ideal socializador de busca de reforço tão só do protagonismo judicial –[35] que alguns vêm há alguns anos (em face da explosão exponencial de demandas e dos altos índices de "congestionamento judicial") defendendo um peculiar uso de enunciados jurisprudenciais hiperintegrados (vistos como padrões decisórios) para dimensionar a litigiosidade repetitiva, como temos procurado mostrar no presente trabalho.

O pressuposto equivocado é o de que mediante o julgamento de um único caso, sem um contraditório dinâmico como garantia de influência e não surpresa para sua formação,[36] mediante a técnica de causa piloto, o Tribunal Superior (e existe a mesma tendência de ampliação dessa padronização nos juízos de segundo grau no novo CPC) *formaria um julgado* (interpretado no Brasil como precedente) *que deveria ser aplicado a todos os casos "idênticos"*, presentes e futuros (ver arts. 926-927). Aquilo que a lei não pôde fazer (isto é, prever todas as suas hipóteses de aplicação), uma decisão judicial conseguiria, terminando com o *problema* de magistrados terem de se dar ao trabalho de analisar os casos pendentes/futuros, bastando apenas extrair dos mesmos o tema e aplicar sobre ele o precedente.

Pode-se notar a intenção de estender o âmbito de aplicabilidade das decisões judiciais, fazendo com que o Judiciário no menor número de vezes possível tenha que se aprofundar na análise de questões similares, tornando-se mais *eficiente quantitativamente* através do estabelecimento de padrões a serem seguidos nos casos idênticos subsequentes, sob o argumento de preservação da isonomia, da celeridade, da estabilidade e da previsibilidade do sistema.

Neste particular, o movimento reformista brasileiro parece tentar convergir para uma aproximação com o sistema do common law, ao adotar julgados que devem ser seguidos nas decisões futuras – o que configuraria uma peculiar forma de precedente judicial, com diferentes graus de força vinculante.

Isso, como já apontado, vale para os enunciados de Súmulas da jurisprudência dominante (ou tão só "as súmulas", como mais difundido), é dizer, o

---

Revista Conjur. 24.12.2013. Acesso em: ‹http://www.conjur.com.br/2013-dez-24/dierle-nunes-sistema-processual-exige-abordagem-panoramica-macroestrutural›.

35. Para uma análise mais consistente dos equívocos do movimento reformista brasileiro conferir: Nunes, Dierle José Coelho. *Processo jurisdicional democrático: uma análise crítica das reformas processuais*. Curitiba: Juruá, 2008.

36. Cf. NUNES, Dierle. *O recurso como possibilidade jurídica discursiva do contraditório e ampla defesa*. PUC-MINAS, 2003, Dissertação de Mestrado; NUNES, Dierle. *O princípio do contraditório*. Rev. Síntese de Dir. Civ. e Proc. Civil, vol. 5, n. 29, p. 73-85, maio.-jun. 2004; NUNES, Dierle; THEODORO JR, Humberto. Uma dimensão que urge reconhecer ao contraditório no direito brasileiro: uma garantia de influência e não surpresa e de aproveitamento da atividade processual. RePro, vol. 168, p. 107-141, fev. 2009; THEODORO JR. Humberto, NUNES, Dierle. Princípio do contraditório: tendências de mudança de sua aplicação. *Revista da Faculdade de Direito do Sul de Minas*, vol. 28, p. 177-206, 2009.

sentido destes apenas pode ser dado quando vinculadas aos casos que lhe deram origem. Quando o STJ editou a Súmula 309 (decisão de 27.04.2005), por exemplo, ela não refletia o entendimento dominante dos casos que lhe deram origem. Isso, contudo, apenas foi percebido quase um ano depois, no HC 53.068 (STJ, 2.ª Seção, j. 22.03.2006) quando a relatora, Min. Nancy Andrighi, mostrou que dos dez julgados citados para formar "a Súmula", apenas três se adequavam à redação dada àquela, razão pela qual a Ministra pediu a alteração do texto do enunciado, o que foi aceito.[37]

Se, como temos dito, os enunciados de súmulas somente podem ser interpretados e aplicados levando-se em consideração os julgados que os formaram, então, sua aplicação deve se dar de modo discursivo, e não mecânico, levando-se a sério seus fundamentos (julgados que a formaram) e as potenciais identidades com o atual caso concreto.[38]

Não se coloca nem mesmo em pauta o próprio papel dos Tribunais Superiores.

Como informa o presidente da Corte de Cassação italiana Ernesto Lupo, embasado em Taruffo e Cadiet, existiriam três funções gerais das "Cortes Supremas": (a) função reativa ou disciplinar: controle da legitimidade da decisão no caso concreto, que se dirige ao passado, projetando-se como uma reação do ordenamento à violação do direito objetivo, visando eliminar ou neutralizar seus efeitos; (b) função proativa: dirigida ao futuro, na qual se proferem decisões idealizadas para resolução de controvérsias idênticas ou similares e com isso garantir-se a promoção da evolução do direito e (c) garantista: de se promover os direitos fundamentais.[39]

Visto, nesses termos, poderíamos perceber que os Tribunais Superiores no Brasil estariam exercendo uma peculiar "função proativa" na qual não seriam movidos, em muitas hipóteses, à busca da evolução do direito, mas à criação de uma forma peculiar de extermínio das demandas idênticas a partir de padrões rasos.

---

37. Tal dado é muito preocupante, uma vez que o Novo CPC aposta no uso cada vez maior de julgados-paradigma e súmulas e, no entanto, percebe-se que, não raras vezes, o Tribunal erra na formação do próprio precedente/súmulas. Ora, como reger um sistema de precedentes (art. 926 – Novo CPC) se falta habilidade/técnica em sua própria formação? Ao mesmo tempo, a lembrança desse episódio é importante para mostrar a necessidade de se trabalhar com os casos que deram origem, no caso, à Súmula: foi apenas assim que se percebeu a necessidade de "superação" da Súmula, equivocadamente construída.
38. Cf. BAHIA, Alexandre. *Recursos extraordinários no STF e no STJ – Conflito entre interesses público e privado.* Curitiba: Juruá, 2009. p. 199 e ss.
39. LUPO, Ernesto. Il ruolo delle Corti supreme nell'ordine politico e istituzionale. BARSOTTI, Vittoria; VARANO, Vincenzo. *Il nuovo ruolo delle Corti supreme nell'ordine politico e istituzionale: dialogo di diritto comparato.* Napoli: Edizioni Scientifiche Italiane, 2012. p. 92.

Ao se perceber tal movimento em nosso país para o dimensionamento da litigiosidade repetitiva, entra na pauta jurídica o papel do Tribunais (com destaque para os Superiores) e o modo como a jurisprudência deve ser formada e aplicada; em especial, pelo obrigatório respeito ao *processo constitucional em sua formação*.

Inclusive, em relação a este último aspecto, vimos defendendo, na condição de consultor do então CPC projetado junto à Câmara dos Deputados (com alguma repercussão) o fortalecimento de técnicas de distinguishing e do overruling. Quanto a isso, o Novo CPC busca ofertar algumas premissas na formação e aplicação dos precedentes. E mesmo que nem tudo o que foi debatido e provisoriamente aprovado durante a tramitação tenha efetivamente se transformado em lei,[40] as discussões nele esposadas demonstram claramente a preocupação com a ausência, até então, de "técnicas processuais constitucionalizadas" para a formação de nossos "precedentes", como buscaremos mostrar com alguns exemplos no presente texto.

3. CONTRADITÓRIO E PRECEDENTES

Um aspecto em relação à constitucionalização que merece destaque diz respeito às premissas do novo CPC e a absorção efetiva e normativa do Contraditório como garantia de influência e não surpresa.

Partindo desta percepção se vislumbra que a aplicação do princípio não se resumiria à formação das decisões unipessoais (monocráticas), mas ganharia maior destaque na prolação das decisões colegiadas, com a necessária promoção de uma redefinição do modo de funcionamento dos tribunais. O "tradicional" modo de julgamento promovido pelos Ministros (e desembargadores) que, de modo unipessoal, com suas assessorias, e sem diálogo e contraditório pleno entre eles e com os advogados, proferem seus votos partindo de premissas próprias e construindo fundamentações completamente díspares, não atende a este novo momento que o Brasil passa a vivenciar.[41]

---

40. Um bom exemplo são os artigos 520-522, na forma como foram aprovados na Câmara dos Deputados, e que criavam um capítulo apenas sobre "os precedentes". Apesar dos arts. 520 e seguintes não terem sido mantidos na versão aprovada no Senado e afinal sancionada, é importante resgatar os contornos do que ali se dispunha a uma porque partes daquilo foi realocada no que são agora os arts. 926 e seguintes; a duas porque tratava-se do resultado de estudos que imergiam no funcionamento dos precedentes no "common law" e, ainda que boa parte não conste da legislação aprovada, são um referencial teórico e prático sobre como devem funcionar os precedentes ao ser tal sistema traduzido para um país de "civil law". Para consultar esses dispositivos, cf: <http://migre.me/pyhpC>.
41. Acerca das premissas essenciais para o uso dos precedente, veja-se: "Nesse aspecto, o *processualismo constitucional democrático* por nós defendido tenta discutir a aplicação de uma igualdade efetiva e valoriza, de modo policêntrico e compartipativo, uma renovada defesa de convergência entre o *civil law* e *common law*, ao buscar uma aplicação legítima e eficiente (efetiva) do direito para todas as litigiosidades

O contraditório, nesses termos, impõe em cada decisão a necessidade do julgador enfrentar todos os argumentos deduzidos no processo capazes de, em tese, infirmar sua conclusão. Perceba-se que caso as decisões procedam a uma análise seletiva de argumentos, enfrentando somente parte dos argumentos apresentados, com potencialidade de repercussão no resultado, haverá prejuízo na abordagem e formação dos precedentes (padrões decisórios); inclusive com evidente prejuízo para aplicação futura em potenciais casos idênticos.

(sem se aplicar padrões decisórios que pauperizam a análise e a reconstrução interpretativa do direito), e defendendo o delineamento de uma teoria dos precedentes para o Brasil que suplante a utilização mecânica dos julgados isolados e súmulas em nosso país. Nesses termos, seria essencial para a aplicação de precedentes seguir algumas premissas essenciais: 1.º – Esgotamento prévio da temática antes de sua utilização como um padrão decisório (precedente): ao se proceder à análise de aplicação dos precedentes no *common law* se percebe ser muito difícil a formação de um precedente (padrão decisório a ser repetido) a partir de um único julgado, salvo se em sua análise for procedido um esgotamento discursivo de todos os aspectos relevantes suscitados pelos interessados. Nestes termos, mostra-se estranha a formação de um "precedente" a partir de um julgamento superficial de um (ou poucos) recursos (especiais e/ou extraordinários) pinçados pelos Tribunais (de Justiça/regionais ou Superiores). Ou seja, precedente (padrão decisório) dificilmente se forma a partir de um único julgado. 2.º – Integridade da reconstrução da história institucional de aplicação da tese ou instituto pelo tribunal: ao formar o precedente o Tribunal Superior deverá levar em consideração todo o histórico de aplicação da tese, sendo inviável que o magistrado decida desconsiderando o passado de decisões acerca da temática. E mesmo que seja uma hipótese de superação do precedente (*overruling*) o magistrado deverá indicar a reconstrução e as razões (fundamentação idônea) para a quebra do posicionamento acerca da temática. 3.º – Estabilidade decisória dentro do Tribunal (*stare decisis* horizontal): o Tribunal é vinculado às suas próprias decisões: como o precedente deve se formar com uma discussão próxima da exaustão, o padrão passa a ser vinculante para os Ministros do Tribunal que o formou. É impensável naquelas tradições que a qualquer momento um ministro tente promover um entendimento particular (subjetivo) acerca de uma temática, salvo quando se tratar de um caso diferente (*distinguishing*) ou de superação (*overruling*). Mas nestas hipóteses sua fundamentação deve ser idônea ao convencimento da situação de aplicação. 4.º – Aplicação discursiva do padrão (precedente) pelos tribunais inferiores (*stare decisis* vertical): as decisões dos tribunais superiores são consideradas obrigatórias para os tribunais inferiores ("comparação de casos"): o precedente não pode ser aplicado de modo mecânico pelos Tribunais e juízes (como v.g. as súmulas são aplicadas entre nós). Na tradição do *common law*, para suscitar um precedente como fundamento, o juiz deve mostrar que o caso, inclusive, em alguns casos, no plano fático, é idêntico ao precedente do Tribunal Superior, ou seja, não há uma repetição mecânica, mas uma demonstração discursiva da identidade dos casos. 5.º – Estabelecimento de fixação e separação das *ratione decidendi* dos *obter dicta* da decisão: a *ratio decidendi* (elemento vinculante) justifica e pode servir de padrão para a solução do caso futuro; já o *obter dictum* constituem-se pelos discursos não autoritativos que se manifestam nos pronunciamentos judiciais "de sorte que apenas as considerações que representam indispensavelmente o nexo estrito de causalidade jurídica entre o fato e a decisão integram a *ratio decidendi*, onde qualquer outro aspecto relevante, qualquer outra observação, qualquer outra advertência que não tem aquela relação de causalidade é *obiter*: um *obiter dictum* ou, nas palavras de Vaughan, um *gratis dictum*". 6.º – Delineamento de técnicas processuais idôneas de distinção (*distinguishing*) e superação (*overruling*) do padrão decisório: A ideia de se padronizar entendimentos não se presta tão só ao fim de promover um modo eficiente e rápido de julgar casos, para se gerar uma profusão numérica de julgamentos. Nestes termos, a cada precedente formado (padrão decisório) devem ser criados modos idôneos de se demonstrar que o caso em que se aplicaria um precedente é diferente daquele padrão, mesmo que aparentemente seja semelhante, e de proceder à superação de seu conteúdo pela inexorável mudança social – como ordinariamente ocorre em países de *common law*" (NUNES, Dierle. Processualismo constitucional democrático e o dimensionamento de técnicas para a litigiosidade repetitiva. A litigância de interesse público e as tendências "não compreendidas" de padronização decisória. *RePro*, vol. 189, p. 38, set. 2011).

Não é incomum a dificuldade dos Tribunais de segundo grau em aplicar os padrões formados pelos Tribunais Superiores, por eles não terem promovido uma abordagem mais panorâmica do caso e dos argumentos.

A adoção do contraditório como influência na formação e aplicação dos precedentes, especialmente em sistemas nos quais estes são formados mediante o uso da já aludida técnica de causa piloto, e buscando uma aplicação pró futuro, torna essencial percebermos que em caso de dissonância nos votos proferidos no acórdão, dificilmente encontraremos uma única "ratio decidendi" apta a ser utilizada num caso futuro.[42]

O Contraditório impõe uma linearidade do debate para que uma decisão com eficácia panprocessual seja hábil a ser usada com argumentos colhidos por amostragem. Ao comentar a situação, Bustamante adverte:

> Do mesmo modo, em um julgamento colegiado pode acontecer que os juízes que integram a câmara ou turma de julgamento cheguem a um consenso sobre a solução a ser dada para o caso sub judice mas divirjam acerca das normas gerais que são concretizadas no caso em questão e justificam a solução adotada: *'Em uma corte de cinco juízes, 'não há ratio decidendi da corte a não ser que três pronunciem a mesma ratio decidendi'* [Montrose 1957:130]. Nesse sentido, Whittaker recorda o caso "Shogun Finance Ltd. Vs Hudson" em que o raciocínio de cada um dos juízes que compõem a maioria – uma maioria de três a dois – difere muito significativamente dos demais: "O resultado estava claro: uma maioria de três entre cinco juízes com acento na House of Lords sustentou que o fraudador não havia adquirido o título e, portanto, não poderia em tais circunstâncias tê-lo repassado a Hudson, aplicando-se a máxima nemo dat quod non habet. Não obstante, a maioria apresentava diferenças muito significativas quanto ao raciocínio seguido pelos seus componentes" [Whitakker 2006: 723-724]. Em um caso como esse não se pode falar em um precedente da corte acerca das normas (gerais) adscritas que constituem as premissas normativas adotadas por cada um dos juízes da maioria, embora se possa falar, eventualmente, de uma decisão comum constante da norma individual que corresponde rigorosamente aos fatos do caso e às conclusões adotadas. *Apenas há um precedente do tribunal em relação às questões que foram objeto de consenso dos seus membros.* "Quando a fundamentação divergente *[no caso de votos "convergentes no dispositivo e divergentes na*

---

42. Sobre a existência de mais de uma "ratio decidendi" e as dificuldades em separá-las dos "obter dicta", ver: WHITTAKER, Simon. Precedent in English Law: a view from the citadel. In: HONDIUS, Ewoud (org.). *Precedent and the Law*: Reports to the XVIIth Congress International Academy of Comparative Law Utrecht, 16-22 July 2006. Bruxelas: Bruylant, 2007. p. 56.

motivação"] descortina-se incompatível, tem-se uma decisão despida de discoverable ratio, e, portanto, não vinculante no que concerne à solução do caso" [Cruz e Tucci 2004:178]. *Isso não impede, porém, que se possa falar em uma ratio decidendi da opinião de um juiz e que a regra inferida dessa ratio seja utilizada como precedente em um caso futuro. É claro que essa regra está menos revestida de autoridade que outra que tenha sido objeto de consenso de toda a corte, mas isso – apenas de limitar – não extingue por completo seu valor como precedente"*[43] (destacamos).

Os juízes, assim, devem estar vinculados somente por fundamentos confiáveis sobre questões jurídicas que aparecem nas decisões, *não podendo haver o contentamento do sistema apenas com o dispositivo ou a ementa das decisões judiciais*: citar ementa não é trabalhar com precedentes, da mesma forma que citar Súmula diz pouco sobre a "ratio decidendi" ali contida, se não são trazidos os casos e o debate que lhe deram origem.

Esta necessária mudança do funcionamento dos Tribunais na práxis decisória deveria, inclusive, colocar em pauta o papel das alegações (sustentações) orais no curso do julgamento de modo a viabilizar um efetivo debate dos advogados, com os julgadores, antes da prolação dos votos, impedindo seu não incomum uso inócuo, após as decisões já terem sido elaboradas. Do mesmo modo, ganha importância o relatório:

> Em relação a este último aspecto, grande polêmica vem causando a *verba legis* do art. 489, inclusive com vozes criticando seus conteúdos, quando na verdade deveriam festejá-lo como uma possibilidade efetiva de otimizar o trabalho dos tribunais, inclusive, com aumento de sua eficiência. No aludido dispositivo, em prol de uma nova racionalidade decisória, ganha destaque *as novas funções do relatório* (art. 489, I) para o novo sistema que leva a sério o direito jurisprudencial e o microssistema de litigiosidade repetitiva do CPC/2015. O referido inciso I estabelece como dever-poder para o juiz de se promover "a identificação do caso". Sabe-se que sob a égide do CPC/2015 na formação do precedente será imperativo o enfrentamento de todos os argumentos relevantes da causa (arts. 489, §1º, IV, 927 §1º, 984, §2º), inclusive poupando os juízes submetidos à sua força gravitacional da necessidade de enfrentamento dos mesmos argumentos já analisados e julgados, salvo quando a parte trouxer inovação relevante. Nesta hipótese, bastará ao magistrado, nos termos dos incs. V e VI, do §1º, art. 489, comparar os fatos operativos (materiais) do caso presente mediante analogias e contra-analogias a fim de se determinar

---

43. BUSTAMANTE, Thomas da Rosa de. *Teoria do precedente judicial*. São Paulo: Noeses, 2012. p. 272-273.

se o mesmo deve ser tratado da forma como estabelecido no precedente, ou se deve receber tratamento diverso. No entanto, exatamente para definição dos fatos operativos e dos fundamentos a serem enfrentados na formação do precedente que se deve ofertar as novas e relevantes funções ao *relatório*. Diversamente do atual CPC/1973 (art. 458), no qual o relatório foi relegado a uma narrativa pouco importante da sequência de atos-fatos processuais, no CPC-2015 caberá ao tribunal, para identificação do caso, pontuar todos os argumentos fáticos e jurídicos que deverão ser analisados igualmente e sob os mesmos pressupostos pelos membros do colegiado, de maneira a se permitir a extração, pós-julgamento, dos fundamentos determinantes (*ratio decidendi*) objeto de discussão a ser utilizados como padrão decisório panorâmico para casos futuros. Do mesmo modo, nos juízos monocráticos caberá, na elaboração do relatório, indicar os fatos operativos a permitir, mediante analogias e contra-analogias, a aplicação adequada do precedente mediante exata identificação e aplicação de seus fundamentos determinantes (art. 489, §1º, inc. V) e *nunca* de modo mecânico, sem comparações, como hoje se mostra corriqueiro. Igualmente, a identificação no relatório dos fatos operativos do caso viabilizará a demonstração da existência de distinção no caso em julgamento ou a superação do entendimento (art. 489, §1º, inc. VI). Pontue-se, como já dito, que na hipótese de o precedente já ter enfrentado com amplitude, em sua formação, os argumentos relevantes suscitados no atual caso em julgamento, será despiciendo ao julgador enfrentar novamente os mesmos argumentos (suscitados pelas partes) no caso atual (como preceitua o art. 489, §1º, inc. IV), salvo quando a parte trouxer novos argumentos relevantes ou que permitam a distinção entre os casos, eis que o objetivo do *dever de consideração* (THEORORO JR et al, 2015) não é o de burocratizar o julgamento, mas aprimorar qualitativamente os julgamentos.[44]

Também se ampliam, nesses termos, as novas funções da técnica recursal que para além de viabilizar a impugnação de decisões, implementam uma espaço de construção de julgados forjados para servir de subsidio de fundamentação em casos idênticos. Tal impõe um novo olhar para o sistema recursal.

Resta ainda a percepção de que o contraditório dinâmico garantiria às partes técnicas hábeis para a *distinção de casos* e para a *superação de entendimentos*; nesse aspecto, o novo CPC, inovando a atual situação de carência

---

44. NUNES, Dierle; HORTA, André Frederico. A doutrina do precedente judicial: Fatos operativos, argumentos de princípio e o novo Código de Processo Civil. BUENO, Cássio Scarpinela (org.). Novo CPC. São Paulo: Editora Artmed Panamericana/IBDP. 2015.

técnica e como corolário do contraditório prevê o cabimento da reclamação quando ocorrer a aplicação indevida da tese jurídica e sua não aplicação aos casos que a ela correspondam, para a demonstração de existência de distinção entre o caso em análise e o precedente invocado (distinguishing) ou a superação da tese (overruling); seguindo antiga defesa doutrinária.[45] O *distinguishing* (art. 1.037, §§9º a 13) realizado pelo juízo onde tramita a causa e o *overruling* (art. 927, §§2º a 4º e 986) pelo órgão formador do precedente, mediante cognição qualificada.

Devemos sempre levar a sério, a partir dos aportes ora discutidos, a advertência de Motta:

> Uma coisa, que é correta, é a invocação dos julgamentos anteriores que, quando tidos como acertos institucionais, bem servem como 'indício formal' das decisões que se seguirão a ele, e que com ele devem guardar a coerência de princípio. É louvável que as partes compreendam, pois, que a sua causa integra a história institucional, e que chamem a atenção do juiz para a necessidade de sua continuidade. Agora, outra coisa, bem diferente é a fraude que decorre da utilização de verbetes jurisprudenciais, como se fundamentação fossem, sem a devida reconstrução que foram decisivos num e noutro caso. Dworkin explica que, se é verdade que os casos semelhantes devem ser tratados de maneira semelhante (primado da equidade, que exige a aplicação coerente dos direitos), também é verdade que os precedentes não têm força de 'promulgação': o juiz deve 'limitar a força gravitacional das decisões anteriores à extensão dos argumentos de princípio necessários para justificar tais decisões'. E isso já no sistema do common law! Que dirá então em países como o Brasil, de tradição jurídica totalmente diferenciada, onde os precedentes não têm (em regra, pelo menos) força normativa vinculante? Então, atenção: para que o precedente agregue padrões 'hermeneuticamente válidos' a um provimento atual, ou para que se revele a 'força' de um precedente (ou: o que, afinal, ficou decidido naquele caso?), temos de perguntar: quais os argumentos de princípio que o sustentaram? Simples, pois. Estes argumentos é que poderão (e deverão) influenciar o novo provimento. Afinal, para os propósitos de uma produção coerente e democrática do Direito, 'adequar-se ao que

---

45. THEODORO, Humberto Júnior; NUNES, Dierle; BAHIA, Alexandre. Litigiosidade em massa e repercussão geral no recurso extraordinário. *RePro*, n. 177, p. 43, nov. 2009. A previsão do "distinguishing" e do "overruling" no CPC, além de colocar o microssistema dos precedentes brasileiro em harmonia com suas fontes anglo-saxônicas, é também o reconhecimento dos limites dos precedentes, é dizer, o reconhecimento de que os mesmos não "terminam, de uma vez para sempre" as discussões. Sobre isso ver: THEODORO JÚNIOR; NUNES, Dierle; BAHIA, Alexandre Melo Franco. *Novo CPC*: fundamentos e sistematização. cit., Cap. 7.

os juízes fizeram é [bem] mais importante do que adequar-se ao que eles disseram'.[46]

É dizer, como temos insistido, não é mais possível acreditarmos, nessa quadra da história, em soluções fáceis para problemas complexos, como são as demandas seriais.

Ora, se já sabemos que leis não conseguem prever todas as hipóteses de aplicação, isto é, que a subsunção é insuficiente para a aplicação do Direito, não podemos cair no mesmo erro apenas substituindo as leis por "precedentes"/súmulas.

Mesmo demandas seriais precisam de um tratamento correto para a aplicação de precedentes. Aliás, precisam de um procedimento correto para a formação do precedente e para a exata definição quanto a que papel os mesmos irão ter no sistema.

Os exigentes parâmetros do art. 489, para a fundamentação se aplicam a quaisquer decisões, mesmo aquelas para as quais já haveria, *prima facie*, uma súmula/precedente. Saber se a pretensão de aplicá-los ou não está correta demanda uma imersão argumentativa e dialógica sobre o caso e sobre o parâmetro jurisprudencial.[47]

Os acórdãos, agora mais do que nunca, devem possuir uma linearidade argumentativa para que realmente possam ser percebidos como *verdadeiros modelos (padrões) decisórios (standards)* que gerariam estabilidade decisória, segurança jurídica, proteção da confiança e previsibilidade. De sua leitura devemos extrair um quadro de análise panorâmica da temática, a permitir que em casos futuros possamos extrair uma "radiografia argumentativa" daquele momento decisório e, com isso, tomar o caso presente para, decidindo-o, contribuir com a construção do edifício normativo – como mencionado com Dworkin a respeito da "interpretação construtiva".

No entanto, ao se acompanhar o modo como os Tribunais brasileiros (incluso o STF) trabalham e proferem seus acórdãos percebemos que se compreende parcamente as bases de construção e aplicação destes padrões decisórios (precedentes), criando um quadro nebuloso de utilização da jurisprudência. Flutuações constantes de entendimento, criação subjetiva e individual de novas "perspectivas", quebra da integridade (Dworkin) do direito, são apenas alguns dos "vícios".

---

46. MOTTA, Francisco José Borges. *Levando o direito a sério: uma crítica hermenêutica ao protagonismo judicial.* Porto Alegre: Livraria do Advogado, 2012. p. 183.
47. No sentido dado por Klaus Günther (Uma concepção normativa de coerência para uma teoria discursiva da argumentação jurídica. *Cadernos de Filosofia Alemã*, n. 6, p. 85-102, 2000). Ver também: BAHIA, Alexandre Gustavo Melo Franco. *Recursos extraordinários no STF e no STJ. cit.;* THEODORO JÚNIOR; NUNES, Dierle; BAHIA, Alexandre Melo Franco. *Novo CPC:* fundamentos e sistematização. *cit.,* Cap. 1

Repetimos: aos Tribunais deve ser atribuído um novo modo de trabalho e uma nova visão de seus papéis e forma de julgamento. Se o sistema jurídico entrou em transição (e convergência), o trabalho dos tribunais também dever ser modificado.

Em recente obra pontuamos:

> Como síntese pragmática, poderíamos apontar uma série de problemas para o trato da uniformização [jurisprudencial], quais sejam: a) Ausência de conhecimento das demandas mais recorrentes de cada um dos tribunais, para que mediante o mapeamento se possa dimensionar melhor seu trato; b) Ausência de conhecimento das causas de tais demandas para que possam, em algumas hipóteses (demandas de interesse público e judicialização da saúde, por exemplo), promover um diálogo com as instituições competentes (*diálogos institucionais*) para ilidir as causas e, então, reprimir-se legitimamente tal litigiosidade. c) Ausência de conhecimento de como cada órgão fracionário trata essas temáticas. d) Ausência de conhecimento de como cada um desses temas foi tratado pelo tribunal e órgãos a ele superiores, desde o *leading case*. e) Ausência de conhecimento dos fundamentos determinantes de cada uma dessas temáticas. f) Ao formar o entendimento não se levar em consideração todos os argumentos relevantes para o deslinde do caso. g) Ausência de efetiva colegialidade, eis que cada julgador (como ilha), juntamente com suas assessorias, analisa o caso solitariamente sem que tenha de passar pelos mesmos aspectos (premissas) de julgamento. h) Necessidade de se evitar o retrabalho, quando o tribunal julga inúmeras vezes o mesmo caso sob fundamentos diversificados e com superficialidade. O tribunal deve julgar bem da primeira vez e com amplitude, para evitar a repetição pelo vício de superficialidade. i) Criação de enunciados de súmula, por razões pragmáticas, que não espelham os fundamentos determinantes dos julgados que motivaram sua criação. Para tanto, seriam necessárias algumas medidas imperativas: a) Atribuição de atividade de pesquisa para as Escolas judiciais ou internas no Tribunal, possivelmente com auxílio das universidades, de mapeamento das temáticas mais recorrentes. b) Realizado o mapeamento, criação de centros de estudo e pesquisa, compostos de comissões temáticas de especialistas preenchidas por assessores (de estagiários até estudiosos), com o objetivo de estudo de todos os fundamentos a serem considerados, inclusive com análise exaustiva de todos os julgados (desde o *leading case*) que feriram a(s) temática(s). A ideia seria de criação de verdadeiros relatórios (*reports*), para facilitar o trabalho de todas as assessorias, dos julgadores e até mesmo dos advogados que trabalharão nos julgamentos. Assim sendo,

existiriam subsídios especializados para cada grande matéria em debate, inclusive para promover críticas e aprimoramento das decisões. c) As comissões deveriam promover um monitoramento dos julgados dos tribunais superiores para a mantença da coerência com as referidas decisões e, em casos específicos, subsídios para a técnica de ressalva de entendimento que poderiam promover a modificação de entendimentos.[48] d) Em face da dificuldade do tema, a(s) comissão(ões) poderia(m) sugerir a ocorrência de audiência pública com ampla participação dos interessados. e) De posse dos relatórios, que todos os julgadores e as assessorias analisassem os casos sob os mesmos fundamentos, de modo que mediante esse pressuposto se crie uma verdadeira colegialidade, e que dela surjam fundamentos determinantes. f) Uma comissão especializada deveria se ater à formação de enunciados de súmula que espelhem os fundamentos determinantes dos julgados reiterados que os fundamentam. g) Caso novos fundamentos sejam apresentados, que sejam submetidos às comissões temáticas para uma análise preliminar. h) Interlocução desses Centros com os NURERs dos tribunais.[49]

Em assim sendo, não se pode manter a credulidade exegeta (antes os Códigos, agora os julgados modelares) de que o padrão formado (em RE. repetitivo ou em IRDR, v.g.) representa o fechamento da discussão jurídica, quando se sabe que, no sistema do case law, o precedente é um principium argumentativo – como mostramos acima.

A partir dele e, diante de um novo caso (e das especificidades deste), poder-se-á, de modo discursivo e profundo, verificar se o precedente deverá ou não ser repetido (aplicado) através das técnicas da "distinção" ou da "superação".[50]

---

48. Pontue-se que, segundo a Resolução 106 do CNJ, de 06.04.2010, que dispõe sobre os critérios objetivos para aferição do merecimento para promoção de magistrados e acesso aos Tribunais de 2º grau, é levada em consideração a técnica decisória de ressalva, em termos: "Art. 10. Na avaliação do merecimento não serão utilizados critérios que venham atentar contra a independência funcional e a liberdade de convencimento do magistrado, tais como índices de reforma de decisões. Parágrafo único. A disciplina judiciária do magistrado, aplicando a jurisprudência sumulada do Supremo Tribunal Federal e dos Tribunais Superiores, com registro de eventual ressalva de entendimento, constitui elemento a ser valorizado para efeito de merecimento, nos termos do princípio da responsabilidade institucional, inculpido no Código Ibero-Americano de Ética Judicial (2006)." Tal Resolução está disponível em: ‹http://migre.me/p3Kpp›.
49. THEODORO JÚNIOR; NUNES, Dierle; BAHIA, Alexandre Melo Franco. *Novo CPC*: fundamentos e sistematização. cit. p. 394.
50. Que já temos defendido há algum tempo, cf. BAHIA, Alexandre. *Recursos extraordinários no STF e no STJ – Conflito entre interesses público e privado*. Curitiba: Juruá, 2009, p. 55-56; e: THEODORO JÚNIOR, Humberto; NUNES, Dierle; BAHIA, Alexandre. Breves considerações da politização do judiciário e do panorama de aplicação no direito brasileiro – Análise da convergência entre o civil law e o *common law* e dos problemas da padronização decisória. *RePro*, vol. 189, nov. 2010.

Há que se superar uma práxis que por aqui vem se desenvolvendo no sentido que se tomar um "precedente" dos Tribunais Superiores quase como um esgotamento argumentativo (ou, se se quiser, dando a ele a mesma abstratividade e generalidade de uma lei) que deveria ser aplicado de modo mecânico para as causas repetitivas.

Vale lembrar, que estes importantes Tribunais e seus Ministros produzem rupturas com seus próprios entendimentos com uma tal frequência que se fere de morte um dos princípios do modelo precedencialista: a *estabilidade*. Quantas vezes uma matéria já assentada em uma Seção ou reunião de Turmas volta novamente a julgamento em Câmaras isoladas e tem desfecho contrário àquela?[51]

Ora, como já mencionado, se o próprio Tribunal não consegue manter a estabilidade de entendimento internamente, como é possível a construção de um "sistema de precedentes" como se vem desenhando no Brasil? Do que adiantam Súmulas, Repercussão Geral etc. se os Tribunais, principalmente os Superiores (que têm na estabilização de interpretação do Direito uma de suas principais funções) não observarem, em inúmeras situações, a necessidade de coerência e, portanto, de "univesalizabilidade" de suas decisões?[52]

Sabe-se que após a Constituição de 1988 as litigiosidades se tornaram mais complexas e em número crescentemente maior. A partir deste momento o processo constitucionalizado passou a ser utilizado como garantia não só para a fruição de direitos (prioritariamente) privados, mas para o auferimento de direitos fundamentais, dado o déficit de cumprimento dos papéis dos outros "Poderes" (Executivo/Legislativo), entre outros fatores.

Vistas estas premissas, devemos fazer uma breve análise de alguns dos fundamentos do common law na sistemática de precedentes, para que, na sequência, possamos verificar alguns exemplos na ausência de sistemática da própria construção dos padrões decisórios no Brasil.

4. NECESSIDADE DE UMA TEORIA DOS PRECEDENTES PARA O BRASIL

Querer instituir um sistema pelo qual uma decisão passada será utilizada para um caso presente exige muito cuidado e dedicação dos sujeitos do

---

51. É claro que não haveria qualquer problema se a decisão divergente fosse o resultado de uma superação ou de uma distinção em face do precedente. Mas, num e noutro caso, tais mecanismos têm de estar explícitos e o paradigma tem de ter sido enfrentado, já que, muitas vezes, sequer ocorre sua menção.
52. O critério da "universalizabilidade" é o principal fundamento para a técnica do precedente, nos lembra Thomas Bustamante (*Teoria do precedente judicial: a justificação e a aplicação de regras jurisprudenciais*. São Paulo: Noeses, 2012. p. 268). Assim, a decisão dada respeita e dá curso ao "edifício jurídico" que se está procurando construir, ao mesmo tempo em que poderá servir de base para futuros casos similares.

processo e dos intérpretes do sistema. A reivindicação de um caso necessita discussão sobre a ratio decidendi levantada por quem cita o precedente – tendo em conta que *a mera citação de uma Ementa (ou de um Enunciado de Súmula) não constitui trabalhar com casos*. Há que se fazer uma reconstrução dos fatos e fundamentos do caso passado comparando-o com o presente para se perceber (se e em que medida) é coerente (Dworkin) aplicar-se o entendimento anterior.

Nem o caso presente pode ser tratado como um "tema" (abstraído das contingências próprias do caso), nem o passado é um "dado" que possa ser tomado de forma abstrata (como se fosse uma norma) – ainda que estejamos falando de uma Súmula, como temos insistido, ainda assim ela só pode fazer sentido para a solução de um caso presente ao ser retomada com os casos que lhe deram origem.

O trabalho de produzir "discursos de aplicação" (supra) não pertence ao juiz isoladamente, mas deve ser feito em contraditório com as partes. "Precedentes judiciais são, como enunciados legislativos, textos dotados de autoridade que carecem de interpretação".[53] Como já disse Ovídio Batista da Silva em texto comemorativo aos 10 anos do STJ: "[A] súmula obrigatória – como o regime dos assentos praticado em Portugal – submete-se ao princípio iluminista, que a segunda metade do século XX superou, que reivindicava para a lei um ilusório sentido de univocidade, a que poderão, talvez, aspirar as ciências ditas exatas, nunca uma ciência essencialmente hermenêutica, como o direito".[54]

Trabalhar com precedentes e súmulas ao lado de leis positivadas apenas torna o sistema mais complexo e não mais simples como alguns parecem ingenuamente imaginar. Pensar que o uso de Enunciados de súmulas e similares poupará o julgador do trabalho hermenêutico é tão inocente quanto a crença dos exegetas de que a lei, sendo geral e abstrata e uma vez positivada num texto, proporcionaria igual sucesso, como argumentamos acima. Ao contrário, se estamos em uma comunidade de princípios[55] o direito não é apenas um conjunto de decisões (legislativas e/ou judiciais) tomadas no passado (sistema de regras); ao contrário, se concebemos o Direito como um sistema principiológico, permitimos que o sistema possa "expandir-se e contrair-se organicamente (...), sem a necessidade de um detalhamento da legislação ou da jurisprudência de cada um dos possíveis pontos de conflito".[56]

---

53. BUSTAMANTE, Thomas da Rosa de. *Teoria do precedente judicial* cit., p. 259.
54. SILVA, Ovídio A. Batista da. Função dos Tribunais Superiores. In: BRASIL. STJ. *STJ 10 anos – obra comemorativa 1989-1999*. Brasília: STJ, 1999, p. 159. Ver também: GOMES, Luiz Flávio. Súmulas vinculantes e independência judicial. *Revista dos Tribunais*, vol. 739, p. 11-42, maio 1997.
55. DWORKIN, Ronald. *O império do direito*. 2. ed. São Paulo: Martins Fontes, 2007.
56. Idem, p. 229.

A ideia de coerência (integridade) em Dworkin exige que o órgão julgador deve tomar o ordenamento jurídico (normas e precedentes) "como se" ele compusesse "conjunto coerente de princípios".⁵⁷ A fonte normativa, mesmo num sistema de leis, não é um dado acabado, mas uma (re)construção a ser levada a cabo pelas partes e pelo juiz do caso. *Quando somamos às possibilidades normativas os casos passados isso torna o sistema mais complexo.*⁵⁸

A reconstrução de leis e precedentes não se dá por "mera repetição", já que, no sistema do common law tradicionalmente se tem consciência de que o juiz, ao mesmo tempo em que aplica o direito é, também autor (porque acrescenta algo ao edifício jurídico) e crítico do (pois que interpreta (o) passado.⁵⁹ Tendo as normas (e precedentes) em tese aplicáveis, o juiz pode (mais uma vez se valendo dos debates em contraditório não apenas quanto às pretensões de direito mas, como dissemos, também quanto à reconstrução o mais completa possível das características do caso) perceber qual delas é a norma adequada. Em sentido semelhante, referindo-se à prática do *common law*, Bustamante:

> O postulado da coerência exige que todas as situações que puderem ser universalmente formuladas e subsumidas nas mesmas normas gerais⁶⁰ sejam tratadas da mesma forma, a não ser que,

---

57. Idem, p. 261.
58. Essa "indeterminação inicial" do Direito a ser usado no caso é compensada, então, pelo trabalho reconstrutivo que se faz do Ordenamento e do caso. Quanto ao Ordenamento, Dworkin (*O império do direito* cit., p. 274 e ss.) faz a conhecida alegoria com o "romance em cadeia" para mostrar que cada nova decisão se liga num "continuum" entre passado e futuro: a decisão "integral" é aquela que, de alguma forma, dá curso ao passado ao lhes resgatar os princípios jurídicos jacentes (sem, contudo, lhe ser subserviente, como a postura "convencionalista") e se abre a ser reapropriada (e ter rediscutidos seus fundamentos) no futuro (mas sem pretender visualizar todos seus possíveis desdobramentos metajurídicos, como os "realistas"). Em sentido semelhante Edward Re (Stare decisis cit., p. 8) toma como natural a ideia de que essa ação do juiz significa contribuir para o desenvolvimento de um direito que jamais se toma como uma "decisão do passado" (como talvez alguns pensem, ao julgarem a prática do *stare decisis*), mas que está sempre em construção. Quanto ao segundo, isto é, ao caso, este deve ser reconstruído nos autos de forma que, uma vez identificadas suas particularidades seja possível aplicar o direito "descoberto" e aí obter "a única decisão correta", o que, adicionalmente, impede que se tome a decisão como um *standard* que predetermine automaticamente a solução dos outros casos futuros. Ver também: BAHIA, Alexandre. *Recursos extraordinários no STF e no STJ: conflito entre interesses público e privado* cit., p. 175 e 310; BAHIA, Alexandre. Os recursos extraordinários e a co-originalidade dos interesses público e privado no interior do processo cit., p. 366-369; CARVALHO NETTO, Menelick de. Requisitos pragmáticos da interpretação jurídica sob o paradigma do Estado Democrático de direito. *Revista de Direito Comparado*, vol. 3, p. 473-486, 2000; STRECK, Lenio L. *O que é isto – decido conforme minha consciência?* Porto Alegre: Livraria do Advogado, 2010. p. 106.
59. Cf. DWORKIN, Ronald. *Uma questão de princípio*. São Paulo: Martins Fontes, 2001, p. 235-253. Tanto a reconstrução do "Ordenamento" (normas e precedentes) quanto do caso presente deve se dar em contraditório, como mostra Klaus Günther (Uma concepção normativa de coerência para uma teoria discursiva da argumentação jurídica. *Cadernos de Filosofia Alemã*, n. 6, p. 85-102, 2000).
60. O autor está se valendo da ideia de "norma adscrita", no sentido dado por R. Alexy, isso é, de "normas criadas no processo de concretização do direito, seja pelos tribunais ou pelo legislador que especifique um determinado Direito Fundamental" (BUSTAMANTE, Thomas da Rosa de. *Teoria do precedente judicial* cit., p. 269-270).

em um discurso de aplicação dessas normas, surjam elementos não considerados na hipótese normativa que justifiquem a formulação de uma exceção ou a não aplicação das consequências jurídicas ao caso concreto.[61]

A partir disso percebemos que nenhuma norma (mesmo "principiológica") pode prever todas as suas hipóteses de aplicação. Ela é pensada para algumas situações, mas a vida é muito mais rica e complexa do que a necessária simplificação que significa a textificação de condutas de forma hipotética. Pelas mesmas razões, também precedentes e súmulas, como textos que são (e mais, erigidos a partir de situações concretas, o que os vincula mais de perto a certas hipóteses e não outras), também não podem "prever todas as suas situações de aplicação".

Não é mais plausível acreditar-se que a inclusão de mais textos (Enunciados de súmulas, Súmulas Vinculantes etc.) terá a capacidade de resolver o problema da diversidade de interpretação dos textos originais (as normas), tomando o lugar destas (ou ao menos concorrendo com elas) como fonte do direito. No que tange aos Enunciados de súmulas e precedentes nossos Tribunais há de se ter claro que uma coisa é "tomar em conta um precedente judicial", outra, bem diferente, é querer que, com isso gerar uma "obrigação de alcançar a mesma conclusão jurídica do precedente judicial"[62]

5. PROBLEMAS EM SE DESCOBRIR O QUE FOI REALMENTE JULGADO E PADRONIZADO

Ao se partir das premissas anteriormente discutidas necessitamos, diante de um caso concreto, verificar se o modo como os julgados são formados num Tribunal Superior atenderiam à referida linearidade argumentativa para a criação de um padrão decisório ou não.

Ordinariamente, parece prevalecer um modelo de aplicação de precedentes como "regras de Shauer", tendendo ao uso de julgados (e súmulas), pelos juízes de primeiro e segundo grau, com redução de sua responsabilidade, mas com aceitação de uma busca de eficiência que permite decisões subótimas.[63]

---

61. BUSTAMANTE, Thomas da Rosa de. *Teoria do precedente judicial* cit., p. 274.
62. BUSTAMANTE, Thomas da Rosa de. *Teoria do Precedente Judicial* cit., p. 270.
63. Quando explica o critério de eficiência na aplicação de precedentes de Shauer, Maues aduz que: "(...) quando um agente decide de acordo com regras, ele se encontra parcialmente livre da responsabilidade de analisar cada característica relevante do caso, concentrando sua atenção somente na presença ou ausência de alguns fatores. O resultado seria uma maior eficiência do processo de tomada de decisão, pois os agentes estariam livres para cumprir outras responsabilidades e não haveria duplicação de esforços dentro do mesmo ambiente decisório em eliminar suas vantagens. No que se refere ao argumento da confiança, seu valor depende da medida em que um ambiente decisório tolera resultados subótimos, a

Como já referido acima, na formação de um acórdão o Tribunal há que ter o devido cuidado, de forma a que o se "acordou" seja, de fato, um entendimento comum, seja quanto à procedência/improcedência, seja quanto aos fundamentos, sob pena da decisão ser ou enganosa ou tenha pouca força como precedente.

É o que se pode ver, somente como hipótese exemplificativa, no REsp 422.778 do STJ:[64] a decisão da Turma foi por maioria, aparecendo como votos vencedores a Min. Nancy Andrighi, o Min. Ari Parglender e Min. Menezes Direito.

Na *ementa* se lê: "Conforme posicionamento dominante da doutrina e da jurisprudência, a inversão do ônus da prova, prevista no inc. VIII do art. 6.º do CDC é regra de julgamento". Contudo, quando se lê os votos dos Ministros, percebe-se que de fato os três apontados inicialmente concordaram quanto ao não conhecimento do recurso. No entanto, a tese de fundo, que fez parte da ementa – sobre ser a inversão do ônus da prova do art. 6.º, VIII do CDC uma "regra de julgamento" – apenas foi adotada pela Min. Nancy Andrighi. O voto da Min. Andrighi possui vários fundamentos,[65] entre eles a questão sobre a melhor compreensão do CDC ao caso:

"Afirma a recorrente que o Tribunal a quo violou o art. 6.º, VIII, do CDC, porquanto entendeu que a inversão do ônus da prova é regra de julgamento e, segundo a recorrente, seria regra de instrução processual. Contudo, conforme posicionamento dominante da doutrina, a inversão do ônus da prova, prevista no inc. VIII, do art. 6.º do CDC é regra de julgamento".[66]

---

fim de que os afetados pelas decisões sejam capazes de planejar certos aspectos de sua vida. Essa tolerância tende a diminuir quanto mais relevantes forem os fatos suprimidos, ou menos relevantes, os fatos destacados no predicado da regra, e também quanto mais a decisão estiver abaixo da melhor decisão que seria tomada se todos os fatores fossem levados em conta. Assim, decisões erradas podem acabar tornando mais difícil confiar em quem as toma. Quanto à busca de eficiência, Schauer considera que seu valor depende das outras destinações que podem ser dadas aos recursos decisórios economizados, e se for um uso valioso pode tolerar um certo número de resultados subótimos. Portanto, quando os recursos decisórios não são escassos ou há poucas alternativas atraentes para seu uso, é menos provável que os benefícios da eficiência tenham mais peso que os custos necessariamente envolvidos em qualquer processo de tomada de decisão que não esteja apto para buscar o resultado ótimo em cada situação" (MAUÉS, Antônio Moreira. Jogando com os precedentes: regras, analogias, princípios. *Revista Direito GV*, 8(2), p. 611, jul.-dez. 2012).

64. BRASIL, STJ, REsp 422.778, 3.ª T., rel. p/ acórdão, Min. Nancy Andrighi, j. 19.06.2007.
65. Como mostra Thomas Bustamante (*Teoria do precedente judicial.* cit., p. 256-258) dificilmente um precedente possui apenas "uma *ratio decidendi*". Sendo, então, uma decisão colegiada o problema só aumenta. Assim é que podemos visualizar nos votos que diferentes fatos foram ressaltados por um e não por outro Ministro e que um mesmo julgador, como a citada Min. Nancy, se apoiou em mais de um "fato material" para dar seu entendimento. Ora, se um caso pode possuir mais de uma "ratio decidendi", seu uso para outros casos no futuro deverá considerar tal complexidade e a escolha entre o que é "essencial" e o que é meramente "obiter dicta" não é nem óbvia e nem neutra.
66. BRASIL, STJ, REsp 422.778, 3.ª T., rel. p/ acórdão, Min. Nancy Andrighi, j. 19.06.2007.

E, após citar doutrina continua:

> E não poderia ser diferente, porquanto se o inc. VIII, do art. 6.º, do CDC, determina que o juiz inverta o ônus da prova a favor do consumidor quando entender verossímil a sua alegação ou quando considerá-lo hipossuficiente; isso só pode ser feito senão após o oferecimento e a valoração das provas produzidas na fase instrutória, se e quando, após analisar o conjunto probatório, ainda estiver em dúvida para julgar a demanda (sendo dispensável a inversão, caso forme sua convicção com as provas efetivamente produzidas no feito). Assim, se no momento do julgamento houver dúvida sobre algum ponto da demanda, essa dúvida deve ser decidida a favor do consumidor, nos termos do art. 6.º, VIII, do CDC (...).[67]

Também menciona precedente da própria 3.ª Turma: "Por fim, registro que esta Turma já teve oportunidade de decidir, por unanimidade, no REsp 241.831/RJ, rel. Min. Castro Filho (...), que 'A inversão do ônus da prova prevista no inc. VIII do art. 6.º da Lei 8.078/1990 não é obrigatória, mas regra de julgamento'".

Interessante observar-se que no REsp. 422.778, em comento, o Min. Castro Filho também era o relator original, no entanto, sua posição não é aquela que a Min. Nancy buscou no caso precedente. O Min. Castro Filho aqui sustenta claramente que a regra do CDC é que o juiz deve, observado o caso, proceder à inversão do ônus da prova ainda na fase instrutória.

Aliás, mesmo no REsp 241.831 (citado pela Min. Andrighi) o Min. Castro Filho, apesar de usar a expressão "regra de julgamento" para se referir ao art. 6.º, VIII, do CDC, o faz lembrando que o inciso fala de "inversão ope judicis", que, pois, deve ser verificado pelo juiz do caso na sua aplicação, não sendo, então, obrigatória. Em nenhum momento o caso citado trabalha a diferença entre "regra de julgamento" e "regra de procedimento".[68]

Voltando ao caso (REsp 422.778), o Min. Ari Parglender apenas indiretamente tratou sobre o tema da inversão do ônus da prova.[69]

---

67. BRASIL, STJ, REsp 422.778, 3.ª T., rel. p/ acórdão, Min. Nancy Andrighi, j. 19.06.2007.
68. Ver: BRASIL, STJ, REsp 241.831, 3.ª T., rel. Min. Castro Filho, j. 20.08.2002.
69. "O Relator, Ministro Castro Filho, conheceu do recurso especial e deu-lhe provimento 'para determinar o retorno dos autos à comarca de origem, a fim de que se possibilite à recorrente fazer a prova dos fatos por ela alegados'. Dele divergiu, em voto-vista, a Min. Nancy Andrighi, para quem 'a inversão do ônus da prova, prevista no inc. VIII do art. 6.º do CDC é regra de julgamento', razão pela qual não conheceu do recurso especial. Sigo, no particular, as lições de Barbosa Moreira, expostas em 'Julgamento e Ônus da Prova' (...). 'Mesmo diante de material probatório incompleto' - escreveu o eminente jurista - 'o órgão judicial está obrigado a julgar. Essa eventualidade gera riscos para as partes, na medida em que implica para cada uma delas a possibilidade de permanecer obscura a situação fática de cujo esclarecimento se esperava a emergência de dados capazes de influir decisivamente, no sentido desejado, sobre o convencimento do juiz. (...) A circunstância de que, ainda assim, o litígio deva ser decidido torna imperioso que alguma das partes

Já o Min. Menezes Direito adotou tese diretamente oposta (para ele o dispositivo traz uma "regra de procedimento"). Após revisitar os votos do relator, Min. Castro Filho (que conhecia do recurso por entender que o citado CDC trata de "regra de procedimento") e a divergência aberta pela Min. Andrighi (que entende ser "regra de julgamento"), o Min. Menezes Direito entendeu que o voto do Min. Ari Pargendler não se alinhou com os anteriores. De toda sorte, ele concorda (nesse ponto) com o Ministro relator (e não com a Min. Andrighi):

> Anoto que o voto do Ministro Ari Pargendler não cuidou especificamente da inversão do ônus da prova tal como disciplinado no art. 6.º, VIII, do CDC. Cuidou, sim, da situação decorrente dos resultados da instrução probatória, cabendo ao Juiz, (...) 'ver se são completos ou incompletos os resultados da atividade instrutória (...)'. Pedi vista porque me alertou o destaque posto pelo eminente Relator no que diz especificamente com a inversão automática do ônus da prova, tal e qual afirmado no acórdão. É que, de fato, o acórdão apresentou uma interpretação que não me parece a melhor para o inciso VIII do art. 6.º do Código de Defesa do Consumidor. Primeiro, afirmou que 'apenas quando o juiz, nos casos de hipossuficiência, entender que se não deve inverter o ônus da prova, é que expressará o seu critério' (...), ou seja, inverte-se o ônus da prova independente da expressa manifestação do Juiz; segundo, relegou a existência de elementos concretos para a inversão, ou seja, deu pela presunção da hipossuficiência do consumidor e deixou a verossimilhança 'da alegação quando se tratar de pessoas jurídicas, ou mesmo pessoas físicas, mas sempre em igualdade de condições com o fornecedor' (...). Isso, sem dúvida, contraria a nossa jurisprudência que não hesita em afirmar que a hipossuficiência deve ser reconhecida diante de elementos compatíveis de prova e que é necessária a presença das circunstâncias concretas que demonstrem a verossimilhança da alegação, estando a inversão no contexto da facilitação da defesa como apreciado nas instância ordinárias (REsp 541.813/SP, da minha relatoria, DJ de 02.08.2004; REsp 122.505/SP, da minha

---

suporte o risco inerente ao mau êxito da prova. Cuida então a lei, em geral, de proceder a uma distribuição de riscos: traça critérios destinados a indicar, conforme o caso, qual dos litigantes terá de suportá-los, arcando com as consequências desfavoráveis de não haver provado o fato que lhe aproveitava'. (...) Ora, semelhante preocupação, como se compreende com facilidade, não há de assaltar o espírito do juiz durante a instrução da causa, senão apenas quando, depois de encerrada a colheita das provas, for chegado o instante de avaliá-las para decidir. Unicamente então, com efeito, é que tem sentido cogitar da existência de eventuais lacunas no material probatório: enquanto esteja 'aberta' a prova, qualquer conclusão a tal respeito seria prematura. Quer isso dizer que as regras sobre distribuição do ônus da prova são aplicadas pelo órgão judicial no momento em que julga'" (grifos nossos; em itálico no original). Na citação que o Ministro faz da obra de Barbosa Moreira ele parece indicar que o art. 6.º, VIII estabelece regra de julgamento e não de instrução, o que o colocaria ao lado da Min. Nancy. Os que lhe seguiram, no entanto, assim não compreenderam, entendendo que o Ministro Ari Parglender havia aberto outra linha de raciocínio.

relatoria, DJ de 24.08.1998; REsp 598.620/MG, da minha relatoria, DJ de 18.04.2005). Nesse último precedente assinalei em meu voto que não se pode impedir que o Juiz, 'presentes os requisitos do dispositivo de regência, defira a inversão no momento da dilação probatória, para fazê-lo em outro, após a produção da prova'. Essa orientação foi também acolhida pela 4.ª T., isto é, 'dúvida não há quanto ao cabimento da inversão do ônus da prova ainda na fase instrutória – momento, aliás, logicamente mais adequado do que na sentença, na medida em que não impõe qualquer surpresa às partes litigantes –, posicionamento que vem sendo adotado por este Superior Tribunal' (REsp 662.608/SP, Relator Ministro Hélio Quaglia Barbosa, DJ 05.02.2007).[70]

Então, após mostrar que há dissidência sobre o tema, conclui:

> No plano teórico, portanto, não me parece que deva ser prestigiada a orientação defendida pela ilustre Min. Nancy Andrighi (....). É que o momento oportuno para a inversão é o da dilação probatória considerando que a inversão dar-se-á a critério do Juiz e desde que, no contexto da facilitação da defesa, esteja presente um dos elementos mencionados no inciso VIII do art. 6.º do Código de Defesa do Consumidor, isto é, a verossimilhança da alegação ou a hipossuficiência do consumidor.[71]

Até esse momento, então, o Min. Menezes de Direito concordava com o relator: *o inciso VIII do art. 6.º trata de "regra de procedimento" e não de regra de julgamento como queria a Min. Nancy Andrighi* – razão pela qual, até aí, o voto do Min. Menezes Direito, seria por conhecer do recurso, como fez o relator.

Contudo, na sequência percebe-se que o Min. Menezes Direito entende que, *no caso*, há outra questão que deve ser examinada:

> Mas, no caso concreto, há outra questão a ser examinada, qual seja, a identificação da responsabilidade independente dessa inversão acolhida pelo Tribunal local. É que o acórdão considerou amplamente que houve o dano e o nexo causal com base na prova dos autos. Mas, e aí a controvérsia, a sentença, embora reconhecendo tudo isso, deixou de condenar a empresa porque não comprovada a sua legitimidade passiva, ou seja, não seria ela a responsável pela garrafa que provocou o evento danoso. O acórdão, entretanto, antes mesmo de mencionar a inversão do ônus da prova, asseverou que o 'autor, ao opor a presente ação contra Refrigerantes Marília Ltda. (...), assim o fez considerando que era aquela empresa a responsável pela fabricação e distribuição do

---

70. BRASIL, STJ, REsp 422.778, 3.ª T., rel. p/ acórdão, Min. Nancy Andrighi, j. 19.06.2007.
71. BRASIL, STJ, REsp 422.778, 3.ª T., rel. p/ acórdão, Min. Nancy Andrighi, j. 19.06.2007.

refrigerante Coca-Cola na região em que ocorreu o evento danoso – esse fato, ressalte-se, resultou incontroverso. (...) Na realidade, se há ação de responsabilidade civil ordinária, isto é, fora do âmbito do Código de Defesa do Consumidor, e a parte ré entende que não é a responsável, sendo parte ilegítima passiva, deve desde logo provar esse fato, haja, ou não, a inversão do ônus da prova. É que o art. 333, II, do Código de Processo Civil impõe ao réu provar a existência de fato impeditivo, modificativo ou extintivo do direito do autor. Ora, se não faz essa prova (...), e é pertinente no sistema processual brasileiro que assim faça, desde que tenha o autor provado o fato constitutivo do seu direito. (...) Com isso, embora em desacordo com a fundamentação do acórdão no que se refere ao art. 6.º, VIII, do CDC naqueles pontos antes indicados, entendo que, no caso, com as razões antes deduzidas não há como dar guarida ao especial para afastar a responsabilidade da empresa recorrente. Não conheço do especial.[72]

Assim, o Min. Menezes Direito deixou claro que concorda com o relator sobre ter o Tribunal recorrido interpretado mal o art. 6.º, VIII, do CDC (quanto a esse ponto, ele acompanhava o relator e discordava da Min. Nancy Andrighi). No entanto, enfrentou questão não tratada pelo Min. Relator, mas que o foi pela Min. Nancy Andrighi, ou seja: que, uma vez comprovado o direito do autor, cabe à ré mostrar o fato impeditivo do direito do autor.

Esse é o ponto sobre o qual concordam os Min. Menezes Direito e Nancy Andrighi. Na ementa do acórdão, contudo, cuja redação coube à Min. Andrighi (em razão da divergência), os fundamentos para não se conhecer do recurso foram:

> Se o Tribunal a quo entende presentes os três requisitos ensejadores da obrigação subjetiva de indenizar, quais sejam: (i) o ato ilícito, (ii) o dano experimentado pela vítima e (iii) o nexo de causalidade entre o dano sofrido e a conduta ilícita; a alegação de violação ao art. 159 do CC/1916 (atual art. 186 do CC) esbarra no óbice da Súmula 7 deste STJ. – Tanto a doutrina como a jurisprudência superaram a complexa construção do direito antigo acerca da prova dos fatos negativos, razão pela qual a afirmação dogmática de que o fato negativo nunca se prova é inexata, pois há hipóteses em que uma alegação negativa traz, inerente, uma afirmativa que pode ser provada. Desse modo, sempre que for possível provar uma afirmativa ou um fato contrário àquele deduzido pela outra parte, tem-se como superada a alegação de 'prova negativa', ou 'impossível'.
>
> Conforme posicionamento dominante da doutrina e da jurisprudência, a inversão do ônus da prova, prevista no inc. VIII, do art.

---

72. BRASIL, STJ, REsp 422.778, 3.ª T., rel. p/ acórdão, Min. Nancy Andrighi, j. 19.06.2007.

6.º do CDC é regra de julgamento. Vencidos os Ministros Castro Filho e Humberto Gomes de Barros, que entenderam que a inversão do ônus da prova deve ocorrer no momento da dilação probatória.[73]

O primeiro fundamento, da forma como colocado, fez parte apenas do voto da Min. Andrighi, os demais que também não conheceram do REsp. não trataram sobre estar a questão do exame sobre os requisitos da responsabilidade impedida ou não pela Súm. 07 do STJ. O segundo fundamento também faz parte do voto da Min. Andrighi, mas não é tratado dessa forma pelos outros dois Ministros.

O Min. Ari Parglender cuida dos riscos acerca do ônus da prova. Quem se aproxima da Min. Andrighi é o Min. Menezes Direito quando discorre sobre o art. 333 do CPC. Quanto ao terceiro fundamento, mostramos que ele foi primeiramente defendido pela Min. Nancy Andrighi e indiretamente mencionado pelo Min. Ari Pargendler no mesmo sentido.

Contudo, não há "acordo" sobre esse ponto no julgamento, uma vez que o terceiro Ministro que compõe a maioria discorda do entendimento da Relatora – e ele *diz isso expressamente* –, o que nos leva a concluir que isso não poderia ter feito parte da ementa e ainda que uma das partes poderia intentar Embargos de Declaração para ter esclarecido esse ponto.

Qual a força argumentativa (qual o peso argumentativo)[74] *de um caso desses para se tornar um precedente? Qual(is) "ratio decidendi" se pode(m) extrair aqui que sirva(m) para futuros casos se nenhum dos três fundamentos do "acórdão" contou com o "acordo" dos que figuram como votos vencedores?*

O caso ainda rendeu "embargos de divergência" julgados pela 2.ª Seção do STJ.[75] Aqui também a polêmica foi grande e a decisão foi tomada por maioria de votos no sentido de superar o entendimento da Min. Andrighi:

> Embargos de divergência. Inversão do ônus da prova. Código de Defesa do Consumidor. Lei 8.078/1990, art. 6.º, VIII. Regra de instrução. Divergência configurada.
>
> (...)
>
> 2. Hipótese em que o acórdão recorrido considera a inversão do ônus da prova prevista no art. 6.º, VIII, do CDC regra de julgamento e o acórdão paradigma trata o mesmo dispositivo legal como regra de instrução. Divergência configurada.

---

73. BRASIL, STJ, REsp 422.778, 3.ª T., rel. p/ acórdão, Min. Nancy Andrighi, j. 19.06.2007.
74. Cf. BUSTAMANTE, Thomas da Rosa de. *Teoria do precedente judicial* cit., p. 283.
75. BRASIL, STJ, Emb.Div. REsp 422.778, 2.ª Seção, rel. p/ ac. Min. Maria Isabel Gallotti, j. 29.12.2012.

3. A regra de imputação do ônus da prova estabelecida no art. 12 do CDC tem por pressuposto a identificação do responsável pelo produto defeituoso (fabricante, produtor, construtor e importador), encargo do autor da ação, o que não se verificou no caso em exame.

4. Não podendo ser identificado o fabricante, estende-se a responsabilidade objetiva ao comerciante (CDC, art. 13). Tendo o consumidor optado por ajuizar a ação contra suposto fabricante, sem comprovar que o réu foi realmente o fabricante do produto defeituoso, ou seja, sem prova do próprio nexo causal entre ação ou omissão do réu e o dano alegado, a inversão do ônus da prova a respeito da identidade do responsável pelo produto pode ocorrer com base no art. 6.º, VIII, do CDC, regra de instrução, devendo a decisão judicial que a determinar ser proferida "preferencialmente na fase de saneamento do processo ou, pelo menos, assegurando-se à parte a quem não incumbia inicialmente o encargo, a reabertura de oportunidade" (REsp 802.832, STJ 2.ª Seção, DJ 21.09.2011).

5. Embargos de divergência a que se dá provimento.[76]

Também aqui há uma pluralidade de fundamentos. Primeiramente o então relator, Min. João Otávio de Noronha, entendia que havia duas questões a serem uniformizadas: uma sobre o valor da indenização e outra sobre a melhor interpretação do art. 6.º, VIII, do CDC e que sobre o primeiro ponto a Corte Especial já havia se manifestado previamente e, logo, apenas o segundo ponto deveria ser tratado e, sobre este, que a 2.ª Seção já possuiria precedente (REsp 802.832, cuja solução fora afetada à 2.ª Seção)[77] que fixara em sentido contrário o decidido pela 3.ª Turma. Por isso o Min. Otávio de Noronha deu provimento aos Embargos.

Por sua vez o Min. Paulo de Tarso Sanseverino, que, como mencionado, havia sido o relator do acórdão citado pelo Min. Noronha para dar seu voto, entende que *o caso que agora se apresentava*, tratava de "responsabilidade pelo fato do produto ou serviço" (arts. 12 e 14 – CDC), e não de "*responsabilidade por vício do produto*" (art. 18), sendo, então a inversão do ônus da prova ope

---

76. BRASIL, STJ, EDiv REsp 422.778, 2.ª Seção, rel. p/ ac. Min. Maria Isabel Gallotti, j. 29.12.2012.
77. Nesse caso o Min. Paulo de Tarso Sanseverino, Relator, advogara que a inversão do ônus da prova no CDC pode ser *ope legis* (arts. 12 e 14), quando se trata de responsabilidade pelo fato do produto/serviço – e aí caso a parte não se desincumba do mesmo o juiz irá lhe aplicar o ônus pela falta de prova –, ou ope *judicis* (art. 18), responsabilidade por vício do produto – nesse último caso o juiz deve avaliar caso a caso e, se determinar a inversão isso deve ocorrer no saneamento do processo (art. 6.º, VIII) (BRASIL, STJ, 2.ª Seção, REsp 802.832, rel. Min. Paulo de Tarso Sanseverino, j. 14.04.2011).

legis, independentemente, pois, de atividade do juiz,[78] razão pela qual divergiu do relator.

Então vem o voto da Min. Maria Isabel Gallotti. Primeiramente ela aderiu à diferença feita pelo Min. Paulo de Tarso quanto à inversão do ônus de prova *ope legis* e *ope judicis*. Contudo, divergiu sobre a própria aplicabilidade do art. 12 ao caso:

> ... porque, aqui, não foi comprovado que a ré fabricou (forneceu) o produto defeituoso, de modo a ensejar a incidência das regras de ônus probatório estabelecidas no art. 12 do CDC. Estas têm por pressuposto lógico a identificação do responsável pelo produto defeituoso, encargo do autor da ação, o que não ocorreu no processo em exame. A sentença julgou improcedente o pedido exatamente porque não comprovado o nexo causal, vale dizer, o autor não comprovou que a fabricante do produto causador do dano foi a antecessora da ré. Não se cogitou de inversão do ônus da prova quanto à identidade do fornecedor na fase de instrução, providência decidida apenas durante o julgamento da apelação. O autor não comprovou que a ré fabricou o produto (nexo causal). A ré teve contra si invertido o ônus de provar que não fabricou o produto na fase de julgamento de apelação, tendo suprimida a chance de fazer a prova negativa que lhe foi atribuída em segundo grau. (...) Ora, se o consumidor não demonstrou que o réu da ação fabricou o produto defeituoso e, portanto, é o responsável pelo dano que alegou ter suportado, não têm aplicação as regras de

---

78. "Em síntese, são duas modalidades distintas de inversão do ônus da prova previstas pelo Código de Defesa do Consumidor (CDC), podendo ela decorrer da lei (*ope legis*) ou de determinação judicial (*ope judicis*). Na primeira hipótese, a própria lei - atenta às peculiaridades de determinada relação jurídica - excepciona a regra geral de distribuição do ônus da prova. Isso ocorreu nas duas hipóteses previstas pelos enunciados normativos dos arts. 12, § 3.º, II, e 14, § 3.º, I, do CDC, atribuindo ao fornecedor o ônus de comprovar, na responsabilidade civil por acidentes de consumo (fato do produto - art. 12 - ou fato do serviço - art. 14), a inexistência do defeito, encargo que, segundo a regra geral do art. 333, I, do CPC, seria do consumidor demandante. Nessas duas hipóteses de acidentes de consumo, mostra-se impertinente a indagação acerca dessa questão processual de se estabelecer qual o momento adequado para a inversão do ônus da prova. Na realidade, a inversão já foi feita pelo próprio legislador (*ope legis*) e, naturalmente, as partes, antes mesmo da formação da relação jurídico-processual, já devem conhecer o ônus probatório que lhe foi atribuído por lei. A segunda hipótese prevista pelo CDC, relativa à inversão do ônus da prova *ope judicis*, mostra-se mais tormentosa, pois a inversão resulta da avaliação casuística do magistrado, que a poderá determinar uma vez verificados os requisitos legalmente previstos, como a 'verossimilhança' e a 'hipossuficiência' a que refere o enunciado normativo do art. 6.º, VIII, do CDC. (...) O presente caso, porém, é um típico acidente de consumo em que o consumidor demandante, ao abrir uma garrafa de refrigerante, teve a infelicidade de a tampa ser arremessada em direção ao seu rosto pela pressão interna da garrafa, causando graves lesões em seu olho direito. Esse fato amolda-se perfeitamente à regra do art. 12 do CDC, que contempla da responsabilidade pelo fato do produto. Consequentemente, a regra de inversão do ônus da prova da inexistência de defeito do produto é a do art. 12, § 3.º, II, do CDC, e não a do art. 6.º, VIII, do CDC, atribuído pelo próprio legislador ao fabricante, não havendo necessidade de qualquer ato decisório prévio do juiz".

apresentação de provas previstas no art. 12, § 3.º, do CDC (...). Caberia a inversão do ônus de comprovar a identidade do fabricante do produto defeituoso (...), mas esta inversão tem por fundamento o art. 6.º, inciso VIII, do CDC (fundamento adotado pelo acórdão da apelação e pelo acórdão embargado), e deveria ter sido determinada pelo juiz, na fase de instrução, ou ao menos seguir-se da reabertura da instrução, a fim de dar oportunidade ao réu de demonstrar que não produziu, fabricou, construiu ou importou a mercadoria reputada defeituosa" (sem grifos no original).[79]

Aduz que a 3.ª T. ao julgar o recurso especial mencionado acima considerara que "a inversão do ônus da prova, prevista no inc. VIII do CDC, é regra de julgamento". A questão que deveria agora ser decidida nos Embargos de divergência seria, tal como posto pelo Min. Noronha, apenas referente ao momento em que deveria haver a inversão do ônus da prova e, como tal questão já estava resolvida (desde o julgado mencionado pelo Min. Noronha), a Ministra vota por aplicá-lo ao caso, também dando provimento aos Embargos.

Com esse voto o Min. Raul Araújo reformou seu voto para seguir os Min. Noronha e Isabel Gallotti. Também aderiram à tese os Min. Antonio Carlos Ferreira e Villas Bôas Cueva. Ficaram vencidos os Min. Tarso Sanseverino, Nancy Andrighi e Sidnei Beneti, sendo, pois, conhecidos e providos os Embargos de Divergência por maioria de votos.

Qual(is) "ratio decidendi" se pode auferir desse julgamento? Do que se apreende da decisão, a Seção reafirmou posição anterior quanto à aplicação do inc. VIII do art. 6.º do CDC. Também restaram acordadas a forma como devem ser aplicados os arts. 12 e 13 do CDC.

E o que dizer da discussão sobre a diferença entre a inversão do ônus de prova ser *ope legis* ou *ope judicis*? Pode-se dizer que ela seja apenas "obiter dicta"? Tradicionalmente se argumenta que "obiter dicta" seria a regra jurídica enunciada pelo julgador mas não utilizada no caso;[80] contudo, a diferença entre aquela e a "ratio decidendi" não é um dado objetivo,[81] mas também uma questão argumentativa.

Perceba-se que mesmo concordando que o resultado esteja correto (qual seja, que a inversão seja regra de procedimento a ser levada a cabo em momento oportuno para viabilizar a quem tiver o ônus atribuído), o que nos preocupa é

---

79. BRASIL, STJ, EDiv REsp 422.778, 2.ª Seção, rel. p/ ac. Min. Maria Isabel Gallotti, j. 29.12.2012.
80. Ou ainda "do convencimento judicial expresso sobre questões alheias ao pedido das partes, ou da regra geral e da exceção enunciada pelo juiz mas seguida da aplicação apenas da regra geral ou da exceção, ou ainda da regra enunciada com a finalidade de encontrar, por contraposição, aquela aplicável ao caso em espécie" (BUSTAMANTE, Thomas da Rosa de. *Teoria do precedente judicial* cit., p., 276).
81. Idem, p. 277.

a ausência de linearidade argumentativa e a diversidade de premissas usadas pelos ministros na formação de suas decisões, especialmente ao se perceber o modo com que trabalharam com julgados anteriores para servir de fundamento.

Enquanto o "velho" modus decidendi prevalecer, a prolação de julgados pelos Tribunais Superiores que cumpram a real função de uniformizar a jurisprudência e padronizar de modo legítimo somente será uma defesa teórica de difícil e perigosa implementação prática. Devemos cada vez mais problematizar as atuais premissas do funcionamento dos tribunais de modo a viabilizar e aperfeiçoar seu trabalho e a força legítima dos precedentes.

A busca de técnicas processuais constitucionalizadas de formação de precedentes deve ser uma das principais temáticas daqueles que se preocupam com uma abordagem de efetividade constitucional do processualismo pátrio. Caso contrário, se padronizará de modo pobre e quantitativo, com a criação de problemas ainda maiores daqueles que já possuímos.

6. DO USO DOS PRECEDENTES E DA *SUPERAÇÃO E DISTINÇÃO* NO NOVO CPC

Consoante os problemas que temos apontado sobre ao forma como Enunciados de súmulas (e outros "precedentes") são aplicados no Brasil, e, inclusive, à forma como os próprios precedentes são formados, é de se louvar o texto do art. 926, § 2.º, do novo CPC ao determinar que : "[a]o editar enunciados de súmula, os tribunais devem ater-se às circunstâncias fáticas dos precedentes que motivaram sua criação".

Com efeito, os arts. 926-928 trazem um Capítulo de "Disposições Gerais" sobre a "Ordem dos Processos nos Tribunais". Segundo o art. 926: "Os tribunais devem uniformizar sua jurisprudência e mantê-la estável, íntegra e coerente". Uma das formas de alcançar isso, segundo o § 1.º, é que os tribunais devem editar súmulas que correspondam à sua jurisprudência dominante. Apesar de claro, esse parágrafo é complementado pelo § 2.º, que proíbe que tribunais editem súmulas que não guardem relação com as "circunstâncias fáticas dos precedentes que motivaram sua criação". Como temos insistido, qualquer enunciado jurisprudencial somente pode ser interpretado e aplicado levando-se em consideração os julgados que o formaram. Ele não surge do nada. Nestes termos, sua aplicação deve se dar de modo discursivo, e não mecânico, levando-se a sério seus fundamentos (julgados que o formaram) e as potenciais identidades com o atual caso concreto. Nenhum país que leve minimante a sério o direito jurisprudencial pode permitir a criação e aplicação de súmulas e ementas mecanicamente.[82]

---

82. NUNES, Dierle; BAHIA, Alexandre. Formação e aplicação do direito jurisprudencial: alguns dilemas. *Revista do TST*, vol. 79. abr./jun. 2013.

Enquanto não mudarmos essa práxis, continuaremos a trabalhar com pressupostos e com resultados muito perigosos e equivocados. Estaremos inventando uma nova forma de legislação advinda de um novo poder, a juristocracia, que não apenas viola princípios constitucionais (como a separação de poderes, contraditório, ampla defesa e devido processo legal), mas que também padece dos mesmos problemas que a crença absoluta na lei: o "problema" da interpretação.

Sim, porque, por mais que se tente acabar com a discussão a partir de um enunciado de Súmula, o fato é que este é um texto e, como tal, possui o mesmo pathos da lei: como não é possível antecipar todas as hipóteses de aplicação, uma e outra estão sujeitas ao torvelinho da práxis que evocará interpretação.

Complementar a isso, o art. 927 traça a forma como os precedentes irão guiar a estabilidade da jurisprudência – traz, na verdade, uma regra geral a respeito dos parâmetros de observância dos precedentes, jurisprudência e Súmulas.

O artigo reforça o caráter vinculante das decisões do STF em controle concentrado de constitucionalidade e de Súmulas Vinculantes, mas inova (para dar coerência à nova estrutura do Código), ao estabelecer a vinculação também de juízes e tribunais aos acórdãos e precedentes nos incidentes de assunção de competência ou de resolução de demandas repetitivas. E dá às Súmulas do STF (em matéria constitucional) e do STJ (em matéria infraconstitucional) um caráter de obrigatoriedade. Ainda, o inc. V do art. 927 ainda acrescenta que juízes/Tribunais devem observar "a orientação do plenário ou do órgão especial aos quais estiverem vinculados". Já havia dispositivos que trabalhavam com precedentes no Brasil, contudo, é a primeira vez que isso é colocado de forma tão clara na lei.

Os §§1º a 4º do art. 927 tratam da forma como se deve proceder à alteração de precedentes firmados. Qualquer que seja a hipótese de alteração de entendimentos sedimentados, deve haver ampliação/pluralização do debate através da realização de "audiências públicas e da participação de pessoas, órgãos ou entidades que possam contribuir para a rediscussão da tese". Isso é muito bom, pois mostra que, pelo papel que os precedentes (e outros) irão ter (mais até do que agora) no novo CPC, a abertura ao debate apenas contribui para seu aperfeiçoamento.

Tais previsões são essenciais se o Brasil quer se apoiar em precedentes: as técnicas da distinção e da superação pertencem, há muito, à praxe forense de países de common law, nos quais juízes e advogados os utilizam para flexibilizar o enrijecimento que poderia advir do "stare decisis".

Lembramos que, para que a decisão seja considerada fundamentada (art. 489, §1º), da mesma forma que não basta apenas citação de lei, não basta a mera invocação de precedente ou súmula. O magistrado tem de mostrar de que forma estes se moldam ao caso, o que significa aquele exercício hermenêutico de que tratamos, a saber, seja no caso de precedente, seja no de Súmula, há de haver o confronto entre questões de fato e de direito entre o paradigma e o caso sub judice.

De outro lado, se, como dito acima, a decisão precisa enfrentar todas as teses que possam afetar seu julgamento, logo, se a parte se fundar em súmula, jurisprudência ou precedente, o juiz tem de responder a essa questão, apenas podendo deixar de segui-los caso faça um "distinguishing" (distinção) ou um "overruling" (superação).

Há de se pontuar, ainda, o delineamento mais claro da distinção no art. 1.037 no que pertine aos recursos Extraordinário e Especial repetitivos.[83]

7. PROVOCAÇÕES FINAIS

Como se pode notar, estamos muito longe em perceber a verdadeira importância do direito jurisprudencial em nosso país.

E o que mais preocupa é que muitos daqueles que se encontram ligados a tendência de padronização decisória (no âmbito legislativo ou de aplicação) se seduzam com o argumento simplista de que "isso resolverá" o problema da litigiosidade repetitiva entre nós, sem que antes se problematize e se consolidem fundamentos consistentes de uma teoria de aplicação dos precedentes adequada ao direito brasileiro.

Evidentemente que se trata de uma tendência inexorável.

E isso torna a tarefa, de todos os envolvidos, mais séria, especialmente quando se percebe toda a potencialidade e importância que o processo e a jurisdição, constitucionalizados em bases normativas consistentes, vem auferindo ao longo desses mais de 25 anos pós Constituição de 1988.

---

[83] "Art. 1.037. § 9º Demonstrando distinção entre a questão a ser decidida no processo e aquela a ser julgada no recurso especial ou extraordinário afetado, a parte poderá requerer o prosseguimento do seu processo. § 10. O requerimento a que se refere o § 9º será dirigido: I - ao juiz, se o processo sobrestado estiver em primeiro grau; II - ao relator, se o processo sobrestado estiver no tribunal de origem; III - ao relator do acórdão recorrido, se for sobrestado recurso especial ou recurso extraordinário no tribunal de origem; IV - ao relator, no tribunal superior, de recurso especial ou de recurso extraordinário cujo processamento houver sido sobrestado; § 11. A outra parte deverá ser ouvida sobre o requerimento a que se refere o § 9º, no prazo de 5 (cinco) dias; § 12. Reconhecida a distinção no caso: I - dos incisos I, II e IV do § 10, o próprio juiz ou relator dará prosseguimento ao processo; II - do inciso III do § 10, o relator comunicará a decisão ao presidente ou ao vice-presidente que houver determinado o sobrestamento, para que o recurso especial ou o recurso extraordinário seja encaminhado ao respectivo tribunal superior, na forma do art. 1.030, parágrafo único; § 13. Da decisão que resolver o requerimento a que se refere o § 9º caberá: I - agravo de instrumento, se o processo estiver em primeiro grau; II - agravo interno, se a decisão for de relator".

Não se pode reduzir o discurso do Direito Jurisprudencial a uma pauta de isonomia forçada a qualquer custo para geração de uma eficiência quantitativa.

Precedentes, como aqui se afirmou, são princípio(s) (não fechamento) da discussão e aplicação do direito. Eles não podem ser formados com superficialidade e aplicados mecanicamente.

Precisamos sondar e aprimorar o uso do contraditório como garantia de influência e do processo constitucional na formação dos precedentes. Para além do argumento "ufanista" e acrítico de seu uso no Brasil.

O Novo Código de Processo Civil procura lidar com muitos dos problemas aqui aventados, valorizando o contraditório e incorporando institutos e mecanismos para racionalizar a formação e o uso dos precedentes que permitirão a formação paulatina de uma nova racionalidade decisória.

Há de perceber finalmente no Brasil que ao direito jurisprudencial se aplica a advertência de Duxbury que "certamente, seguir precedentes com o fim de gerar estabilidade doutrinária ou o encerramento do debate jurídico dificilmente será louvável onde flexibilidade e abertura são as qualidades que servem melhor aos litigantes".[84]

---

84. No original: "Of course, following precedents in order to generate doctrinal stability or legal closure will hardly be laudable where flexibility and openness are the qualities that serve litigants best. DUXBURY, Neil. *The nature and authority of precedent*. Cambridge: Cambridge University Press, 2008. p. 159.

CAPÍTULO 2

Os precedentes e o dever de motivação no Novo Código de Processo Civil

Eduardo Cambi[1]

Renê Francisco Hellman[2]

SUMÁRIO: 1. INTRODUÇÃO; 2. PLANO CONCEITUAL: COMPREENSÃO DOS INSTITUTOS; 3. O REGRAMENTO DOS PRECEDENTES NO NCPC; 4. O DEVER DE MOTIVAÇÃO NO NCPC; 5. CONCLUSÃO; 6. REFERÊNCIAS.

1. INTRODUÇÃO

Para aprimorar o sistema processual brasileiro, inibir decisões arbitrárias e assegurar maior efetividade à garantia constitucional do contraditório, o Novo Código de Processo Civil (NCPC), instituído pela Lei n. 13.105/2015, introduziu a vinculação aos precedentes.

Afora as discussões quanto as influências do *common law* ou, mais drasticamente, da *commonlização* do direito brasileiro, o fato é que o projeto de NCPC encampou os ideais de racionalização decisória como meios eficazes de combate à excessiva litigância que se observa no país e à crise de legitimidade democrática das decisões judiciais.

Profundas mudanças legais foram trazidas no que toca à construção da decisão judicial, com exigências específicas, de maneira que se possa efetivar o

---

1. Promotor de Justiça no Estado do Paraná. Assessor da Procuradoria Geral de Justiça do Paraná. Coordenador estadual do Movimento Paraná Sem Corrupção. Coordenador Estadual da Comissão de Prevenção e Controle Social da Rede de Controle da Gestão Pública do Paraná. Assessor de Pesquisa e Política Institucional da Secretaria de Reforma do Judiciário do Ministério da Justiça. Representante da Secretaria de Reforma do Judiciário na Estratégia Nacional de Combate à Corrupção e à Lavagem de Dinheiro (ENCCLA). Coordenador do Grupo de Trabalho de Combate à Corrupção, Transparência e Controle Social da Comissão de Direitos Fundamentais do Conselho Nacional do Ministério Público (CNMP). Pós-doutor em direito pela Università degli Studi di Pavia. Doutor e mestre em Direito pela UFPR. Professor da Universidade Estadual do Norte do Paraná (UENP) e da Universidade Paranaense (UNIPAR). Diretor financeiro da Fundação Escola do Ministério Público do Estado do Paraná (FEMPAR).
2. Coordenador Geral da FATEB – Faculdade de Telêmaco Borba. Professor de Direito Processual Civil. Mestrando em Ciência Jurídica pela Universidade do Norte do Paraná (UENP). Advogado.

dever constitucional de motivação das decisões emanadas do Poder Judiciário (art. 93, inc. IX, CF).

Para estabelecer as distinções necessárias, será feito, em um primeiro momento, o exame dos conceitos de decisão judicial, jurisprudência, súmula e precedentes. Na sequência, será realizada análise sobre o regramento dos precedentes no NCPC, com o detalhamento conferido pelo projeto aos preceitos necessários para o funcionamento do sistema judicial. Por último, o texto recairá sobre o dever de motivação no ordenamento jurídico brasileiro, a partir da imposição principiológica constitucional e o tratamento conferido ao tema no NCPC.

2. PLANO CONCEITUAL: COMPREENSÃO DOS INSTITUTOS

A evolução histórica, a necessidade de democratização do acesso à justiça, o excesso de litigiosidade, a globalização, o surgimento de novos direitos, a falência de determinados institutos jurídicos e o nascimento de outros são motivos para repensar a forma como a tutela jurisdicional vem sendo prestada no Brasil.

Em relatório apresentado pelo Conselho Nacional de Justiça (CNJ), a partir do Programa Justiça em Números, verifica-se que, no ano de 2012, tramitavam no país cerca de 92,2 milhões de ações judiciais. Havia, nesta época, uma taxa de congestionamento de 70%[3]. Em 2013, tramitaram cerca de 95,14 milhões de ações, sendo que a taxa de congestionamento atingiu o patamar de 71%[4].

Apesar desta taxa de congestionamento, o relatório datado de 2013 demonstra ter havido, de 2011 para 2012, crescimento da produtividade, na ordem de 1,4%. Cada magistrado brasileiro, em média, julgou 1450 processos em 2012[5]. Estimando-se que se tenha cerca de 180 dias úteis no ano (excluindo-se fins de semana, 60 dias de férias e recessos), cada juiz julgou, destarte, pela média, oito processos por dia. No relatório publicado em 2014, que diz respeito aos dados de 2013, a produtividade dos magistrados apresentou queda de 1,7% com relação ao ano anterior, apesar de ter havido incremento do número de magistrados no país (1,8%), o que importou no aumento dos gastos do Judiciário em 1,5%[6].

---

3. BRASIL, Conselho Nacional de Justiça. *Justiça em Números 2013*. Disponível em: http://www.cnj.jus.br/images/pesquisas-judiciarias/Publicacoes/relatorio_jn2013.pdf. Acessado em 19/07/2014.
4. BRASIL, Conselho Nacional de Justiça. *Justiça em Números 2014*. Disponível em: ftp://ftp.cnj.jus.br/Justica_em_Numeros/relatorio_jn2014.pdf. Acessado em 23/01/2015.
5. BRASIL, Conselho Nacional de Justiça. *Justiça em Números 2013*. Disponível em: http://www.cnj.jus.br/images/pesquisas-judiciarias/Publicacoes/relatorio_jn2013.pdf. Acessado em 19/07/2014.
6. BRASIL, Conselho Nacional de Justiça. *Justiça em Números 2014*. Disponível em: ftp://ftp.cnj.jus.br/Justica_em_Numeros/relatorio_jn2014.pdf. Acessado em 23/01/2015.

Os números trazidos pelo CNJ revelam a sobrecarga de trabalho e devem justificar a construção de alternativas para a maior racionalização da prestação jurisdicional. A questão que se coloca é: como julgar com a qualidade que se espera do Judiciário um volume tão considerável de processos? E mais: de que forma aumentar a produtividade judicial para diminuir o percentual de congestionamento do Judiciário sem que isto implique a diminuição da qualidade das decisões?

Ao se buscar maior racionalidade na prestação judicial, os precedentes têm sido apontados como um meio hábil a conferir integridade ao sistema processual e promover mais igualdade e segurança jurídica[7].

Não há como negar que um sistema de precedentes corretamente estruturado pode ser um dos meios eficazes da racionalização pretendida e tem a perspectiva de, no futuro, mostrar-se como um dos fatores de diminuição desse excesso de litigiosidade que se observa no país.

Essa potencialidade do sistema de precedentes é verificável a partir da projeção que se faz de um sistema decisório íntegro, em que se possa ter maior previsibilidade nas decisões para desestimular a propositura de ações infundadas e incentivar a insegurança jurídica. Tal solução pode evitar o fenômeno da *jurisprudência lotérica*, isto é, diante da falta de observância dos precedentes, em que cada julgador decide apenas conforme a sua consciência[8], o que impõe à parte vencida o ônus de recorrer, postergando a solução definitiva da causa.

Com efeito, a dispersão da jurisprudência compromete a credibilidade e desacredita o Poder Judiciário, bem como decepciona o jurisdicionado[9].

Porém, apesar das projeções e das propostas serem otimistas, há de se tomar cuidado com os institutos processuais para se evitar confusões entre os conceitos de decisão judicial, precedente, súmula e jurisprudência.

Não é toda decisão judicial que contém as características necessárias para que seja considerada um precedente; para tanto, é necessário examinar o chamado *valor transcendental*[10] do julgado.

O conceito de precedente não se confunde com o de jurisprudência nem, tampouco, ao de súmula, vinculante ou persuasiva.

---

7. CAMBI, Eduardo; HELLMAN, Renê Francisco. Jurisimprudência – a independência do juiz frente aos precedentes judiciais como obstáculo à igualdade e à segurança jurídicas. *Revista de Processo*, vol. 231, maio/2014, p. 349 e seg.
8. CAMBI, Eduardo. Jurisprudência lotérica. *Revista dos Tribunais*, vol. 786, abr. 2011, p. 108 e seg.
9. WAMBIER, Teresa Arruda Alvim. Precedentes e evolução do direito. In: *Direito jurisprudencial*. Coord. Teresa Arruda Alvim Wambier. São Paulo: RT, 2012. p. 40.
10. ROSITO, Francisco. *Teoria dos precedentes judiciais – racionalidade da tutela jurisdicional*. Curitiba: Juruá, 2012. p. 93.

Ainda, o precedente não se confunde com o denominado *leading case*, isto é, o caso em que pela primeira vez houve o pronunciamento judicial a respeito do tema ou em que se deu a superação, também pela vez primeira, de entendimento judicial anteriormente firmado. Ora, se o caso líder não tiver elementos suficientes para que se possa identificar a sua *transcendentalidade*, não pode ser considerado um precedente.

O que torna a decisão judicial um precedente é o enfrentamento de todos os principais argumentos relacionados à questão de direito presentes no caso concreto, independentemente de ter analisado pela primeira vez o tema discutido[11].

Os conceitos de precedente e jurisprudência não se confundem. Há uma distinção *quantitativa*, pois o precedente diz respeito, em regra, a uma determinada decisão ou a um conjunto específico de julgados, ao passo que o termo jurisprudência deve corresponder a uma pluralidade de decisões em variados casos concretos. Por isso, pode-se identificar qual (quais) decisão (decisões) formou (formaram) o precedente, enquanto a jurisprudência está atrelada a uma quantidade imprecisa, podendo existir considerável número de decisões em um determinado sentido, o que pode aumentar a dificuldade de se identificar qual tenha sido o julgado condutor do entendimento firmado[12]. Todavia, buscar saber os julgados que originaram o entendimento jurisprudencial não é tão relevante quanto entender quais julgamentos formaram o precedente, pois a jurisprudência tem eficácia apenas persuasiva enquanto os precedentes vinculam os órgãos judiciais.

Sob o aspecto *qualitativo*, a formação do precedente é feita pelo julgador do caso posterior, uma vez que é ele quem irá dizer, a partir da comparação entre as situações fáticas do caso anterior e do caso a ser julgado, se a *ratio decidendi* daquele é possível de ser aplicada a este como base suficiente para a solução que se espera. Isso indica que o precedente fornece uma regra *universalizável*, ou seja, que possa ser extraída daquela decisão que serviu para a resolução de um caso específico e utilizada em outros que tenham semelhanças suficientes[13].

Entretanto, a interpretação do precedente – tal como ocorre com a exegese das leis – pode ser tarefa complexa, especialmente nos *hard cases*. Para evitar a presunção do que seja *ratio decidendi* e *obter dicta* é recomendável que a própria fundamentação da decisão possa explicitar a essência do julgado, capaz

---

11. MARINONI, Luiz Guilherme; MITIDIERO, Daniel. *O projeto do CPC – críticas de propostas*. São Paulo: RT, 2010. p. 165.
12. TARUFFO, Michele. Precedente e Jurisprudência. *Revista de processo*, vol. 199, set. 2011, p. 140.
13. Idem, p. 141.

de ser generalizado para os demais casos (força obrigatória pan-processual)[14]. Saber se o caso é igual ou não, ou aplicar os mesmos critérios do precedente, é tarefa posterior, mas que pode ser facilitada quando a motivação da decisão que forma o precedente auxilia a atuação do intérprete.

Ainda, os precedentes não se confundem com as súmulas. Estas dizem respeito diretamente ao conceito de jurisprudência e não ao de precedentes. É certo que o enunciado da súmula pode nascer a partir de um precedente, mas ela não poderá ser considerada o precedente. As súmulas se caracterizam pela concentração em breves textos (enunciados) que têm normalmente um conteúdo mais específico do que o texto da norma da qual constituem uma interpretação[15]. Na aplicação da súmula, é dispensada a análise dos fatos, pois ela está baseada não na analogia com os fatos, mas na subsunção da *fattispecie* sucessiva em uma *regra geral*[16].

Logo, a súmula é texto que se diferencia do precedente, porque elaborada para a solução de todos os casos futuros[17], enquanto que o precedente é identificado no futuro e serve para auxiliar na solução daquele caso concreto que levou o julgador a encontrá-lo, consideradas as peculiaridades fáticas e jurídicas para a universalização do precedente.

Ademais, da mesma forma como ocorre com a jurisprudência, de regra, as súmulas também têm eficácia meramente persuasiva (não vinculante), havendo, pois, apenas a recomendação de sua observância[18].

Feitas essas diferenciações, é necessário centrar a análise sobre o conceito de precedente judicial e a forma como NCPC trata da matéria.

3. O REGRAMENTO DOS PRECEDENTES NO NCPC

O tema dos precedentes foi inserido no processo legislativo, a partir do Substitutivo da Câmara dos Deputados n. 8.046/2010, uma vez que, no Projeto de Lei do Senado, autuado sob o n. 166/2010, não houve nenhuma previsão

---

14. CRUZ E TUCCI, José Rogério. Parâmetros de eficácia e critérios da interpretação do precedente judicial. In: *Direito jurisprudencial*. Coord. Teresa Arruda Alvim Wambier. São Paulo: RT, 2012. p. 124.
15. TARUFFO, Michele. Op. Cit. p. 141.
16. Idem. Ibidem.
17. STRECK, Lenio Luiz; ABBOUD, Georges. *O que é isto – o precedente judicial e as súmulas vinculantes?* Porto Alegre: Livraria do Advogado, 2013. p. 58.
18. Ao tratar do tema o Superior Tribunal de Justiça, asseverou: "Respeitadas as ressalvas legais, mesmo reiterada e diuturna, a jurisprudência não tem força de vincular os pronunciamentos jurisdicionais. Não se justifica, no entanto, que os órgãos julgadores se mantenham renitentes a jurisprudência sumulada, cujo escopo, dentro do sistema jurídico, é alcançar exegese que dê certeza aos jurisdicionados em temas polêmicos, uma vez que ninguém fica segura do seu direito ante jurisprudência incerta" (REsp 14945/MG, Rel. Ministro SÁLVIO DE FIGUEIREDO TEIXEIRA, QUARTA TURMA, julgado em 17/03/1992, DJ 13/04/1992, p. 5002).

sobre os precedentes judiciais. Na proposta original, apresentada no Senado Federal, a preocupação centrou-se na regulamentação do dever dos tribunais de uniformizarem a jurisprudência, prezando pela sua estabilidade, mas sem expressa adoção de um sistema de precedentes.

A tramitação do projeto novamente pelo Senado alterou a localização dos dispositivos relativos aos precedentes. Antes da aprovação pelo Senado, as disposições estavam centradas no regramento do processo de conhecimento, com indicação específica "Do precedente judicial", no Capítulo XV, do Título II, do Livro I, na Parte Especial. A versão final da lei, entretanto, excluiu o referido capítulo, deslocando os dispositivos, agora sem a expressa menção ao título de precedente judicial, para o Capítulo I, do Título I, do Livro III, que trata dos processos nos tribunais e do sistema recursal.

O artigo 926 inicia impondo aos tribunais o dever de uniformização da sua jurisprudência, de modo a mantê-la estável, íntegra e coerente. Nos parágrafos do dispositivo, há regramento a respeito dos enunciados de súmulas, sendo que o §2º faz diferenciação conceitual dos institutos do precedente e da súmula, ao vedar a edição de enunciado de súmula que não se atenha às circunstâncias fáticas dos precedentes que motivaram sua criação.

Essa tomada de posição do legislador é essencial para que não haja, no momento da interpretação ou da aplicação do texto legal, confusão sobre o significado e o alcance de cada um dos institutos.

Apesar de sofrer influências do *common law*, o fato de o Brasil passar a preocupar-se com a estruturação de um sistema de precedentes não significa que deixará de enquadrar-se no sistema do *civil law*, notadamente porque o legislador, ao instituir esse novo sistema por meio da lei, indica que o primeiro norte principiológico a ser observado é o da legalidade.

Embora a produção judiciária deva ser considerada uma fonte de direito, a menção ao princípio da legalidade, na formação do precedente, é imprescindível para a preservação da democracia. A legalidade aqui é considerada em sentido amplo, não quer significar um retorno ao normativismo positivista, mas uma garantia para a sociedade.

O julgador, no momento da construção da norma para o caso concreto, deve atentar para a previsão legal, em atenção ao disposto no artigo 5º, inc. II, da Constituição Federal, pelo qual *"ninguém será obrigado a fazer ou deixar de fazer alguma coisa senão em virtude de lei"*. Na seara processual, o princípio da legalidade está reforçado na garantia constitucional do devido processo legal (art. 5º, LIV, CF).

Dessa forma, incumbe ao julgador, no momento da aplicação do sistema de precedentes, atentar para os dispositivos legais aplicáveis à espécie, de modo que a decisão judicial construída, seja a partir do precedente, seja para o precedente, não contenha transgressão à lei em sentido amplo (ordenamento jurídico).

O Estado Democrático de Direito deve estar calcado na estabilidade e na continuidade da ordem jurídica. A previsibilidade das consequências jurídicas de determinada conduta são manifestações primárias da segurança jurídica, segundo princípio a que fez referência o legislador na instituição do sistema de precedentes no NCPC.

A variação injustificada quanto à interpretação judicial de um texto legal contraria o princípio da segurança jurídica e causa mais instabilidade nas relações sociais[19].

A segurança jurídica é um instrumento de realização dos valores da liberdade, da igualdade e da dignidade[20]: i) da liberdade, pois quanto maior é o acesso material e intelectual do cidadão às normas que deve obedecer, maior serão as condições para que possa conceber o seu presente e planejar o seu futuro; ii) de igualdade, pois quanto mais gerais e abstratas forem as normas, e mais uniformemente forem aplicadas, tanto maior será o tratamento isonômico entre os cidadãos; iii) de dignidade, porque quanto mais acessíveis e estáveis forem as normas, bem como mais justificadamente forem aplicadas, melhor será o tratamento do cidadão como ser capaz de definir-se autonomamente.

A insegurança jurídica gerada pela instabilidade nas decisões judiciais é um estímulo às aventuras processuais e até mesmo ao abuso do direito processual, além de significar um fator que inibe à observância do cumprimento espontâneo das obrigações no plano do direito material.

Para se assegurar segurança jurídica, quando da aplicação dos precedentes judiciais, devem-se considerar as noções tanto de previsibilidade quanto de estabilidade.

Por previsibilidade, deve-se entender a necessidade de se poder prever a consequência de uma determinada conduta, bem como a confiança atribuída ao poder estatal, que tem a função de estabelecer a qualificação jurídica sobre os fatos discutidos em juízo[21]. Tudo isso para proteger a confiança, conforme está previsto no artigo 927, §4º, do NCPC.

---

19. MARINONI, Luiz Guilherme. *Precedentes obrigatórios*. 3ª ed. rev. atual. e ampl. São Paulo: RT, 2013. p. 118-119.
20. ÁVILA, Humberto. *Segurança jurídica. Entre permanência, mudança e realização no Direito Tributário*. 2ª ed. rev. atual. e ampl. São Paulo: Malheiros, 2012. p. 674-675.
21. Idem. p. 121.

Por sua vez, a estabilidade dá dimensão objetiva à segurança jurídica para se assegurar um mínimo de continuidade ao Estado Democrático de Direito, isto é, garantir a potencialidade e a eficácia da ordem jurídica aos cidadãos[22].

Por outro lado, a noção de estabilidade pode conflitar com a de independência do julgador, prerrogativa em nome da qual, ocasionalmente, são justificadas decisões que divirjam da orientação dos tribunais superiores. No entanto, as convicções pessoais do magistrado não devem suplantar as imposições de uma *integridade decisória*[23]. Aliás, a inexistência de um método rígido que assegure a "correção" da decisão não permite que o intérprete escolha o sentido que mais lhe convier, pois isso daria margem à discricionariedade judicial e o ao *decisionismo* (isto é, a redução do direito a um fenômeno de autoridade)[24]. A exigência de estabilidade decorre do fato de que a decisão judicial é um ato de poder e, como tal, gera responsabilidade àquele que a proferiu, do que decorre a impossibilidade de que as decisões já proferidas sejam livremente desconsideradas[25].

É possível que se preserve o entendimento pessoal do julgador a respeito dos temas a ele submetidos para apreciação, inclusive, possibilitando-lhe que se manifeste contrariamente à orientação dos tribunais, na decisão, sem que isso venha a significar contradição decisória[26]. Há de se destacar, ainda, que, dada a possibilidade de o julgador ressalvar seu entendimento pessoal na decisão e curvar-se à orientação dos tribunais, pode contribuir para a reconstrução do precedente, pois tal conduta pode indicar a necessidade de superação e sinalizar aos tribunais eventual revisão do entendimento.

Outro princípio que deve informar o sistema de precedentes firmado no NCPC é a duração razoável do processo. A Constituição Federal no artigo 5º, inciso LXXVIII, prevê a garantia fundamental da duração razoável do processo, assegurando meios para a sua celeridade. Baseado nesta cláusula constitucional, o NCPC reproduziu tal garantia no artigo 4º, prevendo a solução integral do mérito e a satisfação da pretensão, ou seja, a fim de que o direito fundamental à solução em tempo razoável seja efetivado. Logo, não basta que o processo tramite com celeridade e nem mesmo que a decisão de mérito seja proferida, mas é essencial que, ao fim e ao cabo, dentro do prazo razoável, o direito material seja tutelado.

---

22. Idem. p. 127.
23. DWORKIN, Ronald. *O império do direito*. 2ª ed. Trad. de Jefferson Luiz Camargo. São Paulo: Martins Fontes, 2007. p. 133.
24. STRECK, Lenio. *Jurisdição constitucional e decisão jurídica*. 3ª ed. São Paulo: RT, 2013. p. 334.
25. MARINONI, Luiz Guilherme. Op. Cit. p. 128.
26. Enunciado n. 172 do Fórum Permanente de Processualistas Civis. Cfr. DIDIER JR., Fredie; BUENO, Cassio Scarpinella; CRAMER, Ronaldo. III Encontro do Fórum Permanente de Processualistas Civis. *Revista de Processo*, vol. 233, jul-2014, p. 312.

Com efeito, os precedentes ganham relevância no sentido de poderem significar um freio para a propositura de ações ou a proposição de recursos infundados ou abusivos, o que evita a judicialização de demandas ou a duração não razoável dos processos. Porém, a menor quantidade de ações ajuizadas, para assegurar o cumprimento do artigo 5º, inc. LXXVIII, CF, deve vir acompanhada da maior eficiência da atividade jurisdicional, com o julgamento de um número mais significativo de casos em menor tempo[27], o que pode ser conseguido se prevalecer a eficácia vinculante dos precedentes judiciais.

Por fim, tem-se o princípio da isonomia como norte necessário ao sistema de precedentes. A vida em uma sociedade democrática exige a participação em formas de atividades conjuntas, o que impede que cada pessoa se guie pelo seu próprio código de valores[28]. Para ser possível controlar publicamente os juízos de valor de uma pessoa, tal controle deve satisfazer os critérios da racionalidade, isto é, os juízos de valor têm de estar apoiados em uma justificação que seja o mais racional possível[29].

A independência judicial não serve para permitir atos de rebeldia do juiz contra o sistema de construção decisória de que faz parte[30]. O julgador deve observar o comando legal e também os precedentes, pois a interpretação que os tribunais conferem à lei é que servirá de parâmetro para as condutas dos jurisdicionados[31].

A igualdade impõe ao legislador a elaboração de textos legais que não estabeleçam distinções sem justificativas. Da mesma forma, a imposição recai sobre o julgador, de modo que ele não profira decisões que possam estabelecer *discrímens* que não estejam fundados na própria ideia de promoção da igualdade.

A isonomia perante as decisões judiciais é direito fundamental do jurisdicionado, não se podendo conceber um sistema de precedentes sem que o Judiciário fique vinculado a assegurar o mesmo entendimento jurídico a todos os cidadãos. Assim, pela eficácia vinculante ínsita aos precedentes, os órgãos judiciais devem segui-los ainda que deles discordem, para que prevaleça a maior eficiência do sistema jurídico[32], salvo se assumir o dever de argumentar

---

27. CHIARLONI, Sergio. Funzione nomofilattica e valore del precedente. In: *Direito jurisprudencial*. Coord. Teresa Arruda Alvim Wambier. São Paulo: RT, 2012. p. 228.
28. ARNIO, Aulis. *Lo racional como razonable. Un tratado sobre la justificación jurídica*. Trad. de Ernesto Garzón Valdés. Madri: Centro de Estudios Constitucionales, 1991. p. 268.
29. Idem. ibidem.
30. CAMBI, Eduardo; HELLMAN, Renê Francisco. Op. Cit.. p. 349 e seg.
31. WAMBIER, Teresa Arruda Alvim. Estabilidade e adaptabilidade como objetivos do direito: civil law e common law. *Revista de Processo*, vol. 172, jun. 2009, p. 121 e seg.
32. "Il precedente viene seguito non perchè il giudice susseguennte è convento dela sua correttezza (cosa irrelevante), ma perchè è convinto che seguirlo sia un bene per l'ordinamento" (CHIARLONI, Sergio. Op. Cit. p. 240).

adequadamente que o precedente não se aplica ao caso em julgamento (*distinguishing*) ou já se encontre superado (*overruling*).

O princípio da igualdade processual compreende a garantia de *integridade decisória*. Não se admitem tratamentos divergentes para casos idênticos ou semelhantes, porque, sendo a decisão judicial contextualizada em um sistema jurídico, não pode ser reduzida a uma mera prestação atribuída a um juiz. A integridade decorre da própria democracia e exige que os juízes construam seus argumentos de forma integrada ao conjunto do direito, o que faz respeitar a comunidade de princípios e, destarte, evitar atitudes voluntaristas[33]. O respeito pleno à integridade é uma forma de virtude política e exige que as normas públicas da comunidade expressem um sistema único e coerente de justiça, bem como um tratamento equânime (*fairness*)[34]. Observar o princípio da igualdade significa que os precedentes devem ser aplicados, ainda que o juiz discorde deles, uma vez que o magistrado deve se inserir no sistema, não podendo fazer prevalecer, sem justos e rígidos critérios, o seu entendimento pessoal[35].

A razão fundamental para seguir um precedente decorre do princípio da *universalidade*, ou seja, a exigência, imposta pela justiça como qualidade formal, de se *tratar casos iguais de modo semelhante*[36]. Na estrutura da argumentação jurídica, o precedente é sempre uma *decisão relativa a um caso particular*, não podendo produzir efeitos nos *casos sucessivos*, salvo quando dele possa resultar interpretação que pode ser estendida (*universalizada*) a outras situações concretas[37].

Os princípios aqui analisados são normas de caráter fundamental para o ordenamento processual, que não podem ser desprezadas pelos órgãos julgadores, apesar de sua generalidade, nem servir para dar margem à discricionariedade a atuação judicial[38].

Estabelecida a base normativa do sistema de precedentes no NCPC, é preciso analisar o artigo 927, para saber como restou estruturada a hierarquia dos precedentes e estabelecido o papel dos tribunais superiores nessa organização.

O artigo 927, inc. I, do NCPC indica a necessidade de observância, por todos os juízes e tribunais, dos precedentes do Supremo Tribunal Federal (STF) no

---

33. STRECK, Lenio. *Jurisdição constitucional e decisão jurídica*. Cit. p. 336-337.
34. Idem. p. 337.
35. MARINONI, Luiz Guilherme. Op. Cit. p. 142.
36. ALEXY, Robert. *Teoria da argumentação jurídica*. Trad. de Zilda Hutchinson Schild Silva. São Paulo: Landy, 2001. p. 259.
37. TARUFFO, Michele. Precedente e giurisprudenza. *Rivista trimestrale di diritto e procedura civile*, ano 61, n. 3, set./2007, p. 710-711.
38. Tanto as regras quanto os princípios são normas gerais e abstratas. A diferença está no grau de generalidade e abstração entre as regras e os princípios. Cfr. NEVES, Marcelo. *Entre Hidra e Hércules. Princípios e regras constitucionais*. São Paulo: Martins Fontes, 2013. p. 22.

controle concentrado de constitucionalidade. Importante que se destaque aqui que o legislador impôs a obrigação de que sejam seguidos tais precedentes e decisões sem distinguir entre juízes e tribunais. Ao fazer referência genérica aos "tribunais", pode-se concluir que essa imposição abarca inclusive o próprio STF, que também está vinculado aos precedentes.

No inc. III, há a imposição do respeito aos precedentes formados nos julgamentos de incidentes de assunção de competência ou de resolução de demandas repetitivas, bem como nos julgamentos dos recursos extraordinário e especial, de modo que os tribunais superiores sejam entendidos como cortes de vértice.

Nos incisos II e IV, o legislador faz referência às súmulas, vinculantes e persuasivas, respectivamente, indicando neste último as do Superior Tribunal de Justiça (STJ), a fim de que sejam observadas em matéria infraconstitucional. Uma vez feita a distinção entre os conceitos de precedente e de súmula, é evidente que não se poderá confundi-los, entretanto, na aplicação do enunciado sumular, não cabe mais que o julgador o leia desacompanhado dos precedentes que contribuíram para a sua construção.

Se o enunciado de súmula não será mais um grau zero de sentido e se um sistema correto de fortalecimento do direito jurisprudencial exige justamente mais prudência na aplicação dos comandos sumulares, é evidente que, ao aplicá-los, o julgador deverá interpretá-los à luz dos precedentes sobre os quais foram os enunciados lapidados.

Por fim, no inciso V, há a previsão de que os juízes e tribunais estarão vinculados às orientações do órgão especial ou do plenário do tribunal a que estejam vinculados.

Luiz Guilherme Marinoni[39] e Daniel Mitidiero[40] já delinearam a questão do entendimento sobre a posição de vértice dos tribunais superiores brasileiros. O primeiro autor na abordagem aprofundada com relação ao STJ e o segundo em uma proposta, ainda mais abrangente, em que inclui também o STF. Os doutrinadores propõem a compreensão do STF e do STJ, nos limites da competência de cada um, como cortes supremas, de vértice, acima das quais não há tribunal possível de rever suas decisões[41]. Disso decorre a necessidade de que tanto os tribunais superiores quanto os demais juízes e tribunais sigam os precedentes firmados, posto que é a partir deles que essas cortes supremas

---

39. MARINONI, Luiz Guilherme. *O STJ enquanto corte de precedentes – recompreensão do sistema processual da Corte Suprema*. São Paulo: RT, 2013.
40. MITIDIERO, Daniel. *Cortes superiores e cortes supremas – do controle à interpretação da jurisprudência e do precedente*. São Paulo: RT, 2013.
41. KERN, Christoph A. The role of the Supreme Court. *Revista de processo*, vol. 228, fev./2014, p. 15-36.

decidem o sentido da Constituição e da legislação federal infraconstitucional, respectivamente[42].

A versão final do NCPC, lamentavelmente, abandonou o regramento específico que estava previsto no Substitutivo aprovado na Câmara dos Deputados. Após estabelecer a hierarquia dos precedentes e firmar o STF e o STJ como cortes de vértice, o projeto passava a tratar a respeito do que denominava de *fundamentos determinantes* que tenham sido utilizados pela maioria dos julgadores que compõem o colegiado responsável pela decisão que gerou o precedente (art. 521, §3º do Substitutivo). Na sequência, no §4º, deste artigo 521, dispunha sobre os fundamentos que não terão efeito vinculante sobre os tribunais e juízes, que são os *"prescindíveis para o alcance do resultado fixado em seu dispositivo, ainda que presentes no acórdão"* e os *"não adotados ou referendados pela maioria dos membros do órgão julgador, ainda que relevantes e contidos no acórdão"*.

Essas regras dos §§ 3º e 4º do artigo 521 do Substitutivo diziam respeito aos conceitos de *ratio decidendi* e *obter dictum*. A opção de denominar a *ratio decidendi* de *fundamentos determinantes* não tornaria tal conceito menos complexo. Porém, o estabelecimento do critério quantitativo, seja no §3º, seja no inciso II do §4º, facilitaria a extração dos fundamentos determinantes da decisão que se fosse tomar como paradigma, pois ele proibiria que fosse considerado como *ratio decidendi* um fundamento relevante, mas que não tivesse sido utilizado pela maioria dos julgadores no colegiado.

O III Fórum Permanente dos Processualistas Civis editou o enunciado n. 173, para destacar o entendimento de que a qualidade de "determinante" do fundamento adotado na decisão paradigmática deve passar pelo filtro da capacidade de resolver de forma suficiente a questão jurídica[43]. Vale dizer, se o fundamento solucionar a questão controvertida na ação anterior e o fizer de forma completa, poderá ser invocado, posteriormente, como determinante no auxílio para a solução de um novo caso.

Já o inciso I, do §4º, do artigo 521, do Substitutivo dispunha a respeito dos fundamentos ditos de passagem (*obter dictum*), que são aqueles não têm o condão de interferir diretamente no dispositivo da decisão proferida e, por isso, não podem ser arguidos como fundamentos determinantes nos casos que futuramente apresentem correspondência fática.

Há de se alertar para aqueles casos em que o tribunal, na análise de uma situação fática, tenha chegado a um consenso a respeito da solução

---

42. MITIDIERO, Daniel. Op. Cit. p. 79.
43. Enunciado 173 do Fórum Permanente de Processualistas Civis. Cfr. DIDIER JR., Fredie; BUENO, Cassio Scarpinella; CRAMER, Ronaldo. Op. Cit. p.312.

(dispositivo), mas tenha surgido uma divergência quanto aos fundamentos da decisão. Nesta hipótese, não se pode cogitar da existência de um precedente acerca dos fundamentos jurídicos, ainda que os fatos e as conclusões aplicadas sejam comuns ao precedente adotado[44].

Com o objetivo de impedir que o sistema de precedentes significasse o *engessamento* das decisões judiciais e transformasse o juiz em um mero repetidor do entendimento dos tribunais sem análise fática detalhada, o artigo 521, §5º, do Substitutivo previa a possibilidade de que se fizesse a distinção entre o caso concreto a ser julgado e aquele tido inicialmente como paradigma. Assim, o sistema de precedentes não implicaria na diminuição da independência do Judiciário, porque os precedentes são por ele produzidos e permitem a realização do *distinguishing*. Com efeito, o juiz estaria (e está, acreditamos) autorizado a afastar o efeito vinculante do precedente, desde que demonstrasse, de forma fundamentada, que a situação fática em análise é distinta daquela sobre a qual foi construído o paradigma, ou que a questão jurídica de agora não foi examinada na decisão de onde partiu o precedente.

O juiz, assim, exerce fundamentalmente a sua "liberdade" de julgar, podendo diferenciar o caso presente em relação ao passado[45], apenas com a exigência acentuada da fundamentação.

A possibilidade de operar a distinção e a imposição de fundamentação suficiente na decisão confere ao sistema de precedentes caráter democrático, uma vez que impõe ao julgador que conheça o histórico de decisões e participe como agente ativo da construção do ordenamento jurídico, desde que justifique a sua tomada de posição quando o precedente não se enquadrar na aplicação do novo caso.

O caráter democrático encerra-se, ademais, no fato de que qualquer órgão jurisdicional que queira afastar o efeito vinculante do precedente deverá promover o exercício fundamental (aqui nos sentidos de substantivo, de verbo e de adjetivo: como base do sistema decisório – fundamento; como ação de construção de argumentos – fundamentar; e como qualificativo da sua conduta – fundamental) de distinção, pouco importando a origem do precedente, se de um órgão jurisdicional superior, de mesma hierarquia ou de hierarquia inferior[46].

Então, apesar de a versão final do NCPC não prever os dispositivos específicos a respeito dos institutos próprios do sistema de precedentes, não se pode

---

44. BUSTAMANTE, Thomas da Rosa de. *Teoria do precedente judicial – a justificação e a aplicação de regras jurisprudenciais*. São Paulo: Noeses, 2012. p. 272.
45. OLIVEIRA, Pedro Miranda; ANDERLE, Rene José. O sistema de precedentes no CPC projetado: engessamento do direito? Revista de Processo, vol. 232, jun-2014, p. 319.
46. Enunciado 174 do Fórum Permanente de Processualistas Civis. Cfr. DIDIER JR., Fredie; BUENO, Cassio Scarpinella; CRAMER, Ronaldo. Op. cit. p. 312.

imaginar que eles não possam ser aplicados, até mesmo porque se há essa busca pelo fortalecimento do direito jurisprudencial, há que se admitir meios de conferir ao julgador que possa, se entender que o caso concreto sob análise não se enquadra na orientação dominante, julgar de forma diversa, operando a distinção.

A possibilidade de revogação do precedente também é prevista no artigo 927, §§ 2º, 3º e 4º, do NCPC. Isso revela a preocupação do NCPC em conferir dinamicidade ao sistema de precedentes, de modo que ele não signifique o engessamento do processo decisório. Então, além de outros órgãos jurisdicionais poderem deixar de seguir o precedente a partir da técnica da distinção, é possível que haja também a sua revisão/superação pelo próprio órgão que o formou ou por outro, com competência subsidiária, a partir das técnicas do *overruling* (quando o precedente é substituído por outro) e do *overriding* (quando se dá a reforma parcial do precedente).

Acrescenta-se, inclusive para viabilizar a segurança jurídica, que, ainda que seja necessária a revogação do precedente, o disposto no artigo 927, §3º, do NCPC prevê a possibilidade de *modulação* dos efeitos da revisão, seja para limitar a sua retroatividade, seja para atribuir-lhe efeitos prospectivos. Este dispositivo preserva situações jurídicas formadas durante a vigência do entendimento superado e atende ao comando da proteção da confiança, além de oportunizar a evolução do ordenamento jurídico sem que isso implique tratamento diferenciado para casos semelhantes ocorridos na mesma dimensão temporal.

As regras contidas nos artigos 926 e 927 do NCPC existem para aprimorar a qualidade da motivação das decisões judiciais, seja daquelas que têm o condão de se estabelecer como precedentes, seja das que forem basear-se em precedentes para serem construídas. Portanto, é importante compreender como o NCPC disciplinou o dever de motivação das decisões judiciais.

4. O DEVER DE MOTIVAÇÃO NO NCPC

Um dos grandes avanços da nova legislação processual civil está no tratamento atribuído pelo NCPC à concretização da garantia fundamental do contraditório.

A Constituição estrutura o processo e como a regulação do processo deve estar voltada à Constituição, o legislador (infraconstitucional) não pode mais se restringir à funcionalidade técnica do procedimento, mas deve ir além, uma vez que a Constituição também tem uma *dimensão axiológica* a ser construída, que requer a concretização por intermédio de um *processo justo*[47]. O processo, para

---

47. CAMBI, Eduardo. Processo constitucional e democracia. In: *Direito constitucional brasileiro. Organização do Estado e dos Poderes.* Coord. Clèmerson Merlin Cléve. São Paulo: RT, 2014. p. 577-578.

ser justo, na perspectiva constitucional, deve compreender a *dinâmica garantia dos meios e dos resultados*, isto é, não apenas a suficiência quantitativa dos meios processuais, mas também um resultado modal (ou qualitativo) constante.

No Capítulo I, do Livro I, do NCPC, o legislador procurou efetivar a garantia constitucional do contraditório por três vezes: i) no artigo 7º trata da paridade de armas das partes e do dever de o juiz de velar pelo contraditório; ii) no artigo 9º traz o comando para que o juiz oportunize a manifestação da parte antes de proferir decisão; iii) no artigo 10 especifica a regra do artigo antecedente para dizer que, em nenhum grau de jurisdição, deverá haver decisão baseada em fundamento sobre o qual não tenha sido oportunizado a parte falar, mesmo quando se estiver tratando de matéria apreciável de ofício.

O tratamento dado ao contraditório já nas primeiras linhas do NCPC tem efeito direto na motivação da decisão judicial, porque se enfatiza o *caráter dialógico* do processo e a compreensão de que a decisão deve decorrer do *diálogo* entre todos os sujeitos processuais.

A propósito, o diálogo representa uma forma superior de convivência[48]. A civilização é uma tentativa de reduzir a força a *ultima ratio*. A palavra "civilização" é composta por "civis" que significa "cidadão"; em outras palavras, a civilização é um modo de fazer possível a cidade, a comunidade e a convivência. A garantia do contraditório é um instrumento da civilização, porque supõe o desejo progressivo de cada pessoa contar com as demais. A civilização é, sobretudo, a vontade de convivência e, por isso, se contrapõe à barbárie, que é a tendência à dissociação. O respeito ao contraditório deve existir, pois a democracia é a forma política que simboliza a mais alta vontade de convivência.

Quando do tratamento específico dos requisitos da sentença, o artigo 489, §1º, do NCPC afirma que não será considerada fundamentada qualquer decisão judicial, seja ela interlocutória, sentença ou acórdão, que: i) se limitar à indicação, à reprodução ou à paráfrase de ato normativo, sem explicar sua relação com a causa ou a questão decidida; ii) empregar conceitos jurídicos indeterminados, sem explicar o motivo concreto de sua incidência no caso; iii) invocar motivos que se prestariam a justificar qualquer outra decisão; iv) não enfrentar todos os argumentos deduzidos no processo capazes de, em tese, infirmar a conclusão adotada pelo julgador; v) se limitar a invocar precedente ou enunciado de súmula, sem identificar seus fundamentos determinantes nem demonstrar que o caso sob julgamento se ajusta àqueles fundamentos; vi) deixar de seguir enunciado de súmula, jurisprudência ou precedente invocado pela parte, sem demonstrar a existência de distinção no caso em julgamento ou a superação do entendimento.

---

48. ORTEGA Y GASSET, José. *A rebelião das massas*. Tradução de Herrera Filho. Ed. Ridendo Castigat Mores, s.d., p. 137-140.

Já o artigo 927, §1º, do NCPC, ao disciplinar a jurisprudência e os precedentes, volta à questão da fundamentação para impor a necessidade de as decisões serem motivadas adequada e especificamente.

A exigência de motivação assegura o caráter democrático da atividade jurisdicional. Os cidadãos podem escolher os seus representantes nos Poderes Legislativo e Executivo, não lhes sendo atribuída, no Brasil, a possibilidade de eleger os membros do Poder Judiciário. Isto se justifica para que os juízes tenham assegurada independência, ao se manterem distanciados das influências políticas que poderiam comprometer a sua imparcialidade.

O Judiciário deve ser considerado um poder democrático, porque as suas atividades são públicas e suas decisões podem ser controladas pelas partes, desde que devidamente fundamentadas. É pela exposição e publicação da motivação das decisões que o Judiciário se legitima socialmente.

A motivação das decisões judiciais cumpre várias funções essenciais[49]: i) permite aferir a imparcialidade do juiz; ii) possibilita verificar a juridicidade e a legitimidade dos julgamentos; iii) assegura às partes meios concretos para constatar que seus argumentos foram analisados pelo órgão judicial; iv) evita o arbítrio judicial; v) delimita o âmbito do *decisium*; v) torna possível que as partes inconformadas apresentem razões recursais, impugnando os fundamentos da decisão.

É por isso que o artigo 93, inc. IX, da Constituição Federal impõe o dever de fundamentação das decisões judiciais (que, por outro lado, é um direito fundamental dos cidadãos) e o não cumprimento deste dispositivo constitucional gera a nulidade dos julgamentos.

Com efeito, a motivação se destina tanto ao processo quanto à sociedade. Sendo a decisão proferida em um processo, vincula as partes envolvidas, razão pela qual é necessário que o juiz apresente, fundamentadamente, o raciocínio a partir do qual chegou a solução da causa. Isso possibilita a compreensão do convencimento do órgão julgador e permite a parte vencida recorrer ou cumprir imediatamente a decisão. Além disso, por ser o Judiciário um poder estatal que deve justificar suas posições, a fundamentação servirá para que apresente à sociedade as razões que ensejam à interpretação e à aplicação das normas jurídicas.

O regramento estabelecido pelo NCPC também está em sintonia com as necessidades da prática judiciária. A crise decisória, decorrente do excesso de litigiosidade, da falta de estrutura em vários níveis do Judiciário e da ausência

---

49. WAMBIER, Teresa Arruda Alvim. *Nulidades do processo e da decisão*. 6ª ed. São Paulo: RT, 2007. p.313.

de fundamentação adequada faz com que o legislador aumente o rigor no cumprimento do artigo 93, inc. IX, da Constituição Federal, tanto para evitar decisões arbitrárias ou insuficientemente motivadas, quanto para ampliar a legitimação social da jurisdição[50].

O arbítrio do julgador deve ser contido, de modo que a decisão não se baseie na *intime conviction* do magistrado e, sim, que seja construída sobre argumentos racionais, que terão o condão de justificar racionalmente o julgamento, a ponto de desincumbir-se de fazê-lo perante as partes e a opinião pública[51]. Os argumentos falam por si e, se de conteúdo racional e se logicamente apresentados, podem justificar suficientemente a posição adotada pelo Judiciário, além de possibilitar o seu controle pelos cidadãos.

Nesse sentido, o NCPC traz avanços significativos ao impor, para que uma decisão seja considerada fundamentada, a existência de explicação clara sobre a correlação entre a norma com os fatos relevantes para o julgamento da causa. O NCPC salienta que não se considera fundamentada a decisão judicial que apenas se limita a indicar, reproduzir ou parafrasear ato normativo, sem explicar sua relação com a causa ou a questão decidida (art. 489, § 1º, inc. I).

Tal postura demonstra a superação do brocardo *in claris cessat interpretatio*[52]. Aliás, a literalidade do texto legal é contrastada pela filosofia da linguagem, que reconhece a qualidade polissêmica das palavras. A literalidade do texto não está à disposição do intérprete; ao contrário, é mais uma questão de inserção do intérprete no mundo do que uma característica dos textos jurídicos[53]. Com efeito, para que o jurisdicionado não fique sujeito à vontade do julgador, é imprescindível que o magistrado explicite o raciocínio que fez para formar a sua convicção.

O segundo ponto enfrentando pelo NCPC diz respeito aos conceitos jurídicos indeterminados a serem invocados na decisão judicial (art. 489, § 1º, inc. II). Eros Grau alerta tratar-se a indeterminação de uma característica dos termos,

---

50. CAMBI, Eduardo. *Jurisdição no processo civil. Compreensão crítica.* Curitiba: Juruá, 2002. p. 119-134; CAMBI, Eduardo. *Neoconstitucionalismo e neoprocessualismo. Direitos fundamentais, políticas públicas e protagonismo judiciário.* 2ª ed. São Paulo: RT, 2011. p.319-346.
51. CAMBI, Eduardo. *Neoconstitucionalismo e neoprocessualismo.* Cit. p. 319.
52. Como já lembrava Mário Guimarães: "Nunca, por mínimo esforço, se poupem os magistrados ao trabalho de investigar o conteúdo do texto, ainda que o seu sentido desponte claro e se tenha a jurisprudência definido, repetidamente, nesta ou naquela direção. A lei - lemos algures este pensamento - é, por vezes, como as águas paradas de um lago que ocultem, no fundo, cipós e ninhos de serpentes. Na sua tranquilidade pode enganar, com precipícios ocultos, os intérpretes descuidosos. A regra **in claris interpretatio cessat**, que dominou em tempos idos, é hoje obsoleta" (*O juiz e a função jurisdicional.* Rio de Janeiro: Forense, 1958. p. 326).
53. STRECK, Lenio Luiz. *Verdade e consenso. Constituição, hermenêutica e teorias discursivas.* 4ª ed. São Paulo: Saraiva, 2012. p.35.

já que os conceitos sempre terão significados[54]. Com relação a eles, o julgador é obrigado a explicar o motivo concreto da sua incidência no caso concreto, exercitando o seu juízo de legalidade, o que retira a possibilidade de discricionariedade, admitida apenas no âmbito de um juízo de oportunidade, que não é outorgado ao julgador e, sim, ao administrador público[55].

A discricionariedade judicial deve ser combatida, a começar pela crítica a proliferação de conceitos jurídicos indeterminados nos textos legais. Ainda que a lei não possa disciplinar sobre tudo de forma detalhada, é incumbência do órgão julgador, no momento da interpretação e da aplicação da norma, atribuir qual é o sentido dos conceitos indeterminados na solução do caso concreto. Para que a decisão judicial não seja arbitrária, deve o magistrado explicar a relação entre o conceito indeterminado, contido de forma geral e abstrata no texto normativo, e os fatos controvertidos, relevantes e pertinentes para o julgamento da causa.

De igual modo, deve agir em relação às cláusulas gerais (v.g., como a "função social da propriedade" – arts. 5º, inc. XXIII, CF e 1.228, § 1º, CC; a "função social do contrato" – art. 421/CC; a "boa-fé objetiva" – art. 422/CC), cujas funções são a integração hermenêutica, ser fonte criativa de direitos e deveres jurídicos e limitar o exercício de direitos subjetivos. Tal como os princípios jurídicos e os conceitos jurídicos indeterminados, as cláusulas gerais devem servir como "poros" pra oxigenar o sistema jurídico, sendo responsáveis pela evolução do direito no sentido de adequarem-se às necessidades sociais[56]. Nessas hipóteses, há inegável margem de liberdade para a criação judicial do direito, mas, para evitar discricionariedades, cabe ao órgão judicial elucidar quais as situações fáticas e jurídicas estão abrangidas pela norma.

Ao se valer de princípios, conceitos vagos e indeterminados, e cláusulas gerais o Judiciário deve respeitar a integridade e à coerência do direito, que englobam princípios construídos pela teoria constitucional, tais como o da unidade da Constituição, o da concordância prática entre as normas (ou da harmonização) e o da eficácia integradora (ou do efeito integrador), além dos princípios da proporcionalidade e da razoabilidade[57]. Tanto a integridade quanto a coerência do direito dependem da observância do dever constitucional de fundamentação das decisões judicias.

Nesse sentido, é a determinação do artigo 489, § 1º, inciso III, do NCPC, que impõe ao juiz a proibição de invocar motivos genéricos, os quais poderiam

---

54. GRAU, Eros Roberto. *O direito posto e o direito pressuposto*. 3ª ed. São Paulo: Malheiros, 2000. p. 196.
55. Idem, p. 213-214.
56. WAMBIER, Teresa Arruda Alvim. *Recurso especial, recurso extraordinário e ação rescisória*. 2ª ed. São Paulo: RT, 2008. p. 174.
57. STRECK, Lenio. *Jurisdição constitucional e decisão jurídica*. Cit. p. 335-336.

justificar qualquer outra decisão (v.g., *"confirma-se a decisão pelos seus próprios fundamentos", "prova robusta", "palavra da vítima"* etc.), e que, ao serem usados, afastam a análise do caso concreto pelo julgador.

Com isso, pretende-se evitar as decisões *standards*, que não guardam nenhuma relação com o caso concreto. Esse tipo de julgamento é fator de deslegitimação do Poder Judiciário e, caso fosse tolerado, representaria a possibilidade de universalização de argumentos sem o devido cotejo com situações fáticas específicas, o que dá margem ao arbítrio judicial.

O artigo 489, § 1º, inc. IV, NCPC trata da decisão que não enfrenta todos os argumentos debatidos pelas partes no processo. Faz-se aqui mais uma alusão à garantia constitucional do contraditório, devendo o julgador colocar-se como parte do diálogo processual, com o dever legal de responder aos argumentos discutidos pelos litigantes. No entanto, apesar do avanço que isso significou, o dispositivo não adotou, expressamente, o princípio da completude da motivação[58], ainda permanecendo certo grau de discricionariedade ao julgador, uma vez que o dever recai apenas sobre os argumentos capazes infirmar, em tese, a conclusão do julgador[59].

---

58. Pelo *princípio da completude da motivação*, deve o juiz justificar, racionalmente, todo o seu convencimento, seja quando interpreta as leis seja quando valora as provas. Tal princípio possui duas implicações. A motivação completa exige a *justificação interna* (vale dizer, a correta subsunção entre o fato e a norma; ou melhor, a correspondência lógica entre as premissas de direito e a de fato), bem como a *justificação externa* (isto é, o juiz deve fornecer argumentos racionais a respeito de como valorou as provas ou como usou de inferências lógicas para chegar às conclusões concernentes à causa). Assim, deve, por exemplo, explicar porque determinada testemunha é passível de credibilidade (v.g., se a testemunha é direta ou indireta, também denominada de ouvir dizer; se revela, em seu depoimento, interesse direto ou indireto na solução da causa etc.) ou dizer por que determinado indício gerou a conclusão por ele extraída. Cfr. TARUFFO, Michele. La motivazione della sentenza. In: *Estudos de direito processual civil. Homenagem ao Professor Egas Dirceu Moniz de Aragão*. Coord. Luiz Guilherme Marinoni. São Paulo: RT, 2005. p. 171-174.
59. Nesse sentido, é a orientação do Superior Tribunal de Justiça, quanto ao alcance dos embargos de declaração (art. 535/CPC): *"Não configura a ofensa ao art. 535 do Código de Processo Civil, uma vez que o Tribunal de origem julgou integralmente a lide e solucionou a controvérsia, tal como lhe foi apresentada. Não é o órgão julgador obrigado a rebater, um a um, todos os argumentos trazidos pelas partes em defesa da tese que apresentaram. Deve apenas enfrentar a demanda, observando as questões relevantes e imprescindíveis à sua resolução"* (AgRg no AREsp 432.237/GO, Rel. Min. Herman Benjamin, 2ª Turma, julgado em 08/04/2014, DJe 18/06/2014). De igual modo, tem sido interpretado o artigo 93, inc. IX, da Constituição Federal, pelo STF: i) *"Fundamentação do acórdão recorrido. Existência. Não há falar em ofensa ao art. 93, IX, da CF, quando o acórdão impugnado tenha dado razões suficientes, embora contrárias à tese da recorrente"* (AI 426.981-AgR, Rel. Min. Cezar Peluso, julgamento em 5-10-2004, Primeira Turma, DJ de 5-11-2004.) No mesmo sentido: RE 432.884-AgR, rel. Min. Joaquim Barbosa, julgamento em 26-6-2012, Segunda Turma, DJE de 13-8-2012; AI 611.406-AgR, rel. Min. Ayres Britto, julgamento em 11-11-2008, Primeira Turma, DJE de 20-2-2009; ii) *"A CF não exige que o acórdão se pronuncie sobre todas as alegações deduzidas pelas partes"* (HC 83.073, Rel. Min. Nelson Jobim, julgamento em 17-6-2003, Segunda Turma, DJ de 20-2-2004.) No mesmo sentido: HC 82.476, Rel. Min. Carlos Velloso, julgamento em 3-6-2003, Segunda Turma, DJ de 29-8-2003, RE 285.052-AgR, Rel. Min. Carlos Velloso, julgamento em 11-6-2002, Segunda Turma, DJ de 28-6-2002; iii) *"Quanto à fundamentação, atenta-se contra o art. 93, IX, da Constituição, quando o decisum não é fundamentado; tal não sucede, se a fundamentação, existente, for mais ou menos completa. Mesmo se deficiente, não há ver, desde logo, ofensa direta ao art. 93, IX, da Lei Maior"* (AI 351.384-AgR, Rel. Min. Néri da Silveira, julgamento em 26-2-2002, Segunda Turma, DJ de 22-3-2002).

Assim, ao permitir que o julgador eleja os argumentos que possam ter o condão de infirmar as suas conclusões dá ensejo à seleção apenas dos argumentos suficientes para corroborar a convicção do magistrado e, assim, desconsiderar outros raciocínios desenvolvidos pelas partes. Nesta hipótese, os prejudicados deverão opor embargos de declaração, para forçar o órgão julgador a enfrentar os argumentos deduzidos pelos litigantes.

O convencimento judicial não é livre. Não implica valorações de cunho eminentemente subjetivas, isentas de critérios e controles. Não pode o magistrado desconsiderar o diálogo processual, devendo buscar pautas ou diretrizes de caráter objetivo para se ter uma valoração lógica e racional (*modelos de constatação* ou *standards judiciais*)[60]. O órgão julgador, tampouco, pode deixar de enfrentar todos os pontos ou questões, objeto de argumentação das partes, que, se considerados, poderiam alterar a decisão proferida. Interpretação diversa ensejaria violação à garantia fundamental do devido processo legal.

A regra processual do livre convencimento do juiz deve ser interpretada à luz da Constituição Federal, estando sujeita ao dever de motivação das decisões judiciais (art. 93, inc. IX, CF), sob pena de o raciocínio judicial ser considerado incompleto, insuficiente ou mesmo arbitrário, e, portanto, inválido (nulo), por não assegurar o Estado Democrático de Direito.

Aliás, não se pode cogitar que, em um Estado Democrático de Direito, o Judiciário possa decidir como bem quiser (conforme apenas a consciência do julgador), sem a necessidade de rigorosa fundamentação. Embora a legislação não estabeleça gradações legais sobre o peso deste ou daquele argumento, isso não significa que o juiz é livre para decidir como bem entender, desprezando os argumentos relevantes trazidos pelas partes.

O controle do convencimento, quanto à questão fática, se dá pela indicação dos fatos que o órgão judicial considerou provados, das provas que admitiu e afirmou serem relevantes para o julgamento da causa, bem como da elucidação das razões para rechaçar as demais provas cuja veracidade é duvidosa[61]. Como não existe um critério *a priori* para dizer quais provas são melhores que outras, cabe às partes persuadir o julgador de que suas provas são melhores que as trazidas pelos seus adversários e, aos órgãos judiciais, explicitar quais os fatos e as provas tiveram importância para a decisão, além de dizer as razões pelas quais as outras provas produzidas não serviram para a formação do convencimento.

---

60. CAMBI, Eduardo. *Curso de direito probatório*. Curitiba: Juruá, 2014. p. 337.
61. WRÓBLEWSKI, Jerzy. *Sentido y hecho en derecho*. Trad. de Francisco Javier Ezquiaga Ganuzas e Juan Igartua Salaverría. Cidade do México: Fontamara, 2008, p.254.

Definido o quadro fático, deve também o juiz discutir se os efeitos jurídicos pretendidos, por cada uma das partes, estão corretos ou não, conforme as fontes de direito interpretadas e aplicadas pelo magistrado ao decidir a causa.

Assim, há necessidade de apreciação de todos os pontos levantados pelas partes[62]. Tal necessidade decorre não só do dever constitucional de motivação das decisões judiciais, mas, como já salientado, da garantia fundamental do contraditório, a fim de se evitarem decisões surpresas[63]. Por essa visão, o processo civil deve proporcionar todas as chances para que as partes dialoguem, produzam provas e tragam os argumentos necessários para convencer o órgão julgador de que têm razão. O magistrado não pode prescindir de todas as contribuições relevantes das partes e de seus procuradores para a construção dos precedentes judiciais.

A argumentação jurídica deve ser pautada pelo princípio da boa-fé processual. Oportunizar às partes todas as chances de persuadir o julgador não significa admitir o abuso do direito processual nem, tampouco, relevar a litigância de má-fé. O processo civil, como meio civilizado de resolução de controvérsias, para ser rápido e efetivo, gera deveres tanto para as partes como para o julgador. Tal visão da garantia constitucional do contraditório foi assimilada pelo artigo 10 do NCPC, ao asseverar que, em qualquer grau de jurisdição, o órgão jurisdicional não pode decidir com base em fundamento a respeito do qual não tenha oportunizado manifestação das partes, ainda que se trate de matéria apreciável de ofício.

Com efeito, se, de um lado, o juiz tem o dever de examinar todos os argumentos relevantes deduzidos pelas partes, de outro lado, os litigantes devem agir de boa-fé, sob pena de comprometerem o diálogo processual, com meios e argumentos protelatórios, indevidos ou abusivos.

É da essência dos direitos fundamentais a sua harmonização e, portanto, a sua limitação, que decorre da necessidade de convivência de direitos fundamentais de diferentes naturezas e que, no caso concreto, podem apresentar pontos de conflito. Nesse sentido, as garantias processuais também são passíveis de limitação pelo Estado-juiz, que pode exigir dos jurisdicionados o dever de utilização ética dos instrumentos processuais e a colaboração para a justa composição do litígio[64].

---

62. HELLMAN, Renê Francisco. Sobre como será difícil julgar com o Novo CPC (PLC 8.046/2010): do prêt-à-porter à alta costura decisória. *Revista de Processo*, vol. 239, p. 97-103, jan-2015.
63. COMOGLIO, Luigi Paolo Comoglio; FERRI, Corrado; TARUFFO, Michele. *Lezioni sul processo civile*. Bolonha: Il Mulino, 1995. p. 70-71; CAMBI, Eduardo. *Direito constitucional à prova no processo civil*. São Paulo: RT, 1999. p. 137; MALLET, Estêvão. Notas sobre o problema da chamada "decisão-surpresa". *Revista de processo*, vol. 233, julho/2014, p. 43-64.
64. CABRAL, Antonio do Passo. O contraditório como dever e a boa-fé processual objetiva. *Revista de processo*, vol. 126, ago. 2005, p. 63.

O "livre" convencimento do juiz existe tanto para resguardar a independência judicial quanto para assegurar aos jurisdicionados e à sociedade, em sentido amplo, que a prestação jurisdicional promova a justiça da decisão. Logo, o "livre" convencimento não está voltado apenas para resolver problemas de consciência do julgador que, como parte de um sistema de distribuição de justiça, deve analisar todos os argumentos relevantes trazidos pelas partes, mas também vincular-se aos precedentes judiciais.

Ao fundamentar adequadamente a decisão, o juiz revela às partes todos os motivos pelos quais conduziu o seu raciocínio, permitindo que elas conheçam as razões pelas quais os seus argumentos foram ou deixaram de ser acatados pelo julgador. Ao tomarem conhecimento dos motivos que ensejaram o não acolhimento, total ou parcial, de seus argumentos, os litigantes insatisfeitos podem recorrer, levando às instâncias superiores as razões de seu inconformismo.

Quando o magistrado ignora argumentos que são relevantes para as partes, deixa os litigantes sem entender os motivos do julgamento e retira a possibilidade deles serem convencidos do acerto da decisão, o que impede que a jurisdição concretize os seu mais importante escopo que é promover a pacificação social.

Vale destacar que o escopo da paz social não passa pelo consenso em torno das decisões estatais, mas pelo que Cândido Rangel Dinamarco denomina de *imunização* contra os ataques dos contrariados[65], de modo que os jurisdicionados satisfaçam-se com a resposta dada, após o exaurimento de todas as instâncias, mesmo quando a decisão seja contrária aos seus interesses. E isso somente é possível na medida em que cada litigante, tendo oportunidade de participar da preparação da decisão e de influir no seu teor, pelo exercício pleno do contraditório e pela observância do procedimento adequado, possa confiar na idoneidade do sistema processual[66].

No artigo 489, § 1º, inc. V, do NCPC, considera-se não fundamentada a decisão que invoque precedente ou enunciado de súmula sem identificar seus fundamentos determinantes nem demonstrar que o caso sob julgamento se ajusta àqueles fundamentos. Tal dispositivo visa combater a prática das *pseudofundamentações*, isto é, das decisões que, a pretexto de analisarem as razões que ensejaram a formação ou a aplicação dos precedentes, limitam-se a mencionar apenas ementas de julgados ou de enunciados de súmulas, sem fazer a correlação necessária e adequada entre o caso paradigma e as peculiaridades do caso concreto sob julgamento.

---

65. DINAMARCO, Candido Rangel. *A instrumentalidade do processo*. 11ª ed. rev. e atual. São Paulo: Malheiros, 2003. p. 195.
66. Idem, p. 196.

Os precedentes, como salientado no item anterior, exsurgem dos fundamentos determinantes de uma decisão paradigmática. O ponto culminante da vinculação dos precedentes está na motivação das decisões. Não há lógica nem racionalidade no sistema de precedentes se a sua aplicação for realizada sem o rigoroso comparativo entre as situações fáticas e as questões jurídicas que ensejaram a formação do precedente e as que são objeto de novo julgamento.

Ademais, deve ser considerada carente de fundamentação a decisão que deixar de seguir enunciado de súmula, jurisprudência ou precedente que tenha sido invocado pela parte sem a realização da devida distinção (art. 489, § 1º, inc. VI, NCPC). Ou seja, mais uma vez o NCPC impõe ao julgador o dever de fazer a análise aprofundada dos casos, a comparação das suas características, de modo a justificar a razão de divergir, garantindo a independência e promovendo a efetivação da garantia constitucional do contraditório.

Da mesma maneira, por força do artigo 489, §2º, do NCPC, ao deparar-se com um conflito de normas, o julgador deverá justificar o objeto e os critérios de ponderação usados e expor, de forma clara e objetiva, as razões pelas quais afastou a incidência de uma norma (princípio ou regra) em favor de outra.

Aqui, mais uma vez, percebe-se o caráter democrático que se deseja conferir à decisão judicial. Se a lei é produto do trabalho do Legislativo e o Judiciário entende que ela, eventualmente, conflita com outra lei ou com a Constituição, é seu dever procurar a solução mais adequada[67] e, para promover maior segurança jurídica, evidenciar aos cidadãos e aos demais Poderes Públicos como as normas devem ser interpretadas e aplicadas.

5. CONCLUSÃO

O Novo Código de Processo Civil está preocupado com a racionalização da prestação jurisdicional, apostando na criação de um sistema de precedentes, aliado à estabilização da jurisprudência e do respeito estrito ao dever constitucional de motivação das decisões judiciais.

---

67. Lenio Streck sintetiza seis *hipóteses pelas quais o juiz pode deixar de aplicar uma lei*: i) Quando a lei for inconstitucional, caso em que deixará de aplica-la (controle difuso) ou a declarará inconstitucional mediante controle concentrado; ii) Quando for o caso de aplicação dos critérios de resolução de antinomias (v.g., lei posterior revoga a anterior, a superior a inferior e a especial a geral); iii) Quando aplicar interpretação conforme a Constituição, ocasião em que se torna necessária uma adição de sentido ao artigo de lei para que haja plena conformidade da norma à Constituição; iv) Quando aplicar a nulidade parcial sem redução de texto, pela qual permanece a literalidade do dispositivo, sendo alterada apenas a sua incidência, ou seja, ocorre a expressa exclusão, por inconstitucionalidade, de determinada hipótese de aplicação do programa normativo sem que se produza alteração expressa do texto legal; v) Quando for o caso de declaração de inconstitucionalidade com redução de texto, ocasião em que que a exclusão de uma palavra conduz à manutenção da constitucionalidade do dispositivo; vi) Quando for o caso de deixar de aplicar uma regra em face de um princípio. Cfr. *Jurisdição constitucional e decisão jurídica*. Cit. p. 336-337.

O NCPC procura romper com as práticas de decisão conforme a consciência e com a falta de integridade no processo decisório do Judiciário brasileiro, para impedir a proliferação de demandas, a insegurança jurídica, a desigualdade social e o cometimento reiterado de arbitrariedades, a partir de julgamentos subjetivistas e com considerável *déficit* democrático.

No NCPC, o dever de motivação conta com um regramento específico, com comandos diretos e com o suporte do sistema de precedentes, elaborado de acordo com as peculiaridades do ordenamento jurídico pátrio.

A aprovação da nova legislação processual representa uma virada paradigmática em prol do aperfeiçoamento da integridade decisória, que exigirá, para além da compreensão dos comandos legais, a disposição de enfrentar práticas jurisdicionais marcadas por *pseudofundamentações*, as quais revelam o arbítrio estatal e negam a dimensão civilizatória do processo civil.

6. REFERÊNCIAS

ALEXY, Robert. *Teoria da argumentação jurídica*. Trad. de Zilda Hutchinson Schild Silva. São Paulo: Landy, 2001.

ARNIO, Aulis. *Lo racional como razonable. Un tratado sobre la justificación jurídica*. Trad. de Ernesto Garzón Valdés. Madri: Centro de Estudios Constitucionales, 1991.

ÁVILA, Humberto. *Segurança jurídica. Entre permanência, mudança e realização no Direito Tributário*. 2ª ed. rev. atual. e ampl. São Paulo: Malheiros, 2012.

BRASIL, Conselho Nacional de Justiça. *Justiça em Números 2013*. Disponível em: http://www.cnj.jus.br/images/pesquisas-judiciarias/Publicacoes/relatorio_jn2013.pdf. Acessado em 19/07/2014.

BRASIL, Conselho Nacional de Justiça. *Justiça em Números 2014*. Disponível em: ftp://ftp.cnj.jus.br/Justica_em_Numeros/relatorio_jn2014.pdf. Acessado em 23/01/2015.

BUSTAMANTE, Thomas da Rosa de. *Teoria do precedente judicial – a justificação e a aplicação de regras jurisprudenciais*. São Paulo: Noeses, 2012.

CABRAL, Antonio do Passo. O contraditório como dever e a boa- fé processual objetiva. *Revista de Processo*, vol. 126, ago. 2005.

CAMBI, Eduardo; HELLMAN, Renê Francisco. Jurisimprudência – a independência do juiz frente aos precedentes judiciais como obstáculo à igualdade e à segurança jurídicas. *Revista de Processo*, vol. 231, maio/2014.

CAMBI, Eduardo. *Direito constitucional à prova no processo civil*. São Paulo: RT, 1999.

_____. *Jurisdição no processo civil. Compreensão crítica*. Curitiba: Juruá, 2002.

_____. Jurisprudência lotérica. *Revista dos Tribunais*, vol. 786, abr. 2001.

_____. Neoconstitucionalismo e neoprocessualismo. Direitos fundamentais, políticas públicas e protagonismo judiciário. 2ª ed. rev. e atual. São Paulo: RT, 2011.

_____. Curso de direito probatório. Curitiba: Juruá, 2014.

_____. Processo constitucional e democracia. In: Direito constitucional brasileiro. Organização do Estado e dos Poderes. Coord. Clèmerson Merlin Cléve. São Paulo: RT, 2014.

COMOGLIO, Luigi Paolo Comoglio; FERRI, Corrado; TARUFFO, Michele. Lezioni sul processo civile. Bolonha: Il Mulino, 1995.

CHIARLONI, Sergio. Funzione nomofilattica e valore del precedente. In: Direito jurisprudencial. Coord. Teresa Arruda Alvim Wambier. São Paulo: RT, 2012.

CRUZ E TUCCI, José Rogério. Parâmetros de eficácia e critérios da interpretação do precedente judicial. In: Direito jurisprudencial. Coord. Teresa Arruda Alvim Wambier. São Paulo: RT, 2012.

DIDIER JR., Fredie; BUENO, Cassio Scarpinella; CRAMER, Ronaldo. III Encontro do Fórum Permanente de Processualistas Civis. Revista de Processo, vol. 233, jul-2014.

DINAMARCO, Candido Rangel. A instrumentalidade do processo. 11ª ed. rev. e atual. São Paulo: Malheiros, 2003.

DWORKIN, Ronald. O império do direito. 2ª ed. Trad. de Jefferson Luiz Camargo. São Paulo: Martins Fontes, 2007.

GRAU, Eros Roberto. O direito posto e o direito pressuposto. 3ª ed. São Paulo: Malheiros, 2000.

GUIMARÃES, Mario. O juiz e a função jurisdicional. Rio de Janeiro: Forense, 1958.

HELLMAN, Renê Francisco. Sobre como será difícil julgar com o Novo CPC (PLC 8.046/2010): do prêt-à-porter à alta costura decisória. Revista de Processo, vol. 239, p. 97-103, jan-2015.

KERN, Christoph A. The role of the Supreme Court. Revista de Processo, vol. 228, fev./2014.

MALLET, Estêvão. Notas sobre o problema da chamada "decisão-surpresa". Revista de Processo, vol. 233, julho/2014.

MARINONI, Luiz Guilherme. O STJ enquanto corte de precedentes – recompreensão do sistema processual da Corte Suprema. São Paulo: RT, 2013.

MARINONI, Luiz Guilherme; MITIDIERO, Daniel. O projeto do CPC – críticas de propostas. São Paulo: RT, 2010.

_____. Precedentes obrigatórios. 3ª ed. rev. atual. e ampl. São Paulo: RT, 2013.

MITIDIERO, Daniel. Cortes superiores e cortes supremas – do controle à interpretação da jurisprudência e do precedente. São Paulo: RT, 2013.

NEVES, Marcelo. Entre Hidra e Hércules. Princípios e regras constitucionais. São Paulo: Martins Fontes, 2013.

OLIVEIRA, Pedro Miranda; ANDERLE, Rene José. O sistema de precedentes no CPC projetado: engessamento do direito? *Revista de Processo*. vol. 232, jun-2014.

ORTEGA Y GASSET, José. *A rebelião das massas*. Tradução de Herrera Filho. Ed. Ridendo Castigat Mores, s.d..

ROSITO, Francisco. *Teoria dos precedentes judiciais – racionalidade da tutela jurisdicional*. Curitiba: Juruá, 2012.

STRECK, Lenio Luiz; ABBOUD, Georges. *O que é isto – o precedente judicial e as súmulas vinculantes?* Porto Alegre: Livraria do Advogado, 2013.

STRECK, Lenio Luiz. *Verdade e consenso. Constituição, hermenêutica e teorias discursivas*. 4ª ed. São Paulo: Saraiva, 2012.

_____. *Jurisdição constitucional e decisão jurídica*. 3ª ed. São Paulo: RT, 2013.

TARUFFO, Michele. La motivazione della sentenza. In: *Estudos de direito processual civil. Homenagem ao Professor Egas Dirceu Moniz de Aragão*. Coord. Luiz Guilherme Marinoni. São Paulo: RT, 2005.

_____. Precedente e giurisprudenza. *Rivista trimestrale di diritto e procedura civile*, ano 61, n. 3, set./2007.

_____. Precedente e Jurisprudência. *Revista de processo*, vol. 199, set. 2011.

WAMBIER, Teresa Arruda Alvim. *Nulidades do processo e da decisão*. 6ª ed. São Paulo: RT, 2007.

_____. *Recurso especial, recurso extraordinário e ação rescisória*. 2ª ed. São Paulo: RT, 2008.

_____. Estabilidade e adaptabilidade como objetivos do direito: civil law e common law. *Revista de Processo*, vol. 172, jun. 2009.

_____. Precedentes e evolução do direito. In: *Direito jurisprudencial*. Coord. Teresa Arruda Alvim Wambier. São Paulo: RT, 2012.

WRÓBLEWSKI, Jerzy. *Sentido y hecho en derecho*. Trad. de Francisco Javier Ezquiaga Ganuzas e Juan Igartua Salaverría. Cidade do México: Fontamara, 2008.

CAPÍTULO 3

A Disciplina dos Precedentes Judiciais no Direito Brasileiro: do Anteprojeto ao Código de Processo Civil

Lucas Buril de Macêdo[1]

SUMÁRIO: 1. INTRODUÇÃO; 2. NOÇÕES BÁSICAS DE TEORIA DOS PRECEDENTES; 3. ANÁLISE COMPARATIVA DA DISCIPLINA DOS PRECEDENTES JUDICIAIS NOS PROJETOS DE CPC E NO CPC/2015; 3.1. CONSIDERAÇÕES INICIAIS; 3.2. PRECEDENTES JUDICIAIS NO ANTEPROJETO DE CÓDIGO DE PROCESSO CIVIL; 3.3. PRECEDENTES JUDICIAIS NO PL 166/2010 (VERSÃO SENADO FEDERAL); 3.4. PRECEDENTES JUDICIAIS NO PL 8.046/2010 (VERSÃO CÂMARA DOS DEPUTADOS); 3.5. PRECEDENTES JUDICIAIS NA LEI 13.105 DE 16 DE MARÇO DE 2015; 4. ANÁLISE DO SISTEMA BRASILEIRO DE PRECEDENTES JUDICIAIS: O CPC/2015; 5. CONSIDERAÇÕES FINAIS E CONCLUSÕES.

1. INTRODUÇÃO

O Anteprojeto de Código de Processo Civil foi revelado em 8 de junho de 2010, fruto do trabalho de uma Comissão de Juristas instituída pelo Ato do Presidente do Senado Federal nº 379 de 2009, o então Senador José Sarney. A mencionada Comissão,[2] presidida pelo Ministro Luiz Fux, após um período no qual foram realizadas várias audiências públicas, elaborou o principal material a partir do qual se construiria, de forma democrática, a Lei nº 13.105 de 16 de março de 2015, o novo Código de Processo Civil brasileiro.

Foram mais de quatro anos de tramitação entre as duas Casas Legislativas, envolvendo diretamente centenas de pessoas e suscitando muitos debates e propostas, o que ensejou o envolvimento de toda a comunidade acadêmica

---

1. Doutorando em Direito pela Universidade de São Paulo - USP. Mestre em Direito pela Universidade Federal de Pernambuco - UFPE. Bacharel em Direito pela Universidade Católica de Pernambuco - UNICAP. Membro da Associação Norte Nordeste de Professores de Processo. Professor de Direito Processual Civil. Membro do Instituto Brasileiro de Direito Processual - IBDP. Advogado.
2. A Comissão oi presidida por Luiz Fux, teve como Relatora-Geral Teresa Arruda Alvim Wambier e seus membros foram: Adroaldo Furtado Fabrício, Benedito Cerezzo Pereira Filho, Bruno Dantas, Elpídio Donizetti Nunes, Jansen Fialho de Almeida, José Miguel Garcia Medina, José Roberto dos Santos Bedaque, Marcus Vinicius Furtado Coelho e Paulo Cezar Pinheiro Carneiro.

acerca do então vindouro Código. Não se erra ao dizer que pessoas dos mais diversos lugares, com diferentes formação e matizes teóricas, trouxeram pontos importantes às discussões e, assim, ao próprio Código de Processo Civil em si.

Tornando os olhos para o Anteprojeto, que veio a lume acompanhando de uma importante Exposição de Motivos, vê-se que a decisão política de instituir uma renovação na legislação processual funda-se em um descontentamento geral, tanto técnico como social, com a distribuição de justiça no Brasil. E são várias as causas apontadas e muitos os pontos onde o Anteprojeto buscava garantir soluções. A afirmação da força da Constituição no processo, a efetiva realização de direitos, a velocidade da prestação jurisdicional, a simplificação do sistema processual e a garantia de maior segurança jurídica nas decisões judiciais; todas essas, entre outras, são propostas que foram incorporadas pelo Anteprojeto e que guiaram a realização do novo Código de Processo Civil brasileiro.[3]

Evidentemente, não iremos aqui abordar a possibilidade de o CPC/2015 realizar tudo a que se propôs (visão prospectiva), tanto por se tratar de uma tarefa por demais árdua, não consentânea com os limites deste artigo, como também por serem necessários dados para uma efetiva análise, do que, por óbvio, não dispomos. Pelo contrário, centraremos nosso exame numa específica proposta do novo Código, a de fornecer segurança jurídica, nomeadamente através da regulação dos precedentes judiciais,[4] e atentando para as vicissitudes da matéria ao longo do processo legislativo, nas várias versões que foram apresentadas.

Uma das grandes inovações do CPC/2015 é a expressa tratativa dos precedentes judiciais, que, pela primeira vez na nossa história, são regulados em um Código de Processo, garantindo-lhes eficácia obrigatória. É essa grande fronte do CPC novo que será posta a crivo.

A análise partirá, inicialmente, de uma necessária proposta de compreensão dos precedentes judiciais, para, então, verificar as diferentes versões, analisando criteriosamente as alterações realizadas e a sua eficácia normativa. Em seguida, concluir-se-á com a abordagem do regime que efetivamente foi promulgado no CPC/2015 e sua análise crítica.

---

3. Para uma visão geral, conferir: CUNHA, Leonardo Carneiro da. "O processo civil no Estado constitucional e os fundamentos do Projeto do novo Código de Processo Civil brasileiro". *Revista de processo*. São Paulo: RT, 2012, ano 37, n. 209, p. 350-354.

4. Já se concluiu, com base em estudos comparados, que o *stare decisis* é uma forma de garantir racionalidade aos sistemas jurídicos, pois garante um incremento de coerência, uniformidade e integridade na aplicação do direito (BANKOWSKI, Zenon; MACCORMICK, Neil; MORAWSKI, Lech; MIGUEL, Alfonso Ruiz. "Rationales for precedent". MACCORMICK, Neil; SUMMERS, Robert S. (ed.). *Interpreting precedents*. Aldershot: Ashgate/Dartmouth, 1997, p. 486-487).

Assim, busca-se entender como esse importante tema foi tratado nas casas legislativas e sistematizar sua regulação final. O trabalho, apesar de eminentemente descritivo em certo ponto, não deixará de guiar-se a partir das premissas de teoria do processo e, particularmente, de teoria dos precedentes.[5]

2. NOÇÕES BÁSICAS DE TEORIA DOS PRECEDENTES

A partir de um sistema de precedentes obrigatórios, a procedimentalização da demanda liga-se diretamente à existência de precedente judicial prévio (perspectiva histórica), ou à necessidade de prolação de um novo precedente que regule a questão posta e outras afins (perspectiva prospectiva).[6]

O que se impõe notar, nesse contexto, é que o direito brasileiro, muito embora possua uma afinidade histórica com institutos do direito norte-americano, não possui teorização, muito menos algo sólido, acerca do *stare decisis*. Para o bom funcionamento dos precedentes obrigatórios, é essencial que se tenha com claridade os conceitos e técnicas a eles imanentes; caso contrário, arrisca-se criar uma prática confusa e pouco útil, além de, em alguns sentidos, perigosa. Com efeito, não basta a institucionalização dos precedentes judiciais obrigatórios, é essencial uma teoria dos precedentes bem construída.[7]

Parece, portanto, que este é o momento de construir a teoria do *stare decisis* brasileira. Cabe à doutrina e à jurisprudência modelar o substrato indispensável para o bom funcionamento dos precedentes obrigatórios.[8] Aqui, embora o objetivo maior não possa ser cumprido, algumas linhas gerais serão traçadas, pois são imprescindíveis para a boa compreensão do tema, evitando-se erros dialogais, especialmente quanto aos pontos principais aqui abordados.

---

5. O tema foi analisado por nós noutra oportunidade: MACÊDO, Lucas Buril de. *Precedentes Judiciais e o Direito Processual Civil*. Salvador: Juspodivm, 2015, passim.
6. Geralmente os precedentes são observados apenas em perspectiva histórica ou retrospectiva, isto é, ligados ao passado, o que se afigura incompleto, como bem se destacou. Sobre o ponto, cf. SCHAUER, Frederick. "Precedent". *Stanford Law Review*, v. 39, 1987, p. 571-605. O jurista norte-americano preocupa-se em sublinhar a perspectiva voltada para o futuro, isto é, o prisma pelo qual se olha a decisão do presente como o precedente do futuro, o que serve como guia para o magistrado. Ressalte-se que Neil Duxbury não concorda integralmente com Schauer. Sua discordância se dá quanto à existência de uma "obrigação" do magistrado de considerar o futuro, quando da prolação de sua decisão, justamente por pressupor uma sanção, inexistente no caso. Conferir, sobre a crítica: DUXBURY, Neil. *The nature and authority of precedent*. Cambridge: Cambridge University Press, 2008, p. 4-5.
7. MACCORMICK, Neil. "Why cases have rationes and what these are". GOLDSTEIN, Laurence (ed.). *Precedent in law*. Oxford: Claredon Press, 1987, p. 157. Também destaca o problema, sobretudo no contexto da utilização cada vez maior dos precedentes no civil law: TARUFFO, Michele. *Processo civil comparado: Ensaios*. Tradução de Daniel Mitidiero. São Paulo: Marcial Pons, 2013, p. 131. Ressaltando a necessidade de observar a diferença entre conceitos relativos aos precedentes dos provenientes da perspectiva do caso: MITIDIERO, Daniel. "Fundamentação e precedente – dois discursos a partir da decisão judicial". *Revista de Processo*. São Paulo: RT, 2012, ano 37, vol. 206, p. 75.
8. Para a nossa proposta, conferir: MACÊDO, Lucas Buril de. *Precedentes judiciais e o direito processual civil*. Salvador: Juspodivm, 2015, especialmente os capítulos 4, 5, 6 e 7.

Primeiramente, deve-se ressaltar que o precedente judicial nada mais é do que uma fonte de direito:[9] isto é, toma-se a decisão como ato jurídico que tem por eficácia (anexa)[10] lançar-se como texto do qual se construirá uma norma.[11] Esta norma, na teoria dos precedentes, é comumente designada de *ratio decidendi*.[12] Este é o sentido próprio em que se invoca a palavra precedente, embora seja possível falar em precedente como norma, em um sentido impróprio e por metonímia, assim como se fala em "aplicação da lei", quando, na verdade, quer-se falar em "aplicação da norma da lei".

Sobre o ponto, é costumeiro afirmar que a única "parte" do precedente que é formalmente vinculante é a *ratio decidendi* ou *holding*.[13]

O ponto deve ser analisado com a devida cautela.

É importante perceber que a *ratio decidendi* transcende ao precedente do qual é compreendida, ou seja, embora a *ratio* tenha o precedente como referencial *ad eternum*, seu significado não está adstrito ao que o juiz lhe deu ou quis dar.[14] Não há como se defender que a interpretação do precedente judicial que dá vazão à sua norma deve ser feita de forma canônica ou literal, muito embora possa ser corretamente realizada dessa forma em alguns casos.[15] Com efeito, deve-se perceber que a *norma do precedente* é diferente do *texto do precedente*, sendo equivocado reduzi-la à fundamentação ou qualquer combinação de elementos da decisão do qual advém – da mesma forma que não se deve reduzir a norma legal ao texto da lei.[16]

Diante dessa perspectiva, a compreensão dos demais conceitos, institutos e técnicas ligados aos precedentes judiciais toma uma coloração própria.

---

9. Nesse sentido: CROSS, Rupert; HARRIS, J. W. *Precedent in english law*. 4. ed. Oxford: Oxford University Press, p. 72. MUÑOZ, Martin Orozco. *La creación judicial del derecho y el precedente vinculante*, Navarra: Arazandi-Thomson Reuters, 2011, p. 28. TARANTO, Caio Márcio Gutterres. *Precedente judicial*. Rio de Janeiro: Forense, 2010, p. 7-8. Aproximadamente: MELLO, Patrícia Perrone Campos. *Precedentes*. Rio de Janeiro: Renovar, 2008, p. 63. SANTOS, Evaristo Aragão. "Em torno do conceito e da formação do precedente judicial". WAMBIER, Teresa Arruda Alvim (coord.). *Direito jurisprudencial*. São Paulo: RT, 2012, p. 143-145.
10. Sobre eficácia anexa das decisões, ver: SILVA, Ovídio A. Baptista da. "Eficácias da sentença e coisa julgada". *Sentença e coisa julgada – Ensaios e pareceres*. 4. ed. Rio de Janeiro: Forense, 2006, p. 88-89. PONTES DE MIRANDA, Francisco Cavalcanti. *Tratado das ações*. São Paulo: RT, 1970, tomo I, p. 216-217.
11. "As fontes do Direito põem normas jurídicas. A norma jurídica é, pois, conteúdo da fonte de Direito por ela enunciada, a fim de determinar seja obrigatória, proibida ou permitida alguma conduta ou serem especificados certos âmbitos de competência, em dada conjuntura histórica" (COSTA, Adriano Soares da. *Teoria da incidência da norma jurídica*. 2. ed. São Paulo: Malheiros, 2009, p. 29).
12. "*Ratio decidendi* can mean either 'reason for the decision' or 'reason for deciding'" (DUXBURY, Neil. *The nature and authority of precedent*, cit., p. 67).
13. SUMMERS, Robert S. "Precedent in the United States (New York State)". MACCORMICK, Neil; SUMMERS, Robert S. (ed.). *Interpreting precedents*. Aldershot: Ashgate/Dartmouth, 1997, p. 370.
14. Aproximadamente: MARINONI, Luiz Guilherme. *Precedentes obrigatórios*. 2. ed. São Paulo: RT, 2011, p. 222-223.
15. Ver, sobre a questão: DUXBURY, Neil. *The nature and authority of precedent*, cit., p. 59-62.
16. Nesse sentido: MACCORMICK, Neil. *Why cases have rationes and what these are*, cit., p. 165.

Percebe-se que a maioria dos problemas ligados aos precedentes judiciais, como o da diferenciação (*distinguishing*) ou da superação (*overruling*), são problemas ligados à interpretação e à argumentação. Não se pode, portanto, querer estabelecer uma certeza absoluta *a priori* ligada à aplicação dos precedentes judiciais que, assim como a lei – mas com notáveis diferenças –, é texto que, interpretado, dá vazão a um significado (norma).

Frisamos: só a partir desse prisma é possível uma construção da teoria dos precedentes séria, capaz de fornecer boas respostas, em vez de frustração ou autoritarismo, ou mesmo de um retrocesso, com um retorno incabível à exegese ou ao metodologismo.[17]

Note-se, por outro lado, que os precedentes judiciais são importantíssimos para garantir racionalidade ao direito, especialmente na sua atual dimensão.[18] Com acréscimos significativos na criatividade do aplicador, notadamente pelo desenvolvimento dos princípios como normas, é essencial que se desenvolva uma forma de contenção ou de fechamento desse processo criativo: os precedentes obrigatórios.[19]

Isso mesmo: os precedentes são uma forma de garantir limites à atividade criativa dos juízes, e não de reforçar a criatividade ou de dar mais poderes aos magistrados.[20] Aliás, ao se negligenciar a própria criatividade, acaba-se por

---

17. Sobre a o metodologismo como um formalismo redutivo e deformativo do direito, ver: SALDANHA, Nelson. *Da teologia à metodologia*: secularização e crise no pensamento jurídico. Belo Horizonte: Del Rey, 1993.
18. "Applying lessons of the past to solve problems of the present and future is a basic part of human practical reason" (MACCORMICK, Neil; SUMMERS, Robert. *Interpreting precedents*, cit., p. 1. Igualmente, SCHAUER, Frederick. "Precedent". Stanford Law Review, v. 39. 1987, p. 572. BENDITT, Theodore M. "The rule of precedent". GOLDSTEIN, Laurence (ed.). *Precedent in law*. Oxford: Claredon Press, 1987, p. 89. A ideia aqui adotada segue a linha exposta em: BUSTAMANTE, Thomas da Rosa de. *Teoria do precedente judicial*: A justificação e a aplicação de regras jurisprudenciais. São Paulo: Noeses, 2012, p. 190-205. Assim também: ALEXY, Robert. *Teoria da argumentação jurídica*. 2. ed. São Paulo: Landy, 2005, p. 264). Chega-se a afirmar que a importância do precedente está atrelada à natureza humana, cf. GREY, John Chipman. "Judicial precedents". Harvard Law Review, n. 9. 1895-1896, p. 27.
19. Mais precisamente, este fechamento se dá pelas próprias *regras*, como bem constrói Marcelo Neves: "Pode-se dizer que, no processo de concretização normativa, enquanto os princípios jurídicos transformam a complexidade desestruturada do ambiente do sistema jurídico (valores, representações morais, ideologias, modelos de eficiência etc.) em complexidade estruturável do ponto de vista normativo-jurídico, as regras jurídicas reduzem seletivamente a complexidade já estruturável por força dos princípios, convertendo-a em complexidade juridicamente estruturada, apta a viabilizar a solução do caso. São dois polos normativos fundamentais no processo de concretização jurídica, cada um deles se realimentando circularmente na cadeia argumentativa orientada à decisão do caso. Não há hierarquia linear entre eles. Por um lado, as regras dependem do balizamento ou construção a partir de princípios. Por outro, estes só ganham significado prático se encontram correspondência em regras que lhes deem densidade e relevância para a solução do caso. Essa relação não é harmônica" (NEVES, Marcelo. *Entre Hidra e Hércules*: princípios e regras constitucionais. São Paulo: Martins Fontes, 2013, p. XIX-XX). É notável, por outro lado, o importante papel dos precedentes como referentes normativos para as regras construídas mediante a aplicação jurisprudencial dos princípios, como reconhece o jurista pernambucano (p. 169).
20. Assim: "Ello se concreta en que cuando ante un órgano jurisdiccional se ofrecen distintas alternativas jurídicamente razonables para fundamentar la solución de un caso, ya en cuanto la selección de la fuente normativa, ya en cuanto a la derivación, de dicha fuente, de la norma jurídica aplicable, dicho órgano

dar margem mais ampla de criação, o que acaba por ensejar uma produção irresponsável de direito jurisprudencial.[21]

Ao se estabelecer o respeito aos precedentes, assume-se como premissa o fato de que os juízes podem criar normas jurídicas;[22] todavia, são estabelecidas normas que regulam essa criação, impondo limites e garantindo racionalidade a esse processo criativo. Realmente, ninguém pode seriamente duvidar, hoje, que o Supremo Tribunal Federal ou o Superior Tribunal de Justiça criam direito[23]

---

sólo podrá elegir aquella alternativa que, en un supuesto esencialmente iguales, ya fue elegía por una sentencia o sentencias anteriores, constitutivas del precedente o jurisprudencia vinculante" (MUÑOZ, Martin Orozco. *La creación judicial del derecho y el precedente vinculante*, cit., p. 185).

21. Carla Faralli percebeu bem o ponto: "Como una consecuencia de todo esto, los jueces en los sistemas de *civil law* tienen que vérselas ahora con problemas similares a los de un *judge-made law*, pero sin las características culturales de los paises del *common law*. La producción legislativa cada vez más abundante, caótica, continuamente modificada, plagada de fórmulas oscuras de compromiso, deja abiertos márgenes muy amplios a la «creatividad» del juez". FARALLI, Carla. *Certeza del derecho o "derecho a la certeza"?*. cit., p. 74. Disponível em: www3.cirsfid.unibo.it/murst40.../Faralli_new.doc, acesso em 26/02/2014.
22. Como bem coloca Eisenberg, trata-se de uma realidade inevitável, assumam-na ou não os juristas, estruturem o sistema jurídica em conformidade, ou não. Nas palavras do jurista estadunidense: "Of course, the judicial establishment of legal rules would occur even if the sole function of the courts was to resolve disputes. If the courts are to explicate the application, meaning, and implication of the society's existing standards in new situations, they cannot simultaneously be prohibited from formulating rules that have not been previously announced. To begin with, modern society is in a state of continual change, creating a continual need for new legal rules to resolve new issues. Indeed, because of the inevitability of the change, even the application of an old rule to a new case may constitute a new rule (...). Moreover, even when social conditions have not changed, previously adopted legal rules must often be discarded because they were wrongly established. Finally, whether a previously adopted rule covers a given dispute may often depend on the degree of generality with which the rule was formulated in earlier cases, and that degree is often somewhat adventitious" (EISENBERG, Melvin Aron. *The nature of the common law*. Cambridge: Harvard University Press, 1991, p. 5-6.
23. A questão da criatividade no Direito é complexa e padece de um déficit de precisão conceitual em sua abordagem, dependendo da perspectiva que se adota (assim, MARINONI, Luiz Guilherme. *Precedentes obrigatórios*, cit., p. 97). Com "criação" pretende-se significar que se chega institucionalmente a determinada norma jurídica que pode ser racionalmente atribuída aos elementos normativos fornecidos anteriormente, mas ainda assim até então inexistente de forma expressa. É também claro que a constituição, modificação e extinção do Direito realizada pelo juiz possui limites, que são impostos pelo próprio ordenamento jurídico e que a criação judicial do Direito não significa uma inovação completa, a partir do nada. O Direito é construído e reconstruído sempre em determinado contexto histórico-social, do qual o intérprete não pode se alienar: a norma é gota de tinta em um copo, e sua cor é assumida em conformidade ao todo. Em interessante passagem do Sistema, Pontes de Miranda, tendo isso em mente, acaba por dizer que não há atos criativos do Direito: o direito é processo social de adaptação e é forjado pela e na própria sociedade, ao legislador ou ao juiz cabe reconhecê-lo. A interessante e misteriosa passagem conta com uma analogia surpreendente: para Pontes o jurista não cria o Direito assim como o arquiteto nada cria, simplesmente reordena e combina os elementos encontrados na natureza para lhes dar o aspecto de novo: constrói. Não há aí criação, pois toda substância era anterior ao ato, novidade só há na forma como se organizou e na função que se deu. O tema é extremamente complexo e sua tratativa adequada requereria uma pesquisa à parte, que não é o objeto deste trabalho. De toda forma, o sentido de criação em Pontes não é o mesmo que aqui é utilizado: quer-se dizer com o termo o reconhecimento de norma jurídica que até então não era reconhecida institucionalmente. Pode-se dizer que se utiliza, nesta tese, um sentido fraco ou superficial de criação, enquanto Pontes utiliza o termo em sentido forte ou profundo. Sobre isso ver, dentre outras passagens, expressamente: PONTES DE MIRANDA, Francisco Cavalcanti. *Sistema de ciência positiva do direito*. 2. ed. Rio de Janeiro: Borsoi, 1972, tomo I, p. 83-84. Ver

– basta visitar alguns julgamentos notórios para perceber –, entretanto, não se pode permitir que essa criação seja feita de forma desordenada e ilimitada, possibilitando-se, por exemplo, a construção de normas jurídicas de forma diferenciada no espaço ou desordenada no tempo. O respeito aos precedentes judiciais é forma relevantíssima de garantir segurança jurídica, igualdade e eficiência jurisdicional.[24]

Mais uma noção básica deve ser fornecida: o descumprimento da norma do precedente (*ratio decidendi*) não é diferente do descumprimento da norma legal. Perceba-se, muito embora o conjunto das fontes do direito seja integrado por elementos de qualidade diversa (Constituição, leis, precedentes, costumes etc.), o conjunto das normas é sistemático e precisa ser, tanto quanto possível, racional e coerente. Ora, se norma é significado, é notável que estes, independentemente das qualidades dos textos, não podem ser logicamente incompatíveis – enfim, afirmar que o direito é *mais do que* lógica não equivale a dizer que ele é *ilógico*.

Nesta toada, a previsão de instrumentos específicos e estanques para a aplicação de precedentes judiciais, por qualquer motivo, é algo que não se deve tolerar.[25] Os precedentes judiciais precisam ser interpretados e aplicados normalmente, e a colaboração criativa, com a outorga de sentido, deve ser feita na forma comumente estabelecida pelo sistema jurídico, não se admitindo qualquer forma autoritária de dar a um único órgão o poder de dar sentido a qualquer texto, reestabelecendo-se os ditames da exegese.[26]

---

sobre o tema, com base em estudo comparado, a análise em: TARUFFO, Michele. "Institutional factors influencing precedents". MACCORMICK, Neil; SUMMERS, Robert S. (ed.). *Interpreting precedents*. Aldershot: Ashgate/Dartmouth, 1997, p. 458-460.

24. Sobre a Segurança: BANKOWSKI, Zenon; MACCORMICK, Neil; MORAWSKI, Lech; MIGUEL, Alfonso Ruiz. "Rationales for precedent". MACCORMICK, Neil; SUMMERS, Robert S. (ed.). *Interpreting precedents*. Aldershot: Ashgate/Dartmouth, 1997, p. 487. Quanto à igualdade: MACCORMICK, Neil. *Rhetoric and the rule of law*. Oxford: Oxford University Press, 2005, p. 143. Na teoria da argumentação destaca-se o precedente judicial como corolário da universalidade, representada juridicamente especialmente pela igualdade, cf. ALEXY, Robert. *Teoria da argumentação jurídica*, cit., p. 265. Acerca da eficiência: CARDOZO, Benjamin Nathan. *Nature of judicial process*. New Haven: Yale University Press, 1960, p. 149. FARBER, Daniel A. "The rule of law and the law of precedents". *Minnesota Law Review*, vol. 90, 2006, p. 1175.

25. Ver nossa crítica mais detalhadamente em: MACÊDO, Lucas Buril de. "Reclamação constitucional e precedentes obrigatórios". *Revista de Processo*. São Paulo: RT, 2014, vol. 238, p. 413-434.

26. É o que se dá, atualmente, com as Súmulas Vinculantes. No ponto: "O que há aí é um renascimento (se é que entre nós houve uma morte) dos postulados da escola da exegese, da crença oitocentista na clareza do texto e mais, no poder racionalizador do mesmo: crê-se que as Súmulas Vinculantes, por serem Súmulas, tornam "claro" o sentido (verdadeiro) da norma e, acredita-se que, por serem Vinculantes, impediriam qualquer outra interpretação" (BAHIA, Alexandre Gustavo Melo Franco. "As súmulas vinculantes e a nova escolada da exegese". *Revista de Processo*. São Paulo: RT, 2012, ano 37, vol. 206, p. 364). No mesmo sentido: ABBOUD, Georges. "Súmula vinculante versus precedentes: notas para evitar alguns enganos". *Revista de Processo*. São Paulo: RT, 2008, ano 33, vol. 165, p. 224-226. SILVA, Ovídio A. Baptista da. "A função dos Tribunais Superiores". *Sentença e coisa julgada*. 4. ed. Rio de Janeiro: Forense, 2006, p. 299.

Os precedentes judiciais precisam ser compreendidos adequadamente como uma *fonte do direito*, que dá espaço para uma ou mais normas (*rationes decidendi*), e não como instrumentos de outorga de poder criativo aos juízes – que o possuem independentemente do *stare decisis* –, mas de fixação de limites e técnicas para seu exercício, garantindo racionalidade. Neste quadro, eles não podem ser aplicados mediante instrumentos específicos ou centralizadores, que busquem mortificar a interpretação por outros órgãos, o que seria medida vulneradora do Estado Democrático de Direito e do contraditório, seu corolário processual.

Finalmente, cabem algumas palavras sobre uma das mais importantes características do *stare decisis*: a autorreferência.[27]

Autorreferência é um dever de fundamentação específico, pelo qual o magistrado precisa, necessariamente, referir-se ao que foi realizado anteriormente pelos seus pares para decidir adequadamente uma questão similar. Isto é, o Judiciário, ao julgar um caso que já foi por ele mesmo decidido, precisa referir-se à sua atuação, independente de sua decisão confluir ou se desviar da linha assumida anteriormente. Esta é uma característica essencial para o bom funcionamento do *stare decisis* e é capaz de garantir racionalidade e segurança.

Note-se que a autorreferência não impõe o dever de seguir precedentes – isso cabe ao próprio princípio do *stare decisis* – mas se trata de regra jurídica que determina a adequação da fundamentação aos precedentes pertinentes ao caso. Precisamente, a partir da autorreferência, o julgador subsequente precisa voltar-se para o que foi decidido anteriormente, seja essa decisão favorável ao seu entendimento, possibilitando uma fundamentação que se limite a demonstrar a identidade dos casos, ou contrária, caso no qual será indispensável evidenciar diferenças relevantes ou trazer fundamentos importantes para não se aplicar o precedente judicial.[28]

Realmente, o magistrado, ao solucionar um caso, *precisa necessariamente fundamentar fazendo referência aos precedentes que tratem de questões análogas às analisadas*. O fato de os precedentes serem enunciados na fundamentação das decisões e servirem como vetores argumentativos para a tomada

---

27. "Observe-se, por outro lado, que o estilo de julgamento, no âmbito do *common law*, é caracterizado pela 'autorreferência' jurisprudencial. Na verdade, pela própria técnica do precedente vinculante, impõe-se, na grande maioria das vezes, a exigência de que a corte invoque, para acolher ou rejeitar, julgado ou julgados anteriores. Em outras palavras, a fundamentação de uma decisão deve, necessariamente, conter expressa alusão à jurisprudência de tribunal superior ou da própria corte" (TUCCI, José Rogério Cruz e. "Parâmetros de eficácia e critérios de interpretação do precedente judicial". WAMBIER, Teresa Arruda Alvim (coord.). *Direito jurisprudencial*. São Paulo: RT, 2012, p. 105).
28. "Here, it seems, we discover the real meaning of 'binding precedent': courts might not be bound to follow the earlier decision of (usually) superior courts on the same facts but, when confronted with such decisions, they are obliged to deal with them somehow" (DUXBURY, Neil. *The nature and authority of precedent*. Cambridge: Cambridge University Press, 2008, p. 109).

de decisão é uma das principais razões para sua força vinculante.[29] Isso não quer dizer que os precedentes judiciais precisarão ser mantidos em todas as hipóteses, mas que *não é aceitável que o juiz decida desconsiderando as normas dos precedentes e, se decidir contrariamente a elas, deve, ao menos, justificar adequadamente porque o fez.*[30]

3. ANÁLISE COMPARATIVA DA DISCIPLINA DOS PRECEDENTES JUDICIAIS NOS PROJETOS DE CPC E NO CPC/2015

3.1. Considerações iniciais

Muito embora não se tenha alçado a segurança jurídica nos atos jurisdicionais a um dos principais objetivos com a formação do novo Código de Processo Civil, a Exposição de Motivos do Anteprojeto acabou por dedicar muitas linhas a enfatizar a preocupação dos juristas idealizadores da nova em lei com a tutela da segurança jurídica e com a uniformidade da jurisprudência. De fato, a preocupação enunciada com os precedentes judiciais permeia e fundamenta o novo CPC.

Consoante se consigna na exposição de motivos, não se pode tolerar diversos posicionamentos jurisdicionais acerca de uma mesma situação jurídica substancial, em detrimento dos jurisdicionados, seja em relação aos que estão em situações idênticas e recebem um tratamento menos favorável ou àqueles que planejaram suas atuações com fundamento na orientação dada pelos tribunais. Conforme se observou, a insegurança nas decisões judiciais "gera intranquilidade e, por vezes, verdadeira perplexidade na sociedade".[31]

Passaremos a expor os dispositivos que tratam dos precedentes judiciais no Anteprojeto, na versão do Senado Federal, na versão da Câmara dos Deputados e, finalmente, na Lei 13.105/2015, destacando as principais alterações empreendidas durante o processo legislativo.

3.2. Precedentes judiciais no Anteprojeto de Código de Processo Civil

No Anteprojeto do novo Código de Processo Civil estabelecia-se que *"Os tribunais velarão pela uniformização e pela estabilidade da jurisprudência"*. Ou

---

29. ALEXY, Robert; DREIER, Ralf. "Precedent in the Federal Republic of Germany". MACCORMICK, Neil; SUMMERS, Robert S (ed.). *Interpreting precedents*. Aldershot: Dartmouth, 1997, p. 30-31.
30. BENDITT, Theodore M. "The rule of precedent". GOLDSTEIN, Laurence (ed.). *Precedent in law*. Oxford: Claredon Press, 1987, p. 97.
31. Brasil – Congresso Nacional. Senado Federal – *Anteprojeto do Novo Código de Processo Civil*. Brasília: Senado Federal, 2010, p. 17.

seja, apesar do não usual verbo *velar*, o texto do dispositivo apontaria para um verdadeiro *dever* de estabilidade e uniformização.

Para concretização do mencionado dever, no mesmo dispositivo do Anteprojeto, em seus incisos, fixava-se o seguinte: *(i)* os tribunais deveriam, sempre que possível, editar enunciado de súmula; *(ii)* os órgãos menores deveriam seguir o entendimento dos mais amplos; *(iii)* a jurisprudência pacificada do tribunal deveria ser seguida por qualquer órgão a ele vinculado; *(iv)* vinculatoriedade da jurisprudência do STF e dos tribunais superiores; *(v)* modulação de efeitos da modificação de jurisprudência.

Além disso, previa-se o dever de fundamentação adequada e específica para a alteração do entendimento sedimentado em um tribunal, bem como o dever de regular adequadamente, mediante regimento interno, a ampla participação nos processos onde houver alteração de entendimento, inclusive com realização de audiências públicas.

A poderosa disposição do inciso IV estabelecia que *"A jurisprudência do Supremo Tribunal Federal e dos tribunais superiores deve nortear as decisões de todos os tribunais e juízos singulares do país, de modo a concretizar plenamente os princípios da legalidade e da isonomia"*. A disposição foi elaborada em claro prestígio da função nomofilácica e paradigmática desses tribunais, embora ainda demasiadamente arraigada na perspectiva declaratória e legalista da jurisdição. Veja-se que invocava-se a *legalidade* como um fundamento para a força da jurisprudência, em previsão que não deixa de ser, em certa medida, esquizofrênica.[32]

Isso porque as disposições do Anteprojeto ainda eram bastante tímidas, sem sequer mencionar o termo "precedente" e fortemente centrada na ideia de jurisprudência e na feitura de súmulas. Com efeito, a jurisprudência não se confunde com o precedente judicial. Apesar da maleabilidade semântica daquele termo,[33] pode-se afirmar peremptoriamente que não são a mesma coisa. Enquanto a teoria dos precedentes trabalha a partir da importância de uma única decisão para a produção de Direito, respeitados determinados requisitos, reconhecendo o importante papel do Judiciário para criação de normas, a força normativa da jurisprudência, em sentido contrário, pressupõe a inexistência de relevância da decisão em sua unidade, mas a autoridade somente se apresentaria a partir de um grupo de precedentes, e mais ainda, da repetição de julgados no mesmo sentido.

---

32. Afora isso, há de se convir que o tal princípio é, cada vez mais, despido de sentido no Estado Constitucional. Para uma boa crítica, cf.:
33. Conferir: MANCUSO, Rodolfo de Camargo. *Divergência jurisprudencial e súmula vinculante*. 5. ed. São Paulo: RT, 2013, p. 25-47.

Trata-se, destarte, de proposta adstrita à linha ideológica na qual o único órgão legitimado à produção de normas é o Legislativo diretamente ou mediante as fontes por ele reconhecidas.[34]

Nada obstante, o dispositivo do Anteprojeto já ensejaria um incremento substancial de segurança jurídica na jurisdição em relação ao sistema posto e, a partir dele, seria possível paulatinamente atribuir força aos precedentes judiciais – especialmente a partir de uma ampliação do conceito de "jurisprudência".

3.3. Precedentes judiciais no PL 166/2010 (versão Senado Federal)

Na versão final que saiu do Senado Federal foram poucas as mudanças. Na verdade, houve apenas a inclusão do *"em princípio"*. Segundo o texto do Projeto de CPC aprovado no Senado Federal, os tribunais, *em princípio*, velarão pela uniformização e estabilidade da jurisprudência.

O termo incluído tinha valor condicionante, isto é a uniformidade e estabilidade deveriam ser a regra, apenas não aplicáveis em situações excepcionais. O acréscimo tinha pouco valor normativo e, pensamos, sua inclusão só poderia significar uma escusa para o aplicador deixar de seguir a jurisprudência, por argumentos que poderiam ser relevantes ou não.

Diante da falta de mudanças, o Projeto continuava pautado na fortificação da jurisprudência, sem atribuir força a um precedente judicial isoladamente e fundado no princípio da legalidade, que por muito tempo serviu justamente para afastar a força dos precedentes judiciais.

No mais, destaque-se que, tanto no Anteprojeto quanto no Projeto aprovado pelo Senado, o tema encontrava-se nas Disposições Gerais do Título I, referente aos Processos nos Tribunais do Livro IV, *"Dos processos nos tribunais e dos meios de impugnação das decisões judiciais"*.

3.4. Precedentes judiciais no PL 8.046/2010 (versão Câmara dos Deputados)

O Projeto de novo CPC tramitou na Câmara dos Deputados por mais de três anos, tendo sido realizadas mais de 100 audiências públicas e discussões nos estados. Nesse monumental trabalho, foi onde a disciplina dos precedentes judiciais mais recebeu alterações.

---

34. TROPER, Michel; GRZEGORCZYK, Cristophe. *Precedent in France*, cit., p.130-131. Também apontando a diferença *quantitativa* entre os conceitos: SANTOS, Evaristo Aragão. *Em torno do conceito e da formação do precedente judicial*, cit., p. 143. A concepção descrita da jurisprudência fica bem perceptível em VICENTE, Dario Moura. *Direito comparado*, cit., p. 173-174.

Na versão Câmara dos Deputados, o Projeto de novo CPC passou a deter um capítulo exclusivamente dedicado ao precedente judicial, qual seja, o Capítulo XV, do Título I, *Do procedimento comum*, do Livro I, *Do processo de conhecimento e do cumprimento de sentença*. A modificação topológica demonstra o incremento de importância que o tema recebeu. Além disso, pareceu-nos muito acertado o deslocamento da regulação dos precedentes das *disposições gerais dos processos nos tribunais* para um capítulo próprio no livro *do processo de conhecimento*, logo em seguida à tratativa da decisão judicial, inclusive porque as disposições sobre processo de conhecimento costumeiramente são aplicadas a outras questões.

Os dispositivos da versão da Câmara dos Deputados eram os artigos 520, 521 e 522. Neles, mantinha-se o dever de uniformidade e estabilidade, incluindo-se também os *deveres de integridade e coerência*. Tratam-se de duas importantes somas à regulação dos precedentes, garantindo uma força ainda maior à segurança jurídica e uma maior racionalidade ao direito jurisprudencial.

Muito embora tenha se mantido o dever de editar enunciados de súmula, incluiu-se um novo parágrafo que passou a proibir que os enunciados de súmula estivessem dissociados das circunstâncias fáticas dos precedentes que arrazoaram a sua criação. Súmulas não são o melhor meio de garantir segurança jurídica, já que acabam por levar a uma desconexão entre o enunciado e os casos onde foi gerada, o que, por sua vez, enseja um déficit de facticidade, ou seja, a desconsideração das circunstâncias fáticas em que foi gerada, como se fosse um texto de lei. Assim, o então parágrafo segundo do art. 520 acabava por minimizar o prejuízo que a operação com súmulas traz e valorizar o precedente em si.

Concretizando os deveres de uniformização, estabilidade, integridade e coerência, o art. 521 trazia um rol de precedentes obrigatórios, que estariam previstos de modo a dar efetividade aos princípios da legalidade, segurança jurídica, duração razoável do processo, proteção da confiança e isonomia. Deveriam ser seguidos, *"os precedentes do Supremo Tribunal Federal em controle concentrado de constitucionalidade; os enunciados de súmula vinculante, os acórdãos e os precedentes em incidente de assunção de competência ou de resolução de demandas repetitivas e em julgamento de recursos extraordinário e especial repetitivos; e os enunciados das súmulas do Supremo Tribunal Federal em matéria constitucional e do Superior Tribunal de Justiça em matéria infraconstitucional"*. Mais importante ainda era o inciso IV, que estabelecia que *"não sendo a hipótese de aplicação dos incisos I a III, os juízes e tribunais seguirão os precedentes: a) do plenário do Supremo Tribunal Federal, em controle difuso de constitucionalidade; b) da Corte Especial do Superior Tribunal de Justiça, em matéria infraconstitucional"*.

O Projeto de CPC, ainda, foi incrementado com mais 9 parágrafos, que, além dos já previstos para fundamentação adequada e específica na superação de jurisprudência e possibilidade de modulação de efeitos, passou a regular o dever de fundamentação adequada na formação e aplicação dos precedentes judiciais, o dever de publicidade qualificada dos precedentes formados, a previsão de obrigatoriedade de apenas a *ratio decidendi*, a previsão de não obrigatoriedade dos *obiter dicta*, a expressa permissão para realização de distinções, procedimentos qualificados para a superação de precedentes, e a disciplina dos motivos suficientes para a modificação dos precedentes. Realmente, o Projeto avançou significativamente na regulação dos precedentes judiciais e passava a dar o definitivo passo em direção ao *stare decisis* brasileiro.[35]

3.5. Precedentes judiciais na Lei 13.105 de 16 de março de 2015

No caminhar legislativo, vicissitudes são inevitáveis, pois são imanentes ao processo político. A derrocada dos precedentes judiciais no Código de Processo Civil bem demonstra isso, pois, aqui, foi particularmente grave. O regime dos precedentes judiciais no CPC/2015, em comparação às disposições da versão Câmara dos Deputados, é bastante pobre. Na verdade, uma parcela significativa das conquistas foi descartada, com um retorno à regulação dos precedentes nos moldes de como havia na versão aprovada pelo Senado Federal.

Primeiramente, os precedentes judiciais perderam o capítulo próprio e voltaram a figurar nas disposições gerais do Título I, *Da ordem dos processos e dos processos de competência originários dos tribunais*, do Livro III, *Dos processos nos tribunais e dos meios de impugnação das decisões judiciais* da Parte Especial do Código. No CPC/2015, os precedentes são regulados nos artigos 926, 927 e 928. A alocação é bem pior, mas essa é uma questão menor.

No art. 927, retirou-se a referência aos princípios que estavam nas demais versões, e, de forma mais simples, clara e direta determinou-se que os *"juízes e os tribunais observarão: I - as decisões do Supremo Tribunal Federal em controle concentrado de constitucionalidade; II - os enunciados de súmula vinculante; III - os acórdãos em incidente de assunção de competência ou de resolução de demandas repetitivas e em julgamento de recursos extraordinário e especial repetitivos; IV - os enunciados das súmulas do Supremo Tribunal Federal em matéria constitucional e do Superior Tribunal de Justiça em matéria infraconstitucional; V - a orientação do plenário ou do órgão especial aos quais estiverem vinculados".*

As modificações foram péssimas.

Como se vê, toda referência ao termo "precedente" foi excluída. Não se fala em seguir os precedentes do STF em controle concentrado de constitucionalidade

---

35. Sobre o tema: MACÊDO, Lucas Buril de. "O regime jurídico dos precedentes judiciais no projeto novo Código de Processo Civil". Revista de Processo, v. 237, p. 369-401, 2014.

(inciso I); não se fala em seguir os precedentes em incidente de assunção de competência ou de resolução de demandas (inciso III); e, também, não se fala em precedente obrigatório nos recursos extraordinários e especial repetitivos (inciso III). Pior ainda, retirou-se o texto que mencionava o dever subsidiário de seguir os precedentes advindos do julgamento de recurso extraordinário pelo pleno do STF e recurso especial pela Corte Especial do STJ. Em substituição, prevê-se que deverá ser observada *"a orientação do plenário ou do órgão especial aos quais estiverem vinculados".*

Nos parágrafos, por sua vez, conservou-se o dever de fundamentação adequada, a ampla participação na revisitação de tese jurídica consolidada, a possibilidade de modulação de efeitos na alteração de jurisprudência dominante e o dever de publicidade adequada aos precedentes dos tribunais.

As modificações enfraqueceram sobremaneira a implantação do *stare decisis* brasileiro, que agora volta a depender de um forte esforço interpretativo e construtivo, tanto doutrinário como jurisprudencial.

4. ANÁLISE DO SISTEMA BRASILEIRO DE PRECEDENTES JUDICIAIS: O CPC/2015

A rigor, os artigos 926, 927 e 928 pouco ou nada falam acerca dos precedentes. O tema que eles têm por objeto é a jurisprudência, e não os precedentes judiciais. A única disposição que relacionada diretamente aos precedentes judiciais é a que obriga os tribunais a publicar os seus precedentes, organizando-os por questão jurídica e divulgando-os preferencialmente na *internet*.

Todavia, esses dispositivos são, de fato, a porta de entrada para o *stare decisis*. Nada obstante não se trate da disciplina ideal, eles são suficientes, somados ao princípio da segurança jurídica, para a construção de um verdadeiro dever de seguir os precedentes judiciais. Não há dúvidas que é necessário certo esforço interpretativo, que deve ser empreendido pela doutrina e pela jurisprudência.

Passamos à análise da disciplina legal dos precedentes judiciais.

Inicialmente, há de se ponderar quanto à colocação do tema. Com efeito, importantes precedentes podem muito bem ser fixados por decisões tomadas no cumprimento de sentença ou nos procedimentos especiais. Isso torna a previsão de sua tratativa no Livro destinado aos Processos nos Tribunais equivocada, por ser redutora. Precedentes judiciais podem surgir em decisões relativas a qualquer procedimento. Na verdade, a procedimentalização do direito material ou a instância de julgamento é pouco importante para a *existência* de precedente judicial, que é efeito anexo da decisão judicial:

portanto, ocorrendo decisão, há precedente.[36] Sua destinação correta seria, sem dúvidas, a Parte Geral.

Nada obstante, a parcela do Código onde colocada a regulação dos precedentes não significa uma barreira instransponível, pelo contrário: trata de um pequeno problema facilmente contornável. Assim como no CPC vigente aplicou-se comumente disposições sobre o procedimento comum aos demais, o mesmo há de ser feito quanto aos precedentes no CPC/2015. De fato, nada obstante os precedentes judiciais tenham sido tratados em título destinado ao Processo nos Tribunais, as normas relativas a estes dispositivos possuem aplicação para as decisões tomadas em qualquer que seja o procedimento.[37] Além disso, não se pode olvidar que, de fato, os precedentes mais importantes são emanados dos tribunais, o que, de certa forma, acaba por justificar o lugar em que se encontra sua regulação.

O art. 926 determina que "Os tribunais devem uniformizar sua jurisprudência e mantê-la estável, íntegra e coerente". Estabelece-se, assim, *um dever geral de tutelar a segurança jurídica nas decisões judiciais, marcadamente nos posicionamentos dos tribunais.*

O dispositivo aponta, primordialmente, para a inadmissibilidade de qualquer tribunal sustentar mais de uma orientação simultaneamente. Obviamente, não se afasta a possibilidade de diferença *temporal* entre as *rationes decidendi* assumidas, desde que com o devido cuidado, mas não é possível tolerar que o mesmo tribunal, ou mesmo que tribunais distintos, venham a sustentar, *ao mesmo tempo*, posições distintas. O tribunal, ainda que dividido em vários órgãos, é um só, e precisa atuar em conformidade com sua unidade, assumindo uma única posição acerca da mesma questão jurídica. Além disso, o tribunal precisa estar atento para uma eventual manifestação de dissidência interna, tomando

---

36. Apontando que, quando há decisão, gera-se precedente: MACCORMICK, Neil; SUMMERS, Robert. *Interpreting precedents*, cit., p. 1. É importante notar que, nada obstante toda decisão gere um precedente, nem todo precedente gerado possui eficácia obrigatória ou eficácia persuasiva significante. Isso se dá, inclusive, porque para que exista a obrigação de seguir um determinado precedente, é preciso que um caso análogo subsequente apresente-se, diante do aspecto relacional característico dos precedentes obrigatórios. Nesse sentido: BANKOWSKI, Zenon; MACCORMICK, Neil; MARSHALL, Geoffrey. "Precedent in the United Kingdom". MACCORMICK, Neil; SUMMERS, Robert S. (ed.). *Interpreting precedents*. Aldershot: Ashgate/Dartmouth, 1997, p. 323. LARENZ, Karl. *Metodologia da ciência do direito*. 5. ed. Lisboa: Calouste Gulbenkian, 2009, p. 611. Aproximadamente: TUCCI, José Rogério Cruz e. *Precedente judicial como fonte do direito*. São Paulo: RT, 2004, p. 11-12. TARUFFO, Michele; LA TORRE, Massimo. "Precedent in Italy". MACCORMICK, Neil; SUMMERS, Robert. *Interpreting precedents*. Aldershot: Ashgate/Dartmouth, 1997, p. 151. O fato de um precedente, entretanto, não possuir caso análogo não o exclui como fonte, apenas torna impossível sua aplicação. Nesse sentido: MUÑOZ, Martin Orozco. *La creación judicial del derecho y el precedente vinculante*. Navarra: Arazandi-Thomson Reuters, 2011, p. 32.
37. Note-se que o mesmo problema ocorre no tocante à regulação do ônus da prova. Sobre isso: MACÊDO, Lucas Buril de; PEIXOTO, Ravi Medeiros. Ônus da prova e sua dinamização. Salvador: Juspodivm, 2015.

a responsabilidade de uniformizar a sua orientação, mediante um precedente adequado para isso. Nesse sentido, estabelece-se o *dever de uniformizar*.[38]

Da mesma forma, os tribunais precisam justificar adequadamente a mudança. É igualmente afrontoso à segurança jurídica a excessiva variação de orientações assumidas pelos precedentes, ainda que em espaço temporal diferido. A fixação da *ratio decidendi* precisa ser respeitada pelo próprio tribunal, evitando a superação do precedente de forma leviana ou incauta. De fato, é preciso perspectivar que, mesmo ao julgar uma demanda individual, o tribunal está orientando a sociedade, e tanto os particulares que participam do processo como a comunidade de forma geral possuem o direito fundamental à segurança. Dessa forma, o *dever de estabilidade*, consagrado no dispositivo em comento, exige que se pese a força da segurança quando o tribunal cogite desviar de posicionamento assumido em um precedente.[39]

A enunciação de precedentes pelos juízes segue uma mesma linha, que, ainda que não se possa compreender como retilínea, deve ser, efetivamente, *uma só linha*. Com isso se quer dizer que os órgãos judicantes não podem assumir posicionamentos inconsistentes e conflitivos, devendo manter sua jurisprudência racional, mediante precedentes que, em um primeiro aspecto, dialoguem com o que foi construído anteriormente, respeitando o dever de autorreferência, e, em um segundo sentido, é exigido que as decisões, na continuidade ou na alteração, sejam proferidas sem inconsistências injustificadas entre elas. Impõe-se a *integridade* das *decisões* e dos *precedentes*.[40] Em outras palavras o Judiciário precisa estar alinhado em sua atuação sob duas perspectivas: *geograficamente*, não se autorizando que a mesma situação jurídica seja tratada de forma injustificadamente diferente por órgãos de locais díspares; e

---

38. O *stare decisis*, ademais, impulsiona o aplicador a garantir uniformidade do direito e, assim, igualdade entre os jurisdicionados, o que comumente é expresso no adágio *treat like cases alike*, sendo tais pontos valores perseguidos pelo *Rule of Law*. Assim: BANKOWSKI, Zenon; MACCORMICK, Neil; MORAWSKI, Lech; MIGUEL, Alfonso Ruiz. "Rationales for precedent". MACCORMICK, Neil; SUMMERS, Robert S. (ed.). *Interpreting precedents*. Aldershot: Ashgate/Dartmouth, 1997, p. 488.
39. A perspectiva da segurança como estabilidade "estabelece exigências relativamente à transição do direito passado ao direito futuro. Não uma imutabilidade, portanto, mas uma estabilidade ou racionalidade da mudança, que evite alterações violentas". Numa simplificação: em um ordenamento jurídico estável a mudança causa poucos danos aos jurisdicionados. Cf. ÁVILA, Humberto. *Segurança jurídica: entre permanência e realização no Direito Tributário*. São Paulo: Malheiros, 2011, p. 124.
40. A Suprema Corte norte-americana já chegou a afirmar que o *stare decisis* contribui para a própria integridade do "sistema constitucional de governo", uma vez que preserva e reforça a ideia de que os seus "princípios fundamentais são baseados no direito em vez de em propensões de indivíduos". (Vasquez v. Hillery, Supreme Court of United States, 1986, 474, p. 265-266). Nesse sentido, é muito proveitosa a lição de Waldron, que afirma que a previsibilidade também é possível a partir da *Rule of Man*, especialmente a partir do estudo de perfis dos homens que decidirão, mas que tal tipo de previsibilidade não é desejável, a segurança jurídica requerida pelo Estado de Direito é a que o *stare decisis* fornece: previsibilidade baseada em normas jurídicas, especialmente princípios, na compreensão e utilização das várias fontes do direito (WALDRON, Jeremy. *Stare Decisis and the Rule of Law: A layered approach*, cit., p. 14-15).

historicamente, precisando respeitar sua atuação anterior ou justificar a modificação da posição que foi adotada com referência e cuidado com o passado e suas consequências.[41] Pode-se falar, portanto, em um *dever de integridade*.

Outrossim, o Judiciário, em comando direcionado especialmente aos tribunais, *deve ser compreendido como um só*, e, consequentemente, as orientações que são oferecidas aos jurisdicionados, especialmente pelos precedentes judiciais, não podem ser observadas de forma particularizada ou destacada dessa realidade.[42] Por isso mesmo, os tribunais precisam considerar o que foi por eles dito anteriormente, e justificar qualquer dissenso, tanto *interno*, em relação ao órgão prolator do precedente contrário, como também *externo*, quando o precedente advir de outro órgão judicante. Requer-se, também por este prisma, o dever de autorreferência como dever de fundamentação específico. Em síntese: o que é enunciado nos precedentes precisa ser compreendido como um discurso do Judiciário para a sociedade, que precisa ser coerente, ainda que não siga uma só linha, é essencial que os desvios particulares ou mudanças sejam substancialmente justificadas, evitando uma verdadeira esquizofrenia do

---

41. A ideia é que os litigantes de hoje devem ser tratados da mesma forma que os do passado, exceto quando ocorrer algo que enseje uma modificação nas razões que levaram à decisão. Nesse sentido: ALEXANDER, Larry. "Precedent". PATTERSON, Dennis (ed.). *A companion to philosophy of law and legal theory*. 2. ed. Blackwell, 2010, p. 495.
42. Trata-se de uma aplicação do princípio da boa-fé ao discurso empreendido pelo Judiciário. Nem se invoque a inaplicação da boa-fé nesta seara, visto que se trata de princípio aplicável de forma generalizada, eis que "traduz um estádio juscultural, manifesta uma Ciência do Direito e exprime um modo próprio de certa ordem sócio-jurídica", revelando regras de conduta fundadas na lealdade, honestidade, retidão, respeito e consideração com os interesses do *alter*, que devem ser observadas em certo contexto histórico-cultural (MENEZES CORDEIRO, Antonio Manuel da Rocha e. *Da boa-fé no direito civil*. Coimbra: Almedina, 2001, p. 18 e 632. Ver também, diferenciando e conceituando a boa-fé objetiva e a subjetiva, MARTINS-COSTA, Judith. *A boa-fé no direito privado*. São Paulo: RT, 2000 (segunda tiragem), p. 410-413. No mesmo sentido: PÉREZ, Jesús Gonzáles. *El principio general de la buena fe en el derecho administrativo*. 4. ed. Madrid: Civitas, 2004, p. 91). Defendendo a aplicação da boa-fé além do direito privado: WIEACKER, Franz. *El principio general de la buena fe*. Madrid: Civitas, 1977, p. 95 (tradução de Zur rechtstheoretische Präzisierung des §242 BGB, de 1955). Especialmente sobre a aplicação ao processo da boa-fé: "Pero tal lucha no significa que el proceso sea un campo de batalla en el cual todos los medios sean lícitos para obtener la victoria, sin importar que el resultado y los procedimientos estén o no de acuerdo con el derecho, la moral y la justicia, ni que se pueda recurrir al proceso para obtener, en connivencia con la parte aparentemente contraria, resultados ilegales o ilícitos, con o sin perjuicio de terceros". ECHANDIA, Hernando Devis. "Fraude procesal, sus características, configuración legal y represión". *Revista de derecho procesal Iberoamericana*, n. 4, 1970, p. 743-744. Assim, no direito brasileiro: "Fazendo eco às idéias plasmadas no campo do direito material, logo o direito processual civil tratou de amoldar-se aos ditames éticos. O processo, de instrumento de realização da vontade concreta da lei, passou a ser vist destinado a proporcionar a "justa composição dos litígios", tendo os Códigos de maneira geral reforçado os poderes do juiz e sancionado as condutas processuais abusivas" (THEODORO JR, Humberto. "Boa-fé e processo: princípios éticos na repressão à litigância de má-fé – Papel do juiz". *Estudos de direito processual civil*: Homenagem ao Professor Egas Dirceu Moniz de Aragão. São Paulo: RT, 2005, p. 643). Igualmente: DIDIER JR, Fredie. *Fundamentos do princípio da cooperação no direito processual civil português*. Coimbra: Coimbra, 2010, p. 80. Sintetizando os posicionamentos, com um apanhado geral doutrinário: SILVA NETO, Francisco Antônio de Barros e. *A improbidade processual da administração pública e sua responsabilidade objetiva pelo dano processual*. Rio de Janeiro: Lumen Juris, 2010, p.7-13.

Judiciário. O precedente judicial insere-se em um contexto mais amplo em que visa garantir coerência e consistência da atuação dos juízes.[43] Consagra-se o *dever de coerência*.

O art. 926 do CPC/2015 é, certamente, o dispositivo mais importante sobre a teoria dos precedentes judiciais, fornecendo material suficiente para a construção do *stare decisis* brasileiro. Com efeito, a partir da institucionalização dos deveres de *uniformização, estabilidade, integridade e coerência, torna-se pouco crível o funcionamento do sistema jurídico sem o stare decisis*. Os deveres consagrados no novo Código de Processo Civil possuem conteúdo normativo suficiente para a criação institucional dos precedentes obrigatórios.

Peca, entretanto, o dispositivo, em seu § 1º. O § 1º do art. 926 do CPC/2015 estabelece que os tribunais, consoante seus regimentos internos, "*editarão enunciados de súmula correspondentes a sua jurisprudência dominante*".

É necessário que as súmulas sejam vistas com a devida atenção.

Precisamente, súmulas não são precedentes judiciais.[44]-[45] Para a criação de um enunciado sumular é estabelecido um procedimento específico e distinto do processo judicial, que é o meio pelo qual se enseja o precedente.[46] Bem vistas as coisas, *o precedente é elemento da hipótese fática da norma que permite a edição da súmula*. E só isso. Não é possível confundir os dois institutos, inclusive porque a necessidade de instituir súmulas ou súmulas vinculantes parte

---

43. SCHAUER, Frederick. *Thinking like a lawyer*. Cambridge: Harvard University Press, 2012, p. 36.
44. Nesse sentido: SILVA, Ovídio A. Baptista da. "A função dos Tribunais Superiores". *Sentença e coisa julgada*. 4. ed. Rio de Janeiro: Forense, 2006, p. 300-301. ABBOUD, Georges. "Súmula vinculante *versus* precedentes: notas para evitar alguns enganos". *Revista de Processo*. São Paulo: RT, 2008, ano 33, vol. 165, p. 218-220.
45. É interessante, no ponto, que Mancuso liga a Súmula ao enunciado legal: "É dizer, a Súmula obrigatória outra coisa não significa que a própria *norma judicada*, ou seja, a norma legal que teve a sua passagem judiciária, o seu *day in Court*, resultando, ao cabo de iterativas e harmônicas interpretações, num enunciado sintético, que, por opção política-jurídica do legislador (= lei federal) ou do poder constituinte derivado (= emenda à Constituição), passa a projetar efeitos *pan processuais* e até *extraprocessuais*, parametrizando a solução de situações análogas, pendentes ou futuras" (MANCUSO, Rodolfo de Camargo. *Divergência jurisprudencial e súmula vinculante*. 5. ed. São Paulo: RT, 2013, p. 99). O jurista paulista equivoca-se, primeiramente por dar um aspecto, de certa forma, natural à enunciação de súmulas e também pela ligação das súmulas à lei: ora, se a súmula não é mais do que a lei, sua necessidade seria nenhuma. O autor, dessa forma, insere-se no paradigma da mera declaração da lei, sob o qual não é possível destacar a relevância do direito jurisprudencial sem cair em notável contradição.
46. A diferença fica clara a partir da lição de Taruffo: "Em especial, nem sempre se presta a devida atenção ao fato de que, em linha de princípio, o precedente se funda sobre a analogia que o segundo juiz vê entre os *fatos* do caso que ele deve decidir e os *fatos* do caso já decidido, porque somente com essa condição é que se pode aplicar a regra pela qual a mesma *ratio decidendi* deve ser aplicada a casos idênticos ou ao menos similares" (TARUFFO, Michele. *Processo civil comparado: Ensaios*. Tradução de Daniel Mitidiero. São Paulo: Marcial Pons, 2013, p. 131). Inclusive, Eduardo Talamini entende que se trata de processo jurisdicional objetivo aquele que resulta no enunciado da Súmula Vinculante. Note-se que, sob esse prisma, fica claro que o enunciado sumular nada mais é do que uma *decisão*. Ver: TALAMINI, Eduardo. *Novos aspectos da jurisdição constitucional brasileira*, cit., p. 118-120.

do pressuposto da ausência de força do precedente, isoladamente e em sua unidade. Há de se perceber: caso o *stare decisis* brasileiro estivesse institucionalizado, a importância das súmulas seria reduzida a nada.[47]

No ponto, é relevante destacar que o enunciado sumular, autorizado pela existência de precedentes, passa a deter vinculatividade própria. Inclusive, em interessante pesquisa, Leonardo Greco demonstrou que os enunciados n.º 622, 625 e 626 da súmula da jurisprudência dominante do STF não guardam correspondência, como era de se esperar, com os acórdãos paradigmas.[48] Seguindo essa linha, Patrícia Perrone Mello analisou as Súmulas Vinculantes de n.º 1, 2 e 3, e, embora as duas primeiras guardem congruência com as decisões de base, na terceira, três dos quatro precedentes invocados para a autorização da edição do enunciado tratavam da matéria objeto apenas como *obiter dictum*. A jurista carioca, nesse contexto, aponta uma autonomia excessiva entre os enunciados sumulares e a *ratio decidendi* dos julgados e a inexistência de preocupação com a distinção entre *ratio decidendi* e *obiter dictum*, concluindo pela necessidade de melhorar a operacionalização com as súmulas.[49]

Deste modo, muito embora o *caput* do art. 926 forneça todas as ferramentas necessárias para a construção do *stare decisis* brasileiro, estabelecendo importantes deveres para o Judiciário, o seu § 1º consegue fincar uma barreira de difícil transposição para que se alcance um sistema de precedentes obrigatórios. Ao se investir nas súmulas como método de estabilização da jurisprudência, reduz-se a importância que, a princípio, viria a ser atribuída ao precedente judicial.

Noutra mão, o § 2º do art. 926 fixa que "Ao editar enunciados de súmula, os tribunais devem ater-se às circunstâncias fáticas dos precedentes que motivaram sua criação".

Muito embora o § 2º acabe por reduzir os problemas causados pelo § 1º do dispositivo, ele não é suficiente. O seu propósito é evitar que os enunciados sumulares se distanciem da *ratio decidendi* dos precedentes que lhe fundamentam, mas, ao contrário de negar a diferença entre precedente e súmula, serve

---

47. Em sentido contrário: SOUZA, Marcelo Alves Dias. *Do precedente judicial à súmula vinculante*. Curitiba: Juruá, 2007, p. 176-178. ATAÍDE JR, Jaldemiro Rodrigues de. *Precedentes vinculantes e irretroatividade do direito no sistema processual brasileiro*. Curitiba: Juruá, 2012, p. 151. REIS, Maurício Martins. "Precedentes obrigatórios e sua adequada compreensão: de como súmulas vinculantes não podem ser o "bode expiatório" de uma hermenêutica jurídica em crise". *Revista de Processo*. São Paulo: RT, 2013, ano 38, vol. 220, p. 2098-212. MELLO, Patrícia Perrone Campos. *Precedentes*. Rio de Janeiro: Renovar, 2008, p. 101-102 e 105. ROSSI, Júlio César. "O precedente à brasileira: súmula vinculante e o incidente de resolução de demandas repetitivas". *Revista de Processo*. São Paulo: RT, 2012, ano 37, vol. 208, p. 214-216.
48. GRECO, Leonardo. "Novas súmulas do STF e alguns reflexos sobre o mandado de segurança". *Revista Dialética de Direito Processual*. São Paulo: Dialética, 2004, n. 10, p. 44-54.
49. MELLO, Patrícia Perrone Campos. *Precedentes*, cit., 2008, p. 166-173.

para afirmá-la: os textos mantêm sua autonomia e os precedentes perdem a dignidade de referencial normativo.

A súmula vinculante, bem como as súmulas dos tribunais – que passam a ser obrigatórias –, observada em sua regulação e funcionalização, possui uma faceta claramente autoritária. O instituto é realizado para *impedir* a atuação do Direito pelos demais órgãos jurisdicionais, idealizando-os como meros porta-voz do Supremo Tribunal Federal, o que não acontece no *stare decisis*.[50]

De fato, a súmula vinculante enrijece o direito exacerbadamente. Perceba-se que se busca impedir atividade interpretativa e criativa pelos demais órgãos jurisdicionais.[51] Inclusive, o cabimento de reclamação constitucional, diretamente para o STF, conota essa pretensão. A ideia é que a súmula vinculante é o ponto final do direito e que não cabe a ninguém – sejam os jurisdicionados, outros profissionais da área jurídica ou os demais órgãos jurisdicionais – construir sobre a questão, pois é competência do Supremo estabelecê-la e definir o seu significado definitivo. Exclui-se a participação mais aberta mediante um procedimento centralizador da interpretação do texto da súmula.[52] Entabular toda a riqueza do precedente, diferenciado da lei justamente por sua conexão mais forte com os fatos da causa, em um enunciado abstrato é impossível, e acaba por dificultar diferenciações ou uma construção ou reconstrução que efetive um real diálogo com a experiência.[53]

---

50. "O que há aí é um renascimento (se é que entre nós houve uma morte) dos postulados da escola da exegese, da crença oitocentista na clareza do texto e mais, no poder racionalizador do mesmo: crê-se que as Súmulas Vinculantes, por serem Súmulas, tornam "claro" o sentido (verdadeiro) da norma e, acredita-se que, por serem Vinculantes, impediriam qualquer outra interpretação" (BAHIA, Alexandre Gustavo Melo Franco. "As súmulas vinculantes e a nova escolada da exegese". *Revista de Processo*. São Paulo: RT, 2012, ano 37, vol. 206, p. 364). No mesmo sentido: ABBOUD, Georges. *Súmula vinculante versus precedentes: notas para evitar alguns enganos*, cit., p. .224-226. SILVA, Ovídio A. Baptista da. "A função dos Tribunais Superiores". *Sentença e coisa julgada*. 4. ed. Rio de Janeiro: Forense, 2006, p. 299.
51. "A instituição da súmula vinculante tenta amenizar os problemas interpretativos de ordem constitucional por meio de um rígido esquema vertical, que compele órgãos jurisdicionais e Administração Pública à estrita observância da interpretação fixada pelo Supremo Tribunal Federal. É certo que isso trará uma elevada dose de segurança ao sistema, mas o trade-off apresenta-se imediatamente: o cerceamento da tão propalada atividade criativa do juiz, não obstante a possibilidade de revisão e cancelamento de súmulas vinculantes" (DANTAS, Bruno. "Súmula Vinculante: o STF entre a função uniformizadora e o reclamo por legitimação democrática". *Revista de Informação Legislativa*, v. 48, 2008, p. 180-181).
52. Maurício Martins Reis, não sem razão, em crítica ao posicionamento de Lênio Streck, defende que a problemática não é relativa às súmulas em si, que devem ser ligadas ao processo judicial que lhes deu origem, mas sim à forma como elas são aplicadas. Todavia, há de se notar que, logicamente, caso conviesse a pesquisa no *texto do precedente*, o texto da súmula não seria sequer necessário, não teria razão de ser. Por isso mesmo, parece que a crítica de Streck, contextualmente, mantém-se procedente: súmulas são textos que buscam a morte da hermenêutica. Ver: REIS, Maurício Martins. *Precedentes obrigatórios e sua adequada compreensão: de como súmulas vinculantes não podem ser o "bode expiatório" de uma hermenêutica jurídica em crise*, cit., p. 212-216.
53. Nesse sentido: ROSSI, Júlio César. "O precedente à brasileira: súmula vinculante e o incidente de resolução de demandas repetitivas". *Revista de Processo*. São Paulo: RT, 2012, ano 37, vol. 208, p. 205-206.

Com as súmulas busca-se excluir discordâncias e, assim, exclui-se a própria possibilidade de construção dialógica, envolvendo o máximo número de processos – e, consequentemente, de jurisdicionados, advogados e demais atores jurídicos e sociais –, e paulatina, o que permite que a decisão absorva o maior número possível de argumentos. Opta-se por eliminar a natural formação dinâmica do precedente e a flexibilidade ínsita à sua aplicação.[54] Com efeito, as súmulas, especialmente as vinculantes, são muito similares à legislação, o que se torna notável com a existência de um procedimento próprio para sua enunciação, modificação e alteração.[55]

A súmula vinculante, embora tenha sido importante para apontar para a criatividade judicial, reforçando a sua percepção como uma realidade inolvidável, está longe de representar um instituto característico de um sistema de precedentes.[56] Realmente, as *súmulas vinculantes* não são condizentes com o *stare decisis*. Com a fortificação deste, é natural que elas percam sua força e sejam pouco utilizadas, abrindo caminho para uma prática pautada na importância de uma única decisão e mais aberta à interpretação e à construção colaborativa e paulatina.

Assim, é natural que a caminhada em direção à fortificação dos precedentes obrigatórios no Brasil passe pelo esquecimento e supressão das súmulas, vinculantes ou não, instituto que só tem razão de ser em um sistema que desconsidera o precedente judicial.

Passa-se à análise paulatina do art. 927, *caput* e seus incisos, do CPC/2015, para analisar seus parágrafos depois. O dispositivo, *in verbis*, determina que:

> Art. 927. Os juízes e os tribunais observarão:
>
> I - as decisões do Supremo Tribunal Federal em controle concentrado de constitucionalidade;

---

54. Similarmente: MELLO, Patrícia Perrone Campos. Precedentes, cit., p. 147-148. Sobre a ideia de formação estática e dinâmica: "Na formação estática interessa menos a fixação de entendimento que se legitime por si próprio e pela participação conjunta para o 'fim de se tornar paradigma a ser seguido em outras decisões, e mais o estabelecimento, então da maneira mais célere possível, de alguma decisão que, por vontade do Legislador, sirva de padrão *formalmente* obrigatório para solução de casos semelhantes. Em outras palavras, na prática a preocupação acaba sendo menos com a obtenção da *melhor solução possível* nos padrões e com a participação propiciada pela formação *dinâmica*, e mais com a formação de alguma solução, qualquer que seja ela, mas desde que formalmente legítima, para servir de padrão para decisão de casos posteriores" (SANTOS, Evaristo Aragão. "Em torno do conceito e da formação do precedente judicial". WAMBIER, Teresa Arruda Alvim (coord.). *Direito jurisprudencial*. São Paulo: RT, 2012, p. 174).
55. ABBOUD, Georges. *Súmula vinculante versus precedentes: notas para evitar alguns enganos*, cit., p. 227-229. Antes mesmo da instituição das súmulas, já apontava nesse sentido: SILVA, Ovídio A. Baptista da. "A função dos Tribunais Superiores". *Sentença e coisa julgada*, cit., p. 298.
56. Destacando a importância das súmulas para o crescimento da preocupação com os precedentes judiciais: BARBOSA MOREIRA, José Carlos. "Súmula, jurisprudência, precedente: uma escalada e seus riscos". *Temas de direito processual* – nona série. São Paulo: Saraiva, 2007, p. 310-313.

II - os enunciados de súmula vinculante;

III - os acórdãos em incidente de assunção de competência ou de resolução de demandas repetitivas e em julgamento de recursos extraordinário e especial repetitivos;

IV - os enunciados das súmulas do Supremo Tribunal Federal em matéria constitucional e do Superior Tribunal de Justiça em matéria infraconstitucional;

V - a orientação do plenário ou do órgão especial aos quais estiverem vinculados.

Primeiramente, é imperioso que se compreenda a relação do dispositivo com o anterior corretamente. O art. 926 estabelece os deveres gerais de uniformização, estabilidade, integridade e coerência, que são expressões da segurança jurídica, particularmente a segurança nos atos jurisdicionais. O art. 927 *regula a forma de cumprimento específico do dispositivo*. Assim, são estabelecidos os meios pelos quais os deveres decorrentes da segurança jurídica na atuação judicial são cumpridos no processo brasileiro.

Assim, as decisões tomadas pelo Supremo Tribunal Federal no controle concentrado de constitucionalidade, bem como os precedentes decorrentes dessas decisões, devem ser observadas pelos julgadores subsequentes. Os enunciados de súmula vinculante, em repetição constitucional, são considerados obrigatórios. O CPC/2015 atribui a obrigatoriedade aos *acórdãos* nos incidentes de resolução de demandas repetitivas e de assunção de competência, o que é um erro. O acórdão, no sentido de decisão, não é o que obriga, mas sim o *precedente*. O acórdão refere-se somente às partes do caso julgado, o precedente, sim, trata de uma questão jurídica que pode ser versada noutros processos. Os enunciados da súmula do STF que tratem de direito constitucional e os do STJ que tratem de direito infraconstitucional federal também são obrigatórios, conforme o novo CPC. Finalmente, os órgãos julgadores vinculam-se às teses assumidas pelo pleno ou órgão especial do tribunal que fazem parte.

Importa notar que se procurou estabelecer, tanto quanto possível, a fixação da importância dos precedentes em conformidade com a substância, isto é, com a matéria de que tratem. Dessa forma, privilegiou-se a função constitucional outorgada ao Supremo Tribunal Federal e ao Superior Tribunal de Justiça. Note-se que, embora não se fale nos tribunais locais, é essencial que se defenda a interpretação analógica: o órgão julgador deve seguir a decisão do tribunal local ao tratar de direito estadual.

Por outro lado, não se pode enxergar as formas instituídas para concretizar a segurança jurídica nas decisões judiciais como *exaurientes*. Sem dúvidas, caso elas sejam suficientes, não é preciso recorrer a outras formas de cumprimento dos deveres estabelecidos. Por outro lado, caso se tenha alguma situação em que os deveres de uniformização, estabilidade, integridade e coerência sejam vulnerados, ou parte ou mesmo apenas um deles, é indispensável que se recorra ao art. 926 para a solução. Em síntese: os deveres gerais de segurança, que são concretizações do princípio constitucional da segurança jurídica, não podem ser desatendidos, mesmo que alguma situação não encontre guarida na sua regulação específica, realizada no art. 926 do CPC/2015. Caso ocorra vulneração à segurança jurídica, o princípio deve ser concretizado e protegido, exista ou não previsão específica.

Esclarecido esse ponto inicial, deve-se perceber que é muito provável, com o texto final dado ao CPC/2015, que o art. 927 revela-se insuficiente para a tutela adequada da segurança jurídica nos atos jurisdicionais.

Nesse sentido, e conquanto inexista previsão do dever de seguir os precedentes do Superior Tribunal de Justiça ou do Supremo Tribunal Federal, caso não se tenha uma decisão nos moldes do dispositivo, nada justifica que o juiz ou tribunal intermediário ignore o precedente de algum desses tribunais, especialmente do pleno do STF e da Corte Especial do STJ. Com efeito, os deveres de integridade, de coerência e de estabilidade impõem que os órgãos judicantes que se encontrem em posição inferior no circuito processual recursal respeitem os precedentes daqueles que estão acima.

Portanto, a interpretação do inciso V do art. 927 deve ser expandida para que se compreenda como devido o respeito também aos precedentes emanados do STF, por meio do seu pleno, em matéria constitucional, e do STJ, mediante a Corte Especial, quanto ao direito infraconstitucional federal. De fato, apenas assim ter-se-á um verdadeiro *stare decisis* brasileiro, no qual se tutela de forma satisfatória a segurança jurídica e a confiança legítima dos jurisdicionados, não se podendo tolerar que o cidadão possa ter seus direitos enunciados e retirados, livre e arbitrariamente, apenas porque um dos procedimentos do art. 927 não foi utilizado. Havendo precedente da Corte responsável pela uniformização de determinado direito, a confiança do jurisdicionado é legítima.

Mais ainda, em respeito à segurança jurídica e à igualdade, é imprescindível que se estabeleça também o respeito aos órgãos fracionários do STJ e do STF, também não mencionados no dispositivo, quando inexista algum precedente dos órgãos maiores. Em respeito ao tanto estabelecido no art. 926, portanto, os precedentes dos órgãos do STF e do STJ não mencionados devem ser compreendidos como seguintes na lista de precedentes a serem seguidos. Dessa forma, deve-se verificar a existência de precedente do plenário do STF, em matéria constitucional, e, não existindo, deve-se analisar se alguma das turmas já resolveu a questão. Igualmente, em matéria infraconstitucional, é preciso respeitar os precedentes da Corte Especial do STJ, e, não havendo nenhum, deve-se perquirir acerca do tratamento da matéria Seção competente ou por alguma das suas turmas.

Desse modo, realiza-se plenamente o dever de tutelar a segurança jurídica e a igualdade, e se põe em sérios termos a confiança legítima. Interpretando-se extensivamente o inciso V do art. 927, portanto, pode-se chegar ao *stare decisis* brasileiro.

Seguindo na análise, os § 1º do art. 927 cuida da fundamentação adequada na aplicação dos precedentes. Estabelece o § 1º que *"Os juízes e os tribunais observarão o disposto no art. 10 e no art. 489, § 1º, quando decidirem com fundamento neste artigo"*.

O § 1º faz remissão ao dispositivo que trata do contraditório e ao que enuncia os requisitos para que se considere uma decisão fundamentada. Com os requisitos estabelecidos analiticamente no art. 489, §1º, tem-se uma decisão com fundamentos suficientes para a reconstrução adequada da *ratio decidendi*. De fato, o CPC/2015 trata com muito cuidado do tema, escamoteado pelos tribunais, que é um dos mais importantes do direito processual contemporâneo, porquanto é essencial para os precedentes judiciais, ao constituir o próprio desaguar do contraditório e, além disso, é onde se dá a concretização dos princípios e, assim, constitui tema imprescindível para o controle racional da decisão.

Perceba-se que o dever de fundamentação em sua perspectiva forte, adotada como consequência do contraditório como influência, faz necessário que o juiz leve em conta os argumentos da parte ao decidir, sob pena de nulidade.[57] Com efeito, a decisão precisa levar em conta todos os argumentos autônomos levantados pelo sujeito parcial: de nada adianta prever um contraditório forte e, ao final, possibilitar que o julgador simplesmente desconsidere tudo que foi aduzido. Ao se inserir o contraditório como manifestação democrática de influência no ato de poder judicial, impõe-se a necessidade de observar a regularidade da fundamentação em correspondência direta aos argumentos utilizados pelos litigantes.[58] Além disso, todos os fundamentos para a decisão devem ter sido oferecidos ao debate das partes.[59]

---

57. Para uma análise crítica das consequências dos defeitos de fundamentação, ver: SILVA, Beclaute Oliveira. *A garantia fundamental à motivação da decisão judicial*. Salvador: Juspodivm, 2007, p. 183-196.
58. MITIDIERO, Daniel. "Fundamentação e precedente – dois discursos a partir da decisão judicial". *Revista de Processo*. São Paulo: RT, ano 37, vol. 206, p. 62-68. Ressaltando o nexo entre contraditório e fundamentação: WAMBIER, Teresa Arruda Alvim. *Omissão judicial e embargos de declaração*. São Paulo: RT, 2005, p. 389. A jurista paulista, em outra oportunidade figura bem a relação: "Todavia, contemporaneamente é comum que se diga que o contraditório tem relação mais expressiva com a atividade do juiz. Este, no momento de decidir, *como se fosse um último ato de uma peça teatral*, deve demonstrar que as alegações das partes, somadas às provas produzidas, efetivamente interferiram no seu convencimento. A certeza de que terá havido esta influência decorre da análise da motivação da sentença ou acórdão" (WAMBIER, Teresa Arruda Alvim. "A influência do contraditório na convicção do juiz: fundamentação de sentença e de acórdão". *Revista de Processo*. São Paulo: RT, 2009, ano 34, vol. 168, p. 55).
59. Sobre o ponto, é muito proveitosa a seguinte síntese: "Na quadra teórica do formalismo-valorativo, pois, o direito ao contraditório leva à previsão de um dever de debate entre o juiz e as partes a respeito do material recolhido ao longo do processo. Esse dever de debate encontra a sua expressão mais saliente

De fato, um dos pontos mais importantes para o funcionamento da teoria dos precedentes é a forma como a decisão judicial é apresentada, isto é, o que é considerado efetivamente cumpridor do requisito de fundamentação. Deve-se ter em mente que, sem que exista uma adequada fundamentação das decisões, sequer é possível defender-se uma teoria dos precedentes obrigatórios. Trata-se de requisito basilar para o funcionamento dos precedentes e do elemento da decisão mais importante para a compreensão das *rationes decidendi*.

Aliás, no art. 489, § 1º, VI, deixa-se claro que a decisão não é fundamentada adequadamente quando *"se limitar a invocar precedente ou enunciado de súmula, sem identificar seus fundamentos determinantes nem demonstrar que o caso sob julgamento se ajusta àqueles fundamentos"*, com clara referência à *ratio decidendi*.

Ainda no art. 489, no mesmo § 1º, só que no seu inciso VII, tem-se por deficiente a decisão que *"deixar de seguir enunciado de súmula, jurisprudência ou precedente invocado pela parte, sem demonstrar a existência de distinção no caso em julgamento ou a superação do entendimento"*. Com isso consagra-se a técnica da *distinção (distinguishing)*, método aplicativo típico dos precedentes judiciais a partir de analogias que aproximam ou afastam os fatos jurídicos dos casos analisados.

Portanto, aos artigos 926 e 927 soma-se ainda o art. 489, § 1º, VI e VII, que, juntos, consagram o *stare decisis* brasileiro, ou seja, o dever de seguir precedentes no direito nacional, bem como ressaltam a importância dos conceitos e técnicas inerentes à teoria dos precedentes, como *ratio decidendi* e *obiter dictum* e as distinções como forma de aplicação.

Já os parágrafos seguintes tratam da alteração da jurisprudência e das garantias que devem ser observadas na sua performance. Não é possível, consagrado o *stare decisis* brasileiro, que se permita a livre alteração dos entendimentos jurisprudenciais, a despeito da atuação dos jurisdicionados que tenham se pautado nos comandos anteriores do Judiciário. Trata-se de um sério problema, que não passou ao largo do CPC/2015, que estabelece:

> § 2º A alteração de tese jurídica adotada em enunciado de súmula ou em julgamento de casos repetitivos poderá ser precedida de audiências públicas e da participação de pessoas, órgãos ou entidades que possam contribuir para a rediscussão da tese.

---

no quando da decisão da causa, haja vista a imprescindibilidade de constar, na fundamentação da sentença, acórdão ou decisão monocrática, o enfrentamento pelo órgão jurisdicional das razões deduzidas pelas partes em seus arrazoados, exigência de todo afeiçoada ao Estado Constitucional, que é necessariamente democrático. Mais: denota a necessidade de todo e qualquer elemento constante da decisão ter sido previamente debatido entre todos aqueles que participam do processo" (MITIDIERO, Daniel. *Colaboração no processo civil*, cit., p. 150-151).

§ 3º Na hipótese de alteração de jurisprudência dominante do Supremo Tribunal Federal e dos tribunais superiores ou daquela oriunda de julgamento de casos repetitivos, pode haver modulação dos efeitos da alteração no interesse social e no da segurança jurídica.

§ 4º A modificação de enunciado de súmula, de jurisprudência pacificada ou de tese adotada em julgamento de casos repetitivos observará a necessidade de fundamentação adequada e específica, considerando os princípios da segurança jurídica, da proteção da confiança e da isonomia.

Superar um precedente significa retirá-lo do ordenamento jurídico como direito vigente, colocando algo novo em seu lugar. Falar em superação do precedente abrange tanto a exclusão do precedente em si, como a eliminação de sua *ratio decidendi* – visto que é possível eliminar uma das normas do precedente e preservar outra.[60] A revogação de um precedente pode se dar de duas formas. É possível que seja realizada pelo próprio Judiciário, mediante outra decisão, que afirme uma norma diferente da contida no precedente, superando-a. É também possível que se dê através de ato do legislador, ao dispor em sentido contrário ou mesmo promulgando lei que repita a norma enunciada em um precedente, quando passa a ser o novo referencial normativo. Os parágrafos colacionados tratam da superação de precedente judicial pelo Judiciário (*overruling*).

É importante notar que, nos ordenamentos jurídicos onde não há disposições regulando a superação dos precedentes judiciais e, mais importante, remediando-a, os precedentes tendem a ser descartados despercebidamente, e, assim, simplesmente não há como se falar em precedente obrigatório. Como resultado, os juízes se inclinam, em variada medida, a decidir acerca dos mesmos fatos jurídicos de forma diferente, tornando, em muitas áreas, o direito jurisprudencial bastante caótico e confuso. Com efeito, percebe-se que a preocupação do sistema jurídico com a superação dos precedentes é a maior demonstração da sua importância.[61] É sintomático que o CPC/2015 tenha dedicado três parágrafos para a sua regulação.

A regulação da superação (*overruling*), primeiramente, deve observar o paralelismo entre a formação e a modificação ou extinção do ato normativo. Assim, súmulas, vinculantes ou não, precisam ser modificadas mediante seu procedimento específico. Além disso despontar que *súmulas não são precedentes,*

---

60. CROSS, Rupert; HARRIS, J. W. *Precedent in english law*, cit., p. 131-132.
61. SUMMERS, Robert S.; ENG, Svein. "Departures from precedent". MACCORMICK, Neil; SUMMERS, Robert S. (ed.). *Interpreting precedents*. Aldershot: Ashgate/Dartmouth, 1997, p. 519.

demonstra a inconveniência da medida: deve-se aplicar o texto como se ele tivesse um significado unívoco e certo, qualquer compreensão diferenciada deve ser aditada ou editada pelo tribunal competente.

Note-se que o § 2º do art. 927 menciona apenas as súmulas e os casos repetitivos, que compreendem o incidente de resolução de demandas repetitivas e os recursos especial e extraordinário repetitivos (art. 928). Da mesma forma, o § 4º menciona apenas a modificação de enunciado sumular, os casos repetitivos e a jurisprudência pacificada. Muito embora os textos legais sejam demasiadamente restritos, a interpretação deve ser construtiva e integradora, de modo que a norma abarque a modificação de *precedentes judiciais* de uma forma geral. Os parágrafos em questão aplicam-se a qualquer modificação de precedente judicial obrigatório relevante.

É essencial notar que a própria extinção ou modificação do precedente deve, além de respeitar os requisitos procedimentais-argumentativos, ser congruente com os princípios jurídicos e com as proposições sociais que determinam o sistema jurídico e a própria superação dos precedentes.[62] Isso significa que a norma que substitui a contida no precedente superado não é criada livremente. Sua criação está ligada, além de às restrições processuais, aos argumentos permissivos da mudança e ao próprio ordenamento jurídico, compreendido em sua totalidade, e às proposições sociais que fundamentam o sistema jurídico. *O novo precedente deve ser uma exigência de determinadas normas materiais, que fazem necessária a sua construção e a sustenta.*[63] Dessa forma, é imprescindível compreender, ainda que grosseiramente, que *a superação do precedente só é legítima quando o tribunal nega o precedente para que, assim, sustente o direito.*[64]

É nesse sentido que o § 4º impõe *fundamentação adequada e específica* para a realização da superação: *(i)* é preciso que se demonstre a nova norma estabelecida ou nova orientação como *melhor* do que a anterior, diante do equívoco desta ou de uma mudança contextual; *(ii)* o órgão judicante precisa demonstrar que as *razões para a mudança são mais fortes do que as razões de segurança, que pressionam para a manutenção do precedente*; *(iii)* caso a mudança seja estabelecida como o caminho correto, o tribunal precisa considerar a

---

62. "Any regime in which the law can change must then have a set of doctrines and institutional practices that govern the implementation of these changes. We can call this set of norms and arrangements *the law of legal change*" (BRUHL, Aron-Andrew P. *Deciding when to decide: how appellate procedure distributes the costs of legal change*, cit., p. 209).
63. Nesse sentido, Eisenberg defende que a ideia de que o *overruling* representa uma grande ruptura é um engodo, pois a técnica é utilizada justamente para satisfazer princípios institucionais e em aplicação dos padrões de congruência social e consistência sistêmica. Sobre isso, ver: EISENBERG, Melvin Aron. *The nature of the common law*. Cambridge: Harvard University Press, 1991, p. 104-105.
64. DUXBURY, Neil. *The nature and authority of precedent*, cit., p. 122.

existência de confiança legítima e, sendo o caso, fixar a técnica adequada para sua tutela.[65]

No que toca à competência para a superação do precedente, embora os dispositivos não tratem do tema, deve-se entender que só é possível que outro órgão realize a superação caso se encontre em posição superior na pirâmide judiciária. Caso contrário, quando a decisão em sentido contrário ao estabelecido é de órgão inferior, não se trata de *superação*, mas apenas de decisão em *error in judicando* ou *in procedendo*.

Perceba-se que a superação é uma prerrogativa dos tribunais superiores.[66] Como o *stare decisis* está diretamente ligado à estrutura judiciária e à ordem jurídica processual, nomeadamente à previsão recursal, a superação dos precedentes judiciais obrigatórios só é permitida para o próprio tribunal que prolatou a decisão ou para outro que esteja em posição hierárquica superior. Assim, no *stare decisis* brasileiro, os precedentes dos tribunais superiores e do Supremo Tribunal Federal são obrigatórios, sendo certo que este pode superar os precedentes daqueles com base em sua competência recursal.

Conforme o § 2º do art. 927, fixa-se a possibilidade de *intervenção* nos processos em que se debata a modificação ou superação de orientação jurisprudencial, bem como a possibilidade de se realizar audiências públicas. Trata-se de norma que fortifica a participação, especialmente nos processos judiciais que são particularmente importantes por contribuírem de forma decisiva na construção jurídica. A previsão fortalece o *amicus curiae*, cada vez mais importante nos tempos atuais, em que cada processo detém certo interesse coletivo. Legitima-se, assim, a formação e alteração do direito pelo processo jurisdicional, garantindo-se ampla participação.

Ainda sobre a previsão do § 2º, é de se notar que ela acaba por encartar a possibilidade de se estabelecer um verdadeiro *procedimento para a audição de terceiros*. Realmente, é possível que, em recursos, o STJ ou o STF suscite a possibilidade de superação de um importante precedente, e, buscando ampliar a participação e fortificar a legitimidade democrática da tese adotada, resolva instaurar um incidente para ouvir pessoas, entidades ou órgãos que possam contribuir para a solução da questão, o que poderá ocorrer, inclusive, mediante a realização de audiências públicas.

---

65. Assim: EISENBERG, Melvin Aron. *The nature of common law*, cit., p. 105-127. Igualmente: MELLO, Patrícia Perrone Campos. *Precedentes*, cit., p. 250-254. O jurista norte-americano e a brasileira, todavia, não vislumbram a questão sob a perspectiva *argumentativa*, veem tais passos como *princípios*. Embora se admita tais pontos como relevantíssimos, deve-se perceber o equívoco em tratá-los como princípios. Ressaltando a necessidade de proteção das expectativas como uma consideração essencial à mudança: CABRAL, Antonio do Passo. "A técnica do julgamento-alerta na mudança de jurisprudência consolidada". *Revista de Processo*. São Paulo: RT, ano 38, vol. 221, 2013, p. 18-19.
66. CROSS, Rupert; HARRIS, J. W. *Precedent in english law*, cit., p. 127.

O § 3º possibilita a superação prospectiva do precedente, em qualquer de suas variações. A superação dos precedentes precisa necessariamente considerar a segurança jurídica, que incide para proteger a confiança legítima.[67-68] Perceba-se: a norma exarada por precedente cria a expectativa legítima de sua continuidade pelos jurisdicionados, que programam suas relações jurídicas em conformidade à *juris dictio*, merecendo proteção, especialmente nos casos em que há longa linha de decisões que confirmam um precedente originário, tornando bastante improvável a existência de uma superação.[69] Seria um verdadeiro *venire contra factum proprium* o Judiciário afirmar que as pessoas devem se comportar de uma determinada forma e, em seguida, puni-las por terem agido exatamente da forma por ele determinada. Trata-se de ofensa tão forte à segurança que agride o próprio Estado de Direito.[70]

Problema de menor monta, mas que precisa ser ressaltado, é que o NCPC considera a *confiança legítima* como um *princípio*, o que o faz de forma equivocada. Confiança legítima é um conceito que representa um determinado estado fático no qual incide o princípio da segurança jurídica, determinando sua tutela.[71] Assim, o que se quis dizer, na verdade, foi que o tribunal deve considerar

---

67. Nesse sentido, Alexy e Drier afirmam a existência de uma peculiar vinculatividade aos precedentes no direito alemão, fundamentada no requerimento de continuidade que advém da proteção da confiança legítima (ALEXY, Robert; DREIER, Ralf. *Precedent in the Federal Republic of Germany*, cit., p. 29-30). Os autores falam em uma vinculação *prima facie* aos precedentes, diferente da vinculação padrão. Não concordamos com a ideia: toda vinculação a precedente é *prima facie*, podendo vir a ser superada pelo tribunal competente. Por outro lado, na Inglaterra, já chegou a se afirmar que o papel da confiança legítima tem sido pequeno na House of Lords, cf. CROSS, Rupert; HARRIS, J. W. *Precedent in english law*, cit., p. 141.
68. Vale destacar que Eisenberg separa a confiança em duas acepções: a especial e a geral. A especial seria a depositada pelo litigante perante o tribunal que especificamente determinou sua conduta com base em uma norma legal. A geral seria a confiança por membros da sociedade outros que não os litigantes. A previsão dessas formas de confiança seria importante para a modulação de efeitos (EISENBERG, Melvin Aron. *The nature of the common law*, cit., p. 48-49)
69. BANKOWSKI, Zenon; MACCORMICK, Neil; MARSHALL, Geoffrey. *Precedent in the United Kingdom*, cit., p. 340. A House of Lords, através do Lord Reid, já afirmou que: "It's well recognized that we ought not to alter what is presently understood to be the law if that involves any real likelihood of injustice to people who have relied on the present position in arranging their affairs" (INGLATERRA – House of Lords – *Indyka v Indyka* – Decidido em 1969). Da mesma forma: "It would have been a compelling reason against overruling that decision if it could reasonably be supposed that anyone has regulated his affairs in reliance on its validity" (INGLATERRA – House of Lords – *Ross-Smith v Ross-Smith* – Decidido em1963).
70. RAZ, Joseph. "The Rule of Law and its virtue". *The authority of law*. Oxford, Oxford University Press, 2009, p. 222. To
71. A segurança é suficiente para lidar com estas situações, sem necessidade de remeter a um novo princípio com base normativa questionável e tirando-lhe um dos seus aspectos mais importantes na contemporaneidade. O chamado "princípio" da confiança legítima, inclusive, é atribuído pelos privatistas à boa-fé e pelos publicistas à segurança, o que demonstra a dificuldade de definir as suas bases normativas. Tratando a confiança legítima como princípio, o que não se admite neste trabalho: MARTINS-COSTA, Judith. "A re-significação do princípio da segurança jurídica na relação entre o Estado e os cidadãos: a segurança como crédito de confiança". *Revista CEJ*. Brasília, n. 27, 2004, p. 113-114. CABRAL, Antonio do Passo. *Coisa julgada e preclusões dinâmicas*: Entre continuidade, mudança e transição de posições processuais estáveis. Salvador: Juspodivm, 2013, p. 129. ÁVILA, Humberto. *Segurança jurídica*, cit., p. 360. TORRES, Heleno

a *existência* de confiança legítima, como situação fática, para que, por força do *princípio da segurança jurídica*, tutele-a, determinando a incidência ou aplicação da nova *ratio decidendi* apenas a partir de determinado tempo ou evento.[72]

Segue-se na análise do último parágrafo do dispositivo, notadamente dedicado à publicidade dos precedentes judiciais. Reza o § 5º do art. 927 que *"Os tribunais darão publicidade a seus precedentes, organizando-os por questão jurídica decidida e divulgando-os, preferencialmente, na rede mundial de computadores".*

Conquanto o dispositivo não o diga expressamente, a publicidade é requisito de eficácia do precedente judicial. Aliás, ainda que dispusesse de forma contrária, o que não ocorre, tratar-se-ia de disposição inconstitucional, porquanto só é possível vincular os jurisdicionados a enunciados normativos que eles tenham a oportunidade de conhecer, corolário inafastável do direito fundamental à segurança jurídica e do Estado de Direito.

Só é possível a construção de um sistema de precedentes obrigatórios a partir de instrumentos eficazes de publicidade das decisões.[73] A cognoscibilidade do Direito é requisito essencial do princípio da segurança jurídica e para a concretização do ideal do Estado de Direito, sendo indispensável que seja possível aos cidadãos conhecer os textos de onde serão coligidas normas jurídicas.[74] A partir do momento em que se tem a decisão judicial como fonte do direito, é indispensável inseri-la neste contexto: do ato judicial será extraída uma norma jurídica que terá aplicação a todos os jurisdicionados, sendo direito fundamental destes, portanto, tomar conhecimento dos precedentes que venham a reger matérias de seu interesse.

Taveira. *Direito constitucional tributário e segurança jurídica*: Metódica da segurança jurídica no sistema constitucional tributário. São Paulo: RT, 2011, p. 209-210. NOVAIS, Jorge Reis. *Os princípios constitucionais estruturantes da república portuguesa*. Coimbra, 2011, p. 261-262. Os autores geralmente diferenciam a confiança da segurança pelo fato daquela ser subjetiva enquanto esta é objetiva. A diferença não se justifica, tanto as hipóteses clássicas da segurança como as que envolvem a confiança legítima são subjetivas, no sentido de que são atribuídas a sujeitos quando há sua incidência; aliás, só uma concepção extremamente racionalista poderia visualizar um princípio exclusivamente objetivo: toda norma, necessariamente, subjetiva-se, no sentido de gerar situações jurídicas de vantagem.

72. Sobre a eficácia temporal da superação dos precedentes judiciais, especialmente a partir da tutela da confiança legítima: EISENBERG, Melvin Aron. *The nature of the common law*, cit., p. 127-132. Ver, por todos, quanto ao direito brasileiro: ATAÍDE JR, Jaldemiro Rodrigues de. *Precedentes vinculantes e irretroatividade do direito no sistema processual brasileiro*, cit., p. 177-183.

73. No direito norte-americano, por exemplo, fala-se em uma série de decisões que não chegam a obrigatoriedade justamente por não serem publicadas, o que se dá nas *Court of Appeals*. Sobre isso, ver: SHANNON, Bradley Scott. "May stare decisis be abrogated by rule?". *Ohio State Law Journal*, 2006, vol. 67, p. 652-658.

74. Sobre a cognoscibilidade, ver: ÁVILA, Humberto. *Segurança jurídica*: entre permanência e realização no Direito Tributário. São Paulo: Malheiros, 2011, p. 322-329.

O art. 928 do CPC/2015, o último que trata detidamente dos precedentes judiciais, limita-se a decretar que o incidente de resolução de demandas repetitivas e o julgamento dos recursos especial e extraordinário repetitivos são considerados casos repetitivos pelo Código. Destaca-se, ademais, em seu parágrafo único, que o julgamento de casos repetitivos pode ter por objeto tanto questões de direito material como questões de direito processual.

5. CONSIDERAÇÕES FINAIS E CONCLUSÕES

A regulação dos precedentes judiciais, diante desse quadro, foi feita de forma introdutória, pois não se trata de forma exauriente ou profunda o tema – o que seria um despropósito inescusável e deletério –, e suficiente, visto que garante todo o arcabouço necessário para que os juristas construam o *stare decisis* brasileiro. Ademais, percebe-se que a trativa foi *cautelosa*, pois, em nenhum momento, fala expressamente de vinculatividade dos precedentes, mas enuncia imperativamente que os precedentes *serão seguidos*, invocando um dever de respeitá-los.

Por consequência, pode-se falar que o Projeto do novo Código de Processo Civil, inaugura o *stare decisis* brasileiro, sendo certo que cabe aos juristas em geral e aos tribunais em especial o seu desenvolvimento. É certo, boas ferramentas não faltam.

Diversas outras previsões mereceriam destaque, como, e.g., os poderes do relator voltados para a afirmação dos precedentes, o incidente de resolução de demandas repetitivas, a previsão de exceção à remessa necessária quando houver entendimento sumulado ou fixado em resolução de demandas repetitivas e a correta modificação da hipótese de cabimento da ação rescisória, excluindo-se ofensa à lei e prevendo-se a ofensa à norma jurídica, que pode advir tanto da lei como do precedente, o novo julgamento liminar pela improcedência, a tutela de evidência, dentre muitos outros. Todas elas tratam da força dos precedentes em específicas aplicações dos precedentes judiciais. Caberá à doutrina e à jurisprudência paulatinamente construir e reconstruir o aparato fornecido pelo NCPC, substancioso para que se alcance o *stare decisis* brasileiro.

Finalmente, em um apanhado geral do Projeto do novo Código de Processo Civil, percebe-se que se estabeleceu uma regulação específica dos precedentes judiciais, como deveres gerais, servindo como forma de concretização da segurança jurídica nas decisões judiciais, e sua trativa minudenciosa – que não exclui a possibilidade de complementação. Nesse ponto, o NCPC avançou bastante, inaugurando tratamento específico dos precedentes judiciais. Todavia, ao regular os institutos e técnicas específicos, o Projeto de novo Código fica aquém do esperado, outorgando dignidade especial às súmulas e aos procedimentos abstratos de definição de tese jurídica, o que afasta os precedentes em sentido estrito, mesmo os mais importantes, das técnicas e institutos de aceleração do procedimento.

Nada obstante se tratar de uma lastimável perda de oportunidade de afirmar com a devida força a vontade política de um Judiciário mais coerente, estável e racional, a doutrina e a jurisprudência podem avançar onde o legislador foi inerme, consagrando também nas técnicas e institutos analisados o *stare decisis* brasileiro.

CAPÍTULO 4

Noções fundamentais para o julgamento por aplicação do precedente judicial: necessidade de adaptação a partir do Novo Código de Processo Civil

Marília Siqueira[1]

SUMÁRIO: 1. INTRODUÇÃO; 2. PRECEDENTE, JURISPRUDÊNCIA E SÚMULA: O CONCEITO DE NORMA JURISPRUDENCIAL; 3. ELEMENTOS DO PRECEDENTE JUDICIAL; 3.1. *RATIO DECIDENDI*; 3.2. *OBITER DICTUM*; 4. A TÉCNICA DA DISTINÇÃO: *DISTINGUISHING*; 5. A SUPERAÇÃO DO PRECEDENTE: *OVERRULING*; 5.1. CONCEITO E FINALIDADE; 5.2. HIPÓTESES AUTORIZADORAS DO *OVERRULING*; 5.3. NECESSIDADE DE FUNDAMENTAÇÃO ESPECÍFICA ; 5.4. *PROSPECTIVE OVERRULING E RETROSPECTIVE OVERRULING*; 6. CONSIDERAÇÕES FINAIS; 7. REFERÊNCIAS.

1. INTRODUÇÃO

A cultura de respeito ao precedente judicial, no Brasil, veio sendo consolidada ao longo últimos anos, o que, inevitavelmente, implicou sua positivação pelo novo Código de Processo Civil (CPC/2015)[2]. Fala-se em consolidação, pois o uso do precedente ou, de forma mais ampla, das normas decorrentes de textos produzidos pelos órgãos jurisdicionais, não constitui uma novidade da última

---

1. Mestranda em Direito Processual Civil pela Universidade de São Paulo. Pós-graduanda em Direito Empresarial pela Fundação Getúlio Vargas (GvLaw). Graduada em Direito pela Universidade Federal da Bahia. Advogada em São Paulo/SP.
2. José Carlos Barbosa Moreira noticia que, já no anteprojeto do Código de Processo Civil de autoria de Alfredo Buzaid, a pretensão era de atribuir eficácia vinculante à decisão do incidente de uniformização de jurisprudência que somente deixaria de ser obrigatória quando sobreviesse outro acórdão modificando o seu entendimento. Nesse caso, caberia ao presidente do tribunal baixar assento, o qual teria efeito legal 45 dias após a publicação oficial. Entretanto, o incidente de uniformização de jurisprudência não atingiu a eficácia esperada. Em seguida, informa que em 2004 muitos dos projetos encaminhados ao Congresso Nacional, para alteração do CPC/1973, eram tendentes a prestigiar a jurisprudência e os precedentes. BARBOSA MOREIRA, José Carlos. Súmula, jurisprudência, precedente: uma escalada e seus riscos. *Temas de direito processual*: (nona série). São Paulo: Saraiva, 2007, p. 301 e ss.

década[3]. Afirma-se, portanto, que houve uma intensificação ou, ao menos, uma aplicação com maior consciência do que se irá chamar mais a frente de norma jurisprudencial.

É possível, inclusive, arriscar afirmar que o sistema de precedente judicial estruturado no CPC/2015 constitui um de seus pilares, dando fundamento a muitos dos seus dispositivos. Note-se, nesse ponto, que o CPC/2015, ainda que de forma simbólica, transpõe princípios constitucionais em suas normas fundamentais[4] e, mais do que isso, impõe um dever de uniformização da jurisprudência; cuida-se de dever que atinge todo e qualquer julgamento, revelando sua irradiação para todo o sistema.

Há, todavia, uma evidente dificuldade por parte dos operadores do direito de aplicação da norma jurisprudencial, seja ela decorrente de precedente (em sentido amplo), jurisprudência ou súmula, em razão da falta de uma teoria adaptada à tradição jurídica brasileira ou, quando menos, da falta de uma sistematização da doutrina já produzida a respeito do assunto[5].

Vê-se, desse modo, uma pretensão de se utilizar as decisões judicias como fonte de direito, mas não se sabe muito bem como fazê-lo; as razões são diversas: falta de conhecimento a respeito do assunto, divergências existentes ao seu respeito e, até mesmo, pela crise de legitimidade estabelecida no Poder Judiciário.

Desse contexto, emergem dúvidas e, com elas, todos os receios em torno do sistema que logo mais será estabelecido pelo CPC/2015. São, na mesma medida, variadas as expectativas a respeito do tema: alguns sentem medo; outros demonstram entusiasmo e brilhos nos olhos; outros tantos, no alto de sua descrença, tratam com indiferença; acham mesmo que nada mudará.

Porém, nesse contexto de muitas perguntas e poucas respostas precisas, pode-se afirmar uma certeza: é preciso que estejamos preparados, seja para concordar com a forma de aplicação, seja para criticar ou dizer que efetivamente nada mudou, seja para ajudar a construir. É, justamente, com o propósito de tentar auxiliar nesta preparação que este breve ensaio foi escrito.

---

3. Sobre o tema, conferir: ZANETI JR., Hermes. *Processo constitucional*. Rio de Janeiro: Lumen Juris, 2007; TUCCI, José Rogério Cruz e. *Precedente Judicial como Fonte do Direito*. São Paulo: Revista dos Tribunais, 2004; MARINONI, Luiz Guilherme. *Precedentes Obrigatórios*. São Paulo: Revista dos Tribunais, 2010; e, especialmente, SOUZA, Marcos Seixas. Os precedentes na história do direito processual civil brasileiro: colônia e império. 2014. 196f. Dissertação (Mestrado em Direito) – Faculdade de Direito da Universidade Federal da Bahia, Salvador.
4. Sobre o tema, conferir: CUNHA, Leonardo Carneiro da. *O Processo Civil no Estado Constitucional e os fundamentos do projeto do novo Código de Processo Civil brasileiro*. Revista do Instituto de Direito Brasileiro. Ano 2 (2013), n. 9, p. 9295.
5. Nesse contexto, Lucas Buril bem alerta a necessidade de construção de uma teoria do *stare decisis* brasileira. MACÊDO, Lucas Buril de. *O regime jurídico dos precedentes judiciais no projeto do novo Código de Processo Civil*. Revista de Processo, vol. 237/2014, nov. 2014, p. 369.

Assim, nas linhas que se seguem, pretende-se apresentar os conceitos de precedente, jurisprudência e súmula, dada sua presença simultânea na cultura de julgamento brasileira, propondo distinções e aproximações, de modo a mais bem compreender a forma de sua aplicação. E, em seguida, apresentar as noções fundamentais que envolvem, especificamente, a teoria do precedente judicial, sempre com a preocupação de propor sua adaptação à tradição jurídica brasileira[6] e ao regramento contido no CPC/2015.

2. PRECEDENTE, JURISPRUDÊNCIA E SÚMULA: O CONCEITO DE NORMA JURISPRUDENCIAL

O primeiro passo, para a pretendida adaptação, é explicitar a seguinte peculiaridade existente no sistema de precedente aplicado no Brasil: a existência de três noções distintas relativas ao direito jurisprudencial[7], que são o precedente, a jurisprudência – produto do julgamento reiterado no mesmo sentido – e a súmula.

Trata-se de uma evolução, iniciada pelo precedente, passando pela jurisprudência e finalizada com a elaboração de um enunciado de súmula[8], este que é a forma escrita da norma jurídica construída jurisdicionalmente. Passa-se, então, a expor, em linhas gerais, cada uma dessas noções.

O precedente judicial, muito embora figure no âmbito da Teoria Geral do Direito, possui uma ampla variação na sua definição, por essa razão, esclarece-se que, neste trabalho, será adotado o seguinte conceito: em sentido amplo,

---

6. Aplica-se "tradição jurídica" como "um conjunto de atitudes historicamente condicionadas e profundamente enraizadas a respeito da natureza do direito e do seu papel na sociedade e na organização política sobre a forma adequada da organização e operação do sistema legal e, finalmente, sobre como o direito deve ser produzido, aplicado, estudado, aperfeiçoado e ensinado." (MERRYMAN, John Henry; PÉREZ-PERDOMO, Rogelio. *A tradição da Civil Law: uma introdução aos sistemas jurídicos da Europa e da América Latina*. Tradução: Cássio Casagrande. Porto Alegre: Sergio Antonio Fabris Ed., 2009, p. 23.). As tradições jurídicas ocidentais de maior relevância são as de *common law* e *civil law*, que serão aqui brevemente analisadas. No entanto, como se pode perceber existem outras tantas tradições jurídicas no mundo ocidental e entre elas se encontra a tradição jurídica brasileira, à qual se fará referência diversas vezes.
7. Fala-se em direito jurisprudencial como aquele produzido pelos órgãos julgadores no julgamento do caso concreto, o qual se entende configurar fonte formal de direito. Não se ignora, no entanto, que há posicionamento em sentido oposto, embora, atualmente, seja minoria e alvo de muitas críticas, cujo aprofundamento fugiria ao foco deste trabalho. Cita-se, nessa linha minoritária, Tércio Sampaio Ferraz Jr: "a jurisprudência, no sistema romanístico, é, sem dúvida 'fonte' interpretativa da lei, mas não chega a ser fonte de direito." (FERRAZ JR., Tércio Sampaio. *Introdução ao estudo do direito: técnica, decisão dominação*. 6.ed., São Paulo: Atlas, p. 211). Ademais, salienta-se que, neste trabalho, adota-se a acepção de fonte do direito enquanto origem do direito objetivo, e não de veículo de conhecimento do direito, na distinção proposta por TUCCI, José Rogério Cruz e. *Precedente Judicial como Fonte do Direito*. cit., p. 19
8. DIDIER JR., Fredie. *Sobre a Teoria Geral do Processo, essa desconhecida*. 2.ed. Salvador: JusPodivm, 2013, p.105

o precedente é a *"decisão judicial tomada à luz de um caso concreto, cujo elemento normativo pode servir como diretriz para o julgamento posterior de casos análogos"*[9].

Com base nesse raciocínio, Fredie Didier Jr, Rafael Alexandria e Paula Sarno, acertadamente, demonstram que o precedente judicial constitui um *fato* (mais especificamente, um ato-fato) e, por isso mesmo, está presente em qualquer lugar que houver decisão jurisdicional; o que irá variar é o tratamento jurídico que lhe é conferido pelo direito positivo. Ou seja, a variação se dará apenas quanto aos efeitos que lhes serão atribuídos pelo ordenamento jurídico no qual está inserido; nos países de *common law* é destacada a relevância dada aos precedentes judiciais, que se lhes atribui, em determinados caso, eficácia normativa[10]. Esta foi também a opção do legislador brasileiro com relação aos precedentes elencados nos incisos do art. 927, CPC/2015.

Em sentido estrito, os referidos autores definem precedente como sendo a própria *ratio decidendi*, que será tratada em tópico próprio[11]. Há outros conceitos, no entanto.

Com posicionamento semelhante, tem-se o conceito proposto pelo Prof. José Rogério Cruz e Tucci, para quem o precedente é a regra extraída do julgamento do caso concreto que poderá ou não ser adotado como a regra de uma série de casos análogos[12].

Por outro lado, ao conceituar o precedente judicial, Luiz Guilherme Marinoni afirma ser toda decisão com potencialidade para se firmar como paradigma para a orientação dos jurisdicionados e dos magistrados[13]. Ou seja, para ele, não é toda decisão que pode ser entendida como precedente, mas apenas aquelas *qualificadas* pela potencialidade de se firmar como paradigma, o que seria identificado pelo enfrentamento de todos os argumentos relacionados à questão de direito posta na moldura do caso concreto[14].

Ao tratar do tema, Hermes Zaneti Jr. explica que os precedentes judiciais consistem no resultado da densificação de normas estabelecidas no julgamento

---

9. DIDIER JR., Fredie. OLIVEIRA, Rafael Alexandria de. BRAGA, Paula Sarno. *Curso de Direito Processual Civil*: teoria da prova, direito probatório, ações probatórias, decisão, precedente, coisa julgada e antecipação dos efeitos da tutela. v.2. ed. 10. Salvador: JusPodivm, 2015, p. 441.
10. DIDIER JR., Fredie. OLIVEIRA, Rafael Alexandria de. BRAGA, Paula Sarno. *Curso de Direito Processual Civil*. v.2. ed. 10. Salvador: JusPodivm, 2015, p. 453
11. DIDIER JR., Fredie. OLIVEIRA, Rafael Alexandria de. BRAGA, Paula Sarno. *Curso de Direito Processual Civil*. v.2. ed. 10. cit., p. 442.
12. TUCCI, José Rogério Cruz e. *Precedente Judicial como Fonte do Direito*. cit., p. 12
13. MARINONI, Luiz Guilherme. *Precedentes Obrigatórios*. ed. 2. cit., 2011, p. 215.
14. MARINONI, Luiz Guilherme. *Precedentes Obrigatórios*. ed. 2. cit., 2011, p. 216.

de um caso concreto, ou seja, na compreensão da norma a partir das circunstâncias fáticas e jurídicas de um caso[15] e, nessa medida, diferenciam-se da repetição de decisões reiteradas (jurisprudência ou, na expressão utilizada pelo autor, direito jurisprudencial). Linhas à frente, Zaneti destaca que a jurisprudência tem por característica atuar de forma persuasiva, ao passo que não haveria sentido falar em precedentes "persuasivos", pois, uma vez exarado, sua consideração passaria a ser necessariamente obrigatória[16].

No Novo Código de Processo Civil, apesar de fazer referência expressa ao precedente, o legislador não se preocupou em conceituá-lo, justamente, por se tratar de tarefa que compete à doutrina. Ainda que muitas sejam as discussões em torno de tal conceito, é certo que há um consenso mínimo no sentido de que é suficiente apenas uma decisão para a formação do precedente judicial; as divergências giram em torno da necessidade ou não de essa ser uma decisão qualificada, seja pelo potencial de se firmar como paradigma, seja pelo necessário efeito vinculante.

Na ideia de evolução, a jurisprudência, criação própria da nossa tradição jurídica, pode ser conceituada como julgamento reiterado no mesmo sentido; decisões uniformes, pois. Entretanto, mesmo a jurisprudência que, ao que parece, está mais presente na prática forense, possui relevantes discussões a respeito dos efeitos por ela produzidos, já que sua vinculação não possuía previsão legal.

No CPC/1973, encontravam-se indícios de vinculação da jurisprudência, no art. 120, parágrafo único[17], art. 545[18] e art. 557, *caput* e parágrafos[19]. No CPC/2015, além de se ter estipulado, no *caput* do art. 926, o dever de uniformização da

---

15. ZANETI JR., Hermes. *O valor vinculante dos precedentes*. Salvador: Juspodivm, 2015, p. 324.
16. ZANETI JR., Hermes. *O valor vinculante dos precedentes*. Salvador: Juspodivm, 2015, p. 327.
17. Art. 120. [...] Parágrafo único. Havendo jurisprudência dominante do tribunal sobre a questão suscitada, o relator poderá decidir de plano o conflito de competência, cabendo agravo, no prazo de cinco dias, contado da intimação da decisão às partes, para o órgão recursal competente.
18. Art. 545. Da decisão do relator que não conhecer do agravo, negar-lhe provimento ou decidir, desde logo, o recurso não admitido na origem, caberá agravo, no prazo de 5 (cinco) dias, ao órgão competente, observado o disposto nos §§ 1º e 2º do art. 557.
19. Art. 557. O relator negará seguimento a recurso manifestamente inadmissível, improcedente, prejudicado ou em confronto com súmula ou com jurisprudência dominante do respectivo tribunal, do Supremo Tribunal Federal, ou de Tribunal Superior. § 1º-A Se a decisão recorrida estiver em manifesto confronto com súmula ou com jurisprudência dominante do Supremo Tribunal Federal, ou de Tribunal Superior, o relator poderá dar provimento ao recurso. § 1º Da decisão caberá agravo, no prazo de cinco dias, ao órgão competente para o julgamento do recurso, e, se não houver retratação, o relator apresentará o processo em mesa, proferindo voto; provido o agravo, o recurso terá seguimento. § 2º Quando manifestamente inadmissível ou infundado o agravo, o tribunal condenará o agravante a pagar ao agravado multa entre um e dez por cento do valor corrigido da causa, ficando a interposição de qualquer outro recurso condicionada ao depósito do respectivo valor.

jurisprudência, a evidenciar sua relevância na estruturação do sistema, há imposição de sua observância no inciso V, do art. 927.

E mais: possibilitou-se a modulação de efeitos em caso de alteração da jurisprudência dominante, como forma de proteção da segurança jurídica, e determinou a observância do princípio da proteção da confiança, em caso de alteração, o que demonstra o reconhecimento pelo legislador do seu potencial de criação de legítimas expectativas no jurisdicionado de aplicação daquele posicionamento no julgamento do seu caso. Por outras palavras, do seu potencial de reger condutas ao tempo de sua ocorrência.

Por fim, tem-se a súmula que constitui enunciado normativo da *ratio decidendi* extraída dos precedentes lhe deram origem, ou seja, é a norma jurídica (*ratio decidendi*) transformada em texto. Por isso mesmo, para extração de norma do enunciado de súmula, é preciso retornar aos seus precedentes, os quais, tomados em conjunto, antes da edição do enunciado, conformavam a jurisprudência predominante sobre a matéria.

Nas palavras de Fredie Didier Jr, Rafael Alexandria e Paula Sarno, "a súmula é o enunciado normativo (texto) da *ratio decidendi* (norma geral) de uma jurisprudência dominante, que é a reiteração de um precedente"[20].

Fixa-se, assim, a seguinte premissa interpretativa: não se extrai norma do texto de súmula, mas, sim, dos textos das decisões (precedentes) que lhe deram origem[21]. Isso porque há uma necessidade, como mais bem se verá abaixo, de se proceder ao cotejo da norma extraída de outro texto normativo, seja ele legal, constitucional ou um princípio, com os fatos fundamentais do caso, para delimitação do suporte fático de incidência da norma jurisprudencial.

A norma jurisprudencial, portanto, é aquela decorrente (*i*) do precedente judicial, considerado de forma isolada; (*ii*) do julgamento reiterado da matéria no mesmo sentido (jurisprudência); bem assim (*iii*) dos enunciados de súmula da jurisprudência predominante dos tribunais, sendo que, neste caso, para sua conformação, será necessário o retorno aos precedentes que deram origem ao enunciado.

Nesse contexto, Daniela Bomfim, ao sustentar que existe norma jurisprudencial mesmo que não haja texto sumulado, propõe a ideia de que os

---

20. DIDIER JR., Fredie. OLIVEIRA, Rafael Alexandria de. BRAGA, Paula Sarno. *Curso de Direito Processual Civil.* v.2. ed. 10. cit., p. 487.
21. Nesse sentido, o enunciado n. 166 do Fórum Permanente de Processualistas Civis: "A aplicação dos enunciados das súmulas deve ser realizada a partir dos precedentes que os formaram e dos que os aplicaram posteriormente".

precedentes judiciais funcionam como sinais – aquilo que deixa apenas inferir a realidade do manifestado[22] – que, interpretados conjuntamente, geram a norma jurídica. Este raciocínio, entretanto, requer uma adaptação[23]. Explica-se.

Todo precedente judicial possui, como seu principal elemento, a *ratio decidendi* – norma jurídica geral e abstrata. Portanto, ainda que considerado de forma isolada, sempre decorrerá uma norma jurídica do precedente judicial, que será reconstruída pelo magistrado a partir das bases linguísticas fornecidas pelo texto da decisão. Ocorre que a razão de decidir poderá ser dotada de eficácia vinculante ou persuasiva.

Assim, os precedentes judicias, com força apenas persuasiva, constituem sinais que, interpretados e aplicados conjuntamente, geram uma norma jurídica com força vinculante[24]. Os precedentes judiciais dotados de força obrigatória, a sua vez, contém, cada um isoladamente, sua norma jurídica vinculante; cuida-se, pois, de um símbolo, por representar uma dimensão semântica constante.

Verifica-se, portanto, que a norma jurisprudencial sempre será extraída de um texto produzido pelo Poder Judiciário, sendo variável sua eficácia, de acordo como a fonte e modo de (re)construção. Em qualquer caso, seja a partir do julgamento reiterado, seja do precedente judicial, a extração e aplicação da norma jurídica geral e abstrata se dará a partir da sua incidência em um suporte fático, considerando a existência de um texto e de uma compreensão prévia de significados pelo julgador.

Como se pode perceber, é imprescindível se ter conhecimento dos elementos estruturantes do precedente judicial, pois, em qualquer caso, sempre haverá necessidade de sua interpretação para aplicação da jurisprudência ou da súmula, já que, para uma ou outra, será necessário o retorno ao precedente judicial que lhes deu origem. O não conhecimento de tais elementos, portanto, gera uma aplicação irresponsável da norma jurisprudencial, sem argumentação racional e adequada; será, no fim das contas, um julgamento com base em opinião.

Nessa linha e seguindo o recorte proposto para este trabalho, passa-se a analisar os elementos que compõem o precedente judicial, buscando esclarecer a sua estrutura e natureza jurídica, o que se revela essencial à compreensão de sua forma de aplicação, ou seja, à realização de um julgamento por precedente.

---

22. PINTO, *Paulo Cardoso Correia da Mota*. *Declaração tácita e comportamento concludente no negócio jurídico*. Coimbra: Almedina, 1995, p. 516
23. BOMFIM, Daniela dos Santos. *A causa de pedir à luz da teoria do fato jurídico*. 2012. 171f. Dissertação (Mestrado em Direito) – Faculdade de Direito da Universidade Federal da Bahia, Salvador. 2012, p. 26
24. Este raciocínio foi alcançado juntamente com Daniela Bomfim, em discussões a respeito do tema.

3. ELEMENTOS DO PRECEDENTE JUDICIAL

3.1. *RATIO DECIDENDI*

A *ratio decidendi*[25] é a tese jurídica utilizada pelo órgão julgador, para solucionar o caso concreto[26], que constitui uma norma geral e abstrata[27] e, por isso, poderá ser aplicada na decisão de outras demandas judiciais fundadas em situações semelhantes. É exatamente a esta parte do precedente judicial que se confere eficácia vinculante, por ser determinante na solução dos casos futuros[28].

Para Luiz Guilherme Marinoni, a *ratio decidendi* seria a tese jurídica ou interpretação da norma consagrada na decisão, por essa razão, apesar de não se confundir com a fundamentação, nela se encontra[29]. De acordo com o ordenamento jurídico brasileiro, a decisão judicial deve ser composta pelo relatório, fundamentação e dispositivo; a *ratio decidendi* não se confunde com qualquer dessas partes. Cuida-se da(s) norma(s) – regra – determinante(s) para o alcance da solução das questões do caso posto para apreciação do julgador[30].

A razão de decidir utilizada pelo julgador deve ser delimitada considerando-se o precedente em sua totalidade, visto que de nada serviria, por exemplo, deter-se apenas à fundamentação, sem proceder à análise dos elementos objetivos da demanda, apresentados no relatório. De fato, para se extrair a razão de decidir, ou razões de decidir, é preciso analisar o fenômeno jurídico de incidência da norma de direito sobre o suporte fático, por ser a *ratio decidendi* uma norma concretizada em face dos fatos que compõem a controvérsia.

Adianta-se não se tratar de tarefa fácil a delimitação da razão de decidir do precedente judicial. Isso porque, no mais das vezes, ela não é indicada pelo órgão julgador do processo no qual foi proferida, cabendo aos demais juízes, futuramente, realizar a interpretação da decisão judicial, para extrair a norma geral que a fundamentou, com potencial para incidir em casos futuros semelhantes[31].

---

25. Para Thomas Bustamante, trata-se de conceito fadado à indeterminação, pois, a busca pelo significado mais estrito possível teria por finalidade a limitação do poder criativo do juiz, o que é um reflexo da teoria positivista dos precedentes. Pretende-se, segundo o autor, delimitar a *ratio decidendi* por se acreditar que somente a ela é reconhecida eficácia vinculante. No entanto, Bustamante defende que não haveria distinção entre a *ratio decidendi* e *obiter dictum*, desconstruindo a necessidade de elaboração rígida de tal conceito. (BUSTAMANTE, Thomas. *Teoria do Precedente Judicial*. São Paulo: Noeses, 2012, p.259.)
26. DIDIER JR., Fredie. OLIVEIRA, Rafael Alexandria de. BRAGA, Paula Sarno. *Curso de Direito Processual Civil* v.2. 10 ed. cit., p. 442.
27. Nada obstante se tratar de norma geral, a sua construção se dá por método indutivo, ou seja, a partir de uma situação concreta. (DIDIER JR., Fredie. OLIVEIRA, Rafael Alexandria de. BRAGA, Paula Sarno. *Curso de Direito Processual Civil* v.2. 10 ed. cit., p. 443)
28. ROSITO, Francisco. *Teoria dos Precedentes Judiciais*. cit., p. 105
29. MARINONI, Luiz Guilherme. *Precedentes Obrigatórios*. ed. 2. cit., p. 222
30. ROSITO, Francisco. *Teoria dos Precedentes Judiciais*. cit., p. 107
31. ROSITO, Francisco. *Teoria dos Precedentes Judiciais*. cit., p. 109

Nesse ponto, vale suscitar a reflexão acerca da dificuldade acentuada de extração da *ratio decidendi* de muitas das decisões hoje proferidas pelos Tribunais nacionais, incluindo, o próprio Superior Tribunal de Justiça. Isso porque se tem observado um padrão argumentativo que não se preocupa em conferir racionalidade à fundamentação da decisão, revelando, muitas vezes, um argumento com base em opinião[32]; não há a realização de um esforço para demonstrar a razão pela qual determinada norma incide no caso concreto.

Com o advento do CPC/2015, notadamente, em virtude da norma decorrente do seu art. 489, §1º[33], tem-se a expectativa de que a fundamentação das decisões seja elaborada de forma consistente, com efetivo enfrentamento dos argumentos suscitados pelas partes e trazidos pelo próprio órgão julgador para sustentar sua decisão. Por outro lado, não foram estabelecidas regras para extração da *ratio*, justamente, por ser essa uma tarefa que caberá à doutrina e à jurisprudência.

Pois bem. Cabe, agora, esclarecer que, no provimento decisório, o magistrado cria[34] duas normas jurídicas: uma de caráter geral e abstrata – a tese jurídica adotada –, que poderá ser aplicada em casos semelhantes futuros; e a de caráter individual, contida no dispositivo, que servirá para solucionar o caso concreto posto para apreciação[35]. A compreensão desta distinção é fundamental para perceber, entre outros fatores, a presença de dois discursos no provimento judicial: um voltado para a sociedade, dotado de eficácia *erga omnes*, em razão de apresentar um modelo de solução para casos futuros semelhantes e o outro para as partes do processo, no qual foi proferido, a fim de resolver aquele litígio[36].

---

32. Sobre o tema, conferir: RODRIGUEZ, José rodrigo. *Como decidem as Cortes? Para uma crítica do direito (Brasileiro)*. Rio de Janeiro. FGV. 2013.
33. Art. 489. [...] § 1º Não se considera fundamentada qualquer decisão judicial, seja ela interlocutória, sentença ou acórdão, que: I - se limitar à indicação, à reprodução ou à paráfrase de ato normativo, sem explicar sua relação com a causa ou a questão decidida; II - empregar conceitos jurídicos indeterminados, sem explicar o motivo concreto de sua incidência no caso; III - invocar motivos que se prestariam a justificar qualquer outra decisão; IV - não enfrentar todos os argumentos deduzidos no processo capazes de, em tese, infirmar a conclusão adotada pelo julgador; V - se limitar a invocar precedente ou enunciado de súmula, sem identificar seus fundamentos determinantes nem demonstrar que o caso sob julgamento se ajusta àqueles fundamentos; VI - deixar de seguir enunciado de súmula, jurisprudência ou precedente invocado pela parte, sem demonstrar a existência de distinção no caso em julgamento ou a superação do entendimento.
34. Adota-se neste trabalho, como não poderia deixar de ser, o entendimento de que a atividade jurisdicional é, em quase sua totalidade, uma atividade criativa. Em qualquer caso, o magistrado se vale da criatividade judicial para a elaboração da solução do caso concreto, ainda que exista uma variação de grau.
35. DIDIER JR., Fredie. OLIVEIRA, Rafael Alexandria de. BRAGA, Paula Sarno. *Curso de Direito Processual Civil* v.2. 10 ed. cit., p. 443.
36. MITIDIERO, Daniel. "Fundamentação e precedente – dois discursos a partir da decisão judicial". *Revista de Processo*. São Paulo: RT, 2012, n. 206, p. 62.

Por outras palavras, em toda decisão judicial, sempre haverá duas normas jurídicas: a *ratio decidendi* e a norma jurídica individualizada, voltada à solução do caso concreto. A primeira produzirá efeitos extraprocessuais, podendo ser a ela atribuída eficácia vinculante ou persuasiva, ao passo que a segunda, produzirá seus efeitos dentro do processo, vinculando apenas as partes da relação jurídica processual, salvo as hipóteses que o ordenamento confere eficácia *erga omnes* ao dispositivo. Somente a norma jurídica individualizada poderá ser atingida pela coisa julgada material.

Os doutrinadores de países de tradição de *common law*, pela importância lá há muito conferida à *ratio decidendi*, buscaram criar métodos para extraí-la da decisão judicial. Na Inglaterra, em virtude de ter-se conferido um poder ilimitado de criação de norma jurídica ao magistrado, buscou-se fixar o conceito mais restrito possível para a *ratio decidendi*, a fim de limitar o poder normativo do juiz[37]. Destacam-se, em razão da relevância, os métodos/testes desenvolvidos por Eugene Wanbaugh e Arthur Goodhart.

Wanbaugh propõe, em síntese, que se inverta a regra geral (*proposition of law*) utilizada para solução do caso concreto – teste de inversão –, de modo que, se o resultado for mantido, poderá se concluir que não foi esta a razão de decidir. Por outro lado, se a inversão da regra importar a inversão do posicionamento final, ter-se-á conseguido extrair a *ratio decidendi* do precedente[38]. Críticas, todavia, foram expostas: na hipótese de dois fundamentos independentes que, isoladamente, permitem o mesmo resultado, a inversão de um deles sempre manterá a conclusão, de forma que nenhum poderá ser considerado razão de decidir, pois o outro estará inviabilizando a alteração o posicionamento[39].

Goodhart, a sua vez, sustenta que a *ratio decidendi* encontra-se nos fatos, mais especificamente nos fatos tomados como materiais e fundamentais pelo juiz para decidir. Dessa maneira, afirma ser necessário identificar os fatos materiais e imateriais, assim entendidos pelo julgador. É dizer: para alcançar a razão de decidir, é preciso verificar os fatos que o juiz reputou como materiais e imateriais. Sugere, então, que, os imateriais sejam identificados por exclusão, ou seja, aqueles que, apesar de comporem a controvérsia, não foram considerados pelo juiz[40].

---

37. BUSTAMANTE, Thomas. *Teoria do Precedente Judicial*. cit., p.260
38. WAMBAUGH, Eugene. *The Study of cases: a course of instruction in reading and stating reported cases, composing head-notes and briefs, criticising and comparing authorities, and compiling digests*. 2ed. Boston: Little, Brown & Co., 1894, p. 17
39. MARINONI, Luiz Guilherme. *Precedentes Obrigatórios*. cit., p.224.
40. GOODHART, Arthur. *Determining the Ratio Decidendi of a Case*. The Yale Law Journal, Vol. 40, No. 2 (Dec., 1930), p. 182

Thomas Bustamante utiliza-se da terminologia "normas adscritas", proposta por Robert Alexy, que são as normas criadas no processo de concretização do direito, que especifique um Direito Fundamental, para defender que justamente estas normas, encontradas na fundamentação, são as *rationes decidendi* do precedente judicial, pois, em cada um deles, encontra-se mais de uma razão de decidir[41].

Mais a frente, o mencionado autor sustenta que a reconstrução da *ratio decidendi* deve ser realizada a partir das premissas normativas tomadas como etapas da fundamentação da decisão, o que sugere seja feito pela enunciação formal dessas premissas, como silogismos práticos, que são enunciados de proposições prescritivas[42]. Para ele, como se pode constatar, a *ratio decidendi* – norma geral e abstrata – é encontrada por meio de um esforço interpretativo; este é o posicionamento aqui adotado.

Como se vê, não há consenso quanto ao método de delimitação da *ratio decidendi*, entretanto, é possível fixar duas premissas básicas: (i) o juiz exerce uma atividade criativa, criando, pois, o direito jurisprudencial[43]; e (ii) independentemente da técnica/teste utilizado, entende-se que a *ratio decidendi* deve ser encontrada por um esforço interpretativo que não poderá se restringir a uma das partes isoladas da decisão judicial, e, sim, voltar-se ao seu conjunto, considerando-se o substrato fático da demanda, as justificativas utilizadas pelo julgador, bem assim a conclusão por ele alcançada[44].

Nessa linha, Cruz e Tucci defende que a *ratio decidendi* é composta por três elementos: os fatos relevantes (*statement of material facts*); o raciocínio lógico-jurídico da decisão (*legal reasoning*) e o juízo decisório (*judgement*)[45]. Considera o citado autor, como já defendido, que a razão de decidir não pode ser extraída de uma das partes isoladas da decisão judicial, mas, sim, de seu conjunto.

Pontua-se, mais uma vez, a importância que deve ser conferida ao suporte fático, não só no momento de criação da norma jurídica para julgamento do caso concreto, mas, também, para a interpretação da *ratio decidendi*, posteriormente. Os precedentes judiciais, por serem textos dotados de autoridade, tal qual o enunciado legislativo, necessitam de interpretação[46]. Entretanto, dada as suas peculiaridades, a hermenêutica do precedente difere, em muitos aspectos,

---

41. BUSTAMANTE, Thomas. *Teoria do Precedente Judicial.* cit., p.271.
42. BUSTAMANTE, Thomas. *Teoria do Precedente Judicial.* cit., pp. 277 e 278.
43. BUSTAMANTE, Thomas. *Teoria do Precedente Judicial.* cit., p.261.
44. No mesmo sentido, DIDIER JR., Fredie. OLIVEIRA, Rafael Alexandria de. BRAGA, Paula Sarno. *Curso de Direito Processual Civil.* v. 2. 10 ed. cit., p.447.
45. TUCCI, José Rogério Cruz e. *Precedente Judicial como fonte do direito.* cit., p. 175.
46. BUSTAMANTE, Thomas. *Teoria do Precedente Judicial.* cit., p.259.

da voltada à interpretação da norma legal, pois o seu processo interpretativo impõe o retorno aos elementos objetivos da demanda na qual foi construído.

É possível constatar a existência de um esforço voltado à extração da *ratio decidendi*, porém não poderia ser diferente. Em qualquer sistema jurídico de respeito ao precedente judicial, notadamente nos de tradição de *common law*, a *ratio decidendi* não se restringe às partes, alcançando juízes e demais jurisdicionados[47]. Isso porque, como visto, ela configura a norma jurídica decorrente do precedente judicial, com potencial de ser aplicada em julgamentos de casos futuros semelhantes. Assim, o julgador estará vinculado aos precedentes que o antecederam e criará normas para os que o sucederão[48].

É a *ratio decidendi*, portanto, o elemento do precedente judicial a que se atribui a eficácia vinculante (*binding autority*) ou persuasiva, a depender do ordenamento jurídico em que está inserida. Cuida-se, pois, da norma geral que incidirá no suporte fático, perfazendo o fenômeno jurídico, com consequente produção de efeitos.

3.2. OBITER DICTUM

O *obiter dictum*, por outro lado, é o elemento não essencial do precedente; constitui-se, pois, dos argumentos acessórios constantes na motivação, ou seja, daqueles que não influenciam e tampouco sustentam a decisão judicial. Nessa linha, Francisco Rosito ressalta que, pelo fato de o *obiter dictum* não se referir ao objeto da demanda (causa de pedir e pedido), a ele não pode ser atribuída força vinculante[49].

A sua definição aparece, geralmente, de forma negativa, como sendo tudo aquilo que não faz parte da *ratio decidendi*[50], não possuindo a aptidão de vincular o órgão julgador em casos futuros[51].

É válido, então, destacar o posicionamento de Thomas Bustamante, em razão da divergência por ele apresentada, no que concerne ao costume de se diferenciar *obiter dictum* e *ratio decidendi* pelo efeito externo a eles atribuído.

De acordo com o mencionado autor, a discussão da força vinculante atribuída ao precedente judicial é uma questão de graus, o que o leva a optar

---

47. MARINONI, Luiz Guilherme. *Precedentes Obrigatórios*. ed. 2. cit., p.221.
48. BUSTAMANTE, Thomas. *Teoria do Precedente Judicial*. cit., p.261.
49. ROSITO, Francisco. *Teoria dos Precedentes Judiciais*. cit., p. 113.
50. SOUZA, Marcelo Alves Dias de. *Do Precedente Judicial à Súmula Vinculante*. Curitiba: Juruá, 2006, p. 51. No mesmo sentido, CROSS, Rupert; HARRIS, J. W. *Precedent in English Law*. Oxford: Oxford University Press, 1991, p. 76; e MARSHALL, Geoffrey. What is a Binding in a Precedent. In: MacCormick, D. Neil; SUMMERS, Robert S. (org.). *Interpreting precedentes: a comparative study*. Aldershot: Ashgate, 1997, p. 515.
51. DIDIER JR., Fredie. OLIVEIRA, Rafael Alexandria de. BRAGA, Paula Sarno. *Curso de Direito Processual Civil* v. 2. 10 ed. cit., p.444

por não contrapor os conceitos de *obiter dictum* e *ratio decidendi*, referindo-se, sem qualquer distinção, a *rationes decidendi*[52]. Para tanto, demonstra que, na essência, a *ratio decidendi* e o *obiter dictum* possuem a mesma estrutura, pois configuram juízos normativos apresentados pelo órgão julgador ao longo do seu pronunciamento[53].

Apesar da correção do raciocínio do autor, entende-se ser relevante estabelecer uma diferença entre eles, justamente, pela distinção dos efeitos internos e externos produzidos por cada um: a razão de decidir é o fundamento que sustenta a decisão e que será utilizado futuramente pelos juízes para resolver casos semelhantes, ao passo que os argumentos ditos de passagem não sustentam a decisão e serão utilizados futuramente, na situação, por exemplo, de superação do precedente, como elemento de persuasão para fundamentar a mudança de posicionamento.

O novo Código de Processo Civil optou por, expressamente, atribuir eficácia vinculante aos precedentes constantes no art. 927, quais sejam: (i) "as decisões do Supremo Tribunal Federal em controle concentrado de constitucionalidade"; (ii) "os enunciados de súmula vinculante"; (iii) "os acórdãos em incidente de assunção de competência ou de resolução de demandas repetitivas e em julgamento de recursos extraordinário e especial repetitivos"; (iv) "os enunciados das súmulas do Supremo Tribunal Federal em matéria constitucional e do Superior Tribunal de Justiça em matéria infraconstitucional"; (v) "a orientação do plenário ou do órgão especial aos quais estiverem vinculados".

Nessa sistemática, para o sistema de precedentes, no Brasil, é relevante a distinção entre *ratio dacidendi* e *obiter dictum*, pois os juízos normativos que irão vincular o próprio órgão julgador, no julgamento de casos futuros, e os órgãos que lhes são inferiores são aqueles juízos normativos que, internamente, sustentaram a decisão (precedente em sentido amplo), ou seja, a *ratio decidendi*. O *obiter dictum*, por sua vez, como dito, não gerará uma imposição de aplicação.

Nesse sentido, Rupert Cross defende que a *ratio decidendi* e o *obiter dictum* configuram, realmente, elementos distintos, pois enquanto a razão de decidir pode ser dotada, conforme o caso, de autoridade vinculante ou persuasiva, o argumento de passagem apenas tem o potencial de possuir este último efeito. Com base nesse raciocínio, Cross afirma que a diferença existente entre o precedente persuasivo e o *obiter dictum* é somente levemente menos significante do que a distinção entre os precedentes persuasivos e vinculantes[54].

---

52. BUSTAMANTE, Thomas da Rosa de. *Teoria do Precedente Judicial*. cit., p. 277
53. DIDIER JR., Fredie. OLIVEIRA, Rafael Alexandria de. BRAGA, Paula Sarno. *Curso de Direito Processual Civil* v. 2. 10 ed. cit., p.445.
54. CROSS, Rupert; Harris, J. W. *Precedent in English Law*. cit., p. 41.

Trata-se, o *obiter dictum*, de argumento jurídico colocado de passagem na fundamentação da decisão judicial, sem exercer sobre ela uma influência relevante e substancial[55], embora ele tenha a estrutura de juízo normativo proferido pelo órgão julgador. Nos países de tradição de *common law*, corroborando o afirmado, costuma-se qualificar o *obiter dictum* com a expressão "*by the way*".

Em que pese seu caráter secundário, o *obiter dictum* não deve ser desprezado, visto que poderá sinalizar uma mudança de orientação do Tribunal, que implicará futuro *overruling*, bem assim ser a ele atribuído efeito persuasivo na fundamentação da decisão judicial que vier a realizar a efetiva superação do precedente[56]. A partir desse raciocínio, Fredie Didier Jr., Paula Sarno Braga e Rafael Alexandria concluem que tanto o *obiter dictum* pode ser elevado à condição de *ratio*, quanto esta pode ser rebaixada a *obiter dictum*[57].

Ressalta-se que esta segunda hipótese, segundo Geoffrey Marshall, seria a situação em que se identificou de forma equivocada a *ratio decidendi*, afirmando ser razão de decidir o que, em verdade, seria apenas *obiter dictum*, a impor que a suposta *ratio decidendi* seja rebaixada a *obiter dictum* nas decisões posteriores[58].

Observa-se que a distinção teórica de *ratio decidendi* e *obiter dictum* é de fácil compreensão, todavia, na prática, o cenário não é o mesmo: há uma enorme dificuldade para se diferenciar, com precisão, na decisão judicial, o que é razão de decidir e o que foi dito apenas de passagem, com caráter acessório, inclusive pelo fato de, no mesmo provimento, poder existir mais de uma razão de decidir[59].

Na mesma linha aqui proposta, de existência e importância da distinção destes dois elementos do precedente judicial, Francisco Rosito afirma que a relevância da diferenciação, para o sistema continental, pode ser verificada na motivação dos casos difíceis, uma vez que, ao romper com o entendimento dominante, o juiz vai buscar todos os elementos que estiverem ao seu alcance para justificar a superação do entendimento anteriormente sedimentado[60].

---

55. DIDIER JR., Fredie. OLIVEIRA, Rafael Alexandria de. BRAGA, Paula Sarno. *Curso de Direito Processual Civil* v. 2. 10 ed. cit., p.445.
56. DIDIER JR., Fredie. OLIVEIRA, Rafael Alexandria de. BRAGA, Paula Sarno. *Curso de Direito Processual Civil* v. 2. 10 ed. cit., p.445.
57. DIDIER JR., Fredie. OLIVEIRA, Rafael Alexandria de. BRAGA, Paula Sarno. *Curso de Direito Processual Civil* v. 2. 10 ed. cit., p.446.
58. MARSHALL, Geoffrey. What is a Binding in a Precedent. In: MacCormick, D. Neil; SUMMERS, Robert S. (org.). *Interpreting precedentes: a comparative study*. cit., p. 516.
59. ROSITO, Francisco. *Teoria dos Precedentes Judiciais - Racionalidade da Tutela Jurisdicional*. cit., pp. 113 e 114. Na mesma linha, TARUFFO, Michele. *Precedente de Jurisprudência*. Tradução de Arruda Alvim, Tereza Arruda Alvim Wambier e André Luís Monteiro. Revista Forense, Rio de Janeiro, ano 108, volume 415, janeiro – junho de 2012, p. 282.
60. ROSITO, Francisco. *Teoria dos Precedentes Judiciais - Racionalidade da Tutela Jurisdicional*. cit., p.114

Muito se discute acerca da delimitação da *ratio decidendi*, tendo em vista a necessidade de diferenciá-la do *obiter dictum*, pois, como visto, somente a parte da decisão judicial que configura a razão de decidir é que irá produzir efeito vinculante/obrigatório. Com esse intuito, diz-se que a *ratio decidendi* é a parte necessária à solução do caso, ao passo que o *obiter dictum* é o enfretamento que não se revela necessário, de modo que a distinção será mais fácil quando a acessoriedade do argumento for evidente[61].

Nesse contexto, destaca-se o seguinte questionamento: a necessidade/suficiência deve ser analisada em face da solução do caso ou simplesmente para a resolução de uma questão, ainda que esta seja desfavorável àquele que, ao final, saiu vitorioso[62]? Propõe-se, como resposta, que um provimento judicial terá tantas razões de decidir quantas forem as questões incidentais relevantes[63] postas para resolução em juízo, ainda que alguma delas seja contrária à parte que saiu vitoriosa na demanda, esta considerada em sua totalidade[64]. Justifica-se.

Como se sabe, o ordenamento jurídico brasileiro permite que a decisão judicial seja composta por mais de um capítulo, sendo cada um referente à

---

61. MARINONI, Luiz Guilherme. *Precedentes Obrigatórios*. ed. 2. cit., p. 234
62. MARINONI, Luiz Guilherme. *Precedentes Obrigatórios*. ed. 2. cit., p. 240
63. As questões – pontos controvertidos da demanda – podem ser colocadas como fundamento para a solução de outras ou como objeto de julgamento, ou seja, para que sobre ela haja decisão. A primeira possibilidade trata das questões que serão resolvidas *incidenter tantum* e a segunda das questões principais. Analisando estes dois tipos de questões pela ótica da coisa julgada material, esta somente recairá sobre as questões principais, cuja resolução estará contida no dispositivo da decisão judicial. Pelo viés dos elementos do precedente judicial, todavia, verifica-se que somente as questões incidentais poderão ser identificadas como *rationes decidendi* e estarão contidas no fundamento da decisão. Diz-se "poderão", pois serão assim consideradas apenas as questões incidentais relevantes para a solução das questões principais. A título de exemplo: em demanda de alimentos, pode o alimentando requerer, como questão principal, apenas a condenação do réu ao pagamento de alimentos, colocando o reconhecimento de suposta paternidade sócio-afetiva, como questão incidental. Assim, apesar de a solução deste ponto controvertido não fazer coisa julgada material, a tese jurídica aplicada para a sua resolução será uma das *rationes decidendi* do provimento judicial, em razão de configurar questão relevante para a solução da demanda. Portanto, pode-se concluir que do julgamento de questões principais será criada a norma jurídica individualizada, acobertada pela coisa julgada material, ao passo que das questões incidentais, após uma análise de sua relevância/influência na decisão das questões principais, serão extraídas as *rationes decidendi* do precedente judicial.
64. Para ilustrar, utiliza-se do exemplo dado por MARINONI, Luiz Guilherme. *Precedentes Obrigatórios*. ed. 2. cit., p. 236: "Em *Perry v. Kendrick's Transport* havia duas questões perante a Corte de Apelação. Uma dizia respeito à impossibilidade de se obter indenização, por injúrias pessoais, com base em *Rylands v. Fletcher*. A outra era relativa á viabilidade do réu invocar, em sua defesa e no seu recurso, que o dano foi causado pelo ato de um estranho. A decisão, fundando-se em um ou outro ponto seria favorável ao réu-apelante. A Corte decidiu o primeiro ponto em favor do autor apelado, concluindo que os danos por injúrias pessoais poderiam ser cobrados com base em *Rylands v. Fletcher*. Mas decidiu a segunda questão em favor do réu-apelante, que, assim, saiu vitorioso na apelação." Como se vê, adota-se o posicionamento de que a tese jurídica utilizada para decidir a segunda questão, também, deve ser considerada razão de decidir, por ser a solução dada a um ponto controvertido da demanda.

solução de um ponto controvertido posto para julgamento. Estes capítulos podem ser totalmente independentes ou guardarem entre si relação de preliminaridade ou prejudicialidade; isso decorre da possibilidade cumulação de pedidos, bem assim de ampliação do mérito e arguição de inobservância aos requisitos de admissibilidade, após o exercício do contraditório.

Assim, para resolver cada capítulo, acolhendo ou rejeitando o pedido a ele relacionado, o juiz deverá incidir a norma de direito no núcleo fático da causa de pedir, criando a *ratio decidendi* correspondente. Por outras palavras, de cada questão – ponto controvertido – incidental relevante para a resolução da lide, será extraída uma razão de decidir, à qual poderá ser atribuída eficácia persuasiva ou vinculante. Dessa maneira, todos os outros juízos normativos decisórios que sejam irrelevantes para a solução do caso concreto irão configurar *obiter dictum*.

4. A TÉCNICA DA DISTINÇÃO: *DISTINGUISHING*

Como destacado nos tópicos anteriores, o novo Código de Processo Civil optou por atribuir eficácia vinculante aos precedentes judiciais do seu art. 927, impondo sua observância pelos órgãos julgadores; e mais, com relação às hipóteses dos incisos I a III, previu-se o cabimento de reclamação constitucional em caso de não aplicação. Nessa sistemática, torna-se imprescindível o conhecimento e a adoção de técnicas argumentativas para justificar a não aplicação de um precedente, enunciado de súmula ou orientação jurisprudencial a determinado caso concreto.

O *distinguish*[65] é, justamente, a técnica utilizada, para justificar a não aplicação do precedente judicial obrigatório, quando há distinção entre os elementos objetivos das demandas (a que ainda será decidida e aquela que deu origem ao precedente); cuida-se da constatação de que os casos não são análogos[66]. Essa distinção pode decorrer tanto da inexistência de coincidência entre os fatos materialmente relevantes que embasaram a *ratio decidendi* contida no

---

65. A expressão *distinguish* pode ser utilizada em duas acepções distintas: o *distinguish*-método que é a confrontação entre os elementos objetivos da demanda e os do caso em que houve a formação do precedente judicial e o *distinguish*-resultado utilizado para se referir ao produto da confrontação, nos casos em que se constata a distinção. (DIDIER JR., Fredie. OLIVEIRA, Rafael Alexandria de. BRAGA, Paula Sarno. *Curso de Direito Processual Civil* v. 2. 10 ed. cit., p.491). Cruz e Tucci, no entanto, entende que o *distinguishing* designa o método de confronto, por meio do qual o magistrado irá analisar se são análogos os fatos da controvérsia atual e do precedente judicial. (TUCCI, José Rogério Cruz e. *Precedente Judicial como Fonte do Direito*. cit., p.174).
66. "O juiz, apesar de reconhecer que, acerca do caso em julgamento, há decisão anterior, pode se afastar dela reconhecendo a alteração das circunstâncias que impõem uma decisão noutro sentido." (SOUZA, Marcelo Alves Dias de. *Do Precedente Judicial à Súmula Vinculante*. cit., p. 145)

precedente e aqueles da situação atual, quanto da presença de peculiaridades no caso posto para julgamento[67].

É válido pontuar, entretanto, que, a despeito de haver algumas peculiaridades, ainda assim, o magistrado poderá aplicar o precedente judicial, uma vez que dificilmente haverá uma identidade fática absoluta[68]. Realmente, é inevitável encontrar diferenças em casos aparentemente idênticos e semelhanças, algumas vezes fundamentais, naqueles que pareciam totalmente distintos[69].

Robert Alexy, na mesma linha, afirma que uma das dificuldades decisivas do precedente judicial é que nunca haverá dois casos completamente iguais, de modo que sempre se encontrará uma diferença, transferindo-se o verdadeiro problema à determinação da relevância das diferenças[70].

No caso de distinção, poderá o juiz, então, dar uma interpretação ampliativa à *ratio decidendi* (*ampliative distinguishing*), aplicando a tese jurídica do precedente, embora no caso atual existam algumas peculiaridades; ou restringir a aplicação da *ratio decidendi* (*restrictive distinguishing*), por considerar que tais peculiaridades impedem a aplicação da tese jurídica anterior[71].

Luiz Guilherme Marinoni sustenta, ainda, que o *distinguishing* pode permitir uma alteração na *ratio decidendi* do precedente judicial, na medida em que, diante de um caso em que há um novo fato, antes não considerado, o julgador pode fixá-lo, no novo precedente, como mais um pressuposto fático necessário à incidência da norma[72]. Sugere, com isso, que haveria uma correção da *ratio* ou sua acomodação ao caso, bem assim que sua ocorrência somente seria viável quando o novo fato não fosse incompatível com a tese jurídica anteriormente adotada[73].

A respeito do tema, Thomas Bustamante defende que, na hipótese de afastar a aplicação do precedente judicial, ou seja, realizar o *distinguishing*, o discurso do magistrado pode seguir duas linhas: (i) estabelecer uma exceção

---

67. DIDIER JR., Fredie. OLIVEIRA, Rafael Alexandria de. BRAGA, Paula Sarno. *Curso de Direito Processual Civil* v. 2. 10 ed. cit., p.491.
68. DIDIER JR., Fredie. OLIVEIRA, Rafael Alexandria de. BRAGA, Paula Sarno. *Curso de Direito Processual Civil* v. 2. 10 ed. cit., p.492.
69. ROSITO, Francisco. *Teoria dos Precedentes Judiciais - Racionalidade da Tutela Jurisdicional*. cit., p.274
70. ALEXY, Robert. *Teoria da Argumentação: a teoria do discurso racional como teoria da fundamentação jurídica*. 2. ed. Tradução de Zilda Hutchinson Schild Silva.; revisão técnica da tradução e introdução à edição brasileira, Cláudia Toledo. São Paulo: Landy, 2005, p. 265
71. DIDIER JR., Fredie. OLIVEIRA, Rafael Alexandria de. BRAGA, Paula Sarno. *Curso de Direito Processual Civil* v. 2. 10 ed. cit., p.492.
72. MARINONI, Luiz Guilherme. *Precedentes Obrigatórios*. 2 ed. cit., p.330
73. MARINONI, Luiz Guilherme. *Precedentes Obrigatórios*. 2 ed. cit., p.330. Vale destacar que, mais a frente, o autor defende a aplicação da técnica do *distinguishing* também às súmulas.

antes não reconhecida, quando concluir que, em tese, os fatos estariam abarcados pela moldura do precedente; ou *(ii)* utilizar um argumento a contrário, a fim de apresentar uma interpretação restritiva da *ratio decidendi*, afastando, com isso, a aplicação do precedente judicial àquela hipótese de julgamento[74].

A primeira opção, denominada pelo autor de "redução teleológica", consiste no estabelecimento, por razões de equidade, de uma exceção na hipótese de incidência do precedente judicial[75]. Por outras palavras, com essa técnica, são reduzidas as situações de possível aplicação da norma jurídica.

Sustenta-se, nesse caso, que aplicação da *ratio decidendi* para regular a controvérsia iria contrariar os próprios fins que a justificam[76]. Bustamante ainda afirma que a *superabilidade (defeasibility)* é uma característica das normas jurídicas em geral, tendo em vista a possibilidade recorrente de encontrar exceções ou situações que afastam seus efeitos no caso concreto[77]. Tais exceções, por vezes, decorrem de condições implícitas na norma, sendo tarefa do intérprete identifica-las[78].

Por meio da segunda técnica, conclui-se que os fatos que embasam a controvérsia não podem ser regulados pelo precedente que se pretende afastar[79]. Ou seja, excluem-se aqueles fatos do âmbito de incidência das normas, mas não por inserir uma cláusula de exceção como na outra hipótese. Aqui, pretende-se demonstrar que não há possibilidade de inserir a situação do caso concreto na hipótese de incidência da norma, pois essa não era a intenção da autoridade normativa. Para tanto, utiliza-se o raciocínio por inferência, que deverá concluir pela restrição da norma[80].

Durante a tramitação do projeto que deu origem ao CPC/2015, na versão da Câmara dos Deputados, havia previsão expressa de aplicação da técnica da distinção, no art. 521, § 5º, suprimido na versão final; eis o seu teor:

> Art. 521 [...]
>
> § 5º O precedente ou jurisprudência dotado do efeito previsto nos incisos do *caput* deste artigo poderá não ser seguido, quando o órgão jurisdicional distinguir o caso sob julgamento, demonstrando fundamentadamente se tratar de situação particularizada por hipótese fática distinta ou questão jurídica não examinada, a impor solução jurídica diversa.

---

74. BUSTAMANTE, Thomas. *Teoria do Precedente Judicial*. cit., p.473
75. BUSTAMANTE, Thomas. *Teoria do Precedente Judicial*. cit., p. 474
76. BUSTAMANTE, Thomas. *Teoria do Precedente Judicial*. cit., p. 474
77. BUSTAMANTE, Thomas. *Teoria do Precedente Judicial*. cit., p. 475
78. BUSTAMANTE, Thomas. *Teoria do Precedente Judicial*. cit., p. 478
79. BUSTAMANTE, Thomas. *Teoria do Precedente Judicial*. cit., p. 488
80. BUSTAMANTE, Thomas. *Teoria do Precedente Judicial*. cit., p. 488 e ss.

A supressão do dispositivo, no entanto, não indica proibição de aplicação da técnica, mas apenas uma opção legislativa de deixar para a doutrina e jurisprudência a construção das técnicas de julgamento por aplicação de norma jurisprudencial. Tanto é assim, que o Fórum Permanente de Processualistas Civis editou o seguinte enunciado:

> Enunciado n. 306: O precedente vinculante não será seguido quando o juiz ou tribunal distinguir o caso sob julgamento, demonstrando, fundamentadamente, tratar-se de situação particularizada por hipótese fática distinta, a impor solução jurídica diversa.

Como se vê, constatada a distinção e entendendo-se ser o caso de afastamento do precedente (ou norma jurisprudencial, usando como conceito mais amplo), deverá o órgão julgador inevitavelmente demonstrar as justificativas de não incidência da norma jurídica geral e abstrata (*ratio decidendi*) naquele suporte fático.

Aqui, algumas considerações são oportunas.

O precedente judicial, como visto, é composto pelos elementos *ratio decidendi* e *obiter dictum*, sendo o primeiro a norma jurídica geral e abstrata decorrente da decisão necessária à resolução do conflito. Essa norma jurídica, diante do caso concreto, será (re)construída a partir do texto da decisão anterior, assim como se (re)constrói a norma legal a partir do texto de lei (porém, sem se utilizar da mesma técnica hermenêutica); sob essa ótica não há distinções entre elas[81]. A *ratio decidendi*, portanto, pode ser considerada, tranquilamente, uma proposição jurídica, na forma proposta por Karl Larenz.

De acordo com Larenz, a regra de direito tem a forma linguística de uma proposição, a proposição jurídica, que, como qualquer outra proposição, enlaça uma coisa a outra: associa uma consequência jurídica circunscrita de modo geral à situação de fato circunscrita, também, de modo geral[82]. A lógica pretendida é a de que sempre que se verifique a situação de fato indicada na previsão normativa (no caso, no precedente judicial/norma jurisprudencial) haverá a consequência jurídica correspondente[83].

A *ratio decidendi* de um precedente judicial, então, só poderá ser aplicada aos casos em que estiverem presentes os pressupostos fáticos necessários para a sua incidência, de forma que, não sendo eles verificados pelo magistrado, ainda que o precedente trate da matéria de direito discutida na situação posta para decisão, ele deverá ser afastado, buscando-se a aplicação de norma jurídica decorrente de outro texto normativo.

---

81. Esclarece-se que se defende serem distintos os métodos hermenêuticos utilizados para tanto.
82. LARENZ, Karl. *Metodologia da Ciência do Direito*. 3 ed. Fundação Calouste. Gulbenkian: Lisboa, p.351
83. LARENZ, Karl. *Metodologia da Ciência do Direito*. 3 ed. cit., p. 351

Observa-se que, na hipótese de realização do *distinguish*, o precedente judicial continua válido[84] e produzindo seus regulares efeitos, devendo incidir normalmente nos casos futuros que apresentem os pressupostos fáticos necessários para tanto.

Os pressupostos fáticos ora aludidos podem ser vistos como os fatos materialmente relevantes considerados pelo magistrado no momento da formação do precedente. Nesse contexto, Francisco Rosito defende que devem ser analisados, especialmente, o pedido e a causa de pedir, sobre os quais se amparam os fundamentos determinantes do caso[85].

O *distinguishing*, de todo modo, deve ser realizado de forma cautelosa, acompanhado de uma fundamentação consistente voltada à demonstração das diferenças existentes nos suportes fáticos confrontados. Como bem salienta Marcelo Alves Souza, o poder de distinguir não pode ser levado ao extremo[86], sob pena não só de ferir o princípio da isonomia, mas, também, de fragilizar a real vinculação dos precedentes obrigatórios e, consequentemente, levar à falência o *stare decisis*[87].

5. A SUPERAÇÃO DO PRECEDENTE: *OVERRULING*

5.1. CONCEITO E FINALIDADE

A doutrina do *stare decisis* é caracterizada pela vinculação dos órgãos julgadores aos precedentes judiciais construídos no sistema jurídico no qual eles se encontram inseridos, assim, a princípio, técnicas que viabilizem a não observância do precedente seriam incompatíveis com tal doutrina[88]. Destaque-se, inclusive, que a Inglaterra somente passou a adotar a superação do precedente em 1966, após muitos anos de adoção do *stare decisis*[89].

No entanto, não há incompatibilidade, mas, sim, uma relação necessária para manutenção do equilíbrio do sistema[90], balanceando os princípios

---

84. "[...] a técnica do *distinguishing* deve ser definida como um tipo de afastamento do precedente judicial no qual a regra da qual o tribunal se afasta permanece válida, mas não é aplicada [...]" (BUSTAMANTE, Thomas. *Teoria do Precedente Judicial*. cit., p.473)
85. ROSITO, Francisco. *Teoria dos Precedentes Judiciais*. cit., p. 275
86. No mesmo sentido, MARINONI, Luiz Guilherme. *Precedentes Obrigatórios*. 2 ed. cit. p.328.
87. SOUZA, Marcelo Alves Dias de. *Do Precedente Judicial à Súmula Vinculante*. cit, p.145
88. ROSITO, Francisco. *Teoria dos Precedentes Judiciais*. cit., p. 305
89. MARINONI, Luiz Guilherme. *Precedentes Obrigatórios*. ed. 2. cit., pp.113-114.
90. Nesse sentido, Robert Alexy afirma "Mas a exclusão de qualquer mudança seria então incompatível com o fato de que toda decisão formula uma pretensão de correção. Por outro lado, o cumprimento da pretensão de correção faz parte precisamente do cumprimento do princípio da universalidade ainda que

concretizados pelo *stare decisis*, como a segurança jurídica, a proteção da confiança e a isonomia, com a flexibilização e a atualização do direito. Luiz Guilherme Marinoni, inclusive, pondera que o poder para revogar seus próprios precedentes não legitima o órgão julgador a fazê-lo fora de circunstâncias especiais, como se a mesma questão pudesse ser revista a todo tempo, sem critérios[91].

O *overruling* é, pois, a técnica utilizada, nos países de tradição de *common law*, para retirar a força vinculante do precedente judicial, substituindo-o por outro. Trata-se de uma rejeição da tese jurídica contida no precedente, por considerá-la ultrapassada ou equivocada, substituindo-a por uma orientação em sentido diverso.

Percebe-se que o *overruling* é, em verdade, uma das formas de afastamento do precedente judicial, uma vez que, de forma mais genérica, na decisão o juiz poderá aplicar ou afastar o precedente, o que irá variar são as técnicas utilizadas para tanto. Afirma-se, então, que o *overruling* é espécie do gênero das *judicial departures*[92].

Com efeito, o uso do *overruling* permite reconhecer a existência de uma razão jurídica para abandono da tese anteriormente aplicada. Por meio desta técnica, portanto, haverá uma desconstrução do posicionamento acerca da questão de direito que envolve a controvérsia.

Mas não é só. A decisão que realiza o *overuling* deverá ser construída com base em um discurso de justificação que resultará na substituição da regra jurisprudencial antes tida como correta[93]. Retira-se, pois, a eficácia da norma jurídica contida no precedente judicial.

Quando se tratar de enunciado de súmula e precedente formado no julgamento de casos repetitivos, o legislador, no art. 927, §2º, CPC/2015, facultou a realização de audiências públicas prévias e participação de pessoas, órgãos ou entidades, como forma de ampliar os argumentos e o espaço de participação na rediscussão da tese até então vigente[94].

É possível, então, perceber que a superação/revogação do precedente judicial difere da técnica de distinção tratada no tópico anterior, notadamente,

---

seja somente uma condição" ALEXY, Robert. Teoria da Argumentação: a teoria do discurso racional como teoria da fundamentação jurídica. 2. ed., cit., p.265
91. MARINONI, Luiz Guilherme. *Precedentes Obrigatórios*. ed. 2. cit., p.390
92. BUSTAMANTE, Thomas. *Teoria do Precedente Judicial*. cit., p.387
93. BUSTAMANTE, Thomas. *Teoria do Precedente Judicial*. cit., p.388
94. Art. 927 [...] § 2º-A alteração de tese jurídica adotada em enunciado de súmula ou em julgamento de casos repetitivos poderá ser precedida de audiências públicas e da participação de pessoas, órgãos ou entidades que possam contribuir para a rediscussão da tese.

no aspecto em que a primeira se relaciona à questão de direito, ao passo que a segunda confronta os fatos que embasam as controvérsias. Por outras palavras, o *overruling* cuida dos fundamentos de direito e o *distinguishing* dos fundamentos de fato.

Ademais, a técnica de superação, como dito, rejeita a tese jurídica anteriormente aplicada, a qual perde sua eficácia no ordenamento jurídico, enquanto que a técnica de distinção mantém válida e eficaz a tese jurídica, apenas alterando o seu campo de incidência; volta-se, pois, à delimitação dos seus pressupostos fáticos.

No entanto, assemelham-se no ponto destacado por Robert Alexy de que tanto o *distinguishing* quanto o *overruling* devem ser fundamentados[95]. De fato, como já pontuado, ambas são técnicas de afastamento do precedente judicial, de modo que, para garantir a manutenção de um sistema de respeito ao precedente judicial e com ele todos os princípios relacionados, é preciso que haja um convincente discurso de justificação da não utilização do precedente. Distanciam-se no ponto em que o *distinguishing* não substitui a norma jurisprudencial, mas assemelham-se na obrigatoriedade de fundamentação especial, sobre a qual se tratará mais a frente.

5.2. HIPÓTESES AUTORIZADORAS DO *OVERRULING*

A revogação da norma jurisprudencial é um fato jurídico e, por essa razão, produz os efeitos previamente estabelecidos no ordenamento jurídico. No Brasil, pelo regramento adotado no CPC/2015, previu-se a possibilidade de "modulação dos efeitos da alteração no interesse social e no da segurança jurídica".

Além disso, ao retirar a eficácia vinculante de uma norma jurisprudencial, no mais das vezes, haverá sua substituição por uma nova, dotada, também, de eficácia vinculante. Aqui, deve-se observar, ainda, que a tese jurídica até então prevalecente era, a um só tempo, fundamento para o julgamento de casos semelhantes, como parâmetro de conduta para os jurisdicionados, dada a eficácia normativa decorrente da vinculação.

Evidencia-se, nesse contexto, a relevância da fixação tanto de critérios de aplicação do precedente no tempo[96], quanto das hipóteses autorizadoras da superação. Com relação a este último aspecto, observa-se que pouco se

---

95. ALEXY, Robert. *Teoria da Argumentação: a teoria do discurso racional como teoria da fundamentação jurídica*. 2. ed. cit., p.268
96. Pela sua extensão, este aspecto não será objeto do presente trabalho, tendo sido analisado em ensaio anteriormente publicado: SIQUEIRA, Marília. As consequências da incidência do princípio da proteção da confiança na decisão de *overruling*: uma análise à luz do art. 521 no novo CPC. In: FREIRE, A. et al. (Org.).

enfrenta, com profundidade, as hipóteses de *overrrruling*[97]. O legislador, seguindo esta tendência, retirou da versão final do CPC/2015 o dispositivo (art. 521, §7º) que elencava algumas hipóteses autorizadoras do *overruling*, quais sejam: "revogação ou modificação de norma em que se fundou a tese ou em alteração econômica, política ou social referente à matéria decidida".

Com base no dispositivo suprimido, no intuito de mais bem orientar os operadores do direito, o Fórum de Permanente de Processualistas Civis editou o seguinte enunciado:

> Enunciado n. 322. A modificação de precedente vinculante poderá fundar-se, entre outros motivos, na revogação ou modificação da lei em que ele se baseou, ou em alteração econômica, política, cultural ou social referente à matéria decidida.

Sobre o tema, Francisco Rosito destaca quatro situações em que o precedente judicial se torna obsoleto, autorizando a utilização da técnica do *overruling*, quais sejam: *(i)* a inovação legislativa, por modificação ou revogação (implícita ou expressa); *(ii)* a inovação tecnológica dos diversos setores da vida; *(iii)* a mudança de valores sociais e culturais; e *(iv)* o equívoco interpretativo[98] na formação do precedente *overruled*.[99].

Com o mesmo objetivo, Melvin Aron Eisenberg sustenta que o precedente poderá ser revogado em duas hipóteses (mais abrangentes): quando a tese jurídica por ele fixada não mais corresponder aos padrões de *congruência social*, bem assim quando deixar de ter *congruência sistêmica*.

Entende-se que o precedente deixa de ter congruência social no momento em que nega proposições morais, políticas e de experiência, ao passo que a falta de congruência sistêmica se configura quando o precedente torna-se incoerente com outras decisões[100]. Vale esclarecer que, para Luiz Guilherme Marinoni, não há necessidade da presença concomitante desses dois critérios, sendo suficiente a constatação de apenas um deles[101].

No contexto dessa discussão, Marinoni afirma que o surgimento de uma nova concepção de direito seria mais um critério, pois tornaria obsoleto o

---

Novas tendências do processo civil: estudos sobre o projeto do Novo Código de Processo Civil. Salvador: JusPODIVM, 2013. v. 3, p. 391-416.
97. ROSITO, Francisco. *Teoria dos Precedentes Judiciais*. cit., p. 310
98. Sobre o tema, Marinoni pontua que "o erro que justifica o *overruling* deve ser claro, evidente, de modo a dar à Corte a nítida ideia de que a perpetuação do precedente constituirá uma 'injustiça'" MARINONI, Luiz Guilherme. *Precedentes Obrigatórios*. 2 ed. cit., p.402
99. ROSITO, Francisco. *Teoria dos Precedentes Judiciais*. cit., p. 310
100. EISENBERG, Melvin Aron. *The nature of the common law*. Estados Unidos: Harvard University Press, 1991, p. 104-105
101. MARINONI, Luiz Guilherme. *Precedentes Obrigatórios*. 2 ed. cit., p.401

precedente, autorizando, assim, a sua superação. Destaca, porém, que este novo posicionamento não é caracterizado pelo entendimento de um único juiz ou doutrinador, mas, sim, pela circunstância de figurar como expressão geral da comunidade jurídica[102].

É preciso esclarecer, ainda, dois aspectos: a um, esse novo posicionamento não é uma mudança com relação ao anterior, mas a criação de uma nova ideia, antes não pensada; a dois, em razão de não ser uma simples revisão do entendimento anterior, não se admite que seja usada essa justificativa de novo posicionamento, em razão apenas da mudança dos membros que compõem o órgão julgador[103].

5.3. NECESSIDADE DE FUNDAMENTAÇÃO ESPECÍFICA

Constata-se, ainda, a cautela exigida para a aplicação da técnica do *overruling*, uma vez que, havendo uma norma jurídica geral e abstrata, com força vinculante e, portanto, potencial de reger a conduta de todos os jurisdicionados, a sua retirada do ordenamento jurídico deve decorrer de razões que superem os benefícios da estabilidade. Daí porque a necessidade de uma fundamentação diferenciada da decisão que proceder à superação da tese jurídica já consolidada; eis a disposição expressa contida no CPC/2015:

> Art. 927. [...]
>
> § 4º A modificação de enunciado de súmula, de jurisprudência pacificada ou de tese adotada em julgamento de casos repetitivos observará a necessidade de fundamentação adequada e específica, considerando os princípios da segurança jurídica, da proteção da confiança e da isonomia.

Nesse contexto, Robert Alexy, ao discorrer a respeito do uso do precedente, propõe duas regras gerais: (i) *"quando se puder citar um precedente a favor ou contra uma decisão, isso deve ser feito"* e (ii) *"quem quiser se afastar de um precedente assume uma carga de argumentação"*[104]. Assim, no discurso por precedente, quando o julgador resolve dele se afastar, há a necessidade de um maior esforço argumentativo.

---

102. MARINONI, Luiz Guilherme. *Precedentes Obrigatórios*. 2 ed. cit., p.401
103. MARINONI, Luiz Guilherme. *Precedentes Obrigatórios*. 2 ed. cit., p.403
104. ALEXY, Robert. *Teoria da Argumentação: a teoria do discurso racional como teoria da fundamentação jurídica*. 2. ed. cit., p.267. Thomas Bustamante adverte que a teoria apresentada por Robert Alexy não se revela satisfatória para o precedente judicial, tendo em vista tantas outras questões que envolvem o precedente judicial e que se encontram sem resposta na teoria de Alexy. (BUSTAMANTE, Thomas. *Teoria do Precedente Judicial*. cit., p.216).

Sugere o doutrinador, ainda, um paralelo com princípio de inércia perelmaniano[105], que exige, para a mudança de uma decisão, a apresentação de razões suficientes para tanto[106].

Ao optar, para a solução do caso, pela superação do precedente judicial a que estava vinculado, o magistrado deverá, então, expor, na sua motivação (nesse caso, muito mais consistente), os fundamentos (relevantes) para a mudança e, em seguida, construir a nova tese jurídica a ser adotada. Em tese, tal substituição poderá ocorrer tanto de forma expressa (*express overruling*), informando a adoção da nova tese jurídica, quanto implícita (*implied overruling*), hipótese em que o julgador supera a tese anterior, mas não expressa a ocorrência da substituição[107].

No que concerne ao *overruling* implícito, Thomas Bustamante apresenta dura crítica à sua utilização, afirmando que merece repúdio esta forma de afastamento[108]. Segundo o autor, a regra-de-ouro das *departures*, entre as quais se encontra o *overruling*, é que, ao se afastar do seu próprio precedente, o órgão julgador sempre deve levá-lo em consideração, com fim de tematizar, expressamente, a questão do afastamento do precedente judicial[109].

Esta, inclusive, é uma forma de controlar o exercício do poder pelo órgão julgador, pois, como bem destaca Neil Duxbury, o *overruling*, assim como o *distinguishing*, tem sua utilização limitada, visto que o seu manejo indiscriminado poderia tornar sem qualquer sentido se falar em uma doutrina do *stare decisis*[110].

Atento a esta crítica, o CPC/2015 não adotou o *overruling* implícito, na medida em que, por meio do dispositivo acima transcrito, impõe o dever de fundamentação específica e adequada, em caso de alteração da norma jurisprudencial vinculante.

5.4. *PROSPECTIVE OVERRULING* E *RETROSPECTIVE OVERRULING*

Sob a ótica das implicações da revogação da norma jurisprudencial, notadamente a vinculante, destaca-se a existência de métodos de modulação de

---

105. PERELMAN, Chaim; OLBRECHTS-TYTECA, Lucie. *Tratado da argumentação: a nova retórica*. São Paulo: Martins Fontes, 2005, p. 121-123
106. ALEXY, Robert. *Teoria da Argumentação: a teoria do discurso racional como teoria da fundamentação jurídica*. 2. ed. cit., p.265
107. DIDIER JR., Fredie. OLIVEIRA, Rafael Alexandria de. BRAGA, Paula Sarno. *Curso de Direito Processual Civil*. v. 2. 10 ed. cit., p.494
108. BUSTAMANTE, Thomas. *Teoria do Precedente Judicial*. São Paulo: Noeses, 2012, p.389
109. BUSTAMANTE, Thomas. *Teoria do Precedente Judicial*. São Paulo: Noeses, 2012, p.388
110. DUXBURY, Neil. *The nature and the authority of the precedente*. New York: Cambridge University Press, 2008, p. 117.

sua eficácia, em face da superação do precedente judicial – mais especificamente, da *ratio decidendi* nele contida[111]. Isso porque um dos possíveis efeitos da mudança da tese jurídica é a quebra da confiança dos jurisdicionados que pautavam suas condutas na norma jurisprudencial superada; atinge-se, pois, posições jurídicas estáveis.

Com essa preocupação, o CPC/2015, em seu art. 927, §3º, prevê, expressamente, a possibilidade de modulação de efeitos, na hipótese de alteração de jurisprudência dominante do Supremo Tribunal Federal e dos tribunais superiores ou daquela formada no julgamento de casos repetitivos, com o fim de preservar o interesse social e a segurança jurídica.

Assim, substituição do precedente judicial poderá ser dotada tanto de eficácia *ex tunc* quanto *ex nunc*, ocorrendo *restrospective* e *prospective overruling* respectivamente. Na primeira hipótese, o precedente *overruled* não poderá ser aplicado sequer para os fatos ocorridos antes da sua substituição, ao passo que, na segunda situação, a *ratio decidendi* superada continuará vigente, devendo regular os fatos ocorridos e demandas propostas antes da sua superação[112].

O *retrospective overruling* (regra nos países vinculados à tradição de *common law*[113]), em linhas gerais, é aplicação de efeitos retroativos à decisão que revogou o precedente judicial, o qual perde de imediato sua eficácia, devendo ser aplicado o novo precedente no caso em julgamento e em todos os futuros semelhantes, ou seja, em todas as demandas ainda não propostas, bem assim naquelas já iniciadas, porém pendentes de decisão. Trata-se de criação decorrente da teoria que entende ser meramente declaratória a atividade do julgador[114].

Entende-se, todavia, que a regra deva ser a produção de efeito *ex nunc*, podendo-se proceder à modulação de efeitos para aplicação da nova tese jurídica com eficácia *ex tunc* ou, ainda, traçar um marco temporal específico para sua incidência, de modo a mais bem salvaguardar os interesses das partes e da sociedade, tendo em vista a amplitude subjetiva da norma jurisprudencial.

Por se tratar de relevante argumento de autoridade, destaca-se oportunamente o posicionamento defendido por Thomas Bustamante no sentido de

---

[111]. Raciocínio semelhante deve ser aplicado à norma jurisprudencial vinculante extraída de enunciado de súmula, assim como do julgamento reiterado no mesmo sentido, uma vez que a diferença na forma de construção e superação não atinge o aspecto analisado neste tópico.
[112]. DIDIER JR., Fredie. OLIVEIRA, Rafael Alexandria de. BRAGA, Paula Sarno. *Curso de Direito Processual Civil* v. 2. 10 ed. cit., p.499.
[113]. MARINONI, Luiz Guilherme. *Precedentes Obrigatórios*. ed. 2. cit., p. 421
[114]. ROSITO, Francisco. *Teoria dos Precedentes Judiciais*. cit., p. 331

que a atribuição de efeitos retrospectivos deva ser a regra dos ordenamentos jurídicos, estabelecendo, todavia, hipóteses autorizadoras da eficácia para o futuro[115].

O *prospective overruling*, a sua vez, ocorre quando a revogação da decisão produz efeitos para o futuro. De acordo com Melvin Aron Eisenberg, poderá o *overruling* prospectivo variar entre o *prospective overruling* – em sentido estrito, sugere-se –, o *pure prospective* e o *prospective prospective overruling*: na primeira forma, o novo precedente deve ser aplicado para todas as demandas posteriores a ele, incluindo o processo originário; na segunda, não se aplica à demanda que lhe deu origem; e na último, somente seria aplicado a partir de uma data fixada para o futuro[116].

Algumas considerações mostram-se relevantes.

A decisão judicial, conforme já defendido, é composta por duas normas jurídicas, gerando, pois, dois discursos: um para dentro do processo e outro para fora, em razão do caráter geral e abstrato da *ratio decidendi* nele contida. As diferenças existentes entre estas normas jurídicas impõem uma análise dos efeitos da decisão por duas óticas: a da norma jurídica individualizada, extraída do dispositivo, e a da norma geral e abstrata, extraída da fundamentação.

O raciocínio aplicado à norma individualizada, como destaca Francisco Rosito, é o de produção de efeitos retroativos, pois alcança os fatos ocorridos antes da sua formação[117]. E não poderia ser diferente, pois não há comando decisório anterior ao processo, tampouco à situação fática nele discutida. No entanto, não é possível aplicar este discurso a todas as normas decorrentes da decisão judicial, dada a distinção de sujeitos por elas atingidos.

Ora, não é por que o pensamento clássico é o de que *"em regra, as decisões judiciais têm eficácia retroativa"*[118] que, constatada a formação de uma cultura de respeito ao precedente judicial, este raciocínio deverá ser mantido, desconsiderando toda a técnica e valores que envolvem a teoria do precedente. A decisão judicial não pode mais ser vista como um todo uniforme quanto à produção de efeitos, pois dela não mais se extrai apenas uma norma para regular o caso concreto; há muito tempo não é assim, é preciso que se dê conta disso.

Ao admitir que o direito jurisprudencial é fonte formal de direito, bem assim que a decisão é texto do qual decorrerá uma norma jurídica geral e

---
115. BUSTAMANTE, Thomas. *Teoria do Precedente Judicial*. cit., p. 458/461
116. EISENBERG, Melvin Aron. *The nature of the common law*. cit., p.127/128
117. ROSITO, Francisco. *Teoria dos Precedentes Judiciais*. cit., p. 330
118. ROSITO, Francisco. *Teoria dos Precedentes Judiciais*. cit., p. 330

abstrata, que, em muitos casos, será dotada de força vinculante, é possível concluir que ela (a norma jurisprudencial vinculante), assim como a norma legal, irá reger condutas ao tempo de sua ocorrência e, com isso, criará uma confiança justificada nos jurisdicionados de que estão agindo em conformidade com as normas válidas no país[119].

Francisco Rosito, inclusive, pontua que se tem iniciado uma discussão acerca dessa questão, notadamente nas situações que envolvem decisões proferidas pelos tribunais superiores, bem assim quando há quebra de confiança[120]. Nessa linha, Tércio Sampaio salienta a existência de uma presunção de acerto com relação às decisões dos tribunais superiores, sendo que a esta presunção a regularidade jurisprudencial confere *"a certeza do direcionamento na tomada de decisão"*[121].

Fora isso, é preciso considerar que o art. 5º, XXXVI, da CF/88, ao dispor que *"a lei não prejudicará o direito adquirido, o ato jurídico perfeito e a coisa julgada"*, não pode ser interpretado de forma a restringir sua incidência às normas legais, mas a todo ato normativo do Estado[122]. Isso porque a *ratio* da norma constitucional é justamente garantir da segurança das relações jurídicas, de forma a evitar a surpresa injustificada.

Pode-se afirmar que há aí uma ponderação prévia de princípios, pois, apesar de o constituinte ser consciente quanto à elaboração de uma norma legal "mais justa", entendeu nesse caso ser maior o peso do princípio de fundo da norma, qual seja a segurança jurídica.

Ademais, em oposição à teoria declaratória, assumindo que o juiz cria direito no julgamento do caso concreto, os efeitos da decisão podem (e em muitos casos devem) ser para o futuro[123].

Diante disso, o que se percebe é que, nas hipóteses em que a norma jurisprudencial possui força obrigatória (incisos do art. 927, CPC/2015), há uma evidente proximidade com os efeitos irradiados pela norma legal, a impor, nesse sentido, o mesmo raciocínio a ela aplicado. Aqui, a conclusão é a mesma

---

119. No mesmo sentido, Tércio Sampio Ferraz Jr. afirma "no mínimo é provável que os particulares, leigos, confiando na informação proporcionada pelos peritos em Direito, venham a tomar medidas e propor determinados negócios jurídicos com base naquele direcionamento." (FERRAZ JÚNIOR, Tércio Sampaio; CARRAZZA, Roque Antônio; NERY JÚNIOR, Nelson. *Efeito ex nunc e as decisões do STJ*. 2. ed. Barueri: Manole, 2009, p. 6.
120. ROSITO, Francisco. *Teoria dos Precedentes Judiciais*. cit., p. 337
121. FERRAZ JÚNIOR, Tércio Sampaio; CARRAZZA, Roque Antônio; NERY JÚNIOR, Nelson. *Efeito ex nunc e as decisões do STJ*. 2. ed., cit, p.6
122. DIDIER JR., Fredie. OLIVEIRA, Rafael Alexandria de. BRAGA, Paula Sarno. *Curso de Direito Processual Civil* v. 2. 10 ed. cit., p.499.
123. ROSITO, Francisco. *Teoria dos Precedentes Judiciais*. cit., p. 336

apresentada por Thomas Bustamante, que faz a seguinte afirmação: *"quanto mais acentuada for a força normativa do case law, mais razões haverá para limitação temporal da eficácia do novo Direito jurisprudencial."*[124].

Defende-se, com base neste raciocínio, que, pela importância do precedente, enunciado de súmula e jurisprudência predominante como fonte de direito, a regra é a de produção de efeitos para o futuro, permitindo-se, em alguns casos, que retroajam para atingir fatos a ele anteriores.

6. CONSIDERAÇÕES FINAIS

Afirmou-se, no início deste trabalho, que o sistema de precedente judicial constitui um dos pilares de sustentação do CPC/2015, considerando sua capacidade de irradiação para todo o diploma legal, notadamente, pela imposição de dever de uniformização da jurisprudência. Essa constatação acaba por dar ao tema maior relevância, impondo à doutrina um esforço de conferir os parâmetros de sua aplicação. Mais do que isso: um esforço no sentido adaptar a doutrina do precedente judicial à realidade brasileira; foi no intuito de fornecer algum auxílio para esta adaptação que este ensaio foi escrito.

Como primeiro aspecto, pontuou-se a peculiaridade existente no sistema de precedente no Brasil de existência das noções distintas precedente, jurisprudência e súmula, cujo modo extração da *ratio decidendi* implicam o percurso de caminhos distintos. Em verdade, por constituírem, como dito, uma evolução, os inícios serão distintos, recaindo sempre, ao final, na análise unitária do precedente, afinal, a jurisprudência é formada por precedentes persuasivos reiterados no mesmo sentido e a súmula é a transformação da *ratio decidendi* em texto, a qual será extraída de um conjunto de precedentes.

Daí a importância de se conhecer os elementos formadores do precedente judicial, quais sejam a *ratio decidendi* e o *obiter dictum*, que apesar da mesma estrutura de juízo normativo, produzem efeitos distintos para dentro e fora do processo. A distinção de efeitos desses juízos normativos é relevante, justamente, para se identificar qual(is) deles terá eficácia vinculante, que, no contexto do CPC/2015, é saber quais juízos normativos constantes nas decisões do art. 927 deverão ser observadas pelos juízes e tribunais no julgamento de casos futuros semelhantes.

Por outro lado, a atividade jurisdicional deverá buscar sempre o equilíbrio entre a certeza, ligada à rigidez do sistema, e a adequação às pretensões da coletividade, relacionada, por sua vez, aos mecanismos de flexibilização

---

124. BUSTAMANTE, Thomas da Rosa de. *Teoria do Precedente Judicial.* cit., p. 462

do direito. Essa lógica, por óbvio, transplanta-se para a teoria do precedente judicial, no que concerne à sua aplicação (ou afastamento), enquanto norma jurídica obrigatória a ser observada pelo magistrado no julgamento do caso concreto.

Assim, o estabelecimento de um sistema de precedente judicial precisa, também, possibilitar a evolução das teses jurídicas, com a sua compatibilização com o contexto histórico e social, bem assim a adaptação às novas normas do ordenamento jurídico. As técnicas de não aplicação do precedente existem, exatamente, com essa finalidade, razão por que se optou por apresentar as duas principais delas: o *distinguishing* e o *overruling*.

Viu-se, então, que, se de um lado, a técnica de distinção confronta os fatos que embasam as controvérsias (fundamentos de fato), mantendo o precedente válido e eficaz, de outro lado, o *overruling* se relaciona à questão de direito (fundamentos de direito), com rejeição da tese jurídica anteriormente aplicada, a qual perde sua eficácia no ordenamento jurídico.

Apesar de serem técnicas distintas, assemelham-se no dever de fundamentação, justamente, por serem técnicas de afastamento do precedente judicial, de modo que, para garantir a manutenção de um sistema de respeito ao precedente judicial, exige-se um convincente discurso de justificação para não utilização do precedente.

Por fim, fica, aqui, registrado o desejo de que o tema desperte cada vez maior interesse na doutrina e que os responsáveis pela construção dos textos de que decorrerão as normas jurisprudenciais saibam da importância do seu papel e direcionem seus esforços no sentido de buscar, a cada novo julgamento, mais bem adaptar a doutrina do precedente judicial ao ordenamento jurídico brasileiro e à prática vivenciada nos nossos tribunais.

7. REFERÊNCIAS

ALEXY, Robert. *Teoria da Argumentação: a teoria do discurso racional como teoria da fundamentação jurídica*. 2. ed. Tradução de Zilda Hutchinson Schild Silva.; revisão técnica da tradução e introdução à edição brasileira, Cláudia Toledo. São Paulo: Landy, 2005.

BOMFIM, Daniela dos Santos. *A causa de pedir à luz da teoria do fato jurídico*. 2012. 171f. Dissertação (Mestrado em Direito) – Faculdade de Direito da Universidade Federal da Bahia, Salvador. 2012.

BUSTAMANTE, Thomas. *Teoria do Precedente Judicial*. São Paulo: Noeses, 2012.

CROSS, Rupert; HARRIS, J. W. *Precedent in English Law*. Oxford: Oxford University Press, 1991.

CUNHA, Leonardo Carneiro da. *O Processo Civil no Estado Constitucional e os fundamentos do projeto do novo Código de Processo Civil brasileiro*. Revista do Instituto de Direito Brasileiro. Ano 2 (2013), n. 9, p. 9295.

DIDIER JR., Fredie. *Sobre a Teoria Geral do Processo, essa desconhecida*. 2.ed. Salvador: JusPodivm, 2013.

_____. OLIVEIRA, Rafael Alexandria de. BRAGA, Paula Sarno. *Curso de Direito Processual Civil*: teoria da prova, direito probatório, ações probatórias, decisão, precedente, coisa julgada e antecipação dos efeitos da tutela. ed. 10. Salvador: Juspodivm, 2015.

DUXBURY, Neil. *The nature and the authority of the precedente*. New York: Cambridge University Press, 2008.

EISENBERG, Melvin Aron. *The nature of the common law*. Estados Unidos: Havard University Press, 1991.

FERRAZ JÚNIOR, Tércio Sampaio. *Introdução ao estudo do direito*: técnica, decisão dominação. 6.ed., São Paulo: Atlas, 2008.

_____; "Irretroatividade e jurisprudência judicial". *In*: FERRAZ JÚNIOR, Tércio Sampaio; CARRAZZA, Roque Antônio; NERY JÚNIOR, Nelson. *Efeito ex nunc e as decisões do STJ*. 2. ed. Barueri: Manole, 2009.

GOODHART, Arthur. *Determining the Ratio Decidendi of a Case*. The Yale Law Journal, Vol. 40, No. 2 (Dec., 1930).

LARENZ, Karl. *Metodologia da Ciência do Direito*. 3 ed. Fundação Calouste. Gulbenkian: Lisboa.

MACÊDO, Lucas Buril de. *O regime jurídico dos precedentes judiciais no projeto do novo Código de Processo Civil*. Revista de Processo, vol. 237/2014, nov. 2014.

MARINONI, Luiz Guilherme. *Precedentes Obrigatórios*. São Paulo: Revista dos Tribunais, 2010.

MARSHALL, Geoffrey. *What is a Binding in a Precedent*. *In*: MacCormick, D. Neil; SUMMERS, Robert S. (org.). *Interpreting precedentes: a comparative study*. Aldershot: Ashgate, 1997.

MERRYMAN, John Henry; PÉREZ-PERDOMO, Rogelio. *A tradição da Civil Law*: uma introdução aos sistemas jurídicos da Europa e da América Latina. Tradução: Cássio Casagrande. Porto Alegre: Sergio Antonio Fabris Ed., 2009.

MITIDIERO, Daniel. *Fundamentação e precedente – dois discursos a partir da decisão judicial*. Revista de Processo. São Paulo: RT, 2012, n. 206.

MOREIRA, José Carlos Barbosa. *Súmula, jurisprudência, precedente: uma escalada e seus riscos: um enfoque comparativo*. Temas de Direito Processual: (nona série). São Paulo: Saraiva, 2007.

PERELMAN, Chaim; OLBRECHTS-TYTECA, Lucie. *Tratado da argumentação: a nova retórica*. São Paulo: Martins Fontes, 2005.

PINTO, Paulo Cardoso Correia da Mota. *Declaração tácita e comportamento concludente no negócio jurídico*. Coimbra: Almedina, 1995.

RODRIGUEZ, José rodrigo. *Como decidem as Cortes? Para uma crítica do direito (Brasileiro)*. Rio de Janeiro. FGV. 2013.

ROSITO, Francisco. *Teoria dos Precedentes Judiciais - Racionalidade da Tutela Jurisdicional*. Curitiba: Juruá, 2012.

SIQUEIRA, Marília. As consequências da incidência do princípio da proteção da confiança na decisão de *overruling*: uma análise à luz do art. 521 no novo CPC. In: FREIRE, A. et al. (Org.). *Novas tendências do processo civil: estudos sobre o projeto do Novo Código de Processo Civil*. Salvador: JusPODIVM, 2013. v. 3, p. 391-416.

SOUZA, Marcelo Alves Dias de. *Do Precedente Judicial à Súmula Vinculante*. Curitiba: Juruá, 2006.

SOUZA, Marcos Seixas. Os precedentes na história do direito processual civil brasileiro: colônia e império. 2014. 196f. Dissertação (Mestrado em Direito) – Faculdade de Direito da Universidade Federal da Bahia, Salvador.

TARUFFO, Michele. *Precedente de Jurisprudência*. Tradução de Arruda Alvim, Tereza Arruda Alvim Wambier e André Luís Monteiro. Revista Forense, Rio de Janeiro, ano 108, volume 415, janeiro – junho de 2012.

TUCCI, José Rogério Cruz e. *Precedente Judicial como Fonte do Direito*. São Paulo: Revista dos Tribunais, 2004.

ZANETI JR., Hermes. *O valor vinculante dos precedentes*. Salvador: Juspodivm, 2015.

_____. *Processo constitucional*. Rio de Janeiro: Lumen Juris, 2007.

WAMBAUGH, Eugene. *The Study of cases: a course of instruction in reading and stating reported cases, composing head-notes and briefs, criticising and comparing authorities, and compiling digests*. 2ed. Boston: Little, Brown & Co., 1894.

CAPÍTULO 5

O Novo Código de Processo Civil e a modulação de efeitos de decisões sobre a inconstitucionalidade de normas: derrogação tácita do artigo 27 da Lei 9.868/1999?

Pedro José Costa Melo[1]

SUMÁRIO: 1. INTRODUÇÃO; 2. APRESENTAÇÃO DO SISTEMA DE REFERÊNCIA ADOTADO; 3. A NORMA CONSTRUÍDA A PARTIR DO ARTIGO 27 DA LEI 9.868/1999; 4. DA OBJETIVAÇÃO DO CONTROLE DIFUSO DE CONSTITUCIONALIDADE À CONSTRUÇÃO DE UM SISTEMA DE PRECEDENTES VINCULANTES; 5. A NORMA INTRODUZIDA COM O NOVO CÓDIGO DE PROCESSO CIVIL; 6. A INTERAÇÃO ENTRE AS NORMAS CONSTRUÍDAS A PARTIR DO §3º DO ARTIGO 927 DO NOVO CÓDIGO DE PROCESSO CIVIL E DO ARTIGO 27 DA LEI 9.868/1999; 7. CONCLUSÃO; 8. REFERÊNCIAS BIBLIOGRÁFICAS.

1. INTRODUÇÃO

A aprovação do Novo Código de Processo Civil (Lei nº 13.105/2015) inaugura uma nova fase para o Direito Processual Civil brasileiro. Dentre os anseios dos processualistas contemplados pelo novo código, merece destaque o fortalecimento de um sistema de precedentes judiciais, privilegiando a produção jurisdicional do Direito com o objetivo de garantir maior segurança e previsibilidade para os jurisdicionados[2].

---

1. Mestrando em Direito pela Universidade Federal de Alagoas – UFAL. Especialista em Direito Ambiental e Urbanístico pela UNIDERP. Graduado em Direito pela Universidade Federal da Bahia – UFBA. Procurador do Estado de Alagoas.
2. DANTAS, Bruno. Concretizar o princípio da segurança jurídica: uniformização e estabilidade da jurisprudência como alicerces do CPC projetado. In: FREIRE, Alexandre et al.. (Org.). **Novas Tendências do Processo Civil: Estudos Sobre o Projeto do Novo Código de Processo Civil**. 1 Ed. Salvador: Jus Podivm, 2013, v. 1, p. 125-143.

Dentro deste contexto, há uma preocupação especial com a estabilidade dos entendimentos jurisprudenciais. A constatação de que hoje se vivencia o fenômeno da jurisprudência lotérica[3], colocando em risco o tratamento isonômico aos jurisdicionados, tem levado inúmeros doutrinadores a criticar a volatilidade dos Tribunais brasileiros. No entanto, antes de uma preferência doutrinária, o fortalecimento do "Direito Judicial"[4] é consequência inevitável da necessidade de racionalizar a atividade jurisdicional. Trata-se de uma convergência vivenciada entre os sistemas jurídicos vinculados às tradições do Civil Law e Common Law[5].

Assim, em lugar de tentar impedir o inevitável fortalecimento dos precedentes judiciais, optou o legislador por criar mecanismos que garantam maior segurança e previsibilidade aos jurisdicionados. Além da regra construída a partir do artigo 926 do NCPC, que impõe aos tribunais o dever de uniformizar sua jurisprudência e mantê-la estável, íntegra e coerente, contemplou-se um específico regramento para a modificação de entendimentos sedimentados no âmbito dos tribunais, conforme parágrafos do artigo 927 do novo código.

Dentre os enunciados normativos ali contemplados, um deles merece especial atenção. Trata-se do §3º do artigo 927, que dispõe que *"Na hipótese de alteração de jurisprudência dominante do Supremo Tribunal Federal e dos tribunais superiores ou daquela oriunda de julgamento de casos repetitivos, pode haver modulação dos efeitos da alteração no interesse social e no da segurança jurídica"*. Deste suporte físico, é possível construir uma norma que permite aos tribunais superiores, ao modificar sua jurisprudência dominante, ou qualquer tribunal, ao alterar entendimento originado em julgamento de casos repetitivos, modular os efeitos temporais de sua nova decisão. O legislador silencia acerca de um *quorum* especial para que tal modulação seja realizada.

Tal circunstância traz inovação ao sistema jurídico vigente. O único enunciado normativo vigente que tratava da modulação de efeitos de decisões judiciais era o artigo 27 da Lei 9.868/1999[6], dispondo que *"ao declarar a*

---

3. Sobre a jurisprudência loteria e seus efeitos negativos, conferir marcante trabalho de CAMBI, Eduardo. Jurisprudência Lotérica. In **Revista dos Tribunais**, ano 90, Vol. 786. São Paulo: RT, 2001, p. 108-128.
4. Trata-se de expressão utilizada para denominar um sistema no qual o Judiciário passa a exercer uma função normativa geral, transcendendo o caso concreto GARCIA, Emerson. Direito Judicial e Teoria da Constituição. In: Novelino, Marcelo (org.). **Leituras Complementares de Direito Constitucional: Controle de Constitucionalidade e Hermenêutica Constitucional**. 2.ed. Salvador: Editora JusPODIVM, 2008, p.120-121.
5. ATAÍDE JR., Jaldemiro Rodrigues de. As tradições jurídicas de Civil Law e Common Law. In: FREIRE, Alexandre et al.. (Org.). **Novas Tendências do Processo Civil: Estudos Sobre o Projeto do Novo Código de Processo Civil**. 1 Ed. Salvador: Jus Podivm, 2013, v. 1, p. 583-602
6. Merece registro o fato de que a lei 9.882/99, referente à Arguição de Descumprimento de Preceito Fundamental – ADPF – traz dispositivo idêntico, em seu artigo 11, o que permite construir uma regra genérica para todos os processos de controle de constitucionalidade concentrado. No entanto, diante da

inconstitucionalidade de lei ou ato normativo, e tendo em vista razões de segurança jurídica ou de excepcional interesse social, poderá o Supremo Tribunal Federal, por maioria de dois terços de seus membros, restringir os efeitos daquela declaração ou decidir que ela só tenha eficácia a partir de seu trânsito em julgado ou de outro momento que venha a ser fixado".

A diferença entre os enunciados é evidente. Um, ao estar inserido em diploma que trata do procedimento da ação direta de inconstitucionalidade e da ação declaratória de constitucionalidade, se referiria apenas ao controle concentrado de constitucionalidade. O outro, à alteração de jurisprudência dominante de tribunais superiores ou a julgamento de casos repetitivos, estes definidos no artigo 928 do NCPC. Um autoriza a modulação de efeitos caso seja declarada a inconstitucionalidade, enquanto o outro a autoriza quando há alteração de jurisprudência dominante de tribunais superiores ou de entendimento oriundo de casos repetitivos. Um exige o voto de dois terços dos julgadores, outro nada fala acerca de um *quorum* especial para a modulação.

No entanto, é possível identificar que a inovação legislativa suscita, ao menos, uma grande questão: o que acontece quando a mudança de jurisprudência dominante de tribunais superiores ou de entendimento originado em casos repetitivos implica no reconhecimento da inconstitucionalidade de lei ou ato normativo? É justamente este problema que este trabalho se propõe a enfrentar, a fim de identificar se houve a criação de incongruência sistêmica, qual o âmbito de aplicação das normas construídas destes enunciados e, principalmente, se teria havido derrogação tácita da norma construída a partir do artigo 27 da Lei 9.868/1999.

Para tanto, imprescindível apresentar o sistema de referência que será utilizado neste trabalho, garantindo a possibilidade de refutação do raciocínio e resultados apresentados. A partir deste referencial teórico, serão trabalhadas as normas construídas de ambos os enunciados e as formulações apresentadas pela Ciência do Direito e jurisprudência sobre a matéria. Assim, se permitirá chegar a uma conclusão provisória e refutável – como deve ser todo conhecimento científico - acerca da interação entre os enunciados normativos e as normas a partir deles construídas.

2. APRESENTAÇÃO DO SISTEMA DE REFERÊNCIA ADOTADO

A identificação do sistema de referência utilizado é imprescindível para que se garanta a racionalidade, coerência e refutabilidade do conhecimento

---

identidade de regulação, restringiremos a análise ao destacado artigo 27 da Lei 9.868/1999, esclarecendo que os argumentos aqui expostos são aplicáveis à regulação realizada por ambos os diplomas normativos.

científico produzido. A exposição dos pontos de partida e do procedimento de construção do raciocínio garante que se possa aferir, de forma lógica, a validade ou não das conclusões que serão apresentadas.

Neste trabalho, tem-se como ponto de partida o caráter conceptual do Direito, enquanto conjunto de normas jurídicas tendentes a regular a conduta humana, conforme uma finalidade valiosa em um dado momento histórico[7]. Essa regulação não é mera repetição da realidade, mas a tentativa de modificá-la, através de linguagem prescritiva[8]. A linguagem prescritiva do Direito, considerado como objeto, não se confunde com a linguagem descritiva de sua Ciência, que tenta explicá-lo. Aqui, tenta-se produzir linguagem que explique a interação entre os enunciados normativos em análise, linguagem descritiva sobre a linguagem prescritiva das normas jurídicas.

É a partir da constatação do caráter conceptual do direito e sua apresentação na forma de linguagem que se recorre às ideias de Paulo de Barros Carvalho[9], reunidas no chamado Construtivismo Lógico-semântico. Tal teoria, partindo das contribuições da linguística, nos explica que o Direito se apresenta em quatro planos: o plano da expressão (S1), no qual o intérprete se debruça sobre o conjunto dos enunciados, o suporte físico que dá suporte à interpretação; o plano das significações (S2), no qual se examina o conjunto de conteúdos de significação dos enunciados prescritivos; o plano articulado das significações ou plano das normas jurídicas (S3), no qual é imprescindível a atividade do intérprete para a construção da norma jurídica segundo uma estrutura implicacional; e o plano da organização das normas construídas (S4), onde são examinados os vínculos de coordenação e de subordinação que se estabelecem entre as regras jurídicas.

É o cerco inescapável da linguagem ao Direito que exige o reconhecimento de como se apresenta o fenômeno jurídico e das consequências daí decorrentes para o estudo desenvolvido neste trabalho. Dentre as consequências de relevo, tem-se a distinção do texto, o enunciado normativo, suporte físico sobre o qual se debruça o intérprete, da norma jurídica construída a partir dele. A incidência deixa de ser automática, passando a ser ato de vontade da autoridade competente, através de linguagem, construção humana. A depuração do fenômeno jurídico em quatro planos exige que se identifique em qual dos planos ocorre a interação dos enunciados normativos em análise, e quais as consequências de tal interação no momento em que as normas daí construídas vierem a ser aplicadas.

---

7. IVO, Gabriel. **Norma Jurídica: Produção e Controle.** São Paulo: Editora Noeses, 2006, p. XXV.
8. Ibidem, p. 47.
9. CARVALHO, Paulo de Barros. Direito Tributário: Linguagem e Método. 4ª Ed. São Paulo: Ed. Noeses, 2011.

Utiliza-se, ainda, o desenvolvimento deste marco teórico realizado por Gabriel Ivo, em livro que trata sobre o processo de produção e extinção dos elementos que compõem o Direito no plano do objeto, isto é, das normas jurídicas[10]. As lições do professor alagoano permitem constatar que a introdução e retirada de normas do sistema jurídico são faces da mesma moeda, conduzindo à conclusão de que a revogação tácita se opera no terceiro ou no quarto dos planos da linguagem, isto é, no momento da construção da norma por cada intérprete ou na análise de suas relações de coordenação e subordinação, e não no plano dos enunciados[11].

Este sistema permitirá o cotejo das normas em análise com algum rigor metodológico, utilizando-se de um raciocínio dedutivo. Ambas são normas que regulam a própria produção do direito[12], normas de estrutura, pois versam sobre como se produz uma norma concreta, o precedente judicial, especificamente no que diz respeito aos seus efeitos temporais, isto é, se vai ou não reger condutas pretéritas. Outro ponto de partida deste trabalho é a constatação de que a decisão cria normas jurídicas. Além da norma jurídica concreta e individual, referente às partes do processo, a parte dispositiva da decisão, a atividade jurisdicional cria a norma concreta e genérica, as razões de decidir, que são aplicáveis a toda e qualquer situação em que sejam apresentadas as mesmas circunstâncias fático-normativas[13].

Assim, será examinado como opera a decisão de inconstitucionalidade, enfrentando se ela revoga uma norma inconstitucional, retirando-a do ordenamento, ou se tal retirada decorre exclusivamente da declaração de uma inconstitucionalidade que sempre existiu. E dai concluir quais os efeitos temporais que podem ser atribuídos a tal decisão, bem como os reflexos desta conclusão sobre a interação entre as normas construídas a partir do §3º do artigo 927 do NCPC e do artigo 27 da Lei 9.868/1999

3. A NORMA CONSTRUÍDA A PARTIR DO ARTIGO 27 DA LEI 9.868/1999

Do enunciado normativo trazido pelo artigo 27 da Lei 9.868/1999, é possível construir a seguinte norma jurídica no plano S3: se no reconhecimento de inconstitucionalidade de lei ou ato normativo dois terços dos Ministros entenderem presentes razões de segurança jurídica ou de excepcional interesse social, deve-ser a permissão para Supremo Tribunal Federal (STF) modular os efeitos temporais daquela decisão.

---

10. IVO, Gabriel. Op. Cit.
11. Ibidem, p. 111.
12. Ibidem, p. 3.
13. MARINONI, Luiz Guilherme. "A jurisdição no Estado Contemporâneo". **Teoria Geral do Processo**. 6ª Ed.. São Paulo: Editora Revista dos Tribunais, 2012, p. 99-100

Essa norma cria uma permissão para o STF, que poderá realizar a modulação de efeitos temporais de decisões de inconstitucionalidade diante de certas circunstâncias, desde que observado um especial *quorum* no julgamento colegiado. Trata-se de previsão que seria aplicável, exclusivamente, ao controle concentrado de constitucionalidade, uma vez que o mencionado documento normativo regula o procedimento da ação direta de inconstitucionalidade e da ação declaratória de constitucionalidade[14].

Considerando que a decisão judicial cria norma jurídica[15], decorre a conclusão de que a norma em análise configura-se como norma de estrutura, por regular o procedimento de criação do Direito. A regulação se dirige, especificamente, aos efeitos temporais da norma criada. Estes efeitos, em regra, retroagiriam à data do vício que ensejou a inconstitucionalidade. No entanto, esta regra geral poderá ser excepcionada para a definição de outro momento como termo inicial da produção de efeitos da norma criada, desde que para isso concorram as vontades de dois terços dos julgadores.

É de se perceber que para o reconhecimento de inconstitucionalidade é necessária a maioria absoluta dos membros do tribunal ou do órgão fracionário competente (cláusula de reserva de plenário ou regra do *full bench*, construída a partir do artigo 97 da Constituição Federal - CF/88). Mas para que tal decisão tenha seus efeitos modulados é necessário um *quorum* mais elevado, com a convergência das vontades de dois terços dos membros do tribunal. Por isso é que se afirma que no Brasil a decisão reconhecedora da inconstitucionalidade tem, geralmente, efeitos retroativos. Pode, no entanto, ser modulada por uma deliberação com *quorum* diferenciado.

As justificativas para a atribuição de efeitos *ex tunc* como regra geral e de um *quorum* qualificado para a modulação residem na origem histórica do controle de constitucionalidade brasileiro e nas doutrinas que o inspiraram. Deve ser relembrado que o controle de constitucionalidade foi introduzido no Brasil na Constituição de 1891, influenciado pela doutrina do *judicial review* estadunidense[16]. Tratava-se de controle difuso realizado pelo Poder Judiciário, que aferia a validade das leis e atos normativos do poder público de forma incidente, no julgamento de casos concretos em que se discutem direitos subjetivos, gerando efeitos apenas entre as partes do processo.

---

14. Relembrando que existe enunciado normativo idêntico no artigo 11 da Lei 9.882/99, referente à Arguição de Descumprimento de Preceito Fundamental, à qual se aplica a mesma argumentação aqui exposta.
15. A criação de norma jurídica pela decisão judicial é terreno comum na doutrina. No entanto, a indagação sobre a generalidade ou não das normas criadas é objeto de ponderações mais recentes da doutrina. MARINONI, Luiz Guilherme. Op. Cit., p. 93-108.
16. CUNHA JÚNIOR, Dirley da. **Controle de Constitucionalidade:** Teoria e prática. Salvador: Edições JusPODIVM, 2006, p. 82.

Com a doutrina do *judicial review* incorporou-se também a teoria da nulidade da norma inconstitucional[17]. A norma inconstitucional seria ato jurídico nulo, porquanto carente de fundamento constitucional de validade. E uma vez inconstitucional, sempre inconstitucional, devendo apenas ser declarada a desconformidade à Constituição. Essa declaração fulminaria todos os efeitos decorrentes da norma desde o seu surgimento sem fundamento de validade na constituição. A decisão que reconhece a inconstitucionalidade, portanto, teria efeitos *ex tunc*.

A influência dessas ideias é sentida até os dias de hoje, uma vez que o sistema coloca como regra geral a aplicação de efeitos retroativos à decisão que reconhece uma inconstitucionalidade. No entanto, o sistema de controle de constitucionalidade difuso tem uma séria implicação no Brasil, decorrente da sua importação acrítica. É que inexistia aqui um sistema de precedentes vinculantes, a exemplo do que ocorre no Direito Estadunidense[18], o que possibilitava a coexistência de decisões conflitantes entre os vários órgãos judiciários competentes para o controle. Alguns tribunais declaravam inconstitucional uma norma, outros continuavam aplicando-a, gerando um indesejado estado de insegurança jurídica. Afinal, sendo o Brasil um país tradicionalmente vinculado ao sistema da *civil law*, não se aplicava aqui o princípio do *stare decisis*, típico de sistemas da *common law*[19].

Uma tentativa de resolver esse problema se deu com a introdução, pela Constituição de 1934, da possibilidade de que o Senado suspendesse os efeitos da lei reconhecida como inconstitucional. Essa suspensão de efeitos, contudo, tem efeitos *ex nunc*, pois se trata de novo ato normativo que vai fulminar a eficácia da lei. Não se está invalidando a norma, reconhecendo um vício que a estivesse maculando desde o seu nascimento[20]. A norma inconstitucional seria aplicável a outros casos até a atuação do Senado, ao editar a referida resolução. Ademais, a resolução do Senado não resolve todos os problemas, uma vez que quando o STF reconhece como constitucional uma norma, não há a possibilidade de edição de uma resolução que impeça que outros órgãos judiciários reconheçam a inconstitucionalidade sobre a mesma norma[21]. A situação

---

17. SARMENTO, Daniel. A Eficácia Temporal das Decisões no Controle de Constitucionalidade. In: SARMENTO, Daniel (org.). **O Controle de Constitucionalidade e a Lei nº 9.868/1999**. Rio de Janeiro: Editora Lúmen Júris, 2001.
18. AMARAL JÚNIOR, José Levi Mello do. Reclamação 4.335 e a busca do *stare decisis*. **Consultor Jurídico**. Disponível em: ‹http://www.conjur.com.br/2013-mai-25/observatorio-constitucional-reclamacao-4335-busca-stare-decisis›. Acesso em 25 ago 2014.
19. CUNHA JÚNIOR, Dirley da. Op. Cit, p.84.
20. AMARAL JÚNIOR, José Levi Mello do. Revalorização do artigo 52, inciso X, da Constituição. **Consultor Jurídico**. Disponível em: ‹http://www.conjur.com.br/2014-abr-20/analise-constitucional-revalorizacao-artigo--52-inciso-constituicao›. Acesso em 25 ago 2014.
21. Ibidem

de insegurança jurídica, no controle difuso de constitucionalidade brasileiro, permaneceu mesmo após a modificação constitucional mencionada.

Já o controle concentrado de constitucionalidade, realizado de forma abstrata, foi introduzido no Brasil quando em vigor a Constituição de 1946, através da Emenda Constitucional nº 16, tendo forte inspiração no modelo austríaco e na doutrina de Hans Kelsen[22]. Neste modelo a competência para controlar a constitucionalidade de normas seria exclusiva de um único órgão jurisdicional, o STF, através do julgamento da representação genérica de inconstitucionalidade, que originava processo de natureza objetiva em que não se discutiam direitos subjetivos, mas a validade da norma frente à Constituição. A análise da constitucionalidade era realizada abstratamente, independente de circunstâncias de um dado caso concreto. À decisão proferida no exercício da jurisdição constitucional eram atribuídos efeitos *erga omnes*, o que garantiria uma maior segurança jurídica ao retirar a norma declarada inconstitucional do ordenamento jurídico[23].

Inaugurou-se, então, um sistema misto ou eclético de controle judicial de constitucionalidade, em que havia a clara dicotomia entre um modelo de controle difuso-concreto, praticado por todos os órgãos do Judiciário, e um modelo de controle concentrado-abstrato, de competência exclusiva do STF. Estes modelos coexistiam com contornos bem definidos e funções distintas. A Constituição de 1967/69 trouxe poucas alterações no tema.

A CF/88 manteve o sistema misto já existente, aperfeiçoando-o. Persistiu o controle concentrado-abstrato de constitucionalidade através de diversos instrumentos, como a ação direta de inconstitucionalidade, a ação direta de inconstitucionalidade por omissão e a arguição de descumprimento de preceito fundamental. Já o controle difuso continuou sendo realizado através dos inúmeros órgãos do Poder Judiciário, que podem constituir a inconstitucionalidade de uma norma de forma incidental. No bojo desse controle, a questão sempre poderia ser levada ao STF, a quem caberia dar a palavra final sobre o tema, em última ou única instância. Tal decisão não conta com efeitos *erga omnes*, mas possibilita que o Senado Federal, por meio de resolução, suspenda seus efeitos para todos, conforme permissão construída a partir do artigo 52, X, da CF/88[24].

---

22. Ainda que através de uma inspiração indireta do modelo pensado por Kelsen. Esse modelo teria um advogado da Constituição (Verfassungsanwalt), figura incorporada no Brasil pelo Procurador-Geral da República, dotado de garantias frente ao Governo e ao Parlamento, a quem caberia de ofício instaurar sistema de controle das normas que reputasse inconstitucionais. MENDES, Gilmar Ferreira. **Direitos Fundamentais e Controle de Constitucionalidade**: Estudos de Direito Constitucional. 2.ed. São Paulo: Celso Bastos Editor: Instituto Brasileiro de Direito Constitucional, 1999, p.266.
23. É possível notar que o termo norma admite inúmeros sentidos. Embora tradicionalmente haja a confusão entre o texto – enunciado normativo - e o resultado da interpretação, aqui se utiliza norma como o resultado da construção do intérprete, no momento da aplicação do Direito.
24. AMARAL JÚNIOR, José Levi Mello do. Revalorização do artigo 52, inciso X, da Constituição. **Consultor Jurídico**. Disponível em: ‹http://www.conjur.com.br/2014-abr-20/analise-constitucional-revalorizacao-artigo--52-inciso-constituicao›. Acesso em 25 ago 2014.

Dessa forma, com a CF/88 o STF passou a exercer o papel de intérprete da constituição através de uma dupla competência: tanto o faz por meio do controle concentrado de normas quanto por meio do controle difuso, quando funciona como instância final. Nestes dois, contudo, revela-se a sua aptidão para dar a última palavra em matéria constitucional, ainda que se possa questionar, no caso do controle difuso, a obrigatoriedade de observância de seu entendimento por outros órgãos do Judiciário.

Diante da origem do sistema brasileiro de controle de constitucionalidade, é possível compreender a forte influência exercida pela doutrina estadunidense, inclusive no que toca aos efeitos temporais da decisão de inconstitucionalidade. Tal teoria encontra muitos adeptos. Pontes de Miranda aponta que "A melhor solução técnica é a da nulidade, a que corresponda sentença constitutiva negativa, com eficácia *ex tunc*"[25]. Gabriel Ivo, por sua vez, defende que o STF é competente para, no controle abstrato de constitucionalidade, editar norma invalidante que tenha como hipótese a norma vigente que padece de vício de inconstitucionalidade, e no consequente a prescrição de invalidação da norma viciada, "irradiando efeitos *ex tunc*, por se tratar de nulidade"[26].

No entanto, não se pode esquecer a contribuição de Hans Kelsen para o nosso sistema de controle de constitucionalidade. Em sua teoria, se defende a necessidade de um legislador negativo, responsável pela depuração do ordenamento ao retirar dele normas carentes de fundamento na constituição. Partindo da premissa de que as leis gozam de presunção de validade, uma vez que ingressem no ordenamento jurídico, dependeriam de uma atuação de igual valor do legislador, só que em sentido negativo, retirando-as do ordenamento[27]. Papel este exercido pela Corte Constitucional, no caso brasileiro, o STF.

Se a norma presume-se válida até que retirada do ordenamento jurídico, conclui-se que as decisões nas ações idealizadas por Kelsen, no sistema abstrato de controle de constitucionalidade, teriam natureza desconstutiva. Seriam elas que, reconhecendo a inconstitucionalidade, retirariam do ordenamento jurídico a norma impugnada, que gerou efeitos até esse momento. Ademais, o mestre Austríaco concebeu tal sistema com base na teoria da anulabilidade das normas inconstitucionais.

Como corolário dessa teoria, a decisão teria efeitos *ex nunc*, pois a norma teria produzido efeitos até que retirada do ordenamento. O marco inicial dos

---

25. MIRANDA, Pontes de. **Comentários à Constituição de 1967, com a emenda n. 1, de 1969.** Tomo I. 2ª Ed. Rio de Janeiro: 1970, p. 399.
26. IVO, Gabriel. Op. Cit., p. 144.
27. O mestre Austríaco entende que dentro de uma ordem jurídica não pode haver algo como a nulidade, razão pela qual a decisão de inconstitucionalidade será sempre desconstitutiva. KELSEN, Hans. **Teoria Geral do Direito e do Estado.** 2 Ed. São Paulo: Martins Fontes, 1995, P 158-159.

seus efeitos seria momento determinado pela Corte Constitucional, momento este que poderia ser da data da decisão ou data posterior a ela. No entanto, quando da introdução do sistema de controle de constitucionalidade concentrado-abstrato, através da EC nº 16/65, já estava consolidada na cultura jurídica nacional a tese da nulidade da norma inconstitucional, a despeito da inspiração Kelseniana do sistema controle que estava sendo introduzido no direito positivo pátrio.

Assim, o sistema concentrado-abstrato de controle de constitucionalidade foi incorporado no Brasil através de ações nas quais as decisões teriam efeitos *ex tunc*, devido a aplicação do princípio da nulidade, supostamente por uma questão de lógica: a nulidade sempre existiu, e não se pode admitir que uma norma contrária à constituição produzindo efeitos no ordenamento jurídico. Tal situação, contudo, gera inúmeros problemas, especialmente ligados à segurança jurídica e aos direitos adquiridos de boa-fé.

Isso por que se reconhecendo a inconstitucionalidade, e diante dos efeitos *erga omnes* dessa decisão, seriam retirados do mundo jurídico todos os efeitos da norma, de forma que terceiros de boa-fé poderiam ser prejudicados quanto aos direitos dela oriundos[28]. Outrossim, poderia tardar anos até que a inconstitucionalidade fosse reconhecida, e durante todo esse tempo as normas foram tidas como válidas e inúmeras relações jurídicas podem ter surgido, fundadas nela. Descurava-se da necessidade de conferir estabilidade às relações jurídicas, seja por razões de boa-fé, seja pelo transcurso de longo lapso temporal.

Foi para atender aos anseios por segurança jurídica que o legislador ordinário introduziu a mencionada regra construída a partir do artigo 27 da Lei 9.868/1999. E considerou como regra geral a atribuição de efeitos *ex tunc* à decisão que reconhece a inconstitucionalidade, razão pela qual a modulação dos efeitos temporais para atribuição de efeitos *ex nunc* ou *pro futuro* exige o voto de dois terços dos ministros. Não se trata, no entanto, de imposição lógica, mas apenas o acolhimento pelo direito positivo de uma teoria em detrimento de outra.

É de se relembrar que não se pode confundir a Ciência do Direito com seu objeto, o direito positivo. São planos de linguagem diferentes: a linguagem descritiva da Ciência do Direito e a linguagem prescritiva do seu objeto, o

---

28. Já havia quem, no sistema anterior à entrada em vigor da Lei 9.868/1999, e diante da ausência de ferramenta que permitisse a modulação dos efeitos da decisão, se insurgisse contra a retirada de efeitos de atos singulares praticados com fundamento em lei desconstituída por inconstitucionalidade, defendendo a necessidade de procedimento próprio para tal finalidade, no qual se garantisse o contraditório e ampla defesa dos beneficiários. CLÈVE, Clèmerson Merlin. Declaração de inconstitucionalidade de dispositivo normativo em sede de juízo abstrato e efeitos sobre os atos singulares praticados sob sua égide. In: Revista Trimestral de Direito Público, v. 17. São Paulo: Malheiros, 1997. p. 78-104.

direito positivo. Há a possibilidade de um enunciado descritivo da Ciência do Direito ser incorporado ao direito positivo, tomando lugar do objeto, desde que tal incorporação se dê através de um instrumento que o sistema credencie à inserção de normas. No entanto, a partir da sua inserção, o enunciado descritivo deixa de ser ciência, passando a ter natureza prescritiva[29].

O mesmo acontece com a teoria da nulidade da norma inconstitucional. Sua inserção no sistema não se deu de forma expressa, podendo ser construída dos enunciados normativos que permitem a construção da norma que confere à decisão reconhecedora da inconstitucionalidade efeitos retroativos, em geral. No entanto, essa foi uma opção legislativa, não uma imposição lógica. Pontes de Miranda não descurou dessa realidade, pois ainda que preferindo a teoria da nulidade, apontou que "Tècnicamente, a inconstitucionalidade ou importa inexistência, ou invalidade, ou ineficácia. Ao direito positivo cabe escolher a conceituação: uma vez escolhida, tem-se a solução *in iure condito*, com suas consequências."[30]

Então o direito positivo escolheu uma teoria que se destina a explicar o fenômeno do reconhecimento da inconstitucionalidade, ainda que outra possa igualmente explicar tal fenômeno. O aplicador do direito não erra, pois a linguagem prescritiva que produz não se sujeita a aferição de critérios de correção, mas sim de validade[31]. E a inserção da teoria da nulidade no sistema retira-lhe o caráter descritivo, passando a partir de então, a ter natureza prescritiva.

Poderia o legislador pátrio, portanto, ter adotado outra teoria. Como se viu, tanto a teoria da nulidade quanto a teoria da anulabilidade da norma inconstitucional permitem explicar, igualmente, o fenômeno da inconstitucionalidade, com repercussões sobre os efeitos temporais da decisão que a reconhece. E a inserção do modelo de controle de constitucionalidade pensado por Kelsen permitira, igualmente, a incorporação da teoria que o mestre austríaco defendia a respeito do tema.

A exigência do *quorum* qualificado, portanto, é motivada mais por razões históricas e de política legislativa do que propriamente por uma decorrência lógica do reconhecimento da inconstitucionalidade. Ademais, segundo o sistema de referência aqui adotado, não existe uma incidência automática e infalível, sem participação humana. O momento da incidência se identifica com o momento da aplicação. "É a aplicação, portanto, que dá o sentido da incidência"[32]. Isto significa que o aplicador tem um campo de possibilidades para definir até

---

29. IVO, Gabriel. Op. Cit., XXXI.
30. MIRANDA, Francisco. Op. Cit., p. 395.
31. IVO, Gabriel. Op. Cit., p. 54-55.
32. Ibidem, p. 61-62.

que momento houve incidência da norma que está sendo expurgada do ordenamento jurídico em razão de um vício de inconstitucionalidade. É coerente com esse sistema, portanto, considerar que enquanto não houve a atuação do tribunal, a norma produziu efeitos.

Assim, a opção legislativa é meramente política. No direito brasileiro atualmente vigente, optou-se como regra geral por conferir efeitos retroativos às decisões que reconhecem a inconstitucionalidade no controle abstrato de constitucionalidade. A modulação de efeitos pode ser realizada, desde que justificada por razões de segurança jurídica e relevante interesse social, identificadas por dois terços dos ministros votantes. Inexiste, no entanto, óbice para que o direito positivo regule a matéria de forma diferente, sendo livre o legislador para inserir regra que não exija tal *quorum*, ou para que o reconhecimento de inconstitucionalidade produza efeitos apenas ex *nunc*, em geral.

Portanto, firma-se essa primeira premissa: o direito positivo pode livremente dispor acerca dos efeitos temporais da decisão que reconhece a inconstitucionalidade da norma, sem que exista qualquer óbice de natureza lógica para as possíveis opções legislativas sobre o tema.

4. DA OBJETIVAÇÃO DO CONTROLE DIFUSO DE CONSTITUCIONALIDADE À CONSTRUÇÃO DE UM SISTEMA DE PRECEDENTES VINCULANTES.

Como indicado anteriormente, a análise da norma construída a partir do artigo 27 da Lei 9.868/1999 revela que a modulação de efeitos seria possível apenas no controle concentrado de constitucionalidade. A sua análise sem correlação com outras normas do sistema jurídico não permitiria sua aplicação ao controle difuso de constitucionalidade, isto é, em processos em que a discussão de direitos subjetivos exige o exame incidental da compatibilidade de determinada norma com o ordenamento constitucional.

No entanto, a partir da análise da jurisprudência do STF, a doutrina vem apontando a ocorrência um fenômeno que se convencionou denominar de objetivação do controle difuso de constitucionalidade[33]. Tal fenômeno tem fundamento em uma série de modificações no Direito Positivo que culminaram numa reformulação do papel do STF no controle de constitucionalidade.

---

33. NERY JUNIOR, Nelson. Boa-fé Objetiva e Segurança Jurídica – Eficácia da Decisão Judicial que Altera Jurisprudência Anterior do Mesmo Tribunal Superior. In: FERRAZ JR., Tercio Sampaio; CARRAZZA, Roque Antonio; NERY JUNIOR, Nelson. **Efeito Ex Nunc e as Decisões do STJ**. 2.ed. São Paulo: Editora Manole, 2009, p. 272; DIDIER JR., Fredie. O Recurso Extraordinário e a Transformação do Controle Difuso de Constitucionalidade no Direito Brasileiro. In: NOVELINO, Marcelo (org.). **Leituras Complementares de Direito Constitucional: Controle de Constitucionalidade e Hermenêutica Constitucional**. 2.ed. Salvador: Editora JusPODIVM, 2008, p. 272-282.

A objetivação do controle difuso seria observada quando decisões do STF em sede de controle difuso de constitucionalidade passam a ter efeitos típicos de decisões proferidas em sede de controle concentrado[34]. A novidade está na atribuição de efeitos transcendentes a decisões em que a constitucionalidade não é questão principal, mas prejudicial ao julgamento da causa. Isto porque na análise da compatibilidade da norma com o sistema constitucional vigente pouco importam as circunstâncias do caso concreto, mas se tal norma, abstratamente, estaria em conformidade com a Constituição, seu fundamento de validade. Portanto, os instrumentos típicos do controle difuso, quando levados ao STF, ensejam uma análise constitucionalidade em abstrato, como habitualmente realizado no modelo de controle concentrado.

Ocorre que tradicionalmente, a decisão sobre a constitucionalidade da norma era tida como questão prejudicial apenas daquele caso concreto. Não se compreendia que pudesse ser aplicada a outros processos em que houvesse circunstâncias fático-normativas similares. O efeito do reconhecimento da inconstitucionalidade era, exclusivamente, *inter partes*, até que sobreviesse resolução do Senado que fulminasse a eficácia da norma inconstitucional.

Foi com a Emenda Constitucional nº 03/93 que se iniciou modificação substancial na compreensão das decisões do Supremo em sede de controle de constitucionalidade. A emenda introduziu em nosso sistema a ação declaratória de constitucionalidade, atribuindo a suas decisões, assim como às decisões tomadas em ação direta de inconstitucionalidade, efeitos vinculantes.

A eficácia *erga omnes* e o efeito vinculante são institutos afins, mas distintos. A eficácia *erga omnes* tem o condão de retirar a norma inconstitucional do ordenamento, uma vez que os efeitos da decisão atingem a todos, e não apenas as partes do processo. Está localizada no dispositivo da decisão de inconstitucionalidade, mas não impede que seja editado novo diploma normativo com texto idêntico, a partir do qual se construa norma idêntica àquela tida como inconstitucional. Já o efeito vinculante atinge os fundamentos ou motivos determinantes da decisão, ou seja, está topograficamente localizado na fundamentação do provimento jurisdicional, o que impede que o intérprete, em futura aplicação do Direito, construa norma idêntica à declarada inconstitucional, mesmo a partir de novo texto idêntico, produzido pelo Legislativo após a decisão de inconstitucionalidade[35]. Atribui uma maior eficácia às decisões da Corte Constitucional, fazendo valer a interpretação que o tribunal conferiu à Constituição[36].

---

34. DIDIER JR., Fredie. Op. Cit., p. 272-273
35. Tal impeditivo, é preciso que se esclareça, não abrange o próprio Supremo Tribunal Federal, que pode rever seu entendimento anterior, especialmente quando ocorra a modificação das circunstâncias fáticas ou dos valores sociais relativos o tema decidido. CLÈVE, Op. Cit.
36. MENDES, Gilmar Ferreira, Op. Cit., p.435-441.

Apesar de ter origem na doutrina alemã, por terem ambos os mesmos efeitos práticos, pode se traçar um paralelo entre o efeito vinculante e o princípio do *stare decisis* norte-americano[37], pois têm como consequência a garantia de maior segurança jurídica ao ordenamento jurídico em que aplicados.

Com isso, a partir de 1993, pode-se concluir que existe no Brasil algo que muito se assemelha ao princípio do *stare decisis*, vinculando todos os órgãos jurisdicionais quando exarada decisão do STF em sede de controle de constitucionalidade concentrado. Isso consolidou o papel do STF como intérprete da constituição, levando ao desenvolvimento de inúmeros mecanismos com o objetivo de garantir a autoridade dessa Corte. Modificou o paradigma pelo qual se enxergavam as decisões judiciais, que tiveram sua importância como fonte do direito aumentada[38].

Outra alteração legislativa impactante foi a introdução, por meio da Emenda Constitucional nº 45, da súmula vinculante no ordenamento brasileiro[39]. Agora é possível ao STF editar enunciado de sua súmula dotado de efeitos vinculantes. Quando o enunciado versar sobre constitucionalidade de norma, se abrirá para o STF a possibilidade de atribuir efeitos vinculantes ao seu entendimento no bojo de controle difuso de constitucionalidade, tendo efeito prático semelhante à decisão de inconstitucionalidade proferida em sede de controle concentrado.

É significativa, também, a criação, pela mesma Emenda Constitucional nº 45, de novo requisito de admissibilidade do recurso extraordinário, a repercussão geral[40]. Esse novo pressuposto recursal revela a releitura do papel do STF no recurso extraordinário, não ficando mais adstrito aos interesses individuais discutidos em juízo, passando a exercer uma "função de defesa da ordem constitucional objetiva"[41]. As causas que serão por ele analisadas devem ter importância que transcende às partes, seja por razões de relevante interesse econômico, social, político ou jurídico.

Com isso, criou-se novo regime de processamento em que são enviados recursos representativos da controvérsia para a corte, sendo os demais, que versam sobre o mesmo tema, sobrestados na origem. Decidido o recurso

---

37. Ao fenômeno foi dado o nome de "efeito transcendental dos motivos determinantes da decisão". CUNHA JÚNIOR, Dirley da. O Princípio do "Stare Decisis" e a Decisão do Supremo Tribunal Federal no Controle Difuso de Constitucionalidade. In: NOVELINO, Marcelo (org.). **Leituras Complementares de Direito Constitucional: Controle de Constitucionalidade e Hermenêutica Constitucional.** 2.ed. Salvador: Editora JusPODIVM, 2008, p.300.
38. NERY JUNIOR, op. cit., p. 78-83.
39. Art. 102, §2º, CF/88.
40. Art. 102, §3º, CF/88.
41. NOVELINO, Marcelo. **Teoria da Constituição e Controle de Constitucionalidade.** Salvador: Editora JusPODIVM, 2008, p. 175.

extraordinário no STF, caberá aos tribunais onde sobrestados os demais seguirem a orientação firmada pela Corte Constitucional, revelando uma vinculação aos fundamentos da decisão por ele tomada. Constata-se, mais uma vez, que se essa decisão versar sobre a constitucionalidade de norma, terá efeitos vinculantes para os demais órgãos do Judiciário, a despeito de proferida em sede de controle difuso.

A jurisprudência do STF reconheceu importantes reflexos dessas modificações do direito positivo. Os mais importantes deles, para os fins deste trabalho, são o uso de reclamações constitucionais para garantir obediência às suas decisões e a modulação de efeitos temporais de decisões que tomadas fora do controle concentrado de constitucionalidade.

Quanto à modulação de efeitos, a par da norma construída a partir do artigo 27 da Lei 9.868/1999, passou o STF a modular os efeitos de decisões tomadas fora do controle concentrado de constitucionalidade, ao fundamento de que seria imposição do princípio da segurança jurídica. Assim, tanto no RE 197.917/SP[42] quanto no HC 82.959[43] suas decisões não tiveram efeitos retroativos, como seria a regra.

É de se observar que daí surgiu discussão relativa ao *quorum* necessário para a modulação dos efeitos temporais. Se no RE 197.917/SP a modulação de efeitos foi realizada sem que fosse observado qualquer *quorum* especial, no julgamento seguinte, do HC 82.959, entendeu o tribunal que o caso seria de aplicação, por analogia, da norma construída a partir do artigo 27 da Lei 9.868/1999, o que exigiria o *quorum* de dois terços dos Ministros integrantes do STF. Tal entendimento foi mantido no RE 377.457/PR[44], na qual a modulação de efeitos foi negada por não ter sido atingido o mencionado *quorum*.

A despeito da discussão travada pela Suprema Corte, o fato é que existe regra vigente no ordenamento jurídico acerca da modulação de efeitos das decisões. E é a única regra que se tem notícia, ainda que estivesse inserida, inicialmente, no controle concentrado de constitucionalidade. Portanto, consiste no único parâmetro fornecido pelo direito positivo para que seja realizada a modulação de efeitos, de forma que cabe ao intérprete, no momento da aplicação, fazer incidir tal norma, ainda que se utilizando de analogia. Isso significa que o direito positivo anterior ao novo Código de Processo Civil exige,

---

42. RE 197917, Relator(a): Min. MAURÍCIO CORRÊA, Tribunal Pleno, julgado em 06/06/2002, DJ 07-05-2004 PP-00008 EMENT VOL-02150-03 PP-0036
43. HC 82959, Relator(a): Min. MARCO AURÉLIO, Tribunal Pleno, julgado em 23/02/2006, DJ 01-09-2006 PP-00018 EMENT VOL-02245-03 PP-00510 RTJ VOL-00200-02 PP-00795
44. RE 377457, Relator(a): Min. GILMAR MENDES, Tribunal Pleno, julgado em 17/09/2008, REPERCUSSÃO GERAL - MÉRITO DJe-241 DIVULG 18-12-2008 PUBLIC 19-12-2008 EMENT VOL-02346-08 PP-01774

para a modulação de efeitos, o *quorum* de dois terços dos integrantes da Corte julgadora.

A segunda das manifestações deste fenômeno consiste na admissibilidade de reclamação constitucional para garantir obediência às decisões do STF. Ainda que inicialmente a reclamação tenha sido admitida apenas quando as decisões tivessem sido proferidas em controle concentrado de constitucionalidade[45], em alguns julgados o STF sinalizou que passaria a reconhecer os efeitos transcendentes dos fundamentos de decisões tomadas em sede de controle difuso de constitucionalidade. O caso paradigmático a respeito do tema foi a Reclamação nº 4.335/AC[46], ajuizada para garantir o entendimento manifestado pelo STF no HC 82.959/SP, referente à progressão do regime da lei dos crimes hediondos, a despeito de se tratar de decisão proferida no bojo do controle difuso de constitucionalidade.

Diante daquele julgamento, parcela da doutrina, na qual se destaca trabalho de autoria do Ministro Gilmar Mendes[47], passou a defender que teria havido a mutação constitucional do artigo 52, X, da CF/88, de forma que a resolução do Senado destinada a retirar a eficácia da lei declarada inconstitucional, no controle difuso de constitucionalidade, teria unicamente a função de dar publicidade à decisão da Suprema Corte. Esta decisão, por si só, teria efeitos transcendentes para vincular os demais órgãos do Poder Judiciário.

No entanto, esta tese é criticável. Isto porque a mutação constitucional não pode contrariar o enunciado normativo, que é claro, na hipótese, em definir qual a função da resolução do Senado. A doutrina identifica neste movimento uma busca pelo *stare decisis* no direito brasileiro[48], animada pela necessidade de garantir maior segurança jurídica aos jurisdicionados. Ao fim, ao concluir o julgamento, o STF rejeitou tal tese, entendendo que suas decisões proferidas fora do controle concentrado de constitucionalidade não permitiriam o ajuizamento de reclamações constitucionais.

---

45. Rcl 2256, Relator(a): Min. GILMAR MENDES, Tribunal Pleno, julgado em 11/09/2003, DJ 30-04-2004 PP-00034 EMENT VOL-02149-04 PP-00637.
46. Rcl 4.335/AC, rel. Min. Gilmar Mendes, 1º.02.2007.
47. MENDES, Gilmar Ferreira. A reclamação constitucional no Supremo Tribunal Federal. In: NOVELINO, Marcelo (org.). **Leituras Complementares de Direito Constitucional: Controle de Constitucionalidade e Hermenêutica Constitucional**. 2.ed. Salvador: Editora JusPODIVM, 2008, p. 401-435; no mesmo sentido, CUNHA JÚNIOR, Dirley da. O Princípio do "Stare Decisis" e a Decisão do Supremo Tribunal Federal no Controle Difuso de Constitucionalidade. In: NOVELINO, Marcelo (org.). **Leituras Complementares de Direito Constitucional: Controle de Constitucionalidade e Hermenêutica Constitucional**. 2.ed. Salvador: Editora JusPODIVM, 2008, p. 301-303.
48. AMARAL JÚNIOR, José Levi Mello do. Reclamação 4.335 e a busca do *stare decisis*. **Consultor Jurídico**. Disponível em: ‹http://www.conjur.com.br/2013-mai-25/observatorio-constitucional-reclamacao-4335-busca-stare-decisis›. Acesso em 25 ago 2014.

O que é possível identificar deste enredo é que a modificação sofrida no direito brasileiro não se restringe ao controle de constitucionalidade, mas a todo o sistema de fontes do Direito. O Brasil caminha para a incorporação de um sistema de precedentes vinculantes, que será definitivamente chancelado pelo novo Código de Processo Civil. E não poderia ser diferente.

Ora, já se examinou que ao aplicar a norma em processos onde se discutem direitos subjetivos, o Judiciário produz não só uma norma concreta e individual, apta a regular aquela específica situação jurídica das partes do processo, mas também uma norma concreta e geral[49]. É que incumbe ao julgador, ao aplicar uma norma, interpretar o seu sentido, definindo sua incidência, sua compatibilidade com o texto constitucional, balanceando o resultado de acordo com os direitos fundamentais. Do resultado dessa atividade se constrói uma norma jurídica que vai justificar sua decisão, que ficou conhecida como *ratio decidendi*[50]. Essa norma não é simplesmente a norma individual do caso, o comando encerrado no dispositivo da sentença ("condeno a adimplir uma obrigação", "declaro uma relação jurídica" ou "constituo uma situação jurídica"), mas uma norma que fundamentará esse dispositivo, porque apta a regular o caso concreto.

Mas a norma contida na fundamentação não é apta a regular apenas o caso concreto em que produzida, mas outros casos a ele similares, por indução[51]. Assim, numa demanda que pede a condenação de um devedor ao adimplemento de obrigação imposta por um contrato, a norma do caso concreto vai impor àquele réu o adimplemento. A *ratio decidendi* que fundamenta esse comando é de que todo aquele que se obriga a alguma coisa, em razão de um contrato, deve adimplir a obrigação daí decorrente.

O que aconteceu é que esse fenômeno foi observado, inicialmente, apenas no controle de constitucionalidade[52]. Mas está presente em toda e qualquer

---

49. Tais qualidades são aferidas segundo as considerações do professor Paulo de Barros Carvalho, onde a concretude e abstração são identificáveis no antecedente da norma, enquanto a generalidade e individualidade depende do exame do seu consequente. CARVALHO, Op. Cit., p. 139-145.
50. Aqui toma-se como *ratio decidendi* os fundamentos jurídicos que sustentam a decisão, a tese acolhida pelo órgão julgador que, por indução, pode se tornar regra geral a ser utilizada como precedente em outros casos. DIDIER JR., Fredie. O Recurso Extraordinário e a Transformação do Controle Difuso de Constitucionalidade no Direito Brasileiro. In: NOVELINO, Marcelo (org.). **Leituras Complementares de Direito Constitucional: Controle de Constitucionalidade e Hermenêutica Constitucional**. 2.ed. Salvador: Editora JusPODIVM, 2008, p. 268-270; MARINONI, Luiz Guilherme. Op. Cit., p. 102.
51. DIDIER JR, Fredie. Op. Cit., p. 102.
52. Nesse ponto, importante a lição do professor Dirley da Cunha Júnior: "Não podemos confundir a solução da controvérsia, que se exaure entre as partes da relação processual e só a elas interessa, com a declaração da inconstitucionalidade da lei ou do ato normativo, que, nada obstante pronunciada para resolução do litígio, deve transcender os limites processuais da lide e é de interesse de todos." O Princípio do "Stare Decisis" e a Decisão do Supremo Tribunal Federal no Controle Difuso de Constitucionalidade. In: NOVELINO, Marcelo (org.). **Leituras Complementares de Direito Constitucional: Controle de Constitucionalidade e Hermenêutica Constitucional**. 2.ed. Salvador: Editora JusPODIVM, 2008, p. 298.

decisão proferida por tribunais. Assim como incumbe ao STF dar a última palavra acerca da interpretação das normas constitucionais, incumbe ao Superior Tribunal de Justiça a definitiva interpretação acerca da legislação federal, e aos Tribunais de Justiça dos Estados a interpretação das normas estaduais e municipais, observando os parâmetros fixados pelo STF quanto à interpretação da CF/88. Isto significa que todas essas decisões devem sim ser observadas pelos demais órgãos do Poder Judiciário, dentro das esferas de competência de cada corte. E diante dessa nova concepção, imprescindível que o direito positivo venha regrar a possibilidade de qualquer tribunal modular os efeitos temporais de suas decisões.

5. A NORMA INTRODUZIDA COM O NOVO CÓDIGO DE PROCESSO CIVIL.

Firmadas as premissas acima, é possível passar ao exame do Direito Positivo com a modificação realizada pelo novo Código de Processo Civil. O enunciado normativo introduzido pelo §3º do artigo 927 versa que *"Na hipótese de alteração de jurisprudência dominante do Supremo Tribunal Federal e dos tribunais superiores ou daquela oriunda de julgamento de casos repetitivos, pode haver modulação dos efeitos da alteração no interesse social e no da segurança jurídica"*. Deste suporte físico, é possível construir a seguinte norma jurídica no plano S3: se qualquer tribunal superior ou outros tribunais, estes em julgamento de casos repetitivos, decidir modificar sua jurisprudência dominante, deve-ser a permissão para a modulação dos efeitos temporais de sua decisão, com fundamento no interesse social ou na segurança jurídica.

O primeiro ponto a ser destacado é que a possibilidade de modulação pode acontecer sempre que houver modificação de jurisprudência dominante dos tribunais superiores – uma vez que dentre os tribunais superiores enquadra-se o Supremo Tribunal Federal, conclui-se que o texto foi redundante ao mencioná-lo expressamente – ou de entendimento adotado por qualquer tribunal no julgamento de casos repetitivos. O próprio legislador buscou esclarecer em que consistiriam tais casos repetitivos, no artigo 928 do NCPC. Também se percebe que a modulação dispensa um *quorum* qualificado, pois o enunciado normativo não faz qualquer menção neste sentido. Assim, bastaria que a maioria simples dos integrantes do órgão colegiado decidisse pela modulação de efeitos temporais para que seja realizada pela Corte julgadora. Inovação substancial, também, é que a permissão é dada não apenas ao STF, em sede de controle de constitucionalidade, mas aos tribunais superiores, de forma mais ampla, para toda alteração de jurisprudência dominante, e aos demais tribunais, quando revejam entendimento adotado em casos repetitivos. Por fim, tal permissivo tem fundamento no interesse social e na segurança jurídica que recomendam a modulação dos efeitos da decisão.

A inserção de regra expressa nesse sentido atende aos anseios da doutrina e da jurisprudência para que se garanta a segurança jurídica, através da previsibilidade do Direito. É que a partir da constatação da função criativa do Judiciário, especialmente em um sistema que atribui força vinculante aos precedentes, o sistema processual carecia de regra com maior amplitude que permitisse limitar a retroatividade dos novos entendimentos dos Tribunais. A única norma construída a partir do direito positivo anterior ao NCPC seria limitada, apenas, ao controle de constitucionalidade.

Algumas manifestações destes anseios já foram relatadas acima, em casos em que o STF modulou os efeitos de suas decisões em sede de controle difuso de Constitucionalidade, como no RE 197.917/SP e no HC 82.959. Foram julgados paradigmáticos do STF, ainda que tenham sido identificados como o fenômeno da objetivação do controle de constitucionalidade difuso. Isto é, a doutrina identificou os sintomas certos, errando o diagnóstico.

Vozes de peso na doutrina já defendiam a possibilidade de modulação dos efeitos de decisões que trazem novos entendimentos, ainda que limitando tal possibilidade ao Superior Tribunal de Justiça. É o caso de trabalhos de Ferraz Jr.[53], Carrazza[54] e Nery Júnior[55], que sustentam a possibilidade (e necessidade) de o Superior Tribunal de Justiça modular suas decisões, aplicando efeitos *ex nunc* às mesmas. E o fazem se valendo do já debatido princípio da segurança jurídica. Existe, ainda, mobilização doutrinária no sentido de que tal modulação de efeitos seja realizada em processos que impliquem na majoração de tributos, como no RE 377.457/PR[56], que trata sobre a isenção do COFINS concedida às sociedades civis de profissão regulamentada[57].

Em excelente trabalho elaborado sob o tema, já sob a perspectiva de um novo Código de Processo Civil que adote um sistema de precedentes vinculantes, Jaldemiro Rodrigues de Ataíde Jr. tenta sistematizar em que casos deverão

---

53. FERRAZ JR., Tercio Sampaio. Irretroatividade e Jurisprudência Judicial. In: FERRAZ JR., Tercio Sampaio; CARRAZZA, Roque Antonio; NERY JUNIOR, Nelson. **Efeito Ex Nunc e as Decisões do STJ**. 2.ed. São Paulo: Editora Manole, 2009, p. 1-34.
54. CARRAZZA, Roque Antonio. Segurança Jurídica e Eficácia Temporal das Alterações Jurisprudenciais – Competência dos Tribunais Superiores para Fixá-la – Questões Conexas. In: FERRAZ JR., Tercio Sampaio; CARRAZZA, Roque Antonio; NERY JUNIOR, Nelson. **Efeito Ex Nunc e as Decisões do STJ**. 2.ed. São Paulo: Editora Manole, 2009, p. 35-74.
55. NERY JUNIOR, op. cit., p. 75-110.
56. RE 377457, Relator(a): Min. GILMAR MENDES, Tribunal Pleno, julgado em 17/09/2008, REPERCUSSÃO GERAL - MÉRITO DJe-241 DIVULG 18-12-2008 PUBLIC 19-12-2008 EMENT VOL-02346-08 PP-01774
57. BARROSO, Luís Roberto. Modulação dos efeitos temporais, no caso da Cofins, pode se dar por maioria absoluta. **Migalhas**. Disponível em: ‹ http://www.migalhas.com.br/Quentes/17,MI72138,41046-modulacao+dos+efeitos+temporais+no+caso+da+Cofins+pode+se+dar+por›. Acesso em 26/08/2014; JANCZESKI, Célio Armando. A Declaração da Inconstitucionalidade com Efeitos Limitados, a Supremacia Constitucional e o Direito Tributário. **Revista Dialética de Direito Tributário**. n.157, p.17-26, out., 2008.

ou não ser modulados os efeitos temporais do novo precedente, concluindo que quando o novo precedente for revogador ou modificador de anterior orientação jurisprudencial, a modulação de efeitos será um imperativo. No caso de um novo precedente que não revogue ou modifique a anterior orientação do Tribunal, mas que divirja da concepção geral sobre a questão de direito, verificável junto a outros tribunais e à comunidade jurídica, caberia uma análise se aquele Tribunal decidiria da mesma forma que as cortes inferiores naquelas mesmas circunstâncias fático-normativas. Caso a decisão fosse a mesma das outras cortes, equivaleria à modificação de seu próprio entendimento. E a modulação de efeitos seria imprescindível[58].

É de se destacar que os processualistas brasileiros debruçaram-se sobre o referido enunciado normativo. Nesta tarefa, entenderam os processualistas de todo o Brasil que tal norma jurídica prescreveria uma possibilidade, colocando que em regra a nova decisão será modulada para ter efeitos *ex nunc*. Neste sentido, é de se destacar que na Carta de Belo Horizonte, produzida no IV Encontro do Fórum Permanente de Processualistas Civis, realizado entre os dias 05 e 07 de dezembro de 2014, entendeu-se no enunciado 55 que *"Pelos pressupostos do § 3º do art. 927, a modificação do precedente tem, como regra, eficácia temporal prospectiva. No entanto, pode haver modulação temporal, no caso concreto"*.

É de se ver que tal compreensão da norma construída a partir daquele enunciado normativo inverte a lógica dos efeitos temporais das decisões judiciais. Como explicado acima, em regra as decisões judiciais geram efeitos *ex tunc*, aplicando-se irrestritamente a fatos pretéritos. Com o novo enunciado normativo, é possível construir – e assim construíram processualistas do Brasil inteiro, de forma unânime – regra na qual as decisões judiciais, quando impliquem em modificação da jurisprudência dominante dos tribunais superiores ou de entendimento adotado em julgamento de casos repetitivos, deverão ser aplicadas prospectivamente. Ou seja, a modulação de efeitos seria necessária para a aplicação retrospectiva do novo precedente.

Assim, além da dispensa de um especial *quorum* para julgamento, tem-se a inversão da regra geral de aplicação temporal de decisões judiciais, quando haja a modificação da jurisprudência dominante dos tribunais superiores ou de entendimento adotado em julgamento de casos repetitivos. É preciso, então, realizar uma análise da interação entre a nova norma e aquela construída a partir do artigo 27 da Lei 9.868/1999, segundo o sistema de referência aqui adotado.

---

58. ATAÍDE JR., Jaldemiro Rodrigues de. Uma proposta de sistematização da eficácia temporal dos precedentes diante do projeto de novo CPC. DIDIER JR., Fredie; BASTOS, Antônio Adonias Aguiar (Orgs.). **O Projeto do Novo Código de Processo Civil: Estudos em Homenagem ao Professor José Joaquim Calmon de Passos**. Salvador: Editora JusPodivm, 2012, p. 398-402.

6. A INTERAÇÃO ENTRE AS NORMAS CONSTRUÍDAS A PARTIR DO §3º DO ARTIGO 927 DO NOVO CÓDIGO DE PROCESSO CIVIL E DO ARTIGO 27 DA LEI 9.868/1999

A primeira questão que nos propomos a responder é se houve a derrogação (=revogação parcial) da norma construída a partir do artigo 27 da Lei 9.868/1999. Ora, o Novo Código de Processo Civil, a partir do artigo 1.045, indica quais enunciados normativos serão revogados com a sua entrada em vigor. Silencia, no entanto, quanto a dispositivos da Lei 9.868/1999. O NCPC não traz, também, cláusula geral de revogação das disposições em contrário.

Ora, a ausência de disposição expressa determinando a revogação do artigo 27 da Lei 9.868/1999 revela que não se trata, na hipótese, de revogação expressa. A revogação expressa exige, para sua configuração, que exista indicação da revogação do enunciado normativo a ser retirado do sistema[59]. Revogação expressa ocorre, portanto, no plano S1, o plano da expressão. Retira-se o suporte físico da norma, o que impede a sua construção e, logicamente, implica na sua retirada do sistema jurídico.

Haveria, então, derrogação tácita, ainda que parcial, do artigo 27 da Lei 9.868/1999? Quanto à revogação tácita, é necessário acompanhar as ideias de Gabriel Ivo, que desenvolveu o tema segundo o sistema de referência aqui adotado. Segundo o professor alagoano, revogação tácita não seria, propriamente, revogação. Isto porque com o silêncio da norma "revogadora" acerca do suporte físico existente, não se soluciona a questão no plano S1, o plano da expressão[60].

Isto significa que a revogação tácita sempre será resolvida nos planos S3 e S4, os planos das normas jurídicas e de suas relações de coordenação e subordinação. Caberá ao intérprete, portanto, ao aplicar as normas atribuindo-lhes sentido, definir qual a norma incidente no caso: se a norma mais moderna ou a mais antiga. A ocorrência da revogação mergulha no campo da subjetividade dos aplicadores do direito[61].

Assim, não se pode concluir ter havido derrogação tácita das normas construídas a partir do dispositivo da Lei 9.868/1999.

Como se define, então, qual a norma incidente quando, ao modificar jurisprudência dominante de tribunais superiores ou entendimento adotado em julgamento de casos repetitivos, tal modificação implique em decisão que reconhece a inconstitucionalidade?

---

59. IVO, Gabriel. Op. Cit., p. 167-168
60. IVO, Gabriel. Op. Cit., p. 111.
61. IVO, Gabriel. Op. Cit., p. 168-170

A questão não se resolve, também, pelo critério da especialidade. Tal critério é construído a partir do artigo 2º, §2º, da Lei de Introdução às Normas do Direito Brasileiro (Decreto-Lei nº 4.657/1942), constituindo em tradicional regra hermenêutica para solução de antinomias. No entanto, não há como dizer qual norma é especial em relação a outra, pois cada uma delas tem campos de regulação bastante específicos, com uma interseção entre eles: aquelas decisões que, modificando jurisprudência dominante de tribunal superior ou entendimento adotado em julgamento de casos repetitivos, desconstituem a norma inconstitucional.

Não parece correto, também, argumentar que se aplica a norma oriunda do NCPC ao controle difuso de constitucionalidade e a norma construída a partir da Lei 9.868/1999 ao controle concentrado. Como se viu, muito embora esta última tenha seu suporte físico em documento normativo relativo ao controle concentrado, a reformulação do sistema processual para admitir força vinculante aos precedentes impõe a modulação dos efeitos temporais em decisões de inconstitucionalidade em controle difuso, também. E para tais decisões, a única norma existente no direito positivo anterior ao NCPC impunha *quorum* especial para a modulação de efeitos.

Ora, já se viu que a atribuição de efeitos retroativos à decisão que reconhece a inconstitucionalidade não é imposição da lógica jurídica, mas mera opção legislativa. Não existe outra norma no sistema da qual resulte a conclusão de que se optou pelo princípio da nulidade das normas inconstitucionais. A única regra que trata do tema está no já mencionado artigo 27 da Lei 9.868/1999, que pode, portanto, deixar de ser aplicada em razão de regra nova do sistema. Por outro lado, já se viu que existe uma preocupação crescente da doutrina e jurisprudência no sentido de que razões de segurança jurídica recomendam a aplicação prospectiva de novos entendimentos jurisprudenciais.

A questão se resolve, portanto, no plano S4, isto é, observando-se as relações entre as normas construídas pelo intérprete no momento da aplicação do Direito. Muito embora não se possa falar em revogação parcial tácita da norma construída a partir do artigo 27 da Lei 9.868/1999 pela nova regra do NCPC, é possível que o intérprete aplique esta última sempre que o reconhecimento da inconstitucionalidade implique na modificação de jurisprudência dominante de tribunal superior ou entendimento adotado em julgamento de casos repetitivos.

Neste sentido, joga importante papel a regra da cronologia. Trata-se de regra construída a partir do artigo 2º, §1º, da Lei de Introdução às Normas do Direito Brasileiro. Tratando tal regra como princípio, esclarece a doutrina que "consiste numa forma de solução dos casos concretos onde se apresentam duas normas incompatíveis". Alerta-se, no entanto, que "não se trata de revogação"[62]. Eventual incompatibilidade entre normas deve ser resolvida, preferencialmente, em favor

---

62. IVO, Gabriel. Op. Cit.,p. 111/172.

da norma que fora introduzida posteriormente, justamente por se presumir estar mais consentânea com os valores sociais atuais. Mas não se extirpa a norma mais antiga do sistema: ela apenas deixa de ser aplicada[63].

É a segurança jurídica, princípio construído a partir do ordenamento jurídico, que recomenda a modulação de efeitos a fim de garantir a previsibilidade do Direito para os jurisdicionados. Nos casos de modificação de jurisprudência dominante de tribunal superior ou entendimento adotado em julgamento de casos repetitivos, o que acontece é que as razões de segurança jurídica já são presumidas pelo legislador, permitindo que se interprete que nestes casos a modulação de efeitos é a regra, e a aplicação de efeitos retroativos a exceção.

Segundo a estrutura lógica da nova norma, a mudança de jurisprudência dominante de tribunais superiores ou de entendimento adotado em julgamento de casos repetitivos que implique em reconhecimento da inconstitucionalidade terá efeitos temporais prospectivos, como regra, podendo o Tribunal modular os efeitos da decisão para que seja aplicada retroativamente. Dispensa-se, segundo tal norma, *quorum* qualificado para a modulação, bastando a maioria simples dos membros do órgão julgador. Aplica-se ocorrendo a modificação no controle difuso ou no controle concentrado de constitucionalidade, uma vez que em ambos os sistemas há a produção de norma concreta, geral e vinculante, diante da adoção de precedentes vinculantes pelo novo Código de Processo Civil.

Assim, ainda que o NCPC não tenha revogado tacitamente o artigo 27 da Lei 9.868/1999, é possível concluir que a regra por ele inserida no sistema deverá ser aplicada sempre que a modificação da jurisprudência dominante de tribunais superiores ou de entendimento adotado em julgamento de casos repetitivos implique no reconhecimento da inconstitucionalidade, exigindo-se para tanto a convergência das vontades da maioria dos integrantes do órgão colegiado. No entanto, aplica-se a antiga norma, inclusive no que diz respeito ao *quorum* de dois terços dos julgadores, quando o reconhecimento da inconstitucionalidade não implique em modificação de jurisprudência dominante de tribunal superior ou entendimento adotado em julgamento de casos repetitivos.

7. CONCLUSÃO

Após a apresentação do sistema de referência adotado neste trabalho, foi possível firmar as premissas básicas que permitiram o desenvolvimento do raciocínio acerca do tema proposto. Assim, a partir do redimensionamento da função jurisdicional, com importantes reflexos sobre a função do STF no controle de constitucionalidade, foi possível identificar que o Brasil ruma no caminho da

---

63. IVO, Gabriel. Op. Cit., p. 173.

adoção de um sistema de precedentes vinculantes. E por tal razão, bem como por imposição do princípio da segurança jurídica, se faz necessário repensar os efeitos temporais das decisões judiciais.

Dentro desta perspectiva, a norma construída a partir do novo Código de Processo Civil atende aos anseios da doutrina e jurisprudência, consistindo em modificação salutar do direito positivo. No entanto, sua interação com a regra de modulação dos efeitos temporais, construída a partir do artigo 27 da Lei 9.868/1999, exige algumas ponderações.

A primeira delas é que não se pode falar de derrogação tácita da antiga norma, uma vez que o próprio conceito de revogação tácita, da qual a derrogação é espécie, seria inapropriado. Revogação só existe, a rigor, quando realizada expressamente, por atingir o plano dos enunciados, a partir do qual é possível construir as normas jurídicas.

Não havendo revogação, a questão se resolve nos planos S3 e S4, os planos das normas jurídicas e de suas relações de coordenação e subordinação. Isto significa que no momento da aplicação da norma jurídica caberá ao aplicador definir qual a norma a incidir, sem retirar a outra do sistema jurídico.

No caso das normas em cotejo, tal definição não é resolvida pelo critério da especialidade. Tampouco se pode falar que uma delas se aplica apenas ao controle concentrado de constitucionalidade, enquanto a outra a todos os demais casos. Ambas são normas igualmente específicas, havendo interseção entre elas que exige a aplicação de uma em detrimento da outra, pelo intérprete.

É por isso que o critério da cronologia é de grande valia, por privilegiar os valores mais atuais da sociedade. A nova norma cria uma espécie de presunção de que as razões de segurança jurídica impõem a modulação de efeitos temporais, sempre que houver a mudança jurisprudência dominante de tribunais superiores ou de entendimento adotado em julgamento de casos repetitivos. Isto significa que quando nesses casos os órgãos jurisdicionais declararem a inconstitucionalidade de norma jurídica, deverá ser aplicada preferencialmente a nova regra, tendo a decisão judicial efeitos prospectivos. Poderá o órgão judiciário, no entanto, conferir efeitos retroativos à decisão, dispensando-se um *quorum* especial para tanto.

Nos casos em que não haja interseção entre as normas, no entanto, aplicam-se cada uma delas sem qualquer novidade. Isto é, a declaração de inconstitucionalidade que não implique mudança de jurisprudência dominante de tribunais superiores ou de entendimento adotado em julgamento de casos repetitivos terá, em regra, efeitos retroativos, podendo haver modulação de efeitos temporais por decisão de dois terços dos integrantes do órgão colegiado. No entanto, quando houver a modificação do entendimento dos tribunais naquelas hipóteses, sem que haja o reconhecimento de inconstitucionalidade, a decisão terá, em regra, efeitos prospectivos, podendo a modulação ser realizada por maioria simples do órgão judiciário.

8. REFERÊNCIAS BIBLIOGRÁFICAS

AMARAL JÚNIOR, José Levi Mello do. Reclamação 4.335 e a busca do *stare decisis*. **Consultor Jurídico**. Disponível em: ‹http://www.conjur.com.br/2013-mai-25/observatorio--constitucional-reclamacao-4335-busca-stare-decisis›. Acesso em 25 ago 2014.

AMARAL JÚNIOR, José Levi Mello do. Revalorização do artigo 52, inciso X, da Constituição. **Consultor Jurídico**. Disponível em: ‹http://www.conjur.com.br/2014-abr-20/analise-constitucional-revalorizacao-artigo-52-inciso-constituicao›. Acesso em 25 ago 2014.

ATAÍDE JR., Jaldemiro Rodrigues de. As tradições jurídicas de *Civil Law* e *Common Law*. In: FREIRE, Alexandre et al.. (Org.). **Novas Tendências do Processo Civil: Estudos Sobre o Projeto do Novo Código de Processo Civil**. 1 Ed. Salvador: Jus Podivm, 2013, v. 1, p. 557-610.

ATAÍDE JR., Jaldemiro Rodrigues de. Uma proposta de sistematização da eficácia temporal dos precedentes diante do projeto de novo CPC. DIDIER JR., Fredie; BASTOS, Antônio Adonias Aguiar (Orgs.). **O Projeto do Novo Código de Processo Civil: Estudos em Homenagem ao Professor José Joaquim Calmon de Passos**. Salvador: Editora JusPodivm, 2012, p.363-410

BARROSO, Luís Roberto. Modulação dos efeitos temporais, no caso da Cofins, pode se dar por maioria absoluta. **Migalhas**. Disponível em: ‹ http://www.migalhas.com.br/Quentes/17,MI72138,41046-modulacao+dos+efeitos+temporais+no+caso+da+Cofins+pode+-se+dar+por›. Acesso em 26/08/2014.

CAMBI, Eduardo. Jurisprudência Lotérica. In: **Revista dos Tribunais**, ano 90, Vol. 786. São Paulo: RT, 2001, p. 108-128.

CARRAZZA, Roque Antonio. Segurança Jurídica e Eficácia Temporal das Alterações Jurisprudenciais – Competência dos Tribunais Superiores para Fixa-la – Questões Conexas. In: FERRAZ JR., Tercio Sampaio; CARRAZZA, Roque Antonio; NERY JUNIOR, Nelson. **Efeito Ex Nunc e as Decisões do STJ**. 2.ed. São Paulo: Editora Manole, 2009, p. 35-74.

CARVALHO, Paulo de Barros. **Direito Tributário: Linguagem e Método**. 4ª Ed. São Paulo: Ed. Noeses, 2011.

CUNHA JÚNIOR, Dirley da. **Controle de Constitucionalidade**: Teoria e prática. Salvador: Edições JusPODIVM, 2006

CUNHA JÚNIOR, Dirley da. O Princípio do "Stare Decisis" e a Decisão do Supremo Tribunal Federal no Controle Difuso de Constitucionalidade. In: NOVELINO, Marcelo (org.). **Leituras Complementares de Direito Constitucional: Controle de Constitucionalidade e Hermenêutica Constitucional**. 2.ed. Salvador: Editora JusPODIVM, 2008, p. 283-310.

CLÈVE, Clèmerson Merlin. Declaração de inconstitucionalidade de dispositivo normativo em sede de juízo abstrato e efeitos sobre os atos singulares praticados sob sua égide. In: **Revista Trimestral de Direito Público**, v. 17. São Paulo: Malheiros, 1997, p. 78-104.

DANTAS, Bruno. Concretizar o Princípio da Segurança Jurídica: Uniformização e Estabilidade como Alicerces do CPC Projetado. In: FREIRE, Alexandre et al.. (Org.). **Novas Tendências do Processo Civil: Estudos Sobre o Projeto do Novo Código de Processo Civil.** 1 Ed. Salvador: Jus Podivm, 2013, v. 1, p. 125-143.

DIDIER JR., Fredie. O Recurso Extraordinário e a Transformação do Controle Difuso de Constitucionalidade no Direito Brasileiro. In: NOVELINO, Marcelo (org.). **Leituras Complementares de Direito Constitucional: Controle de Constitucionalidade e Hermenêutica Constitucional.** 2.ed. Salvador: Editora JusPODIVM, 2008, p. 267-282.

FERRAZ JR., Tercio Sampaio. Irretroatividade e Jurisprudência Judicial. In: FERRAZ JR., Tercio Sampaio; CARRAZZA, Roque Antonio; NERY JUNIOR, Nelson. **Efeito Ex Nunc e as Decisões do STJ.** 2.ed. São Paulo: Editora Manole, 2009, p. 1-34.

GARCIA, Emerson. Direito Judicial e Teoria da Constituição. In: Novelino, Marcelo (org.). **Leituras Complementares de Direito Constitucional: Controle de Constitucionalidade e Hermenêutica Constitucional.** 2.ed. Salvador: Editora JusPODIVM, 2008, p.117-144.

IVO, Gabriel. **Norma Jurídica: Produção e Controle.** São Paulo: Editora Noeses, 2006.

JANCZESKI, Célio Armando. A Declaração da Inconstitucionalidade com Efeitos Limitados, a Supremacia Constitucional e o Direito Tributário. **Revista Dialética de Direito Tributário.** n.157, p.17-26, out., 2008.

KELSEN, Hans. **Teoria Geral do Direito e do Estado.** 2 Ed. São Paulo: Martins Fontes, 1995, P 158-159.

MARINONI, Luiz Guilherme. "A jurisdição no Estado Contemporâneo". **Teoria Geral do Processo.** 6ª Ed.. São Paulo: Editora Revista dos Tribunais, 2012, p. 99-100

MEDINA, José Miguel Garcia; FREIRE, Alexandre; FREIRE, Alonso Reis. Para uma compreensão adequada do sistema de precedentes no projeto do novo Código de Processo Civil brasileiro. In: FREIRE, Alexandre et al.. (Org.). **Novas Tendências do Processo Civil: Estudos Sobre o Projeto do Novo Código de Processo Civil.** 1 Ed. Salvador: Jus Podivm, 2013, v. 1, p. 679-702.

MENDES, Gilmar Ferreira. **Direitos Fundamentais e Controle de Constitucionalidade**: Estudos de Direito Constitucional. 2.ed. São Paulo: Celso Bastos Editor: Instituto Brasileiro de Direito Constitucional, 1999.

MIRANDA, Pontes de. **Comentários à Constituição de 1967, com a emenda n. 1, de 1969.** Tomo I. 2ª Ed. Rio de Janeiro: 1970.

NERY JUNIOR, Nelson. Boa-fé Objetiva e Segurança Jurídica – Eficácia da Decisão Judicial que Altera Jurisprudência Anterior do Mesmo Tribunal Superior. In: FERRAZ JR., Tercio Sampaio; CARRAZZA, Roque Antonio; NERY JUNIOR, Nelson. **Efeito Ex Nunc e as Decisões do STJ.** 2.ed. São Paulo: Editora Manole, 2009, p. 75-110.

NOVELINO, Marcelo. **Teoria da Constituição e Controle de Constitucionalidade.** Salvador: Editora JusPODIVM, 2008.

SARMENTO, Daniel. A Eficácia Temporal das Decisões no Controle de Constitucionalidade. In: SARMENTO, Daniel (org.). **O Controle de Constitucionalidade e a Lei nº 9.868/1999.** Rio de Janeiro: Editora Lúmen Júris, 2001.

PARTE IX

IMPACTOS DO NCPC

CAPÍTULO 1

Os impactos do Novo CPC nos Juizados Especiais

Felippe Borring Rocha[1]

SUMÁRIO: 1. INTRODUÇÃO; 2. AS ALTERAÇÕES NOS EMBARGOS DE DECLARAÇÃO; 3. A SUBMISSÃO AOS EFEITOS DO JULGAMENTO DO INCIDENTE DE RESOLUÇÃO DE DEMANDAS REPETITIVAS; 4. A PREVISÃO DO INCIDENTE DE DESCONSIDERAÇÃO DA PERSONALIDADE JURÍDICA; 5. A MANUTENÇÃO DAS HIPÓTESES DE CABIMENTO DO RITO SUMÁRIO; 6. A INSERÇÃO DA MEDIAÇÃO NA ESTRUTURA AUTOCOMPOSITIVA DOS JUIZADOS; 7. A ALTERAÇÃO DO PROCESSAMENTO DO "RECURSO INOMINADO"; 8. A POSSIBILIDADE DE COMPLEMENTAÇÃO DO PREPARO INSUFICIENTE; 9. A CONSOLIDAÇÃO DA UTILIZAÇÃO DO AGRAVO DE INSTRUMENTO; 10. A SUSPENSÃO DOS PROCESSOS EM CURSO NOS JUIZADOS EM RAZÃO DA SISTEMÁTICA DOS RECURSOS EXCEPCIONAIS REPETITIVOS; 11. CONSIDERAÇÕES FINAIS; 12. REFERÊNCIAS BIBLIOGRÁFICAS.

1. INTRODUÇÃO

Como se sabe, a Lei dos Juizados Especiais Cíveis Estaduais (Lei nº 9.099/1995) se utiliza do Código de Processo Civil para supletivamente reger seus órgãos e seus ritos especiais.[2] Dessa conjunção normativa, por sua vez, é formada a base do chamado Sistema dos Juizados Especiais, integrado ainda pelas Leis nº 10.259/2001 (Juizados Especiais Cíveis Federais) e 12.153/2009 (Juizados Especiais da Fazenda Pública).[3] Dessa forma, a edição de um Novo Código de Processo Civil tem inúmeros e profundos impactos no funcionamento não apenas na Lei nº 9.099/1995, mas do Sistema dos Juizados Especiais como um todo.

Por certo, é preciso reconhecer que alguns reflexos do Novo CPC somente se farão sentir no Sistema dos Juizados ao longo do tempo, na medida em que os operadores do direito consigam assimilar e aplicar as novas diretrizes estabelecidas pelo legislador, como é o caso da determinação para a uniformização

---

1. Mestre e Doutorando em Direito. Professor da Universidade Federal do Rio de Janeiro e de cursos de pós-graduação e cursos preparatórios para concursos públicos. Articulista, palestrante e autor, dentre outros, dos livros **Teoria Geral dos Recursos Cíveis, Manual dos Juizados Especiais Cíveis Estaduais: Teoria e Prática** e **Juizados Especiais Cíveis e Criminais Estaduais e Federais** e **Juizados Especiais Cíveis: Novos Desafios.** Membro do IAB, do IBDP e dos Conselhos Editoriais da Lumen Juris e da Revista de Direito da DPGE/RJ. Defensor Público do Estado do Rio de Janeiro.
2. ROCHA, **Manual**, p. 17.
3. CÂMARA, **Juizados**, p. 12.

da jurisprudência (art. 926 do CPC/2015) ou da proibição de surpresa (art. 10 do CPC/2015). Outras alterações, entretanto, têm efeito imediato, eis que modificam o próprio texto da Lei nº 9.099/95 ou mencionam expressamente os Juizados Especiais e seus componentes. São alguns desses efeitos que serão brevemente analisados neste estudo.

2. AS ALTERAÇÕES NOS EMBARGOS DE DECLARAÇÃO

Os primeiros e mais claros impactos do Novo Código de Processo Civil nos Juizados Especiais estão expressos nos arts. 1.064, 1.065 e 1.066 que, respectivamente, modificam os textos dos arts. 48, 50 e 83 da Lei nº 9.099/1995. Com o devido respeito, mas temos que a inserção dessas regras no CPC não foi marcada pela mais correta técnica legislativa, especialmente à luz das orientações sobre a forma como devem ser editadas as leis em nosso País, prevista na Lei complementar nº 95/1998. Neste Diploma está expresso que *"a lei não conterá matéria estranha a seu objeto ou a este não vinculada por afinidade, pertinência ou conexão"* (art. 7º, II). De fato, não parece adequado incluir na parte final do Novo CPC dispositivos alterando o texto da Lei nº 9.099/1995, tanto na parte cível como na parte criminal. Mesmo que as normas alteradas versem sobre direito processual, elas não poderiam estar num Código, que tem um objetivo extremamente específico. De qualquer forma, cumpre-nos o papel de analisar essas alterações, até porque, reconheça-se, no seu mérito são bastante positivas.

Com efeito, desde a primeira edição do nosso livro sobre os Juizados Especiais defendemos que os arts. 48 e 50 da Lei nº 9.099/1995, que tratam dos embargos de declaração, deveriam ser alterados.[4] Vejamos, então, do quais os problemas presentes nestes dispositivos. Inicialmente, diz o art. 48 que *"caberão embargos de declaração quando, na sentença ou acórdão, houver obscuridade, contradição, omissão ou dúvida"*. O texto consagra, portanto, os três vícios básicos a ensejar o cabimento dos embargos de declaração – contradição, obscuridade e omissão[5] – mas acrescenta ao rol a "dúvida". A "dúvida" estava presente na redação originária do art. 535 do CPC/1973, que cuida do cabimento dos embargos de declaração, e causou enorme polêmica nos meios jurídicos, em razão de não ter um sentido preciso,[6] até ser extirpada pela Lei nº 8.950/1994.

Infelizmente, no ano seguinte, a Lei nº 9.099 ressuscitou a "dúvida" ao tratar do cabimento dos embargos de declaração. Isso se deve ao fato de que a

---

4. Na sétima edição do meu **Manual**, essas ponderações estão nas páginas 266 a 270.
5. Por todos, veja-se WAMBIER, **Omissão judicial**, p. 152.
6. Por todos, veja-se MOREIRA, **Comentários**, p. 546.

parte civil da Lei nº 9.099/1995 foi baseada num projeto de lei de 1989 (Projeto de Lei da Câmara nº 3.698/1989), que não foi atualizado ao longo da sua tramitação legislativa. De modo que o art. 1.064 do CPC/15 corrigiu uma distorção histórica ao alterar o *caput* do art. 48 da Lei nº 1995/9.099, que contará com a seguinte redação: *"Art. 48. Caberão embargos de declaração contra sentença ou acórdão nos casos previstos no Código de Processo Civil"*. Uma pena que o legislador deixou de acolher também outra crítica que sempre fizemos ao mesmo dispositivo. Em nossos estudos[7] sustentamos que o art. 48 deveria dizer, apenas, "decisão", como ocorre no art. 1.022 do CPC/2015, ao invés de assinalar "sentença ou acórdão". Isso porque é extreme de dúvidas que cabem embargos de declaração em face de decisões interlocutórias,[8] inclusive no âmbito dos Juizados Especiais.

O art. 1.065 do CPC/2015, por sua vez, corrigi outro defeito que igualmente temos apontando ao longo dos últimos anos.[9] O art. 50 da Lei nº 9.099/1995 afirma que *"quando interpostos contra sentença, os embargos de declaração suspenderão o prazo para recurso"*. Da mesma forma que no caso do supracitado art. 48, o art. 50 da Lei nº 9.099/1995 reproduz a equivocada redação original do art. 538 do CPC/1973, que, por seu turno, trazia a expressão "suspender" e, ainda por cima, indevidamente flexionada no tempo verbal do futuro do presente. Durante anos, este dispositivo foi alvo de debates sobre a forma como deveria ocorrer a contagem dos prazos dos demais recursos no caso de interposição dos embargos de declaração,[10] até que a mesma Lei nº 8.950/1994 alterou sua redação. Com a modificação, o art. 538 do CPC/1973 passa a dispor que os *"embargos de declaração interrompem o prazo para a interposição de outros recursos, por qualquer das partes"*. Destarte, com a alteração promovida pelo Novo CPC, o art. 50 da Lei nº 9.099/1995 recebe uma redação simétrica tanto ao antigo modelo (art. 538 do CPC/1973), como ao novo (art. 1.026 do CPC/2015): *"Os embargos de declaração interrompem o prazo para a interposição de recurso"*.

Importante destacar, ainda, que o Novo CPC aproveitou a oportunidade para corrigir os mesmos defeitos que também existiam nos embargos de declaração previstos na parte criminal da Lei nº 9.099/1995. Nesse sentido, o art. 1.066 do CPC/2015, alterou o art. 83 da Lei nº 9.099/1995, que passa a ter a seguinte redação: *"Cabem embargos de declaração quando, em sentença ou acórdão, houver obscuridade, contradição ou omissão.(...) § 2º Os embargos de declaração interrompem o prazo para a interposição de recurso"*. Destarte, o Novo Código excluiu

---

7. ROCHA, **Manual**, p. 266
8. DIDIER JUNIOR e CUNHA, **Curso**, p. 183.
9. ROCHA, **Manual**, 270.
10. MOREIRA, **Comentários**, p. 567.

a malfada *"dúvida"* e substituiu *"suspenderão"* por *"interrompem"*, também nos embargos de declaração criminal.

3. A SUBMISSÃO AOS EFEITOS DO JULGAMENTO DO INCIDENTE DE RESOLUÇÃO DE DEMANDAS REPETITIVAS

Outro tema relativo aos Juizados Especiais que é tratado no CPC/2015 é o incidente de resolução de demandas repetitivas, previsto nos arts. 976 a 987. Ao longo da tramitação do Projeto de Lei que deu origem ao Novo CPC, houve divergências sobre a possibilidade de instauração do incidente no âmbito dos Juizados Especiais. Acabou por prevalecer a tese, correta ao nosso ver, de que as características particulares dos órgãos e dos procedimentos especiais seriam incompatíveis com a complexidade do incidente. Além disso, firmou-se o entendimento de que as Turmas Recursais não poderiam absorver a competência para julgar tal incidente, que ficaria restrita aos tribunais.[11]

Não obstante, o art. 985 do CPC/15 assentou que, *"julgado o incidente, a tese jurídica será aplicada: I - a todos os processos individuais ou coletivos que versem sobre idêntica questão de direito e que tramitem na área de jurisdição do respectivo tribunal, inclusive àqueles que tramitem nos juizados especiais do respectivo Estado ou região"*. De modo que, embora não possa ser instaurado nos Juizados Especiais, estes órgãos ficam submetidos aos efeitos do julgamento do incidente de resolução de demandas repetitivas proposto no âmbito do tribunal ao qual estão vinculados.

4. A PREVISÃO DO INCIDENTE DE DESCONSIDERAÇÃO DA PERSONALIDADE JURÍDICA

Também abordando a Lei nº 9.099/1995, o art. 1.062 do CPC/2015 estabelece que *"o incidente de desconsideração da personalidade jurídica aplica-se ao processo de competência dos juizados especiais"*. Importante sublinhar que a desconsideração da personalidade jurídica já vinha sendo amplamente utilizada na esfera dos Juizados Especiais, sem maiores formalidades, no bojo da demanda onde se busca o cumprimento da obrigação.[12]

A novidade, portanto, reside no fato de que a desconsideração da personalidade jurídica terá que seguir nos Juizados Especiais as formalidades

---

11. Por todos, veja-se a MENDES, **Uniformização da Jurisprudência**.
12. Enunciado 60 do Fórum Nacional dos Juizados Especiais – FONAJE: *"É cabível a aplicação da desconsideração da personalidade jurídica, inclusive na fase de execução"*. Por todos, veja-se LINHARES, **Juizados Especiais**, p. 34.

previstas nos arts. 133 a 137 do CPC/2015. Estes dispositivos, em apertada síntese, prevêem o cabimento do incidente em todas as fases do procedimento, desde a petição inicial (art. 134), além de permitir a desconsideração inversa (art. 133, § 2º). Instaurado o incidente, o processo é suspenso e a citação do sócio ou da pessoa jurídica é determinada (art. 135). O julgamento do pedido é feito por decisão interlocutória (art. 136), recorrível através de agravo de instrumento (art. 1.015, IV).[13] Acolhido o pedido de desconsideração, passa a ser presumida a fraude de execução as alienações e onerações feitas (art. 137). Dada a complexidade de tais regras, o ideal é que se exija que a parte sem formação jurídica esteja acompanhada por advogado ou defensor público (art. 9º, § 2º, da Lei nº 9.099/1995).

5. A MANUTENÇÃO DAS HIPÓTESES DE CABIMENTO DO RITO SUMÁRIO

Uma das novidades do Novo CPC, comparado ao CPC/1973, foi a exclusão do rito sumário, com a previsão de apenas um rito "comum" (art. 318).[14] Na esteira dessa inovação, o art. 1.063 do CPC/2015 determina que *"até a edição de lei específica, os juizados especiais cíveis previstos na Lei nº 9.099, de 26 de setembro de 1995, continuam competentes para o processamento e julgamento das causas previstas no art. 275, inciso II, da Lei no 5.869, de 11 de janeiro de 1973"*. Em outras palavras, o art. 275, II, do CPC/1973, que trata do cabimento do procedimento sumário *ratio materiae*, permanecerá em vigor para fins dos Juizados Especiais, mesmo após o período de *vacatio legis* do Novo Diploma. Isso porque o art. 3º da Lei nº 1995/9.099 diz que *"o Juizado Especial Cível tem competência para conciliação, processo e julgamento das causas cíveis de menor complexidade, assim consideradas: (...) II – as enumeradas no art. 275, inciso II, do Código de Processo Civil"*.

Importante lembrar que além das hipóteses de cabimento, o próprio rito especial de conhecimento dos Juizados Especiais (arts. 21 a 40 da Lei nº 9.099/1995), não por acaso chamado de "sumariíssimo", tem a sua estrutura inspirada no procedimento sumário do CPC/1973 (arts. 275 a 281).[15] Sem este referencial, portanto, será necessário adaptar o procedimento especial às características do novo rito comum, previsto nos arts. 318 e seguintes do CPC/2015. Assim, por exemplo, o Novo CPC prevê que no rito comum a citação do réu terá que ocorrer com 20 dias de antecedência da realização da audiência de conciliação ou mediação (art. 334). Assim, o prazo que hoje é aplicado nos Juizados Especiais por analogia ao art. 277 do CPC/1973, 10 dias, será dobrado.

---

13. Conforme será visto mais a frente, defendemos que a edição do Novo CPC reforçou a posição favorável ao cabimento do agravo de instrumento nos Juizados Especiais.
14. Na realidade, sempre defendemos que o rito sumário era um rito especial e que o único rito verdadeiramente comum era o ordinário. ROCHA, **Manual**, p. 104.
15. DUARTE, **Flexibilização**, p. 13.

6. A INSERÇÃO DA MEDIAÇÃO NA ESTRUTURA AUTOCOMPOSITIVA DOS JUIZADOS

Um dos objetivos do Novo Código, prenunciado desde o início da elaboração do anteprojeto,[16] foi o incremento da autocomposição, não apenas com a regulação detalhada da conciliação e da mediação no âmbito judicial (art. 165 a 175), mas também com determinação expressa que os métodos consensuais de solução dos conflitos seja promovidos pelo Estado e estimulados pelos juízes, advogados, defensores públicos e membros do Ministério Público (art. 3º, § 3º).

A Lei nº 9.099/95, por sua vez, adota como uma de suas diretrizes básicas a busca pela conciliação e pela transação (art. 2º), com a previsão de uma audiência especificamente voltada para a busca da convergência de vontade das partes (art. 21). De modo que é intuitivo concluir que não apenas as novas regras sobre a conciliação, mas também sobre a mediação, deverão ser inseridas na estrutura autocompositiva dos Juizados Especiais.[17]

7. A ALTERAÇÃO DO PROCESSAMENTO DO "RECURSO INOMINADO"

Dentro da sistemática vigente nos Juizados Especiais, o "recurso inominado" é interposto perante o juízo que proferiu a sentença. Em observância ao procedimento bilateral previsto para a apelação (art. 518 do CPC/1973) e às regras previstas na Lei Especial (arts. 42 e 43 da Lei nº 9.099/1995), após a interposição, é feito o primeiro juízo da admissibilidade e declarado os efeitos com que o recurso é recebido. Admitido o recurso, o recorrente é intimado para oferecer as contrarrazões. Com ou sem elas, é realizado novo juízo de admissibilidade e, se positivo, os autos são remetidos para a Turma Recursal correspondente. Caso não exista réu, por ter sido a decisão proferida antes da sua citação, o "recurso inominado" é imediatamente remetido para o Conselho Recursal após a sua admissão (arts. 285-A e 296 do CPC/1973; art. 41 da Lei nº 9.099/1995).

Com o novo regramento da apelação delineado pelo CPC/2015, entretanto, temos que o "recurso inominado" permanecerá sendo interposto perante o órgão prolator da sentença, mas terá o seu juízo de admissibilidade feito exclusivamente pela Turma Recursal (art. 1010, § 3º), que receberá os autos após a oitiva da parte recorrida, se assim for o caso. Importante destacar que

---

16. Veja-se na exposição de motivos do Anteprojeto que deflagrou o procedimento legislativo que deu origem ao Novo CPC: http://www.senado.gov.br/senado/novocpc/pdf/Anteprojeto.pdf, acessado em 29 de março de 2015.
17. Necessário reconhecer, no entanto, que a arbitragem prevista na Lei nº 9.099/1995 (arts. 24 a 26) é um fracasso e deveria ser retirada do Sistema dos Juizados Especiais. Sobre a questão, veja-se ROCHA, **Manual**, p. 161.

antes mesmo da edição do Novo CPC já defendíamos que a admissibilidade do "recurso inominado" deveria ser feita diretamente nas Turmas Recursais.[18] Aduzíamos isso não apenas em razão da própria dicção da Lei nº 9.099/1995, que não prevê a realização do juízo de admissibilidade na origem,[19] mas também por conta da posição prevalente na doutrina e nos tribunais que não aceitava o cabimento do agravo de instrumento contra a decisão de inadmissão do "recurso inominado" preferida no juízo de interposição.[20]

Por outro lado, entendemos que a edição do Novo Código irá fortalecer o posicionamento de que a concessão do efeito suspensivo ao "recurso inominado" deverá caber exclusivamente ao relator na Turma Recursal nos termos do art. 995, parágrafo único. Esse, aliás, já era a nossa posição no regime anterior.[21] De fato, sustentávamos que o relator deveria ser o único responsável pela análise do pedido de concessão do efeito suspensivo ao "recurso inominado", não apenas por conta da inadmissibilidade do agravo de instrumento para controlar tal julgamento no primeiro grau, mas também para fazer com que o Sistema dos Juizados ficasse em simetria com o Sistema do CPC/1973. Nesse passo, necessário frisar que o art. 558 do CPC/1973,[22] que cuida da concessão do efeito suspensivo, é dirigido especificamente ao agravo e à apelação. O citado art. 995, parágrafo único, do CPC/2015,[23] por seu turno, trata da concessão do efeito suspensivo aos recursos de uma forma geral. De modo que, apesar de não inovar propriamente na matéria relativa ao processamento da apelação, é inegável que o novo dispositivo ampliou seu alcance, reforçando sua aplicação subsidiária ao Sistema dos Juizados Especiais.

Esse entendimento, no entanto, terá que conviver com o art. 43 da Lei nº 9.099/1995,[24] que parece indicar ao juiz do Juizado Especial a atribuição para deferir efeito suspenso ao "recurso inominado". Na esteira desse dispositivo,

---

18. ROCHA, **Manual**, p. 254.
19. Art. 42. (...) § 2º Após o preparo, a Secretaria intimará o recorrido para oferecer resposta escrita no prazo de dez dias.
20. Enunciado 15 do Fórum Nacional dos Juizados Especiais – FONAJE: "Nos Juizados Especiais não é cabível o recurso de agravo, exceto nas hipóteses dos artigos 544 e 557 do CPC". Na doutrina, por todos, veja-se MEDINA. Procedimentos, p. 474.
21. ROCHA, **Manual**, p. 261.
22. Art. 558. O relator poderá, a requerimento do agravante, nos casos de prisão civil, adjudicação, remição de bens, levantamento de dinheiro sem caução idônea e em outros casos dos quais possa resultar lesão grave e de difícil reparação, sendo relevante a fundamentação, suspender o cumprimento da decisão até o pronunciamento definitivo da turma ou câmara. Parágrafo único. Aplicar-se-á o disposto neste artigo as hipóteses do art. 520.
23. Art. 995. Os recursos não impedem a eficácia da decisão, salvo disposição legal ou decisão judicial em sentido diverso. Parágrafo único. A eficácia da decisão recorrida poderá ser suspensa por decisão do relator, se da imediata produção de seus efeitos houver risco de dano grave, de difícil ou impossível reparação, e ficar demonstrada a probabilidade de provimento do recurso.
24. Art. 43. O recurso terá somente efeito devolutivo, podendo o Juiz dar-lhe efeito suspensivo, para evitar dano irreparável para a parte.

alguns autores já vinham sustentando que o efeito suspensivo poderia ser atribuído ao "recurso inominado" tanto pelo juiz do Juizado como pelo relator na Turma Recursal.[25] Mesmo no modelo anterior, entretanto, o ideal seria que o juiz *a quo* não tivesse tal atribuição. Isso porque o efeito suspensivo retrata um provimento de natureza cautelar, onde o juiz teria que analisar o risco de dano decorrente de sua decisão (*periculum in mora*), bem como a possibilidade dela ser revista na instância recursal (*fumus bonis iuris*). São análises que, a toda evidência, devem ser feitas por um órgão diferente daquele que proferiu a decisão, em razão do seu conteúdo crítico e revisional.

8. A POSSIBILIDADE DE COMPLEMENTAÇÃO DO PREPARO INSUFICIENTE

Um exemplo recorrente da chamada "jurisprudência defensiva"[26] no âmbito do Sistema dos Juizados Especiais é o Enunciado 80 do Fórum Nacional de Juizados Especiais – FONAJE. Esse enunciado diz que *"o recurso inominado será julgado deserto quando não houver o recolhimento integral do preparo e sua respectiva comprovação pela parte, no prazo de 48 horas, não admitida a complementação intempestiva (art. 42, § 1º, da Lei 9.099/1995)"*. Trata-se de um disparate, na medida em que o CPC/1973 prevê a possibilidade de complementação do preparo feito a menor, no prazo de 5 dias, no seu art. 511, § 2º.[27] A justificativa para sustentar tal entendimento era a aplicação do princípio da celeridade (art. 2º da Lei nº 9.099/1995), associado à lógica de desestímulo à utilização dos meios recursais.

Com a edição do Novo CPC, entretanto, entendemos que a postura expressa no Enunciado 80 do FONAJE, que nunca deveria existir, fica superada. No caso específico do preparo recursal, o art. 1.007 estabeleceu que a deserção recursal por insuficiência do preparo deve ser em regra afastada, denotando o caráter excepcional da sanção.[28] Embora seja a mesma regra presente no art.

---

25. THEODORO JÚNIOR, **Curso**, p. 450.
26. A expressão tornou-se conhecida a partir do momento que foi utilizada no discurso de posse Ministro Humberto Gomes de Barros como presidente do STJ, em 07 de abril de 2008, em que anunciou que aquela Corte adotaria a "jurisprudência defensiva", *"consistente na criação de entraves e pretextos para impedir a chegada e o conhecimento dos recursos que lhe são dirigidos"*. De sorte que a "jurisprudência defensiva" pode ser conceituada como o conjunto de decisões judiciais que, pautadas pelo formalismo exacerbado (não raro desprovido de base legal), procuram evitar a análise do mérito dos recursos através da formação de um juízo negativo de admissibilidade.
27. Art. 511. No ato de interposição do recurso, o recorrente comprovará, quando exigido pela legislação pertinente, o respectivo preparo, inclusive porte de remessa e de retorno, sob pena de deserção. (...) § 2º A insuficiência no valor do preparo implicará deserção, se o recorrente, intimado, não vier a supri-lo no prazo de cinco dias. Na doutrina, sustentando a possibilidade de complementação, por todos, veja-se CAMÂRA, **Juizados**, p. 145.
28. Art. 1.007. No ato de interposição do recurso, o recorrente comprovará, quando exigido pela legislação pertinente, o respectivo preparo, inclusive porte de remessa e de retorno, sob pena de deserção. (...) §

511, § 2º, do CPC/1973, entendemos que ela deva ser lida à luz do princípio da primazia da decisão de mérito,[29] consagrado no art. 4º do Novo CPC: "*As partes têm o direito de obter em prazo razoável a solução integral do mérito, incluída a atividade satisfativa*". De modo que o entendimento pela inadmissibilidade da complementação do preparo, previsto no citado enunciado, passa a colidir não apenas com uma regra do CPC, mas também com um princípio fundamental do processo civil.

9. A CONSOLIDAÇÃO DA UTILIZAÇÃO DO AGRAVO DE INSTRUMENTO

Uma das características mais importantes dos Juizados Especiais é a oralidade, que além de servir de base estruturante para diversos dispositivos, também representa um de seus princípios fundamentais (art. 2º da Lei nº 9.099/1995).[30] A oralidade, como se sabe, se configura pela possibilidade da prática dos atos processuais através da palavra falada.[31] Assim, são exemplos de oralidade nos Juizados Especiais a possibilidade da apresentação oral da petição inicial (art. 14), da resposta do réu (art. 30), da prova (art. 35), da sentença (art. 28), dos embargos de declaração (art. 49), do pedido executivo (art. 52, IV) etc.

A doutrina, por sua vez, usualmente associa a oralidade a três aspectos distintivos: a identidade física do juiz, a concentração dos atos em audiência e a irrecorribilidade (em separado) das decisões interlocutórias.[32] Esta última característica, em particular, tem sido objeto de inúmeras controvérsias. Dentro da lógica consolidada, tem se entendido que as decisões interlocutórias de primeiro grau dos Juizados Especiais não desafiam agravo de instrumento, ainda que amoldadas às hipóteses previstas no CPC/1973 (arts. 475-H, 475-M, § 2º, e 522, segunda parte).[33] Contra elas caberia apenas mandado de segurança ou pedido de reconsideração.[34] Já as decisões do relator na Turma Recursal e de inadmissibilidade do recurso extraordinário na origem desafiariam, respectivamente, agravo interno (art. 557 do CPC/1973) e agravo nos autos (art. 544 do CPC/1973).[35]

2º A insuficiência no valor do preparo, inclusive porte de remessa e de retorno, implicará deserção se o recorrente, intimado na pessoa de seu advogado, não vier a supri-lo no prazo de 5 (cinco) dias. (...).

29. DIDIDER, **Curso**, p. 136.
30. O Novo CPC consagrou o princípio da oralidade, na seção dedicada à conciliação e mediação judicial (art. 166).
31. ROCHA, **Manual**, p. 28.
32. SALOMÃO, **Roteiro**, p. 40.
33. Por todos, MEDINA, **Procedimentos**, p. 140.
34. Súmula 376 do STJ: "*Compete a turma recursal processar e julgar o mandado de segurança contra ato de juizado especial*".
35. Nesse sentido, veja-se o Enunciado 15 do FONAJE: "*Nos Juizados Especiais não é cabível o recurso de agravo, exceto nas hipóteses dos artigos 544 e 557 do CPC*".

Na doutrina, entretanto, há mais de uma década existem inúmeras vozes defendendo o cabimento restrito (limitado a determinadas hipóteses) do agravo de instrumento nos Juizados Especiais, sem a preclusão das demais decisões.[36] Esse entendimento, inclusive, já se encontra cristalizado em alguns Estados da Federação, dentre os quais se destaca São Paulo.[37] Na realidade, defender o descabimento do agravo de instrumento vulnera o princípio do duplo grau nas situações onde a decisão interlocutória proferida pelo Juizado causa prejuízo grave e imediato para a parte e não viola, em sentido estrito, direito líquido e certo, como é o caso de uma decisão sobre tutela antecipada. Além disso, é preciso reconhecer que o mandando de segurança ou o pedido de reconsideração não podem ser utilizados como sucedâneos do recurso de forma a promover uma adequada prestação da tutela jurisdicional do direito deduzido em juízo.

Por isso, com a edição do Novo CPC, entendemos que ficam reforçados os argumentos para se admitir a interposição do agravo de instrumento contra determinadas decisões interlocutórias proferidas no primeiro grau dos Juizados Especiais. Essa conclusão decorre do fato de que o novo Diploma acaba com o agravo retido (afastando a preclusão das decisões interlocutórias que antes eram sujeitas a esse recurso – art. 522, primeira parte, do CPC/1973) e estabelece um rol taxativo de decisões interlocutórias sujeitas ao agravo de instrumento (art. 1.015 do CPC/2015), exatamente como sustentado pela parcela mais significativa da doutrina e jurisprudência citada, mesmo sem o amparo da legislação (CPC de 1973). Dessa forma, adaptando a lista enunciada no art. 1.015 do CPC/2015 para a realidade dos Juizados Especiais, teríamos o cabimento do agravo de instrumento nas seguintes situações:

a) tutelas provisórias;
b) mérito do processo;
c) rejeição da alegação de convenção de arbitragem;
d) incidente de desconsideração da personalidade jurídica;

---

36. Veja-se THEODORO JÚNIOR, **Curso**, p. 449, e CÂMARA, **Juizados**, p. 242, e REDONDO, **Da recorribilidade**, p. 213. Já tivemos oportunidade de escrever especificamente sobre o tema, em artigo intitulado **O agravo de instrumento como uma ferramenta de densificação do acesso à justiça nos Juizados Especiais Cíveis Estaduais**, ao qual tomamos a liberdade de remeter o leitor interessado numa análise mais detalhada.
37. Nesse sentido, veja-se o Enunciado 2 do I Encontro do Primeiro Colégio Recursal dos Juizados Especiais Cíveis da Capital do Estado de São Paulo: *"É admissível, no caso de lesão grave e difícil reparação, o recurso de agravo de instrumento no juizado especial cível"*. No STJ o entendimento acerca do cabimento do agravo de instrumento nos juizados Especiais é bastante consolidado. Nesse sentido, veja-se o seguinte aresto: *"JUIZADOS ESPECIAIS CÍVEL. DECISÃO INTERLOCUTÓRIA. AGRAVO DE INSTRUMENTO. COMPETÊNCIA. TURMA RECURSAL. 1 - Cabe à Turma recursal e não ao Tribunal de Justiça julgar agravo de instrumento tirado de decisão singular do juiz que julga deserta apelação por insuficiência de preparo"* (STJ - 2ª Seção - CC 104.476 - Rel. Min. Fernando Gonçalves, j. em 27/05/2009).

e) exibição ou posse de documento ou coisa;
f) exclusão de litisconsorte;
g) rejeição do pedido de limitação do litisconsórcio;
h) concessão, modificação ou revogação do efeito suspensivo aos embargos à execução;
i) redistribuição do ônus da prova;
j) decisões proferidas na fase de liquidação de sentença, de cumprimento de sentença ou no processo de execução.

10. A SUSPENSÃO DOS PROCESSOS EM CURSO NOS JUIZADOS EM RAZÃO DA SISTEMÁTICA DOS RECURSOS EXCEPCIONAIS REPETITIVOS

Por fim, o último impacto do Novo CPC sobre os Juizados Especiais selecionado para debate neste breve estudo não retrata propriamente uma novidade. De fato, o sobrestamento dos processos em curso nos juizados Especiais para julgamento por amostragem já vinha ocorrendo sob o regime anterior (arts. 543-B e 543-C do CPC/1973), inclusive no âmbito da reclamação constitucional dirigida ao STJ (Resolução nº 12/2009 do STJ).[38] De modo que, embora não tenha mencionado expressamente os Juizados Especiais, parece adequado concluir que sob a vigência do Novo Código também os processos em curso nesses órgãos ficarão suspensos em razão da decisão proferida em sede de repercussão geral em recurso extraordinário (art. 1.035, § 5º, do CPC/2015) e recurso extraordinário repetitivo e recurso especial repetitivo (art. 1.037, II, do CPC/2015).

11. CONSIDERAÇÕES FINAIS

Por certo, a lista apresentada não esgota os impactos do Novo CPC sobre os Juizados especiais. Mas os temas escolhidos mereceram especial destaque por sua relevância e seu sentido teórico, dentro do novo quadro normativo que se aproxima. Muito trabalho ainda terá que ser feito para que o Sistema dos Juizados Especiais possa funcionar em harmonia com o Novo Código. Para tanto, é necessário que o meio jurídico comece a debater essa interação desde já. E o principal objetivo desse texto é exatamente animar esse debate.

12. REFERÊNCIAS BIBLIOGRÁFICAS

CÂMARA, Alexandre Freitas. **Juizados Especiais Cíveis Estaduais, Federais e da Fazenda Pública: Uma Abordagem Crítica**, Rio de Janeiro: Lumen Juris, 2013.

---

38. ROCHA, **Manual**, p. 286.

DIDIER JUNIOR, Fredie. **Curso de Processo Civil**: introdução ao direito processual civil, parte geral e processo de conhecimento, Vol. I, 17ª ed., Salvador: jusPODIVM, 2015.

DUARTE, Antonio Aurélio Abi Ramia. **Flexibilização procedimental nos Juizados Especiais Estaduais**, Rio de Janeiro: JC, 2014.

FERREIRA FILHO, Manoel Gonçalves. Do processo legislativo. 5ª ed., São Paulo: Saraiva, 2002.

LINHARES, Erick. **Juizados Especiais Cíveis: Comentários aos Enunciados do FONAJE – Fórum Nacional de Juizados Especiais**, 3ª ed., Curitiba: Juruá, 2008.

MEDINA. José Miguel Garcia. **Procedimentos Cautelares e Especiais**, Vol. IV, 2ª ed., São Paulo: Revista dos Tribunais, 2010.

MENDES, Aluisio Gonçalves de Castro. **Uniformização da Jurisprudência e Causas Repetitivas no Novo CPC**. Palestra proferida no Congresso Brasileiro sobre o Novo Código de Processo Civil, realizada na EMERJ em 03/03/2015.

MOREIRA, José Carlos Barbosa. **Comentários ao Código de Processo Civil**, Vol. V, 11ª ed., Rio de Janeiro: Forense, 2003.

NERY JÚNIOR, Nelson; NERY, Rosa Maria Andrade. **Código de Processo Civil comentado**, 10ª ed., São Paulo: Revista dos Tribunais, 2007.

REDONDO, Bruno Garcia. **Da recorribilidade das decisões interlocutórias nos juizados especiais cíveis federais e estaduais**. In: MIRANDA NETTO, Fernando Gama de; ROCHA, Felippe Borring (Org.). **Juizados especiais cíveis: novos desafios**. Rio de Janeiro: Lumen Juris, 2010.

ROCHA, Felippe Borring. **Manual dos Juizados Especiais Cíveis Estaduais: Teoria e Prática**, 7ª ed., São Paulo: Atlas, 2013.

ROCHA, Felippe Borring. **O agravo de instrumento como uma ferramenta de densificação do acesso à justiça nos Juizados Especiais Cíveis Estaduais**. In: Juris Plenum, v. 10, n. 60, p. 59–82, nov. de 2014, Caxias do Sul: Plenum, 2014.

SALOMÃO, Luís Felipe. **Roteiro dos juizados Especiais Cíveis**. Rio de Janeiro: Destaque, 1997.

CAPÍTULO 2
Fazenda Pública em juízo

Marco Aurélio Ventura Peixoto[1]

SUMÁRIO: 1. INTRODUÇÃO; 2. O NOVO CÓDIGO DE PROCESSO CIVIL: RUPTURA OU CONTINUIDADE?; 3. A FAZENDA PÚBLICA NO NOVO CÓDIGO DE PROCESSO CIVIL; 3.1. JUSTIFICATIVAS CONSTITUCIONAIS E LEGAIS DO TRATAMENTO DIFERENCIADO PARA A ATUAÇÃO EM JUÍZO; 3.2. POSITIVAÇÃO DA ADVOCACIA PÚBLICA NO NOVO CPC; 3.3. A RESPONSABILIZAÇÃO DO ADVOGADO PÚBLICO POR DESCUMPRIMENTO DE DECISÕES JUDICIAIS; 3.4. HONORÁRIOS SUCUMBENCIAIS NAS DEMANDAS CONTRA A FAZENDA PÚBLICA E SUCUMBÊNCIA RECURSAL PROGRESSIVA; 3.5. PRERROGATIVAS DE PRAZOS PARA MANIFESTAÇÕES DA FAZENDA PÚBLICA EM JUÍZO; 3.6. A SUBSTANCIAL ALTERAÇÃO NA REMESSA NECESSÁRIA; 3.7. ISENÇÃO DE CUSTAS PROCESSUAIS E DO PREPARO RECURSAL; 3.8. OS RISCOS DECORRENTES DA EFICÁCIA IMEDIATA DAS DECISÕES; 3.9. IMPOSIÇÃO DE MULTA À FAZENDA PÚBLICA POR DESCUMPRIMENTO DE OBRIGAÇÃO; 3.10. A FAZENDA PÚBLICA E A CULTURA DE AUTOCOMPOSIÇÃO NO NOVO CÓDIGO DE PROCESSO CIVIL; 3.11. CUMPRIMENTO DE SENTENÇA CONTRA A FAZENDA PÚBLICA; 3.12. ATUAÇÃO DA FAZENDA PÚBLICA NO INCIDENTE DE RESOLUÇÃO DE DEMANDAS REPETITIVAS; 4. CONCLUSÃO; 5. BIBLIOGRAFIA.

1. INTRODUÇÃO

O Novo Código de Processo Civil (Lei n. 13.105/2015), apresenta tratamento bem mais completo, específico e detalhado no que tange à atuação da Fazenda Pública em juízo, quando se estabelece um comparativo com as disposições do Código de Processo Civil de 1973.

Tal tema ganhou especiais contornos no novo CPC, não apenas pela pressão desempenhada por setores do Governo e pelas entidades representativas da advocacia pública, mas também pela constatação, por parte do legislador, da premente necessidade de melhor disciplinar alguns aspectos que decorrem da atuação destes órgãos junto ao Poder Judiciário.

Inegável, como não seria diferente, que a presença da Fazenda Pública em juízo seja sempre alvo de críticas pesadas da sociedade, em especial por parte daqueles que exercem a advocacia em defesa de clientes privados, regra geral demonstrando discordância para com as prerrogativas processuais que são atribuídas pela legislação.

---

1. Advogado da União, Especialista em Direito Público pela UnB, Mestre em Direito Público pela UFPE, Membro do Instituto Brasileiro de Direito Processual – IBDP, Sócio-Fundador da Associação Norte e Nordeste de Professores de Processo – ANNEP, Professor Honorário da Escola Superior de Advocacia Ruy Antunes – ESA-OAB/PE, Professor de Direito Processual Civil da Faculdade Marista do Recife e da Faculdade Estácio do Recife, Conselheiro Seccional da OAB/PE, Secretário-Geral da Associação Nacional dos Advogados da União.

Não faltaram polêmicas, na tramitação do projeto, quer na Câmara dos Deputados, quer no Senado Federal, quanto a vários aspectos relativos à atuação em juízo da Fazenda Pública.

Assim, o objetivo do presente estudo, partindo das previsões agora já constantes da Lei n. 13.105/2015, é o de analisar como será a atuação em juízo da Fazenda Pública, suas conquistas, tratamento e prerrogativas no novo diploma adjetivo.

2. O NOVO CÓDIGO DE PROCESSO CIVIL: RUPTURA OU CONTINUIDADE?

Revelar-se-ia uma irresponsabilidade afirmar que o novo CPC surgiu porque o CPC de 1973 estava velho e desatualizado. Não se pode dizer que um diploma de mais de mil artigos, com pouco mais de quarenta anos de vigência, é velho. Basta observar a singeleza e a perenidade da maior parte dos diplomas de maior relevo nos países europeus.

A grande verdade é que o novo CPC surgiu inserido em um sentimento de que se faria necessária uma ruptura com o sistema até então vigente, para que esse momento emblemático pudesse gerar novos horizontes, novas perspectivas, novos paradigmas.

O Código de Processo Civil de 1973 passou por três grandes movimentos ou ondas de reformas, respectivamente nos anos de 1994, 2001/2002 e 2005/2010. Com essas três ondas de reformas processuais, não foram poucas as leis que alteraram a redação original do CPC de 1973, no mais das vezes com o intuito de dinamizar e desburocratizar as relações processuais.

Entre a segunda e a terceira onda de reformas processuais, a Emenda Constitucional n. 45/2004 introduziu o princípio da duração razoável do processo à ordem constitucional brasileira, no inciso LXXVIII do art. 5°, consagrando-o como garantia fundamental dos cidadãos que buscam o Judiciário. Na verdade, toda a reforma e as tantas outras leis que decorreram da alteração constitucional foram editadas com tal espírito, o de fazer com que os processos judiciais durassem apenas o estritamente necessário.[2]

Ocorre que, não obstante o êxito atingido por boa parte dessas mudanças – a exemplo do que ocorreu com as alterações na sistemática das execuções para pagamento de quantia certa contra devedor solvente -, ainda persistia um sentimento de que não se tinha atingido o cenário ideal, que garantisse a efetividade na prestação jurisdicional aos cidadãos.

---

2. PEIXOTO, Marco Aurélio Ventura. **Tópicos de Processo Civil – série concursos públicos e exames da OAB.** Recife: Editora Nossa Livraria, 2008, p. 30.

Pensando nisso, em setembro de 2009, o então Presidente do Senado, José Sarney, constituiu uma Comissão de Notáveis, sob a presidência do então Ministro do Superior Tribunal de Justiça Luiz Fux, atualmente Ministro do Supremo Tribunal Federal, e sob a relatoria de Tereza Arruda Alvim Wambier, com o específico objetivo de elaborar um anteprojeto do novo CPC. Essa comissão se reuniu com periodicidade até junho de 2010, realizando inclusive audiências públicas em várias capitais do país, a fim de colher sugestões e impressões da sociedade e dos operadores do Direito, bem como divulgou as propostas aprovadas por seus membros, visando essencialmente à simplicidade na linguagem, à celeridade na tramitação, à efetividade do resultado e à modernização dos procedimentos.

A Comissão identificou três fatores primordiais para a longa duração dos processos, quais fossem, o excesso de formalidades, a litigiosidade desenfreada advinda da conscientização da cidadania decorrente da Constituição de 1988 e o grande elenco recursal, fruto do modelo francês.[3]

O anteprojeto foi entregue pela Comissão ao Presidente do Senado Federal, para que fossem iniciadas as discussões naquela casa legislativa. Uma vez apresentado o projeto, que ganhou o número PLS 166/2010, este teve a relatoria do Senador Valter Pereira, havendo sido aprovado um substitutivo de tal relator no final de 2010, com alterações em relação ao anteprojeto da comissão de juristas.

Entre o final de 2010 e abril de 2014, o projeto de lei do novo CPC tramitou na Câmara dos Deputados, com o número PL 8046/2010. Lá, a exemplo do que já se havia feito no Senado, constituiu-se uma Comissão Especial para tratar do assunto, sob a relatoria inicialmente do Deputado Federal Sérgio Barradas Carneiro – PT/BA, e posteriormente do Deputado Federal Paulo Teixeira – PT/SP.

Durante o período de tramitação na Câmara dos Deputados – mais de três anos -, pode-se dizer sem qualquer sombra de dúvida que o novo CPC foi intensamente aperfeiçoado, se comparado com a versão que chegou do Senado Federal. O trabalho da Comissão Especial foi minucioso, inúmeras audiências públicas foram realizadas, em Brasília e em várias capitais do país, incontáveis doutrinadores puderam se manifestar e sugerir alterações, entidades de classe e associações tiveram vez e voz, bem como o próprio cidadão comum teve a chance de, pessoalmente ou por meio eletrônico, criticar ou sugerir mudanças no texto em discussão.

---

3. FUX, Luiz. **O Novo Processo Civil**. In FUX, Luiz (coord.). **O novo processo civil brasileiro - Direito em expectativa (reflexões acerca do projeto do novo Código de Processo Civil)**. Rio de Janeiro: Forense, 2011, p. 04-06.

Após a aprovação do substitutivo do relator, como dito, o Deputado Paulo Teixeira, na Câmara dos Deputados, o projeto precisou retornar ao Senado Federal, a fim de que este desenvolvesse o trabalho de revisão e de comparação com o texto lá mesmo aprovado em 2010. Assim, o trabalho se estendeu até o final de 2014, com o louvável trabalho do Relator, Senador Vital do Rêgo Filho (PMDB/PB), de modo que o seu relatório, com alguns destaques, veio a ser aprovado em sessão histórica, realizada no dia 16 de dezembro de 2014.

O texto passou por um período de revisão final de redação, e seguiu para a Presidência da República, para a sanção. Assim, a Lei n. 13.105/2015 foi sancionada em 16 de março de 2015, e publicada no dia seguinte no Diário Oficial, de modo a se iniciar o prazo de vacância de 01 (um) ano, previsto no art. 1.045 do diploma.

Vislumbra-se que o novo CPC venha a se tornar, de fato, um mecanismo hábil para se atingir a duração razoável e a efetividade na prestação jurisdicional, com o rompimento de boa parte das quase intransponíveis barreiras que, na sistemática do CPC de 1973, permitem a mora processual e incontáveis prejuízos ao jurisdicionado.

O diploma é dividido em duas partes, quais sejam, a Parte Geral e a Parte Especial. A Parte Geral se divide, por sua vez, em seis livros (Das Normas Processuais Civis; Da Função Jurisdicional; Dos Sujeitos do Processo, Dos Atos Processuais; Da Tutela Provisória; Da Formação, da Suspensão e da Extinção do Processo). Já a parte especial é composta por três livros (Do Processo de Conhecimento; Do Processo de Execução; Dos Processos nos Tribunais e dos Meios de Impugnação das Decisões Judiciais). Há, por fim, um livro complementar, para disciplinar as disposições finais e transitórias.

O novo CPC cuida de excluir o livro destinado ao processo cautelar, passando a haver um tratamento em conjunto das tutelas provisórias, como ocorre, por exemplo, nos ordenamentos italiano e português. Compreende-se como salutar dita mudança, já que não se deixará de ter a possibilidade de manejo da tutela cautelar, a qualquer tempo, mas sem a necessidade de uma espécie processual própria e autônoma para tanto. Logo, como bem ressaltou destacou José Herval Sampaio Júnior, a retirada da autonomia do processo cautelar, se bem compreendida, não fará falta alguma, já que agora se poderá ter a concessão desse tipo de medida em qualquer tempo.[4]

Releva ainda destaque a idéia de criação de um incidente de resolução de demandas repetitivas, no tocante à legitimidade para as chamadas ações

---

4. SAMPAIO JÚNIOR, José Herval. **Tutelas de Urgência: sistematização das liminares**. São Paulo: Atlas, 2011, p. 37.

de massa, com a prevenção do juízo e a suspensão das demandas individuais. O objetivo desse incidente é o de transformar em uma única ação coletiva processos individuais semelhantes, para acelerar e uniformizar o trabalho jurisdicional, além de evitar insegurança jurídica com a multiplicação de questões idênticas. Nesse contexto, sempre que uma nova ação surgir sobre algum assunto já decidido por incidente de resolução de demandas repetitivas - como, por exemplo, a contestação de assinatura básica de telefonia -, a decisão já produzida será automaticamente aplicada, sem que seja necessária uma nova tramitação, já que se produz coisa julgada em relação aos processos pendentes e supervenientes.

O incidente de resolução de demandas repetitivas parece ser mesmo a "menina dos olhos" do novo CPC, revelando-se como um dos temas de maior debate entre os que discutiram o projeto, especialmente porque visa à promoção da segurança jurídica, da confiança legítima, da igualdade e da coerência da ordem jurídica mediante julgamento em bloco e fixação de tese a ser observada por todos os órgãos do Poder Judiciário, ainda que se saiba que não conseguirá atenuar por completo a carga de trabalho da jurisdição.[5]

Sem dúvida, a elaboração de um novo diploma processual civil teria que passar por uma completa revisão da temática recursal, tendo em conta que, na ordem jurídica brasileira, boa parte da demora na tramitação de um processo se deve à quantidade de recursos, aos seus efeitos e outros fatores acessórios já comentados.

O projeto do novo CPC apresenta alguns pontos importantes para se tentar quebrar tais amarras. Um desses pontos reside na unificação dos prazos recursais em quinze dias úteis (art. 1003, §5°), com exceção dos embargos de declaração, que permanecem em cinco dias. Na atual sistemática, há prazos de cinco, dez e quinze dias, dificultando muito a atividade dos operadores. Tal medida decerto facilitará a contagem e o acompanhamento dos prazos pelos advogados, bem como pelos próprios serventuários, que não raras vezes certificam indevidamente a perda do prazo quando eles ainda estão em curso ou que deixam de fazê-lo quando já há muito expirados.

Outra medida salutar parece ser a extinção de algumas figuras recursais já bastante criticadas pela doutrina e pela jurisprudência, como o agravo retido, decorrência do fim da preclusão das decisões interlocutórias (art. 1009, §1°). Assim, aquelas decisões interlocutórias que não puderem ser atacadas pela via do agravo de instrumento não mais precluirão, de modo que poderão ser alegadas no recurso de apelação, em sede de preliminar.

---

5. MARINONI, Luiz Guilherme; MITIDIERO, Daniel. **O projeto do CPC: crítica e propostas**. São Paulo: Editora Revista dos Tribunais, 2010, p. 178.

Outro recurso que desaparece, no Novo CPC, é o recurso de embargos infringentes. Apesar de haver vozes dissonantes na doutrina quanto à sua extinção, como é o caso de Rodrigo Klippel e Antonio Adonias Bastos, que entendem que as críticas não se baseiam em dados estatísticos ou em pesquisas, mas sim em argumentos retóricos[6], o legislador tendeu a aceitar o posicionamento majoritário, defensor de sua extinção. De todo modo, não obstante a sua extinção como espécie autônoma, um destaque aprovado de última hora no Senado Federal permitiu que sua técnica de julgamento persistisse no art. 942, ao se prever que, quando o resultado da apelação for não unânime, o julgamento terá prosseguimento em sessão a ser designada com a presença de outros julgadores, a serem convocados na forma que o regimento interno definir, em número suficiente para garantir a possibilidade de inversão do resultado inicial. Tal técnica valerá também para as ações rescisórias (quando o resultado for a rescisão da sentença) e para os agravos de instrumento (quando houver reforma da decisão que julgar parcialmente o mérito).

Por seu turno, em relação à remessa necessária, as discussões iniciais giraram em torno da extinção, já que no atual cenário, em que a defesa judicial da Fazenda Pública se encontra, em regra, bem organizada e estruturada, teria perdido a razão de ser. No entanto, prevaleceu a idéia de manutenção do instituto, com o aumento da restrição, nos termos do art. 496, §3°, já que só terá vez nas condenações acima de mil salários mínimos, para a União e suas autarquias e fundações, quinhentos salários mínimos para Estados, Distrito Federal, Capitais de Estado e suas autarquias e fundações, e de cem salários mínimos para os demais Municípios e suas autarquias e fundações.

Ponto que desde o primeiro instante gerou polêmica, notadamente entre os advogados, é a idéia da sucumbência recursal progressiva, estabelecida no art. 85, §11. Tal raciocínio implica em se fixar ampliativamente os honorários advocatícios, a cada recurso não provido. Essa medida visa a inibir a utilização das espécies recursais, como muito ocorre, com intuito meramente protelatório, de modo que as partes e seus advogados deverão refletir bastante antes de se valer de uma dada espécie recursal, sabedores que o insucesso no seu julgamento pode aumentar o prejuízo com o pagamento de honorários sucumbenciais à parte adversa.

Não obstante algumas críticas que serão tecidas no capítulo seguinte, notadamente em relação à atuação da Fazenda Pública em juízo, dita previsão vem atraindo elogios da maior parte dos processualistas, por penalizar aquele que retarda a tramitação processual e por proporcionar justa remuneração

---

6. KLIPPEL, Rodrigo; BASTOS, Antonio Adonias. **Manual de Processo Civil**. Rio de Janeiro: Ed. Lumen Juris, 2011, p. 793.

aos advogados que empregaram seu labor na instância recursal, após a fixação ocorrida na sentença.⁷

A verdade é que, diferentemente do que outrora era comum ocorrer, no cenário atual, parou-se de atribuir a culpa a quem quer que seja que não a si próprio, iniciando-se um momento de pensamento conjunto e integrado, na busca de soluções que atendam a todos os poderes, desburocratizando o funcionamento da máquina processual e propiciando maior rapidez e efetividade na resolução das lides submetidas ao Judiciário.

Por tudo isso, revela-se inegável a importância da discussão ampliada acerca das disposições do novo CPC. Optou-se por debater um novo código a conviver com o atual, cheio de remendos e mudanças constantes. Segundo se viu, é pensamento comum entre os juristas a necessidade de corrigir defeitos da velha lei e especialmente de adequá-la a uma realidade que demanda processos simples, de fácil acesso e sem tantas amarras.

Essas ideias contidas no novo CPC por certo não representam uma fórmula mágica, que virá a atender a todos os anseios sociais e a eliminar por completo a mora processual. No entanto, é de se convir que as conclusões a que se tem chegado, abrangendo os mais variados temas da legislação processual, serão dignas de reconhecimento, porque representarão passos largos para que se atenda, ao máximo, a pretendida duração razoável dos processos.

3. A FAZENDA PÚBLICA NO NOVO CÓDIGO DE PROCESSO CIVIL

Nas lições de Leonardo Carneiro da Cunha, a expressão Fazenda Pública é utilizada para designar as pessoas jurídicas de direito público que figurem em ações judiciais, mesmo que a demanda não verse sobre matéria estritamente fiscal ou financeira.⁸

Não há dúvidas de que a expressão Fazenda Pública compreende: a) os entes da Administração Pública direta: União, Estados, Distrito Federal e Municípios; b) e, bem assim, as autarquias e as fundações de direito público⁹, que compõem a Administração Pública Indireta. Incorreto, contudo, seria afirmar que todos os entes que integram a Administração Pública direta e indireta inserem-se no conceito de Fazenda Pública¹⁰·

---

7. SOUZA E SILVA, Rinaldo Mouzalas. **Honorários de sucumbência recursal no projeto do novo Código de Processo Civil**. In DIDIER JR., Fredie; MOUTA ARAÚJO, José Henrique; KLIPPEL, Rodrigo (coordenadores). **O Projeto do Novo Código de Processo Civil. Estudos em Homenagem ao Prof. José de Albuquerque Rocha**. Salvador: Editora Jus Podivm, 2011, p. 335.
8. CUNHA, Leonardo José Carneiro da. **A Fazenda Pública em juízo**. 5. Ed. São Paulo: Dialética, 2007, p. 15.
9. ASSIS, Araken de. **Manual da execução**. São Paulo: Revista dos Tribunais, 2013, p. 1101.
10. PEIXOTO, Marco Aurélio Ventura. **A Fazenda Pública no Novo Código de Processo Civil**. In ADONIAS, Antonio; DIDIER JR., Fredie (coordenadores). **Projeto do Novo Código de Processo Civil - 2ª série. Estudos em homenagem a José Joaquim Calmon de Passos**. Salvador: Ed. Jus Podivm, 2012, p.. 510

Isto porque, no que concerne às empresas públicas e às sociedades de economia mista, embora também façam parte do conceito de Administração Pública indireta, como regra, por explorarem atividade econômica de produção ou comercialização de bens ou de prestação de serviços, estão sujeitas ao regime próprio das empresas privadas, nos termos do art. 173, §1º, II da Constituição, razão pela qual, quando devedoras, são executadas conforme as regras comuns previstas no CPC.

No entanto, se as empresas públicas e sociedades de economia mista forem instituídas para fins de prestação de serviços públicos de competência dos entes da Administração Pública direta, haverá submissão ao regime executivo especial, porquanto tais entidades, nesse caso, são equiparadas à Fazenda Pública[11].

Essa é, inclusive, a orientação do Superior Tribunal de Justiça sobre a matéria, conforme evidenciam os trechos de julgados abaixo referidos:

> "(...) A empresa pública, desde que prestadora de serviços públicos, goza dos privilégios inerentes à Fazenda Pública, de modo que a execução proposta contra essa empresa deve seguir o rito previsto nos arts. 730 e seguintes do CPC (...)"[12].

> "(...) 2. A EMOP é uma empresa pública, criada pelo Poder Público, vinculada à Secretaria de Estado de Desenvolvimento Urbano e Regional (Decreto Estadual 15.122/1990), que presta, exclusivamente, serviços públicos para o Estado do Rio de Janeiro e, diga-se de passagem, serviços de interesse público primário. Assim, cabe, de fato, equipará-la à Fazenda Pública, possibilitando a execução por meio de precatório, pois tal empresa distingue-se das demais empresas públicas que, em geral, exercem atividades econômicas.

> 3. **"As empresas públicas, quando prestadoras de serviços públicos de prestação obrigatória pelo Estado**, devem ser processadas pelo rito do art. 730 do CPC, inclusive com a expedição de precatório (...)" (grifo nosso)[13].

O Supremo Tribunal Federal tem o mesmo entendimento. Em princípio, considera-se que as prerrogativas da Fazenda Pública não se estendem às empresas públicas e às sociedades de economia mista, a não ser que comprovem não exercer atividade econômica[14], mas sim serviço público próprio do Estado.

---

11. THEODORO JÚNIOR, Humberto. **Curso de Direito Processual Civil: processo de execução e cumprimento de sentença, processo cautelar e tutela de urgência.** Vol. II. Rio de Janeiro: Forense, 2013, p. 397.
12. STJ, AgRg no AREsp 234.159/RJ, Rel. Ministro CASTRO MEIRA, SEGUNDA TURMA, julgado em 07/05/2013, DJe 16/05/2013
13. STJ, Esp 729.807/RJ, Rel. Ministro MAURO CAMPBELL MARQUES, SEGUNDA TURMA, julgado em 03/11/2009, DJe 13/11/2009
14. STF, ARE 700429 AgR, Relator(a): Min. DIAS TOFFOLI, Primeira Turma, julgado em 21/10/2014, ACÓRDÃO ELETRÔNICO DJe-224 DIVULG 13-11-2014 PUBLIC 14-11-2014

É o caso da **Empresa Brasileira de Correios e Telégrafos** que, segundo o STF, "é prestadora de serviço público de prestação obrigatória e exclusiva do Estado"[15,] razão pela qual possui todas as prerrogativas processuais estabelecidas em prol das pessoas jurídicas de direito público, inclusive a impenhorabilidade de seus bens, rendas e serviços, conforme já decidido pelo pleno da referida Corte Superior[16.]

Tomando-se por base o critério de *não exercer atividade econômica* para que se possa compreender uma entidade como beneficiária das prerrogativas da Fazenda Pública, deve-se consignar, nesse ponto, que há quem entenda que se uma autarquia explorar atividade essencialmente privada não poderá dispor de tais benesses processuais, inclusive o regime do art. 100 da Constituição da República.

Há precedente do STJ nesse sentido. Senão se veja:

> RECURSO ESPECIAL - EMBARGOS À EXECUÇÃO - NEGATIVA DE PRESTAÇÃO JURISDICIONAL - NÃO OCORRÊNCIA, NA ESPÉCIE - BANCO REGIONAL DE DESENVOLVIMENTO DO EXTREMO SUL (BRDE) - OBSERVÂNCIA AO PROCEDIMENTO ESTABELECIDO PELO CÓDIGO DE PROCESSO CIVIL PARA EXECUÇÃO DE QUANTIA CERTA CONTRA FAZENDA PÚBLICA - IMPOSSIBILIDADE - RECURSO ESPECIAL IMPROVIDO.
>
> 1. Não existe negativa de prestação jurisdicional no acórdão que, a despeito de adotar fundamento diverso daquele pretendido pela parte, efetivamente decide de forma fundamentada toda a controvérsia.
>
> 2. O rito previsto pelos artigos 730 e seguintes do Código de Processo Civil, aplicável à execução de quantia certa contra a Fazenda Pública, não é aplicável ao ente que, **a despeito de formalmente ser considerado uma autarquia, na realidade, em razão de explorar atividade econômica, mediante fomento de setores da economia, se reveste de natureza de empresa pública**, como sucede in casu.
>
> 3. Recurso especial a que se nega provimento.
>
> (REsp 579.819/RS, Rel. Ministro MASSAMI UYEDA, TERCEIRA TURMA, julgado em 04/08/2009, DJe 15/09/2009) (Grifo nosso).

No Supremo não há decisões nesse teor. Todos os julgados que excluem a sistemática dos precatórios e, consequentemente, o regime executivo especial previsto na Constituição e no CPC para a Fazenda Pública referem-se a

---

15. RE 424227, Relator(a): Min. CARLOS VELLOSO, Segunda Turma, julgado em 24/08/2004, DJ 10-09-2004 PP-00067 EMENT VOL-02163-05 PP-00971 RTJ VOL 00192-01 PP-00375
16. RE 220906, Relator(a): Min. MAURÍCIO CORRÊA, Tribunal Pleno, julgado em 16/11/2000, DJ 14-11-2002 PP-00015 EMENT VOL-02091-03 PP-00430.

empresas públicas ou a sociedades de economia mista que exploram atividade econômica, nos moldes do já citado art. 173, §1º da Constituição. Nada há sobre autarquia que eventualmente exerça atividade própria das empresas privadas.

Por uma questão de coerência, entrementes, não há como pensar de forma diversa. Se as empresas públicas e sociedades de economia mista, quando exercem serviço essencialmente público, devem ser equiparadas à Fazenda Pública, o contrário também deve ser admitido: se uma autarquia ou fundação se dedicar a uma atividade privada, deverá ser excluída do conceito de Fazenda Pública e, por conseguinte, será executada na forma comum prevista na lei processual.

Importante destacar que as agências executivas e reguladoras, por terem natureza jurídica de autarquias especiais, são consideradas pessoas jurídicas de direito público, integrando, portanto, o conceito de Fazenda Pública. Da mesma forma, os consórcios públicos que sejam constituídos sob a forma de associações públicas[17].

O Novo Código de Processo Civil, como o anterior, faz referência à Fazenda Pública em inúmeros dispositivos, inclusive no art. 531, que trata do cumprimento de sentença. Certamente emprega a locução no sentido aqui referido.

Há uma regra no novo CPC que, especificando os entes estatais aos quais se aplica, menciona os conselhos de fiscalização de atividade profissional. Trata-se do art. 45, que trata do deslocamento da competência para a Justiça Federal quando intervierem no processo, como partes ou terceiros, entes da Administração Pública direta e indireta. Os conselhos de fiscalização de atividade profissional, segundo o Supremo Tribunal Federal, têm natureza jurídica autárquica, sendo, portanto, considerados pessoas jurídicas de direito público[18].

Por isso, algumas prerrogativas processuais têm sido estendidas aos referidos conselhos pela jurisprudência do STJ, como a de intimação pessoal na execução fiscal[19] e os prazos especiais previstos no art. 188 do CPC de 1973[20], por exemplo. Se os conselhos de fiscalização profissional são considerados autarquias e, por consequência, pessoas jurídicas de direito público, devem ser compreendidos na definição de Fazenda Pública, submetendo-se, portanto, ao regime especial executivo previsto na Constituição e no CPC[21].

À guisa de conclusão, tem-se que a expressão Fazenda Pública abrange: a) os entes da Administração Pública direta (União, Estados, Distrito Federal e

---

17. CUNHA, Leonardo José Carneiro. **A Fazenda Pública em Juízo**. São Paulo: Dialética, 2014, p. 17/18.
18. RE 683010 AgR, Relator(a): Min. ROBERTO BARROSO, Primeira Turma, julgado em 12/08/2014, PROCESSO ELETRÔNICO DJe-165 DIVULG 26-08-2014 PUBLIC 27-08-2014
19. REsp 1330190/SP, Rel. Ministro HERMAN BENJAMIN, SEGUNDA TURMA, julgado em 11/12/2012, DJe 19/12/2012
20. AgRg no Ag 1388776/RJ, Rel. Ministro HERMAN BENJAMIN, SEGUNDA TURMA, julgado em 07/06/2011, DJe 15/06/2011
21. CUNHA, Leonardo José Carneiro da. **A Fazenda Pública em Juízo**. São Paulo: Dialética, 2014, p. 425.

Municípios); b) as autarquias e fundações públicas, exceto, quanto às primeiras, se exercerem atividade privada (econômica); c) as empresas públicas e as sociedades de economia mista, se desempenharem serviço público próprio do Estado; d) as agências reguladoras; e) os consórcios criados sob a forma de associações públicas; f) e os conselhos de fiscalização profissional.

Enquanto réus, os entes integrantes da Fazenda Pública são as figuras mais presentes nas relações processuais do ordenamento jurídico brasileiro, demonstrando, na visão de Hélio do Vale Pereira, a falta de sintonia entre o seu agir e as determinações legais, mormente constitucionais[22], o que contribui evidentemente para a sobrecarga do Poder Judiciário e para a lentidão na prestação jurisdicional.

Em função dessa presença estatisticamente marcante da Fazenda Pública em juízo, as normas processuais foram, com o passar dos anos, adaptando-se, amoldando-se à sua participação nas demandas, o que faz parecer existir um sistema processual **à parte, como** se houvesse um direito processual público[23,] **típico para as situações em que se litiga contra a Fazenda.**

Por evidente, não são poucas as críticas de advogados privados, magistrados e mesmo de doutrinadores acerca das prerrogativas processuais inerentes à atuação em juízo da Fazenda Pública. Previsões que constam do CPC de 1973 e de outras leis esparsas, como citação pessoal, reexame necessário, prazo quadriplicado para contestar e dobrado para recorrer, possibilidade de suspensão de liminares, da segurança e de tutelas antecipadas, honorários advocatícios fixados de modo equitativo, impenhorabilidade de bens e pagamento das dívidas por meio de precatórios, sempre despertaram polêmica, calorosos debates e opiniões contrárias, de modo que essa temática evidentemente seria trazida à tona quando das discussões do projeto do novo CPC.

Como se verá a seguir, houve a introdução de novas garantias e prerrogativas, outras foram restringidas, algumas foram eliminadas, de modo que se afigura relevante destacar os principais aspectos dessas mudanças, no que virá a ser um novo cenário de atuação da Fazenda Pública em juízo.

3.1. Justificativas constitucionais e legais do tratamento diferenciado para a atuação em juízo

Como dito acima, a atuação da Fazenda Pública em juízo é sempre alvo de críticas das mais ácidas pela sociedade, em grande parte como fruto das tais prerrogativas por ela possuídas.

---

22. PEREIRA, Hélio do Valle. **Manual da Fazenda Pública em Juízo**. 2. Ed. Rio de Janeiro: Renovar, 2006, p. 1.
23. BUENO, Cássio Scarpinella. **O poder público em juízo**. 3. Ed. São Paulo: Saraiva, 2000, p. 1.

Discute-se sempre, quer entre profissionais do Direito, quer mesmo entre os leigos, se a fixação de regras específicas para os entes dotados de personalidade jurídica de direito público causa algum tipo de afronta ao constitucional princípio da isonomia.

Não se deve assim entender. A Fazenda não deve ser vista como simplesmente mais uma pessoa jurídica, já que possui dimensão tão profunda que veda seja vista como um ente jurídico a disputar, com outros, interesses individualizados. Não há que se imaginar vinculação entre a Fazenda Pública e propósitos egoísticos, singularizados.[24] Se cabe à Fazenda Pública velar pelo interesse público, e este deve ser colocado em posição de supremacia em relação aos interesses privados, não há inconstitucionalidade ou ilicitude em se conferir prerrogativas aos seus entes quando da atuação junto ao Poder Judiciário.

A Fazenda Pública não reúne, para sua defesa em juízo, as mesmas condições que tem um particular na tutela de seus interesses, já que mantém uma burocracia inerente à sua atividade, como dificuldade em ter acesso aos fatos, elementos e dados da causa.[25]

Já se ouviu muito criticar a atuação da Fazenda porque seus prazos ampliados acarretariam demora às relações processuais ou feririam o constitucional princípio da duração razoável dos processos. Ocorre que é sim razoável a ampliação desses prazos, na linha de que, além de o interesse perseguido e defendido ser o público, e de suas derrotas refletirem ainda que indiretamente na própria sociedade, é de se convir que sua defesa é mais complicada quando envolve matéria fática, já que se faz necessário movimentar a máquina administrativa em busca de documentos, fichas financeiras e outras comprovações ou elementos que possam embasar a defesa do ente público.

Não se deve, portanto, encarar as prerrogativas conferidas por lei à Fazenda Pública como privilégios, já que o tratamento diferenciado tem uma razão de ser – proteção do interesse público – e atende plenamente à ideia da isonomia processual. Encarar de modo diferente implicaria compreender que as prerrogativas estatuídas aos beneficiários da justiça gratuita (prazos ampliados, defesa judicial pela Defensoria Pública, dispensa de custas/honorários, etc.) seriam também inconstitucionais ou ilícitas. Se há desigualdade entre os polos de uma relação processual, desigualmente devem ser tratados pelo legislador, razão pela qual é plenamente justificado que exista, no texto constitucional, no novo CPC ou em outras leis esparsas, um regime diferenciado para a atuação da Fazenda Pública em juízo.

---

24. PEREIRA, Hélio do Valle. **Manual da Fazenda Pública em Juízo**. 2. Ed. Rio de Janeiro: Renovar, 2006, p. 25.
25. CUNHA, Leonardo José Carneiro da. **A Fazenda Pública em juízo**. 5. Ed. São Paulo: Dialética, 2007, p. 34.

3.2. Positivação da Advocacia Pública no Novo CPC

Como é sabido, desde a Carta de 1988, a Advocacia Pública ganhou status constitucional, em seus arts. 131 e 132, no capítulo atinente às funções essenciais à Justiça. No entanto, faltava sua positivação no âmbito do diploma processual, visto que suas atribuições infraconstitucionais decorriam apenas de leis esparsas ou organizadoras das respectivas instituições incumbidas de promover a defesa da Fazenda Pública em juízo.

E assim se fez no Novo CPC. Na Parte Geral, Livro II (Dos Sujeitos do Processo), o Título VI foi reservado exatamente à Advocacia Pública, restando a sua disciplina entre os artigos 182 e 184 do texto.

Prevê-se, no art. 182, que incumbe à Advocacia Pública defender e promover os interesses públicos da União, dos Estados, do Distrito Federal e dos Municípios, por meio da representação judicial, em todos os âmbitos federativos, das pessoas jurídicas de direito público que integram a administração direta e indireta.

Estabeleceu-se ainda, no art. 183, que tais entes gozarão de prazo em dobro para todas as suas manifestações processuais, cuja contagem terá início a partir da intimação pessoal. Tal previsão sepulta velha dificuldade vivenciada no CPC de 1973, que previa em seu art. 188 que a Fazenda Pública dispõe de prazo quadriplicado para contestar e dobrado para recorrer, sendo ainda simples o seu prazo para as demais manifestações. A uniformidade de tratamento prevista no NCPC, em simetria com o Ministério Público, a Defensoria Pública e os litisconsortes com diferentes procuradores, uniformiza a questão e facilita enormemente a tarefa dos operadores do Direito.

No mesmo art. 183, estabelece-se que a intimação pessoal será feita por carga, remessa ou meio eletrônico, bem como que não se aplica o benefício da contagem em dobro quando a lei estabelecer, de forma expressa, um prazo próprio para o ente público.

Por fim, no art. 184, previu-se que o membro da Advocacia Pública será civil e regressivamente responsável quando agir com dolo ou fraude no exercício de suas funções, em previsão análoga a que se atribui aos membros do Ministério Público e da Defensoria Pública, como constante nos artigos 181 e 187, respectivamente.

3.3. A responsabilização do advogado público por descumprimento de decisões judiciais

Esclarecendo melhor a defeituosa redação constante do art. 14 do CPC de 1973, o NCPC prevê, no art. 76, §6º, que aos advogados públicos – assim como aos privados e aos membros da Defensoria Pública e do Ministério Público –, não se aplica o disposto nos §§2° a 5°, devendo sua responsabilização ser apurada pelos órgãos de classe respectivos ou Corregedoria, aos quais o juiz oficiará.

Tal previsão foi inserida no artigo que trata dos deveres das partes, dos procuradores e de todos aqueles que de qualquer forma participarem do processo. Em tal dispositivo, estabelece-se que a violação ao dever de cumprir com exatidão as decisões de caráter executivo ou mandamental e de não criar embaraços à efetivação de pronunciamentos judiciais de natureza antecipatória ou final, importa em ato atentatório ao exercício da jurisdição, devendo o juiz aplicar ao responsável multa em montante a ser fixado de acordo com a gravidade da conduta e não superior a vinte por cento do valor da causa.

No art. 14 do código de 1973, consta a previsão da multa em seu parágrafo único, estabelecendo que estariam ressalvados dessa regra os advogados que se sujeitam exclusivamente aos estatutos da Ordem dos Advogados do Brasil. Ora, evidente que Advogados da União, Procuradores Federais, Procuradores da Fazenda Nacional, Procuradores de Estados, do Distrito Federal e dos Municípios não estão sujeitos exclusivamente aos estatutos da OAB, pois devem obediência às leis específicas que regulamentam as respectivas carreiras e funções.

Tal parágrafo inclusive teve sua constitucionalidade questionada na Ação Direta de Inconstitucionalidade n. 2652-6, em que se determinou sem redução de texto, por emprestar à expressão "ressalvados os advogados que se sujeitam exclusivamente aos estatutos da OAB", interpretação conforme a Carta, a abranger advogados do setor privado e do setor público. Ainda assim, como a redação não foi objeto de alteração no CPC, alguns juízes e desembargadores insistem em impor multa pessoal aos advogados públicos, o que motivou inclusive uma série de reclamações recentemente junto ao Supremo Tribunal Federal.[26]

Revela-se, assim, de absoluta importância a previsão expressa, no Novo CPC, de que os advogados públicos, assim como os privados, os defensores públicos e os membros do Ministério Público estarão excluídos da possibilidade de imposição da responsabilização pessoal por eventual descumprimento de decisão judicial imposta aos órgãos por eles representados.

Isso não significa que o novo CPC garantirá uma atuação arbitrária, livre de quaisquer responsabilidades, aos advogados públicos. Pelo contrário. O que

---

26. A título de exemplo, nas Reclamações 5133 e 7181, relatadas pela Ministra Carmem Lúcia Antunes Rocha, ratificou-se o entendimento de que a multa pessoal a suposto litigante de má-fé não pode ser imposta a advogado público, mas apenas ao órgão que ele defende. No mesmo sentido, apresentam-se as RCLs 5865, também relatada pela Ministra Carmen Lúcia Antunes Rocha, 5941 (Rel. Min. Eros Grau), 5746 (Rel. Min. Menezes Direito) e 4656 (Rel. Min. Joaquim Barbosa).

se está a garantir é que a multa por ato atentatório à jurisdição não lhe será imposta, mas sim ao órgão, pois o advogado é mero representante deste. Tanto o CPC prevê a possibilidade de responsabilização por atuação dolosa ou fraudulenta, segundo acima já analisado, como se estatui, no próprio art. 76, §6°, que o juiz deverá oficiar ao respectivo órgão de classe, a fim de apurar a conduta do profissional.

Mais que uma obediência ao texto da própria Constituição Federal, é instrumento importante de garantia à atuação livre, isenta e alheia às pressões externas, para os membros da Advocacia Pública.

3.4. Honorários sucumbenciais nas demandas contra a Fazenda Pública e sucumbência recursal progressiva

Certamente um dos temas que mais foram objeto de discussões quando da tramitação do NCPC na Câmara dos Deputados e no Senado Federal foi o que diz respeito aos honorários advocatícios.

É voz corrente a insatisfação com a questão da fixação dos honorários naquelas ações ajuizadas em face dos entes que integram a Fazenda Pública, já que a redação atual do art. 20, §4°, prevê que naquelas causas em que restar vencida a Fazenda Pública, os honorários serão fixados consoante apreciação equitativa do juiz. Não são poucos os advogados privados que se queixam, e isso é motivo inclusive de bandeira levantada pelo Conselho Federal da OAB, que em alguns casos os valores fixados a título de honorários contra a Fazenda Pública são irrisórios ou aviltantes, em razão de falta de um critério objetivo ou de um parâmetro concreto para a sua determinação.

Pelo novo Código, o art. 85, §3° diz que nas causas em que a Fazenda Pública for parte, os honorários advocatícios serão fixados conforme o mínimo de 10% e o máximo de 20% para as causas de até duzentos salários mínimos; mínimo de 8% e máximo de 10% para causas de até dois mil salários mínimos; mínimo de 5% e máximo de 8% para as ações de dois mil até vinte mil salários mínimos; mínimo de 3% e máximo de 5% para ações de vinte mil até cem mil salários mínimos; e mínimo de 1% e máximo de 3% nas ações acima de cem mil salários mínimos.

Não há como negar que parâmetros mais objetivos foram estabelecidos. De toda forma, carece o artigo de previsão para aquelas causas mais repetitivas, que possuem valores por vezes elevados, já que, em tais situações, o trabalho exercido pelo profissional e o tempo exigido para o seu serviço acabam por se afigurar desproporcionais em relação aos honorários que virão a ser fixados.[27]

---

27. Tome-se como exemplo a exemplo as ações que envolvem a demanda de Municípios contra a União, buscando sua condenação a título de complementação da transferência dos recursos do Fundo de

Importa, ademais, destacar que pelo §14 do art. 85 do Novo CPC, os honorários advocatícios serão taxativamente reconhecidos como direito do advogado e possuidores de natureza alimentar, com os mesmos privilégios inerentes aos créditos trabalhistas, sendo ainda vedada a compensação em caso de sucumbência parcial, que era outra luta antiga da classe dos advogados.

Corrigindo omissão do CPC de 1973, e do próprio projeto aprovado em 2010 no Senado, a Câmara dos Deputados incluiu e o Senado manteve na redação final, que restou sancionada, o reconhecimento expresso de que os honorários também são direito dos advogados públicos nas causas em que a Fazenda Pública sagrar-se vencedora, nos termos da lei (art.85, §19). Na forma estatuída no CPC de 1973, tal previsão depende de leis próprias de cada ente. No âmbito estadual e municipal, há situações em que os honorários advocatícios são divididos entre os procuradores e outras em que são encaminhados a um fundo próprio para capacitação e melhorias da carreira e dos órgãos. Já em outros, como também ocorre no âmbito federal, os honorários advocatícios não revertem às carreiras, mas ao tesouro do próprio ente.

Ora, se os honorários representam a contraprestação legal pela atuação do advogado, independentemente de ser ele público ou privado, o mais adequado seria – como de fato se passa a prever no NCPC, a extensão desse direito àqueles que advogam para a Fazenda Pública.

Finalmente, ainda na temática dos honorários advocatícios, ponto inovador apresentado pelo novo CPC é o da sucumbência recursal progressiva, prevista no art. 85, §11. Isso significa que na instância recursal, fixar-se-á nova verba honorária, observando-se os limites aqui já colocados em percentuais e o limite total de 20% para a fase de conhecimento.

Não há como negar a posição espinhosa que os advogados públicos serão colocados diante da idéia da sucumbência recursal progressiva. Ainda que se compreenda que a idéia é exatamente a de inibir a utilização daqueles recursos com finalidade meramente protelatória, há de se convir que, na maior parte dos casos, a interposição do recurso é dever de ofício do advogado público, podendo incorrer inclusive em infração administrativa caso deixe de recorrer sem autorização legal ou superior. Sendo assim, há de se ressaltar que o momento de decidir quanto à interposição do recurso se revelará árduo, pois precisará sempre levar em consideração que o fracasso importará em mais uma condenação para a Fazenda Pública.

Manutenção e Desenvolvimento do Ensino Fundamental e Valorização do Magistério – FUNDEF. Nessas ações, que envolvem cifras milionárias, a tese é por demais repetitiva, e não faz sentido a condenação em honorários advocatícios em valores tão exorbitantes, como frequentemente ocorre.

3.5. Prerrogativas de prazos para manifestações da Fazenda Pública em juízo

O art. 183 do Novo CPC, no título afeto à Advocacia Pública, estabelece que a União, os Estados, o Distrito Federal, os Municípios e suas respectivas autarquias e fundações de direito público gozarão de prazo dobrado para todas as suas manifestações processuais, com a contagem se iniciando a partir da intimação pessoal.

Isso implica, por evidente, em alteração significativa em relação à regra do código vigente, que indica no art. 188 prazo quadriplicado para contestar e dobrado para recorrer. Uniformizar-se-ão, como já dito linhas atrás, a partir da vigência do novo CPC, as prerrogativas de prazo para a Fazenda Pública, para o Ministério Público e para a Defensoria Pública.

Não há que se entender que a alteração empreendida pelo NCPC venha a resultar em prejuízos para a Fazenda Pública. Do contrário, o novo diploma procura respeitar a isonomia, a celeridade e a efetividade do processo.[28]

Se há diminuição no prazo para contestar, que era quadriplicado (60 dias) e passa a ser dobrado (30 dias), atribuiu-se à Fazenda Pública o prazo dobrado para todas as manifestações judiciais sob sua responsabilidade, como ocorre atualmente com litisconsortes com diferentes procuradores e defensores públicos, o que representa uma vantagem em relação ao código vigente. Assim, manifestações simples e contrarrazões recursais, por exemplo, passarão a ser dotadas de prazo em dobro para a Fazenda Pública.

Essa previsão do prazo contado em dobro para a Fazenda Pública somente será ressalvada naquelas situações em que a lei estabelecer, de forma expressa, prazo próprio para a prática de um dado ato processual, como estabelecido no art. 186.

De acordo com o que já foi explicitado anteriormente, a previsão de prazos ampliados para a atuação da Fazenda Pública em juízo justifica-se plenamente, porque está a defender não interesses privados, mas sim o interesse público, que merece prevalência. Ademais, a dificuldade na coleta de elementos fáticos para a defesa, aliada à sobrecarga de trabalho a que são acometidos, em regra, os advogados públicos, justificam plenamente o tratamento especial conferido pelo legislador no novo CPC.

Não há como ignorar também outra importante previsão atinente aos prazos, desta feita não específica à Fazenda Pública, mas que a ela também bem

---

28. NUNES, Allan Titonelli. **As prerrogativas da Fazenda Pública e o Projeto de Lei nº 166/10 (Novo Código de Processo Civil)**. Jus Navigandi, Teresina, ano 16, n. 2742, 3 jan. 2011. Disponível em: <http://jus.com.br/revista/texto/18170>. Acesso em: 10 jan. 2012.

atende, que é a de que os prazos serão contados tão somente em dias úteis, como se indica no art. 219 do novo Código. Não obstante as esperadas críticas, que sustentam o risco de mais mora à relação processual – mora essa que, diga-se de passagem, será insignificante – a verdade é que essa inovação atende a um desejo antigo de advogados, especialmente os que militam na advocacia privada, que não raro sacrificam seus finais de semana e feriados para o cumprimento de tarefas com prazos curtos.

3.6. A substancial alteração na remessa necessária

Se há um instituto que é sempre lembrado, quando do surgimento de reformas processuais, como passível de extirpação da legislação, este é o da remessa necessária. De importância histórica inegável, afigura-se na atualidade com um dos mais criticados mecanismos da legislação processual, para muitos violador da isonomia e responsável pela desnecessária mora no encerramento de muitos feitos.

Não foram poucas as oportunidades que o legislador teve de banir a remessa oficial do ordenamento jurídico brasileiro, como ocorreu com a Lei n. 10.352/2001 e mais recentemente na terceira onda de reformas processuais. No entanto, em todas essas ocasiões, o legislador, de forma conservadora, não analisou concretamente a utilidade do instituto atualmente.[29]

Em um dos relatórios parciais divulgados pela Comissão de Juristas responsável pela elaboração do anteprojeto do novo Código de Processo Civil, ainda no ano de 2009, afirmou-se que um dos objetivos era o de não mais existir a previsão da remessa oficial, ou reexame necessário, no novo diploma adjetivo.

Tal ideia se justificaria na conclusão de que a defesa judicial da Fazenda Pública se encontra, em regra, a esta altura, bem organizada e estruturada, e então a remessa oficial teria perdido a razão de ser. Além disso, há situações esdrúxulas em que a União, por exemplo, deixa de recorrer baseada em súmula administrativa do Advogado-Geral da União – portanto, por vontade própria – e a decisão acaba tendo que ser, obrigatoriamente, reexaminada pelo tribunal respectivo.

Ocorre que, já no trabalho final da Comissão de Juristas, e isso prevaleceu no Senado, optou-se pela manutenção do instituto, com um aumento ainda maior da restrição que já havia sido estabelecida no art. 475 do CPC atual, quando da Lei n. 10.352/2001.

---

29. PEIXOTO, Marco Aurélio Ventura; MARQUES, Renan Gonçalves Pinto. A análise de possíveis mudanças processuais e a possibilidade de extinção do reexame necessário como forma de alcançar os princípios da celeridade processual e da duração razoável do processo. In Revista da Faculdade de Direito de Caruaru, v. 39, n. 1. Caruaru: 2008, p. 275.

Uma das mais fortes justificativas para a não extinção da remessa oficial foi a de que a Advocacia-Geral da União e as Procuradorias dos Estados e do Distrito Federal estão plenamente organizadas, mas essa não seria a realidade da maior parte das Procuradorias Municipais – até mesmo pelo fato de que não são muitos os Municípios que dispõe de carreira estruturada de procuradores -, de modo que a proteção ao Erário ainda se fundamentaria em tal reexame obrigatório pelos tribunais.

Assim, no art. 496 do NCPC, consta a figura da remessa necessária, prevista para aquelas sentenças proferidas contra a União, os Estados, o Distrito Federal, os Municípios e suas respectivas autarquias e fundações de direito público, bem como para aqueles casos em que se julgar procedentes, no todo ou em parte, os embargos à execução fiscal.

As alterações, por outro lado, são bastante significativas no que tange às situações de restrição à remessa necessária. No §3°, restringiu-se sua incidência nas situações em que o valor da condenação ou o proveito econômico obtido na causa for de valor certo e líquido inferior a 1000 (mil) salários mínimos para União e suas autarquias e fundações de direito público, 500 (quinhentos) salários mínimos para os Estados, Distrito Federal, as respectivas autarquias e fundações de direito público e os Municípios que constituam capitais dos Estados, e 100 (cem) salários mínimos para os demais Municípios e suas respectivas autarquias e fundações de direito público.

Neste aspecto, revela-se sem dúvida um substancial aumento no rol de restrições pelo valor, notadamente nas condenações da União, Estados, Distrito Federal e capitais, considerando que o atual teto é de sessenta salários mínimos para todos os entes.

Já no §4°, mantendo a linha do atual CPC para as questões pacificadas pela jurisprudência, prevê-se que não haverá a remessa oficial quando a sentença estiver fundada em súmula de tribunal superior, em acórdão proferido pelo STF ou STJ no julgamento de casos repetitivos ou em entendimento firmado em incidente de resolução de demandas repetitivas ou de assunção de competência.

No mesmo §4°, inseriu-se relevante alteração na Câmara dos Deputados, ao se vedar a remessa necessária quando a sentença estiver fundada em entendimento coincidente com orientação vinculante firmada no âmbito administrativo do próprio ente público, consolidada em manifestação, parecer ou súmula administrativa. Tal previsão soluciona questão aqui colocada anteriormente, que rotineiramente ocorreu na vigência do CPC de 1973, em que a Fazenda Pública – notadamente a Advocacia-Geral da União – deixava de recorrer baseada em súmula administrativa, mas os autos subiam ao respectivo Tribunal, em decorrência da remessa oficial.

Para tanto, ainda que estejamos diante da manutenção da remessa necessária entre nós, o que demonstra ainda um pouco de conservadorismo do legislador ordinário, é indiscutível que a ampliação das situações restritivas resultará em sensível diminuição dos casos submetidos a reanálise, contribuindo assim, de modo decisivo, com a buscada celeridade na entrega da prestação jurisdicional.

3.7. Isenção de custas processuais e do preparo recursal

Sendo a representante dos interesses dos entes públicos em juízo, os órgãos que os defendem, nos seus mais diversos níveis, estão isentos da obrigatoriedade do recolhimento de custas processuais, como ocorre no caso da distribuição de petição inicial, prerrogativa esta também possuída pelo Ministério Público e pelos beneficiários da justiça gratuita.

No novo diploma, são mantidas tais prerrogativas, ressalvando-se apenas que, conforme o art. 91, §1°, as perícias requeridas pela Fazenda Pública poderão ser realizadas por entidade pública ou, havendo previsão orçamentária, ter os valores adiantados por aquele que requerer a prova.

Manter-se-á a dispensa do preparo recursal, conforme o art. 1007, §1°, que diz que são dispensados de preparo os recursos interpostos pela União, Estados, Distrito Federal, Municípios e respectivas autarquias.

Por igual, restarão os entes integrantes da Fazenda Pública dispensados de efetuar o depósito da importância de cinco por cento sobre o valor da causa, a título de multa, quando do ajuizamento das ações rescisórias, conforme o previsto no art. 968, §1°, do novo Código.

3.8. Os riscos decorrentes da eficácia imediata das decisões

Desde as primeiras discussões travadas no âmbito da Comissão de Juristas responsável pela elaboração do anteprojeto do novo CPC foi a previsão da execução imediata das decisões e do efeito suspensivo *ope iudicis*.

Tratava-se de uma bandeira das mais defendidas pelos doutrinadores, inspirados pelo pensamento de que a tutela jurisdicional deve ser tempestiva, sendo imprescindível evitar o abuso no direito de recorrer.[30]

A nova regra, estatuída no art. 995 da lei, consagra essa ideia, ao prever que os recursos não impedem a eficácia da decisão, salvo disposição legal ou

---

30. MARINONI, Luiz Guilherme; MITIDIERO, Daniel. **O projeto do CPC: crítica e propostas**. São Paulo: Editora Revista dos Tribunais, 2010, p. 178.

decisão judicial em sentido diverso. De todo modo, prevê-se que a eficácia poderá ser suspensa por decisão do relator, positivando o efeito *ope iudicis*, se da imediata produção de seus efeitos houver risco de dano grave, de difícil ou incerta reparação, e ficar demonstrada a probabilidade de provimento do recurso.

Nas discussões e textos iniciais, o objetivo era a extensão dessa regra contida nas disposições gerais para todas as espécies recursais, incluindo aí o recurso de apelação, que é a espécie do CPC de 1973 com a mais marcante característica do efeito suspensivo *ope legis*, já que previsão do art. 520 de tal diploma revogado indica que a regra geral para o recebimento das apelações é o da atribuição do efeito suspensivo.

No entanto, com a tramitação do projeto de lei, acabou sendo restaurado, ao menos em relação ao recurso de apelação, na redação do art. 1012, o efeito suspensivo *ope legis*, ao se indicar como regra a atribuição de efeito suspensivo, estabelecendo hipóteses em que se terá produção imediata de efeitos, como a condenação a pagar alimentos, a extinção sem resolução de mérito, a procedência da arbitragem, a decretação de interdição e a confirmação, concessão ou revogação de tutela antecipada.

Ainda assim, mesmo em relação a essas situações que o efeito suspensivo é afastado no recurso de apelação, é possível se formular pedido de efeito suspensivo, ao tribunal (entre a interposição do recurso e sua distribuição, ficando o relator já prevento para julgá-lo) ou ao relator (caso já distribuído o recurso), e desde que se demonstre a possibilidade de provimento do recurso ou se, sendo relevante a fundamentação, houver risco de dano grave ou de difícil reparação.

Já no tocante ao recurso de embargos de declaração, que no CPC de 1973 não era clara a existência ou não de efeito suspensivo, o NCPC deixa claro no art. 1026, que não possuem efeito suspensivo *ope legis*, de modo que a eficácia da decisão monocrática ou colegiada poderá ser suspensa pelo juiz ou relator, apenas se demonstrada a probabilidade de provimento do recurso ou, sendo relevante a fundamentação, se houver risco de dano grave ou de difícil reparação.

Há de se apontar aparente contradição explicitada entre as redações do art. 995 para com os arts. 1012, §4° e 1026, §1°. Isto porque, da forma como está a redação, parece haver incongruência entre a regra geral dos recursos, que estabelece requisitos cumulativos (risco de dano grave, de difícil ou impossível reparação, "e" probabilidade de provimento do recurso), para com a regra na apelação e nos embargos de declaração, com requisitos aparentemente alternativos, em razão da utilização do conectivo "ou". A verdade é que, sendo ou não um equívoco redacional, não foi corrigido, e poderá certamente gerar interpretações divergentes na aplicação.

Cumpre realçar ainda que os pedidos de efeito suspensivo, no NCPC, em respeito à ideia de se propiciar maior celeridade, não mais serão analisados pelo órgão *a quo*, mas sim pelo relator no tribunal. Tal medida, além de propiciar agilidade, reduz também a possibilidade recursal, de modo a se causar menos tumulto à marcha processual.

Pensando especificamente na atuação em juízo da Fazenda Pública, neste aspecto da eficácia imediata das decisões, é de se entender como de grande risco a inexistência de efeito suspensivo nos recursos. Por mais que se compreenda que o espírito é o de propiciar maior celeridade processual e diminuir o manejo de recursos com fim estritamente protelatório, não há como se ignorar que a Fazenda está a velar pelo interesse público.

Imaginar o cumprimento imediato de algumas obrigações de fazer em face da Fazenda Pública, implicará em diversos casos na impossibilidade de reversão da decisão, de sorte que a mudança em grau recursal pouca ou nenhuma utilidade traria à coisa pública e ao Erário.

É de se temer ainda a forma pela qual se previu o referido efeito suspensivo *ope iudicis*, como nos casos já referidos do art. 1012, §3º (apelação), bem como nos recursos especial e extraordinário (art. 1029, §5º). Se o objetivo é o de gerar celeridade e possibilitar o imediato cumprimento das decisões, não se poderá garanti-la. Isso porque, do lado privado, não há dúvidas que haverá um considerável número de petições autônomas, tentando buscar, por meio do relator, a suspensão da decisão. De outra sorte, saindo sucumbente a União, Estados, Distrito Federal, Municípios, autarquias e fundações públicas, certamente haverá casos de formulação dessa petição autônoma, ou mesmo de expediente que é inerente apenas à Fazenda Pública e ao Ministério Público, previsto na Lei n. 8.437/92, que é a suspensão da execução da sentença, dirigida ao presidente do respectivo tribunal competente para o julgamento do recurso, fundada em grave lesão à ordem, à economia, à saúde ou à segurança pública. A utilização dessas petições autônomas, ou mesmo da suspensão, pode acarretar ainda mais tumulto à relação processual.

3.9. Imposição de multa à Fazenda Pública por descumprimento de obrigação

O Novo Código de Processo Civil, diferentemente do que ocorre na legislação em vigor, prevê o depósito imediato da multa coercitiva nas obrigações de fazer, não fazer e entregar coisa, conforme estatuído no art. 537, §3º.

É de se registrar que, já na sistemática do CPC de 1973, a multa era instrumento dos mais utilizados pelo juiz para constranger o devedor ao cumprimento de obrigações, quer em tutelas antecipadas ou liminares, quer nas execuções. Ocorre que, como tal multa não era de ser levada a depósito imediato, sendo apurada apenas ao final, como obrigação de pagar quantia certa, muitos compreendiam que acabava por não apresentar o efeito prático desejado de propiciar o cumprimento imediato das decisões.

Diante disso, uma das bandeiras sustentadas desde as primeiras tratativas no âmbito da Comissão de Juristas, e que constou do texto final do novo CPC, foi exatamente essa ideia de fazer com que as multas sejam objeto de imediato depósito em juízo, para seu levantamento apenas após o trânsito em julgado ou na pendência de agravo em recurso especial ou extraordinário.

Preocupa, no entanto, essa previsão nas ações que envolvam decisões desfavoráveis à Fazenda Pública. Ora, a previsão constitucional do pagamento das dívidas judiciais da Fazenda por meio de precatórios se deve, dentre outras coisas, à necessidade de previsão orçamentária.

Se é assim, como imaginar a obrigação para a Fazenda Pública de, a cada demora no cumprimento de determinadas decisões, por vezes inenerentes à intricada burocracia da Administração Pública, ter que depositar em juízo o valor correspondente às multas fixadas? A tomar em consideração a pouca paciência de muitos magistrados em relação às dificuldades que tem a Fazenda em adimplir rapidamente certas decisões, fica difícil mensurar como resistirá o orçamento público, especialmente o dos pequenos Municípios, menos abastados e dotados de maiores problemas financeiros.

3.10. A Fazenda Pública e a cultura de autocomposição no Novo Código de Processo Civil

O procedimento comum do Novo Código de Processo Civil apresenta como uma de suas mais marcantes características, o fomento à autocomposição, com a previsão, no art. 334, da realização de audiência de conciliação ou de mediação.

Segundo o novo procedimento, se a petição inicial preencher os requisitos essenciais e não for o caso de improcedência liminar do pedido, o juiz designará audiência de conciliação ou de mediação, com antecedência mínima de 30 (trinta) dias, devendo o réu ser citado com pelo menos 20 (vinte) dias de antecedência.

A regra, na forma prevista, demonstra o intuito do legislador de propiciar uma mudança cultural em nosso ordenamento, já que se vivia, até então, a cultura de judicialização dos conflitos, com pouquíssimo estímulo às atividades que gerem a composição pelas próprias partes.

Dita audiência somente não virá a ser realizada se ambas as partes manifestarem, expressamente, desinteresse na composição consensual, ou quando não se admitir a autocomposição. Além disso, o não comparecimento injustificado do autor ou do réu à audiência de conciliação será considerado ato atentatório à dignidade da justiça, sancionado com multa de até 2% (dois por cento) da vantagem econômica pretendida ou do valor da causa, revertida em favor da União ou do Estado.

Não obstante seja louvável a ideia do legislador, necessária para que se atenda aos fins de celeridade e efetividade na prestação jurisdicional, é de se discutir como se dará essa questão quando a Fazenda Pública estiver na lide, notadamente quando no polo passivo.

Por muito tempo, foi conveniente se afirmar que os interesses da Fazenda Pública em juízo não eram passíveis de nenhum tipo de composição, razão pela qual as audiências que visassem a esse fim nem deveriam ocorrer. Não é bem assim, entretanto. Um estudo mais apurado do que vem a ser Fazenda Pública e do que são os seus interesses discutidos em juízo ou mesmo fora dele, demonstra que há sim uma enorme possibilidade de, obedecidos a determinados requisitos procedimentais, buscar a composição quando a Fazenda Pública estiver no polo passivo das demandas.

E isso vem sendo objeto de evolução constante nos últimos tempos. A título de exemplo, a União e o Instituto Nacional de Seguro Social – INSS, dois dos maiores réus da Justiça Federal no país, têm participado com frequência de movimentos nacionais ou regionais de conciliação, admitindo composição em matérias repetitivas ou sobre as quais é mínima a chance de êxito junto ao Poder Judiciário. Há diversos instrumentos normativos e administrativos, ademais, concedendo aos advogados públicos autorização, preenchidos requisitos e obedecidos limites, para conciliar em juízo, como tem ocorrido em demandas de natureza previdenciária.

A própria União criou, por meio do Ato Regimental n. 5, de 27 de setembro de 2007, uma Câmara de Conciliação e Arbitragem da Administração Federal, cuja estrutura está estabelecida no Decreto n. 7.392, de 13 de dezembro de 2010, e que tem por objetivo, dentre outros, o de dirimir, por meio de conciliação, as controvérsias entre órgãos e entidades da Administração Pública Federal, bem como entre esses e a Administração Pública dos Estados, do Distrito Federal, e dos Municípios.

Assim, não há o que se temer em relação à atuação da Fazenda Pública em juízo com a introdução do procedimento comum do NCPC. Haverá evidentemente inúmeras situações em que restará inconciliável o direito em disputa, de modo a que a Fazenda manifestará, por escrito ou em audiência, a impossibilidade de composição. Por outro lado, bem se estruturando para tantas matérias que admitem essa possibilidade, é de se crer que os entes que compõem a Administração Pública poderão sim dar sua parcela efetiva de contribuição para uma redução da sobrecarga do Poder Judiciário e para a desejada celeridade processual.

3.11. Cumprimento de sentença contra a Fazenda Pública

Na vigência do CPC de 1973, o art. 730 prevê rito especial para a execução das obrigações de pagar quantia certa em face da Fazenda Pública, mesmo naquelas situações que decorrem de título executivo judicial, com nova ação, nova citação, e possibilidade de embargos no prazo de trinta dias.

Desde quando, na terceira onda de reformas processuais, com a Lei n. 11.232/2005, promoveu-se alteração na sistemática das execuções para pagamento de quantia certa, com a criação da chamada fase de cumprimento de sentença, estritamente em face de particulares, a doutrina passou a defender, até mesmo em nome da isonomia processual, que idêntica previsão deveria ser estabelecida para a Fazenda Pública quando devedora.

No NCPC, haverá a desejada alteração nessa sistemática. Quando transitada em julgado a sentença, nos termos do art. 534, o exequente deve apresentar demonstrativo discriminado e atualizado do crédito, nos próprios autos, não se aplicando, entretanto, a multa de 10% (dez por cento) prevista na sistemática do cumprimento de sentença contra particulares.

Assim, a Fazenda não será novamente citada, mas sim apenas intimada, pois a execução, tal como ocorre com os particulares desde a Lei n. 11.232/2005, será mera fase e não novo processo. Consoante o art. 535, ela terá 30 (trinta) dias para, querendo, impugnar a execução. O elenco de matérias que podem ser alegadas na impugnação ao cumprimento de sentença é limitado, já que se cuida de fase subsequente à fase de conhecimento, e nesta a defesa já terá sido ampla. Assim, tais matérias estão elencadas nos incisos do mesmo art. 535, incluindo-se aí, por exemplo, a ilegitimidade de parte, o excesso de execução e qualquer causa modificativa ou extintiva da obrigação, desde que supervenientes ao trânsito em julgado da sentença.

De toda forma, a expedição de precatório ou de requisição de pequeno valor somente se dará caso não impugnada a execução ou se forem rejeitadas as alegações da Fazenda Pública contidas na impugnação. Por conseguinte, a natureza jurídica da decisão que houver rejeitado a impugnação, total ou parcialmente, será de mera decisão interlocutória, e não mais de sentença, como ocorre atualmente com o julgamento dos embargos.

O Novo CPC dispõe ainda explicitamente sobre a execução de títulos extrajudiciais contra a Fazenda Pública, no art. 910. Nela, a Fazenda será citada para, em 30 (trinta) dias, opor embargos à execução. Da mesma forma, a expedição de precatório ou de requisição de pequeno valor somente ocorrerá na ausência da oposição de embargos ou na sua rejeição. A matéria de defesa da Fazenda Pública, nos embargos, diferentemente do que se prevê em relação à impugnação ao cumprimento de sentença, é ampla, já que o §2° do referido artigo 910 estatui que poderá ser alegada qualquer matéria que lhe seria lícito deduzir como defesa no processo de conhecimento.

3.12. Atuação da Fazenda Pública no incidente de resolução de demandas repetitivas

Indiscutivelmente, uma das maiores inovações introduzidas pelo Novo Código de Processo Civil foi a criação do incidente de resolução de demandas repetitivas, estabelecida entre os arts. 976 e 987 do novo diploma.

Pela ideia da lei, o incidente é cabível quando houver, simultaneamente, efetiva repetição de processos que contenham controvérsia sobre a mesma questão unicamente de direito, e risco de ofensa à isonomia e à segurança jurídica. É de ser instaurado perante o tribunal, por iniciativa do juiz, do relator, de uma das partes, do Ministério Público ou da Defensoria Pública, com o fito de estabelecer a tese jurídica a ser aplicada aos diversos casos repetitivos.

O julgamento do incidente, conforme prevê o art. 978, será de incumbência do órgão indicado pelo regimento interno, dentre aqueles responsáveis pela uniformização de jurisprudência do tribunal. Esse mesmo órgão colegiado julgará igualmente o recurso, remessa necessária ou causa de competência originária de onde se origino o incidente. Essa redação corrigiu defeito identificado na primeira versão do Senado, que previa que o plenário do respectivo tribunal, ou o órgão especial, naquelas cortes com mais de vinte e cinco magistrados, seria o responsável pela admissão e julgamento do incidente. Não sendo dado ao legislador indicar o órgão interno dotado de atribuição para o julgamento de determinada questão, acaso se mantivesse a redação original do Senado, certamente se arguiria sua inconstitucionalidade.

Após ser admitido, como prevê o art. 982, o incidente gerará a suspensão de todos os processos pendentes, individuais ou coletivos, que tramitam no Estado ou na região, conforme o caso, de modo que, uma vez julgado, a tese se tornará aplicável a todas as demandas então suspensas. Possível é, ainda, segundo os ditames do novo instrumento processual, que o STJ ou o STF suspendam todos os processos em trâmite no território nacional, desde que tratem da matéria objeto do incidente de resolução de demandas repetitivas.

Os órgãos responsáveis pela defesa da Fazenda Pública em juízo deverão redobrar suas atenções, quando o novo CPC entrar em vigor. Isto porque, de acordo com o já afirmado – e de conhecimento notório – a Fazenda Pública é a principal figura, geralmente na condição de demandada, nas relações processuais cíveis do ordenamento jurídico brasileiro.

Sendo assim, não serão poucas as situações em que poderá provocar, ou ver instaurado o procedimento do incidente de resolução de demandas repetitivas, em causas que, nos dias atuais, chegam aos montes em todo país, julgadas das mais variadas formas possíveis e imagináveis.

A exemplo da previsão contida no art. 285-A do CPC de 1973, fruto da Lei n. 11.277/2006, o incidente de resolução de demandas repetitivas, logicamente em escala bem maior, representa instrumento da maior importância no julgamento de questões massificadas, como são a maior parte daquelas que envolvem a Fazenda Pública como ré.

Inúmeras questões de Direito Tributário, Previdenciário ou Administrativo, são trazidas diariamente e incessantemente ao Poder Judiciário. Não há como duvidar que o julgamento do incidente, em casos como tais, uniformizará o julgamento dessas teses, facilitando a defesa da Fazenda e a aplicação por parte dos mais variados magistrados vinculados ao respectivo tribunal.

Quando se diz, pois, que a atenção daqueles que promovem a defesa em juízo dos entes que compõem a Fazenda Pública deve estar redobrada, é porque o não acompanhamento, ou o acompanhamento displicente do processamento de um determinado incidente poderá gerar não um simples prejuízo no caso concreto, mas sim um grande prejuízo com efeito multiplicador, já que aplicável a centenas e até milhares de casos idênticos.

Aumenta, dessa forma, a responsabilidade do advogado público. Para tanto, necessário que se valham da previsão contida no art. 983 e 984, II, "b", formulando razões não apenas por escrito, como realizando sustentações orais por ocasião do julgamento dos incidentes, a fim de que consigam convencer o plenário ou a corte especial de seus argumentos, firmando-se a tese favorável.

Ademais, indispensável que, uma vez firmadas as teses que lhes sejam favoráveis em incidente de resolução de demandas repetitivas, os órgãos que atuam em defesa da Fazenda Pública estejam vigilantes à sua fiel aplicação, visto que, como indica o art. 985, §1°, em não sendo observada a tese adotada no incidente, cabe reclamação.

Importante previsão consta do §2° do mesmo art. 985, já que, na hipótese de o incidente ter por objeto questão relativa a prestação de serviço concedido, permitido ou autorizado, o resultado do julgamento deve ser comunicado ao órgão, ente ou agência reguladora competente para a fiscalização da efetiva aplicação da tese. Tal medida tem por escopo, acima de tudo, fazer com que a tese já venha a ser administrativamente cumprida, prevenindo ou evitando futuras demandas judiciais.

Finalmente, como leciona o art. 987, §2°, do NCPC, deverá se atentar ainda para o fato de que, cabendo recurso extraordinário ou especial, conforme o caso, do julgamento do mérito do incidente, a Fazenda precisará atuar com vigor junto aos tribunais superiores no julgamento desses recursos excepcionais, visto que, sendo apreciado o mérito do recurso, a tese adotada pelo Supremo Tribunal Federal ou pelo Superior Tribunal de Justiça será aplicada no território nacional a todos os processos individuais ou coletivos que versem sobre idêntica questão de direito, ampliando-se, portanto, a incidência da tese firmada.

4. CONCLUSÃO

Vive-se atualmente um momento de extremo fervor entre os operadores do Direito, em razão do advento do Novo Código de Processo Civil. As mudanças mais profundas foram iniciadas, a bem da verdade, a partir da Emenda Constitucional n. 45/2004, conhecida como Reforma do Judiciário, iniciando uma era de substanciais alterações na legislação processual civil brasileira.

De todo modo, mesmo com todas as leis que alteraram o Código de Processo Civil de 1973, não há como se negar a característica emblemática que o novo diploma gera em seio social e, em especial, entre os que militam na advocacia ou que compõem as fileiras da Magistratura ou do Ministério Público.

Evidentemente, não há que se ter a pretensão de que um novo código venha a resolver o esgotamento experimentado nas relações processuais brasileiras. Celeridade não se conquista com uma lei, ou com uma assinatura, mas com profundas transformações que ultrapassam a fronteira legislativa, alcançando os campos social e cultural de uma nação. Com o amadurecimento da sociedade e o comprometimento de todos os atores envolvidos, é possível vislumbrar esse fim pretendido.

A importância histórica do NCPC é ainda mais marcante porque ele já ingressa no ordenamento jurídico como a lei mais democrática, já que foi, durante praticamente cinco anos, fruto de intensos debates em âmbito nacional, com a participação dos mais diversos personagens, inclusive do cidadão comum, que teve no Senado e na Câmara dos Deputados canais diretos com o legislador, por meio de audiências públicas ou de mensagens eletrônicas, enviando suas insatisfações e propondo soluções para o aperfeiçoamento da legislação.

O relevo da atuação da Fazenda Pública nas relações processuais é inegável. Presença constante nas demandas, já era detentora no CPC de 1973 de uma série de prerrogativas, necessárias a diferenciar a atuação daquela que, longe de defender interesses singulares, está a zelar pelo Erário e pelo interesse público.

Para aqueles que defendem os interesses da Fazenda Pública em juízo, grande era o temor de que o legislador, no afã de promover a duração razoável do processo e atender a uma significativa parcela da população, sem sequer entender o que isso significa, viesse a suprimir algumas das garantias necessárias à defesa da coisa pública. Ainda que sejam rotineiras e por vezes acidas as críticas a essas prerrogativas, haverão elas de subsistir no novo CPC, com algumas alterações e acréscimos.

O legislador soube ouvir, em inúmeras ocasiões, representantes dos entes componentes da Fazenda Pública e assimilar a ideia de que as prerrogativas são indispensáveis para a sua boa atuação em juízo e a responsável defesa do Erário e da coisa pública.

É essa, portanto, a expectativa que se tem do Novo Código de Processo Civil, qual seja, a de que venha a atender ao anseio social de maior celeridade, eficiência e justiça na entrega da prestação jurisdicional. Se já nascerá dotado de um espírito democrático, construído desde a sua elaboração, cabe a cada operador do Direito buscar implementar uma mudança cultural, em que a prevenção de conflitos e a autocomposição, a partir de atividades como a mediação e a conciliação, estejam em posição de relevo, quando comparadas com o fenômeno da judicialização dos conflitos.

5. BIBLIOGRAFIA

- ASSIS, Araken de. **Manual da execução**. São Paulo: Revista dos Tribunais, 2013
- BUENO, Cássio Scarpinella. **O poder público em juízo**. 3. Ed. São Paulo: Saraiva, 2000.
- CUNHA, Leonardo José Carneiro da. **A Fazenda Pública em juízo**. 5. Ed. São Paulo: Dialética, 2014.
- CUNHA, Leonardo José Carneiro da. **Anotações sobre o incidente de resolução de demandas repetitivas previsto no projeto do novo CPC**. In DIDIER JR., Fredie; MOUTA ARAÚJO, José Henrique; KLIPPEL, Rodrigo (coordenadores). **O Projeto do Novo Código de Processo Civil. Estudos em Homenagem ao Prof. José de Albuquerque Rocha**. Salvador: Editora Jus Podivm, 2011, p. 269-292.
- DIDIER JR. Fredie; CUNHA, Leonardo José Carneiro da. **Curso de direito processual civil, volume 3: meios de impugnação às decisões judiciais e processo nos tribunais**. 5. Ed. Salvador, Ed. Jus Podivm, 2008.
- DIDIER JR., Fredie; MOUTA ARAÚJO, José Henrique; KLIPPEL, Rodrigo (coordenadores). **O Projeto do Novo Código de Processo Civil. Estudos em Homenagem ao Prof. José de Albuquerque Rocha**. Salvador: Editora Jus Podivm, 2011.

- FUX, Luiz. **O Novo Processo Civil**. In FUX, Luiz (coord). **O novo processo civil brasileiro - Direito em expectativa (reflexões acerca do projeto do novo Código de Processo Civil)**. Rio de Janeiro: Forense, 2011, p. 01-24.

- KLIPPEL, Rodrigo; BASTOS, Antonio Adonias. **Manual de Processo Civil**. Rio de Janeiro: Ed. Lumen Juris, 2011

- MARINONI, Luiz Guilherme; MITIDIERO, Daniel. **O projeto do CPC: crítica e propostas**. São Paulo: Editora Revista dos Tribunais, 2010.

- NUNES, Allan Titonelli. **As prerrogativas da Fazenda Pública e o Projeto de Lei nº 166/10 (Novo Código de Processo Civil)**. Jus Navigandi, Teresina, ano 16, n. 2742, 3 jan. 2011. Disponível em: ‹http://jus.com.br/revista/texto/18170›. Acesso em: 10 jan. 2012.

- PEIXOTO, Marco Aurélio Ventura; MARQUES, Renan Gonçalves Pinto. **A análise de possíveis mudanças processuais e a possibilidade de extinção do reexame necessário como forma de alcançar os princípios da celeridade processual e da duração razoável do processo**. In Revista da Faculdade de Direito de Caruaru, v. 39, n. 1. Caruaru: 2008, p. 267-282.

- PEIXOTO, Marco Aurélio Ventura. **A Fazenda Pública no Novo Código de Processo Civil**. In ADONIAS, Antonio; DIDIER JR., Fredie (coordenadores). **Projeto do Novo Código de Processo Civil - 2ª série. Estudos em homenagem a José Joaquim Calmon de Passos**. Salvador: Ed. Jus Podivm, 2012, pp. 503/526.

- PEIXOTO, Marco Aurélio Ventura. **Tópicos de Processo Civil – série concursos públicos e exames da OAB**. Recife: Editora Nossa Livraria, 2008.

- PEREIRA, Hélio do Valle. **Manual da Fazenda Pública em Juízo**. 2. Ed. Rio de Janeiro: Renovar, 2006.

- SAMPAIO JÚNIOR, José Herval. **Tutelas de Urgência: sistematização das liminares**. São Paulo: Atlas, 2011.

- SOUZA E SILVA, Rinaldo Mouzalas. **Honorários de sucumbência recursal no projeto do novo Código de Processo Civil**. In DIDIER JR., Fredie; MOUTA ARAÚJO, José Henrique; KLIPPEL, Rodrigo (coordenadores). **O Projeto do Novo Código de Processo Civil. Estudos em Homenagem ao Prof. José de Albuquerque Rocha**. Salvador: Editora Jus Podivm, 2011, p. 323-341.

CAPÍTULO 3

Diálogos entre o Novo Código de Processo Civil e o Microssistema Brasileiro de Tutela Coletiva

Rogério Rudiniki Neto[1]

1. A RELAÇÃO ENTRE O MICROSSISTEMA BRASILEIRO DE TUTELA COLETIVA E O CÓDIGO DE PROCESSO CIVIL: NOÇÕES INTRODUTÓRIAS; 2. OS PROCESSOS COLETIVOS ESTÃO SUBMETIDOS À REGRA DO "JULGAMENTO CONFORME A ORDEM DE CONCLUSÃO" (ART. 12)?; 3. O "INCIDENTE DE RESOLUÇÃO DE DEMANDAS REPETITIVAS" "IRDR" (ARTS. 976- 987) TOMARÁ O ESPAÇO OCUPADO PELA TUTELA COLETIVA?; 4. CRÍTICAS AO NATIMORTO "INCIDENTE DE CONVERSÃO DE AÇÃO INDIVIDUAL EM COLETIVA" (ART. 333); 5. A "DISTRIBUIÇÃO DINÂMICA DO ÔNUS DA PROVA" (ART. 373, §1.º) E A TUTELA COLETIVA; 6. A "INTERVENÇÃO DO AMICUS CURIAE" (ART. 138) NO PROCESSO COLETIVO; 7. OS "PODERES DO JUIZ" (ART. 139, IV) E O EMPREGO DE MEDIDAS INDUTIVAS, COERCITIVAS E MANDAMENTAIS NA EXECUÇÃO DA SENTENÇA COLETIVA NOS DIREITOS INDIVIDUAIS E HOMOGÊNEOS; 8. OS "NEGÓCIOS PROCESSUAIS" (ART. 190) E A EXECUÇÃO DE POLÍTICAS PÚBLICAS EM JUÍZO; CONCLUSÃO; REFERÊNCIAS BIBLIOGRÁFICAS.

1. A RELAÇÃO ENTRE O MICROSSISTEMA BRASILEIRO DE TUTELA COLETIVA E O CÓDIGO DE PROCESSO CIVIL: NOÇÕES INTRODUTÓRIAS

A primeira manifestação legislativa disciplinadora do processo coletivo no Brasil deu-se por meio da "Lei da Ação Popular" (Lei 4.717/65, ou simplesmente "LAP"), que conferiu ao cidadão a legitimidade ativa para agir em juízo na proteção da moralidade administrativa, do patrimônio histórico e cultural e do meio ambiente.

Ato contínuo, o processo de redemocratização do Brasil abriu espaço para a promulgação de novos diplomas. Merece destaque a "Lei da Ação Civil Pública" (Lei 7.347/85, também conhecida como "LACP"), que, em sua versão original, permitia que alguns legitimados coletivos agissem em juízo na busca da responsabilização pelos danos causados ao meio ambiente, ao consumidor e a bens e direitos de valor artístico, estético, histórico e paisagístico.

Em seguida, sobreveio o Código de Defesa do Consumidor ("Lei 8.078/90", também chamado de "CDC"), que incorporou o inc. IV no art. 1.º da LACP,

---

1. Mestrando em Direito Processual Civil na UFPR.

passando a permitir que a técnica processual da ação civil pública seja empregada na tutela de qualquer direito difuso ou coletivo. Outrossim, em razão do seu art. 90, o CDC estabeleceu um canal de interação com a LACP – ou seja, os dispositivos de ambos os diplomas devem ser interpretados conjuntamente. Criou-se um verdadeiro "microssistema de tutela coletiva", hoje integrado por várias outras leis, como o "Estatuto da Criança e do Adolescente"[2], a "Lei de Improbidade Administrativa"[3] e o "Estatuto do Torcedor".[4]

O CDC trouxe os conceitos de "direitos difusos", "coletivos *stricto sensu*" e "individuais e homogêneos".

Para fins didáticos, cumpre lembrar que o art. 81, p.u., inc. I, do CDC conceitua como interesses ou direitos difusos "os transindividuais, de natureza indivisível, de que sejam titulares pessoas indeterminadas e ligadas por circunstâncias de fato".

Os interesses coletivos *stricto sensu* estão previstos no art. 81, p.u., inc. II, do CDC. São "direitos transindividuais de natureza divisível de que seja titular grupo, categoria ou classe de pessoas ligadas entre si ou com a parte contrária por uma relação jurídica base". Os titulares desses interesses são indeterminados, porém determináveis. O bem jurídico tutelado é indivisível.

Já os interesses individuais e homogêneos são uma categoria processual.[5] São direitos individuais cuja tutela é possibilitada pela via coletiva. Nos termos do art. 81, p.u., inc. III, do CDC, tais direitos têm "origem comum". A expressão "origem comum", conforme a explanação feita pelos autores do anteprojeto do diploma de defesa do consumidor, não pressupõe uma unidade factual ou temporal de violações, pois as lesões ou ameaças aos direitos das vítimas podem ocorrer, por exemplo, em locais ou dias diferentes.[6]

Não adotamos a diferenciação terminológica entre "ação civil pública" (regulada pelo LACP e que seria vocacionada à tutela de direitos difusos e coletivos e *stricto sensu*) e "ação coletiva" (regulada pelo CDC e que se destinaria à tutela dos direitos individuais e homogêneos). A distinção exposta, além de desconsiderar que as leis que integram o microssistema de processos coletivos dialogam entre si, restringe o acesso à justiça, na medida em que traz a seguinte consequência: *na tutela dos direitos individuais de massa somente seriam*

---

2. Lei 8.069/90.
3. Lei 8.429/92
4. Lei 10.671/03.
5. ARENHART, Sérgio Cruz. *A tutela coletiva de interesses individuais: para além da proteção dos interesses individuais homogêneos*. São Paulo: Revista dos Tribunais, 2013, p. 47 e ss.
6. GRINOVER, Ada Pellegrini. NERY JÚNIOR, Nelson; WATANABE, Kazuo. *Código de Defesa do Consumidor – comentado pelos autores do anteprojeto*. 4.ª ed. Rio de Janeiro: Forense, 1995, p. 506.

possíveis pretensões de natureza condenatória (binômio condenação genérica/liquidação individual), com a consequente vedação do manejo de pretensões de outras naturezas. A restrição ao acesso à justiça é notória.

Ato contínuo, é importante destacar que nesse microssistema de tutela coletiva as disposições do Código de Processo Civil somente são aplicadas de forma subsidiária, desde que não sejam incompatíveis com o processo coletivo. Ressalte-se que o Novo Código de Processo Civil (Lei 13.105/15), seguindo a tradição brasileira, centrou-se na regulamentação do processo civil individual. Contudo, no texto aprovado pelo Congresso Nacional, o NCPC previa o chamado "incidente de conversão de ação individual em coletiva", que, felizmente, foi vetado pela Presidenta da República (nossas críticas à forma como essa figura era tratada serão expostas neste trabalho).

Em síntese, cabe ao intérprete cotejar as disposições do NCPC com o sistema de tutela coletiva, para – mediante o emprego de uma hermenêutica constitucionalmente orientada – pinçar os artigos aplicáveis, conferindo-lhes exegese consentânea com a tutela coletiva.[7]

Há disposições do NCPC cuja aplicação na tutela coletiva é afastada de plano, como a manutenção, como regra, do efeito suspensivo do recurso de apelação (art. 1.012, *caput*), claramente incompatível com o art. 14 da LACP, pelo qual o efeito suspensivo somente será concedido ao recurso quando o juiz concluir pela ocorrência de ano irreparável à parte.

Há casos em que a compatibilidade do NCPC com a tutela coletiva é clara, como o art. 139, VI, primeira parte, que permite que o juiz dilate prazos. Essa previsão será de extrema utilidade em processos coletivos de grande complexidade.

Já outras situações exigem maiores cuidados. A seguir, com maior dose de aprofundamento, passar a abordar alguns pontos centrais de diálogo entre o NCPC e o microssistema de processos coletivos.

2. OS PROCESSOS COLETIVOS ESTÃO SUBMETIDOS À REGRA DO "JULGAMENTO CONFORME A ORDEM DE CONCLUSÃO" (ART. 12)?[8]

O art. 12 do NCPC traz a regra do julgamento dos processos conforme a ordem de conclusão. Entre às exceções à ordem (art. 12, §2.º e respectivos incisos) não constam os processos coletivos.

---

7. Note-se que a adaptação das normas do NCPC também será necessária em ramos do direito material que possuam características peculiares, como o Direito Eleitoral, o Direito do Trabalho e o Direito da Criança e do Adolescente.
8. Quando este artigo foi escrito tramitava o PL 2384/15 que, entre outras alterações, torna a "ordem de conclusão" meramente indicativa.

Contudo, é razoável conferir prioridade a esses processos, revestidos de notório interesse social e cujo objeto abarca uma multiplicidade de sujeitos – *não faria sentido que uma causa relativa a um dano ambiental de grandes proporções tivesse que aguardar o julgamento de inúmeras lides individuais sobre direito bancário, apenas em razão da ordem cronológica de conclusão.*

Sendo assim, a prioridade de julgamento aos processos coletivos pode ser fundamentada em interpretação do art. 12, §2.º, IX, que permite o desrespeito do julgamento conforme a ordem cronológica de conclusão quando "a causa exigir urgência no julgamento, assim reconhecida por decisão fundamentada".

3. O "INCIDENTE DE RESOLUÇÃO DE DEMANDAS REPETITIVAS" "IRDR" (ARTS. 976- 987) TOMARÁ O ESPAÇO OCUPADO PELA TUTELA COLETIVA?

O incidente de resolução de demandas repetitivas previsto no novo Código vem sendo alvo de entusiasmo por parte da doutrina especializada.

Trata-se de outra técnica processual destinada ao trato dos interesses de massa, inspirada por figuras do direito estrangeiro, notadamente o "Musterverfahren" alemão e a "Group Litigation Order" britânica.

O incidente de resolução de demandas repetitivas brasileiro é admissível quando houver a efetiva repetição de processos sobre a mesma questão de direito controvertida, somada ao risco de ofensa à isonomia e à segurança jurídica (art. 976).

Este incidente tem como objetivo a fixação de uma "tese jurídica", a ser aplicada tanto nos casos presentes como nos futuros. Em um primeiro momento, o respeito à tese fixada somente é obrigatório nos processos sujeitos ao âmbito de competência do tribunal de segundo grau em que o "IRDR" foi suscitado (art. 985). Porém, após o julgamento dos recursos especial e extraordinários eventualmente interpostos da decisão prolatada no incidente, a tese chancelada pelo STF ou pelo STJ é aplicação obrigatória em todo o Brasil (art. 987, §2.º).

Para um setor da doutrina, o "IRDR" poderá ser uma "alternativa" às ações coletivas em nosso país, especialmente quando se leva em consideração que o rol de legitimados para a tutela coletiva restringe-se a um pequeno número de entes, o que, na opinião dos críticos, faz com que as questões controvertidas sejam judicializadas de forma tardia, algo socialmente indesejável.[9] Já outros enaltecem o fato de que o incidente, ao contrário do que ocorre com as ações

---

9. AMARAL, Guilherme Rizzo. Efetividade, segurança, massificação e a proposta de um "incidente de resolução de demandas repetitivas". *Revista de Processo*. n.º 196. São Paulo: Revista dos Tribunais, 2011, p. 242-243.

coletivas, não está sujeito ao óbice inserido no art. 1.º, p.u., da Lei 7.346/85, que veda o manejo da ação civil pública em questões tributárias, previdenciárias, relativas ao FGTS ou outros fundos de natureza institucional cujos beneficiários podem ser individualmente considerados.[10]

Sobre essas críticas, de início deve-se destacar que o possível paralelo entre o incidente de resolução de demandas repetitivas e as ações coletivas restringe-se àquelas destinadas à tutela dos direitos individuais e homogêneos.

Quanto aos direitos individuais e homogêneos, ressalvamos também que, como o "IRDR", nos termos da redação legal, presta-se apenas à resolução de controvérsias de "direito" repetitivas, ele será inútil quando se estiver diante de centenas de causas idênticas sobre a mesma questão de "fato".[11]

O "IRDR" também não será capaz de tomar o espaço das ações coletivas na tutela dos chamados "danos de bagatela", nos quais, em função dos baixos valores envolvidos, os titulares dos direitos lesados não se sentem motivados a movimentar individualmente a máquina judiciária.[12]

Ademais, considerando a questão da eficiência na gestão do Poder Judiciário, visto aqui como um serviço público, não é razoável acreditar que o incidente de resolução de demandas repetitivas será a solução para o crescente acúmulo de demandas. Para que determinado sujeito seja beneficiado pela aplicação da tese jurídica fixada no incidente, ele será obrigado a ajuizar uma ação individual. Por outro lado, a fixação da tese pelos tribunais somente ocorrerá após os magistrados de primeiro grau terem apreciado centenas, por vezes milhares, de demandas idênticas. Em verdade, aqui permanecem válidas, analogicamente, as críticas dirigidas por Egas Moniz Dirceu de Aragão à sistemática dos recursos repetitivos, nas palavras do professor: "se 'o cobertor

---

10. CUNHA, Leonardo Carneiro da. Anotações sobre o incidente de resolução de demandas repetitivas no projeto do novo código de processo civil. *Revista de Processo*. n.º 193. São Paulo: Revista dos Tribunais, 2011, p. 257-258.
11. De *lege ferenda*, considerando a experiência do direito estrangeiro, é perfeitamente possível pensar em novas técnicas processuais capazes de centralizar a resolução de questões de fato que se repetem em inúmeras ações individuais. Por exemplo, nos Estados Unidos há a chamada "multidistrict litigation", que possibilita que várias demandas similares sejam provisoriamente transferidas ao juiz com melhores condições de presidir a fase de instrução, com a posterior devolução dos processos ao juízo originário. Esse expediente é útil em ações nas quais são buscadas indenizações decorrentes de acidentes aéreos – obviamente, o magistrado do local do acidente tem maiores condições de colher e analisar as provas. Sobre o "multidistrict litigation", ver: SILVER, E. Courtney. Procedural hassles in multidistrict litigation: a call for reform f. 28 U.S.C. §1147 and the Lexecon result. *Ohio State Law Journal*. n.º 70. Columbus: Ohio State University, 2009.
12. MENDES, Aluisio Gonçalves de Castro; RODRIGUES, Roberto de Aragão Ribeiro. Reflexões sobre o incidente de resolução de demandas repetitivas no projeto do novo código de processo civil. *Revista de Processo*. n.º 211. São Paulo: Revista dos Tribunais, 2012, p. 192.

agasalhar' os órgãos superiores, continuarão desagasalhados os inferiores (ter-se-á 'espanado o pó' de um lugar para o outro)".[13]

Por fim, quanto ao argumento de que o "IRDR" é uma técnica superior, por ser capaz de veicular pretensões tributárias, previdenciárias ou relativas ao FGTS e outros fundos, deve-se destacar que a ação civil pública, em sua concepção original, também era um meio idôneo à tutela desses direitos. Essas vedações não são imanentes ao processo coletivo, na realidade, são contingentes, decorrem de manobras do Poder Executivo que, em determinado momento histórico deste país, foram chanceladas pelo Poder Legislativo. Ora, caso o Poder Público sinta o que o "IRDR" de fato é uma ferramenta capaz de contrariar seus interesses (alguns escusos), com absoluta certeza promoverá ataques contra esse instituto, tal como ocorreu com a tutela coletiva.

Outrossim, a repercussão geral da (in)constitucionalidade das vedações à tutela coletiva previstas no art. 1.º, p.u., da LACP foi recentemente reconhecida pelo Supremo Tribunal Federal.[14] Estamos na expectativa de que elas sejam banidas do ordenamento!

Expostas essas considerações, podemos – com segurança – responder negativamente à pergunta feita no título deste tópico: *o incidente de resolução de demandas repetitivas não tomará o lugar ocupado pelo processo coletivo*. Acreditamos que a tutela coletiva ainda é uma técnica superior do ponto de vista da eficiência; contudo, é razoável cogitar que ela possa conviver harmonicamente com o "IRDR", ampliando o rol de mecanismos disponíveis ao jurisdicionados.

4. CRÍTICAS AO NATIMORTO "INCIDENTE DE CONVERSÃO DE AÇÃO INDIVIDUAL EM COLETIVA" (ART. 333)

Como já mencionado, o art. 333 do CPC foi integralmente vetado. Em verdade, pela inutilidade da figura da forma como prevista, o veto foi bem-vindo. Explica-se:

O incidente de "conversão da ação individual em coletiva" estava previsto no art. 333 do NCPC, pelo qual:

> Art. 333. Atendidos os pressupostos da relevância social e da dificuldade de formação do litisconsórcio, o juiz, a requerimento do Ministério Público ou da Defensoria Pública, ouvido o autor,

---

13. MONIZ DE ARAGÃO, Egas Dirceu. Estatística Judiciária. *Revista de Processo*. n.º 110. São Paulo: Revista dos Tribunais, 2003, p. 18.
14. RE 643.978, sob a relatoria do Min. Teori Albino Zavascki

poderá converter em coletiva a ação individual que veicule pedido que:

I - tenha alcance coletivo, em razão da tutela de bem jurídico difuso ou coletivo, assim entendidos aqueles definidos pelo art. 81, parágrafo único, incisos I e II, da Lei nº 8.078, de 11 de setembro de 1990 (Código de Defesa do Consumidor), e cuja ofensa afete, a um só tempo, as esferas jurídicas do indivíduo e da coletividade;

II - tenha por objetivo a solução de conflito de interesse relativo a uma mesma relação jurídica plurilateral, cuja solução, por sua natureza ou por disposição de lei, deva ser necessariamente uniforme, assegurando-se tratamento isonômico para todos os membros do grupo.

(...)

O problema residia no §2.º do art. 333, que vedava a conversão que implicasse na formação de processo coletivo para a tutela de direitos individuais e homogêneos.

Por ora, cumpre mencionar que origens do incidente de coletivização podem ser buscadas na doutrina que escreveu sobre as chamadas "demandas falsamente individuais".

Kazuo Watanabe pontua que uma ação coletiva ajuizada com o desiderato de fazer cessar a poluição ambiental perpetrada por determinada indústria é apta à tutela de interesses difusos. Por sua vez, uma ação individual proposta por uma vítima da poluição reclamando indenização pelos danos sofridos veicula uma pretensão nitidamente individual. Todavia, caso na ação individual fosse veiculado o pedido de cessação da atividade poluidora, tal pedido teria natureza tipicamente coletiva. [15-16]

---

15. WATANABE, Kazuo. Relação entre demanda coletiva e demandas individuais. *Revista de Processo*. n.º 139. São Paulo: Revista dos Tribunais, 2006, p. 637.
16. Nas palavras de Watanabe: "suponhamos, para salientar bem essa distinção, que outros moradores ajuizassem também ações individuais com a mesma finalidade, qual seja a de cessação da poluição. Todas elas estariam reproduzindo a mesma pretensão veiculada na demanda coletiva. São individuais apenas no sentido de que são propostas por indivíduos, mas a pretensão é de alcance coletivo, pois beneficia a totalidade das pessoas que se encontram na mesma situação, e não somente o autor da ação. Em semelhante situação, seria suficiente uma só demanda, seja individual ou coletiva. A conclusão que se impõe, à vista dessas considerações, é no sentido de que as *ações individuais* que veiculem a mesma pretensão da ação coletiva ou de uma outra ação individual com o mesmo escopo, são inadmissíveis por significarem um bis in idem, que poderá dar origem a conflitos práticos, e não apenas lógicos, de julgados, o que o nosso ordenamento jurídico não tolera (daí, os institutos da litispendência e da coisa julgada)". (WATANABE, Kazuo. Relação entre demanda coletiva e demandas individuais. *Revista de Processo*. n.º 139. São Paulo: Revista dos Tribunais, 2006, p. 637).

Sob outra óptica, Geisa de Assis Rodrigues sustenta existirem nos juizados especiais cíveis demandas que são apenas "formalmente individuais". Socorrendo-se dos ensinamentos de Mauro Capelleti, a autora afirma, por exemplo, que uma pequena causa de consumo deduzida no juizado, em geral, está correlacionada a um gigantesco "conglomerado de pequenas causas", de modo que o conflito só será solucionado de forma eficaz quando resolvida a "macrolide".[17] Quando tal litígio é judicializado por ações individuais, ocorre a desmobilização social e são favorecidos os chamados litigantes habituais.

Tais demandas, levadas ao Poder Judiciário de forma "atomizada" seriam apenas o "ápice de um iceberg", que, nas palavras de Rodrigues (...) "não é vislumbrado em toda sua plenitude por sua submersão, apenas se percebendo sua ponta".[18]

Essa preocupação é de certo modo compartilhada por Kazuo Watanabe. O processualista cita que em determinado momento foram distribuídas no mesmo Juizado Especial Cível do Município de São Paulo 30.000 demandas individuais questionando valores relativos às tarifas de assinatura telefônica, sendo que em todo o Estado de São Paulo havia notícia do trâmite de aproximadamente 130.000 feitos de tal natureza. De acordo com Watanabe, essa situação corresponde à fragmentação de um conflito coletivo em milhares de demandas "pseudo-individuais".[19]

Mencionadas essas considerações, é plausível afirmar que a previsão do "chamado incidente de coletivização de demandas" partia de premissas corretas; porém, a vedação trazida no art. 333, §2.º (proibição da conversão que redundasse em processo coletivo para a tutela de direitos individuais e homogêneos), aniquilaria a utilidade dessa técnica processual. Nos termos do dispositivo vetado, a coletivização da demanda individual somente ocorreria para a formação de processo para a tutela de direitos difusos ou coletivos, logo, seriam raras as hipóteses nas quais esse incidente poderia ser aplicado.

A técnica da conversão da ação individual em coletiva poderia ser aplicada ao menos no problema demandas para a cessação da poluição sonora em áreas urbanas: *caso um indivíduo ajuizasse uma ação pedindo a inibição de determinada fonte poluidora, levando-se em consideração que o bem jurídico cuja tutela é pleiteada, sobre determinado viés, ostenta natureza difusa ou coletiva, a*

---

17. RODRIGUES, Geisa de Assis. *Juizados especiais cíveis e ações coletivas*. Rio de Janeiro: Forense, 1997, p. 36-37.
18. RODRIGUES, Geisa de Assis. *Juizados especiais cíveis e ações coletivas*. Rio de Janeiro: Forense, 1997, p. 69.
19. WATANABE, Kazuo. Relação entre demanda coletiva e demandas individuais. *Revista de Processo*. n.º 139. São Paulo: Revista dos Tribunais, 2006, p. 538-539.

conversão poderia ser realizada, de modo a evitar o ajuizamento de ações repetidas sobre com o mesmo objeto.

Contudo, o raciocínio acima desconsidera que esse evento danoso pode também dar origem a pretensões de natureza individual e homogênea. Na medida em que se vedava a conversão da ação individual em coletiva que redundasse em processo para tutela de direitos individuais e homogêneos, todos os sujeitos lesados pelo evento danoso que pretendessem obter as respectivas reparações seriam obrigados a ajuizar ações individuais, o que é contraproducente.

Ademais, ainda que o art. 333, § 9.º, permitisse que a conversão ocorresse mesmo nas hipóteses em que o autor da demanda tivesse veiculado pedido de natureza estritamente individual, hipótese em que o processamento desse pedido seria feito em autos apartados, eram ignorados aqueles que, em situação similar ao autor individual, não movimentaram a máquina judiciária.

Como se não bastasse, em geral, a conversão em coletiva da "ação pseudo-individual" que veicule pretensões de natureza difusa e coletiva traz poucos efeitos práticos. Nesses casos, a procedência da demanda erroneamente ajuizada na via individual – conquanto não tenha sido veiculado um pedido de natureza indenizatória – gera efeitos que naturalmente beneficiam os titulares dos interesses difusos e coletivos (por exemplo, no caso da ação individual que busca a cessação da poluição sonora no bairro, a procedência do pedido e o consequente cumprimento da ordem reflexamente atingirão, beneficiando naturalmente, os outros moradores e transeuntes da região).

Maior utilidade teria o instituto caso fosse permitida a conversão da ação individual em ação coletiva para a tutela de interesses individuais e homogêneos. É lídimo afirmar que a criticada vedação estava totalmente desconectada do *caput*, e respectivos incisos, do art. 333, notadamente quando se observa que eram eleitos como critérios para a "conversão" a "dificuldade de formação do litisconsórcio" e a existência de "conflito de interesses relativo a uma mesma relação jurídica plurilateral, cuja solução, por sua natureza ou por disposição de lei, deva ser necessariamente uniforme, assegurando-se tratamento isonômico para todos os membros do grupo".

Registre-se que, nos Estados Unidos, a "dificuldade para a formação do litisconsórcio" é, inclusive, um dos requisitos para admissão das "class actions" – é o que consta "Rule" 23 (a)(1) das "Federal Rules of Civil Procedure".

Outrossim, a ideia de "solução uniforme para todos os membros do grupo", quando isso decorrer da natureza da relação jurídica ou de disposição legal, dialoga perfeitamente com a noção de direitos individuais e homogêneos. Não é razoável que indivíduos em situação idêntica, ou muito próxima, recebam tratamento diverso. Sem dúvidas, caso não houvesse a vedação à conversão da ação individual em ação coletiva para tutela de direitos individuais e homogêneos, teriam sido recepcionadas as críticas Geisa de Assis Rodrigues e de Kazuo Watanabe mencionadas neste trabalho, dando-se um largo passo rumo ao aprimoramento do sistema brasileiro de tutela dos direitos.

Note-se que a inexistência de limitações à conversão da ação individual em coletiva, conjugada com outras técnicas processuais, tais como a execução coletiva da condenação em pecúnia obtida em demanda para a tutela de interesses individuais e homogêneos (sem a necessidade do ajuizamento de execuções individuais),[20] propiciariam um tratamento adequado e isonômico a interesses individuais similares, diminuindo o excessivo volume de demandas idênticas que abarrotam o Poder Judiciário, além de viabilizar que o indivíduo lesado tenha seus prejuízos ressarcidos sem sequer precisar arcar com os custos decorrentes da contratação de um advogado.

5. A "DISTRIBUIÇÃO DINÂMICA DO ÔNUS DA PROVA" (ART. 373, §1.º) E A TUTELA COLETIVA

O ônus da prova é um "encargo" relacionado à demonstração de algumas alegações de fato. Pode ser compreendido sob duas perspectivas: *(i) por um lado, orienta e direciona a atuação dos sujeitos parciais ao longo do processo; (ii) de outro vértice, quando as provas produzidas forem insuficientes à formação da convicção do julgador, que não poderá o invocar o non liquet, o ônus da prova funciona como uma "regra de julgamento", indicando qual das partes deve suportar as consequências da debilidade do material probatório trazido aos autos.*[21]

Em regra, incumbe ao autor provar os fatos constitutivos do direito por ele afirmando e ao réu a prova dos fatos modificativos, impeditivos e extintivos da pretensão autoral. A aplicabilidade desse modelo à tutela coletiva sempre foi questionada, mormente quando se considera que os réus nesse tipo de processo tendem a ter mais informações e avançado conhecimento técnico acerca do objeto do litígio. Além do mais, o legitimado coletivo que ajuizou a ação poderá ser incapaz de arcar com os custos de uma perícia complexa.

Ao menos nas ações coletivas em matéria de consumo, presentes os pressupostos legais (hipossuficiência ou verossimilhança das alegações), é cabível a inversão do ônus da prova nos termos do art. 6.º, VIII, do CDC.

---

20. Sobre o tema, ver: ARENHART, Sérgio Cruz. *A tutela coletiva de interesses individuais: para além da proteção dos interesses individuais homogêneos.* São Paulo: Revista dos Tribunais, 2013, p. 307-308.
21. DIDIER JR, Fredie; BRAGA, Paula Sarno; OLIVEIRA, Rafael Alexandria de. *Curso de Direito Processual Civil - teoria da prova, direito probatório, decisão, precedente, coisa julgada e tutela provisória.* 10.ª ed. Salvador: Jus Podivm, 2015, p. 107.

Já no âmbito do direito ambiental, a inversão do ônus da prova é justificada com base em fundamentação mais complexa – é feita mediante a invocação do "princípio da precaução", consagrado na Declaração do Rio (ECO/1992).[22] O raciocínio é simples: *como, pelo princípio mencionado, nenhum empreendimento potencialmente poluidor pode ser iniciado sem que exista certeza científica acerca dos riscos e danos gerados, no âmbito do processo, cabe ao suposto poluidor o ônus de provar que sua atividade não causa danos ao meio ambiente.*[23]

Destarte, considerando o princípio constitucional da "isonomia" e a assimetria de informações entre as partes que, com frequência, é verificada em processos coletivos, um segmento da doutrina passou a defender a aplicação da "distribuição dinâmica do ônus da prova" na tutela coletiva.[24]

Ato contínuo, a sistemática da distribuição dinâmica do ônus da prova foi adotada pelo NCPC (art. 373, §1.º). Nos termos do novo Código, nos casos previstos em lei, ou quando, de acordo com as peculiaridades da causa, o cumprimento do encargo probatório for impossível ou excessivamente difícil, ou ainda quando umas das partes tiver maior facilidade em obter certa prova de fato contrário, o juiz poderá distribuir o ônus da prova de modo diverso da regra geral. Para tanto, exige-se decisão fundamentada e a oportunidade/possibilidade de a parte se desincumbir do ônus que lhe foi atribuído.

Essas disposições harmonizam-se perfeitamente com a tutela coletiva. No específico caso do direito ambiental, a previsão do novo Código é um fundamento mais seguro para a alteração do ônus probatório do que o princípio da precaução (cuja invocação para tal desiderato exige notório esforço argumentativo). Outrossim, como a norma do art. 373, §1.º, do NCPC é de aplicação geral, ela pode ser invocada, sem margem para questionamentos, em todos ramos do direito material coletivo.

6. A "INTERVENÇÃO DO *AMICUS CURIAE*" (ART. 138) NO PROCESSO COLETIVO

Para que intervenha em um processo, o *amicus curiae* não precisa demonstrar interesse jurídico. O interesse que justifica sua intervenção é, por essência,

---

22. Princípio 15: "com o fim de proteger o meio ambiente, o princípio da precaução deve ser amplamente observado pelos Estados, de acordo com suas capacidades. Quando houver de danos sérios ou irreversíveis, a ausência de absoluta certeza científica não deve ser utilizada como razão para postergar medidas eficazes e economicamente viáveis para precaver a degradação ambiental."
23. A tese vem sendo adotada pelo Superior Tribunal de Justiça, Ver, entre outros julgados: STJ, 2.ª T, REsp 927.902/RS, rel.ª Min.ª Eliana Calmon, j. 25/08/2009.
24. GIDI, Antonio. *Rumo a um código de processo civil coletivo: a codificação das ações coletivas no Brasil*. Rio de Janeiro: Forense, 2008, 126-127.

"ideológico". Sua atuação norteia-se pelos eventuais reflexos que a decisão judicial pode gerar na sociedade como um todo.[25]

Antes do NCPC, não havia uma previsão expressa e geral legitimando a intervenção do amigo da corte. Existiam somente leis esparsas que previam a atuação de entidades na condição *amicus curie* em hipóteses específicas: *a Lei 6.385/76 possibilita a intervenção da "Comissão de Valores Mobiliários" ("CVM") nos processos por ela regidos; há também previsão da participação do "Conselho Administrativo de Defesa Econômica" ("CADE") nos litígios que envolvem a aplicação da Lei 12.259/11.*

O protagonismo do amigo da corte é destacado no âmbito do controle de constitucionalidade (cujo permissivo está nas leis 9.868 e 9.882 de 1999). Neste aspecto, Cláudio Pereira de Souza Neto e Daniel Sarmento destacam a "ação direta de inconstitucionalidade" movida contra a "Lei de Biossegurança" (Lei 11.105/05), em que se questionou a possibilidade de pesquisas com células-tronco embrionárias.[26] Habilitaram-se, na condição de *amicus curiae*, entidades representares dos dois lados envolvidos, tendo sido realizada audiência pública na qual se manifestaram duas dezenas de especialistas. Como ressaltam Sarmento e Souza Neto, ainda que a última palavra no caso tenha sido dada pelo STF, a intensa participação da sociedade e o debate público e democrático que perpassaram aquele processo são fatores que legitimaram a atuação da Corte Suprema.[27]

Pelo que foi exposto nas linhas anteriores, entendemos que a figura do *amicus curiae* dialoga perfeitamente com o processo coletivo, no qual estão envolvidos direitos transindividuais ou individuais de massa, cujos titulares não participam individualmente do processo, mas têm seus interesses representados em juízo por entes exponenciais. Ao intervir em uma demanda coletiva, o *amicus curiae* pode auxiliar o magistrado na correta compreensão das questões discutidas e das provas produzidas – *tanto em questões técnicas, como ideológicas*. Por tudo isso, há autores que, com acerto, afirmam que a intervenção do amigo da corte sequer necessitaria de previsão legal.[28]

Ato contínuo, atendendo aos pedidos da doutrina e dirimindo eventuais dúvidas acerca da possibilidade de intervenção atípica do amigo da corte, o NCPC generalizou a possibilidade de atuação dessa figura. *In verbis*:

---

25. CAMBI, Eduardo; DAMASCENO, Kleber Ricardo. *Amicus curiae* e o processo coletivo: uma proposta democrática. *Revista de Processo*. n.º 192. Revista dos Tribunais: São Paulo, 2011, p. 28.
26. STF, Pleno, ADI n.º 3.510/DF, rel. Min. Carlos Brito, j. 28 e 29/05/2008.
27. SARMENTO, Daniel. SOUZA NETO, Cláudio Pereira de. *Direito Constitucional: teoria, história e métodos do trabalho*. 2.ª ed. Belo Horizonte: Fórum: 2014, p. 204.
28. Esse é o pensamento de Ricardo de Barros Leonel (LEONEL, Ricardo de Barros. *Manual do processo coletivo*. 2.ª ed. São Paulo: Revista dos Tribunais, 2011, p. 263).

Art. 138: o juiz ou o relator, considerando a relevância da matéria, a especificidade do tema objeto da demanda ou a repercussão social da controvérsia, poderá, por decisão irrecorrível, de ofício ou a requerimento das partes ou de quem pretenda manifestar-se, solicitar ou admitir a participação de pessoa natural ou jurídica, órgão ou entidade especializada, com representatividade adequada, no prazo de 15 (quinze) dias de sua intimação.

A disposição é bem-vinda e terá no âmbito da tutela coletiva, possivelmente, seu principal espaço de aplicação.

Ademais, juntamente com *amicus curiae*, no rol de instrumentos destinados à democratização do processo, devem ser investigadas as audiências públicas. Há, inclusive, vias de diálogo entre essas figuras: *a audiência pública processual pode ser o espaço em que o amicus curiae se manifestará*.

O NCPC não generalizou a possibilidade de convocação de audiências públicas no bojo do processo, mas trouxe duas hipóteses de "audiências públicas processuais típicas": *no âmbito do incidente de resolução de demandas repetitivas (art. 983, §1.º) e no julgamento por amostragem de recursos repetitivos (art. 1.038, II)*. De fato, em ambos os casos, a decisão tomada atingirá uma multiplicidade de sujeitos, logo, a discussão deve ser ampla, todos os representantes dos setores envolvidos devem ser ouvidos.

Contudo, tal como fez com o amigo da corte, o legislador deveria ter trazido uma previsão genérica para a convocação de audiências públicas em qualquer tipo de processo ou grau de jurisdição. Diante dessa omissão, aqui ainda será preciso recorrer ao argumento de que, *como são destinadas à concretização de direitos fundamentais, as audiências públicas podem ser convocadas – independentemente de previsão legal – pelo juiz ou pelos legitimados coletivos que atuam no processo*.[29]

7. OS "PODERES DO JUIZ" (ART. 139, IV) E O EMPREGO DE MEDIDAS INDUTIVAS, COERCITIVAS E MANDAMENTAIS NA EXECUÇÃO DA SENTENÇA COLETIVA NOS DIREITOS INDIVIDUAIS E HOMOGÊNEOS

O art. 139, IV, do NCPC poderá promover uma verdadeira revolução no processo civil brasileiro. Segundo a dicção do dispositivo, pode o juiz "determinar todas as medidas indutivas, coercitivas, mandamentais ou sub-rogatórias

---

29. Essa é a posição de Alexandre Amaral Gavronski: GAVRONSKI, Alexandre Amaral. *Técnicas extraprocessuais de tutela coletiva: a efetividade da tutela coletiva fora do processo judicial*. São Paulo: Revista dos Tribunais, 2010, p. 231.

necessárias para assegurar o cumprimento de ordem judicial, inclusive nas ações que tenham por objeto prestação pecuniária."

A tipicidade do sistema de execução das prestações de soma foi mitigada. Para Luiz Guilherme Marinoni, Sérgio Cruz Arenhart e Daniel Mitidiero, diante do art. 139, IV, o magistrado, ao proferir uma sentença condenatória ao pagamento de prestação em pecúnia, não está restrito ao manejo de técnicas típicas de execução por sub-rogação. Pelo contrário, com vistas à efetivação do direito reconhecido no título executivo judicial, poderá empregar também medidas de indução (coercitivas ou de pressão positiva).[30]

Esse dispositivo dialoga perfeitamente com o processo jurisdicional coletivo e pode ser interpretado de modo a chancelar uma prática que, embora dotada de grande eficiência, ainda é aplicada com certa timidez na prática forense: *trata-se da execução da sentença coletiva proferida em ação para a tutela de direitos individuais e homogêneos sem a necessidade do ajuizamento de execuções individuais* (que anulam a eficiência obtida pela coletivização na fase de conhecimento). Tal expediente é concretizado mediante o manejo de técnicas de coerção indireta.

A criação da técnica citada no parágrafo anterior decorre das críticas à insuficiência do tradicional binômio "condenação genérica/execuções individuais", próprio às ações para a tutela dos direitos individuais e homogêneos (conforme o art. 95 do CDC: "em caso de procedência do pedido, a condenação será genérica, fixando a responsabilidade do réu pelos danos causados").

Ora, segundo Aluisio de Gonçalves de Castro Mendes, Gustavo Osna e Sérgio Cruz Arenhart, no âmbito da tutela jurisdicional dos direitos individuais de massa, é preciso (...) "conferir liberdade ao julgador na eleição do mecanismo mais adequado à satisfação dos interesses materiais".[31] Como exemplo, cita-se a solução adotada nos "Autos n. 2007.70.00.004156-4", em trâmite na 5.ª Vara Federal de Curitiba.

Determinada empresa foi condenada a indenizar todos os consorciados prejudicados por uma prática ilícita. É certo que, caso todos os lesados resolvessem postular em juízo, iniciando as respectivas liquidações individuais dos prejuízos sofridos, a vara em questão teria seu adequado funcionamento obstado em razão do incomensurável acumulo de processos.

---

30. MARINONI, Luiz Guilherme; ARENHART, Sérgio Cruz; MITIDIERO, Daniel. *Novo concurso de processo civil*. v.2: tutela dos direitos mediante procedimento comum. São Paulo: Revista dos Tribunais, 2015, p. 703.
31. ARENHART, Sérgio Cruz; MENDES, Aluísio Gonçalves de Castro; OSNA, Gustavo. Cumprimento de sentenças coletivas: da pulverização à molecularização. *Revista de Processo*. n.º 222. São Paulo: Revista dos Tribunais, 2013, p. 47-50.

Por outro lado, possivelmente vários dos prejudicados, após verificarem que as lesões sofridas são de pequena monta, portanto, inferiores aos custos necessários para o início das execuções individuais, não buscariam as respectivas indenizações – *o que, por via obliqua, acabaria por chancelar as práticas ilícitas da empresa ré.*

Considerando esses fatores, o juiz federal responsável pelo caso, de forma pragmática, após a realização de perícia, determinou que os valores disponíveis no patrimônio da empresa ré para o pagamento das indenizações fossem entregues, *pro rata*, aos lesados, por meio da criação de contas correntes em banco oficial. Todos os interessados foram cientificados mediante publicações em veículos comunicação de grande circulação, para que, no interregno de seis meses, fossem buscar os valores.[32]

Solução de algum modo similar a mencionada ("emprego de medidas atípicas na execução da sentença coletiva condenatória nos direitos individuais e homogêneos") recentemente foi chancelada pelo STJ no julgamento do REsp 1.304.953/RS.[33]

No caso, o "Instituto de Defesa dos Consumidores de Crédito" ("IDCC") ajuizou ação coletiva contra determinada instituição financeira, buscando o reconhecimento da ilegalidade da cobrança da "taxa de emissão de boleto bancário" ("TEB"), além da condenação ao ressarcimento aos consumidores lesados dos valores indevidamente cobrados.

Sobreveio sentença de procedência, que – no que interessa ao nosso estudo – além de condenar a ré ao ressarcimento dos valores cobrados: *(i) ordenou que a instituição ré disponibilize em suas agências e também por meio de correspondência a ser encaminhada aos seus clientes, as informações para que estes tomem ciência dos valores a que têm direito, (ii) determinou que a ré publique a parte dispositiva da decisão em dois jornais de grande circulação em cada Estado da Federação; (iii) nomeou perito judicial para o acompanhamento da fase de liquidação de sentença.*

Obviamente, a técnica empregada no cumprimento da decisão foi questionada pela instituição financeira condenada. Argumentou-se que as medidas adotadas careceriam de embasamento legal, pois existe um procedimento específico para a liquidação e execução de sentenças coletivas que versem sobre direitos individuais e homogêneos, devendo a condenação necessariamente

---

32. O caso é narrado na seguinte obra: ARENHART, Sérgio Cruz. *A tutela coletiva de interesses individuais: para além da proteção dos interesses individuais e homogêneos*. São Paulo: Revista dos Tribunais, 2013, p. 307-308.
33. STJ, 3.ª T, REsp 1.304.953/RS, rel.ª Min.ª Nacy Andrighi, j. 24/08/2014.

ser genérica, cabendo aos beneficiários a propositura de liquidação e execução individuais.

Nada obstante, como se infere do voto da relatora, "nada impede que a decisão de ação para defesa de direitos individuais homogêneos contenha determinações que explicitem a forma de liquidação e/ou estabeleça meios tendentes a lhe conferir maior efetividade, desde que essas medidas se voltem uniformemente para todos os interessados, mantendo o caráter indivisível do julgado, com o que não haverá desvirtuamento da natureza genérica da condenação, imposta pelo art. 95 do CDC."

No voto condutor do julgamento, consta ainda que as medidas empregadas pelo magistrado sentenciante encontram respaldo nos arts. 84, §§4.º e 5.º do CDC, e 461, §5.º, do CPC/73.

De fato, os dispositivos citados no acórdão foram ontologicamente criados para a tutela das obrigações de fazer ou não fazer. Não questionamos a solução adotada pelo STJ, pelo contrário, os dispositivos vigentes foram interpretados de forma constitucionalmente orientada. Em verdade, queremos demonstrar que a justificação do emprego de medidas atípicas em ações para a tutela de direitos individuais e homogêneos que tenham por objeto prestações pecuniárias será facilitada com o advento do art. 139, IV, do NCPC (aplicável ao processo coletivo), que expressamente confere poderes para que o juiz empregue, na execução de pretensões de soma, todas as medidas indutivas, coercitivas, mandamentais ou sub-rogatórias disponíveis.

Esta ideia insere-se dentro da ideia de "ampliação dos poderes do juiz na tutela coletiva", há tempos defendida pela doutrina especializada.

8. OS "NEGÓCIOS PROCESSUAIS" (ART. 190) E A EXECUÇÃO DE POLÍTICAS PÚBLICAS EM JUÍZO

Antes de adentramos especificamente na temática central deste tópico, faz-se necessária uma breve reflexão acerca dos papeis ocupados pelo juiz e pela jurisdição no Estado Constitucional. Neste expediente, são de grande valia as lições de Luiz Guilherme Marinoni, segundo o qual hodiernamente a função da jurisdição é a tutela de direitos, notadamente de direitos fundamentais.[34] Não se nega que o Estado deva promover o resguardo dos direitos fundamentais pela via legislativa e pela via administrativa, porém, quando estas falharem, eventuais omissões hão de ser sanadas pelo Judiciário.[35]

---

34. MARINONI, Luiz Guilherme. *Teoria geral do processo*. 5.ª ed. São Paulo: Revista dos Tribunais, 2011, p.141.
35. MARINONI, Luiz Guilherme. *Teoria geral do processo*. 5.ª ed. São Paulo: Revista dos Tribunais, 2011, p.142.

Uma das consequências desse posicionamento é a admissão do controle jurisdicional das políticas públicas. Note-se que, ao assumir uma postura proativa na efetivação da Constituição, o juiz afasta-se do papel que tradicionalmente lhe foi atribuído, qual seja o de mero aplicador da lei – "bouche de la loi".

As principais críticas dirigidas ao controle jurisdicional de políticas públicas circundam em torno do excesso de poder concedido aos juízes e da falta de legitimidade democrática do Poder Judiciário quando comparado com outros poderes. Ao rechaçar esses argumentos, Oswaldo Luiz Palu pontua que mesmo a composição do Parlamento é muito mais ligada a arranjos políticos do que à vontade popular,[36] sendo que, nas palavras do autor, "os partidos políticos formulam políticas a fim de ganhar eleições, e não ganham eleições para formular políticas".[37] Por sua vez, Owen Fiss afirma que, diferente dos políticos, os juízes não têm controle sobre suas agendas, pois são obrigados a julgar todas as demandas que lhes são propostas, além de carregarem o dever de fundamentar as decisões.[38]

Conforme pontificam Gilmar Ferreira Mendes e Paulo Gustavo Gonet Branco, a perspectiva "objetiva" dos direitos fundamentais obriga que o Estado adote medidas – que abranjam a totalidade dos administrados ou certos grupos de pessoas – idôneas ao resguardo dos valores constitucionais em face de ofensas perpetradas por particulares ou pelo próprio Estado. O dever de proteção originado da perspectiva objetiva dos direitos fundamentais abarca prestações que podem ser jurídicas (como a promulgação de certa lei penal destinada ao resguardo de bens jurídicos fundamentais) ou materiais (como a criação de certa instituição ou política pública). [39]

Mesmo as pretensões materiais podem ser judicializadas por meio de ações (em princípio coletivas) que buscam a reestruturação/criação de instituições ou de políticas públicas necessárias ao exercício de direitos fundamentais.

Porém, como denuncia Eduardo José da Fonseca Costa, via de regra, a doutrina brasileira que estuda o tema restringe-se à confecção de "elucubrações de natureza administrativo-constitucional", que pouco contribuem para o aprimoramento da técnica utilizada nas sentenças proferidas em processos relativos ao controle jurisdicional de políticas públicas.[40]

---

36. PALU, Oswaldo Luiz Paulo. *Controle dos atos de governo pela jurisdição*. São Paulo: Revista dos Tribunais: 2004, p. 304.
37. PALU, Oswaldo Luiz Paulo. *Controle dos atos de governo pela jurisdição*. São Paulo: Revista dos Tribunais: 2004, p. 273.
38. FISS, Owen. *Um novo processo civil: estudos norte-americanos sobre a jurisdição, constituição e sociedade*. São Paulo: Revista dos Tribunais, 2004, p.42.
39. BRANCO, Paulo Gustavo Gonet; MENDES, Gilmar Ferreira. *Curso de Direito Constitucional*. 6.ª ed. São Paulo: Saraiva, 2011, p. 190-191.
40. COSTA, Eduardo José da Fonseca. A "execução negociada" de políticas públicas em juízo. *Revista de Processo*. n.º 212. São Paulo: Revista dos Tribunais, 2012, p. 28.

A abordagem insuficiente da questão surte indesejados efeitos na prática. Mesmo diante de ações coletivas que almejam a execução de uma política pública complexa, em geral, as sentenças neste tipo de processo restringem-se à fixação de um prazo para que a ordem seja cumprida, sob pena de imposição de multa coercitiva.

O prazo é estabelecido sem o devido diálogo entre as partes e sem a ponderação das circunstâncias materiais em jogo, o que, muita vezes, torna a decisão materialmente inexequível, deslegitimando a atuação jurisdicional. Para Costa: "o roteiro é repetitivo: o juiz fixa um prazo intuitivo, o prazo é extrapolado, o Ministério Público protesta, o juiz fixa multa diária, o réu pede mais prazo, as multas acumulam-se até cifras milionárias e a obrigação de fazer continua sendo descumprida ou cumprida de forma parcial ou insatisfatória".[41]

Ora, muitas vezes, orçamentos apertados fazem com que o Ente Federativo dê prioridade a certas áreas (que acabam sendo alteradas em razão da condenação sofrida). Outrossim, a burocracia própria à atividade administrativa brasileira em geral impede que políticas públicas sejam executadas com a tempestividade desejada. Por exemplo, no âmbito Municipal, a depender do assunto, é necessária a atuação concertada várias secretarias, cada uma cumprindo com as tarefas que lhes são pertinentes. [42]

Com exemplo do criticado emprego de comandos genéricos neste tipo de decisão, citamos o AI 598.212/PR ("recurso extraordinário em agravo de instrumento")[43], no qual o Supremo Tribunal Federal reestabeleceu a decisão de primeira instância, proferida em ação civil pública, ordenando que o Estado do Paraná implantasse a Defensoria Pública no prazo de seis meses, sob pena de imposição de multa diária no valor de R$ 1.000,00. A decisão de primeiro grau havia sido reformada pelo Tribunal de Justiça do Estado, sob o argumento de que a Constituição Federal prevê que a Defensoria Pública seja criada mediante lei complementar, de modo a que descaberia ao Poder Judiciário exigir que o Estado do Paraná elabore a referida lei, sob pena de afronta à divisão e a autonomia dos Três Poderes.

---

41. COSTA, Eduardo José da Fonseca. A "execução negociada" de políticas públicas em juízo. *Revista de Processo*. n.º 212. São Paulo: Revista dos Tribunais, 2012, p. 29.
42. COSTA, Eduardo José da Fonseca. A "execução negociada" de políticas públicas em juízo. *Revista de Processo*. n.º 212. São Paulo: Revista dos Tribunais, 2012, p. 29-31.
43. STF, decisão monocrática, AI 598.212/PR, rel. Min. Celso de Mello, j. 10/06/2013. A decisão monocrática proferida em 2013 havia determinado a implantação, no prazo de seis meses, da Defensoria Pública em todo o Estado do Paraná. Após, a oposição de embargos de declaração, a abrangência da ordem foi restringida ao pedido veiculado na exordial, que abarcava somente o Município de Apucarana (STF, 2.ª T, AI 598.212/PR ED, rel. Min. Celso de Mello, j. 25/03/2014). Para problematizar o tema objeto deste tópico, optamos por manter no corpo do texto desse artigo a "situação problema" nos termos da primeira decisão do STF.

Pela leitura do voto do relator, Min. Celso de Mello, verifica-se que foi destacada a possibilidade de o Judiciário, diante de omissões estatais, tomar providências aptas ao resguardo de direitos constitucionais, tal como o direito à prestação pelo Estado de assistência jurídica integral e gratuita aos que comprovem insuficiência de recursos (CF, art. 5.º, LXXIV), algo viabilizado pela instalação da Defensoria Pública, uma instituição essencial à função jurisdicional do Estado (CF. art. 134).

A decisão prolatada pelo STF é louvável na medida em que, em tese, tem o escopo de fomentar a efetivação de direitos fundamentais sociais mediante ao incremento da dimensão objetiva desses direitos.

Não obstante, é de se refletir acerca da real efetividade de um provimento de tal natureza. Ora, a simples ordem para que a instituição seja criada, além de desconsiderar toda a burocracia e entraves orçamentários existentes, por si só, não assegura que a população tenha acesso a serviços adequados. Não se descuida que a implantação de uma instituição como a Defensoria Pública não se dará da noite para o dia.[44]

Em um caso como o relatado, por exemplo, seria mais eficaz a estipulação de planos em médio prazo prevendo a paulatina ampliação do quadro de defensores e servidores (mediante a realização de concursos públicos), bem como fosse determinada a afetação de imóveis destinados a alocar as repartições públicas a serem instituídas, além da individualização das comarcas onde a instalação de uma unidade da Defensoria Pública é prioritária.

Outrossim, no controle das políticas públicas, para que o magistrado possa fixar um prazo viável para a execução da ordem, ele deve ter um amplo conhecimento do objeto e das circunstâncias envolvidas no litígio, bem como da capacidade do ente réu. Para que a assimetria informacional seja reduzida, um expediente interessante é a realização – antes do início da execução forçada – de uma audiência preliminar, com a participação do legitimado coletivo autor, da entidade ré e, conforme o caso, de *amicus curiae* com expertise no tema, conferindo ao ato a feição de uma audiência pública. As informações obtidas nesta

---

44. A Argentina traz um exemplo de utilização de técnicas efetivas na execução de políticas públicas em juízo. No caso "Beatriz Mendoza" - ação ajuizada por várias associações ambientais e pelo "Defensor del Pueblo de la Nación" em face do Estado da Argentina, da Província de Buenos Aires e de um grupo de quarenta e quatro empresas que haviam despejado substâncias tóxicas no curso de um rio - foi determinado que os entes públicos envolvidos apresentassem, em um prazo razoável, um plano integrado com a previsão de metas progressivas para a recomposição do dano ambiental. Outrossim, a execução de plano foi perpassada pela constante participação popular, coordenada pelo "Defensor del Pueblo de la Nación". Também foi deixada uma margem de abertura para a revisão e reelaboração das políticas públicas previstas, mediante a realização de audiências públicas com a participação dos grupos afetados e dos setores envolvidos. (BERIZONCE, Roberto Omar. Los conflictos de interés público. *Revista de Derecho Procesal*. n.º 2. Buenos Aires: Rubinzal, 2011, p. 84).

oportunidade serão o ponto de partida para a "execução negociada da política pública", na qual assume especial destaque a confecção de "cronogramas".[45]

Conforme preconiza Eduardo José da Fonseca Costa: "é importante sublinhar que, na expressão 'execução negociada', há razão para a expressão ser colocada entre aspas: aqui, não há uma execução em sentido estrito, o pois o Estado-juiz não invade forçosamente a esfera jurídica do demandado (execução direta), nem por meio de ameaças o compele a fazer algo (execução indireta)."[46]

Doravante, a instrumentalização da solução aqui defendida poderá ser fundamentada no art. 190 do NCPC, que prevê os chamados "negócios processuais atípicos", in verbis:

> Art. 190. Versando o processo sobre direitos que admitam autocomposição, é lícito às partes plenamente capazes estipular mudanças no procedimento para ajustá-lo às especificidades da causa e convencionar sobre os seus ônus, poderes, faculdades e deveres processuais, antes ou durante o processo.
>
> Parágrafo único. De ofício ou a requerimento, o juiz controlará a validade das convenções previstas neste artigo, recusando-lhes aplicação somente nos casos de nulidade ou de inserção abusiva em contrato de adesão ou em que alguma parte se encontre em manifesta situação de vulnerabilidade.

Como o artigo fala em "direitos que admitam autocomposição", questiona-se se ele pode ser aplicado no âmbito do controle jurisdicional de políticas públicas – processos que, por excelência, dizem respeito a direitos indisponíveis. De fato, aqui o âmbito de negociação será menor do que o verificado em litígios sobre interesses privados; porém, é preciso lembrar que a indisponibilidade característica de alguns direitos não afasta a via da autocomposição, pois é possível a composição consensual acerca do modo pelo qual os direitos indisponíveis serão efetivados (prazo, modo, lugar, definição de elementos não previstos em lei, especificação de conceitos jurídicos indeterminados etc).[47]

Como ensina Fredie Didier Jr, "os negócios processuais podem ser celebrados antes ou durante a litispendência"[48], logo, é perfeitamente possível a realização de "negócios processuais executivos".

---

45. COSTA, Eduardo José da Fonseca. A "execução negociada" de políticas públicas em juízo. *Revista de Processo*. n.º 212. São Paulo: Revista dos Tribunais, 2012, p. 32.
46. COSTA, Eduardo José da Fonseca. A "execução negociada" de políticas públicas em juízo. *Revista de Processo*. n.º 212. São Paulo: Revista dos Tribunais, 2012, p. 32.
47. GAVRONSKI, Alexandre Amaral; MENDONÇA, Andrey Borges de. *Manual do Procurador da República: teoria e prática*. 2.ª ed. Salvador: Jus Podivm, 2015, p. 359.
48. DIDIER JR., Fredie. *Curso de Direito Processual Civil – introdução ao Direito Processual Civil, parte geral e processo de conhecimento*. 17.ª ed. Salvador: Jus Podivm, 2015, p. 383

De fato, no penúltimo parágrafo tratamos de "negócios de direito material" e não de "negócios acerca do processo". Contudo, a efetivação no direito material nos termos da composição firmada é viabilizada em juízo e instrumentalizada pela realização de negócios processuais. No âmbito da execução de políticas públicas, podemos citar, sem a pretensão de esgotar as possibilidades, os seguintes negócios processuais: *negócio para a realização de audiência de conciliação antes do início do cumprimento da sentença; negócio para a não aplicação de multa coercitiva; estipulação negociada de um plano para cumprimento da ordem; negócio para a escolha de entidades externas para a fiscalização da execução da decisão; negócio para a convocação de audiências públicas periódicas* etc.

Destaque-se que nos negócios processuais destinados à implementação em juízo de políticas públicas não são protagonistas apenas as partes – *a autuação do juiz não se restringe à mera fiscalização, ele deve intervir constantemente*.[49]

Tal como já mencionado, recomenda-se que o legitimado coletivo, o Poder Público e o juiz negociem um "cronograma de cumprimento voluntário" da condenação, com o monitoramento do cumprimento das etapas do plano.[50] Ora, como o a execução da medida requererá certo lapso temporal, é necessário seu acompanhamento constante ("jurisdição de supervisão"[51]), admitida a delegação da supervisão a outros órgãos com melhores condições para o exercício desse desiderato.[52]

Essa "fixação de etapas" para o cumprimento da sentença pode ser relacionada com a possibilidade de negociação de um "calendário processual", prevista no art. 191 do NCPC:

> Art. 191. De comum acordo, o juiz e as partes podem fixar calendário para a prática dos atos processuais, quando for o caso.
>
> § 1º O calendário vincula as partes e o juiz, e os prazos nele previstos somente serão modificados em casos excepcionais, devidamente justificados.
>
> § 2º Dispensa-se a intimação das partes para a prática de ato processual ou a realização de audiência cujas datas tiverem sido designadas no calendário.

---

49. DIDIER JR., Fredie. *Curso de Direito Processual Civil – introdução ao Direito Processual Civil, parte geral e processo de conhecimento*. 17.ª ed. Salvador: Jus Podivm, 2015, p. 383.
50. COSTA, Eduardo José da Fonseca. A "execução negociada" de políticas públicas em juízo. *Revista de Processo*. n.º 212. São Paulo: Revista dos Tribunais, 2012, p. 35.
51. BERIZONCE, Roberto Omar. Los conflictos de interés público. *Revista de Derecho Procesal*. n.º 2. Buenos Aires: Rubinzal, 2011, p. 74-75.
52. ARENHART, Sérgio Cruz. Decisões estruturais no processo civil brasileiro. *Revista de Processo*. n.º 225. São Paulo: Revista dos Tribunais, 2013, p. 392.

Um exemplo interessante de "calendarização de atos processuais" em litígios de interesse público é trazido por Sérgio Cruz Arenhart.[53] Trata-se de ação civil pública em que se alegou a ilegalidade da terceirização realizada pelo Hospital das Clínicas da Universidade Federal do Paraná, pleiteando-se a rescisão desses contratos. O pedido foi julgado procedente, porém, percebeu-se que a imediata extinção do contrato inviabilizaria a continuidade das atividades no hospital, gerando uma inconstitucional obstrução do acesso os serviços de saúde. Destarte, como forma de compor tal situação, o juiz do caso modulou os efeitos da decisão, sendo que, sopesados os argumentos trazidos por ambas as partes, foi determinada a paulatina e periódica substituição dos terceirizados por servidores públicos, de modo a evitar a paralização das atividades no HC. Também ficou acordado que, a cada dois anos, deveriam ser prestadas contas em juízo com relação à efetivação do plano acordado.

Por fim, cumpre mencionar que, no controle jurisdicional de políticas públicas, como a execução da decisão não se esgotará com a prática de um ato específico (pelo contrário, a eliminação da ameaça a valores constitucionais levará certo tempo para se concretizar), incumbe ao juiz participar de forma contínua e proativa da fiscalização e da implantação dessas medidas, impondo, se necessário, novos provimentos. É de se destacar que a natureza e a complexidade do objeto do processo podem fazer com que as medidas inicialmente estipuladas revelem-se insuficientes ou inviáveis, o que pode exigir a adoção de "ciclos de medidas suplementares".[54] A flexibilidade da execução é justificada pelas novas peculiaridades fáticas eventualmente surgidas no decurso da realização do plano proposto – *as condições fáticas em jogo são "altamente mutáveis e fluidas"*.[55]

CONCLUSÃO

As tentativas de codificação do processo no coletivo no Brasil, seja pela falta de compreensão adequada do tema, seja pela atuação de grupos poderosos que temem que suas práticas e interesses sejam postos em cheque em função da potencialidade da tutela coletiva, até hoje restaram frustradas.

Ato contínuo, no atual estado da arte, cabe ao operador do direito, considerando o quadro normativo vigente (Constituição Federal + microssistema de

---

53. ARENHART, Sérgio Cruz. *A tutela coletiva de interesses individuais: para além da proteção dos interesses individuais e homogêneos*. São Paulo: Revista dos Tribunais, 2013, p. 358.
54. FISS, Owen. *Um novo processo civil: estudos norte-americanos sobre a jurisdição, constituição e sociedade*. São Paulo: Revista dos Tribunais, 2004, p.64.
55. ARENHART, Sérgio Cruz. Decisões estruturais no processo civil brasileiro. *Revista de Processo*. n.º 225. São Paulo: Revista dos Tribunais, 2013, p. 392.

tutela coletiva + novo Código de Processo Civil) construir e aplicar interpretações consentâneas com o "princípio da máxima efetividade da tutela coletiva". Sem a pretensão de esgotar as vias interpretativas possíveis, neste trabalho buscamos expor nossas sugestões a respeito do tema.

REFERÊNCIAS BIBLIOGRÁFICAS

AMARAL, Guilherme Rizzo. Efetividade, segurança, massificação e a proposta de um "incidente de resolução de demandas repetitivas". *Revista de Processo*. n.º 196. São Paulo: Revista dos Tribunais, 2011.

ARENHART, Sérgio Cruz. *A tutela coletiva de interesses individuais: para além da proteção dos interesses individuais homogêneos*. São Paulo: Revista dos Tribunais, 2013.

ARENHART, Sérgio Cruz; MENDES, Aluísio Gonçalves de Castro; OSNA, Gustavo. Cumprimento de sentenças coletivas: da pulverização à molecularização. *Revista de Processo*. n.º 222. São Paulo: Revista dos Tribunais, 2013.

ARENHART, Sérgio Cruz. Decisões estruturais no processo civil brasileiro. *Revista de Processo*. n.º 225. São Paulo: Revista dos Tribunais, 2013.

BERIZONCE, Roberto Omar. Los conflictos de interés público. *Revista de Derecho Procesal*. n.º 2. Buenos Aires: Rubinzal, 2011.

BRANCO, Paulo Gustavo Gonet; MENDES, Gilmar Ferreira. *Curso de Direito Constitucional*. 6.ª ed. São Paulo: Saraiva, 2011.

CAMBI, Eduardo; DAMASCENO, Kleber Ricardo. Amicus curiae e o processo coletivo: uma proposta democrática. *Revista de Processo*. n.º 192. Revista dos Tribunais: São Paulo, 2011.

CUNHA, Leonardo Carneiro da. Anotações sobre o incidente de resolução de demandas repetitivas no projeto do novo código de processo civil. *Revista de Processo*. n.º 193. São Paulo: Revista dos Tribunais, 2011.

DIDIER JR., Fredie. *Curso de Direito Processual Civil – introdução ao Direito Processual Civil, parte geral e processo de conhecimento*. 17.ª ed. Salvador: Jus Podivm, 2015.

DIDIER JR, Fredie; BRAGA, Paula Sarno; OLIVEIRA, Rafael Alexandria de. *Curso de Direito Processual Civil – teoria da prova, direito probatório, decisão, precedente, coisa julgada e tutela provisória*. 10.ª ed. Salvador: Jus Podivm, 2015.

GAVRONSKI, Alexandre Amaral; MENDONÇA, Andrey Borges de. *Manual do Procurador da República: teoria e prática*. 2.ª ed. Salvador: Jus Podivm, 2015.

GAVRONSKI, Alexandre Amaral. *Técnicas extraprocessuais de tutela coletiva: a efetividade da tutela coletiva fora do processo judicial*. São Paulo: Revista dos Tribunais, 2010.

GIDI, Antonio. *Rumo a um código de processo civil coletivo: a codificação das ações coletivas no Brasil*. Rio de Janeiro: Forense, 2008.

GRINOVER, Ada Pellegrini. NERY JÚNIOR, Nelson; WATANABE, Kazuo. *Código de Defesa do Consumidor – comentado pelos autores do anteprojeto*. 4.ª ed. Rio de Janeiro: Forense, 1995.

FISS, Owen. *Um novo processo civil: estudos norte-americanos sobre a jurisdição, constituição e sociedade*. São Paulo: Revista dos Tribunais, 2004.

LEONEL, Ricardo de Barros. *Manual do processo coletivo*. 2.ª ed. São Paulo: Revista dos Tribunais, 2011.

MARINONI, Luiz Guilherme; ARENHART, Sérgio Cruz; MITIDIERO, Daniel. *Novo concurso de processo civil*. v.2: tutela dos direitos mediante procedimento comum. São Paulo: Revista dos Tribunais, 2015.

MARINONI, Luiz Guilherme. *Teoria geral do processo*. 5.ª ed. São Paulo: Revista dos Tribunais, 2011.

MENDES, Aluisio Gonçalves de Castro; RODRIGUES, Roberto de Aragão Ribeiro. Reflexões sobre o incidente de resolução de demandas repetitivas no projeto do novo código de processo civil. *Revista de Processo*. n.º 211. São Paulo: Revista dos Tribunais, 2012.

MONIZ DE ARAGÃO, Egas Dirceu. Estatística Judiciária. *Revista de Processo*. n.º 110. São Paulo: Revista dos Tribunais, 2003.

PALU, Oswaldo Luiz Paulo. *Controle dos atos de governo pela jurisdição*. São Paulo: Revista dos Tribunais: 2004.

RODRIGUES, Geisa de Assis. *Juizados especiais cíveis e ações coletivas*. Rio de Janeiro: Forense, 1997.

SARMENTO, Daniel. SOUZA NETO, Cláudio Pereira de. *Direito Constitucional: teoria, história e métodos do trabalho*. 2.ª ed. Belo Horizonte: Fórum: 2014.

SILVER, E. Courtney. Procedural hassles in multidistrict litigation: a call for reform f. 28 U.S.C. §1147 and the Lexecon result. *Ohio State Law Journal*. n.º 70. Columbus: Ohio State University, 2009.

STF, decisão monocrática, AI 598.212/PR, rel. Min. Celso de Mello, j. 10/06/2013.

STF, Pleno, ADI n.º 3.510/DF, rel. Min. Carlos Brito, j. 28 e 29/05/2008.

STF, 2.ª T, AI 598.212/PR ED, rel. Min. Celso de Mello, j. 25/03/2014.

STJ, 3.ª T, REsp 1.304.953/RS, rel.ª Min.ª Nacy Andrighi, j. 24/08/2014.

STJ, 2.ª T, REsp 927.902/RS, rel.ª Min.ª Eliana Calmon, j. 25/08/2009.

WATANABE, Kazuo. Relação entre demanda coletiva e demandas individuais. *Revista de Processo*. n.º 139. São Paulo: Revista dos Tribunais, 2006.

CAPÍTULO 4

Os impactos do NCPC na arbitragem em consonância com a Lei n. 13.129 de 2015[1]

Thiago Rodovalho[2]

SUMÁRIO: 1. INTRODUÇÃO; 2. PRINCIPAIS INOVAÇÕES DO NCPC RELATIVAS À ARBITRAGEM; 2.1. ARBITRAGEM COMO JURISDIÇÃO E ESTÍMULO A OUTROS MEIOS DE SOLUÇÃO DE CONTROVÉRSIAS (ENTRE ELES, CONCILIAÇÃO, MEDIAÇÃO E ARBITRAGEM).; 2.2. NÃO-ALEGAÇÃO DE CONVENÇÃO DE ARBITRAGEM E RENÚNCIA. EXTINÇÃO DO PROCESSO SEM RESOLUÇÃO DE MÉRITO E AGRAVO DE INSTRUMENTO. EFEITO DO RECURSO DE APELAÇÃO; 2.3. SEGREDO DE JUSTIÇA DA ARBITRAGEM NO NCPC; 2.4. A RELAÇÃO DE COOPERAÇÃO ENTRE PODER JUDICIÁRIO E A ARBITRAGEM (CARTA ARBITRAL); 2.5. CUMPRIMENTO DE SENTENÇA ARBITRAL; 2.6. RECONHECIMENTO DE SENTENÇA ARBITRAL ESTRANGEIRA E CONCESSÃO DE *EXEQUATUR* À CARTA ROGATÓRIA; 2.7. ALTERAÇÃO DA LARB 33 §3.º; 3. CONCLUSÃO; 4. REFERÊNCIAS BIBLIOGRÁFICAS.

1. INTRODUÇÃO

Nos últimos anos, o Brasil debateu intensamente o Novo Código de Processo Civil (L 13.105/2015),[3] o que pode ser, inclusive, observado nas profundas

---

1. Esse trabalho corresponde a uma versão atualizada, com algumas modificações, de estudo que já publicamos sobre o tema: Thiago RODOVALHO e Francisco José CAHALI. A Arbitragem no Novo CPC - Primeiras Impressões, in Alexandre Freire et allii (orgs.). *Novas Tendências do Processo Civil - Estudos sobre o Projeto do Novo Código de Processo Civil*, Salvador: JusPodivm, 2014, v. 2, pp. 583/604.
2. Doutor e Mestre em Direito Civil pela PUC/SP, com Pós-Doutorado no Max-Planck-Institut für ausländisches und internationales Privatrecht. Membro da Lista de Árbitros da Câmara de Arbitragem e Mediação da Federação das Indústrias do Estado do Paraná – CAM-FIEP, do Conselho Arbitral do Estado de São Paulo – CAESP, da Câmara de Mediação e Arbitragem da Sociedade Rural Brasileira – CARB, da Câmara de Mediação e Arbitragem das Eurocâmaras – CAE, da Câmara Brasileira de Mediação e Arbitragem Empresarial – CBMAE, do Centro Brasileiro de Mediação e Arbitragem – CEBRAMAR, e da ARBITRANET. Membro do Instituto dos Advogados de São Paulo – IASP, do Instituto de Direito Privado – IDP, do Instituto Brasileiro de Direito Processual Civil – IBDP, e do Centro de Estudos Avançados de Processo – CEAPRO. Professor-Assistente de Arbitragem e Mediação na graduação da PUC/SP. Coordenador e Professor de Arbitragem na Escola Superior de Advocacia da OAB/SP. Autor de diversas publicações no Brasil e no exterior (livros e artigos). Curriculum Lattes: http://lattes.cnpq.br/5142974418646979.
3. Além dos debates publicamente conduzidos, houve participação da comunidade jurídica, seja nas discussões na Comissão, seja nas discussões conduzidas na Câmara dos Deputados e no Senado Federal. A esse respeito, v., por exemplo, entre outros, Bruno DANTAS (org.). *Revista de informação legislativa – Novo Código de Processo Civil*, n. 190, ts. 1 e 2, Brasília: Senado Federal, abril/junho-2011, *passim*; Alexandre FREIRE et allii (orgs.). *Novas tendências do processo civil – estudos sobre o projeto do novo código de processo civil (baseado no relatório apresentado pelo Deputado Sérgio Barradas Carneiro, em novembro de 2012)*, Salvador: JusPodivm, 2013, *passim*; Luiz Guilherme MARINONI e Daniel MITIDIERO. *O projeto do CPC – críticas e propostas*, São Paulo: Revista dos Tribunais, 2010, *passim*; Cassio SCARPINELLA BUENO. *Projetos de novo código*

alterações (para o bem e para o mal) do projeto originalmente concebido para a versão final que se converteu em lei.

Os trabalhos, em regra, foram conduzidos sempre com o objetivo de ter-se um CPC mais adequado para a sociedade moderna, mais ágil, célere e menos formalista.[4] Enfim, um código que se traduza mais numa *garantia ao cidadão* e ao *serviço do direito material*, e não excessivamente formalista e que se torne um fim em si mesmo.

Neste trabalho, centraremos nosso estudo no impacto que o NCPC terá sobre a arbitragem, em consonância também com a recente L 13.129 de 2015, que reformou a Lei de Arbitragem no Brasil.[5]

Contudo, não deixa de ser interessante observar – nesse desejo de um CPC menos formalista, mais célere e mais preocupado com o direito material deduzido em juízo –, a influência da própria *arbitragem* sobre o *NCPC*.

Nesse sentido, tem-se exemplificativamente, entre outras:

(i) a previsão de possibilidade de testemunho técnico (*expert witness*);[6]

(ii) a possibilidade de um acordo de saneamento apresentado pelas partes;[7]

---

de processo civil comparados e anotados, São Paulo: Saraiva, 2014, *passim*; e Misael MONTENEGRO FILHO. *Projeto do novo código de processo civil – confronto entre o CPC atual e o projeto do novo CPC (com comentários às modificações substanciais)*, São Paulo: Atlas, 2011, *passim*.

4. Nos dizeres do Ministro LUIZ FUX, em mensagem quando do envio do Anteprojeto do Novo Código de Processo Civil ao Senado Federal: "Era mesmo a hora de mudar: os novos tempos reclamam um novo processo, como proclamava Cesare Vivante: Altro tempo, Altro Diritto". Nesse sentido, v. também a Exposição de Motivos do Anteprojeto, em especial: "Em suma, para a elaboração do Novo CPC, identificaram-se os avanços incorporados ao sistema processual preexistente, que deveriam ser conservados. Estes foram organizados e se deram alguns passos à frente, para deixar expressa a adequação das novas regras à Constituição Federal da República, com um sistema mais coeso, mais ágil e capaz de gerar um processo civil mais célere e mais justo".

5. Sobre o tema, cfr., também, amplamente, Francisco José CAHALI. *Arbitragem e o Projeto de Código de Processo Civil*, in José Anchieta da Silva. O Novo Processo Civil, São Paulo: Lex/Magister, 2012, pp. 275/291.

6. Cfr. NCPC:
Art. 464. *A prova pericial consiste em exame, vistoria ou avaliação.*
[...]
§ 2º De ofício ou a requerimento das partes, o juiz poderá, em substituição à perícia, determinar a produção de prova técnica simplificada, quando o ponto controvertido for de menor complexidade.
§ 3º A prova técnica simplificada consistirá apenas na inquirição de especialista, pelo juiz, sobre ponto controvertido da causa que demande especial conhecimento científico ou técnico.
§ 4º Durante a arguição, o especialista, que deverá ter formação acadêmica específica na área objeto de seu depoimento, poderá valer-se de qualquer recurso tecnológico de transmissão de sons e imagens com o fim de esclarecer os pontos controvertidos da causa.

7. Cfr. NCPC:
Art. 357. *Não ocorrendo nenhuma das hipóteses deste Capítulo, deverá o juiz, em decisão de saneamento e de organização do processo:*
[...]
§ 1º Realizado o saneamento, as partes têm o direito de pedir esclarecimentos ou solicitar ajustes, no prazo comum de 5 (cinco) dias, findo o qual a decisão se torna estável.

(iii) a possibilidade de inquirir *diretamente* a testemunha (uma certa aproximação com a *direct and cross examination of witnesses*);[8]

(iv) além de clarificar mais a questão de *dispensa* de realização de prova técnica.[9]

Feitas essas observações, passemos ao objetivo de nosso estudo, centrado no impacto do NCPC na arbitragem, que representa um dos *"meios adequados de solução de conflitos"*, pelo qual se entrega, por vontade das partes, o julgamento da controvérsia ao árbitro ou colegiado arbitral, por eleito de forma direta ou indireta pelos interessados.

A aplicação do CPC, assim, é estranha ao procedimento arbitral, que terá suas regras definidas pelas partes e/ou pelo árbitro, de maneira a melhor atender as necessidades específicas do caso, aplicando-se os *princípios constitucionais do processo civil* (devido processo legal, contraditório e igualdade de partes).[10]

Porém, não se afasta por inteiro qualquer referência à arbitragem na legislação processual. Isto porque a arbitragem, enquanto uma das formas de solução de conflitos faz parte de um todo, de um sistema de prestação jurisdicional completo que se relaciona e interage, para atender a perspectiva da sociedade (dos jurisdicionados). Assim, em alguns momentos, haverá intersecção ou conexão entre os integrantes deste sistema.

A arbitragem, então, não caminha só. Convive em harmonia com a Jurisdição Estatal, cada qual ocupando o seu espaço, mas relacionando-se quando necessário.

Nesse contexto, entre outros impactos, o NCPC teve o condão, especialmente, de melhorar a relação de *cooperação* entre Poder Judiciário e a Arbitragem (com a criação da Carta Arbitral, também harmonicamente disciplinada na

---

§ 2º As partes podem apresentar ao juiz, para homologação, delimitação consensual das questões de fato e de direito a que se referem os incisos II e IV, a qual, se homologada, vincula as partes e o juiz.

§ 3º Se a causa apresentar complexidade em matéria de fato ou de direito, deverá o juiz designar audiência para que o saneamento seja feito em cooperação com as partes, oportunidade em que o juiz, se for o caso, convidará as partes a integrar ou esclarecer suas alegações.

A propósito do tema, cfr., ainda, Claudia Elisabete Schwerz Cahali. *O Gerenciamento de Processos Judiciais em busca da efetividade da prestação jurisdicional*, Brasília: Gazeta Jurídica, 2013, *passim*.

8. Cfr. NCPC: Art. 459. *As perguntas serão formuladas pelas partes diretamente à testemunha, começando pela que a arrolou, não admitindo o juiz aquelas que puderem induzir a resposta, não tiverem relação com as questões de fato objeto da atividade probatória ou importarem repetição de outra já respondida.*

9. Cfr. NCPC: Art. 472. *O juiz poderá dispensar prova pericial quando as partes, na inicial e na contestação, apresentarem, sobre as questões de fato, pareceres técnicos ou documentos elucidativos que considerar suficientes.*

10. Neste sentido, inclusive, a previsão do artigo 21 da Lei de Arbitragem: "A arbitragem obedecerá ao procedimento estabelecido pelas partes na convenção de arbitragem, que poderá reportar-se às regras de um órgão arbitral institucional ou entidade especializada, facultando-se, ainda, às partes delegar ao próprio árbitro, ou à Câmara Arbitral, regular o procedimento. § 1º Não havendo estipulação acerca do procedimento, caberá ao árbitro ou ao Câmara Arbitral discipliná-lo. § 2º Serão, sempre, respeitados no procedimento arbitral os princípios do contraditório, da igualdade das partes, da imparcialidade do árbitro e de seu livre convencimento".

L 13.129/2015), e trazer aprimoramentos no segredo de justiça, e no reconhecimento de *sentença arbitral estrangeira*, máxime com o melhor tratamento para a concessão de *exequatur à carta rogatória*. Vejamos.

2. PRINCIPAIS INOVAÇÕES DO NCPC RELATIVAS À ARBITRAGEM.

2.1. Arbitragem como jurisdição e estímulo a outros meios de solução de controvérsias (entre eles, conciliação, mediação e arbitragem).

O NCPC buscou *harmonizar-se* com a Constituição Federal e a Lei de Arbitragem, seguindo a corrente doutrinária majoritária no sentido de que a *arbitragem também é jurisdição*.

Nesse sentido, houve *alteração* da disciplina prevista no artigo 3.º da versão original do Projeto, que assim disciplinava a matéria:

> "Não se excluirá da apreciação jurisdicional ameaça ou lesão a direito, ressalvados os litígios voluntariamente submetidos à solução arbitral, na forma da lei".[11]

Essa forma de redação, conquanto certamente não tenha sido a intenção da Comissão, poderia dar margem a interpretações no sentido de que a arbitragem não fosse jurisdição, por consignar que *"não se excluirá da apreciação jurisdicional ameaça ou lesão a direito"*, ressalvando, contudo, e podendo transmitir, com isso, a ideia de não se tratar de *jurisdição*, a solução arbitral.

Sendo assim, mais adequada foi a solução dada pela versão final e que se converteu efetivamente no NCPC, que segue mais harmoniosamente a CF 5.º XXXV, a Lei de Arbitragem e a histórica decisão do Supremo Tribunal Federal acerca de sua constitucionalidade, ao simplesmente consignar, *verbis*:

> "Art. 3.º. Não se excluirá da apreciação jurisdicional ameaça ou lesão a direito.
>
> § 1.º É permitida a arbitragem, na forma da lei".

Com essa redação, guarda-se, no *caput*, harmonia com a CF 5.º XXXV, bem como, através de seu §1.º, evita-se a discussão sobre ser ou não a arbitragem jurisdição, evitando-se a contradição acima apontada no Anteprojeto (versão

---

11. Esse dispositivo não guarda correspondente no CPC/1973, guardando, entretanto, certa correspondência com a CF 5.º XXXV: *"a lei não excluirá da apreciação do Poder Judiciário lesão ou ameaça a direito"*, e guardando certa harmonia com a Lei de Arbitragem e a histórica decisão do Supremo Tribunal Federal acerca de sua constitucionalidade [cfr. STF, Pleno, AgReg na Homologação de Sentença Estrangeira n. 5206-7 (Reino da Espanha), rel. Min. Sepulveda Pertence, m.v. (quanto à constitucionalidade da LArb), j. 12.12.2001, DJ 30.4.2004].

original), e perfilando, assim, a corrente doutrinária e jurisprudencial majoritária no sentido de ser a arbitragem efetivamente *jurisdição*.[12]

Essa harmonia, de certa forma, subsiste ainda com a previsão do art. 42 do NCPC:

> "Art. 42. As causas cíveis serão processadas e decididas pelo órgão jurisdicional nos limites de sua competência, ressalvado às partes o direito de instituir juízo arbitral, na forma da lei".

Não obstante isso, o mais adequado, a fim de evitarem-se incongruências, seria esse artigo ter sido redigido de maneira a espelhar o atual art. 3.º do NCPC.

Demais disso, tem-se, em nosso sentir, que o NCPC *prestigia* a arbitragem, não só como um meio *alternativo* de solução de controvérsias (*ADR – Alternative Dispute Resolution*), mas efetivamente como um verdadeiro meio *adequado* de solução de controvérsias (modernamente, *Adequate Dispute Resolution*), razão pela qual, ao lado de outros métodos (como a conciliação e a mediação), o NCPC a *estimula*.

Ao ler-se isoladamente do art. 3.º §3.º do NCPC ("*A conciliação, a mediação e outros métodos de solução consensual de conflitos deverão ser estimulados por magistrados, advogados, defensores públicos e membros do Ministério Público, inclusive no curso do processo judicial*"), pode-se, açodadamente, extrair-se conclusão em sentido contrário, pois o referido parágrafo faz menção apenas à conciliação e à mediação; contudo, este parágrafo (ao lado do §2.º do mesmo artigo) refere-se aos meios de solução *consensual* dos conflitos.

Entretanto, o NCPC, em outras passagens, expressa claramente o *estímulo* também à arbitragem, como meio *adequado* de solução de controvérsias. Nesse sentido:

> "Art. 358. No dia e na hora designados, o juiz declarará aberta a audiência de instrução e julgamento e mandará apregoar as partes e os respectivos advogados, bem como outras pessoas que dela devam participar.
>
> Art. 359. Instalada a audiência, o juiz tentará conciliar as partes, independentemente do emprego anterior de outros métodos de solução consensual de conflitos, como a mediação e a **arbitragem**" (destacamos).

---

[12]. A esse respeito, v., por todos, o excelente voto da Min. Nancy Andrighi em STJ, 2.ª Seção, Conflito de Competência n. 113.260 – SP, rel. p/acórdão Min. João Otávio de Noronha, m.v., j. 8.9.2010, DJ 7.4.2011. V., também, o precedente: STJ, 2.ª Seção, Conflito de Competência n. 111.230 – DF, rel. Min. Nancy Andrighi, m.v., j. 8.5.2013, que admitiu conflito de competência em Câmara Arbitral e Poder Judiciário. Em não sendo a arbitragem *jurisdição*, não se poderia admitir conflito de competência entre árbitro e juiz.

Trata-se de moderna visão do NCPC, em consonância com a *Reforma do Poder Judiciário* promovida pela Emenda Constitucional n. 45, na tentativa de uma mudança da *cultura de litígio*[13] que atualmente impera no Brasil, para uma *melhor administração da justiça*. Essas disposições guardam, ainda, harmonia com a Resolução CNJ n. 125/2010,[14] que trata da *Política Judiciária Nacional de tratamento adequado dos conflitos de interesses no âmbito do Poder Judiciário*, e que justamente procurou desenvolver no país o que se cunhou de *sistema multiportas* ou *tribunal multiportas* [com inspiração no sistema americano (*Multi-door Courthouse System*)],[15] estimulando o uso de *meios extrajudiciais de solução dos conflitos*, tais como negociação, conciliação e mediação, com vistas, inclusive, a tornar efetivo o *direito constitucional à razoável duração do processo*.

2.2. Não-alegação de Convenção de Arbitragem e renúncia. Extinção do processo sem resolução de mérito e agravo de instrumento. Efeito do recurso de apelação[16]

A respeito de *alegação de convenção de arbitragem*, o NCPC mantém corretamente a impossibilidade de ser conhecida de ofício pelo juiz, tornando, ainda, claro o efeito de sua não arguição, que há de compreendida, *ex vi legis*, como *renúncia* (tácita) à arbitragem.[17]

---

13. Sobre o tema, v, entre outros, Kazuo Watanabe. *Cultura da sentença e cultura da pacificação*, in Flavio Luiz Yarshell e Maurício Zanoide de Moraes. *Estudos em homenagem à Professora Ada Pellegrini Grinover*, São Paulo: DPJ Editora, 2005, pp. 684/690; e Kazuo Watanabe. *Modalidade de mediação*, in CJF. *Mediação: um projeto inovador* (Série Cadernos do CEJ), v. 22, Brasília: CJF, 2003, pp. 42/50. V., também, Thiago Rodovalho. *Cultura do litígio*, in Jornal Gazeta de Limeira, Coluna Fatos & Direito, 1.º Caderno, p. 2, em 16.6.2013.
14. Alterada por meio da Emenda n. 1, de 31de janeiro de 2013. A respeito da Resolução CNJ n. 125/2010, cfr. Francisco José Cahali. *Curso de arbitragem*, 3.ª ed., São Paulo: Revista dos Tribunais, 2013, Cap. 2, pp. 37/59.
15. A consagrada expressão *multi-door courthouse* foi originalmente usada pelo Prof. Frank Sander (Harvard) em 1976, em conferência que posteriormente veio a ser publicada em 1979: Frank Sander. *Varieties of dispute processing*, Minnesota: West Publishing, 1979, pp. 65/87. A esse respeito, v., também, Herbert M. Kritzer. *To regulate or not to regulate, or (better still) when to regulate*, in Dispute resolution magazine, ABA, v. 19, n. 3, Spring 2013, pp. 12/13; e Nancy Andrighi e **Gláucia Falsarella** Foley. *Sistema multiportas: o Judiciário e o consenso*, in Folha de São Paulo, Tendências e Debates, 24.6.2008.
16. O Projeto do NCPC, na versão da Câmara dos Deputados, criava, com acerto, um momento procedimental específico para a alegação de existência de convenção de arbitragem, que, infelizmente, e erroneamente, foi suprimido na versão final aprovada no Senado Federal. A esse respeito, v. Francisco José Cahali e Thiago Rodovalho. *A Arbitragem no Novo CPC - Primeiras Impressões*, in Alexandre Freire et allii (orgs.). *Novas Tendências do Processo Civil - Estudos sobre o Projeto do Novo Código de Processo Civil*, Salvador: JusPodivm, 2014, v. 2, pp. 583/604; e André Vasconcelos Roque e Thiago Rodovalho. *A convenção de arbitragem e o novo CPC no Senado Federal: a exceção que foge à regra*, in Migalhas, v. 3.509, 2014, disponível em http://www.migalhas.com.br/dePeso/16,MI212183,41046- A+convencao+de+arbitragem+e+o+novo+CPC+no+Senado+Federal+a+excecao.
17. Cfr. NCPC:
    "*Art. 337.* [...]
    § 5o Excetuadas a convenção de arbitragem e a incompetência relativa, o juiz conhecerá de ofício das matérias enumeradas neste artigo.
    § 6o A ausência de alegação da existência de convenção de arbitragem, na forma prevista neste Capítulo, implica aceitação da jurisdição estatal e renúncia ao juízo arbitral".

Com relação à decisão que *rejeitar* a alegação de convenção de arbitragem, caberá recurso de *agravo de instrumento*, a teor do NCPC art. 1015 III, *verbis*:

> "Art. 1.015. Cabe agravo de instrumento contra as decisões interlocutórias que versarem sobre: [...]
>
> III – rejeição da alegação de convenção de arbitragem [...]".

Já quanto à decisão que *reconhece a convenção de arbitragem e julga extinto o processo sem resolução de mérito*, caberá recurso de *apelação*, com a importante previsão de que os efeitos, em regra, dessa apelação serão somente *devolutivos*, é dizer, sem o condão de *suspender* os efeitos da decisão apelada, permitindo-se, assim, que se prossiga com a arbitragem (caso já instaurada) ou que se proceda à sua instauração.

Nos dizeres do NCPC art. 1012, *verbis*:

> "Art. 1.025. A apelação terá efeito suspensivo.
>
> § 1º Além de outras hipóteses previstas em lei, começa a produzir efeitos imediatamente após a sua publicação a sentença que: [...]
>
> IV – julga procedente o pedido de instituição de arbitragem; [...]
>
> §2º Nos casos do § 1º, o apelado poderá promover o pedido de cumprimento provisório depois de publicada a sentença".

Excepcionalmente, contudo, poderá ser atribuído efeito suspensivo a essa apelação, se presentes os requisitos legais, quais sejam: (i) probabilidade de provimento do recurso; (ii) ou, sendo relevante a fundamentação, houver risco de dano grave ou difícil reparação; segundo os §4.º do citado art. 1012 do NCPC:

Nessas hipóteses, *se e quando* efetivamente presentes e preenchidos os requisitos legais acima apontados, o efeito suspensivo à apelação deve ser concedido, tratando-se de *poder-dever* do juiz ou relator, conforme o momento temporal do recurso (se já distribuído ou não).

2.3. Segredo de Justiça da Arbitragem no NCPC

Outro importante avanço do NCPC foi relativo ao *segredo de justiça* na arbitragem, pois o sigilo no procedimento é uma das mais atraentes características da arbitragem, pois através dele, preservam-se a imagem das partes, intimidades de seus negócios, *know-how*, segredo industrial, entre outras informações relevantes de caráter estratégico ou comercial decorrentes da atividade empresarial.

Nesse contexto, embora a Lei de Arbitragem, corretamente, não *determine obrigatoriamente* o sigilo nas arbitragens,[18] fato é que, na prática, a absoluta maioria delas ocorre em sigilo, quer porque as partes assim o previram na convenção de arbitragem, quer porque elegeram Câmara Arbitral cujo regulamento que prevê o sigilo (o que é a regra nos regulamentos das Câmaras Arbitrais no Brasil e no exterior).

O sigilo é, em verdade, ao lado da *flexibilidade, celeridade* e *especialidade*, um dos *atrativos* da arbitragem.[19] Nesse sentido, recente pesquisa conduzida pela School of International Arbitration (Centre for Commercial Law Studies) e pelo Queen Mary College, com apoio da PriceWaterhouseCoopers,[20] revelou que 62% das empresas consideram a confidencialidade da arbitragem um ponto muito importante.

Daí a relevância do melhor tratamento dado à matéria pelo NCPC, que assim disciplinou a questão do segredo de justiça quando se tratar de processo judicial que verse sobre arbitragem:

> "Art. 189. *Os atos processuais são públicos, todavia tramitam em segredo de justiça os processos:*
>
> [...]
>
> *IV – que versem sobre arbitragem, inclusive sobre cumprimento de carta arbitral, desde que a confidencialidade estipulada na arbitragem seja comprovada perante o juízo.*
>
> *§ 1º O direito de consultar os autos de processo que tramite em segredo de justiça e de pedir certidões de seus atos é restrito às partes e aos seus procuradores.*
>
> *§ 2º O terceiro que demonstrar interesse jurídico pode requerer ao juiz certidão do dispositivo da sentença, bem como de inventário e de partilha resultantes de divórcio ou separação".*[21]

Assim sendo, quando a própria arbitragem for sigilosa (quer porque as partes assim o previram na convenção de arbitragem, quer porque elegeram Câmara Arbitral cujo regulamento que prevê o sigilo), por força do citado artigo

---

18. A LArb determina apenas o *dever de discrição* do árbitro, nos termos do art. 13 §6.º:
 "Art. 13. *Pode ser árbitro qualquer pessoa capaz e que tenha a confiança das partes.*
 [...]
 § 6º No desempenho de sua função, o árbitro deverá proceder com imparcialidade, independência, competência, diligência e **discrição**" (destacamos).
19. Nesse sentido, v., entre outros, Francisco José CAHALI. *Curso de arbitragem*, 3.ª ed., São Paulo: Revista dos Tribunais, 2013, n. 9.4.3, pp. 240/241.
20. *School of International Arbitration, Centre for Commercial Law Studies*, e Queen Mary University of London (com apoio da PwC). *Corporate choices in International Arbitration - Industry perspectives*, disponível em: www.pwc.com/arbitrationstudy, acessado em 31.5.2013.
21. Esse dispositivo contou com contribuição do GPA – Grupo de Pesquisa em Arbitragem, da PUCSP, liderado pelo Prof. Francisco José Cahali (a esse respeito, cfr. Francisco José CAHALI. *Curso de arbitragem*, 3.ª ed., São Paulo: Revista dos Tribunais, 2013, n. 9.4.3, pp. 240/241).

do NCPC, o processo judicial – seja em *alegação de convenção de arbitragem*, seja em *ação anulatória*, seja ainda em *ação de execução e cumprimento de decisão (cautelares, v.g.) ou sentença arbitral*, enfim, sempre que houver necessidade de *judicializar a arbitragem* –, correrá em *segredo de justiça*, prestigiando e protegendo o desejo das partes de manter sua *confidencialidade*.

Trata-se de importante avanço, pois, no atual sistema, não obstante a arbitragem se desenvolva de forma *confidencial*, toda vez que, por algum motivo, haja de necessidade de *judicializá-la*, a arbitragem, *de certa forma*, se publiciza, o que se traduz em fato muito indesejável.

Com o aludido dispositivo, o NCPC melhor disciplina a questão, de tal sorte que um terceiro somente terá qualquer informação sobre o processo judicial *se demonstrar interesse jurídico* (e não meramente *econômico*) para tanto, a teor do parágrafo único do referido artigo.

2.4. A relação de cooperação entre Poder Judiciário e a Arbitragem (Carta Arbitral)[22]

Outro importante avanço do NCPC foi a criação da *Carta Arbitral*, instrumento sem correspondência no vigente CPC/73, tema esse que também foi contemplado e disciplinado na recente L 13.129/2015, que reformou a Lei de Arbitragem no Brasil, e que, em seu art. 2.º, acrescentou o Capítulo IV-B, composto pelo art. 22-C, à LArb.[23-24]

Com a criação da referida carta arbitral, tanto pelo NCPC quanto pela L 13.129/2015, *uniformiza-se* a comunicação entre Árbitro (ou Tribunal Arbitral) e o *Poder Judiciário*, para as situações, nem sempre raras, que demandam interação entre as duas jurisdições (medidas coercitivas e cautelares, auxílio em produção de prova, prestação de informações etc.).

---

22. Nessa relação de cooperação, a jurisdição é *partilhada*, e não *compartilhada*. São funções complementares, e não concorrentes. A um juízo caberá a decisão; ao outro, a efetivação do decidido. Tudo sem hierarquia ou subordinação, pois são tarefas distintas decorrentes dos poderes e atribuições de cada qual no nosso sistema jurídico.
23. "CAPÍTULO IV-B
    DA CARTA ARBITRAL
    Art. 22-C. O árbitro ou o tribunal arbitral poderá expedir carta arbitral para que o órgão jurisdicional nacional pratique ou determine o cumprimento, na área de sua competência territorial, de ato solicitado pelo árbitro.
    Parágrafo único. No cumprimento da carta arbitral será observado o segredo de justiça, desde que comprovada a confidencialidade estipulada na arbitragem".
24. A proposição da *carta arbitral* no NCPC também contou com contribuição do GPA – Grupo de Pesquisa em Arbitragem, da PUCSP, liderado pelo Prof. Francisco José Cahali, em parceria com a Comissão de Arbitragem e a Procuradoria-Geral da OABRJ, nas pessoas dos Drs. Joaquim de Paiva Muniz, Leonardo Corrêa e Ronaldo Cramer (a esse respeito, cfr. Francisco José Cahali. *Curso de arbitragem*, 3.ª ed., São Paulo: Revista dos Tribunais, 2013, n. 10.5, pp. 262/265).

Atualmente, sem disciplina específica, inexiste propriamente uniformidade nessa interlocução entre as jurisdições estatal e arbitral, adotando, árbitros e câmaras, cada qual, formato que entende adequado, o que, por vezes, na prática, traz dificuldades.

Esses problemas tendem a desaparecer, ao menos no que tange à interlocução propriamente dita (e não necessariamente seu efetivo cumprimento), com a criação da denominada *carta arbitral*.

Nesse sentido, o NCPC assim a disciplinou a matéria:

> "Art. 69. O pedido de cooperação jurisdicional deve ser prontamente atendido, prescinde de forma específica e pode ser executado como:
>
> I - auxílio direto;
>
> II - reunião ou apensamento de processos;
>
> III - prestação de informações;
>
> IV - atos concertados entre os juízes cooperantes.
>
> § 1.º As cartas de ordem, precatória e arbitral seguirão o regime previsto neste Código.
>
> § 2.º Os atos concertados entre os juízes cooperantes poderão consistir, além de outros, no estabelecimento de procedimento para:
>
> I - a prática de citação, intimação e notificação de atos;
>
> II - a obtenção e apresentação de provas e a coleta de depoimentos;
>
> III - a efetivação de tutela antecipada;
>
> IV - a efetivação de medidas e providências para a recuperação e preservação de empresas;
>
> V - facilitar a habilitação de créditos na falência e na recuperação judicial;
>
> VI - a centralização de processos repetitivos;
>
> VII - a execução de decisão jurisdicional".

--*-*-*-*-*-*-*-*-*-*-*-*-*-*-*

> "Art. 237. Será expedida carta:
>
> [...]
>
> IV - arbitral, para que órgão do Poder Judiciário pratique ou determine o cumprimento, na área da sua competência territorial, de ato objeto de pedido de cooperação judiciária formulado por juízo arbitral, inclusive os que importem efetivação de tutela antecipada".

O NCPC traz, também, certos requisitos *formais* que deve observar a carta arbitral, são eles:

> "Art. 260. São requisitos das cartas de ordem, precatória e rogatória:
>
> I - a indicação dos juízes de origem e de cumprimento do ato;

II – o inteiro teor da petição, do despacho judicial e do instrumento do mandato conferido ao advogado;

III – a menção do ato processual que lhe constitui o objeto;

IV – o encerramento com a assinatura do juiz.

§ 1º O juiz mandará trasladar para a carta quaisquer outras peças, bem como instruí-la com mapa, desenho ou gráfico, sempre que esses documentos devam ser examinados, na diligência, pelas partes, pelos peritos ou pelas testemunhas.

§ 2º Quando o objeto da carta for exame pericial sobre documento, este será remetido em original, ficando nos autos reprodução fotográfica.

§ 3º A carta arbitral atenderá, no que couber, aos requisitos a que se refere o caput e será instruída com a convenção de arbitragem e com as provas da nomeação do árbitro e de sua aceitação da função".

Nesse sentido, a carta arbitral, confeccionada pelo árbitro ou tribunal arbitral, deverá conter: (i) a indicação do nome do árbitro (ou árbitros, em caso de tribunal arbitral) e, eventualmente, também da Câmara Arbitral (na hipótese de arbitragem *institucional*); (ii) endereçamento (*genérico*, a menos que se trate de carta arbitral quando já prevento algum Juízo Estatal) ao Poder Judiciário; (iii) ser instruída com cópias da convenção de arbitragem, da nomeação do árbitro e da sua aceitação da função; (iv) ser instruída, ainda, com cópias do pedido formulado pela parte, decisão arbitral e procuração do advogado (quando o caso, pois nem sempre parte se fará representar por advogado na arbitragem, ainda que essa representação, na prática, seja frequente); e (v) assinatura do árbitro. Poderá, ainda, ser instruída com outras cópias dos "autos" da arbitragem, caso eventualmente isso se faça necessário.

E o processamento e cumprimento dessa *carta arbitral* no Juízo Estatal, como visto anteriormente (v. n. 2.3 acima), deverá tramitar *em segredo de justiça*, quando a própria arbitral gozar de confidencialidade (de igual sorte no art. 22-C parágrafo único, recentemente acrescentado à LArb pela L 13.129/2015).

A esse respeito, em nosso sentir, as *diligências* propriamente ditas para esse processamento e cumprimento da carta arbitral incumbem à *parte interessada*, e não ao árbitro; é dizer, incumbe ao árbitro a *confecção* e *expedição* da carta arbitral, cabendo, por sua vez, à parte interessada, as diligências para seu processamento e cumprimento no Juízo Estatal.

Esse, inclusive, nos parece ser ponto que poderia ter sido aprimorado no NCPC, para justamente constar de forma expressa (com a inclusão de um parágrafo, v.g.) que *as diligências para seu processamento e cumprimento no Juízo Estatal incumbem à parte interessada*, ainda que essa conclusão se extraia implicitamente do NCPC, evitando-se, com isso, que, na prática, haja discussão e dúvidas a esse respeito.

Isto porque, além de tratar-se induvidosamente de ato que refoge às atribuições do árbitro, poderá haver, até mesmo, problemas ou dificuldades em seu cumprimento. O próprio NCPC contém disposição em que o cumprimento da carta arbitral poderá ser recusado, *verbis*;

> "Art. 267. *O juiz recusará cumprimento a carta precatória ou arbitral, devolvendo-a com decisão motivada quando:*
>
> *I – a carta não estiver revestida dos requisitos legais;*
>
> *II – faltar ao juiz competência em razão da matéria ou da hierarquia;*
>
> *III – o juiz tiver dúvida acerca de sua autenticidade.*
>
> *Parágrafo único. No caso de incompetência em razão da matéria ou da hierarquia, o juiz deprecado, conforme o ato a ser praticado, poderá remeter a carta ao juiz ou ao tribunal competente".*

Nessa hipótese, caso a diligência incumbisse ao árbitro, poder-se-ia criar uma situação estranha e indesejável, como a possibilidade e/ou necessidade de interposição de recurso (nessa hipótese, pelo árbitro), em caso de decisão judicial que equivocadamente se recusa a cumprir a *carta arbitral*. Tratar-se-ia de situação absolutamente estranha e indesejável na medida em que a função do árbitro, de certa forma, se imiscuiria com a da própria parte [quiçá, até mesmo, com a necessidade de contratação de advogado para interposição de recurso contra a decisão judicial que não a cumpre (pois o árbitro não necessariamente precisa ser advogado), o que seria uma situação manifestamente absurda].

É por isso que, em regra, ao menos em nosso sentir, o relacionamento entre árbitro e juiz não deve ser *direto*, senão, *indireto*, via processamento e cumprimento da carta arbitral pela parte interessada.

Deste modo, em suma, no processamento e cumprimento de decisões arbitrais, a exemplo da Carta Precatória, a carta arbitral é *emanada* do árbitro, mas as diligências para seu cumprimento incumbem, em regra, à parte interessada [= distribuição ou protocolo (conforme a situação), recolhimento de eventuais custas judiciais, interposição de recursos contra decisão judicial que não a cumpre etc.], não havendo, pois, nessa hipótese, relacionamento *direto* entre judiciário e arbitragem, senão apenas e tão somente indireto.

Cria-se, portanto, como visto, *uma estrutura formal para a comunicação*, e desta forma facilita o entrosamento entre ambas as jurisdições, na medida em que uma saberá como solicitar e outra como receber as solicitações, evitando desencontro de posições a respeito, nocivas, certamente, à efetividade pretendida na tutela dos interesses da parte.

2.5. Cumprimento de sentença arbitral

No tocante ao *cumprimento da sentença arbitral*, o NCPC, acertadamente, *manteve* a disciplina atual prevista tanto no CPC/73 quanto na LArb, no sentido de constituir a sentença arbitral um título executivo *judicial*, inclusive, se o caso, na hipótese de sentença arbitral parcial, prática já de há muito admitida na arbitragem e que foi recentemente objeto de preocupação do legislador na reforma da LArb promovida pela L 13.129/2015,[25] verbis:

> "Art. 515. São títulos executivos judiciais, cujo cumprimento dar-se-á de acordo com os artigos previstos neste Título:
>
> [...]
>
> VII - a sentença arbitral".

A inovação ficou por conta da possibilidade de promover-se seu cumprimento no domicílio do executado ou onde os bens sujeitos à execução estiverem localizados ou ainda onde a obrigação de fazer ou não fazer deva ser cumprida, à opção do exequente, o que, na prática, pode tornar a execução mais célere:

> "Art. 516. O cumprimento da sentença efetuar-se-á perante:
>
> [...]
>
> III - o juízo cível competente, quando se tratar de sentença penal condenatória, de sentença arbitral ou de sentença estrangeira ou de acórdão proferido pelo Tribunal Marítimo.
>
> Parágrafo único. Nas hipóteses dos incisos II e III, o exequente poderá optar pelo juízo do atual domicílio do executado, pelo juízo do local onde se encontrem os bens sujeitos à execução ou pelo juízo do local onde deva ser executada a obrigação de fazer ou de não fazer, casos em que a remessa dos autos do processo será solicitada ao juízo de origem".

Ou seja, de forma salutar se permitirá, o que hoje é vedado, executar a sentença arbitral onde se encontram os bens ou no local onde deve ser cumprida a obrigação de fazer ou de não fazer, além da opção pelo domicílio do executado.

Consubstanciaram-se ambos, a nosso ver, em medidas corretamente adotadas pelo NCPC, tanto ao manter a sentença arbitral como título executivo judicial, quanto ao inovar onde ela poderá ser executada, flexibilidade essa que pode vir a possibilitar execuções mais céleres.

---

25. Cfr. novas redações dos arts. 23 e 33 da LArb. Sobre o tema, v. Thiago Rodovalho. *TJCE - Vara única da Comarca de Jaguaruana - Sentença arbitral - Ação anulatória - Tutela antecipada - Alegação de nulidades da sentença arbitral - Falta de fundamentação - Julgamento extra petita - Violação ao princípio do contraditório - Decisão surpresa - Julgamento citra petita*, in Arnoldo Wald (coord.). Revista de Arbitragem e Mediação – RArb, São Paulo: Revista dos Tribunais/Conpedi, ano 12, v. 44, jan./mar. de 2015, pp. 277/295.

2.6. Reconhecimento de sentença arbitral estrangeira e concessão de *exequatur* à carta rogatória.

Last but not least, relativamente ao *reconhecimento de sentença arbitral estrangeira,* o NCPC traz, uma vez mais, importantes inovações.

Primeiramente, o NCPC inova já ao trazer a expressão *decisão arbitral,* que inexiste no CPC/73, na parte dedicada à homologação de sentença estrangeira;[26] em verdade, o CPC/73 disciplina de forma muito sucinta e insuficiente a matéria, e referindo-se apenas à *sentença estrangeira.*[27]

Inclusive, o NCPC, com muita propriedade, usa a expressão *decisão* arbitral estrangeira (vocábulo com acepções mais amplas), em vez de *sentença* arbitral, pois objetiva, com isso, referir-se *tanto* à *sentença* propriamente dita *quanto* às *decisões interlocutórias* (como as concessivas de tutelas de urgências e cautelares, para produção de provas etc.).

Assim, o NCPC, na versão que ora se examina, disciplinou mais detidamente a questão, buscando harmonizá-la aos novos tempos, de *mundialização* ou *globalização,* nos quais a *mobilidade das decisões* é muito maior, e as fronteiras, cada vez menores, e buscando, ainda, harmonizá-la também ao quanto disposto na nossa Lei de Arbitragem (em especial, arts. 34 a 40), na Convenção de Nova York (*New York Arbitration Convention – Convention on the Recognition and Enforcement of Foreign Arbitral Awards done at New York, on 10 June 1958*), e na Emenda Regimental n. 18/2014 do E. Superior Tribunal de Justiça, que igualmente tratam da material [cfr. NCPC 960 § 3.º *"A homologação de decisão arbitral estrangeira obedecerá ao disposto em* **tratado** *e em* **lei***, aplicando-se,* **subsidiariamente***, as disposições deste Capítulo"* (destacamos)].

Nesse sentido, o NCPC tratou as questões concernentes ao reconhecimento de decisões (judicial e arbitral) estrangeiras da seguinte maneira:

> *"Art. 972. A homologação de decisão estrangeira será requerida por ação de homologação de decisão estrangeira, salvo disposição especial em sentido contrário prevista em tratado.*
>
> *Art. 960. A homologação de decisão estrangeira será requerida por ação de homologação de decisão estrangeira, salvo disposição especial em sentido contrário prevista em tratado.*

---

26. Nesta parte, o NCPC, quer nos parecer, reafirma, mais uma vez, a natureza jurisdicional da arbitragem ao preceituar em seu art. 961 § 1.º: "É passível de homologação a decisão judicial definitiva, **bem como a não judicial que, pela lei brasileira, teria natureza jurisdicional**" (destacamos).
27. Cfr. CPC/73:
"Art. 483. A sentença proferida por tribunal estrangeiro não terá eficácia no Brasil senão depois de homologada pelo Supremo Tribunal Federal.
Parágrafo único. A homologação obedecerá ao que dispuser o Regimento Interno do Supremo Tribunal Federal.
Art. 484. A execução far-se-á por carta de sentença extraída dos autos da homologação e obedecerá às regras estabelecidas para a execução da sentença nacional da mesma natureza".

§ 1º A decisão interlocutória estrangeira poderá ser executada no Brasil por meio de carta rogatória.

§ 2º A homologação obedecerá ao que dispuserem os tratados em vigor no Brasil e o Regimento Interno do Superior Tribunal de Justiça.

§ 3º A homologação de decisão arbitral estrangeira obedecerá ao disposto em tratado e em lei, aplicando-se, subsidiariamente, as disposições deste Capítulo.

Art. 961. A decisão estrangeira somente terá eficácia no Brasil após a homologação de sentença estrangeira ou a concessão do exequatur às cartas rogatórias, salvo disposição em sentido contrário de lei ou tratado.

§ 1º É passível de homologação a decisão judicial definitiva, bem como a decisão não judicial que, pela lei brasileira, teria natureza jurisdicional.

§ 2º A decisão estrangeira poderá ser homologada parcialmente.

§ 3º A autoridade judiciária brasileira poderá deferir pedidos de urgência e realizar atos de execução provisória no processo de homologação de decisão estrangeira.

§ 4º Haverá homologação de decisão estrangeira para fins de execução fiscal quando prevista em tratado ou em promessa de reciprocidade apresentada à autoridade brasileira.

§ 5º A sentença estrangeira de divórcio consensual produz efeitos no Brasil, independentemente de homologação pelo Superior Tribunal de Justiça.

§ 6º Na hipótese do § 5º, competirá a qualquer juiz examinar a validade da decisão, em caráter principal ou incidental, quando essa questão for suscitada em processo de sua competência.

Art. 962. É passível de execução a decisão estrangeira concessiva de medida de urgência.

§ 1º A execução no Brasil de decisão interlocutória estrangeira concessiva de medida de urgência dar-se-á por carta rogatória.

§ 2º A medida de urgência concedida sem audiência do réu poderá ser executada, desde que garantido o contraditório em momento posterior.

§ 3º O juízo sobre a urgência da medida compete exclusivamente à autoridade jurisdicional prolatora da decisão estrangeira.

§ 4º Quando dispensada a homologação para que a sentença estrangeira produza efeitos no Brasil, a decisão concessiva de medida de urgência dependerá, para produzir efeitos, de ter sua validade expressamente reconhecida pelo juiz competente para dar-lhe cumprimento, dispensada a homologação pelo Superior Tribunal de Justiça.

Art. 963. Constituem requisitos indispensáveis à homologação da decisão:

I – ser proferida por autoridade competente;

II – ser precedida de citação regular, ainda que verificada a revelia;

III – ser eficaz no país em que foi proferida;

IV – não ofender a coisa julgada brasileira;

V – estar acompanhada de tradução oficial, salvo disposição que a dispense prevista em tratado;

VI – não conter manifesta ofensa à ordem pública.

> *Parágrafo único. Para a concessão do exequatur às cartas rogatórias, observar-se-ão os pressupostos previstos no caput deste artigo e no art. 962, § 2º.*
>
> *Art. 964. Não será homologada a decisão estrangeira na hipótese de competência exclusiva da autoridade judiciária brasileira.*
>
> *Parágrafo único. O dispositivo também se aplica à concessão do exequatur à carta rogatória.*
>
> *Art. 965. O cumprimento de decisão estrangeira far-se-á perante o juízo federal competente, a requerimento da parte, conforme as normas estabelecidas para o cumprimento de decisão nacional.*
>
> *Parágrafo único. O pedido de execução deverá ser instruído com cópia autenticada da decisão homologatória ou do exequatur, conforme o caso".*

A maior inovação do NCPC – relativamente ao reconhecimento de decisão estrangeira –, diz respeito à possibilidade de concessão de *exequatur* às *decisões de urgência, cautelares e interlocutórias* (produção de provas, v.g.) [cfr. *"Art. 962. É passível de execução a decisão estrangeira concessiva de medida de urgência"*], e mesmo às decisões *finais*, para medidas assecuratórias de seu cumprimento, v.g. (a teor do art. 961 § 3.º *"A autoridade judiciária brasileira poderá deferir pedidos de urgência e realizar atos de execução provisória no processo de homologação de decisão estrangeira"*).

Inclusive, mui modernamente, o NCPC prevê, outrossim, a possibilidade de concessão de *exequatur* às *medidas de urgência* mesmo quando ainda não formado o *contraditório*, dês que seja assegurado em momento posterior (*verbis*: *"Art. 962. [...] § 2.º A medida de urgência concedida sem audiência do réu poderá ser executada, desde que garantido o contraditório em momento posterior"*).

Ainda a esse respeito, o NCPC suprimiu polêmico (e, em nosso sentir, equivocado) dispositivo previsto na versão original do Anteprojeto que preceituava que a *"decisão que denegar a homologação da sentença estrangeira revogará a tutela de urgência"* (cfr. art. 880 §2.º). Ora, cabe, evidentemente, ao Brasil, no exercício de sua soberania e na preservação da ordem pública e de garantias essenciais (cfr. NCPC arts. 963 e 964, além dos requisitos igualmente previstos na LArb, na Convenção de NY e na Resolução n. 9/2005-STJ), controlar a exequibilidade de decisão estrangeira no país;[28] entretanto, isso não significa que a decisão proferida aqui possa ter o condão de *invadir* jurisdição estrangeira, *"revogando"* tutela de urgência concedida no exterior, a quem cabe unicamente o juízo acerca da *urgência* da medida (a teor do próprio NCPC art. 962 § 3.º: *"O juízo sobre a urgência da medida compete exclusivamente à autoridade jurisdicional prolatora da decisão estrangeira"*). Pode-se, assim, apenas e tão somente denegar-lhe eficácia em território nacional.

---

28. Nesse exercício, o NCPC passou, inclusive, a expressamente admitir a possibilidade de homologação *parcial* da sentença estrangeira, a teor de seu art. 961 § 2.º, *verbis*: *"A decisão estrangeira poderá ser homologada parcialmente"*.

Tratava-se, portanto, a nosso ver, de equivocado dispositivo, que foi corretamente suprimido na nova e atual versão do NCPC, que ora se examina.

2.7. Alteração da LArb 33 §3.º

Por derradeiro, ainda relativamente à arbitragem, houve uma última disposição, constante no art. 1.061 do NCPC, que procurou *harmonizar* o cumprimento da sentença arbitral ao novo regime da *fase de cumprimento de sentença* (judicial), *verbis*:

> "*Art. 1.061. O art. 33, § 3º, da Lei nº 9.307, de 23 de setembro de 1996, passa a vigorar com a seguinte redação:*
>
> "Art. 33. ....
>
> ....
>
> § 3º A decretação da nulidade da sentença arbitral também poderá ser requerida na impugnação ao cumprimento da sentença, nos termos do art. 525 e seguintes do Código de Processo Civil, se houver execução judicial." (NR)".

Assim, com a abolição, para essa hipótese, dos *embargos à execução*, agora *impugnação ao cumprimento de sentença* (no caso, arbitral), o NCPC, com este artigo, promoveu alteração formal (e necessária) na LArb art. 33 §3.º, a fim de adequá-lo e harmonizá-lo com a nova disciplina processual do referido instituto.[29]

Contudo, ainda subsiste hipótese em que poderá haver a oposição de *embargos à execução* contra sentença arbitral, qual seja, na hipótese de execução de sentença arbitral contra a Fazenda Pública. Nesse sentido, com a possibilidade de entes públicos se submeterem à arbitragem, a eventual sentença condenatória da Fazenda Pública não terá seu procedimento de execução alterado, de tal sorte que a defesa continuará a ser feita via *embargos à execução*.[30-31] Neste sentido, melhor seria constar do texto que a nulidade poderá ser requerida

---

29. Cfr. Francisco José CAHALI. *Curso de arbitragem*, 3.ª ed., São Paulo: Revista dos Tribunais, 2013, n. 12.4.4, pp. 312/313.
30. V. NCPC art. 926, verbis:
 "CAPÍTULO V
 DA EXECUÇÃO CONTRA A FAZENDA PÚBLICA
 Art. 910. Na execução fundada em título extrajudicial, a Fazenda Pública será citada para opor embargos em 30 (trinta) dias.
 § 1º Não opostos embargos ou transitada em julgado a decisão que os rejeitar, expedir-se-á precatório ou requisição de pequeno valor em favor do exequente, observando-se o disposto no art. 100 da Constituição Federal.
 § 2º Nos embargos, a Fazenda Pública poderá alegar qualquer matéria que lhe seria lícito deduzir como defesa no processo de conhecimento.
 § 3º Aplica-se a este Capítulo, no que couber, o disposto nos artigos 534 e 535".
31. Sobre o tema, v., amplamente, Francisco José CAHALI. *Curso de arbitragem*, 3.ª ed., São Paulo: Revista dos Tribunais, 2013, n. 12.7, pp. 325/326.

"na impugnação ao cumprimento da sentença ou em embargos, nos termos das regras processuais pertinentes, se houver execução judicial".

3. CONCLUSÃO

Relativamente à arbitragem, objeto de nosso estudo neste artigo, o NCPC, em nosso sentir, traz mais avanços que retrocessos, ainda que pudesse ser aprimorado num ou noutro ponto.

Nesse contexto, em relação ao CPC/1973, o NCPC traz importantes avanços no que toca à arbitragem, harmonizando-se melhor com a nossa Lei de Arbitragem, e trazendo boas inovações, especialmente quanto à relação de *cooperação* entre Poder Judiciário e a Arbitragem (com a criação da Carta Arbitral, também contemplada e disciplinada na recente L 13.129/2015, que reformou a Lei de Arbitragem no Brasil, em seu art. 2.º, que acrescentou o Capítulo IV-B, composto pelo art. 22-C, à LArb), ao segredo de justiça, e ao *reconhecimento de sentença arbitral estrangeira*, máxime com o melhor tratamento para a *concessão de exequatur à carta rogatória*.

Essas são, em suma, nossas primeiras impressões sobre os impactos que o NCPC terá na arbitragem. Constituem-se, por óbvio, impressões iniciais, a serem decantadas na prática e aprimoradas pela doutrina e jurisprudência, para que o tempo diga efetivamente os acertos e desacertos da nova codificação que ora se elabora.

4. REFERÊNCIAS BIBLIOGRÁFICAS

AMARAL, Guilherme Rizzo. *O anteprojeto do novo CPC e os prejuízos à arbitragem*, disponível no sítio eletrônico Migalhas http://www.migalhas.com.br/dePeso/16,MI110149,81042-0+anteprojeto+-do+novo+CPC+e+os+prejuizos+a+arbitragem, acessado em 26.6.2013.

ANDRIGHI, Nancy; e FOLEY, Gláucia Falsarella. *Sistema multiportas: o Judiciário e o consenso*, in Folha de São Paulo, Tendências e Debates, 24.6.2008.

ARMELIN, Donaldo. *Arbitragem e o novo código de processo civil*, in Revista de Arbitragem e Mediação, Coordenação: Arnoldo Wald, São Paulo: Revista dos Tribunais, vol. 28, 2011.

ARRUDA ALVIM, Eduardo; e GRANADO, Daniel Willian. *Novo CPC sistematiza conciliação e mediação*, in Revista Consultor Jurídico, em 22 de junho de 2011, disponível no sítio eletrônico http://conjur.com.br/2011-jun-22/cpc-sistematiza-conciliacao-mediacao-supre-lacunas, acessado em 26.6.2013.

ARRUDA ALVIM Netto, José Manoel de. *Notas sobre o Projeto de Novo Código de Processo*, in DANTAS, Bruno (org.). *Revista de informação legislativa – Novo Código de Processo Civil*, n. 190, t. 1, Brasília: Senado Federal, abril/junho-2011.

BAPTISTA, Luiz Olavo. *Arbitragem comercial e internacional*, São Paulo: Lex Magister, 2011.

BARROCAS, Manuel Pereira. *Manual de arbitragem*, Coimbra: Almedina, 2010.

Basso, Maristela. *Curso de direito internacional privado*, 2.ª ed., São Paulo: Atlas, 2011.

Batista Martins, Pedro A. *Arbitragem no direito societário*, São Paulo: Quartier Latin, 2012.

_____. *Aspectos jurídicos da arbitragem comercial no Brasil*, Rio de Janeiro: Lumen Juris, 1990.

Cahali, Claudia Elisabete Schwerz. *O Gerenciamento de Processos Judiciais em busca da efetividade da prestação jurisdicional*, Brasília: Gazeta Jurídica, 2013.

Cahali, Francisco José. *Curso de arbitragem*, 3.ª ed., São Paulo: Revista dos Tribunais, 2013.

_____. *Medidas de urgência na arbitragem e o novo regulamento do CAM-CCBC*, in Revista de Arbitragem e Mediação, Coordenação: Arnoldo Wald, São Paulo: Revista dos Tribunais, vol. 33, 2012.

_____. *Arbitragem e o Projeto de Código de Processo Civil*, in José Anchieta da Silva. *O Novo Processo Civil*, São Paulo: Lex/Magister, 2012.

Carmona, Carlos Alberto. *A arbitragem no processo civil brasileiro*, São Paulo: Malheiros, 1993.

_____. *Arbitragem e processo*, 3.ª ed., São Paulo: Atlas, 2009.

Dantas, Bruno (org.). *Revista de informação legislativa – Novo Código de Processo Civil*, n. 190, ts. 1 e 2, Brasília: Senado Federal, abril/junho-2011.

Fichtner, José Antonio; Mannheimer, Sergio Nelson; e Monteiro, André Luís. *Cinco pontos sobre a arbitragem no Projeto do Novo Código de Processo Civil*, in Revista de Processo, Coordenação: Teresa Arruda Alvim Wambier, São Paulo: Revista dos Tribunais, vol. 205, Março/2012.

Freire, Alexandre et allii (orgs.). *Novas tendências do processo civil – estudos sobre o projeto do novo código de processo civil (baseado no relatório apresentado pelo Deputado Sérgio Barradas Carneiro, em novembro de 2012)*, Salvador: JusPodivm, 2013.

Gaillard, Emmanuel. *Aspects philosophiques du droit de l'arbitrage international*, Leiden: Martinus Nijhoff, 2008.

Gama e Souza Junior, Lauro. *Contratos internacionais à luz dos princípios do Unidroit 2004 – Soft law, Arbitragem e Jurisdição*, Rio de Janeiro: Renovar, 2006.

Grinover, Ada Pellegrini. *Conciliação e mediação judiciais no Projeto de Novo Código de Processo Civil*, in Dantas, Bruno (org.). *Revista de informação legislativa – Novo Código de Processo Civil*, n. 190, t. 1, Brasília: Senado Federal, abril/junho-2011.

Guerrero, Luis Fernando. *A arbitragem e o novo CPC*, in Jornal Valor Econômico, em 31 de janeiro de 2012.

Magalhães, José Carlos de; e Baptista, Luiz Olavo. *Arbitragem comercial*, Rio de Janeiro: Freitas Bastos, 1986.

Marinoni, Luiz Guilherme; e Mitidiero, Daniel. *O projeto do CPC – críticas e propostas*, São Paulo: Revista dos Tribunais, 2010.

Montenegro Filho, Misael. *Projeto do novo código de processo civil – confronto entre o CPC atual e o projeto do novo CPC (com comentários às modificações substanciais)*, São Paulo: Atlas, 2011.

Nunes, Thiago Marinho. *A prática das anti-suit injunctions no procedimento arbitral e seu recente desenvolvimento no direito brasileiro*, in Revista Brasileira de Arbitragem, n. 5, jan-mar/2005, p. 32.

Polido, Fabrício B. P. *Direito internacional da propriedade intelectual: fundamentos, princípios e desafios*, Rio de Janeiro: Renovar, 2013.

Rodovalho, Thiago. *Cultura do litígio*, in Jornal Gazeta de Limeira, Coluna Fatos & Direito, 1.º Caderno, p. 2, em 16.6.2013.

_____. *TJCE - Vara única da Comarca de Jaguaruana - Sentença arbitral - Ação anulatória - Tutela antecipada - Alegação de nulidades da sentença arbitral - Falta de fundamentação - Julgamento extra petita - Violação ao princípio do contraditório - Decisão surpresa - Julgamento citra petita*, in Arnoldo Wald (coord.). Revista de Arbitragem e Mediação – RArb, São Paulo: Revista dos Tribunais/Conpedi, ano 12, v. 44, jan./mar. de 2015, pp. 277/295.

_____; e Francisco José Cahali. *A Arbitragem no Novo CPC - Primeiras Impressões*, in Alexandre Freire et allii (orgs.). *Novas Tendências do Processo Civil - Estudos sobre o Projeto do Novo Código de Processo Civil*, Salvador: JusPodivm, 2014, v. 2, pp. 583/604.

_____; e André Vasconcelos Roque. *A convenção de arbitragem e o novo CPC no Senado Federal: a exceção que foge à regra*, in Migalhas, v. 3.509, 2014, disponível em http://www.migalhas.com.br/dePeso/16,MI212183,41046- A+convencao+de+arbitragem+e+o+novo+CPC+no+Senado+Federal+a+excecao.

_____; e Tripodi, Leandro. *Aspectos da arbitragem securitária no contexto de projetos de infra-estrutura: uma análise do caso Jirau à luz de princípios da arbitragem internacional e do direito brasileiro*, no prelo.

Silva, Eduardo Silva da. *Arbitragem e direito da empresa – dogmática e implementação da cláusula compromissória*, São Paulo: Revista dos Tribunais, 2003.

Soares, Guido Fernando S. *Arbitragens comerciais internacionais no Brasil – vicissitudes*, in RT 641, São Paulo: Revista dos Tribunais, Março/1989.

Sombra, Thiago Luís. *A constitucionalidade da arbitragem e sua disciplina no Anteprojeto de CPC*, in Dantas, Bruno (org.). *Revista de informação legislativa – Novo Código de Processo Civil*, n. 190, t. 2, Brasília: Senado Federal, abril/junho-2011.

Tavares Guerreiro, José Alexandre. *Fundamentos da arbitragem do comércio internacional*, São Paulo: Saraiva, 1993.

Van den Berg, Albert Jan. *The New York Arbitration Convention of 1958*, Deventer: Kluwer Law, 1981.

Watanabe, Kazuo. *Cultura da sentença e cultura da pacificação*, in Flavio Luiz Yarshell e Maurício Zanoide de Moraes. *Estudos em homenagem à Professora Ada Pellegrini Grinover*, São Paulo: DPJ Editora, 2005.

_____. *Modalidade de mediação*, in CJF. *Mediação: um projeto inovador* (Série Cadernos do CEJ), v. 22, Brasília: CJF, 2003.